中国合格评定国家认可委员会

坚持集中统一的国家认可体系
走国际化和中国化相结合的中国认可发展之路

中国合格评定国家认可委员会（CNAS）是经国家认监委授权开展合格评定认可工作的国家认可机构。主要依照《中华人民共和国认证认可条例》以及其他相关法律法规的规定，以相关国际标准、导则和指南等为基本要求，依法开展认证机构、实验室及相关机构和检验机构三大门类的认可服务。

- 现有认证机构、实验室和检验机构等三大门类认可制度，包含11项基本认可制度、25个专项认可制度和34个分项认可制度。
- 为近20个政府部门提供支撑服务，累计46部法律、法规和行政规章等行政规定采信认可结果。
- 签署国际多边互认协议12项,协议范围覆盖93个经济体，占全球经济总量的95%以上。

质量管理体系认证机构认可	环境管理体系认证机构认可
食品安全管理体系认证机构认可	信息安全管理体系认证机构认可
产品认证机构认可	全球良好农业规范
检测实验室认可	校准实验室认可
医学实验室认可	标准物质生产者认可
能力验证提供者认可	检验机构认可

- 签署双边认可合作协议范围覆盖至22个国家：

俄罗斯 日本 韩国 英国 希腊 美国 澳大利亚 新西兰 法国 印度尼西亚 瑞士 乌兹别克斯坦 德国 丹麦 沙特 阿联酋 阿曼 巴林 卡塔尔 科威特 也门 蒙古国

认可理念

使命：证实能力、传递信任

愿景：权威可信——社会公信、政府采信、国际互信

核心价值观：科学、公正、诚信、责任

中国
认证认可年鉴

2018

CN
CA

中国质检出版社

图书在版编目（CIP）数据

中国认证认可年鉴．2018 / 国家认证认可监督管理委员会主编．– 北京：中国质检出版社，2018.11
ISBN 978-7-5026-4652-3
Ⅰ．①中… Ⅱ．①国… Ⅲ．①产品质量 – 质量管理 – 中国 – 2018 – 年鉴 Ⅳ．① F279.23-54
中国版本图书馆 CIP 数据核字（2018）第 240603 号

中国认证认可年鉴 2018
责任编辑：王 培 靳远博

中国质检出版社出版发行
北京市朝阳区和平里西街甲 2 号（100029）
北京市西城区三里河北街 16 号（100045）
网 址：www.spc.net.cn
总编室：（010）68533533 发行中心：（010）51780238
读者服务部：（010）68523946
中国标准出版社秦皇岛印刷厂 印刷
各地新华书店经销
*
开本 889×1194 1/16 印张 33.5 字数 1150 千字
2018 年 11 月第 1 版 2018 年 11 月第 1 次印刷
*
定价：360.00 元

2018年1月16日，全国认证认可工作会议在北京召开。国家质检总局局长支树平出席会议并讲话，国家认监委副主任刘卫军代表认监委党组作工作报告。

国家质检总局局长支树平出席全国认证认可工作会议并讲话。

国家认监委副主任刘卫军作了题为《把握新时代机遇　推动高质量发展　开启认证认可事业发展新征程》的工作报告。

1月17日，国家质检总局副局长、国家认监委主任孙大伟主持召开党组中心组学习会议。会议学习了中央政治局民主生活会通报及习近平总书记重要讲话精神。

2月6日，国家认监委系统2017年度党风廉政建设工作会议在北京召开。会议传达了习近平总书记在十八届中纪委七次全会上的讲话和王岐山同志的工作报告。

2月7日，中国检验认证集团在北京召开2017年全球总经理会议。国家质检总局局长支树平出席会议并强调，中检集团要充分发挥独有的比较优势，为全面提高我国供给质量多做贡献。

6月9日，国家质检总局、住房城乡建设部、国家认监委在北京联合主办以“认证认可助力质量提升”的“世界认可日”主题活动。

9月27日，国家认监委在湖南省湘西土家族苗族自治州启动以“有机产品认证服务精准扶贫”为主题的“全国有机宣传周”。

10月18日，第十九次全国代表大会在北京人民大会堂召开。上午9时整，认监委系统各级党组织1300余名党员同志和普通职工在报告厅、会议室、多媒体教室等场所，通过电视直播集中观看十九大开幕会盛况。

10月19日，国家认监委组织全体干部职工集体前往总局一楼大厅参观“喜迎十九大——质量强国梦　五年砥砺行”工作成就展。通过参观展览，让大家重温了过去五年质检人的光辉岁月。

1月4日，国家认监委副主任刘卫军会见芬兰农林部常务秘书亚纳·卡里奥一行，双方就注册相关事宜进行深入交流。

5月5日，国家认监委副主任刘卫军带领认监委青年干部赴北京小米科技有限公司调研。

9月27日，国家认监委在湖南省湘西土家族苗族自治州启动以“有机产品认证服务精准扶贫”为主题的“全国有机宣传周”，并在湖南省花垣县、古丈县，河北省丰宁县等国家重点扶贫县率先实施有机认证服务精准扶贫工作。国家认监委副主任刘卫军、湖南出入境检验检疫局局长杨杰、湘西自治州副州长刘新民等出席启动仪式并致辞。

5月5日，国家认监委副主任许增德出席认证市场准入及监管改革专项组专家工作组培训班开班式并讲话。

8月30日，国家认监委副主任许增德会见了河北省石家庄市副市长赵文锋一行。双方就推动石家庄高新技术产业开发区中国高新技术产品交易网引入国家级检验检测认证机构工作进行了交流。

9月22日，国家认监委副主任许增德出席“百万家企业全面质量培训平台”上线启动仪式。

1月24日，国家认监委纪检组长许武何在机关服务中心主任崔红卫的陪同下，分别对机关服务中心所辖的中认大厦、CQC项目部、中认泰华酒店进行了春节前的安全检查工作。

7月17日—18日，国家认监委注册管理部、湖北检验检疫局认监处、仙桃检验检疫局机关党支部在武汉召开推进会，国家认监委纪检组长许武何出席推进会。

7月27日，国家认监委纪检组长许武何主持召开国家认监委2017年度反腐倡廉工作任务落实推进会。

1月12日，国家认监委认证认可技术研究所召开2016年度处级以上党员领导干部民主生活会，国家认监委副主任董乐群莅临指导，认监委机关纪委相关同志出席会议。

国家认监委在深圳出入境检验检疫局调研认证认可助推全面质量管理座谈会，原国家认监委副主任董乐群出席会议并讲话。

6月30日，国家认监委法律部党支部与认监委研究所党支部联合开展“两学一做”知识竞赛。国家认监委副主任董乐群出席活动，法律部党支部及研究所党支部全体党员参加比赛。

1月12日，国家认监委总工程师薄昱民一行到国家铁路局走访并座谈，国家铁路局科技与法制司司长严贺祥出席座谈会。

9月11日，国家认监委总工程师薄昱民出席中德信息安全合格评定合作研讨会并讲话。

11月29日，国家认监委总工程师薄昱民参加认证认可四季度会暨信息宣传工作会。

9月29日，上海市商务委和上海出入境检验检疫局为进口CCC产品诚信示范企业颁证。

6月18日—20日，2017年第四届中国国际水产博览会在湛江举行，本次水博会推出新亮点，首次展示“同线同标同质”水产品专柜。

山东出入境检验检疫局开展“认证认可助力质量提升”为主旨的“世界认可日”主题活动。

11月8日，东北四省区“三同”促进联盟在大连成立。

浙江省质量技术监督局举办2017年度“品字标浙江制造”系列主题活动，并颁发了首张浙江制造海外工厂认证证书。

山东省质量技术监督局认证讲师团到肥城开展有机产品认证专题培训。

3月29日，黑龙江省质量技术监督局在哈尔滨召开有机产品认证示范区创建工作会。

6月9日，以“认证认可助力精准扶贫和质量提升”为主题的河南省“世界认可日”主场活动，在南阳市淅川县举办。图为在万亩有机软籽石榴种植基地进行调研。

《中国认证认可年鉴》编纂办公室名单

主　　任　黄继先

副 主 任　谢　虹

工作人员（按姓氏笔画顺序排列）

王　刚　马堂富　王　威　王瑞英　亢明星　尹阳阳　叶　涛　付　利　吕红英　朱　莉
朱玉华　朱立先　刘　伟　刘社爱　刘雨蕾　刘春生　刘春潮　刘春蕾　刘惠锋　闫玉芳
江　榕　江婧敬　许志恒　许晓洁　孙寿利　严　丹　李　蕊　李文学　李红霞　李盛杰
李静莹　杨　金　杨　振　杨　越　吴　彤　吴　涛　吴小伦　吴行知　吴菁云　邹建芳
汪俊峰　汪宣穗　张　争　张　瑞　张　颖　张世鹤　张壮耘　张淑敏　陈　佳　陈思强
武　鹏　郅　莉　周　娟　周广仁　周冬梅　胡天阳　段新峰　姜玉龙　姚　迅　贺　珍
袁英健　晋　磊　贾明贵　夏　芳　殷　彪　郭伟杰　唐　利　展　红　黄　叙　黄　清
黄文峰　曹　健　符世霞　梁桂洲　韩　军　程　刚　温志海　雷文利　詹久斌　蔡小鹤
戴林涛

《中国认证认可年鉴》编辑部成员名单

主　　　编　黄继先

副　主　编　张磊柱

编辑部主任　谢　虹

编　　　辑　万　力　范玉玲　赵　瑞

编 辑 说 明

一、《中国认证认可年鉴》（以下简称《年鉴》）是逐年记载中国认证认可事业发展进程的编年史册，也是一部资料丰富的工具书，《年鉴》（2018）记载的是中国认证认可事业2017年的发展情况。

二、2017年，认证认可系统认真贯彻落实党中央、国务院和质检总局党组的决策部署，深入开展质量提升行动，加强全面质量管理，努力提升认证认可工作水平。二是认证认可制度体系在深化改革中更加完善定型，基础作用更加显现，成为国家质检工作体系的重要组成。三是认证认可服务水平在创新发展中显著提升，供给质量显著优化，成为现代服务业的重要门类。四是认证认可机制平台在社会共治中日趋健全，工作合力日趋增强，成为国家质量工作机制的重要支撑。五是认证认可国际影响在合作互认中不断提升，话语权不断增强，成为推动国际认证认可发展的重要力量。

以上几方面的详细内容，可见于《年鉴》的第三部分至第二十二部分的相关文章、领导讲话和统计资料。

三、"文献"一栏中刊登了2018年1月召开的全国认证认可工作会议的领导讲话稿，是2018年认证认可工作发展的指导性文件。"特载"一栏刊登的一组文章，是国家认监委领导关于2017年认证认可工作方针和工作重点的论述和安排。这两个栏目的内容均具有重要的指导意义。

四、"专文"一栏刊登了各地方局工作人员对认证监管系统的思考与探讨，这些为今后认证认可工作的开展起到了一定的借鉴作用。

五、《年鉴》（2018）尚未包括香港、澳门特别行政区和台湾省关于认证认可发展情况的内容。

六、《年鉴》（2018）稿件由国家认监委及地方两局提供，并由提供单位领导审核，稿件一般的截止日期为2017年底，但是由于内容需要，也可能上下延伸一段时间，采用时请予注意。

由于2017年机构改革，很多机构的称谓及领导职务变动相对比较大，为了不引起分歧，年鉴正文采用的是原有称谓，由此对读者造成的一些不便，还请谅解。

七、由于知识和经验所限，《年鉴》（2018）编撰中的错误和缺点在所难免，欢迎各界批评指正。同时向积极参与和关心《年鉴》的各界同仁和朋友表示衷心感谢。

《中国认证认可年鉴》编辑部

2018年8月

中汽认证中心有限公司

中汽认证中心有限公司（简称 CCAP）成立于 1998 年 8 月，隶属于机械科学研究总院集团有限公司，是经国家有关主管部门批准具有第三方公正性地位的认证机构，具有独立法人地位。2002 年 12 月获得中国国家认证认可监督管理委员会（CNCA）颁发的认证机构批准书；2003 年 1 月获得中国合格评定国家认可委员会（CNAS）颁发的认可证书。CCAP 是中国汽车工程学会、中国认证认可协会的常务理事单位，是中国机械工业标准化协会副理事长单位。

CCAP 的全资子公司中联认证中心（北京）有限公司（简称 CUC），成立于 2002 年，是我国较早取得国家认可、获得授权开展相关管理体系认证和产品认证活动的独立的第三方认证机构，具备独立法人资格。

主要业务

1.CCC 产品认证

实施规则	产品类别
CNCA-C11-01	汽车
CNCA-C11-02	摩托车
CNCA-C11-04	汽车安全带
CNCA-C11-07	机动车外部照明及光信号装置
CNCA-C11-08	机动车辆间接视野装置
CNCA-C11-09	汽车内饰件
CNCA-C11-10	汽车门锁及门保持件
CNCA-C11-12	汽车座椅及座椅头枕
CNCA-C11-15	摩托车乘员头盔
CNCA-C22-03	机动车儿童乘员用约束系统
CNCA-C11-16	电动自行车

2. 体系认证

序号	认证范围
1	质量管理体系认证
2	铸造行业质量管理体系升级版认证
3	军用产品质量管理体系认证
4	环境管理体系认证
5	职业健康安全管理体系认证
6	能源管理体系认证
7	机械产品安全认证
8	IATF 16949 审核
9	二方审核

3.CUC 机械安全产品认证

序号	产品	序号	产品	序号	产品
1	气体压缩机	6	风机	11	钻床
2	采掘设备	7	木工机械	12	砂轮机
3	提升设备	8	机械压力机	14	车床
4	制冷设备	9	剪切机	14	振动作用压路机
5	分离机械	10	锯床	15	紧固件

4.CCAP 标志认证

序号	产品
1	04 纺织品、服装和皮革制品
2	06 化工类产品
3	10 金属材料及金属制品
4	11 机械设备及零部件
5	13 发动机、发电机、发电成套设备和变压器
6	15 蓄电池、原电池、原电池组合其他电池及零件
7	16 白炽灯泡或放电灯、弧光灯及其附件、照明设备及其附件
8	17 仪器设备
9	18 陆地交通设备
10	节能环保汽车

中汽认证中心有限公司

地址：北京市海淀区首体南路 2 号 11 层　　邮编：100044

CCC 联系方式：010-88301242　　体系联系方式：010-88301543　　传真：86-10-88301440

邮箱：ccap@mail.cccap.org.cn　　网址：http://www.cccap.org.cn

中铁检验认证
CRCC

CRCC
中铁检验认证中心

目　　录

第一部分　文　献

第二部分　特　载

第三部分　专　文

第四部分 法制建设与政策研究

第五部分 认可监管

第六部分 认证监管

第九部分　科研与标准建设

第十部分　认可约束

第十一部分　人员注册

第十二部分　行业自律

第十三部分　国际合作

第十七部分　认证及相关机构

2018

Yearbook of Certification and Accreditation of China

第一部分　文　献

Part One　Documents of Importance

2018年认证认可工作要点

2018年认证认可工作的总体思路是：深入学习贯彻党的十九大和中央经济工作会议精神，以习近平新时代中国特色社会主义思想为指导，坚持新发展理念，按照高质量发展的要求，以提高认证认可供给质量为主线，深入开展质量提升行动，统筹推进认证认可体系建设，推动中国制造向中国创造转变、中国速度向中国质量转变、制造大国向制造强国转变。深入开展百万企业认证升级行动、高端认证质量惠民行动、认证服务地方行业行动、"中国认证，全球认可"行动、"认证乱象"专项整治行动等五大主题行动，着力抓好以下八项重点任务。

一、着力抓好《意见》落实，统筹推进质量认证体系建设

1.推动各地方、各部门深入贯彻落实《国务院关于加强质量认证体系建设 促进全面质量管理的意见》（国发〔2018〕3号，以下简称《意见》），将质量认证体系建设摆到重要议事日程，出台推进质量认证的专门政策，建立协调机制，制定推进措施，完善配套条件，落实工作责任，加强对质量认证工作的统筹协调和综合管理。

2.推动各级政府结合各自实际，制定质量认证体系建设方案，将质量认证纳入政府绩效考核和质量工作考核，确保各项决策部署落地。《意见》实施过程中，认证认可全行业对于新问题、新现象要深入研究，大胆探索，示范引领，形成可复制、可推广的典型经验。

3.充分利用各种媒体渠道和宣传手段，通过新闻媒体和互联网络加强宣传报道，对《意见》进行全方位、立体化的解读，提高质量认证的社会认知度，及时做好舆情引导和协调应对。

二、着力推动质量变革，深入开展认证认可助力质量提升行动

1.开展百万企业认证升级行动，以质量管理体系认证升级为抓手，推动100万家企业学用质量管理先进标准方法，完成45万家获证企业体系升级换版工作，树立一批质量标杆企业。发挥国有企业尤其是中央企业的"主力军"作用，当好质量管理"领跑者"，带头推进质量提升。组织中小微企业质量认证帮扶活动，针对中小微企业需求开设免费培训课程，提供质量援助方案，补齐质量提升短板。

2.各地认证监管部门和从业机构大力推进质量管理体系认证升级工作，开展行业特色认证、分级认证、管理体系整合、质量诊断增值服务，不断提升认证、质量效果。

3.开展高端认证质量惠民行动，引导市场增加高质量产品、服务供给，满足人民美好生活需要。在食品消费品领域，重点开展有机食品、智能家电、儿童用品、交通一卡通等产品认证，扩大"三同"工程实施范围，逐步增加"三同"企业及产品数量。在装备制造领域，重点开展机器人、新能源汽车及充电桩、车联网导航产品、城轨交通装备等认证。在服务业领域，重点开展健康服务、养老服务、金融服务、教育服务等认证。

4.开展认证服务地方行业行动，围绕各地方、各行业高质量需求，创建一批质量认证示范区（点），实施一批质量认证服务示范项目，打造一批检验检测认证公共服务平台，培育一批高端质量品牌。

5.鼓励国务院各部门、各级地方政府出台质量认证促进政策，支持具备条件地区开展认证认可检验检测综合改革试点，积极探索推动认证认可在政府监管、社会治理、污染防治、精准扶贫等领域的应用。健全政府、行业、社会多层次采信机制，推动广大企业尤其是中西部企业、服务企业、中小微企业获得认证，拓展质量认证覆盖面。

三、着力加强执法监管，坚决维护认证认可公信力

1.开展"认证乱象"专项整治行动，逐一排查问题，

逐一整改落实，并向社会公布查处结果。全面推行“双随机、一公开”抽查，严厉打击非法从事检验检测认证活动和伪造、冒用、买卖证书或者标志等行为。严格强制性认证监管，针对抽查合格率下滑或波动大的产品，集中排查风险隐患；针对相关产业集聚区、问题多发区，加大对无证出厂、销售、进口等违法行为打击力度。

2.根据产品风险程度和产业成熟度，对强制性认证目录产品及企业实行分类管理，加严新实施CCC产品、电商CCC产品的监管。对新设立认证机构、检验检测机构加大监管力度，适度增加监督检查项目及频次。基于风险管理模式，适时调整扩大《进口食品境外生产企业注册实施目录》，对产品风险较高的已注册企业实施年度验证报告制度，落实境外企业主体责任、官方机构监管责任。推动制定《检验检测机构管理条例》、修订《认证认可条例》，完善执法监管的法律规范。

3.建立认证认可全过程追溯平台，推广APP等移动监管工具，运用信息技术实时化、智能化识别异常认证活动。完善从业机构信息公示制度，探索建立获证企业承诺制，引入自我声明的合格评定模式，接受社会监督。

4.落实《认证机构管理办法》，对违法主体追究民事连带责任，实行“谁出证，谁负责，谁签字，谁担责”。加强认证认可信用体系建设，对失信机构及人员列入“黑名单”，实施多部门联合惩戒，建立永久退出和终身禁入机制。

四、着力优化制度供给，出台认证认可制度“一揽子”改革举措

1.落实CCC认证改革总体方案，推动“目录瘦身、简化程序、减轻负担”。实施认证目录法规式管理，推动强制性认证与强制性标准深度融合，建立目录动态调整机制，将长期质量稳定的低风险产品调出目录；依据产品的安全风险等级，实施分类管理，分别采用企业自我声明、“型式实验+企业自我声明”、“型式实验+工厂检查+证后跟踪检查”等多种方式；压缩认证单元，合并工厂检查环节，减少重复审核和发证数量；改革CCC标志发放管理，进一步减轻企业负担；扩大实施机构指定数量，进一步打破认证检测市场垄断，给予企业更多自主选择权。

2.加快建立统一的绿色产品认证体系，以绿色建材产品为突破口，切实做好标准协调、目录发布、能力评价、国际合作等工作，为打好污染防治攻坚战和推进生态文明建设提供有力支撑。贯彻落实《网络安全法》要求，建立完善网络安全产品检测认证制度，会同网信办等有关部门发布网络关键设备和网络安全专用产品检测认证实施机构名录，推动认证检测结果互认，提升网络安全保障水平。

3.适应产业形态和质量管理变革趋势，加快工业产品自愿性认证创新步伐，积极发展综合化、整合型认证服务项目，增强认证制度与市场需求的匹配度。整合完善食品农产品认证制度，推动“一审多证”，促进食品农产品认证与进出口食品注册备案融合发展，完善注册备案采信第三方认证机制。

4.完善认证机构审批程序，升级网上审批系统，探索认证机构行政审批方式多元化。整合检验检测机构资质许可项目，精简合并相同、相似的技术评审事项，严格资质认定标准，规范司法鉴定机构等行业资质认定工作，提升技术评价工作有效性。

五、着力完善行业环境，培育壮大检验检测认证服务业

1.推动检验检测认证机构转企改制，与政府部门彻底脱钩，强化认证活动的第三方属性，健全市场化运行机制，营造各类主体公平竞争的市场环境。鼓励组建产学研用一体化的检验检测认证联盟，推动检验检测认证与产业经济深度融合。着力解决认证服务“同质化”现象，提升获证企业和采信主体的“获得感”。

2.重点提升食品农产品、生物医药、信息安全、智能制造、新能源、碳交易等领域支撑服务能力。培育一批区域型和专业型检验检测认证公共服务平台，形成以检验检测认证为“连接器”的产业聚合新模式。鼓励引导检验检测认证机构“一站式”服务和“一体化”发展，为社会用户提供优质高效、便捷低成本的服务。构建军民通用检验检测认证体系，服务军民产业融合发展。

3.积极应用互联网、大数据技术，在信息安全、物联网、电商服务等领域试点推行“互联网+认证认可检验检测”新模式，适应信息时代质量提升需求。构建“认证机构多维全景画像”，运用大数据技术多维度反映认证机构综合能力和运行状态，引导社会各方按需采信认证认可结果。推进认证认可证书和检验检测报告电子化，促进行业绿色发展，提高服务效率。

六、着力夯实基础建设，提升认证认可工作效能

1.加快构建统一的认证认可检验检测大数据中心，系统优化综合业务管理信息平台，提升数据治理水平，解决“数据碎片”和“信息孤岛”问题。完善认证认可检验检测信息共享机制，推进与国家政务信息共享平台、社会信用信息共享平台的无缝对接，建设面向社会用户的信息数据共享接口，提升“云桥”信息共享平台服务功能。

2.实施认证认可标准精品工程，组织制定一批协调

一致、突出行业特色的认证认可国家标准、行业标准和团体标准，为高端品质认证和中小微企业质量提升提供支撑。实施检验检疫标准提质工程，强化流程管理，提升检验检疫标准化保障执法把关、服务贸易便利的能力。实施认证认可科技攻坚工程，以“国家质量基础的共性技术研究与应用”项目为龙头，提升认证认可科技整体水平。

3.巩固认证认可检测服务业统计制度实施机制，持续改进统计信息化系统，提升数据统计分析运用精细化水平。完成年度认证认可检验检测服务业统计报告，向社会公开发布年度统计数据。继续完善认证认可强国评价指标体系，研究建立认证认可有效性综合评价机制，提高认证认可事业发展质量。

七、着力深化国际合作，扩大认证认可国际影响

1.主动对接《国际产能与装备制造合作重点国别规划》《“一带一路”建设三年滚动计划》，以欧亚经济联盟、海湾合作委员会等为重点，推动“一带一路”认证认可国际合作机制进一步深化。借助行业联络机制和地方协作平台，形成服务“一带一路”建设整体合力。推动合格评定政策沟通、标准协调、制度对接、技术合作和人才交流，加快绿色低碳、跨境电商等新领域互认进程。

2.积极引入国外先进标准、技术和服务，提高引资引智的质量效益。支持国内机构拓展国际业务，推动更多机构加入国际互认体系，在食品农产品、消费品、装备制造等领域深化双多边合作互认成果。推动检验检测认证与海外投资、产能合作项目紧密对接，加大支持我国企业“走出去”力度。

3.积极参与和主动引领认证认可国际标准、规则制定，向国际社会提供认证认可“中国方案”。积极推动绿色、有机等国内认证制度获得国际互认。办好认证认可官员国际研修班，促进国际政策技术交流，加强对外培训援助。做好第83届IEC大会筹备工作，支持办好首届中国国际进口博览会。

八、着力加强党的领导，提升认证认可队伍建设水平

1.深入贯彻习近平新时代中国特色社会主义思想和基本方略，不折不扣落实党中央、国务院和总局党组关于认证认可工作的决策部署。将学习贯彻落实十九大精神作为首要政治任务，紧扣贯彻落实中央24号文件和国务院第185次常务会议的部署要求，严格落实各级党组织的政治责任，一级抓一级，一级促一级，把党的领导落到实处。

2.加强认监委对地方认证监管部门的指导，强化信息共享、交流反馈、调研督办机制，改进绩效考核办法，提高综合管理效能。组织开展“大学习、大培训”活动，各级认证监管部门、从业机构要针对实际需求制订培训计划，创新培训方式方法，做好财务保障，拓展培训层次、频率和深度，推进认证认可学科建设和专业人才队伍建设，健全认证认可从业人员职业资格制度，改进人员注册管理工作。

3.全行业要深入贯彻落实习近平总书记关于加强作风建设重要指示精神，驰而不息反“四风”，树立优良政风行风。结合推动“两学一做”学习教育常态化制度化，开展“不忘初心 牢记使命”主题教育，总结推广“支部三级共建”等典型经验，增强认证认可服务基层、服务一线的实效。

4.切实加强财务保障能力和监管能力水平，进一步加强认监委系统财务管理工作。调整监管模式，做好认证认可收费监管。产业发展保持良好势头。“十二五”时期，检验检测认证服务业作为国家重点发展的11类生产性服务业、8类高技术服务业以及9类科技服务业之一，写入有关重点规划和政策文件。到2015年，全国共有检验检测认证机构31343家，从业人数99.5万，营业总收入1934.95亿元。检验检测认证机构整合工作进一步加快，规模化、专业化、品牌化发展初见成效，并涌现出了一批优势企业和知名品牌。

加强认证体系建设　促进全面质量管理

——国家质检总局局长支树平在 2018 年全国认证认可工作会议上的讲话

（2018 年 1 月 16 日）

今年认证认可工作会议是在贯彻落实党的十九大精神这一大背景下召开的。我们总结和部署工作，必须遵循十九大精神，要有更大的历史跨度、更广的视野格局，进一步认清自身定位，明确历史责任，找准主攻方向。

卫军同志代表认监委党组作了很好的工作报告，我都赞成。报告首先回顾了党的十八大以来五年包括过去一年认证认可工作。认证认可是国家质量基础设施的重要支柱，是党和国家事业包括质检事业的重要组成部分。在以习近平同志为核心的党中央领导下，在广大质检工作者特别是认证认可工作者的共同努力下，我国认证认可事业发展也取得了历史性成就，发生了历史性变革。归纳起来，体现为“两个更加突出”：

首先，党中央、国务院把认证认可工作摆到更加突出的位置。上世纪七八十年代，我国开始从国际上引入认证认可制度。我国加入世界贸易组织后，按照“统一管理，共同实施”原则，建立了认证认可部际联席会议制度，构建了与国际接轨的认证认可体系。认证认可还被确定为重点发展的生产性服务业、高技术服务业、科技服务业。特别是党的十八大以来，以习近平同志为核心的党中央高度重视质量发展，高度重视认证认可工作，认证认可写入中央“一号文件”、国家“十三五”规划纲要、政府工作报告、《中国制造2025》，整合检验检测认证机构、统一绿色产品标准认证标识等被中央深化改革领导小组列为重大改革举措。中央经济工作会议、国务院常务会议明确提出，要推动工业产品生产许可向国际通行的产品认证管理转变。2017年9月5日，中共中央、国务院印发《关于开展质量提升行动的指导意见》，第一次以党中央、国务院文件形式明确提出完善国家合格评定体系，夯实国家质量基础设施。2017年9月6日，李克强总理主持召开国务院常务会专题研究推进质量认证体系建设，决定由国务院印发关于加强质量认证体系建设，促进全面质量管理的意见。对认证认可工作来说，这些重大举措都具有开创性的、里程碑式的历史意义。

同时，认证认可发挥了更加突出的作用。在党中央、国务院的高度重视下，进一步健全完善了强制性与自愿性相结合的认证制度，认证领域加速由工业拓展到农业、服务业和社会治理等方面，由品质延伸到安全、健康、环境、资源等方面。进一步拓展节能、节水、可再生能源、绿色有机产品和能源、环境管理体系等认证，累计节电约2900亿千瓦·时、2100亿吨水，减少施用化肥25万吨、农药1.5万吨。建立轨道交通、北斗导航、机器人、电子商务等检验检测认证体系，促进了战略新兴产业发展。累计颁发有效认证证书175.3万张、获证组织60余万家，都居世界第一，ISO 9001获证企业的质量管理体系有效性达到98%以上，获证企业的工业产品利润率比未获证企业平均高出13%。创造性地在出口食品企业实施内外销“同线同标同质”工程，已有2600多家企业参与，涉及近1万种产品，国内市场销售额累计1098亿元，以优质供给促进了消费回流。国际合作也迈出了新步伐，对外签署多边互认协议13份、双边合作互认协议115份，在国际电工产品互认体系（IECEE）中的获证企业数量占到40%，发布《共同推动认证认可服务“一带一路”建设的愿景与行动》，与30多个沿线国家正式建立认证认可合作机制，成功申办第83届IEC大会，中国认证认可正加速走向世界。

党的十九大作出中国特色社会主义进入了新时代这一重大政治论断，明确了在全面建成小康社会基础上，开启全面建设社会主义现代化国家的新征程。特别是十九大报告指出，我国经济已由高速增长阶段转向高质量发展阶段，明确提出要坚持质量第一、效益优先，推动经济发展质量变革，增强我国经济质量优势，建设质量强国。由高速增长阶段转向高质量发展阶段是新时代我国经济发展的基本特征，推动高质量发展是当前和今后一个时期的根本要求。质量认证是加强质量管理、提高市场效率的基础性制度，做好认证认可工作，对于促进产品和服务质量提升、推动高质量发展具有重要意义，一定大有可为。

中央规划，到2035年基本实现社会主义现代化，到本世纪中叶建成富强民主文明和谐美丽的社会主义现代化强国。我们也谋划和建议到2035年基本建成质量强国，到本世纪中叶全面建成高水平的现代化质量强国，为建成社会主义现代化强国奠定坚实的质量基础。认证认可作为现代化治理工具、国家质量基础设施重要支柱，在建设质量强国乃至建设社会主义现代化强国的新征程中，应当发挥出更加重要的作用。

习近平总书记强调，新时代要有新气象新作为。国务院即将印发加强质量认证体系建设、促进全面质量管理的意见，为认证认可工作提供了历史机遇、提出了更高要求。全国质检系统工作会议提出，2018年要作为“质量提升行动年”，全力抓好“五个提升”，即提升质量发展总体水平、质量安全保障水平、质量基础设施水平、质检改革创新水平、质检系统党的建设质量水平。全国认证认可战线要深入学习贯彻十九大精神，贯彻落实好国务院《意见》和总局部署要求，从三个方面入手，加强认证认可工作，展现新气象、实现新作为。

第一，从深化改革入手，构建高质量认证认可体系。深化质量认证制度改革创新，是国务院部署的重点任务，也是质检工作的一项关键性改革。一要在“精简整合”上下功夫。按照“放管服”改革要求，加快清理整合现有认证制度，精简合并重复评价程序。抓好认证机构审批、检验检测机构资质认定制度改革，积极推动“五减”，即减程序、减环节、减时间、减收费、减申请材料。抓好强制性产品认证制度改革，推动“目录瘦身，简化程序，减轻负担”。加快推进检验检测认证机构整合改革，提高专业化服务和一体化发展水平。二要在“转型升级”上下功夫。大力提升认证认可服务供给质量，推动自愿性认证创新研发，重点开展行业特色认证、分级认证、管理体系整合、质量诊断增值服务等举措，提高从业机构专业服务能力，引导市场主体自愿开展认证活动，自愿采信认证结果。三要在“监管增信”上下功夫。大力健全事中事后监管机制，增强认证认可公信力。积极推行风险管理、可追溯监管、“互联网+监管”等监管新模式新方法，完善“法律规范、行政监管、认可约束、行业自律、社会监督”五位一体监管体系，形成多元共治格局。特别是要针对一些领域存在的“认证乱象”，重拳出击，集中整治，努力营造良好的认证认可市场环境。四要在“壮大产业”上下功夫。制定促进检验检测认证服务业发展的产业政策，提升检验检测认证公共服务能力，健全市场化运行和政策保障机制，引导检验检测认证联盟、公共服务平台等新业态发展，把检验检测认证服务业做强做优做大，以中检集团、中检公司为龙头，重点培育一批具有国际影响的检验检测认证知名品牌。

第二，从质量认证管理入手，促进全面质量提升。质量是“产”出来的，也是“管”出来的。我们开展质量提升行动，就要用好认证认可这个国际通行的质量管理工具，以认证认可助力质量提升。重点要从两个方面发力：首先，抓住企业质量管理升级扩面。现在我们正在组织ISO 9001质量管理体系认证升级，要盯住45万家已获证企业，推动这些企业尽快完成换版。在此基础上，拓展质量认证覆盖面，争取以后每年新增10万家以上获证组织，引导更多的企业尤其是中小微企业获得质量认证，带动广大企业、各个行业质量管理全面升级。其次，抓住主打产品和服务，保底线、拉高线。更好发挥强制性认证“保底线”作用，对涉及安全、健康、环保等消费品依法实施强制性认证，加大无证生产销售等违法行为的打击力度。更好发挥自愿性认证“拉高线”作用，大力开展绿色有机、机器人、物联网、轨道交通等产品和健康、教育、体育、金融、电商等服务的高端品质认证，深入推进内外销产品“同线同标同质”工程，满足人民对美好生活“高品质”需要。

第三，从发挥认证作用入手，推动经济社会高质量发展。认证认可的本质属性就是“传递信任，服务发展”。我们在全面推进认证认可工作、发挥认证认可作用的基础上，要紧紧围绕党和国家重大战略部署，凝聚力量，主动服务，多作贡献。一要围绕“三大攻坚战”主动服务。中央经济工作会议确定，今后3年要重点抓好决胜全面建成小康社会的防范化解重大风险、精准脱贫、污染防治三大攻坚战。认证认可要发挥基础性制度优势，紧盯金融安全、信息安全这些重大风险领域，加快推进金融服务认证、网络信息安全认证，精准识别、科学防范风险；紧盯精准扶贫这个主战场，大力开展有机认证、绿色认证，创造认证认可扶贫脱贫新经验；紧盯污染防治这个硬任务，加快建立统一的绿色产品标准认证标识制度，完善节能环保认证认可体系，为污染综合防治提供更有力支撑，打好蓝天保卫战。二要围绕乡村振兴战略主动服务。坚持质量兴农、绿色兴农，完善涉农领域检验检测认证体系建设，提供绿色优质农产品的认证覆盖率，培育一批高端农产品和农资认证品牌，打造一批有机产品认证示范区、良好农业规范认证示范区和绿色产品认证示范项目。三要围绕军民融合发展战略主动服务。积极构建服务军民融合发展的通用检验检测认证体系，打造军转民、民参军的能力验证“直通车”，加强北斗导航、大飞机等共性检验检测技术研发，增强认证认可对经济建设和国防建设的技术支撑能力。四要围绕“一带一路”建设主动服务。加强政府间、从业机构间多层次合作，推动认证认可政策沟通、标准协调、制度对接、技术合作和人才交流。加强国际通用互认合格评定标准规则建设，突破高铁、汽车、航空等领域检验检测认证壁垒。积极参与和主动引领认证认可国际规则制定，向国际社会提供质量认证“中国方案”，实现“中国认证，全球认可”。

认证认可工作的突出特点是社会共治。今天我们还邀请了部际协作单位、认证认可从业机构和获证企业的代表出席会议。认证认可的历史性成就和变革，归功于大家的齐心协力。新时代认证认可的改革发展，更需要大家共同努力。希望各部门、各单位把认证认可摆到更加重要的位置，切实抓好国务院加强质量认证体系建设、促进全面质量管理意见的贯彻落实，大家一起喊，一起干，形成学习认证、掌握认证、善用认证的良好氛围。进一步完善认证认可工作部际联席会议制度，深化协作层次，加强政策衔接、规划引导和工作协调，健全信息互享、监管互认、执法互助工作机制，形成更协调格局、更强大合力，共同推动认证认可大国向认证认可强国迈进。

十九大开启了全面建设社会主义现代化国家新征程，也开启了建设质量强国、认证认可强国新征程。让我们以习近平新时代中国特色社会主义思想为指导，不忘初心、牢记使命，时不我待、只争朝夕，奋力提升质量认证水平，扎实开展质量提升行动，为推动经济高质量发展，实现“两个一百年”奋斗目标作出新的更大贡献！

把握新时代机遇　推动高质量发展
开启认证认可事业发展新征程

——国家认监委副主任刘卫军在2018年全国认证认可工作会议上的讲话

（2018年1月16日）

这次会议的主要任务是，深入学习贯彻党的十九大、中央经济工作会议、国务院第185次常务会议和全国质检工作会议精神，总结2017年及十八大以来的认证认可工作，明确未来一段时期的重点任务，加快建设认证认可强国，推动我国经济高质量发展。

一、2017年工作及过去五年的成就和变革

刚刚过去的2017年，我们认真贯彻落实党中央、国务院和总局党组的决策部署，深入开展质量提升行动，加强全面质量管理，努力提升认证认可工作水平。回顾一年来的工作，主要取得了五方面的新成绩：

（一）服务大局作出新贡献

我们深入开展质量提升行动，制定《认证认可助力质量提升行动计划》，主动服务供给侧结构性改革和经济社会发展。一是开展质量管理体系升级行动。以ISO 9001标准换版为契机，质检总局、认监委联合发出广泛开展新版质量管理体系标准宣贯学习活动的通知，开展万家企业质量提升专题调研，开通百万家企业全面质量管理免费培训平台，普及质量管理知识；在航空、汽车、石化、机械等21个行业率先启动41个试点项目，打造“质量管理体系认证升级版”，推动“一个一个行业、一个一个企业”质量提升。质检总局、山西省人民政府、认监委共同主办“质量管理体系升级行动推进会”，颁发首批质量管理体系认证升级版证书。二是推行高端品质认证。瞄准国际先进水平，采用满足市场和创新需要的国家标准、团体标准和企业标准，实施一批高端品质认证项目。在消费品领域开展空气净化器、智能马桶盖、儿童用品等认证，在装备制造领域开展机器人、城市轨道交通装备、车联网产品等认证，在服务领域开展养老、保健、金融服务

等认证，促进产业提质升级。三是推进内外销产品“同线同标同质”工程。深入开展出口食品企业“逐一帮扶”行动和“三同”进万家活动，“三同”企业及产品达到2620家、9866种，国内销售额累计达1098亿元。“三同”公共服务平台在中宣部等主办的“砥砺奋进的五年”大型成就展展示，“三同”工程入选2017年度“质量之光”十大质量事件。四是服务生态文明建设。新颁发节能产品证书11641张、节水产品证书583张、可再生能源证书649张，实现节约电能645亿度，比上年同比增长14%；节水479亿吨，同比增长3.6%。五是促进国家战略产业发展。与中央军委联合参谋部共同实施《北斗卫星导航检测认证2020行动计划》，支持成立“中国北斗卫星导航产品检测认证联盟”，助推北斗导航应用达到国际先进水平。帮助中国商飞全面升级航空业质量管理体系，助力国产大飞机进军国际航空市场。六是探索有机产品认证精准扶贫机制。帮助国家扶贫工作重点县、集中连片特困地区开展有机认证示范区创建，有机认证扶贫标识成为精准脱贫的有效载体。全国现有592个国家扶贫开发工作重点县中，有446个拥有获得有机产品认证企业；全国129个国家有机产品认证示范创建区中，有45个来自贫困县。七是运用认证认可手段打造区域质量品牌。鼓励地方政府将认证认可作为质量强省兴市的有效举措，在全国创建检验检测认证公共服务平台14个，支持浙江省创建认证认可检验检测综合改革试点省，培育“浙江制造”“上海品质”“深圳标准”“丽水山耕”等一批区域高端质量品牌。

（二）深化改革取得新突破

按照供给侧结构性改革和“放管服”改革要求，我们以提高认证认可供给质量为目标，着力深化改革，推进制度创新，让企业和人民群众有更多的“获得感”。一是稳步推进绿色产品认证制度改革。质检总局、住房城乡建设部、工业信息化部、认监委、标准委等五部委联合印文，率先在建材产品领域推进统一的绿色产品标准、认证、标识体系建设。制定绿色产品认证机构、检测机构能力要求，构建中国绿色产品认证信息平台。二是深化强制性产品认证制度改革。制订强制性产品认证整体改革方案并上报总局审议。完善认证目录动态管理机制，推动目录管理更加科学友好。玩具产品试点推行“认证通用要求+细化产品目录描述”的管理方式，实现强制性认证与强制性标准深度融合。完善实施机构指定方式，进一步打破强制性认证市场垄断。配合工业产品生产许可证制度改革，做好摩托车乘员头盔、电热毯、电动助力车等3类产品转认证管理的承接过渡工作。三是扎实推进行政许可审批改革。完善认证机构审批制度，实施认证机构网上审批，承担国务院审改办“精简和规范行政许可申请材料”试点，将取消申请材料29项，占比44%。深化检验检测机构资质许可制度改革，减少5251家机动车安检机构、3365家食品检验机构、3131家产品质量监督检验机构的重复发证。

（三）行业治理形成新格局

我们坚持完善“法律规范、行政监管、认可约束、行业自律、社会监督”五位一体的行业治理体系，凝聚各方力量，推动行业健康发展。一是部际协作深入推进。制定《贯彻落实〈认证认可检验检测发展“十三五”规划〉2017年行动计划》，实施86项部际协作重点项目，会同中央网信办、发展改革委、工业信息化部、公安部、环保部等部委加快推进网络安全、绿色低碳、轨道交通、环境监测等检验检测认证体系和采信机制建设。二是监管力度明显加大。2017年，国务院领导同志多次就认证领域存在的问题作出批示，全国深化“放管服”改革电视电话会议明确要求“坚决治理认证乱象”。我们迅速采取行动，开展调查处理和集中整治。针对“西安地铁电缆”事件，集中开展电线电缆产品“四查一整治”活动，现场排查生产企业5884家，撤销证书71张、暂停875张。全面推行“双随机、一公开”检查，集中抽查728家检验检测认证机构，对37家问题机构发出整改通知，撤销、暂停3家机构从业资质，行政处罚立案15起，发布年度认证监管十大案例。全国质检部门对获得资质认定的检验检测机构加强监管，对4701家问题机构作出处理，占全国总数14%。三是行风建设持续深化。建立认证违法违规信息举报平台，实施行政监管、认可约束、行业自律共同处置机制。在上海等多地试点推行CCC诚信企业便利化措施，压实企业主体责任，形成“诚信便利，失信受惩”的共治格局。四是社会影响显著提升。广泛开展“世界认可日”“检验检测机构开放日”“有机宣传周”“服务认证体验周”等宣传活动，切实发挥行业组织、地方政府和社会公众的作用，扩大认证认可的社会影响。

（四）国际合作迈出新步伐

我们着力发挥认证认可的国际化优势，提升参与国际合作的能力。一是巩固深化“一带一路”合作机制。认证认可工作写入国家发布的《共建“一带一路”：理念、实践与中国贡献》；推进《认证认可服务“一带一路”建设愿景与行动》三年滚动计划，举办“一带一路”认证认可官员研修班和认可发展研讨班，累计为29个沿线国家提供培训援助，深化与欧亚经济联盟、海合会等区域合作。二是拓展丰富双多边合作成果。在李克强总理见证下，与丹麦签署认证认可和有机产品合作谅解备忘录。落实中美两国领导人共识，将美国牛肉生产企业纳入注册管理。全年共新增签署双边合作文件 5份、加入多边互认体系的技术机构11家。三是有力提升认证认可国际话语权。《服务认证方案指南和示例》(ISO/IEC TR 17028)成为首个我国主导制定的合格评定国际标准。我国成为全球首个具备国际电工委员会可再生能源认证互认体系(IECRE)风电、光伏全部检测认证能力的国家。成功连任国际认可论坛(IAF)主席和国际电工委员会防爆产品认证体系(IECEx)技术委员会主席,全年新增国际组织任职25人次。稳步推进第83届IEC大会筹备工作。

(五)基础建设呈现新面貌

我们以加强党的领导为根本,不断强化基础能力建设。一是强化制度建设。推动《检验检测机构管理条例》立法进程,修订发布《认证机构管理办法》《出口食品生产企业备案管理规定》,清理内部管理及业务管理规章制度,完成61项"废立改"任务。二是强化技术能力建设。组织制订认证认可国际标准1项、国家标准18项、行业标准103项,检验检疫国际标准9项、国家标准16项、行业标准322项。启动6项国家重点研发计划项目,NQI专项认证认可领域任务全部完成部署。积极探索"互联网+认证认可检验检测"模式,加快综合业务管理平台和大数据中心建设,推广"云桥"信息共享平台应用,助力电商企业在线校验CCC证书1亿余次、下架商品300余万件。三是强化统计评价体系建设。新版《认证认可统计报表》制度获得国家统计局批准,首次向社会发布全国认证认可检验检测服务业统计信息。开展认证认可强国建设评价指标年度测算,扩展国际比对范围,为事业长远发展提供了更科学的依据。四是强化队伍建设。狠抓"两学一做"学习教育常态化制度化,打造认证认可讲堂、共建联系点等学习和党建品牌。落实干部队伍建设规划,开展"认证执法下基层"活动,举办培训班16期、参训人员1576人次,提升了整体队伍素质。

过去一年,对认证认可行业来说是极不平凡的一年。党中央、国务院对认证认可工作给予了前所未有的重视。认证认可先后写进中央"一号文件"、政府工作报告。9月5日,党中央、国务院印发《关于开展质量提升行动的指导意见》,提出完善国家合格评定体系,夯实国家质量基础设施。尤其令人振奋的是,9月6日,国务院第185次常务会议专题研究推进质量认证体系建设,为认证认可工作提供了前所未有的发展机遇。

回顾党的十八大以来,在总局党组的正确领导下,我们团结拼搏,推动我国认证认可事业取得了历史性的成就和变革。主要体现在五个方面:一是认证认可工作在国家大局中地位作用不断提升,政策力度不断加大,成为国家治理体系的重要工具。五年来,认证认可检验检测相继写入国家"十二五"和"十三五"规划纲要、《政府工作报告》《中国制造2025》《网络安全法》等多部政策文件和法律法规,认证认可的应用从传统质量领域拓展到网络安全、节能环保、气候变化、精准扶贫等国家治理新领域,成为供给侧结构性改革和"放管服"改革的重要抓手,并作为政府质量工作考核、国家信用信息共享平台的重要内容。二是认证认可制度体系在深化改革中更加完善定型,基础作用更加显现,成为国家质检工作体系的重要组成。五年来,我们按照全面深化改革部署,在认证认可领域实施了159项改革举措,顺利推进了完善认证机构审批、整合检验检测认证机构、统一绿色产品认证标识等中央及国家重点改革任务,全面开展了强制性产品认证、检验检测机构资质认定、认可和人员注册制度等制度改革,行政管理效能明显提升,行业发展活力显著增强。截至目前,共有认证机构403家、检验检测机构数量33235家,比五年前分别增长132.94%和33.75%。法律法规和标准体系更加完善,认证认可写入52部法律、行政法规及部门规章,主导或联合发起制定合格评定国际标准3项、国家标准61项、行业标准357项,检验检疫国际标准26项、国家标准214项、行业标准1811项,支撑能力不断提升。三是认证认可服务水平在创新发展中显著提升,供给质量显著优化,成为现代服务业的重要门类。五年来,认证认可行业以市场和创新需求为导向,大力提高技术研发、综合管理和服务能力,积极开发满足中高端需求的服务项目,自主创新的认证技术规范备案数量比五年前增长398%,检验检测认证机构能力素质全面提升。累计颁发有效认证证书175.3万张、获证组织58.7万家,认可合格评定机构9543家,认证认可业务规模连续多年居世界第一;检验检测认证服务业营业总收入以年均15%的增幅迅速发展,2016年已突破2300亿元,成为全球增长最快、潜力最大的检验检测认证市场。四是认证认可机制平台在社会共治中日趋健全,工作合力日趋增强,成为国家质量工作机制的重要支撑。五年来,全国认证认可工作部际联席会议机制不断拓展,参与单位已超过30 个,首次建立认证认可检验检测国家统计制度,首次由多个部委联合制定认证认可检验检测发展规划。实现省市级建立部门联动机制的突破,会同各级地方政府探索共建有机产品和良好农业规范认证示范区129个、检验检测认证公共服务平台14个、认证认可基层联系点4个,推动了认证认可在各地方各部门各行业的广泛应用。五是认证认可国际影响在合作互认中不断提升,话语权不断增强,成为推动国际认证认可发展的重要力量。五年来,我国参与认证认可国际合作的广度和深度不断拓展,累计加入21个合格评定国际组织,签署13个多边互认协定和117份双边合作互认文件,推动"一带一路"认证认可合作机制化,担任国际组织管理层职务25人次、技术层职务162人次,实现了国际互认安排、国际组织任职、国际标准原创、国际制度主导等一系列突破，在国际上首次开展认证认可综合发展评价体系研究。综合来看，我国认证认可发展水平呈现显著上升趋势，与发达国家差距逐年缩小，实现了从跟跑向并跑和部分领域领跑的历史性转变，正在由认证认可大国迈向认证认可强国行列。

这些成绩的取得，归功于党中央和国务院的英明决策、总局党组的正确领导、各部门和各级地方党委政府的大力支持、社会各界的关心帮助，也是全国认证认可战线广大干部职工共同努力的结果。

二、认证认可进入新时代，开启事业发展新征程

党的十九大标志着中国特色社会主义进入新时代，我国经济发展已由高速增长阶段转向高质量发展阶段。十九大报告要求把提高供给体系质量作为主攻方向，推动经济发展质量变革，增强我国经济质量优势，建设质量强国。上周刚刚召开的全国质检工作会议，全面分析了质检工作面临的新时代要求，提出建设质量强国的总体目标和开展质量提升行动的总体部署，对认证认可工作提出了明确要求。新时代催人奋进，新征程任重道远。我们要准确把握新的形势，勇于担当新的使命。

（一）新时代形势分析

我们首先要看到，机遇前所未有。党的十九大制定的宏伟蓝图，党中央、国务院一系列政策措施的出台落地，推动认证认可事业发展进入新时代，为认证认可提供了更加广阔的舞台，我们面临前所未有的、全方位的机遇。

一是体现在党中央、国务院对认证认可的重视前所未有。近年来，中央经济工作会议、全国“两会”、国务院常务会议等一系列重要会议，中央“一号文件”、中央“24号文件”、国家“十二五”“十三五”规划纲要等一系列重要文件，都明确提到认证认可工作，对其重要性给予充分肯定。特别是国务院第185次常务会议专题研究推进质量认证体系建设，强调“推行和强化质量认证这一市场经济基础性制度，有利于加强质量监管，营造公平竞争市场环境，促进中国制造提质升级、迈向中高端”，并即将由国务院专门发文进行部署。此外，党中央、国务院领导同志关于认证认可工作的批示逐年增多，尤其是过去一年专题批示达到六件之多，为历年之最。

二是体现在各地方、各部门对认证认可的看重和应用前所未有。随着认证认可的地位作用日益凸显，国务院各部门、各级地方政府积极运用认证认可手段促进行业管理和区域发展，出台多部推动认证认可、检验检测工作的部门规章、行业管理规定和地方性法规，加大投入建设检验检测认证技术机构、公共服务平台和示范区，大力培育检验检测认证服务业，采用认证认可手段推动质量品牌建设。认证认可的议事协调机制、结果采信机制、联动监管机制等越来越完善，应用范围越来越广阔。

三是体现在社会各方对认证认可的需求前所未有。企业、消费者、政府部门、行业组织等社会各方，都向认证认可提出了日益旺盛的需求，特别是随着高质量发展阶段的来临，中高端需求越来越激发，这些需求成为认证认可制度创新、业务发展的强劲动力，直接拉动了检验检测认证高技术服务业的快速发展。

四是体现在国际社会对中国认证认可的关注前所未有。随着我国日益深度参与认证认可国际合作，中国认证认可的国际影响力和话语权正在快速提升，逐步实现了国际组织任职从技术层向管理决策层、国际标准提案从实质参与到主导提出、技术方案从引进到输出的转变，国际上普遍希望中国在认证认可未来发展中扮演更加重要、更具领导力的角色。

我们同时要看到，使命更加光荣。党的十九大作出的新时代战略部署，对认证认可工作提出了新的更高要求。党中央、国务院对认证认可工作这么重视，我们理应有更强的使命意识、更高的责任担当。

一是围绕十九大报告提出的推动高质量发展，如何更好发挥认证认可守底线、拉高线的基础保障和激励引导作用，促进质量变革、效率变革、动力变革，提高全要素生产率，增强我国经济质量优势。我们要在提高认证认可供给质量特别是质量管理体系升级、高端品质认证等方面更有作为。

二是围绕十九大报告提出的构建现代化经济体系，如何更好发挥认证认可加强质量管理、提高市场效率的基础性制度作用，推动认证认可全方位服务供给侧结构性改革、乡村振兴战略、区域协调发展。我们要在完善国家合格评定体系特别是强化政策法治支撑、健全采信机制、培育检验检测认证服务业等方面更有作为。

三是围绕十九大报告提出的满足人民美好生活需要，如何更好发挥认证认可改善供给、指导消费的作用，让人民群众通过认证认可享受更安全、更优质、更放心的美好生活，增强质量发展的获得感。我们要在更好满足社会对认证认可的需求特别是推进食品、消费品和环境质量认证等方面更有作为。

四是围绕十九大报告提出的构建人类命运共同体，如何更好发挥认证认可便利对外贸易、深化合作互信的作用，全方位服务“一带一路”、自贸区建设等开放发展战略。我们要在深化国际合作互认特别是构建“一带一路”合作机制、积极参与国际治理等方面更有作为。

我们也要清醒看到，挑战日益严峻。十九大报告指出，我国社会主要矛盾已经转化为人民日益增长的美好

生活需要和不平衡不充分的发展之间的矛盾。体现在认证认可领域，就是社会日益增长的认证认可需求和认证认可自身发展不平衡不充分之间的矛盾。突出反映为，认证认可有效供给不足，难以满足高质量发展需求。

从内部看，挑战主要有四个方面：一是体系结构不合理，供给质量不高。现有认证制度以满足安全底线要求为主，满足中高端质量需求偏少，高端品质认证刚刚起步，一些认证评价标准偏低，质量提升作用不明显。二是制度设计不完善，改革红利释放不足。一些领域“放管服”改革尚未完全到位，管理方式僵化，评价模式单一，实施程序繁琐，企业获证成本偏高，改革成效与社会期望还有差距。三是一些领域存在“认证乱象”，后续监管不到位。有的机构和人员诚信意识和职业道德缺失，发生买卖证、收红包等行为；事中事后监管机制尚不完善，监管手段滞后，监管力量薄弱。四是行业发展不充分，专业能力不足。从业机构“小散弱”现象突出，从业人员专业能力存在短板，国内机构与国外巨头相比存在多方面差距。境内检测认证外资机构数量仅占0.8%，市场份额却占8%。我国海外工程项目大约85%的检测认证业务由国外机构提供。

从外部看，挑战主要有两方面：一是国内方面，虽然认证认可的社会需求迅速增长，但社会认知度依然不高、政策措施不配套、法治保障不完善、采信机制不健全。另外由于“放管服”改革尚未完全到位，一些地方和行业类似“认证”的评价活动过多过滥，增加企业制度性交易成本，严重影响认证声誉；二是国际方面，虽然我国认证认可正在由大向强转变，但与世界认证认可强国相比仍然存在不小差距，国际组织和标准规则的话语权基本还掌控在发达国家手中，我们刚刚实现国际认证规则“零的突破”，发达国家仍然掌握着认证检测技术的主动权。

（二）新征程总体部署

今后3年，是推进认证认可体系建设、实现认证认可强国目标的关键时期。我们要围绕党中央、国务院和质检总局的决策部署，把握新机遇，牢记新使命，开启认证认可事业发展新征程。今后3年的总体部署是：

发展目标。深入贯彻落实十九大精神，以习近平新时代中国特色社会主义思想为指导，牢固树立新发展理念，按照实施质量强国战略和质量提升行动总体部署，运用国际先进质量管理标准和方法，构建统一管理、共同实施、权威公信、通用互认的认证认可体系，全面提高认证认可供给质量，为推动我国经济高质量发展发挥更大作用。届时，我国认证认可架构将趋于完备，法律法规体系、标准体系、组织体系、监管体系、公共服务体系和国际合作互认体系基本完善。

基本方针。为了实现新征程发展目标，我们要始终坚持五个导向：

一是坚持政治导向，加强党的领导。坚持“党管”和“管党”相结合，牢固树立“四个意识”，在思想上政治上行动上同以习近平同志为核心的党中央保持高度一致，用党的十九大精神指引认证认可事业前进方向，确保党的各项决策部署特别是推动高质量发展的战略部署在认证认可领域落到实处。

二是坚持需求导向，提升供给质量。坚持“保底”和“拉高”相结合，按照市场和社会需求优化制度顶层设计，调体系结构，提标准档次、补能力短板，增加高端品质认证比重，使认证认可供给更加适应高质量发展需求。

三是坚持问题导向，深化改革创新。坚持“大改”和“微调”相结合，大力推进认证认可领域关键性改革，重点在改革的系统性和协同性上下工夫，抓好各项改革的前后衔接和横向配套，确保改革措施落地生根，增加社会各方的获得感。

四是坚持共治导向，完善工作机制。坚持“统管”和“共治”相结合，强化认监委的牵头抓总职能，提升地方认证监管部门的监管服务职能，落实从业机构和人员的主体责任，进一步发挥行业主管部门、地方政府、行业组织、社会公众的作用，着力完善部际协作机制、事中事后监管机制和社会共治机制。

五是坚持结果导向，构建评价体系。坚持“定性”和“定量”相结合，完善认证认可、检验检测国家统计制度，健全认证认可强国评价指标体系，研究建立认证认可服务经济社会发展有效性评价机制。

三、扎实做好2018年认证认可工作

2018年是贯彻党的十九大精神的开局之年，是改革开放40周年，是决胜全面建成小康社会的关键一年。总局把2018年确定为“质量提升行动年”。今年认证认可工作的总体思路是：深入学习贯彻党的十九大和中央经济工作会议精神，以习近平新时代中国特色社会主义思想为指导，坚持新发展理念，按照高质量发展的要求，以提高认证认可供给质量为主线，深入开展质量提升行动，统筹推进认证认可体系建设，推动中国制造向中国创造转变、中国速度向中国质量转变、制造大国向制造强国转变。以深入开展百万企业认证升级行动、高端认证质量惠民行动、认证服务地方行业行动、“中国认证，全球认可”行动、“认证乱象”专项整治行动等五大主题行动为引导，着力抓好以下八项重点任务：

（一）着力抓好《意见》落实，统筹推进质量认证体系建设

国务院即将下发《关于加强质量认证体系建设 促进

全面质量管理的意见》，我们要迅速行动起来，抓紧研究出台具体实施方案，确保《意见》落到实处。重点抓好三个环节：

第一，切实加强组织领导。推动各地方、各部门将质量认证体系建设摆到重要议事日程，出台推进质量认证的专门政策，建立协调机制，制定推进措施，完善配套条件，落实工作责任，加强对质量认证工作的统筹协调和综合管理。

第二，细化分解落实任务。推动各级政府结合各自实际，制定质量认证体系建设方案，将质量认证纳入政府绩效考核和质量工作考核，确保各项决策部署落地。《意见》实施过程中，认证认可全行业对于新问题、新现象要深入研究，大胆探索，示范引领，形成可复制、可推广的典型经验。

第三，做好宣传贯彻工作。充分利用各种媒体渠道和宣传手段，通过新闻媒体和互联网络加强宣传报道，对《意见》进行全方位、立体化的解读，提高质量认证的社会认知度，及时做好舆情引导和协调应对。

（二）着力推动质量变革，深入开展认证认可助力质量提升行动

深入贯彻落实《中共中央 国务院关于开展质量提升行动的指导意见》，唱响“质量提升行动年，认证认可在行动”的主题，打响一批特色鲜明、实效突出的主题行动，充分发挥认证认可保底线、拉高线、加强全面质量管理的特有作用，促进产品、服务和行业、区域质量水平全面提升。重点抓好三大任务：

第一，全面推进质量管理体系升级活动。开展百万企业认证升级行动，以质量管理体系认证升级为抓手，推动100万家企业学用质量管理先进标准方法，完成45万家获证企业体系升级换版工作，树立一批质量标杆企业。发挥国有企业尤其是中央企业的“主力军”作用，当好质量管理“领跑者”，带头推进质量提升。组织中小微企业质量认证帮扶活动，针对中小微企业需求开设免费培训课程，提供质量援助方案，补齐质量提升短板。质量管理体系认证升级是今年的一项硬任务，各地认证监管部门和从业机构要大力推进质量管理体系认证升级版工作，开展行业特色认证、分级认证、管理体系整合、质量诊断增值服务，不断增强认证提升质量的效果。

第二，大力推行高端品质认证。开展高端认证质量惠民行动，引导市场增加高质量产品、服务供给，满足人民美好生活需要。在食品和消费品领域，重点开展有机食品、智能家电、儿童用品、交通一卡通等产品认证，扩大“三同”工程实施范围，逐步增加“三同”企业及产品数量。在装备制造领域，重点开展机器人、新能源汽车及充电桩、车联网北斗导航、城轨交通装备等认证。在服务业领域，重点开展健康服务、养老服务、金融服务、教育服务等认证。

第三，深入实施质量认证促进工程。开展认证服务地方行业行动，围绕各地方、各行业高质量需求，创建一批质量认证示范区（点），实施一批质量认证服务示范项目，打造一批检验检测认证公共服务平台，培育一批高端质量品牌。鼓励国务院各部门、各级地方政府出台质量认证促进政策，支持具备条件地区开展认证认可检验检测综合改革试点，积极探索推动认证认可在政府监管、社会治理、污染防治、精准扶贫等领域的应用，健全政府、行业、社会多层次采信机制，推动广大企业尤其是中西部企业、服务企业、中小微企业获得认证，拓展质量认证覆盖面。

（三）着力加强执法监管，坚决维护认证认可公信力

坚持标本兼治、多元共治的原则，一手抓执法整治，针对各类“认证乱象”，加大执法力度，坚决打击违法违规行为；一手抓监管创新，完善事中事后监管和社会共治机制，提高监管效能，切实维护风清气朗的行业环境。重点采取三项举措：

第一，集中整治“认证乱象”。开展“认证乱象”专项整治行动，逐一排查问题，逐一整改落实，并向社会公布查处结果。全面推行“双随机、一公开”抽查，严厉打击非法从事检验检测认证活动和伪造、冒用、买卖证书或者标志等行为。严格强制性认证监管，针对抽查合格率下滑或波动大的产品，集中排查风险隐患；针对相关产业集聚区、问题多发区，加大对无证出厂、销售、进口等违法行为打击力度。

第二，强化关键风险环节监管。根据产品风险程度和产业成熟度，对强制性认证目录产品及企业实行分类管理，加严新实施CCC产品、电商CCC产品的监管。对新设立认证机构、检验检测机构加大监管力度，适度增加监督检查项目及频次。基于风险管理模式，适时调整扩大《进口食品境外生产企业注册实施目录》，对产品风险较高的已注册企业实施年度验证报告制度，落实境外企业主体责任、官方机构监管责任。推动制定《检验检测机构管理条例》、修订《认证认可条例》，完善执法监管的法律规范。

第三，构建全过程追溯机制。建立认证认可全过程追溯平台，推广APP等移动监管工具，运用信息技术实时化、智能化识别异常认证活动。完善从业机构信息公示制度，探索建立获证企业承诺制，引入自我声明的合格评定模式，接受社会监督。落实《认证机构管理办法》，对

违法主体追究民事连带责任，实行“谁出证，谁负责，谁签字，谁担责”。加强认证认可信用体系建设，对失信机构及人员列入“黑名单”，实施多部门联合惩戒，建立永久退出和终身禁入机制。

（四）着力优化制度供给，出台认证认可制度“一揽子”改革举措

以深化改革为突破口，以提高认证认可供给质量为核心，推出一批深化改革举措，使认证认可制度体系更加成熟定型、更加科学便捷。重点推进三项改革：

第一，系统完善强制性产品认证制度。落实CCC认证改革总体方案，推动“目录瘦身、简化程序、减轻负担”。实施认证目录法规式管理，推动强制性认证与强制性标准深度融合，建立目录动态调整机制，将长期质量稳定的低风险产品调出目录；依据产品的安全风险等级，实施分类管理，分别采用企业自我声明、“型式实验+企业自我声明”、“型式实验+工厂检查+证后跟踪检查”等多种方式；压缩认证单元，合并工厂检查环节，减少重复审核和发证数量；改革CCC标志发放管理，进一步减轻企业负担；扩大实施机构指定数量，进一步打破认证检测市场垄断，给予企业更多自主选择权。

第二，整合优化自愿性认证制度。加快建立统一的绿色产品认证体系，以绿色建材产品为突破口，切实做好标准协调、目录发布、能力评价、国际合作等工作，为打好污染防治攻坚战和推进生态文明建设提供有力支撑。贯彻落实《网络安全法》要求，建立完善网络安全产品检测认证制度，会同网信办等有关部门发布网络关键设备和网络安全专用产品检测认证实施机构名录，推动认证检测结果互认，提升网络安全保障水平。适应产业形态和质量管理变革趋势，加快工业产品自愿性认证创新步伐，积极发展综合化、整合型认证服务项目，增强认证制度与市场需求的匹配度。整合完善食品农产品认证制度，推动“一审多证”，促进食品农产品认证与进出口食品注册备案融合发展，完善注册备案采信第三方认证机制。

第三，简化规范行政许可项目。完善认证机构审批程序，升级网上审批系统，探索认证机构行政审批方式多元化。整合检验检测机构资质许可项目，精简合并相同、相似的技术评审事项，严格资质认定标准，规范司法鉴定机构等行业资质认定工作，提升技术评价工作有效性。

（五）着力完善行业环境，培育壮大检验检测认证服务业

检验检测认证作为高技术服务业，正迎来市场化改革的契机，我们要营造良好的行业环境、培育优秀的机构品牌，全面提升行业服务能力。重点抓好三项工作：

第一，促进行业机构改革发展。推动检验检测认证机构转企改制，与政府部门彻底脱钩。强化认证活动的第三方属性，健全市场化运行机制，营造各类主体公平竞争的市场环境。鼓励组建产学研用一体化的检验检测认证联盟，推动检验检测认证与产业经济深度融合。着力解决认证服务“同质化”现象，提升获证企业和采信主体的“获得感”。

第二，增强行业综合服务能力。重点提升食品农产品、生物医药、信息安全、智能制造、新能源、碳交易等领域支撑服务能力。培育一批区域型和专业型检验检测认证公共服务平台，形成以检验检测认证为“连接器”的产业聚合新模式。鼓励引导检验检测认证机构“一站式”服务和“一体化”发展，为社会用户提供优质高效、便捷低成本的服务。构建军民通用检验检测认证体系，服务军民产业融合发展。

第三，加快培育新型服务业态。积极应用互联网、大数据技术，在信息安全、物联网、电商服务等领域试点推行“互联网+认证认可检验检测”新模式，适应信息时代质量提升需求。构建“认证机构多维全景画像”，运用大数据技术多维度反映认证机构综合能力和运行状态，引导社会各方按需采信认证认可结果。推进认证认可证书和检验检测报告电子化，促进行业绿色发展，提高服务效率。

（六）着力夯实基础建设，提升认证认可工作效能

大力抓基础、强基层，提升认证认可作为国家质量基础设施的建设水平和服务能力，支撑引领高质量发展。重点抓好三项建设：

第一，整合认证认可检验检测信息化平台。加快构建统一的认证认可检验检测大数据中心，系统优化综合业务管理信息平台，提升数据治理水平，解决“数据碎片”和“信息孤岛”问题。完善认证认可检验检测信息共享机制，推进与国家政务信息共享平台、社会信用信息共享平台的无缝对接，建设面向社会用户的信息数据共享接口，提升“云桥”信息共享平台服务功能。

第二，夯实认证认可科技与标准化工作。实施认证认可标准精品工程，组织制定一批协调一致、突出行业特色的认证认可国家标准、行业标准和团体标准，为高端品质认证和中小微企业质量提升提供支撑。实施检验检疫标准提质工程，强化流程管理，提升检验检疫标准化保障执法把关、服务贸易便利的能力。实施认证认可科技攻坚工程，以“国家质量基础的共性技术研究与应用”项目为龙头，提升认证认可科技整体水平。

第三，完善统计制度和综合评价指标体系。巩固认证认可检测服务业统计制度实施机制，持续改进统计信息化系统，提升数据统计分析运用精细化水平。完成年度认证认可检验检测服务业统计报告，向社会公开发布年度统计数据。继续完善认证认可强国评价指标体系，研究建立认证认可有效性综合评价机制，提高认证认可事业发展质量。

（七）着力深化国际合作，扩大认证认可国际影响

开展“中国认证，全球认可”行动，突出实效性，增强话语权，提升影响力，充分发挥认证认可在参与国际治理、便利经贸交往等方面的作用。重点落实三项目标：

第一，深化“一带一路”合作机制。主动对接《国际产能与装备制造合作重点国别规划》《“一带一路”建设三年滚动计划》，以欧亚经济联盟、海湾合作委员会等为重点，推动“一带一路”认证认可国际合作机制进一步深化。借助行业联络机制和地方协作平台，形成服务“一带一路”建设整体合力。推动合格评定政策沟通、标准协调、制度对接、技术合作和人才交流，加快绿色低碳、跨境电商等新领域互认进程。

第二，完善全方位合作格局。积极引入国外先进标准、技术和服务，提高引资引智的质量效益。支持国内机构拓展国际业务，推动更多机构加入国际互认体系，在食品农产品、消费品、装备制造等领域深化双多边合作互认成果。推动检验检测认证与海外投资、产能合作项目紧密对接，加大支持我国企业“走出去”力度。

第三，提升我国认证认可国际地位。积极参与和主动引领认证认可国际标准、规则制定，向国际社会提供认证认可“中国方案”。积极推动绿色、有机等国内认证制度获得国际互认。办好认证认可官员国际研修班，促进国际政策技术交流，加强对外培训援助。做好第83届IEC大会筹备工作，支持办好首届中国国际进口博览会。

（八）着力加强党的领导，提升认证认可队伍建设水平

努力提高认证认可工作的政治站位，严格遵守政治纪律和政治规矩，建设高素质专业化的认证认可人才队伍，全面提升履行职责、服务发展的能力。重点把握三方面要求：

第一，加强党对认证认可工作的领导。深入贯彻习近平新时代中国特色社会主义思想和基本方略，不折不扣落实党中央、国务院和总局党组关于认证认可工作的决策部署。当前，要结合实际，将学习贯彻落实十九大精神作为首要政治任务，紧扣贯彻落实中央24号文件和国务院第185次常务会议的部署要求，严格落实各级党组织的政治责任，一级抓一级，一级促一级，把党的领导落到实处。

第二，增强认证认可队伍素质能力。加强认监委对地方认证监管部门的指导，强化信息共享、交流反馈、调研督办机制，改进绩效考核办法，提高综合管理效能。组织开展“大学习、大培训”活动，各级认证监管部门、从业机构要针对实际需求制订培训计划，创新培训方式方法，拓展培训层次、频率和深度，推进认证认可学科建设和专业人才队伍建设，健全认证认可从业人员职业资格制度，改进人员注册管理工作。

第三，持之以恒正风肃纪。全行业要深入贯彻落实习近平总书记关于加强作风建设重要指示精神，驰而不息反“四风”，树立优良政风行风。结合推动“两学一做”学习教育常态化制度化，开展“不忘初心 牢记使命”主题教育，总结推广“支部三级共建”等典型经验，增强认证认可服务基层、服务一线的实效。

站在新时代的起点上，认证认可使命光荣、责任重大。我们要以十九大精神为指引，紧密团结在以习近平同志为核心的党中央周围，在质检总局党组领导下，不忘初心、牢记使命，砥砺前行、锐意进取，开启认证认可事业发展新征程，为建设质量强国、认证认可强国不懈奋斗！

2018

Yearbook of Certification and Accreditation of China

第二部分　特　载

Part Two　Essays

当好质量提升排头兵　实现认证认可强国梦

国家质检总局副局长、国家认监委主任　孙大伟

2016年是"十三五"开局之年，也是我国质检事业发展进程中具有重要里程碑意义的一年。我们以服务供给侧结构性改革为主线，围绕"强化认证认可工作、推动质量强国建设"的总要求，着力抓好制定认证认可检验检测"十三五"规划、推进认证认可服务能力建设、构建认证认可监管一体化模式、完善认证认可工作协同推进机制、加强认证认可基础管理等五项重点工作，实现了"十三五"认证认可事业改革发展的良好开局。我们紧紧围绕"四个全面"战略布局，科学运用认证认可手段服务经济社会发展，提高发展质量和效益。我们认真贯彻落实中央决策部署，扎实推进绿色产品认证体系整合改革，实施出口食品企业内外销"同线同标同质"工程，全面提高产品和服务质量，引导产业和消费升级，增强了人民群众的获得感。我们服务国家"一带一路"建设和外交外贸战略，取得一批新的国际合作互认成果，促进了外贸优进优出，提高了我国在国际合格评定舞台上的话语权。我们深化"放管服"改革，进一步加大简政放权力度，全面推行"双随机、一公开"监管模式，加快培育检验检测认证市场，激发了行业发展活力。我们着力完善协同推进机制，广泛凝聚社会各方合力，牵头部际联席会议各单位联合发布《认证认可检验检测发展"十三五"规划》，与相关部委签署战略合作协议，推动认证认可工作广泛开展。我们以"两学一做"学习教育为契机，切实加强自身建设，推动"两个责任"落实，为有效履职尽责、推动改革发展提供了有力保障。

2017年是实施"十三五"规划的重要一年，也是供给侧结构性改革的深化之年。我们要认真贯彻中央经济工作会议和全国质检工作会议精神，坚决落实中央和国家质检总局党组的决策部署，以提高发展质量和效益为中心，以服务供给侧结构性改革为主线，大力实施创新驱动发展战略，深入开展质量提升行动，加强全面质量管理，全面提高认证认可供给质量，加快建设认证认可强国，促进经济平稳健康发展和社会和谐稳定。

我们要深入开展质量提升行动，在全面提高质量上当好排头兵、突击队。深入实施"同线同标同质"工程，让更多消费者和企业获得实惠，从更大范围带动相关产业和消费提质升级；积极推出高端品质认证服务，围绕中国制造2025、生态文明建设、农业供给侧改革、服务业提质升级，全面提高产品和服务质量；加强全面质量管理，着力打造管理体系认证升级版，一个一个行业提高质量管理水平；切实加强高风险领域监管整治，坚守质量安全底线。

我们要深化"放管服"改革，释放政策红利，加快培育检验检测认证服务业。推进认证认可制度结构性改革，发挥认证认可制度的本质特性；打造"互联网+认证认可检验检测"发展模式，充分利用互联网和大数据的战略资源；全面推行"双随机、一公开"监管方式，统筹推进"双随机、一公开"向业务全领域、监管全过程覆盖；实施认证认可行业"领跑者"计划，促进检验检测认证行业做大做强做优。

我们要加快基础建设，夯实认证认可工作机制平台，提升认证认可服务能力。大力推进检验检测认证公共服务平台建设，重点建设一批公共服务平台示范项目；积极开展认证认可示范区创建活动，鼓励具备条件的地方和行业开展创建认证认可示范区域（行业）活动；加快构建"一带一路"认证认可国际合作机制，促进中国认证认可服务"走出去"；着力健全认证认可宣传推广机制，扩大认证认可社会影响。

我们要坚持全面从严治党，提升自身建设水平。深入贯彻党的十八届六中全会精神，加强党的领导和党的

建设，认真落实“两个责任”，营造风清气正的政治生态；要推进科技标准和信息化建设，为认证认可事业发展提供有力保障；要强化人才队伍建设，抓住认证认可从业人员国家职业资格改革的契机，提升人才供给质量和效率。

四点发力　推进认证认可法治建设

国家认监委政策与法律事务部　刘仲书

2017年，国家认监委政策与法律事务部将主要做好以下几个方面的工作：

一、立法普法工作

在立法方面，根据国家质检总局2017年立法计划，开展相应的制修订工作。在普法方面，根据认证认可“七五”普法规划的要求，组织开展各项普法工作。重点是对2017年发布实施的部门规章，进行多种形式的宣贯。同时，继续举办国家认监委机关依法行政普法讲座。在立法协调方面，加强立法协调，重点对《道路交通安全法》《食品安全法实施条例》等法律法规的修订情况进行跟踪协调。在以上工作基础上，重点推动《检验检测机构管理条例》立法研究和“七五”普法规划贯彻落实。

二、法制监督工作

扎实推进行政审批制度改革；坚持“放”“管”“服”相结合，不断创新事中事后监管方式；持续完善认证执法监管一体化模式；进一步加强基层认证执法监管工作；继续做好申投诉处理、行政复议答复和行政诉讼应诉工作；加强国家认监委各项工作的合法性审查和法律把关，努力提升国家认监委行政风险防控能力。

三、认证认可统计工作

根据国家统计局指导和各从业机构反馈意见，2017年，国家认监委政策与法律事务部将进一步丰富认证认可统计报表制度内容，探索将目前分散在各渠道进行分别统计的业务数据内容统一纳入认证认可统计报表制度，实现数据从采集到发布的“一个口径”，提升统计数据发布的权威性和一致性。

四、政研工作

一是抓好《认证认可检验检测发展“十三五”规划》的宣贯落实；二是抓好认证认可强国评价指标的完善和落实；三是围绕重点热点问题开展针对性研究；四是巩固发展政策研究工作机制。

加强事中事后监管　推动行业创新发展

国家认监委认可监管部　赵宗勃

2017年，国家认监委认可监管部按照“简政放权，放管结合，优化服务”的工作思路，将继续深化认证市场准入及监管制度改革，工作重点从审批改革转向事中事后监管和推动行业创新发展。主要有五方面工作：

一、继续深化认证机构审批制度改革

基于认证审批领域分类研究和已备案认证项目的汇总分析，对认证领域目录实施动态维护；严格依法对现有49个认证领域和25项国推制度的审批条件要求进行清理评估，上网公布，做到审批条件一目了然、公开透明。

二、利用失信惩戒、大数据等新手段加强认证监管模式改革和创新

建立和完善管理体系和服务认证“双随机、一公开”监管模式；基于风险分析加强对认证机构自行备案认证规则以及认证活动跟踪监督的监督管理；利用大数据技术绘制并公布认证机构全景多维画像，为社会监督和市场甄选认证机构创造信息对称条件，提升社会监督效能；按照中央和国务院有关要求，积极参与对失信主体联合惩戒行动。

三、以落实《认证认可检验检测发展“十三五”规划》为抓手，加强认证认可部际联席会议机制建设，凸显认证认可检验检测支撑各行业发展的质量基础作用

联合相关部委局发布实施《〈认证认可检验检测发展“十三五”规划〉任务分工方案》；加强一对一合作，推动出台与中医药管理局、供销合作总社和铁路总公司分别签署合作备忘录（协议）的落实方案，与发改委、住建部、中医药局联合推动能源管理体系、建筑行业质量管理体系以及中医养生保健服务等认证制度；争取与相关部委联合发布《关于推动“互联网+检验检测认证”的指导意见》和《关于推动服务认证的指导意见》。

四、推动管理体系和服务认证创新发展

完成对质量、环境、职业健康安全、信息安全、信息技术服务等五大管理体系认证和知识产权管理体系认证、能源管理体系认证等6项国推认证制度的后评估工作，并完成相关规范性文件的制修订工作；组织研究推动质量管理体系认证分级及反映行业特色要求的认证工作。

五、建立“认证市场准入、监管与创新发展”工作机制

调动行业主管部门、地方监管部门、从业机构、行业协会、研究机构等积极性，建立技术支撑组织，共同谋划和承担改革与发展的相关工作。

继续深化改革　推动认证的社会应用

国家认监委认证监管部　李春江

2017年，国家认监委认证监管部将主要完成以下几方面的工作：

一、继续深化改革，不断完善制度

1. 继续推动CCC认证目录改革

按照目录改革总体方案，制定相关通用安全技术要求，从管理、技术等不同维度精简层级和数量，将CCC制度的宗旨、目的及范围进行明确规定，更好地发挥制度优越性，使其起到类似欧盟指令的作用，使社会各方更加便捷、对称地获取相关信息，促进CCC制度的健康可持续发展，推动社会共识的凝聚。为积极稳妥地推进目录改革，拟先选取玩具、电子电器这两类产品进行试点。及时评估方案试点成果，并完善目录改革方案，为后续全面铺开打好基础。

2. 继续推进打破认证检测机构独家垄断工作

积极和公安部消防局沟通协调，做好前期工作，打破实施CCC认证的消防产品认证机构独家垄断问题；切实维护好、监管好认证市场秩序，激发认证市场活力，满足企业认证和市场监管需要，促进消防产品CCC认证事业公平公正。

3. 进一步推动企业检测资源和自我评估结果利用

进一步优化CCC认证实施程序，依据实施规则效果评估结果，适时考虑对规则内容进行修订和完善，进一步推动企业检测资源和自我评估结果在CCC认证实施过程中的利用，不断简化认证程序、优化单元划分原则，减轻企业认证负担。

4. 加强社会共治，提升认证品质

（1）继续强化事中事后监管，深化开展CCC认证专项监督内外联动监督工作

在对指定认证机构、实验室、检查员、获证产品、获证企业“五位一体”联动式监督检查体系中，根据各方面信息有针对性地重点选取相关产品领域，在各类监督工作中进行覆盖检查，并建立信息共享、措施联动的机制，进一步提高监督工作有效性。坚持CCC认证制度“保安全”的本质属性，保障强制性产品认证有效性和公信力。

（2）继续推进“大监督”机制建设

继续推进覆盖认证全过程的“大监督”机制的建设，严格对问题机构的退出管理。狠抓认证机构的认证主体责任，要求其对认证结论和认证证书负责，强化认证机构对发证企业的证后监督工作，防范不正当竞争行为的出现，保证CCC认证实施的工作质量和有效性。

（3）继续开展指定实验室专项监督工作

在2016年由试点省级质检两局对指定实验室开展专项监督的工作基础上，继续完善并加强对指定实验室的监管，加强多元共治。要求指定认证机构加强对签约指定实验室的检测质量和检测结果的管控能力。

（4）落实认证机构主体责任，强化生产企业的首负责任

落实认证机构主体责任，强化生产企业的首负责任。加强执法监管，继续要求地方两局开展对辖区内CCC目录内产品无证生产、销售，假冒CCC认证证书或标志、逃避认证等违法行为的查处。

（5）开展国抽、委抽CCC产品质量分析工作

深入开展国抽CCC目录内产品质量分析、CCC认证风险信息预警、CCC认证领域质量分析等工作，强化基础支撑能为，推进CCC认证制度健康发展。

二、推动认证的社会应用，服务经济发展

1. 加快推进绿色产品认证工作落地

积极推动统一的中国绿色产品标识和认证（合格评定）制度实施，开展试点产品认证工作，将绿色产品体系建设纳入地方政府生态文明绩效评价考核，不断推动绿色产品认证结果在各项财税政策中的采信使用，加强绿色产品体系宣传推广，适时扩展绿色产品认证范围。

2. 进一步完善CCC目录产品与2017年海关HS编码对应分析工作

结合CCC产品目录界定表的发布，组织认证机构、直

属检验检疫局的专家代表，进一步梳理CCC目录产品与2017年海关HS编码对应，并适时发布，为口岸CCC入境产品的监管提供技术支撑，为进口报检企业提供便利。

3. 强化信息化工作

继续加强对CCC证书转换平台、认证认可数据统一上报平台等已有信息系统和证书附件数据库的升级完善，推动信息上报更新的及时性；加速推进自愿性产品认证信息化建设进程。

4. 推动机器人认证发展

不断完善我国机器人整机和关键零部件产品检测认证体系，逐步强化事中事后监管，积极建立相应的采信机制，鼓励获证产品在各行业中的优先采购使用，进一步提升机器人产品质量，推动行业健康有序发展。

5. 推进国家信息安全产品认证制度建设和认证采信

继续完善国家信息安全产品认证制度建设和认证采信，推动建立国家网络安全产品认证制度，健全重要信息技术产品信息安全性认证，扩大信息技术产品信息安全性认证种类。

6. 推动安防、智能网联汽车等领域产品认证工作

积极协调公安部、国家质检总局，推动《关于进一步推进安全技术防范产品认证工作的指导意见》的发布，扎实推进安防产品认证工作。

推动汽车联网服务产品认证检测体系的建立。发布《关于推进汽车联网产品认证体系建设的通知》，并在通知发布后，组建汽车联网产品认证推进委员会和认证联盟，组织拟订并发布配套管理制度文件，组织建设公共服务平台，进一步推动汽车联网产品认证工作发展。

7. 完善区域认讧、联盟认证制度

推动区域认证、联盟认证工作，打造认证品牌。积极推进完善“浙江制造”“深圳标准”认证品牌建设，总结相关经验，推进指导有条件的地区开发区域认证项目，打造认证品牌。创新推动自愿性产品认证工作，打造一批联盟认证，通过推动联盟标准建设，依托产业集群，使联盟认证成为经济增长和改善供给质量的有效手段。

8. 助力中国制造2025战略

适应产业升级需求，推进工业产品质量提升行动，保障重点消费品质量安全，为产业结构调整提供技术服务支撑；适应互联网、物联网技术发展要求，适应智能制造技术发展要求，适应电子商务、智能物流配送发展要求，适应信息安全技术和产品发展要求，开展智能网联汽车、智能制造机器人、系统功能等认证制度，开发电子化、智能化、网络化认证标志标识应用技术，发掘认证需求、满足认证需求。

巩固出口备案监管模式成果　加大新目标市场注册制度研究

国家认监委注册管理部　顾绍平

2017年，国家认监委注册管理部将着力从以下几方面着手推进工作：

一是进一步整合注册备案监管和认证监管资源，深化出口食品企业备案采信第三方认证改革，完成142号令的修订和宣贯工作，巩固出口备案监管模式成果。

二是继续做好“三同”工程后续相关工作，并结合工作实际，扩大“三同”范围。

三是持续推动落实中美注册认证工作组在研究、交流和能力建设等方面的合作。组织做好应对美国食品安全现代化法配套HACCP法规的应对借鉴工作；与FDA协商开展食品防护计划方面的合作。

四是继续做好进口燕窝、水产品、乳制品、肉类产品等国外企业的注册工作，结合“一带一路”建设，积极开展特殊国家、特殊产品进口注册采信认证的试点改革工作。

五是加大对国外推荐食品企业注册的力度，特别是加大对新目标市场国家的注册制度的研究和交涉工作，帮助企业开拓在新目标市场注册。

加大资质认定监督检查　推动能力验证制度改革

国家认监委实验室与检测监管部　乔　东

一、继续加大资质认定监督检查工作力度

利用2016年“互联网+监督检查”探索取得的经验，按照“双随机、一公开”工作要求，组织好2017年度资质认定监督检查工作。

建立监督检查信息汇集机制，定期汇总各省、各行业监管信息，形成按季度监管信息定期通报制度。

二、组织开展2016年度全国检验检测服务业统计工作

组织开展2016年度检验检测服务业统计工作，按计划完成统计数据上报、审核和汇总，5月份向国家统计局上报2016年度统计数据，同时在“世界认可日”之前完成数据初步汇总，对社会发布统计数据信息。9月份质量月“实验室开放日”朝间形成统计报告对社会发布。

三、加大评审员管理力度

对现有评审员队伍进行梳理审查，开发建设评审员管理系统，实现评审员信息化管理。完善评审员培训考核制度，公布评审员信息。推动评审员资源共享，鼓励跨省共用评审员。对部分评审员进行继续教育培训，根据需要培训考核结果产生一批新的评审员。

四、开展能力验证改革，强化能力验证手段的应用

继续推动能力验证制度改革，修订《能力验证实施办法》，扩大国家认监委C类能力验证项目的范围，做好A、B两类能力验证计划的组织实施。组织开发建设能力验证管理平台（支持移动端访问），形成资源共享、技术交流、能力验证任务传递、数据提交以及统计分析的综合性平台，并与资质认定监管系统对接融合，形成能力验证数据大仓库。

五、推进国家质检中心管理制度改革

推动《国家质检中心授权管理办法》的修订，深化国家质检中心管理制度改革，贯彻落实改革精神，清理国家质检中心队伍，调整国家质检中心命名及管理程序，强化与行业部门的合作，逐步打造一批名副其实的中国特色民族检验检测品牌。

六、完善申投诉举报案件处理程序

进一步梳理完善申投诉、举报案件的查处和管理程序，组织汇编检验检测机构典型案例集，开发申投诉处理系统，提升案件办理质量和水平。

七、继续推进GLP监控体系建设

继续跟踪OECD/GLP工作进展，派员参加OECD/GLP工作组年度会议和OECD/GLP检查员培训，推进与芬兰、德国、瑞士等国的GLP双边交流。继续扩大国家认监委的GLP规模，加强与环保部在GLP领域的合作。

八、继续推进“国家检验检测认证公共服务平台示范区”创建工作

扩大示范区创建范围和数量，加强示范区宣传，提炼一批可复制可推广的创建经验，在示范区内进行改革创新的试点，提升示范区建设质量。

发挥国际合作引领作用 提高国际影响力和话语权

国家认监委国际合作部　陈　英

一、双边交流工作思路

1. 按照《共同推动认证认可服务“一带一路”建设的愿景与行动》及其3年滚动实施计划，贯彻落实2017年分解任务的实施，积极探索与有关国家（地区）的互认合作。引进新的认证认可理念，提高认证认可公众宣传意识。发挥国际合作的引领作用，积极组织中国企业和认证认可机构参与国际合作，分层次、有重点地推进“一带一路”国家认证认可领域合作。

2. 助力国家优势产能走出去，推动中国高铁走出去。国家认监委将积极落实与铁路总公司签署的《认证认可助力中国高铁发展战略合作协议》，从制度创新、能力建设、国际合作、互认机制和公共服务平台五个方面，积极运用认证认可手段，推动高铁走出国门。

3. 参与中国绿色产品认证制度的构建，积极与美国、欧盟等国际先进的绿色产品认证机构合作，加大合作力度，积极推动与国际接轨，利用国内国外两种资源，助力构建我国绿色产品认证体系。

4. 更加积极全面地参与到自贸区谈判中。积极参与商务部及国家质检总局组织的各项自贸区谈判，紧跟自贸区谈判整体进度，积极落实相关协议成果。加大中韩、东盟、海合会等已有自贸区框架下的合作，推动贸易便利化。

5. 借助认证认可联络官机制，构建全方位、多领域、广参与的综合认证认可“大国际合作”概念，引导认证认可检验检测机构参与到“一带一路”、自贸区、国际互认等框架合作中，为我国认证认可事业添砖加瓦。

6. 深入开展“一带一路”战略研究，重点进行俄罗斯、哈萨克斯坦、白俄罗斯海关认证联盟认证认可领域的研究，研究该区域认证认可管理架构、制度建设，以及市场准人要求。开展马来西亚、阿联酋、巴基斯坦及国际组织食品农产品认证法规、标准和制度研究。

二、多边合作工作打算

1. 积极实施《认证认可检验检测发展“十三五”规划》，以服务更高层次的开放型经济为目标，实施互利共赢的国际化战略为目标，加快推进认证认可检验检测多边合作与互认进程，提高我国在国际认证认可检验检测领域的影响力和话语权。

2. 继续强化认证认可国际组织管理，争取国际组织任职有效性评估、国际组织人才库建设、国际组织进展情况年报以及新国际组织跟踪等措施落实并取得初步成效。

3. 继续推进多边互认。完成IEC合格评定体系国内技术机构加入政策研究；组织迎接国际同行评审，维持既有互认范围、参与互认的技术机构；积极组织完成IECEx领域服务认证扩项申请、IECQ领域LED项目推广以及IECRE领域技术机构对外推荐工作。继续配合商务部推进中国加入OECD化学品良好实验室检测互认。

4. 着力提高中国认证认可在国际上的影响力和制度性话语权。指导IECEx国际研讨会承办工作，利用国际研讨会展示我国防爆产业以及合格评定机构的实力。积极策划2018年IECRE年会、2019年IEC大会的筹备工作。

完善标准体系　为行业发展和改革提供支撑

国家认监委科技与标准管理部　刘先德

2017年，国家认监委科技与标准管理部将围绕“建设认证认可强国”这个目标，做好四方面的工作：一是加强科技与标准化工作，技术体系更加完善，人才队伍更加壮大，科研渠道更加畅通，部分领域国际领先；二是为实现认证认可强国提供技术支撑，包括强国指标体系建设、满足制度建设中的技术需求；三是要实现自身的创新发展，在培育全行业创新能力、延伸科研和标准化工作链条等方面创新工作载体；四是以国家重点研发计划为龙头，引领认证认可创新发展。总体而言，就是要通过标准体系的完善，为认证认可行业发展和检验检疫体制改革提供标准支撑。

一、认证认可科技方面

1. 做好“国家质量基础的共性技术研究与应用”重点专项2016年4个项目的管理工作，2017年项目的启动工作，2018年项目的申报指南编写工作。

2. 深入推进检验检测认证高新企业认定工作。以新版《高新技术企业认定管理办法》的发布为契机，联合科技部、知识产权局等部门，通过举办培训等方式进行宣传解读，加快培养高层次创新人才和创新型机构。

3. 做好认证技术规范备案改革后的“管”和“治”。加强基础统计工作，做到底数清、情况明。

4. 主动延伸科研工作链条，在创新基地建设、科普工作、组织建设等方面取得新突破，建立与业务更加密切结合的科研工作机制。

二、认证认可标准化和检验检疫标准化方面

1. 立足根本，为事业发展提供优质标准。重点加快制定如下标准：认证认可业务分类及编码、合格评定功能法等领域的行业基础通用标准；绿色产品认证、服务认证、资质认定等国家制度运行的支撑标准；认证认可从业机构、人员、行为要求等规范行业发展标准；风险管理、追溯管理和质量分析等服务行政监管标准。完善从立项至复审的全生命周期管理，完善和提升质量控制机制，建立标准相关方平等参与的工作平台，确保推荐性标准作用的充分发挥。

2. 深化改革，优化标准化管理体制机制。继续推进行业标准化改革工作，调整完善检验检疫和认证认可标准体系，明确各类标准定位，合理界定标准制定范围。做好强制性标准和推荐性标准的管理，引导规范监督团体标准和企业标准等市场标准。坚持政府主导制定标准与市场自主制定标准协同发展、协调配套，做到强制性标准守底线、推荐性标准保基本、团体和企业标准强质量。

3. 放眼国际，争取更大话语权。鼓励、支持我国专家和机构担任更多国际标准化技术机构职务和承担秘书处工作，支持专家积极参与国际标准制修订工作；继续保持对ISO/CASCO国际标准的跟踪和等同转化；全面参与国际标准化战略、政策和规则的制定，提升我国在国际标准化活动中的贡献度和影响力。

4. 促进标准应月。通过多种形式，促进强制性标准和推荐性标准的广泛应用，提升行业标准在创新驱动中的作用。

继续发挥认可支撑作用　增强服务国家大局能力

中国合格评定国家认可中心　肖建华

在合格评定和认可领域相关国际标准不断变化、技术方法持续创新、国际互认范围逐步拓展的背景下，中国合格评定国家认可中心将坚定不移地推进各项改革任务落到实处，继续发挥认可质量基础设施和技术支撑作用，在服务国家、服务供给侧结构性改革、服务“一带一路”战略、服务质量强国战略和建设认证认可强国进程中作出更大的贡献。

一、进一步增强服务国家大局的能力

服务国家改革发展大局是推动认可事业不断进步的主要动力，发挥认可支撑作用是建设认证认可强国的必然要求。

（一）认证机构认可方面

积极推动低碳产品认证机构的认可应用，适时组织温室气体审定核查机构认可的实施，加强“互联网+”、电子商务、大数据、智慧城市等领域认证认可政策研究，适时推出相应的认可制度。

（二）实验室及相关机构认可方面

大力服务和支持供给侧结构性改革、“一带一路”倡议、检验检测机构整合和“双创”活动。全面落实新的机动车安全、节能、环保要求，积极研究和推进光伏系统检验认可工作，继续推广司法鉴定/法庭科学专项认可制度，推动实验室生物安全认可工作，保持医学实验室认可平稳发展，开展良好实验室规范技术评价，积极开展能力验证工作。

（三）检验机构认可方面

继续识别深化改革和“一带一路”倡议新需求，做好检验机构认可服务。不断完善我国检验机构认可要求，提高认可服务质量。研究对境外机构及澳门特区检验检测机构的认可程序，尽量确保评审活动的及时性。积极参与检验机构认可国际事务，确保检验机构认可体系持续符合国际要求。

二、进一步提升认可服务效率和效果

（一）认证机构方面

落实管理体系认证机构见证新要求，调整认可证书有效期，实现监督、复评办公室评审与见证分离，缩短监督、复评时限；实施多场所评审新规则，减少关键场所评审时间；实现多领域结合评审；探索电子化评审、评定方式，为实现“互联网+认可”做好技术储备。进一步规范现场评审中对认证档案和人员档案的评审方法，有效提高评审针对性；根据外资机构的特点调整评审重点；尝试利用在线培训系统进行培训，进一步加强认可评审一致性研究。

（二）实验室和检验机构方面

紧密跟踪国际标准新动态，及时修订认可准则，适时制定相应转换政策；开展实验室和检验机构认可文件梳理工作；全面推行无纸化办公，压缩获证时间；大力推行专项监督检查“双随机、一公开”制度，严肃查处违规机构；持续完善和优化业务系统；完成认可改革措施后的评估工作；落实调整校准领域能力范围表述方式要求；探讨在司法鉴定/法庭科学机构、医学领域实施分级管理的可行性；加快评审员培训教程编制工作。

（三）专项监督方面

继续全力配合行政专项监督及调查任务，不断探索和完善监督方式。加强业务培训，建立年轻专家队伍。加大对新获得认可认证机构的监督力度，着重解决“两张皮”、认证审核流于形式等问题；继续加强与行政主管部门及行业协会的联动，发挥各自优势，实现多元共治。对获认可实验室开展专项监督案例培训和宣贯，加强专项监督基础工作研究，建立中长期发展规划，研究抽样技术和方法，完成实验室专项监督制度研究课题的结题和验收。

三、进一步推进认可国际合作

继续跟踪能源、信息技术服务、人员认证机构以及温室气体审定核查机构认可制度的国际互认进展。积极与“一带一路”沿线相关国家认可机构建立联系，开展认可领域技术和能力交流与合作，建立长期合作机制；实施已签署的双边合作协议。积极履行国际认可组织职务职责，参与国际认可政策制定工作，积权参与国际认可相关标准的制修订工作。

承担国际认可组织小家电温升电阻能力验证；与“一带一路”沿线海湾认可机构加强沟通，深入商讨能力验证合作；认真做好海外认可结果问询答复工作。

四、进一步夯实认可工作发展基础

一是加强委员会建设。召开各层级委员会会议，做好会议决议落实和跟踪检查工作。二是深化质量管理。全面推进质量管理体系全覆盖的试运行和质量目标指标体系的贯彻落实工作。三是加强科技工作。继续跟踪研究国家科技管理政策，适时制定配套管理制度。四是加强信息化建设。落实专项发展规划，从加强信息技术设施建设、深化认可信息化应用、推动信息化应用整合、完善统计指标体系建设及健全信息安全体系等五个方面推动中心信息化建设。五是加强队伍建设。六是加强党的建设、作风行风建设、精神文明建设和文化建设。

落实“十三五”规划　提升行业协会影响力

中国认证认可协会　生　飞

2017年，中国认证认可协会（以下简称协会）将在以下五个方面做好工作：

一是积极组织落实“十三五”期间的各项工作规划，持续开展对《社会组织在质监工作体制中作用》《认证机构评价模式》《检验检测机构评价模式》等项目课题的深入研究，切实形成可用、有用、能用的实际成果；对《认证机构公正性实现方式及评价方法》和《检验检测机构公正性实现方式及评价方法》课题进行立项；持续做好检验检测机构行业自律与诚信建设推进工作，力争在2017年上半年完成全部工作策划，并对相应的软件平台进行开发。

二是继续加强人员注册程序改革力度，不断提升人员注册服务质量：持续拓展注册业务，积极跟进新领域认证业务，及时制定符合新认证项目需求的注册制度，梳理并简化人员注册流程，同时推进V3.2注册系统的改进工作。要积极配合“共管共治”人员信息的核查、比对工作，强化协会与机构间对人员共同管理的工作方式，做好对新机构在人员注册制度、管理流程、系统申报等方面的宣贯工作，为新机构能尽快掌握人员注册方面的相关要求提供学习交流的平台；按照国家认监委的统一部署，密切跟踪新的认证领域和项目，结合人员注册工作在深化改革中新的职能定位，及时建立有关人员注册项目，并确保项目在实施过程中兼顾政府、社会和服务对象的需求。

三是配合国家关于从中国制造到中国创造、从中国速度到中国质量、从中国产品到中国品牌转变的总体思路，积极开拓创新，进一步开展人员培训考试工作的深化改革。配合重点推进或开发的认证项目，确认相应的培训课程，发挥行业协会的作用，为全行业提供讲座或培训，不断加强对考试关键环节的监督与试题库建设，做实做牢对新模式课程确认、考试管理与继续教育管理等方面的探索。

四是继续完善标准化改革工作，做好全国认证认可标准化技术委员会（SAC/TC 261）换届、自愿性标准复审及团体标准试点总结工作，按照科技部要求做好“十三五”国家质量基础(NQI)重点专项《服务认证关键技术研究与应用》后续实施工作，继续推进检验检测机构人员能力评价工作。

五是坚持创新服务手段，提升服务能力，发挥协会行为引导的功能，持续改进和加强协会管理和服务工作，不断丰富服务内容、优化服务流程、规范服务方式，切实解决协会业务工作中的实际问题。完善协会信息化建设，进一步拓宽协会信息化平台辐射面，全方位发挥网络优势，提升协会影响力，始终做好政府和会员之间的桥梁和纽带。

不忘初心 牢记使命
打造行业一流智库 助推实现质量强国

国家认监委认证认可技术研究所 刘宗德

2017年，中共中央、国务院印发了一系列关于质量提升行动的重要文件，将“打造质量强国，提升中国制造品质”提到了前所未有的高度。研究所以此为契机，站在十九大新的历史起点上，深入贯彻习近平总书记“把提高供给体系质量作为主攻方向，显著增强我国经济质量优势”的新发展理念，围绕固本强基、围绕行业发展，着力打造行业一流智库，力争为质量强国建设贡献更多更大的力量，助推实现中华民族伟大复兴的中国梦。

一、夯实技术基础，深入课题研究，做行业研究“领头人”

（一）认真开展国家级科研课题研究

研究所作为项目承担单位和牵头单位的“十二五”国家科技支撑计划项目——“国际背景下我国重点行业碳排放核查及低碳产品认证认可关键技术研究与示范”和“区域优势特色有机产品关键技术研究与示范”顺利通过验收；“十三五”国家重点研发计划专项——“种养殖业非二氧化碳温室气体排放与减排量化及核查关键技术研究”项目成功申报并立项；“十三五”科技支撑课题——“清真食品互认评价与风险控制关键技术研究”、“十三五”国家重点研发计划专项——“陶瓷用预混式智能燃烧器等典型减排技术评价方法研究及示范”和“支撑‘一带一路’贸易便利化的认证认可关键技术研究与应用”正按研究计划进展顺利；开展项目课题“‘一带一路’沿线经济体认证认可通用技术研究”的组织和研究工作和“一带一路”沿线重点国家认证认可国别和区域研究工作，提出了认证认可支持贸易便利化的关键要素和指标，分析了影响贸易便利化的关键环节和作用机理，建立完成数据库，目前国别研究成果已交付出版印刷。

（二）努力推进省部级课题研究

完成质检总局公益专项“认证认可行业标准化共性技术方法研究”，提出了认证认可标准化管理和运行机制，完成了5项行业基础通用标准和7项重点领域认证认可行业标准，为认证认可创新发展提供了重要的技术支撑。积极参与国家电网“国际化背景下的新能源发电标准框架与认证标准研究”项目研究。

（三）狠抓科研成果产出

“城市轨道交通认证检测发展与创新体系研究”是国家科技支撑项目的重要课题，2017年已经通过中期检查，已在国内外专业核心期刊发表论文共计8篇，完成专利申请2项、申请标准制修订4项，课题约束性指标完成约80%；“有机产品生产中允许使用物质评价关键技术研究”课题也在今年完成了验收，研制标准和技术规范等6项，获得专利6项，发表论文15篇，出版论著4本，培养硕士研究生13名、学科带头人5名；“高风险产品境外企业认证认可符合性评价与风险防范关键技术研究”已完成5个检验检疫行业标准草案、1项认证认可标准草案、2项高风险真实性溯源分析方法，与企业联合出版书籍1本；开展有机肥认证制度研究，起草制定《有机生产中使用有机肥认证规则》；“国际背景下我国重点行业碳排放核查及低碳产品认证认可关键技术研究与示范”项目完成国家/行业标准14项，制定认证技术规范等技术文件8项，提出5个重点行业的碳排放先进值或基准值，开发具有知识产权的软件系统及数据库14套，建立培训及检测示范基地5家，完成试点示范65家，撰写著作8部，发表论文30篇，形成各类研究报告41份，培训碳排放核查专业技术人员379人次；“区域优势特色有机产品关键技术研究与示范”项目培养创新团队3个、学科带头人13名、专业技术人员490人，项目研究成果已在北京市、福鼎市、银川市、潍坊市峡山区、万载县、普洱市思茅区、贵南县等7个示范区进行了示范应用；支撑“‘一带一路’数据众筹与信息服务技术研究”完成5项认证认可行业标准草案和认证认可数据系统的构建，将为“一带一路”贸易便利化提供信息畅通渠道。

二、发挥技术优势，做好技术支撑，做质量提升“推动者”

（一）助力检验检测机构质量提升

积极推进检验检测行业发展评价与应用研究，选择医疗器械领域、农业领域和建筑领域的300家实验室进行调研，形成了《检验检测行业发展评价与应用调研报告》，并通过了专家验收。承接委实验室部委托的2017年国家级资质认定专项监督检查技术支撑与保障工作，协助实验室部策划监督检查工作方案，组织40个检查组对200家国家级获得资质认定的实验室进行了监督检查。

（二）助力认证机构质量提升

围绕“认证认可强国”的总体目标，通过构建认证机构发展评价指标体系，对国际典型认证机构成功经验进行总结，对我国认证机构发展中存在问题进行分析，结合机构发展中所面临的国际国内形势，对影响和制约机构发展的各项因素进行系统研究，结合权威统计报表制度，确定量化指标，构建测算模型，采集指标数据，得到准确结果，力求通过对指标体系测算结果的系统分析和综合应用指标采用了5个一级指标和13个二级指标对165家认证机构的整体发展情况进行了分析。该研究形成《认证机构发展评价指标体系构建及应用》研究专报一篇。

（三）推动认证认可基础理论研究水平持续提升

在基础理论研究方面，已形成《广泛开展质量管理体系认证工作 推动中国经济进入质量时代》《聚焦认证“有效性”，扩大认证“覆盖面”》等研究专报，得到了国家质检总局支树平局长、国家认监委许增德主任的充分肯定和表扬。在行业重点工作方面，协助国家认监委组织“新形势下认证认可与加强全面质量管理”论文征集活动，形成《认证认可——加强全面质量管理的创新路径》论文集，并于6月9日“世界认可日”印发；协助委法律部开展认证认可检验检测助推质量提升作用及案例研究，此项研究被列为第185次国务院常务会讨论的认证认可工作计划开展的核心工作，收集问卷近10000份，案例230份。在提升智库建设水平方面，聚焦认证认可促进质量提升和推动“一带一路”建设等主题开展学术论文征集活动，加强与国内外相关智库的交流合作，加强与地方政府部门的深度对接，进一步整合研究资源，强化研究运用，策划举办认证认可学术论坛。

（四）推动“认证认可+地方发展”工作模式更加深入，助力生态文明建设，实现精准扶贫目标

为更加充分发挥认证认可在地方经济推动、生态文明建设、农业供给侧改革和地方扶贫工作中的积极作用，进一步夯实有机示范区建设在“十二五”期间取得的成效，研究所本着“以点带面”充分发挥有机示范区的示范带头作用，提升区域性有机产品质量的原则，配合注册部加大与地方质检部门和地方政府的沟通和交流，积极调动地方创建有机示范区和良好农业认证示范区创建的热情，从政策改进和认证费用减免等方面为示范区发展提供更大的支持，针对性的制定了2017年有机产品认证示范区工作方案，明确主要工作内容和具体时间表，并已按计划积极推进相关工作，在十九大召开之前完成了129家示范区创建，达成了百家创建的目标。开展有机产品认证助力精准扶贫，组建有机认证扶贫专家队伍、制定扶贫方案和技术要求、设计有机认证扶贫标志，承办全国有机产品认证扶贫成果大会，充分发挥了认证认可“传递信任、服务发展”的支撑作用，进一步深化了有机产品和良好农业规范认证对服务地方经济发展、生态文明建设、精准扶贫等方面的作用。

（五）推动“认证认可+行业发展”模式更加健全

利用全国认证认可部级联席会议平台，加强同各大部委间的交流和合作，根据政府或者行业发展的需要，发挥认证技术在简政放权和放管结合中的作用，推动政府采信认证结果，承担了认证认可行政审批深化改革部际协调组工作，组织10余个部委的机构专家为服务认证认可部际合作工作深入发展提供智力支持，配合部际合作办公室召开了第15次、第16次部际工作会议，配合认监委认可部，开展人员认证制度可行性研究、全国认证认可工作部际联席会议电子简报编辑等工作。

（六）支撑行政监管更好地发挥作用

研究所一直以来为认监委相关业务部门做好技术智库支持工作，通过多年的人才培养和经验积累，研究所的专项工作由以往的组织和实施的服务角色，逐步向技术参谋角色转变，凸显出研究所的智库作用。2017年配合注册部，开展有机产品认证工作组、良好农业规范认证工作组和HACCP体系相关认证技术工作组工作、有机产品监督抽查工作、有机投入品评估和目录评估工作、有机产品和乳制品舆情分析与总结工作、食品农产品认证境外认证制度研究、GLOBALG.A.P和ChinaGAP认证制度的国际互认工作、GFSI和HACCP认证制度的国际互认工作、人大建议和政协提案的处理和回复工作、协助开展食品农产品专项监督抽查和统计分析工作、良好农业规范标准和实施规则的制修订工作。持续跟踪，CCC质量分析技术支撑成效逐步显现，利用“双随机”抽查平台，配合北京市、天津市、河北省等8个质监局和天津、辽

宁等4个检验检疫局完成重点产品的两个名单（抽查产品和抽查人员）随机产生工作，并做到电子化全程留痕，开展了200人次参加的“CCC认证获证产品市场抽查管理系统”培训，完成了36个地方质监局和35个直属检验检疫局的抽查数据整理分析工作，完成《2017年CCC认证指定实验室检测资源与需求匹配度研究报告》《2016年度CCC认证指定实验室日常管理评价报告》编写工作，为CCC制度改进和完善提供技术支撑。

三、提升治理水平，加强能力建设，做行业发展“护航员”

（一）迅速响应，开展新版管理体系宣贯工作

根据国家质检总局、国家认监委联合印发的366号文件精神，主动作为，在全国范围内第一家上线了“百万家企业全面质量管理培训平台”，结合国家改革的最新形势和质量提升的最新政策，精心设计课程，邀请认监委董乐群主任、行业专家等对新版管理体系标准进行宣贯和解读，该平台已于9月中旬上线，不到一个月的时间，在认监委的大力推动下，在地方两局和各认证机构的共同努力下，上线学习人数已近20000人，较好地在全社会形成了学习质量管理体系知识的新热潮。研究所还将积极配合有关部门的工作部署，计划到2018年全面完成43万家获证企业升级任务，到2020年实现百万家企业质量管理体系全面运行。

（二）深化改革，推动“放管服”工作深入发展

为深入了解认证执法监管工作的开展情况，全面提升基层质检部门认证执法人员能力水平，切实落实国务院放管服工作的总体要求，研究所配合委法律部在云南开展首次“送执法下基层”活动，首次将认证认可执法培训送到了基层一线，送到了执法的前线，受到了省、市、县三级执法人员的欢迎。同时，组织相关专家协助委法律部开展《认证机构管理办法》释义的编制工作，促进认证认可法治水平的进一步提升。为强制性产品认证制度改革提供技术支撑，开展了相关研究工作，完成了欧盟CE最新要求、CCC目录描述与界定与《全国主要产品分类与代码》（GB/T 7635.1）、《统计用产品分类目录》、工信部工业产品分类、中国制造产品分类等四类产品分类的对比梳理，研究了现有认证模式、型式试验模式、自我声明模式的实施路径、划分原则工具箱，形成《2017年CCC认证改革研究报告》。完成《强制性产品认证获证产品市场抽查技术规范》和《电子商务平台认证产品抽查技术规范》等行业标准，完成《基于质量成本管理的CCC制度改革和发展建议》研究专报一篇，为CCC制定改革提供了技术支撑。

（三）推动认证认可供给侧改革落实实施

积极响应国家全面深化改革，并结合《认证认可检验检测发展“十三五”规划》和认监委深化改革的系列举措，根据认证认可的功能定位，积极开展新认证制度研究和开发工作，利用认证技术解决行业发展中的问题，开发高质量的产品认证和服务认证，为市场提供高质量的产品和服务，服务国家供给侧结构改革，为我国建设成为认证认可质量强国作出应有的贡献。2017年，在完成已经开发的新认证制度项目的同时，进一步加大市场开发力度，加大新认证制度的研究与开发。截止目前，研究所开发了新认证制度项目15个，包括保健服务认证制度、教育装备认证制度、矿用产品认证制度、电力产品认证制度、早教服务认证制度以及中草药产品认证制度等，涉及了《认证认可检验检测发展“十三五”规划》中提到的重点推动光伏、风电产品认证体系和在医疗保健、教育、中医药等领域加快建立认证认可体系。

（四）持续改进，做好相关基础数据的分析工作

研究所作为认证认可统计工作的主要承担单位，开展全国范围内各认证认可机构统计报表填报指导、报表回收、报表审核、《2016年度认证认可检验检测统计报告》撰写、2016年度全国认证认可检验检测统计数据发布会筹备、认证认可统计制度修订及审批等工作。围绕2016年度贡献率调查、测算工作，制定贡献率测算研究实施方案，开展问卷调查、填报指导、问卷回收、数据审核及统计分析工作，形成认证认可对国民经济贡献率分析研究报告。完善并规范调查表式及调查方式，结合认证认可统计制度修订，推动贡献率调查部分指标纳入国家统计制度。同时，依托总局科技支撑计划项目“认证认可对经济增长贡献率研究”，进一步扩展了贡献率的研究方法。

（五）严控质量，标准服务行业规范发展

2017年，开展了认证认可行业标准执行情况检查；对2012—2016年立项且尚未送审的项目，共涉及144项，发布了执行情况调查通知。针对反馈的100个项目进行了材料审查，搜集整理了大量基础数据和材料，从标准立项、制修订、发布、管理体制和运行机制等方面进行了分析研究。通过该项工作加强了与标准项目承担单位的交流与沟通，为认证认可行业标准的宣传、推广打下了基础。

（六）找准需求，准确把握认证认可科技发展方向

作为认证认可基础分委会所在单位，围绕“认证认可强国”的总目标，结合最新发布的《认证认可检验检测

"十三五"规划》，针对前期研究中发现的主要问题，兼顾"认证认可科技数据库"的完善，完成《认证认可检验检测发展"十三五"规划科研项目对应布局图》。同时，结合十九大报告精神和《中共中央、国务院关于开展质量提升行动的指导意见》等十余份最新文件的需求梳理出关于质量的论述，对照《规划》开展深入的认证认可科技需求分析，为认证认可行业开展科技工作提供指导。

四、拓展业务领域，提高服务水平，争做认证认可"排头兵"

（一）主动作为，持续开展从业人员能力提升工程

研究所根据自身科研和专项技术工作优势，努力将技术成果进行产学研成果转化，将认证标准制修订、新认证制度开发、部分专项工作的成果形成培训课程，面向认证机构、检测机构、各类企业从业人员开展认证认可行业从业人员能力提升工程，今年年初，在京组织召开"检验检测行业从业人员能力提升工作研讨会"，邀请来自检验检测认证行业的知名专家参会，就新时期如何开展人员能力提升广泛听取了专家的意见。会议促成了与18名专家的签约仪式，加强了研究所的培训教师队伍建设。针对检验检测行业政策、法规、标准、方法，以及GAP认证检查员、GB/T 33300—2016《食品工业企业诚信管理体系》、国家有机产品认证示范区创建政策和标准解读、HACCP外审员、认可实验室人员等行业从业人员的需求，累计为近15000人提供了市场化的能力提升服务；为轨道交通、电力等行业及中央军委后勤保障部的技术机构开展定制化技术服务；极大地提升了整个行业从业人员的能力水平，为保障认证认可行业持续健康发展，提供了智力支持，得到了广大从业人员的高度肯定。

（二）发挥智库优势，服务从业机构提质增效

持续发挥研究所智库作用，为认证机构、获证企业、有意进入认证认可领域的组织提供技术服务，帮助其了解认证认可行业背景、政策和技术框架，通过不断发挥智库优势，持续提升认证认可行业的社会影响力和美誉度，为认证认可行业的组织或机构提供力所能及的帮助，助推认证认可事业不断蓬勃发展。积极推进食品企业诚信管理体系的评价及监督评价工作，在帮助企业规避失信风险、建设诚信文化、履行社会责任、促进企业合规性建设及提高员工诚信意识等方面发挥了重要作用。

（三）共享研究平台，构建科技协同创新机制

为了建立完善科技协同创新机制，加强科技重大关键技术领域协同攻关，研究所与中国电力科学研究院签署战略合作协议，通过合作可发挥各自优势引领发展，推动科技资源开放共享等方面推动技术进步和发展模式创新，加强了科研成果对产业发展的支持，提升了各自领域整体技术水平和国际竞争力。与西南交通大学签署战略合作协议，为西南交通大学提供开展轨道交通检验检测认证实践开展理论政策咨，培养认证认可人才，提供一体化技术服务方案，有效支撑我国轨道交通认证认可事业的发展。

（四）加大引智聚才，持续提升组织建设水平

在委人事部的大力支持下，2017年9月，科技部将研究所纳入符合享受科技创新进口税收政策的国务院部委、直属机构所属科研院所名单（第一批）。研究所正式完成与所属公司的事企分离工作，内部管理和职责设定更加科学合理，内部建设将迈上新的台阶；在队伍建设方面，研究所大力推进人员能力提升工程，以识才的慧眼发现人才，以爱才的诚意感召人才，以聚才的良方吸引人才，不断健全人才梯队，今年提拔2名处级干部，公开招录8人，干部队伍持续壮大；积极推进研究所与下属企业的人才流动，人员配置和队伍结构进一步优化。完成了研究所科技委的换届改选，组织修订《研究所科技管理办法》，根据国家最新科技管理要求和资金管理要求，组织编写了《国家重点研发计划资金管理规定和办法》等管理办法。针对国家重点研发计划等科研指南要求，组织开展国家重点研发计划等相关科研的申报工作。这些工作的开展，畅通了科研申报渠道和路径，规范了科研资金的使用，有效支撑了研究所的科技工作的发展。

（五）创新工作方式，持续提升党建工作水平

在党建方面，研究所党支部积极贯彻落实中央及上级党委"两学一做"学习教育常态化制度化要求，党建"搭台"，支部"唱戏"，始终把思想政治建设放在首位，坚持做到党员教育全覆盖。支部学习开展如火如荼，共召开11次支部大会，7月开展了"党课月"活动，党支部书记讲专题党课，支部委员讲2次"辅导课"；报送党建工作动态14期，更新"两学一做"学习展板7期；全体党员参与认监委思想政治论文征集活动，共计上报17篇；积极组织党员参加"两学一做"学习教育党性锻炼培训班，目前11人已参加培训；充分借助"互联网+党建"等方式打破学习时间空间限制，坚持做到党员学习教育全覆盖，"支部工作"App中，研究所党支部学习信息发布数在总局系统排名第一，党员个人学习时间累积279学时，发布学习体会累积2400余篇，发表学习评论累积2万余条。支部共建开展有声有色，与认监委法律部党支部联合开展

“两学一做”知识竞赛，效果显著，进一步探索提升学习的有益形式，推动了支部共建，检验了学习成效。支部战斗力不断增强，党员队伍不断壮大，支部委员会进行改选，新一届支部委员会成立，为支部发展奠定了基础；党建工作纳入绩效考核，评价机制不断优化健全；党风廉政建设持续深化，作风建设深入推进，确保“两个责任”落实到位。

2018

Yearbook of Certification and Accreditation of China

第三部分　专　文

Part Three　Research and Experience

勇于改革担当 勤于实践推进 认真做好国家认证认可检验检测改革试点工作

浙江省质量技术监督局

浙江是认证认可检验检测市场的大省。近年来，在国家质检总局、国家认监委和浙江省委、省政府的正确领导下，我局高举改革大旗，扛起改革担当，充分认识到认证认可是建设“有效市场”、打造“有为政府”的必要手段，是加快建设政府治理体系和治理能力现代化的必然途径，是推进高质量发展、实施“三大变革”的重要工具，主动谋划认证认可改革，各项工作取得了新成效。去年下半年，国家质检总局批准浙江省开展认证认可检验检测综合改革试点，国家认监委与浙江省政府签署了《浙江省人民政府与国家认监委共同推进认证认可检验检测合作备忘录》。

一、强机制，构建新格局

坚持改革导向，构建了推进认证认可工作新格局。一是建立联席会议制度。成立由分管省长任召集人的省政府认证认可检验检测联席会议制度，省政府研究室、发改、财政等29个省级部门成为联席会议成员，形成了“政府牵头、部门协作、统一管理、共同实施”的新机制。二是形成共建共治格局。厅局联动，聚集重点领域，共同推进电子商务、信息安全、机构养老、绿色建材等认证制度落地。牵头起草省政府发挥认证认可作用服务高质量发展的意见，拟定各厅局分工落实的认证认可改革行动计划。三是发挥行业组织作用。指导成立“浙江制造”和“丽水山耕”国际认证联盟，充分发挥联盟平台作用。支持行业协会开展工作，加大行业自律力度。对接“一带一路”国家战略，组织举办“浙江制造、互联全球”，浙江制造“美加行”，“德国汉诺威工业展”等活动，以认证“走出去”带动产业“走出去”。

二、铸品牌，培育新动能

一是做深“浙江制造”区域公共品牌认证。早在2014年，我们就开始构建以“区域品牌、先进标准、市场认证、国际认同”为核心的“浙江制造”品牌制度体系，释放“高标准+严认证”对新技术、新业态、新产业的催化效应。首先是完善政策。会同发改、经信、财政等11个部门联合出台《关于扶持“浙江制造”品牌发展的意见》。把推进“浙江制造”作为对市质量工作考核重要内容，建立由当地政府统一领导的“浙江制造”协调推进机制。其次是做高标准。“浙江制造”标准突出“国内一流、国际先进”，构建“好企业+好产品”的标准体系，将全生命周期理念引入到质量领域。围绕重点产业，制定发布“浙江制造”标准268项。再次是做严认证。引入权威性的第三方机构开展品牌评价，创新性地实施“A+B”的认证模式和“企业自主申明+第三方认证+政府监管+社会采信”的认证制度，为浙商浙货走向国际国内市场提供“通行证”。“浙江制造”已成为“中国制造2025”的浙江亮点，有关做法得到了国务院副总理马凯的批示肯定。至今，共有114家企业获得“浙江制造”认证证书210张，其中国际合作证书38张。“浙江制造”认证企业平均国内市场占有率达21.6%，比规上企业高15.9个百分点，利润总额占销售收入比重为13.5%，比规上企业高6.9个百分点。二是启动“丽水山耕”区域公共品牌认证。借鉴“浙江制造”认证经验，为践行“绿水青山就是金山银山”理念，推进农业供给侧结构性改革，不久前，经国家认监委批准，我们又开展了覆盖全省区域的“丽水山耕”认证试点。“丽水山耕”认证是浙江在实现优势产业绿色发展中打造农业区域公共品牌的重要手段。“丽水”寓指浙江的美丽山水，“山耕”则体现了传统农业生产方式。在制度建设上，我们以市场主导和政府推动相结合，突出浙江“美丽山水”生态特征和“绿水青山”的生态文明理念，构建国内领先、比肩国际的“丽水山耕”农业区域公共品牌认证制度体系。在认证评价上，创新“第三方评价+自我声明”模式，优先采信国家统一推行的有机产品认证、良好农业规范认证、绿色食品认证等制度和结果，鼓励企业以自我声明方式参与品牌创建。目前，已有21家“丽水山耕”试点企业完成证书转换。

三、抓改革，释放新红利

按照“放管服”和浙江省委省政府“最多跑一次”要求，率先开展实验室资质认定改革，着力降低制度性交易成本。一推资质认定“自我声明”制度。在“五个零”和“足不出户，证书到家”改革基础上，持续推出改革举措，对检验检测机构申请检验标准变更、授权签字人变更、地址名称变更、主要人员变更、法人性质变更、检验检测能力取消、资质认定复查（部分领域）等7项审批事项实施自我声明，减少现场评审。“自我声明”制度实施以来，已减少947项审批事项办理，满意率达到100%。二推“互联网+审批+标准化”模式。坚决打破信息孤岛，网上申报率和全程网办率均达到100%，申请材料由原有的12项减少为4项；资质认定证书和行政审批过程文书在线送达、下载、打印，实现企业“零上门”、审批“零接触”。建立全省检验检测机构资质信息官方网站、微信公众号、二维码三位一体的查询机制，提高行政审批透明度。三推检验检测机构“1+X”联合审批机制。“1+X”联合审批不仅仅是检验机构行政许可的简单叠加，更有意义的是政府权力运行的一场变革。目前，在原有9个厅局联合部署的基础上，省司法厅又主动加入，整合了司法鉴定机构项目。至今完成了38家检验机构联合审批，总审批周期缩短83%。

四、严监管，规范好秩序

加强事中事后监管，以更有效的“管”促进更大的“放”。出台《关于加强检验机构资质认定事中事后监管工作的实施意见》，理顺省、市、县三级事权。构建检验机构“四建三查”基层监管模式，提高基层监管效率。建立检验机构证后监管信息数据库，以《合格评定风险监控通报》为载体开展风险评估。实行专家现场目击实验与检验人员现场考核相结合的能力验证方式，提升有效性。坚持审慎监管与专项执法相结合，推广舟山市合格评定“双随机、一公开” 证后监管模式。做好质检总局和国家认监委“双随机”CCC认证市场抽查工作试点，连续三年顺利完成电商平台CCC获证小家电产品 “双随机”抽查工作。持续开展“蓝剑系列”专项执法行动，规范认证认可检验检测市场。

浙江认证认可检验检测改革试点工作还刚刚起步，很多工作还在探索阶段，还有待于进一步推进。下一步，我们将以党的十九大精神为指引，认真贯彻落实本次会议和国家质检总局、国家认监委领导重要讲话要求，学习借鉴兄弟省市区先进经验，在国家认监委领导和委各部门的指导帮助下，主动改革，勇于担当，继续做好认证认可检验检测综合改革试点，努力成为新时代全国深化认证认可检验检测改革的排头兵，为加快建设认证认可强国作出浙江贡献！

创建有机认证示范区 探索精准扶贫新机制

湖南出入境检验检疫局

湖南有51个贫困县，脱贫攻坚任务艰巨。2013年11月，习近平总书记到湖南湘西十八洞村考察时作出“实事求是、因地制宜、分类指导、精准扶贫”的重要指示。我局牢记总书记嘱托，坚持“融入地方社会、服务地方经济、促进地方发展”的工作定位，以有机产品认证示范区创建为契机，积极运用有机认证服务精准扶贫，工作初见成效。

一、坚持高位推进，强化组织领导

把有机产品认证示范区创建作为脱贫攻坚的重要抓手，主动争取认监委等主管部门的支持和指导，有力推动创建工作开展；一把手高度重视，杨杰局长在为湘西州政府作质量提升专题讲座时，大力推介有机认证理念，提议将湘西州打造成湖南乃至全国有机绿色产品最丰富的州，得到当地政府的积极响应；成立由分管局领导为组长的领导小组，精心制定实施方案。

二、坚持精准施策，加强宣传引导

武陵山片区属集中连片特困地区，“美得让人心痛，穷得让人揪心”，其独特的生态环境和丰富的农林资源，适合发展有机农业。为此，我局逐一上门对接全省20个贫困县地方政府，调动其积极性和主动性；举办有机创建培训班，开展系列宣讲；组织赴四川、江西等有机示范县学习调研。尤其是“全国有机宣传周”活动在湖南湘西成功举行后，全省有机认证创建热情高涨，共有15个县提出申请，8个国家级贫困县纳入全国第二批运用有机认证扶贫工作单位，3个县获批为示范创建区。

三、坚持统筹推进，有效整合资源

将有机产品认证示范创建区与生态原产地保护、出口食品农产品示范区及出口食品备案统筹叠加推进，优化行政资源和专项资金配置。全省21个国家级出口食品农产品示范区中，近一半拥有有机产品认证。已获生态原产地保护的产品，大多为有机认证产品。积极采信第三方有机认证信息，给予企业快速备案，实现出口零等待。

四、坚持持续发展，疏通销售渠道

指导搭建了湖南首家有机产品商务平台（康御优厨）。通过平台宣传引导，鼓励零售商、消费者购买来自湖南贫困地区的有机产品。积极帮助有机认证企业对接有机联盟、北京有机国际俱乐部等全国销售平台。引导企业加贴有机扶贫认证标志，使精准扶贫信息可追溯、可核查，让消费者、零售商精准识别和购买，打通扶贫与消费联通的“最后一公里”。

五、坚持安全优质，加强执法监管

利用“泛长江十省认证监管执法联动”机制，开展有机认证有效性检查。重点抽查了3家已获有机认证企业、6个品种，进行了近10个项目检测，对是否符合有机标准进行了严格验证。让有机产品以优良品质赢得消费者青睐。

经过一年的实践，上述措施已初见成效，具体体现在：

一是地方政府认可。各地政府纷纷出台支持政策，如古丈县出台了有机产品精准扶贫规划等系列文件，对有机茶叶企业按面积分别给予3万元、5万元和10万元的奖补。保靖县补助首次有机认证所需费用的80%；蓝山县拨付有机产业扶持资金1000万元等。

二是有机产业扩大。随着该项工作的推进，有机认证的企业、产品数量不断增加，有机种植面积、产业规模不断扩大。常德石门县大力发展有机柑橘和有机茶两大支柱产业，产值分别达11亿元和8亿元。保靖县有机认证企业9家，认证面积突破1万亩（1亩≈667平方米），2017年新增有机茶园2000亩。蓝山县正着力打造有机特色经作、有机蔬菜、有机特色水果等产业聚集区。

三是产品质量提升。有机生产方式提升了我省农产品质量安全水平。蓝山县按认证面积推算，开展有机认证后每年减少化肥和农药使用量分别达2000吨和1000千克以上。我省很多有机产品顺利突破国外高端市场的技术壁垒，如花垣县的有机鱼子酱首次出口美国；会同县和沅陵县的有机茶首次出口欧盟。

四是品牌效益凸显。通过有机认证唱响湖南生态品牌、区域公用品牌和企业自主品牌，销售价格和数量不断增长。如蓝山县的有机蔬菜价格是一般蔬菜的10倍；古丈县有机茶价格比普通茶高50%以上；江华县的瑶山雪梨由原来论斤卖变为论个卖，还供不应求。

五是脱贫成效显著。花垣县十八洞村栽培有机猕猴桃，顺利出口印尼和港澳地区，年销售收入500万元，人均增收1000元以上，得到国家质检总局支树平局长、侯建国书记肯定。古丈县2017年有机茶总产量1360吨，总产值1.85亿元，4千余人脱贫。我局驻村帮扶点会同县宝田村开发千亩有机茶园，产品出口欧盟，2017年12月，该村验收整体达到脱贫标准。

湖南局将按照党的十九大和国家质检总局、国家认监委关于“精准扶贫、精准脱贫”的战略部署，以更大的决心、更多的举措、更严的标准，全力推进湖南有机产业发展。具体包括：加大创建力度，开展有机技能培训和产业提升规划指导，争取获批2~3家有机认证示范区；推动20个国家级贫困县有机产业发展，实现有机认证全覆盖；总结有机认证服务精准扶贫的好经验好做法，探索可复制模式；帮扶有机认证扶贫产品出口并对接“三同”销售平台，积极争取省政府设立专项扶持资金。努力把湖南省的资源优势、生态优势、区位优势、政策优势，转化为脱贫攻坚和开放崛起的产业优势、品牌优势、出口优势和发展优势，早日实现“绿水青山就是金山银山”。

质量管理体系升级助力 “太重质造”走向世界

太原重型机械集团有限公司

太重建于1950年，是新中国自行设计建造的第一座重型机械厂。建厂68年来，太重已为国家重点建设项目提供了两千余种、近三万台（套）装备，创造了450余项国内外第一，被誉为“国之瑰宝”和“国民经济的开路先锋”。2016年，公司荣获“第二届中国质量奖提名奖”。中共中央总书记、国家主席、中央军委主席习近平在2009年和2017年两次视察太重，嘱咐我们再接再厉，在技术创新和品牌建设上创出更大的天地。

太重始终坚持以“质量第一”为价值导向，在质量管理体系持续有效运行的基础上，以ISO 9001：2015标准换版为契机，结合长期以来实施可靠性管理的实践经验，完成了可靠性管理体系认证，打造了具有太重特色的质量管理体系升级版。

一、提升质量管理体系绩效和有效性

太重以“诚信、创新、精益、卓越”的核心价值观指导质量工作，结合公司特点建立个性化的质量管理体系；在“双层控制管理”模式下，将质量管理要求融入公司业务过程，并向供方和用户“两头延伸”；同时，建立与质量相关的关键绩效指标体系，利用先进统计技术定期监测、分析和改进，不断优化过程能力；开展“质量改进杯”“质检工程师”“工艺质量攻关”等形式多样的竞赛活动，提高各级人员的积极性，营造了人人关注质量的良好氛围，确保质量管理体系实现预期结果并持续改进。传统领域产品达到国际先进水平。例如，公司主导产品之一的大型矿用挖掘机国内市场占有率90%以上，完全替代了进口产品，并相继出口俄罗斯、智利、南非等国家，得到国外用户的一致好评。

二、强化可靠性管理

太重结合产品特点实施全寿命周期管理，探索大型、单件、小批量产品可靠性管理的方法。在设计和开发阶段，基于集成融合的设计管理平台，通过三维设计、有限元分析、疲劳分析等大量计算，查找薄弱环节并制订改进措施，不断优化设计进而提高产品设计的可靠性；在生产制造过程中，开展各种工艺试验，从“人、机、料、法、环、测”等方面验证工艺参数，形成工艺规程后严格执行，加强过程控制来保证产品可靠；对用户进行产品专业化培训以提高设备操作技能，通过服务网点建设实现备件“零公里”供应；利用云平台实施远程诊断和运行数据维护，为用户保驾护航。公司领导定期走访用户，了解公司产品及同类产品的使用情况，建立使用数据库以便于持续改进，大幅提升产品可靠性，如风机可利用率从95%提高到99.5%，钢轮钢锭合格率增长2.77%，达到99%以上。

三、增强质量管理体系适应性

太重在策划进入新领域、新市场时，就研究相关法律法规和标准，积极开展体系和产品认证工作，不断融合各种管理体系，形成了高效运行、适应性强的一体化管理体系，能够满足不同国家、地区和产品的要求。例如，公司轮轴产品在ISO 9001质量管理体系认证的基础上，先后取得了CRCC、TSI、IRIS、DB等七个国家和地区的认证证书，高铁车轮、车轴得到铁总认可,并为全球五十余个国家和地区提供了四百余万件质量优异的轮、轴及轮对产品，已跻身国际顶尖铁路轮轴制造公司行列。同时，通过持续的技术创新，太重不断开发新产品、进入新能源、核电、海洋装备等新领域。太重研制的海上5 MW风机成为福清兴化湾样机试验风场首批成功并网发电的机组，创下了“当年核准、当年并网”的海上风电建设新速度，得到了业界的高度评价。

实践证明，“质量管理体系+可靠性管理体系”能进一步保证产品更加稳定，使产品的质量一致性达到更高的水平，既符合装备制造业提高产品质量的要求，也是提高装备制造业市场竞争力的重要做法。我们将牢记习近平总书记重要嘱托，积极响应“质量管理体系升级”倡议，践行“诚信、创新、精益、卓越”的太重核心价值观，深入开展质量提升行动，提升装备制造业质量水平，助力“太重质造”走向世界。

贯彻军民融合战略思想　探索北斗导航检测认证

中国电子科技集团公司第五十四研究所

2015年3月，习近平总书记在中共中央政治局会议上明确指出，军民融合上升为国家战略，党的十九大报告也提出，要坚定实施军民融合发展战略。北斗卫星导航系统作为军民两用的重要信息化基础设施，成为了军民融合产业发展中重要的一环，起到了巨大的助推作用。近年来，国务院发布的《国家卫星导航产业中长期发展规划》和《中国北斗卫星导航系统》白皮书等文件中，都明确指出要建立健全卫星导航产品检测认证体系及质量监管机制，推动合格评定与产品认证服务的发展及国际合作，充分体现出检测认证制度对保障北斗导航产品运行安全、品质水平，国际应用和产业发展的重要性。

2012年，国家认监委与原总参测绘导航局签署了《共同开展北斗导航检测认证体系建设的战略合作协议》，探索构建北斗检测认证体系。五年来，北斗检测认证制度体系已初步建立，检测体系完成初期布局，服务体系初显成效。五十四所承担了北斗导航地面系统建设的主要任务。近年来，我所在国家认监委的支持和指导下，在北斗检测认证领域开展了一些探索性工作，也取得了一些成绩，主要做好了以下四方面工作：

一、做好产品检测，能力多维覆盖

五年来，我所下属国家通信导航与北斗卫星应用产品质量监督检验中心共为1000余家北斗相关军地单位提供技术服务，检测产品型号2000多种，检测样品6000余件。所检测产品覆盖交通运输、电信电力、测量测绘、防灾减灾等多个领域；覆盖北斗、GPS、GLONASS、Galileo等多个系统；覆盖芯片、模块、板卡、终端、附件等多个层级；覆盖导航、授时、高精度、短报文等多种类型。

二、做好认证筹备，打造民族品牌

研究所于2009年获得国家认监委授权，成为国内首个卫星导航产品认证机构，并开展了GPS卫星导航产品认证工作。随着北斗产品的普及以及北斗RDSS产品技术体制的特殊性，在国家认监委和中央军委联合参谋部战场环境保障局的指导下，我所正在同工信部五所、国防科大等单位一起筹备北斗产品的认证工作，在北斗卫星导航领域建立完善认证体系，保障北斗系统安全、提升企业质量管理水平，打造“北斗”民族品牌。

三、做好制度保障，引领认证联盟

受国家认监委和军委联参战保局委托，我所积极参与了北斗检测认证体系文件的编制工作和北斗相关标准制修订工作，先后牵头起草了《北斗卫星导航产品质量检测机构授权管理办法》《北斗卫星导航产品质量检测机构能力要求》和《北斗卫星导航产品质量检测机构审查实施细则》，并通过《北斗卫星导航产品质量检测机构RDSS测试能力认定规范》的制订，实现北斗RDSS产品的测试能力和溯源要求的首次统一。2017年9月，我所作为发起人单位之一，成立了“中国北斗卫星导航产品检测认证联盟”，为促进北斗检测认证体系建设和技术服务水平提升发挥引领表率作用。

四、做好规划设计，起草《行动计划》

在国家认监委和军委联参战保局共同指导下，我所牵头起草了《北斗卫星导航检测认证2020行动计划》，统筹把握了体系建设、技术能力升级、服务模式创新、标准体系完善、行业应用推广和国际合作互认等各方面工作设计，从政策支持、质量管控、军地联动、宣传推广和人才队伍建设方面提出了五点保障措施，确保在北斗卫星导航系统全球化组网前完成北斗检测认证体系建设，并广泛、科学、有效地开展北斗卫星导航产品质量评价工作。

在过往成果的基础上，我所明确了今年工作的三项主要抓手：

首先是开展《行动计划》的贯彻实施。我所将依据《北斗卫星导航检测认证2020行动计划》四大重要方向上的15个重点任务出台贯彻落实方案，制定推进措施，完善配套条件，落实工作责任，深度参与《行动计划》的推进与实施。为推动北斗卫星导航检测认证体系建设，提升北斗卫星导航产品、系统及服务质量做好保障。

其次是开展首批北斗卫星导航产品认证工作。我所将在国家认监委指导下，积极总结卫星导航产品认证工作经验，巩固梳理北斗卫星导航认证产品目录，完善北斗卫星导航产品认证管理办法、认证标志管理办法、产品认证实施细则等技术文件贮备，并于今年开展首批北斗卫星导航产品的认证工作。

再者是开展一致性检查工作。我所将牵头8家检测机构，全面参与北斗卫星导航产品研产一致性检查工作，充分比较和准确评估各应用类型北斗产品技术水平，为推动我国北斗卫星导航产品质量提升夯实基础。

“雄关漫道真如铁，而今迈过从头越”。新的一年，我所将依托“军民融合”“一带一路”“中国制造2025”等战略的深度融合，积极配合国家认监委推动北斗检测认证体系建设，充分发挥国家中心和认证机构技术力量，为北斗卫星导航系统建设和产业发展的顺利推进保驾护航！

助力质量提升　全方位提供CQC解决方案

中国质量认证中心

2017年，是实施“十三五”规划的重要一年，是供给侧结构性改革的深化之年。在国家质检总局、国家认监委、中检集团的大力指导和支持下，CQC紧贴国家战略需求、产业转型升级需求以及消费者关注焦点，在一些重点领域和战略工程中，充分发挥智库作用，提供CQC解决方案，全面助力质量提升。

一、为质量管理“把脉”　开质量提升“良方”

推行和强化质量认证这一市场经济基础性制度，有利于加强质量监管，营造公平竞争市场环境，促进中国制造提质升级、迈向中高端。在这个大背景下，国家认监委高瞻远瞩的提出了“质量管理体系升级行动”，这对于我们认证机构来说，既指明了新方向，也提出了新要求。CQC牢牢抓住标准转版的契机，积极响应和参与质量管理体系升级行动，帮助企业进行质量管理升级，助推产品和服务质量双提升：

一是做质量升级的领跑者。领导班子带头响应，引导全员、全方位、全过程参与质量管理升级行动。为做好转版工作，更好的服务于获证组织，CQC提前策划筹备，在ISO 9001：2015版标准的制定阶段就积极参与其中。在新版标准正式发布后，迅速发布了相应的转版计划和方案，并于2016年1月25日率先获得了CNAS对新版质量管理体系标准认证工作的认可。截至2017年底，已发放ISO 9001：2015版证书16059张，证书转换率已达45%,超过CNAS统计的全国转换率。

二是做质量升级的实践者。以实际行动响应国家认监委“万家企业质量管理体系升级行动”的号召。积极参与国家认监委的“认证市场准入和监管改革专项组”工作，多人次入选并发挥作用。如编制《管理体系认证规则》（暂定名）。制定相应的工作方案和计划、确定了《规则》的框架、编制原则，共召开四次工作组会议，对各阶段收集来的800多条意见和建议进行了处理。目前已经完成《规则》（送审稿）并上报国家认监委。

三是做质量升级的创新者。积极参与打造质量管理体系认证升级版试点工作。申报的“结合行业特色的质量管理体系分级认证”和“《整合管理体系评价规范》编制及试点”，全部入选国家认监委“打造质量管理体系认证升级版”试点项目。目前已完成初稿的编制，并对5个企业的进行了试点评价。其中《整合管理体系评价规范》已申请RB标准并已被批准立项，为今后全面推广升级版认证并体现认证差异化、提高企业运营效率，为客户提供增值服务打下了坚实基础。

四是做质量升级的推广者。积极宣传推广质量管理体系升级的理念和优良实践，为质量管理的发展贡献力量。为审核员录制音频教程，对6000多名审核员进行全面培训；对企业采取多种方式进行宣贯，发放宣传册/材料3万多份、组织免费培训学习活动260多次，参加人数达3万余人，企业达15000家，其中有3000家小微企业。

二、优化供给侧结构改革　打造高端品质认证

在产品认证方面，和大家分享三个案例：

（一）响应“健康中国”国家战略，推出健康建筑领先者认证

党和国家非常重视全民健康问题，党的十八届五中全会上，提出了推进健康中国建设。在国家《“十三五”规划纲要》中也明确提出了推进健康中国建设的重要举措。在此背景下，CQC推出了健康建筑领先者认证，这是一套基于中国传统建筑文化和现代健康科学知识，聚焦于消费者健康的可感知、可验证、以人为本并且完全透明的健康建筑认证与评价体系。该项目一经推出便得到了众多房地产开发、建筑设备/部品、建筑材料等企业的广泛重视。目前，江苏南通盛和九里香堤项目已完成首个认证试点，当代地产等多家企业也表达了合作意向。

伴随“健康中国”国家战略的持续推进，健康产业、健康建筑、健康系统、健康产品/部品等在国内的大力推行和应用，健康建筑领先者认证应用前景非常广阔，CQC将继续致力于开发一套包括“健康+建筑”全产业链的建筑及与建筑相关的自愿性产品认证系列，助推“健康中国”的实现。

（二）为消费者健康安全保驾护航，推出食品接触产品认证

随着科技的发展，越来越多的化学物质被应用于产品的生产中，并可能在冗长和复杂的供应链和消费过程中迁移或释放出来而污染食品，由此带来了食品安全风险。基于保障消费者健康安全，CQC推出食品接触产品安全认证。该项目充分借鉴全球先进的食品接触安全监管理念，在原料把关和产品内在质量方面，对食品接触材料的型号、牌号和供应商均进行严格控制。并结合多家权威检测实验室的技术经验，在原材料控制、添加剂使用、产品标签标识合规、成品检验、生产过程控制等方面为企业提供帮助。

（三）破解城市管理新难题，推出电动汽车充电设施全产业链认证服务

近年来我国新能源汽车产业发展速度很快。作为配套的充电设施也越来越多的进入城市，并成为城市基础设施的新成员。对充电设施的管理也成为城市管理者的新难题。近年来，CQC围绕充电设施行业的快速发展，研发推出了一系列认证和技术服务项目，覆盖了从充电整机到连接装置、充电电缆、充电枪等，从设备制造到运营，从家用设施到公用设施的整个产业链。我们和电动汽车全球领军企业特斯拉公司共同发起“特斯拉充电伙伴”活动；宝马I3，I8车主的专用桩，从设备整机到充电枪头都是CQC获证产品。

在接下来建设社会主义现代化强国进程中，我们将更加明确自身承担的使命，明确发展定位，确定战略目标，加强各方面能力建设，在上级单位的领导下，不断开拓新的领域，全面助力质量提升。

建平台 抓整合 创品牌
宁波促进检验检测认证行业健康发展显成效

宁波出入境检验检疫局

宁波检验检测认证公共服务平台示范区始建于2013年，时任国家质检总局副局长、国家认监委主任孙大伟对宁波建设检验检测示范园提出三年规划推进要求。3年来，在国家质检总局和国家认监委的指导和支持下，宁波局积极推动宁波市政府落实指示精神，通过政府牵头、部门协作、行业协调、机构参与，建成全国首个检验检测认证公共服务平台示范区（以下简称“示范区”），并把示范区工作作为宁波建设全国首个“中国制造2025”试点示范城市的重要内容。

一、主要做法

一是推动政府落实创建责任。示范区建设启动后，宁波局多次向市政府汇报建设情况，推动宁波市建立市领导挂帅的示范区创建领导小组，会同财政、国土、人力资源、科技、金融等部门，打好“财政、土地、人才、融资、科技”等系列“组合拳”，推动要素向示范区集聚。与宁波国家高新区（新材料科技城）管委会签署合作备忘录，共同构建具有“宁波特色”的认证认可行业治理与服务平台。

二是汇聚质检两局建设合力。我局和宁波市质监局联合推出资质认定、第三方采信等16项支持政策，共同实施示范区品牌建设“五个一”工程。2017年，联合开展检验检测机构诚信国家标准宣贯培训班，覆盖全国检验检测诚信试点单位及示范区机构35家。持续开展对辖区第三方检验检测认证机构开展信用评级，32家企业被评为B级。

三是强化标准与政策研究。牵头制定全国首个《检验检测认证公共服务平台示范区管理规范》，并获得国家认监委组织验收。在全国率先开展检验检测认证机构信用管理体系研究。出台示范区建设和信用管理两个指导意见。依托示范区建设，开展《认证认可助力宁波“中国制造2025”试点示范城市建设路径研究》，顺利通过市政府验收。示范区内机构积极参与标准研发，2017年共申报国家认监委SN标准19项、SN标准复审23项。

四是做优公共服务功能。引入检科院、质检院、计量院，做优示范区在质量检测、风险预警、计量校准等服务功能，打造紧贴当地产业的技术服务平台。目前，示范区内拥有国家级检测重点实验室5个。促进宁波贸易便利化服务中心与平台功能对接。

五是创新行业治理体系。构筑政府、监管部门、行业协会、进出口企业、第三方机构“五位一体”共治体系。完善“制度保障、监督管理、风险管理、诚信管理、组织保障”五大体系，在系统内建立全国首个检验检疫口岸认证执法联盟。

二、取得成效

一是示范引领效应显著。国家质检总局支树平局长亲临现场调研，给予高度肯定，并指示“要探索推进检验检测服务平台示范区建设，提升检验检疫检测机构转型发展水平、提升政府行业主管部门的管理作用。”时任国家认监委主任孙大伟，市政府领导先后对示范区建设予以批示和肯定。示范区还接待北京、上海、重庆等20余批次兄弟单位交流参观。

二是产业集聚效应明显。区内拥有机构91家，机构数和产值分别较创建前增加38%和50%，总产值接近30亿元，创造就业岗位超过1万多个。

三是行业整合集聚明显。区内检验、检测、认证三大服务行业有机融合，涌现了中检集团、SGS、ITS等一批综合型机构，SGS年业务额从设立伊始的3000万元增长至3亿元。地方质检系统的主要检验检测机构整合到示范区探索了可行的整合模式。

四是辐射带动能力提升。区内实验室总数超过100

个，仪器设备价值超过5亿元，实验室总面积超过10万m²，成为长三角地区机构最密集、实验室最齐全、从业人数最多的区域，辐射带动长三角数以万计的生产企业，是名副其实的“长三角实验室”。

五是公共服务功能突出。建成检验检疫、质量检测、认证认可等十大公共服务平台，提供质量检测、风险预警、计量检定等八个方面技术服务，带动对外贸易近300亿美元。宁波局还向高新区开放情报标准资源，馆藏标准全文数据库11000余条，对区内检验检测人员免费开放使用。立足生产性服务业打造服务质量发展和地方经济发展的“宁波品牌”。

下一步，宁波局将深化国家检验检测认证公共服务平台示范区建设。一是探索打造检验检测认证公共服务示范区的信息化平台，促进互联网和检验检测认证服务深度融合；二是支持“互联网+检验检测认证”新兴业态发展，促进检验检测认证高端化；三是积极争取认监委支持认证认可便利政策落地，营造示范区良好的政策环境；四是加强政策研究，立足互联网及公共服务属性争取市委市政府重点课题立项。

“同心同德同力”共推“同线同标同质”

中国检验检疫协会

出口产品内外销“同线同标同质”促进联盟（以下简称“三同促进联盟”）在国家认监委的指导和支持下，由中国出入境检验检疫协会、中国检验检疫科学研究院、认监委信息中心和认监委研究所等单位联合发起，由国内出口食品生产（加工）企业、认证机构、科研机构和社会服务机构等自愿组成，于2016年12月正式成立。联盟秘书处设在中国出入境检验检疫协会。联盟自成立以来，发挥行业组织的桥梁纽带作用，与联盟成员共同开展“三同”工程相关工作。

一、主要做法

一是持续做好“三同”工程的宣传推广和市场对接。组织“三同”微宣传大赛。我们面向全国征集优秀“三同”主题的宣传作品，大赛共收到来自各地检验检疫部门和“三同”企业的作品188份，最终评选出50家“三同”明星企业和十佳检验检疫工作案例。获奖作品通过国家认监委网站，新华网、国门时报等网站和三同促进联盟、CHINA-HACCP等微信公众号向社会发布，并在“三同进万家”的活动上进行了展播。组织“三同进万家”主题宣传活动。充分发挥行业组织的作用，开展“三同”进商超、进电商、进餐饮、进社区、进校园、进机关等活动，为“三同”企业组织实施商企对接、政策咨询、平台推介、交流研讨等活动33场。其中，广东站活动被列为“世界认证认可日”活动分会场之一。活动当天，通过新媒体直播现场实时在线观看量高达30万人，线上累计传播覆盖用户达975万人次，微博覆盖用户98万人次，微信公众号覆盖30万人次。杭州站组织“三同进天猫”活动。期间小龙虾、清远鸡、东北大米、蜂蜜、干果等一大批出口日韩、欧美、供港澳的“三同”产品销量大增。此外，“我买网三同专区”、中华农业电商博览园“三同馆”、三同管家专卖店等陆续建立，全国共有30多家“三同”商务交易平台上线运行。各平台充分发挥各自优势，广泛宣传“三同”概念和“三同”产品。开展“三同购物节”活动。结合全国质量月和国庆、中秋两节，在全国范围组织国内各大商超、电商和“三同”商务交易平台等共同开展“三同购物节”活动。京东、阿里、我买网等大型综合电商平台都开通了三同频道和三同专区，北京华联、卜蜂莲花、华润万家、家乐福、永辉、沃尔玛、麦德龙等大型连锁商超以开设三同专区、卖场促销、悬挂“三同”宣传海报、向消费者发放“三同”宣传单页、会员信息发送、微信公众号推送等形式开展活动。“三同”产品涉及速冻面点、冷冻水产和肉类、休闲零食、调味料、饮料等300多个品类。

二是开展联盟成员单位调研走访活动。在宣传推广“三同”工程的同时，充分了解“三同”企业的情况和需求。联盟秘书处通过上门走访调研，日常电话询问，受理会员咨询，联盟网站、会员微信群和公众号的信息发布与维护等服务，与会员企业建立了密切联系，收集企业在“三同”推进过程中的意见、建议和遇到的问题、困难，及时向政府部门反映，并通过联盟的力量帮助企业解决内销过程中遇到的品牌、包装、物流、仓储等困难，为企业排忧解难，帮助“三同”企业树立开拓内销市场的信心。同时联盟秘书处对“三同”产品情况进行梳理分类，与认监委信息中心一起完善“三同”公共服务平台现有的“三同”产品信息，以便于采购商在平台上更清晰地了解“三同”产品的情况。

三是加强与国际、国内相关组织和机构的交流与合作。与中国连锁经营协会、中国水产流通与加工协会等多家行业协会，全球食品安全倡议（GFSI）、海洋管理委员会（MSC）、水产养殖管理委员会（ASC）等国际组织，人民大学、北京大学光华管理学院等高校保持密切联系，并围绕“三同”工程共同开展了深入交流和多项实质性的合作，扩大“三同”产品的国际国内影响。

二、取得成效

一是企业效益显著提高。目前，全国已有2665家“三同”企业的10183种“三同”产品在全国30多家商超的1000多个门店和60多家电商平台上销售，“三同”产品线上线下内销金额累计达1098亿元。“三同”企业对开拓内销市场充满信心。山东泰祥集团、湖南果秀集团两家主要对日本、欧美出口的企业内销业绩分别新增4亿元和2000万元，同比增长超过10%。

二是产品市场认可度明显增强。经销商对“三同”产品信心明显提高，如华润万家、家乐福等超市确定将“三同”资质供应商和产品作为优先采购对象，并向中西部、欠发达地区原材料供应商输送“三同”理念，带动当地企业实现“三同”生产。麦德龙则在采购过程中降低“三同”企业审核频率，并决定逐步提高“三同”产品比例。

三是群众“获得感”普遍体现。“三同”工程的实施，为国内消费者提供了不出境就能买到与欧美、日韩等国相同品质的产品的机会，并且价格普遍较海外市场更低。以上海麦德龙销售的“三同”烟熏三文鱼为例，在品质相同的情况下售价较欧洲市场低15%。在山东荣成“三同”食品学生餐覆盖了中小学校，日供应量达10万份，并在持续推广。湖南长沙已有12个社区建立食品安全和“三同”宣教基地，年底将增加到30个社区。广东、深圳供港“三同”产品进入岁宝等本土超市，居民在楼下就能方便地买到出口品质产品。

下一步，三同促进联盟将按照国家质检总局、国家认监委工作部署，以满足人民对美好生活的需要为方向，继续加大力气与政府部门、出口企业共同推进“三同”工程，帮助更多出口企业成为“三同”企业，帮助更多“三同”企业打开内销市场，帮助更多“三同”产品进入适销对路渠道，满足国内不断提升的消费需求，满足人民日益增长的美好生活需要。

2018

Yearbook of Certification and Accreditation of China

第四部分　法制建设与政策研究

Part Four　Legal System Construction and Policy Research

2017年，国家认监委充分发挥认证认可立法对认证认可领域简政放权、放管结合、优化服务改革的引领、推动和保障作用，在重点领域继续加强认证认可法规、规章的制修订和立法研究工作，进一步完善认证认可法律法规体系建设；落实社会第三方参与立法研究，进一步提高立法科学性和透明度，提高立法质量。

一、法制建设与政策研究相关工作开展情况

开展法规协调和合法性审查工作，共回复法律、法规征求意见稿135件次。完成对认证认可规章、规范性文件的清理：认证认可现行有效的部门规章共15件（提请总局废止1件、拟修改8件、维持有效6件），现行有效的规范性文件有29件。

共计收到申投诉179件。按规定予以受理119件，不予受理60件。受理的申投诉数量同比增长30.7%。受理的申投诉中，已办结97件，22件正在办理中，申投诉处理率100%。共牵头组织调查涉及重大违法违规的申投诉11件，督办案件10件。

共发生针对我委的行政复议案件14件，数量是2016年同期的3.5倍，经国家质检总局审理，全部得到维持。共发生针对我委行政诉讼案件8件，数量是去年同期的8倍，经法院审理，我委胜诉5件，其余3件正在审理中。

共牵头办理业务综合文件730余件，其中急件、特急件占整体办文数的60%以上。

二、立法研究工作

（一）推动《检验检测机构管理条例》立法研究

走访国务院法制办，加强沟通协调，进一步明确《检验检测机构管理条例》（以下简称《条例》）立法工作的重点、难点和突破点；完成对国务院部门涉及检验检测机构行政许可事项的梳理，涉及22个部门43项许可，其中列入国务院审改办行政许可目录的是14个部门27项许可；完成检验检测机构违法典型案例的收集，共5类违法情形12个典型案例；赴四川、浙江、陕西、江苏4省开展立法调研；对《条例》草案建议稿进行了针对性修改完善，并征求了系统内多位法律和技术专家的意见。

（二）推进认证认可部门规章制修订工作

完成《认证机构管理办法》《出口食品生产企业备案管理规定》的修订，已经国家质检总局局务会审议通过，将在年内发布施行；完成《进口食品境外生产企业注册管理规定》《危害分析与关键控制点（HACCP体系）认证管理办法》等部门规章的研讨、立法审核和征求意见。

（三）从法律法规层面完成我国自愿性认证制度梳理，提出规范地方区域联盟认证的工作原则

根据委领导指示，结合近几年出现的区域性联盟认证等新情况，从法律法规层面完成对我国自愿性认证制度的梳理。先后对“浙江制造”“深圳标准”“广东优质”“上海品质”开展实地调研，在分析现状和问题的基础上提出相关工作建议，最终通过2017年第三次委务会形成规范、引导有关认证活动的五条工作原则，即明确职责定位、支持采信认证、加强规范引导、加大共推力度、加强统筹协调，为我委推动地方政府运用认证手段推进质量提升和品牌建设明确了基本依据。

（四）深入推动认证执法监管体系建设

进一步整合认证执法资源，有层次、有重点、有针对性地推进泛长三角、东北、中部、西北、西南、“丝绸之路经济带”境内沿线地区认证执法监管区域合作联动等机制建设，完善检验检疫口岸认证执法联盟合作，推动认证执法监管工作的一体化。加强认证执法队伍能力建设，编制《认证执法实用手册（第二版）》并配发各地质检部门，针对西南地区质监部门工作需求，试点开展“送执法服务下基层”活动。

（五）深化认证认可强国评价指标体系建设

一是构建以法律部总体组织协调、外部专家为技术支撑、系统各单位共同参与的强国评价指标体系建设推

进工作机制。二是完成2016年指标体系基础数据采集、指标体系完善、数据测算工作，测评报告正在编撰中。三是在2016年度认证认可检验检测服务业统计信息发布会上，向社会首次发布我国认证认可强国指标体系建设成果。

（六）组织完成2016年度认证认可统计工作

2017年3月组织开展2016年度认证认可服务业统计工作，5月底完成数据采集。7月中旬，联合质检总局召开新闻发布会，向社会统一发布2016年度全国认证认可检验检测服务业统计信息。牵头开展《认证认可统计报表制度》修订工作，9月中旬，新版《认证认可统计报表制度》获得国家统计局批准执行。

（七）推进认证认可行政审批制度改革

推进行政审批标准化建设，进一步修订完善《服务指南》《审查工作细则》等制度性文件，完善行政许可大厅建设，推进委网站行政许可栏目建设。2017年6月，圆满完成国务院审改办开展的行政许可标准化测评。2017年8月，完成国务院和总局"精简和规范行政许可申请材料"试点项目"设立认证机构审批"各项任务。

（八）初步完成"权力清单"和"责任清单"编制

开展认监委"权责清单"编制工作，编制形成包括行政许可、行政处罚、行政检查、其他行政权力在内的4大类认监委权力目录，梳理提出相应的履责方式和追责情形。

（九）配合完成《产品质量法》全国人大执法检查

全面梳理认证认可领域贯彻实施《产品质量法》的情况，配合总局圆满完成《产品质量法》全国人大执法检查工作。按照落实全国人大执法检查审议意见的分工方案，全面落实各项工作。

（十）组织开展2017年认证认可专项监督检查

整合完成2017年认证认可各领域专项监督检查工作方案，开展2017年认证行政执法与专项业务监督检查。组织全部省级质检两局进行了自查，并对19个省级质检两局开展抽查。

（十一）做好认证认可申投诉处理、行政复议和行政诉讼应对

妥善处理量大面宽、错综复杂的申投诉事项，有效应对不断增加的行政复议与行政诉讼案件，与我委法律顾问团队精诚协作，有效化解了我委行政风险，取得满意结果。

（十二）提升执法监管和风险防控信息化应用水平

完成"双随机"执法人员库建设，为全面推进落实"双随机、一公开"提供基础保障。联合吉林大学法学院开展了认证认可司法案例大数据研究，建立了认证认可司法案例库，从司法审判角度分析和防控行政风险。

（十三）紧扣质量提升主题组织开展系列政策研究

围绕认证认可助力质量提升，分层次、有侧重地组织开展系列政策研究。一是组织业内外知名专家召开"认证认可与质量提升"座谈会。二是牵头制定我委《认证认可助力质量提升行动计划》，并在"十三五"规划年度行动计划中协调各部委行业着力做好相关工作。三是组织协会政研委开展数十个相关政研课题研究，形成研究报告、案例分析报告共计34篇。四是开展万家企业"认证认可检验检测助推质量提升及实证研究"，对16000家获证企业进行问卷调查（回收9100份），发掘典型案例240余篇。五是开展"认证认可助推全面质量提升"专题调研，走访北京、上海、深圳等地知名企业，形成专题调研报告。六是加强对党中央国务院涉及我委工作重要政策信息、动态的收集、整理，并摘录部分内容刊登在《认证认可政策理论研究参考》上（3篇）。

（十四）推动《认证认可检验检测发展"十三五"规划》实施

在广泛征求30多个部际联席会议单位意见基础上，制定发布《贯彻落实认证认可检验检测发展"十三五"规划2017年行动计划》，明确6方面17项重点任务，形成部际合作推动规划任务分解和实施机制。针对地方两局认证监管部门和从业机构，组织开展两期规划培训，营造规划全面推动落实的良好氛围，引导大家在各自领域开展规划宣贯。

（十五）统筹推进深化改革、政策研究和业务综合

一是牵头制定《认证认可深化改革2017年工作要点》（共计36项改革举措），并经认证认可深化改革领导小组第七次会议审议后印发。二是开展系列专题政策调研。先后对"浙江制造""深圳标准""广东优质""上海品质"开展实地调研，形成专题政策研究报告。截至目前，政研室刊发《认证认可政策理论研究参考》7期，组织编撰的《2017年认证认可发展报告》也已进入设计印刷阶段。三是全面履行业务综合职能。围绕贯彻落实"放管服"改革要求、开展质量提升、转变政府职能、梳理"认

证乱象”、筹备中国质量大会、参与地方政府质量工作考核等，开展一系列重要业务综合工作。

三、主要工作亮点

深入贯彻落实《中共中央 国务院关于开展质量提升行动的指导意见》，一是牵头制定国家认监委《认证认可助力质量提升行动计划》，联合国家质检总局共同推动全国百万家企业开展质量管理体系标准和先进质量管理工具方法宣传学习活动；二是联合认可部起草《国家认监委关于开展“万家企业质量管理体系升级行动”的通知》；三是开展万家企业“认证认可检验检测助推质量提升机理及实证研究”，深化文献研究，对16000家获认证企业进行问卷调查（回收9100份），发掘240余篇典型案例；四是在北京、上海、深圳开展“认证认可助推全面质量提升”专题调研，实地走访北汽福田、联想集团、中国商飞、深圳华为等知名企业，针对大中型企业开展问卷调查，形成专题调研报告。

认证认可强国评价指标体系建设取得重大进展。指标体系建设推进常态化工作机制更加稳固，完成了2016年指标体系基础数据采集、指标体系完善、数据测算工作，向社会首次发布我国认证认可强国指标体系建设成果，对我国认证认可发展水平进行了科学定位，为加快追赶发达国家步伐，全面实施认证认可强国战略提供了重要理论支撑。

推进认证认可行业统计工作卓有成效。召开专题新闻发布会，首次向社会统一发布2016年度全国认证认可检验检测服务业统计信息。国家统计局在服务业统计工作部级联席会议上就认证认可行业统计制度的建立向各部委进行了通报。在一年试行工作的基础上，完成新版《认证认可统计报表制度》的设计和申报并获得国家统计局的批准实施，认证认可行业统计制度实现常态化，将持续为认证认可事业科学发展提供有力保障。

完成《贯彻落实认证认可检验检测发展“十三五”规划2017年行动计划》的制定与发布，形成部际合作推动规划任务分解和实施机制。对地方两局认证监管部门和从业机构开展两期规划宣贯和培训。

扎实推进《检验检测机构管理条例》立法研究工作。赴国务院法制办和地方部门深入走访调研，征求专家意见，完成大量梳理工作。组织完成《认证机构管理办法》《出口食品生产企业备案管理规定》两部部门规章的修订，年内即将公布施行，为认证认可深化改革的持续推进提供了法治保障。

法制建设与政策研究部　供稿

2018

Yearbook of Certification and Accreditation of China

第五部分　认可监管

Part Five　The Supervision of Accreditation

一、认证机构审批

截至2017年底，具有独立发证资质的认证机构数量从年初312家增至379家，较年初增加67家，增长率21.5%。审批的认证领域由年初1681家个增长至2077家个，较年初增长23.5%，认证机构根据市场需求自主研发认证项目的积极性提高。管理体系认证证书总数 836764张，其中质量管理体系认证证书 483341 张；服务认证证书总数3299张。

（一）认证机构资质审批总体情况

截至2017年底，认证机构数量从年初312家增至379家，较年初增加67家，同比增长21%；内资机构由年初263家增长至324家，同比增长23%；外资机构由49家增长至55家，同比增长12%。认证机构资质审批制度改革效果明显，审批领域出现了多样化趋势，认证机构根据市场需求自主研发认证项目的积极性提高，认证市场活力初现，认证机构数量打破多年的平衡趋势，增加迅速。

表1　内、外资认证机构近年发展对比

项目　　年份	2011年	2012年	2013年	2014年	2015年	2016年	2017年
内资机构数量	137	136	137	148	180	263	324
外资机构数量	38	38	37	36	41	49	55
总计	175	174	174	184	221	312	379

（二）深化审批改革，进一步提高认证市场活力

一是完成国务院审改办“精简和规范行政许可申请材料”试点工作。按照国务院深改办及国家质检总局的要求，我部对“认证机构审批”的行政许可申请材料提出了规范和精简的意见，拟取消29项申请材料，占申请材料总量的44%。此项工作为国务院其他部门精简和规范行政许可申请材料累积了经验，为更好地把试点成果复制和推广到所有行政许可项目奠定了基础。二是实现认证机构网上审批。2017年初认证机构行政审批系统正式上线，实现无纸化，使审批工作更加规范透明，极大便利了行政相对人。截至目前，已实现网上受理347项次，出具212个审批结果。三是完善行政审批标准化工作，实现测评零不符合，行政许可办结事项“零超时”。

2017年，认可监管工作紧贴国家发展大局，发挥认证认可作用。当前，党中央、国务院对认证认可工作的重视达到了前所未有的程度，认证认可工作紧贴质量强国战略、供给侧结构性改革、深化“放管服”改革等国家大局，提升认证认可作用。坚持统一管理，共同实施。我委做好制度顶层设计，同时要突出强调发挥行业主管部门、协会作用，推动认证在一个一个行业“落地生根”“枝繁叶茂”。

二、认证市场监管

（一）提高供给质量，启动“质量管理体系认证升级版”工作

3月，启动“质量管理体系认证升级版”试点工作，重点选取航空、汽车、石油石化、勘探设计、金融等21个行业开展试点。8月，与总局联合发出《关于广泛开展新版质量管理体系标准宣贯学习活动加强全面质量管理的通知》。拟于11月召开“质量管理体系升级行动推进会”，发布“质量管理体系认证升级版”标志和《质量管理体系认证升级版实施意见》，从认证制度、认可规范、人员管理等方面提出一揽子改革的政策措施，实现质量管理体系认证制度的系统性升级。

（二）加强市场监管，严厉打击认证机构违法违规行为

在质量管理体系认证和能源管理体系认证领域开展

"双随机、一公开"监管活动，抽查1100个认证结果，拟于年底公开抽查结果。对3家认证机构和1名认证人员实施了行政处罚，其中，撤销了2家机构，1家机构停业整顿6个月，撤销了1名审核员的执业资格；对16家认证机构责令整改；对1家认证机构提出告诫。截至目前，共计办理25项正式受理的申投诉事项，对于其中1家涉嫌虚假认证的认证机构，正在采取进一步调查措施，后续将正式立案查处。这些措施有力打击了认证市场上的违规机构和违规行为，公开表明了我委加强事中事后监管的决心和严肃态度，业内反响很好。

（三）密切部际合作，认证认可部际联席会议机制继续向纵深推进

组织召开第15次和第16次认证认可部际联席会议，制定《贯彻落实〈认证认可检验检测发展"十三五"规划〉2017年行动计划》，明确了各成员单位2017年认证认可部际联席会议工作重点任务。配合办公室，协调推动住房城乡建设部和我委共同举办世界认可日主场活动，并在活动现场签署《全面推动住房城乡建设领域认证认可发展战略合作协议》。

（四）创新宣传方式，服务认证体验周活动取得明显效果

根据全国"质量月"活动的总体安排，2017年9月25日—28日，以"打造高端品质服务认证，助推服务业质量提升"为主题在北京、上海、江苏举办了"服务认证体验周"系列活动。结合当前服务认证发展状况，选取与百姓生活息息相关的保健服务、汽车租赁服务和养老服务为主场体验内容。邀请了中央电视台等多家中央和地方媒体，通过招募消费者进行服务体验的方式，真实感知服务认证对于提升服务质量的积极作用，活动集中宣传展示了服务认证的发展成果，发动了相关部门和社会各界共同关注、支持和参与服务认证工作，取得良好效果。

（五）夯实工作基础，修订《认证机构管理办法》

体现认证机构审批改革与监管的新思路新举措，完成《认证机构管理办法》修订工作，拟于近期正式发布。

（六）拓展工作思路，创新行业治理新机制

成立"认证市场准入和监管改革专家工作组"，凝聚了152家单位的282名专家，组成23个工作组，成为认证改革发展的智囊团和行动队。目前已经形成《认证认可制度体系表》《国推认证制度准入要求一览表》《关于加快发展服务认证的指导意见》和《中国服务认证发展白皮书》等一系列成果和政策建议。

认证监管部 供稿

2018

Yearbook of Certification and Accreditation of China

第六部分　认证监管

Part Six　The Supervision of Certification

一、强制性产品认证

截至2017年底，CCC目录内产品共20大类160种，指定认证机构25家，指定实验室195家。CCC认证有效证书586381张，其中国内547270张，国外39111张；获证企业71566家，其中国内企业65707家，国外企业5859家。

（一）推进CCC认证制度改革

1.推进CCC认证深化综合改革工作

对强制性产品认证目录改革工作存在的不足进行了全面梳理和调研，提出了实施技术法规式的目录管理，建立“认证通用要求加细化产品目录描述”管理方式的改革方案，目前已完成CCC制度实施体系比对研究、CCC产品分类描述比对研究、认证模式的应用研究、认证模式的分类原则研究等内容，并选取玩具及童车类产品作为试点产品，制定CCC认证目录改革试点方案，编制CCC认证通用实施规则。起草《CCC合格评定程序自我声明实施规则》《CCC企业自有检测资源应用指南》等认证认可行业标准，提出不同模式管理的产品目录和调整方案。

2.修订完善CCC认证实施通用规则

按照CCC认证改革的整体方向，修订完善“生产企业检测资源及其他认证结果的利用”“生产企业分类管理、认证模式选择与确定”“工厂检查通用要求”“工厂质量保证能力要求”等CCC实施通则并向RB标准转化，使得规则总体趋向原则性、宽泛性，给予认证机构更多的自主选择权。

3.完善CCC指定机构行政审批及日常管理工作

优化CCC指定机构的标准化建设，加强强制性产品认证实施机构指定行政许可项目网上审批系统建设。

开展日常指定与年度指定相结合的强制性产品认证实施机构指定工作。2017年发布了强制性产品认证机构年度指定和3批次的实验室日常指定决定，新增11家实验室，有4家认证机构和45家已指定实验室扩充了业务范围，进一步提升了“一站式”检测服务能力，便利企业申请认证检测。

扩大强制性产品认证实验室日常指定实施范围，将家用和类似用途设备、照明电器、汽车车灯、涂料等领域新纳入日常指定试点产品范围。

4.深化汽车产品领域CCC认证改革

深化汽车强制性认证改革，从简化程序、依法依规实施认证、完善监督体系等三个方面推出8条改革措施，完善汽车强制性产品认证工作。促进公安交管、环保等部门采信汽车认证和一致性证书。

5.探索制度创新，研究CCC认证进口贸易便利化措施

一是鼓励自贸试验区探索制度创新，支持跨境电商发展，研究CCC认证便利通关的工作措施，支持上海地区创建进口CCC产品诚信示范企业；二是推进大通关建设，研究建立ECIQ主干系统中CCC入境监管审单规则；三是推进完善“CCC免办集中办理审批、多地协同监管”的工作机制；四是便利贸易通关，发布CCC目录产品与2017年海关HS编码对应表。

（二）开展“西安地铁电缆”事件调查和督查工作

“西安地铁电缆”事件发生后，要求认证机构第一时间展开快速和多方位的调查及处理，督促认证机构对陕西奥凯电缆有限公司5张CCC证书进行撤销。针对奥凯电缆事件所暴露出的问题，组织全部电线电缆指定机构，以问题从严、过错从重为原则，对CCC电线电缆生产企业进行了全面排查。共排查CCC电线电缆生产企业5884家，涉及CCC证书16252张，现场排查发现严重违法问题企业45家，对71张CCC证书直接做出撤销决定；对278家企业工厂现场检查判定为不通过，监督抽样89家企业产品检测不合格，暂停证书875张。分两次赴江苏、

浙江、上海和辽宁、吉林、黑龙江，督促地方局对消费品电线电缆、特种设备的监督和督查，压实地方责任，消除安全隐患。

（三）强化事中事后监管，狠抓CCC认证专项监督工作

1.对机构和人员的监督

组织认可中心、有关技术机构和5个省级质监局对CCC指定认证机构、实验室、检查员进行了监督检查。

2.开展CCC获证产品市场抽查

部署全国31个省级质监局、5个副省级市质监局，以流通领域为重点，兼顾生产领域，对玩具、电线电缆、断路器等20种产品开展抽查；部署全国35个直属检验检疫局，根据口岸分布和入境商品特点，对汽车整车、玩具、断路器等9种进口产品实施抽查。其中，按照“双随机、一公开”的工作要求，部署天津市、浙江省等13个省级质监局、检验检疫局，基于“双随机”抽查信息平台，重点针对消费者投诉多的电线电缆、小家电、智能手机、童车等产品领域，部署开展“双随机”抽查工作。

3.加强专项检查不合格后处理力度

对本年度CCC获证产品市场抽查抽查不合格的产品采取撤销、暂停CCC证书的严肃处理、退运或销毁不合格进口产品；对专项检查发现严重的问题的指定实验室，采取撤销、注销、暂停、限期整改相应检测资质的严肃处理；对经笔试现场考核不合格的工厂检查员，撤销相应的认证从业资格。

4.创建并运行“CCC指定认证机构证书转换信息交互和监管平台”

重点规范认证机构之间CCC证书转换的业务流程，并全过程记录信息，建立认证机构之间信息互享互通、风险协同防控的机制。

5.国抽CCC获证产品的质量分析

针对2017年国抽第一、二批次抽查结果，暂停不合格企业的39张CCC认证证书；向认证机构下发限期整改/风险预警通知书。

（四）加强无证查处工作

印发《关于加强对强制性产品认证无证违法行为监管与查处工作的通知》（国认证〔2017〕31号），部署各省级质监局和直属检验检疫局结合辖区实际，围绕消费需求旺盛、与群众日常生活息息相关的、存在较高产品质量隐患的消费品领域，加强事中事后监管，加大对无证违法行为整治力度。

二、积极推进自愿性产品认证发展

截至2017年9月底，自愿性产品认证共有认证机构149家，有效证书189385张，获证企业27343家。其中，国推自愿性产品认证机构23家，有效证书8063张，获证企业4954家。

（一）积极推进认证制度服务地方经济发展工作

印发《国家认监委关于对以联盟认证形式开展“广东优质”品牌建设工作的复函》（国认证函〔2017〕83号），支持广东省在推动“广东优质”品牌建设工作中以联盟认证形式开展自愿性认证工作。深入推进浙江制造、深圳标准等联盟认证，助力地方经济发展。

（二）加强城市轨道交通装备认证工作

与国家发改委对加强城市轨道交通装备认证工作作出进一步安排达成共识，稳步推进城市公共交通体系健康发展。

（三）推进车联网产品认证工作

推动多家重点自主品牌汽车厂商、相关检测认证机构和电信运营商筹组车联网产品认证联盟；指导车联网产品认证联盟利用认证手段推动北斗导航产品应用。

（四）推进低碳产品认证服务国家减排战略

发布了新版《低碳认证技术委员会章程》（国认证〔2017〕54号）并完成技术委员会换届，强化低碳认证技术支撑，并与国家发展改革委联合推动新一批低碳产品认证目录的发布。

（五）推动交通一卡通产品认证工作

与交通运输部运输服务司共同推进交通一卡通产品认证制度建设，积极推动认证认可促进城市公共交通服务提质升级。

（六）加快机器人认证

继续支持机器人检测认证联盟建设，推动认证结果的广泛采信。目前，正在开展针对机器人性能等级和自动引导车安全的认证项目研究，针对工业机器人和服务机器人整机的电器安全和电磁兼容开展具体的认证检测工作，发出证书40余张，认证结果被发改委在产业政策中采信使用。

（七）推动高品质认证，开展质量比对

组织认证机构及电商平台共同开展“优品认证”，针

对智能马桶盖、电饭煲、空气净化器等产品开展品质质量比对，并于6月6日在广州举办认证认可家电分会场时发布比对结果，分析国内外市场产品质量差异，引导科学合理消费，为国内企业提高产品质量指明方向。开展家电行业全面质量提升行动计划，从强化质量意识、推进绿色发展、完善标准体系、推动产品出口、强化共治导向等方面助力中国家电产品提升品质。

（八）开展金融机具认证

研究建立金融机具自愿性产品认证体系，与人民银行联合印发了《关于开展支付技术产品认证工作的实施意见》《关于加强支付技术产品标准实施与安全管理的通知》，进一步加强支付技术产品质量管理，提升支付服务安全防护水平。

三、积极推进各项认证工作

（一）推动建立统一的绿色产品标准、认证、标识体系

1.制定并完善政策性文件

已经拟定《绿色产品标识认证管理办法》（征求意见稿）和绿色认证标识样式，并广泛征集相关行业主管部门和社会大众意见共收到相关部委、地方局、行业企业、个人提出的102条意见建议，进一步完善管理办法。

2.研究制定技术类文件

为配合绿色产品认证工作开展，有关绿色产品认证机构、检测机构能力要求（已立项5个认证认可行业标准）已委托认可中心编制完成并邀请专家开展了评审工作；中国绿色产品认证信息平台已完成初步设计方案和框架搭建；确保后续绿色产品认证有序开展所涉及《利用其他合格评定结果的要求和实施流程》《工厂保证能力检查要求》已完成草案稿并初步征求了各相关方意见。

3.开展绿色产品认证信息平台建设

建立统一的绿色产品标识与认证信息平台，实现“绿色”产品引领中高端消费、助推供给侧结构性改革的目标，目前该平台已完成平台框架搭建和初步设计。

（二）生产许可证产品转变为CCC认证管理工作

积极推进摩托车乘员头盔、电热毯、助力车等3类工业产品生产许可证制度转为国际通行的产品认证制度工作。做出过渡期政策安排和修订相关认证实施程序，推动指定实施机构实现许可证向CCC认证的平稳过渡。

（三）推动建立网络关键设备和网络安全专用产品检测认证制度

会同国家网信部门建立完善网络关键设备和网络安全专用产品检测认证制度，向网信办提出建立网络关键设备和网络安全专用产品检测认证体系的意见建议，联合网信办、工信部和公安部发布《网络关键设备和网络安全专用产品目录（第一批）》。

四、认证管理工作主要经验体会

1.明确方向

学好中央、国务院一系列决策要求，特别是党的十八届六中全会和中央经济工作会议精神，深入推进供给侧结构性改革，坚持以提高发展质量和效益为中心，积极开展质量提升行动，加强全面质量管理。按照国家质检总局和国家认监委年度工作的主要目标和工作要求，做好强制性产品认证“保底线”和自愿性产品认证“拉高线”的工作安排。

2.做好方案

做好CCC认证制度改革、绿色产品认证工作落地、国家网络安全产品认证制度建立、自愿性产品认证工作加快培育、许可证转CCC认证等重点工作的工作思路、工作分工、工作进度和人员配置。

3.扎实推进

根据总局和我委的年度计划，做好分工和责任到人的工作安排，实行目标管理和分阶段听取工作进展，协调推进中存在的问题和困难，确保重点年度计划按时落实和完成。

4.团结协作

年初，让每个处、每个人都知道今年的工作目标、工作任务，重大事情和重点工作大家讨论，充分调动和发挥各处室和每个人的主观能动性和工作积极性，积极主动思考，为做好产品认证工作出谋划策，形成共识。共识形成后，明确任务，分工实施。在工作中大家团结协作，相互配合、相互补台，合力做好年度工作是保证计划完成的关键。

认证监管部 供稿

2018

Yearbook of Certification and Accreditation of China

第七部分　注册管理

Part Seven　Registration of Establishment

一、注册管理基本概况

（一）严格进口企业准入

截至2017年12月底，已注册准入90个国家（地区）16774家境外肉类、水产品、乳品、燕窝企业。2017年派出13个团组赴19个国家（地区）及140多家境外企业进行实地注册评审和监督检查，完成注册评审报告25份。对11个国家高风险产品境外企业进行现场回顾性检查。根据口岸进境食品不合格信息，对213家境外注册企业进行联动调查处置，暂停68家企业注册资格。组织与相关出口国主管部门、驻华使馆代表等进行了80余次技术谈判。开展肉及肉制品、酒类、HACCP理论和实践、蜂产品等4个专业、6场次的进出口评审专家“传帮带”活动，网络远程教学指导20余次。

（二）“逐一帮扶”出口企业

截至2017年12月底，出口备案食品生产企业有13452家，2017年新增获得国外注册企业244家次，总数达到5783家次。成功组织接待美国、新加坡等20个国外主管部门对我284家水产、肉类等企业的现场检查。2017年全国检验检疫部门共成立739个企业帮扶工作组，为企业提供技术培训498场次，参训人员33876人次。帮助2500家输美食品企业完成更新注册。

（三）扩大实施“三同”工程

上线食品“三同”企业和品种，从年初的1000家、3900种增加到12月底的2775家、10000余种。“三同”实施范围从食品农产品扩大到航空、宠物食品和陶瓷。30家品牌超市的1000多家门店、62家电商等标示销售“三同”产品，累计销售额超过1228亿元。“三同”信息公共服务互动平台在中宣部等主办的“砥砺奋进的五年”大型成就展展示，央视、新华网、人民网等国家级媒体报道200多次，地方级媒体报道500多次，宣传微信1500多条。“三同”工程列入党中央、国务院发布的8个相关规划、计划和重点工作，涉及质量提升、消费升级、食品安全、农业供给和供应链创新等领域。

（四）食品农产品认证示范和认证扶贫

截至2017年底，食品农产品认证有效证书数为11.7万张，其中有机产品认证证书1.9万张，危害分析与关键控制点（HACCP）认证证书7000余张，食品安全管理体系认证1.34万张。全国已有26个省的129个县开展国家有机产品认证示范创建工作，其中17个为国家有机产品认证示范区，2017年新增45个县（区）。共有3个省的4个县开展国家GAP认证示范创建工作，其中1个为国家GAP认证示范区。

有机认证服务精准扶贫，在592个国家扶贫开发工作重点县中446个县域有有机获证企业，有机证书3153张，有机获证企业2020家；680个集中连片特殊困难地区范围内的县中的434个县域有有机获证企业，有机证书2987张，有机获证企业1925家。

（五）采信认证及加强监管

落实简政放权改革，积极推行出口食品企业备案核准办理采信认证。 2016年5月至今，备案办理采信HACCP等认证 1342例，采信企业自我声明1322例，采信率26.5%，备案平均办理时间17日，比改革前缩短56%，比行政许可规定缩短66%。内外销“三同”企业认定条件采信认证，加工企业认定采信HACCP认证，种养殖农产品企业认定采信GAP认证，两类企业总数目前达到2175家。

加强认证监管，组织对5家高风险认证机构、60家（每个直属检验检疫局辖区10家）“三同”生产企业、74家有机产品获证企业开展专项监督检查；按照“双随机、一公开”要求，组织对250批次获证食品农产品开展专项抽检，其中获证有机产品抽查250批次，检测150批次，“三同”产品随机抽查验证并检测100批次。

二、注册管理工作亮点

进出口食品企业注册备案和食品农产品认证监管职能和制度，只有保持与国家大政方针和政策相一致，发挥作用服务经济社会发展大局才有定位和价值，才会被积极推行和采信，反过来也有利于我们的监管和推进社会多元共治。

（一）有机认证服务精准扶贫

积极贯彻落实中央国务院关于扶贫工作的有关政策精神，创新精准扶贫机制，运用有机产品认证服务精准扶贫工作。发布指导意见，指导认证机构、地方政府和企业，运用有机产品认证服务脱贫攻坚。

（二）进口注册把关服务国家大局

落实中美领导人共识，完成《中美经济合作百日计划》相关任务，首次明确美国输华牛肉企业必须经国家认监委注册，破除美国企业不需注册的“霸王条款”，凸显“进口注册”把关的意义。

（三）推进我国标准及认证“走出去”

与美国食品药品管理局（FDA）签署备忘录，首次将认证认可手段应用于进口食品境外企业注册管理，实现了国家认监委对境外企业的源头监管。出口食品企业备案监管“放管服”改革全面到位。在出口食品企业备案采信企业自我检查声明和第三方认证结果，简化备案程序，缩短备案时间。为国家推行行政许可转化为认证提供了一个可行的借鉴案例。“三同”工程落实国家供给侧结构性改革。上线“三同”企业和产品种类数量翻番，实施范围扩大，消费者认知度提高。“三同”工程列入党中央、国务院发布的8个涉及质量提升、消费升级、食品安全、农业供给和供应链创新等的规划、计划和重点工作。

三、主要开展工作

（一）开展质量提升行动，服务供给侧改革

一是扩大实施“三同”工程。发布《关于进一步规范和促进出口食品农产品企业内外销“同线同标同质”的公告》（国家质检总局公告），组织直属检验检疫局大力推动实施。组织指导开展“三同”进万家专题宣传活动和首届“三同”购物节。二是持续做好有机产品、GAP认证示范区创建和国际互认相关工作，与丹麦环境与食品部续签有机产品合作谅解备忘录并商定了有机产品合作行动计划（2017—2019）。为地方两局的认证监管人员举办食品农产品认证和“三同”工程培训。

（二）加强事中事后监管，排查消除风险隐患

一是加强进口注册企业监管。对加拿大等10个国家肉类、乳品等高风险产品境外企业进行回顾性检查。积极应对处置巴西“劣质肉”等突发事件，及时回应媒体关注，“举一反三”进行隐患排查。根据国家质检总局发布的进境食品不合格信息，对相关企业进行联动调查处置，暂停67家境外企业注册资格。二是部署开展2017年食品农产品认证专项监督检查和地方两局日常监管，提高认证有效性。组织对“三同”企业和认证机构进行专项监督检查。

（三）发挥职能技术优势，念好服务经

一是积极配合国家领导人高访，服务“一带一路”倡议等国家战略。圆满落实完成白俄罗斯、塞尔维亚、南非等国输华肉类企业注册任务。落实《中美经济合作百日计划》，将美国输华牛肉企业纳入注册管理。与美国食品药品管理局（FDA）签署《关于美国食品生产企业在华注册工作的谅解备忘录》。二是全面开展出口食品企业“逐一帮扶”行动计划，积极为企业提供培训等服务，帮助企业提升质量管理水平，对外形成竞争新优势，对内积极开拓内销市场。积极推荐肉类企业获得蒙古国、吉尔吉斯斯坦等新兴市场注册。指导输美企业积极应对食品安全现代化法（FSMA）新发布配套法规。三是落实中央、国务院扶贫工作政策精神，创新精准扶贫机制，发布有机产品认证服务精准扶贫指导意见。在“全国质量月”组织开展以“有机产品认证服务精准扶贫”为主题的“全国有机宣传周”。发布了有机认证扶贫信息传递方案。

（四）全面深化改革，简政放权到位

一是完成进口注册全面实施的顶层设计。创新跨境监管国际合作机制，与比利时、荷兰、丹麦等国家通过“互联网+”注册认证方式，落实境外官方监管任务，形成跨境监管合作机制，实现“跨境三互”合作。二是推动开展蒙古国、中国台湾地区、东盟国家进口食品企业注册技术评审下放直属局试点，开展韩国、新加坡乳品，印度尼西亚燕窝企业注册技术评审采信认证试点工作。三是配合法律部门完成《出口食品企业备案管理规定》修订，备案核准采信认证和企业自我声明，加强备案认证联动监管，完善企业食品防护计划等方面的改革措施得到固化。

（五）加强党建能力建设，夯实思想队伍保障

一是深入推进“两学一做”学习教育常态化。通过“三级联动”支部工作法带动上海、厦门、内蒙古等检验检疫局业务相关部门以及五岳华夏等认证机构的党建工作，建战斗堡垒，育骨干先锋，发挥支部和党员作用攻坚克难。二是分别在肉及肉制品、酒类、HACCP理论和实践、蜂产品等4个专业继续深入开展进出口食品企业评审专家专“传帮带”活动，通过集中培训、现场观摩、评审检查和中外交流等多种形式加强能力建设。

注册管理部　供稿

2018

Yearbook of Certification and Accreditation of China

第八部分　实验室与检测监管

Part Eight　Supervision on Testing and Inspection Bodies

2017年，实验室与检测监管工作按照国家质检总局和国家认监委统一要求，结合2017年度各项重点工作任务和改革专项任务，按计划开展各项工作。

一、广泛开展质量提升行动

（一）开展检验检测行业质量提升行动

印发《国家认监委关于印发2017年检验检测行业质量提升行动方案的通知》。组织40多家权威检验检测机构牵头开展技术攻关，解决产品创新和质量提升的技术难题，服务供给侧结构性改革，同时实现检验检测行业自身服务质量、能力水平的提升。

（二）推进“国家检验检测认证公共服务平台示范区”创建

目前累计批准“示范区”13家；2017年组织11个批准创建“示范区”的建设单位开展“示范区”建设研讨，提出“示范区”下一步发展思路。

（三）推进国家产品质检中心规划建设

在国家战略性新兴产业领域、重大装备制造领域以及其他重点领域开展国家产品质检中心规划建设工作，提出了“国家质检中心管理制度”的修改建议。

二、持续推进检验检测机构资质认定许可制度改革

（一）放宽许可条件

印发《关于进一步明确检验检测机构资质认定工作有关问题的通知》，要求各地资质认定部门认真贯彻落实行政许可制度改革的要求，执行放宽主体准入条件、允许租赁设备和分包、许可非标方法等释放红利的政策措施，发布《关于简化相关检验检测标准变更流程的公告》，针对《水泥包装袋》等1077项强制性国家标准转化为推荐性国家标准的标准变更采取简化流程，便利检验检测机构对外提供检验检测服务。

（二）支持检验检测机构规模化发展

对于集团化、连锁化经营的检验检测集团，其分支机构申请资质认定给予简化评审方式的政策支持。贯彻落实京津冀一体化战略，允许三地具有法人地位的检验检测机构跨区域自由设立实验场所。

（三）优化许可流程提高审批效率

按照中编办《行政许可标准化指引(2016版)》要求，进一步梳理优化许可工作流程，大力推进网上审批系统建设，已实现申请、安排评审、上报评审材料、审批全程网络化，大幅提升许可工作效率。

三、组织开展资质认定监督检查

（一）全面启用“互联网+监督检查”模式

一是开展2017年度全国检验检测机构网上自查工作。动员全国3.3万余家检验检测机构开展资质认定自查和网上信息提交工作，对全国检验检测机构的规范性进行了初步排查。

二是要求国家产品质检中心提交社会责任报告。针对已经授权的近700家国家质检中心，加强对其履行社会责任的要求力度，在国家认监委官网向社会统一公示，接收社会监督。

三是国家层面全面启用检验检测机构现场监管信息化终端系统，并在10省市试点开展，2017年专项检查现场检查599家检验检测机构。

（二）整合检查项目，推进部门联动，推进“双随机”工作模式，提升监管效果

2017年检验检测机构资质认定监督检查分成3个专项：国家级检验检测机构专项检查；与国家食药监管总局联合开展的食品检验机构专项检查；与环境保护部联合开展的机动车安检、环检机构专项检查。严格落实“双随机”要求，完成对599家检验检测机构的现场检查和检查

结果处理，并将检查结果主动对社会公布。

四、提升检验检测服务供给

（一）开展全国检验检测服务业统计工作

根据2017年开展的检验检测统计数据，截至2016年底，我国共有各类检验检测机构33235家，共实现营业收入2065.11亿元，共向社会出具检验检测报告3.56亿份。全行业共有从业人员1024970人。共拥有各类仪器设备5266256台套，全部仪器设备资产原值2597.63亿元，实验室面积6115.42万平方米。

（二）组织开展全国检验检测机构开放日活动

印发《关于开展2017年“全国检验检测机构开放日”活动的通知》，主题是“强化检验检测，助力质量提升，服务军民融合”，展示检验检测作为国家质量技术基础，为促进质量提升和产业转型升级、服务供给侧结构性改革和军民融合发展等国家战略提供有力支撑的积极作用。

（三）推进军民融合项目实施

国家认监委和中央军委联合参谋部战场环境保障局签署了《北斗卫星导航检测认证2020行动计划》，共同推进北斗卫星导航检测认证体系建设，成立了“中国北斗卫星导航产品检测认证联盟”。

五、加强检验检测领域部际合作

落实网络安全法相关规定，配合国务院网信办确定第一批承担网络关键设备和产品检验检测任务的机构名录，并研究制定相关技术要求。

落实中共中央办公厅、国务院办公厅《关于深化环境监测改革提高环境监测数据质量的意见》，配合环保部提出《加强环境监测机构数据质量管理》（草案）。

持续推进检验检测领域的军民融合，拟与国家人防办共同发布《关于规范人防工程防护设备检测机构资质认定工作的通知》，强化人防工程防护设备检测机构管理，并研究统一发布人防防护设备检测机构标准。

与国家烟草局共同研究如何加强烟草行业质检机构管理，拟成立国家资质认定烟草行业评审组。

六、推进检验检测机构能力验证工作

根据《检验检测机构资质认定管理办法》对能力验证的要求，经专家审定最终确定了46个项目作为认监委2017年度的能力验证计划。

实施C类能力验证计划，由能力验证提供者（PTP）以及其他权威的技术机构作为能力验证组织者提供，这些能力验证组织者提供400余项能力验证计划。

在中德合格评定工作框架下努力推动认监委能力验证计划国际交流；为支持“一带一路”战略的实施，组织“一带一路”沿线国家参与的“东南亚常见果蝇属成虫检疫鉴定”能力验证项目。

是组织 “电气领域检验检测机构质量提升竞赛”活动，来自国务院相关行业主管部门和地方质检两局推荐的85个检验检测机构参赛队的200余人参加了现场笔试和实操检测考核。

七、检验检测机构资质认定评审员建设

改革调整评审员管理方式方法，不再举办国家级新评审员培训（改为组织全国统一考试），继续开展评审员继续教育培训工作，2017年培训考核评审员1000余名；建立资质认定评审员管理系统，采取“评审专家名录管理”新型管理模式来对评审员进行管理；利用购买服务的方式，组织有关专家和机构针对评审员培训管理的教材、题库、课件进行研究编制。

实验室与检测监管部 供稿

2018

Yearbook of Certification and Accreditation of China

第九部分　科研与标准建设

Part Nine　Research and Standard Making

一、认证认可科技工作

2017年，新增各类认证认可科技项目73项，经费6000万元。其中国家重点研发计划项目6项、国家质检总局科技计划项目7项、国家认监委认证认可科技支撑计划项目40项、“短平快”项目10项。完成各类认证认可科技项目验收43项，其中“十二五”国家科技支撑计划“国际背景下我国重点行业碳排放核查及低碳产品认证认可关键技术研究与示范”和“区域优势特色有机产品认证关键技术研究与示范”通过科技部验收。

（一）“国家质量基础的共性技术研究与应用”重点专项认证认可领域任务持续推进

一是2016年启动项目快速推进，在服务认证能力模型及评价技术等37项关键技术上取得较大进展。完成“一带一路”沿线30个重要国家的认证认可制度研究、6项认证认可体系评估和6种语言的基础术语对照表，实现了对EAL5+安全等级芯片安全性认证技术难点突破，服务认证汽车租赁服务认证案例写入ISO/CASCO制定的首项服务认证国际标准《合格评定服务认证方案指南和示例》（ISO/IEC TR 17028）。二是2017年部署项目全面启动，将在互联网+认证认可技术、绿色产品、智能、绿色制造、大气污染防治、新能源、农业领域非二氧化碳温室气体核查等领域开展技术研究。三是2018年项目申报指南发布，认证认可领域将完成“一带一路”、智慧城市、可持续的新型城镇化、水足迹评价4个重点项目的部署。

（二）国家科技支撑计划顺利通过验收

一是“国际背景下我国重点行业碳排放核查及低碳产品认证认可关键技术研究与示范”项目通过科技部专家验收。项目支撑国家碳排放权交易、低碳产品认证等碳排放领域重要制度实施。项目研究期间对6个行业229家企业开展技术验证及试点核查，试点企业覆盖了除西藏和台湾之外的所有省、直辖市和自治区，实现68491万吨CO_2排放量的核查。二是“区域优势特色有机产品认证关键技术研究与示范”项目通过科技部专家验收。项目突破了有机产品产地环境适宜性评价等关键技术，建立了有机产品认证技术体系。在北京市昌平区、福建省福鼎市、云南省普洱市思茅区、青海省贵南县等7个示范区进行了示范应用，为确保我国有机产业健康持续发展，为生态文明指标体系构建提供了技术支撑。

（三）以高企认定为抓手，打造品牌建设

一是中国检验检测认证行业创新发展高级研讨班在武汉市举办。科技部火炬中心、国家认监委相关部门人员就高新技术企业认定、检验检测资质认定改革、打造质量管理体系认证升级版、认证认可技术体系等内容进行政策解读，并邀请通过高企认定的认证机构进行案例介绍和经验分享，推动检验检测认证行业创新发展。来自检验检测、认证机构及生产企业的70多名代表参加此次高级研讨班。二是结合构建认证认可强国评价指标体系，组织开展从业机构能力评价、品牌评价和创新成果推介活动，完善自主创新成果保护机制。在认证认可科技支撑计划项目“认证认可强国评价指标体系的构建与测算”（2016RJWKJ22）项目研究成果的基础上，组织中国认证认可协会、认监委认证认可技术研究所、中国航空综合技术研究所召开认证机构能力评价研讨会，委托中国品牌建设促进会对检验检测认证机构品牌价值评价进行研究，从品牌价值评价角度来引导、提升检验检测认证机构的综合实力和国际影响力。

（四）组织编写《合格评定在中国的实践与发展》《认证认可就在您身边》

组织编写《合格评定在中国的实践与发展》一书，总结中国合格评定体系建设中的实践和优良案例，与国际同行分享，宣传中国认证认可，推动中国合格评定优良案例走出去。组织编写《认证认可与您相伴》科普书，通过图文并茂（漫画）的表现形式和通俗易懂的文字来提高认证认可科技知识的普及程度，打造认证认可科普品牌。

二、认证认可标准

（一）认证认可国家标准

11月29日，全国认证认可标准化技术委员会（SAC/TC261）换届大会在京召开。来自国家标准委、国家认监委和SAC/TC261委员、观察员在内的80余名代表出席会议。

2017年度认证认可国家标准立项6项，发布2项，目前累计发布94项。

（二）认证认可行业标准

2017年度认证认可行业标准（RB）发布22项，目前累计发布71项。为落实标准化工作深化改革，完成《认证认可行业标准制（修）订工作程序》（草案）的修订和征求意见工作；完成了《认证认可行业标准体系表构建规范》认标立项和起草工作，将使认标体系更加科学系统；完成《认证认可行业标准的分类与要求》《认证认可行业标准编制工作指南》和《认证认可行业通用术语和词汇》等三项基础类认标审查工作。上述标准的制定和实施，将进一步规范认标制定和实施。

本年度重点加强检验检测、智能制造、新能源等高技术领域认标制修订工作，配合质量管理体系认证升级版工作开展，组织开展顶层设计和标准体系研究，涉及铁路、汽车、航空、信息等多个重点行业领域。完成了《绿色产品认证机构要求 第1部分：通则》等5项认标的制定工作，推动了我国绿色产品标识与认证体系建设。对正在起草中的全部144项认标计划项目进行了书面检查，并对其中15个单位的75项标准进行了现场检查。通过检查，各单位对认标的重视程度显著提升，对管理要求和技术要求的理解更加透彻；组织开展标准化基础知识培训工作。落实扶持中小微企业质量提升精神，通过网上培训方式面向从业机构和从业人员开展标准化知识培训。

三、检验检疫行业标准

2017年度检验检疫行业标准（SN）批准立项261项，发布257项，累计发布5435项。组织承担检验检疫国际标准9项，已承担国际标准总数累计达55项。重点组织制定保障“一带一路”倡议和“自贸试验区”建设的专项标准，涉及重要进出口商品、口岸能力建设、跨境电商等领域；为落实我国与古巴合作协议，完成《检疫犬应用与管理规范 第1部分：备训检疫犬遴选规范》等3项SN标准制定工作；对出口质量安全示范区建设等领域的5项SN标准下达立项计划。

2017年组织开展了58项方法标准验证工作，共组织独立验证56次，协同验证459次，检验检疫行业标准质量进一步提升。组织开展了SN标准重要技术标准检查，对8个领域36项标准的实施情况进行了检查；组织检验检疫基础知识培训130人，加强了标准起草人对标准质量的重视，提高了业务人员的标准制修订能力，为今后更好地开展检验检疫标准化工作奠定了基础。

2017年为全面落实认证认可、检验检疫和标准化深化改革工作要求，完成《出入境检验检疫行业标准制（修）订工作细则》（草案）的修订工作，重点在社会机构广泛公平参与、程序公开透明、确保标准质量、精简整合工作步骤等方面进行了修订。完成了检验检疫标准体系的优化工作，优化后的检验检疫标准体系共包含13个专业12436项技术标准，其中SN标准8296项。新的检验检疫标准体系既体现了业务改革对标准结构层级的要求，预留了发展空间，也适应了标准化改革对检验检疫标准的新定位。

科研与标准管理部 供稿

2018

Yearbook of Certification and Accreditation of China

第十部分　认可约束

Part Ten　Accreditation

截至2017年底，我国认可数量和认可领域保持稳健增长。累计认可各类合格评定机构9543家，认可数量同比增长12%。获认可现行有效认证证书110余万张，较上一年增长10.4%。累计派出评审组7345个，同比增长3.8%，总计人日52970个，同比增长2.9%。实施评定项目7286个，同比增长8%。2017年开展能力验证计划60项，累计1.2万家次实验室参加。

一、拓展认可制度

正式启动实验动物机构认可工作；扎实推进道路交通安全、资产和业务连续性管理体系认证机构认可制度的成果转化和认可实施工作；继续开展大型活动可持续性、电子商务服务管理体系和电子商务交易服务、绿色产品认证机构和检测机构认可制度研究，以及生物样本库、医学影像学实验室、病理学实验室和科研实验室认可制度的研究工作。

二、支撑政府监管

配合国家认监委开展国家级检验检测机构资质认定和良好实验室规范技术评价工作。配合国家认监委开展CCC指定认证机构及认证从业人员和获证企业、食品农产品认证机构和认证企业、CCC指定实验室和国家级检验检测机构资质认定专项监督检查，以及自愿性产品认证机构的专项监督检查。配合国家认监委、公安部和环保部开展机动车安检、环检机构资质认定专项检查。受国家认监委委托开展投诉调查工作。配合国家质检总局进一步推进动植检领域生物安全实验室认可工作。与科技部、卫计委、农业部等部门合作，共同落实国务院条例，对于卫计委、农业部取消高级别生物安全实验室资格审批以后，如何采信认可结果问题进行了探讨；2017年2月23日在法国总理见证下颁发了我国第一张P4实验室认可证书。同国防科工局保持密切合作，确保对国防实验室的认可评审结果被充分利用。同公安部、司法部、检察院等部门合作，推进司法鉴定/法庭科学机构认可工作。在建设工程和交通领域，推动国家/省级资质认定、交通部等级评定与认可同步评审。与中华医学会病理学分会合作，联合举办病理实验室内审员培训班，推动医学病理实验室认可。配合公安部、司法部、国家禁毒委员会、国家安全部、机械工业联合会、中国农业机械化协会、橡胶工业协会等政府和行业监管部门开展能力验证计划。配合顺德出口家电质量安全示范区建设，连续3年开展实验室能力验证活动，助推企业质量提升促发展。响应中央“军民融合”战略决策，为军委装备发展部试验鉴定局和海军装备部采信认可结果提供了技术协助。对各部委“十三五”规划和最新法律法规进行梳理，目前有46部法律法规、行政规章和规范性文件等行政规定直接或间接采信认可结果。

三、深化认可工作改革

服务效率继续提高。面向认证机构，进一步加强时限控制，优化程序。全面贯彻落实IAF MD17：2015《管理体系认证机构认可的见证活动》的相关要求，实施新发布的认可规范文件，实现监督、复评办公室评审与见证分离，缩短监督、复评时限。此外，见证评审项目选择的主动性和灵活性都得到大幅度提高，也提高了评审针对性和评审质量。面向实验室和检验机构，全面启用实验室/检验机构在线认可业务系统，认可证书实现了电子化。实现了机构认可证书附表在线下载和打印功能，极大缩短了机构获取证书附表的时限，破解了实验室证书附件打印的难题，大大提升了认可效率。在实验室认可风险研判的基础上，研究提出实验室授权签字人线上变更做法，有效提升了实验室变更效率。继续梳理实验室认可程序，大力推进无纸化改革。

四、认可效果持续增强

认证机构初次认可评审，不通过的业务范围类别比例为35%，检验检测机构初次认可不予受理率为18%。在认证机构认可方面，提高认可评审策划的针对性，提高认证档案和人员档案评审的有效性，进一步完善评审员评审深度一致性控制机制；全面贯彻落实改进外资认证机构评审的相关措施，根据外资机构的特点调整评审重点，对评审准备、评审过程以及外资机构评审中常见的问题提供了明确的解决办法，评审档案提交评定后反馈问题数量有所减少，提高了评审一致性和有效性，提高了评审效率和评审质量。在实验室和检验机构认可方面，研究推进“互联网+认可”，适应新形势、新业态。在司法鉴定/法庭科学、医学实验室和检验机构领域开展认可分级管理可行性研究。

五、专项监督不断强化

以问题为导向，选取高风险机构，2017年对6家认证机构进行了专项监督，暂停了2家认证机构的认可资格，对1家机构进行了书面告诫，缩小了1家机构的认可范围；共对15家认证机构90家获证组织实施了确认审核。将确认审核结果反馈发证机构后，机构对32家企业进行了补充审核，对23家暂停了认证资格，对14家撤销了认证资格，处理比率达77%；对40家实验室进行了专项监督，撤销2家、暂停23家，警告8家，处理比例达82.5%。在投诉调查方面，截至2017年底处理了76项，比上年增加了124%。来自国家认监委委托和地方局转来的投诉达26项，是上年的1.5倍。有效应对“奥凯电缆”“江西丰城电厂冷却塔施工平台倒塌”等突发事件。通过非例行专项监督工作，有效发挥了警示作用。

六、扩大国际合作

（一）国际合作不断推进

积极推进与“一带一路”沿线国家认可机构的合作。与俄罗斯联邦认可局正式签署双边合作协议，派专家对哈萨克斯坦认可机构进行了有机产品认证认可技术培训，接待巴基斯坦、吉尔吉斯斯坦认可机构人员实习，进一步深化中德认可双边合作机制，推动中丹认可合作协议的实施，特别是成功举办了“一带一路”认可发展国际研讨会，显著提升了与沿线国家认可机构的合作水平。

（二）国际影响不断扩大

积极履行IAF主席职责，推动IAF战略计划各项措施的落实，推进IAF互认相关政策和规则的调整改进，加强IAF与相关国际组织的合作；作为PAC技术委员会主席、APLAC能力验证委员会主席，以及ILAC与ISO官方联系人和APLAC互认委员会副主席，推动认证机构认可方面的技术研究，指导相关认可机构开展能力验证，加强同ISO相关技术委员会的沟通与联络，并充分运用各种机会宣传中国认证认可，为促进我国认可工作发展创造良好国际条件。参加中美生物安全高端论坛。参加东盟10国食品安全能力验证论坛。将我国PT信息输入欧洲能力验证数据库（EPTIS），为海湾阿拉伯国家标准化组织（GSO）定制开展了面向海湾6国的建材、石油检测能力验证计划，大大提高了我国国际影响力。

（三）国际作用不断增强

积极应对国外技术贸易措施，跟踪美国食品医药局（FDA）食品安全现代化法及配套法规措施要求，完成了相关认可规范文件起草工作。主动跟踪研究美国环境保护署（EPA）复合木制品甲醛排放法案要求，发布了认可规范和内部体系文件，建立了EPA专项认可制度，获得了EPA的授权，这必将促进中国检测认证结果得到EPA承认；研究美国联邦通信管理委员会（FCC）对认可机构的要求变化，积极应对；接收并答复国内外相关方关于认证认可结果的等效性和真实性的各类询问1000多次，为我国对外贸易提供便利服务。

七、夯实认可基础

一是加强委员会建设。积极发挥委员会议事决策、沟通协调、技术支撑作用，召开资深顾问座谈会，召开各层级委员会会议及培训56次，审议11份认可规范文件，组织最终用户委员会开展专项调查。

二是加强质量管理。开展了质量体系全覆盖及各级质量目标分解工作，不断开展认可满意度第三方调查工作。

三是加强规划计划工作。认可工作“十三五”规划和各项计划落实工作进展顺利。

四是加强科技工作。完成电子商务交易服务认证机构认可制度研究等秘书处自立科技项目立项18项，完成“美国环保署利用产品认证认可制度的研究”等认监委科技项目立项3项；继续推进“科研实验室认可关键技术研究”“高等级生物安全实验室关键设备与模式实验室建设”等“十三五”国家重点研发计划项目相关科研课题研究；申请了“十三五”国家重大专项“生物样本库相关技术规范和标准体系研究”。组织召开了第三届科技大会。

五是加强信息化建设。编制信息化专项发展规划，提出信息化顶层架构设计方案，开展大数据应用建设研究，完善了业务管理系统和信息采集分析系统，启动了评审员在线管理系统试运行并完善系统功能。加强队伍建设。及时落实事业单位改革工作要求，加强人才队伍综合建设与发展研究，进一步完善人事管理制度，不断加强干部队伍建设。加强评审员队伍建设。进一步规范评审员资源、资格管理工作，加强评审人员见证 / 评价工作和廉政教育。

六是加强党的建设 。坚持以党的政治建设为统领，认真学习贯彻党的十九大精神，牢固树立“四个意识”，把握正确政治方向，坚定站稳政治立场，严格遵守政治纪律和政治规矩，切实增强政治自觉、思想自觉和行动自觉。认真抓好党中央各项决策部署的贯彻落实。紧扣“学”的内容、突出“做”的实效、对准“改”的要求、注重“建”的规范，努力推进“两学一做”学习教育常态化制度化。继续加强思想建设、组织建设、作风建设和纪律建设。

撰稿人：刘春潮　审稿人：肖建华

2018

Yearbook of Certification and Accreditation of China

第十一部分　人员注册

Part Eleven　Personnel Registration

2017年是供给侧结构性改革的深化之年，中国认证认可协会（以下简称协会）在国家质检总局、国家认监委领导下，坚决学习贯彻落实党的十九大会议精神，进一步强化认证人员注册工作制度改革，不断提升人员注册的有效性。

一、提升行业人员队伍建设，强化新注册领域制度制定及宣贯

为提升认证人员能力，重点开展了《认证人员认证制度研究》和《管理体系认证职业能力培养方案研究》等课题研究，完成了《管理体系审核员通用要求》《产品认证检查员通用要求》和《服务认证审查员通用要求》等三项行业标准的制定工作。

会同各地方认证认可协会共同启动了“统一培训教材、统一培训教师、统一考试模式、统一培训证书和统一信息登记”为核心的“五统一”检验检测人员全国统一培训模式。自2017年6月正式启动以来，全国各地累计开班50期，发出统一培训教材2万余册，培训通过并颁发各类检验检测人员培训证书1万余张，完成检验检测人员信息登记5500余人，统一备案培训教帅69名，取得了较为明显的工作成效。

全年受理审核员注册申请26705人次；批准审核员注册26037人次，注册各类检查员4045人项，服务认证审查员513人项，认证咨询师51人项，温室气体核查员130人项。完善了继续教育平台功能，课程质量和学习效果得到了提升，3.43万人次参加继续教育课程学习，其中参加网络继续教育学习3.25万人次；组织全国统考4期，安排考试科目79科次，参考人数119121人次。坚持开展人员注册服务周活动。

二、坚持服务会员为立根之本，全面提升精准服务能力

积极承办中国质量（上海）大会“认证认可助力质量提升”分会场活动，推荐22个会员单位的36篇论文参加总局中国质量（上海）大会征文活动。

举办了第二届服务认证国际研讨会、“优化人员供给助力质量提升”产品认证交流会、“服务认证助推服务提质升级”服务认证案例交流会、企业（职业）年金政策研讨会等系列活动。

组织《认证认可检验检测发展“十三五”规划》和《认证机构管理办法》修订宣贯培训，新版ISO 9001标准审核研讨；《ISO 45001标准修订与变化》培训，新批准认证机构法规培训等各类会议、研讨、宣贯和培训25次，培训人员2200人次。

2017年，共受理申请入会单位28家，新发展会员27家，其中：认证机构25家、检测机构1家、咨询机构1家；终止了1家认证机构的会员资格。

撰稿人：张　颖　审稿人：生　飞

2018

Yearbook of Certification and Accreditation of China

第十二部分　行业自律

Part Twelve　Self Disciplining of Acceditation and Certification Bodies

2017年是供给侧结构性改革的深化之年，中国认证认可协会（以下简称“协会”）在国家质检总局、国家认监委领导下，坚决学习贯彻落实党的十九大会议精神，紧密围绕“五位一体”总体布局和“四个全面”战略布局，强化职能转变、作风转变，推动工作创新、机制创新，坚持发挥自身行业组织引领作用，广泛动员行业力量，圆满完成了全年各项工作。

一、全力推进检验检测机构行业自律与诚信建设工作

（一）行业自律方式方法实现新突破

为增强机构公正性的有效管理，协会完成了《认证检验检测机构公正性评价方法》和《认证检验检测机构公正性自我管理指南》质检公益项目研究。

组织开展了认证机构评价工作，完成了《认证机构评价模式研究报告》，通过细分机构的评级指标，使得参与单位能够查找各自的发展不足，推动认证行业整体提升。

创新探索大数据监管取得初步成效，通过对数据进行分析，发现并处理了凯邦检测认证、中大国际等认证机构存在的违规行为。

认证机构累计提出转换认证证书申请40008张，占全国管理体系证书总量的5.12%，通过备案转换38342张，通过率95.84%；共办理转换执业机构申请3337人次；收到对机构和认证人员投诉7起，已处理完结4起，撤销27人的注册资格，暂停2人的注册资格。

确定34个认证案例为2017年良好认证审核案例。

（二）科研、标准化引领和带动行业发展等方面工作取得明显成效

将项目研究成果服务认证方案导入国际标准，在ISO/CASCO国际标准ISO/IEC TR 17028:2017《合格评定 服务认证方案指南和示例》制定过程中，项目组提出反馈中国意见，研究成果“汽车租赁服务认证方案”被国际标准采纳。

作为全国认证认可标准化技术委员会（SAC/TC 261）秘书处承担单位，协会完成了认证认可标准化技术委员会换届工作，并积极参与年会、战略联盟工作组(STAR)和主席政策工作组(CPC)相关活动，100%跟踪转化国际标准，选派专家积极参与国际标准工作组，推荐工作组召集人，ISO/IEC TR 17028:2017国际标准中首次采纳中国案例。

举办ISO/CASCO合格评定工具箱标准国际研讨会，邀请了国际标准化组织（ISO）、国际认证联盟（IQNet）、法国标准化协会（AFNOR）、美国国家标准学会（ANSI）、西班牙标准化和认证协会（AENOR）等5个有关国际组织和国家标准化机构的国际标准核心专家，就合格评定工具箱标准及有关概念和规则、管理体系认证和人员认证等国际标准、西班牙服务认证实践和认证未来趋势等进行讲解，为下一步我国专家深入参与国际合格评定标准工作，与国际同行融合发展，奠定了基础。

承担国家认监委“认证市场准入及监管改革专项组”服务认证综合组工作，专家组由15人组成，完成了养老服务、物流服务及金融服务调研及调研报告的编制，指导开展服务认证。

起草了《关于加快发展服务认证的指导意见》和《中国服务认证发展报告》；协助开展汽车租赁、养老和保健等“服务认证体验周”活动，撰写服务认证开展状况背景材料，为服务认证宣传周活动提供支撑，扩大了服务认证的社会认知度。

二、以党建工作为内部管理核心，不断提高协会自身建设

协会把建立学习型党组织作为一项长期坚持和不断改进的重点工作，党总支认真学习十九大会议精神与习近平总书记系列讲话精神，组织全体员工通过专题讲座、讲党课等方式，把思想和行动统一到中央的精神要求上来，增强党员干部的宗旨意识。

协会领导班子及成员带头，认真落实党风廉政责任制建设，坚持党总支负总责，党总支纪检委员及各支部纪检委员立足本职，做好党风廉政建设相关工作。扎实开展“两学一做”教育常态化和制度化建设，与相关会员单位党支部共同开展“深化拓展‘两学一做’，认证助力质量提升”专题党日活动，结合纪律教育月，加强廉政警示教育。

加强廉政教育，从根本上防微杜渐。认真做好党员领导干部的廉洁从政各县规定的贯彻执行。党总支书记及各支部书记通过讲党课等方式，是各位党员干部牢记宗旨，加强修养，树立表率作用。通过观看廉政教育纪录片等方式，教育广大干部职工明确党要管党、从严治党的思想，牢固树立责任意识、纪律意识、作风意识、廉政意识，时刻接受群众监督。

不断完善内部管理，坚决转变工作作风，主动作为、主动求变，不断提升秘书处人员工作能力。依托协会信息化工作平台，全力做好协会宣传工作。围绕中国质量（上海）大会、国家重点研发计划重点专项(NQI)、人员注册改革以及学习宣传贯彻十九大等内容开设专题报道，宣传报道认证认可行业重点工作。开辟了《政策研究》栏目，宣传行业政策理论研究工作，助推了理论研究成果在行业中的应用。

协会在已发布的贯彻落实八项规定具体措施的基础上，严格制定会议计划、科学管理会议活动，包括年初制定协会年度会议计划、培训计划，严格落实一般会议在协会内部会议室召开的原则，同时加强过程监督，基本杜绝了一般性质的计划外会议。严格财务管理及外事管理，严格按照预算计划执行，控制经费开支；严禁超预算或无预算安排支出，不报销任何超范围、超标准以及与相关公务无关的费用。

撰稿人：张 颖　审稿人：生 飞

2018

Yearbook of Certification and Accreditation of China

第十三部分　国际合作

Part Thirteen　International Cooperation

2017年是落实《认证认可检验检测“十三五”规划》的关键之年。国际合作部全面贯彻落实全国认证认可工作会议精神，按照全国认证认可工作会议上提出的实施“认证中国，联通世界”工程，紧紧围绕重点工作，有序推进国际互认。

经过近一年的练内功、强外联，国际合作呈现可喜的新气象。加强外事管理，国际合作得以进一步规范有序地开展；完善国内运作机制，为国际参与提供了更为持续有力的技术支撑；进一步开放国际合作政策，充分调动了国内技术机构和企业的参与热情；进一步完善我国在国际参与的战略规划和布局，参与有效性有了大幅度提高；进一步加强双边合作谋划，在双边合作中的主动性进一步加强；通过在管理层和技术层双发力，我国在国际组织的影响力和话语权得到很大提升。

服务外贸大局方面，新增签署双边合作协议类文件4份，累计与31国家和地区的有关部门和机构签署协议类文件116份。

促进贸易便利化方面，新增加入多边互认体系的技术机构11家，累计加入多边互认体系13个，多边互认体系下检验检测认证机构累计达到69家。年度颁发IEC合格评定体系证书近3600张，与2016年基本持平。

国际话语权提升方面，新增国际组织任职25人次，累计任职达250人次。1人次获IEC 1906奖。年度提案6件，国际组织已采纳3件。例如我国成为全球第一个同时拥有IECRE光伏电站检验认证机构、风电设备检测认证机构的国家。

一、以“一带一路”为核心的双边合作稳步推进，多边合作取得突破性进展

（一）服务“一带一路”建设稳步推进

1. 积极做好“一带一路”国际合作高峰论坛保障和成果准备工作

认证认可工作被写入高峰论坛期间发布的《共建一带一路：理念、实践与中国贡献》文件中。“一带一路”国际合作高峰论坛前夕或期间，在李克强总理和丹麦首相拉斯姆森的见证下，国家认监委分别与丹麦国家安全技术局和环境食品部签署了认证认可领域和有机产品合作谅解备忘录。

2. 积极推进“一带一路”国家间的互信互认，建立或深化了合作关系

为推进《共同推动认证认可服务“一带一路”建设的愿景与行动》的落实，切实加强与“丝绸之路经济带”沿线国家在认证认可领域的交流与合作，2017年与16个国家建立或深化了合作关系。正式签署《中国合格评定国家认可委员会与俄罗斯联邦认可局备忘录》。与海湾合作委员会标准化组织签署了合作备忘录，推动了绿色认证联盟的建立。

3. 积极输出中国认证认可制度

2017年4月，在江苏省常州市举办了第二期发展中国家认证认可国际合作官员研修班，来自沙特等国家30多名官员参训。接待哈萨克斯坦代表团，对其开展了认证认可讲座培训及实地参观。

4. 组织开展“一带一路”国别研究，强化宣传工作

下达“一带一路”沿线区域和国家认证认可制度研究任务，欧亚经济联盟认证制度等11个国家和区域的制度研究有序进行。设计认证认可服务“一带一路”建设的专题网页，宣传认证认可服务“一带一路”建设成果。

（二）大力推动固定机制合作走向纵深

中德认证认可合作机制2017年会议成功召开，会议商定了中德认证认可领域2017年合作项目，草签了《中德绿色产品认证合作谅解备忘录》。中美认证认可合作取得新成果，国家认监委与美国食品药品管理局签署《关于美国生产企业在华注册工作的谅解备忘录》。中俄认可领域合作取得实质进展，《中国合格评定国家认可委员会与俄罗斯联邦认可局备忘录》于8月2日正

式签署。中国与新西兰、瑞士和澳大利亚等国的自贸区框架下合作有序推进。

（三）对港澳台地区合作取得新进展

积极开展对港合作，为香港回归祖国20周年献礼，《CEPA 经济技术合作协议》于6月28日签署，在强制性产品认证和IECEE体系等认证认可领域进一步对港开放。《CEPA 服贸协议实施指南》于9月17日发布。鼓励两岸技术机构间开展交流与合作，促进两岸民间交流发展。

（四）国际电工委员会第83届大会初期筹备工作全面铺开

主动作为，积极谋划，围绕筹备国际电工委员会（IEC）第83届大会这项总局重点工作，开展了一系列基础性工作，包括向总局外事领导小组第4次会议提出三阶段筹备工作建议，组织翻译IEC大会办会指南，赴IEC总部参加办会经验交流，组织成立初期筹备小组并召开首次小组会议，制定2017年筹备工作进度和分工表，赴上海实地考察会场并提出会场选址建议，初步筛选会务公司，向社会公开征集大会主题和标识设计，拟定大会宣传方案，申报大会经费预算等。目前，IEC大会初期筹备工作按照设定的进度进展顺利。

（五）国际合作互认管理改革逐步推进

贯彻落实“放管服”改革要求主动将推进IEC合格评定体系国内机构管理改革列入委深化改革工作要点，明确提出放开对国内认证机构加入IEC合格评定互认体系的数量限制，同时规范加入的要求和程序，加强国内机构开展IEC合格评定业务的监管。形成改革方案后，组织对合格评定机构加入IEC合格评定互认体系的申请进行了文件审核，并于9月正式向IEC防爆电器安全认证体系推荐该体系下中国第二家认证机构。

（六）多边互认服务装备“走出去”取得新突破

积极组织推荐和指导我国认证机构、检验机构、实验室加入国际电工委员会可再生能源认证互认体系（IECRE）风能和光伏领域。一年内，北京鉴衡认证中心、中国质量认证中心、中国电力科学研究院等国内合格评定机构分别作为认证机构、检验机构和实验室加入该体系，我国成为全球第一个同时拥有IECRE光伏电站检验认证机构、风电设备检测认证机构的国家，具备了通过国际多边互认服务我国光伏和风电装备“走出去”的实力。国内三家风电龙头企业金风科技、远景能源、明阳智能也于今年获得由中国认证机构颁发的“国际通行”的IECRE证书。

（七）国际组织参与力度进一步加大

成功承办了IECEx国际工业研讨会。为提升在亚太经济合作组织（APEC）中的影响力，组织向APEC标准和一致性分委会（SCSC）申报项目。在参与规则制修订方面，组织完成IEC各合格评定体系、ISO/CASCO对外投票和评议150余件，提案6件，有效地维护了国家利益；对IECRE光伏领域规则制定进度过慢提出质疑和建议，成功推举中国专家牵头相关规则制定工作。在扩大与国际组织合作方面，积极与联合国可持续农业机械化中心商谈合作，派员参加全球环境标志网络会议。在统筹国际国内两个大局方面，进一步加强国内支撑，举行IEC合格评定体系国内运作机制第十届年会，就国际多边互认促进产业发展和贸易增长听取企业意见。

（八）国际话语权进一步提升

在国际组织任职方面，中国专家上海仪器仪表自控系统检验测试所有限公司执行董事徐建平成功连任IECEx技术委员会主席，并第二次荣获IEC 1906奖，认可中心肖建华主任成功连任IAF主席；推荐7名中国专家在国际组织中任职，其中两名专家任工作组联合召集人，在ISO、IEC两个重要国际组织中工作组召集人人数由原来的3人增至5人。

（九）加强外事管理制度建设工作

组织开展外事管理制度梳理，按照内外有别的原则，对外事管理制度进行了立改废。修订《国家认监委外事工作管理规定》。进一步下放中检集团外事管理权。在国际组织人才队伍建设方面，组织第二次认证认可国际组织人才英语水平考试、组建认证认可国际组织人才库，并举行首次认证认可国际组织人才培训。

国际合作部 供稿

2018

Yearbook of Certification and Accreditation of China

第十四部分　信息化建设

Part Fourteen　Informationization Construction

2017年，认证认可信息化建设围绕加快推进认证认可强国建设的战略目标，以促进和引导认证认可检验检测行业信息化发展为主线，以认证认可检验检测信息化“十三五”发展规划为指导，以推进“互联网+政务”“互联网+检验检测认证”“互联网+公共服务”为着力点，优化信息化管理和保障能力建设，加强业务整合与信息共享，提升大数据政务应用与公共服务水平，支撑和引导业务改革与创新。

一、认证认可信息化组织与管理

（一）成立“国家认监委网络安全与信息化领导小组”

强化认监委党组对委网络安全和信息化工作的领导，明确委网信领导小组工作职责。同时，设置由国家认监委主要部室相关负责人组成的网信领导小组办公室并明确相应工作职责，加强网络安全和信息化工作协调力度。国家认监委网信领导小组的成立强化了认监委网络安全与信息化管理架构和机制，为进一步做好委信息化工作奠定了坚实基础。

（二）编制并发布《认证认可检验检测信息化“十三五”建设任务与行动计划》

编制并发布《认证认可检验检测信息化“十三五”建设任务与行动计划》，为未来几年认监委网络安全和信息化工作制定具体的实施步骤，对认证认可检验检测行业信息化工作提供了引领指导。

（三）制定《国家认监委网络安全和信息化工作管理办法》

在充分调研与分析的基础上，制定《国家认监委网络安全和信息化工作管理办法》，完善了认监委网络安全和信息化工作内部管理制度。

（四）整合完善，做好认证认可数据系统对接工作

根据国务院《政务信息资源共享管理暂行办法》、国办《政务信息系统整合共享实施方案》等文件精神，配合国家质检总局落实质检政务信息系统整合共享工作，使认证认可信息数据率先实现和国家质检总局信息系统对接。

（五）组织开展信息化建设项目登记及精细化管理工作

全面梳理认监委现有信息化建设项目，绘制“认证认可信息化建设项目框架图”，理清项目所属工程、平台、系统的对应关系，加强了信息化建设项目督导管理。

二、认证认可信息化工作新进展

（一）制定业务数据规范，促进统一标准规范建设

组织制定《管理体系认证业务数据规范》《食品农产品认证业务数据规范》《自愿性工业产品业务数据规范》《有机产品全程追溯业务数据规范》等文件，规范相关业务信息化建设的数据信息采集与管理，为信息系统的整合与共享奠定基础。

（二）助力质量提升行动，持续、稳步推进“互联网+政务服务”和“互联网+公共服务”工程

1.完善行政审批平台建设，助力提升认证认可行政审批效率

对已建设使用中的认证机构行政审批系统、检验检测机构资质认定网上审批系统、出口备案生产企业注册管理系统V2.3，以及进口食品生产企业注册管理系统进行了功能完善优化和统一用户功能规划，完成网上行政审批入口的集成，实现与国家质检总局行政审批电子监察平台的对接。

2.完善综合监管平台建设，提升认证认可事中事后监管质量

完成认证认可业务综合监管平台、检验检测机构综

合监管服务平台（含统计直报）、通关验证数据交换及监控平台等的升级改造，开展认证认可业务综合监管平台移动监管App的需求梳理工作。

3.推进综合业务平台建设，提升认证认可执行层面应用系统的整体效能

开展绿色产品标识、认证信息服务平台建设和绿色产品标识与认证业务数据规范标准研究；完善认证认可统一上报系统和统一查询系统，开发认证活动样本档案上报功能，完善认证规则查询功能；完成认证认可标准（RB）管理系统优化，开展检验检疫标准（SN）管理信息系统功能改造。

4.推进公共服务平台建设，助力行业信息化服务能力同步提升

（1）继续推进认证认可检验检测信息共享公共服务平台（“云桥”）建设，实现强制性产品（CCC）认证、有机产品认证、“同线同标同质”数据的数据验证服务，完成与阿里巴巴、中粮我买网的“三同”数据对接，帮助“三同”企业入驻电商平台，进一步拓展“云桥”的公共服务领域。

（2）完成“同线同标同质”公共服务平台（“三同”平台）的升级改版，开发移动端功能，实现“三同”平台与出口食品备案系统的数据联动、电商平台数据合作，并与国家质检总局标法中心相关系统完成相关数据对接，通过数据交换平台实现出口企业产品退运召回信息等数据交互。9月20日，新版“同线同标同质”公共服务平台在中宣部组织的“砥砺奋进的五年”大型成就展中正式向社会展出。

（3）开展有机产业服务平台建设，编写完成平台总体和一期建设方案。开发电子证书验证和作废功能并上线，举办电子证书应用论坛，开展电子证书应用示范合作。

（4）在大数据中心建设中创新建设“认证机构全景多维画像”应用，完成需求分析，通过对认证机构综合信息分析，客观描述机构规模、服务范围、资质水平、技术能力、国际合作、行为规范及获证企业分布状况等内容，形成认证机构综合能力值和可信度的多维全景画像。该应用将对推进认证机构和认证活动的社会监督发挥重要作用。

撰稿人：李 蕊　审稿人：庞 翔

2018

Yearbook of Certification and Accreditation of China

第十五部分　全国认证认可部际联席会议

Part Fifteen　Inter-Ministerial Meeting

第十五次全国认证认可工作部际联席会议基本情况

2017 年 1 月 19 日，全国认证认可工作会议暨第十五次全国认证认可工作部际联席会议在北京召开，学习贯彻党的十八届六中全会及中央经济工作会议精神，贯彻落实全国质检工作会议的部署要求，围绕实施《认证认可检验检测发展“十三五”规划》，总结和部署年度工作。国家质检总局局长支树平出席会议并讲话；总局副局长、国家认监委主任、全国认证认可工作部际联席会议召集人孙大伟做工作报告；上海市副市长陈寅、云南省副省长董华介绍推动认证认可工作的好做法。科技部副部长黄卫，水利部副部长陆桂华，体育总局党组成员李颖川，食品药品监管总局副局长孙咸泽，统计局副局长贾楠，林业局副局长彭有冬，知识产权局副局长贺化，旅游局副局长王晓峰，国家认监委领导班子成员王大宁、刘卫军、许增德、许武何、董乐群、薄昱民等出席会议。

支树平指出，过去一年，是认证认可改革创新取得新突破的一年，尤其在服务供给侧结构性改革方面可圈可点。国家认监委大力推行内外销“同线同标同质”模式，牵头制定《关于建立统一的绿色产品标准、认证、标识体系的意见》，与中国铁路总公司签订认证认可助推中国高铁“走出去”战略合作协议，提出国际首创的认证认可强国指标等，取得了丰硕成果。

支树平强调，2017 年是供给侧结构性改革的深化之年。中央明确强调，供给侧结构性改革的主攻方向是提高供给质量，提升供给体系的中心任务是全面提高产品和服务质量。认证认可作为国际公认的质量技术基础之一，要率先响应、主动破题，聚焦产品和服务质量，发挥认证认可在质量提升中的重要作用，在加强全面质量管理、扩大中高端供给、促进外贸优进优出等方面发挥不可替代的重要作用。要深化改革创新，主动承接工业产品生产许可证制度改革，加快补齐认证认可制度短板，不断发展壮大检验检测认证现代服务业。

支树平要求，要创新完善联席会议机制，在联席会议的框架下，各地各部门要把认证认可作为推进供给侧结构性改革的政策抓手，认真落实《认证认可检验检测发展“十三五”规划》，共同完善认证认可的准入、实施、采信、监督等各项制度，形成完善的制度体系。要创新完善行业治理机制，在加强监管的同时，为行业主体营造公平竞争秩序和优良发展环境，让他们充分享受到改革红利、发展红利。

孙大伟做了题为《围绕质量提升提高供给质量 为建设认证认可强国而不懈奋斗》的工作报告。他指出，2016 年认证认可工作在提高供给质量、深化改革创新、完善工作机制、加强自身建设等方面取得了新的成绩。2017 年，要深入开展质量提升行动，加强全面质量管理，全面提高认证认可供给质量，加快建设认证认可强国。要开展一批先导性质量提升行动，全面提升质量基础作用；要推出一批关键性改革举措，全面推动认证认可行业提质升级；要实施一批示范性基础工程，全面夯实认证认可工作机制平台；要树立一批标杆性创新创优典型，全面提升自身建设水平。

陈寅表示，上海市主动适应经济发展新常态，围绕供给需求两端发力，深入改革创新，锐意开拓进取，大力推进检验检测认证行业快速发展。目前，认证认可在服务上海自贸区和科技创新中心建设、促进产业转型升级、加强民生保障等方面取得新突破。

董华表示，云南省委、省政府高度重视质量工作，始终把质量作为经济社会发展的重要基础性、战略性工作来抓，紧紧围绕服务“一带一路”和建设“面向南亚东南亚辐射中心”，充分发挥认证认可作用，助推云南经济社会跨越发展。

全国认证认可工作部际联席会议成员单位和特邀单位代表，国家质检总局有关司局、国家标准委和在京直属单位负责人，国家认监委机关全体干部、下属单位领导班子成员出席主会场会议。全国各直属检验检疫局及分支局，各省、自治区、直辖市及计划单列市、副省级城市、市县区质量技术监督局（市场监管部门），以及各检验检测认证示范区、认证认可工作联系点地方政府和各地资质认定协作部门的代表参加分会场视频会议。

改革创新　锐意进取　认证认可助力上海创新驱动发展

上海市人民政府

自2016年以来，上海市认真贯彻落实全国认证认可工作会议精神，主动适应经济发展新常态，围绕供给需求两端发力，深入改革创新，锐意开拓进取，大力促进检验检测认证行业快速发展。目前，上海检验检测认证行业机构超过800家，年产值近190亿元，在服务上海自贸试验区和科技创新中心建设、促进产业转型升级、加强民生保障等方面取得新突破。

一、坚持法治为先，地方立法促进行业规范发展

上海市率先开展检验检测地方立法探索工作。2016年11月11日，《上海市检验检测条例》经上海市十四届人大常委会第33次会议全票通过，2017年1月1日正式施行。条例为进一步规范和促进检验检测行业发展、营造公平有序的市场环境提供了坚实的法制保障。2016年11月22日，支树平局长在上海调研质量工作时，对上海通过地方立法加强检验检测工作予以充分肯定，我们正按照支局长的要求，抓好条例的贯彻实施工作。条例主要突出四方面的特色：一是立规矩。强化落实主体责任，划定行为底线，明确检验检测机构和人员的禁止行为，建立适合检验检测特点的市场规则，同时对检验检测各主要环节进一步予以规范。二是填空白。由重事前资质审批转变为加强事中事后监管，将接受社会委托的检验检测行为纳入条例调整范围，消除监管的真空地带，有效完善了检验检测行业基本行为规范。三是优程序。落实联合现场评审、简化评审程序等措施，建立联合监管机制，推行信用管理，提高监管实效。四是促发展。通过规划引导、鼓励创新、资金支持、开放市场等措施，促进检验检测市场快速健康发展。

二、坚持规划引领，支撑服务重大产业创新升级

一是制定质量技术基础专项规划。制定实施《上海市技术基础发展和改革“十三五”规划》，围绕“一带一路”“长江经济带”建设等国家重大战略部署，聚焦智能制造、信息安全、卫星导航、大飞机等重点产业技术基础建设和研究，着力布局一批国家质检中心、检测与评定中心、产业计量测试中心、公共服务平台以及标准化试验验证平台等，进一步发挥质量技术基础在支撑国家重大产业布局中的保障服务作用。二是完善产业促进政策。制定《促进上海市检验检测产业发展指导意见》及其实施方案，发展面向重大装备、战略性新兴产业、医疗健康、节能环保等产业的检验检测认证服务，推动制造业能级提升。在2016年上海工博会上，上海电器科学研究所颁发了首批中国机器人产品认证证书，标志着我国机器人检测认证制度正式实施，有力推动了机器人产业发展进步。三是创新公共服务平台建设。积极建设面向区域、行业和中小企业的公共服务平台，2016年5月，静安区“国家检验检测认证公共服务平台示范区”通过国家认监委验收，区内检验检测认证服务业集聚和辐射效应明显，两年创建期间机构数量和产值增加30%以上。2015年10月，浦东新区启动示范区创建，积极打造检验检测认证服务高地，为“双创”和“四新”经济发展提供良好环境。

三、坚持深化改革，促进贸易便利化水平持续提升

以建设自贸试验区和具有全球影响力的科技创新中心为契机，深入推进认证认可领域的“放管服”改革，降低制度性交易成本，激发行业市场活力。一是推进CCC认证制度改革。加快推进汽车平行进口试点，全国首张平行进口汽车CCC证书落户上海自贸试验区。探索涉及CCC目录的文化艺术品及展品认证改革，提高通关效率，促进跨境贸易发展。同时，对诚信示范企业实施“一次审批、多次放行，一次确认、三年有效”等贸易便利化措施，使每批进口CCC产品平均滞港时间从一周缩短到几分钟，一年可为企业节省物流成本1 500万元以上。二是推动检验检测机构审批制度改革。在自贸试验区推行检验检测机构资质认定告知承诺制，积极探索联合评审，审批时限缩短近一半。三是推动外资认证机构改革。在国家质检总局、国家认监委的大力支持下，上海自贸试验区2014版负面清单中删除了外商投资认证机构设立审批事项，并在全国其他自贸试验区复制推广，为促进国际贸易发挥了重要作用。四是加快推进战略性新兴产业国家质检中心建设、培育和验收。目前，上海国家质检中心达到47家，在卫星导航与定位产品、机器人、智能电网等领域已形成比较优势，有力支撑了战略性新兴产业的研发测试和产品定型等服务，进一步夯实科技创新中心建设的技术基础。

四、坚持制度创新，助力上海供给侧结构性改革

一是精准帮扶，积极服务出口食品企业内外销“同线同标同质”工程。全面推广HACCP（危险分析与关键控制点）+食品防护管理体系，推动“三同”食品进入大型零售餐饮企业，让市民在家门口就可以购买到“优质优价”产品，服务上海建设市民满意的食品安全城市。二是试点“上海品质”认证，推动品牌发展。积极引入国际通行的合格评定手段，制定实施上海品质认证实施制度、通用评价要求以及先进团体标准，重塑上海制造和上海服务金字招牌。三是平台对接，优化跨境电商交易环境。在国家认监委的支持下，国家认监委认证认可信息公共服务平台与上海跨境电商公共服务平台实现数据对接、信息共享，成功比对筛选了1 371种跨境电商产品的认证信息，从源头加强质量把控。四是优化服务，提升企业管理水平。对灯具、儿童安全座椅等认证监督抽查中发现问题较多、合格率较低的产品，定期组织召开产品质量分析会，帮助企业有针对性地查漏补缺，为区域经济发展提供优质的质量保障。

当前，上海正按照中央的要求，全力加快上海自贸试验区和具有全球影响力的科技创新中心建设，向着卓越的全球城市目标阔步迈进。下一步，我们将按照本次会议精神，在国家质检总局和认监委的支持指导下，学习借鉴兄弟省区市的有益经验，深化改革，开拓进取，全力推动检验检测认证认可工作再上新台阶。

充分发挥认证认可作用　助推云南经济社会跨越发展

云南省人民政府

非常感谢国家质检总局、国家认监委给我们提供这个交流的机会。按照会议安排，现将云南省推动认证认可、检验检测工作情况简要汇报如下：

一、高度重视，高位推动质量工作

云南省委、省政府高度重视质量工作，始终把质量作为经济社会发展的重要基础性、战略性工作来抓。2010年以来先后印发了《云南省人民政府关于实施质量兴省战略的意见》等一系列加强质量工作的政策文件，启动了质量兴省战略。2015年年初习近平总书记考察云南，要求云南努力建设成为全国“民族团结进步示范区、生态文明建设排头兵和面向南亚东南亚辐射中心”，努力闯出一条跨越式发展的路子来。云南省把质量工作摆到更加突出的位置，作为实现跨越发

展的重要支撑。省政府常务会议多次研究质量工作；召开了质量强省大会，省政府主要领导出席会议并作讲话；成立了省政府主要领导为组长的实施品牌和质量强省战略领导小组。印发了《云南省人民政府关于实施质量强省战略的意见》，进一步明确了质量强省的工作目标和主要任务，强调以提高发展质量和效益为中心，以深化改革为动力，以质量提升为主题，突出质量提升，着力打造品牌，加强和完善质量安全监管，构筑全社会质量共治机制，以质量服务跨越，以质量支撑发展。我们把认证认可作为实施创新驱动战略的重要环节、推进供给侧结构性改革的重要支撑、实现治理能力现代化的重要工具，着力规范认证认可市场，促进检验检测产业发展，提升质量管理水平，助推“面向南亚东南亚辐射中心”建设。

二、健全机制，着力完善政策体系

为充分发挥认证认可促进云南特色产业转型升级、提高经济社会发展质量和构建开放型经济的作用，我们坚持问题导向，完善政策体系，在全国率先出台了《云南省人民政府关于加强认证认可工作的实施意见》（云政发〔2016〕2 号），强调以“主动适应经济发展新常态，进一步发挥认证认可制度优势”为主线，以构建“法律规范、行政监管、认可约束、行业自律、社会监督”的认证执法监管体系为着力点，突出“传递信任、服务发展”的体系保障作用，形成“统一规范、公平竞争、有效监督、高效诚信、国际互认”的认证认可产业服务体系；确定了“两个 100%”“一个领先”“一个提升”的工作目标，即第三方公正检验检测机构资质认定率达 100%，强制性认证产品生产企业获证率达 100%；自愿性认证数量达到西部领先；显著提升云南口岸贸易便利化工作水平。围绕打造检验检测产业发展体系、强化认证监管体系建设、搭建国际互认工作体系、构建认证认可支撑保障体系等重点工作，提出了 17 项指导性和操作性较强的工作措施并明确了分工。在工作层面上，建立了 23 个部门组成的认证认可厅际联席会议制度，明确将认证认可工作经费列入财政预算。

三、服务发展，着力加强认证认可

云南省紧紧围绕服务“一带一路”和建设“面向南亚东南亚辐射中心”，充分发挥认证认可提高质量管理水平、保证产品质量安全、规范市场经济秩序、有效应对技术性贸易措施的作用，努力打造面向南亚东南亚的“质量高地”。一是鼓励企业积极开展管理体系认证。通过实施优先政府采购、奖励扶持等措施，不断加大力度引导企业开展管理体系认证，加强质量管理，提升质量水平。云南省管理体系认证获证企业达 8 000 多家，有效提升了企业管理水平，促进产业发展。能源管理体系认证、森林认证、知识产权管理体系认证等新兴认证业态取得突破进展，为云南省企业可持续发展提供了可借鉴、可复制的成功经验。二是认真抓好强制性产品认证制度落实。目前，全省获得强制性产品认证企业达 462 家，证书 2 925 张。自 2012 年以来，开展了电线电缆、安全玻璃、低压电器等强制性认证产品风险监测工作，共抽查 700 多个批次，对抽查发现的问题及时分析研判，帮助企业不断改进生产，提高产品质量，产品合格率从 70% 提升到 85% 左右，有效保障了消费品的质量安全。三是大力推进绿色产品认证。充分发挥 12 个有机产品认证示范区、10 个出口食品农产品质量安全示范区的带动作用，做强做优云南有机产业。积极开展电解铝、草果低碳认证研究，云南省 4 家企业的 15 个产品通过低碳产品认证，企业及证书数量居全国前列，得到国家碳排放降低目标责任考核组的高度评价。按照国家建立统一绿色产品制度的要求，将绿色产品体系建设纳入生态文明绩效评价考核，切实推动云南绿色经济发展。四是努力提升国际贸易认证服务水平。切实加强与周边国家及主要贸易国间的认证认可国际互认磋商，促进国际互认，提升云南省口岸通关便利化工作水平。全省出口食品企业达 470 家，其中 14 家“同线同标同质”企业 2016 年出口近 10 亿元，内销约 12 亿元。瑞丽口岸建成占地 400 余亩、年吞吐能力 200 万吨、总投资逾 4 亿元的 2 个专业化“水果国检监管区”，与缅甸木姐市政府等建立定期会晤机制，缅甸进口西瓜占全国 80% 以上的反季节市场，2016 年进口约 48 万吨，同比增长 26%，成为优势最为突出的产品。

四、互动推进，全面开展检验检测

认证认可、检验检测是质量强省的重要基础工作。充分发挥认证认可的规范作用，着力实施“检验检测能力提升三年行动计划”，深入推进检验检测工作。一是深化检验检测市场准入改革。大力清理不利于检验检测市场健康发展的规章和政策文件，切实减少检验检测项目行政审批事项。组织省级有关单位联合建立了质监部门的资质认定与行业主管部门的资格许可“二合一”评审、评审结果互认等制度，优化了办事流程，缩短了办事时限，提高了行政效率。二是积极培育检验检测高技术服务业。推进国有检验检测机构整合，支持社会力量进入检验检测行业，鼓励、引导检验检测机构加强能力建设，积极推进检验检测服务信息化和社会化，大力发展检验检测服务关联产业。全省形成了10余家跨行业、跨产业检验检测集团，3家上市检验检测机构，检验检测产业呈现出蓬勃发展的势头。近3年来，云南省检验检测机构数量年均增长6%左右，检验检测产业收入年均增长13%左右，检验检测服务业产值即将突破40亿元，形成产业化发展的良好态势。三是着力规范检验检测市场秩序。结合云南省实际和民生关注焦点，在卫生计生、环境监测、农业生产、建筑工程等领域开展跨部门、跨区域联动监管，先后开展了涉及近1000家检验检测机构的20多个检验检测项目的能力验证工作，积极探索双随机联动抽查。建立检验检测公共信息平台，设立了中介服务超市，及时发布检验检测行业信息，促进了行业发展。按照“统一管理、共同实施”的原则，健全了行业共治机制，逐步构建检验检测诚信体系，探索检验检测集聚发展和产业提升发展平台建设，为检验检测健康有序发展奠定坚实的基础。

下一步，云南将继续深入贯彻落实《国务院办公厅关于建立统一的绿色产品标准、认证、标识体系的意见》和《认证认可检验检测发展“十三五”规划》等安排部署，着力推进“两个100%”“一个领先”“一个提升”，全力打造“优质云南”名片，推动云南特色资源优势、沿边开放区位优势加快转化为产业优势，切实提高发展的质量和效益，不断增强区域核心竞争力，推动云南早日迈进“质量时代”，助推云南实现跨越发展。

2018

Yearbook of Certification and Accreditation of China

第十六部分 地方认证监督管理

Part Sixteen Regional Supervision Certification

明确定位　提升能力　服务首都经济发展

——北京出入境检验检疫局2017年认证监管工作概况

2017年，北京出入境检验检疫局（以下简称“北京局”）认真贯彻落实全国质检工作会议和全国认证认可工作会议精神，围绕“抓质量、保安全、促发展、强质检”工作方针和“强化认证认可作用、推动质量强国建设”的工作要求，牢固树立新发展理念，以服务供给侧结构性改革为主线，深化改革，全面提升认证认可工作质量，服务首都经济发展。

一、认证机构监管情况

2017年6月底，对5家外资认证机构的管理体系认证活动开展监督检查；12月底，按照国家认监委要求，对39家管理体系认证获证组织实施现场检查，共涉及各类认证机构27家，共发现各类问题29项，对1家不配合检查的获证企业，已责令认证机构撤销其认证证书。

按照《国家认监委关于开展加强认证认可检验检测全面质量监管专项整治工作的通知》（国认法〔2017〕37号）要求，制定了《北京检验检疫局2017年外资认证机构专项整治工作方案》，成立了3个工作小组，并随机抽取北京地区的6家外资认证机构开展管理体系认证专项检查。1家认证机构因搬迁装修未实施检查，共向5家认证机构反馈各类问题13项，对1家机构进行约谈，对1家机构涉嫌违规发证的行为正在进一步核实中。

按照国家认监委的部署，北京局参加了华北五局2017年管理体系认证结果联合执法专项检查工作。根据认监委在“执法人员库”的随机抽取结果，协调组织全局19名执法检查人员参加了集中培训和执法检查。8月—9月期间，北京局共派出行政执法人员68人次，检查各类获证组织39家，配合兄弟局在北京地区检查获证组织10家。共涉及认证机构27家。共发现各类问题29项，对1家不配合检查的获证企业，已责令认证机构撤销其认证证书。对此次检查中发现的问题，北京局已进行认真分析，将有关问题通过“国家认监委认证认可业务综合监管平台”上报，并与部分认证机构和获证企业进行了沟通。

二、强制性产品认证工作

（一）强制性产品认证监管情况

2017年受理CCC免办申请2129批，同比增长6.5%；发放CCC免办证明2075份，同比增长5.2%；不符合免办要求退回申请54份，同比减少3%。口岸入境验证受理CCC产品进口报检36573批次，同比持平，查验5486批，口岸查验不合格的473批次，同比持平。CCC无证查处的行政处罚案件4批，涉案金额207191元，处罚金额17233元。

（二）强制性产品认证工作中简化事前审批，加强事中事后监管

北京局将CCC免办电子审批流程由六个环节简化为三个，审批时间缩短一半；取消递交纸质文件环节，真正实现无纸化。1月1日，结合国家认监委新版CCC免办及特殊用途进口产品检测处理系统上线运行，同时

对北京地区CCC免办审批流程进行了调整。新的CCC免办审批流程包括初审、复审和发证明三个环节，取消受理、发通知和比对材料三个环节，不再要求企业提交纸质材料。企业自行保存纸质材料并建立纸质材料的管理档案。各分支机构在开展CCC免办后续监管时对纸质材料进行抽查比对。新流程试运行半年，北京局同时对作业指导书进行了修改。

使用“北京出入境检验检疫局出入境物品质量安全追溯监管系统”对CCC免办产品进行定位追溯，减少现场后续监管，提升监管有效性实现“来源可查、去向可追、责任可究”。

积极推动CCC免办产品追溯监管工作，从两方面探索创新了CCC免办审批和后续监管模式：一方面，对在全国多地测试或展示的产品，试行“主要使用地审批+追溯系统定位+现场后续监管”的新模式。该做法有效减少现场监管频次，减轻了一线业务人员工作强度和企业负担。另一方面，对用于进口设备维修的CCC产品，试行“备件库存+追溯系统定位+企业内部管理”的新模式。

北京局多次与浙江云检科技有限公司沟通CCC免办后续监管要求，对“追溯监管系统”的功能模块进行调整，强化了CCC免办产品定位追溯功能。并举办CCC免办产品追溯监管工作培训班，对各分支机构监管岗位人员和54家CCC免办申请企业代表总计100余人进行培训，介绍了操作方法，公布了推进方案，明确了职责分工，强调了时间节点。

多次实地走访，调研企业情况，并对分支机构和辖区企业建立了9个微信工作群，随时解决系统运行中遇到的问题。指导54家CCC免办申请企业完成了系统设置和信息注册，CCC免办产品追溯监管系统正式上线。截至9月30日，已加施各类标签5192张，其中卡扣芯片108个，其他二维码标签5086张。

（三）强制性产品认证工作中探索模式创新，服务经济发展

试行进口备件CCC免办审批新模式，以更高的服务水平力促首都外贸发展。在保证监管有效的前提下，允许用于进口设备维修的CCC产品以备件库存的模式申请免办，大幅缩短企业售后服务响应时间，进一步扩大服务总部经济的政策红利。根据八类CCC免办情况的不同特点，结合各分级机构和企业实际，制定不同标签加施和上传信息的扫码要求，保证了CCC免办产品追溯监管的有效性，实现产品到货直至运抵经销商全流程监管。并自广泛调研企业情况后，选择戴姆勒东北亚零部件贸易服务有限公司为试点单位，允许该公司以备货模式申请进口汽车维修零部件CCC免办，为企业节省20天的供货周期，有效帮助企业提升了服务质量。

（四）开展强制性产品认证综合督查，推进工作落实

为确保工作有效推进，同时减轻各分支机构工作负担，组织开展强制性产品认证“2日常+4专项”综合督查。两项日常工作包括：CCC免办及后续监管、口岸CCC入境验证及查验。四项专项工作包括：强制性产品认证监管风险隐患排查和专项整治活动；无证违法行为查处；强制性产品认证口岸入境申报和免办审批工作中落实无纸化工作；CCC免办追溯系统上线推进工作。为确保各项工作得到切实有效的落实，认监处认真推进部署，分别制定工作方案，明确实施范围、工作依据、工作步骤和时间进度。发布了《关于开展强制性产品认证监管工作综合督查的通知》列明了总局文件清单，编制了检查记录表。明确了各分支机构涉及的工作以及自查的内容。

针对由于实施无纸化通关，进口CCC产品由e-CIQ主干系统自动报检受理，导致口岸检务部门对CCC报检批未做入境验证与核销的问题，认监处立即与通关处进行了协调，联合发布了《关于进一步规范无纸化通关工作的通知》，对进口CCC产品的报检受理、验证、核销等环节再次明确了要求，对实现e-CIQ无纸化申报过程中发生的系统问题进行了及时纠正。

（五）强制性产品认证获证产品市场抽查

按照国家认监委《2017年强制性产品认证获证产品市场抽查工作方案》要求，北京局拟制并向国家认监委上报了《北京出入境检验检疫局关于报送2017年强制性产品认证获证产品市场抽查经费预算和实施方案的函》，协调认监处和通关处完成了e-CIQ的布控，自2017年6月15日至8月31日开展对部分重点类别产品实施获证产品的监督抽查。此次北京检验检疫局布控了家用和类似用途设备、机动车零部件、儿童用汽车安全座椅共3类产品涉及66种HS编码的产品，实际抽查家用和类似用途设备1批、机动车零部件14批，共2类15批，检测结果为全部合格。通过历年开展的监督抽查工作，认证机构、检测机构同检验检疫机构之间的工作配合更加顺畅；监督抽查工作也强化了包括收货人、制造商在内的各方规范遵守强制性产品认证制度的意识，促进了强制性产品认证制度的良性发展。

三、食品农产品认证

按照国家认监委要求，北京局统一部署了有机、GAP认证示范区创建工作，召集各有关分支机构开展宣传培训，下发示范区创建工作的有关文件、资料。鼓励有条件的辖区分支机构摸底辖区内获证企业分布情

况，积极向辖区所在地地方政府宣传两个示范区的创建。截至 2017 年底，已有 2 家分支机构向地方政府相关部门和辖区内认证获证企业宣讲了示范区创建的有关情况。

四、出口食品生产企业卫生注册登记的开展和监督管理

（一）出口食品生产企业备案业务情况

截至 2017 年 12 月 31 日，北京地区共有出口食品备案企业 117 家，其中，获得 HACCP 认证的 42 家。上半年共受理各类备案申请 32 项，目前办理完成 26 项，其中通过采信 HACCP 认证予以备案或延续备案资质的 8 家，占申请比例的 30.76%。

（二）开展“三同”进万家的各项活动

根据国家认监委的工作安排，结合国家质检总局《关于开展 2017 年“进口食品安全社区行”活动的通知》（质检食函〔2017〕78 号）和《北京市食品药品安全委员会办公室关于印发 2017 年北京市食品安全宣传周工作方案的通知》（京食药安办〔2017〕28 号）要求，北京局积极开展了社区宣传活动。在“进口食品安全社区行”系列宣传活动中，一线检验检疫人员深入社区，面向消费者开展形式多样的进出口食品安全和三同政策讲解宣传活动，并现场发放各种宣传材料，讲解三同政策。9 月 14 日，北京局组织检验检疫人员在甜水园街道开展质量月宣传活动，活动期间设立专栏向社区居民详细介绍了北京地区推进“三同”工程的情况，并介绍了识别和选购三同产品的方法。

开展“三同”进商超活动。北京局积极协调“三同”促进联盟和正大集团，组织开展了“三同”产品进驻卜蜂莲花超市活动。国庆、中秋双节前夕，正大集团旗下北京卜蜂莲花连锁超市有限公司在朝阳路店隆重举办“三同产品进驻卜蜂莲花超市”活动启动仪式。活动期间，北京地区的 6 家卜蜂莲花超市向消费者集中推介了十几大类近百种“三同”食品，消费者不用走出国门就可以在家门口选购到和出口产品同样品质的产品。据统计，国庆、中秋双节期间，“三同”产品的销售额同比增长了 83%，之前专供国外市场的食品生产企业也在国内市场找到了全新的出路和机遇。北京局对此次活动高度重视，主动联系《国门时报》记者赴现场采风报道，在国庆、中秋双节前夕，北京局还专门制作了一期微信公众号推送信息，详细介绍此次进商超活动的情况。10 月 11 日出版的《国门时报》头版位置刊发文章，以《醒目的标签更尊重消费习惯》为主标题，详细介绍了北京局开展“三同”产品进商超活动的有关情况。文章被国家质检总局网站、中国质量新闻网、网易财经频道等多家媒体平台转载，取得良好的宣传效果。

五、进口食品生产企业卫生注册和监督管理

（一）进口食品境外生产企业注册信息口岸查验专项督查

按照《质检总局办公厅关于印发〈质检总局 2017 年度检验检疫专项业务督察计划〉的通知》（质检办督审〔2017〕164 号）要求，北京局组织制定了《2017 年进口食品境外生产企业注册信息口岸查验专项督查工作方案》，对各分支机构 2016 年以来开展的进口食品境外生产企业注册信息核查工作开展督查。督查工作分别由各分支机构自查和认监处组织现场检查两个阶段进行。督查结果显示，北京局各分支机构的进口食品境外生产企业注册信息口岸查验工作有序开展、验证有效。

六、世界认可日宣传

按照国家认监委要求，北京局制定了“世界认可日”宣传方案。采取发放海报、宣传片、宣传册等宣传资料；在北京局综合实验楼及各分支机构的办公场所电子宣传屏幕上播报世界认可日的活动主题标语或宣传片；在办公场所张贴、摆放世界认可日海报、宣传册等宣传资料；在北京局外网链接认监委网站的活动专栏和在北京局微信公众号推送认监委微信公众号的有关宣传报道等多种形式进行宣传。

七、对获证实验室和检查机构的监督检查

组织技术中心和保健中心做好实验室认可工作，将机场分中心纳入技术中心管理体系并通过了二合一评审，动物实验室通过了生物安全二级实验室的监督评审，食品实验室通过认监委和国家 FDA 组织的飞行检查。

以能力验证为抓手对实验室进行质量监督。共组织参加能力验证 84 项，其中技术中心参加国内能力验证项目 45 项、国际能力验证 12 项，保健中心参加国内能力验证项目 22 项、国际能力验证 5 项。

八、实验室能力验证活动的开展

直面国产检测设备生存困境，创新性地开展设备验证与综合评价服务理念，为企业供给侧结构性改革提供有力抓手，促进国产检测仪器行业的发展。一是科研先行，从 2013 年起连续获得北京市科委 4 项课题支持，

从“试点项目”到“培育项目”，从“研究与实践”到“市场化推广研究”逐步推进，已对来自北京、上海和大连的18家企业的24台国产仪器开展了验评活动。这项工作得到了市科委的高度认可，并计划2018年继续支持开展“品牌建设与推广研究”，以进一步推进国产设备验证评价工作。二是以标准化为抓手，认证认可行业标准《分析化学仪器设备验证与综合评价指南》已正式发布，该标准是我国首个仪器设备验评标准，具有里程碑意义。同时与吉天共同起草的3项瓶装水检测行业标准也于2017年5月发布，为设备的推广应用起到促进作用。三是立足主场，广泛宣传。通过连续组织五届“国产检测仪器设备验证与综合评价技术服务推介会”进行宣传和推广，反响热烈；派员赴广州2017国际实验室能力建设与技术装备展览会、南京国产科学仪器研发与成果转化研讨会等进行专题宣讲，扩大社会影响。北京局通过不断探索创出了国产仪器设备验证与评价服务品牌，获得了北京市、国家质检总局、行业协会等多方的认可。上海屹尧公司、北京海光公司专程送来印有“开创国产仪器验证评价，促进国产仪器进步腾飞”、“技术精湛帮扶企业，优质服务堪称楷模”的锦旗，以感谢北京局通过技术诊脉、设备验评的方式帮助企业产品质量提升、销量攀升。中国出入境检验检疫协会王军兵副会长也专程前来拜访，商讨相关合作事项。

九、口岸能力建设实现新突破

积极贯彻局长指示和局党组的要求，在口岸能力建设中抓重点抓创新。一是在西站局、邮件办试点的基础上，继续推进植物检疫领域口岸初筛工作实验室建设，完成机场局货检、旅检2个口岸初筛查验工作室建设调研，确定了建设方案；编制印发了《口岸初筛工作室操作手册——植物检疫专业》《口岸初筛工作室操作手册——食品专业》，创新提出并制作完成口岸初筛工作视频培训教材《线虫的分离与镜检》和《昆虫标本制作》。二是立足服务平谷国际陆港民生物流快进快出，以平谷办为试点探索建立了食品检验领域的红酒感官检测口岸初筛查验工作室，已完成平谷办操作台、品酒台、酒柜等基本设施的安装，完成系列管理文件和记录的编写。该工作室的建设，能为口岸查验、抽检方案制定和风险分析提供技术支撑，增强一线执法人员检测能力。三是提出并通过了北京局第三方采信管理要求和评价规定。

十、科研工作适应新常态

在面临科技体制改革、技术机构改革等一系列改革措施背景下，积极思考，主动作为，多管齐下保障新形势下科研工作稳步发展。一是充分利用北京市“全国科技创新中心”建设的政策优势，以服务首都经济社会发展为需要、严把第一国门为立足点，与企业合作申请北京市科技计划项目。获得北京市科委项目立项2项，经费680万元。解决科研经费的同时，实现与企业优势互补，确保科技成果转化推广。二是创造条件，努力做好重大项目申报工作。积极与科技部、国家质检总局、检科院联系了解项目需求，介绍北京局的科技资源，组织局内科技人员积极参与申报，参与的3项NQI重点专项已获立项；3项科研需求已纳入2018年NQI申报指南。三是配合局党组提出的监管模式改革创新，加大管理类课题扶持力度，为北京局改革创新理论研究搭建平台。下达15项北京局自立课题，其中管理类课题8项；北京局申报的26项总局科技计划项目中，管理类有10项。四是努力寻求部门支持，超额完成总局科研申报任务。2017年总局科技计划项目全部自筹，申报要求数量为25项，为完成任务，科技处到分支机构用心讲解，与计财处积极沟通，在计财处、技术中心、分支机构、局管理部门的大力支持，共上报项目建议26项，超出总局限额。五是按时完成承担的各类项目，承担的23项总局项目均按时提交验收申请，已有11项通过验收；承担的“出入境特殊物品和生物材料全流程监管体系的建立与研究”（北京局承担的第一个北京市科委绿色通道项目）、“首都科技条件平台国产检测仪器设备验证评价研究与应用”等3项北京市科委项目顺利通过验收，受到与会专家好评。

十一、质量提升发挥新作为

一是组织开展“科技委专家企业行活动”，效果显著。“质量月”期间，由国家质检总局科技委和北京局第五届科技委委员领衔，成立了机电检验、特殊物品监管、生物材料监管、实验室检验、国产分析仪器验证与综合评价等9个工作组，分别在组长带领下，派出41位专家赴企业开展政策解读、技术培训等服务活动，累计活动11次，共有40家企业得到科技委专家帮助，参加培训人员达340余人，帮助企业解决问题合计12个。不仅使各中小微企业受益，助力企业有效提升质量控制水平，增强了质量提升的信心和决心，也使科技委委员感受到质量提升活动在拉动内需、提高质量供给能力、推动供给侧改革方面的巨大作用。二是建立专家扶持企业常态化制度。与中国仪器仪表行业协会共同主办了便携式检测仪器标准制定研讨会，对标准制定过程中遇到的问题及便携式检测仪器使用发展进行研讨，市科委领导以及24家便携式检测仪器生产企业参加。联合企业共同制定标准的过程就是一个帮助企业改进技术方法的过程，从而帮助企业整体提升了仪器质量，解决了便携式检测仪器无标准的尴尬局面，去掉了应用推广障碍。

十二、科技质检建设

在局党组的正确领导下，在全局各部门和广大科技工作人员的努力下，其他方面的科技工作也取得了可喜的成绩。一是完成新机场技术中心的规划设计和预算申报工作，上报新机场实验室仪器设备、设施、软件等项目的预算。结合新机场和天竺综保区实验楼的规划建设，制定了北京局实验室发展规划。二是获得国家质检总局应急保障技术项目1项、北京市科委课题2项；荣获中国检验检疫学会科技奖11项，其中二等奖7项、三等奖4项，获奖数量名列前茅；标准制修订继去年获新高33项后，今年再获标准制修订立项22项，已提前完成北京局"十三五"规划中的50项标准指标。三是组织了以"科技强检 创新圆梦"为主题的科技周活动，包括科技成果视频展示、自主研发成果推介会、标准编写知识培训讲座、爱心支队送药下乡义诊活动等，充分调动全局上下的创新热情，推动了检验检疫科学技术的普及。四是完成北京局科技进步奖、创新贡献奖评审，分别评出2017年度北京局"科技进步奖"一等奖15项、二等奖17项、三等奖17项，评选出2016年度北京检验检疫局"创新贡献奖"一等奖2项、二等奖3项、三等奖4项、优秀奖9项。五是首次出台科技成果转化管理办法，将大大促进北京局的成果转化工作。

十三、检验检疫标准化工作

继第39届标准大会后，北京局将标准化作为"十三五"期间工作重点，通过整合资源、推动合作，多措并举推进标准化工作。一是与企业合作共同制定标准不断取得突破。2016年与普析公司联合申报国产便携式仪器检测行业标准7项并获立项，2017年与普析公司、智云达公司合作申报标准12项获批6项，在解决了口岸一线需求的同时，助力企业提升质量和产品的使用范围。二是助力SN标准"走出去"战略，在"中－古检疫犬应用与管理合作项目"保障工作中主动作为。邀请认监委领导现场调研，组织申报了《检疫犬驯养与管理规范》系列标准3项并获得紧急立项。标准起草过程中多次组织实地调研及专家研讨，对标准文本格式和条款内容进行把关指导，派员全程协助完成标准的审定以及报批工作，整个过程仅用了50余天时间。最后系列标准已于8月27日发布，在9月13日举行的中国－古巴检疫犬驯养与应用合作项目检疫犬交接仪式，系列标准与2只检疫犬一同走出国门，标志着由北京局承担的为期4个月的"中－古检疫犬驯养与应用合作合作项目"在中国阶段的工作圆满结束。三是积极应对欧洲毒鸡蛋事件。为降低进出口贸易安全风险，组织食品实验室申报《出口禽蛋及蛋制品中氟虫腈残留量的测定 液相色谱——质谱法》并再次获得紧急立项。北京局要求起草小组本着"快、准、好"原则，抓紧起草标准，并积极做好与科标部、专业委的沟通工作，协调解决方法验证、征求意见、标准审定等相关事宜，使标准顺利通过了审定，为我国出口禽蛋及其制品检验检疫监管提供了必要的技术支撑。四是针对公务员标准化经验不足的问题，举办行业标准申报及编写培训，对正在起草的标准进行定向辅导，并与质检总局标法中心建立合作关系，联系系统内外专家进行点对点服务，提升标准制订质量，目前33项标准进展顺利。

十四、"一带一路"能力验证开创新局面

为确保北京局能力验证工作在全国的领先地位，科技处勇立潮头，先思先行。一是走出去，与农业部合作，实现共赢。联合中国动物疫病预防控制中心开展了3项猪病检测能力验证项目，截至2017年底，累计参加实验室达163家，对加强我国兽医实验室能力建设，应对疫病防控的需要具有重要意义。二是在邵白副局长的带领下，科技处积极谋划，将国检职能与"一带一路"倡议有效对接，联合广西局、中国农大、云南局申请认监委A类能力验证项目"东南亚常见果实蝇属成虫检疫鉴定"获得立项，并采取多项措施保证项目高质量开展和顺利实施。这是认监委首次有关"一带一路"的能力验证，也是北京局首次承担植物检疫领域的国际能力验证活动。该项目已经向来自越南、马来西亚、老挝等"一带一路"沿线国家的14家检测机构和35家国内实验室发送了能力验证样品，目前已有8家境外实验室返回结果。认监委实验室部对该项目给予了高度肯定和关注。通过该项目的实施，将提升"一带一路"合作中相关国家生物安全保障技术能力，降低我国与相关国家贸易往来中有害生物入侵风险，发挥认证认可对"一带一路"的技术支撑作用。三是组织提出申报A类B类共10项和C类52项，最终获得A类能力验证3项，B类能力验证1项，C类能力验证52项，D类能力验证1项，能力验证工作连续四年在系统内保持领先。北京局组织的5个认监委能力验证项目共有233个实验室报名参加，目前项目进展顺利，均已进入结果回收、撰写报告阶段。四是质控样品的研制获突破。2017年共13项标准样品研制获全国标准样品技术委员

会立项，标志着北京局多年来一直努力的标准样品研制有了实质性的进展。五是组织开展动植物检疫领域的标准体系研究，包括标准体系的框架构思和分类原则、未来应用的目标和预期，为今后在相关领域建立能力验证标准体系奠定了基础。

撰稿人：袁英健　审稿人：王尊岭

提高履职能力　强化认证监管

——北京市质量技术监督局2017年认证监管工作概况

2017年，北京市质量技术监督局（以下简称“北京市质监局”或“市局”）认真贯彻全国认证认可工作会议精神，在市局党组的正确领导下，紧紧围绕市委、市政府决策部署，坚持“四个全面”战略布局，服务京津冀协同发展战略要求，牢固树立“创新、协调、绿色、开放、共享”发展理念，以服务提高首都经济发展的质量和效益为中心，以全面深化首都质监事业改革为动力，强化认证认可的质量基础，提升质监工作科学化水平，持续推进质量首善之区建设。

一、认证活动监管

（一）加强强制性产品认证活动监管，促进质量安全开展电线电缆生产企业专项整治行动

下发文件组织各区局、相关认证机构对电线电缆获证生产企业开展全面检查。联合产品处对专项检查工作组织督导，对52家获CCC认证电线电缆生产企业分两个阶段进行二次全面督导检查。组织强制性产品认证专项抽查。按照国家认监委部署，制定抽查工作方案，组织国家摩托车质量监督检验中心（天津）在流通领域开展摩托车产品抽查的抽样，并对抽到9个样品进行检测。开展货车非法改装专项整治行动。转发市经信委等5部门联合发文，组织中国质量认证中心、中汽认证中心对北京市机动车生产企业开展产品生产一致性监督检查，未发现生产企业违法改装车辆行为。开展电器产品质量安全综合治理行动。联合产品处下发文件，组织各区局、相关认证机构对北京地区涉及的电线电缆和插头、插座生产企业进行了专项监督检查。共涉及生产企业61家企业，对56家企业开出一般不合格，1家企业问题严重，认证机构已对其证书进行了处理。指导处理投诉举报。指导区县局办理涉CCC认证投诉举报案件，转办区局办理问题线索4件，请示国家认监委18件，协助认监委调查案件3件，退回协办案件1件。

（二）强化有机产品认证活动监管，推动有机产品认证示范区建设

组织有机产品抽样检查。落实国家认监委工作安排，联合稽查总队在流通领域抽取果蔬、杂粮、茶叶、婴幼儿奶粉、植物油等有机产品26个批次，送中国检验科学研究院、中国茶叶质量监督检验中心检测，并将抽样情况按要求上报国家认监委。推进有机产品认证示范区建设。依延庆区人民政府申请，组织专家组对延庆区有机产品认证示范区申报材料和现场情况进行初审验收，并报请国家认监委审核验收，国家认监委经验收已批复通过。

（三）落实国家认监委部署，开展管理体系认证监督检查

组织开展区局认证监管人员质量、能源管理体系认证行政监督检查培训，按照《国家认监委2017年管理体系认证结果专项监督检查工作方案》要求，对12家获得管理体系认证企业开展了监督检查。

（四）开展认证培训和评价活动，增强质量意识

“质量月”期间，组织海淀区、昌平区的认证获证企业人员410余人，分两期开展了“认证宣贯培训暨认证有效性评价活动”，宣贯强制性产品认证相关法规、制度和新版ISO 9001质量管理体系标准，讲解有机产品、环境/能源管理体系认证有效性持续保持和认证有效性评价活动相关要求，提升企业改进质量管理、落实质量责任的能力和水平，发挥认证促进质量提升的作用。

二、检验检测机构资质管理

（一）加强食品检验机构资质监管，规范检验检测市场

严格许可把关，全年累计办理许可33项，人员变更备案2项。牵头制定检验检测机构资质认定监督检查计划，并推动落实。组织对13家获证食品检验机构开展监督评审活动，督促机构完成问题整改。组织全市72家食品检验机构参加京津冀联合开展的能力验证活动，首次通过率75%，3家机构补测后结果仍“不满意”。将食品检验机构日常监督检查纳入“双随机”机制，落实属地监管职责。配合国家认监委、国家食药总局联合检查，被随机抽取备查的5家食品检验机构中，发现1家涉嫌超范围出具检验报告，已立案处理。开展基层执法人员业务培训，明确检验检测机构监管重点领域、重点内容，提高执法人员业务能力。

三、京津冀区域协同联动

（一）协同联动，强化京津冀区域合作

联合制定行动计划。根据《京津冀质量发展合作框架协议》《京津冀检验检测认证监管区域合作备忘录》，三地联合制定了《2017年京津冀检验检测认证监管区域合作行动计划》并合作推动落实。联合开展能力验证活动，按照天津市场委轮值主导安排，组织全市72家食品检验机构参加能力验证活动，现已完成各项工作总结。联合开展检验检测机构互查。互派检查组已完成对系统内质检机构检查，提出整改建议。

（二）管服结合，促进行业健康发展

按照“放管服”工作要求，围绕世界认可日“认证认可助力质量提升”主题，组织召开2017年度食品检验技术和质量控制交流培训会，增强检验检测技术人员对食品标准体系的理解，提升技术能力，强化质量和风险意识。

撰稿人：张淑敏　审稿人：李竞武

创新监管模式　促进质量提升
助力认证认可服务天津经济发展

——天津出入境检验检疫局2017年认证监管工作概况

2017年，天津出入境检验检疫局（以下简称“天津局”）围绕国家质检总局和国家认监委各项部署，按照“围绕质量提升，提高供给质量”要求，全面贯彻落实全国认证认可工作会议精神，着力深化改革，认证认可各项工作扎实有序推进，服务天津改革发展成效显著。

一、圆满完成2017年华北五局管理体系认证结果“双随机”联合检查工作

2017年，根据国家认监委“双随机”抽取结果，天津局承担了43个认证结果（获证企业）的检查任务，共派出检查人员55人次（其中赴津外检查45人次），共接待外地局来津检查36人次，本次联合检查是华北五局实施管理体系认证结果“双随机”联合检查以来最大规模的联合执法活动，外派检查人员之多，接待任务之重，协调难度之大超过了以往历次检查，为落实好国家认监委要求，组织好此次检查，天津局经认真研究，采取了多项措施保障联合检查活动顺利开展，并在系统内率先完成了检查任务。

一是制定方案，明确任务。经过反复协调协商，华北五局研究制定了《华北五局质量管理体系认证活动联合检查方案》，在此基础上，天津局针对承担任务情况制定了检查任务明细表，从检查的组织实施、检查进度、问题处理、结果上报、工作纪律以及与检查人员的沟通协调接待等方面进行了详细部署，对于执

行赴津外检查任务的检查人员明确属地局联络员和联系方式，对于在津企业每个企业安排1名联络员负责来津检查的兄弟局检查员的联络工作，确保每个检查员做到任务明、责任清。

二是组织培训，统一尺度。组织天津局近30名检查人员赴石家庄参加“华北五局管理体系认证监管联合培训班”，并在检查前，召开专题会，对检查表及检查要求进一步讲解，确保每个检查人员理解到位、执法尺度统一。

三是加强协调，保障有力。此次大规模地派出检查员赴津外执行联合检查活动，为天津局近年来的首次，为保障活动的顺利实施，在检查前做了充分的准备工作，克服经费少、接待任务重等困难，提供了有力的后勤保障，确保了联合检查活动的顺利开展。

四是率先完成，成效显著。充分发挥微信平台的即时通讯优势，建立了华北五局秘书群、天津局管理体系认证检查人员群等多个工作群，进行实时沟通，确保对检查进度的实时掌握，针对检查中遇到的问题，进行了高效的沟通协调，确保问题得到及时解决，在系统内率先完成了检查任务，检查涉及证书43张，认证机构33家，检查出问题30余项，检查结果均已及时报送国家认监委。

二、强制性产品认证（CCC）监管工作成效突出

一是加强CCC目录内产品的入境验证。采取检务证证核查与检验货证核查前后衔接的工作方式，加大口岸执法把关工作力度，2017年天津口岸累计验放进口CCC目录内产品83385批次，货值160.72亿美元。

二是积极应对单车认证制度改革。根据国家认监委2017年第1号公告的要求，天津局自2017年1月3日起不再受理进口汽车、摩托车检测处理程序申请，改为实行单车认证制度，积极和中国质量认证中心等指定认证机构沟通，采用审核认证机构签发送样通知书后，申请单车认证车辆按样品进口进行型式试验，获得CCC证书后再完成法检的工作模式，制定并下发了《天津检验检疫局关于明确单台认证通关检验工作要求的通知》，对单台认证工作进行规范，截至10月底共完成“单车认证”车辆审批157台。其中，摩托车99台，乘用车、货车、底盘等58台。

三是做好新版免办管理系统在天津口岸上线运行工作。根据认监委总体部署，天津局及时完成系统初始配置并开展系统操作培训，确保新版系统顺利上线，天津局通过新版管理系统共受理CCC免办申请3373批，发放免办证明3251张。

四是开展进口CCC产品无证违法行为执法查处工作。组织开展以儿童用品、家用电器、消费类电子产品、装饰装修材料、机动车及其安全附件与轮胎产品为重点的进口CCC产品无证违法行为执法查处工作，重点检查无证进口和伪造冒用强制性产品认证证书和标志、以及不如实申报骗取免办证明的违法行为，对检查中发现的某企业进口的4件儿童汽车安全座椅货证不符情况进行了查处。

五是引入“双随机”工作机制在进口汽车领域开展CCC专项监督检查。2017年，首次在CCC获证产品市场抽查工作中引入“双随机、一公开”工作模式。通过“e-CIQ”主干系统和“CCC认证获证产品市场抽查管理系统”实现被检查对象和抽检人员的双随机。全程电子化操作，避免了人为干预，实现了执法的公开公正透明。天津局在CCC获证产品市场抽查工作中，共完成了80批被检查对象和抽检人员的随机抽取，有效维护了认证的严肃性。

六是积极推行免办全程无纸化。在开发区局试点基础上，研究制定了《天津检验检疫局免于办理强制性产品认证无纸化管理办法》年底前在全局范围内实施。免办全程无纸化是指货物在天津口岸通关的，免办审批部门可不再签发纸质证明，由企业在终端自行打印并加盖企业公章后报检；同时企业提交免办申请时，通过系统上传有关单据，无需向检验检疫部门递交纸质资料，该举措将为企业节约大量人力、物力成本，缩短工作流程时间，进一步提升免办服务社会的工作效能。

三、积极推进“同线同标同质”（“三同”）工程和出口食品企业“逐一帮扶”行动计划工作

一是积极服务企业，大力推进“三同”工程。帮助企业根据具体产品全生产链进行危害分析，获得完整的危害分析工作单，全面了解质量安全状况，制定降低风险的防控措施，免费培训企业质量安全管理人员473人次，确保每一家出口食品企业至少已有一名质量安全管理人员参加过食品防护计划培训；帮助企业确定产品及生产线，比对明确标准，内销转型，实现“三同”，指导20家符合要求的企业登录出口食品企业“同线同标”信息公共服务平台，帮助企业新增内销0.13亿元；帮助企业了解境外目标市场特别是新兴市场的技术法规、标准等要求，解决达到国外要求的具体技术问题；帮助企业实现产品和管理升级，根据企业需求指导企业借助有机认证、国际食品安全倡议（GFSI）承认的认证等国际通行认证制度，解决进入国外高端市场认

证、信息追溯体系建设需求等问题。成立帮扶工作组80个，帮扶121家备案企业建立了帮扶台账，占备案企业总数的60%，已有40家企业登陆认监委“出口食品企业内外销‘同线同标同质’信息公共服务平台”，占备案企业总数的19.8%。天津局撰写的《天津检验检疫局关于出口食品农产品企业内外销“同线同标同质”等情况的报告》获赵海山副市长批示予以肯定。

二是服务区域经济发展，为有机产品认证示范区（县、市）工作提供支持。围绕市委、市政府提出的生态发展战略，将示范区创建工作作为转变农业生产方式、保护改善生态环境、满足不同消费需求、促进农业增效农民增收的一项重要任务来抓。加强规划引导，建立有机产品监管、技术支持、信息通报等联动工作机制，进一步加强所辖范围内有机生产的管理，严格控制有机生产禁用物质流入有机生产区域，规范有机产品生产、认证、经销等行为。开展联合执法检查，重点打击有机产品违法生产、加工行为及认证活动。开展有机产品认证法律、法规、标准的培训、宣贯等活动，促进有机产品生产企业和流通企业的信息互通与交流合作。

三是推进备案无纸化，优化备案流程，提高办事效率，实现出口“零等待”。以出口食品生产企业备案管理系统为平台，进一步优化备案流程，缩短办理时间。在出口食品企业备案管理中各个环节的材料提交全部实现“无纸化”，企业还可在线查询备案办理进展情况、办理结果等，做到足不出户即可完成备案。与此同时，不断深化出口食品企业备案监管模式改革，提高备案认证联动监管效能，除存在明显安全风险的，通过采信企业HACCP认证和自我声明等先予备案，避免企业因等待评审不能出口，实现出口“零等待”。截至2017年10月底，获得备案企业202家次，全年完成出口食品生产企业备案审批90家次。其中，企业初次备案10家次，重新申请16家次，延续备案34家次，变更备案22家次，注销备案8家次，出口食品生产企业备案工作按时完成率100%。

四、实验室资质认定与能力验证管理平稳开展

一是完成四大中心开展验证项目征集工作。共征集能力验证项目3项，其中有1项被认监委列入B类能力验证计划。

二是完成四大中心（化矿金中心、工业品中心、动植食中心、保健中心）开展检验检测机构数据统计和2016年度报告及资质认定监督检查自查工作。经过四大中心填报–天津局审核，该项工作顺利完成，确保了国家质检总局绩效考核此项指标不被扣分。

三是积极开展实验室能力提升工作。从制度规范、能力建设、“互联网+”及科研创新等四个方面部署天津局实验室能力提升工作，为充分发挥天津局检验检测技术优势，有效提升天津局检验检测供给质量，助推检验检测全面质量提升打下基础，截至2017年10月底，四大中心共扩项1600余项，参加A类能力验证14项，其他能力验证94项。

五、广泛开展形式多样的认证认可宣传工作。

充分利用“3·15”“世界认可日”“有机产品认证宣传周”“检验检测机构开放日”“质量月”等重要宣传节点，广泛开展认证认可宣传活动。

一是利用常规渠道进行宣传。通过电子大屏幕、宣传栏张贴宣传海报、现场宣讲、发放宣传资料等形式进行宣传。二是编印宣传资料进行宣传，组织志愿者进企业、进社区、进学校、进商场，向企业及社会公众发放1万余份。

二是利用互联网、新媒体进行宣传。在天津局门户网站及相关分支机构网站上开设了“世界认可日”专栏，对认证认可知识、认证认可工作成果广泛宣传，充分利用天津局微信公众号平台，以公众喜闻乐见的形式对认证认可知识进行深入浅出的普及和宣传，并利用局“津检微校”平台制作学习微信，通过考试强化学习效果，共编发微信7篇，大大提升了宣传效果。

三是举办公益讲座，提升企业管理者质量意识。联合滨海新区工信委、中检集团天津公司举办了针对中小微企业管理者的质量管理相关讲座和“新版质量管理体系认证知识公益讲座”各1次，近200名中小企业管理者和质量负责人参加了讲座，进一步普及了质量管理基本知识，提升企业质量管理意识。

撰稿人：殷　彪　审稿人：薛凯萍

强化监管 全面履职 扎实推进认证认可工作

——天津市市场和质量监督管理委员会 2017 年认证监管工作概况

2017 年，天津市市场和质量监督管理委员会（以下简称“天津质监委员会”）在委党委和分管主任的正确领导下，在各处室大力支持下，紧抓“两个重点”，突出“两个理念”，认真履职尽责，推动认证认可各项工作的稳步开展。

认证的基本情况。截至 2017 年底，全市共计获得管理体系有效认证证书 19456 张，其中质量管理体系认证 11101 张，环境管理体系认证 3985 张，职业健康安全管理体系认证 3242 张，食品农产品管理体系认证 440 张，信息安全管理体系认证 45 张，信息技术服务管理体系认证 25 张，测量管理体系认证 197 张，森林认证 44 张，能源管理体系认证 138 张，知识产权管理体系认证 123 张，其它管理体系认证 116 张。获得强制性产品认证证书 8050 张，获证企业 1250 家。有机产品认证证书 38 张，获证企业 31 家。

检验检测机构的基本情况。截至 2017 年底，全市通过资质认定的检验检测机构 484 家，2017 年完成 101 家检验检测机构的资质认定，其中新增检验检测机构 41 家，涉及食品、机动车、化工、环保、能源、农业、建材、机械、电子、冶金、医药、卫生、桩基、刑事技术等多个领域。完成了对全市 290 余家次检验检测机构的扩项、标准变更、授权签字人变更、地址变更等事项。不予许可共 9 家次，申请撤件的 28 家次，涉及复查、首次、标准变更、扩项以及授权签字人变更。

一、紧抓“两个重点”

（一）抓国务院、市委市政府重点决策部署

1. 完成重点产品追溯体系方案制定和职能划转

一是在多次征求全市相关委办局和天津质监委员会相关处室意见的基础上，与市商务委共同完成全市重点产品追溯体系建设方案的制定，并以市政府的名义对全市发布。二是经市领导批准，明确了重点产品追溯体系建设职能由天津质监委员会划转到市商务委。三是基本摸清了天津质监委员会重点产品追溯体系的建设进展情况。

2. 推动绿色产品认证工作

一是接到《国务院文件办理呈批单－市领导对国办发〔2016〕86 号国务院办公厅关于建立统一的绿色产品标准、认证、标识体系的意见的批示》后，积极落实相关工作要求，在国家认监委对落实国务院文件的具体政策和细则出台之前，及时赴国家认监委请示工作。二是及时在系统内对《绿色产品标识认证管理办法（征求意见稿）》征集意见，并及时反馈了国家认监委。三是在“世界认可日”期间，利用新闻媒体等方式开展宣传推动，在全市范围内积极宣传绿色产品认证相关工作。截至 2017 年底，共开展各类主题宣传活动 19 次，累计参加 583 人次。

3. 严格落实国务院取消机动车安全技术检验机构资格许可要求，释放改革红利，建立畅通的准入退出机制

截至 2017 年底，机动车检验机构达到 44 家，其中，新批准 7 家。实施检验检测机构资质认定“管审分离”，积极沟通行政许可服务中心和审查中心，确保放得下去，接得住。2017 年 2 月 10 日，第一批共计 200 家，已经委托生产许可证审查中心进行技术评审。

4. 积极完成国家认监委检验检测机构监管在天津市试点工作

国家认监委在全国范围内选取了 10 个省、市、自治区作为试点推行检验检测机构监管新模式，天津市在食品、机动车两个领域的专项监督检查中被作为试点，实现了机构基本信息、自查情况、年度报告等情况的实时查询，对检查中发现的问题及证据（如照片等）做到了及时记录、上传、统计，为强化事中事后监管提供了新的手段。

5. 推动京津冀检验检测认证工作

一是召开了检验检测机构监督管理的联席会议，牵

头制定并发布了《2017年京津冀检验检测认证监管区域合作行动计划》。二是对京津冀质检院进行三地交叉检查。三是通过互派检查组专家等方式，对食品检验机构开展专项检查互查（含盲样考核）。四是组织三地有机产品示范区推动会和2018年认证认可工作研讨会。

（二）抓重点工作

1. 加强强制性产品认证和有机产品认证监管

一是按照国家认监委的安排，天津质监委员会采用双随机方式对全市范围内消防类喷水灭火设备产品进行了监督抽查。本次抽查覆盖了天津市44家消防产品强制性产品认证获证企业，共抽取22个批次（10家企业生产的消防产品），包括消防洒水软管、厨房设备灭火装置、IG541气体灭火设备、柜式七氟丙烷气体灭火装置、细水雾灭火装置、沟槽式管接件、通用阀门、湿式报警阀、洒水喷头等9个品种产品，未发现不合格。二是天津质监委员会自行组织了全市范围内的有机产品监督抽查，范围覆盖9个区，包括和平区、河西区、滨海新区、东丽区、北辰区、武清区、静海区、宁河区、宝坻区。本次抽检产品共抽取62个批次产品，其中真实性核查33个批次，检测29个批次。抽检产品包括10类产品：茶叶、粮食加工品、调味品、速冻食品、蔬菜、蔬菜制品、粮食加工品、水产制品、豆制品、食用油等，覆盖天津市有机产品获证生产企业。抽检过程未发现违规使用有机产品标识问题，经中国检验检疫科学研究院综合检测中心检测，未发现不合格。

2. 开展了京津冀检验检测机构质控考核（能力验证）活动

为检查检验检测机构的检验能力是否持续符合资质认定的要求，天津质监委员会牵头北京市质监局、河北省质监局共同开展了煤炭检验检测机构、食品检验机构的能力验证工作，为机构发放数值不同的盲样进行考核，考核项目为煤炭的全硫等4个项目参数，三地共有149家机构参加；包装饮用水中三氯甲烷等3个参数及酱油中氨基酸态氮，三地共有159家机构参加。目前已完成初测、补测及数据统计、分析报告起草等工作，12月将召开总结会。

3. 完成天津市强制性产品认证监督管理系统和实验室资源管理系统升级需求

一是积极与信息化部门沟通，确定了软件升级改造工作的流程和方向，拟定了工作进度和时间节点；二是与相关软件开发公司共同确定了天津市强制性产品认证监督管理系统基础数据操作、认证监督管理、移动监管和后台管理模块等四个方面12个项目的升级改造需求和实验室资源管理系统升级需求。三是在6月份召开重点区域认证执法人员的研讨会，会上对系统升级改造的方案进行了集中研讨，共收到方案修改的意见和建议15条。目前改造方案及预算已制定。

二、突出“两个理念”

（一）突出认证认可服务大局理念

为落实国家质检总局和国家认监委要求，天津质监委员会分三次开展了电线电缆生产企业专项检查，其中按国家质检总局和国家认监委要求，天津质监委员会布置了两次各区对电线电缆获证企业和流通领域的强制性产品认证监督检查。对全市所有强制性产品认证企业进行全覆盖检查，实地检查获证必备条件，复核企业获证情况。同时我处积极协调相关认证机构，组织审核专家和区局执法人员采取联合检查的方式，实现了“一企一查”，避免重复检查，受到了企业和执法人员的好评。为了进一步落实工作任务，确保检查整改到位，天津质监委员会于8月—9月由委认证认可处和委稽查总队组成督查组，对全市全部获得强制性产品认证（无工业产品许可证）的电线电缆生产企业进行了实地督查。共检查39家，其中发现问题的企业14家、停产停业的企业15家，对涉嫌违法的企业已立案处理。

加强机动三轮车治理。天津质监委员会在全市范围内继续整顿无证生产销售机动三轮车的违法行为。通报了媒体舆情关于机动三轮车的相关报道及领导批示。截至目前查处了艾美达（天津）科技有限公司等7家存在虚假宣传、冒用认证标志、违反一致性、擅自销售未经认证的车辆等问题，共罚款16.11万元，没收车辆6辆。

积极开展“双万双服”活动。根据“双万双服”平台转办的问题，我处第一时间到该公司进行走访，与该公司负责人等进行了座谈，详细讲解了国家相关规定及要求，得到了公司领导的认可。全年走访机构30余家次，切实解决了机构在认证中出现的一些问题，收到3面锦旗及5封表扬信。

完成全市检验检测服务业统计调查。组织开展了2016年检验检测机构统计直报工作，全市416家检验检测机构参加了本次统计，为全面反映全市检验检测行业的规模、结构、效益等情况提供了准确的数据支持。

（二）突出社会共治从严监管理念

加强机动车检验机构事中事后监管。结合中央环保督查、四清一绿、清新空气等活动，开展机动车检验机构专项整治。组织各区局对全市42家机动车检验机构开展了全面监督检查，天津市市场监管委组织12名专家，分4个组对16家机动车检验机构进行了随机抽查。共计检查机构58家次，出动执法人员177人次，专家90人次，下达责令改正通知书8份，注销2家机动车检验机构检验资质。组织开展全市机动车检验机构授权签字人清查考试，对8名不再符合授权签字人能力要求的人员予以通报，依法撤销其授权签字人资格。采取市场监管部门集中培训和机动车检验机构分散培训相结合的方式，对全市机动车检验人员进行了业务知识和从业道德培训。共计培训1425人次，其中，集中培训42人次，机构自行培训1383人次。

接受国家认监委监督抽查。国家认监委派出了3个检查组，分不同时间、不同领域对天津市综合性、食品和机动车领域的15家检验检测机构进行了飞行检查。根据国家认监委对飞行检查结果的通报，天津市检验检测机构14家为自行整改通过，1家由国家认监委发证的机构为整改后确认通过。

开展天津市检验检测机构监督检查，按计划在日常监管的基础上，抽取并确定了重点领域的110家检验检测机构名单，并对其进行了现场检查。其中对于全市食品、煤炭和环保领域的检验检测机构采取了携带盲样进行现场考核的方式进行全面检查。对于环保领域的检验检测机构在检查中发现的问题已进行相应处理，食品和煤炭领域的检验检测机构的检测数据正在统计分析中。

强化检验检测机构的守信守法，落实机构主体责任，提高机构诚信意识，在全市推行检验检测机构年度报告制度、社会责任报告制度，重点总结了机构在2017年全年的业务工作开展情况和质量管理体系运行情况，突出了检验检测机构增强社会责任意识、履行社会责任义务的工作情况并做出承诺。

加强对评审专家队伍的考核和管理。一是完成了对全市刑事技术及司法鉴定评审员的笔试、面试考核，二是完成了全市资质认定评审员的继续教育和笔试考核，三是开展对机动车检验机构评审员开展不定期继续教育，保证了检验检测机构认证工作的科学性、公正性、有效性和权威性，预防职业懈怠和廉政风险。

撰稿人：张　争　审稿人：王　静

深化改革　优化服务　助推河北经济发展

——河北出入境检验检疫局2017年认证监管工作概况

2017年，河北出入境检验检疫局（以下简称“河北局”）以“建设沿海强局，服务美丽河北”为目标，牢固树立发展理念，以提高发展质量和效益为中心，以服务供给侧结构性改革为主线，推动认证监管工作质量全面提升。截至2017年12月31日，全省共有出口食品获证备案企业639家，本年度新增70家，注销79家。共有对外注册企业104家，其中罐头类11家，水产品类41家，肉及肉制品类13家，蛋及蛋制品1家，肠衣类34家，果蔬汁类4家。2017年度免于办理强制性产品认证证明：申请企业67家，累计申请237次，发放免办证明202份。按照认监委2017年认证认可专项监督检查计划，河北局联合华北四局深入开展质量管理体系认证结果专项监督检查工作，取得了显著成效。共派出行政执法人员70余人次，到外省市检查获证组织27家，外省市到辖区检查获证组织24家。重点检查了认证机构认证活动的合规性和认证档案的真实性。发现问题13项，对1家认证机构涉嫌造假问题做进一步调查。本次联合检查是河北局实施管理体系认证结果“双随机”联合检查以来最大规模的联合执法活动，出动检查人员之多，协调难度之大超过了以往历次检查。

一、深化“放管服”改革，促进备案监管工作全面提质升级

一是“放管”结合加快出口食品备案。认真贯彻执行国家质检总局142号令《出口食品企业备案管理规定》要求，严格流程管理，实现无纸化申报、审批、发证、网上实时查询备案信息、提交年度报告等，工作效率大幅提高，实现备案办理“零超时”“零等待”。结合优化营商环境整治工作，简化备案手续，对登陆“三同”公共服务平台的企业延续备案时采信第三方HACCP认

证免予现场检查直接发放备案证明。截至 2017 年底，共有 10 家企业免予现场检查快速备案。1 月 ~ 9 月新增 HACCP 认证企业 17 家。

二是推行"双随机、一公开"监管机制，规范事中事后监管。下发了《河北检验检疫局出口食品生产企业备案"双随机、一公开"监管实施细则（试行）》，规范出口食品备案监管模式，进一步提高行政执法工作的公正、公开和透明性。截至 2017 年 9 月底，对辖区 500 余家备案企业开展现场检查，对 460 家企业开具了 1100 多个不符合项，共注销 54 家企业的备案资格。

三是加强备案和认证监管联动。全面开展食品农产品认证专项监督检查，对 133 家获 HACCP 认证出口企业实施备案认证监管联动，涉及认证机构 13 家，确保出口备案企业符合准入要求，提高认证有效性，维护第三方认证市场的合规性。

四是有力推动有机产品认证示范区创建。按照国家认监委的统一部署和安排，河北局对食品、农产品（有机、GAP）认证示范区创建工作进行分解，在河北局认证监管工作会议上重点强调示范区创建工作的重要意义并积极推动，转发认监委相关文件并提出具体要求。张家口局、邯郸局向地方政府打报告宣传推广示范区创建工作。

二、培育对外贸易竞争新优势，全力做好出口食品生产企业国外卫生注册

河北局始终把推荐食品农产品企业对外注册作为服务地方经济发展，促进河北外贸的重要抓手。通过创新企业监管方式，采信企业自我声明和第三方 HACCP 认证结果、实施国内备案与对外推荐注册二合一评审、简化对外推荐注册程序，优化备案监管模式，加快对外推荐力度，特别是对"一带一路"国家的推荐，2017 年以来已向 10 个国家（地区）推荐了 23 家具备相应注册条件的企业。包括美国、加拿大、日本、俄罗斯、吉尔吉斯斯坦、约旦、韩国、越南、印度尼西亚、中国香港等国家和地区。产品涉及含馅粮食制品、水产品、肠衣制品、热加工禽肉、牛羊肉、乳品、浓缩果蔬汁等。

2017 年，河北局帮扶辖区 11 家盐渍肠衣企业分两次顺利通过日本农林水产省的检查。截至 2017 年底，河北共有 13 家肠衣企业符合日本新的卫生要求，约占全国输日肠衣企业的 1/3，经检验检疫合格签发兽医卫生证书后，即可出口日本，免除了在日本口岸实施消毒措施。7 月完成了欧亚经济联盟对秦皇岛 1 家冷冻分割鸡肉企业的检查，为河北省禽肉产品开拓欧亚经济联盟市场奠定了基础。

三、积极推进出口食品内外销"三同"工程，实施"逐一帮扶"行动计划

一是落实"三同"工程及实施"逐一帮扶"计划。制定了《河北检验检疫局关于进一步做好 2017 年出口食品企业"逐一帮扶"行动计划落实方案》，成立了 17 个帮扶工作组，辖区所有出口备案企业都建立了以危害分析与预防控制措施为核心的食品安全管理体系，实施了食品防护计划。辖区内 133 家出口备案企业获 HACCP 认证，107 家获得 ISO 22000 认证。截至 2017 年底，已登录认监委出口食品企业内外销"三同"公共信息服务平台企业数为 102 家，较 2016 年底增加 43.7%，"三同"企业数量居全国系统第八位，为 300 家企业建立帮扶台账，占备案企业数的 50%。

为扩大"三同"工程推进力度，河北局会同省食安办、省商务厅制定了《河北省进一步推进出口食品企业内外销"同线同标同质"工程的指导意见》，全面推进"同线同标同质"工作。

二是积极开展"三同"进万家活动。按照认监委工作部署，下发了《河北检验检疫局关于印发〈河北检验检疫局"三同"进万家宣传活动方案〉的通知》。各单位充分利用自身优势，开展"三同"进商超、进社区、进校园、进加油站等活动 16 场次，帮助企业搭建交流平台，向消费者宣传"三同"工程，有效推动"三同"产品对接国内外市场，提振消费者对国内食品安全的信心，积极推动"三同"落地。

2017 年元旦春节期间，由河北出入境检验检疫局、河北省食药监局共同主办，石家庄检验检疫局、石家庄市食药监局共同承办的"河北'三同'产品成果展暨迎'双节''三同'产品进万家活动"在省会商超举行，一个月的活动期内集中展示全省 17 家知名出口企业 117 种名优产品。

8 月 18 日，在河北局指导下，衡水检验检疫局联合衡水市食品和市场监督管理局、衡水市商务局、衡水市食安办共同主办了"助力园博会、'三同'进万家"活动。

河北局指导秦皇岛检验检疫局组织辖区"三同"企业正大食品企业（秦皇岛）有限公司开展"暑期嘉年华，正大欢乐行""好客正大快餐大篷车"活动，宣传"三同"产品。

在河北局指导下，各机构充分利用"3·15""世界认可日"开展多种形式的"三同"工程宣传。邯郸局、廊坊局、保定局、邢台局与"三同"企业一起走进社区，帮助消费者了解、辨识、选购"三同"产品。张家口局通过微信和电台等多种媒体积极宣传"三同"工程，推广"逐一帮扶"计划，促进企业利润翻番。石家庄机场办事处深入航空食品企业进行"三同"工程宣贯培训。

三是加大新闻宣传，扩大“三同”影响。3月，河北局召开“促经济发展保食品安全”新闻发布会，多家媒体参加了此次发布会，围绕“三同”产品质量安全，推进示食品农产品范区建设等方面进行沟通交流。

8月29日，在石家庄君乐宝乳业有限公司举办的“质量提升打造国际品质‘三同’搭台共促奶业发展”质量提升论坛上，国家认监委领导结合君乐宝奶粉登陆澳门启动仪式对“三同”工程进行宣传，多家媒体开展了报道。

四是“三同”推动显成效。通过“三同”产品进商超的活动，让广大消费者“零距离”接触、感受“三同”产品。为群众消费释放了“红利”，足不出境就能买到与与国外市场同样优质的产品，增加了高品质产品消费，提振了消费者信心。为企业内销找准了“路子”，拉近了出口产品与国内消费者的距离，帮促出口企业统筹国内国外两个市场，拓展市场空间。为品牌宣传搭好了“台子”，以“三同”为平台和渠道，谈“中国制造”、论“中国质量”、讲“中国故事”、树“中国品牌”。为产业升级增添了“动力”，有助于消除国内外“质量高差”，引导消费回流，带动国内相关产业的提质升级。活动现场效果良好，反响热烈，得到了企业、商超、消费者的一致好评。

四、维护国门安全，全力做好进口强制性产品认证获证产品监督抽查和进口 CCC 免办

一是做好进口 CCC 免办。为确保国家认监委 2017 年新版“CCC 免办及特殊用途进口产品检测处理管理系统”平稳运行，要求各分支机构明确专人负责，组织相关人员在模拟系统上认真演练，并积极向国家认监委信息中心反馈运行中发现的问题，确保了河北局 2107 年新版系统的平稳运行和 CCC 免办证明在规定的时限及时完成审批。

在后续监管方面，按照有效开展事中事后监管的原则，各单位认真开展验证核查，及时向系统录入后续监管记录，规范有效地完成后续监管工作，有效促进地方经济发展。

二是做好进口强制性产品认证获证产品专项监督抽查。按照认监委年度计划执行，组织并完成了廊坊辖区的进口厨房家电专项监督检查，并按要求完成检查报告的上报。

五、规范认证市场行为，全力做好管理体系认证结果专项监督检查

（一）及早组织协调，创建责任机制

一是及时召开专题会议，共同商讨认证结果监督检查工作。成立了以华北五局分管副局长和认证监管处一把手为成员的领导小组，负责联合检查的组织领导工作。二是制定了《2017 年华北五局管理体系认证结果专项监督检查工作方案》，明确了监督检查组织领导、工作重点、方法步骤、主要措施等相关内容。

（二）加强学习培训，提高执法技能

6月底，在石家庄组织开展了 110 余人参加的华北五局检查人员联合培训，对检查要求进一步明确，统一标准和尺度，大大提高认证执法工作的有效开展。

（三）坚持依法行政，提升执法效能

按照“规范执法、提高效能”原则，对每个环节调查清楚、认真取证，做到工作规范、程序合法，并对检查情况及时整理归档、妥善保管，以备后查。

（四）及时沟通指导，保障工作进度

充分发挥微信等平台的即时通讯优势，建立多个工作群。针对检查中遇到的问题，主动沟通协调、密切配合，确保问题得到及时解决，保障了检查进度，保质、保量、按期完成国家认监委交办的任务。

（五）查、帮、促相结合，推进认证市场良性循环

在检查过程中，对发现的问题及时与认证机构进行沟通，分析问题症结，制定措施加以改进。提高认证机构的守法意识和诚信意识，共同维护认证市场秩序。

六、五局合璧共享共治，认证执法监管区域合作成效显著

8月14日—16日，由天津、北京、山西、内蒙古、河北五地检验检疫系统共同参加的出口食品备案区域合作联动认证执法培训暨第五次区域联席会议在张家口召开。会议以“推进区域认证执法监管一体化”为主题，总结回顾了五年来华北五局认证执法监管区域联动工作，提出了华北五局联动机制建设的努力方向；交流了华北五局认证执法监管工作开展情况，讨论了《华北五局检验检疫系统出口食品备案联合执法“双随机一公开”实施细则》，就如何推动“双随机一公开”“三同”工程等进行了研讨。会议对拓展合作领域，创新监管和服务模式，加强随机检查和联合培训，提升区域执法把关效能及通关便利化水平起到了积极作用。

七、圆满完成认监委布置各项工作，顺利通过认证认可工作督查调研

8月21日国家认监委认证认可工作督查调研组对

河北局落实全国认证认可工作会议精神情况进行督查调研。河北局针对落实情况进行了全面的汇报，并接受了督查调研组的检查。督查调研组对河北局认证认可工作进行了充分的肯定。

八、开展新版质量管理体系标准宣贯，确保全面质量提升

9月22日，组织召开了检验检疫系统及出口企业新版质量管理体系标准宣贯学习视频会议。通过这次会议，对于增强企业质量意识，提高企业质量管理水平，指导和推动企业深入开展全面质量管理活动，在广大企业中营造学习质量管理新知识、打造产品质量高水平的氛围，全面提升辖区产品质量水平起到积极作用。

九、钻研业务，创新工作方法，全力做好政研课题、科研课题研究

河北局主动承担多项课题研究，对认证监管工作中遇到的新问题、新情况开展研究。一是承担了总局政研课题《检验检疫在推进“三同”工程中的地位和作用》；二是承担认监委科研项目《免予办理强制性产品认证的产品监督和销毁规程 机动车辆及安全附件：汽车》认证认可标准，该课题年初立项，目前正在制定中，2018年5月完成；三是承担政研课题《免办CCC进口汽车后续监管去功能化研究》。

十、支部对接三级联动，检企共建服务发展

2017年上半年，河北局认监处与君乐宝乳业公司共同开展了党支部共建活动。通过共建活动，发挥检验检疫在信息、认证、标准等方面优势，帮助君乐宝乳业做好内外两个市场，助力君乐宝乳业成为婴配行业的旗帜。通过支部共建实现检企同心，坚决落实好总书记、总局领导指示精神，既让国产奶粉更好走出去，又让国内消费者享用到“出口品质”，提振消费信心，让企业和消费者有实实在在获得感，为实现振兴民族奶业做出应有贡献。

撰稿人：吕红英　审稿人：段永生

深化改革　创新发展

——河北省质量技术监督局2017年认证监管工作概况

2017年，在国家质检总局和国家认监委的正确领导下，河北省质量技术监督局（以下简称“河北省质监局”或“省局”）深入贯彻党的十八大、省委第九次党代会、全省经济工作会议以及全国质检工作会议精神，“坚持融入中心抓质量、多元共治保安全、转变职能促发展、适应形势强质检”的工作思路，牢固树立“创新、协调、绿色、开放、共享”的发展理念，发扬求真务实、开拓进取精神，在推动协同发展、服务供给侧结构性改革、服务环境治理、引导检验检测服务业发展等方面科学部署，狠抓工作落实，圆满完成了各项工作任务。

一、全面深化改革，进一步做好资质认定审批工作

一是进一步规范检验检测机构资质认定审批程序对行政许可审批系统进行了认真梳理，结合行政审批制度改革要求，对审批范围和程序进行了调整和精简；对受理、审批环节委托下放后出现的问题，制定措施，明确要求，确保办理人员准确把握政策规定。截至10月底，共完成资质认定行政许可审批994家，其中首次申请170家，不予许可63家，终止办理156家，注销27家。二是加强对专业技术评价机构和评审员的监督管理。引入了资质认定专业技术评价机构的竞争机制，新增加省计量院、省产品质安检测中心为资质认定专业技术评价机构；规范评审员的评审行为，出台了《资质认定评审员工作纪律》，督促各审查部与评审员签署了自律承诺书。三是开展了公安刑事技术机构的资质认定工作。组织部分专业精通、责任心强的评审员与公安系统新考录的评审员一起组成评审组，对70家公安刑事技术机构进行了资质认定评审，已有20家机构完成评审并取得资质。

二、提升服务供给，主动公开发布检验检测产业发展状况

组织全省1714家检验检测机构将各自的基础数据上传国家认监委统计直报系统。在此基础上，为准确把握检验检测机构对产业发展的支撑情况，编制了《2016年检验检测产业状况支撑分析报告》，对河北省检验检测产业发展状况、以及与河北省经济转型升级的匹配情况，按区域、按行业等作了详细分析，并针对河北省检验检测机构存在的问题作了剖析，提出了发展建议。召开了《2016年河北省检验检测产业发展状况》新闻发布会，刘朝申副局长在发布会上对全省检验检测产业发展情况、存在问题及发展方向进行了深入解读，新华社、中新社、河北电视台、河北日报、天津电视台、国际在线等29家中央及省级主流权威媒体参加了发布会，促进了全社会对河北省检验检测产业发展状况的了解与关注。

三、服务经济建设，促进检验检测认证质量提升

一是起草了检验检测认证能力提升工作方案。为全面落实《中共中央 国务院关于开展质量提升行动的指导意见》，解决河北省检验检测认证存在的供给能力不足、供给水平不高、与产业转型发展需求不匹配等问题，更好地服务质量强省建设，省局代省委省政府起草了《河北省提升检验检测认证能力工作方案》，从夯实检验检测认证基础、提升检验检测认证服务能力、促进检验检测认证产业发展等三个方面提出了提升检验检测认证能力的十项重点任务和五项工作措施。作为与《中共河北省委 省政府关于开展质量提升行动加快质量强省建设的实施意见》5个配套文件之一，已上报省委省政府审阅。二是采取措施促进检验检测质量提升。以“世界认可日”为契机，召开检验检测机构交流座谈会，提出了促进检验检测机构发展的5条措施，倡导检验检测机构签署了“十要十不要”从业行为规范，人民网、长城网、河北新闻网、河北工人报、河北青年报等媒体进行了报道；组织全省煤炭检验检测机构开展了“煤炭检验检测质量提升”竞赛活动，促进煤炭检验检测机构提升服务大气污染治理的能力和水平；组织机动车安检机构授权签字人进行了线上考试，全省参加考试人员共884人，有力提升了机动车安检机构授权签字人的专业技术水平和法律意识、责任意识。

四、助力精准扶贫，开展有机产品认证示范区创建活动

一是加强培育帮扶。年初，在全省认证认可工作会议上，将丰宁、围场、隆化等国家级贫困县开展有机产品认证示范区创建工作、大力发展有机产业的经验向全省做了推广。在此基础上，采取来人来电咨询、实地考察指导、申报材料审查等方式，加强了对新创建区县的帮扶指导，经国家认监委批准，河北省邯郸肥乡区、承德滦平县已被列入了“2017年度国家有机产品认证示范创建区”。二是加强宣传推介。协调河北日报的记者深入丰宁、围场、隆化等县对有机认证助推贫困县脱贫攻坚取得的效果进行了深入挖掘、采访，并于6月19日以《有机产业如何成脱贫“金手指”》为题在河北日报进行了专题报道；组织河北省贫困县有机产品参加国家认监委在北京举办的“有机扶贫成果展”和在杨凌举办的“全国有机认证产品展”，为促进河北省贫困县有机产品走出去搭建平台。三是积极介绍经验。河北省运用有机认证助力精准扶贫的工作得到了国家认监委的大力支持和重点关注，指定省局在全国有机产品认证示范区创建工作会议上做了有机扶贫的典型经验介绍，指定河北省丰宁县政府及丰宁缘天然乳业有限公司分别在全国“有机产品认证宣传周”启动仪式和“全国有机认证产品展—— 有机产品与产业发展脱贫致富论坛”上做了典型发言。

五、促进协同发展，加强京津冀合作交流

一是联合开展能力验证工作。与京津两局联合开展了食品和煤炭检验检测机构的能力验证工作，河北省112家煤炭检验检测机构和77家食品检验检测机构参加了能力验证，其中煤炭能力验证合格率为87.5%，食品能力验证合格率为94.8%。二是联合开展省级质检院互查活动。北京、天津两局选派2名行政监管人员和2名技术专家组成联合检查组，对河北省质检院进行了为期1天的现场检查，重点检查了管理体系运行的有效性和检验检测报告的合法性。此次检查对实现京津冀检验检测机构资质互认、检验检测结果互认起到了很好的促进作用。

六、加强证后监管，落实“双随机”监管要求

开发了“河北省认证认可监管信息系统”，搭建了网络监管平台，并通过该系统实现监管对象和监管人员的“双随机”。一是开展资质认定检验检测机构的“双随机”监督检查。坚持问题导向和区域、部门间的协同，从食品、机动车、煤炭、环境、职业卫生、交通等历年检查问题多的6个领域检测机构中随机抽取163家机构，并通过系统产生的监管人员和专家名单随机组建9

个检查组对其中的153家机构进行了监督检查，同时分别与京津两局、省安监局联合对其中的3家食品检验检测机构和7家职业卫生检验检测机构进行了监督检查。其中机动车检测机构发现问题285个，其他领域发现问题753个。检查后，视问题严重程度撤销2家机构资质，暂停机动车机构12家和其他领域机构18家，缩减变更能力机构2家，整改129家。二是开展强制性认证活动的“双随机”监督检查。承担了国家认监委下达的对流通领域电线电缆产品的监督抽查任务，随机抽取了85家经销商经销的100批次电线电缆，经检测76批次合格，合格率76%；配合中国质量认证中心完成对电线电缆企业的排查与监管，检查359家企业，涉及证书1294张，最终暂停证书22张，撤销证书8张；开展了货车改装3C认证企业的监督检查，共检查51家企业，查处8家未获证企业。三是开展自愿性认证活动的“双随机”监督检查。随机抽取了22个质量管理体系认证结果（侧重食品、保健品行业）、11个环境管理体系认证结果和55个有机产品认证结果（含有机产品认证示范创建区），对其涉及的认证活动进行了监督检查；组织完成了国家认监委下达的监督检查任务，对25个质量管理体系和2个能源管理体系认证结果涉及的认证活动进行了监督检查。对检查发现的问题，视情况给获证组织提出了整改建议、给认证机构下达了责令改正通知书或是责令认证机构写出情况说明。

七、主动占位融入，紧贴政府中心工作做实支撑点

一是主动融入大气污染治理工作。贯彻落实省政府“强化机动车尾气治理和燃油品质管理”的有关要求，组织全省开展机动车、煤炭检验检测机构专项监督检查活动。随机抽取唐山、廊坊、保定、沧州4市16家机动车检验检测机构和8家煤炭检验检测机构进行了现场检查，发现问题134个、涉及机构24家，对其中的4家机构提出“暂停处理”，2家机构“变更人员”处理，18家机构“整改后通过”处理。二是开展机动车质量提升活动。围绕机动车检测机构关键人员条件不符频发问题，开展其授权签字人能力提升活动。组织各市局对机动车安检机构授权签字人进行线上考试，全省参加考试人员共884人，60分以下241人，缺考42人。同时，对组织开展的授权签字人考核启动相关后处理工作，考试60分以上的人员直接“通过”，40～60分的有关人员组织一次补考，40分以下的有关人员直接终止授权签字人资格，并督促市局办理其取消手续。三是提升检验检测机构供给质量。为促进检验检测机构检验检测能力不断持续提升，开展了建工、食品、环境领域的检验检测机构能力验证活动。能力验证后，钢筋初测合格率80.1%，补测后最终合格率96.6%；电线电缆初测合格率73.2%，补测后最终合格率94.3%；总烃初测合格率87.2%，补测后最终合格率100%；食品初测合格率64.5%，补测后最终合格率93.5%。水泥初测合格率70.5%，补测后最终合格率90.2%。四是开展煤炭检验检测机构质量竞赛活动。为提高煤炭领域检验检测机构服务大气污染治理技术能力和服务质量水平，开展了全省煤检机构技术能力的实战检验。竞赛采用专业理论知识笔试和检测人员盲样操作考核相结合方式，同时，为保障竞赛盲检过程的公正性、可靠性，采取全程跟踪录像。

撰稿人：杨　金　审稿人：李俊海

强化认证监管 服务经济发展

——山西出入境检验检疫局2017年认证监管工作概况

一、进出口食品生产企业卫生注册登记工作概况

2017年，山西出入境检验检疫局（以下简称“山西局”）以认监委工作要点和山西局重点工作部署为核心，紧密围绕开展质量提升落实国家供给侧结构性改革，履行监管职责排查风险保障安全，深入“放管服”改革和加强自身队伍建设，认真落实山西局“十件大事”工作部署，取得了较明显的成效，亮点突出。

截至2017年底，山西省在册出口食品备案企业105家，其中，对国外注册企业15家。2017年出口食品备案企业新增17家，换证15家，到期未申请注销7家，另有3家企业更名，法人变更5家，增项3家。其中通过采信HACCP认证结果备案24家，采信率75%。2017年，共受理备案许可45项次，平均办理时间为1.9天，办理时限符合率100%，切实保证出口食品企业备案办理“零超时”“零等待”。采取认证联动监管方式，组成检查组结合出口备案企业年度监管检查、采信第三方认证专项检查、三同”上线进行专项检查要求对辖区内获证企业进行了监管检查，监管率100%。对现有评审员39人，主任评审员11人进行了培训。建立健全了评审员档案，对上年度评审员进行了评价。重新修订完善了《出口食品生产企业备案管理工作规范》，新制订了《出口食品生产企业备案采信第三方认证结果工作规范》，并增加完善了相应的记录表格，确保出口食品生产企业备案管理工作标准化、程序化和制度化。向国家认监委推荐2家冷冻企业对香港注册，推荐1家肠衣企业对日本注册，推荐1家肠衣企业对欧盟注册。

二、认证、认证监管及相关工作概况

山西局积极组织，全面组织完成认证行政执法专项监督检查工作。一是组织完成了专项业务监督检查自查工作；二是圆满完成认监委以“双随机”模式对管理体系认证结果专项检查工作；三是组织完成了山西局2017年强制性产品认证获证产品监督抽查和食品农产品专项监督检查工作；四是结合出口备案企业年度监管检查和采信第三方认证专项检查、有机产品认证检查、“三同”上线专项检查，对42家备案企业（包括15家采信备案企业）和38家“三同”上线企业进行了年度监管，并及时督促企业对不符合项进行整改；四是依规开展CCC免办等相关工作。

2017年，山西局为14家使用单位签发免办证明58批，有效批次54批，货值622.03万元。涉及的CCC产品有连接器用放电管、电路板、接触器等。14家企业为富晋精密工业（晋城）有限公司、富士康精密电子（太原）有限公司、中煤平朔集团有限公司、太原重工股份有限公司、山西天然气有限公司、太重派尔核电有限公司、山西科泰自动化科技有限公司、太原钢铁（集团）国际经济贸易有限公司等企业。已对所出具有效的54份CCC免办证明进行了后续监管，后续监管覆盖率达100%，同时，对上年度未完成监管的7批免办产品也进行了后续监管。对9批CCC目录外进口产品发放了确认证明。为了保证CCC免办工作科学化程序化，今年重新修订了《CCC免办审批管理工作规范》，在门户网站公布《CCC免办审批办事指南》，直接指导免办工作，使得CCC免办程序更加科学规范。2017年54批免办证明流程时限均控制在承诺的5个工作日时限范围内。

三、深入开展认证认可助力质量提升行动，落实国家供给侧结构性改革

（一）多措并举，积极推进“三同”工作，成效显著

山西局积极推进“逐一帮扶”行动，推动企业上线“三同”平台。2017年，山西辖区共有42家企业成功上线“三同”平台，上线率达40%，上线率排名由年初的第32位，跃居全国第一。上线产品品种达122种。进驻商超、电商“三同”产品种类40余种，销售额达

6.06亿元。山西局制定了《山西检验检疫局对上线“三同”公共信息服务平台出口食品备案企业专项检查方案》，对42家上线“三同”信息服务平台的出口食品备案企业进行了专项检查。“三同”工程列入总局与山西省政府以及山西局与忻州市、朔州市等签订的合作备忘录中，并列为重点工作之一。认监委高度肯定山西局推进“三同”的工作，山西局代表在第三季度全系统认证认可工作会议上做了典型发言，得到了国家认监委的通报表扬。

（二）大力开展“增品种、提品质、创品牌”专项行动，构建品牌矩阵

深入开展质量强省战略，助推山西经济转型升级，发挥名牌产品的示范带动效应，山西局在推进“逐一帮扶”行动、推动企业上线“三同”平台的基础上，大力开展“增品种、提品质、创品牌”（“三品”）专项行动，对“三同”上线企业实施现场监管，确保其产品符合“三同”要求，积极推荐“三同”企业参加山西省名牌产品评选，形成更多“三同”品牌，增加企业和消费者获得感。9月28日，山西省名牌战略领导办公室公布了2017年山西省名牌产品，10家“三同”企业的14种产品荣获山西省名牌产品称号，其中，山西水塔醋业股份有限公司获得了第二届山西省质量奖提名奖，并在10月9日召开的山西省质量大会上受到山西省政府的表彰。

（三）认真组织，积极开展“三同”进万家宣传活动

组织全系统开展了“三同”进万家活动启动仪式、“三同”进机关、进政府、进超市、进企业、“三同”政策宣贯会等丰富多彩的活动，发动社会各方参与，充分发挥企业和消费者的主体作用、政府部门和行业组织的引导作用、新闻媒体的平台渠道作用、专家的咨询指导作用，积极借助社会化专业服务机构、认证机构的力量，努力扩大“三同”的社会影响，营造良好的舆论环境。累计开展“三同进万家”活动33次，开展开放日活动的“三同”企业26家。发放宣传材料3000余份，向国家认监委报送并被采纳信息2条，编发微信宣传稿件1条，在《山西日报》发表文章1篇，在新闻网站发表文章3篇，极大地宣传了“三同”工程、使“三同”工程进一步深入人心。

四、扎实开展出口食品生产企业“逐一帮扶”行动计划

一是制定逐一帮扶行动计划落实方案，成立领导组及11个帮扶小组，为地方政府和企业提供技术培训10余场次，参训人员累计达367人次。

二是大幅压减备案流程时间90.8%，实际备案平均办理时间为1.8天，比规定时限减少18.16天，仅占全国平均办理流程3.9天的46.2%，压缩2.1天，确保备案办理“零等待”“零超时”。通过实施快速备案，使山西阿胶时隔14年再次挺进国际市场；帮扶山西彤康食品有限公司成功备案，实现了晋城辖区出口食品企业备案零的突破。

三是全力帮扶山西省首家输日肠衣迎检企业——怀仁县嘉鑫畜产品加工有限公司顺利获得输日注册资格，推荐经考核符合要求的孝义市大象农牧食品有限公司和汾西县朝阳食品有限责任公司2家企业对香港冷冻禽肉注册。

四是深入推进出口食品企业内外销“同线同标同质”工程，帮助“三同”企业新增国内订单6.06亿元。“三同”企业——山西晋利糖果有限责任公司在122届广交会上成功签订100多万美元的外销合同，并成功亮相第十九届中国零售业博览会。

五是积极开展食品农产品（有机、GAP）认证示范区（县）创建工作。2017年，向和顺、怀仁、右玉等6个县委、县政府宣传有关国家政策及创建条件、程序等，并正式向认监委推荐山西省和顺县（国家级贫困县）国家良好农业规范（GAP）认证示范区（县）创建，实现了山西省GAP示范区（县）创建零的突破，同时，也是山西局通过认证认可服务实现精准扶贫的典范。

六是积极探索双随机工作模式，建立了相关监管企业库和“管理体系和服务认证专项监督检查人员库”“CCC获证产品市场抽查人员库”“食用农产品获认证产品监督抽查人员库”，并对上述3个人员库成员开展了培训。

五、创新工作模式，开展质量管理体系升级换版，成效突出

2017年山西局“加强质量管理体系建设，提升工作质量”列入了全年十项“大事”工作。

（一）组织好质量管理体系全员培训和骨干培训，为质量管理体系全面升级换版打好基础

2016年管理评审做出了质量管理体系文件全面升级换版的决定。2017年初，经过周密策划，制定了《山西检验检疫局质量管理体系换版工作方案》，确定了开展质量管理体系全员培训和骨干培训的工作要求。

3月6日—7日，邀请专家进行了各单位质量管理体系骨干培训，重点讲解了ISO 9001:2015标准的新要

求和检验检疫系统如何进行质量管理体系文件换版。3月7日，举办了题为“检验检疫系统的质量管理体系建设”的“晋检讲堂”，就如何应用质量管理体系理念规范检验检疫工作对全局系统进行了质量管理体系全员（视频）培训。这两个培训的开展，为开展质量管理体系换版打好基础，收到了良好的效果。

（二）组织开展好质量管理体系升级换版工作

质量管理体系换版工作经过了策划换版方案，组织专家团队，梳理工作事项，理清工作依据，分头编写，专家把关，统一发布等过程。在文件编写之初，确定了简单实用的体系文件编写原则，减少了文件数量，提高了文件的有效性。

在文件换版中组织了两次质量管理体系推进领导组专家组会议，组织专家团队分工合作开展文件编写的指导，并集中进行审定文件，按照计划的安排完成了文件换版工作，组织召开了新版质量管理体系文件发布会。在文件换版工作中，摸索出了一套政府机关质量管理体系升级换版工作模式，被国家认监委科技支撑项目《GB/T 19001—2016 标准在政府部门的转换应用研究》采纳，向政府机关推广应用。

（三）组织开展好质量管理体系的内部审核和管理评审工作

按照大事工作的策划安排和质量管理体系运行要求，于11月14日—30日组织开展了质量管理体系内部审核，这次内审提出探索结合质量目标检查、重点工作检查、总局绩效检查等监督检查进行内审，重点关注目标完成的过程控制，收到了良好的效果。内审发现的体系运行中存在的问题，以问题清单的形式发送各单位采取纠正措施。

12月14日，策划组织进行了2017年度管理评审，在管理评审会议上对内审的情况进行了通报，局领导对质量管理体系运行取得的成绩给与了充分的肯定，并对下一步工作提出了要求。

山西局的质量管理体系是质检总局系统35个直属局中率先进行换版的四个局之一，在9月份烟台召开的国家质检总局双轮驱动模式推进会上做了题为《山西检验检疫局的质量管理体系建设》的典型发言，山西局的这项工作，得到了国家质检总局办公厅领导的表扬，山西局质量管理体系简单实用的换版工作模式也得到了总局的肯定，向全系统推广。同时，被国家认监委科技支撑项目《GB/T 19001—2016 标准在政府部门转换应用研究》采纳，做为政府机关质量管理体系转换应用模板之一向全国系统推广。

六、强基础，全面加强自身建设

（一）建章立制，提升管理水平

以山西局质量管理体升级改版为契机，制订了《出口食品生产企业备案采信第三方认证结果工作规范》，修订完善了《出口食品生产企业备案管理工作规范》等6项管理制度，进一步规范认证认可工作。同时，完善整理了备案企业档案、CCC 免办档案。

（二）加强卫生注册评审员队伍建设，提升专业能力

一是举办了卫生注册评审员培训班；二是对山西局64名评审员资格进行了再确认；三是建立了评审人员档案，并对备案系统评审员库进行维护；四是对上年度在册的11名主任评审员，39名评审员进行了工作质量评价，全部为“合格”。

（三）注重认证认可宣传工作，扩大社会影响

一是根据《国家认监委关于组织开展第十个世界认可日活动的通知》的）要求，山西局在6月9日“世界认可日”前后开展了系列宣传活动；二是根据《国家认监委办公室关于开展“三同”进万家宣传活动的通知》要求，组织全局系统于6月底至10月中旬开展了丰富多彩的“同线同标同质”进万家系列宣传活动。三是按照《国家认监委办公室关于开展“全国有机宣传周”活动的通知》要求，于9月下旬在全局系统组织开展了以“有机产品认证服务精准扶贫”为主题的“有机宣传周”系列活动。

撰稿人：闫玉芳　审稿人：丁三寅

强化监管 服务发展 开创认证认可工作新局面

——山西省质量技术监督局 2017 年认证监管工作概况

2017 年，山西省质量技术监督局（以下简称“山西省质监局”或“省局”）认证认可工作紧紧围绕落实国家质检总局、山西省委、省政府的决策部署，以“夯实基础、拓宽领域、服务发展”为主线，以服务供给侧结构性改革为重心，传递信任强监管，创新服务促发展，巩固基础抓落实。通过全省的共同努力，监管水平持续提升，年度任务圆满完成，取得的成绩可圈可点，为促进质量强省、服务经济转型作出了新的贡献。

一、过去一年的认证认可工作情况

近年来，在国家质检总局、认监委的精心指导和全省认证监管队伍的共同努力下，山西省认证认可工作有序推进，稳步提高，发展态势良好，省级资质认定检验检测机构增至 880 多家；获得强制性产品认证的企业 463 家、证书 2178 张，获得质量、环境、职业健康安全管理体系认证证书 10186 张，证书数量明显增多，检测能力明显提升，服务发展的作用发挥得更加明显。

（一）紧跟质量提升行动步伐，服务经济发挥出新作用

标志着质量强国战略的《关于开展质量提升行动的指导意见》及系列政策一出台，山西省质监局党组就坚持大事大抓，专题研究部署，围绕破除质量提升瓶颈，夯实质量基础的总体要求，狠抓认证认可工作落实：

一是圆满完成质量提升行动启动仪式，促进企业提质增效。全省紧紧围绕落实质检总局、国家认监委关于广泛开展新版质量管理体系宣贯学习活动要求，率先行动，集思广益，跟进落实。11 月份，按照“质量提升行动”的总体部署，积极协调、精心筹备了在山西省太重集团举办的质量管理体系行动推进会，为来自全国的 300 名企业代表赴晋参观学习提供了一流的服务和保障，以一流的会务准备、一流的工作标准，配合认监委圆满完成了此次全国性的启动仪式，受到与会领导和代表的一致好评。

二是积极推行两化融合试点，促进智能制造发展。为贯彻落实《中国制造 2025》《国务院关于积极推进“互联网 +”行动的指导意见》精神，工信部在全国范围推行全新的工业化和信息化融合管理体系管理理念，山西省借机率先推动了这项工作的开展。在工信部已发布的三批试点企业名单中，涉及山西省企业近 30 家。目前，中国船级社认证公司对太原钢铁(集团)有限公司、太原重型机械集团有限公司、太原重型机械集团有限公司等 11 家企业推进了工业化和信息化融合管理体系评定工作，给产业发展带来技术外溢效应，为质量提质增效、创新驱动能力带来了新活力，提供了新机遇。

三是持续夯实认证认可工作基础，促进服务能力提高。围绕服务产业发展大局，省局加快了检验检测基础能力建设步伐，扶持 8 家检验检测机构新增 100 多个检测项目；重点对公安、司法、农产品、防雷等特色领域开辟绿色通道，减轻了企业负担；投入 5.38 亿元扶持重点实验室建设，批准了 18 个国家、省级检验检测机构的建设，通过政策激励的方式，引导近百家企业靠实力走向市场，凭能力参与竞争。目前，山西省检验检测产业逐渐壮大、服务范围逐步扩大的良好局面已经形成，服务经济社会发展的能力明显增强，做稳、做大、做强的发展愿景正在加快实施，效果初步凸显。

（二）严格落实简政放权举措，认证监管激发出新活力

省级资质认定由多处室办理简化为“一站式”服务，实行审管分离以来，省局紧跟深化改革之大势，加快放管服工作进程，健全制度促运行，创新模式促监管，全省监管的基础工作更为扎实，作用发挥更为明显，工作跃上新的台阶。

一是不断完善了监管机制。一年来，全省认证监管部门主动探索省局督查、市局巡查、县局普查和企业自查的分类监管机制，全力推进依法行政，助力经济转型；在阳泉试点先行的基础上，连续多年总结、推广了强制性认证和自愿性认证“双项”合并监管的做法，达到了提高工作效率、减轻企业负担的双重目的，

受到基层普遍认可和好评。

二是主动创新了监管模式。通过面向社会征集项目、专家评审等方式，连续多年组织建筑、环境等社会关注领域的500余家检验检测机构开展能力验证活动，实现了管理水平和技术水平的“双项提升”；突出问题导向，配合国家认监委完成了专项检查和后继续处理工作，加大对环境质量体系证后监管和机动车检尾气检测机构的职能督查和查处工作力度，净化了市场环境，履行了监管职责。

三是顺利完成了监管任务。自第二季度以来，首次利用“双随机、一公开”方式，全省统一计划、统一行动，统一时限，统一公开，组织了79家省级资质认定检验检测机构、100家管理体系认证企业的专项监督检查，保质保量地完成了年度目标任务；按照国认证函〔2017〕91号和国认法〔2017〕62号等相关通知精神，周密安排部署，跟踪督导落实，高标准完成了36个批次断路器产品的市场专项抽查和以电线电缆为重点的3C综合整治任务，抽样计划达到100%，市场专项监督抽查工作连续3年得到认监委的充分肯定。

（三）发挥典型示范引领作用，精准扶贫呈现出新亮点

围绕实施“建设生态家园、开发绿色产业”发展战略，省、市、县局充分发挥认证认可带动经济发展的标杆作用和政府对有机产品认证的主导作用，主动服务，着力帮扶，积极推进国家有机产品认证示范县的创建工作；2017年，帮助石楼县成功获得国家批复的有机产品认证示范创建县；11月，又以该县作为代表，组团参加了全国有机认证产品展会。山西省以示范引领、传递信任、诚信服务的全新方式，带动广灵的黑木耳和东方亮小米，沁县的沁州黄等30多种地域特色产品获得了有机产品认证，在实现经济效益和社会效益双丰收的同时，趟开了精准扶贫、服务转型的新路。

（四）积极开展主题宣传活动，认证认可彰显出新优势

为传递认证认可工作的公信力和信任度，2017年省局借第10个“世界认可日”之契机，联合省住建厅举办质量提升系列宣传活动，全省共有15个分会场、600多家检验检测机构代表积极参加座谈交流会，自发签订“诚信检测倡议书”，进一步营造了守法规、讲诚信的舆论氛围，赢得社会各界对认证认可工作的理解和信任；质量日活动期间，全省共有50多个检验检测机构相继开展了进校园、进企业、进实验室等形式多样的活动，扩大了社会认知，提供了便民服务，受到社会民众的普遍关注和一致认可。

二、认证认可工作面临的主要问题

认证认可作为山西省质量工作的固本强基工程，与经济发达地区、中部五省相比，差距较大。与山西转型升级、创新驱动的现实需求相比，基础较差，观念滞后、能力落后等问题仍客观存在，突出表现在：一是认证行政监管手段单一，难以适应市场变化的需求。多数职能部门保持着重管控、轻服务的工作惯例，放管服一体化的简政放权措施跟进落实不够，对区域监管、后续处理等缺少有效的对策；二是认证认可工作共享的信息资源较少，认证监管人员学习、研究不够主动，认证机构的监督配合及联合监管的合力尚未从形成，影响了工作的整体推进；三是山西省单一、粗放的产业结构导致了全省有机认证示范县数量偏少、质量偏低，发展后劲不足，缺乏持续的竞争力，需要从政策设计层面研究、解决遇到的现实困难，制定并落实行之有效的措施。

撰稿人：朱立先 审稿人：冉春生

抓住新机遇　迎接新挑战
努力开创认证认可工作的新局面

——内蒙古出入境检验检疫局2017年认证监管工作概况

党的十八大以来，认证认可事业发展取得了历史性成就，发生了历史性变革。党中央、国务院把认证认可工作摆到更加突出的位置，认证认可工作在提升产品和服务质量，促进战略新兴产业发展，服务供给侧结构性改革，助推“一带一路”建设和对外经贸发展中发挥着更加突出的作用。2017年，内蒙古出入境检验检疫局（以下简称“内蒙古局”）认真贯彻落实国家质检总局、国家认监委的决策部署，深入开展质量提升行动，全面加强质量管理，努力提升认证监管工作水平，取得了以下四个方面的新成绩。

一、服务企业取得新成效

2017年，内蒙古局按照国家认监委的统一部署，抓住机遇，主动服务企业，推动全面质量提升。

一是管理体系认证取得新进展。在全部275家备案出口食品生产企业中，获得食品安全管理体系证书（ISO 22000）的企业有66家，占24%；获得HACCP体系证书的企业有79家，占28.7%；获得有机产品证书的企业有26家，占9.5%。

在实施备案管理的99家企业中，有70家出口企业建立了安全卫生或食品安全管理体系，占75.2%。其中有47家获得HACCP认证，产品品种集中在番茄酱、肉类和乳制品；有35家获得食品安全管理体系证书，品种集中在番茄酱和肉类。

在实施登记管理的176家出口企业中，有52家企业建立了安全卫生或食品安全管理体系，占29.5%，产品品种为螺旋藻、瓜子等。其中43家获得HACCP认证，33家获得食品安全管理体系证书。

二是“三同”帮扶工作取得新成绩。按照《国家认监委关于进一步做好2017年出口食品企业“逐一帮扶”行动计划的通知》（国认注〔2017〕19号）部署，全力推进“三同”工程，取得明显成效。结合辖区出口食品备案生产企业产品出口和内销实际，制定了《内蒙古检验检疫局2017年出口食品企业“逐一帮扶”行动计划落实方案》；成立了帮扶工作领导小组，全局系统12个分支机构成立了帮扶工作组；按照辖区出口食品备案企业实际选定帮扶对象，按照“一厂一策”的原则，组织制定帮扶方案，明确帮扶的时间表、路线图。全年通过问卷调查、实地走访、电话咨询、现场答疑等方式帮扶企业120多家，建立了帮扶台账。目前在“三同”平台注册并公示企业数为33家，较2016年提高了26.9%；获得公示企业数占获得HACCP认证企业数的41.8%。较好地树立了内蒙古自治区出口、内销产品优质形象。

2017年，“三同”工作得到了自治区各级政府的高度重视，内蒙古局的“三同”工程开展已被自治区政府纳入构建现代化进出口食品安全、服务内蒙古经济发展综合治理体系，并将“三同”工作纳入对各盟市的年度考核指标中。

三是企业产品质量得到新提升。通过把国外最新技术要求和标准传达给出口企业、服务前置等措施，指导“三同”企业改造和利用出口产品生产链条，按照出口产品的标准和生产管理方法生产内销产品，提升了产品质量，扩大了内销量。

四是“三同”企业效益有了明显增加。利用国家认监委“同线同标同质”公共服务平台把内蒙古辖区上线并获公示的33家三同企业推向全国，使其77种“三同”产品直面全国消费者的挑选，品种涉及肉类、奶及奶制品、番茄酱、螺旋藻等内蒙古地区优势和特色食品农产品。帮扶的内蒙古草原宏宝食品股份公司、巴彦淖尔万弘食品有限公司的内销额同比增幅10%；内蒙古科沁万佳食品有限公司产品出口到42个国家和地区，并建立了与中粮、欧亚超市、大雷等大型营销公司的内销合作渠道。同时积极联系各大超市、电商平台给予“三同”企业优惠的展示机会。运用出口食品企业备案的政策和技术优势，促进内蒙古地区的瓜子、番茄、肉类等大宗农副食品出口企业提质增效、转型升级，由初级农产品转型为深加工食品级，提高出口农畜食品档次和附加值，使内蒙古地区的农畜食品更多、更好地出口到更多国家。

五是农畜产品龙头企业对外注册有了新亮点。内蒙古局努力挖掘“一带一路”沿线国家市场需求，积极帮扶企业在“一带一路”及“中蒙俄经济走廊”沿线国家注册，激发内蒙古地区外贸出口新潜力。积极推荐科尔沁牛业股份有限公司的牛肉、塞飞亚集团的禽肉申请马来西亚官方注册；推荐鄂尔多斯畜和畜牧有限责任公司的猪肉、塞飞亚农业高科技股份有限公司的鸭肉、熟制禽肉向吉尔吉斯斯坦、哈萨克斯坦、蒙古国官方注册；向约旦、韩国、日本推荐了内蒙古草原宏宝有限公司、东乌珠穆沁元盛食品有限公司等7家牛羊肉加工企业和乌兰察布荣昌工贸有限公司肠衣企业进行国外官方注册；指导科尔沁牛业股份有限公司迎接马来西亚官方代表团现场评审；指导塞飞亚农业发展有限公司迎接“欧亚联盟”代表团、韩国官方代表团现场评审。

全年共完成87家备案企业的评审工作，其中17家新申请，47家换证复查，23家增项或更改信息。通过HACCP官方验证的73家，备案品种86个大类。出口食品备案企业获得欧盟、美国、以色列、马来西亚、日本等国家官方注册企业13家，对美国FDA注册企业25家，对韩国食药部注册企业46家，获国外注册备案企业共计84家，有力的促进了内蒙古大宗农畜食品走出去。

六是新闻宣传工作取得新成就。充分利用传统媒体和新媒体结合的优势，广泛宣传“三同”企业及其产品。在对蒙牛集团的帮扶中，以“同享国际品质好奶 三级联动助推蒙牛提升消费者信心”为题40多家新闻媒体、网站予以报道。同时以“国家认监委、内蒙古检验检疫局、蒙牛集团三级联动服务草原特色优质产品走出去”为题的宣传文章在《国门时报》头版进行了报道，国家质检总局和国家认监委官网、新华网、人民网、内蒙古新闻网等10多家主流媒体网站进行了转载。内蒙古电视台新闻综合频道就“党建业务联动，三级党支部促三同活动”进行了专题报道，取得了良好的社会宣传效果，获得了广大消费者的关注。在新媒体宣传中，以内蒙古“三同”企业的40多种产品为对象，做了20多期宣传微信进行宣传，取得了良好的效果。在“三同进万家”系列宣传活动中，阿尔山局的两项宣传活动在地方电视台新闻频道进行专题报道，得到社会各界好评。

二、管理服务模式有了新突破

一是简政放权，完善工作流程体系。自2017年1月1日起，国家认监委新版“CCC免办和特殊检测处理程序管理系统”正式运行。按照认监委进一步简化办理流程、方便企业的原则，将CCC免办审核发证权限下放到分支局、办事处，内蒙古局认证监管处仅受理呼和浩特地区的CCC免办申请工作。及时在网站发布新版系统运行信息，并对各分支局、办事处及相关企业宣传贯彻新版系统，解答问题，为新版系统的运行做好充分准备工作。全局系统通过CCC免办管理系统审核签发了102份CCC免办证明，涉及6家企业，产品使用地主要集中在呼和浩特、包头、鄂尔多斯地区。

二是发挥区位优势，积极开展了蒙古国输华食品企业注册评审监管工作。按照国家认监委深化2017年认证认可改革要求，内蒙古局充分发挥对蒙古国的区位优势和对蒙古国注册工作先行先试的桥头堡作用，主动向认监委申请承担蒙古国进口食品企业注册技术评审下放试点工作。认监委同意由内蒙古局牵头，辽宁、吉林、黑龙江、甘肃、新疆等相关检验检疫局协助成立“蒙古国输华食品企业注册评审办公室”，全面负责接管蒙古国进口肉类食品企业注册的技术评审工作，内蒙古局成为全国首家对蒙古国开展进口肉类食品注册评审工作的直属局。内蒙古局与国家认监委年内共同组织了对蒙古国36家申请输华的熟制牛羊肉企业、马肉企业、原料牛羊肉企业的现场评审、检查和指导工作；对被国家认监委暂停的3家牛羊肉企业进行了复查；与蒙古国农业部、蒙古国技术监督部门就输华产品的注册和监督管理工作进行了交流；指导蒙古国3家在华注册企业的整改工作；协助国家认监委恢复了3家在华注册企业的注册资格；促进了中蒙双方贸易的正常进行。年内还对国家质检总局《进口食品境外生产企业注册实施目录》内涉及的6类产品进行了调查，对蒙古国进口马肉及准备进口熟制牛羊肉企业的注册情况、对国外输华肉类产品情况组织开展进口口岸督查工作。有力助推了国家“一带一路”向北发展战略。

三是创建了以绿色、环保、无污染为主题，具有民族特色和公益性的“草原三同”标识。为促进辖区让企业及消费者认知“三同”、接受“三同”，进一步营造良好社会宣传氛围，内蒙古检验检疫局创建了具有地方特色的、公益性的“草原三同”标识，并积极指导辖区“三同”企业、电商交易平台在产品宣传推广中广泛使用。这是内蒙古局“三同”工作的一个典型创举，内蒙古局因此成为具有地方特色“三同”标志唯一的直属局，获得国家认监委的好评。并在国家认监委“三同”信息服务平台和各种渠道（门店、柜台、产品展示、网络销售等），宣传和推荐内蒙古地区特色优质食品企业，使内蒙古的草原绿色地域优势得以扩大，有力提升了内蒙古地区特色产品品牌价值和影响力。

四是深化互联互通，借力区域联动合作机制谋发展。内蒙古局围绕国家质检总局“十二字”方针，全面落实《认监委关于加强和深化认证执法监管体系建设的指导意见》，结合自身业务特点利用多个合作机制平台谋发展。7月份组织召开由15个口岸直属检验检疫局代表参加的检验检疫系统口岸认证执法联盟第四次联席会议，共同签署了本次会议《深化检验检疫口岸认证执法联盟认证执法监管业务一体化暨党建工作合作共建备忘录》，实现了执法联盟机制从单一的认证执法联盟向认证执法监管业务和党建工作一体化的转变。内蒙古局籍此积极与各口岸检验检疫机构谋求跨区域统筹协作，以期形成合力，促进对外贸易高效便利通关，推动中蒙俄经济走廊向前伸和纵深两个方向发展。

参与建立了华北五局检验检疫认证执法监管工作区域合作机制，共同实施了“双随机、一公开”模式的管理体系认证监管检查工作，取得良好成效。

积极派员参加东北四省区第四次检验检疫机构认证执法监管区域合作联席会议，共同就各项工作进行了交流，统一工作要求，统一执法尺度，规范了监管流程，进一步将区域认证执法监管区域合作机制落到了实处。

不断加强大质量工作机制和大质量文化建设。内蒙古质检两局积极落实“互联互通，共管共治”合作协议精神，2017年共同组织世界认可日宣传活动，在进口强制性认证产品市场监督抽查工作中协作配合，实现检测数据、检查结果共享；在管理体系认证监管检查结束后互相通报检查结果，提供技术支持，有力推动了大质检建设。

五是建立了“三级党支部”联动促“三同”工作机制。内蒙古检验检疫局充分运用习近平新时代中国特色社会主义思想，在“两学一做”学习教育中，时刻强化党对质量工作的领导，把“两学一做”学习教育贯彻落实到抓质量的实际行动中。建立起以国家认监委注册管理部党支部为引领、以检验检疫局党支部为纽带、以“三同”企业党支部工作为落脚点的“三级支部”联动促“三同”提升质量工作机制，实现了党建工作与业务工作的有机融合，机关党建和企业党建的深度融合。

内蒙古局认证监管处党支部充分发挥桥梁纽带作用，先后两次召集全区30多家“三同”企业的数十名党员代表，利用“三同”工程推进视频会议契机，对质检总局《关于进一步规范和促进出口食品农产品企业内外销“同线同标同质”的公告》和国家认监委《关于进一步做好2017年出口食品企业“逐一帮扶”行动计划的通知》进行了解读和宣贯，积极联系企业党支部开展调研和互动，先后数次深入蒙牛集团相关支部商讨支部联动具体事宜，同时还邀请塞飞亚、草原宏宝党建负责人现场交流经验，检企统一了思想、提高了认识、形成了支部联动促“三同”的工作合力，为内蒙古局的“逐一帮扶”工作夯实了基础。

三、行业治理出现新局面

一是对认证企业监管力度明显加大。内蒙古局按照“双随机、一公开”监管模式，指导各分支机构深入开展了管理体系和食品农产品认证监管工作。参与制定了《2017年华北五局管理体系认证结果专项监督检查工作方案》，明确了监督检查组织领导、工作重点、方法步骤、主要措施等相关内容，实现了严格按照认监委部署要求检查，做到“双随机”不走样。

在国家认监委开展的专项监督检查工作中，共抽取管理体系获证企业24家，食品农产品认证获证企业11家进行检查，检查比例达到14.4%。

组织对部分分支机构的管理体系和食品农产品认证监督检查工作开展情况进行督查，督查分支机构数量占12个有出口企业分支机构总数的25%，收到了良好效果。

组织相关分支局、业务处对辖区内获得各类自愿性管理体系认证的出口企业进行了监督检查，建立起企业和认证机构名录，在网站上发布了有关认证监管法律法规，促进获证企业管理体系持续、有效运行，增加行政执法工作的透明度，主动接受社会监督。

二是进一步加强注册备案监管工作。内蒙古局结合2017年的风险排查和ISO 22000转换HACCP工作，强化出口食品企业的质量主体责任，实行“谁监管谁负责”的原则，责任明确、责任到人，对于能够保持备案要求的出口食品备案企业，进行有针对性的指导和要求，对于不符合要求的出口食品备案企业采取撤销备案等措施，以建立良好的出口食品安全卫生平台，保证出口食品的安全卫生。全年定期检查和抽查工作基本覆盖了内蒙古出口食品备案企业，2017年的出口食品企业备案办理时限符合率100%；出口食品企业备案监管计划完成率100%。

三是有效加强进口食品境外生产企业注册监管工作。为推动落实国家“一带一路”倡议，充分利用好内蒙古检验检疫局的资源，促进中蒙贸易健康可持续发展，保证蒙古国进口到中国的食品质量和安全卫生，根据进口注册的相关规定，加强对蒙古国输华冷冻马肉、冷冻牛羊肉和熟制牛羊肉类、乳品、水产品生产企业的注册审批工作和进口食品企业的监督管理。内蒙古局辖区指定进口蒙古国输华肉类产品口岸到目前为止，进口肉类产品已实现e-CIQ自动校验，对进口水产品、肉类、乳品在系统上进行设限，进口注册查验率达到

100%，对进口肉类产品全面加强食品安全卫生检查。

四是有序开展了CCC免办后续督查工作。组织相关分支局开展辖区CCC免办后续监督检查工作，核查辖区申请的所有CCC免办进口产品实际用途与申请单所述用途是否一致，并在管理系统做监管记录，内蒙古局认证监管处对系统监管记录进行不定期检查核实，并派员对重点企业进行监督抽查，全年监督抽查了3个企业10份CCC免办证明，所申请用途与实际相符，证单管理和产品使用较为规范。

年内顺利完成了国家认监委对内蒙古局CCC免办的重点抽查工作，受到了检查组的好评和充分肯定。

五是社会影响力逐步扩大。2017年6月9日是第十个世界认可日，国家认监委在全国组织开展了以“认证认可助力质量提升”为主题的世界认可日活动。内蒙古局第十个世界认可日主题宣传活动在巴彦淖尔市举行，内蒙古局带领包头、乌拉特、乌海、额济纳局及鄂尔多斯办事处，联合乌拉特工商质监局，与10余家出口食品认证企业代表30多人召开主题为“认证认可助力帮扶食品企业质量提升”座谈会，相互交流认证认可在保障生命、健康、质量、安全和促进外贸企业、当地经济发展的作用和经验。大力开展“质量月”、“三同”工程等宣传活动，共制作发布微信12期。

四、内部管理建设迈上新台阶

一是制度建设不断完善。为全面贯彻党的十九大会议精神，适应新时代对认证监管工作的新要求，依法推进内蒙古检验检疫局的认证监管工作，加强对认证监管的政策宣传和操作实务了解，内蒙古局结合国家认证认可工作改革的新发展，对认证监管的政策性文件进行了系统性的梳理，组织完成了《内蒙古检验检疫局认证认可工作文件汇编》，其目的是为了进一步发挥法律法规和文件在各项工作中的指导作用，推动认证认可工作再上新台阶。

二是队伍建设不断加强。在2017年推进“三同”工作部署会上，特邀国家认监委注册管理部顾绍平主任亲临内蒙古局开展“三同”工程质检大讲堂授课，全局系统425名人员参加会议并聆听授课学习。党课以党建工作如何服务于供给侧结构性改革和“三同”工程为主线，详细阐述了党建工作如何在“三同”帮扶工作中发挥独有的作用，以及各级基层支部和所属党员在三级联动促“三同”工作中的角色和任务。

2017年中期，召开全区“逐一帮扶”、“三同”工程推进视频会议，13个分会场81人和22个三同企业的42名代表参会，按照国家认监委“双随机、一公开”工作要求，积极探索建立适合于认证监管检查“双随机”工作的“一单、两库、一细则”，建立了内蒙古局认证监管专家动态库，共收录57位专家的岗位、特长、培训情况等信息。

在认监委统一部署下，内蒙古局的8名专家承担10张质量管理体系证书和4张能源管理体系证书的检查任务。通过积极与华北五局认证执法监管区域合作联动机制牵头单位联系，安排8名有检查任务的人员参加了河北局主办的联合培训班。

年内召开了内蒙古检验检疫局卫生注册评审员培训班暨质量管理体系升级版、新版《出口食品生产企业备案管理规定》宣贯工作会议。深入宣传贯彻新版《出口食品生产企业备案管理规定》，对出口食品企业安全卫生要求、出口食品生产企业备案管理系统操作、出口食品企业防护和评审、质量管理体系升级版等进行了现场解读和培训。

撰稿人：郅 莉 审稿人：杨锦林

提高履职能力　强化认证监管

——内蒙古自治区质量技术监督局2017年认证监管工作概况

2017年，内蒙古自治区质量技术监督局（以下简称“内蒙古质监局”）按照“突出质量主题、筑牢安全防线、转变工作方式、提升服务水平”工作总基调和做好“服务发展、加强监管、改革与法治”三篇大文章的要求，积极融入自治区经济社会发展大局，主动优化行政审批流程，严格整顿规范认证市场秩序，推动创建有机产品认证示范区，加大检验检测机构监管力度，圆满完成了各项工作任务。

一、工作部署与规划拟制

一是业务工作的部署。3月10日，在呼和浩特市召开全区认证监管工作会议，会议全面总结2016年认证监管工作，并对检验检测机构监督检查、能力验证、认证活动现场检查情况进行通报，同时听取了各盟市对认证、检验检测机构监管工作的意见和建议，讨论了《2017年认证监管工作要点》和《进一步加强检验检测机构资质认定管理工作的意见》，对2017年认证、检验检测机构监管总体工作做了部署。二是组织编制《内蒙古自治区认证认可、检验检测三年行动计划》。

二、创新资质认定监管，提升检验检测机构管理水平和技术能力

一是狠抓检验检测机构资质认定监管，履行监管职责。对9家检验机构进行发证前检查，通过现场核查发现：4家机构普遍存在管理思想单薄、体系不能有效运行、管理者不熟悉法律法规、内审管理评审开展无实效等问题，同时也反映出当前资质认定工作中确实还存在着材料审核不严、现场评审重材料整理轻技术能力考核等问题。并就发现的相关问题约谈了评审组，要求评审组长对各机构整改工作进行帮扶指导，确保整改工作符合技术标准规范。

二是厘清职能边界，防止超范围越权审批。针对已受理的两家实验室超范围的资质认定问题，经请示局领导专门召开会议征求法规处、特设局、审核中心意见，并赴国家认监委实验室部请示后，最终按照国家认监委指示，在资质认定能力附表中备注《特种设备安全法》第五十条后，批准发证。

三是开展2017年度检验检测机构资质认定专项检查工作。按照国家认监委统一部署和内蒙古质监局工作安排，统一组织机动车检验机构专项检查工作，检查8个盟市126家机构，其中18家机构通过检查，占被检查总数的14.29%，85家机构监督整改通过，占67.46%，有23家机构存在严重问题，未能通过检查，交由各盟市质监部门立案处理。三季度配合国家认监委先后完成了国家级资质认定检验检测机构、自治区资质认定食品检验机构和机动车检验机构的国家飞行检查。

四是开展2017年度检验检测机构能力验证工作。根据年度工作计划安排，委托包头质计所作为项目承担单位在电线电缆检测领域开展有关机构的能力验证活动，88家机构参加了此次能力验证。首次结果满意73家，满意率为82.95%；2家有问题，13家不满意。15家实验室经补测后14家结果满意，补测满意率93.3%，对补测结果仍不满意的1家机构将取消其相关参数检验资格。

五是开展全区检验检测机构资质认定诚信体系建设及分类监管工作

2017年对1006家机构诚信档案建设进行了检查验收，其中840家机构基本建立了诚信档案，占机构总数的83.50%，各盟市监管部门对783家机构也建立了诚信监管档案，占机构总数的77.83%。初步建立起以机构自我声明为基础的机构主体责任和资质认定部门加强事中事后监管、核查的诚信体系。

对全区1006家机构进行了监管类别的分类，其中91家机构被评定为A级机构，占机构总数的9.05%；610家机构被评定为B级机构，占机构总数的60.64%；256家机构被评定为C级机构，占机构总数的25.45%；49家机构被评定为D级机构，占机构总数的4.87%；另有60家机构因资质认定证书已经超期或未

开展检验检测业务及机构改造、迁址、注销等问题未进行分类。

三、加强认证监督检查，规范认证市场秩序

2017年全区共监督检查了质量管理体系获证企业86家，其中包括国家认监委在内蒙古自治区随机抽取的6家质量管理体系认证获证企业；3家企业进行了责令整改；对1家涉嫌违反《质量管理体系认证规则》的认证机构进行约谈；对1家机构存在的违法行为，进行了处罚。监督检查有机产品企业72家，对2家获证企业下达了责令改正通知书；2家由于获证企业未形成完整的有机产品产业链，经营不善处于停产状态；1家获证企业被认证机构撤销了其中的一张有机产品证书。

2017年，内蒙古质监局确定电线电缆、低压电器、安全玻璃、消防产品为重点监管产品，制定检查方案，出动执法人员429人次，生产企业176家，其中正常生产企业94，停产企业82家，发现不符合CCC要求的生产企业2家，督促整改落实的生产企业6家，对群众举报的2家无证生产企业、出借证书的1家生产企业，依据《中华人民共和国认证认可条例》《强制性产品认证管理规定》的要求，罚没款14.25万元。

开展强制性认证产品电线电缆国抽工作。此次市场抽样从2017年6月21日开始，历时22天，出动抽样人员14人，对呼和浩特市、包头市、乌兰察布市、锡林浩特市、赤峰市、通辽市和乌海市等7个地市进行了抽样，涉及经销单位79家、生产企业86家、认证机构1家，共抽检样品100批次，并与8月20日由包头市质计所（国家指定的CCC实验室）完成检验工作，批次合格率为81%。相关情况已上报国家认监委。

四、推动国家有机产品认证示范区创建工作

实施品牌战略，进一步做大做强有机产品认证品牌创建工作，推动有机产业快速发展。截至2017年底，内蒙古自治区共有8家旗县人民政府通过了国家有机产品认证示范创建区验收，11家企业通过自治区有机产品认证示范项目单位验收，有4家旗县人民政府有机产品扶贫县获批。

积极开展了“有机宣传周”等系列活动，广泛宣传普及有机生产、生活理念，全面展现了全区有机产业发展及有机产品认证实施成果，助推了农牧业可持续发展和生态文明建设，增加了农牧民收入，为自治区经济的发展，服务精准扶贫做出了应有的贡献。

五、其他工作

一是筹备并开展了“世界认可日”主题宣传活动。通过制发《内蒙古质量技术监督局关于组织开展第十个世界认可日宣传活动的通知》，部署全区“世界认可日”宣传活动。并于6月9日由自治区政府新闻办召开“世界认可日”新闻发布会，发布“世界认可日”和《检验检测机构资质认定监督检查教学片》等相关内容，新华网、内蒙古日报等18家媒体进行了采访报道。召开新闻发布会宣传“世界认可日”是内蒙古自治区首创，受到认监委高度评价。

二是配合国家认监委完成对内蒙古质监局认证认可、检验检测工作的调研督查。8月24日到25日，国家认监委办公室主任黄继先一行5人赴内蒙古质监局进行督查和调研。黄主任充分肯定了内蒙古质监局在制作认证专业培训片、宣传工作等方面的创新做法和在认证监管工作上的成绩，认为内蒙古工作超乎其预想。

三是内蒙古质监局的强制性认证产品的国抽工作得到了国家认监委的肯定，在今年4月份召开的全国强制性认证产品国抽会议上，指定内蒙古质监局做了典型发言。

四是对全区13个盟市局、76个旗县区局共122名工作人员进行了培训；培训检验检测机构内审员近1000人。

五是根据部分盟市局的需求，以会代训，认监处派员对3个盟市局的60余人监管人员进行了业务培训，受到了盟市局的一致好评。

六是加强党组织建设。认证监管处党支部紧紧围绕“认证认可、检验检测”这一中心任务，全面贯彻落实党风廉政建设和全面从严治党工作的各项安排部署。认真落实“三会一课”制度，落实区局党组党建责任制目标要求，团结带领支部党员干部履职尽责、开拓创新、扎实工作，不断提升党建工作水平和业务工作能力水平，较好地发挥了党支部战斗堡垒和党员先锋模范作用。

七是认真学习《关于开展质量提升行动指导意见》及习近平总书记在“十九大”的工作报告。

撰稿人：张　瑞　审稿人：哈斯巴根

加强全面质量监管　助推辽宁质量提升

——辽宁出入境检验检疫局2017年认证监管工作概况

2017年，辽宁出入境检验检疫局（以下简称“辽宁局”）围绕全国质检工作会议和全国认证认可工作会议部署，以“加强全面质量监管”为主线，以“质量提升行动”为抓手，以“建设沿海强局”为目标，在质量提升服务发展、深化“放、管、服”改革、提升供给能力和内部管理质量上又迈出了新的跨越式步伐。

一、全面实施认证质量管理，执法把关质量显著提升

（一）严格执法把关，提升强认证产品监管质量

一是开展出口食品企业认证和备案监管联动。对抽查取得HACCP认证的出口备案企业，100%实施认证与备案监管联动，共抽查企业67家，出动执法人员209人次，涉及认证机构9家、证书81张，其中HACCP证书54张，ISO 22000证书18张；对15家企业开展了认证机构审核现场的见证审核；发现存在问题企业4家，涉及认证机构3家。二是开展进口有机产品入境验证工作督察。对1200多批次进口报检信息中含有“有机”字样内容进行核对筛查，处理问题产品6批次，货值4.8万美元。三是强化风险管理，完善风险信息预警机制，实施入境验证产品风险信息分析排查，有效防范无证商品流入国内市场。共开展CCC入境验证2.53万批次，货值20.14亿美元，同比分别减少12.03%和13.48%；对2批次货物实施认证行政处罚。

（二）突出问题导向，推动监管模式创新和流程再造

一是开展出口食品企业备案全过程执法记录试点。探索在备案系统引入双随机模型，备案全过程记录实现“申请材料无纸化”“流程管理便捷化”“文书送达即时化”“审批结果公开化”和“信息校验精准化”。二是实施备案企业自主申报制，强化落实违规后续处理措施，促进备案企业质量主体责任落实。全年720家次备案企业提交年度自评报告，报告提交率90.90%，比2016年提高2个百分点。三是打造“互联网+备案监管”新模式，实现备案审批“零超时”，出口“零等待”。共完成备案审批272家次，全省备案企业达825家次。通过备案采信实现流程再造，41家次审批通过采信减免现场审核，采信率达到30%。全年业务办理平均时长4.4天，同比缩减10%。

（三）全面推行“双随机、一公开”执法检查新机制

全面贯彻落实国务院和国家局的部署要求，在管理体系认证活动专项监督检查和强制性产品认证获证产品监督抽查工作中全面推行“双随机、一公开”执法检查新模式。特别是牵头组织的东北三省管理体系认证活动双随机专项监督检查，建立了检查对象名录库和391人的双随机认证监管人员名录库，通过双随机模式组成50个检查组，涉及认证机构25家，发现各类问题71个，对较严重问题涉及的4家认证机构，采取了约谈、认证行政提示等监管措施。此次检查还实现了“三个首次”，即：首次联合开展检查前培训、首次以“双随机、一公开”模式联合开展检查、首次联合召开检查结果总结分析会。通过“三个首次”，进一步加强了东北三局认证监管执法人员的交流与沟通、进一步统一了三局认证执法监管尺度、进一步实现了三局认证执法监管结果的互认和共享，为东北三局认证执法监管区域合作向纵深发展奠定坚实基础。

二、充分发挥认证抓手作用，服务发展水平大幅提升

（一）深入开展“三同”工程，全面改善供给质量

邀请辽宁省农委、省质监局等多部门共同启动2017年出口食品生产企业“逐一帮扶”行动；联合省政府八部门印发《辽宁省扩大内外销产品“同线同标同

质”范围实施方案》；帮扶202家企业实现“三同”上线，占获HACCP认证企业的80%，在全国直属局位列第3。在沈阳、大连等重点地区组织技术服务机构现场对接和服务推介，共帮助83家企业新获得HACCP认证，八成企业享受到优惠服务，每家企业平均节约费用8000元，累计减免55万元；全国首个航空配餐企业、东北首个水果企业成功上线“三同”。协调全国12家“三同”商务平台及各类采购商，组织310多家次企业成功举办“三同进万家”“三同购物节”等活动。尤其是与友谊集团先后在大连、辽阳举办的两场“三同购物节”，省市新闻媒体进行了跟踪采访和报道，社会反响强烈，参展企业的知名度和品牌效应大幅提升，并顺利对接大型连锁餐饮等中高端渠道。

（二）运用认证技术优势，全面提高出口竞争力

综合运用认证技术优势和服务手段，帮助出口企业加快培育以技术、标准、品牌、质量、服务为核心的对外贸易新的增长点。完成韩国、蒙古、日本、新加坡和吉尔吉斯斯坦等5个国家对辽宁地区13家次企业开展的进口注册官方检查的迎检工作。推荐44家次企业申请韩国、越南、印尼、蒙古、吉尔吉斯斯坦等9个国家或地区注册，共有30家次企业新取得国外注册。截至2017年9月底，辽宁地区获得国外注册企业共982家次，数量位居全国第二。

（三）创新认证监管模式，服务自贸区建设发展

一是对于以跨境电商保税备货模式进口的无CCC认证产品，实施抽样检测监管。二是全国率先实现CCC免办无纸化，并延长免办证明有效期，证明办理数量同比减少30%，企业最短仅需30分钟即可完成免办审批，平均时长同比缩短70%。三是对境外进入海关特殊监管区域的八类产品实施无需办理CCC认证措施。对未获得CCC认证的入境展品，实行“登记备案”管理，无需办理《免办证明》，加快通关便利化，减轻企业负担。四是探索实施已获得我国准入的国际中转水产品免予境外生产企业注册措施。

（四）强化沟通指导，推进“有机示范区”创建

加大有机示范区创建的调研和宣传力度，积极与地方政府、有机获证企业沟通，主动帮扶指导符合条件的地方政府开展示范区创建。朝阳市建平县和大连市旅顺口区两家单位同时成功获批“国家级有机产品认证示范创建区”，至此辽宁地区已有5家有机产品认证示范创建区，其中辽宁局推荐达3家。另外，沈阳新民市有机产品认证示范区的创建工作在沈阳局的帮扶指导下，已纳入了地方政府计划并开始实施；指导部分分支局撰写的有机示范区创建专报，均得到了地方政府主要领导的批示肯定。

三、加大部门合作力度，政府公众质量意识持续提升

（一）多部门联合行动，共同推进质量强省战略

向辽宁省及大连市政府专题报告推进“三同”工程有关建议；落实与省食药监局合作备忘录，在企业备案许可资质互认、HACCP认证采信、双随机联合监管检查等方面开展深度合作达成共识。组织召开东四省区认证执法区域合作研讨会，确定了10项具体合作事项，并联合印发会议纪要，目前已完成其中7项合作事项。与辽宁省农委、质监、食药监、大连市、辽阳市、阜新市、庄河市、旅顺口区、阜蒙县、建平县等14个政府部门共同开展“三同”、有机等认证工作研讨与合作，共同推进质量强省战略的实施。

（二）多形式、多方位宣传，共同营造质量意识氛围

开展以“认证认可助推供给侧质量提升”为主题的“世界认可日”系列宣传活动。一是首次走进华晨宝马公司举办“认证认可助力汽车质量提升”世界认可日主场活动并启动辽宁地区世界认可日系列宣传活动。通过制发宣传手册、设立展台、展板、LED屏、张贴宣传画，现场讲解等多种形式开展宣传，省市媒体进行了专题采访和报道。宣传的同时还实地参观了华晨宝马汽车生产线，让与会代表真正感受到了高品质的管理和高质量产品所带来的震撼；二是组织全省开展“三同”工程引领质量提升，“逐一帮扶”行动助推食农产品供给侧改革，有机认证助力农产品供给质量提升等50余场系列宣传活动，集中展示和彰显认证认可在贯彻落实质量强国战略、助力质量提升方面所发挥的作用。辽宁电视台、《辽宁日报》等新闻媒体进行了现场采访和报道，网站转载200余条，接受宣传群众达10万余人，营造了良好的宣传效果。

四、强化自身能力建设，内部管理质量稳步提升

（一）以制度创新规范内部工作质量

通过评审会、专家会审、法制审核等方式，对3份

规范性文件进行了重新修订，制发进口注册口岸核查规范等20余份业务指导文件，持续保证各项工作有法可依，有章可循。强化业务管理职能，实施认证工作任务清单式管理，通过清单掌握各分支局认证工作的重点和进度，实施有针对性的督导。

（二）以多元方式打造高质量人才队伍

加快人才培养和输送，全年组织各类培训研讨10余次，培训认证相关人员500人次，并首次利用在线培训方式开展评审员持续培训。成立了辽宁输俄水产品注册协作工作组，派员参与国家认监委赴加拿大、澳大利亚等国注册检查，牵头组织承担认监委关于韩国肉制品、俄罗斯动物源性产品注册的有关法规翻译工作，编写出版《美国国外供应商验证计划法规解读》等。

（三）以党建引领促进业务水平全面提升

探索打造“三同”品牌党支部。一是贯彻落实“精准扶贫”国家战略，使“扶贫与扶智”有机结合，旨在提高贫困地区劳动力的整体素质，增强脱贫的主观能动性和自我发展能力，做到“扶真贫、真扶贫”。为此，充分发挥党支部的战斗堡垒和先锋模范作用，以“有机产品认证服务精准扶贫”为切入点，充分运用认证认可、有机示范区创建等技术手段和政策措施为辽宁局定点扶贫村（阜蒙县富荣镇贝力房村）所在地区量身定制了扶贫措施，建立精准扶贫长效机制，与阜新市政府签署了《“精准扶贫”合作备忘录》，并联合印发《“精准扶贫”工作方案暨三年滚动计划》。10月份还专门组织了检验检疫服务“精准扶贫”培训，阜蒙县各乡镇农业技术推广站、重点农产品生产加工企业以及农业合作社相关负责人70余人参加了培训，参训人员一致认为收获颇丰、受益匪浅。二是贯彻落实党的十九大精神，按照习近平总书记关于党的建设的新思想、新论断、新要求，结合国家认监委“三级”党支部联建工作新优势，把基层党建与业务工作有机结合，与认监委注册部和獐子岛集团三级党组织共同开展了“一线筑垒、三级联动，加强基层党建，共促质量提升”主题党日活动，并签署了“党建业务一体化，三级联动共促质量提升倡议书”。通过三级党支部联建实现优势互补，将党的理想信念、党的宗旨贯穿到具体实践中，通过党建引领业务工作质量提升，不仅增强了基层党组织的战斗力和凝聚力，也充分发挥了党支部先锋模范的示范引领作用，推动“三同”工程等各项改革任务落到实处。

撰稿人：梁桂洲　审稿人：孙远志

完善制度　创新发展　全面提升认证监管工作水平

——辽宁省质量技术监督局2017年认证监管工作概况

2017年，辽宁省质量技术监督局（以下简称“辽宁省质监局”或“省局”）认证监督管理工作紧紧围绕国家质检总局和国家认监委的各项工作部署，按照“围绕质量提升 提高供给质量”的要求，进一步完善认证工作监管体系，强化认证证后监管。

一、工作开展情况

（一）不断深化简政放权，严格把好行政审批关

依据规定开展检验检测资质认定审批，2017年审批发证599家，取消机动车安全技术检验机构检验资格许可。持续改进和优化服务，通过微信服务详细解读相关政策，为企业提供有针对性、个性化服务咨询。加强平台建设，检验检测资质认定从受理到发证全过程均在网上平台办理，所有环节公开透明、可追溯。

（二）加强强制性产品认证监管，排查质量安全风险

一是组织全系统开展了强制性产品认证活动专项监督检查工作。按照“双随机”工作要求，共抽取全省301家强制性认证产品生产企业，主要对企业的证书状态、产品一致性、企业质量保证能力要求和企业认证活动等情况进行了监督检查，抽取的301家企业，241家检查通过，39家经责令整改通过，21家因停产、证书已注销、证书暂停等原因未进行检查。针对发现的问题，

要求各市局加强对存在问题企业的监管，帮助企业做好整改，发现违法行为的，严格按照相关规定进行处理。二是完成了国家认监委关于开展2017年强制性产品认证获证产品市场抽查工作任务，在辖区内流通领域的经销单位以随机买样的方式，从11家经销单位购买了童车类产品共44批次，按批次统计：42批次合格，合格率为95.45%。通过本次市场抽查，进一步反映出童车类产品实际质量状况，为进一步加强获证童车类产品的监管打下了坚实基础。

（三）积极开展食品农产品认证监管工作，提高保障食品安全的能力

组织全省系统开展了2017年度有机产品认证活动监督检查工作。全省共抽取生产、加工有机认证企业157家，涉及有效证书297张，主要对企业的管理体系运作情况、产地的管理、生产加工过程、标识的使用与销售情况及产品的包装、储藏和运输等情况进行了监督检查，其中141家符合检查要求，13家基本符合，1家不符合，2家因停产原因未进行检查，检查结果已按照要求上报国家认监委。

（四）开展检验检测领域能力验证，促进机构提升检测水平

为进一步加强检验检测机构能力建设，规范检验检测市场，省局组织开展了建筑材料及制品总热值的测定等五个项目能力验证工作，参加能力验证活动的机构426家，5个项目初次能力验证结果333家满意、24家可疑、67家不满意、2家未提交结果。结果可疑、不满意、未提交数据的92家机构补测后，结果满意的机构80家、可疑的机构1家、不满意的机构8家、未参加补测4家。最终结果，413家满意、1家可疑、12家不满意。

（五）加强事中事后监管，组织开展检验检测机构资质认定专项监督检查

组织对卫生疾控、建筑材料、消防检测等六个行业的463家检验检测机构开展资质认定专项监督检查和和分类评价工作，占全省检验检测机构数的36%，其中对机动车检测机构开展了全覆盖检查。检查结果，评为B类以上的机构256家机构；评为C类的机构165家；评为D类的机构26家；因搬迁、注销证书等原因未检查的机构14家；对17家存在违法违规行为的检验机构进行了行政处罚，部分违规机构的处理正在进行中。

（六）推进认证执法监管体制机制建设，深入开展全省认证行政执法和专项业务监督检查工作

印发《辽宁省质量技术监督局办公室关于开展2017年认证行政执法专项业务监督检查工作的通知》，在各市局自查的基础上，省局对部分市局认证执法监管体系建设总体情况、认证执法层级指导监督工作情况、认证行政执法和行政处罚案件情况等开展了随机抽查。通过此次监督检查，进一步健全了认证执法监管体制机制建设，强化了行政机关程序意识，规范了认证监管部门行政执法行为，提高了认证监管工作的依法行政水平。

（七）其他监督管理工作

一是根据《国家认监委关于进一步加强对混凝土搅拌运输车强制性产品认证监督管理的通知》要求，省局组织全系统开展了混凝土搅拌运输车强制性产品认证专项监督检查。经查，辽宁省辖区内有混凝土搅拌运输车生产企业3家，其中中集车辆（辽宁）有限公司、营口奥捷专用汽车制造有限公司等2家公司涉及7张CCC/机动车辆及安全附件证书已注销，停止生产混凝土搅拌运输车产品；辽宁海诺建设机械集团有限公司因生产厂址搬迁，涉及7张CCC/机动车辆及安全附件证书已注销，目前正在申请办理新的强制性产品认证，未开始生产产品。经营活动中使用的72台混凝土搅拌运输车辆均取得强制性产品认证证书，未发现违法违规现象。二是推动联动监管，同环保部门开展了对社会化监测（检测）机构的联合专项监督检查，强化事中事后监管，严厉打击环境监测数据弄虚作假行为，规范了环境监测（检测）市场健康有序发展。

（八）开展全省认证统计调查工作

全省共有有效认证证书45441张，其中管理体系认证证书30569张，强制性产品认证证书9589张，食品农产品认证证书4435张，自愿性工业产品认证证书1678张。形成全省检验检测机构资源调查报告，全省累计完成1397家检验检测机构统计上报工作。

（九）积极推进全国有机产品认证示范区创建工作

沈阳市康平县1月获批国家有机产品认证示范创建区，抚顺市清原县10月获批国家有机产品认证示范创建区。

（十）拓展认证项目

积极支持养老企业开展养老服务认证，与省民政厅联合推进全省养老服务认证工作，组织中国质量认证中心（沈阳分中心）为沈阳松蒲博爱护养中心开展养老服务认证工作，并于12月份通过国家认监委批准，获得全国首批养老认证证书。

（十一）扎实开展认证宣传工作，不断扩大认证群众认知度

一是开展“世界认可日”宣传活动，以“认证认可助力质量提升”为主题，在沈阳兴隆大家庭开展了主题宣传活动，科普了认证知识及如何利用认证标识选购正规产品。二是开展检验检测机构实验室开放工作，按照《国家认监委关于开展2017年“全国检验检测机构开放日”活动的通知》，省局积极组织全省质监系统检验检测机构开展开放日活动，系统内累计50余家单位参加了此次开放日活动。

二、采取的举措及取得的成果

1. 加强检查力度，规范了监管职能

制定了《辽宁省检验检测机构信用评价及分类监管实施办法（试行）》，进一步强化了对资质认定获证检验检查机构的监督管理工作，促进了检验检测机构诚信体系建设，提升了检验检测服务能力。

2. 紧密结合形势，突出了监管重点

对社会关注度高、群众反映较多、与群众切身利益关系重大的食品相关产品、环境监测、卫生疾控、机动车检测机构、消防、建筑等行业的检验检测机构加大监管力度，规范检验检测行为。

3. 加强互动监管，提高了监管水平

加强了与兄弟省局的联系，从吉林、黑龙江等地邀请了十多位不同行业的专家参加辽宁省检验检测机构监督检查，汲取不同的监管方式、方法；加强了与环保、交通等部门的交流与合作，对检验检测机构的全方位监管方面取得了较好的成果。

4. 注重监管效果，加强了后处理工作

以帮扶机构为主要目的，对存在轻微问题的机构以整改为主，联系专家跟踪帮扶；对确实存在违法违规行为的机构，坚决按照相关法律法规规定进行处理，并开展回头看工作，督促机构切实将问题整改到实处。

5. 创新监管方式，提升认证认可有效性

引入了专家评审机制，对监管数据材料及机构上报材料进行技术评审；认真落实了“双随机、一公开”工作要求，监管工作中均达到100%；采取了“合并”检查模式，将检验检测机构资质认定专项监督检查和分类考评工作合并进行；采用了属地后处理方式，对存在问题的检验检测机构进行后处理工作由属地相关局开展，便于跟踪监管，落到实处。

撰稿人：刘雨蕾　审稿人：郭　晶

围绕市场　强化监管　服务经济发展

——吉林出入境检验检疫局2017年认证监管工作概况

2017年，吉林出入境检验检疫局（以下简称“吉林局”）以十九大精神为指引，深入贯彻落实全国质检工作会议、全国认证认可工作会议精神，围绕质检工作“十二字方针”，以服务供给侧结构性改革为主线，充分发挥认证认可作用，全面提高认证认可供给质量，各项工作取得新成效。

一、对外注册情况

2017年，吉林局积极开展对外注册工作，重点加强向“金砖国家”和“一带一路”国家推荐出口食品企业获得注册的力度，加大对企业的帮扶指导，助力吉林省食品企业走出。同时，采取允许企业一次申请多个国家注册，由一个评审组，一次评审，一次行文推荐等改革措施，提高对外注册推荐工作效率。全年对外注册推荐12家次，新增对外注册6家，全省共有66家企业在15个国家（地区）注册。吉林蛋制品企业首次获得欧盟注册。

二、积极推进“三同”工程

2017年，吉林局制定并印发了《2017年出口食品企业“逐一帮扶”行动计划落实方案》，成立了“逐一帮扶”领导小组和11个“三同”工程帮扶工作组，建立帮扶台账。通过对企业实地走访，组织对标学习活动，推动出口企业向国内外先进标准看齐，指导和帮扶企业收集整理出口目标国（或地区）相关法规标准，与我国法规标准进行比对分析找出差异点。同时在全省多地举办出口食品内外销“同线同标同质”（三同产品）进商超对接仪式，积极推荐“三同”企业参加国家认监委举办的“三同进万家”宣传推广活动。在科技周期间，深入企业开展“三同”工程宣传。在第十六届长春国际农业食品博览会上，设立“三同”产品宣传展示专区。在第十一届中国－东北亚博览会期间，现场设置宣传展台发放宣传手册宣传推广“三同”工程，还在吉林卫视、中国新闻网、《吉林日报》、吉网等媒体对“三同”宣传活动进行报道，扩大“三同”在社会中的影响。全省共有30家出口食品备案企业登录“三同”平台，8家企业与“三同”电子商务平台实现对接。

三、认证监管队伍建设

2017年，吉林局举办全省认证监管工作会议暨出口食品“三同”工作推进、有机产品认证（GAP）示范创建、认证认可检验检测“十三五”规划宣贯业务培训，对当前认证监管工作中遇到的困难和问题进行了研讨，有效提升全省认证监管工作人员业务水平，还开展了2017年评审员资格重新评定、核定工作，组织出口食品生产企业备案评审员参加网络培训，经考核合格后，重新确认了137名评审员资格，并公布名单。建立了吉林局评审员微信交流群，在群内发布培训的课件资料，提高本局评审员对输韩水产企业的备案监管水平。

四、示范区创建

2017年，吉林局主动对接地方政府，面对面沟通，使当地领导进一步了解有机产品认证示范区创建工作的意义，提高发展有机产业对地方经济重要性的认识，调动了地方政府开展有机产品认证示范创建区工作的积极性。新建扶余、梅河口、辽源、抚松4个国家级出口质量安全示范区，其中出口袜制品、木制品示范区实现我省老工业基地出口工业产品质量安全示范区“零”突破。汪清县成为“有机产品认证示范创建区”。新增2家企业、3个产品获得生态原产地产品保护。9家出口企业获批AA信用等级、12家企业成为“中国质量诚信企业”。

五、备案监管

2017年，吉林局组织开展对企业年度报告审查。年初发布相关通知，开展年度报告的收取工作。组织各分支机构督促企业提交年度报告，共收取企业提交年度报告324份，调动335人次对企业提交的备案年度报告开展审查工作。下发通知，要求各分支机构对未按时提交年度报告的企业进行现场检查。同时，组织制定年度监管工作计划，并对全省分支机构出口食品生产企业备案监管工作计划的落实情况开展专项业务督察。

六、强制性认证

2017年，吉林局按国家认监委统一要求，启用新的办理系统，经与国家认监委认证部和信息中心沟通协调，完成了系统设置，各分支机构独立完成辖区内企业办理。下半年，在汽车办进行CCC免办无纸化改革试点，共办理CCC免办无纸化业务152批次，为企业节省了大量的人力与物力成本，据企业反馈，整个流程比前期缩短了2～3个工作日，大大提高了通关速度，得到了企业好评。开展了2017年强制性产品认证获证产品（进口的儿童安全座椅）市场抽查工作。按照《国家认监委关于加强对强制性产品认证无证违法行为监管与查处工作的通知》（国认证〔2017〕31号）精神，组织各分支机构及时开展相关工作并及时向认监委报送情况。

七、体系认证

2017年，吉林局按照国家认监委《2017年管理体系认证结果专项监督检查工作方案》，采用“双随机”模式开展了管理体系认证监督检查工作。

撰稿人：周广仁　审稿人：王可明

深化改革创新　服务质量提升

——吉林省质量技术监督局 2017 年认证监管工作概况

2017 年，吉林省质量技术监督局（以下简称“吉林省质监局”或“省局”），紧紧围绕年初全国质检工作会议精神、全国认证认可工作会议部署要求，结合吉林省认证认可工作实际，扎实推进各项工作开展，为加快吉林新一轮振兴发展发挥了有力的服务保障作用。

一、组织开展评估调研，进一步推动简政放权

为了更好地了解行政审批事项下放后各行政审批事项承接部门的工作情况，为下一步做好行政审批事项下放及加强事中事后监管提供依据。5 月份对机动车检验机构资质认定委托下放后实施情况开展了调研评估。进一步规范机动车检测机构资质认定行政审批工作，确保行政审批工作依法依规、顺利实施。5 月 16 日，组织各地方局和相关检验检测机构围绕服务供给侧结构性改革、“放管服”改革，如何充分发挥机构技术支撑作用、提升管理水平和服务能力等进行了经验交流。根据省委、省政府关于扩大经济社会管理权限，推动县域经济转型升级实施意见要求，自 2017 年 6 月 1 日起，将磐石市、梨树县、东丰县、抚松县、敦化市、前郭县、大安市等 7 个县（市）辖区内机动车检验检测机构资质认定行政审批职能委托上述县（市）市场监督管理局实施。

二、组织能力验证活动，不断提升机构技术能力

围绕食品、建材、环保三个领域检验检测机构，组织开展了能力验证工作。全省 582 家（次）检验检测机构参加了能力验证活动，最终结果满意率为 98% 以上，能力验证结果表明吉林省检验机构大型仪器设备的使用比较熟练，绝大多数检验检测机构能够持续保持发证后的基本能力。

三、加大监督检查力度，有效提高机构管理水平

按照省政府的统一要求，省局梳理确定并上报了“双随机”事项清单，起草了“双随机”抽查细则，制定了 2017 年度监督检查计划，建立了监督检查对象名录库、检查人员名录库。按照“双随机”方式，完成食品、建材、建筑、机动车和地质等领域 93 家检验检测机构的监督检查，对发现的问题责令整改。

四、强化 CCC 认证监督，保证持续符合认证要求

组织各级质监部门，对玩具、电线电缆、家用电器、消费类电子产品、装饰装修材料、混凝土搅拌运输车和汽车轮胎等风险集中领域加大认证执法和监督检查力度。通过对强制性认证产品生产企业监督检查，暂停认证证书 61 张、撤销 CCC 认证证书 46 张、注销 CCC 认证证书 236 张。完成了国家认监委布置的对吉林省流通领域内的轮胎类强制性认证产品监督抽查工作，共抽检了 40 个批次，80 条轮胎类产品涉及 26 家生产企业，抽查合格率为 100%。

五、加强部门配合协作，推进两个领域机构资质认定

一是与农业部门积极配合，为各级农产品质量安全检测中心的建设提供技术支持，配合其尽快完成对建成的检测中心的资质认定，完成了 5 家农产品检验机构的资质认定。提高了吉林省农产品检测技术能力，为农产品质量安全和农业科技发展提供技术保障。二是与省、市公安部门密切配合，积极提供业务支持，集中优势力量，优先安排现场评审，完成了对 15 家司法鉴定机构的资质认定现场评审工作，为吉林省落实以审判为中心的刑事诉讼制度改革，刑事案件严格排除非法证据，做出了积极贡献。

撰稿人：程　刚　审稿人：刘恒涛

开拓进取　改革创新　开创龙江认证认可工作新局面

——黑龙江出入境检验检疫局 2017 年认证监管工作概况

为深入贯彻全国质检工作会议精神，紧紧围绕“改革创新促发展、提升质量建强局”主线，黑龙江出入境检验检疫局（以下简称“黑龙江局”）在“质量提升”行动中积极谋划、扎实实施，各项工作全力推进，积极开展各项工作。

一、基本工作完成情况

（一）全省备案工作

截至 2017 年 12 月 31 日，全省出口食品备案生产企业 388 家，2017 年共注销出口食品备案企业 68 家。

（二）进境强制性产品免办及目录外确认工作

2017 年签发进境强制性产品认证免办证明 230 份，办理 CCC 目录外确认 714 份，95% 的业务针对大庆沃尔沃公司和哈尔滨长安福特公司。

二、推进质量提升，持续推进黑龙江省 GAP、有机示范区建设

（一）开展国家级有机产品认证示范创建区申报工作

2016 年黑龙江省质量技术监督局和黑龙江局（以下称黑龙江省质检两局）联合推动全省有机示范区的建设工作，经过文件审核和现场考核，确定肇源县、拜泉县、克山县、穆棱市、胜利农场、肇源农场为黑龙江省有机认证示范区。2017 年初，两局联合推荐五个省级示范区争创全国有机产品认证示范创建区，并于 2017 年 9 月末组织其参加了全国有机产品认证示范创建的汇报活动。最终五个省级有机示范区全部顺利通过评审，成为全国有机产品认证示范创建区。此次两局联合推荐形式也是全国首创，得到了认监委的认可。

（二）推动国家级、省级有机产品认证示范区创建工作

为深入贯彻落实习近平总书记对黑龙江的重要讲话精神，落实“绿水青山就是金山银山”的指示，着眼黑龙江绿色发展，结合黑龙江省生态文明建设，推动黑龙江省更多的有机产品跻身国内外市场，打造龙江有机、安全健康品牌，2016 年初，黑龙江省质检两局号召全省有条件的县、乡两级政府开展“有机产品认证示范区”创建工作。2017 年，经地方质检部门初审择优推荐，黑龙江省质检两局组织相关专家对申报单位经过文件审核、现场考核等环节评审，批准通河县、北安市等 10 个县（乡）级单位为“黑龙江省有机产品认证示范区”，截至 2017 年底，全省共有 16 个省级有机产品认证示范区。

三、推进出口食品企业内外销“同线同标同质”工程、深入开展出口企业“逐一帮扶”行动

3 月，黑龙江局下发了《黑龙江检验检疫局关于印发 2017 年出口食品企业“逐一帮扶”行动方案的通知》（黑检认函〔2017〕88 号），制定了全省出口食品生产企业逐一帮扶工作方案，细化了保障措施、帮扶措施，对全省“三同”工作进行安排和部署。

（一）“三同”企业上线情况

截至 2017 年底，上线“同线同质同标”公共服务平台的出口食品生产备案企业共计 32 家（2016 年底 12 家），增幅 167%，黑龙江局上线企业数量在 35 个直属局排名第 16；共有 HACCP 认证企业 39 家，上线企业占 HACCP 认证企业比例 82%，35 个直属局排名第 4；上线企业占出口企业比例为 9%。上线的“三同”产品品种有 70 多个，包括乳制品、水、饮料、肠衣、鸡肉制品、大米、白瓜子、酸菜、糖果、酒等。

（二）主要帮扶措施

一是建立帮扶台账，积极为企业对接三同优品等电子商务平台，在“三同”产品进商超方面下功夫；二是鼓励上线企业在认监委“三同”公示平台增加品种、

做好产品优化；三是组织对标学习活动，推动出口企业向国内外先进标准看齐，学习新版质量管理体系，鼓励企业选择 HACCP、GAP 等先进的国际通行质量管理体系；四是协调认证机构解决认证方面具体问题，对有需求进入“三同”的企业，增加或转换HACCP认证；五是组织黑龙江省三同企业参与第四届中俄博览会及绿博会，通过设立“三同”产品展台，宣传“三同”，推动黑龙江省“三同”企业的影响力，培育一批“三同”知名品牌，带动相关产业转型升级。

（三）“三同”企业进商超情况

经过宣传动员、企业座谈、现场推进、总结提炼等，初步摸索出了一套行之有效的“三同”进商超的推进方法。全省 32 家上线企业中有 24 家产品在商超和网店有销售。

黑龙江“三同”产品在哈尔滨市进驻的实体店有哈尔滨新一百、家得乐、麦凯乐超市、远大好百客超市、万千大润发超市、中央红、沃尔玛、家乐福、麦德龙等。

2017 年哈尔滨局、牡丹江局、齐齐哈尔局、黑河局等分支局开展了三同进社区和学校活动，宣传效果显著，上述活动都制作了微信并上传到认监委三同工作群。

四、下放全省出口食品生产企业备案权限

按照国务院关于转变政府职能和加强事中事后监管的要求，严格落实“放管服”改革工作，结合全省系统出口食品备案工作实际，黑龙江局下放了全省出口食品生产企业备案工作，由原来六个试点局（哈尔滨、齐齐哈尔、牡丹江、佳木斯、大庆、黑河）下放部分权限调整为全省各分支机构下放所有权限。

五、落实好“放管服”改革要求，服务大项目，促进黑龙江省汽车工业发展

为促进黑龙江省汽车工业的发展，针对现在 CCC 目录外确认工作及 CCC 免办产品的后期监管工作存在的问题，黑龙江局走访了大庆沃尔沃汽车制造有限公司及长安福特哈尔滨分公司，并和企业相关人员进行了座谈。两个企业都提出现行 CCC 目录外确认工作模式不便于企业通关，同时口岸的监管模式影响通关效率，希望黑龙江局能帮助协商国家认监委及相关口岸解决。黑龙江局对实际工作进行了解释说明并提出了相应解决方案。随后黑龙江局结合工作特点与相关口岸局进行沟通协商，探讨 CCC 目录外产品确认、无纸化办公等改革措施，简化进口汽车 CCC 免办、目录外确认工作流程，为企业提高通关效率，服务地方经济发展提出了具体的解决措施，得到了企业的认可。

六、实验室管理方面取得新成效

（一）完成全省系统实验室调研报告

对全省系统省局和 19 个分支机构进行了全覆盖调研，收到工作汇报和材料合计 40 余份，近 2 万字，与分支机构领导、实验室人员、相关部门人员等 100 余人次进行了座谈沟通、实地参观考察和问答了解情况，完成《黑龙江检验检疫局实验室建设情况调研报告》提交局党组；分别在经费和保障管理、重点实验室能力持续建设、宝玉石实验室处置建议、实验室规划布局调整、中青年骨干培养、稳定聘用人员建议 6 个方面提出了设想，受到黑龙江省局党组认可。

（二）石油实验室搬迁工作进展顺利，黑河天然气实验室建设有新进展

3 月，向大庆市政府申报重点实验室维改立项，9 月大庆市发改委对石油重点实验室维修改造工程进行了批复，大庆局及漠河办将按照相关规定完成实验室改造，漠河首站分实验室运作正常，重点实验室在 5 月完成实验室“二合一”复评审；黑河管输天然气实验室设备采购进展顺利。

（三）数字化实验室推进

3 月，完成信城通公司 DLIMS 的 2.0 版本向 3.0 版本升级，实现与 e-CIQ 主干系统数据信息的互联互通，在全省 100% 区域实验室推广应用数字化实验室系统（新增大庆、漠河、虎林）。

（四）交办重要材料报送任务

4 月，完成国家认监委统计直报、资质认定自查、实验室年度工作报告报送任务；完成实验室资源管理系统更新；5 月，组织参加国家认监委年度能力验证计划。

（五）实验室生物安全自查

组织开展了实验室生物安全自查，安排全省所有涉及实验室生物安全实验室开展生物安全自查，共收到 22 个实验室报送自查报告 25 份，所有自查任务已全部结束。

（六）2017 年度检测技能大比武

7 月，黑龙江检验检疫系统 2017 年检测技能大比武活动暨龙检联盟检验检测技能竞赛在东宁技术分中心成功举行。共有来自 16 个实验室的 22 名选手参赛，

其中系统外3个单位4名选手。本次比武优秀获奖选手将向团省委和省人社厅推荐“省级青年岗位能手”荣誉称号。

本次比武结合了科技业务培训会和资质认定专项检查场培训，培训以现场讲解和手机App同步直播两种方式进行，进一步提高了学习培训和技术练兵效果。比武期间还进行了“比武十年，最亮十星”——黑龙江检验检疫局检测技能大比武先进事迹展。《中国检验检疫杂志》刊登“十年磨一剑，比武练铁军”——黑龙江检验检疫局检测技能大比武活动纪实专题报道。

（七）国家重点实验室宣传材料报送

5月，完成七个已通过验收的国家重点实验室宣传材料收集、整理、修改，报送科技司。8月获得科技司通知，国家马铃薯病毒检测重点实验室入选宣传画册。

（八）实验室外审和交叉内审

截至10月15日，包括同江分中心、省局保健中心、漠河分中心、东宁分中心、虎林分中心、黑河局技术中心均通过实验室认可和检验检测机构“二合一”评审。

（九）协助国家质检总局科技司组织“煤炭检测技能大比武”

参与组织了国家质检总局“质量月”重点内容之一的“全国检验检疫系统煤炭实验室检测技能比武”，9月在河北秦皇岛、京唐港同时进行，来自全国20个直属局36个实验室72名检测人员参加了本次比武，科技司授予黑龙江局“优秀组织奖”，科技司和河北局向黑龙江局致信表示感谢。

七、加强与相关部门和地方政府的协同联动

4月19日，黑龙江局由认证处牵头，食品处、技术中心多部门参与，由主管局长带队与黑龙江省食药局主管局长及生产审批处、食品流通处等部门进行了业务坐谈，包括共同推进准入结果互相采信，共同推动“三同”工作。会后经过反复沟通形成了《食品安全监管合作备忘录》草稿。

八、创新认证执法监管模式，完善区域协作联动机制

（一）建立双随机“两库”

在认证认可监管领域实行“双随机”抽查机制，根据执法人员的专业、技术特点，建立检查对象名录库和执法检查人员名录库，并适时进行动态调整，实施随机抽查监管，随机抽取检查对象、随机选派执法检查人员。

（二）开展东北三局管理体系认证结果专项监督联合检查工作

为全面贯彻国务院“双随机、一公开”监管要求，辽宁局、吉林局和黑龙江局联合制定并下发了《东北三省检验检疫局2017年管理体系认证结果专项监督检查联合工作方案》，于2017年6月至9月，对东北三省的管理体系获证企业开展了专项监督检查。

东北三局共出动50个检查组、100人次，对50家企业逐一开展了现场监督检查，涉及认证机构25家，发现各类问题71个。其中黑龙江局共派员23人，参与25家企业的现场检查。此次检查工作实现了“三首次”，即首次联合开展检查前培训、首次以“双随机、一公开”模式联合开展检查、首次组织三省认证监管专家联合召开检查结果总结分析会。通过“三首次”的创新，东北三局进一步统一了认证执法监管尺度、进一步加强了认证监管业务交流、进一步深化了认证执法区域合作。

（三）举办东北四省区认证执法监管区域合作研讨会

7月，东北四省区认证执法监管区域合作会议在黑龙江省伊春市召开。会议就成立三同促进联盟、共同推进CCC认证监管一体化工作、联合开展管理体系认证监督检查、申报建立进口注册项目组、编制认证执法和备案监管人员培训教材、联合开展培训及考核、组建联合宣传队、打造以“同心同德同力”为核心的“三同”党支部品牌等多个议题达成共识，进一步完善了东北四省区认证执法监管“信息互换、执法互助、监管互认、队伍共建”的一体化合作机制。

九、开展认证行政执法专项检查，切实发挥地方认证监管部门的属地监管职责

（一）开展强制性产品认证获证产品市场抽查工作

据国家认监委统一部署和安排，黑龙江局制定了《黑龙江检验检疫局2017年强制性产品认证获证产品监督抽查经费预算和实施方案》（黑检认函〔2017〕214号），并按照方案要求对辖区流通领域列入CCC目录的两种进口家用电器实施抽样监管，经实验室对抽样产品进行检测，2017年抽取的一个品牌两个品种的产品结果

均为合格。此次抽样检查活动发挥了强制性产品认证对产品质量安全的监督保障作用，尽到了地方认证行政监管的职能，保障了产品安全。

（二）开展食品农产品认证专项监督抽查工作

黑龙江局组织实施辖区内获证企业的现场检查及食品农产品认证专项监督抽查的相关工作。此次专项检查工作共针对全省十家HACCP认证企业进行现场检查及10种认证产品的监督抽查。检查前，对来自全省14个分支机构共30名相关人员就获证企业和认证机构专项监督检查工作、获证产品专项监督抽检工作、HACCP认证知识等内容进行了培训。分别组织企业检查小组10个及抽样小组10个，共计40余人，按照相关要求对企业进行全省跨区域的抽样检查及现场检查。

十、加强认证认可宣传，着力提升认证认可影响

黑龙江局开展了以主题为“认证认可助力质量提升”的“世界认可日”主题活动。一是在黑龙江各口岸及相关工作场所张贴“世界认可日”宣传海报、制作宣传展板、发放宣传册，引导辖区内企业和广大群众关注“世界认可日”，宣传“同线同标同质”工程、质量提升行动、认证认可作用等；二是进企业宣传“同线同标同质”工作，鼓励企业获得HACCP或良好农业规范认证，上线“三同平台”；三是向辖区宣传有机产品认证和良好农业规范认证，鼓励参与国家级认证示范区建设。

撰稿人：胡天阳　审稿人：张卫国

规范市场秩序　提高供给质量
持续提升服务龙江振兴发展的能力

——黑龙江省质量技术监督局2017年认证监管工作概况

2017年，黑龙江省质量技术监督局（以下称“黑龙江质监局”）认证认可工作在国家认监委的指导下，围绕中心，服务大局，积极作为，各项工作得到了扎实有效推进。

一、优化服务作出新亮点

（一）示范区创建实现“零”突破

经过2年的创建，有机产品认证示范区建设已初具规模，现拥有1个国家有机产品认证示范区（红星农场），5个国家有机产品认证示范（创建）区（肇源县、穆棱市、拜泉县、克山县、肇源农场），16个黑龙江省有机产品认证示范区（北安市、逊克县、宝泉岭农场、肇源农场、胜利农场、加格达奇区、佳木斯市郊区、宁安市、穆棱市、庆安县、绥滨县、通河县、营城子满族乡、肇源县、拜泉县、克山县），我局在国家层面上实现了“零”的突破。我们创新工作方法，由黑龙江省质检两局联手共创共建，这已成为全国地方两局共创共建的成功范例。组织协调省内外调研，解决“上手慢，摸不到门”的问题，大大提高了创建的效率和质量。下发创建方案，建立考核指标体系，初步构建起创建体系。同黑龙江经济日报社合作，打造《龙江绿厨房》融媒体网络直播节目，报道示范区内的龙头企业、“拳头”产品和创建典型，用直播打通有机农牧产品走上百姓餐桌的“最后一公里”。通过创建，在不到2年的时间里（即2016年2月至2017年12月），全省有机证书从1381张增至2020张；转换期证书从281张增至514张；在全国的占比从10.08%增至11.28%。数据增涨充分说明黑龙江省有机产业发展处在“窗口期”和“机遇期”，已经驶入了“快车道”。通过创建，示范区出现了“一创多收”的大好局面：示范区的区域生态环境得到改善、农产品供给质量得到提升、区域食品安全有了保障、农业增效农民增收助力了精准扶贫工程。如肇源县示范区：发展有机产业需要的大量劳动力，劳力投入通常要高于常规生产的30%～50%甚至更高，极大拉动了县域农民就业和农民增收，据统计全县10家有机企业每年带动劳动就业22000人次，每年促进农民增收约5000万～6000万元。以乾绪康有机种植企业为例，全年需要用工工时大约为2个多月，最多时节每天需要人工达350人，公司仅此项支出每年达200万～300万元，有效地拉动

了当地农民增收。通过创建，现在有机产品认证示范区的生态、经济、社会效益初步显现，想创愿建的单位越来越多，工作的积极性大增。这将有力的促进黑龙江省有机产业发展，农业结构优化，实现有机认证大省向有机认证强省的转变，谱写“绿水青山就是金山银山"的龙江新篇章。

（二）质量提升引入新标准

根据国家质检总局、国家认监委开展新版质量管理体系标准宣贯学习的要求，下发了《黑龙江省质量技术监督局新版质量管理体系系列标准宣贯学习实施方案》。2017 年 11 月 16 日至 18 日，组织全省质监系统认证监管人员、认证机构、认证咨询机构、认证机构在黑龙江设立的分支机构（办事处），以及获质量管理体系认证的企业（组织）代表共 150 多人进行宣贯培训。组织授课老师深入大兴安岭地区、齐齐哈尔市等地免费为当地监管人员和获证组织开展新版质量管理体系及先进质量管理方法培训。利用手机 App 平台，将“百万家企业全面质量管理培训平台”通过微信群发布，方便社会公众和获证组织利用网络平台开展学习。力争到 2018 年底，全省推动万家企业（组织）开展新版质量管理体系标准的宣贯学习。全省认证机构将于 2018 年 9 月 15 日前完成发证企业质量管理体系认证换证工作。通过新版质量管理体系的宣贯学习，指导和推动企业深入开展全面质量管理，增强企业质量意识，全面提升黑龙江省的企业质量管理水平，推动全省经济发展进入质量时代。

（三）优化环境打通绿色通道

围绕职能打好“技术牌”，念好“服务经”，把省局“走百家园区进千户企业送质监服务”的要求落到实处。寓创建于服务之中，搭建起“走百家园区进千户企业送质监服务”的服务平台，运用质监职能服务示范区经济社会发展。2 年来，考核组深入到 16 个县乡，60 多家企业园区，为其认证的合规性、产品的有效性、产业发展的方向性把脉定向，受到了一致好评，穆棱市人民政府发来了感谢信。资质认定许可审批程序由 6 个简化成 3 个，许可时限从 15 个工作日压缩为 12 个工作日，全年资质认定行政许可实现了零差错、零投诉，得到了服务对象的一致好评，黑龙江省盛泰安全评价检测公司送来了锦旗。组织机动车检测领域专家深入到伊春市，现场为机构解决检测设备软件问题，确保机构能够开展黄标车尾气排放检验，化解了广大黄标车主因全省无具备检测能力的机构而上访的矛盾。实行变更事项备案制。对检验检测机构申请检验标准变更审批事项实施自我声明免于现场复核，极大方便检验检测机构。如针对建筑工程领域中保温性能的标准作废，替代标准与原标准名称不一致的情况，我们聘请建筑行业专家，现场办公，集体论证，拿出方便快捷的措施，用机构自我承诺的方式办理，免于进行扩项办理，即简化了环节，又提高了效率，减轻了机构负担。畅通检验检测机构资质信息查询渠道，在省局官方网站建立全省检验检测机构资质信息查询专栏，为公众提供快捷、准确的信息查询服务。

二、加强监管有了新举措

（一）创造性的开展资质认定许可，管住权力

一是进一步下放行政审批权。落实省委省政府关于简政放权要求，将资质认定行政许可下放至哈尔滨新区管委会和绥东新区，并做好权力下放的衔接及业务指导工作，确保下放事项顺利实施。二是加强事中事后监管。对委托下放至市（地）局的机动车安全性能检验机构资质认定行政审批事项开展定期或不定期检查，确保资质认定工作依法依规实施。加强资质认定技术评审环节的监督，对委托黑龙江省质量认证中心实施的技术评审，由市（地）局派遣认证监管人员对现场评审过程进行全程监督，确保了评审工作的客观、公正。

（二）开展检验检测机构整治，净化市场

全面实施“双随机、一公开”监督抽查机制，明确省市县三级监管职责，压实任务，传导责任，有效提高监管效能。以食品、机动车安检和环检、建筑、环保等行业为重点，兼顾上年度被责令整改、举报投诉较多的机构，组织开展了检验检测机构监督检查。对违法违规问题动真格、出重拳、不手软，对 11 家存在问题的检验检测机构依据法律法规进行了处理，注销 13 家检验检测机构的资质认定证书，起到了极大的震慑效果。开展监管区域协作机制，会同公安、环保部门对机动车检验机构开展专项检查。组织全省获资质认定的 114 家环境监测机构的能力验证活动，对能力验证结果有不满意值的 11 家机构作出了责令改正的处理。配合国家认监委完成对黑龙江省 5 家国家质检中心、10 家机动车安环检机构和 5 家食品检验机构的专项监督检查任务，受国家认监委委派，赴福建省开展了检验检测机构飞行检查，较好地完成了任务。

（三）加强强制性认证监管，守住“底线”

一是开展强制性认证获证产品的监督抽检。根据《国家认监委关于开展 2017 年强制性产品认证获证产品市场抽查工作的通知》（国认证函〔2017〕59 号）要求，黑龙江质监局组织人员与中国家用电器研究院联合，

在哈尔滨市市场监管局的配合下，对在黑龙江省流通、销售领域的电磁灶产品实施了监督抽查。共抽查了11家企业生产的40组产品，合格产品35组，合格率为87.5%；不合格产品5组，不合格率为12.5%。合格企业7家，合格率为63.6%；不合格企业4家，不合格率为36.4%。共涉及中国质量认证中心颁发的23张证书，合格产品涉及19张证书，合格率为82.6%；不合格产品涉及4张证书，不合格率为17.4%。不合格的4家企业为：中山市宏博电器有限公司、佛山市顺德区北导电器实业有限公司、佛山市顺德区阳菱电器有限公司、中山市合硕高品电器有限公司，已将监督抽查结果上报认监委。不合格产品委托哈尔滨市市场监管局启动了后处理程序，较好的完成了后处理工作。二是压实认证监管任务。组织各县、市（地）局认证监管部门定期登陆国家认监委《认证认可业务综合监管平台》，及时跟踪认证活动，对辖区内企业认证活动全过程跟踪监管，在对认证机构现场审核活动跟踪检查的同时，各市（地）局根据本地区实际，有针对性地开展了自愿性认证专项监督检查，对现场发现的问题依据有关规定进行了处理。按照《国家认监委关于加强对强制性产品认证无证违法行为监管与查处工作的通知》和《国家认监委关于进一步加强对混凝土搅拌运输车强制性产品认证监督管理的通知》的要求，加大了涉及消费者权益的强制性产品行政执法力度。突出混凝土搅拌运输车、电线电缆等一批重点产品的监督检查，重点查处产品尚未申请强制性产品认证而出厂销售、假冒强制性产品认证标志等违法行为。对涉及《目录》内产品的投诉举报案件，及时受理，认真调查，一经查证属实，依法实施处罚。

三、强化基础呈现新面貌

（一）抓党建带作风，想干事的内生动力不断增强

把党建工作摆在各项工作首位，树立“抓好党建是最大政绩”的理念，狠抓思想建党、组织建党、制度治党的责任落实，不断增强全系统党员“不忘初心、牢记使命”的内生动力。一是抓党建从立规矩抓起。业务处室，要想把党建工作摆在各项工作首位，是实属不易的一件事。我们的做法是树立“抓好党建是最大政绩”的理念，抓党建从立规矩开始。结合支部实际，建立健全“三会一课”、民主生活会等11项基本制度，把每周三的下午定为党支部活动日，把“是抓党建重要还是抓业务重要”做为组织生活议题进行充分讨论，围绕解决重业务轻党建倾向，党建工作无关大局等问题开展研讨，强化“四个意识”，牢固树立“四个自信”，切实发挥好领导干部带头示范作用。专人负责《支部党员大会记录本》《支委会记录本》和《党课记录本》记录，并实行分类保管、建档立卡。支部书记为此还找分管业务的同志谈了话。就这样，我们用规章制度来约束党员行为，推动党建工作逐步走上制度化、规范化的轨道。二是固党建从筑灵魂开始。要想把重党建变成同志们的行动自觉，必须从党课教育抓起，筑牢理想信念，解决“我是谁？为了谁？”这个共产党人的初心和使命问题。支部副处级以上党员参观廉政基地后，人人写了观后感，并在组织生活会上谈体会。十九大召开后，在第一时间，原原本本学了原文，制定了支部学习计划，要求每名党员写心得体会。学习氛围浓厚，理论素养整体得到提升，有效推动了“两学一做”的制度化，常态化。三是树党风从纠作风做起。单位的党风好不好，从作风中就能直接反映出来。结合省直机关作风整顿工作，首先树立风险意识，深刻分析了日常工作的职能风险、岗位风险和队伍风险，对工作秩序、工作状态、工作作风提出了明确的要求和规定，认真落实局机关考勤制度和请销假制度，保证“三率”，自觉维护机关工作秩序。其次树立问题导向意识，围绕“三个坏把式”“五个坏作风”深入查摆支部和个人作风问题，每名党员都列出了问题清单、整改清单和责任清单，监督每名党员逐项整改落实。把“人人是窗口、事事是窗口、处处是窗口”的大窗口理念牢记于心，落实落靠“首问负责制”，积极推动实施网上申报服务、电话预约服务等多种便捷服务，让信息多跑路，让群众少跑腿。

（二）大培训强素质，能干事的能力得到提升

一是组织市（地）认证监管人员培训，不断提高依法监管的能力和素质；二是开展了资质认定评审员继续教育培训。委托省质量认证中心举办了省级检验检测机构资质认定评审员继续教育培训班，全省近400名评审员及相关专家参加学习。通过培训，进一步统一了技术评审的尺度和标准，强化了评审员的服务意识、责任意识、风险意识和纪律意识，进一步规范了检验检测机构资质认定评审工作，维护资质认定工作的严肃性。三是应牡丹江市局、明水县政府、营城子满族乡政府等有机产品认证示范区单位的邀请，深入创建一线开展“手把手教，点对点帮”活动，培训创建工作人员300多人。

（三）打基础固基本，干成事的环境进一步优化

截至2017年10月底，全省获得质量管理体系认证证书4851张，比2016年增加144张，位列全国第19

位，在东北四省区位列第2位；环境管理体系认证证书2128张，比2016年增加107张，位列全国第19位，在东北四省区位列第2位；职业健康安全管理体系认证证书2022张，比2016年增加181张，位列全国第18位，在东北四省区位列第2位；食品安全管理体系认证证书343张，比2016年增加20张，位列全国第14位，在东北四省区位列第2位；有机产品认证证书1795张，比2016年增加180张，居全国之首；HACCP认证证书67张，比2016年增加15张，位列全国第15位，在东北四省区位列第3位；良好农业规范认证证书21张，位列全国第7位，在东北四省区位列第一位；强制性产品认证证书2031张，比2016年增加166张，位列全国第15位，在东北四省区位列第3位；全年受理资质认定申请329家，不予受理44家，准予许可家，不予许可2家，全省通过资质认定的检验检测机构1083家。按照认监委的统一部署，组织各市（地）局开展了全省获资质认定的检验检测机构的2015年数据直报工作，共完成847家检验检测机构的数据填报、审核工作。通过统计直报，掌握了黑龙江省检验检测行业规模、结构、效益等基础数据，对各级政府和行业部门制定政策和规划，进行经济管理与调控具有重要参考价值。

撰稿人：姜玉龙　审稿人：迟广伟

真抓实干　不断提升认证监管的有效性

——上海出入境检验检疫局2017年认证监管工作概况

2017年，上海出入境检验检疫局（以下简称“上海局”）围绕国家质检总局和国家认监委的各项部署和要求，在局党组的坚强领导下，以服务供给侧结构性改革为主线，深入开展“两大两促”活动，积极推进“认证认可助力创新发展与质量提升”行动，实现了改革发展再升级。

一、精准把握自贸区改革创新热点，实现更大的开放

推进机动车认证制度创新。在国家认监委的指导和支持下，与上海市八个部门联合出台《关于进一步促进中国(上海)自由贸易试验区汽车平行进口若干支持措施》。推出“上海自贸区检验检疫精准服务计划”，先行先试“先放后检”单车认证创新模式，疏通堵点，助推强制性产品认证制度改革新政稳妥落地，全国首张汽车和摩托车单车认证证书花落上海。截至2017年底，全市71家进口机动车企业受惠新政，便利放行146台单车认证车辆，降低直接进口成本约500万元。

实现进口CCC产品高效通检。以“四个特定”为突破口，在充分评估的基础上，深化“放管服”改革，通过监管模式创新和通检流程再造，优化口岸营商环境。全年累计新增进口CCC产品诚信示范企业7家。全市共计41家进口CCC产品诚信示范企业享受诚信便利，其中自贸区内企业30家，占比73.1%；用于科研测试用途企业25家，占比60.1%，诚信示范企业在通检业务中成为“领跑者”，全年累计节省进口成本共计约2000万元。“进口CCC产品诚信示范企业贸易便利化举措”案例被评为2017年上海政府部门十大信用案例。

深化“证照分离”改革。推行上海自贸试验区检验鉴定机构行政许可网上审批，审批效率和服务水平提升明显，首家获批企业仅用4个工作日就完成许可事项。截至2017年底，上海地区进出口商品检验鉴定机构已达101家，占全国总数15.9%，年营业收入98.6亿元人民币，超过全国三分之一的营业收入。

开展质量认证提升宣贯。组织质量管理体系升级版宣贯培训，共举办免费培训和讲座40次，参加学习宣贯企业数524家，涉及人员2082人次。联合上海自贸区管委会举办“质量认证提升行动宣贯动员暨质量管理体系升级版走进上海自贸区”活动，引导行业协会、认证机构和企业发起联合倡议，切实推进质量管理体系认证升级，助力产品和服务质量提升。

二、精准把握质量关键控制点，实现更好的监管

加大认证执法专项整治力度。依托泛长三角区域一体化机制和长江经济带协作组，组织开展认证认可专项整治行动，全面开展管理体系认证“双随机”抽查

和检验鉴定业务“口岸天平行动”。共出动执法人员近300人次，抽查质量和能源管理体系认证结果42个，排查检验鉴定机构101家，立案调查13起，实施行政处罚8起，罚没款共计33万元以上。“泛长三角地区检验检疫部门联合查处境外机构非法认证案”以及“山口岸查获未获CCC认证进口豪华灯具案”被评为“国家认监委2017年十大认证监管典型案例”。

优化进口CCC产品风险监管。依托产品风险分级体系，完善“口岸入境验证+专项监督抽查+风险分级布控”的“三维一体”CCC认证监管体系，夯实信息基础，搭好风险平台。累计受理进口CCC产品报检18.07万批次，金额126.7亿美元。对机动车等风险较高获证产品实施专项监督抽查，分别查获汽车和摩托车产品货证不一致5批次和1批次，形成了进口环节的源头管理思路。

三、精准把握地方经济发展难点，实现更优的服务

推进“三同”工程。推动麦德龙、家乐福、沃尔玛、欧尚等线下大型商超销售“三同”产品共1200余种，在全国开展“三同”购物节活动；推动易果网、菜管家、盒马鲜生等线上生鲜电商签约国内30多家“三同”企业，首次在线上开辟“三同”产品销售专区；推动“三同”产品进入公共服务领域，联合东方航空、中国国际航空等特大型航空集团制定“三同”产品走进空港“三年行动计划”。

推进“出口食品企业帮扶行动”。通过全市出口食品企业“逐一帮扶”行动，累计为182家出口食品企业建立帮扶台帐。帮扶上海企业率先实现“食品防护计划”全覆盖；帮扶上海企业稳步扩大“一带一路”沿线国家原料进口比例；帮扶上海企业妥善实现“技术性贸易壁垒”条件下的高增长；帮扶上海企业牢牢抓住“三同”工程契机，打通内销渠道；帮扶22家上海出口食品企业实现“内外销双升级”，全年共新增收入1245万元。

助力上海打造检验检测认证产业高地。推进“三个优化”举措，通过优化营商环境、优化审批流程、优化监管体系，夯实产业基础，提升服务能级。首次向社会公布“上海地区进出口商品检验鉴定和外资认证市场”统计数据。截至2017年底，上海地区认证机构64家，年营业收入35.69亿元，机构数量和营业收入均占全国15%左右，其中外资认证机构数33家，占全国外资认证机构数的60%。静安区和浦东新区“国家检验检测认证公共服务平台示范区”建设成果初步显现，规模比创建初期分别增长76%和44%，上海已成为全国检验检测认证行业发展的龙头区域。

四、精准把握政研和宣传切入点，营造改革发展良好氛围

开展“两大两促”活动。共收集问题和建议34条，形成了《探索上海自贸区“单车认证”制度改革的调研报告》《进出口商品检验鉴定机构监管工作的问题及对策》《上海肠衣出口企业走访调研报告》三篇深度调研报告和多篇业务政研文章，其中前两篇分获优秀调研报告一等奖和三等奖。业务政研文章分别在《质检研究参阅件》《认证认可政策理论研究参考》《质检改革情况交流》等刊登。通过找短板、谋长远，促实践，达到了“统一思想、凝聚共识，众人划桨、扬帆远航”的效果，营造了心齐气顺、和谐稳定的良好氛围。

开展“世界认可日”活动。以助力国产大飞机C919首飞成功为切入点，立足对标国际最高标准最好水平，主动服务“一带一路”的新目标、新要求，成功举办了中国质量发展圆桌会议之高端对话活动、助力航空产业质量提升行动和系列深化改革创新的研讨活动，引起社会广泛关注，相关活动进入“质检改革发展最具影响力十件大事”候选名单。举办首次“服务认证体验周”上海站汽车租赁服务认证体验活动。上海局以及认证处两名同志受到国家认监委“世界认可日”活动表彰。

加大认证认可宣传力度。紧扣中心和主线，对焦实际问题与政策效果，组织上报质检专报21篇，被中办、国办采纳3篇，被汪洋副总理、王勇国务委员圈阅1篇，被上海市政府采纳6篇，被国家质检总局采纳8篇。主动发声，讲好认证认可服务发展的故事，组织上报各类外媒信息150余篇，召开新闻发布会3次，在微信公众号发布微信40余篇，认证监管政务和外宣信息再次排名业务类第一。

撰稿人：刘惠锋 审稿人：张明霞

强化监管 服务发展

——上海市质量技术监督局2017年认证监管工作概况

2017年，上海市质量技术监督局（以下简称“上海市质监局”或“市局”）深入贯彻落实中央和市委、市政府决策部署，在国家质检总局和国家认监委的关心支持下，围绕上海自贸试验区和科技创新中心建设，不断深化检验检测认证制度改革，持续推动检验检测产业发展，切实加大事中事后监管力度，全面提升检验检测认证监管水平，为本市国民经济和社会发展不断提供有效支撑和服务。

截至2017年12月底，上海市共发放各类有效省级检验检测机构资格许可证书1032张，其中检验检测机构资质认定证书830张，产品质量检验机构审查认可55张，机动车安检机构资格许可102张，食品检验机构资质认定证书45张。另有国家认监委资质认定发证237张，其中国家产品质检中心证书47张；注册在上海的认证机构有62家，外省市认证机构的在沪分支机构50家；各类认证获证组织共获得包括管理体系、产品及服务认证证书77932张，其中获得管理体系证书45942张，产品认证证书31897张（其中3C强制性产品认证证书20813张，食品农产品认证证书5421张，工业产品认证证书5663张），服务认证证书93张。

一、深化检验检测认证制度改革创新

（一）深入推进《上海市检验检测条例》实施

《条例》实施以来，我局按照质检总局、认监委关于法治工作的要求，会同相关部门推动建立工作协调机制，向全市32家市级部门和16家区级政府印发了《关于贯彻落实〈上海市检验检测条例〉征求各部门职能分工意见和工作举措的函》，明确市、区两级职能分工和工作举措，并向上海市政府专报本市各有关部门落实《上海市检验检测条例》情况专报；落实审批制度改革，与上海市卫计委、气象局、司法局、农委等多部门建立联合评审操作制度；建立完善信息公示制度，汇总完成15家资质许可部门发放的检验检测机构名录，方便公众查询。同时，市、区两级监管部门加大了对检验检测违法行为的查处力度，今年以来全市共查处各类检验检测违法违规案件16起。通过《条例》的实施和联合监管、执法监督工作的不断强化，本市检验检测行为得到了进一步规范。

（二）积极推动“上海品质”建设工作试点

按照“政府推动、社会参与、标准引领、市场运作”的原则，引入国际通行的合格评定机制，创新开展“上海品质”认证，推动质量提升和品牌建设，增加中高端产品和服务供给，满足人民群众不断升级的消费需求。

一是深入开展“上海品质”理论研究。委托中国质量发展研究院对上海代表性产业的发展历史、现状进行研究，挖掘“上海品质”的精神内涵，在阔步迈入“质量时代”的大背景下，从品质提升、品牌建设、改善供给等角度分析开展“上海品质”建设的重要意义，谋划制度设计、工作模式和实施方案。

二是系统构建“上海品质”工作机制。依托市质量工作领导小组，联合市品牌建设工作联席会议主要成员单位，成立“上海品质”建设工作推进委员会，将“上海品质”建设纳入本市品牌建设工作总体规划。出台《“上海品质”建设工作试点实施方案》，明确指导思想、工作目标、主要任务、实施步骤及保障措施。

三是立体打造“上海品质”标准体系。立足市场和创新需求，在试点行业组织制定高水平的产品和服务标准，逐步形成以《上海品质评价通用要求》地方标准为基础，包含工作标准、管理标准、技术标准的“上海品质”标准体系。在《通用要求》中明确“自主创新、品质卓越、管理精细、品牌引领、社会责任”五个方面要求，利用先进标准倒逼和引领上海产品、服务和工程品质不断提升。

四是创新建立“上海品质”认证制度。指导技术机构、行业协会等组建“上海品质”认证联盟，明确联盟运行机制和成员机构条件、认证实施程序要求、认证证书和认证标识管理等方面等管理制度，统一认证依据、认证规则、认证标识，实施严格的联盟自律，并通过

信息公示系统等方式接受社会监督。采用定量与定性评价相结合、产品（服务）与企业评价相结合的方法，结合试点工作探索专业、规范、可持续发展的认证评价模式。

五是稳步推进“上海品质”认证试点。根据上海产业发展特点和需求，在充分调研基础上，确定港口机械、微电子芯片、发电设备、乒乓运动器械、民族乐器、眼镜验配服务、人力资源外包、贵金属定制服务等行业作为首批试点行业。用国际通行的合格评定手段认证一批代表上海先进制造和服务水平的品牌标杆，逐步显现试点示范效应，总结形成常态化制度。

二、着力提升检验检测认证产业发展

（一）开展2016年度检验检测认证统计分析工作

根据《中华人民共和国统计法》和《上海市统计条例》规定，上海市质量技术监督局会同上海市统计局组织对本市行政区域内涉及国民经济各行业的检验检测机构和认证机构开展了2016年年报统计工作。统计结果显示，2016年度全市检验检测认证行业营业收入超过208亿元，比上一年度增加10.3%。其中，检验检测行业整体营业收入为179.3元，实现利润29.41亿元，检验检测机构从业人员共57663名。认证机构业务收入达到29.20亿元，利润总额5.08亿元，从业人数为9515人。

（二）推动检验检测公共服务平台建设

一是围绕上海自贸区和科创中心建设，不断创新服务模式，推进不同类别示范区创建，借助市场机制使示范区效应取得大幅提高，切实发挥示范区的平台作用，助推质量提升。持续完善静安区“国家检验检测认证公共服务平台示范区”建设，推动静安示范区内检验检测机构诚信体系建设。加强对浦东“国家检验检测认证公共服务平台示范区”的指导，对标国家认监委验收要求，发挥区域平台示范区的示范作用，鼓励和规范“互联网＋检验检测”网络交易平台的发展。二是推动绿色产品认证发展。落实国家绿色产品标准、认证、标识整合改革方案，加强宣传引导，推动建立采信机制，并在重点领域研究推动绿色产品认证。鼓励出台绿色产品认证扶持政策，与原有节能低碳产品认证和能源管理体系认证等实现融合发展。以崇明区和金山区为重点，推动创建国家有机产品认证示范区，培育高端农产品和农资认证品牌。

（三）推动重点领域检验检测认证能力提升

服务质量提升和上海科创中心建设需求，继续开展轨道交通、生物医药、互联网＋检测、航空材料、新能源汽车等产业转型升级重点领域项目研究，指导相应领域检验检测配套发展。完成互联网＋检测、轨道交通检测、中医药检测和电动汽车充电设施需求调研报告。

（四）推动检验检测认证行业青年文明号建设

会同团市委联合印发《关于在本市质检行业中开展2017–2018年度青年文明号创评工作的通知》，推动在本市从事检验检测认证活动的机构或组织中推动过检验检测认证行业青年文明号创评工作，突出行业自律，加强行业诚信体系建设，通过创优带动检验检测认证机构文明创建，创新行业管理模式。截至2017年底，全市已有近百家检验检测认证机构和相关组织提出了申报意向。

（五）进一步完善资质认定管理

加强资质认定评审质量的管理，完成全市300余名资质认定评审员招募工作，并考核通过了199名新评审员，充实检验检测评审能力。推动资质认定区观察员制度落实，指导各区检验检测监管部门按照《上海市质量技术监督局检验检测机构资质认定现场评审观察及观察员管理规定（试行）》（沪质技监认〔2016〕366号》的要求，完成194家次的现场观察任务，监督评审工作有效开展。组织开展检验检测评审质量专项检查，对2016年度资质认定评审档案双随机抽查67份，指导资质认定专业技术部门加强制度管理、完善评审工作。

三、严格规范检验检测认证市场秩序

（一）加强检验检测机构监督检查

一是开展检验检测机构联合监管。会同农业、环保、住房城乡建设、安全生产监管、司法行政、气象等部门召开检验检测机构联合监管研讨会，组建了联合监管行业专家库，制定了联合监管制度，进一步贯彻实施《上海市检验检测条例》。会同上海市司法局对42家司法鉴定机构联合进行能力验证考核检查。会同环保、农业、安全生产监管、气象等部门对25家检验检测机构进行联合检查。

二是开展机动车安检、环检机构监督检查。会同公安、环保、物价部门对上海市100家机动车安检、环检机构进行联合监督检查，进一步规范机动车安全技术检验、环保检验和收费行为，落实机构主体行为责任，督促机构全力保证安全技术检验和环保检验质量，改善检验服务水平，形成部门监管合力，提高监管效能。

三是开展产品质量检验机构工作质量分类监管。对上海市承担2016年度产品质量监督抽查、工业产品生产许可证发证检验、产品质量安全风险监测工作的58家检验机构进行考核评价分类，提高产品质量监督抽查、工业产品生产许可证发证检验和风险监测等工作质量。

四是开展检验检测机构资质认定监督检查。采取随机抽查和盲样考核方式对上海市70家检验检测机构实施现场检查，以《上海市检验检测条例》《检验检测机构资质认定管理办法》规定的机构及其人员从业规范内容作为检查重点，规范检验检测机构行为。

五是开展强制性产品认证指定实验室监督检查。连续第3年受国家认监委委托，会同上海检验检疫局通过合规性核查、人员能力核查、设备能力核查、检测过程和结果可追溯性核查、检测活动和检测管理规范性核查、见证试验、盲样试验、模拟认证试验、人员笔试等方式，对辖区内16家强制性产品认证指定实验室进行现场检查，以监督强制性产品认证指定实验室是否能够持续符合强制性产品认证规则，检查强制性产品认证指定实验室技术能力是否持续符合3C认证的授权要求。

六是开展检验检测机构信用监管。制定地方标准DB31/T 1024—2017《企业质量信用分级评价准则 第3部分：检验检测机构》及其《检验检测机构信用分级评价通用准则》，确定检验检测机构信用分级评价的评分标准和数据来源。会同环保等部门召开检验检测机构信用分级评价推进会，组织对环境、食品、建工、机动车等领域的50家检验检测机构进行信用等级评价试点。

七是开展检验检测机构能力验证、比对试验。对食品、建材、环境、纺织、电气等领域的12个项目进行检验检测机构能力验证，涉及500多家检验检测机构参与，保证检验检测机构数据的一致性和准确性。开展环境领域的苏浙赣沪三省一市检验机构能力验证活动，本市60多家环境检验检测机构参与，加强苏、浙、赣、沪三省一市检验机构的技术交流，促进泛“长三角”区域内检验机构能力水平的协同提升。对本市100家机动车安检机构的大型和小型机动车制动、轴重、灯光等项目检验能力进行比对试验，促进机动车安检机构持续加强能力水平建设。

（二）加强管理体系认证活动监督检查

一是组织开展上海市认证机构专项检查。经过风险信息汇总和研判，针对分支机构管理松散、违规现象较为突出的现象，对本市的10家管理体系认证机构分支机构（包括子公司、分公司）开展了集中性的专项检查，调取100件认证活动档案，并对其中的30家获证组织开展现场核查，严厉查处出具虚假认证结论、遗漏认证基本程序等违法行为，对8家认证机构进行了约谈，对1家认证机构移送执法部门立案处罚。

二是配合国家认监委开展“双随机”管理体系认证专项检查。借助长三角认证监管区域协作机制，抽调全市各区市场监管局认证监管人员，会同苏、浙、皖、赣四省认证监管专家组成6个联合检查组，按照“双随机、一公开”监管模式，对前期国家认监委随机抽取的28个质量管理体系和2个能源管理体系认证活动进行检查，重点检查认证活动的合规性和认证档案的真实性。发现问题线索40余个，已及时上报认监委信息系统。

三是部署各区市场监管部门开展日常检查工作。共出动执法人员800余人次，对400余家质量管理体系获证组织（约占全市获证组织数量的2%）开展了现场检查，以倒查认证活动规范性，并积极运用国家认监委“认证认可业务综合监管平台”，对质量管理体系认证活动开展现场观察共200余次，认真核查认证机构审核计划的执行情况，进一步规范了本市认证市场秩序。

（三）全链条完善有机产品认证监管

在生产领域，组织对130家有机产品生产加工企业开展全覆盖检查，重点检查有机产品认证的有效性和获证组织遵守有机产品认证法律法规和国家标准的情况。对其中生产基地位于上海的，委托第三方检测机构对其有机产品及土壤、灌溉水源实施监督抽检，查处使用化学合成农药和化肥等违禁投入品等违法违规行为，从生产源头把控有机产品生产加工状况，责令相关认证机构撤销问题企业的有机产品认证证书。在流通领域，针对水果、蔬菜等大类的有机产品组织开展国家专项监督抽查和市级风险监测，基本覆盖在售有机产品全部种类，检测结果全部合格。各区市场监管部门开展了认证符合性检查，核对认证证书和认证标志有效性，共检查有机产品销售企业120家次。在电子商务领域，对通过电商平台和会员配送两种模式销售的有机产品开展风险监测工作，共抽取包括一号店、天天果园、飞牛网、一米市集等在内的29个网络平台和企业的130批次有机产品，通过核对认证证书、认证标识，发现14件产品存在违规宣传和冒用认证标识的情况，通过后续检测发现6件产品不符合有机产品国家标准（包括农药残留、重金属超标、转基因）。针对上述现象我局将做进一步调查处理。加强有机认证示范区培育工作，指导本市金山区申请创建国家有机产品认证示范区，培育高端农产品和农资认证品牌。

（四）积极应对突发事件，确保公共安全

一是针对2017年机动车安全技术检验项目和方法

变更造成机动车待检车辆积压问题，先后实地走访调研我市9家机动车安检机构，并会同上海市公安局交警总队，在确保安全要求、保证检验质量前提下，对检验方法作了适当调整。协调公安、环保部门，延长机动车安检机构平日验车服务时间。加快机动车安检机构扩项审批，并为扩项工作开辟“绿色通道”，优先受理、评审机动车安检机构扩项申请，缩短行政审批时间。共受理并完成51家机动车安检机构的扩项发证工作。此外主动做好宣传优化服务，通过公众微信号、门户网站等途径发布了验车时间延长的便民提示。要求机动车安检机构推行预约验车方式，科学安排相关车辆的检验时间段，分散验车时段和验车数量。二是为春晚上海分会场舞台搭建质量提供技术支撑。组织相关技术专家多次核查2017年央视春晚上海分会场东方明珠舞台、灯光架、电子背景板脚手架等搭建情况，确保东方明珠舞台搭建质量安全。

四、加大检验检测认证宣传力度

（一）开展“世界认可日”主题宣传活动

一是举办了2017年上海市“世界认可日”宣传活动暨“上海品质”建设启动大会。上海市市区领导出席会议并致辞，并开展主旨演讲活动。活动中与会领导共同揭晓了“上海品质”标志，正式启动“上海品质”建设工作。二是举办了上海市检验检测行业质量提升宣贯活动。对检验检测行业改革发展和监管工作方向进行了宣讲，并会同相关政府部门解读上海市推进检验检测认证行业统计情况和相关质量提升工作举措。三是在世界认可日期间通过专题发布会形式公布2016年度检验检测认证统计分析报告。通过此次系列宣传活动进一步动员社会各方共同推进检验检测认证认可工作，充分发挥检验检测认证认可质量技术基础作用，促进质量提升，更好服务供给侧结构性改革和上海科创中心建设。四是在质量月期间鼓励检验检测机构积极开展检验检测家机构开放日活动，营造检验检测行业服务社会质量提升和民生安全的良好氛围。

（二）广泛开展“中小微企业质量管理体系升级行动”

落实质检总局和国家认监委要求，结合本市中小企业质量技术服务工作，组织专业培训机构、行业组织、各区市场监管部门等，面向全市上千家中小微企业开展新版质量管理体系标准公益培训，1200余名企业负责人和质量管理人员受益。通过组织培训，培育企业牢固树立“质量第一”的意识，辅导企业开展质量管理体系换版工作，促进企业管理和生产水平提质增效。

（三）开展全市水质安全检测技能劳动竞赛

连续两年面向全市举办检验检测行业岗位练兵和技能比武活动，包括理论知识笔试、盲样分析和现场操作技能考核三个环节，旨在通过劳动竞赛，在检验检测行业内树立技能就业、爱岗敬业的良好风气，营造学习技术、专研本领的行业氛围，塑造精益求精、追求质量的工匠精神，推动检验检测机构不断提升检测能力水平和检测服务质量，为社会提供优质的检测服务。竞赛共影响了全市800多家检验检测机构的5.7万名检验检测人员。经内部选拔，最终共有75家水质检测机构的225名检测人员参加技能竞赛的理论知识笔试，30家机构晋级盲样分析阶段，15家机构进入最后现场操作技能考核环节。

撰稿人：武　鹏　审稿人：刘春扬

创新发展　服务转型

——江苏出入境检验检疫局2017年认证监管工作概况

2017年，江苏出入境检验检疫局（以下简称“江苏局”）全省系统认证监管条线紧紧围绕国家认监委和省局总体工作部署，遵循“讲政治、顺大势、应民意、守底线”的工作总原则，突出“深化、集成、突破、推广”工作主基调，以《江苏检验检疫认证监管“十三五”专项规划》为引领，稳中求进、主动作为、迎难而上，各项工作取得了良好成效，为现代化强局建设作出了新贡献。

一、围绕供给侧改革，助力质量提升取得新成效

一是“三同”工程实现量、质齐升。“三同”工程作为2017年全国质检系统的重点工作，省局领导高度重视，成立了“逐一帮扶”督导组，协调组织全省出口食品企业“逐一帮扶”工作。各分支局相应成立了帮扶工作组，按照“帮扶一家、成熟一家、上线一家”的基本原则，推动141家出口食品企业登录国家认监委“三同”信息平台，圆满实现破百目标，上线数位居全国第四。创新采用“三同”火炬接力形式开展“三同进万家”宣传活动，全省13个地市开展活动31场，500多厂次“三同”企业、1万多名各地人大、政协和群众代表参加了活动，扩大了“三同”工程的各界参与度和社会认知度。积极探索“三同”销售新业态，与3家地方食药监部门签署合作备忘录，推动8家龙头企业开设“三同”实体联销店。全年“三同”企业销售总额过百亿。江苏局“三同”工作得到国家认监委通报表扬。二是“双助一提”活动影响广泛。对在江苏地区开展认证活动的全体认证机构发出“助力质量提升，助推行业发展，提高认证供给水平”的倡议，来自全国24家在江苏业务量较大的认证机构的代表签署了倡议书。倡议活动得到了新华网、中国新闻网、《国门时报》等主流媒体的高度关注。全省系统因地制宜，开展了不同形式、灵活多样的“万家企业质量管理体系升级行动”，全省发放宣传材料1957份，举办免费讲座159次，参加宣贯学习4252人次。江苏局认监处和认证机构联合报送的教育行业特色认证项目成功入选认监委打造质量管理体系认证升级版的38个试点项目之一。三是有机、GAP认证示范区创建有效推进。在省内调研摸排的基础上，省局卢钟山副局长带队专程赴江西开展有机认证示范区创建的学习调研。目前连云港灌南县、徐州邳州市、泰州兴化市等地积极推动良好农业规范示范区的创建，三地分支局向当地政府报送的创建专报，均得到各市领导批示。

二、围绕“两聚一高”，服务地方经济，实现新作为

一是简政放权促发展。全省大范围试行出口食品企业备案采信ISO 22000或HACCP体系认证结果，审批周期由过去的20个工作日压缩到5个工作日以内。推进第三方核查制度化，CCC免办证明的货证一致性不合格比例逐年下降。研究下发了《江苏检验检疫局关于省内一体化进口直通中涉CCC产品入境验证工作有关事项的通知》。在无锡试点“口岸直放，属地验证”“特殊监管区分线监管”和“邮快件口岸信用监管”等创新举措，形成了CCC产品“大入境验证”模式。在苏州开发完善CCC免办后续监管系统，实现了企业监管、到期核销自动提醒、远程查验等多项实用功能。二是服务企业“走出去”。积极开展“双向注册”，引导出口食品企业向“一带一路”沿线国家注册，全年共推荐18家企业对国外注册。成功迎接吉尔吉斯斯坦、俄罗斯对我省肉类企业检查，帮助海企集团白俄罗斯合作方获得出口牛肉加工企业中国注册资质。组织编写《美国膳食补充剂要求读本》，帮助企业和监管人员有效应对美国FDA现场检查。持续跟踪欧盟关于动物源性深加工产品的法规要求，协助认监委与欧盟驻华代表沟通，解决相关产品出口注册的问题。成功指导苏州吉利鼎生物制品公司突破欧盟壁垒，成为全国首家恢复对欧盟出口胶原蛋白的生产企业。三是

“两微两大”送帮扶。省局卢钟山副局长、南京局王锦局长专程赴长安马自达汽车有限公司，调研解决公司5000辆汽车便捷进口问题。联系协调内蒙古局为江苏核电解决CCC产品从满洲里进关问题，压缩通关时间5个工作日，大大减少货物口岸积压费用。对因政策调整造成的张家港口岸小批量汽车进口遇阻问题，通过风险评估，帮助解决了已到港和合同已履行而正在运输途中车辆的进口难题，受到当地政府好评。

围绕“改革成效年”，严格执法监管实现新突破。一是管理体系监督检查成效显著。依托泛长三角联动执法检查机制，与江西、厦门、山东局开展执法联动。在国家认监委专项监督检查计划发生大幅度变更的情况下，克服任务量翻番、预算经费不足和组织难度加大的困难，创新开展辖区内区域执法联动，顺利完成了全省62家质量管理体系和能源管理体系获证组织的“双随机一公开”专项监督检查任务。全系统2017年约谈认证机构13家，行政处罚10起，处罚金额27.6万元。协同上海局查处的境外机构非法认证案、受认监委委托查处的凯邦检测认证出具虚假认证结论案，入选国家认监委2017年认证监管十大典型案例。国家认监委认可部特地发函，对我局管理体系认证执法工作表示肯定。二是“固垒清蚁”专项行动成效显著。全年查处涉CCC入境验证不合格产品228批，对其中21批予以退货，14批予以销毁，成效比去年同期大幅提升。在省内发布CCC产品认证行政执法警示通报7期，其中1期首次通过e-CIQ主干系统发布，3期被国家认监委采用在全国范围内发布，占全国检验检疫系统发布总数的75%。三是有机产品认证监管成效显著。不断完善有机产品入境验证工作机制，联合工商、质监等部门开展有机产品市场监督检查。全年发现各类违反《有机产品认证管理办法》行为26起，其中，对不合格的丹麦灭菌乳、印度棉花、日本纸尿裤分别采取销毁、索赔、整改后放行处理。四是强制性产品监督抽查成效显著。作为国家认监委指定的四个试点局之一，认真落实CCC获证产品双随机监督抽查试点任务。结合江苏口岸及进口产品特点，专门制定了双随机试点工作方案及工作细则。全年共对家用电器、厨房设备、低压电器、儿童安全座椅、儿童玩具、照明电器等6类产品实施了抽查，抽中22批送实验室检测，发现2批不合格，对其中安全性能不合格的LED台灯发布预警通报，实施认证后续处理。

围绕“强局建设”，强化勤勉履职展现新气象。一是内部管理更加完善。以迎接质量管理体系监督审核为契机，开展工作质量自查，梳理执法依据文件，不断推进认证监管制度化、规范化。健全党支部领导集体，认真落实党风廉政建设主体责任和监督责任，增强“四个意识”，严守“八项规定”，推进“两学一做”制度化、常态化，着力打造纪律严、业务强、素质优、作风硬的认证监管队伍。二是技能竞赛成功举办。省局认监处创新决赛形式，自编自导自演模拟现场审核视频，南京局周密安排、保障有力，全省系统认证行政执法岗位技能竞赛成功举办。全省认证行政执法岗位45周岁以下71人全部参加竞赛，来自11个分支局的14名选手获奖，实现了以赛促学、打磨业务技能、锤炼工匠精神的初衷。三是能力建设持续加强。卫生注册“传帮带”活动有序开展，重新评定确认50人继续为卫生注册主任评审员、97人为注册评审员、17人由见习评审员转为评审员。邀请认证、研究机构专家对认证行政执法人员开展管理体系认证知识培训，取得良好效果。四是宣传影响不断扩大。组织参加认监委“新形势下认证认可与加强全面质量管理”征文活动，4篇入选文集，成为地方两局入选数量最多的单位。无锡局政研课题获CCAA年度政研课题成果一等奖。多篇认证认可专报被总局质检专报、质检动态采用或得到地方分管领导批示肯定。“世界认可日”“有机宣传周”主题活动影响力显著提升。中央、省级媒体报道全省系统认证监管信息分别达179条和285条。

撰稿人：朱玉华　审稿人：赵志胜

抢抓新时代机遇　推动新质量发展
努力开创江苏检验检测认证工作新局面

——江苏省质量技术监督局 2017 年认证监管工作概况

2017 年是党的十九大胜利召开的一年，是深入学习贯彻十九大精神和习近平新时代中国特色社会主义思想的一年，也是大力推进质量提升行动的一年，江苏省质量技术监督局（以下简称“江苏省质监局”或“省局”）在省局党组的正确领导下，紧紧围绕省局党组确定的 “五个更加注重” 的目标任务，不断创新认证监管模式，加强全面质量管理，努力提升检验检测认证工作水平。

一、发挥认证引领作用，服务经济社会发展

（一）持续推进认证工作，认证证书持有量继续保持全国领先地位

截至 2017 年 12 月底，全省各类有效管理体系认证证书 147015 张，其中质量管理体系（ISO 9001）证书 94391 张、环境管理体系（ISO 14000）证书 29264 张、职业健康管理体系（ISO 18000）证书 18779 张、能源管理体系证书 479 张，现有证书总数位居全国第一。全省共获得 3C 证书 90167 张，较 2016 年底净增 6531 张证书，强制性产品认证证书总数列全国第三。

（二）围绕中心工作拓展新的认证领域

服务民生保障，配合国家认监委在邳州开展养老院服务认证试点，大力推进生活性服务业认证；服务生态文明建设，开展绿色低碳认证，发放节能产品认证证书 130 张、节水产品认证证书 79 张；服务质量提升，会同南通局就打造高端纺织业质量管理体系认证升级版进行了积极探索，并取得初步成效。

（三）推进示范区创建工作

报国家认监委批复同意，南京局在南京经济技术开发区创建“国家检验检测认证公共服务平台示范区”和盐城局在阜宁县创建“国家有机产品认证示范创建县”。

（四）完成行业统计和调查问卷工作

在各市局的大力支持下，组织开展了全省检验检测统计上报和检验检测认证助推质量提升调查问卷工作。苏州局还印发了《苏州市检验认证产业发展状况报告（2016 年度）》，积极向社会传递检验检测认证信息。

（五）促进认证行业协调发展

组织召开了两次全省认证机构联席会议，就绿色产品认证、服务认证、认证机构专项整治等主题，共同研究商讨解决办法，引导认证行业自律，不断推进我省认证行业持续健康发展。

二、不断加大监管力度，提高检验检测认证有效性

（一）完善监管体系

省局制定下发了认证活动和检验检测机构的“双随机、一公开”工作实施细则，并强调将专项检查与日常企业巡查相结合的运行机制。按照省局党组的统一部署，完成“互联网 + 检验检测认证”监管平台建设。

（二）加强管理体系认证活动监管

2016 年，省局对国家认监委随机抽取的江苏 60 家管理体系获证组织开展了专项监督检查，共发现 152 个问题，其中归属认证机构 132 个问题，归属获证组织 52 个问题。同时，省局根据省政府随机抽查事项清单的要求，按照不超过 1% 的比例随机抽取了 573 家质量管理体系获证组织，实际现场检查 529 家，累计出动检查人员 1205 人次，共涉及 76 家认证机构，检查中共发现 595 个问题，归属认证机构 412 个问题，归属获证组织 248 个问题，目前，已对 27 家认证机构（分支机构）进行约谈并责令整改，对涉嫌严重违法违规的 2

家认证机构，已移交当地稽查部门立案调查。

（三）强化对强制性认证产品监管

省局认证处与监督处合作，将 CCC 产品一并列入产品风险监督抽查计划，2017 年安排抽查的 CCC 产品合格率为 78.43%。结合省抽、国抽及认证机构认证评级分类情况，全省共对 273 家 CCC 产品生产企业实施了现场检查。省局还组织对车辆超限超载、电线电缆、混凝土搅拌运输车生产企业进行了专项整治。此外，省局联合江苏出入境检验检疫局，对江苏省 25 家强制性产品指定实验室开展了监督检查。

（四）加强检验检测行业监管

在徐州局选取的 41 家检验检测机构开展了信用评价先期试点的基础上，省局制定并下发了《检验检测机构信用评价管理办法》（试行）。在检验检测机构能力验证方面，省局组织开展了复混肥料中钾、氯离子含量测定和金属材料棒材室温拉伸检测能力验证工作。同时，省局作为“泛长三角”成员单位，联合开展了苏浙赣沪地区“土壤中重金属的测定”能力验证活动。此外，南京、苏州、无锡、镇江、连云港等市局还在各自辖区内开展了环境、建筑、机动车等能力验证活动。去年 9 月，省局联合省环保厅对全省环境检测机构开展了专项整治工作，随机抽取 13 家机构进行现场检查，对 5 家机构作出责令改正、8 家机构作出责令整改并处罚款的处罚决定。同时，无锡、徐州、南通、镇江、泰州等市局还采取对辖区内检验检测机构进行报告证书抽查、评审等方式，加强监督检查。全省 2017 年共移送撤销 6 家不合格检验检测机构。

（五）开展有机产品获证企业监管

常州局和苏州局对辖区内茶叶、蔬菜及水产类有机产品获证企业（生产基地）进行了现场检查和抽样检验。

三、丰富宣传培训方式，提升检验检测认证社会认知度

（一）持续开展培训活动

省局认证处联合培训中心，共举办了十二期检验检测机构内审员培训班和三期质量、技术负责人培训班，帮助企业培养质量认证专业人才。

为全面宣贯新版 GB/T 19000（ISO 9000）质量管理体系系列标准，全省累计组织免费培训和讲座 69 次，发放宣传材料 4207 份，累计 2614 家企业、5529 人次参加宣贯学习。针对环境检测机构专项监督检查中发现的问题，助其整改提高，专门举办检查结果通报暨质控培训班。

（二）广泛开展宣传服务活动

2016 年，省局组织开展了“世界认可日”和“检验检测实验室开放日”活动。期间，南京、无锡、苏州等市局开展了家装室内空气甲醛含量免费检测便民活动，得到社会上的好评。

（三）认真接受社会监督

2017 年，省局认证处受理处置局长信箱交办件、投诉举报、信息公开申请和国家认监委移送等各类案件共 11 件，件件得到落实。

撰稿人：姚　迅　审稿人：谢亚东

严格把关　创优服务　助推地方经济发展

——浙江出入境检验检疫局2017年认证监管工作概况

2017年，浙江出入境检验检疫局（以下简称“浙江局”）围绕全国质检工作会议和全国认证认可工作会议部署，以“加强全面质量监管”为主线，以“质量提升行动”为抓手，在推进改革创新、服务供给侧结构性改革、促进质量提升、服务地方经济发展等方面取得了积极成效。

一、进出口食品生产企业卫生注册登记工作概况

（一）以供给侧改革为引领，深入实施食品内外销“三同”工程

全面实施以“认证+”为核心的出口食品企业“逐一帮扶”行动计划，努力打造升级版“三同”工程，将“三同”工程作为“增品种、提品质、创品牌”的重要抓手，助推出口食品质量提升和产业升级。一是深化改革，优化服务。在出口备案审核中主动采信HACCP认证结果，或其它等效的食品安全卫生控制体系认证结果，切实保证出口食品备案办理“零超时”，实现出口“零等待”。二是实施升级版出口食品企业“逐一帮扶”行动计划。推行“一厂一策”逐一精准帮扶，抓住主打企业和行业重点帮扶，做好美国食品安全现代化法法案新发布配套法规的宣贯，促进企业质量提升。三是加强技术指导和行政监管。积极指导企业将HACCP等出口食品的先进管理理念和经验运用到内销生产，并鼓励企业获得第三方认证。加强出口食品企业备案和认证联动监管，确保企业内外销食品持续符合“三同”要求。四是联合地方监管部门协同推进。联合杭州市市场监管局、农业局在全国首推品质食品示范超市创建活动，“三同”产品率先进入杭州世纪联华、华润万家、麦德龙等6家大型超市。五是充分发挥浙江电商经济发达的区位优势，开启“三同”产品上“天猫”活动。大力推进“‘三同’商品进万家”工程，促成“天猫”平台开启“三同”产品网购专区，打通了消费者购买“三同”产品的最后“一厘米”。

（二）以探索自贸区监管模式改革为抓手，提升服务开放型经济发展能力

支持中国（浙江）自由贸易试验区发展，在风险评估的基础上，探索运用风险管理结果，简化出口食品生产企业、渔船备案和国外注册工作程序。一是加强第三方认证结果采信应用。将第三方采信覆盖范围从出口备案扩大至自贸区出口食品企业对外注册推荐工作。即对自贸区所在地分支局推荐上报的国外注册申请，省局在风险分析的基础上，采信企业获得的HACCP体系第三方认证结果，文件审核合格的不再组织现场评审，直接向国家认监委推荐上报。二是简化渔船对外注册程序。对于自贸区所在地渔船申请对外注册的，鉴于渔船靠岸时间较短的实际情况，允许分支局在文件审核合格的基础上，先行向省局推荐上报，将初审的现场评审和省局组织的异地评审合二为一，进一步缩短办理流程。三是推进HACCP（三同）示范区创建。根据舟山水产品加工产业特点，先行先试，积极争取认监委支持，在全国系统率先创建HACCP（三同）示范区，全力服务舟山国家海洋渔业基地建设产业发展。

（三）以“双随机、一公开”为手段，不断完善事中事后监管

一是在出口食品企业备案证后监管中全面推行“双随机、一公开”。迅速贯彻落实国家质检总局关于开展“双随机、一公开”调整适用范围试点工作的部署，于2017年8月印发了《浙江检验检疫局出口食品生产企业备案证后“双随机、一公开”监管实施细则（试行）》（浙检认函〔2017〕314号）。已建立涉及640余家出口食品备案企业的检查对象名录库和近300名卫生注册评审员的检查人员名录库，并实施动态管理。采取随机抽取被检查对象，选派检查人员的方式，对196家出口食品企业开展备案证后监管，出动检查人员411人次，开具不符合项681个，对13家不能持续满足备案要求的企业分别予以暂停、撤销、注销备案证明处理。二是首次对“三同”企业开展专项监督检查。

根据国家认监委2017年食品农产品认证专项检查工作的部署，首次对辖区“三同”企业开展专项监督检查。共出动行政执法人员26人次，对10家“三同”企业开展HACCP认证有效性检查，涉及4家认证机构。检查发现企业自身管理体系运行存在的问题27项，机构审核过程中存在的问题5项，出具整改通知书12份。同时，对肉制品、水产品、茶叶等6大类“三同”产品开展抽样检测，共计10批次。

（四）以认证认可服务发展为支撑，帮助出口食品企业开拓新兴国际市场

一是持续加大对外注册推荐力度。主动为企业提供信息服务和业务培训，指导硬件设施改造，提升质量管理水平，努力扩大“一带一路”等新兴市场进口注册推荐。截至2017年10月底，已累计对外推荐新企业37家次，涉及“一带一路”国家31家次，其中对吉尔吉斯斯坦热加工偶蹄类产品注册为浙江局辖区首次。二是全面指导出口食品企业迎接国外官方检查。组织专家对企业开展多方位的迎检指导，为企业解读国外食品安全法规和标准，对一线监管人员开展业务培训，组织迎检前的模拟演练。成功接待日本农林水产省对输日肠衣企业的官方检查和韩国食药部对输韩水产品企业的官方检查。

（五）以“最多跑一次”为目标，深化“放管服”改革

全面实现出口食品生产企业备案“最多跑一次”，率先开启“零上门”办理模式。积极推行第三方采信，帮助企业快速备案。在出口企业备案审核中积极采信HACCP或其它等效的食品安全卫生控制体系认证结果（包括自我声明）等，切实保证出口备案办理“零超时”，实现出口“零等待”。实施出口备案与HACCP认证联动监管。在制定出口食品备案企业年度监管计划时，充分考虑获证企业的机构现场审核时间，实现获证企业认证监管、认证机构见证检查、备案企业年度监管的“三合一”，进一步整合优化监管资源，提升监管效能。截至2017年10月底，已完成对辖区141家HACCP获证企业的联动监管，联动监管率达100%。

（六）继续开展国家认监委“评审专家传帮带”肉类团队建设活动

组织肉类团队与西班牙、法国官方主管机构开展合作交流，就肉类生产企业注册监管技术开展面对面专题研讨。通过中国与西班牙、法国肉类监管制度、法规及标准对比、肉类产品全生产链追溯管理研讨、肉类加工工艺与质量控制分析等一系列技术交流，有力地推动了中西、中法就肉类企业注册监管体系达成共识。同时，肉类团队成员汇报了前期分配的研究任务，均获导师的一致好评。

二、认证、认证监管及相关工作概况

（一）大力开展质量提升行动，提升质量供给水平

深入贯彻落实《关于开展质量提升行动的指导意见》，全面提升认证认可供给质量。一是以加强全面质量管理为核心，积极开展“百万家企业学9000”活动。制作、张贴海报/标语129条，发放宣传册、宣传材料5461份，举办免费培训、讲座次数45次，宣贯培训企业1234家次，培训企业人员2436人次，引导企业学院通过“百万家企业全面质量管理培训平台”注册在线学习895人次，掀起学习和应用全面质量管理知识的新热潮，营造学习质量管理新知识、打造产品质量高水平的新氛围。二是以提升认证工作质量为重心，全面推进认证监管提质升级。严把国门，加强进口CCC产品、进口食品注册等项目的入境验证；通过平台系统核查等举措，提高CCC免办审批、出口备案和对外注册推荐工作质量。

（二）以推进自贸区建设为契机，加快认证监管机制创新

自贸区是改革开放的政策高地，也是检验检疫的重要试验场。以改革创新的精神主动适应外贸新业态，以改革创新的办法探索认证监管新机制，推进浙江省开放型经济发展。一是服务航空产业园建设，创新CCC免办认证监管机制。制定了《实施细则》，明确对用于大飞机等制造用零部件免予实施强制性产品认证，优先帮扶自贸区内企业获得CCC免办诚信企业资格，享受一次审批、多次放行等优惠政策。二是支持海洋经济发展示范区相关产业发展，优化出口食品生产企业、渔船备案和国外注册推荐工作程序。在风险分析基础上，扩大第三方认证结果采信应用，对出口至低风险国家的注册，文件审核合格后不再组织现场评审，直接推荐上报。简化渔船对外注册程序，将初审和异地评审合二为一，进一步缩短办理流程。

（三）以“双随机、一公开”为原则，着力提升认证监管效能

以风险管理、信用管理和过程管理为基础，统筹推进“双随机、一公开”机制，带动认证监管模式创新和流程再造，规范检查执法行为，提高监管效能。牵头组织开展泛长三角及华东地区十一家直属检验检疫

局管理体系认证结果专项监督检查。根据2017年国家认监委依托认证行政执法监管区域平台开展检查的创新举措，浙江局作为牵头单位，组织召开部署会议，制定检查协商方案，协调完成了约占全国总量1/4的管理体系认证检查任务。浙江局共派出认证监管人员107人次，检查44家获证企业。

撰稿人：吴行知 审稿人：程忠权

总结经验　开拓创新

——浙江省质量技术监督局2017年认证监管工作概况

2017年，浙江省质量技术监督局（以下简称“浙江省质监局”或“省局”）成功获批首个国家认证认可检验检测改革试点省建设；全国首个农业区域公共品牌认证“丽水山耕”正式启动；“浙江制造”首次开展海外工厂认证；在全国率先实施资质认定“自我声明”制度，为推动“三强一制造”战略、服务经济社会发展发挥了积极作用，合格评定工作取得明显成效。

一、合格评定服务发展成效突出

（一）建设首个国家认证认可检验检测改革试点

促成浙江省人民政府和国家认证认可监督管理委员会签署《浙江省人民政府与国家认监委共同推进认证认可检验检测合作备忘录》。国家质检总局复函同意浙江省开展认证认可检验检测综合改革试点省建设工作。建立浙江省政府认证认可检验检测联席会议制度，推动全国认证认可领域一揽子改革在浙江的先行先试。

（二）“浙江制造”认证工作持续发力，迈入国际先进

与国际认证联盟（IQNet）签订了全球产品合作（GAPP）协议，助力“浙江制造”进入GAPP平台。颁发了首张“浙江制造”海外工厂认证证书，标志着“浙江制造”认证体系已经进入到国际认证体系的先进行列。“浙江制造”国际认证联盟扩员增加两家知名检测集团成员，为推动检验检测认证一体化发展，实现检验检测认证一站式服务迈出了重要一步。在2017年的中国质量（上海）大会上，我们作为唯一受邀发言的地方质监部门以《“浙江制造”——高质量的象征》为题作主旨演讲。2017年累计新增获证企业共70家，认证证书133张，其中，国际合作证书22张。截止目前，全省已有114家企业获得210张“浙江制造”认证证书，其中国际合作证书38张。

（三）启动全国首个农业区域公共品牌认证“丽水山耕”工作

经国家认监委同意，在浙江开展以“丽水山耕”品牌认证为示范的农业区域公共品牌认证试点，实现优势产业绿色发展。成立“丽水山耕”国际认证联盟，遵循政府引导、市场主导的原则，采用“A+B”标准体系构建形式及“第三方认证＋自我声明”综合性合格评定方式推动“丽水山耕”品牌建设。目前，发放“丽水山耕”认证证书21张。

二、“放管服”改革不断深化

（一）率先建立资质认定“自我声明”制度

对检验检测机构申请检验标准变更、授权签字人变更、地址名称变更、主要人员变更、法人性质变更、检验检测能力取消、资质认定复查（部分领域）等7项审批事项实施自我声明。检验检测机构对声明的真实性，推动机构主体责任落实，减少现场评审。“自我声明”制度实施以来，已减少947项原有审批事项，极大地释放审批制度改革红利。

（二）实现资质认定审批电子化和无纸化

进一步优化检验检测机构资质认定网上审批系统，简化申报流程，减少申报材料，将新申请材料由原有的12项减少为4项；推行“互联网＋行政审批＋标准化”审批模式，进一步规范资质认定审批流程，提高行政审批透明度；核发资质认定电子证书，实施资质

认定证书和行政审批过程文书在线送达、下载、打印，实现企业“零上门”、审批“零接触”；建立检验检测机构资质信息省局官方网站、微信公众号、二维码三位一体的查询机制，实现网上办理进度和结果的实时查询。

（三）深化行政审批制度改革

扩大联合审批范围，整合司法鉴定机构项目，将“1+X”联合审批部门扩大到8家，让更多的机构享受联合审批红利。继续做好市县行政审批层级一体化改革工作，应桐庐县人民政府请示，拟向桐庐县下放检验机构计量认证行政许可项目，自市县层级一体化实施以来，嘉兴、湖州、绍兴三地市县两级共办理检验检测机构行政审批事项1575项。

三、重点领域监管力度持续加强

（一）提升能力验证工作有效性

2017年能力验证活动共抽查了473家检验机构涉及16类产品项目，采取技术专家现场目击试验、现场考核方式，能力验证结果为满意的检验机构有349家，能力验证结果一次满意率为75.1%。开展2017年检验检测机构能力验证结果分析全省巡讲活动，深入讲解能力验证技术核查存在的问题，宣贯检验检测相关法律法规知识，有效提升全省各检验检测机构能力水平。

（二）试行“双随机、一公开”监管方式

在舟山建立合格评定“双随机、一公开”证后监管平台试点，建设各类数据库信息，检查结果联网公示，率先实现了真正意义上的“双随机、一公开”。对电商平台50批次小家电随机抽样开展CCC获证产品监督检查，其中8批次家电产品不合格。对随机方式抽样的39家质量管理体系和4家能源管理体系获证企业开展管理体系监督检查。

（三）加强重点领域证后监管

对浙江省10家国家级检验机构、10家食品检验机构、5家机动车检测机构开展监督检查。开展2017年全省“蓝剑3号”执法行动情况，检查检验检测582家和CCC获证企业1292家，立案查处168起，责令改正117家，停业整改4家，吊销证书3家，罚没款359.03万元。2017年省市县三级共检查检验检测机构数量达1780家，基本实现全覆盖，共下发责令整改通知书271份，约谈机构236家，暂停机构证书60张。

四、基础保障继续夯实

（一）加强基层监管队伍建设

全年举办全省认证认可监管人员培训班三期，涵盖管理体系认证活动监管、有机产品认证监管和CCC认证监管案件调查方法与技术、资质认定行政审批、检验机构执法检查现场教学等内容，共培训300余人次。

（二）完成检验检测服务业统计工作

截至2016年底，全省共有检验检测机构1674家，检验检测产值达到110多亿元，检验检测从业人员达56644人，实验室总面积277万平方米，固定资产原值达150多亿元，拥有仪器设备33万台。

（三）营造认证认可良好社会氛围

在金华启动2017年浙江“6·9”世界认可日系列活动，共210余人参加了启动仪式。开展了认证认可检验检测助推质量提升问卷调查和典型案例搜集工作，共完成调查问卷2167份，典型案例33个。

撰稿人：江婧敬　审稿人：丁德祥

发挥认证认可优势　助推区域经济转型升级

——宁波出入境检验检疫局2017年认证监管工作概况

2017年宁波出入境检验检疫局（以下简称“宁波局”）认证监管工作以服务供给侧结构性改革为主线，深入开展质量提升行动，发挥认证监管在服务全局发展中的独特作用，服务新型业态发展，促进贸易便利化，在“四个宁波”建设中成效显著。

一、主要做法及工作成效

（一）提升认证监管活力，深化“质优宁波”建设

1.深化检验检测认证公共服务平台示范区建设

一是加强部门协作。与宁波国家高新区（新材料科技城）管委会签署合作备忘录，共同构建具有“宁波特色”的认证认可行业治理与服务平台。二是加快人才队伍建设。牵头推进宁波检科院、技术中心落户示范区，促进宁波贸易便利化服务中心与平台功能对接。三是支持产业发展新模式。对接宁波世贸通、中基惠通等外贸综合服务试点平台企业，支持“互联网+检验检测认证”第三方质量服务平台发展。“互联网+检验检测认证”创新应用与研究已纳入中国认证认可协会政研课题。四是服务区内企业发展。鼓励示范区机构申请进出口商品检验鉴定资质许可。区内已有13家机构获得资质许可，1家正在申报中。五是深化政策宣贯。以“世界认可日”宣传活动为契机，对区内6家第三方机构开展日常检查，对4家消防类检验检测机构进行专项检查。六是拟定《检验检测认证公共服务平台示范区管理规范》，已提交结题评审。

2.出口食品内外销“三同”建设成效显著

一是提升质量管理水平。组织开展对标活动，指导帮助55家企业获得危害分析与关键控制点（HACCP）体系认证，企业数量增加逾40%，获证比例达41.7%，20家企业获BRC等国际食品相关认证。二是增加企业和消费者获得感。32家出口食品企业成功登陆“三同”平台，占宁波出口食品企业数的25%，其中17个品牌成为中国名牌。辖区“三同”企业进驻89家商超、12家电商平台、12家其他商务平台，实现内销6.6亿元。三是牵头制定行业标准。牵头制定的《同线同标同质检验检疫机构监管指南》（RB/T 155—2017）于2017年8月1日实施。四是注重监管，规范市场。对宁波地区“三同”食品开展专项监督抽查，抽查样品10组；对10家“三同”食品企业开展专项监督检查，发现认证机构问题11条、获证企业问题45条。五是强化宣传推广。在第三届中东欧投资贸易博览会设立“三同”展区，获国家质检总局李元平副局长亲临指导。举办“三同”成效新闻发布会暨“三同”进万家活动启动仪式、宁波市食品农产品“同线同标同质”示范企业社会开放日活动，162名社会各界代表出席。通过进商超、进社区、进校园、进机关等形式组织“三同”进万家宣传活动30余次，参与群众近2000名，人民网等媒体刊物累计报道14篇，电视台新闻跟踪报道3次。

3.深化检验检测认证市场信用管理体系建设

一是联合高新区开展检验检测机构诚信国家标准宣贯培训班，覆盖全国检验检测诚信试点单位及示范区机构35家。二是持续开展对辖区第三方检验检测认证机构开展信用评级，32家企业被评为B级。

（二）发挥认证监管效能，深化“平安宁波”建设

1.提升检疫处理工作能效

一是强化部门协作。出台《宁波检验检疫局关于进一步加强检疫处理管理工作的通知》，在“一把手”负责制框架下加强检疫处理审批及后续管理，成功迎接总局通关司检疫处理单位和人员审批工作交叉检查、督审司检疫处理专项督查。二是提升技术实力。承设中国检验检疫学会检疫处理专业委员会秘书处，并承办换届工作会议。宁波局7名专家获聘专委会委员，8人

被专家智库收录。编撰《检疫处理行政管理工作手册》，已交付编辑印刷；三是推进市场化改革。推进出入境检疫处理单位和人员公正规范审批和许可信息公开工作，营造公平公开市场环境，受理系统外申请机构1家。目前辖区共有获证单位3家。

2. 规范进口食品注册监管

一是发布《关于进一步加强进口食品注册认证信息口岸查验的通知》，加强口岸拦截力度；二是加强进口注册《目录》内食品和有机产品后续监管，对进口肉类、乳制品、水产品以及有机产品进行抽查；三是联合内蒙古局成立“进口蒙古国肉类乳制品水产品技术审核办公室”，利用口岸认证执法联盟机制联合开展进口食品注册技术审核工作。

3. 加强进口CCC产品监管

一是完善CCC免办工作流程。组织CCC免办审批新系统上线培训和企业宣贯。部署CCC免办证明电子核销工作，推进免办证明办理无纸化。全年通过免办电子审批系统收到申请457份，发放免办证明351份，产品货值约0.7亿元人民币。二是严格免办产品的后续监管。按季度对发放的免办证明开展100%后续监管，并对后续监管完成情况进行监督抽查。三是开展进口CCC获证产品监督抽查。在进口玩具、小家电等风险集中领域抽查进口产品15批次，发现不合格品2批次。后续计划开展跨境电商领域进口CCC产品抽查。

4. 净化第三方机构市场

一是开展质量管理体系认证结果专项监督检查。通过“双随机、一公开”对18家检查样本进行监督检查，涉及13家认证机构，发现认证机构和获证企业问题73个，检查结果已上报认监委；二是狠抓进出口商品检验鉴定机构管理。发挥行业协会、进出口商会作用加强行业内监督自律。同时强化资质管理，通过审查年度报告、现场专家核查等方式掌握辖区25家第三方机构从事进出口商品检验鉴定情况。

（三）创新认证监管模式，深化“畅通宁波”建设

1. 助力宁波口岸进口汽车产业发展

一是按照国家认监委2017年第1号公告要求做好进口小批量汽车业务调整过渡工作，引导相关企业办理单车CCC认证；二是协助宁波梅山卡达克汽车检测有限公司获得汽车产品领域和单车认证的强制性产品认证指定实验室资质，提升宁波汽车整车口岸技术保障实力；三是召集进口商及相关部门开展进口汽车单车CCC认证工作座谈，促进单车认证模式在宁波口岸顺利实施。

2. 推出CCC免办便利化举措

落实“最多跑一次”，发布《宁波检验检疫局关于调整免予办理强制性产品认证工作有关要求的通知》。依托检验检疫口岸认证执法联盟及泛长合作机制，与上海、浙江等口岸局达成CCC免办证明办理的便利做法互认。推出下放办理权限、简化办理流程、无纸化办理及CCC免办证明办理“零上门”四项便利化举措，为企业提供高效便利的服务。

3. 助推中国－中东欧国检试验区建设

向国家认监委申报进口注册技术评审工作项目管理，申请承担中东欧国家进口《目录》内食品注册技术评审项目。制定《进口食品境外生产企业注册采信HACCP体系认证工作规范》，探索进口食品注册采信第三方HACCP认证。

4. 提高出口食品企业备案工作时效

在出口食品生产企业备案工作中推进第三方HACCP认证采信及企业自我声明采信，简化备案流程。全年办理出口食品生产企业备案、HACCP验证、对外注册73家次，14家企业通过采信获得备案。截至9月底，宁波地区共有出口食品备案企业130家，对外注册企业135家次。

（四）夯实认证监管基础，深化“国检宁波”建设

1. 党建工作常态化制度化开展

一是拟订《认证处党支部“两学一做”学习教育常态化制度化实施方案》，以落实“三会一课”为重点，制定《支部年度计划》和《党支部固定生活日活动计划表》；二是对接“两学一做”和认证认可业务工作；三是与口岸认证执法联盟单位签订《深化检验检疫口岸认证执法联盟认证执法监管业务一体化暨党建工作合作共建备忘录》。

2. 研究认证认可服务发展，为政府决策提供参考

一是参与完成宁波市哲学社会科学规划课题《两港同创推动大榭口岸建设国际绿色生态低碳健康岛》；二是完成市级重点资助调研课题《认证认可助力宁波“中国制造2025”试点示范城市建设路径研究》；三是参与完成局重点政研课题《技术性贸易措施助推“中国制造2025”路径研究》；四是完成部门政研课题《检

验检测认证行业信用管理体系研究》；五是完成关于工匠精神、重点实验室建设等方面宁波市课题。

3. 全力配合上级工作，积极争取专项经费

协助认监委开展认证认可业务调研、认证认可“一带一路”建设工作调研。协助总局发展研究中心开展新形势下宁波检验检测认证行业改革发展研究调研。协助中国检验检疫学会开展“中国—东盟检疫处理培训班”准备工作调研。争取认监委工作经费支持我局认证认可业务的开展，全年获拨认证执法区域一体化经费、认证执法能力培训经费、推进“逐一帮扶”和“三同”建设经费等共计 70.4 万元。

二、存在的问题

一是基层认证执法监管人员配置和能力不够。一线认证行政执法岗位人员变动频繁，造成工作衔接不顺畅，新的人员岗位能力不能保障；二是进口食品注册评审专家队伍培养力度不够。专家的数量和专业度不够，能参与认监委评审工作的专家太少，需加大培养和推荐力度；三是认证监管部门年龄结构和专业不合理。年龄结构偏大、专业配置不合理、人员交流少等均限制了认证监管水平的提高。

撰稿人：李红霞　审稿人：陈继新

全面提高认证认可供给质量
全力服务安徽内陆开放新高地建设

——安徽出入境检验检疫局 2017 年认证监管工作概况

2017 年，安徽出入境检验检疫局（以下简称“安徽局”）紧紧围绕发展质量和效益，坚持贯彻新发展理念，开展认证认可质量提升行动，强化认证认可全面质量管理，创新认证认可服务理念，提高认证认可供给质量，为安徽经济转向高质量发展阶段、建设内陆开放新高地做出更大贡献。

一、2017 年基本情况

截至 2017 年 12 月 31 日，安徽局辖区有效期内备案企业共 320 家。2017 年新增备案企业 34 家（次），延续备案 75 家（次），变更信息 33 家（次）。2017 年推荐了 2 家（次）水产品企业、1 家（次）熟制禽肉企业和 1 家（次）低酸和酸化食品企业对美国注册，已得到国外官方和国家认监委批准。共接到免办申请 436 批，出具免办证明 384 份。

二、充分发挥认证认可作用，促进质量提升

（一）积极开展有机产品认证示范区创建活动，培育区域竞争新优势

大力开展有机产品认证示范区调研宣传工作，主动对接服务，当好桥梁纽带，帮助有创建意向的地方政府解决实际问题，积极推动有机产品认证示范区创建。在安徽局的大力帮扶下，六安市金寨县有机产业初步形成产业规模，对地方经济带动作用凸显；地方政府对有机产业高度重视，在制定有机生产管理措施的基础上进一步明确了有机产业发展规划，并出台了相应的配套扶持政策，有效提升了当地农产品质量安全水平，促进了农业供给侧改革和可持续发展。该县于 2017 年 10月顺利获批为安徽省首批有机产品认证创建示范区。

（二）加大监管力度，规范辖区内认证市场

一是开展管理体系认证专项检查。严格落实国家认监委“双随机、一公开”的检查要求，派出 4 个检查组，10 名检查人员对安徽地区 6 家管理体系获证企业实施检查；并派出 2 个检查组，4 名检查人员对山东省 3 家管理体系获证企业实施异地检查。发现各类问题线索 41 个，向 1 家认证机构发出整改通知；二是实施 CCC 认证产品市场抽查。对安徽口岸实施布控后，采取在流通领域购买抽样的方式抽取了咖啡机、食物搅拌机等进口小家电产品，送至 CCC 认证指定实验室进行了产品一致性和主要安全项目的检测，并在食物搅拌机的检测中发现了标志和说明存在问题。安徽局在通知

相关企业确认问题后将不合格结果上报国家认监委；三是加强食品农产品认证监管。围绕进口食品认证、HACCP认证、食品安全管理体系认证、有机产品认证、GAP认证等派出监管人员273人次，检查了127家企业，6种获证产品，涉及16家认证机构。

（三）精心组织世界认可日活动，引导社会各方关注认证认可工作

在第十个世界认可日来临之际，为夯实世界认可日活动基础，安徽局组织开展了认证认可检验检测全面质量监管专项整治工作，对自愿性认证活动、强制性产品认证入境验证、资质认定实验室的管理体系和检验检测活动进行了全面的排查整治。排查期间，配合上海检验检疫局核实了一家台资认证机构非法认证行为，并对安徽涉案企业进行了认证认可法规的教育宣贯。

世界认可日期间，安徽局在官方网站链接了国家认监委“世界认可日”活动专栏，在微信公众号和各分支机构的检企微信群、QQ群众转发了宣传材料；组织各分支机构向辖区内进出口企业发放宣传海报，深入企业开展认证认可知识宣传，为企业答疑解惑；举办了多场进社区、进校园、进企业以及三同进万家等现场宣传活动，对认证认可的功能成效进行了广泛宣传。提高了辖区内进出口企业、社会公众对认证认可工作的认知度，加强了与地方政府和部门的协调配合，增强了认证认可工作的影响力，取得了显著效果。

三、持续深化业务改革，提高工作效率

（一）加强进口注册口岸查验，推进进口食品创新治理

严格落实国家认监委进口食品前置监管与口岸查验相结合的要求，认真做好辖区内进口食品企业注册及认证信息查验工作。同时将进口食品注册、认证信息口岸查验工作纳入绩效考核范围，对相关分支机构进行业务督查，不断提升查验工作的规范性和有效性。

（二）深化“放管服”改革，完善出口食品企业事中事后监管机制

一是进一步加大备案采信HACCP认证结果工作力度，提高采信比率，缩短备案办理时间，实现企业出口“零等待”；二是加强备案监管和认证监管联动的实施力度，对出口食品备案企业和相关食品农产品认证认证活动实现100%联动监管；三是实施备案监管和检验监管相互融合的联动监管，检验监管人员深入企业时将检验检疫、备案监管、认证监管共同完成，避免多次下厂、多头监管的情况，提高工作效率，提升工作有效性。

（三）强化风险控制，严把CCC国门关

一是不断规范审批工作，制定了《CCC免办工作监督管理规范》，建立权力运行监管细则，厘清权责边界；将CCC免办作为对分支机构的绩效考核指标，通过业务督查不断提升工作质量，规范工作方法；二是注重提升服务理念。在官网办事大厅栏目内公示了《CCC免办办事指南》《安徽检验检疫局出具免办证明具体要求》等材料，并提供咨询、监督电话；建立了检企微信群，为企业申请CCC免办提供全方位服务；三是注重落实企业主体责任，加强信用管理，对于长期未出现违规问题的企业，采信企业的自我承诺，采取集中核查的方式降低监管频次；要求企业建章立制，结合自身实际情况制定相关的CCC免办产品使用管理制度及出入库台帐，确保CCC产品数量可知、状态可查、问题可追。通过以上措施，有效确保免办证明涉及企业的证后监管比例达到100%。

四、全力开展“同线同标同质”工作，助力供给侧改革

将“三同”工程列为重点工作，写入《安徽局十三五规划》，同时积极向省政府汇报，将“三同”工程列入了省政府重点工作；主动与省食安办进行沟通，将“三同”工程的考核指标纳入全省2017年食品安全工作评议考核范围。

为进一步加强“三同”工程宣传，安徽局在官网开辟了“三同”宣传专栏，向社会公众普及“三同”工程相关知识，推广省内“三同”企业及其产品，介绍“三同”工作进展和动态。5月17日—19日，第十届中部投资贸易博览会在合肥滨湖会展中心召开，来自60个国家和地区的逾4000名客商参加。在大会的“皖货精品展”展馆内，安徽局联合省商务厅设置了“同线同标同质”专区，为全省31家“三同”企业及产品提供了展示及销售平台。5月28日，安徽局和安徽省商务厅、省食药局、合肥市政府，在合肥百大集团合家福超市共同举办“同线同标同质 共享国际品质”活动，省商务厅、省食药监局，合肥市政府多位领导出席了活动，现场与省食药监局签署了合作备忘录，全省20家“同线同标同质”优秀企业及其“明星产品”参展，吸引了众多消费者前来参观、咨询和购买。多家新闻媒体对相关活动进行了宣传报道，安徽新闻联播也对活动现场进行了专题报道。

截至2017年12月31日，安徽局辖区的“三同”企业已由2016年底的29家增长至54家，占出口食品

备案企业总数比也由2016年底的9.5%上升至16.7%，多家出口企业的产品进驻了沃尔玛、家乐福、华联等大型超市，以及京东、淘宝、三同优品、徽之尚等电商平台。“三同”工程的推进，大力提升了安徽出口食品企业内外销产品质量，帮助企业在抢占国内市场上赢得先机。

五、推进检验检测认证公共服务平台建设，强化质量基础支撑

2017年，安徽局国家茶叶及农产品检测重点实验室被黄山市政府认定为黄山市中小企业公共服务示范平台，成为黄山市茶产业发展和技术创新的公共服务重点实验室。同时该实验室还作为课题参加单位之一，协助中国检科院共同完成经科技部立项的“特色高值农产品新型甄别检测关键技术研究”课题，主要负责开展太平猴魁产地溯源技术研究。作为安徽局实验室首次参与的NQI国家级科研项目，该课题将建立茶叶品质鉴定技术2～3项，为太平猴魁的产地及品质鉴定提供技术手段。

撰稿人：尹阳阳　审稿人：吴忠仁

传递信任　服务发展　推动认证认可工作再上新台阶

——安徽省质量技术监督局2017年认证监管工作概况

2017年，安徽省质量技术监督局（以下简称“安徽省质监局”或“省局”）深入贯彻落实“抓质量、保安全、促发展、强质检”的工作方针，以提高发展质量和效益为中心，以服务供给侧结构性改革为主线，牢固树立质量第一意识，认真履行认证认可监管工作职责，不断深化检验检测审批制度改革，推动认证认可工作再上新台阶。

截至2017年12月31日，全省获得省级资质认定的检验检测机构1200家，检验检测机构营业收入60亿元；国家产品质检中心23家，省级质检中心70家；注册地在安徽的认证机构4家，外省市认证机构的在安徽分支机构18家；强制性产品认证证书17062张，比2016年增加2645张，在全国排名6位，占全国比重3.04%；管理体系认证证书23722张，比2016年增加3405张，在全国排名12位，占全国比重2.78%。

一、突出改革创新，规范权力有序运行

一是大胆尝试检验检测机构资质认定审批方式改革。全面实行行政审批事项“三集中三到位两分离”改革，即行政审批职能向省局审批办集中，省局审批办向省政府政务服务中心集中，行政审批事项向全省“一张网”集中；向窗口授权到位，业务处室事中事后监管到位，技术机构技术支撑到位；审批与监管分离，检验检测机构资质认定行政审批职能移交给省政务服务中心质监窗口，从2017年11月1日起，检验检测机构资质认定申报企业在符合条件的情况下，到省局政务窗口递交申请材料后，完成所有审核、审批、发证等工作，实现申报企业“最多跑一次”。二是改进机动车检验机构资质认定管理工作，减少资质认定事项和数量。贯彻落实《国务院关于第三批取消中央指定地方实施行政许可事项的决定》（国发〔2017〕7号）和《安徽省人民政府关于贯彻落实国务院关于第三批取消中央指定地方实施行政许可事项的通知》（皖政〔2017〕48号），依据《检验检测机构资质认定管理办法》（国家质检总局163号令）和《检验检测机构资质认定评审准则》（国认实〔2016〕33号），印发了《关于进一步改进和加强机动车检验机构资质认定管理工作的通知》（皖质办函〔2017〕167号），进一步改进我省机动车安全技术检验、尾气排放检验和综合性能检验机构的资质认定管理，实行“三站合一”，减少机动车检验机构资质认定事项和数量，切实提高资质认定的系统性、协同性、针对性和时效性。三是制定机动车检验机构地方标准。依据省质监局、省公安厅《安徽省机动车安全技术检验机构分类监管考核实施细则》，制定发布了《机动车安全技术检验机构检验业务信息系统检验规程》和《机动车安全技术检验机构检验业务信息系统技术规范》两个地方标准。

二、突出认证执法，加强全面质量管理

印发了《关于开展2017年认证监管工作的通知》（皖

质办函〔2017〕217号），明确强制性产品的检查重点领域、重点产品，全省共出动执法检查人员1890人次，检查企业364家，查处违法案件69起，涉案货值185万元。开展CCC电线电缆获证产品市场专项监督抽查工作，按照《国家认监委关于印发〈2017年认证认可专项监督检查计划〉及有关专项监督检查工作方案的通知》（国认法〔2017〕62号）要求，会同江苏省产品质量监督检验研究院制定了《安徽省2017年强制性产品认证获证产品电线电缆市场监督抽查实施方案》，在安庆、六安、池州、蚌埠、芜湖等地流通领域抽查产品95批次，实际检测92批次（3批次产品因企业确认所抽产品非其公司生产并提供了证明材料而撤销），涉及36家生产企业，其中合格企业29家，企业抽查合格率为80.6%，合格产品83批次，产品抽查合格率为90.2%。推进全省绿色产品标准、认证、标识体系的实施工作，印发了《安徽省质监局关于印发推进统一的绿色产品标准、认证、标识体系的实施意见》，推动绿色产品标准、认证、标识体系在我省的使用和采信，组织有机产品认证示范区创建活动，为推动结构调整、产业升级和政府创新治理提供技术支撑，积极指导太湖县、砀山县、金寨县申报“有机产品认证示范创建区”，强化有机生产管理措施，严格控制有机生产禁用物质流入有机生产区域，切实保障有机产品生产过程和产品质量符合《有机产品》国家标准要求，9月份，太湖县、砀山县、金寨县顺利通过认监委组织的相关答辩、考核，被授予“有机产品认证示范创建区”称号。开展管理体系和有机产品认证专项监督检查工作，对国家认监委随机抽取的10家质量管理体系认证获证企业和2家能源管理体系认证获证企业的认证活动进行检查，重点检查认证活动的合规性和认证档案的真实性。按照认监委的统一部署，承担了20家有机产品认证获证企业的专项监督检查和有机产品茶叶、果蔬、生长期植物组织、有机肥等共9批次认证获证产品的专项监督抽查。

三、突出证后监管，督促落实主体责任

各级质监部门采取日常检查、双随机抽查，能力验证等多种方式，对获证机构的基本条件、技术能力保持情况和检验检测行为开展监督检查，全省1200多家机构做到全覆盖，全年共处理问题机构400家，其中告诫机构170家，责令改正机构128家，责令整改并处罚机构55家，注销机构45家，撤销机构2家。一是开展获证机动车检验检测机构监督检查工作，印发了《关于开展2017年机动车检验机构监督检查工作的通知》（皖质办函〔2017〕206号），全年两次集中组织对资质认定的机动车检验机构（安全技术检验、尾气检验、综合性能检验）开展了集中监督检查。组织对全省机动车安检机构开展分类监管考核，其中：A类6家，B类169家（含新建67家暂按B类管理）、C类23家。二是加强对环境检测机构检测行为监管，印发了《关于开展2017年环境检测机构监督检查工作的通知》（皖质函〔2017〕388号），从9月1日至9月30日，各地质监部门和环保部门联合组织对辖区内所有获证的环境检测机构集中开展一次监督检查，12月份，省局联合省环保厅采取双随机的方式，按照机构总数的20%，对全省环境检测机构集中开展监督抽查。三是开展获证其他检验检测机构监督检查工作，印发了《关于开展2017年度检验检测机构资质认定监督检查工作的通知》（皖质办函〔2017〕164号），组成5个检查组，随机抽取30家获证检验检测机构进行现场检查。协调省食药局、芜湖市局和蚌埠市局顺利完成了国家认监委对安徽省的“2017年度食品检验机构专项监督检查”（抽查5家食品类机构）、“2017国家级资质认定检验检测机构专项监督检查”（抽查5家机械工程类机构）。

四、突出教育培训，提升监管能力素质

先后举办了质量管理体系和食品、农产品认证专项监督检查培训班、认证和检验检测机构安全监管业务培训班、认证认可监管人员业务知识培训班，聘请专家讲解业务知识，通过学习培训，提高了基层认证监管人员的业务水平。配合相关部门组织开展检验检测资质认定机构CEO专业技能业务培训，帮助他们提高管理能力。组织开展省级资质认定评审员考核工作，规范全省资质认定评审员的使用和监督管理，在符合条件的700余名申请人员中，通过考试和考核最终确认了432名检验检测机构资质认定评审员（其中：主任评审员43名、换证评审员209名、新增评审员180名），为进一步提高我省资质认定现场评审质量提供了保证。组织专家编纂了《安徽省检验检测资质认定技术评审工作手册》。

五、突出风险防范，强化党风廉政建设

积极参加省局统一组织的“七个一”活动。认真组织检验检测资质认定机构技术评审行为不规范专项整治，成立了组织，制定了方案，认真查摆，照单整改，层层签订承诺书，并主动与机关纪委、财务处联手配合，随机深入10家检验检测资质认定机构明查暗访技术评审人员、证后监管人员遵守党风廉政建设的情况。认真履行“一岗双责”，注重加强政治理论学习和党风廉政建设。

撰稿人：刘春生 审稿人：叶炎

充分发挥认证认可作用 促进质量提升

——福建出入境检验检疫局 2017 年认证监管工作概况

2017 年，福建出入境检验检疫局（以下简称“福建局”）以十九大精神为指引，深入贯彻落实全国质检工作会议、全国认证认可工作会议和福建检验检疫工作会议精神，围绕质检工作“十二字方针”，紧盯“实现‘强中更强’，打造‘福建样本’”的工作目标，以服务供给侧结构性改革为主线，充分发挥认证认可作用，全面提高认证认可供给质量，精细管理、精准施策，狠抓“七个”着力，各项工作取得新成效。

一、着力开展“县县有注册，产品全覆盖”行动，帮助企业快速备案显成效

一是进一步简政放权，推行差异化管理。对福州/平潭自贸区、泉州综保区内已获得 HACCP 认证、ISO 22000 认证或 ISO 9001 认证的出口食品企业在备案或新增产品时免于提交纸质材料、免于现场考核（即“双免”），企业备案审批时间由原先的 20 个工作日缩短到 12 个工作日。在泉州、福清试点下放备案管理权限和出口备案申请无纸化，切实保证出口食品企业备案办理“零超时”。在出口食品生产备案审批中大力推广采信第三方认证结果，2017 年共采信第三方认证结果 35 家，实现出口“零等待”。二是贯彻精准扶贫要求，开展“县县有注册，产品全覆盖”行动。帮扶泉州市实现出口食品备案企业覆盖辖区所有县/市，加大对宁德、三明、龙岩、南平辖区部分仅有 1 ~ 2 家出口企业的县市备案力度，优先促进获得认证的内销食品企业向外销转型，推动山区、革命老区产业转型升级；引导出口食品企业逐步实现由初加工向深加工、由粗加工向精加工的转变，做大做强产业规模，形成一批特色食品产业链。1 月—10 月，累计新批准食品备案企业 49 家。

二、着力开展“全面对标提升，扩大出口增量”行动，不断加强质量供给显成效

一是组织开展广泛的“全面对标提升”活动。组织质检系统内外专家针对出口食品生产企业质量管理、国外法规标准以及通关环节注意问题为企业提供系统性培训，做好美国食品安全现代化法新发布配套法规的应对、宣贯工作，开展 2 期 117 法规培训和 1 期防止蓄意掺假法规培训，促进企业质量提升。二是开展“扩大出口增量”行动。组织辖区企业对外注册需求调研，研究分析出口贸易增量突破口，加大对欧、美、日注册企业推荐力度，截至 2017 年 10 月，共推荐 84 家次企业对外注册申请，申请的国家和地区分别为美国、欧盟、日本、俄罗斯、巴西、韩国、越南、印度尼西亚、吉尔吉斯斯坦和中国香港，新批准对外注册企业 39 家次。2017 年，共指导辖区企业接受欧盟卫生与食品检查评析司对输欧蛋品官方控制体系首次官方检查、日本厚生劳动省对福建省输日乌龙茶质量安全控制体系考察和香港食环署对 1 家输港食品加工企业进行视察，均顺利通过。三是加强出口企业能力促进工作，提升企业自检自控能力。组织开展形式多样的出口食品质量管理大讲堂活动和“请进来、走出去”等专项培训项目。借助“食品 580”平台创新实现线上微课程培训，引导企业加强食品企业安全管理人员队伍建设，切实提高食品企业自检自控能力。

三、着力帮扶出口食品企业转型升级，推动“三同”工程显成效

一是举办中国龙岩 2017 年质量论坛、在莆田设置福建省首家出口食品“三同”馆、开展以“三同”换认同、讲述“质量”等多种形式活动，向企业和消费者深入浅出介绍“三同”相关知识，引导有条件的企业实施“三同”工程，提高中高端消费供给。二是专门印制福建局“三同”宣传材料，联合各地食安办、市场管理局等部门，开展宣传活动。在活动现场向公众发放宣传小册子近 3000 册，现场接受群众咨询 500 人次，营造食品安全社会氛围。三是组织三同企业积极参与“三同进万家”“三同购物节”等活动，开展“三同”进商超、进社区、进乡村、进校园、进机关系列活动，推动企业与中粮我买网、顺丰优选等商务平台实现对

接；联合福建省商务厅，积极争取政策和资金支持共同推动运用认证认可手段促进外贸转型升级，通过开展“全面对标提升”、推动“三同”工程、培育“三同”品牌。全国首批“三同”示范企业福建光阳蛋业股份有限公司自主搭建社区24小时零售平台，通过“O2O”商业模式，实现“家门口”的“三同”产品，2017年，入驻福建省50个社区，2018年进驻全国范围内500个社区。截至2017年底，福建局辖区登录“三同”信息公共服务平台的企业已达118家，三同产品进驻商超和电商平台等200余个，实现销售金额6.9亿元。

四、着力挖掘对台优势，促进闽台交流合作显成效

一是拆解海峡两岸19大类食品产品标准600多个，拆解出产品指标体系3600多个，指标要求10万多条。该产品指标体系包含针对某一特定标准产品应满足的所有指标要求，形成结构化数据，包括食品名称、指标要求、检测方法、来源标准/法规等。同时完成《海峡两岸监管体系和标准比对分析报告》。二是开发海峡两岸食品产品指标查询比对系统。实现查询产品需执行的所有指标要求及检测方法等信息。同时，可比对相近产品的指标要求、检测方法等信息的不同点，方便监管一线人员更快速、更全面地做出判断，实现通关便利与有效把关的最佳结合点。三是对福建自贸区（福州片区）内列入省、市重点项目的企业以及进口国外先进技术、关键设备、重要零部件的优质诚信企业，实施“一次确认、长期有效，一次审批、多次放行，直通放行、诚信监管”的进口CCC免办产品“便捷审批、快速核放”的创新措施。实施后，平均审批时间由原先的3个工作日缩短到1个工作日，为企业节省通关时间80%，企业申办时间和办事成本分别降低50%和70%，惠及区内50余家进口3C免办产品申请企业。

五、着力加强精细化管理，强化认证执法监管显成效

一是强化强制性产品认证监管，组织实施2017年强制性产品认证获证产品市场抽查，顺利完成进口儿童安全座椅、厨房家电、玩具等3大类共6种产品的抽样检测工作。二是组织福建局系统内检验检测机构按照要求开展全面的资质认定和管理体系运行情况自查，同时，对已开展的检验检测活动和向社会出具的检验检测报告进行全面排查，确保在资质认定证书规定的检验检测能力范围内。三是组织管理体系认证结果专项监督检查。在全面贯彻认监委“双随机、一公开”监管要求同时，充分发挥泛长三角区域检验检疫认证认可联动执法机制优势，随机抽取10名认证认可执法人员，组成5个检查组，对福建省内2家获证组织、山东省内9家获证组织开展现场监督检查，涉及发证机构8家，现场检查共发现问题25个，对涉嫌违法违规行为的已移交所在局进一步深入调查和跟踪处理。四是继续联合厦门检验检疫局开展监管联动，开展对福厦两地的水产品、罐头、蔬菜蜜饯、茶叶面糖类等福建大宗出口产品企业联合监督检查，交流评审口径，统一目光，实现了信息互通、监管互认、执法互助。

六、着力推进智慧实验室建设，加强实验室管理显成效

大力推进实验室LIMS系统改造升级，组织牵头召开多场专家论证和需求方案调研、评审会，最终形成福建局智慧实验室管理系统（一期）需求方案，并正按照合同要求稳步推进，将于年底前进入试运行阶段。11月初，作为第二批实验室信息管理系统（简称e-CIQ Lab系统）上线试运行的直属局，克服时间紧、任务重、技术人员少等困难，辖区18个下属实验室第一时间上线跑单测试成功，实现e-CIQ Lab系统在福建局辖区100%全部上线，达到了“上得去、走得好、跑得快”的工作目标，得到国家质检总局领导的高度肯定。

七、着力加强人才队伍建设，“传帮带”培养学习机制显成效

福建局针对辖区产品分布和人才储备，建立以项目为带动，以专项工作小组为主干的运行机制，即：组织建立一支以中青年兽医、食品骨干为基础的专业队伍，持续参与肉类注册工作，以企业对外注册申请为项目，提供平台，主动学习，各司其职，全程负责福建局的肉类企业对外注册工作。一方面，培养一支结构合理，能力突出的监管队伍，一方面，解决企业注册需求与监管队伍不平衡导致的安全隐患。11月4日～5日，邀请山东局专家对福建圣农食品有限公司第六加工厂及福建圣农发展股份有限公司第四屠宰场进行了对欧美注册预检及人员法规培训。福建局共抽调全系统17名兽医相关专业人员参加了此次活动，光泽县农业部门也组织了8名兽医检验人员参加。此次“传帮带”形式新颖、覆盖面广、受训者专业性强，受到企业和受训者一致肯定。

撰稿人：江　榕　审稿人：连文钦

严格把关 强化监管 推动认证认可事业发展

——福建省质量技术监督局 2017 年认证监管工作概况

2017 年，福建省质量技术监督局（以下简称“福建省质监局”或“省局”）认证认可工作认真贯彻习近平总书记在中央经济工作会议上的讲话精神，树立质量第一的强烈意识，下最大气力抓全面提高质量，开展质量提升行动，提高质量水平，加强全面质量管理。认真贯彻落实国务院《质量发展纲要》，以推动建设质量强省、推进福建经济提质增效升级为目标，认真贯彻支树平局长年初在全国认证认可工作会议暨部级联席会议上的讲话精神和国家认监委工作部署，着力做好监管工作，不断提升服务意识，大力推进质量强省战略，切实做好认证认可工作。

一、2017 年主要工作情况

（一）着力抓好强制性认证产品的监督管理工作

一是全面开展认证认可专项整治工作。认真贯彻落实习近平总书记、李克强总理关于加强全面质量安全监管的一系列重要批示精神，按照质检总局的整体部署和《国家认监委关于开展加强认证认可检验检测全面质量监管专项整治工作的通知》（国认法〔2017〕37 号）要求，省局于 2017 年 4 月 12 日发文《关于开展加强认证认可检验检测全面质量监管专项整治工作的通知》（闽质监〔2017〕84 号）。具体措施包括省局组织对福建省境内的开展强制性产品认证的机构（含分支机构）开展专项监督检查；省局开展 2017 年度实验室比对活动，并组织开展对全省获得资质认定的机构进行监督检查；各设区市局开展对认证机构在辖区内企业实施认证活动情况的监督检查；要求在福建省开展认证活动的各认证机构要在风险分析的基础上，对本机构颁发的认证证书（尤其是强制性认证证书）和获证组织进行一次全面质量排查，同时加大工厂检查及获证后跟踪检查工作的力度，对不合格企业及时作出暂停或撤销证书处理。上述工作已全面完成。

二是加强对强制性认证产品的监督抽查。贯彻落实 2017 年全国认证认可工作会议提出的“对风险集中领域加大监督抽查力度”等工作要求，切实发挥强制性产品认证对产品质量安全的监督保障作用。根据国家认监委《关于印发 2017 年认证认可专项监督检查计划及有关专项监督检查工作方案的通知》（国认法〔2017〕62 号）的任务安排，福建省于 2017 年 6 月启动强制性产品认证获证产品市场抽查工作。制定了《福建省 2017 年灯具强制性认证产品专项监督抽查实施方案》（闽质监函〔2017〕98 号），内容包括抽查产品种类、检验依据、监督抽查组织实施、抽样、检验项目及要求、判定原则、异议处理复检、试毕样品处理、不合格产品的后处理及抽查经费预算等。2017 年 8 月份完成了监督抽查任务，本次监督抽查在福建省内销售领域进行，共涉及 24 家店铺，28 家生产企业，生产企业主要分布在广东、浙江、福建、上海、北京、江苏六个省份或直辖市等产业集中区，抽查了 35 个批次样品，其中 CCC 证书有效的样品 35 个。合格企业数 16 家，企业合格率为 57.1%，涉及认证机构证书的合格率为 65.7%。

三是加强对违反强制性认证规定行为的查处。根据《国家认监委关于加强对强制性产品认证无证违法行为监管与查处工作的通知》（国认证〔2017〕31 号）通知要求，省局在《2017 年“质检利剑”行动工作方案》（闽质监〔2017〕99 号）文中要求各地质监部门深入企业、摸底排查、特别是对监督抽查不合格以及被查处过的企业进行跟踪“回访”，重点查处未取得 CCC 认证或伪造、冒用 CCC 认证标志的行为，持续保持执法打假高压态势。同时根据省政府安全生产委员会《关于开展电气火灾综合治理工作的通知》（闽安委〔2017〕11 号）要求，省局制定了《电器产品生产质量治理工作实施方案》，以电线电缆、开关插座、低压电器、照明电器、家用电器五类产品生产企业为重点，切实强化企业产品质量主体责任、CCC 认证机构和属地部门的监管责任，力争通过三年的专项治理工作，从源头把好电器产品质量关，推动福建省电器产品生产质量明显提升。截至 10 月 30 日，全省涉及违法认证认可有关法律立案 68 起，处罚 84.58 万元，已送公安机关案件 2 起。

（二）着力深化自愿性产品认证风险监测工作

从 2016 年开始，福建省即开展有机认证产品的风险监测，继续开展有机认证产品的风险监测并印发了《福建省质量技术监督局关于开展 2017 年度认证产品专项风险监测工作的通知》（闽质监〔2017〕159 号），同时扩大了监测产品领域，从单纯有机茶领域扩展到标称“有机产品”和“绿色产品”的茶叶、果蔬等产品开展风险监测。

果蔬类及豆类认证产品风险监测工作共抽查 100 批次有机产品，发现问题产品 4 批次，问题产品占比 4.0%。抽查涉及生产领域和流通领域，其中生产领域抽查 2 家生产企业的 32 批次产品，发现问题产品 4 批次，流通领域抽查 8 家经销企业的 68 批次产品，没有发现问题产品。抽查产品涉及 7 家认证机构，发现问题产品认证机构 1 家。

有机茶和绿色茶叶专项风险监测工作合计抽检 86 家企业 100 批次样品，其中有机茶 52 批次、绿色茶叶 48 批次，抽检产品包括乌龙茶 65 批次、红茶 14 批次、绿茶 12 批次、白茶 5 批次和茉莉花茶 4 批次五个种类。发现问题产品 3 个批次，问题产品占比 3.0 %。乌龙茶、白茶和绿茶各 1 批次，问题产品占比分别为 1.5 %、20 % 和 8.3 %，其中有机茶问题产品 3 批次，占比 5.8%，绿色茶叶未发现问题产品。问题产品数量相比去年明显下降。

（三）着力强化质量管理体系认证监管工作

国家认监委按照“双随机、一公开”原则，抽取福建省 27 名执法人员对 14 家获得质量管理体系认证企业、2 名执法人员对 1 家获得能源管理体系认证企业实施监督检查。为做好此次监督检查工作，省局 8 月中旬在福州召开 2017 年管理体系认证结果专项监督检查工作会议，会议由认可部相关领导亲自讲解 2017 年质量管理体系监督检查的方式、重点、要求等，极大地提升了基层执法人员的业务素质。为更好地协调质监部门（市场监管部门）做好此次监督检查工作，省局于 8 月 23 日发文《关于组织做好 2017 年管理体系认证结果专项监督检查工作的通知》（闽质监〔2017〕240 号）。现场检查结束后，省局及时汇总、分析监督检查中发现的问题，组织检查人员通过认监委“认证认可业务综合监管平台”及时填报了本次专项监督检查记录、问题汇总及证据材料，对在检查中发现的问题督促相关认证机构或获证企业积极整改落实，此次监督检查没有立案处罚的的情况。

（四）着力推进新版质量管理体系标准宣贯活动

2017 年 9 月上旬，结合“质量月”活动，福建省质监局召开在闽认证机构（含分支机构）及相关单位座谈会，对新版质量管理体系标准宣贯做了部署。要求按照国家质检总局和国家认监委的部署安排保质保量完成各项任务。省局发布了《关于广泛开展新版质量管理体系标准宣贯学习活动加强全面质量管理的通知》（闽质监〔2017〕255 号）。通知中明确了目标任务及分工要求、培训内容、相关工作要求以及报送材料要求。截至 2017 年 8 月底，福建省认证组织数为 1.1 万家，到 2017 年 12 月底前，全省范围内完成推动 2.2 万家企业或组织（含已认证组织）开展新版质量管理体系标准的培训学习，其中由省市质监部门完成免费办班培训 4000 家以上。

（五）着力加强质检机构资质认定的监管工作

一是组织开展辖区内获证检验检测机构自查自纠。4 月份，组织省内获证检验检测机构登录国家认监委网站“检验检测服务业统计数据直报系统”进行填报自查，自查的重点是检验检测机构规范、诚信实施检验检测情况，省内获证检验检测机构自查率达 97%。通过自查，检验检测机构及时对自身存在的问题有了初步的认识，进行了自我纠正，对提高检测质量、防范检测风险起到了积极作用。

二是组织开展专项监督检查。结合《关于推广随机抽查规范检验检测机构资质认定事中事后监管的实施意见》（闽质监质〔2016〕127 号）和分类监管实施要求，7 至 9 月份，在获证检验检测机构开展自查自纠的基础上，各设区市质监局（市场监督管理局）组织技术专家和行政监管人员重点对食品、食品包材、环境监测，建材等关系民生的获证检验检测机构进行了抽查，按照抽查比例要求，共检查了 102 家获证检验检测机构。在现场检查过程中，对一般性问题提出了限时整改意见，对 9 家机构现场管理存在较大问题，将给予调整监管类别（由 B 类调整为 C 类）。从检查情况看，被检查检验检测机构基本上能按照要求开展自查自纠，并对自身发现的问题进行整改，未发现超资质认定范围、出具虚假报告数据等违法违规行为。

三是配合做好国家认监委对福建省检验检测机构的飞行检查工作。2017 年 8 月份国家认监委派出食品检验检测机构专项监督检查和国家级检验检测机构监督检查二个检查组对福建辖区十个机构进行为期半个月的飞行检查，省局积极做好各项相关保障工作，使检查工作按计划顺利进行，圆满完成了监督检查工作。

四是深化机动车安检机构监管。注重通过加强部门协作推进机动车安检机构事中事后监管工作。今年，省局联合省公安厅交警总队下发《福建省机动车安全技术检验专项整治工作方案》，各设区市共联合出动800多人次，检查安检机构262家，抽查检验报告2620份，立案查处4家，罚款4.3万元。在各设区市检查的基础上，省局联合省交警总队车管处组成联合检查组，按5%的比例，从福建质监集成式双随机抽查平台随机抽查安检机构，分批对全省部分安检机构进行抽查，对发现的问题督促安检机构限期整改。通过检查，强化安检机构主体责任意识，推动完善管理制度，加强能力建设，为道路交通安全提供技术保障。

五是开展能力验证工作。今年福建省开展水中铅、锰、氟化物项目和水泥物理性能项目的能力验证。参加水中铅、锰、氟化物项目能力验证的获证检验检测机构共有247家，初测结果有40家检验检测机构结果不满意（离群），占16%；参加水泥物理性能项目能力验证的获证检验检测机构共有250家，初测结果有59家检验检测机构结果不满意（离群），占23%。检测结果不满意（离群）的检验检测机构须采取相应纠正措施，并自行参加测量审核获得满意结果后才能对外出具该项目检验报告。

（六）着力细化行政审批服务工作和提升评审员素质

截至2017年10月30日，受理资质认定（含机动车）618件，办结582件，其中共受理安检机构资质认定254件，办结241件。不予许可11件。

一是推行“企业自我承诺制”，对检验检测机构办理质量负责人变更等事项，将原先需要实施现场评审变为企业自我承诺，即改审批为备案，即在窗口办结，减少流程，提高效率，减少办理时限。

二是窗口直接办理新一批审批事宜，自行编写了27个新承接事项作业指导书，具体细化到材料的受理、需要特别注意的问题等细节，实现审批服务工作的规范化和制度化。

三是重新确认评审员资格。2017年对福建省到期换证的168名检验检测机构资质认定评审员（以下简称评审员）提交的材料进行审查，并于今年4月份，举办2期评审员培训班，经考核合格重新确认的评审员共138名。

二、存在的问题和相关建议

（一）存在问题

一是审批与监管存在脱节现象。省局自2015年8月实施行政审批体制改革后，实行审管分离，存在审批部门与监管部门信息不对称，容易造成后续监管脱节。

二是个别检验检测机构管理松懈。《检验检测机构资质认定管理办法》已实行两年多，但个别获证机构还未能及时完整地按照《评审准则》进行管理体系文件换版。

三是检验机构内部培训工作流于形式。部分机构没有认真开体系文件宣贯和内部培训工作，未能制定资质认定标志、检验检测专用章的使用规定，个别检验机构在检验检测报告中存在不正确使用资质认定标志（CMA）和分包标注不明确的情况。

四是认证机构数量多，监管部门掌握的信息少，市场对认证证书信心不强，认证市场存在混乱现象。

（二）建议

一是分类管理，加强监督检查。建议对新旧认证机构进行分类管理，对新批准成立认证机构应通过加强监督的形式，来提升其认证规范性、有效性，特别是认证证书短期内剧增、跨省市从事认证活动、审核人员较少的认证机构，以促进认证行业自律及维护公平公正的认证市场环境。

二是依据实际，有序开放市场。在目前认证监管力量不足的情况下，建议根据认证市场的实际情况，暂停审批新的认证机构，确保监管取得实效后再行审批，以促使认证机构工作规范、认证市场有序竞争。

三是加大处罚，确保监管有效。建议对推诿、拖延或不接受现场检查或不积极提供检查证据的获证组织及其认证机构，尽快出台相关处理措施。

撰稿人：吴 涛 审稿人：傅晓清

创新监管服务　提升质量基础

——厦门出入境检验检疫局2017年认证监管工作概况

2017年，厦门出入境检验检疫局（以下简称“厦门局”）按照国家质检总局局长支树平对认证认可做出的“助力质量提升、深化改革创新”的总体要求，在厦门局党组领导下，深化改革创新发展、夯实基础提升质量、主动作为强化服务，努力提升认证监管工作水平，全面推进认证监管各项工作，取得实效。为“再上新台阶、建设新福建”和厦门建设“五大发展”示范市作出新贡献。

一、业务数据

1. 出口食品生产企业备案

办理出口食品生产企业备案188家次，注销44家；推荐对国外注册企业21家次。有效备案出口食品生产企业415家，国外注册企业163家次。

2. 食品农产品认证监管

对105家企业开展HACCP认证监管联动；见证审核5家认证机构HACCP认证活动；查处不合格进口有机产品33批次，45.17万美元。

3. 进口食品企业注册入境查验

查验入境水产品、肉类、乳制品和燕窝等4类生产企业注册产品5641批，35066.76万美元。

4. 管理体系认证活动监管

出动执法人员7人次，现场调查非法认证活动；提示3家企业认证机构活动违规，认证证书无效。

检查质量管理体系认证获证企业5家，涉及3个认证机构，发出《认证监管情况告知书》2份，约谈并告诫认证机构1家。协助认监委对1家新成立的认证机构开展现场调查。

5.CCC免办工作

受理170家企业CCC免办申请1092批次，审核签发996份CCC免办证明，同比增长31.4%；CCC免办一类企业8家，二类11家。

二、全年工作情况

（一）深化改革创新发展

1. 检企“三级联动”加强基层党建，惠企业、促发展

检企党建三级联动成效显著。认监委注册部、厦门局认证处和厦门古龙食品有限公司2月23日在北京共同签署了党建三级联动备忘录，这是全系统首批检企支部联动共建的两个试点之一。围绕“创新制度，创优服务”要求，以支部为战斗堡垒，发挥党员带头作用，改进组织生活、丰富活动内容、增强活动成效，优势互补，促业务，惠企业。结合“三同”工程的深入推进，精准帮扶，指导企业掌握国外官方要求，对标国际先进标准，开拓国外市场，树三同标杆。

2. 开展出口食品生产企业“逐一帮扶”行动促“三同”工程

以“逐一帮扶”行动为平台，精准帮扶，大力推进“三同”工程。对辖区相关企业开展100%问卷调查，结合企业年度报告，梳理分析企业需求，推出三方面9项措施62个帮扶任务。主动向省、市政府汇报，与相关部门沟通协调，通报“三同”工作情况，争取政策支持。相关报告获厦门市领导批示，漳州市政府、集美、翔安区政府出台政策，对上线企业给予资金奖励；与认监委、厦门古龙公司共同打造国内首个旅游主题“三同”展厅；召开认证机构“三同”推进座谈会，鼓励减少收费、提供“一审多证”增值服务；对接电商平台辟“三同”专区，组织企业参加“三同”论坛；与食安办、自贸委等开展“三同”进社区、进校园、进商超宣传活动。辖区达到条件企业100%登录“三同”平台，上线企业数量和产品种类由2016年的17家150余种增加到105家500余种，企业数量、增长率和上线率在全系统均名列前茅。

3. 推动出口食品生产企业备案管理系统对接厦门国际贸易“单一窗口”

争取认监委政策支持，使国家质检总局行政许可项目全国首个对接厦门“单一窗口”。协调认监委注册部完成对接工作的调研论证，提出对接需求。牵头制定对接工作推进方案，根据认监委与厦门市的双向信息需求，形成对接技术方案并向厦门市自贸委立项。

4. 向地方政府宣传出口食品农产品认证示范区创建工作

专题报送福建省政府、厦门市政府出口食品生产企业管理及认证状况，宣传有机认证对三农、环保、扶贫的重要意义，提出有机认证示范区创建建议。向平和县政府发函建议创建有机产品认证示范区，结合“有机宣传周”活动，走访农业部门，推广创建有机认证示范区。厦门市翔安区政府将鼓励出口食品农产品认证示范区创建列入政府相关工作报告。

4. 试点开展 CCC 认证免办工作新模式

探索自贸区检验检疫监管机制创新，深化“放管服”改革。针对认监委试点实施的工作机制，积极开展调研，同地方政府协调，向认监委争取，冠捷显示科技（厦门）有限公司正式获认监委批准成为全国第二家、福建省首家 CCC 免办“集中办理审批、多地协同监管”试点企业。准确把握企业发展“痛点”，创新自贸区监管便利化机制，为辖区内企业提质增效提供精准扶持。

5. 简政放权提质增效服务企业

落实国务院“放管服”改革精神，开展行政事务便利化改革，借助分类管理和信息化系统的应用，将 CCC 免办及出口食品生产企业备案工作列入“一趟不用跑”事项，有效降低企业时间和人力成本，为企业提供更为便捷高效的行政许可和公共服务。

6. 深化认证执法区域联动机制

一是通过泛长三角地区检验检疫认证执法联动监管工作机制，厦门局和上海局首次跨地区合作，对台湾某非法认证机构在厦门局辖区违规开展的认证活动联合开展现场执法调查，调查取证涉案的获证组织、认证机构、咨询机构及人员，较为全面地掌握了该认证机构非法认证的情况。同时，此次联动工作成效上报认监委法律部，并在泛长三角检验检疫认证监管区域一体化第十二次联席会议上进行通报。二是开展福厦两局出口食品企业备案监管联动，组织两局主任评审员开展评审工作交流，共促统一福建省内出口食品备案企业监管尺度。

（二）夯实基础提升质量

1. 加强出口食品生产企业备案监管

完成辖区备案企业 2016 年年度报告审核，加强辖区出口食品生产企业备案监管。配合地方政府信用平台建设需求，做好出口食品备案企业行政许可信息的数据归集工作。启用备案管理系统的备案时限自动提示功能。多渠道、多形式开展《出口食品生产企业备案管理规定》（质检总局第 192 号令）宣贯。

2. 进一步夯实认证监管工作基础

一是动态调整管理体系认证监管专业技术小组成员，实时维护认证认可领域“双随机”执法检查人员库，确保年度管理体系认证结果专项监督检查工作有序推进。二是积极参与认监委认证市场发展与监管需求改革研究工作，选派两人入选“认证市场准入及监管改革专项组”专家工作组。三是开展进口食品注册信息口岸查验和 CCC 免办工作督察，确保分支机构工作质量。五是组织国外法规要求，新版质量管理体系、岗位技能等培训共 12 场，培训企业人员 340 余人次，监管人员 130 人次。

3. 持续提升 CCC 免办工作水平

一是 1 月 1 日，国家认监委新版“CCC 免办和特殊检测处理程序管理系统”正式上线运行，厦门局各分支机构工作系统顺利切换，通过新系统有序高效开展 CCC 免办工作。二是组织对辖区 18 家 CCC 免办分类管理企业开展年度监督检查，对 2 家企业予以升级。分类管理企业业务量已占全局 CCC 免办业务总量近 50%。

4. 开展 CCC 获证产品监督抽查

开展 CCC 认证获证产品监督抽查，共抽查 11 批 12 个型号进口产品。发现进口笔记本电脑与 CCC 认证证书信息不一致，退运不合格产品并约谈进口商，要求其强化进口产品 CCC 认证要求。

5. 总结规范 CCC 目录外确认工作

根据口岸 CCC 入境验证工作发展情况及国务院清理“红顶中介”要求，组织厦门局管理专业委强制性产品认证专业技术小组成员及各分支机构，梳理工作流程，广泛征求意见，正式出台 CCC 目录外确认作业指导书，规范提升口岸 CCC 认证监管工作水平。

6. 严格履职开展管理体系认证监督检查工作

按照“双随机、一公开”的要求，组织实施年度管理体系认证结果专项监督检查，对问题认证机构进行提示或告诫约谈，有效规范辖区的认证活动。派员参加江苏局组织实施的2017年“双随机、一公开”管理体系认证结果集中检查暨泛长三角联动执法检查活动，开展跨区域管理体系认证结果专项检查学习交流，进一步提升厦门局认证行政执法工作水平。

7. 明确日用陶瓷输美认证工作要求

按认监委要求，明确输美日用陶瓷认证为企业自愿申请项目，依照企业申请开展评审推荐工作，规范输美日用陶瓷认证工作。

（三）主动作为强化服务

1. 推荐出口食品生产企业对外注册与指导企业迎检

推荐21家次出口食品生产企业对国外注册，指导11家输欧水产品企业、1家输美鲶鱼企业、8家列入美国FDA2018年检查名单的输美食品企业和1家输加水产品企业做好迎接欧盟、美国、加拿大官方检查准备工作，3家输美企业、2家对韩注册水产企业通过国外官方检查。组织对辖区12家列入2018年度美国FDA检查名单的企业进行了核查。

2. 组织开展“世界认可日”宣传活动

按照国家认监委工作部署，在6月9日“世界认可日”前后，举办系列宣传活动。包括启动开放“三同”主题展区，举办“世界认可日在线访谈”，组织分支机构结合认证监管各项工作开展专题宣传活动等，取得良好效果，并获国家认监委通报表扬。

3. 开展新版质量管理体系标准宣贯活动

按照国家质检总局工作要求，在辖区内广泛开展新版质量管理体系标准宣贯活动，营造“政府重视质量、企业追求质量、社会崇尚质量、人人关注质量”的浓厚氛围。一是多手段营造宣传氛围，提高社会关注度，制作发放宣传资料2500份。二是多方位普及质量管理知识，面向广大市民开展宣传。三是多渠道开展辖区企业指导，增强企业质量意识，举办培训4场，参加企业超过120家，人员200余人，推动企业深入开展全面质量管理活动。四是利用新媒体宣传并组织知识竞赛。

4. 积极参与“厦门会晤”各项工作

参与“厦门会晤”筹备工作涉及认证监管的方案制定，提出工作支持政策和便利措施相关意见争取国家认监委同意和支持。

5. 组织开展进口酒注册评审专家“传帮带”活动

作为认监委进口酒类企业注册评审专家“传帮带”活动导师组组长单位，组织国内酒类专家、注册认证专家及团队专家学员开展进口酒类企业注册评审研讨，认监委注册部主要领导及相关处室领导参加，取得良好成效。

撰稿人：李盛杰　审稿人：蔡怡鹏

深化改革　助推认证认可新发展

——厦门市质量技术监督局2017年认证监管工作概况

2017年，在国家认监委的指导下，厦门市质量技术监督局（以下简称“市局”）认真贯彻全国认证认可工作会议精神，加快改革创新步伐，以质量强市为目标，推进认证认可各项工作顺利开展。

一、2017年认证认可获证情况

厦门市拥有强制性产品认证证书3091张，管理体系证书5657张，食品农产品认证证书178张；资质认定检验检测机构99家（在统计系统中上报的机构数），认证分支机构或办事处9家。

二、推行“双随机、一公开”模式，提升监管能力

根据年度计划，对我市检验检测机构开展资质认定专项监督检查。根据文件要求，按照比例随机抽查17家检测机构实验室资质认定和运行情况。共派出2个检查组，随机抽调专家14名参与本次检查工作。本次“双随机”检查，共发现部分客户信息不准确、样品间检毕样品无编号或无状态标识、部分设备无使用台账等问题。检查组要求各检验检测机构立即对存在问题进行整改，并在规定时间提交整改报告，并将相关监管信息主动上报业务主管部门备案，以便进行后续的动态监管。

为更好指导分局对CCC获证企业开展巡查，特组织相关专家有针对性制定新的巡查检查表，更有利于检查组发现问题，督促企业进行整改。市局根据各级绩效考核要求和年度计划，要求各分局根据巡查表对辖区内获证企业持续符合认证要求的情况及认证机构的认证行为开展监督检查，各分局均按计划完成检查任务。

三、加强宣传力度，打造认证认可品牌价值

世界认可日活动。以第10个“世界认可日”为宣传契机，开展“认证认可助力质量提升”的主题宣传活动。在主流媒体《厦门日报》用半个版面的篇幅，介绍了厦门市开展认证工作情况及认证认可在质量提升中发挥的强大作用，并普及了认证认可知识，为传递认证认可工作的公信力和信任度，促进社会各界对认证认可工作的理解和支持起到了很大的作用。

质量月活动。积极参与“质量月”系列活动，一是采用演示讲解、派发宣传材料、现场咨询等方式，宣传认证认可知识，提升群众认证认可意识。二是联合各分局，在质量月期间举办新版质量管理体系认证标准宣贯会，积极推进厦门市3700家质量管理体系认证获证组织的认证转版工作。2017年厦门市共有2200家企业机构在宣贯会的推动下逐步完成转版工作。新版质量管理体系的转版宣贯工作的开展，大力推进从业机构专业化、规模化、品牌化建设，培育一批细分行业类别的“领跑者”和“标杆机构”，为助推厦门市发展发挥应有的作用。

四、加强内外合作，助力产业健康发展

与科技局、财政局等部门联合推动厦门市生物医药产业发展。根据《厦门市加快生物与新医药产业发展若干措施的实施细则》，鼓励相关企业申请国际认证，如美国FDA认证、CE认证等。2017年，有3家生物医药企业通过审核，共获补贴9.58万元。

开展与莱茵检测认证服务（中国）有限公司开展包装运输可靠性测试、电子电气认证的战略合作。

五、加强国家中心建设，增强服务地方经济能力

（一）国家半导体发光器件（LED）应用产品质量监督检验中心（以下简称“国家LED中心”）

2017年度，国家LED中心完善了电子产品的CCC认证检测实验室资质，取得信息设备、音视频设备和

玩具领域的认证检测资质，接受认监委音视频和灯具的 CCC 技术核查工作。在 CCC 认证检测上加强与同行的联系和合作， CCC 认证和 CQC 认证工作也拓展到广东等地，2017 年完成了认证检测业务共 77 批次。

主动服务行业，开拓业务范围，与 SGS 和 ITS 的合作，全年完成各项委托检测超过 1150 万元，达到国内实验室的一流水平。特别值得一提的是，国家 LED 中心作为金砖厦门会晤照明工程产品的质量检测单位，从夜景照明工程技术标准文件的审定出台、产品库技术规范的编写、产品品牌库的征集，到产品入库检测、进场检测的全过程，国家 LED 中心累计完成产品检测 585 批次，为金砖厦门会晤的夜景亮化工程保驾护航，获得了厦门市政府的嘉奖及社会各界的一致好评。

（二）国家场（厂）内机动车质量监督检验中心（以下简称“场（厂）车中心”）

2017 年度，场（厂）车中心完成 21 批次的土方机械省级评价性监督抽查工作，其中装载机产品 11 批次，挖掘机产品 10 批次，为提升工程机械产业特别是福建省近年来着力开展的轮胎式挖掘机产品的整体水平形成了多处有效的建议。完成各项工程机械产品检测的基础上也参与了电动滑板车的国家风险监测等多项机械类产品的检测任务。

另外，利用场（厂）车中心场地及人才优势，为金龙客车与百度合作开发的无人驾驶汽车提供试验方法和试验服务。联合金龙汽车进行了燃料电池客车、新能源客车涉水试验等方法研究及试验验证，为产业发展提供了良好的开发验证平台。

（三）国家物流包装产品质量监督检验中心（福建）

2017 年度完成第一次 CNAS 扩项评审工作，即增加了 124 种产品、413 个标准、1206 个项目，其标准覆盖率达到了 62%。

六、深化服务理念，树立认证监管新风貌

（一）加强教育培训，提升认证监管队伍能力

开展认证认可监管业务培训，组织《检验检测机构资质认定管理办法》《认证机构管理办法》《食品检验机构资质认定管理办法》等内容的学习，开展交流讨论，提高各级监管人员的监管能力。

（二）完善沟通平台，充分发挥社会各界的监督作用

利用 12365、局长信箱等多个渠道，完善咨询、申投诉机制，审慎办理群众提交的每一份诉求，做到认真调查、及时回复，并将所有咨询和申投诉材料进行统一保存，做到事事有回复，件件有落实。

撰稿人：李静莹　审稿人：高　彤

服务地方发展　力促质量提升

——江西出入境检验检疫局 2017 年认证监管工作概况

2017 年是党的十九大召开的一年，也是推动落实“十三五”规划的关键一年，更是供给侧结构性改革的深化之年。江西出入境检验检疫局（以下简称“江西局”）积极落实国家质检总局和国家认监委各项工作部署，紧紧围绕“抓质量、保安全、促发展、强质检”工作方针，密切关注地方政府的兴奋点和聚焦点，主动作为，积极发挥认证认可工作的质量基础作用，服务江西经济发展，力促江西质量提升。

一、抓部署，定调认证认可主旋律

江西局年初举办全省系统出口食品“三同”等认证监管重点工作业务能力培训会，全面部署了全年认证监管绩效内容和重点工作，编印 2017 年度认证监管工作手册发放至各相关单位和一线工作人员，统一认证认可工作目标、要求和做法，定调了 2017 年认证认可工作主旋律：以江西省生态文明试验区建设为切入点，积极推动有机产品认证示范区创建；以出口食品企业“逐一帮扶”计划为着力点，大力推进“三同”工程；以质量提升行动为落脚点，全面开展质量管理体系认证结果专项监督检查及质量管理体系升级行动，并配合出台系列工作文件，制定各项工作绩效和目标，全年通过文件、培训、调研、交流、宣传等多种手段加强各项工作落实到位。

二、抓落实，提高认证监管工作有效性

（一）出口食品企业“逐一帮扶”行动计划全面落实

一是完善出口食品企业备案电子化管理，落实备案审批系统实名制，全年发布出口食品企业备案审批时限督查及证书到期预警通告 2 期，实现出口食品企业备案“零超时”，食品企业出口“零等待”；二是结合“双随机”活动，开展出口食品新备案企业验证检查，对全省 13 家新备案企业开展专项监督检查；三是开展全省出口食品备案监管大调研大督查活动，走访宜春、抚州、南昌、鹰潭、景德镇、上饶等地区出口食品企业 62 家，收集调研信息和企业困难 100 多条，现场解答企业问题 200 多条次；四是规范和优化备案评审员和监管人员，吸纳 7 名新进人员充实备案评审监管队伍，并按照单位推荐、本人自愿原则对 4 名评审员进行出口食品新备案企业验证检查见习培训活动。

2017 年，江西局辖区内共有出口备案食品企业 156 家，证书 162 份，办理出口备案审批证书 52 份，其中新增出口备案证书 27 份，核查换证证书 17 份，企业备案证书扩项申请办理 8 份，全年备案平均审批时限 5.87 天。

（二）进口 CCC 产品入境验证、免办及后续监管扎实推进

一是年初发布《关于加强进口 CCC 产品无证违法行为监管与查处的通知》，要求在入境验证工作中严格查处无证违法行为。二是完成江西局 2017 年度强制性产品认证获证产品市场抽查工作，全年触动监管人员 40 人次，走访约 60 家经销店，了解进口 CCC 产品情况，确定江西局抽查产品，全年抽检咖啡机、儿童玩具、机动车儿童乘员用约束系统 3 个类别 5 个批次进口产品，检测结果均为合格。通过监督抽查，维护了 CCC 认证工作的权威性和严肃性，保障 CCC 认证制度健康有序发展。三是开展 CCC 免办及后续监管人员培训，提升一线办理人员能力水平，进一步强化 CCC 免办产品及后续监管工作质量，要求在办理 CCC 免办的同时，深入排查质量安全风险隐患，确保免办产品按申请目的使用。2017 年出具免于办理强制性产品认证证明 73 份，100% 实施后续监管。

（三）检验检测机构、检验鉴定机构监管工作稳步实施

一是按照认监委要求，组织辖区 8 家检验检测机构实施自查，并按规定的时间节点完成了 2016 年度检验检测统计直报系统中检测服务数据、自查报告、年度报告的上报。二是发布《江西检验检疫局 2017 年度检

验检测机构资质认定监督检查工作方案》，组织实施所辖检验检测机构的日常监督检查工作。全年对2家实验室开展资质认定监督检查，发现不符合项2个。三是举办了检验检测机构资质认定知识培训班，邀请了系统内资质认定和食品检测研究专家对检验检测机构监管和从业人员围绕资质认定知识、风险控制及发展趋势等内容开展培训，为检验检测机构质量安全提升和风险控制奠定良好基础。四是组织辖区7家检验鉴定机构进行年度报告的上报工作，对1家检验鉴定机构换证进行初审推荐，并成功获得证书。

三、抓重点，提升认证认可服务发展能力

（一）大力推进出口食品内外销“同线同标同质”工程，促进全省食品企业质量提升

一是规范“三同”产品标识，提升“三同”工程获得感和认同度，制定发布《关于积极搭建“三同”产品市场渠道规范“三同”产品标识的通知》，创新性地发布《江西局出口食品内外销“三同”企业及其产品标识指南》；二是加大“三同”企业宣传力度，在宜春、上饶等地分别召开“三同”企业座谈会，深入一线调研指导，积极推动出口食品企业上线“三同”平台；三是畅通“三同”产品销售渠道，大力开展“三同进万家”、“三同购物节”宣传活动，全省范围共开展“三同”产品进商超、进校园、进社区、进机关等活动12场，新闻发布会1场，参与人次超过10万人，对接商超1200余家。通过多种帮扶活动的开展，在提高“三同”社会知名度的同时，增加了企业对“三同”工程的信心；四是交流“三同”工作经验，在认监委召开的三季度全国认证认可业务工作会议上，江西局由于成绩突出，受邀进行了“三同”工作经验发言。

截至2017年底，全省已有“三同”上线企业47家，其中出口食品备案企业39家，出口活猪企业6家，供港蔬菜企业2家，共计上线产品177种，与2016年相比新增“三同”上线企业8家，同比增加17%，“三同”产品国内销售总额达6.4亿元人民币。

（二）全力推进有机产品/GAP认证示范区创建工作，服务江西生态文明建设

一是将有机产品认证示范区创建工作融入生态文明建设，加快推进江西有机产业的发展，通过有机产品认证示范区创建，真正实现“绿水青山就是金山银山”。2017年，江西局全面深入调研分析辖区有机认证和GAP认证发展现状，结合江西省国家生态文明试验区创建，积极帮扶有条件的县、市开展“国家有机产品认证示范区”创建，取得喜人成效：经江西局推荐的瑞金市获批成为有机产品认证示范创建区。截至2017年底，江西局推荐获批的有机产品认证示范区共2个，创建区共3个。

二是加强有机产品认证示范区监管，与湖南局联合对万载、婺源两个有机产品认证示范区开展监督检查，并与当地政府进行座谈调研。对有机产品认证示范区内企业的产品通过市场抽样和企业抽样两种方式，抽取了19家企业32个茶叶产品送实验室进行农药残留检测，检测项目包含78项91种化合物。

三是有效利用国家认监委与万载县政府支部共建平台，陪同国家认监委直属机关党委专职副书记梁钢对江西万载县开展“三级四方”党建联系点支部共建活动，深入万载县三兴镇闹坪村支部，调研“三级四方”党建工作，考察当地有机产业发展，探索以万载国家有机产品认证示范县为平台，落实有机富农，勇闯认证扶贫的新路。

四是加强交流与宣传。制作江西局有机产品认证示范区创建工作视频，总结江西局示范区创建工作经验，展示江西省有机示范区风采。加大与国家质监局有机认证示范区创建交流互动，应江西质监局邀请，派出江西局专家到该局组织的全省有机认证示范创建工作培训班授课。派员出席江西省农业产业化龙头企业协会会员大会，向大会宣讲食品农产品供给侧改革——内外销“同线同标同质”工程，从HACCP、GAP、有机等国际化标准和认证的运用，到有机产品认证示范创建、GAP认证示范创建，通过推进实施内外销“三同”工程，引领江西省食品农产品大发展的国际化之路，引起了100多位出席代表的强烈共鸣。接待甘肃检验检疫局派员到江西局学习交流有机产品认证示范区建设工作，并到万载县实地考察。利用泛长三角地区认证执法监管区域一体化联系会议，在会议交流发言中，介绍江西局有机产品认证示范创建、出口食品“三同”工程推进和备案模式优化改革等特色工作，得到与会代表的一致赞誉。

五是联合江西质监局组织我省有机产品认证示范区、创建区共15家企业32种有机产品参加在杨凌农高会上举办的“全国有机认证产品展”，大力宣传江西省有机产品发展成效。同时江西局在“全国有机认证产品展”上展示的有机认证宣传视频，也得到了认监委大力称赞。

（三）大力开展质量管理体系认证结果专项监督检查，提升质量管理认证服务技术基础作用

一是对山东济南、江西鹰潭的20家获证组织（涉及7个认证机构）进行了质量管理体系认证结果专项

监督检查，发现不符合项54个，并对江西辖区问题较多的1家获证组织，约谈了其认证机构，采用有效手段，威慑了认证机构，维护了认证市场正常秩序，提升了获证企业的认证有效性和质量管理水平。二是与江苏、厦门检验检疫局在江苏苏州联合开展"双随机、一公开"管理体系认证结果集中检查暨泛长三角联动执法检查活动，江西局人员参与了苏州8家企业的质量管理体系进行了检查，通过联动检查，增加了我局认证执法人员实战经验。三是接受认监委委托，对江西辖区内1家认证机构开展执法调查，现场调取认证机构认证档案，对相关人员进行询问笔录取证，并将调查结果上报认监委。四是举办了管理体系认证结果专项监督检查培训班，有效提升了系统内认证监管执法监管人员能力水平。

四、抓宣传，强化认证认可社会影响力

一是组织编印出口食品农产品内外销"同线同标同质"工作、有机认证示范创建工作、GAP认证示范创建工作宣传册共3000份，分发各级政府机关和企业人员。

二是结合世界认可日宣传活动，在南昌昌北机场举办了以"青山绿色润江西、认证认可通世界"为主题的宣传活动，突出"江西好茶""江西好油""有机万载""特色赣鄱"主题展示江西省优质出口食品农产品，通过现场品尝"三同"产品宣传"三同"，取得良好宣传效果，《江西日报》《国门时报》《消费日报》、江西卫视等媒体纷纷报导，《江南都市报》在"砥砺奋进的五年"专版予以报导。结合"三同进万家"、"三同购物节"活动，动员全系统积极进行"三同"工程宣传，全省系统共开展宣传活动11场，新闻发布会1场。

三是注重通过各类信息平台宣传认证认可工作，报送江西局动态信息19条，采用11条，报送国家认监委网站信息24条（采用发布22条），推送江西国检微平台信息2条。

撰稿人：温志海　审稿人：易克钦

创优服务　强化监管　助推江西经济社会跨越发展

——江西省质量技术监督局2017年认证监管工作概况

2017年，江西省质量技术监督局（以下简称"省局"）认真落实国家质检总局和国家认监委的部署要求，坚持"指导有方，协调有效，服务有情，监管有力"的工作理念，充分发挥"传递信任　服务发展"的职能作用，助力质量提升，深化改革创新，规范市场秩序，各项工作取得新成绩。

一、创新治理，不断规范检验检测机构资质认定工作

（一）严格检验检测机构资质认定审批

及时下发到期复查检验检测机构名单，支持、督促需要延续资质认定证书有效期的检验检测机构按时提出申请。按照行政许可"受理、审查、审批"三分离模式，集中精力抓好检验检测机构资质认定审核工作。严格审核把关，对审核中发现的问题及时督促整改，并不定期的进行技术评审复核；对不符合资质认定条件和要求的，坚决不予许可。截至2017年底，共对583家检验检测机构进行了审核，其中571家检验检测机构通过资质认定，12家检验检测机构不予许可。

（二）加强检验检测机构资质认定管理

根据《国家认监委关于印发检验检测机构资质认定相关配套文件的通知》要求，进一步明确省质监行政许可评审中心和各设区市及省直管试点县（市）局工作职责，确保相关文件的顺利实施；深化检验检测机构资质认定行政审批制度改革，将除检验检测场所地址、检验检测标准（方法）涉及实际能力发生变更外的其他变更事项委托设区市及省直管试点县（市）局实施，并及时下发《省质监局关于检验检测机构资质认定变更有关要求的通知》，进一步规范检验检测机构资质认定变更行为，不断提高行政审批效率；加强检验检测机构资质认定评审员培训，244名已取得资质认定评审员资格的人员参加了继续教育，23名新申报资质认

定评审员的人员在参加培训的基础上经审查、考核，新确认资质认定评审员21人，进一步充实评审员队伍，提升评审员技术能力。

（三）依法注销检验检测机构资质认定证书

根据《检验检测机构资质认定管理办法》规定，对资质认定证书有效期届满未申请延续的检验检测机构进行核实确认，并依法予以注销。截至2017年底，共注销了47家检验检测机构资质认定证书，并加强对已注销机构的跟踪检查。

二、强化监管，切实维护检验检测认证行业秩序

（一）加强检验检测机构资质认定监督检查

根据《检验检测机构资质认定管理办法》规定和国家认监委部署，组织上报检验检测机构年度报告并开展资质认定监督检查自查工作，共有1036家检验检测机构上报了年度报告并开展了资质认定监督检查自查；组织开展检验检测机构资质认定监督检查工作，并随机抽取50家检验检测机构、26名行政执法人员和26名专家，采取“双随机、一公开”方式开展检验检测机构资质认定监督抽查工作。共出动检查人员826人次，检查检验检测机构300家，下达整改通知书检验检测机构89家，约谈检验检测机构41家，向有关行业主管部门通报情况信息6次，立案查处违法案件28起，处罚金额31.1万元。其中省局暂停资质的机构10家，调整资质认定能力范围的机构5家，责令改正的机构24家。

（二）组织检验检测机构进行能力验证

贯彻落实《苏浙皖赣沪四省一市认证认可合作备忘录》《2016年苏浙皖赣沪四省一市泛“长三角”认证认可监管工作协作会议纪要》精神，加强泛长三角认证监管区域一体化建设，进一步完善认证执法监管区域联动机制，并联合上海、江苏、浙江等省市局开展检验检测机构“土壤中重金属（铅、铜、锌、砷）的测定”能力验证，共有37家检验检测机构参加能力验证活动，其中1家机构因补测结果离群被调整资质认定能力范围。

（三）加强认证活动事中事后监管

根据国家认监委部署，组织由国家认监委随机选派的江西省6名执法检查人员组成3个检查组，完成对省内3个质量管理体系认证结果专项监督检查任务，并组织开展管理体系认证监督检查工作，要求跟踪检查管理体系认证数量不得低于本年度认证活动的10%。在3个管理体系认证结果涉及获证组织中，共涉及认证机构3家，发现问题2个，其中属于认证机构、获证组织的问题各1个。共对185家企业开展了管理体系认证活动现场监督检查，立案查处违法案件3起，处罚金额5万元；组织开展食品农产品认证监督检查工作，要求对本年度有机产品认证活动进行100%检查。共检查食品农产品获证企业363家，涉及食品农产品获证产品422种，涉及认证机构22家，检查人日数为999；组织开展以玩具、电线电缆、消防产品、装饰装修材料、消费类电子产品、家用电器等强制性产品认证目录产品为重点的强制性产品认证监督检查工作，全面排查质量问题线索，着力开展专项执法检查，不断完善风险信息管理。共出动检查人员1472人次，检查企业420家，停业整顿企业2家，责令改正企业16家，立案查处案件10起，处罚金额49.39万元；组织开展强制性产品认证获证电线电缆产品市场抽查工作，共抽查了78家企业生产的101批次产品，合格97批次，产品抽查合格率为96.0%，企业抽查合格率为96.2%。针对抽查中发现的产品质量问题，将不合格产品信息通知了有关认证机构，涉及外省市生产企业的，将相关信息通报了当地质监部门。

三、优化服务，充分发挥认证认可质量基础作用

（一）增加检验检测有效供给

鼓励社会资金投向检验检测服务业，不断提升检验检测服务能力。截至2017年底，全省获省级资质认定证书且在有效期内的检验检测机构达到1195家。根据国家质检总局、国家认监委部署，组织开展检验检测服务业统计工作，共有1036家检验检测机构上报相关数据。对检验检测统计数据进行整理、分析，并编写了检验检测服务业统计报告。统计报告显示，2016年全省检验检测机构共实现营业收入29.31亿元，检验检测服务业共有从业人数23013人，检验检测行业稳步发展，充分发挥了公共服务平台支持“双创”和产业转型升级的支撑作用。

（二）服务企业认证工作

引导企业开展质量管理体系、能源管理体系等管理体系认证及节能低碳产品、有机产品等自愿性产品认证。全面了解具有一定发展有机产业基础和积极性的县（市）情况，制定规划目标、进行重点培育，对符合申报条件的县（市），积极主动的指导帮助其做好申报工作，并探索运用有机产品认证服务精准扶贫工作。截至2017年底，全省获管理体系认证证书12374张，产品认证证书9820张，服务认证证书61张，认证证书

总数达到 22255 张，列全国第 18 位。指导靖安县获批国家有机产品认证示范创建区，向国家认监委推荐运用有机产品扶贫县（镇）12 个，运用认证手段推进质量品牌建设作用得到有效发挥。

（三）组团参加“全国有机认证产品展”

根据国家认监委部署，组织 14 家企业的有机大米、茶叶、菊花、葛粉等 7 大类 31 个品种特色农产品，参加在陕西杨凌举办的第 24 届中国杨凌农业高新科技成果博览会“全国有机认证产品展”。江西展厅以其独有的特色吸引了众多参观者，收到良好效果。据统计，展会期间现场交易总额达 10 万余元，参展企业对接意向性订单超 500 万元。

（四）联合开展节能产品认定工作

根据《江西省工业节能产品评审认定管理办法》规定，会同省工信委对瑞昌市森奥达科技有限公司等 6 家企业申报的 10 个节能产品进行评审认定，并核发了“江西省节能产品证书”，积极培育并发展江西省节能产业。

四、多措并举，大力夯实认证认可工作基础

（一）规范认证行政执法工作行为

根据国家认监委部署，组织开展认证行政执法和专项业务监督检查工作，各设区市及省直管试点县（市）局认真做好所属单位的自查自纠工作，并着眼长效机制建设，切实解决认证执法监管过程中存在的问题，进一步提升认证监管工作的依法行政水平。

（二）加强基层认证监管人员培训

为学习宣传贯彻党的十九大精神，加强认证行政监管工作，进一步提升监管人员履职能力和业务水平，组织对市、县（区）局认证监管人员进行检验检测机构资质认定及强制性产品认证、管理体系认证、有机产品认证等认证行政监管业务知识和法律法规培训，共有 160 余人参加培训，基层监管人员能力不适应的问题有了明显好转。

（三）加大认证认可宣传服务力度

围绕“世界认可日”“检验检测机构开放日”“全国有机宣传周”“服务认证体验周”等活动主题，通过宣传报道、咨询讲解、座谈交流、普法宣贯、便民服务、在线访谈和开放检验检测机构等多种途径，组织开展了形式多样的宣传、服务活动。省局在江西质监网站开展以“认证认可助力质量提升”为主题在线访谈，联合宜春市局在靖安县召开国家有机产品认证示范区创建活动推进会暨专题培训讲座，并组织省产品质量监督检测院开展以“强化检验检测机构，助力质量提升”为主题的开放日活动。活动期间，共张贴宣传画 630 余张，悬挂宣传横幅 340 余条，分发宣传资料 25670 余份，推送宣传短信 19820 余条，向公众开放检验检测机构 300 余家，组织宣传咨询 140 余场，参与群众近 4000 人，努力营造政府重视、企业关注、群众关心的良好氛围。

撰稿人：邹建芳　审稿人：王　云

强化服务意识　推动模式改革
不断提高认证监管工作有效性

——山东出入境检验检疫局2017年认证监管工作概况

2017年，山东出入检验检疫局（以下简称“山东局”）紧紧围绕国家质检总局和国家认监委各项部署，按照“围绕质量提升，提高供给质量”的要求，全面贯彻落实全国认证认可工作会议精神，大力推进山东“三最”口岸建设，千方百汁保障认证监管安全，一心一意促进地方外经贸发展，积极稳妥推进认证监管模式改革，聚精会神抓认证监管队伍建设，凝心聚力，真抓实干，扎实推动认证监管各项工作有效开展，为服务地方经济发展做出了新贡献。

一、认证监管业务数据概况

2017年，全省系统新办理出口食品生产企业备案291家，办理注销204家、延续备案323家，共计3185家企业获得备案证书，占全国的21.66%。推荐国外注册企业161家，新获国外注册95家，吊销不符合国外要求企业63家，全省累计共有1717厂次水产品、禽肉、兔肉、肠衣、熟肉制品等加工企业获国外卫生注册，占全国的24.86%。全省系统受理强制性产品认证入境验证28439批，同比增长6.9%，共检出不合格678批，不合格率为2.2%，其中对30批入境验证不合格产品实施销毁处理，对30批入境验证不合格产品实施退运处理。受理免于办理强制性产品认证申请1700批，签发免于办理强制性产品认证1552批，其中148批次的申请因不符合要求而退回，不符合率为8.7%。

二、千方百计保障认证监管安全

（一）率先落实出口食品备案“双随机、一公开”要求

全国系统率先在出口食品备案工作中推行“双随机”抽查工作模式，制定出口食品生产企业备案“双随机、一公开”监管实施细则，开发应用“双随机”抽查信息化系统，实现备案监管工作全程可监控，信息可追溯，全面落实监管对象、监管人员“双随机”要求，截至目前累计随机选派检查组1009批次，涉及被检查企业2100余家，抽调检查人员共计3000余人次。

（二）认真组织认证执法监督抽查工作

强化开展认证行政执法检查，对重点行业、重要产品组织开展认证执法专项检查，对违反认证认可条例等规定的行为严厉惩处，进一步提高认证行政执法的规范性、有效性，发放《管理体系认证行政监管检查通知书》38份，约谈认证机构6家、对4家认证机构进行立案处罚。开展强制性认证获证产品市场抽查工作，对入境的轮胎、厨房家电、汽车安全附件和儿童安全座椅等8批强制性认证获证产品进行了抽样检查，经检测发现其中2批产品不合格，不合格率为25%，对不合格的产品按照有关要求进行处理。

三、一心一意促进地方外经贸发展

（一）帮促企业质量提升

帮助企业对标提升。积极组织开展各种形式的帮扶活动，对主要贸易国家或地区的食品安全标准进行讲解分析，指导企业制定普遍与国际标准接轨的产品自控标准，按照国际先进标准组织生产，鼓励企业获得认证，激发企业自我提升的动力。开展向辖区“三同”示范企业对标学习活动，为企业提供交流学习的平台，共有69家“三同”企业组织开展开放日活动，参观人数达6000多人。

（二）深入推进进出口食品企业“同线同标同质”工程

以企业需求为导向，打好技术牌，念好服务经，大力开展“逐一帮扶”行动，2017年全省系统共上线“同线同标同质”企业566家，注册品种2187个，位居全国第一，全省“三同”企业在各类商超和商务平台销

售额达 35.22 亿元。其中，2017 年新增“同线同标同质”企业 293 家，销售额同比增长 66.83%。成立帮扶工作组 131 个，帮扶企业 475 家，指导帮助 106 家企业获得 HACCP 认证、有机认证和 GAP 认证，帮扶 203 家“三同”企业对接供港生鲜、中粮集团我买网、天猫等商务平台。开展“三同”进平台、商超、社区、校园等宣传活动 90 余次，报送新闻稿件 100 余篇，发放张贴宣传海报 800 余份，发放“三同”宣传小册 5500 余份，解答公众咨询 2600 余人。

（三）试点推动消费品“同线同标同质”工程

以出口轮胎、日用陶瓷为切入点推动出口消费品领域“三同”工程，引导出口企业开发内销市场，实现“内销转型”。组织召开出口日用陶瓷企业“三同”座谈会，发放调查问卷，根据企业诉求确定重点帮扶对象。率先在全国系统开展了出口轮胎企业的“同线同标同质”工程认定工作，全国首批 10 家“三同”轮胎产品企业全部是山东企业。

（四）利用认证认可手段促进企业扩大出口

引导企业加大品牌宣传和推广力度，不断提升品牌知名度和市场影响力；加强认证认可技术性贸易措施研究，有效破解贸易壁垒，成功帮助企业打开加拿大、俄罗斯、马来西亚等 15 个国际市场；以推荐远洋渔船对外注册为手段，全年共推荐国外注册企业 161 家，新获国外注册 95 家，全省累计共有 1717 厂次水产品、禽肉、兔肉、肠衣、熟肉制品等加工企业获国外卫生注册，占全国的 24.86%，为打造半岛蓝色经济区做出了积极贡献。

（五）积极开展“有机产品认证服务精准帮扶及 GAP 认证示范区创建宣贯”系列主题活动

联合中检集团山东公司、潍坊局、东营局分别在潍坊青州市和东营市垦利县开展精准扶贫活动，邀请当地商务局、农业局、农食企业、农民专业合作社等有关部门参加。活动旨在推动创建有机产品认证示范区，宣传有机产品认证、GAP 认证及认证示范区创建等相关知识、政策的宣贯活动，广泛宣传普及有机生产、生活理念，全面展现我国有机产业发展及有机产品认证成果，推进有机产品认证服务精准帮扶落地乡村，实地指导青州市王坟镇有机产品认证示范区的创建工作。

（六）开展世界认可日主题宣传活动

6 月 9 日是第十个世界认可日，全省系统围绕“认证认可助力质量提升”主题，开展丰富多彩的宣传活动。山东局联合青岛局、中检山东分公司、中国质量认证中心青岛分中心在青岛湛山社区开展世界认可日活动暨“三同”食品进社区活动。向居民宣传认证认可知识、CCC 认证、新能源认证、有机产品认证、进口有机产品鉴别，品尝“三同”产品、有机产品，深受广大居民欢迎。活动期间，共发放宣传材料 1500 余份，10 家“三同”企业携带近 100 种产品参加活动。

四、积极稳妥推进认证监管模式改革

（一）深化出口食品备案行政审批改革

紧密结合山东实际，全面深化出口食品备案业务改革创新，全面下放行政审批权限，实施“一次申请、一次评审、一次批准”和“一次评审、多国推荐”等创新举措，优化评审流程，保障出口食品企业备案办理“零超时”，全年全省企业备案平均办理时间为 2.3 天，同比缩短 23.91%，比全国平均办理时间少 2 天。实施注册备案风险分级管理，促进贸易便利化，结合备案认证监管联动，推行第三方认证机构认证结果采信，发挥第三方机构的社会治理作用，通过系列改革措施，全年可为企业节约时间 3500 个工作日，节省费用 3500 万元。

（二）创新出台 CCC 免办多项优惠措施

简化办理程序，将审核中的 3 个环节减少为 2 个环节，预计办理流程时限可缩短 1/3 以上。大力推行通签服务，申请企业可自主选择领证地。开展全省系统协同监管，企业可向注册地、集中进口口岸所在地、产品集中入出库的库房所在地任一分支局申请集中办理 CCC 免办证明。实施差异化优惠措施，给予多项优惠政策，包括申请材料延后补交、延长 CCC 免办证明有效期、降低现场监管频次、实施一厂一策等，在符合政策法规要求前提下给予企业最优服务和便利措施。全年共签发 CCC 免办证明 1552 份，平均办理时间为 1.6 天，同比降低 60%。

（三）积极落实 CCC 产品特殊处理检测程序改革

落实《国家认监委关于进一步深化汽车强制性产品认证改革的公告》（国家认监委 2017 年第 1 号公告）要求，对《关于调整免予强制性产品认证检测处理程序的公告》（国家认监委 2008 年第 38 号公告）中有关特殊用途进口汽车、摩托车、摩托车发动机的检测处理程序的规定实施调整，将其作为单车 CCC 认证纳入强制性产品认证，不再受理汽车、摩托车、摩托车发动机特殊检测处理程序申请。山东局积极与相关直属局和认证机构进行联系交流，严格落实文件政策，研究制定落实措施，并组织分支局积极向企业进行宣传。

（四）全力保障CCC免办和特殊处理检测程序系统上线运行

为解决原CCC免办电子审批系统和特殊处理检测程序系统存在着角色重合、业务数据分散、信息不规范等问题，国家认监委开发了新的电子化审批系统，并实现各局联动的后续监管功能。为保障新系统平稳过渡运行，协作组人员提前筹备，认真研究新系统的功能和操作方法，并组织全省系统人员进行培训，在系统上线前加班加点对系统的组织结构、人员信息等功能进行调试，确保系统平稳上线，不出现大的问题。在系统上线后，对分支局遇到的问题及时解决，不能解决的统一汇总上报认监委解决。

五、聚精会神抓认证监管队伍建设

在全国首创“基础培训—评审员培训—主任评审员培训”三级培训体系，以传帮带的培训形式加强注册评审员培养，助力青年评审员快速成长、成才，为食品农产品工作提供人才保障，实现了数量和能力的“双提升”，全省系统主任评审员、评审员分别达到118人、353人，数量居全国首位。在总结第一期“鲁检好师傅”活动经验的基础上，2017年继续开展第二期活动，共成立5个专业团队，选拔培养52名学员。

撰稿人：孙寿利　审稿人：乔华峰

加强监管　优化服务
促进山东省认证、检验检测行业健康发展

——山东省质量技术监督局2017年认证监管工作概况

2017年，山东省质量技术监督局（以下简称“山东省质监局”或“省局”）紧紧围绕省委、省政府的重点工作，围绕“抓质量、保安全、促发展、强质检”工作方针，以质量提升行动为主线，以夯实质量基础为重点，创新思路、履职尽责，锐意进取，充分发挥职能作用，以扎实的工作作风，推动各项工作的开展，圆满完成全年各项工作任务，为全省经济发展做出了应有的新贡献。

一、简政放权，优化服务，促进检验检测行业快速发展

2017年以来，省局一方面以简政放权，优化服务为目标，努力推动资质认定许可改革，积极做好审批权委托下放试点，推动审批权委托下放。进一步转变工作作风，规范资质认定许可服务，努力创造平等参与、公平竞争的良好环境，取消了机动车安检机构资格许可，并积极做好与资质认定的过渡和衔接，调整出台了资格认定项目表，保证了两种许可制度的平稳过渡。对刑事技术机构、多场所检验检测机构、环保行业部分标准变更等问题，进行了统一规范，确保全省资质认定审批尺度统一、标准统一。从而有力促进山东省检验检测技术服务业快速发展。2017年，我局累计完成了1955家检验检测机构的2756批次的资质认定审批。目前，山东省各类检验检测机构已达2552家，共建成国家质检中心47家，省质检中心105家。检验检测的领域涉及建工建材、环境保护、交通安全、食品、卫生等二十多个行业，基本覆盖了山东省所有工农业生产领域。基本满足了山东省当前阶段日益增长的检测需要，有力推动和保障了山东省经济社会发展。另一方面，省局严格审批条件，通过抽查复审等措施加强事中监管，严把许可质量关，严厉打击资质认定许可过程中各种虚假申报，骗取资质等行为，提出了“决不允许任何虚假和不诚信的行为在检验检测行业存在”的口号，全年共对372批次不符合许可条件的事项作出不予行政许可的决定，对2家提供虚假材料的机构，提交稽查部门进行了严肃处理。有力的震慑了弄虚作假和不诚信的检验检测机构，保障了许可审批的质量。

二、加大检验检测机构监督管理力度，提升检验机构能力水平

一是全面实施“双随机、一公开”，明确监管责任。

年初省局制定下发了《山东省质监局2017年山东省资质认定检验检测机构监督检查工作指导意见》，对全省检验检测机构监督检查工作进行了部署，明确了“双随机、一公开”的工作原则，编制了《“双随机、一公开”作业指导书》，进一步明确了省、市、县各级质监部门局在检验机构监管方面的责任，确立了以执法与行政监督、技术监督相结合的监督管理工作模式，以及监督检查后处理的责任分工和处理方式，从而进一步规范了检验机构监督检查工作。

二是认真开展检验检测机构全面质量监管专项整治。根据国家认监委《关于开展加强认证认可检验检测全面质量监管专项整治工作的通知》要求，上半年，省局在全省部署开展了检验检测全面质量监管专项整治工作，制定了工作方案，组织对全省2174家正常开展检验检测工作的检验检测机构开展了监督检查，全省共出动检查人员2000余人次，现场抽查机构700家，发现问题机构231家，责令改正65家，责令整改93家，对18家机构进行了行政处罚。

三是大力开展资质认定检验检测机构省级飞行检查。2017年，山东省质监局按照“双随机、一公开”的原则，事先制定监督检查工作计划，随机抽取检查机构名单和检查组成员，以食品、环保、机动车、罐车、建工建材、电线电缆等领域检验检测机构为重点，共安排三次（每季度一次）省级飞行检查，重点检查机构的是否存在违法、违规行为，同时也对其检验能力、条件和工作质量进行检查。共检查机构403家，对其中存在违法违规行为的168家机构依法进行了处理。注销了2家机构的资质认定证书，撤销了4家机构的资质认定证书。

四是重点开展涉环保类检验检测机构专项监督执法检查行动。为配合中央第四批环保督察，落实中央办公厅、国务院办公厅《关于深化环境监测改革提高环境监测数据质量的意见》文件精神，省局印发了《山东省质监局关于开展2017年涉环保类检验检测机构专项监督执法检查行动的通知》，在全省范围内对涉环保检测机构（包括机动车排放尾气检测机构）开展了为期2个月的专项监督执法检查行动。重点对上述机构的检验能力、工作质量、检验数据的真实性，以及建立的质量管理体系是否持续有效运行，对污染性检验废弃物（三废）是否进行有效管理等情况进行全面排查、检查。共检查涉环保类检验检测机构1321家，责令改正机构306家，责令整改机构68家，撤销资质认定证书机构1家。

五是部门联合，全面开展检验检测、计量技术机构能力提升行动。为了落实中共中央、国务院《关于开展质量提升行动的指导意见》，全面提升山东省检验检测机构、计量技术机构的工作质量，促进检验检测、计量技术机构健康发展，2017年10月，我局联合省公安厅、司法厅、住建厅、环保厅、交通厅、农业厅、食药局等12个省直有关部门共同开展了检验检测机构能力提升行动。为此省局联合印发了《关于全面开展检验检测、计量技术机构能力提升行动的通知》，并联合召开了全省能力提升行动视频动员会，张宁波局长亲自讲话动员，共同部署，联合对全省取得资质认定证书的检验检测机构和计量技术机构进行全面检查。截至目前，检查工作已全部完成，共检查检验检测机构2344家，其中责令改正机构256家，责令整改机构22家。共检查计量技术机构（法定、授权）164家，其中责令整改机构97家，立案查处机构1家；共检查校准机构21家，发现存在问题机构3家。省局还协调12个省直部门组成了17个联合督查组，每组由一名省直部门的负责同志带队，并配备技术专家和工作人员，对17个市地进行了督查。有效地提升了全省检验检测机构的工作质量。

六是积极开展检验检测机构能力验证。结合上一年度监督检查发现集中的问题和本年度省政府重点工作及社会关注的热点，省局印发了《关于征集2017年检验检测机构能力验证项目的通知》，在全省广泛征集能力验证项目。通过调研，在风险研判的基础上开展了室内空气污染物、电线电缆、水体污染物、碳素钢、食品等5个产品、14个检验项目的能力验证，全省1600余家检验检测机构参加了本年度的能力验证活动，有力促进了相关机构检验检测能力和工作质量的提高。

通过一系列的专项整治和能力提升行动，对全省检验检测机构进行了全面彻底的清理整顿，查处、撤销了一批运行不规范、不持续保持检验能力、存在违法违规行为的检验检测机构，规范和严厉打击了检验检测机构的违法违规行为，净化了检验检测市场，提升检验检测能力和水平，保障了山东省检验检测活动的有效性和公信力，促进了行业的健康发展。

三、大力开展认证宣传推广工作，用认证手段推动质量提升

一是大力开展认证调研，摸清全省认证情况。为认真贯彻国务院“多举措推进质量认证体系建设”的意见，全力推动认证工作的开展，今年省局组织对全省管理体系认证情况、CCC强制性产品认证情况、食品农产品认证（三品一标）情况进行了调研，编写了《山东省管理体系认证状况分析报告》《山东省CCC强制性产品认证状况分析报告》《山东省食品农产品认证（三

品一标）状况及发展分析报告》，《山东省检验检测机构统计调查报告》，全面摸清了山东省认证工作情况，为山东省经济转型升级、质量提升提供了数据支持。

二是积极探索联盟认证，用认证手段服务品牌建设。为了贯彻落实省委、省政府《关于用标准和认证推动企业转型升级的意见》。围绕新旧动能转换，推动品牌高端化，省局策划提出并提出了“泰山品质”认证工作方案，起草了《用联盟认证形式推动山东省品牌建设的方案》，并获得国家认监委批复，同时起草了“泰山认证联盟章程”，制定了“泰山认证联盟”成立方案，为下一步成立认证联盟，用联盟认证手段推动山东省品牌建设做好了准备。

三是开展“万千百十”行动计划，服务中小企业质量提升。组织开展了全省中小微企业检验检测和认证需求调查。成立认证专家讲师团为山东省中小企业、小微企业免费提供认证和检验检测等方面的培训、咨询和服务。帮助中小企业提高产品质量和管理水平。先后赴阳谷、肥城、滕州、崂山等地，针对当地主导产业，分别开展了ISO 9000认证、食品农产品认证、CCC强制认证等专题讲座，500余家企业的1200多位管理人员参加了学习培训，促进企业管理提升和持续改进。截止目前，山东省企业已获得强制性产品认证31420张，质量管理体系认证32902张，环境管理体系认证13494张，职业健康安全管理体系认证11272张，食品农产品管理体系认证2573张，信息安全管理体系认证310张，测量管理体系认证147张，能源管理体系认证312张，无公害农产品认证4560张，绿色食品认证3103张，有机产品认证有效证书790张。认证证书数量位列全国第四位，其中能源管理体系认证、绿色食品认证数量位列全国第一。通过广泛推动认证活动开展，实现“一个标准、一张证书、全球通行”，对提高山东省企业管理水平，助推产品质量提升，促进企业国际化，品牌高端化起到了重要的推动作用。

四是加强认证活动监管，规范认证市场。2017年，省局制定下发了《关于认真做好2017年度认证执法监督工作的意见》，明确了以质量管理体系认证、环境管理体系认证、食品农产品认证和CCC强制认证等作为认证活动的监管重点。为此，省局按照国家认监委统一部署，按照“双随机、一公开”的原则，在全省获证企业中随机抽取了100家质量管理体系认证、环境管理体系认证和能源管理体系认证获证企业，委托有关市地局进行了认证活动的检查。共发现各类问题190多项，对2家认证机构进行了行政处罚，有力的促进了全省管理体系认证的健康发展。省局还配合国家认监委开展了CCC强制认证汽车产品专项检查，共对34家企业50个获得CCC强制认证的产品进行了现场检验和备案参数一致性核查，产品合格率92%。另外，按照国家质检总局部署，省局对2家涉及电线电缆CCC认证的认证机构进行了督导，督促其对全省电线电缆获证企业进行了全覆盖检查，有力的保证了全省电线电缆的产品质量。

四、加强行业自律，加强人员培训

一是指导成立机动车检测行业协会。今年，省局加强了对行业协会的指导，鼓励、指导各市地检验检测机构建立自己的行业协会组织，积极发挥行业协会的作用，加强行业自律。在省局的积极倡导下，前期有10个市地建立起机动车检验协会。在此的基础上，今年省局指导山东省交通学院牵头成立了全省机动车检测与维修协会，为加强行业管理，有效的抑制了恶性竞争，探索了一条新的路径。

二是加强人员培训，满足认证监管需求。针对山东省认证监管人员业务能力不足，不能满足工作需求的情况，2017年省局先后4次通过全省质监系统视频网络对全省认证监管、认证执法人员进行了“管理体系认证执法检查”“CCC强制认证执法检查”“检验检测机构监督检查”“基于手机客户端的检验机构监督检查系统App的系统应用”等专项业务培训。结合管理体系认证执法检查和检验检测机构专项整治，将业务培训和工作部署有机结合，使基层监管人员全面掌握监督重点、检查要求、取证方法和判定准则，全面掌握和使用基于手机客户端的检验机构监督检查系统App，从而全面提升认证监管、执法人员的专业能力，全省各级质监部门先后有3000多人次参加了学习培训，取得了良好的培训效果。

五、加强认证宣传，扩大认证工作影响力

结合“世界认可日”活动，6月8日省局组织召开了全省认证工作座谈会，全省100多家认证机构或分支机构参加了会议，张宁波局长亲自到会并做了重要讲话，各认证机构共同签署了《客观公正、诚实守信承诺书》。山东省电视台、大众日报等媒体予以了充分的宣传报道。6月9日，省局还在大众日报以《认证认可助推质量提升，推动新旧动能转换》为标题，刊登了半版的山东省认证工作发展报告，进一步宣传了认证认可工作，另外，12月15日，省局在省政府新闻办公室召开了山东省认证工作有关情况发布会，全面介绍了全省认证认可工作情况，山东省电视台、大众日报等20余家媒体纷纷进行了报道、转发，扩大了认

证工作的影响力。2017年以来，省局针对CCC强制认证、食品农产品认证、地理标志保护、检验检测等业务共发表各类稿件80余篇，有关媒体转发报道200余篇次。

下一步省局将继续开拓创新、勤奋工作、履职尽责，努力做好各项工作，为全省经济社会发展做出应有的贡献。

撰稿人：展　红　审稿人：李　泉

规范认证认可行业　服务经济社会发展

——河南出入境检验检疫局2017年认证监管工作概况

2017年，河南出入境检验检疫局（以下简称“河南局”）在国家质检总局、国家认监委和河南局党组的领导下，全面加强思想政治工作，强化党建和廉政建设，转变工作作风，提高工作效率。认真落实上级各项工作部署，勇于担当，开拓创新，团结协作，主动作为，圆满完成了各项工作任务。

一、业务总体情况

（一）出口食品企业备案和对外推荐注册工作实现双增长

2017年新增出口食品备案企业58家。河南省出口食品备案企业总数达455家，保持中西部地区第一位，全国第九位。

组织推荐出口食品企业对外注册25家（次）。其中，获得日本注册企业2家，美国注册企业1家。接待美国FDA注册检查2次，欧亚经济联盟（俄罗斯、吉尔吉斯斯坦等）注册检查1次。截至2017年底，河南省出口食品企业对外注册总数达155（家）次。

（二）食品“三同”企业数量中西部领先

2017年，河南省有92家出口食品企业登录国家“三同”平台。企业数量居中西部第一位，全国第八位。“三同”食品企业新增内销订单70.67亿元。

（三）入境强制性认证产品验证数量锐减

河南省系统共验证入境涉证产品13484批，同比下降40.23%。查出电气设备装置类、机动车类产品不合格62批，占2016年的30.54%。

（四）CCC免办呈递减趋势

河南省系统共受理CCC免办申请71份，办理CCC免办证明54张，同比减少43批。

二、开展的主要工作情况

（一）推进“三同”工作取得实效

根据国家质检总局“三同”工作部署，河南局加快推进出口食品企业“三同”工程，取得明显成效，获省领导肯定。舒庆副省长在《河南出入境检验检疫局关于推进出口食品企业内外销“同线同标同质”工程阶段性总结的报告》上批示：“检验检疫部门工作扎实，成绩明显，要进一步拓展我省“三同”工作的广度和深度，提高质量供给水平，切实惠及民生”。“三同”工作推进措施和工作成效在国家质检总局《质检动态》第78期、165期刊登。

1. 实施精准帮扶

河南局成立了“三同”工程领导小组，制定了《河南局“同线同标同质”帮扶行动计划》。召开了“三同”工作推进会，成立了13个帮扶工作组，对275家企业进行了帮扶。建立了“互联网＋三同”企业端，通过12个微信群（408人）、10个QQ群（477人），向社会广泛宣贯“三同”政策、知识，开展企业培训。

2. 加大新闻宣传

召开新闻发布会，借助“世界认可日”“食品安全周”“中国品牌日”“食品安全口岸行”等活动，开展“三同”专题宣传。新华网、人民网、河南电视台、《河南日报》、《大河报》、中华网、中国质量网、《中国食品报》等20多家主流媒体均进行了报道。

3. 开展“三同”进万家活动

举办启动仪式：联合有关企业，在郑州中原福塔举办“三同”进万家活动启动仪式，现场展示，让消费者近距离接触“三同”产品。进电商：组织21家“三同”企业与电子商务服务平台进行了现场对接；指导优质产品登陆甲方乙方、淘宝、京东等20多家电商平台，实现内销约4200万元。进社区：帮扶电商助推“三同”产品进入郑州市中原区帝湖、银基王朝等10个社区销售。进商超：30多家企业130多个产品分别进入家乐福、沃尔玛等60多家商超，新增国内订单2亿多人民币。进校园：走进河南农业大学等10家校园宣传“三同”理念和展示优质产品，受到师生点赞。进展会：帮助河南佰食特、思念等公司成功对接上海国际食品展览会和第十八届中国国际食品和饮料展览会。进航食：进入郑州机场口岸和航食企业宣传“三同”工作。举办“三同购物节”：在郑州、商丘举办“三同购物节”系列活动，全国90多家食品企业的300多种优质产品进行展销，近千名群众前来咨询和品尝体验。40多家媒体现场采访、报导。协助组织首届全国安全食材暨“同线同标同质”食品高端峰会。国家质检总局总检验师张际文，中央候补委员、开封市委常委、兰考县委书记蔡松涛，河南局李忠榜局长、廖衍副局长等出席峰会。

4. 纳入地方政府重要文件

在河南局不断宣传和推动下，“三同”工作纳入了《2017年河南省食品安全工作要点》（豫政办〔2017〕68号）、《河南省促进食品农产品出口2017年度行动计划（2017.7–2018.6）》（豫促联办〔2017〕1号）、《河南省国家食品安全城市创建行动工作方案》（豫政食安委〔2016〕3号）等多个省政府文件。许昌、南阳、焦作等地方政府相继出台政策，支持“三同”工作开展，许昌市人大代表（李伟鹏）在许昌市第七届人大会提案“三同”。形成两篇调研报告：《河南省推进出口食品企业内外销”三同”调研报告》和《开展“三同”工程，助力许昌市创建国家食品安全城市》。

（二）帮扶企业对“一带一路”沿线国家注册

围绕国家“一带一路”发展战略，成立美、俄、欧、日、韩等7个出口食品企业注册专家组，深入帮扶企业提升质量、破解国外技术性贸易壁垒。首次向香港推荐冷冻禽肉注册，首次向美国农业部推荐熟制禽肉注册，首次向美国食品药品监督管理局（FDA）推荐鱼虾水饺产品注册。顺利接待美国FDA对河南省输美低酸罐头企业的注册检查。圆满完成接待“欧亚经济联盟（俄罗斯、吉尔吉斯斯坦等5国）”首次对河南省禽肉企业的注册检查，获王铁副省长、舒庆副省长、万旭副秘书长批示和肯定。

（三）支持中哈认证认可在豫合作交流，获国家认监委表扬

哈萨克斯坦国家认可中心副主任穆辛一行三人在认监委国际部领导带领下参观河南永达清真食品有限公司。重点了解检验检疫和企业在食品安全控制、HACCP认证、清真认证和国外注册方面情况，对河南省企业的经验和做法，给予了充分肯定，对中国检验检疫部门当前实施的认证认可制度给予了高度评价。

（四）“双随机”模式让企业和一线监管负担“双减轻”

在全国率先实行出口食品企业备案监管“双随机一公开”。制定了《河南检验检疫局备案出口食品生产企业质量安全管理体系运行情况监督检查“双随机”工作实施细则》，建立了427家出口食品企业和50名执法人员名录库。监管频次从2016年的365次减少至43次。节约了监督资源，提高了监督效果。

（五）认证市场监督检查取得成效

根据《国家认监委2017年认证认可专项监督检查计划》《2017年管理体系认证结果专项监督检查工作方案》的要求，在国家认监委的统一部署下，河南局开展了2017年度管理体系认证结果“双随机、一公开”专项监督检查，选派被双随机抽中的10名检查员，参加西北认证联盟的培训后，对宁夏、新疆、甘肃、西藏和陕西的15个ISO 9000获证组织和2个能源管理体系获证组织进行了专项检查。同时对抽取的河南省28个获证组织进行了专项检查。通过检查，共发现问题57个。其中，4家认证机构存在问题44个，获证组织存在问题13个。对发现的问题，及时上报国家认监委予以处理。

（六）世界认可日宣传活动

《国家认监委关于组织开展第十个世界认可日活动的通知》下达后，河南局积极筹备，于6月6日联合民权县人民政府，在民权县举办2017年世界认可日“质量提升、产业发展、扶贫攻坚”座谈会，同时还邀请了民权人民政府副县长、产业集聚区主任、20家企业代表及新闻媒体参加。这次活动对目前精准扶贫，政策宣贯，认证服务都起到了积极效果。

（七）新版质量管理体系宣贯

根据《质检总局国家认监委关于广泛开展新版质量管理体系标准宣贯学习活动加强全面质量管理的通知》（国质检认联〔2017〕366号）要求，结合《河南检验检疫局关于开展2017年“质量月”活动的通知》和质

量管理体系换版的需要，河南局联合河南省质量技术监督局，在9月15日和9月26日局分别聘请系统内知名体系专家苏慎之和吴建伟老师，面向企业、认证机构及新闻媒体举办了2期新版质量管理体系标准公益讲座（共计参加人员600余人）。同时通过视频方式，举办了河南局新版质量管理体系标准培训班，对河南局400余人次进行了新标准的培训，收到良好效果。

撰稿人：亢明星　审稿人：和长利

创新服务　强化监管
扎实推动认证认可工作再上新台阶

——河南省质量技术监督局2017年认证监管工作概况

2017年，河南省质量技术监督局（以下简称“河南省质监局”或“省局”）认真贯彻落实国家认监委工作会议精神，按照“围绕质量提升、提高供给质量”的要求，认证认可监管工作积极作为，着力深化改革，扎实做好各项工作，推动全省认证认可工作创新、平稳发展，各项工作取得了明显成效。

一、促进质量提升能力得到新增强

省局深入开展质量基础提升行动，贯彻《认证认可助力质量提升计划》，主动服务发展大局。一是开展质量管理体系升级行动。积极、及时响应国家认监委关于宣传贯彻新版质量管理体系标准的要求，大力推广质量管理先进标准和方法，及时印发了《新版质量管理体系标准宣贯活动实施方案》和《关于开展“万家企业质量管理体系升级行动”的通知》，启动了管理体系升级工作。联合河南省检验检疫局举办2期新版质量管理体系标准公益讲座，组织认证机构召开推进质量管理体系换版推进会议。各市、县局也采取举办多种形式的活动，宣传推广新版质量管理标准和方法，都取得了良好的效果，全省获证企业以ISO 9001标准换版为契机，开展质量提升行动。二是开展万家企业质量提升专题调研，征集质量管理先进典型案例报送国家认监委并印刷成册，发挥典型示范作用。三是起草了《关于进一步加快检验检测服务业发展的意见》（征求意见稿），修订发布了《检验检测机构资质认定技术评审作业指导书》（2017版），促进产业健康发展。四是服务生态文明建设。发挥有机产品认证的积极作用，把有机产品认证和精准扶贫结合起来，增加高端农产品供给，大力推进国家有机产品认证示范创建区建设。目前河南有6个国家有机产品认证示范创建区，2017年12月，范县、灵宝市人民政府通过国家认监委考核验收，成为我省首批国家有机产品认证示范区。

二、服务社会发展进一步释放新活力

为推进简政放权、放管结合、优化服务的改革工作要求，更大地提高工作效率、方便群众办事，实现“让数据多跑路，群众少跑腿”，依托我局新建设启用的行政许可和证后监管系统，减少检验检测机构资质认定申报中没有法律依据的材料，优化申请、技术评审、行政审批各环节，压缩各环节时间，在规定的时间基础上压缩30%～50%，极大地提高了办事效率。将检验检测机构资质认定变更事项实施网上办理，印发了《关于检验检测机构资质部分变更事项实施网上办理的通知》，增强了从业机构的获得感。

高效完成了全省2016年度检验检测服务业统计直报工作，编制了《2016年度河南省检验检测统计分析报告》，客观反映河南省检验检测服务业的规模、结构、效益等基本情况，为政府制定政策提供了依据。截止2016年底，全省共有各类检验检测机构1851家，同比增长6.3%；实现营业收入66.64亿元，同比增长17.6%，营业收入增速高于全国2.9个百分点。截至2017年底，全省共有1809家企业通过强制性产品认证，获得CCC有效认证证书11133张，管理体系认证30866张，认证覆盖率逐年上升，证书总量居中西部前列。

为积极有效应对大气污染，打赢大气污染防治攻坚战，加强环境检测、煤质检测、汽柴油检测、机动车排放机构资质认定和监管，全面梳理了我省目前取得煤炭检测资质和汽油、柴油检测资质的检测机构。经过全省各市（县）实地核查，并经过能力确认，向社会公布检验能力强的获证煤炭检测机构83家，汽油、

柴油检测机构 13 家，为煤质检测、机动车尾气排放检测监管和专项治理工作提供了技术支持，为美丽河南建设做出贡献。

三、认证执法监管得到新加强

充分利用执法专项检查等手段，按照“双随机、一公开”工作要求，创新监管方式方法，全年组织多个专项检查，规范了我省检测认证市场秩序。

一是组织开展了对获证检验检测机构的监督检查，省局抽取 50 家检测机构现场检查，重点抽取了食品农产品、建材与建筑、机动车等行业领域，共检查出各类问题 200 多项，已进行了整改。对于存在违法违规严重问题的机构，移交市局或省局稽查总队依法处置。二是省局委托省质检院国家建筑材料中心对强制性认证产品溶剂型木器涂料开展国家级抽查，抽查全省 9 个建材市场 60 批次 20 家经销商销售的强制性认证产品，抽查合格率 100%，发现无证生产销售行为并移交查处的案件 2 起，三是开展管理体系认证结果监督双随机检查，组织 32 名专家对省内 15 家企业、省外 1 家企业进行监督检查。四是开展了食品、农产品认证活动监督检查，共检查 560 家企业，746 种产品，组织对 6 个国家有机产品认证示范创建区进行了交叉监督检查。五是配合国家认监委对我省 5 家国家检测中心、10 家食品检验检测机构、10 家机动车检测机构联合检查。河南省质监局高度重视，向主管领导进行了专题汇报、召开处专题会研究，专门安排 2 名同志并联合省环保厅等单位做好配合检查组工作，检查过程中省局与检查组进行了充分沟通与协调，很好地配合完成了国家监督检查任务，得到了国家认监委和检查组的好评。同时，对国家检查中发现的检验检测机构的违法违规行为进行严肃处理。六是联合省环保厅印发《河南省质量技术监督局 河南省环境保护厅关于开展 2017 年全省机动车检验机构专项监督检查的通知》，开展了全省机动车环保专项检查。对检查中发现的检测认证机构的违法违规行为，向社会公开通报，并由机构所在地质监部门和环保部门进行了依法处置。七是开展检验检测机构技术能力建设，督促资质认定获证机构持续符合资质认定条件和要求、保持具备准确出具检验检测数据的能力，结合大气污染防治的特殊要求，2017 年重点对全省 440 家水泥、煤炭检验检测机构开展能力验证工作。其中，420 家验证结果满意，满意率 91.4%，38 家验证结果不满意或可疑，占比 8.4%。另外，加强了能力验证后处理工作，对验证结果不满意或可疑、且整改比对仍不符合要求的 6 家机构撤销了其相应资质。

四、传递信任的作用得到新彰显

一是开展“世界认可日”系列主题活动。6 月 9 日，以“认证认可助力精准扶贫和质量提升”为主题的河南省“世界认可日”主场活动，在南阳市淅川县举办。此次活动引起了强烈的社会反响，中国质量报 6 月 13 日头版头条，对我省“有机产品认证服务精准扶贫和质量提升”主题活动情况和“淅川经验”进行了专题报道，提升了河南有机认证产品在全国的影响力。

二是组织开展系列有机产品宣传活动。“质量月”期间，各地进行了丰富多样的“全国有机宣传周”活动。组织全国贫困县桐柏参加“全国有机产品认证扶贫成果展”，桐柏县质监局主要领导带队，组织辖区内相关有机产品认证获证组织参加了“全国有机产品认证扶贫成果展”。选取我省 9 家企业 10 多种产品，积极参加在杨凌举办的“全国有机认证产品展”。通过参展活动，进一步展示了各地在有机产品认证服务地方经济方面的一些做法，拓宽了视野，促进了交流，挖掘了市场，积累了经验。

三是开展检验检测机构开放日活动。在“质量月”期间，围绕“强化检验检测、助力质量提升”主题全省举行了系列活动。活动期间，邀请媒体现场报道，全省共展出宣传版面 230 块，开放实验室 109 个，在食品药品、卫生防疫、工程建筑、车检等检测项目上提供免费的参观，对涉及民生的家用血压计、人体秤等免费检测，为群众测量血压、视力等免费检测的样品数量 500 余件次，邀请人大代表、政协委员企业代表 80 多人，广泛接待社会群众咨询 1400 多人次，发放宣传册（本、张）5600 多份，在社会和广大群众中很好地宣传检验检测行业，普及了检验检测知识，提高检验检测的社会认知度。

撰稿人：付 利 审稿人：毛 选

聚焦聚力质量提升　稳步推进认证监管

——湖北出入境检验检疫局2017年认证监管工作概况

2017年，湖北出入境检验检疫局（以下简称“湖北局”）紧紧围绕开展质量提升行动、深化业务改革创新、严守安全底线、服务开放发展、加强自身建设等各项重点工作，稳步开展湖北各项认证监管工作。

一、聚焦聚力质量供给水平提升，在全面提高质量上迈出新步伐

围绕增加绿色优质农产品、食品供给，湖北检验检疫局充分发挥认证认可职能作用，着力“增品种、提品质、创品牌”，打造一批出口农产品食品品牌，增加高质量、高水平农产品食品有效供给。2017年共办理出口食品生产企业备案核准事项147家次，其中初次备案43家次，重新申请（增加备案品种等）34家次，延续备案30家次，变更备案10家次，注销备案30家次；所有备案核准手续平均办理时限2.40天，较2016年（2.99天）缩短了19.7%。湖北局辖区现有出口食品生产企业备案企业310家。

启动湖北认证示范区创建工作。在仙桃检验检疫局协助下，潜江市已启动国家良好农业规范认证示范区（县）创建工作。

全面实施内外销产品“同线同标同质”工程，在出口食品农产品企业中继续开展内外销产品“三同”工程，深入开展集中帮扶行动，增加合格达标上线企业。探索、完善对“三同”产品生产企业的监管办法，加强对“三同”产品生产企业的持续引导和监管，加快转化先进适用的国际标准和合格评定程序。加强产销对接服务力度，支持“三同”产品销售平台建设，在湖北形成“进超市、进社区、进院校、进机关”销售网络。积极争取省市政府对“三同”工程给予更大的支持，充分调动出口农产品协调领导小组成员单位支持、参与“三同”工程的积极性，形成政府主导、国检推动、部门联动的局面。加大“三同”宣传力度，推进“三同”进万家宣传活动，通过组织三同企业对接电商平台、实体店展播三同宣传视频、三同进社区展销、三同进万家巡展等活动，多渠道多形式营造有利于实施“三同”工程的良好氛围。

湖北现有61家企业登录了“三同”公共服务平台。

湖北检验检疫局制定了《湖北局2017年出口食品企业“逐一帮扶”行动计划》，计划要求进一步发挥质检特有职能优势，充分应用认证认可和“互联网+”的方法，加快推进“三同”工程，助推出口食品质量提升和产业升级。今年确定了70家帮扶对象，成立了对应帮扶小组；集中帮扶行动内容包括：帮助企业快速备案和持续满足备案要求，帮促企业对标提升，帮扶企业内销转型，帮助解决企业境外注册、市场准入困难，积极协调推荐企业对外注册等。7月份，湖北检验检疫局与中检集团湖北公司联合推出HACCP认证双向采信促“三同”相关措施，属系统内首例，双方商定，在不增加企业负担的前提下，通过双向采信机制，精准帮扶破解HACCP认证瓶颈，实现湖北“三同”企业扩量、“三同”产品增容。现已有15家企业与中检集团湖北公司签署HACCP认证协议。

2月8日，在湖北省农产品出口工作座谈会上，湖北省人民政府童道驰副省长在听取我局有关推进实施“三同”工程的情况汇报后强调，树立“三同”意识，政府要有所作为，相关政府部门要予以协助维护，要对企业予以支持，推动“三同”工程真正落实落地。5月12日，我局与湖北省食药监局签署食品安全监管合作备忘录，决定建立“三同”工作合作机制，共同推进实施“同线同标同质”工程和推动监管协作和结果互用。8月23日，在汉召开了推进三同工作座谈会，认证监管工作分管副局长严志刚对推进三同工作提出三点要求，一要高度重视，特别是一把手和分管领导要重视，亲自抓好本单位的三同推进工作。二要扎实推进，抓好三同逐一帮扶计划的实施和“三同进万家”宣传活动。三要注重实效，采取有效措施提高三同企业的上线率。座谈会通报了三同工作进展情况及今年对三同工作的要求，宜昌局、仙桃局作了典型发言，其他各单位交流本单位推进或支持三同工作的情况。9月份，湖北检验检疫局认证监管处处长杜德庆亲自带队对4个分支

机构就“三同”工程推进情况进行了工作督促指导。

积极搭建三同企业与优食•华夏精选、云采智农、供港生鲜等销售平台对接，在湖北逐步形成了三同产品“进超市、进社区、进院校、进机关”网络。6月28日上午，在杭州阿里巴巴总部举行“三同”进天猫启动仪式上，湖北莱克现代农业科技发展有限公司和武汉蜂之巢生物工程有限公司作为仅有的2家企业代表发言，彰显湖北“三同”企业的风采，这次活动是国家认监委统一部署的“三同”进万家活动系列活动之一，旨在帮助内外销“三同”企业更好对接国内市场。我局积极动员湖北“三同”企业参与此项活动，借助“三同进天猫”活动，进一步扩大三同企业的内销市场份额，扩大湖北三同产品和企业影响。9月25日—27日，湖北检验检疫局组织“三同”产品销售平台企业在省直机关工会主席培训班上进行了“三同”工程宣介和“三同”产品展销，共发放宣传资料180份，产品展销也取得了很好的效果。

二、聚焦聚力风险防控和专项整治，在维护“三大安全”上取得新成效

按照源头严防、过程严管、风险严控的要求，深化完善出口食品安全监管体系。湖北局结合出口食品生产企业备案工作实际，制定发布了2017年备案监管现场检查计划，涉及289家企业，计划对检查内容、实施时限和记录要求、档案保存、结果互认都逐一进行了说明。现场检查已按计划完成，检查中共发现670个一般不符合项，均已要求相关企业整改；并对29家不能持续符合出口食品生产企业备案要求的企业予以注销。

5月份，湖北检验检疫局对宜昌、荆州和仙桃三个分支机构出口食品生产企业备案工作（含三同工作）、CCC免办工作进行了督查，进一步规范了出口食品生产企业备案和CCC免办工作，起到了查漏补缺的作用，将相关工作的风险进一步降低。

三、聚焦聚力“一带一路”、“长江经济带”国家战略，在精准服务开放发展上实现新作为

进一步适应口岸前延后推发展需求，加强与口岸局沟通协调，完善与长江经济带各兄弟局之间的协作配合及整体联动，推进“三通两直”通关便利化改革，进一步缩短通关同期、降低时间和环节成本，不断改善湖北开放发展的检验检疫服务软环境。今年，泛长三角地区检验检疫局签订了《认证认可全面质量管理合作备忘录》，泛长十局在开展质量提升行动，加强全面质量管理，全面提高认证认可供给质量，进一步落实认证监管一体化建设，积极发挥区域一体化机制在全面质量管理和认证执法监管中的优势作用等反面开展合作。

2017年，按照国家认监委《2017年管理体系认证结果专项监督检查工作方案》，湖北局组织人员对湖北辖区9家获证企业开展了管理体系认证结果专项督查，涉及质量管理体系认证证书7张、能源管理体系认证证书2张；涉及认证机构5家；获证企业涵盖生产、建筑、制造、咨询等多个行业。监管人员对认证活动的合规性和认证档案的真实性进行了监督检查。

根据国家认监委统一部署，在湖北省开展了进口CCC产品市场监督抽查工作，进一步摸清了我省流通领域进口CCC产品质量状况；同时，在监督抽查工作中，我们还向商家宣传了相关法律法规。“3·15”前夕，我们还组织人员对武汉市综保区商场开展了进口有机产品、进口汽车用儿童座椅的市场监管工作。

发挥政策、技术和信息优势，搭建“走出去”平台，在法规标准、检测技术、认证认可、人员培训等方面发挥职能作用，帮扶更多符合条件的企业获得国外卫生注册等“国际市场通行证”。湖北检验检疫局对全省30家出口水产品生产企业的质量管理人员和各分支机构监管人员开展了专项培训，专项培训内容涉及对外注册程序、欧盟美国水产品法律法规、美国FDA检查关注点等。

2017年推荐了对外注册企业23家次，获批17家次，涉及水产品、蛋制品、乳制品和肠衣企业。其中，湖北神丹健康食品有限公司获得咸蛋黄对新加坡注册，属全国首例。

四、聚焦聚力加快推进关键性改革，在支持湖北自贸区建设和新业态发展上要有新突破

湖北检验检疫局积极推进“备案出口食品生产企业质量安全管理体系运行情况”双随机、一公开检查工作。制定了《湖北检验检疫局备案出口食品生产企业质量安全管理体系运行情况监督检查“双随机”工作实施细则》，建立了出口食品备案企业库和检查人员库，通过局双随机抽查系统制定了检查计划，随机抽取了16家备案企业作为检查对象，并抽取16组检查人员，现已完成双随机检查工作，注销了一家不符合出口食品生产企业备案要求的企业。

湖北检验检疫局为了支持湖北自贸区建设和新业态发展上要有新突破，推出了两项自贸试验区检验检疫改革创新举措。一是对自贸区内企业，申请出口食品生产企业备案时，采信自我声明，免于现场检查，

直接发放《出口食品生产企业备案证明》。二是扩大CCC免办申请主体，简化后续监管；对于自贸区内符合免于办理条件的CCC产品，允许“非最终用户”申请办理《免办证明》，CCC免办后续监管以采信为主，现场验证为辅。

五、聚焦聚力全面从严治党，在党建工作上得到新加强

2017年，湖北检验检疫局全体党员认真落实“全面从严治党主体责任和监督责任”，深入推进“两学一做”学习教育常态化制度化，严防认证监管工作中的廉政风险。局党组发文在全局系统推广“三级联动”支部建设工作法，要求发挥各级党组织职能优势作用，用党建这根红线串联三级，使党建和业务发力向心聚焦，达到党建促政务、能力提升、支部建设的成效；采取上下结合、内外沟通、信息共享、工作联动、业务互推等方式开展系列联动活动，促进在党建和业务方面的互信、互学、互助、互促。湖北检验检疫局认证监管处党支部被评为2016—2017年度红旗党支部。

7月中旬，湖北检验检疫局认证监管处党支部联合国家认监委注册部、仙桃局机关党支部赴洪湖老区，开展了“到老区接受教育、进企业开展帮扶”活动。三级支部党员参观了湘鄂西苏区革命烈士纪念馆、瞿家湾湘鄂西革命根据地旧址，瞻仰了湘鄂西苏区革命烈士纪念碑，重温入党誓词；深入洪湖水产品出口企业，开展逐一帮扶，帮助企业解决在出口和“三同”实施中遇到的问题，完善了出口水产企业的HACCP体系。

撰稿人：黄文峰　审稿人：杜德庆

围绕中心　坚持主线
不断促进认证认可服务经济发展

——湖北省质量技术监督局2017年认证监管工作概况

2017年，湖北省质量技术监督局（以下简称“湖北省质监局”或“省局”）在习近平新时代中国特色社会主义思想的科学指引下，在省委省政府和国家质检总局的坚强领导下，按照国家认监委工作部署，湖北省质监局围绕建设认证认可强国的中心，坚持服务经济社会发展要求的主线，全面推进了认证认可各项工作，较好发挥了认证认可服务地方经济社会的作用。

一、聚焦改革，不断优化资质认定审批服务

截至2017年10月31日，省局共完成检验检测机构资质认定审批823份（其中计量认证560份，双认25家，不予许可91家，简易流程147件），检验检测机构资质认定各项变更备案480件。严格依据规定和程序要求完成了审批工作，杜绝了红、黄牌。

一是大胆创新，稳步推进行政审批制度改革。建章立制，实行审批工作标准化，根据行政审批制度改革要求，编写了《检验检测机构资质认定审查细则》标准，实行了检验检测机构资质认定审查工作的标准化；不断探索、创新，积极推进检验检测机构资质认定告知承诺制，为服务自贸区建设，大胆探索，积极借鉴上海经验，进一步放宽资质认定受理条件，积极探索检验检测机构资质认定告知承诺制，制定了自贸区内检验检测机构资质认定告知承诺管理办法及实施方案；进一步优化、简化和统一审批事项，在前期优化、简化行政审批流程的基础上，对行政审批流程进行了再次梳理、优化，同时逐步实现了机动车安全技术检测、综合性能检测及环保检测资质认定的统一，实行了“三证合一”，避免了重复发证和一机构多证的现象。

二是深入调究，不断优化服务，促进检验检测行业发展。联合省政府政策研究室赴广东、上海对检验检测认证服务发展情况进行了调研，并形成了《一个值得重视的新兴战略性产业——检验检测论证服务业发展的对策研究》的调研报告，获周先旺副省长批示“此调研具有很强的现实针对性，所提建议应引起重视”；紧贴企业需要，不断提升服务质量，根据安琪酵母股份有限公司提出的企业非标准方法如何转化成检验检测方法，出具检验检测报告的问题，紧贴企业的实际

需要和要求，急企业之所急，认真研究讨论，提出了行之有效的操作方法，解决了企业产品检测、上市的困难；完成了贯彻落实国家质检总局《关于加强检验检测公共技术服务进一步支持中小微企业健康发展的指导》的自查，并陪同国家质检总局督导组完成了对湖北省的实地调研、督导工作。

三是统一评审标准，加强评审员队伍建设。为提高评审员队伍素质，统一现场评审标准，组织了检验检测机构资质认定评审员考试。全省共有504人报名，通过考试247人考试合格，拟取得评审员资格颁发评审员证书。考试成绩通过省局门户网站进行了公示。

四是充分利用“互联网+”，不断提升服务能力。进一步加强对湖北省检验检测机构公众服务系统的开发和运用，进一步完善查询服务和监管功能，进一步畅通消费者、机构和监管部门的联系沟通渠道，强化社会监督，提高信息化监管和服务水平；积极与信息中心联系，开发了“湖北省检验检测机构资质监管系统”。

二、聚焦履职，认真组织认证认可监管

2017年，省局全面落实认监委部署，认真组织开展了认证认可领域的监管工作。截至2017年12月20日，全省有效期内管理体系证书27005张（含质量管理、环境管理和职业健康安全管理及食品安全管理等自愿性管理体系证书），强制性产品认证证书15432张，有机产品认证证书578张，绿色食品认证证书1212张，无公害农产品认证证书1473张，HACCP（危害分析和关键控制点体系）认证证书184张。

一是组织开展了对认证机构认证活动计划执行情况的的监督抽查工作，共抽查认证机构41家开展活动130次并按要求上报，促进了认证活动人员、时间、内容的落实，较好维护了认证活动计划的严肃性。

二是组织开展了管理体系认证监督工作。要求各地市每年按照一定比例加强对本地管理体系获证组织的监督抽查，对获证组织建立档案，实施分类管理，确保认证有效性。

三是组织开展了对强制性认证获证产品监督抽查。会同中国汽车工程研究院股份有限公司（重庆）检测中心，采用“双随机”模式，组织核查人员对武汉、襄阳、十堰、随州等地市州40家汽车生产企业（其中有5家企业未抽到产品）生产的47个批次、47辆样车（涉及46张证书）进行了参数和一致性核查，涉及认证证书的发证机构二家（中国质量认证中心和中汽认证中心），证书数量分别为30张和16张。本次抽查产品合格率为91.5%（抽查产品批数47，合格产品批数43），较2016年（产品合格率为84.4%）有一定的提高。通过连续几年的抽查，全省载重汽车生产企业对生产一致性的重要性认识进一步增强，对国家强制性标准要求的理解进一步加深，产品质量意识、管理意识、风险意识等有了明显提高，有力促进了产品质量的全面提升。检查情况已上报国家认监委并要求各市州做好后处理工作。

四是组织开展了电线电缆CCC获证生产企业专项抽查。6月份，组织中国质量认证中心武汉分中心相关专家，开展了对电线电缆CCC获证生产企业专项抽查工作，共覆盖荆州、宜昌两个地区，5家电线电缆CCC产品获证的生产企业，检查涉及塑料绝缘电线和橡皮绝缘电线两类产品，覆盖到CCC证书共15个单元。7月份组织开展了对荆门、宜昌两个地区电线电缆生产企业“回头看”专项检查工作，检查CCC认证产品涉及7家企业，覆盖CCC证书共20个单元。

五是加强部门联合，强化对检验检测机构的日常监督管理。组织完成了2017年度检验检测机构能力验证工作，2017年，委托省质检院、纤检局、电子院，组织了“乳粉中蛋白质含量的检测”等5个项目的能力验证工作并对能力验证情况进行了通报。全省共有474家机构参加，能力验证结果满意的464家，满意率为97.89%；积极进行检验检测机构调研、检查。结合技术评审中心开展的检验检测机构资质认定现场评审工作质量抽查，对全省18家机构进行了调研、检查，指出了机构日常管理中存在或容易出现的问题。

六是组织全省系统对机动车综检机构检查整改，督促各单位对机动车综检机构按新标准要求全部检查一遍、规范一遍，协调、协同省机动车检验行业协会等单位快速处理了8家综检机构信访件。并将机动车综检机构监管情况撰写研讨文章在《中国质量报》刊发。

七是做好了其他各项监管工作。7月份，配合认监委完成了对湖北省5家检验检测机构飞行检查任务。8月份，联合省公安交管、环保部门，配合认监委完成了对湖北省5家机动车检验机构飞行检查工作。8月份，联合省食药部门，完成了对湖北省10家食品检验机构飞行检查工作。

三、聚焦发展，积极谋划公共技术服务能力建设

从2016年开始，省局积极向省委省政府汇报有关情况，组织力量开展调研编纂工作，推动省人民政府于今年初印发出台了《省人民政府办公厅关于加强检验检测公共服务平台建设的意见》（鄂政办发〔2017〕2号），对加快推进湖北省以国家级检测技术中心（含计量、标准、检验检测、认证认可等领域的国家级质

量技术基础设施）为龙头的检验检测公共服务平台体系建设提出了指导性意见。2017年，省局围绕全面落实《意见》，加快推进了各类具有公共服务属性的检测、认证服务平台建设，成效显著。

一是有机产品认证示范区创建工作有新成效。2017年，湖北省襄阳市南漳县新获批创建国家级有机产品认证示范区，恩施州宣恩县新通过验收正式设立国家级有机产品认证示范区。目前全省已有国家级有机产品认证示范区二个（赤壁市、宣恩县），示范创建单位二个（梁子湖、南漳）。此外，还有十堰市丹江口市、竹溪县正在申请创建国家级有机产品认证示范区。

二是国家质检中心建设有新突破。国家富硒产品质检中心（湖北）、国家家用电器安全及能效质检中心（湖北）、国家节能建材产品质检中心（湖北）等三家国家质检中心在获国家认监委授权的基础上，通过了质检总局科技司组织的现场验收，数量为历年之最。

依托襄阳航泰计量检测有限责任公司（母体为解放军5713厂）建设的国家复合材料及制品质量监督检验中心（湖北）获国家认监委批准筹建，成为全国范围内首个军民融合共建的国家质检中心。

三是推动检验检测高技术服务积聚发展有新举措。以积极申报筹建国家检验检测高技术服务业集聚区和国家检验检测认证公共服务平台示范区为主要抓手，推动全省检验检测高技术服务业的积聚发展。

推动省人民政府先后印发《湖北省人民政府关于申报建设国家检验检测高技术服务业集聚区的函》（鄂政函〔2017〕110号）和《湖北省人民政府关于恳请支持建设国家检验检测高技术服务业集聚区的函》（鄂政函〔2017〕167号）向质检总局和国家发改委争取国家检验检测高技术服务业集聚区落户湖北。目前质检总局已原则同意在武汉、鄂州，以一区两园模式建设国家检验检测高技术服务业集聚区，正待接受专家组论证。

积极推动武汉、襄阳向国家认监委申报建设国家检验检测认证公共服务平台示范区，目前两市已经基本完成了有关筹备工作，正待向国家认监委提出正式申请。

撰稿人：马堂富　审稿人：吴红涛

提质增效　服务发展　推动认证认可工作再上新台阶

——湖南出入境检验检疫局2017年认证监管工作概况

2017年，湖南出入境检验检疫局（以下简称“湖南局”）认证认可工作在国家认监委以及湖南局党组的正确领导下，深入贯彻落实全国认证认可工作会议和湖南检验检疫工作会议精神，围绕认监委和湖南局年初工作要点，在推进改革创新、服务供给侧结构性改革、促进质量提升、服务地方经济发展等方面取得了积极成效。

一、认证认可工作基本情况

2017年，湖南局受理出口食品生产企业备案78家（同比增加39.29%）。组织评审78家，符合要求的74家并颁发备案证明，不合格企业4家，不予备案。完成备案和HACCP认证监管联动60家。注销或撤销认证企业资格29家。获国外注册12家次（出口食品企业卫生注册5家次，输美日用陶瓷认证企业7家）。完成对1149批进境水产品、肉类、乳品和燕窝生产企业注册信息、认证信息口岸查验的数据核查和工作督查。完成获证企业管理体系（HACCP认证、有机产品认证、GAP认证）认证活动监督检查61家，出动认证监管检查人员155人次，涉及认证机构10家。对5家企业的48批入境有机认证产品（乳制品）进行口岸核查验证和现场抽样检验监管，出动监管人员10人次，涉及认证机构2家。组织签发CCC免办证明225份。完成CCC产品抽查1类/2种。组织完成各类认证业务培训和派员学习191人次。

二、发挥认证认可在提质升级上的作用取得新成效

（一）简政放权，发挥出口食品备案提质升级作用

2017年，湖南局深化行政审批制度改革，对出口

食品生产企业备案积极采信第三方 HACCP 认证，实现出口“零等待”。通过采信第三方 HACCP 认证出口食品企业 11 家、采信率占总备案量的 20%，平均办理时间由原来的 20 个工作日减少到 3 个工作日。进一步优化行政审批程序，全面启用出口食品备案管理系统，实现网上无纸化申报、审批，提高出口食品备案办结效率，2017 年完成 78 家申请企业材料受理、审核，签发备案证明 74 份，不予备案 4 家，平均办理时间由原来 20 个工作日减少为 7 个工作日。通过进一步完善放、管、服“三位一体”的质量工作机制，大力推动了企业质量主体责任落实，发挥了行政审批制度提质升级的有效作用。外网公布行政审批名单 9 次，修订办事指南 2 件、更新 2 件，报送受理、办结统计报表 4 次。

（二）依法行政，提升 CCC 认证制度的质量保障作用

湖南局加强 CCC 免办产品监管。严格按照工作规范开展 CCC 免办行政确认审批，实现网上无纸化审批、核销和后续监管，提高工作效率。2017 年办理 CCC 免办进口审批 225 批，货值达 1 亿元。加强后续监管，对 CCC 免办产品全面实行专门制度、专门管理、专人负责、专门台账、专门存放地点的“五专”管理。结合国家质检总局开展“质量提升”活动，组织开展认证认可检验检测全面质量监管专项整治工作，对进口重点 CCC 产品进行专项整治，以问题为导向，制定《湖南检验检疫局 2017 年强制性产品认证获证产品市场抽查经费预算方案和实施方案》，开展对进口厨用电器产品专项抽查，加大对列入 CCC 目录内产品未经认证擅自进口的执法查处，提升了 CCC 认证制度的质量保障作用。

（三）组织开展管理体系认证活动监督检查工作

按照国家认监委的统一部署，开展质量管理体系认证活动监督检查，湖南检验检疫系统共出动 50 人（次）对省内 8 家，省外 10 家企业的质量管理体系认证情况进行专项检查，发现问题点 26 个，并按要求向认监委提交了检查报告，对规范自愿性认证市场起到了积极的作用。

（四）推进“有机产品认证示范区”创建工作

2017 年，湖南局制定下发《湖南检验检疫局关于开展“有机产品认证示范区”创建活动实施方案》，落实国家认监委对“有机产品认证示范区”创建工作的扶持政策，组织协调认证机构对申请有机产品认证示范县提供技术支持。举办“有机产品认证示范区”创建培训班，开展出口食品农产品行业全面质量管理升级行动暨有机产品认证、良好农业规范认证系列宣讲活动。2017 年将有机产品认证助推精准扶贫和保护湖南人民母亲河——湘水源头（蓝山）为重点，对开展有机产品认证示范创建工作，制定周密的帮扶方案，通过主动上门宣讲辅导，组织分支机构和有关县政府到四川、江西“有机产品认证示范县”学习调研以及答辩辅导，湖南局推荐的湘西保靖县、古丈县，永州蓝山县获批“国家有机产品认证示范创建区”，实现了湖南省有机产品认证示范创建区零的突破。

三、突出发挥认证认可在促进湖南经济发展中的作用取得新成果

（一）服务食品供给侧结构改革，全力推进“同线同标同质”（以下简称“三同”）工程

湖南局认真落实国家质检总局、国家认监委 2017 年重点工作，充分发挥认证认可在供给侧改革作用，制定《湖南检验检疫局 2017 年出口食品企业“逐一帮扶”行动方案》，按照“一地一策、一企一策、一品一策”的原则确定全省 68 家出口食品备案企业作为帮扶对象，精准施策、帮助企业按照“同线同标同质”要求开展出口转型，指导企业完善质量管理体系，推行内外销食品在同一生产线按照同一标准生产高品质产品，增强产品在国内市场的竞争力，引导出口食品内销回流，满足国内消费升级需求。截至 2017 年底，湖南共有 53 家出口食品备案企业 174 个品种登陆认监委“同线同标同质”公共信息服务平台，上线企业数占辖区出口企业的 33%，“三同”企业累计新增国内销售额 6.28 亿元。

为促进三同工作的全面开展，经多次和湖南省有关部门汇报、协调，湖南省已将“三同”工程纳入省食品安全考核目标，长沙市政府将“三同”工程纳入长沙市创建国家食品安全示范城市重点工作。

（二）以食品生产企业备案和输美陶瓷认证为着力点，帮助企业“走出去”

一是推荐华乐食品、颐丰食品、鲲海鱼子酱、红翻天辣椒罐头等 8 家企业向新加坡、马来西亚、吉尔吉斯斯坦、欧盟、美国等国家注册，获新加坡、欧盟、美国注册 5 家次，对外注册累计达 50 家次；二是推荐 7 家输美陶瓷企业对美 FDA 注册。其中 4 家输美陶瓷获美国 FDA 注册，及时解决了产品在美国滞留问题。

（三）助推“湘品出境”，支持打造农产品网上网下销售展示平台

湖南局按照“融入地方社会、服务地方经济、促进

地方发展”的工作定位，全力助推湖南省委省政府“湘品出境”工程，服务湖南开放型经济发展，支持湖南省农委和三湘集团在香港共建湖南优质农产品展示销售中心，共同打造农产品网上销售平台“湖南大铺子”，帮助企业寻找国外采购商。4月26日湖南农产品（香港）展示展销中心正式启动，湖南局推选的50家出口农产品食品企业，110个品牌，180多种产品参加了“湖南大铺子”线上线下展销展示平台展销。

（四）开展进口食品注册信息及认证信息口岸查验及督查，严守质量安全底线。

一是按照国家认监委的要求，对湖南辖区进境的1149批、货值2.54亿美元的肉类、水产品、乳品和燕窝生产企业注册信息及认证信息进行口岸查验，未发现未经注册的境外生产企业生产的食品入境，查验合格率为100%。与上年同期相比查验批次增加101.58%，货值增加89.09%。二是组织人员对相关分支机构的进口食品认证信息的口岸查验工作进行督导和督查。三是按时报送2017年进口食品企业注册入境查验等监管情况及不合格情况分析。

四、在强化认证认可能力建设上取得新进展

（一）进一步加强认证监管体系建设

湖南局不断完善认证监管体系建设，规范认证监管行为。修订了《出口食品生产企业备案、输美日用陶瓷生产厂认证工作程序》并确保有效运行。围绕“质量提升”活动，组织开展2017年认证认可检验检测全面质量监管专项整治。对辖区15家企业申请的38份《免予办理强制性产品认证证明》进行经审核，未发现强制性认证产品未按规定获证进口或利用归类错误逃避入境验证、采用商品俗称和偷换商品概念逃避入境验证的现象，审核通过率为100%。对34家出口食品企业的质量管理体系认证有效性进行了监督检查，均符合要求。通过开展加强认证认可检验检测全面质量监管专项整治工作，进一步健全和完善了认证认可检验检测监管体系，发挥了认证认可检验检测对提升质量供给水平的基础性保障作用。

（二）加强内部管理和对分支机构的监督管理

湖南局认真落实国家质检总局2017年绩效考核指标，完成认证监管业务绩效考核工作指导的制定，分阶段按期将绩效考核见证材料及时上传至总局绩效考核管理系统，无扣分现象发生；开展质量体系运行情况自查，针对业务调整对体系文件的有效性进行审核，废止和修订体系文件52份，保证了体系文件的有效性；制定《湖南检验检疫局2017年认证监管专项督察方案》，有计划、有步骤地加强对分支机构出口食品备案、“三同”工作、CCC产品入境验证、CCC免办后续监管等工作的检查。截至2017年底，共组织完成15个分支机构工作自查，8个分支机构的抽查，对发现的16个观察项要求相关单位及时整改。通过督查，对提高认证监管工作的有效性，防范工作风险，起到了良好的促进作用。

（三）宣传认证认可服务经济发展

湖南局策划承办全国“有机宣传周”活动在湘西举行，有机认证扶贫标志在湘西启动，宣传了认证助推精扶贫工作，大力推动了我省有机认证示范创建。开展“三同”政策宣讲，组织出口食品生产企业参与“三同”主题微信宣传活动，推荐5家“三同”的优秀典型案例，参与“三同”促进联盟微宣传大赛，帮助提高“三同”企业和产品的社会认知度；与红网、省商务厅、省农委和三湘集团有限公司等部门联合发起，以“湘品出境绿色发展”为主题的2017年“湖南大铺子”我最喜爱的湖南品牌网络推选活动，集中宣传湖南名优特新商品，促进湖南企业开拓境外市场，助推湖南绿色发展。开展有机产品认证扶贫调研，向11个县区宣传有机产品认证示范区创建扶贫政策；围绕认证认可助力质量提升，联合地方政府及有关部门，开展了“世界认可日”“三同”进万家、“全国有机宣传周”等宣传活动，邀请主流媒体报道认证认可工作，安排领导和专家接受专访和采访。2017年以来，央视《新闻直播间》、人民网、中新社、经济观察报、红网等主流媒体对湖南局开展的有机认证扶贫、“同线同标同质”工程等工作进行了报道和宣传，进一步提升了湖南国检“融入服务促进”的良好工作形象。

五、资质认定和能力验证取得新成效

湖南局4家获证检测技术机构或实验室通过国家认监委（CNCA）和国家认可委（CNAS）的“二合一”监督评审或换证复评审，湖南省检验检疫科学技术研究院获得国家认监委的检测机构资质认定；组织获证检测技术机构或实验室参加能力验证计划项目40项（8项强制性项目）。

撰稿人：杨　越　审稿人：邓萍芳

夯实基础　提升能力　服务地方经济

——湖南省质量技术监督局2017年认证监管工作概况

2017年，湖南省质量技术监督局（以下简称“湖南省质监局”或“省局”）认证监管工作深入贯彻落实全国认证认可工作会议和全省质监工作会议精神，按照“转变、规矩、制度、干事”的工作要求，积极践行“提升大质量、助推大产业、服务大市场”工作方针，全面履行认证监管各项职能职责，全年工作取得较好成绩。

一、重点工作取得成效

一是成功承办全国认证认可工作部际联席会议和认证认可联系点工作座谈会。3月29日，第十六次全国认证认可工作部际联席会议在长沙召开，国家认监委副主任许增德、国务院部际联席会议各成员单位、特邀单位的代表，国家认监委有关部门负责人共百余人参加会议。11月24日，国家认监委认证认可联系点工作座谈会在湖南长沙召开。国家认监委相关部门，江西、江苏、陕西、福建地方两层及分支机构，江苏扬中、陕西洋县、江西万载等认证认可联系点单位及推荐单位代表共42人齐聚长沙，共话部委基层党建共建佳话、共商服务地方经济社会发展大计。

两次会议均安排与会代表参观了长沙市白箬镇光明村、洋湖湿地公园等“资源节约型和环境友好型”建设示范点，对“两型”认证工作开展情况进行了考察调研。两个全国性会议成功在长沙举办，会务工作全由省局承担，一方面是国家认监委对湖南省两型认证工作的高度肯定，同时也是对省局的高度信任。

二是推动创建检验检测认证公共服务平台示范区。按照年初省局党组重点调度的工作任务清单，根据《国家认监委关于开展“国家检验检测认证公共服务平台示范区”创建工作的通知》精神，协同发改委、经信部等部门和长沙市政府，指导湖南省检验检测特色产业园申报国家检验检测认证公共服务平台示范区。先后多次与岳麓区相关负责同志专题研究工作方案，并赴国家认监委专题汇报，积极协调推动。9月下旬国家认监委发文批准筹建，11月23日由省局聂磊副巡视员代表省局在岳麓区招商引资集中签约及授牌仪式会议上宣读批文并授发牌匾。目前，示范区检验检测产业集聚效应已经显现，现已集聚以工程建设、生命科学、环境保护、汽车产品、食品药品等重点发展领域的检验检测机构90多家，为全市乃至全省各相关产业提供全面的综合服务。

三是开展湘江流域水环境监测专项检查。积极落实省领导有关指示精神，规范环境监测检验行为，下发了《湖南省质量技术监督局 湖南省环境保护厅关于开展湘江流域水环境监测专项监督检查的通知》，与省环保厅联合开展湘江流域水环境监测专项监督检查，各市州质监局和环保局8月底前完成自查并上报自查情况。9月—10月，省局和环保厅组成联合检查组对有关市州开展现场抽查，找出问题和薄弱环节。年前已将监督检查结果通报各市州质监局和环保局。

四是帮扶指导郴州临武县“湖南省玉石产品质量监督检验中心”省级中心的建设。多次组织现场指导玉石产品质量监督检验中心设备购置配备、体系建立、人员培训等准备工作，该中心于2017年7月取得了检验检测资质认定证书。

五是深化“两型”认证工作。积极拓宽两型认证领域，9月份与长株潭两型试验区管委会联合重新印发了《关于印发〈湖南省两型认证管理办法〉的通知》。全年新认证两型工业企业26家，两型机关6个，两型村庄48个。与省商务厅、长株潭“两型社会”试验区建设管委会联合下发《关于实施两型仓储、两型餐饮企业标准和开展两型仓储、两型餐饮企业认证工作的通知》，大力推动湖南生产生活方式绿色转型。

二、常态工作有序开展

一是持续开展检验检测机构资质评审。检验检测机构资质认定是省级质监部门的一项重要职能，我们以资质认定行政许可为抓手，不断强化检验检测机构资质管理，积极督促各市州及行业评审组办理资质认定申请的提交，并按规定程序实施资质审批。1月—12月，下达评审计划875家；截至12月31日，审批发证776

家，标准变更和地址变更换发证 318 家；全年新增检验检测机构 132 家。

二是及时完成检验检测机构业务统计工作。检验检测机构服务业统计工作是质检系统纳入国家统计局统计范围的为数不多的重要工作，已经成为每年必须完成的一个专项工作。按照《质检总局国家认监委关于开展 2016 年检验检测服务业统计工作的通知》（国质检认联〔2017〕65 号）的统一部署和要求，3 月—4 月在全省统一组织开展了检验检测统计专项工作。截至 2017 年 4 月，湖南省应上报数据单位为 1266 家，全部上报了完整数据并通过审核，完成率为 100%。

三是开展认证认可工作宣传。2017 年 6 月第十个“世界认可日”期间，组织各市州局大力宣传认证认可知识，引导全社会关注和重视认证认可工作，增强公众对认证认可工作的知晓度。株洲市质监局与市住房与城乡建设局联合开展了以“认证认可助力质量提升——在建设工程和建筑环境中传递信任”为主题的世界认可日系列活动。湘西州局和怀化市局等单位组织开展了“认证认可知识进社区”等系列宣传活动。各市州局以悬挂宣传条幅、现场咨询解答、发送宣传画等形式，宣传世界认可日活动主题，推动认证认可宣传工作深入开展，现场共接受群众咨询 600 余人次，张贴、发送宣传图片及相关资料千余套。

四是加强资质认定证后监管。对检验检测机构获证后能力持续情况及检验行为进行监督检查，全年注销资质认定证书 10 家，撤销 1 家，失效 105 家。及时处理投诉举报，对邵阳市大祥区圣矗煤炭有限公司《关于“对未取得实验室资质认定计量认证证书资格的检验检测机构不具备出具具有证明作用的公证数据和结果，其检测的数据和结果不得用于贸易结算”出具公函的请示》进行了回复处理。长沙市局及时调整安检机构的监管模式，对全市 28 家机动车检验机构分类评价，将机动车检验机构分成 A、B、C、D 四类进行分类监管并联合市环保局采取“双随机”模式对机动车尾气排放检验机构进行了监督检查。衡阳市局及时查处衡阳市顺通机动车检测有限责任公司出具虚假检测报告一案，省局根据《检验检测机构资质认定管理办法》第四十五条第（一）款的规定，决定撤销衡阳市顺通机动车检测有限责任公司检验检测机构资质认定证书，该公司三年内不得再次申请资质认定。

五是持续开展培训考核工作。近年来，市县局原有认证监管人员作了很大调整，人员变动频繁，现有人员业务素质不能适应新形势下认证监管工作的需求，为此，举办了一期认证认可主体业务知识培训班，市县认证监管人员共 134 人参加了培训，培训效果明显、反映良好。同时加大检验检测机构相关人员培训力度，截至年底，举办了 7 期实验室内审人员培训班，1122 人参加培训，考核合格人员 1083 人；举办 6 期车检机构检验人员培训班，809 人参加培训，考核合格人员 729 人。

三、专项工作圆满完成

一是完成 CCC 产品监督抽查。按照国家认监委《2017 年强制性产品认证获证产品市场抽查工作方案》要求，湖南省承担了流通领域低压断路器的监督抽查任务，市场抽样工作于 2017 年 6 月 15 日开始，先后分四批次在流通领域购买有 CCC 标志的产品，对产品型号、生产单位等信息进行确认，只抽查证书为有效状态的产品，2017 年 8 月，湖南电器检测所有限公司按计划完成所有抽样样品的检测，并于 8 月下旬将《产品抽查不合格通知书》以传真和快递的方式通知到生产企业，10 月份将抽查结果上报国家认监委，抽查工作顺利完成。本次抽查涉及企业 13 家，抽检 25 批次的断路器，产品合格批次为 22 批，不合格批次 3 批，产品合格率为 88%。

二是按时完成质量管理体系专项监督检查。按照国家认监委统一部署要求，我们在认真调研和征求意见的基础上，结合本省认证的实际情况，制定并下发了《2017 年管理体系认证活动专项监督检查工作方案》，在全省范围内开展了质量管理体系专项监督检查。同时，在省质量评审中心的配合和支持下，于 9 月份顺利完成了国家认监委对湖南省长沙、株洲、娄底、益阳总共 13 家单位管理体系认证工作质量的监督抽查。

三是部署完成认证行政执法专项监督检查。根据国家认监委 2017 年认证行政执法专项监督检查工作方案的要求，省局对全省专项检查工作做了安排部署，并按要求在规定时间内上报了湖南省认证行政执法专项监督检查自查报告。

四是配合完成了食检机构和车检机构等专项检查。根据国家认监委、食药总局、公安部、环保部关于开展食检机构、车检机构专项检查的统一部署，配合完成了对湖南省长沙、株洲、湘潭、衡阳地区 10 家食检机构和 10 家安检、10 家环检机构的“双随机”监督抽查。抽查结果良好，机构运行管理比较正常，说明湖南省对食品检验机构和车检机构、尾气排放检验机构的许可把关是到位的。同时，配合国家认监委飞行检查组，完成了 5 家国家级资质认定单位的监督检查。

四、“两学一做”积极推进

“两学一做”学习教育，是省局党组部署的一项重要工作。我们在努力做好各项业务工作的同时，能严格按照省局“两学一做”工作方案和各阶段工作内容的要求，加强组织学习党章党纪和习近平同志系列重要讲话精神，并在实际工作中从严要求、从实开展工作，力争做一名合格的共产党员。通过学习，树立了政治意识、大局意识核心意识和看齐意识，同时责任意识、担当意识、遵循意识和服务意识均得到增强，坚定了信念，激发了热情，提高了效率。全年未产生一例违纪违规的案例，未发生一起因个人原因引发的违反党风廉政建设工作的投诉举报，体现了“两学一做”和持续加强党风廉政建设的积极成果。

撰稿人：刘社爱　审稿人：胡俊平

展现新气象　实现新作为
不断推进广东认证监管工作

——广东出入境检验检疫局2017年认证监管工作概况

2017年，广东出入境检验检疫局（以下简称“广东局”）认证监管工作紧紧围绕国家质检总局、国家认监委及广东局工作部署，以提高发展质量和效益为中心，以服务供给侧结构性改革为主线，深入落实“十二字”方针，取得新成效。

一、质量提升成效更大

（一）推进“出口食品竞争力提升工程”

广东局在全部企业建立了具有食品防护功能的HACCP计划的基础上，制定“逐一帮扶”行动计划，成立66个帮扶小组，建立帮扶台账的企业707家，联手认证机构实施“认证帮扶”，帮助企业提升食品防护计划和HACCP计划的合理性和实施的有效性，帮助企业实现产品和管理升级，2017年新增获得HACCP认证企业129家，达到419家，比2016年增加50%以上。加大企业对外注册推荐工作，新增69家企业获得国外备案注册。

（二）推进内外销产品“同线同标同质”工程

实施“一品一策”“一厂一策”精准帮扶，辖区351家出口食品备案企业上线“三同”信息公共服务平台，600多种“三同”产品在全国4680家商场销售，实现内销销售超过53亿元。2017年6月27日，广东局在广州举办出口食品行业全面质量管理升级行动暨“同线同标同质”进万家活动，是全国“三同”进万家活动的首站，多家商超与“三同”企业达成了多项购销协议，“三同”产品内销渠道进一步得到拓展，“三同”工程的认知度和影响力得到进一步提升。8月23日，广东局又与省食安办联合下发了《关于进一步推进出口食品企业内外销“同线同标同质”工程的指导意见》，为推进“三同”工程、推动广东出口食品行业走在全国前列提供强有力支撑。在广东各局认证监管部门的大力推动下，“三同”工作逐步得到地方政府的支持，被列入省政府和商务厅等相关地方政府部门的重要工作之一。

（三）推进打造质量管理体系认证升级版活动

一是组织对认证监管人员进行新版管理体系标准的宣贯学习，提升认证监管人员的业务素质和监管水平。二是结合年度管理体系认证监管工作，深入发动企业，协同认证从业机构和相关行业协会，帮扶企业完成质量管理体系认证换证工作。三是广东各分支局组织辖区内企业或组织，特别是中小微企业开展新标准转版宣贯与推广，引导和帮助企业开展质量提升行动，全面提升企业的质量管理意识，提高产品质量。

二、安全保障水平更高

（一）强化CCC认证的执法监督

一是开展强制性产品认证无证违法行为查处等全面质量监管专项整治工作，以玩具、电线电缆和家用电器等强制性产品认证目录产品为重点监管领域，对未经认证、或认证证书撤销或暂停期间、不符合认证要求的产品，其继续进口或销售的行为进行了排查整治，严厉打击无证违法进口行为，在专项整治中查获CCC

认证无证进口行为典型案例共 13 例。广东局加大对无证行为和伪造、冒用证书和标志的行为的执法处理，全年共查获入境 CCC 无证违法违规案例行为 202 宗。二是积极帮扶企业通过申请 CCC 免办产品进口进行科研测试和技术创新，同时加强后续监管，维护强制性产品认证制度的严肃性。全年广东各局共办理 CCC 免办证明 5726 份，已对 4997 份免办证明实施了现场后续监管，监管比例达 87%，检查总人次累计 3000 多人次，监督销毁了多批免办产品。

（二）强化对认证机构的监管

一是召集广东局辖区从事出口食品生产企业 HACCP 体系认证活动的全体机构座谈。宣贯食品农产品认证监管相关法律法规、通报出口食品生产企业 HACCP 认证监管情况，对认证合规性和有效性方面存在问题的认证机构进行约谈诫勉，督促认证机构切实履行认证主体责任，发挥第三方认证认可力量协同治理机制，提升出口食品安全社会共治水平。二是召集 21 家认证机构的 23 位代表开展管理体系认证监管暨新版质量管理体系标准宣贯工作座谈会，共同研究对策，协助企业尽快按照新版标准完成体系升级，确保按期完成获证组织质量管理体系认证换证工作。

三、改革创新效果更好

（一）完善 CCC 免办工作的管理

结合新的 CCC 免办及特殊用途进口产品检测处理管理系统的上线使用，采取以优化绩效考核指标为抓手，对入境 CCC 认证监管全过程的指标进行细分，明确了工作要求，规范了 CCC 认证监管工作，并通过实地现场监督检查及 CCC 免办审批信息网审批质量抽查，监督检查 CCC 免办审批档案，加强对免办产品的监管，加强对审批人员的审批资质和日常审批操作的管理。同时，根据国家认监委的下达的任务，广东局完成并上报了 CCC 免办管理工作规范的修订意见。

（二）完善“双随机”监管

管理体系认证监督检查工作继续实施“双随机”抽查，还发挥认证执法区域合作联动机制，与深圳、珠海、海南、广西等局联合实施检查，加强了监管部门的沟通和协作，提高监管效能，共派出 66 人完成对 55 家获证组织涉及的 22 家认证机构认证活动的合规性、认证档案的真实性等情况的监督检查任务。2017 年，广东局对强制性产品认证获证产品市场抽查首次实施“双随机”抽查，作为国家认监委首批试点单位之一，抽查发现 3 批次抽样产品不符合强制性产品认证的有关要求，其中 2 批次产品安全项目不合格，已按有关规定对抽查情况及时进行上报和后续处理。CCC 双随机的七个做法得到认监委认证监管部肯定，被收入培训教材。

四、服务发展贡献更大

（一）用好 CCC 免办政策促企业提质升级

大力支持大型企业、新兴企业、新能源企业的科研测试项目，引导企业充分利用免办条款，积极帮扶企业进口为科研、测试所需的免办产品，促使产品转型升级，促进辖区经济发展。2017 年 9 月，广东局在东莞开展了 CCC 法规培训进千企暨国家质检总局科技委专家企业行活动，积极联合当地政府做了有效的宣传发动工作，180 多家涉及进口 CCC 的企业近 300 名代表参加了免费培训，活动得到国家质检总局科技委专家和 CCC 技术专家的现场指导，进一步帮助企业更好地利用进口 CCC 免办制度促进产业结构转型升级。

（二）提高工作效率利企便民

一是持续推进“放、管、服”改革，141 家企业以采信第三方认证结果方式获得备案，占备案行政审批总数的 27%，审批时间缩短到 10 天以内，审批时间缩短 50% 以上。试点采信企业自我声明和年度报告结果，扩大出口备案采信范围。二是大力推进 CCC 免办无纸化，缩短通关时长，将审批、报检、验证等一系列手续全程网上数据传递，实现进口 CCC 免办产品全流程无纸化通关，大大缩短办理时间，节省了企业人力和物质成本，提高了行政效率。

五、自身建设基础更牢

（一）加强队伍建设

一是抓好党建工作。贯彻全面从严治党要求，推进“两学一做”学习教育常态化制度化，提升干部队伍的战斗力。二是开展认证行政执法监督检查。组织各分支局全面开展认证行政执法自查工作，派出 3 个检查组对 9 个分支局进行自查，进一步规范各分支局认证行政执法行为，强化行政机关程序意识。三是加强业务培训。通过召开政策法规宣贯会和专项培训班等，加强对广东全系统认证监管人员培训指导，增强队伍的工作能力。

（二）强化实验室能力建设

组织完成 2016 年度检验检测服务业信息数据的统计、年度报告的总结及上报工作；组织各实验室参加国家认监委组织的2017年度实验室能力验证726项，组织各实验室开展自查，并对10家获证实验室开展现场监督检查；广东局技术中心共承担国际性、全国性或全行业能力验证项目28项，提高了广东局的社会影响力。

撰稿人：陈思强　审稿人：李建华

紧紧把握新时代认证工作新机遇 努力推动广东认证工作实现新发展

——广东省质量技术监督局2017年认证监管工作概况

2017年，广东省质量技术监督局（以下简称"广东省质监局"或"省局"）认真贯彻国家质检总局、国家认监委和省委省政府工作部署，紧紧围绕服务地方经济发展，服务供给侧结构性改革，加快政府职能转变，简政放权，严格证后监管，进一步强化认证认可的作用和地位，各项工作任务取得预期效果。

一、2017年主要工作措施和成效

（一）强化"四个支撑"，夯实计量认证管理基础，推动广东省检验检测服务业快速发展

2017年，广东省检验检测业快速发展，据统计，广东省通过计量认证的检验检测机构数量共2644家，数量居全国第一，年增长11.8%，高于全国平均水平（7.1%）。广东省检验检测业健康快速发展的态势得益于我们在计量认证管理中强化"四个支撑"：

一是强化技术规范支撑。2016年以来，省局组织了近20个行业300多名专家对广东省计量认证涉及的检测标准进行全面梳理，在全国质监系统率先建立了计量认证检测能力统一数据库，实现了广东省计量认证证书检测能力表表述的规范统一，目前这个数据库的数据已经超过18万条，随着标准的更新还在不断增加中。

二是强化信息化管理支撑。为进一步提高行政审批效能，省局去年全面升级计量认证网上办事系统，办事系统升级后，申请人办理计量认证业务"零跑动"，实现全流程网上办理，办事效率进一步提高，部分通过自我承诺办理的计量认证事项实现即申请即办结，其他需通过审批的事项办理时间比法定时间平均缩短50%。

三是强化专家队伍支撑。根据计量认证技术性、专业性的特点，省局成立了广东省检验检测机构资质认定专家委员会和19个专业委员会，委员会的成员由相关检测行业的权威专家担任。专家队伍为计量认证的技术评审、评审员培训、能力参数维护、证后监管等提供了的强大技术支撑，为计量认证工作提供了有力的保障。

四是强化行政许可风险防控支撑。面对量大面广的审批对象，省局在计量认证审批过程中抓好风险防控，突出重点，严格把关，针对申报单位性质、行业类别、业务种类，强化对重点对象、重点项目、重点岗位人员的核查。通过复核，将一批检测能力较低的机构以及技术水平较差的授权签字人拒之门外。

（二）狠抓认证认可公信力的提升，重拳出击，强化认证监管

一是组织开展检验检测机构双随机检查。制定了《广东省质监局检验检测机构资质认定监督检查方案》和《检验检测机构双随机检查实施细则》，落实机构主体责任，严格事中事后监管。2017年全省系统共对1883家检验检测机构进行监督检查，其中，市、县局共对1330家机构进行了以行政检查为主的日常巡查、检查，对553机构完成了以技术检查为主的"双随机"检查。共对305家机构进行了责令改正、限期整改等处罚，对19家机构进行了立案查处。

二是开展认证认可检验检测全面质量监管专项整治工作。根据国家认监委部署要求，全省质监系统开展了认证认可检验检测全面质量监管专项整治工作，排查并纠正认证认可、检验检测活动中的违法违规行为，进一步落实认证机构、检验检测机构的主体责任，提升认证认可、检验检测规范化水平，增强认证检测活动

的质量效益和社会公信力。召开全省强制性产品认证机构、指定实验室管理工作座谈会，通报了2016年国家认监委及省局布置的强制性产品认证机构、指定实验室的监督检查情况以及广东省强制性产品认证执法检查发现的问题。全省系统在电线电缆产品专项整治中对866家获得CCC认证的电线电缆企业进行监督检查，检查发现问题1707条并责令企业限期整改，要求认证机构撤销25家企业证书，注销8家企业证书，暂停226家企业的证书；在自愿性认证专项检查中对110家管理体系认证、30家食品农产品认证获证企业开展监督检查，及时对违法违规问题进行处理。

三是组织开展机动车安检机构专项检查及能力比对工作。机动车安检机构资格许可取消后，根据质检总局和国家认监委要求，加强了安检机构资质认定和监督检查工作，组织佛山、东莞、韶关市质监局及质计所对辖区内机动车安检机构开展了能力比对工作。三地共对62家机构87条检测线的侧滑、灯光、制动（台试）、车速等5项检测能力进行了比对。通过统计分析，对首次检测离群的机构（检测线）进行原因分析和整改。整改后，各机构均获得满意的比对结果。初评满意率62%，整改后复评满意率98%。通过能力比对，促进了各安检机构规范执业水平和检测质量的提升。

（三）以服务经济社会发展为中心，推动认证认可社会影响力新提升

组织开展了第十个“世界认可日”宣传咨询活动和检验检测机构开放日活动。全省质监系统以多种方式开展了“世界认可日”宣传活动。省局同珠海市质监局、珠海市质量强市工作领导小组办公室共同举办了以“认证认可助力质量提升”为主题的认证认可检验检测专题宣传咨询活动。省局被国家认监委表彰为“世界认可日”宣传工作先进单位。开展了以“强化检验检测，助力质量提升，服务军民融合”为主题的“检验检测机构开放日”活动，通过参观交流、走访座谈、公益检测、便民服务和邀请社会公众参观实验室等，让公众近距离感受检验检测，大力宣传检验检测的质量基础作用和服务经济社会发展成效。

（四）围绕广东自贸试验区建设、粤港澳合作不断加强检测认证合作交流，推动区域贸易发展

围绕广东自贸试验区建设、粤港澳服务贸易自由化，不断加强粤港质量和品牌认证合作、计量交流合作和区域检测认证合作交流，推动区域经济发展。积极研究制定便捷管理与服务的措施，主动服务自贸区内企业发展。召开粤港、粤澳检测认证工作专责小组2017年度工作会议，与港澳有关部门协调、沟通，为港澳认证机构和检测机构在广东省开展认证检测业务创造条件，促进合作共赢。加强产品标准互认、粤港澳机制和规则对接，推动建立高效透明行政管理和服务体系建设。

一年来，全省认证认可监管工作的同志们认真履行职责、克服困难、开拓进取、扎实工作，表现了强烈的事业心和高度的责任感，展现了良好的精神风貌和严谨的工作作风，为促进广东经济社会的发展做出了应有的贡献。这些成绩的取得，是省局党组高度重视和正确领导的结果，是各级领导重视支持和有关部门紧密配合、帮助以及社会各界共同参与的结果，更是全省各级认证认可监管工作的同志们攻坚克难、团结奋斗、认真履职的结果。

二、新时代广东省认证工作面临的机遇和挑战

党的十九大标志着中国特色社会主义进入新时代，我国经济发展已由高速增长阶段转向高质量发展阶段。质量认证作为市场经济条件下加强质量管理、提高市场效率的基础性制度已经称为社会共识。党中央、国务院对认证认可的重视前所未有。近年来，中央经济工作会议、全国“两会”、国务院常务会议等一系列重要会议，中央“一号文件”、中央“24号文件”、国家“十二五”“十三五”规划纲要等一系列重要文件，都明确提到认证认可工作，对其重要性给予充分肯定。今年春节前夕，国务院印发了《关于加强质量认证体系建设促进全面质量管理的意见》，文件规格之高，前所未有。可以说，认证认可工作正迎来最好的发展机遇。但是，我们必须清醒地看到，挑战与机遇并存，从内部看，广东省认证认可工作主要存在着三方面的挑战：

一是对认证工作的重要性认识不足。首先，与质量、计量、标准等传统质监业务相比，我们对认证认可的重要作用理解不完整、不深刻，越到基层表现得越明显。在现代经济社会发展中，认证认可、检验检测与计量、标准化一起，并称为世界公认的国家质量基础设施，四者之间构成了科学严谨的技术链条。认证认可能够建立信任、传递信任，是连接政府、市场、社会的“传动轴”，在美国、德国等经济发达国家中，认证认可在社会经济管理中发挥着重要作用。其次，职责不明确。最后，主动性不够，方法不够多。由于目前我国认证认可的事权呈倒金字塔分布，大部分集中在国家认监委、国家认可委，到了市县局只剩下对认证活动的监管职权，而且由于经济发展水平的差异，广东省认证认可行业的发展很不平衡，地区差异大。很多基层局在认证认可工作中难以找到准确的定位。二是监管力量不足，

还没有形成全省的认证监管合力。目前广东省大部分市局没有设立专门的认证科（或处），认证监管的职能分布在几个科（或处），有些市局认证科和其他科合署办公，专职的认证监管人员不足。全省系统的认证工作协调机制还不够顺畅，不够紧密，有待进一步形成监管合力。三是认证监管能力与工作的实际需要还不相适应。认证认可与我们质监部门传统的质量、计量、标准等业务相比有其特殊性，监管的对象既有检验检测机构还有认证机构、认证从业人员等从事的认证活动，监管的技术性要求较高，而且由于认证认可相关法律法规还不完善，如何在认证监管工作做到依法行政、履职到位考验着我们的监管水平。

撰稿人：汪宣穗　审稿人：梁洪荣

改革创新　服务发展

——深圳出入境检验检疫局 2017 年认证监管工作概况

2017 年，深圳出入境检验检疫局（以下简称“深圳局”）紧密围绕全国质检工作会议、认证认可工作会议及深圳局工作要点，按照深圳局年初重点工作部署，瞄准“两提升、两满意”，继续“提升层次、延长链条、扩大供给”，统一思想认识、细化工作措施、狠抓工作落实，全面推进各项工作落实到位。

一、质量提升，着力从供需两端发力增强公众质量获得感

（一）积极推进“同线同标同质”工程，实现“三同”产品“提品质、增品种、创品牌”

一是总结整理“三同”工作阶段性成果、存在问题及解决建议，向深圳市委、市政府报送了《中共深圳检验检疫局党组关于实施同线同标同质工程推动深圳食品安全城市创建工作的报告》，获得王伟中书记、陈彪副市长批示；二是帮扶企业拓宽销售渠道，打造质量品牌。2017 年帮扶 9 家出口企业登录“同线同标同质”信息服务平台，“三同”企业数量较 2016 年底增加 56%，销量超过 1 亿元。帮助企业打造“凤中凤”“高丽农庄”“自然之星”等内销品牌，其中“凤中凤”禽肉产品从零内销增长至 400 多万元；三是联合深圳市市场监管委、深圳市经信委联合举办“创食安城市、享出口品质——三同产品进驻岁宝百货”活动，帮助 21 家出口企业的 70 多种产品与岁宝百货形成供需对接，使“三同”工程真正成为惠及深圳市民的“民心工程”，人民网、央广网、深圳卫视等媒体对活动进行了报道，形成了较好的宣传效果；四是研究探索以“认证 + 标准”方式加快供港农产品监管模式复制推广。主动走访文锦渡局调研相关工作情况，梳理现有工作经验，初步提出以“认证 + 标准”模式实现供港农产品“同线同标同质”，并撰写领导参阅，为下一步工作确定了目标。

（二）深入开展出口农产品“逐一帮扶”计划

落实国家认监委推动供给侧改革的相关部署，通过调查问卷方式对深圳地区出口食品农产品企业质量管理水平、认证状况、加入“三同”意愿及帮扶需求进行了调查摸底，共回收有效问卷 122 份。根据摸底结果制定《2017 年出口食品企业“逐一帮扶”行动计划落实方案》，组织 7 个分支机构对 43 家企业进行重点帮扶，并邀请国家认监委领导来深开展帮扶培训，有效保障帮扶质量。通过帮扶，深圳地区新增 HACCP 认证企业 9 家，分支机构 100% 建立了帮扶台账，辖区出口企业质量管理水平显著提升。

（三）开展检验鉴定机构“优质检验技术服务、优秀诚信体系建设”双优品牌创建活动

联合宝安区政府，推动检验检测认证产业聚集区创建工作，通过政策宣贯、普法宣传等手段营造良好的创建氛围，宝安区共有 70 余家检验鉴定机构参与了宣贯活动，引导深圳检验检测认证行业产业化聚集和集成发展，提高检验检测认证服务业的行业产值和服务效能；在检验鉴定机构监督管理中推行双随机，共检查机构 30 家，反馈检查问题 20 余项，促进了检验鉴定市场变革过程中规范化、制度化发展；关注行业和市场趋势，通过问卷调查、走访调研等方式，对外资检验鉴定机

构在我国检验市场扩张可能带来的风险、新形势下检验鉴定业务改革等课题进行调查研究，形成多篇调研报告。通过一系列的放管扶措施，以优质的检验技术服务、优秀的诚信体系建设树立行业质量标杆。

（四）认真组织推进“放管服”改革

通过实施网上备案管理系统和采信 HACCP 认证结果两项改革，实现出口备案审批大幅提速。2017 年，深圳局出口食品企业备案审批时限平均为 3.1 天，比法定审批时限缩短 82%，比全系统平均审批时间缩短 26%，极大地提高了行政审批速度。同时，认证处将继续按照国家质检总局部署和要求，继续在出口食品企业备案中继续研究“放管服”改革措施，通过风险可控的最大限度的下放，继续实现“放管服”改革目标，打造最好的营商环境。

（五）开展“质量认证提升深圳制造品质系列活动”

通过讲座培训、交流研讨、网络教学、媒体宣传等多种形式，在全市范围内组织开展 GB/T 19000（ISO 9000）系列质量管理体系标准和先进质量管理工具方法的宣贯学习活动，让提高供给质量的理念深入全市各行各业；帮助获证组织提高对新版标准及现代质量管理工具的理解与应用，尽快按照新版标准完成质量管理体系的升级工作；组织质量领域技术专家深入小微企业，义务开展质量诊断服务，提供质量管理体系认证增值服务，引导和帮助企业开展质量提升行动，以质量提升推动“双创”工作深入开展。目前，已举办专场培训 2 场，并开通了网上在线培训渠道，免费培训深圳相关企业 200 余家。

二、加强监管，切实守住质量安全底线

（一）制定出口食品企业备案监管工作计划，实施备案企业联动监管

制定《深圳局 2017 年出口食品生产企业备案和食品农产品认证监管工作计划》，组织实施出口食品生产企业专项检查、现场检查和 HACCP 认证监管工作，开展了供港高风险食品企业“清查行动”，出动 43 人次对 20 家重点企业进行了系统性审核，保证供港食品企业持续符合备案要求，目前已注销 1 家企业，暂停 1 家企业并限期整改。继续推进出口备案采信 HACCP 认证结果，实施出口备案全程网上办理，出口备案无纸化，落实“放管服”总要求。截至 2017 年 12 月，深圳辖区供备案出口食品生产企业 99 家，持有效《出口食品生产企业备案证明》132 份，其中远洋捕捞渔船 28 艘。接受香港食环署、美国 FDA 现场检查各 1 次，推荐向俄罗斯注册水产企业 1 次，新增欧盟批准注册渔船 6 艘，实现企业出口效益增长 3455 万元。

（二）优化服务、放管结合，提高口岸入境验证工作质量

深入文锦渡、深圳湾、皇岗等口岸了解进口企业和口岸一线实际需求，优化口岸目录界定工作流程，开发“入境验证公共服务平台”，运用信息化和大数据手段，实现 CCC 和能效产品入境验证目录界定结果数据的统一管理和共享，提高目录界定工作质量。截至 2017 年底，深圳口岸共实施入境验证 95785 批，货值 77.55 亿美元，查出入境验证不合格 1702 批，货值 1002 万美元。涉及的不合格项目主要是制造商名称及地址与 CCC 证书不符、CCC 标志规格与中国强制性产品认证印刷 / 模压标志批准书不符、CCC 产品与 CCC 检测报告不一致等。5 月 ~ 9 月，按照国家认监委工作部署完成了深圳地区流通领域获强制性产品认证进口产品专项监督抽查工作，抽查发现 4 批次蓝牙音箱样品铭牌、关键元器件、内部结构存在与型式试验报告不一致的情况，同时加贴了伪造的 CCC 认证标志，依法对当事人按《强制性产品认证管理规定》第二十三条的规定处以三万元罚款。

（三）开展跨境电子商务 CCC 产品质量安全监测工作

为提升深圳跨境电商 CCC 产品质量安全监管水平，保障消费者生命安全，开展了 2017 年度跨境电商 CCC 产品质量监测工作，依据我国强制性产品认证相关标准，对来自面向深圳地区销售的主要 15 个跨境电商平台 CCC 产品开展监测，监测家用及类似用途设备、信息技术设备、儿童用品三类 CCC 产品，共计 186 批次、452 份样品、实施检测项目 7324 个。共监测到 105 批次样品不合格，抽样不合格率 56.45%。不合格项目主要是电磁兼容、电气安全检测、燃烧性能。此次监测结果对于电商监管的顶层设计，规范新业态发展起到了积极作用。

（四）加强进口有机产品和 HACCP 认证联动监管

制定并实施食品农产品认证监管工作计划，出动 76 人次对辖区 30 家获得 HACCP 认证的备案企业实施联动监管，监督认证机构依法依规实施 HACCP 认证活动，提高 HACCP 认证对出口企业质量管理提升的效果，夯实 HACCP 认证采信的基础。2017 年，共对 152 批进口有机产品实施入境验证，其中不合格 1 批，货值 6543 美元。“有机宣传周”期间，深圳局组织各有关

分支机构20余人，在深港前海国际酒类检验中心举办进口有机产品宣传活动，交流了同位素技术甄别真假有机产品、有机产品标签审查等内容，对进一步加强完善进口有机产品监管工作奠定了基础。

（五）开展国门安全风险隐患排查，提升认证监管工作质量

全方位排查口岸入境验证工作中的安全隐患，从严从实开展认证监管风险防控工作，深圳局于2017年6月、10月采用分支机构自查和认证监管业务现场督察相结合的方式，开展了两次CCC入境验证和免办业务督查，涉及18个分支机构，现场业务督查共抽调各分支机构业务专家28人次，调取业务单证686份，发现并反馈检查问题121项次，并跟踪问题整改情况，从而补齐业务短板，切实提高我局认证监管工作有效性和工作质量。

（六）继续完善规范性文件修订，提高认证认可业务管理水平

根据业务发展，上半年认证处组织对《免于办理强制性产品认证业务监督管理办法》《深圳局入境验证商品监督管理办法》等规范性文件进行修订，完善权责清单，实施信息公开，形成适应新形势的CCC免办、特殊检测处理程序和出口食品生产企业备案管理体系。

三、改革创新，大力推进检验检疫继承协同创新

（一）推动深港互认更深层次合作

对接深港认证及相关检测业务互认需求，扩大互认范围，积极推动与香港特区政府相关部门建立定期的联系会议机制，共同推进深港检验检测认证认可合作。促成国家认监委将深圳局纳入CEPA项下的联络员，推动有意承担认证检测业务的香港认证机构与深圳有资质的认证机构进行合作，支持香港服务提供者在深圳设立合资与独资第三方检验鉴定机构，开展进出口商品检验鉴定业务。

（二）继续扩大自贸区第三方检验结果采信试点工作范围

将自贸区第三方检验结果采信的产品试点范围扩大到一次性卫生用品、儿童玩具等6大类产品；完善第三方检验机构登记公示制度，工业品中心、TÜV莱茵等第三方机构成为首批10家前海蛇口自贸区检验结果被采信机构，在提升监管效能的同时有效促进了第三方检验市场健康、规范、有序发展；对被采信机构完善事中、事后监管机制，探索采信境外第三方机构检验结果。

（三）进一步贯彻落实“双随机”抽查机制

按照国务院和国家质检总局推广随机抽查、规范事中事后监管工作精神，在认证市场监管、CCC一致性抽查、CCC免办后续监管、检验鉴定机构监管等执法工作中推行“双随机”抽查机制；建立深圳局认证监管执法人员库，共培训入库执法人员54名；创新认证执法监管模式，充分利用互联网+丰富认证执法手段，完善区域协作联动机制，提升认证执法效能。

（四）找准着力点，全面铺开进出口商品检验鉴定机构质量安全数据采集工作

作为采集试点单位之一，深圳局深入开展机构调研，走访TÜV莱茵、德凯等机构，了解第三方机构检验检测认证信息化系统应用和数据收集和整理情况；及时和数据需求方进行座谈交流，对需采集数据的类型、项目、格式等要求进行细化；实现与进出口商品检验鉴定协会的数据对接，通过电子信息平台简化和规范数据采集工作。通过对社会检验鉴定机构质量数据监管与利用，从中挖掘有价值的信息，为进出口商品质量安全风险分析和对外贸易宏观决策提供基础数据，进一步提升对检验鉴定市场监管水平。截至2017年12月，共采集检验鉴定机构质量风险数据1500余条，列系统第一位。

（五）继续推动自贸区内跨境电商强制性产品监督管理工作

主动作为服务跨境电商产业发展，积极探索跨境电商小批量进口模式，对备货模式进口销售的家用电器、信息技术、音视频设备、儿童玩具产品试行免CCC特殊用途进口产品检测处理程序，并将样品费用和检测费用纳入深圳跨境电商质量安全监测计划。通过探索建立适应跨境电商业态特点的监管机制，在守住安全底线的同时，积极推动深圳地区跨境电商产业的健康发展。截至2017年底，已办理家用电器申请26批2638台，货值518万人民币。

（六）争取国家认监委下放进口注册管理权限，助推前海蛇口自贸片区业务发展

探索以进口注册为管理抓手，提升跨境电商产品质量安全管理的措施，起草了《深圳前海蛇口自贸片区进口食品境外生产企业注册实施（试行）》，并组织企业座谈会，广泛征求意见，协助前海蛇口自贸片区

企业了解进口注册管理制度，促进前海蛇口自贸片区电商企业实现质量可靠的发展。

（七）加大认证认可政策理论研究，提升认证认可传播力

结合认证认可与地方经济发展的结合点，充分利用深圳局“青年研学组”优势，加大调查研究力度，探寻认证认可工作规律，提炼工作经验，做好认证认可前瞻性政策储备，注重认证认可主题宣传策划，树立质检好形象。

四、服务创优，竭力助推开放型经济健康发展

（一）扩大对外推荐注册管理，支持优势产业实现提质增效

深圳局充分利用认证注册职能，帮助和支持本地企业扩大对外注册，实施“一企一策”产品质量管理体系提升行动，宣传远洋捕捞渔船对外注册，实现深圳地区6艘远洋渔船再获欧盟注册，进一步扩大了深圳地区远洋捕捞渔船对外注册的优势。同时，帮助辖区1家水产品企业获得俄罗斯注册，帮助企业实现提质增效，助推开放型经济发展。

（二）推进出口食品企业备案采信第三方认证管理，实现出口备案零等待

在出口食品生产企业备案中推进HACCP认证采信力度，在出口备案时，对符合要求的获证企业采信认证结果，免除现场，直接备案，便利获得相关认证企业办理出口备案，实现出口备案零等待。同时，继续完善网上备案管理系统，实现备案管理高效化、无纸化。

（三）优化CCC免办流程，助力企业转型升级

优化CCC免办办理流程，推动CCC免办全流程无纸化，提升CCC免办工作效能。截至2017年底，向970家企业签发CCC免办证明文件1480份、货值1.5亿美元，分别同比增长11%和23%。将企业信用等级较高和免办产品管理状况较好的免办将企业信用等级较高和免办产品管理状况较好的免办企业作为便利监管企业，给以全流程无纸化便利措施，让数据多跑路、群众少跑腿，加快证明发放。按照每份证明节约通关成本100元，节省通关时间24小时计算，共为企业节约通关成本14.8万元，节约通关时间3.55万小时。继续推行“一企一策”“急事急办”等个性化服务。主动帮扶华为公司成为全国第二家获得国家认监委CCC免办协同监管政策的企业，对于华为的新产品研发意义重大。针对关乎国计民生的重大项目，如南海石油勘探、大亚湾核电运营、比亚迪新能源汽车研发等所需的产品，在免办产品系统归类和CCC目录内外界定方面给予便利措施，累计为此类项目签发证明90余份，货值700多万美元，确保石油勘探、核电、新能源汽车产业等大项目的正常运转，促进了企业发展和经济转型升级。

（四）开展免办政策“千企帮扶”行动

以新版CCC免办系统上线为契机，对新增办理CCC免办业务的企业开展“一对一”辅导；召集辖区1000余家企业开展《强制性产品认证管理规定》、深圳地区免予办理强制性产品认证业务政策解读及新版“免办系统”操作培训，确保新旧系统顺利衔接，CCC免办申请工作平稳过渡。

（五）支持深圳口岸汽车平行进口业务开展

积极了解汽车平行进口企业实际需求，在强制性认证一致性证书核查、进口汽车改装场所资质申请等方面给予政策支持。帮助深圳口岸完善平行进口汽车检测条件，并采信第三方检测机构检测结果；对于平行进口汽车试点企业有关整改场建设、CCC一致性核查等实际需求，积极对接国家认监委、中国质量认证中心等部门争取相关政策支持。

五、从严治党，持之以恒加强自身建设

（一）“两学一做”学习教育常态化、制度化，落实“三会一课”等学习制度

深圳局党支部根据国家质检总局、深圳局党组的要求，制定严格的学习计划，确保处室“两学一做”学习教育常态化、制度化。明确学习内容、制定学习计划，召开支部会议主题学习习近平总书记系列重要讲话精神和治国理政新理念新思想新战略基本内容；学习习近平总书记对广东工作“四个坚持、三个支撑、两个走在前列”重要批示精神，并将其列为深入推进“两学一做”学习教育常态化制度化、理论中心组、支部组织生活会等学习的重要内容，促使习近平总书记重要批示精神入脑入心、耳熟能详。广泛宣传社会主义核心价值观24字，利用重大纪念活动和重要传统节庆，通过组织广大党员干部及家属开展有意义的宣传教育活动：重阳节登莲花山、八一建军节瞻仰革命烈士纪念碑、参观红场红宫接受爱国主义教育、参观彭湃烈士故居缅怀革命烈士等，营造浓郁的社会主义核心价

值观宣传教育氛围。

（二）加强党建工作，创“认证桥梁”支部党建品牌，落实精准扶贫工作，有效发挥党组织和党员队伍作用

进一步深入开展“两学一做”教育活动，落实党建工作要求，丰富党建工作思路，抓好基层党组织标准化建设，擦亮“认证桥梁”这一党建品牌，将党建工作和业务工作有机融合。以扶贫工作作为创新党建工作载体，善用认证认可技术优势推动结对扶贫项目，探索与基层党组织结对共建活动，以认证认可服务基层，支持扶贫工作，创新党建载体。同时，为进一步落实好深圳局精准扶贫工作推进会的会议精神，深圳局积极响应扶贫领导小组的倡议，按照“一对一”结对帮扶任务要求，组织本单位党员干部与好义镇小古村结成结对帮扶单位，为贫困户筹集相应的慰问捐款，并派代表定期前往结队帮扶农户进行慰问。

撰稿人：吴菁云　审稿人：蔡正国

助力质量提升　服务地方发展

——珠海出入境检验检疫局2017年认证监管工作概况

2017年，珠海出入境检验检疫局（以下简称“珠海局”）认证监管工作贯彻落实国家质检总局、国家认监委和珠海局党组的工作部署，围绕提升供给质量，服务地方经济发展，取得一定成效。

一、2017年认证监管工作概况

（一）开展质量提升行动

深刻领会中央及质检总局关于开展质量提升行动的要求，主动作为，奋力推进。

1. 加大宣传力度

结合首个“中国品牌日”“3·15”“世界认可日”“质量月”“有机宣传周”等活动，面向企业、政府和社会各界，广泛开展质量宣传，推动质量共建共治。召开“三同”工作新闻发布会；开展“三同”在线访谈1次，发布“三同”微信2期，微故事1期；开展“三同”进社区活动3次；“三同”政策专场宣讲活动。向企业及消费者发放“三同”宣传册600多册，张贴“三同”海报50多张。

2. 加强政府沟通联动

向珠海市政府报送出口食品企业内外销“同线同标同质”工作情况报告，获珠海市副市长芦晓凤批示，推动地方政府重视和支持“三同”，形成更大合力；“三同”工作纳入珠海市食品安全重点工作、食品安全示范市质量考核指标。

3. 开展“逐一帮扶”行动

推动企业向国际标准看齐，帮促2家企业开展有关产品同美国、日本标准的对标提升活动。为企业搭建认证服务桥梁，帮助企业获得有针对性的HACCP认证服务，引导企业获得HACCP认证，新增HACCP获证企业5家，同比增长45.5%。举办“三同”标准、美国食品安全现代化法系列法规等培训4次，培训150多人次，引导企业加强内审员队伍建设，提高自检自控能力。

4. 借助平台，开展实验室“体检”

充分发挥公共技术服务平台技术服务职能，组织25家食品企业开展实验室“体检”，促进企业提升检查能力。

5. 强化新版质量管理体系标准宣贯，助力企业质量管理体系升级

贯彻落实《中共中央 国务院关于开展质量提升行动的指导意见》，积极开展“万家企业质量管理体系升级行动”，通过上下联动、集中培训，深入企业、现场宣贯，微信推送，线上培训等方式大力宣贯，共计组织举办举办新版GB/T 19000（ISO 9000）系列质量管理体系标准宣贯培训10次，共计培训233家企业质量管理人员677人次，促进企业质量管理体系升级，提升企业质量管理水平。

（二）加强事中事后监管

1. 强化出口食品企业备案监管

组建珠海局认证监管风险管理专家组，强化风险管理，对出口食品备案企业实施差异化监管；开展备案与 HACCP 认证联动监管；采取“双随机”方式开展专项检查。全年共派遣监管人员 165 人次，实施 75 次现场检查，共发现不符合项 182 项，监管计划完成率 100%。

2. 引入“双随机”，创新管理体系认证监管

贯彻“双随机”抽查机制，组织参与广、深、珠、海南和广西五地直属检验检疫局联动跨地开展的管理体系认证结果专项检查。共计派员 43 人次，发现 23 个认证结果存在 63 项不合规问题，其中初步判定有 18 项属严重违规需立案调查，极大地打击和震慑了违规认证行为，并推动了珠海局参与下的认证监管区域联动机制的建立。

3. 强化 CCC 认证监管

开展强制性产品认证获证产品市场抽查，共出动工作人员 50 余人次，在进口及流通领域抽取汽车零部件、音视频等类型产品 10 批，检测结果全部合格。结合免办证明后续监管开展强制性产品认证免办产品违法使用行为的对外稽查，对所有持证企业实施现场监管，免办证明监管率 100%，重点查处编造虚假材料骗取免办证明、获得免办证明后产品未按照原申报用途使用的违法行为，对该领域违规行为形成了高压态势。组织开展强制性产品认证免办审批及后续监管工作情况业务督察，抽取分支机构办理的免办证明 40 份，见证分支机构开展免办证明后续监管 5 家，发现免办证明审批流程、资料审核以及后续监管记录方面的问题点 8 个，促进了分支机构工作质量的提升。

4. 强化进口注册食品核查和有机产品认证监管

开展进口有机产品专项监督检查，抽取 9 批进口有机产品，涉及 6 家境外生产企业以及 3 家有机产品认证机构，检测 149 个检测项目，检测结果均合格。牵头组织进口食品境外生产企业注册信息口岸核查工作专项督察，共发现问题点 2 个。对一线反映的该项业务执法依据规定不具体的问题，及时向上级部门请示，进而加以明确，消除了执法中的模糊地带，统一了珠海辖区各口岸对该项业务的执法尺度。

5. 持续加强对珠海局资质认定获证检验检测机构的监督管理

组织开展对珠海局两个中心及立飞公司的资质认定专项监督检查，监督检查依托上述机构的内审开展，共发现不符合项 41 项，跟进落实整改，完善和提升珠海局所属检验检测机构的检测能力和服务效能。

（三）服务地方经济发展

1. 贯彻落实供给侧结构性改革要求，唱响“同线同标同质”工程

一是通过“系列宣传活动、系列对接活动和系列协同联动机制构建”等三大系列活动，积极推进“三同”工程，帮促企业内外销“同线同标”生产，帮扶企业统筹国内外两个市场。开展政策宣讲会、在线访谈、“三同”购物节、“三同”进社区等“三同”进万家系列宣传活动；开展“三同”企业与商务服务平台系列对接活动，帮促企业成功对接上海国际食品展览会、广州“三同”进万家活动、首届“中国－拉美国际博览会”、珠海免税集团和得一商超等；分别与珠海市地方政府部门、珠海局公共技术服务平台、中检珠海公司、珠海免税集团汇优城等构建系列协同联动机制。二是“三同”工作成效初显。2017 年，帮扶 6 家出口食品企业上线“三同”平台，同比增长 150%。目前共计 10 家“三同”企业，分别占出口备案及 HACCP 获证企业数量的 17.9% 和 62.5%，涵盖饮料、调味品、粮食制品、水产品和罐头等 5 大类产品。帮助 3 家“三同”企业入驻天猫等 7 家电子商务服务平台，4 家企业入驻 24 家商超；据不完全统计，2017 年珠海市“三同”食品企业出口额达 1.07 亿元，同比增长 7.4%；内销 2.57 亿元，同比增长 6.3%，其中 4 家企业同比增长 10% 以上，最高增长达 26%。

2. 帮助企业快速备案

落实“放管服”改革，加强采信 HACCP 第三方认证结果和企业自我检查声明，采信率达 100%；加强事前审批与事中事后监管无缝衔接；加强内部业务流程管理，实施网上审批。2017 年，新备案出口食品企业 6 家、重新备案 1 家、延续备案 15 家，变更备案 4 家、注销 3 家；现有备案企业 56 家。全年备案办理时间为 7.3 天，比办理时限缩短 12.7 天，实现备案零超时和企业出口“零等待”。

3. 帮助企业对外注册

帮促珠海振盟肉禽有限公司和珠海金同农副食品有限公司顺利完成对澳门注册，有效保障澳门暂停活禽交易后禽肉市场安全稳定供应。2 家申请对港注册冰鲜禽肉企业在香港食环署检查后整改期间，遭遇“天鸽”台风较大影响，尤其是珠海金同农副食品有限公司冰鲜

鸭生产车间受到重创，斗门局积极应对，加强指导帮扶；珠海局加强与国家认监委及香港食环署联系沟通，帮促2家企业顺利通过对港注册。推荐3家企业对港注册冷冻禽肉产品，1家企业对欧盟注册。收集整理分析近些年美国FDA、欧盟、香港食环署等境外官方检查我国食品企业情况，指导帮促4家企业完成境外官方检查工作。

4. 推进制度创新，服务开放发展

加强横琴自贸区CCC认证监管政策的研究和落地，将创新的自贸区政策成功用于保障首届中国－拉美国际博览会。实施跨境电商保税备货进口小批量CCC产品免CCC认证特殊检测处理程序。

5. 推动农产品认证示范区创建

通过召开农产品认证示范区创建工作座谈会和现场调研等方式，大力推动地方政府开展农产品认证示范区创建，打造珠海高端农业。

（四）抓培训提升能力

1. 抓好“主课堂”，开展集中培训

组建了珠海局强制性产品认证、管理体系和服务认证、食品农产品认证和检验检测4大认证监管领域的行政执法监督检查人员库，共计110人。加强出口食品备案注册评审员队伍建设，目前共有评审员65人，其中主任评审员9人。组织开展强制性产品认证监管业务培训、管理体系认证监管业务培训、出口食品备案评审员“逐一帮扶”工作、“三同”标准及美国食品安全现代化法配套法规等集中培训，实现岗位人员培训全覆盖，共计培训200多人次。

2. 抓好“微课堂”，随时组织学习

建立出口食品企业备案工作、CCC认证监管工作和管理体系认证监管工作等3个微信群，大力推送相关业务知识，及时开展业务指导。

3. 抓好“观摩”课堂，关注境外官方检查变化

充分借助美国FDA和中国香港食环署检查我食品企业机会，选派10人次全程现场观摩学习，学习境外官方完整检查程序、方法和技巧，并学以致用。

4. 抓好“传帮带”，讲好“师傅经”

选派1名评审员参加国家认监委组织的“中国好师傅”传帮带；组织开展珠海局出口食品企业评审员“传帮带”活动，培训8人。

5. 抓好“活课堂”，营造认证认可氛围

通过局微信公众号讲好“打好认证执法这一场硬仗”微故事，展示管理体系“双随机”检查人员风采，熏陶激励认证监管人员。

撰稿人：吴小伦　审稿人：曾伟强

加强监管　创优服务　助力地方社会经济发展

——海南出入境检验检疫局2017年认证监管工作概况

2017年，海南出入境检验检疫局（以下简称“海南局”）按照国家质检总局和国家认监委的工作部署，全面贯彻落实全国认证认可工作会议精神，以提高发展质量和效益为中心，以服务供给侧结构性改革为主线，充分发挥认证认可作用，全力提升认证监管工作水平，服务地方社会经济发展取得新成效。

一、创新监管模式，提升服务质量供给水平

（一）加大备案监管采信力度，发挥社会力量共治食品安全的作用

在风险评估基础上，对17家备案企业采信了认证机构的HACCP认证证明材料和企业自我声明，免于现场检查工作，采信比例52%。在现场检查、新备案企业评审、国外注册企业监管等工作中，还采信第三方ISO 22000体系认证技术证明和有资质的检测机构技术证明，减少对相关要素的检查工作。通过监管手段创新，提升监管效能，较好地发挥了第三方认证机构、检测机构等社会力量共同治理食品安全的作用。

（二）公开透明，提高监管有效性

一是制订实施方案，对海南辖区21家出口食品生产企业实施“双随机、一公开”监督检查，共发现49个不符合项，督促企业整改。经跟踪验证，继续保持19家企业备案资格，责令1家企业限期整改，注销1家出口备案资格。二是按照认监委“双随机”统一部署，组织我局认证执法人员12人次对广东省9家企业的质量管理体系认证监管，共发现3家企业存在问题7项。

（三）善用“加减”法，提升注册备案质量

一是做多“加法”，支持企业发展。提前介入，指导企业完善食品安全卫生体系，新准入备案企业7家，推荐4家企业向5个国家注册。二是用好“减法”维护良好出口秩序。严格备案准入，不予许可备案2家，注销企业备案证明10家，注销欧盟等5个国家注册企业7家次，有效地从生产源头上保障出口食品质量安全。

二、推进“三同”工程，提升内外销产品质量供给水平

（一）凝聚共识，发力“三同”工程

一是印发“逐一帮扶”行动计划落实方案，成立领导小组和帮扶小组，确定帮扶对象和帮扶内容。二是召开2017年度海南局认证认可会议和“三同”工程推进专题会议，部署推进“三同”工程。

（二）加强宣传，扩大“三同”工程影响

一是分管局领导带队到企业进行专题调研，向企业宣贯“三同”工程的重要意义，了解“三同”工程推进情况，指导企业开展“三同”工作。二是相关单位（部门）领导带队，各工作小组结合企业评审及检查工作，了解企业需求，向企业开展“三同”宣传。三是结合世界认可日、食品安全周、“质量月”等活动共同开展“三同”宣传。2017年，开展了“三同”进企业、进商超、进社区、进校园、进机关、进口岸等六进活动，对企业宣贯76家次，参与人数超100人的有3场，为学校举办讲座1场，制作宣传展板21块，发放宣传资料2300份，悬挂宣传横幅11条，张贴宣传海报64张。在“三同”活动中，参与人数约2190人，现场咨询群众近388人次。

（三）检地沟通，助力“三同”工程

一是将“三同”工程列入海南省《2017年食品安全重点工作安排》。二是主动与省商务厅沟通，争取专项资金支持，印发了《海南省商务厅、财政厅关于印发海南省外贸企业开拓国际市场提升国际化经营能力资金使用细则的通知》，支持企业发展。

（四）重点帮扶，扩大“走出去”

一是主动对接出口食品农产品质量安全示范区建

设，帮扶 3 家水产生产企业上线“三同”平台，1 家水产企业获得美国卫生注册资质，1 家地理标志产品生产企业获得备案核准。二是重点帮扶海南椰子、诺丽果、白沙绿茶、苦丁茶等热带特色产品加工企业备案，扩大“走出去”，提升其品牌“颜值”。

（五）全面培育，实施标杆和品牌战略

2017 年新增加 6 家企业获得 HACCP 认证，共有 21 家企业已获得 HACCP 认证，4 家企业获得 GAP 认证，通过认证提升企业质量管理水平。开展水产品加工以海南翔泰渔业股份有效公司为标杆、椰子产品加工以海南春光食品有限公司为标杆的对标活动。14 家“三同”企业中，有 2 家企业获得农业产业化国家重点龙头企业，2 家企业获得省级农业产业化（渔业）龙头企业；1 家企业获得中国驰名商标，4 家企业获得省级著名商标或名牌产品。

（六）牵线搭桥，促进内外销

为企业牵线 4 家国内著名电商平台、5 家商超合作。海南 14 家“三同”企业内外销金额 21 亿元人民币。与上年同比，七成多企业外销金额有增长，其中水产品增长 12%，椰子产品增长 39%、芦荟产品增长 42%、胶原蛋白产品增长 112%。六成多企业内销有增长，其中水产品增长 11%，椰子产品增长 11%、芦荟产品增长 28%、胶原蛋白产品增长 61%。

三、优化服务，提升五方面的服务质量供给水平

（一）优化流程，提高免办效率

推出 CCC 免办证明全程互联网无纸化办理模式，企业足不出户就可拿到 CCC 免办证明，办理时间由原来的 2 ～ 3 天缩短到半天之内。

（二）提前介入，缩短审批时限

对企业申请的 32 项次出口食品备案核准办理时限符合率 100%，备案核准办理 2 个工作日之内，平均办结时间 1.6 个工作日，办理效率提高 70%。

（三）加强培训，夯实质量基础

为企业免费举办 2 期输美食品防护相关法规、1 期食品微生物学检验和 1 期新版质量管理体系系列标准培训班，指导企业完善食品安全卫生控制体系，发放电子版系列标准 60 多份，企业 400 多人次参加了培训。

（四）专家指导，促进质量提升

一是组建标准比对调研组，推进标准比对和标准提升，推动企业成为高标准领跑者，培育高标准产品品牌，放大标准引领质量提升示范作用。二是组织认证认可专家深入中小微企业，现场与企业互动，认真解读认证监管相关政策法规，解答企业的问题，取得良好效果。

（五）积极准备，做好迎检工作

2017 年上半年指导 2 家水产品加工企业通过美国 FDA 的检查，1 家供港肉类企业通过了香港食环署检查，检查官员反映良好。

四、安全抓底线，提升依法行政保安全的服务质量供给水平

（一）排查风险，确保质量安全

按照海南局“三大排查”要求，制定排查实施方案，对各单位（部门）相关认证监管行政行为自由裁量权责清单实施、规章制度执行情况开展了排查，并对问题整改情况跟踪验证，确保消除安全隐患。

（二）强化监督，净化认证产品市场

一是监督 CCC 免办后续监管率 100%；二是对辖区两个免税店开展认证监督检查，共检查食品、化妆品、玩具、小家电等共计 100 余批产品，重点检查强制性产品认证、HACCP 认证、有机产品认证等的无证销售、虚假标识等违法违规行为；三是出动认证执法监管人员 48 人次，检查了辖区内 21 家获 HACCP 认证企业、2 家有机认证企业；四是制定 2017 年强制性产品认证获证产品监督抽查实施方案，开展监督抽查活动。完成监督抽查松下电饭煲、博朗电水壶、儿童安全座椅、儿童推车等共计 6 批次。

（三）转变重点，加强进口食品口岸查验

按照《进口食品境外生产企业注册管理规定》要求，开展了进口食品境外生产企业注册入境查验和产品质量分析工作。经检验，未发现进口《出入境检验检疫机构实施检验检疫的进出境商品目录》内食品有不合格情况。

（四）专项督查，确保检测机构资质认定有效

一是海南局组织所属检验检测机构进行 100% 自查，并在国家认监委指定网站进行填报。二是海南局实验室主管部门对所属 4 家检验检测机构的自查情况进行检查和督查。检查结果表明，4 家检验检测机构认可证书和资质认定证书均在有效期内，均在资质认定

批准的范围内开展检测工作，未发现有出具虚假数据、伪造数据和结果等违法违规现象。

五、保障抓队伍，提升强质检的服务质量供给水平

（一）加强培训，提高队伍素质

一是组织认证监管人员参加输美食品防护相关法规、新版质量管理体系系列标准和强制性产品认证监管培训，提升海南局备案认证队伍的整体水平。二是支持1名青年评审人员参加进出口食品注册评审专家“传帮带”团队活动，培养青年骨干人员。三是组织海南局青年认证监管人员参加现场检查、专项检查、认证执法检查、备案注册评审、HACCP验证评审和国外注册评审工作共有57人次，培训青年认证备案监管人员实践才干和专业能力。

（二）加强基层党建工作

按照党建工作要求，规范落实“三会一课”制度，把党建工作和业务工作有机结合，着力提升党员的综合素质，发挥基层党组织的战斗堡垒作用。

撰稿人：符世霞 黄 云 审稿人：伍小标

完善制度　创新发展　全面提升认证监管工作水平

——海南省质量技术监督局2017年认证监管工作概况

2017年，海南省质量技术监督局（以下简称“海南省质监局”或“省局”）认真贯彻落实全国认证认可工作会议部署，按照“围绕质量提升，提高供给质量”的要求，着力推动拓展认证认可工作，深化证后监督管理，促进海南认证认可事业健康发展，为服务国际旅游岛建设做出了应有的贡献。

2017年，根据海南经济从高速增长转入中高速增长的发展态势，经济增速持续回落，经济总体有效需求不足，经济发生转型升级的实际，海南省质监局认真研究低碳认证、节能产品认证等新型认证和两化融合管理体系等切合当前形势的服务项目，发挥技术优势，开发能源管理体系业务。同时，顺应省政府加快科技创新的引导，积极介入知识产权管理体系、资产管理体系等新型认证领域，在经济新常态中把握机会，促进认证认可工作的不断发展。

认证工作情况。努力推动拓展认证工作。加强与相关方面联系协调，推动认证事业发展。2017年，海南现有各类认证企业和组织共1906家证书3637张。其中获得强制性产品认证企业153家，比上年增加36家，有效证书699张，比上年增加164张。获得有机产品认证企业61家，比上年增加12家，有效证书111张，比上年增加37张；获得各类管理体系认证企业1423家有效证书2351张，比上年增加141张，其中质量管理体系证书1313张，环境管理体系证书445张，职业健康安全管理体系证书394张，其他管理体系证书199张。

实验室认可情况。全省依法设置的计量检定机构18个，依法授权建立的计量检定机构8个；计量检定机构建立的社会公用计量标准210项，比上年增加22项；授权开展专项检定的计量标准数46项，比上年增加7项；部门、企事业单位建立的计量标准100项，比上年增加8项。全省依法设置的产品质量监督检验机构9家，质检总局批准筹建的国家质检中心2家。产品质量检验机构，包括质监系统3家，即海南省产品质量监督检验所、三亚质量技术监督技术所、琼海质量技术监督技术所，以及各行业主管的6家机构，即粮油食品、燃气产品、消防产品、天然橡胶产品、烟草产品、农机产品质量检验机构。

一、创新认证体制机制

大力推进认证机构改革。经海南省编制办公室批准成立的认证认可机构为海南省认证认可审核中心，经工商注册登记成立的为方圆标志认证集团海南有限公司。在2016年事业单位机构改革的基础上，大力推进认证机构改革，结合事业单位改革及方圆海南公司股权分置工作，将以上两个单位人、财、物完全分离，彻底解决事企不分的问题，提高了认证与服务运行规范管理水平。

强管理，促服务，确保认证认可工作稳步发展。一

是开展技术交流活动，提升整体审核水平。营造良好氛围，使审核员在日常的审核过程中，加强研究探讨，相互取长补短，不断提高对管理体系知识的理解和认识；不定期开展专门的技术研讨活动，将审核心得、困惑、亮点等进行分享，让不同观点碰撞出火花，从而加深理解，收到良好效果。二是注重人才培养，着力队伍建设。对有资质人员进行总体规划，开展有针对性的培养，以满足认证企业数日益增多、专业领域不断拓展的需要。2017年共有5名新人转为级别审核员，4名实习审核员也正在有计划的培养中。三是做好客户服务，控制企业流失率。采取集中培训或上门培训的方式为企业培养内审员，全年共举办5期涉及质量、环境、职业健康安全、食品安全管理体系等领域的培训班，培训内审员200多人次，确保认证企业管理体系的持续正常运行。四是努力挽回流失企业。针对2017年认证企业同比流失比较严重的情况，研究部署应对措施。通过努力挽回历年流失企业3家，流失率控制在合理水平。五是加强市场开发力度。利用标准换版的契机对获证企业进行二次开发，利用政府部门（如工信、旅游、质监、科技）和行业协会的信息，不断开发认证业务。六是合法合规开展认证工作。认证机构在审核组组成、专业能力控制、时间逻辑顺序、审核人日等方面进行精心策划，确保符合有关认证规范、规则，同时保证认证工作质量，避免认证质量事故。按规定及时上报有关审核信息，供国家认监委及地方质检部门的监督，全年未发生监督不合格情况，也不存在认证客户不满意和投诉现象，维护了方圆认证的良好品牌。经过不懈的客户服务，全年顾客满意度达到90%以上。

二、强化认证监管工作和信息报送

一是开展电线电缆产品获证企业监督检查工作。海南省共有电线电缆11家企业，其中，有2家企业因证书暂停且迁址重建而停产。检查中发现问题12项，督促整改12项。对9家电线电缆企业30个批次的产品进行抽检，检出1家企业2个批次的产品不合格。二是组织做好2017年海南省电磁灶产品强制性认证监督抽查工作。根据国家认监委的部署，制定了《2017年海南省电磁灶产品强制性认证监督抽查工作方案》，开展强制性认证电磁灶产品的市场监督抽查，共抽查18家生产企业的40批次产品，产品质量实物合格率95%，对监督抽查产品不合格的企业交由属地质监局依法进行了处理。三是开展有机产品认证监管工作。为加强对有机产品认证的监督，促进认证活动的一致性和有效性，对海南省11家有机茶企业进行专项监督检查。四是组织做好执法信息报送工作。按照认监委的部署，要求省质监局各直属局及时梳理统计分析对无证违法行为的排查与行政执法情况，录入认证行政执法信息报送系统。

三、加强获证机构监督检查

一是继续组织开展海南省获证机构专项监督检查。配合国家认监委抽查文昌疫控等5家食品检验机构、机动车检测机构及海南大学分析测试中心等4家综合类机构的监督检查工作，确保检测机构继续符合国家法定要求，提高其出具科学、公正、可靠检测数据的能力，提高检测机构检测水平。二是组织开展全省检验检测机构证后监督和管理，在全省获证机构开展自查的基础上，采取飞行检查的方式对全省20家建筑检测行业获证机构进行重点检查。

四、开展认证认可执法工作

印发了《关于加强对强制性产品认证无证违法行为监管与查处工作的通知》，要求省质监局各直属局围绕消费需求旺盛、与群众日常生活息息相关的、存在较高质量隐患的消费品领域，以玩具、电线电缆、家用电器、消费类电子产品、装饰装修材料、低压开关柜等强制性认证目录产品为重点。截至11月底，全质监系统共立案查处6宗认证案件。

五、组织开展“万家企业质量管理体系升级行动

为贯彻落实国家质检总局、国家认监委《关于广泛开展新版质量管理体系标准宣贯学习活动加强全面质量管理的通知》（国质检认联〔2017〕366号）的部署要求，帮助海南省企业正确理解和掌握新版标准的要求，确保企业顺利完成新版标准转换工作，促进加强全面质量管理，提升质量管理水平，打造“海南质量”“海南品牌”。海南省质监局于2017年3月、5月、9月、10月共举办了4期GB/T 19001—2016《质量管理体系要求》新版标准培训班，共计培训企业400多家500多人次。

六、组织开展“世界认可日”宣传活动

一是制定了海南省开展“世界认可日”活动方案，围绕“认证认可助力质量提升”的活动主题，部署在全省质监系统内统一开展“世界认可日”活动，确保了活动有序开展。同时，深入企业、院校、社区，借助广播电视、网络、报刊、短信等媒体平台，多途径广泛宣传，进一步提高了认证认可的社会认知度和影响力。二是海南省质监局6月9日在海口组织检验检测

认证机构共同发起了助力质量提升倡议座谈会，24 家单位参加了座谈会并共同发起了助力质量提升倡议书，承诺履行好质量把关、质量仲裁、质量护航的使命。三是在 6 月 10 日《海南日报》上进行专版专题宣传，以“认证认可助力海南质量提升”为主题，详细介绍认证认可的基础知识及发展历程和海南省认证认可工作的现状和发展机遇等，不断提高认证认可的社会认知度和影响力。

撰稿人：杨 振 审稿人：林诗光

服务供给改革 助力质量提升
努力推动认证监管工作创新发展

——广西出入境检验检疫局 2017 年认证监管工作概况

2017 年，广西出入境检验检疫局（以下简称“广西局”）按照国家质检总局和国家认监委的工作部署，围绕“抓质量、保安全、促发展、强质检”工作方针和“强化认证认可作用、推动质量强国建设”的工作要求，以服务供给侧结构性改革，提升质量安全水平，履行监管职责，推进广西地方经济发展为目标，认证认可工作取得了新进展。

一、发挥认证认可质量基础作用，全面提升进出口质量安全水平

（一）落实简政放权，推行“两个清单”动态管理

一是加强对已下放“出口食品生产企业备案”行政许可项目审批权的分支机构的监督管理，确保新申请出口食品备案企业办证“零等待”和受理、审批等各个环节办结“零超时”。全面实现出口食品备案、事中、事后监管无纸化。二是加强对已获“CCC 免办”审批权的分支机构的监督管理，全面启用新“CCC 免办及特殊用途进口产品检测处理管理系统”，实现网上无纸化审批、核销和跨地区后续监管。

（二）强化认证监管，提升质量安全水平

推行“双随机、一公开”的监管方式，建立广西辖区范围的监管对象、监管人员、监管结果信息库，事中做好组织实施和监督指导，事后做好整改落实和结果公开。一是按照国家认监委要求，组成以广东、深圳、珠海、广西和海南五局的口岸联盟认证执法监管区域合作联合检查组，统一开展质量 / 能源管理体系认证结果专项监督检查。广西局共检查获证组织 14 家，涉及 13 家认证机构，发现问题 14 个。二是加强进口食品注册信息口岸查验，加强对进口食品境外企业注册编号的追溯管理，解决 e-CIQ 进口报检注册企业信息无法自动校验的问题。三是强化出口食品备案企业监管，抽取 13 家出口食品备案企业开展质量安全管理体系运行情况监督检查；同时结合食品农产品认证专项监督检查，抽取 51 家出口企业实施 58 家次出口食品农产品认证合规性检查，涉及认证机构 12 家。

二、发挥认证认可技术优势，提升国门安全保障能力

（一）发挥出口食品备案提质升级作用

一是强化对出口食品备案企业的事中、事后监管和第三方认证机构的监管联动，扩大出口食品备案采信，采信率达 88.3%，有效地缩短了审批流程。二是全面启用出口食品备案管理系统，优化行政审批程序，提高行政效能，激发社会活力。全年共完成对 38 家初次申请企业、12 家重新备案、27 家延续备案、16 家备案企业变更事项的评审、验证和审核批准，注销 6 家企业备案资格，暂停 4 家备案资格。现有备案企业 220 家（次）。

（二）提升 CCC 认证制度的质量保障作用

一是抓好 CCC 产品入境验证管理，严格 CCC 免办行政确认审批，共办理 CCC 免办证明 125 份，货值 95794 万元人民币。二是加强 CCC 免办后续监管，继续推行 CCC 免办产品“五专”管理，CCC 免办持证企业及 CCC 免办证明的后续监管覆盖率达两个 100%。三

是开展入境强制性产品认证获证产品市场抽查工作，从入境口岸抽取2批次机动车轮胎、从流通领域抽取7批次玩具、儿童安全座椅、童车和厨房家电等产品进行检测。四是积极探索跨境电商CCC产品认证监管模式，提高认证认可监管工作有效性，把好国门，保护广大消费者利益。

（三）加强宣传，推动认证认可技术的应用

一是利用世界认可日，组织开展“认证认可助力质量提升”主题宣传活动。通过开展三同食品进万家、三同企业进校园、三同企业与大象联盟对接会等系列宣传活动，推动认证认可技术的应用，牵线搭桥，帮助企业与国内各优质销售信息服务平台、大型连锁超市对接，让符合国际标准的食品农产品进入国内市场，促进企业提质增效升级。累计参加人数达500人。二是积极服务中国－东盟博览会，向参展企业宣传CCC认证相关知识并快捷办理“免办证明”。

三、发挥认证认可互信作用，服务广西扩大对外贸易发展

（一）深入开展出口食品“同线同标同质”帮扶行动

多措并举，指导广西特色产品企业加入三同行列。一是“帮企业”，建立“一厂一策”的帮扶工作台账，增加三同企业数量和品种；二是“帮机构”，促成更多的出口食品企业通过新增和转换认证的方式快速取得HACCP认证；三是“帮平台”，让商超、渠道、平台与三同企业对接，让消费者在市场上方便购买到优质优价的三同产品，平台扩大销售业绩，企业提质增效，让企业、平台和消费者增强对三同的认知和获得感。全年“三同”企业数增至47家，上线率22.9%，上线品种增至242个。广西“三同”企业入驻三同平台后国内累计销售额达42.7亿元人民币。

（二）改革创新，持续推进国检试验区建设

积极推进广西局“中国－东盟边境贸易国检试验区”重点项目建设，发挥广西东盟桥头堡优势，积极探索研究中国与东盟国家认证制度的衔接和技术交流，推进“一带一路”国际合作互认机制化，坚持边运行、边总结、边完善，不断探索和优化国检试验区的管理措施、运行模式和监管方式，按照《中国－东盟边境贸易国检试验区进口食品备案采信第三方认证结果工作规程》稳步开展，已经完成对越南2家输华食品企业开展中国HACCP体系认证一阶段审核，下一步将通过采信第三方认证结果给予注册，全面提高口岸验放效率和贸易便利化水平，助推广西边境贸易转型升级。

（三）帮助并推荐更多的出口食品生产企业获得国外注册资格

加大对“一带一路”沿线国家出口食品企业备案注册力度，全年新增14家（次）企业获得国外注册资格，现有获得国外注册企业153家（次）。指导4家水产品企业顺利通过美国FDA官方检查，确保企业持续保持国外注册水准和输美食品农产品质量安全。

（四）促进钦州保税港区进口汽车口岸加快发展

对接国家认监委，帮助钦州保税港区管委会协调相关事宜，尽快让认监委给予钦州保税港区进口整车的试点政策落地，推动广西钦州保税港口岸进口汽车跨跃式发展。

四、强化认证认可能力建设，全面提升自身水平

（一）进一步加强认证监管体系建设

不断完善认证监管体系建设，规范认证监管行为。一是制定《广西检验检疫局2017年出口食品企业“逐一帮扶”行动计划实施方案》《广西检验检疫局认证认可检验检测全面质量监管专项整治实施方案》，修订《无需办理和免于办理强制性产品认证工作作业指导书》并确保有效运行。二是开展认证行政执法和专项监督检查自查，找出存在问题、明确整改方向，减少认证执法工作的盲目性和随意性。三是推进清单管理模式，明确并落实权力清单和责任清单。

（二）加强对分支机构的监督管理

加强对下放的行政许可、行政确认项目的监管，通过出口食品备案监管、CCC免办全过程网上抽查或实时监督查看，监督分支机构工作的规范性。

（三）加强队伍建设，提高认证监管工作质量

举办管理体系认证活动监管业务和出口食品备案评审员培训班，对一线认证监管人员进行在岗持续培训，提高认证监管工作质量。

（四）推进国检试验区建设取得新成效

一是全力推进国检试验区标准化工作，组织完成了《国检试验区国家标准草案》编写、申报立项工作。并于9月14日组织赴国家质检总局进行现场答辩，经

过精心准备，答辩内容得到专家的充分肯定并顺利通过现场答辩。二是组织制定了《中国－东盟边境贸易国检试验区快检中心建设作业指导书》，形成了可复制、可推广的规范标准。三是积极打造凭祥（卡凤）国检试验区快检中心升级版，并通过加大检测设备投入、指导开展“国检试验区快检中心检测技能竞赛”等，为国检试验区“快进快出”提供了可靠技术支撑和保障。

（五）实验室建设取得新成效

一是积极贯彻落实总局压缩通关时长、提高检验检疫工作效率精神，广西局作为第三批“全国检验检疫实验室信息管理系统”（简称“e-CIQ Lab”系统）上线运行单位，讲政治、顾大局、与时间赛跑，又好又快地完成了 e-CIQ Lab 系统上线任务，特别是该系统与 e-CIQ 主干系统对接后，将实验室检测报告异地流转时间从原来的 2 ~ 3 天缩短为 5 秒，有效地提升出入境货物通关效率。二是在全国系统率先出台了《广西检验检疫技术机构规划建设要求（试行）》，提出了“专业、协调、绿色、开放、共享”和以人为本的实验室建设理念，不仅规范了广西局系统内实验建设，同时也为争取地方政府支持检验检疫实验室建设提供了建设依据。三是实验室技术实力得到跨越式提升，全年实验室新增扩项 4000 多项次，创历史新高；共获得承担国家质检总局 3 项能力验证项目，并首次参与承担国际能力验证项目，所获得承担的能力验证数量、质量在全国系统实验室中名列前茅。四是积极推荐广西局重点实验室工作成效，争取总局批准 4 个重点实验室入围《检验检疫系统百强重点实验室宣传画册》。五是狠抓技术队伍能力建设，形成“比、学、赶、帮、超”良好氛围。2017 年共组织参加了 3 次全国检验检疫实验室系列检测技能比武大赛，其中，广西局荣获优秀组织奖 1 个，个人二等奖 3 个、个人优秀奖 1 个。

（六）推动生态原产地保护工作取得新成效

一是精准帮扶，提质增效。通过“一县（区）一策”、“一品一策”为不同地区量身制订示范区创建及产品品牌化、产业化方案，将产品质量“三同”要求融入生态原产地保护工作，指导帮助地方制定可行性创建方案。二是积极争取广西政府将生态原产地、地理标志纳入省级科学技术进步奖范围，在全国率先将生态原产地、地理标志保护应用于知识产权强省建设，并积极推动自治区商务厅投入 50 万元专项资金用于生态原产地保护奖励。三是联合自治区商务厅面向全区 14 个地级市政府及相关部门举办了 1 期生态原产地培训班，培训县处级领导近 150 人，为积极促进广西生态特色经济和外向型经济发展打下良好基础。四是推动广西传媒集团在广西新闻网文化频道开设了生态原产地专栏，成为全国首个专门的生态原产地宣传的文化阵地，2017 年以来，共刊发各类宣传稿件 61 篇，视频 1 部。全年共向总局推荐了 14 家企业的 18 种产品均获得生态原产地保护，同比 2016 年增长 125%。截至 2017 年底，广西检验检疫系统累计获保护产品数量 35 个，位居全国前列。

撰稿人：黄 清　审稿人：余 敏

聚焦质量强桂战略　加强质量认证工作

——广西壮族自治区质量技术监督局2017年认证认可监管工作概况

2017年，广西壮族自治区质量技术监督局（以下简称“广西质监局”）以十九大精神为指引，深入学习贯彻习近平新时代中国特色社会主义思想，全面落实全国质检工作会议和全国认证认可工作会议精神，围绕“抓质量、保安全、促发展、强质检”工作方针，以推进供给侧结构性改革为主线，深入实施质量强桂战略，坚持改革创新，认真履职，真抓实干，广西认证认可工作取得较明显成效。

一、基本情况

截至2017年12月31日，广西获得管理体系认证的各类组织有4924家，证书8613张，其中质量管理体系4642张，环境管理体系1714张，职业健康安全管理体系1447张。

获得强制性产品认证的企业520家，证书4559张，主要获证产品为机动车辆及安全附件（2032张证书84家企业）、低压电器（892张证书165家企业）、消防产品（457张证书44家企业）、安全玻璃（432张证书100家企业）、信息技术设备（260张证书13家企业）等5类产品。

获得国家推行的食品农产品认证证书978张，涉及组织595家，其中，有机产品认证证书394张，涉及组织244家。

2017年，广西检验检测机构资质认定获证机构1162家，比2016年增加156家，同比增长15.5%，其中，建工领域获证检验检测机构有275家，机动车安检与环检有273家，食品有135家，环保有132家。

二、主要工作

（一）严格监管，严守质量安全底线

一是深入开展全区资质认定专项监督检查，规范检验检测市场秩序。组织各市局开展检验检测机构资质认定专项监督检查，各市、县局共检查机构264家，立案查处7家，柳州市局立案查处并顶格处罚了1家存在违法违规行为的机动车检验机构。区局组织开展不预先通知的专项监督检查，共检查食品、环保、建工、机动车安检与环检、农产品等领域70家获证检验检测机构，有3家机构不符合资质认定要求，被暂停或注销资质，有7家机构存在严重问题，涉嫌违法违规检验，被责令整改并由当地质监部门依法查处；有10家机构现场盲样考核结果不通过，被暂停相应项目检验检测资质。同时将专项监督检查的结果向社会通报，反响很大，加大了震慑力度。

二是广泛开展实验室能力验证活动，提升检验检测机构技术能力和管理水平。组织开展了食品和环保领域能力验证活动，共有439家获证机构报名参加，对结果为离群的22家机构取消相关检测项目资质，并责令整改。

三是认真开展检验检测机构集体约谈，强化机构的质量安全主体责任落实。针对2016年检验检测机构资质认定专项监督检查和能力验证工作中发现的问题，组织对全区42家检验检测机构最高管理者及各市质监局分管局领导进行集体约谈，给予严肃警示和告诫，同时提醒各市局要切实做到守土有责，守土尽责，切实履行好监管职责。

四是加强资质认定评审员培训考核，夯实资质认定工作基础。对全区省级资质认定评审员进行全员教育培训并重新考核上岗，举办了3期继续教育培训班，共培训评审员398人，根据考核成绩取消39人评审员资格。举办1期新评审员培训班，共培训197人，其中158人考核合格获得评审员资格，进一步充实评审员队伍。

五是严格强制性产品认证监管。组织开展电线电缆产品质量专项整治工作，对全区所有电线电缆生产企业进行了拉网式专项监督检查，对强制性产品认证方面存在严重问题3家电线电缆生产企业依法严肃查处，并通报有关监管部门。组织开展全区流通领域CCC产品灯具的专项监督检查，共抽查18家企业35批次产品，对不合格产品责令销售商和生产企业立即停止销售并召回处理，通报生产企业所在地省级质监部门和相关

认证机构，切实做好生产企业的后处理工作。

六是严格有机产品认证示范创建区监管，提高创建质量。组织专家组对昭平县、富川县、八步区、平桂区等四个国家有机产品认证示范创建区进行了监督复评，对检查中发现的问题及时向地方政府和企业通报反馈，并提出整改意见。

（二）大力推进自愿性认证，拉升质量高线

一是管理体系认证标准换版工作取得阶段性成果。以 ISO 9001 和 ISO 14001 标准升级换版为契机，推动广西规模以上工业企业、广西名牌产品企业、广西服务业品牌企业以及广西特色优势产业事实管理体系认证标准换版，组织各市局及各认证机构共举办了 31 期换版培训班，培训 3417 家企业质量管理人员，占已获证企业的 75%，为明年全区获证企业全部按期完成换版工作奠定了坚实的基础。

二是有机产品认证示范区建设取得新进展。2017 年广西质监局全力推动有机认证示范创建区工作，举办了全区有机示范区创建工作培训班，加强帮扶指导，培训各市局和相关县（城区）政府及部门人员。南宁、桂林、百色、防城港市质监局主动作为，积极争取政府支持，加强同相关部门协调，引导当地政府开展有机产品示范区创建工作。上林、资源、凌云、防城区等 4 个县（城区）获得国家有机产品认证示范创建区称号，我区的总数量排名上升至全国第四，全区有机产品认证数量从 2016 年 187 家获证企业 320 张证书增长到 244 家 394 张证书，证书增长率 23.1%，证书增幅居全国前列。

三是推行低碳产品认证取得新突破。与自治区发改委联合印发《关于大力推进低碳产品认证工作的通知》，为广西节能低碳产品认证提供政策支持。联合自治区发展改革委举办低碳产品认证培训会，培训相关企业 65 家。培育和引导 21 家企业获得能源管理体系认证，辅导 5 家企业开展低碳产品认证前期能源降耗测试评价工作，积极引导和鼓励符合条件的企业进行申报，2017 年华润水泥（田阳）有限公司和华润水泥（上思）有限公司等 2 家企业获得低碳产品认证证书，实现了广西低碳产品认证零的突破。

四是认证认可促进精准扶贫取得新成绩。在有机产品认证示范区创建活动开展过程中，把创建活动与精准扶贫有机结合，运用有机产品认证服务精准扶贫，积极开展有机扶贫试点工作，推动扶贫试点地区脱贫致富。截至 2017 年底，广西有资源等 11 个县列入国家首批有机产品认证扶贫试点名单，占全国 24 个入选县（镇）的 45.8%，入选数量居全国首位。

（三）加强宣传，着力提升认证认可社会影响

在 6 月 9 日第十个世界认可日，广西质监局与广西出入境检验检疫局等单位联合开展宣传活动。在活动现场免费向消费者发放认证认可宣传资料，邀请专家现场咨询解答群众提出的问题，并现场展示我区本土生产的新能源汽车，倡导绿色低碳出行。本次活动印制发放有机、节能低碳、质量管理体系认证等方面宣传材料共 5000 份，广西电视台、南国早报等主流媒体进行了新闻报道，扩大了认证认可社会影响力。

撰稿人：许晓洁　审稿人：苏　骏

推进认证监管改革创新　创优服务提高供给质量

——重庆出入境检验检疫局 2017 年认证监管工作概况

2017 年，重庆出入境检验检疫局（以下简称“重庆局”）在认证监管工作中按照“围绕质量提升，提高供给质量”的要求，认真贯彻落实全国质检工作会和全国认证认可工作会会议精神，着力提升认证认可质量供给、安全保障、技术服务和关键性改革水平，全面落实全年工作计划。推贯内外销“三同”，进出口食品注册备案工作有新内容，依靠信息化手段，强制性认证产品入境验证工作有新措施，实施“双随机”，体系认证行政执法工作有新突破。

一、围绕供给侧结构性改革，着力提升质量供给水平

（一）积极帮扶出口食品企业，内外销“三同”工作取得阶段性成效

认真落实国家供给侧改革要求，积极开展重庆出口食品企业内外销“同线同标同质”帮扶行动。一是精准开展全面培训。对所有出口食品企业分期免费开展适应企业发展需求的培训，培训人数达 500 多人。二是精准树立行业标杆。开展“看同行、学标杆”活动，做实标杆企业引领示范作用。重点抓好涪陵榨菜股份有限公司、重庆德佳肉类科技有限公司等行业领先企业在全食品链食品安全监管、体系运行有效性、标准对比、品牌建设、市场渠道建设等方面的工作，并逐一梳理总结成功经验，在同行中进行理论与实践相结合的推广。三是精准开展个性化企业现场帮扶。组建 8 个帮扶工作组，推行一厂一策，开展质量分析，明确帮扶方案、路线图和时间表。四是精准帮扶企业市场渠道建设。积极组织全市 24 家获 HACCP 认证的出口食品企业上线国家认监委“同线同标同质”推广服务平台，加强市场推广。五是加强“三同”宣传，结合“3 · 15”“中国品牌日”“国门生物安全科技周”“世界认可日”开展宣传活动；利用“重庆国检”“重庆认证认可监管”微信公众号举办微宣传大赛，累计点击转载量超过一万多次。截至 2017 年底，重庆出口食品企业在认监委“三同”平台上线企业数达 24 家，上线企业数占辖区 HACCP 认证企业数的比例 100%，列直属局排名第一位，占辖区出口食品企业数为 27.9%，排各直属局的前五位，帮扶台账数占辖区出口食品企业数为 100%，排各直属局的第一位。涪陵局和永川办被国家认监委评为作出突出成绩的分支机构。涪陵榨菜集团进入国家质检总局公布的全国首批 58 家出口食品“三同”示范企业名单。

（二）推进采信常态化，出口食品备案办结时限持续保持领先

一是全面推进出口食品备案监管第三方采信，对备案企业实施分类管理，进一步弱化低风险企业的事前审批，加强对企业的辅导和帮扶，优化备案审批流程，实现备案网上快速审批。2017 年，共办理完成 34 家出口食品企业的备案申请，备案办理时限加快到 2.41 个工作日，得到出口食品企业的广泛认同，改革措施形成的《重庆检验检疫局深化出口食品备案监管模式改革》一文在《质检信息》中专篇刊登。二是开展出口食品备案企业年度报告审查。采取重点企业、重点产品、重点审核的方式，确保年度报告审核工作质量，稳步推进年度报告审核工作的规范化。

（三）推进认证监管区域协作，合作联动机制建设取得新进展

重庆局牵头组织西部十局全面落实丝绸之路经济带认证监管联动机制，成功举办联动机制第三届联席会议。签署《丝绸之路经济带进口食品企业注册监管合作联动机制建设备忘录》，有效推进实现丝绸之路认证监管联动机制监管互认、执法互助、信息共享。首次联合开展体系认证行政执法监管“双随机”区域合作，推动开展强制性认证监管区域一体化监管平台建设工作，开展认监委及各局的法律、法规及工作办法汇编工作，编制联动机制工作通讯创刊号两期，定期宣传交流各局的工作创新、经验及政研成果。2017 年度合作联

动机制协作工作，获得国家认监委予以专项经费支持。经14个口岸认证执法联盟成员推荐，认监委同意重庆局加入口岸认证执法联盟，会议指定重庆局为下届口岸联盟轮值局，负责辖区信息互通交流、经验推广和资源共享，及配合组长局协调解决新问题、新情况。

（四）发挥认证监管优势，主动服务重庆对外贸易发展

重庆局主动研究政策，落实重庆市开放型经济体制改革相关工作任务。积极参与重庆市创建食品安全示范城市工作，在出口食品企业全面实施出口食品防护制度，保障出口食品安全。立项支持强制性认证产品目录外确认工作信息化开发，依托e-CIQ系统，提升口岸认证监管工作效能。加强对东南亚地区进口食品技术性贸易措施研究，充分利用中新示范项目和重庆自贸区建设的政策优势，全力支持重庆出口罐头生产企业对新加坡、韩国、菲律宾、马来西亚注册，巩固重庆食品农产品出口传统市场。

（五）扎实推进获证企业质量管理体系换版升级行动

组织开展新版质量管理体系标准宣贯和先进质量管理工具方法学习活动，开展“万家企业质量管理体系升级行动”。联合认证机构专业认证专家，通过讲座培训、交流研讨、网络教学、媒体宣传等多种形式开展宣贯学习，共计培训企业质管人员、审核员200余人次。帮助获证组织提高对新版标准及现代质量管理工具的理解与应用，尽快按照新版标准完成质量管理体系的升级工作。

二、围绕国门安全和社会稳定，着力提升安全质量保障水平

（一）防范强制性认证产品安全风险，强化口岸入境验证

一是积极开展2017年CCC获证产品市场抽查工作，结合重庆口岸进口CCC产品情况，抽取重庆跨境电商进口的知名品牌儿童玩具和商场销售的进口玩具、家电等11种型号43件样品，并送CCC指定实验室进行CCC认证相应国家标准全项目检测，检测结果全部符合标准要求。二是在各分支机构组织开展CCC产品入境验证无证查处暨国门安全风险隐患排查整治活动专项工作检查，在相关业务规范、流程管理、系统运行等方面进行了全面督导，并对发现的高风险问题及时进行沟通反馈。2017年共完成CCC产品入境验证14636批、货值37.45亿美元，检出不合格累计136批次，不合格率为0.93%；共办理2173份《CCC目录外确认书》，同比增长40%。

（二）严防发生进口食品质量安全风险，完善进口食品认证注册信息核查

全年共完成查验403批，与去年比下降30%，货值2605.12万美元，较2016年下降23%，涉及水产品、肉类、乳制品和燕窝等品种。其中不合格33批，均为标签标识、包装运输相关问题；配合e-CIQ系统业务布控，细化监管措施，明确核查要求，制定并下发相关要求，进一步加强进口食品注册认证信息口岸查验业务；联合其他部门开展专项业务督查，对100多批次货物开展现场督察和数据核查，查找并沟通反馈多个系统问题。

（三）把关与服务并重，强制性认证免办后续监管持续加强

深入推进CCC免办管理模式改革，提升运用市场准入制度服务重庆外向型产品创新和技术进步的能力。全年共批准204批产品免于办理CCC认证，货值6168万元，同期相比分别增加10%、6%；组织79人次对343份免办证明开展后续监管，核销96批免办产品。截至2017年底，CCC免办后续监管覆盖率为100%。

（四）加强事后监管，开展认证认可检验检测全面质量监管专项整治工作

结合重庆辖区出口食品备案企业获证情况和免于强制性认证特殊检测程序等工作实际，针对性地开展全面排查和整治工作。对10家认证机构、5家检测机构出具的39份证书、141份检测报告开展全面排查，并组织重庆局技术中心、中检（重庆）公司开展全面自查，开展以“食品农产品认证、管理体系认证、出口食品备案”相结合的“三合一”联动监管近20次，涉及辖区4个分支机构。通过“问题导向，联动机制，叠加监管”的方式，将联动监管融入日常工作。

（五）“双随机、一公开”，全面推动体系认证行政执法监管创新

按国家认监委统一部署要求和丝绸之路认证执法合作布置安排，重庆局完成了2017年“双随机、一公开”管理体系认证结果专项监督检查工作，本次检查按照“双随机”原则，根据所属辖区范围，随机抽取检查人员组成检查组，共派出检查人员42人次，检查17个管理体系认证结果（其中质量管理体系认证结果16个，能源管理体系认证结果1个），涉及12家认证机构，覆盖机电、化工、建筑、食品、软件、旅游和物业等7

个行业，发现问题87项。针对检查出的问题，重庆局对相关认证机构进行通报、约谈，责令认证机构对存在的问题进行整改，并启动违法违规问题行政调查工作。通过此次监督检查，重庆局对辖区内认证机构开展管理体系认证活动进行了规范，确保了管理体系在质量提升中的有效性，为进一步完善丝绸之路认证区域双随机监管模式，积累了相关工作经验。

三、围绕国检试验区建设，着力提升改革创新水平

（一）改进监管模式，多次进出境研发用CCC免办制度改革创新喜获成效

2017年重庆局重点加强了创新制度适用范围宣贯。走访企业和保税园区开展需求调研，加强前期经验总结和制度跟进改进。具有重庆国检先行先试特色的“多次进出境研发用CCC免办制度”成功吸引华为集团保税代加工项目正式落户重庆西永综合保税区。同时，重庆局将相关的免办产品后续监管权限下放辖区分支机构，实施就近监督抽查和巡查，确保新制度有效实施。截至2017年底，共批准66批6121件新机型打印机、显示器、多媒体网和轮胎等产品入境科研、测试，区内企业通过此政策研发的新型打印机等产品已获国外订单，出口数量达718.11万台，出口金额达7.01亿美元，创新制度有力地支持了重庆西永IT保税加工业态的持续发展。国务院服务贸易发展部际联席会议办公室印发简报，对重庆市实施“CCC免办”监管模式的主要做法和实施效果进行宣传推广。12月5日，国家质检总局关于复制推广自由贸易试验区第三批改革试点经验的公告105号，复制推广2项改革经验，制定了《入境研发样品检验检疫便利化监管的指导意见》，指导意见与重庆局的试行办法部分内容高度吻合。督察内审司关于对重庆检验检疫局业务督察情况的报告中指出：建设内陆检验检疫改革创新示范区，特殊监管区域测试样机CCC免办模式等3项创新政策在全国复制推广。

（二）适应新业态发展，进一步完善特殊区域食品监管职能

顺应重庆特殊监管区域进口食品生产、分装等业态发展要求，利用地方政府赋予的特殊区域食品相关行业监管职责，结合食药监总局相关新政策，进一步完善规范性文件《重庆检验检疫局特殊监管区域进出口食品生产企业监督管理规范（试行）》。同时做好便利政策的宣贯，配合作好招商引资，增加进出口食品供给渠道，打造重庆地区开放型经济新的经济增长点。

（三）发挥认证监管优势，主动服务西部地区对外贸易发展

重庆局主动研究政策，落实开放型经济体制改革相关工作任务。加强对东南亚地区进口食品技术性贸易措施研究，撰写的论文《马来西亚对非清真畜产品和猪肉产品实施新举措》，被国家质检总局标法中心采用。充分利用中新示范项目和重庆自贸区建设的政策优势，全力支持出口食品生产企业对新加坡、菲律宾、马来西亚、韩国注册，巩固食品农产品出口传统市场。

（四）加强政策研究，服务内陆进口汽车口岸发展

主动研究创新政策，加强与沿海口岸大局沟通交流，开展自贸区进口汽车保税展示和符合性整改相关认证监管工作研究，组织制定《重庆保税港区水港贸易功能区重庆进口汽车展览会流程方案》。积极落实“单车认证”入境验证监管工作，加强执法协作，优化认证监管工作模式及流程，为单车认证进口车辆提供贸易便利，促进内陆进口汽车口岸发展。

（五）结合新业态实际，创新跨境电商小批量强制性认证监管

进一步开展调研，加强与兄弟局的沟通交流，结合新业态发展实际，进一步总结评估《重庆检验检疫局跨境电商小批量进口适用免于强制性产品认证的特殊用途检测管理办法（试行）》，形成的《重庆检验检疫局创新跨境电商进口强制性认证监管新模式》，获《质检动态》采用。加强对跨境电商平台商、经销商的政策宣传和咨询。截至2017年底，共批准68批跨境电商小批量进口申请，主要为儿童安全座椅和小家电产品，货值共865.72万元。

撰稿人：周 娟 审稿人：邓明辉

坚定不移推进认证“双提升”活动
努力实现认证认可助力质量提升更大作为

——重庆市质量技术监督局2017年认证监管工作概况

2017年，重庆市质量技术监督局（以下简称“重庆市质监局”或“市局”）按照市局党组“创新提质增效深化年”和提升质监“四化”建设水平的部署要求，以认证“双提升”活动为总领，努力服务发展，促进质量提升。全市资质认定检验检测机构达到507家，2016年实现营业收入44.32亿元，同比增长5.09%；CCC认证证书保有量12941张，同比增长11.64%，居西部第一；自愿性认证证书保有量18321张，同比增长8.69%。检验检测认证数量和质量的提升，助推了全面质量提升。确定认证“双提升”推进年主题年定位，市局出台2017行动指南，各项工作稳步推进。截至9月底，约束性指标平均完成率72.78%，预期性指标平均启动4.85项，认证公信力、贡献率逐步提升，在社会上产生了一定影响，赢得了地方党委政府的肯定和支持。全市18个区县新出台涉及检验检测认证工作的扶持奖励政策文件24份，单项目最低奖1万元、最高奖50万元。立案50起，其中认证机构5起，检验机构26起，获证组织19起，有效打击了认证违法行为。

一、着力提升认证公信力

（一）科学实施政府干预手段，开展检验检测机构“双随机”检查

首次以“双随机”模式组织开展了全市检验检测机构不定期监督检查。制定了检查方案，召开了随机抽样会，组织了业务培训，制发了情况通报。本次检查共遥号产生被检查机构45家，占全市机构总数的10%，分布于26个区县，涉及10多个领域。检查共发现问题379项，机构从业规范性有所提高。对6家机构作出“责令整改，并处以罚款”的行政处罚，4家机构作出“责令改正”的行政处理，10家机构作出“由所在地区县质监局实施约谈告诫，并在日常监管中予以重点关注”的后续处理意见，另有23家机构为“区县质监局资质认定部门验证后通过”。迎接并参与检验检测机构国家飞行检查，工检查涉及国家发证和食品两大领域的10家机构，两家机构“通过”，6家机构为“自行整改后通过”，1家机构为“责令整改，并处以罚款”，1家机构申请注销了食品领域检测项目。通过检查，发现了隐患和问题，打击了违法违规行为。

（二）转变监管思路，强化认证机构倒查和事中事后监管

创造性地建立认证机构认证主体责任倒查机制，制定了《认证机构认证主体责任倒查实施办法（试行）》，明确对存在经行政机关监督抽查中发现不符合法定要求的CCC获证产品、认证获证组织的生产经营条件或管理体系运行情况不能符合认证条件、获证组织出现产品质量安全事故等8种情况应启动启动认证机构主体责任倒查机制，把认证跟踪监管责任传导给认证机构，推动认证机构有效落实“谁发证、谁监督”的认证主体责任，依法追究认证机构的法律责任。全市已启动认证机构主体责任倒查35次，立案查处5家。强化认证活动事中监管，运用“认证认可业务综合监管平台”对131个认证审核活动实施事中监督，发现审核计划与实际执行不一致或审核人员未按照到场或提出离场的违规认证活动13个，及时上报国家认监委予以处理。

（三）落实检测机构主体责任，积极推动诚信建设

组织《检验检测机构诚信基本要求》国家标准培训，并将导入该标准纳入认证“双提升”2017行动计划。全市已有382家检验检测机构完成了建立符合《检验检测机构诚信基本要求》国家标准的诚信管理体系并有效运行工作，占机构总数的82.16%，其他机构正在积极推进。两家机构通过第三方评价获得《检验检测机构诚信管理体系评价证书》，渝北区出台了对通过第三方诚信评价的奖励政策。

（四）加大能力验证覆盖面和参与度，于差异中找差距

在征求相关行业主管部门和专家意见的基础上，研究确定了食品、水质、粉煤灰三个产品7个参数的能力验证项目。全市共有382家次机构参与，结果为满意的有373家次，平均合格率为97.64%。其中，参加食品项目能力验证的检验检测机构有65家，结果满意率为93.85%；参加水质项目的有182家，结果满意率为97.25%；参加粉煤灰项目的有135家，结果满意率为100%。对能力验证结果为离群（不满意）的，依法撤销6家机构7个相关项目参数的资质认定。对获得满意结果的机构，在未来两年内接受资质认定评审时，相关项目可免于现场考核。

（五）技术提升链条化项目持续推进，有力助推“互联网+检验检测”建设

重点针对数据自动化采集与处理和检测行为信息化监控两大板块推动信息化建设。在认证“双提升”推进会上，请市纤检局做经验介绍，鼓励引导检验检测机构采取检测数据电子化主动采集集成、样品电子化管理、GPS定位签到+拍照实时上传等信息化手段强化对检验检测过程、样品管理、现场采（抽）样等关键环节的监控。全市61家检验检测机构新增338个参数采取电子数据采取和数据集成的信息化监控方式，进一步提高了检测行为的规范性和数据质量。

（六）推行精细化监管，完善分级评价与分类管理机制

修订《检验检测机构分级评价和分类监管实施办法（试行）》，按照检验检测机构质量管理体系运行有效性及其机构运营风险的大小、日常管理表现、投诉举报情况、监督检查结果以及其他方面的信息反馈，检验检测机构分类评价方式由原来的评审情况综合判定改变为采用量化分值考核和综合因素判定相结合，建立检验检测机构分类监管档案和诚信积分，实施差异化证后监管，提升监管针对性和有效性；督促21家在渝认证机构建立获证组织分级评价和分类管理制度，根据认证获证组织、获证产品的质量安全风险程度、获证组织持续保持认证条件情况，在对获证组织分类的基础上，建立形成履行认证证后监管所实行的综合监管模式。

（七）突出问题导向和重点产品，加强涉及健康安全的获证产品管理

承办全国CCC产品国抽会议，争取国家认监委对重庆市6家CCC指定实验室中的3家下派了国抽任务，累计获得经费120万元，承检机构和经费额度均为历年最多。其中，市车检院获得两项抽检任务，划拨经费40万元。承担了茶叶、粮谷、果蔬、植物油、婴幼儿配方乳粉、有机肥等6大类33批次有机产品的国抽任务，在认证真实性核查中，发现4批次不合格，按程序向国家认监委进行了报告。按照市局统一安排，对4个区县9家电线电缆生产企业进行了CCC认证产品持续保持获证条件情况检查，发现问题21个次，责成企业所在地区县局跟踪销号整改，消除了安全隐患。

（八）携手提升质量，倡导服务对象开展“互查互促”活动

全市130余家检验检测机构通过互查、互评、交叉内审等方式，开展了形式多样的交流学习，携手共同提升检验检测质量。引导检测机构在参加官方组织的能力验证的同时，自行组织实验室比对，通过人员比对、盲样检测、见证试验等方式，发现自身不足，促进整改提高。指导887家自愿性认证获证组织强化全面质量管理，采取内部过程相关方的工作质量交叉监督手段，实现生产全过程内部监督机制，并取得初步成效。

（九）导入先进质量管理方法，鼓励检验检测机构自加压力提升质量管理水平

推动检验检测机构引入6S、6σ、QC小组等管理工具和方法，33家检验检测机构采用6S管理、12家检验检测机构探索导入6σ质量管理方法、16家检验检测机构开展QC小组活动，新增8家检验检测机构完成商标注册，检验检测机构实现公信力和贡献率双提升的方法和渠道不断丰富。

二、着力提升认证贡献率

（一）释放改革红利，“富硒产品认证”项目落地开花

在去年争取“富硒产品认证”立项成功的基础上，按照“质量服务发展项目化”2017年度计划安排，重点在成果落地和成效释放上下工夫。经过与相关部门的反复沟通和对农户的扎实培训，今年6月8日，市局与江津区政府在江津召开富硒产品认证新闻发布会，为两家企业颁发了全国首批“富硒产品认证”，14家新闻媒体给予报道。目前，全市已有3家企业获证，两家签订了协议。据获证企业估算，企业年增收预计将超过1000万元，为服务社会主义新农村建设探索了新路径。

（二）紧盯战略前沿和民生安全领域，助推“检测高地”建设

北斗卫星导航产品2502质量检测中心（筹）成功落地，国家认监委和联参战保局于在渝举办“全国检验检测机构开放日”活动期间向市计量质检院正式授牌，市计量质检院成为“中国北斗卫星导航产品检测认证联盟”成员单位之一。该项目从争取国家认监委和战保局来渝调研到正式授牌，耗时仅仅半年时间。项目落地，提升了重庆“检测高地”建设品质，唱响了助力军民融合发展的新篇章。年内，还协调国家认监委对国家电梯质量监督检验中心（重庆）和国家升降机质量监督检验中心（重庆）进行了现场评审和正式授权。

（三）以企业节能降耗为重点，践行供给侧结构性改革

紧密围绕“三去一降一补”和“增品种、创品牌、提品质”的供给侧结构性改革重点任务，积极发挥认证认可在节能降耗增效中的作用，大力推广《企业能耗成本控制作业指导书》。对前期11家试点企业开展了调研回访，并在此基础上，组织完成《指导书》修订工作，进一步扩大运用数量和范围，38个区县累计新增43家企业运用《企业能耗成本控制作业指导书》，截至9月底，累计实现节约能耗2994万元。

（四）积极探索提升检测机构品质新途径，大力推进高企认定

两次主动与市科委进行沟通，争取到市科委对检验检测机构在“科技人员占比”、“科研投入情况”等项目指标评价时的倾斜支持。在认证认可协会会员大会和区县局监管人员培训班上，对检检测机构申报高企认定进行了专题培训。对消防公司申报高企认定进行了重点培育和指导。全市11家机构获得高企认定，9家机构新进行了申报。

（五）“国家公共检验检测服务平台示范区”建设成效初显

指导两江新区建立完善了示范区建设暨检验检测服务业发展政策保障、公共管理和公共服务体系，公共平台框架基本完备。在水土高新产业园和良景智能产业园设立了“重庆两江新区检测认证特色产业园”，中科、德飞、筑能、SGS等机构均已搬迁至或落户产业园，“示范区”集聚效应日渐显现。随着仕益公司的意向性落户，全市检测机构营收前十名均将隶属两江新区。2017年，示范区内机构共实现营收18.2亿元，占全市检测机构营收总额的41%。助推两江新区实现地区生产总值2261亿元、增长10.9%。目前，两江新区管委会已向国家认监委上报了验收申请，年内有望成功通过验收。

（六）抓住区域经济发展“牛鼻子”，深入推进“认证服务园区”活动

紧贴地方经济发展需求做实支撑点，把服务园区经济发展作为认证认可和检验检测服务地方经济发展的重要抓手，组织在39个区县的65个园区（含子园区）启动开展“认证服务园区”活动。通过签订战略合作协议、制定实施方案、联合开展服务监管活动等方式，强化与园区管理部门的合作共建，签订合作协议或共同制定实施方案49份，联合开展服务监督管理活动64次，引导检验检测机构和认证机构走进园区上门服务，逐步促进检验检测和认证认可与当地经济发展融合发展。

（七）发挥先进典型示范带动作用，大力实施“领跑者”计划

在检验检测、强制性产品认证、自愿性认证领域挖掘并树立标杆单位，累计树立检验检测机构标杆单位49家、CCC认证获证企业标杆单位32家和自愿性认证获证组织标杆单位28家，并通过培训交流、实地参观等形式开展互学、互助、互促活动，组织检验检测机构、认证获证组织、认证机构跨区域、跨行业相互交流学习，取长补短，推广标杆单位在保持认证获证条件、提升管理和质量水平等方面的做法和经验。提升了从业单位整体工作质量。

（八）加强国际合作，积极促进中新示范项目和俄罗斯国家检测中心项目

与中新项目管理局召开3次协调会，并与新加坡标新局建立联系，帮助市计量质检院制定完成合作意向书，就检测结果互认、成为新加坡认证机构在华指定检测机构等进行了沟通，正在等待对方作项目论证。协调俄罗斯国家检测中心，帮助力帆集团就4项欧标项目采信国内检测结论、延长采信结果有效期等问题进行了沟通，互通了意见和诉求，帮助企业解决困难。

三、着力提升施政有效性

（一）主动争取部门支持强化多元共治

市局积极争取国家认监委支持，重庆市今年承担了检验检测机构国家飞行检查、CCC产品国抽、CCC获证组织国抽、管理体系国抽等国家任务。在市级层面与与公安、司法、环保、卫计委、交通等部门召开了工作协调会，得到行业主管部门支持，成功启动社会

公共场所检验检测机构资质认定新项目。32个区县局建立了认证认可工作部门联系协商制度，与30个园区管理部门建立了工作协同机制。

（二）主动强化宣传报道营造良好氛围

注重宣传阵地建设。市局策划针对颁发全国首批富硒产品认证、世界认可日、全国检验检测机构开放日等活动在主流媒体进行了宣传报道，制发认证“双提升”典型经验做法汇编专刊3期。各区县局累计发表新闻宣传稿件387件，寻找“最美两江检测人”、国家公共检验检测服务平台示范区助力区域经济加快发展等被《中国质量报》头版报道，被《重庆日报》、重庆电视台、新华网和微信公众号等各类媒体上立体式报道，宣传了质监和认证工作，营造了良好舆论氛围。

（三）主动实施开放办检接受社会监督

重庆市承办了“全国检验检测机构开放日”活动，各区县局组织或检测机构自行开展“检测机构开放日”活动46家次，接受来自人大代表、政协委员、服务对象和群众代表近千人次的现场监督。全市所有检验检测机构均撰写了年度工作报告和社会责任报告，以官网公示、办公场所张贴等形式开展了资质认定证书及能力附表、授权签字人信息和内外部监督电话等的“三公开”。主动接受社会监督，进一步落实了自身主体责任。

（四）主动加强专业培训提升执业能力

市局对26个区县开展了近60人次的实地调研指导，送知识下基层10次，组织了3次认证“双提升”工作推进会、全市监管人员培训会和公共场所资质认定评审员培训会，进一步提高了基层监管人员和评审员的工作能力；区县局组织开展了认证认可进机关、进学校、进企业、进社区的“四进”活动累计达101次，开展了“认证认可服务生态文明建设”“认证认可助力质量提升”等专题培训，组织各类免费业务培训69次，与园区管委会联合开展普法宣传和培训79次，受众单位1977家（次），帮扶管理对象和自身不断提高从业能力。

（五）主动争取地方党委政府加强领导

各区县局主动支持地方党委政府和相关部门对认证“双提升”活动和检验检测认证事业发展的关注和支持，向地方党委政府领导汇报认证认可工作的累计次数达到72次，19个区县的领导对认证“双提升”活动或相关检验检测认证工作作出肯定性批示24次，18个区县局争取地方政府或相关部门出台了24项涉及扶持认证认可和检验检测发展的措施。铜梁区，大渡口区、南岸区局、渝中区促成区政府领导专题调研当地检验检测产业发展状况，城口县促成县委书记批示加强推广富硒产品认证，渝北区促成区政府首次设立四项奖励政策对渝北区检验检测机构可给予2万～100万元不等的资金奖励。

撰稿人：陈　佳　审稿人：周　雪

谋篇布局 突出重点
创新监管模式 推动认证认可高质量发展

——四川出入境检验检疫局2017年认证监管工作概况

2017年，四川出入境检验检疫局（以下简称“四川局”）在国家质检总局和国家认监委的领导下，按照“强化认证认可工作，推动质量强国建设”的要求，全面贯彻落实全国认证认可工作会议精神和各项工作部署，提前谋划，突出认证认可工作重点，创新执法监管模式，进一步提升了认证认可保障质量安全、服务经济社会发展的有效性。

一、开展出口食品企业“逐一帮扶”行动计划

一是帮扶企业快速备案。四川局切实加强出口食品生产企业备案的时限控制，积极采信企业HACCP认证结果，帮扶企业快速完成备案，确保备案办理“零等待、零超时”。截至2017年底，共完成145家企业的备案（初次、重新、延续）工作，平均用时4.5天，同比减少59%。二是帮促企业对标提升指导。举办了四川局“逐一帮扶”认证监管业务培训，全川系统认证监管人员以及四川省150多家出口食品备案企业共200余人参加了培训。培训班对推进“三同”工作提出了具体要求和部署，并重点讲解了“三同”工作相关的HACCP认证要点以及美国食品安全现代化法相关知识。三是加大宣传力度。大力做好“2017年第15号质检总局公告”的宣贯工作。利用“3·15”“世界认可日”“食品安全宣传周”等活动加强“三同”宣传，组织开展“三同”产品进商超、进社区等活动。7月10日、11日四川局及各分支机构以多种形式，开展“同线同标同质”进万家与食品安全宣传活动；9月16日～10月7日在全省开展“三同购物节”，在宣传活动中，检验检疫人员来到商场、社区、街道发放相关宣传材料5000余份，解答现场群众咨询2000余次，向周围群众现场宣传介绍“同线同标同质”的意义。通过宣传，既较好地展示了检验检疫监管工作的成效，又帮助广大消费者对“三同”工作相关知识的了解，有效发动社会力量共同关注“三同”工作。目前，四川局辖区已有74家“三同”上线企业，占HACCP获证的备案企业66.7%。

二、加强进口注册食品入境查验监管工作

一是严格口岸查验。按照国家认监委的要求，加强进口食品农产品注册信息的口岸查验工作，查验其是否由获得注册的企业生产，注册编号是否真实、准确，食品外包装上是否如实标注注册编号。二是认真开展督察。将进口注册食品入境查验情况纳入今年业务督导检查范畴，制定督察工作方案，认真部署督察工作，要求各口岸部门按照要求开展进口注册食品入境查验工作。三是加强质量分析。加强对本辖区《出入境检验检疫机构实施检验检疫的进出境商品目录》内进口食品的数据和不合格信息统计分析，按照要求报送四川局进口《目录》内食品分析报告。截至2017年底，四川局共验证入境注册食品381批，其中大西洋鲑鱼347批，燕窝2批，奶制品20批，鱼油10批，有机橄榄油2批，验证合格率100%。

三、大力推进食品企业对外注册

一是积极推荐，简化程序。对申请国外注册的企业重点扶持、简化程序，提高推荐效率。二是传递信息，服务贸易。协助企业提前做好注册信息的申报和确认工作，为企业产品顺利通关提供了保障。三是加强监管，持续保持。进一步加强对外注册企业的监管，注册企业每年按照注册国的相关卫生规范要求接受至少一次实地现场检查。截至2017年底，完成1家企业接受FDA检查、推荐1家水产品企业对FDA、欧盟注册，推荐2家水产品企业对俄罗斯注册，完成4家愿意接受FDA检查的确认工作。

四、加强强制性产品认证监管工作

一是强化CCC产品入境验证管理。截至9月30日，

四川辖区入境CCC产品17381批，货值36.27亿美元，查出不合格品167批，货值321.08万美元。二是严格CCC免办和后续监管工作。截至9月30日，四川辖区办理CCC免办证明935份，建立了29家企业的后续监管台账，实施现场监管16人/次，书面核销35次，涉及免办证明935份，后续监管率达到100%。三是开展强制性产品认证获证产品抽查工作。按照国家认监委2017年强制性产品获证产品监督抽查工作要求，开展对进口CCC获证产品的专项监督检查。根据辖区情况，从流通流域抽取了1种型号的进口料理机和4种型号的手持式搅拌机送至CCC指定实验室检测。经检测，4种型号的手持式搅拌机均被判定为合格产品，1种型号的料理机被判定为不合格产品，有关检验结果上报国家认监委，由认监委统一实施暂停或整改。

五、加强管理体系认证行政监管工作

一是大力加强认证有效性行政监督管理工作。根据国家认监委2017年管理体系认证结果“双随机、一公开”监督检查工作相关要求，结合认监委下发的检查企业名单，四川局于8月—9月对相关企业以及所涉及的认证机构开展管理体系认证结果“双随机、一公开”监督检查工作。在本次监督检查，共检查获证企业33家，涉及质量管理体系认证证书32张和能源管理体系认证证书1张，涉及认证机构19家，企业覆盖面较广，涵盖了服务、科技、家具、建筑等多个行业，出动检查人员68人次。四川局严格按照通知要求及《2017年质量管理体系认证活动监督检查文件及现场检查记录表》相关内容，对认证活动的合规性和真实性进行了监督检查，保质保量完成了认监委下达的任务。此次检查，共发现认证合同、审核计划和审核报告内容不完整、审核记录及资料与获证组织实际情况不一致、企业质量手册、程序文件的描述与企业实际情况不相符等问题70余项，目前已将发现的问题上报了国家认监委，并告知了相关认证机构要求整改，并在今后的监督检查工作中跟踪整改情况。二是对认证机构认证活动开展同步监管。积极利用国家认监委的“认证认可业务综合监管平台”，及时掌握辖区内各认证机构认证活动开展情况，实施认证活动的现场检查，截至2017年9月底，对辖区已认证机构的认证活动开展了现场监管9次。

六、扎实开展食品农产品认证监督检查工作

按照国家认监委的安排，8月—9月，集中开展了针对“三同”产品及“三同”企业的食品农产品认证专项检查。一是开展辖区内的“三同”企业的抽样工作。组织成都局、德阳局和宜宾办的抽样人员严格按照抽样要求，分别从5家“三同”企业抽取了调味品、果蔬制品、粮谷及制品等3类10组样品，进行认证真实性核查后对样品现场签封，寄送至指定实验室进行检测。二是开展“三同”企业HACCP认证监督检查。四川局共组成了10个检查小组分别对10家“三同企业”的HACCP认证情况开展检查。检查组通过实地查看和查阅相关记录材料，共发现了30余项问题，四川局对现场检查组收集的检查资料汇总，进行了认真总结和分析研判后上报认监委，并对检查涉及的认证机构分别进行了现场约谈和电话约谈，通报了在检查中被发现的问题，对其工作中存在问题和可能产生的法律风险进行了提示、提出了要求，认证机构表示要加强法律法规的学习，积极落实整改要求，加强内部管理，不再出现类似情况。

七、全力推进食品农产品（有机、GAP）认证示范区创建工作

进一步发挥认证认可手段在提高农产品质量安全、促进农业可持续发展方面的作用，按照认监委的相关要求，积极向各级地方人民政府宣传食品农产品（有机、GAP）认证示范区创建，全力推进食品农产品（有机、GAP）认证示范区的创建。目前，德阳局已向德阳市政府提交了《德阳检验检疫局关于加快推进德阳“有机产品认证示范区”创建工作有关建议的报告》（德检〔2017〕28号）对德阳的示范区建设提出了相关的意见和建议。乐山局与乐山市商务局等涉外部门联合举办了2017年全市茶叶出口专题培训，培训会上，乐山局宣讲了食品农产品（有机、GAP）认证示范区创建工作。

八、强化人员培训，提高认证监管队伍业务素质

一是开展了低碳产品认证业务知识培训，近200名企业代表和分支机构的的认证监管人员参加了培训。此次培训也是四川局推动自贸区内企业开展低碳认证和低碳产品国际贸易，实现绿色发展、低碳创新的一项重要举措，使大家充分认识到开展低碳产品认证的重要性和紧迫性。二是为进一步贯彻落实国家认监委2017年管理体系监督检查“双随机”工作要求，提高监管效能，于8月8日组织开展了“2017年管理体系监督检查执法人员业务培训”，11个分支机构的30余名管理体系认证活动监管人员参加了此次培训，为顺利开展四川局2017年度管理体系监督检查工作的顺利开展打下良好的基础。

九、完成全川检疫处理单位和人员资质认定工作

按照国家质检总局要求，一是完成了对四川辖区内已有的检疫处理单位和人员的资质确认工作。二是将《从事进出境检疫处理业务的单位及人员认定办事指南》和《从事进出境检疫处理业务的单位及人员认定流程图》等信息在四川局官方网站上发布，方便社会单位和人员查询。三是开展面向社会的检疫处理人员资格考核工作，加大检疫处理单位市场化改革推进力度。

十、2017 年认证监管工作亮点

全面推行 CCC 免办无纸化及产品网上核销管理。2017 年 5 月 1 日四川局全面推行 CCC 免办无纸化及产品网上核销管理工作。CCC 免办申办企业不再需要提供纸质申请材料，检验检疫部门也不再留存企业纸质申请材料及发放纸质证明，CCC 免办业务从申请、审批、发证、使用到监管实现全程无纸化。同时 CCC 免办实施网上核销管理。企业不再以提单办理免办证明，而是以合同为单位申请免办证明，一份合同申请一份免办证明，实现了一份免办证明可多次核销的核销管理模式。此举进一步简化了报检手续，缩短了通关流程，降低了企业成本，提高了行政审批效率。

撰稿人：王瑞英 审稿人：杨 诚

强化监管 提质增效

——四川省质量技术监督局 2017 年认证监管工作概况

2017 年，四川省质量技术监督局（以下简称“四川省质监局”或“省局”）认证认可工作在省局党组的领导下，认真贯彻落实全国质检工作会议、全国认证认可工作会议和全省质监工作会议精神，按照“十二字”方针和“三个强化”的总要求，转变作风，创新举措，服务发展，不断提升认证认可工作的有效性。多项工作获国家认监委肯定和表扬，有机产品认证示范创建工作在南宁会上作经验交流。

一、牵头制定十六条工作举措

习近平总书记在两会期间参加四川代表团审议时深刻指出，必须深入推进农业供给侧结构性改革，加快培育农业农村发展新动能，开创农业现代化建设新局面。按照 2017 年中央和省委 1 号文件要求，四川省质监局广泛征求相关处室意见，根据质量、标准、计量、认证认可等职能职责，牵头制定出台《四川省质量技术监督局服务农业供给侧结构性改革十六条工作举措》。十六条举措，紧贴农业供给侧工作，从标准引领、品牌发展、服务保障、质量监管等方面下功夫、出实招。为推动工作有效开展，四川省质监局建立工作台账，抓好工作落实。3 月 15 日，王铭晖副省长在《四川省质量技术监督局服务农业供给侧结构性改革十六条工作举措》上批示：十六条工作举措针对性强、责任明确，对切实助推农业供给侧结构性改革意义重大。请农业厅配合抓好相关工作。

二、积极推进国家绿色产品体系实施

根据《国务院办公厅关于建立统一的绿色产品标准、认证、标识体系的意见》和省政府办公厅要求，为加快推进国家绿色产品标准、认证、标识体系实施，打造“绿色四川”品牌，全面提升我省绿色产品质量，省局拟定了《关于推动实施国家绿色产品体系打造绿色四川品牌的实施方案》（代拟稿），提出到 2020 年，绿色产品标准、认证、标识要在全社会被广泛采信和使用，逐步建立“绿色四川”区域品牌，不断扩大市场认可度和影响力，大幅提升绿色产品市场份额和质量效益，推动高端绿色产品有效供给，基本适应和满足绿色消费趋势，有效促进供需对接，提升消费者的“获得感”。目前已通过省强省办会议审议通过，报省政府审批。

三、强化示范引领推动有机创建工作

有机示范区创建工作是省局重点工作之一，也是服务供给侧改革、推动生态文明建设的重要切入点。一是注重示范创建，树立绿色标杆。推荐申报国家有机

产品认证示范区 1 个（尚未验收）、创建区 3 个（已获批）。国家示范及创建区总数达 12 个。对 11 家新申报的省级示范创建区开展文审，对 2 个省级创建区开展验收。对去年获批的 5 个国家级示范（创建）区、6 个省级示范（创建）区进行表彰授牌，联合中国质量报等媒体加强宣传，在全省掀起了有机示范创建高潮，目前已有 8 个市州 10 多个县区提出创建申请。积极协调国家认监委，支持西充县举办国际有机农业运动联盟第二届亚洲大会，扩大我省有机产业影响。二是强化政策引领，加强指导帮扶。在省级层面加强政策引导，将“创建一批国家和省级有机产品认证示范区”写入 2017 年省委 1 号文件中，有机示范创建工作分别纳入全省生态文明体制改革、全省农业供给侧改革实施方案中。用好省政府供给侧结构性改革 17 条措施奖励政策，对去年新获批国家有机产品认证示范区宝兴、旺苍、青川 3 个县分别奖励 50 万元，提高有机示范区创建积极性。在市级层面广泛宣传，主动与地方部门协调对接，积极将有机工作纳入局市合作备忘录加以落实。安排有机专项工作经费 59.76 万元，委托第三方检测机构对全省 22 个有机示范区 110 个批次和流通领域 50 个批次的有机产品进行抽查以及对全省有机产品认证示范区进行监督抽查。在县级层面细化帮扶措施，我处主要负责同志先后赴攀枝花、万源、中江等地，应邀在政府中心组学习会上就有机产业发展专题授课，取得良好效果。同时，安排专家深入田间地头，加强有机技术指导，提升有机产品质量。

四、加强强制性产品认证执法监管

一是开展电线电缆生产企业专项监督检查。为深刻汲取西安地铁“问题电缆”事件教训，省局开展电线电缆生产企业专项监督检查，制定分“三步走（排查摸底、监督检查、整改查处）”的专项监督检查工作方案，围绕“CCC”企业和工业产品生产许可证获证企业产品质量状况，针对性地开展督查检查。市县两级共监督检查辖区内生产企业 209 家，发现问题 462 条，责令限期整改 150 家，其中整改到位 134 家。组织召开电线电缆产品质量提升暨约谈会，对检查不合格的企业集中约谈。二是组织开展溶剂型木器涂料产品 CCC 认证专项抽查。严格按照《强制性产品认证目录内获证产品监督抽查工作规范》和有关规则，安排行政执法人员和国家建筑装修材料质量监督检验中心专家到销售现场进行抽样。共完成抽检样品 50 批次，涉及 14 家生产企业，经检验，合格产品 50 批次，产品合格率为 100%；企业合格数 14 家，企业合格率为 100%；证书涉及方圆标志认证中心、北京中化联合认证有限公司、中国质量认证中心等 3 家发证机构，总数 28 张，证书合格率 100%。

五、加强检验检测机构事中事后监管

按照资质认定管理办法，重点针对检验检测机构开展监管。一是制定检查计划。制订下发《关于开展 2017 年检验检测机构资质认定日常监督检查工作的通知》（川质监办函〔2017〕3 号）和《关于下达 2017 年度检验检测机构定期监督检查计划的通知》（川质监函〔2017〕175 号），细化检查方案，明确检查时间节点和任务分工，全年将完成对全省 599 家检验检测机构的监督检查。目前共对 6 家检验检测机构作出行政处理，其中暂停资质 4 家，责令限期改正 2 家。二是开展环境检测和机动车环检机构质量提升行动。制定下发《关于对环境监测和机动车环保检验机构开展质量提升行动的通知》（川质监函〔2017〕54 号）和《关于对环境监测和机动车环保检验机构开展专项监督检查的通知》（川质监函〔2017〕202 号），已对 20 家检验检测机构作出行政处理，其中暂停资质 6 家，责令限期改正 13 家，注销 1 家，对所有违规机构开展集中告诫约谈。三是开展能力验证。制定下发《关于征集 2017 年检验检测机构能力验证项目的通知》（川质监函〔2017〕53 号），组织开展能力验证。

六、组织检验检测机构上报年度报告和统计直报

按照《检验检测机构资质认定管理办法》和国家认监委要求，及时下发《关于报送 2016 年检验检测机构年度报告的通知》（川质监函〔2016〕807 号）和《关于做好 2016 年度检验检测服务业统计工作的通知》（川质监函〔2017〕108 号），组织全省检验检测机构做好年报和统计直报工作。目前，已有 1365 家机构按时上报，上报率达 94%。从统计情况看，全省检验检测机构营收达 65 亿元左右，从业人数 5.8 万。对于没有按时上报的机构，省局组织询问，并按照相关规定责令其改正。

七、推动“互联网 + 认证认可”建设

强力打造认证认可监管平台，通过信息化段，推动“双随机、一公开”，建立全省检验检测机构数据库和评审专家库，加强对机构资质、人员、设备动态管理和风险预警。目前系统已进入试运行阶段，预计明年初正式启用。

八、做好工作协调部署

一是召开全省工作会。传达贯彻省局质量工作会和国家认委工作会精神，总结 2016 年工作，安排部署今

年重点工作，表彰了一批国家和省级有机产品认证示范区。二是积极做好工作汇报。今年以来，国家认监委刘卫军、许增德、董乐群3位副主任先后带队莅临我省调研指导工作。听取我处关于全省认证认可工作汇报，分别调研了我省检验检测机构和有机示范区，各项工作得到领导充分肯定。三是承办国家认监委十三五规划宣贯会。四是推动绿色产品体系建设，主动了解国家绿色产品体系相关工作，为全省下一步绿色产品体系实施打下了坚实基础。五是开展世界认可日、检验检测机构开放日、有机宣传周活动。

撰稿人：韩　军　审稿人：冯勇

全面提升认证认可工作质量　服务贵州经济发展

——贵州出入境检验检疫局2017年认证监管工作概况

2017年，贵州出入境检验检疫局（以下简称“贵州局”）认真贯彻落实全国质检工作会议和全国认证认可工作会议精神，围绕“抓质量、保安全、促发展、强质检”工作方针和“强化认证认可作用、推动质量强国建设”的工作要求，牢固树立新发展理念，以服务供给侧结构性改革为主线，深化改革，全面提升认证认可工作质量，服务贵州经济发展。

一、围绕推进供给侧结构性改革，扩大“三同”优质供给

（一）制定方案，精准帮扶

制定了《贵州检验检疫局2017年出口食品企业“逐一帮扶”行动计划落实方案》，推动“三同”工程实施。通过认真帮扶，指导输美、输韩企业做好对美、对韩出口食品企业注册，有效解决了企业境外注册、市场准入困难等问题，帮助12家输韩企业、6家输美企业达到出口注册要求，并完成组织推荐工作。

（二）宣传引导，扩大影响

组织召开了“三同”工程宣贯会和推进会，制作“三同”宣传册，建立贵州“三同”微信交流群，加强宣传，扩大影响；组织开展了“三同”进机关、进社区、进校园、进商超等“三同”进万家活动，扩大“三同”影响。

（三）加强部门协作，共推“三同”工程

联合贵州省发改委、财政厅、商务厅、经信委、农委、林业厅、食药局、扶贫办等8部门召开了“三同”工程推进座谈会，研讨推进举措；会同贵州省食安委将“三同”工作列入《食品安全工作评议考核指标》，推动各州地级市政府加快推进“三同”工程，形成工作合力。

（四）办理“三同”政协提案，推动“三同”列入贵州省重点工作

贵州省政协委员贵州局潘路生局长提交了《关于推动内外销产品“同线同标同质”工程，助推贵州特色食品农产品转型升级的建议政协提案》的政协提案，推动“三同”工程纳入政府重点工作议程，促进地方政府出台扶持政策。目前“三同”工程已列入《贵州省品牌建设2017年行动计划》。

（五）整合宣传资源，加大“三同”宣传力度

一是将“三同”宣传活动与“世界认可日”“质量月”“新版质量管理体系标准宣贯学习”活动等宣传活动结合起来，形成宣传合力，扩大宣传影响。在“质量月”期间携手茅台集团共同举行了“质量月”暨“三同”宣传的启动仪式，协助茅台集团针对“三同”工程专门制定了宣传活动方案。二是在“三同企业开放日”活动期间，将“三同”工程与国酒文化有机融合，在茅台集团国酒文化馆和生产车间专门设置了“三同”宣传展板，向社会、企业员工和消费者宣传，有效扩大了“三同”的影响力和认知度。

通过这些工作，“三同”工程取得了较好成绩，全年上线“三同”平台企业41家，占比排35个直属局第4位，同比增加412.50%，帮助企业新增销售13亿多元。

二、围绕履行认证监管职责，加强质量安全管理

（一）加强 CCC 免办审办工作管理

一是新版 CCC 免办系统成功上线运行，实现了 CCC 免办全程网上管理，服务便捷通关。二是严把 CCC 免办审办工作受理、审核等环节质量关，强化免办产品的后续监管，确保 CCC 免办工作质量。三是简政放权，落实国务院放管服要求，全面下放 CCC 免办审批权限，为企业减负增效。

全年共受理 CCC 免办申请 18 单，审核通过并签发免办证明 10 张，货值 81.51 万元，并对 10 张 CCC 免办证明进口产品全部实施了后续监管，实现后续监管率 100%。

（二）认真执行国家认监委 2017 年认证认可专项监督检查计划

一是认真开展认证行政执法和专项业务监督检查工作。对照《2017 年认证行政执法和专项业务监督检查自查表》的检查项目逐项开展自查，通过自查健全了认证执法监管机制，强化了行政执法程序意识，落实了认证行政执法责任，规范了认证行政执法行为。二是认真开展管理体系认证结果专项监督检查工作。根据认监委双随机抽查要求，对贵州高特节能技术服务有限公司质量管理体系认证结果进行了监督检查，加强对获证组织及认证机构的监管，确保认证活动的合规性。三是认真开展了强制性产品认证获证产品市场抽查工作。根据国家认监委要求，制定了《2017 年强制性产品认证获证产品市场抽查工作预算和实施方案》，对流通领域的强制性产品认证获证产品玩具及小家电两类 5 种 CCC 产品进行监督抽查，并将抽取样品送指定实验室检测，抽取样品的质量安全指标均符合相关标准要求、质量状况良好。四是组织开展了食品农产品认证专项监督检查。为切实加强食品农产品认证监管，对贵州辖区 33 家食品农产品获证企业进行了检查，检查涵盖 HACCP、GAP、食品安全管理体系、有机产品、无公害农产品等认证类别。检查发现 1 家企业涉嫌违反认证认可法规规定，按规定程序进行了处理。五是认真开展检验检测机构资质认定监督检查工作。对贵州局综合技术中心、国际旅行卫生保健中心、贵州局综合技术中心遵义综合实验室的管理体系开展了全面审查，并结合《全面质量监管专项整治监督检查——检验检测机构自查表》逐项检查。通过检查，促进贵州局综合技术中心遵义综合实验室完善了实验室管理制度，制定了《CMA 标志、CNAS 认可标识及检测专用章使用制度》，对仪器编号为 200652AL0006 的高温烘箱重新进行了检定，新增加 135℃以及 180℃两个温度点，并举一反三，对实验室所有影响检测结果的关键仪器和校准证书值进行了清理和核查，对 2018 年的检定计划进行了完善。

三、围绕深化备案工作改革，提升质量安全监管效能

（一）简政放权，推动备案工作模式改革

全面下放出口食品生产企业备案审批工作，制定了《贵州检验检疫局出口食品生产企业备案采信第三方认证结果工作规范》，促进企业快速备案，提高贸易便利化水平。

（二）开展出口食品企业备案监管督查，强化工作质量

组织开展了备案工作质量网上监督检查，严肃备案工作纪律，全年未发生审办超期。

（三）严格把关，提高备案企业整体水平

2017 年新增备案 56 家，同比增长 86.67%，延续备案 9 家，重新备案 8 家，变更备案 7 家，全省出口食品备案企业数量 127 家；组织开展了年度报告审核，不断加强对备案企业的后续监管，注销 27 家出口食品生产企业的备案证明。

四、围绕发挥认证认可职能作用，服务贵州绿色发展

（一）制定工作方案，指导认证示范区创建

制定了《贵州检验检疫局出口食品农产品认证示范区创建工作方案》，加强认证示范区创建指导，服务贵州绿色发展。

（二）加强食品农产品认证示范区创建宣传帮扶力度

积极向赤水市政府、道真县政府等地方政府宣传食品农产品认证（有机、GAP）示范区创建相关要求。推动赤水市政府将有机产品认证示范区创建与生态原产地产品保护示范区、国家级出口食品农产品质量安全示范区创建工作有机结合，建立了示范区“三区同创”工作模式，同步推进认证示范区创建，赤水市已成功申报国家有机产品认证示范创建区，实现了我局推荐有机产品认证示范区创建工作零的突破；道真县政府

已启动国家级有机产品认证示范区创建，纳入了2018年政府工作计划。

五、围绕全面提升履职能力，切实加强自身建设

（一）加强认证监管业务培训

一是举办CCC免办审办知识及新版CCC免办系统使用培训，有效提升了基层业务人员CCC免办审办业务能力，确保CCC免办审办工作质量。二是举办卫生备案评审员暨认证监管相关业务知识培训，进一步提高出口食品生产企业备案评审和认证监管综合业务能力。

（二）依托区域联动机制，加强人才培训力度

广泛参与系统内开展的认证认可业务交流和培训，全面提高认证认可队伍的整体素质和履职能力。

撰稿人：雷文利　审稿人：熊　剑

贴近经济社会发展　推动检验检测　认证服务质量提升

——贵州省质量技术监督局2017年认证监管工作概况

2017年，贵州省质量技术监督局（以下简称“贵州省质监局”或“省局”）按照以守底线、走新路、奔小康为总纲，以服务供给侧结构性改革为主线，树立创新发展理念，发挥认证认可作用促进产业升级，助力扶贫攻坚，全面提升认证认可供给质量的总体要求，有效推动全省认证认可工作的发展。

一、积极发挥政府引导作用，推动全省有机产业健康持续发展

2017年，省局紧密围绕省委省政府发展以绿色有机无公害为标准的现代山地高效农业的战略目标，在发挥好各地政府的引导作用，促进区域有机产业发展，助力精准扶贫，带动绿色发展方面进行了一些探索和实践。一是积极引导省内外技术机构与各级政府合作推动区域有机产业发展，协助各地政府立足资源禀赋和产业基础，用好生态环境优势，结合扶贫攻坚的工作要求，制定本地有机产业发展规划，有序推进有机产业发展，与此同时，各地与技术机构共同组织各管理部门、从业者开展有机生产技术、有机生产管理和有机产品认证制度宣传等专项技术培训。二是以培育和创建国家有机产品认证示范区为抓手，推动各地充分发挥政策引导作用，积极探索有效的激励措施，健全服务保障机制，延长产业链条，总结和推广推动区域有机产业发展的成功经验和做法，为全省有机产业发展、推行绿色生产方式，带动农民增收致富起到积极的示范带动作用。截至2017年底，全省有机产品认证证书数量达到1253张，列全国第二位，有机生产面积达到175万亩，位列全国第三位，近三年年均增长率11%，571家生产加工组织通过有机产品认证，有机产品认证年产量810万吨，产值超过500亿元，带动农户脱贫超过70万户。国家示范创建区总数达15个，列全国第一，示范创建区有机产品认证证书427张，占全省证书数的34%，认证面积48万亩，占全省认证面积的27%，在促进全省有机产业发展、探索精准扶贫新途径等方面发挥了“领头羊”作用。

二、贵州省检验检测服务业综合实力明显增强，行业呈现平稳增长态势

（一）贵州省检验检测行业发展总体情况

截至2017年底，贵州省取得检验检测资质的各类检验检测机构共有978家，较上年增长21%，三年来年均增长12.5%；全年实现营业收入32.8亿元，较上年增加10.4%，三年来年均增长率19.2%，其中，检验检测收入23.5亿元；全省检验检测从业人员共23126人，较上年增长16%，三年来年均增长14%。全省检验检测机构共拥有各类仪器设备104047台套，与上年相比上升26%；全部仪器设备资产原值48.5亿元，与上年相比上升28.7%；实验室面积373万平方米，与上年相比增长15%；14家机构获得高新技术企业认定，与上年相比增长133%。2017年，共出具检验检测报告546.8万份，与上年相比增长15%，三年来平均增长率为16.3%。全省检验检测行业呈现平稳增长的发展态势，

在保障质量安全、推动供给侧结构性改革、促进生态文明建设、提升政府质量治理水平方面发挥了积极作用。截止目前，全省已建成国家低压电器产品质量监督检验中心等7个国家级检测中心和橡塑产品、石油产品等18个省级质检中心，正在筹建国家卫星导航产品质量监督检验中心、国家绿色建材质量监督检验中心、国家分接开关产品质量监督检验中心3个国家级检测中心和大数据信息安全产品检验检测中心等13个省级质检中心。

（二）贵州省检验检测行业发展特点和存在的问题

一是统一开放的检验检测市场正在形成，检验检测服务业的结构布局持续优化。随着贵州省加快推进检验检测机构整合，清理和规范行业准入和许可，建立统一和开放的检验检测市场等政策措施的实施，检验检测服务业的结构布局持续优化，事业单位制比例呈现逐年下降的趋势，企业制机构数量上升并超过事业制机构。2017年全省企业制检验检测机构572家，占机构总量58%；事业单位制机构406家，占机构总量42%。从股权结构来看，国有及国有控股机构434家，占44.4%；民营机构544家，占55.6%。民营检验检测机构保持高速增长，2017年较上年增长30.7%，数量超过国有性质的检验检测机构，成为推动检验检测市场发展的生力军。

二是服务领域不断拓宽，社会委托检验收入成为行业收入的主要来源。与经济建设发展相适应，贵州省检验检测业务领域范围不断拓展，目前已覆盖食品、建筑工程、建材、卫生计生、农林牧渔、机动车安检、公安刑事鉴定、机械、电子信息、轻工、纺织服装、环境与保护、水质、化工、采矿冶金、能源、医学等17个相关产业领域。其中，由于近年来贵州省加大城镇建设，加强生态文明建设和社会关注食品安全、医疗健康、交通安全治理等，建材建工、机动车、环保、医药卫生、食品等领域检验检测机构数量占比较大，分别占22.4%、13.6%、9.67%、7.67%、4.5%，合计占比达58%。随着政府购买力度加大和企业科研创新需要，社会委托检验收入成为行业收入的主要来源，2017年全省检测收入共计23.5亿元，其中社会委托检验检测收入19.8亿元，占全部检测收入84.3%。

三是贵州省检验检测服务业与自身相比有一定发展，民营机构发展势头良好，但与发达地区相比产业规模还不够大，“小、弱、散”的问题仍然突出，检验检测机构综合实力有待提升。全省检验检测收入超过1000万元的机构共有46家（行政事业性质14家、企业性质32家），占全省机构数量的4.7%，检验检测收入共计12.1亿元，占全省检验检测收入总数的51.5%。全省97.4%的检验检测机构从业人数少于100人，平均就业人数为23人。2017年60%的检验检测机构仅在本地市内提供服务，29%的机构在全省范围内提供服务，11%的机构在周边省份和全国范围内提供服务，国际化发展的机构几乎没有，无外商投资机构。从机构拥有的专利数量、参与科研项目、参与标准的制修订等方面来看，贵州省检验检测机构技术能力建设尚有待提高，在高端装备制造、电子信息以及新材料等产业发展支撑能力方面仍有欠缺，在为企业提供从设计、研发、生产、工艺改进到售后服务等全链条一站式解决方案的能力方面还需要努力。

（三）推动检验检测行业发展的对策建议

面对新产业、新业态、新技术以及新的消费趋势和新的增长动力，为促进检验检测更好地服务经济社会发展，省局准备从以下几个方面着手：一是继续深化改革。按照政府职能转变和事业单位分类改革要求，积极引导和推动业务相同或相近的检验检测机构跨部门、跨行业、跨层级整合或以资本为纽带进行并购重组，推动检验检测和认证一体化发展，提高综合服务实力。清理和规范行业准入和许可，加快建立统一和开放的检验检测市场，鼓励民营企业和其他社会资本积极参与投资检验检测认证产业，支持具备条件的机构申请相关资质，面向社会提供第三方检验检测服务。二是推动检验检测认证产业集聚发展。一方面，加强检验检测机构能力建设，引导检验检测机构利用知识、技术、人才密集优势，从提供单一检验检测合格评定服务向综合合格评定服务以及整体技术解决方案发展，提供技术评价、技术咨询、标准研制等增值服务，逐步提升检验检测的个性化、智能化水平和综合服务能力，实现服务粗放型向服务品质型和服务创新型转变，聚焦重点领域关键技术难题攻关，促进产业升级转型，为供给侧结构性改革提供技术支撑。另一方面，强化政策引导和支持，创新产业集聚区管理和服务，为企业、消费者提供更加便利的一站式检验检测服务，鼓励组建产学研用一体化的检验检测认证联盟，推动检验检测认证与产业经济深度融合，形成以检验检测认证为“连接器”的产业聚合新模式。三是进一步加强监管，完善准入退出机制，营造各类主体公平竞争的市场环境。创新监管手段，强化问题引导，完善风险监测、评估和预警制度，建立分级分类监管制度，将监管重点向高风险领域及对象转移，实现精准监管。建立跨部门联动响应和失信联合约束机制，促进检验检测服务业健康发展。

撰稿人：朱 莉 审稿人：卢 涛

融入战略　发挥作用　助力提升　服务发展

——云南出入境检验检疫局2017年认证监管工作概况

2017年，云南出入境检验检疫局（以下简称“云南局”）认真贯彻落实国家质检总局和国家认监委对认证监管的总体工作部署，牢固树立“用特殊思维解决云南特殊问题”工作理念，主动融入国家战略及云南发展定位，坚持保障安全与提升质量并行，以疏堵结合模式探索、国门安全体系建设、抓全面质量提升为工作主线，务实推动检验检疫事业继续前进和云南实现跨越式发展。

一、进出口食品生产企业注册备案管理工作概况

（一）进口食品验证管理

在各分支局完成自查的基础上，云南局组织对瑞丽、勐腊、河口、文山、临沧、昆明机场等6个分支局，开展了进口食品境外生产企业注册入境验证工作现场督察。云南《进出口产品目录》内食品进口贸易主要集中在畹町、河口、天保、清水河、昆明机场等口岸，以水产品为主，少许燕窝从昆明口岸进口，无肉类贸易产品进口。各单位均按照国家质检总局145号令要求实施了入境验证，报检时提供的出口国官方证书及货物标签信息，均来自于注册的生产企业，未发现非注册企业生产加工的《目录》内食品进口。

（二）出口食品生产企业备案审批及后续监管

优化备案审批程序，在风险分析的基础上，通过采信HACCP等第三方认证结果、以及企业自证材料，大幅缩短审批时限。截至2017年10月31日，共受理备案申请196件，变更31件，注销2家，行政审批平均用时3.2天，技术评审用时平均5.5天，部分事项实现了即报即批，保证备案办理“零超时”，实现出口“零等待”。全省有效的出口食品备案企业510家。

云南局全年共受理对外推荐注册申请6厂次，获准注册1厂次；对4家输美水产品企业进行年度验证换证评审；云南辖区内对外注册企业数量共11家（罐头2家，水产品7家，果汁2家）；按注册国别分布：美国10厂次，欧盟5厂次，韩国2厂次%，俄国、越南和印尼各1厂次。

云南局认证认可系统共派出执法人员990人次，对480家出口备案企业实施了现场检查，占应监管企业的94%。共提出542个不符合项，并要求相关企业进行整改。

云南局开展了对怒江局、版纳局、临沧局、德宏局和香格里拉办事处等分支机构的备案业务督查。发现存在未按计划落实监管、专业监管能力不足、对企业存在的风险因素不敏感，有的一人多岗、无法保障足够的人力资源、监管流于形式等问题，并就发现的薄弱环节交流了意见，提出了告诫及改进要求，通过加强事中事后监管和联动处置，在放得快的同时实现风险可控。

（三）“同线同标同质”行动

云南局全力推进云南高原特色出口食品企业的内外销“三同”工程。开展多场次业务培训，地方政府商务、质监、农业、食药监等部门人员及企业代表共计900余人参加；推动地方政府将“三同”工作列入《云南省质量强省发展规划（2016—2020年）》；推动红河、迪庆、昆明、临沧等州市出台《加强认证认可工作的实施意见》的奖补办法，对“三同”上线企业实施财政奖补；将“三同”帮扶计划量化指标列入《云南检验检疫局事业发展十三·五规划》；成立15个帮扶工作组，按照逐一帮扶计划，开展精准帮扶；同“精品云南，一县一品”“阿里巴巴－昆明产业带”“京东”“一心到家”等电商平台或实体零售商积极协调，举办专业商洽会、招商会，在《云南省与京东集团电子商务战略合作框架协议》签署的同时，举办了云南省“三同”企业京东上线启动仪式。至2017年底，云南省出口备案企业中获得HACCP认证的41家，三同上线39家，上线率为95%，全国排名第6位。

二、认证、认证监管及相关工作概况

（一）管理体系认证监督检查

根据国家认监委管理体系认证结果“双随机”监督检查方案，云南局负责对“认证认可业务综合监管平台”抽中的云南省内 9 个获质量管理体系认证的组织和 1 个获能源管理体系认证结果实施监督检查，根据国家质检总局《质量监督检验检疫随机抽查实施办法》，按照分专业、分层次、分地域的原则，从认证监管部门、检验检验业务部门和分支机构各抽取执法人员成立 10 个检查组，完成了检查工作，并在监管平台中提交了检查结果。通过检查，虽然没有发现弄虚作假、冒名顶替、隐瞒组织人员规模、遗漏审核程序等严重违规行为，没有需要立案查处的情况，但还是发现了审核人员专业背景不符、认证档案错漏、未评价质量目标实现情况、不符合项关闭审核不认真、获证企业记录保持不好等问题。

（二）市场采购边贸出口 CCC 产品验证及 CCC 获证产品抽样检测

虽然 CCC 认证属于中国市场准入、并不适用于出口产品，但由于云南面向的南亚、东南亚国家以边贸形式购买我国产品时，基本上是以中国市场为基准，以市场采购方式输出，因此相关产品应当符合中国市场准入要求，取得 CCC 认证。

2017 年，云南局组织各分支机构在口岸对移动电话、家用电器、民用电线电缆等重点查验产品开展集中布控专项查验，并验证 CCC 标志的真实性和 CCC 证书信息的符合性，查验中共发现 6 批境外边民购买自用的目录内产品没有取得 CCC 认证情况，对货主进行了宣传教育并禁止相关产品出境。随后云南局对瑞丽局和临沧局专项查验宣传和实施情况进行督察，对查验工作存在的困难、发现的问题以及边贸相关方的反映等进行了解，并就查验效果进行评估，为将来在此基础上建立 CCC 认证产品跨境举报和打假机制、维护中国产品和 CCC 认证的良好信誉作好准备。

鉴于云南局 2010 年以来从未在进口环节成功抽取到 CCC 检测样品、而从流通领域采购的样品基本没有查出不符合的情况，2017 年云南局结合总局打击出口产品侵权假冒的清风行动，将首次将 CCC 获证产品监督抽查确定在市场采购边贸出口领域。选取瑞丽、勐腊、河口三个分支局作为试点，抽取边贸市场采购出口的在边疆地区境内和境外均有较大市场容量、与广大人民群众生产生活和人身安全息息相关的家电、工具、移动电话和电线电缆 8 组产品，寄送 CCC 指定实验室检验。经检测大部份样品均达到国家认证标准的要求，说明 CCC 认证制度的推行和认证监管部门的事中事后管理，总体能够保证产品安全符合国家强制要求，保护广大消费者的使用安全。通过检验也发现确实存在部分厂商有一锤子买卖的思想，忽视产品安全和质量、不负责任地实施倾销的状况，对中国产品和 CCC 认证名誉危害十分之大。本次抽查充分调动和发挥了分支机构的能动性，查出了问题，查出了影响，也查出了信心。让全系统人员都学会运用认证认可这个有力武器，更好地维护了中国产品和 CCC 认证的声誉。

（三）CCC 免办及后续监管

1 月—10 月，共为 1 家企业办理符合条件的免办证明 1 份，申办理由为条款 3 的（直接为最终用户维修目的所需的产品）1 份，已实施书面后续监管，未发现违规处置免办产品的情况。另有 1 家企业提出 2 次免办申请，经查所申办的产品已经取得 CCC 认证，告知原因后作不予受理处理。

三、重点工作情况

（一）助推 GAP 认证走出国门

随着中缅贸易和跨境农业合作的深入开展，中国水果贸易商利用缅甸得天独厚的自然条件，在境外种植西瓜并返销国内市场，取得了很好的经济效益，并逐渐创出了“瑞丽西瓜”的品牌。然而，“瑞丽西瓜”一直存在“境外种植地块分散、管理粗放、缅方监管缺失、品牌认知度不高”等问题。为进一步从源头上控制安全风险，建立有效的追溯体系，提升产品质量和品牌效应，云南局创新思维，借助认证机构的合格评定手段，助推 GAP 认证走出国门，不仅破解了境外监管难题，而且推动了中国认证技术向东南亚国家输出。

（二）开展国门安全风险隐患排查和专项整治活动

云南局组织对昆明机场局和检验监管处的入境验证业务进行调研，抽取查看入境验证记录，并对相关工作进行现场观摩。针对机场局将快件入境产品归入“样品、礼品、非销售展品和私人自用物品”未实施入境验证的现状，建议提请总局和认监委完善相关规定；针对 e-CIQ 系统没有开发入境验证记录模块、也没有口岸查验和施检部门间的验证交接、存在漏验或重验的可能，提交了对 e-CIQ 业务系统完善的意见建议。

（三）认真组织开展世界认可日宣传活动

在昆明滇池国际会展中心举办的“南亚东南亚国家

商品展暨投资贸易洽谈会”现场，举办“认证认可助力质量提升”世界认可日主题活动。组织各分支机构于6月9日前后，在报检大厅、口岸工作点、进出境通道广泛张贴发放国家认监委制作的“世界认可日”宣传招贴画，利用电子显示屏播放“世界认可日”宣传内容。各分支机构根据各自特点并结合当地实际情况，召开进出口企业专题座谈会、专题讲座等形式多样的宣传活动。

（四）开展口岸审单放行模式下CCC认证监管探索

对云南省辖区内近30家的进口品牌汽车授权经销商开展专项执法检查工作，加强政策宣贯，为全面实行口岸审单放行后如何在使用地开展进口汽车及配件CCC认证监管进行探索。

（五）推进良好农业规范（GAP）认证示范区创建

云南局采取“请进来、走出去”的方式推动GAP示范区宣贯及创建工作，邀请陕西富县获国家GAP示范区地方政府相关人员介绍创建经验，充分收集其他直属局相关经验及资料，组织分支机构人员赴青海局开展GAP认证示范区创建的业务调研，共向11个州市政府开展了示范区创建宣传。

撰稿人：张壮耘　审稿人：李　先

强化认证监管　狠抓工作落实
全面提高认证认可工作水平

——云南省质量技术监督局2017年认证监管工作概况

2017年是党的十九大召开之年，是实施“十三五”规划的重要之年，是推进供给侧结构性改革的深化之年，是贯彻落实云南省第十次党代会各项部署的开局之年。云南省质量技术监督局（以下简称“云南省质监局”或“省局”）认证认可工作的总体要求是：以党的十八大、十八届三中、四中、五中、六中全会和中央经济工作会议精神为指导，深入贯彻习近平总书记系列重要讲话精神特别是关于质量发展的重要论述，认真落实省第十次党代会、省“两会”和全国质检工作会议精神，坚持稳中求进主基调，坚持以提高发展质量和效益为中心，坚持以推进供给侧结构性改革为主线，深入实施质量强省战略，狠抓质量提升、强化安全监管、夯实质量基础、优化技术服务、深化质监改革、加强自身建设，促进经济平稳健康发展和社会和谐稳定，以优异成绩迎接党的十九大胜利召开。按照全国认证认可工作会议和2017年全省质量技术监督工作会议精神，结合云南认证认可工作实际，2017年云南省认真贯彻落实《云南省人民政府关于加强认证认可工作的实施意见》，制定了《云南省质量技术监督局关于2017年认证认可工作计划的通知》（云质监办认〔2017〕52号），进一步完善认证认可工作协同推进机制。加强与相关厅局工作联络和协调，增进相互沟通和配合，推进多元共治，构建认证认可行业治理新秩序。积极推动了各州、市人民政府出台实施意见。认真规范了全省检验检测机构运行和管理，促进检验检测行业发展。积极推行“基础资质认定＋行业特殊要求”的资质管理模式，强化对检验检测机构的事中事后监管，对检验检测机构日常行为和检验检测结果进行了重点监管。加快建立了协调发展、多元共治的绿色产品认证工作机制。积极推动企业选择适合自身特点的认证服务，全面提升质量认证体系建设，促进全面质量管理水平。

一、强化政策落实，推动认证认可工作全面发展

（一）进一步贯彻落实《云南省人民政府关于加强认证认可工作的实施意见》

省政府印发了全国首份省级政府层面出台的认证认可领域重大文件，国家质检总局孙大伟副局长批示“大力支持云南认证认可工作”，董华副省长也受邀出席2017年全国认证认可工作会议暨第15次全国认证认可工作部际联席会议并作交流发言。2017年省局与公安、

交通、农业、消防、安监、食药监等部门开展联合行动，完善认证认可工作协同推进机制。加强与相关厅局工作联络和协调，增进相互沟通和配合，推进多元共治，构建认证认可行业治理新秩序。重点抓好16个州市实施意见的督促落实，目前16个州、市均出台了配套政策，除丽江市以质量强市战略领导小组文件贯彻落实外，其余均为州、市政府文件进一步部署落实。

（二）严格执行取消机动车安全技术检验机构检验资格许可的决定

《国务院关于第三批取消中央指定地方实施行政许可事项的决定》（国发〔2017〕7号）文件下发后，省局立即取消机动车安全技术检验机构检验资格许可，并做广泛的宣传告知、解释等服务工作。联合公安车管部门共同开展调查研究，及时组织召开了安检机构评审组长召开座谈，全面提高了简政放权的重要性认识。在减少行政许可数量的前提下，严格认真落实163号令的资质管理要求，强化评审专家队伍建设，建立评审质量责任倒查机制，做好平稳过渡，稳步推进全省机动车安全技术检验机构建设。

（三）规范行政审批事项办理

积极推行“基础资质认定+行业特殊要求”的资质管理模式，深入落实“放管服”总要求，简化行政审批流程，积极探索文件审查和自我声明模式，在扩项及变更事项办理中试行。截至10月30日，共受理检验检测机构资质认定行政审批事项672件，因机构原因撤销或退回32件，办结640件，其中首次申请及复查换证480件，扩项192件，办理变更事项223件，发放共派出技术评审专家2000余人次，经过评审审核，征求申请机构意见后发放《不予行政许可决定书》3份，不断提高行政效率，营造了良好健康的检验检测环境。

二、强化事中事后监管，推动检验检测行为依规有序

强化对检验检测机构的事中事后监管，重点关注检验检测机构日常行为和检验检测结果科学准确，完善检验检测资质认定淘汰机制，规范检验检测机构运行，促进检验检测行业发展。

一是检验检测统计直报任务圆满完成。继续按要求组织开展了全省检验检测机构统计工作，建立常态化检验检测统计制度，检测检测服务业统计填报率达100%。并利用系统开展了检验检测机构年度报告和检验检测机构专项监督检查自查表上报，将未上报年度报告和开展自查检验检测机构列为监督检查重点，逐步探索实现“互联网+检验检测管理”新模式。

二是创新安检机构的事中事后监管模式。在机动车安检机构承担检验主体责任的前提下，按照“双随机、一公开”的要求，不断完善各级监管部门对机动车安检机构监督检查和投诉举报的调查处理，强化与相关部门的信息互享、监管互认、执法互助机制。对机动车安全技术检验机构监管中，停业整改3家，责令整改12家，联合省公安交警总队约谈1家安检机构机构法人。建立省、州（市）、县（区）、乡镇市场监管所联动监督检查机制，建立年度报告与日常监督检查相结合的协调机制，联合公安车管部门、环保机动车排放监管部门沟通协调，联合执法，联合查处，联合行动，对违法的机动车安全技术检验行为形成威慑，进一步提升了监管质量。

三是多举措开展检验检测机构的证后监督检查。

（1）对22家直属检验检测机构开展全覆盖的监督检查，采取交叉检查的方式重点围绕检验检测数据结果质量、资质认定体系运行情况开展专项检查，进一步规范直属检验检测机构内部管理和检验检测行为，杜绝行业性检验检测质量问题，全面提升质监技术机构社会形象。抽调州市监管部门、直属机构专家交叉开展检查，分管局领导亲自带队深入直属检验检测机构以飞行检查、明察暗访等方式实施检查，检查中结合检验检测突出问题专项整治同步进行，有力地促进系统内检验检测行为更加规范有序。

（2）全面完成国家检验检测机构飞行检查任务。一是国家中心飞行检查，按国家认监委要求，积极协调支持飞行检查组对我省5家国家中心进行了飞行检查，目前检查结果已通报，该项工作全面完成；二是国家认监委、国家食药监总局开展的食品检验机构飞行检查，全程参与2个检查组对我省10家食品检验机构的监督检查，并承接了相应的后处理工作。

（3）省局联合省食药监局完成14家食药系统和社会办的食品检验机构的专项监督检查，由两部门分管局领导亲自带队开展检查，得到地方政府的高度重视和支持。

（4）以国家认监委、公安部、环保部联合组织的机动车安检、环检机构专项监督检查为契机，全力支持2个检查组完成对我省10家机动车安检、环检机构的飞行检查的同时，全面开展我省机动车安检机构自查自纠工作。

（5）联合省局特种设备监管人员省、市、县三级联动执法调研，十九大召开前夕及时化解了一场检验检测质量纠纷。

（6）2017年省局共抽查检验检测机构53家，各

州市质监部门、县区市场监管部门对全省1214家检验检测机构进行100%覆盖的日常检查。

四是组织实施能力验证活动。依托行业主管部门资源优势，发挥部门协同机制的作用，在艾滋病检测等领域联合组织开展能力验证，共同规范相应行业领域检验检测行为，提升各检验检测机构检测能力和水平，确保检验检测数据结果准确可靠，便于各行业实施技术分析和质量把控，更好服务于行业经济发展。积极推动云南检验检测机构参加国家认监委组织实施的A、B、C类能力验证项目，其中A类能力验证项目共20项，B类能力验证项目共26项；联合省卫生计生委连续3年开展了全省艾滋病检测和确证实验室能力验证活动，截止2017年底，有231家机构参加了能力验证。

三、强化认证管理，不断提升认证有效性

切实发挥管理体系认证在加强全面质量管理中的基础作用，以ISO 9001标准升级换版为契机，强化认证机构的全面质量管理。建立我省监管对象、监管人员、监管结果信息库，做好摸底调查和信息采集等工作。根据双随机工作的要求，结合国家认监委的部署，抽调各州市质监部门、各县区市场监管部门执法人员建立了我省管理体系认证监管人员信息数据库，利用数据库对全省管理体系认证获证组织开展了双随机检查，省局共组织抽查获证组织10家。

加强强制性认证产品监管。创新认证执法监管模式，切实发挥地方认证监管部门的属地监管职责，完善区域协作联动机制，推动强制性产品认证企业建档、巡查、监管工作，开展认证行政执法专项检查，提升认证执法效能。一是完成了国家强制性认证产品监督抽查，按国家统一部署开展玩具CCC认证产品监督抽查工作，监督抽查工作从6月份开始组织实施至9月结束，抽查区域为云南省文山州市场流通领域，抽样产品为带有CCC标志的带电玩具、弹射玩具、塑胶玩具及娃娃玩具四大类，共抽35批次的待售产品。对监督抽查合格率低的CCC认证产品，进行重点检查和督促整改。二是联合消防总队开展了CCC认证消防产品专项检查工作，检查工作将于12月份结束，将对省内生产流通领域的企业和产品进行检查，并对部分产品进行抽样送检。

围绕质量强省、质量强市（县）活动，积极支持行业主管部门、地方政府提出有机产品认证示范区创建需求，强化政策支持和配套服务，创新工作方式方法，实现精准帮扶指导，推动有机产品认证示范创建活动提质升级。积极开展质量管理体系认证建设能力提升活动，在全省开展保障食品农产品、环境、建筑工程等涉及人民群众生命健康安全的重点领域质量提升行动。落实国家认监委“统一组织、协作实施、人员统筹”的要求，积极探索认证认可促进质量提升的贡献率研究和电解铝、草果低碳产品认证标准技术研究。

牢牢抓住国家统一建立绿色产品认证、标准、标识体系的有利契机，加快建立协调发展、多元共治的绿色产品认证工作机制，加强宣传推广，积极推动企业选择适合自身特点的认证服务，切实推动云南绿色经济发展。一是经过多年的努力，我省目前有1个国家有机产品认证示范区，12个国家有机产品认证示范创建区，11个云南有机产品认证示范创建区。二是2017年省局择优推荐的丽江市华坪县、红河州元阳县、玉溪市新平县政府获得了《国家有机产品认证示范创建区》的荣誉称号。三是指导石林县、石屏县、丘北县、双江县完成了《2017年云南有机产品认证示范创建区》的申报工作。四是保质保量地完成了国家认监委2017年食品农产品认证监督抽查工作，结合国家认监委部署对凤庆县和元江县的19家有机生产企业开展了食品农产品认证专项监督检查，检查了涉及9家认证机构19户有机产品获证企业，抽取了有机产品茶叶、火龙果、有机肥和生长期植物组织12个产品的监督抽样并委托检测。五是组织对申报国家有机产品认证示范创建区的丽江市华坪县、红河州元阳县、玉溪市新平县现场监督检查。六是组织对申报云南有机产品认证示范创建区的红河州石屏县、昆明市石林县、临沧市双江县、文山州丘北县材料文审、现场评审、专家咨询答辩、公示、公告等工作。

四、强化自身建设，推动监管队伍素质持续提高

（一）继续加强党风廉洁建设

深入落实从严管理要求，继续推进作风建设，做到党风廉洁建设与业务工作两手抓、两不误。严格遵守《中国共产党廉洁自律准则》《中国共产党纪律处分条例》、“八项规定”等各项相关规定，深入开展“两学一做”学习教育，认真落实全面从严治党“两个责任”，切实加强党组织建设，做到廉洁从业、勤廉并进。

（二）强化系统内认证监管工作培训指导

着力深入州、市进行工作调研和业务指导，不断加强工作的针对性和有效性。一是积极支持了楚雄州、丽江市开展认证监管人员培训，二是组织了昆明市、昭通市认证监管人员参加全国认证监管业务培训，进

一步提升认证监管能力，提高认证认可工作有效性；三是对临沧市、凤庆县、玉溪市、元江县认证监管人员开展了食品农产品认证监管方面业务知识和现场检查的培训指导。四是对文山州认证监管人员开展强制性认证获证产品监督抽查和机动车安全技术检验机构业务培训。五是为切实落实国务院“放管服”要求，全面提升基层质监部门认证执法人员能力水平，邀请国家认监委执法和检验检测监管领导于8月30日—9月1日在江川县组织开展了西南地区质量技术监督部门认证行政执法“送执法下基层”免费培训活动，全省16个州市94名一线认证执法人员受益。六是按照省局办公室的安排部署，对怒江州质量技术监督人员开展了认证认可业务知识培训。

（三）认真组织好“世界认可日”宣传活动

一是结合2017年南亚、东南亚商洽会等重大活动需求，在6月9日前后开展“世界认可日”主题活动；二是结合今年“世界认可日”的国际主题，充分把握社会和民生关注热点，在云南人民广播电台举办质量之声“房屋质量专家说”主题活动；三是联合云南检验检疫局积极协助国家认监委、昆明市政府和各主办方办好中国汽车认证认可国际论坛，配合抓好汽车行业全面质量管理升级行动，力争有效带动云南省汽车检测行业取得实质进展，推动汽车产业发展。

（四）认真组织好“质量月”宣传培训活动

借9月质量月的契机，云南省质监局联合昆明市质监局于9月22日组织了昆明市辖区内的各区质监局和市场监督管理局的30名认证监管人员、14家认证机构代表、180家获得质量管理体系认证企业负责人共计224余人员免费参加了昆明市新版质量管理体系标准和全面加强质量管理的宣贯培训活动。

（五）全力完成了国家认监委布置的认证认可检验检测助推质量提升问卷调查和典型案例搜集工作

完成14个州、市的210家企业的问卷调查工作，同时上报的案例有1个被国家认监委选用。

（六）认真组织好“有机宣传周”的宣传活动

按照“创新、协调、绿色、开放、共享”的发展理念，既要金山银山也要绿水青山的要求，云南省质量技术监督局结合工作实际多举措全方位地开展“有机宣传周活动”。一是在宣传栏张贴宣传单页及电子屏播放有机产品相关知识；二是利用驻村工作队深入帮扶点，组织有机产品知识讲解、技能培训和技术服务，让有机宣传进农户、社区、学校；三是联合省食药局深入到大理、临沧、昆明共7家有机产品检测机构开展专项监督检查，检查中重点讲解了GB/T 19630《有机产品》的各项指标要求；四是利用有机产品认证精准扶贫的有效手段，为农民增收、脱贫致富、有机农业的可持续发展贡献力量。

撰稿人：李文学　审稿人：付　伟

认真履职　踏实发展西藏认证认可工作

——西藏出入境检验检疫局 2017 年认证监管工作概况

2017 年，西藏出入境检验检疫局（以下简称“西藏局”）认证认可工作围绕质检总局和国家认监委各项部署，按照“围绕质量提升，提高供给质量”的要求，全面贯彻落实全国认证认可工作会议精神和西藏局“业务建设年”精神，着力深化改革，扎实做好各项工作，认真学习贯彻党的十九大精神、贯彻落实《中共中央国务院关于开展质量提升行动的指导意见》和国务院第 185 次常务会议精神，努力推进西藏认证认可事业健康发展。

一、管理体系认证活动专项监督检查工作

西藏局做好西北五省区 + 河南 + 西藏局认证执法监管区域联动工作。积极派员参加轮值局及秘书处单位组织的培训、认证监管联和执法检查和联系会，派员担任检查组长和检查员，完成了检查任务。本次检查工作依据各局实际工作需求和存在的实际困难及自愿参加原则及“双随机、一公开”抽样原则开展工作，工作过程中检查员能严格按照工作要求进行集体评审和现场监督检查，其中，西藏自治区联合检查企业 1 家，发现认证机构问题数 1 项。

在检查过程中发现：一是获证企业对管理体系认证的作用、认证活动程序及国家认证监管体制及作用缺乏了解，企业管理体系运行成效不明显、对管理体系认证应取得的成效不够重视，需要加大对认证认可助推经济发展、促进质量提升的作用的宣传力度，促进企业提高对认证认可重要性的认识，促进企业质量管理水平的提升。二是西部地区检验检疫局均存在认证行政执法监管力量较少、执法水平有待提高的困难，执法人员的持续培训任重道远。三是西北（尤其是新疆和西藏）地域辽阔，随即抽样样本分散，执法成本相对较高。

二、强制性产品认证获证产品市场抽查工作

西藏局本年度认真制定相关工作计划，以拉萨市流通领域进口玩具为抽查重点，积极开展工作，按时上报相关计划、总结和经费绩效报告。此次检查发现，西藏自治区无直接进口强制性产品认证获证产品，拉萨市流通领域仅存极少量的进口玩具和电器，通过正规渠道进口的产品量更小，本次检查以进口玩具为抽查重点在拉萨市流通领域开展，共抽 3 批玩具，测试结果均通过，涉及 2 个发证机构，1 个生产商，1 个经销商。在抽查范围内的产品质量均满足要求。

三、有机产品认证示范区监管工作

按照《关于开展“有机产品认证示范区”创建活动的通知》及认监委联合监督检查工作的要求，西藏局派出工作组对日喀则市“有机产品认证示范区”创建情况进行了年度监督检查。检查中发现：一是日喀则市已建立各部门协同的工作机制和监督管理机制，确保辖区内有机产品质量的同时，加强生产技术指导、统筹推进有机农牧业发展，建立了从种养殖基地到生产加工企业再到产品销售全过程的有机生产加工销售模式。二是此次对 6 个获证企业进行了现场检查，各获证企业均初步建立起了符合国家有机标准的管理体系，并按照有机标准要求实施种植、养殖及生产加工。三是此次检查工作组采信第三方认证机构的证书、产品检测报告及认证结论，并与认证机构的相关负责人进行了座谈，并就帮助日喀则市有机示范区建设及明年的验收工作进行全面的意见交换，多做培训、多做体系建设工作、多做操作规程及和方面有关规章制度的建立的协作工作。

检查完成后工作组形成年度监督检查总结报送日喀则市政府，并对下一步工作提出了建议。

西藏局派员参加日喀则有机示范区座谈会，对日喀则市 18 县领导干部 60 多人进行有关有机示范区建设相关知识方面的培训。

四、注册备案及“同线同标同质”相关工作

（一）注册备案工作情况

截至 2017 年底，西藏辖区共有备案企业 7 家，新

增备案企业3家，全面采信企业自我声明和第三方认证结果，已按计划实施定期监管。撤销备案证明1家。

西藏局召开西藏“三同”推进暨出口食品备案培训班，全面做好质量提升工作，提高企业质量管理人员和西藏局出口食品备案人员业务水平，培养西藏局见习评审员10人。

派员到广西检验检疫局认监处学习工作相关业务系统平台知识，使出口备案等工作有了进一步提高。

（二）“同线同标同质”（以下简称“三同”）工程相关工作

按照国家质检总局和国家认监委的统一部署和要求，制定西藏局《2016年出口食品生产企业内外销“同线同标同质”等帮扶行动方案》，针对满足“三同”公共信息服务平台上线标准的2家企业成立一对一帮扶工作组，助推1家企业上线“三同”信息服务平台（另外1家企业因内部管理原因未能上线）。

根据国家认监委统一部署，西藏局积极开展“三同”进万家活动：进校园活动1次、口岸宣传活动4次、针对出口食品备案企业开展“三同”宣贯会1次。

五、认证认可宣传工作

针对西藏出口企业少、分布广的特点，西藏局将认证认可宣传融入日常监管执法中，此外，于“6·9”世界认证认可日在西藏局本部及分支机构进行重点宣传活动，其中分支机构1人获得认监委表彰。

积极开展新版质量管理体系标准宣贯学习活动，组织中检集团西藏分公司向出口企业、内销企业开展新版质量管理体系标准宣贯和培训活动。

撰稿人：唐　利　审稿人：傅金波

真抓实干　不断提升认证监管有效性

——西藏自治区质量技术监督局2017年认证监管工作概况

西藏自治区质量技术监督局（以下简称“西藏质监局”）根据国家认监委《2017年度检验检测机构资质认定监督检查工作方案》要求，结合辖区内实际情况部署了此次监督检查工作。

一、按照《检验检测机构资质认定管理办法》认真开展对检验检测机构资质专项监督检查工作

由于全区的检验检测机构较为分散，按照部署要求专项监督检查工作从2017年的4月开始自11月结束，我局安排了技术专家和监管人员分别对拉萨、阿里、昌都、山南、那曲和林芝、日喀则7个地市的81家检验检测机构开展了专项监督检查工作，监督检查工作人员通过查看实验室场所，核实申报项目，质量管理体系运行情况，检验检测能力现场考核等相关内容进行了监督抽查。

二、检验检测机构专项监督检查基本情况

81家检验检测机构包括了理化实验室、公路工程实验室和机动车检验检测线等相关检验检测机构。被抽查的检验检测机构均能按照质量管理体系工作，严格出具申请项目参数内的报告。体系运行平稳，仪器设备都在有效期限使用范围内。自治区检验检测机构资质认定证书均在有效期内，总体情况较好，没有发现严重的违法违规现象。

但抽查中也发现部分检验机构存在检验程序不规范、质量管理不到位、标准变更未开展新方法确认、记录不细致、人员管理不到位、部分内审流于形式、忽视检验检测设备及环境条件等问题。针对发现的问题，监督检查人员已现场责令检验机构及时完成整改。

三、强制性CCC获证产品的监督抽查，打击违法行为

根据2017年强制性产品认证获证产品市场抽查工作方案，我局对流通领域的电插座获证产品进行了专项监督抽查，

抽样检验工作从2017年7月19日开始，至2017年7月28日结束，共计抽查了42家经销商，进行了抽样的经销商30家，进行了抽样的生产企业18家，共

计抽到38个批次的产品，38张CCC证书。

通过此次专项监督检查，加强了自治区资质认定获证检验检测机构的监督管理，促进了检验检测机构持续维持获证时的检验能力。规范了检验检测机构的检验检测行为，《检验检测机构资质认定管理办法》（第163号令）得到了较好的宣传。进一步为自治区检验检测机构遵守法律法规，准确出具检测数据。诚信服务和检测能力持续维持打下了坚实基础。

撰稿人：唐 利 审稿人：傅金波

认真履职 强化监管 服务发展

——陕西出入境检验检疫局2017年认证监管工作概况

陕西出入境检验检疫局（以下简称“陕西局”）认真贯彻落实国家质检总局、国家认监委和陕西局党组工作部署，坚持改革创新、服务发展，推动供给质量提高，不断提高认证监管工作对陕西经济社会发展的贡献率。

截至2017年10月25日，陕西共有出口食品备案企业121家（其中新增初次备案23家）、农产品企业38家（其中新增4家），取得HACCP认证企业54家（其中新增5家），28家出口备案企业登陆“同线同标同质”公共信息服务平台。办理免于办理强制性产品认证1162批。

一、全面强化认证监管工作

根据国家认监委安排部署，向全局印发了《认证监管工作要点》《“逐一帮扶”行动计划落实方案》。召开重点工作部署暨“三同”工程宣贯会，全面落实认证监管各项工作。

开展进口注册食品口岸督查，强化口岸监管。

对双随机抽取的陕西16家质量管理体系获证企业进行检查，发现问题11个，向认证机构反馈，促进认证市场规范。

二、全力推进“三同”工程

（一）全力帮扶

以帮扶为主线，以“三同”工程为主题，以“增品种、创品牌、提品质”为目标，围绕陕西主要出口产业和主打、特色产品，针对不同企业逐一帮扶，全系统累计帮扶出口企业90多家，大力推进“三同”工程，助力供给质量提升，助推企业转型升级。2017年已新增HACCP、GAP认证企业6家，新增上线“三同”企业13家，“三同”企业达到28家，占出口食品备案企业比例由16.7%增加到23.1%，高出全国平均约7个百分点。

（二）全面开展宣传

设立网站“三同”专栏，举办在线访谈，走进“秦风热线”开展“三同”专题节目，联合举办“认证认可助力质量提升、检验检测服务区域发展”为主题的全省第十个“世界认可日”活动，集中展示“三同”工程和陕西取得的成效，宣传检验检疫检测服务陕西对外开放的技术实力。深入富县GAP示范县专门宣贯。在陕西日报专文报道我局推动“三同”工程成效。继续在杨凌农高会举办“同线同标同质，助力质量提升”主题展，促进“三同”进万家，扩大“三同”理念传播，增加“三同”企业感。

（三）争取各方支持

“三同”工程成为支持自贸区建设的20项举措之一，纳入全省地市食品安全责任考核指标，进入省外贸联席会议议题。在陕西质量提升行动方案、消费提升行动方案等文件中，均加入“三同”工程内容，“三同”工程推进合力增强。

三、推动运用认证认可手段服务质量提升

成功承办了国家认监委和陕西省政府在富县召开的全国良好农业规范认证示范暨“三同”工程现场会，全国检验检疫系统、商超联盟、GSFI成员和全省各地市农业、商务等代表200多人参加，国家认监委主任

孙大伟、陕西省副省长魏增军出席，会议展示了“富县经验”和良好农业规范认证在提升农业全面管理质量、推动农业供给侧结构性改革所取得的明显成效。以政府为主导运用认证认可手段助力农业全面质量管理、促进农产品提品质、创品牌、增效益的“富县经验”已经得到云南、西藏、甘肃、湖北和省内榆林、延安地区的学习借鉴，为陕西局进一步发挥职能优势，服务质量提升积累了宝贵经验。指导延安局向地方党委政府汇报，推动创建GAP示范区和出口质量安全示范区等“三区”联创。

四、加强监管维护国门安全

对口岸进口食品验证开展督查，排查全部进口乳制品、肉类共计29批237.1万美元，全部为来自澳大利亚、加拿大、西班牙、美国等国注册企业生产，产品外包装标注符合要求。

加强强制性产品免办、目录外认定和监督抽查工作，与加工区办事处、机场局等人员进行业务座谈，统一标准，严格监管。办理进口强制性产品免办1162批。完成进口强制性认证产品厨具监督抽查。

五、深化改革，提升认证监管效率

全面委托分支局、办事处受理、初审出口食品备案和强制性产品认证免办工作，确保企业进出口“零等待”，备案审批“零超时”，出口食品备案时限平均2.78天，比2016年平均4.51天缩短38.3%。

开展CCC免办培训，完善强制性认证监管审批流程，自9月1日起，对A、B类企业实施CCC免办全流程网上办理，简化工作程序，大幅减轻企业负担。

撰稿人：贾明贵 审稿人：党继祥

求真务实 创新发展

——陕西省质量技术监督局2017年认证监管工作概况

2017年，陕西省质量技术监督局（以下简称“陕西省质监局”或“省局”）认证认可工作在省质监局党组的正确领导下，在国家认监委的大力支持和指导帮助下，在全省各级认证监管部门的共同努力和密切配合下，认真学习贯彻党的十八届四中、五中、六中全会和党的十九大精神，以助力全省追赶超越为目标，紧紧围绕推进供给侧结构性改革，加快产业结构性调整，促进企业转型升级中心工作，坚持“创优服务，创新治理”的总要求，充分发挥认证认可“传递信任，服务发展”的桥梁和纽带作用，认证认可服务全省经济社会发展的效益更加明显，质量技术基础作用进一步彰显。

一、突出认证认可保底线、拉高线根本职能作用发挥，加大认证监管力度

（一）认真履行监管职责，扎实开展强制性认证产品市场抽查工作

按照国家认监委统一部署，6月—10月，由省质监局组织，江苏省产品质检院作为承检机构，在全省流通内，共抽取强制性认证获证产品电线电缆93批次，涉及生产企业31家，CCC证书44张，发证机构1家（中国质量认证中心）。经检测，样品合格90批次，合格率为96.8%。对抽样不合格产品，严格按照相关程序和要求，加大后处理力度。一是对不合格产品信息及时告知相关认证机构，对证书进行暂停或撤销；二是函告不合格产品生产企业所在省级质监部门，加强对企业监管；三是责成省内相关地市质监部门，对不合格产品销售网点，进一步做好市场处理工作。

（二）充分发挥西北五省区认证执法联动作用，积极做好管理体系“双随机”监督检查工作

根据国家认监委《2017年认证认可专项监督检查计划》和《2017年管理体系认证结果专项监督检查工作方案》要求，8月—11月，省质监局组织开展管理体系认证结果“双随机”监督检查工作。为顺利完成国家认监委安排的监督检查任务，发挥西北五省区执法联动片区陕西质监局的带头作用，9月下旬，专门组织西北五省区质监局“双随机”监督检查人员培训，邀请专家进行授课，促进与兄弟省份认证认可工作的

交流和合作。对检查中发现的的问题，及时通过监管系统上报国家认监委，并责成属地认证监管部门进行整改。通过监督检查，进一步提升认证监管人员能力，整顿认证市场秩序，规范认证行为，营造市场良好的发展环境。

二、立足检验检测机构能力提升，加强检验检测机构监督管理

（一）开展省级资质认定获证检验检测机构监督检查工作

为了进一步规范全省检验检测市场，加强对检验检测机构资质认定工作的有效管理，上半年，省质监局印发了《陕西省质量技术监督局关于组织开展2017年度检验检测机构资质认定监督检查工作的通知》（陕质监认〔2017〕5号），委托省评审中心，按照“双随机”模式，组织开展检验检测机构资质认定工作监督检查。紧密结合民生重点和与经济社会发展密切相关的重点行业，加强对食品农产品、建材与建筑、日用消费品、石油石化产品、环节保护、机动车等产品检验检测机构监督检查。今年共监督检查160余家机构，对监督检查结果及时进行通报，对存在的问题要求机构进行整改，并责成所属区县质监部门强化跟踪落实。

（二）开展检验检测机构能力验证活动

为进一步加强全省检验检测机构资质认定事中事后监管力度，规范检验检测市场行为，不断提升检验检测机构资质认定制度实施的有效性，省质监局组织开展了2017年度检验检测机构能力验证工作，下发了《关于开展2017年度检验检测机构能力验证工作的通知》（陕质监认〔2017〕7号），对四大类7个项目进行了能力验证。全省共有483家检验检测机构参加了此次能力验证，按照判定准则，满意439家、不满意或离群或可疑44家。对结果不满意和可疑的检验检测机构，依据《检验检测机构资质认定管理办法》和《实验室能力验证实施办法》，及时通报各地市质监监管部门，加强后续监管，并要求机构迅速进行整改。

（三）开展检验检测机构专项整治工作

为认真汲取“奥凯电缆事件”的深刻教训，加强检验检测机构管理，规范检验检测行为，按照陕西省委省政府要求，4月—7月，省质监局在全省范围内对已取得检验检测机构资质认定证书的各类检验检测机构进行专项整治。深入排查各类检验检测机构存在的问题，重点查处虚假服务、出具虚假检验检测报告、篡改检验检测数据、超能力范围检验检测以及违反检验检测程序、非授权人签字、资质认定证书过期失效、不按规定使用资质认定标志等违法违规行为。此次专项整治，省质监局成立专门领导小组，由主管副局长任组长，各相关业务处室参加，对资质认定证书有效期内的检验检测机构做到全覆盖，确保此次专项整治工作取得实实在在效果。

三、着眼检验检测机构长远和规范化发展，强化检验检测机构主体责任

开展检验检测机构从业承诺制度。上半年，分批次组织依法设置和授权检验检测机构、机动车检测行业、公安刑事技术机构等共计320余家检验检测机构负责人签订《陕西省检验检测资质认定机构从业承诺书》，就规范检测行为、强化内部管理、提高检验检测技术和服务水平等方面向社会公开承诺，自觉接受各方监督，进一步增强检验检测机构的法律意识、责任意识和风险意识。2月14日，省质监局联合省公安厅召开全省公安机关刑事技术机构资质认定授牌暨工作部署会。陕西省副省长、省公安厅厅长杜航伟出席会议并作重要讲话，并对下一步工作进行安排部署，国家公安部五局领导应邀出席了会议。陕西日报、华商报、中国质量报和新华网等主流媒体进行广泛报道，在社会上取得了良好反响。

四、旨在不断增强认证认可的影响力，加大认证认可宣传

（一）利用世界认可日活动，积极推广认证认可宣传

“6·9世界认可日”期间，省质监局联合陕西出入境检验检疫局、渭南市人民政府举办以“检验检测服务区域发展 认证认可助力质量提升”为主题的全省“6·9世界认可日”宣传活动启动仪式，暨全省检验检测工作现场会。旨在全面贯彻落实省委十三次党代会精神，充分发挥渭南市作为全省首个质监综合改革试验区的标杆引领作用，总结和借鉴渭南市以认证认可、检验检测为手段在服务区域经济发展和促进质量提升中的成功经验，着力增强和激发全省检验检测认证机构改革的主动性、紧迫性和创造性，为奋力实现全省检验检测认证工作追赶超越目标，推动全省经济提质增效、转型升级作出积极的贡献。

（二）召开全省有机产业现场观摩暨经验交流会

为了更好地发挥认证认可制度优势，加大对洋县“全

国有机产品认证示范县”宣传，带动和促进全省有机产业发展，助力精准扶贫，助推农业供给侧结构性改革，9月份，省质监局组织在洋县召开全省有机产业现场观摩暨经验交流会。全省各地市认证和市场监管部门，认证企业和认证机构代表共160余人参加了现场会，省质监局主要领导到会并讲话。国家认监委注册部、省扶贫办、省农业厅、省林业厅、省环保厅、陕西检验检疫局等单位领导受邀参加现场会。

（三）组织并承办全国有机认证产品展

在第24届杨凌农高会期间，组织承办了由国家质检总局、国家认监委、陕西省人民政府联合主办的全国有机认证产品展，并举办了有机产品与产业发展·脱贫致富论坛。展会共邀请了来自全国21个省市的256个有机认证产品生产企业参展。国家认监委副主任刘卫军、陕西省人民政府副省长魏增军，以及国家标准委、省扶贫办、陕西检验检疫局等相关领导受邀参加了展会，并出席有机产品与产业发展·脱贫致富论坛。展会充分展示了我国有机产业取得的丰硕成果，增强了认证认可的社会影响力，倡导健康有机的生活理念，受到参展企业和社会各界充分肯定和一致好评。国家认监委代表团荣获第二十四届农高会优秀组织奖、省局代表团荣获第二十四届农高会优秀展示奖。中央电视台、央视网、新华网、《中国质量报》、《陕西日报》等进行大量宣传报道。

撰稿人：戴林涛　审稿人：景印玺

以“认证+”为核心　强化质量监管
提升供给质量水平　服务地方经济发展

——甘肃出入境检验检疫局2017年认证监管工作概况

2017年，甘肃出入境检验检疫局（以下简称“甘肃局”）以“围绕质量提升，提升供给质量”为指导，全面贯彻落实全国认证认可工作会议精神，积极开展各项工作。

一、做好备案监管工作，服务地方经济发展

（一）优化备案监管模式，强化服务职能，提升监管效能

以国家认监委备案改革工作要求为指导，甘肃局持续优化备案审批工作流程，压缩办理时限，完善互联网申请审核制度。全年共办理初次备案22家次，重新备案5家次，延续备案13家次，变更备案6家次，注销备案18家次，暂停备案证书1家次。备案考核基本采纳企业自我声明和企业HACCP认证证书，业务平均办结时间为4.7天/家次，为法定办理时长的23.5%。

从全局选派优秀技术执法人员，成立帮扶工作组，从厂房硬件布局规划、体系建立运行等多方面入手，多层次多角度开展对出口食品企业和意向出口企业帮扶工作。全年5家企业完成硬件设施改造，19家企业实现了食品安全卫生控制体系或质量管理体系换版升级，6家企业新获得出口备案资质。

（二）做好对外官方推荐和迎检工作，助推特色产品进入目标国市场

全年推荐1家企业向俄罗斯，2家企业向吉尔吉斯斯坦官方注册；帮扶1家企业完善软硬件设施改造，顺利通过日本农林水产省官方检查，获得对日出口资质；2家企业接受俄罗斯、吉尔吉斯斯坦官方检查；指导2家企业重新设计完善生产加工及仓储物流体系，建立符合美国食品安全现代化法案（FSMA）要求的食品防护计划，并完善HACCP体系管理程序，做好2018年美国FDA官方检查准备。

（三）参与赴外评审工作，完善入境《目录》内产品认证信息核查机制

积极推荐甘肃局优秀人才进入国家质检总局专家人才库，分别委派1名同志参加哈萨克斯坦输华羊肉评审工作组和日本输华水产品回顾性检查工作组，参与体系评估和现场检查工作，因对外评审工作积极负责，年底获得国家认监委通报表扬；推荐1名同志加入

蒙古国输华肉类评审工作组，为甘肃局赴外评审工作培养了人才，打好了基础。

建立《进口食品境外生产企业注册实施目录》（以下简称《目录》）内食品入境认证信息查验机制，做好配合兰州新区综合保税区进口肉类查验场等公共平台运行服务工作，开展《目录》内产品入境核查，服务地方进口贸易发展。

二、积极开展“同线同标同质”帮扶工作，助推甘肃食品、农产品供给侧质量提升

（一）开展“逐一帮扶”，助推出口食品企业转型升级

甘肃局认真贯彻落实国家认监委“逐一帮扶”行动工作要求，通过问卷调查、实地调研、电话沟通等方式全面掌握了解出口食品企业“同线同标同质”（以下简称三同）转型升级技术帮扶需求，“一厂一策”制定帮扶工作计划，建立企业帮扶台账和档案，全面落实帮扶工作。截至2017年底，共有21家食品、农产品企业在甘肃局技术帮扶下实现“三同”生产销售，并登陆国家认监委“同线同标同质”信息服务平台。部分出口企业以“三同”为突破口，新设内销包装，开拓内销市场，取得了良好的内销业绩，初步实现了“三同”内销转型。

（二）积极开展“三同进万家”“三同购物节”和“有机宣传周”等活动，扩大“三同食品”“有机食品”影响力

4月—9月，甘肃局分别在天水、酒泉、张掖、金昌、平凉、兰州等地区组织开展了“三同进万家”“三同购物节”和“有机宣传周”等活动。活动累计参加人员超千人，参与活动企业17家次，展出产品40余种，进一步扩大“三同食品”“有机食品”社会影响力。

（三）党建与业务工作相结合，“双轮”驱动，推动“三同”新发展

5月，甘肃局认证处、天水局和长城果汁饮料有限公司党支部共同举行检企党支部合作促“三同”发展活动，共60多名党员参加。活动开展以来，各党支部立足自身，协同发力，充分发挥基层党支部战斗堡垒作用和党员先锋模范作用，积极开展帮扶工作，陇南长城果汁饮料有限公司“三同”产品质量持续提升，销售渠道持续拓宽，品牌影响力持续扩大，“三同”产品内销额大幅增长。

（四）“三同”工作成绩获得肯定

7月，在全球食品安全倡议（GFSI）北京站活动，甘肃局作为唯一直属局现场介绍“三同”工作开展情况及取得的成绩，提升了“三同”社会影响力。

三、认证行政执法检查

（一）管理体系合规性检查

5月，按照“西北五省检验检疫局认证执法联合机制”要求，甘肃局开展了涉嫌非法认证协查工作，检查甘肃辖区内2家获证组织，并将检查结果报送至“西北五省检验检疫局认证执法联合机制秘书处”和国家认监委。

9月，甘肃局开展了甘肃省内质量、能源管理体系合规性检查，并派出3名检查员赴陕西、宁夏、西藏和新疆四省区参与了7家获证组织的现场检查。根据检查情况，立案调查，最终对某认证机构开展能源管理体系认证活动中的违法行为处以5万元行政罚款。这是全国首例能源管理体系行政处罚案例，也是甘肃局历史上处罚金额最大的一次。

（二）食品农产品专项监督检查

按照“双随机、一公开”要求，甘肃局制定了抽样方案，利用电脑软件随机抽取了10家“三同”企业，并随机选派了执法人员相继对企业开展了HACCP体系合规性、有效性检查和“同线同标同质”样品抽样检测工作。本次专项检查实际检查对象15家次，检查发现问题43个，均已反馈认证机构和获证组织。抽取“三同”样品10批次送检测机构检验，并对结果进行跟踪处理。

四、CCC免办工作

为全面落实推行国家认监委2017年发布的CCC免办系统，甘肃局第一时间做好新系统的设置配置工作，打造分支局初审，省局终审的业务新流程，进一步缩短业务流程时限。在局网站发布业务操作指南，方便企业通过互联网办理；组织全局业务骨干赴兄弟局学习，确保办理业务在新老系统使用上无缝对接。

全年累计办结CCC免办证书19份，货值约230万元人民币。8月，甘肃局组织开展了专项监督检查，抽调全局认证执法人员，采用双随机模式，对近2年的免办证明进行了随机检查。检查发现了“企业申报产品型号与实际使用产品不一致”等问题，已要求企业整改落实，并验证核实。

甘肃局顺利完成了流通领域的抽样、送检和总结上

报工作。收到检测报告后（1 个产品检测不合格），第一时间通知经销商暂停销售，同时反馈生产商。在生产商对检测结果无异议的前提下，要求生产商查找原因并提出整改方案。截止目前，生产商在全国范围内停止销售该型号产品，召回了全国范围内下架的该型号商品。

五、开展政策研究

（一）开展“一带一路”沿线国家 HALAL 认证研究，服务甘肃省特色产品出口

甘肃局认证处作为项目负责处室，负责收集整理了印度尼西亚、泰国、马来西亚、伊朗等国家 HALAL 认证标准，并开展认证标准和准入体系的研究。完成国家质检总局政研课题及甘肃局“一带一路”沿线国家清真认证体系及产业发展的研究，并获总局政研课题三等奖。

（二）积极开展政研课题研究

牵头完成甘肃局 2017 年政研课题《如何利用认证认可手段促进甘肃省农产品产业发展——以玉门市为例》；派出骨干力量参与完成国家质检总局 2017 年政研课题《宏观质量管理背景下健全目录外商品监督抽查机制的研究》；参与的科研项目《层次分析法在甘肃省出口危险化学品及其包装检验监管安全风险的应用研究》获批，项目目前顺利进行中。

撰稿人：许志恒　审稿人：尤新福

强化资质认定管理和认证认可监管
全面提升服务经济社会发展工作成效

——甘肃省质量技术监督局 2017 年认证监管工作概况

2017 年，甘肃省质量技术监督局（以下简称“甘肃省质监局”或“省局”）认证监管工作坚持以服务供给侧结构性改革为主线，以推动经济社会高质量发展为目标，着力深化“放管服”改革，聚焦重点工作，着力强化措施，推进认证认可发展，着力强化监管，全面提升工作成效，努力为甘肃经济社会发展提供强有力的技术支撑和质量保障。

一、优化检验检测资质认定管理

认真贯彻落实中央和省上“放管服”各项改革措施，努力实现资质认定审批更少、监管更准、服务更优。一是全面推进“一次申请、一次评审、一张证书”的检验检测机构资质认定工作新模式，优化了办事流程，缩短了办事时限，提高了行政效率。二是按照国务院和省政府的要求取消了机动车安检机构资格许可，对机动车安检机构白资格许可、资质认定“双证管理”调整为资质认定“一证管理”，全省获得机动车安检资质机构 131 家，共有汽车检测线 228 条（含汽摩一体检测线 9 条）。全省 72 个县（区）设有机动车安检机构，方便了车主就近就地检验车辆，保障了机动车运行技术安全。三是简化了资质认定评审要求，对检验检测资质证书有效期的内名称、人员、地址、标准、机构变更等事项，且分类等级在 B 级以上的检验检测机构，直接采取“自我声明”模式办理变更事项或换发资质认定证书，不再进行评审评价考核，办理变更或换发资质认定证书 92 家，既减轻了机构评审考核的相关负担，又提高了资质认定效率，获得企业好评。四是严格检验检测机构资质审批查。执行省局行政审批“三分离”各项制度规定，加强与受理、审核环节的沟通协调，全力做好资质认定审批发证工作。截至年底，共接受资质认定申请 329 家(含复审、扩项)，经审查批准发证 310 家，不予许可 19 家。五是积极与省司法厅、省公安厅沟通协调，共同推进司法鉴定机构和公安刑事技术机构资质认定工作。目前，已有 25 家司法鉴定机构和 12 家公安刑事技术机构通过了资质认定。六是组织开展了全省检验检测机构统计工作。编制了《甘肃省检验检测机构统计报告（2016 年度）》，印发各市州、省直各部门。统计表明，截至 2016 年底，全省共有各类取得资质认定的检验检测机构 628 家，共实现营业收入总额 21.42 亿元，向社会出具检验检测报告 343 万份，共有从业人员 1.6 万人，拥有各类仪器设备 6.79 万台（套），资产原值 32.71 亿万元，共有工作

总面积264万平方米。通过统计掌握了甘肃省检验检测机构的规模、结构、效益等基本情况，为各级政府制定政策和规划、进行经济管理与调控提供了依据。

二、积极组织推进各领域认证认可的实施和应用

注重发挥认证认可在“稳增长、调结构、促发展、惠民生”的基础性作用，积极推进各领域认证认可实施和运用。一是大力推进管理体系认证。围绕提高甘肃省企业质量管理、环境管理、职业健康安全等方面的管理水平，积极组织引导企业应用各领域先进的管理方法，开展各类管理体系认证。截至年底，全省新增和保持的各类管理体系认证有效证书5740张，与2016年同期相比增加396张，同比增长7.5%。2798家企业完成了ISO 9001质量管理体系的换版升级，占获证企业的95%。二是大力推进产品认证。以节能、环保、食品农产品和CCC为重点，积极推进产品认证。截至年底，全省新增和保持的各种自愿性产品认证证书1687张，强制性产品认证书1600张，与去年同期相比分别增长31.38%和13.50%，自愿性和强制性产品认证助力质量提升“拉高线”和“保底线”的作用进一步显现。三是组织开展“6·9世界认可日”主题宣传活动，省局与兰州质监局联合在省建材认证集团开展了主题传活动、组织部分检验机构参观了实验室、召开座谈会等活动，进一步宣传和扩大社会各界对认证认可的认知和结果采信。四是积极推进农产品认证示范区创建。联合省检检疫局印发了《关于联合开展农产品认证示范区创建活动的通知》，组织召开了全省农产品认证示范区创建推进会，制定了《甘肃省农产品认证示范区创建活动指导意见》，根据申报和评审，与省检验检疫局联合确定并公告了甘州区、民乐县、民勤县为甘肃省首批“有机产品认证示范创建区（县）”。以示范区建设为引领，进一步推动各类农业生产组织开展有机产品认证和良好农业规范认证，提高全省有机农业发展的整体水平，提升甘肃省特色农产品质量。

三、强化资质认定和认证认可事中事后监管

严守监管安全底线，坚持问题导向，突出重点领域、强化监督管理。

一是组织全省获证检验检测机构通过认监委综合业务平台开展全面自查工作，重点查找依法检验、内部管理和质量体系运行情况等共计19项内容，要求检验机构对自查中发现的问题要时组织整改，并上报自查结果报告，做到获证机构全覆盖、发现问题全整改、责任主体全落实。

二是组织市县局开展获证机构日常监督检查。依据《检验检测机构资质认定分类监管实施意见》要求，对获证机构实行分类定级并动态调整，指导各市县局依据分类定级结果开展日常监管，2017年，各级质监部门组织检查机构共900多家（次），发现并处理违规机构38家，责令整改32家，立案查处6家。

三是组织开展专项监督检查。联合与省交通厅、公安厅等五部门组织对白银、定西、甘南、临夏、兰州五个市州的7家安检机构在货车超限超载治理、新车注册登记和定期检验中的标准执行、设备管理、制度流程、人员操作技能等情况开展专项督查，对3家存在问题的机构督促整改完善；按照国家认监委统一部署，对食品、日用消费品、机动车安检等领域的15家获证机构进行了飞行检查，对3家存在问题的机构责令改正，对1家存在检验检测能力不足、检验报告虚假等严重问题的机动车安检机构责令停业整改，并委托市局进行了立案查处。

四是大力提升机动车检验机构检测能力。运用资质认定制度，推动全省机动车尾汽排放检测机构开展检测方法升级，统一采用简易工况法开展汽车排放物检验检测，提高对机动车排放物检测把关能力。联合省交通厅对全省汽车踪合性能检验机构开展新修订的《道路运输车辆踪合性能要求和检验方法》标准进行宣贯部署，确保新标准于10月1日在各检验机构全面执行。

五是组织开展了认证活动监督检查。指导市、县两级质监局运用“认证认可业务综合监管平台”提供的信息加强对辖区认证活动监管，截至12月20日，全省共发生各类认证活动4952个，涉及114家认证机构、2528个获证企业，组织市县质监局认证监管人员对其中的3398个认证活动进行了现场监督检查，检查比例达到68.62%，发现并提出了14家认证机构的45个违规问题，对检查发现的违规问题指导市县局按照相关法律法规进行了处理。北京埃尔维、上海凯邦、青岛欧检等3家违规频次超过5次的认证机构被认监委列入异常机构名录。各市州对辖区内认证活动检查比例都达到15%以上，充分发挥了认证行政监管对违规认证活动的震慑作用，规范了认证市场秩序，净化了认证市场环境。

六是试点开展了质量管理体系认证双随机抽查。按照双随机抽查要求组织入库的6个市州局认证监管人员对庆阳、兰州两地的3家质量管理体系获证企业开展监督抽查，协调解决现场检查出现问题，及时国家认监委报送了抽查结果。

七是组织开展了强制性认证产品监督抽查。按照国家认监委的安排，开展了流通领域电饭锅产品监督抽查工作，共抽查嘉峪关、酒泉、兰州的经销商16家，抽

查产品总批数40组，经承检机构检验，合格产品35组，合格率87.5%，向国家认监委上报了抽查结果，向检验不合格的企业和所在地质监部门发出了不合格通知书。

四、积极推进全省检验检测认证机构整合工作

围绕“存量整合，增量创新”的总体要求，按照省政府统一部署，加强与相关部门协调沟通，强化工作措施，大力推进整合工作。一是明确重点。制定印发了《2017年全省检验检测机构整合工作思路和重点任务》，明确了全年推进整合工作的总体思路、重点工作任务和保障措施。二是狠抓落实。围绕《整合指导意见》要求，推进工作落实。庆阳市、省局特设机构、省建材集团3个试点单位已按整合后的新机构、新机制运行。庆阳、嘉峪关、张掖、陇南、武威5市已经市政府常务会议研究相继出台了整合方案并实施。其他市州已结合本地区实际制定了整合方案（草案），正在积极有序推进中。

撰稿人：詹久斌　审稿人：丁建军

建设西部强局　助力质量提升
开创认证认可工作新局面

——青海出入境检验检疫局2017年认证监管工作概况

2017年，青海出入境检验检疫局（以下简称“青海局”）围绕国家质检总局和国家认监委各项工作部署，在局党组的正确领导下，在有关部门的大力支持和配合下，全体认真履职，以质检“十二字”方针为引领，以建设“西部强局”为目标，持续推进“131”工程，以国家认监委“助力质量提升、深化改革创新”方针为指导，以《2017年青海检验检疫工作要点及任务分解方案》为行动指南，扎实推进机构杞认证认证、GAP示范区创建、三同“逐一帮扶”等工作，开创了青海局认证认可工作新局面。

一、第一批青海有机枸杞认证试点工作顺利完成

（一）工作纪要

在2016年认证前期准备工作充分开展的基础上，根据国家认监委《关于征集有机枸杞试点单位的通知》和《关于补充推荐枸杞有机认证试点机构和企业的通知》要求，2017年青海局继续积极向枸杞企业宣传通知精神，帮扶企业推进有机枸杞认证试点工作，于4月17日委托中检集团青海有限公司在青海省海西州政府所在地德令哈市组织试点企业相关人员开展良好农业规范（GAP）和有机认证培训班。于7月聘请国家级枸杞专家，中国医学科学院药用植物研究所研究员徐常青教授和CQC有机认证专家向枸杞有机认证试点企业讲解枸杞有机认证相关知识和有机认证的程序和要求。

此外在认监委专家进行现场预检查后及时跟进发现的具体问题，分析问题原因、提出解决方案，先后3次在青海局组织试点企业召开枸杞有机认证试点工作通报会和研讨会，帮助试点企业做好迎接正式检查的准备工作。根据国家认监委对试点工作监管的规定，要求所有参加有机认证试点的主审认证机构及时向青海局报送检查计划和检查内容，接受青海局对有机认证试点审核计划和审核内容的把关，主动配合青海局对有机认证试点工作全过程的监管。并积极争取地方政府相关部门的大力支持，争取资金补助试点企业顺利开展有机认证试点工作。

截至2017年12月，青海省首批有机枸杞试点工作基本完成，参与试点的20家企业中，18家企业通过良好农业规范（GAP）认证，5家企业通过枸杞有机认证，3家企业获得有机产品认证证书。

（二）新闻宣传

经多方筹划，青海局于3月2日召开由朱雪迎副局长主持、党组书记、局长乔惠同作为新闻发言人的“青海枸杞有机认证试点情况新闻发布会”；于8月9日在青海省西宁市召开了由田锦尘副省长主持、国家质检总局局长支树平、国家认监委副主任刘卫军和青海省政府办公厅、商务厅、农牧厅、食药局、质监局、

西宁市、海西州、海南州、都兰县政府、25家枸杞企业代表参加的青海枸杞有机认证试点颁证暨国家良好农业规范（GAP）认证示范县创建工作启动会。会上支树平局长、田锦尘副省长、刘卫军副主任等领导为青海枸杞有机认证获证企业代表颁发有机转换证书，显著提升了青海省枸杞有机认证试点工作的社会影响力，取得了地方政府及相关部门的大力支持。

（三）沟通合作

青海省枸杞有机认证试点工作得到了青海省委省政府领导的高度重视。经党组书记、局长乔惠同多方协调，省农牧厅将枸杞有机认证试点工作列入青海省“2016年有机产品认证试点基地建设”项目，补助枸杞品牌建设专项资金100万元。

有机认证试点工作推进过程中，青海局多次向省政府上报枸杞有机认证试点工作专报并得到省政府领导批示。主管副省长田锦尘批示：青海检验检疫局开拓创新、主动作为，在我省枸杞有机认证上做了大量卓有成效的工作，望持续加强跟踪监管服务，为做大做强我省枸杞产业做出新的贡献。

二、都兰县国家良好农业规范认证示范创建区获批

在开展枸杞有机认证试点工作的基础上，青海局党组将良好农业规范认证示范区工作列为全年重点工作之一。创建目标确定后，局党组高度重视，第一时间邀请海西州和都兰县主要领导来青海局就国家良好农业规范认证示范县创建工作进行商谈并达成共识。都兰县国家良好农业规范认证示范区创建申请工作启动后，主管副局长带队赴都兰县政府就示范区创建申请材料准备情况进行对接。青海局派专人全程指导帮扶，帮助完善都兰县良好农业规范标准实施与推广发展规划、都兰县良好农业规范标准实施与推广管理协调机构设立、都兰县扶持GAP认证与实施的相关政策措施和都兰县GAP认证产品生产及监督管理措施等一系列申请材料。联系中检集团青海分公司为都兰县撰写实施与推广GAP标准生产所产生的经济、社会、生态效益综合评估报告。督促县政府及时制定了《都兰县农牧林业和扶贫开发局关于成立都兰县创建国家良好农业规范认证示范区建设领导小组的报告》和《都兰县农牧林业和扶贫开发局关于上报都兰县创建国家良好农业规范认证示范区建设实施方案的报告》。示范区创建申请材料基本齐全后，青海局于6月20日向国家认监委上报《青海检验检疫局关于推荐青海省海西州都兰县创建国家良好农业规范认证示范县的报告》，与申请材料一起报送认证认可研究所进行专家评审。国家认监委于7月4日在官方网站发布《关于对2017年度第一批良好农业规范认证示范创建区名单的公示》，2017年8月1日，发布《国家认监委关于公布2017年第一批良好农业规范认证示范创建区名单的通知》，经过近4个月的努力和积极争取，海西州都兰县成为2017年全国首批、也是唯一一家国家良好农业规范认证示范创建县。

8月9日，在青海枸杞有机认证试点颁证暨国家良好农业规范（GAP）认证示范县创建启动会上，国家认监委刘卫军副主任宣布都兰县国家良好农业规范认证示范区创建工作正式启动。

三、持续推进“同线同标同质”帮扶行动

根据《国家认监委关于进一步做好2017年出口食品企业“逐一帮扶”行动计划的通知》（国认注〔2017〕19号）和《青海局2017年出口食品企业内外销“同线同标同质”帮扶行动方案》，成立了青海局出口食品企业内外销“同线同标同质”帮扶行动领导小组，召开“2017年青海出口食品企业‘三同’工作宣贯会”，明确责任分工。

通过“一厂一策”逐一征求帮扶需求，4月24日—25日，组织出口食品企业80余人在青海省海西州组织开展食品防护计划、HACCP、GAP和有机认证等培训，助推企业获得HACCP、GAP认证，指导企业按“三同”要求生产。通过补助出口食品企业开展HACCP和GAP第三方认证，指导企业按“三同”要求生产、推荐符合“三同”要求的企业入驻“三同”公共信息服务平台、积极协调推荐企业对外注册、推动枸杞有机认证试点企业开展GAP和有机认证等措施，帮扶15家出口企业获得HACCP认证，12家出口企业获得GAP认证，11家出口企业获得有机认证，已完成帮扶目标的75%。

经过“逐一帮扶”，青海有20家出口食品企业达到“三同”标准，并入驻国家认监委“三同”公共信息服务平台，占我省注册备案的出口食品生产企业30%（上线率全国排名第三）。指指导13家“三同”企业，21种产品进驻“优食”华夏精选、“三同”优品、京东“供港生鲜”等电商平台。2017年，“三同”企业新增内销948万元。实现内外销双增长的主要产品有三文鱼、虹鳟鱼、鲜冻牛羊肉、蜂花粉、蜂王浆、枸杞、沙棘等产品。

于7月“食品安全周”期间，联合省商务厅、食药监局、工商局共同开展了“三同进万家”大型宣传活动，免费向消费者发放了“三同”进万家宣传册等材料500

余份，现场讲解出口食品“三同”工程，解答群众日常消费中的疑难问题。通过宣传让消费者更加了解进出口食品安全知识，增强食品安全意识，营造食品安全社会共治共享的良好氛围。

四、进一步开展出口食品生产企业备案及监管工作

（一）年度备案及监管完成情况

截至2017年12月31日，青海地区共有72家出口食品生产企业获得备案资质，过去四年平均年增长率达到29.7%。2017年青海局共通过“出口食品生产企业备案管理系统”完成初次备案企业8家，重新备案企业5家（增加备案品种），延续备案5家，变更备案2家。（共20家），平均办理时限缩短至1.6天。100%采信备案和实现网上受理、审核和审批。实现了出口备案“零超时”、出口“零等待”。青海局按照年初制定的《青海局2017年度出口食品生产企业备案监管工作方案和监管计划》开展出口食品生产企业备案监管工作，出口食品生产企业备案监管计划完成率100%。认证处联合动植食处对33家当年有出口业务的食品备案企业实施现场监管，其中3家为备案后首次实现出口业务的企业。

（二）备案监管工作组织实施情况

2017年，共派遣卫生注册评审员81人次对31家出口食品生产企业进行了备案监管，重点关注备案企业SSOP运行的有效性、产品质量安全追溯体系、食品防护计划和HACCP计划的有效性以及认证证书和认证标志的使用等方面。共查出不符合问题34项，责令企业限期整改并向青海局提交整改报告，所有不符合项均由现场监管人员一一验证整改效果。

（三）备案企业联动监管工作情况分析

按照“三个文件”（国认注〔2013〕57号、国认注〔2014〕8号和国认注〔2014〕20号）要求，结合《青海局2017年度出口食品生产企业备案监管工作方案和监管计划》认真组织开展备案企业联动监管工作。

2017年对获得HACCP体系认证或GAP认证的出口食品备案企业实施了100%联动监管，共安排联动监管HACCP体系认证企业31家，GAP认证企业11家。认证的产品主要包括沙棘饮料、沙棘酒、沙棘油、枸杞干果及其制品、白刺产品、蜂王浆、蜂王浆干粉、三文鱼、冻胴体羊肉和分割牛羊肉等，认证产品与出口备案产品范围相符。加强对20家申明符合内外销“同线同标同质”企业和认证活动的监管，认证机构是否存在认证审核计划未及时报送的情况；认证机构是否按照认证实施规则要求对出口食品生产企业（或种养殖基地）认证制定专项审核指导书；认证机构审核组的技术能力，检查员注册资格、范围和专业是否符合要求；认证的过程中，有无减少现场审核人天数、工厂检查员不到现场或是冒名顶替；认证机构对出口食品生产企业（或种养殖基地）和境外食品生产企业实施认证时，是否重点关注企业符合出口目的国法律法规及我国注册备案要求的情况；认证机构是否告知获证组织在认证范围内正确使用认证证书和认证标志；获证组织实际操作与操作规程是否一致。

五、完成管理体系认证活动专项监督检查工作

青海局根据国家认监委2017年随机抽取的1000个质量管理体系认证结果中属于青海局的监督检查对象，以提高认证机构的合规性为出发点，结合青海检验检疫局2017年重点工作部署和行政资源情况及《青海检验检疫局2017年管理体系认证结果监督检查工作计划》，于8月21日在西安参加了“西北五省+河南+西藏检验检疫局7省认证监管人员随机抽样仪式”，完成了包括青海在内的7省区检验检疫局认证监管人员与被检查企业的随机分组抽样活动，组成了各监督检查小组，任命检查组组长并明确了各检查组人员、检查时间、检查任务。

9月26日，由随机抽取的西北五省区认证执法监管联动机制管理体系认证监督检查组对国家认监委认可部随机抽取青海地区的1家获证企业开展了质量管理体系认证结果监督检查工作。随机抽取到的青海地区质量管理体系档案1份：认证机构为北京埃尔维质量认证中心，获证组织为青海盐湖硝酸盐业股份有限公司，质量管理体系认证证书编号为088616Q。检查结果总体较好，未发现违法违规认证和虚假认证的情况。检查中共发现问题5项，均为认证机构的问题，检查工作结束后，青海局已向认证机构发出问题整改通知，责令认证机构对不符合项限期整改，认证机构已做出书面情况说明，并由监督检查组跟踪验证合格。

六、开展强制性产品认证获证产品市场抽查工作

根据《青海检验检疫局关于2017年强制性产品认证获证产品市场抽查经费预算方案和实施方案的函》，青海局先后出动监督抽查人员10余人次，与被抽检方和检验中心沟通联系，确认样品价格、数量、生产企业、认证机构、认证证书等信息，经过多次平衡与测算，共抽取样品4种、4批次，分别为空中竞速喷气式飞机（带

电)、城市广场、乐高得宝多合一趣味桶、海洋勘探组合。所有抽取的样品均以特快专递的形式寄往中华人民共和国扬州进出口玩具检验所进行检测，检测结果全部合格，合格率为100%。

撰稿人：贺 珍 审稿人：张乃愚

总结经验 开拓创新 努力提高认证认可工作的有效性

——青海省质量技术监督局2017年认证监管工作概况

2017年，青海省质量技术监督局（以下简称“青海省质监局”或“省局”）深入贯彻落实党中央各项改革精神，围绕国家质检总局、国家认监委和省委省政府工作总体要求，始终把提升质量和引导转型作为认证监管工作思考、谋划和实践的基点，规范和促进检测认证行业健康发展，开创性地开展工作，不断发挥认证认可对促进国民经济和社会发展的作用，服务于青海经济社会又好又快地发展。

一、工作基本情况及主要做法

目前，全省通过质量管理体系认证、环境管理体系认证、有机产品认证、能源管理体系认证企业（单位）共1344家，获取证书1378张。取证率为1.60%，获证率1.64%。检验检测机构214家，其中建工建材领域64家、机动车领域43家、环境检测领域32家、卫生医疗领域22家、化工领域3家、安全生产领域1家、农林牧渔领域3家、国土资源领域8家，采矿冶金领域2家，能源领域12家，司法鉴定领域10家、其余领域14家。

（一）检验检测机构资质认定工作的管理

为进一步增强资质认定行政许可水平和对获证实验室的监管能力，不断提升检验机构依法检测、文明服务的社会形象，青海省质监局通过加强评审员队伍建设、完善许可工作制度、规范许可工作流程等方式，切实提高了资质认定工作有效性和科学性。

1.加强对检验检测机构的监管力度

对环保、建工建材、食品等重点领域的检验检测机构开展专项监督检查；继续开展检验检测机构能力验证工作；对2017年检验检测机构专项检查存在问题及能力验证不满意的机构采取“回头看”的方式，重点监督检查。

2.认真落实各项改革举措，深化检验检测行政审批制度改革

检验检测机构资质认定部分变更审批采用告知承诺制。对辖区内的检验检测机构的标准、场地和名称变更试行告知承诺制，告知承诺的实施一方面降低了检验检测机构的“非生产性”成本，激发了检验检测市场主体活力；另一方面，进一步明确了检验检测机构的主体责任，从而“倒逼”检验检测机构更加规范其检验检测行为。取得积极的试验成果。

3.以加强执法监管为突破，规范检验检测行为

根据国家认监委《关于开展加强认证认可检验检测全面质量监管专项整治工作的通知》（国认法〔2017〕37号）文件要求，为加强青海省检验检测机构的监管，依据青海省质量技术监督局《关于印发推行双随机、一公开实施方案的通知》（青质监办〔2016〕162号）及《关于印发双随机、一公开工作细则的通知》（青质监办〔2016〕163号）有关规定，组织开展了2017年检验检测机构资质认定工作监督检查，抽查比例为50%。配合国家认监委完成2017年度检验检测机构“飞行检查”。共对2家国家级检验检测机构、5家食品检测机构、5家机动车检验检测机构资质认定开展监督检查。检查结果为4家为自行整改后通过，2家责令改正。

4.协调配合，积极推进刑侦技术机构资质认定工作

根据《青海省公安刑侦技术机构资质认定工作方案》，结合青海省公安刑侦机构从业状况，稳步推进全省公安刑侦技术机构资质认定工作。协调委托省公安厅设立行业评审组，受理开展资质认定工作。相关技术评审工作正在进行中。

（二）认证行政监管与执法工作

1. 以监督抽查为抓手，落实强制性认证产品监管措施

根据《国家认监委关于印发2017年认证认可各业务领域监督检查工作方案的通知》（国认办〔2017〕62号）、《关于开展2017年强制产品认证获证产品市场抽查工作补充通知》的要求，组织开展电线电缆、电磁炉、电灶等3类强制性认证产品专项监督检查抽样工作。共抽取6家企业9个批次的电线电缆，7家企业11批次的电磁灶、7家企业11批次的电灶。其中电线电缆合格7个批次，不合格2个批次，合格率78%；电磁灶及电灶还在检测中。电线电缆企业后续处理工作已移交西宁市市场监督管理依据相关法律法规进行处理。

2. 推动质量信用监管，建立强制性产品认证风险信息分析预警工作强制性产品认证日常监管的长效机制

省局结合自身实际情况，加大监督执法工作力度，惩戒失信行为。在强制性认证产品生产企业进行质量信用等级评价试点工作，进一步加强对企业的教育和宣传，宣传质量法律法规，增强法制观念强化企业质量第一责任人的意识，促进企业诚信经营，切实落实质量安全责任人。

3. 以宣传和引导为主线，推进全省质量认证体系建设工作

根据省局“质量月”活动专题部署会议精神，我处结合工作实际，围绕《青海省质量技术监督局化工产业质量提升行动实施方案》的要求，在全省范围内，分3期开展了新版质量管理体系标准宣贯学习活动。重点对化工产业及检验检测机构共300余人次，组织开展了GB/T 9000（ISO 9000）系列质量管理体系标准和先进质量管理工具方法的宣贯学习活动。

4. 以食品农产品认证专项开为手段，着力认证市场秩序

根据社会各界反映伪造、冒用、超期、超范围使用有机产品认证证书、认证标志和违规认证、咨询、数据不可查询等问题，组织相关地方局对有机产品等食品农产品获证企业、销售场所进行突击检查。完成国家有机产品（枸杞）监督抽查。随机在青海有机枸杞的生产企业中抽取了格尔木亿林枸杞科技开发有限公司等5家企业，对其有机产品证书的符合性及有机产品的相关要求进行了检查。并抽取5个批次的产品进行检验，检验结果符合有机产品相关要求。

根据经济发展需求和实际情况开展有机认证示范区创建，以做好“贵南县10万亩青稞基地的青稞有机认证工作”为突破口，带动青海省有机产业发展。

二、存在的问题

通过开展以上工作，使青海省认证认可工作进一步得到了规范，但也存在一些问题，主要表现在以下几个方面，一是由于青海省无专门的评审员管理机构，受其制约，不能及时发现评审员是否为被评审实验室提供过咨询服务或技术指导；二是受青海省地理环境、经济水平的限制，全省获证实验室总体水平较发达地区尚有一定的差距，获证实验室整体管理水平有待进一步提高；三是个别获证检测机构诚信守法意识不强，检测行为不规范的现象时有发生，加大了资质认定行政许可的风险；四是执法人员的专业素质有待加强。

三、下一步工作思路

严格检验检测机构资质认定程序，强化日常监督检查．以机动车检测机构、建材检测机构为试点，制定质量保证体系规范，探索实验室资质管理新模式。

继续对CCC强制性产品有计划、有步骤地开展执法检查工作。探索研究CCC产品长效监管机制，探索行政执法的有效途径。

按照国家认监委工作部署，进一步做好认证认可监管专项工作。提升获证企业认证的有效性，继续对获得质量管理体系、强制性产品、有机产品认证的企业开展专项监督检查，检查认证机构活动的合规性、获证企业产品、质量管理体系保持认证基本条件的一致性。

加强认证认可监管人员培训，不断提高监管人员的能力和水平。

撰稿人：严　丹　审稿人：马占海

加大改革力度 创新工作思路
助推宁夏经济和认证认可事业发展

——宁夏出入境检验检疫局2017年认证监管工作概况

宁夏出入境检验检疫局（以下简称“宁夏局”）全面贯彻落实全国质检工作会议和全国认证认可工作会议精神，紧紧围绕“四谋、四创、四强”的工作思路，坚定不移用认证服务宁夏经济发展。

一、创新“放管服”出口食品企业备案管理新模式

截至2017年底，宁夏共有98家出口食品备案企业，有效备案证书115张，新批准备案企业23家；换证复审14家。注销10张证书，办理变更5次。备案企业中获得HACCP认证企业42家，占总数的43%。创新“放管服”出口食品企业备案管理新模式，积极争取国家认监委的指导和支持，出台了深入实施出口食品生产企业备案管理“放管服”改革的专项方案，全面采信第三方、有条件采信企业自我声明，简化备案手续，全流程无纸化，实行“零等待”模式，加强事中事后监管。备案时间由原来的20个工作日缩短至3个工作日以内，大大激发了市场活力。

二、推动宁夏在全国率先全省域推广良好农业规范认证

2017年3月，中宁、同心两县获批全国首批GAP认证示范创建县，自治区党委、政府高度重视，多位领导作出批示，自治区分管副主席专门主持召开会议专题研究部署此项工作。2017年10月，自治区政府专门出台了《关于推行良好农业规范认证工作的意见》，决定全省域内推行GAP认证。国家质检总局局长支树平在相关报告上作出批示，肯定宁夏检验检疫局手握利器、善用良工，创新手段服务发展。目前，两县开展GAP认证的农产品企业已由过去的7家增至16家，种植面积约6万亩、养殖规模近3万头，认证规模不断扩大。银川市政府也出台了推广GAP认证的实施意见。

三、大力推进“同线同标同质”工程

扎实开展“逐一帮扶”行动，登录国家“三同”平台的企业33家，较2016年增长了371%，占全区出口食品企业的33%，上线率居全国第二位，高于全国平均水平17个百分点。主要产品涉及枸杞干果、枸杞汁、枸杞籽油、枸杞酒、脱水蔬菜、清真牛羊肉、蜂蜜、葡萄酒等。结合“三同”产品发布会、“世界认可日”“食品安全周”“中阿博览会”“三同进万家”“质量月”等活动大力宣传“三同”工程，并在各新闻媒体刊登了关于“三同”工程推动工作的相关报道。加强与地方政府的沟通协调，积极主动向自治区政府专题报告，2017年6月向自治区政府报送了《宁夏检验检疫局关于推进“同线同标同质”工作的报告》；多次赴出口食品农产品集中的中宁、同心、石嘴山等地，为企业和当地政府宣讲“三同”工程及国家认监委的相关文件精神，加强认识，形成推动合力。多家企业的“三同”产品在商超或电商平台销售，优质产能和市场空间进一步扩大，企业获得感得到提升。

四、率先开展“双随机、一公开”事中事后监管

强化监管责任，探索实施备案监管、认证监管、检验检疫日常监管“三合一”联动监管，要求已备案企业无论是否有实际出口业绩，全部纳入监管范畴，决不允许游离于监管之外，2017年现场监管覆盖率达到80%以上。2017年底，对全区出口食品备案企业探索实施了集中“双随机”专项检查，根据检查结果依法注销2家企业出口资质、暂停3家企业出口资质，事中事后监管初步实现了由松软到严硬的转变。

五、开展进口强制性产品市场督查

宁夏局组织对辖区流通市场进口强制性产品进行专

项督查，对低压电器类中的断路器、家用和类似用途设备类18种产品、照明设备类中的灯具、机动车辆及安全附件类17种产品、轮胎产品类3种产品、玩具类中的童车进行了摸底调查和抽样检测。抽查进口强制性产品的“CCC”证明、“CCC”产品标识，进一步加强“CCC”认证的宣传力度，有效打击制假售假行为，保障宁夏地区进口“CCC”认证产品的质量安全。2017年，抽取榨汁机、音箱进行产品检测和一致性检查。经检测，检测项目均符合标准要求。

六、加强认证认可宣传

认真安排部署“世界认可日”系列活动。一是组织召开“世界认可日”宣传活动，自治区商务厅、林业厅、食药局、质监局、葡萄产业发展局以及中宁、同心县政府有关人员参加。二是张贴宣传海报，介绍认证认可知识、认证认可趋势。三是深入企业开展宣传，发放国家认监委认证认可宣传材料，促进企业认识认证认可。积极开展“有机宣传周”活动，在银川河东国际机场T3航站楼向来往旅客宣传有机产品知识。

七、多种形式开展业务培训

通过集中授课、现场实践、案例讲解、专家经验交流等方式对全系统认证监管人员进行全方位培训，培训达90余人次。业务培训锻炼了认证监管队伍，整体提升了认证监管人员执法水平。面向企业举办有机认证知识、出口食品非传统安全防护培训，通过分析实例、学习典型等方式对生产工作中发现的问题、需要关注的要点进行了总结分析，提升企业人员对新知识新要求的掌握与应对能力。

八、认证监管联动机制建设稳步推进

2017年，宁夏局牵头组织了7省区检验检疫局认证执法检查员联合培训。在广泛征求各成员单位意见、充分协商的基础上，组织开展了管理体系认证结果的联合专项监督检查。联合检查跨越7省区，组建15个小组，出动检查员78人次，共完成23家获证组织的现场检查工作。检查中还建立起专家支持机制，邀请有关专家对部分省区的检查工作进行了指导。2017年，7省区检验检疫局共约谈认证机构9家，要求认证机构限期整改问题76项，完成行政处罚1例。利用合作机制的平台，组织部分成员单位对两家机构涉嫌在西北地区开展非法认证活动的问题，开展了联合协查，为国家认监委对非法认证机构处理提供了翔实的证据。国家认监委随后发布公告，对相关非法认证机构进行了曝光，并认定其颁发的认证证书在国内无效。

九、帮促指导企业积极应对国外检查

2月，日本农林水产省动物检疫所对宁夏吉洋肠衣有限公司进行现场检查。为帮助企业顺利通过检查，宁夏检验检疫局提早介入，深入该企业开展了出口食品企业备案卫生要求的监管，帮助企业进行了存在问题的整改，指导企业制定了向日方汇报的PPT解说内容，开展模拟日方检查过程，积极联系认监委、中方陪同代表和企业，做好地面交通、日语翻译、行程间衔接协调工作，并全程陪同日方检查。企业获得日本注册后将享受日本取消“进境消毒”制度，每个集装箱（按100桶，每桶500把肠衣计算）可减少约275万日元的消毒费用，折合人民币16.85万元。通关时间也将由原先30至90天，缩短到1至3天。宁夏局将继续监管和帮扶，确保注册企业持续符合出口卫生注册要求和日本有关动物卫生要求。

十、实验室认证认可能力不断提高

宁夏局综合技术中心在“快速、准确、简便”上下功夫，技术中心要求各实验室积极参加CNAS、CNCA和各兄弟局组织的各种实验室间能力验证。目前，技术中心认可检测项目2545项，持续为支持宁夏地区葡萄酒产业、枸杞产业、羊绒产业、矿产品等提供全面的技术支持。12月，宁夏局技术中心中卫分中心实验室获得自治区检验检测机构资质认定资质证书，取得检测能力范围3大类809项，其中农药残留检测720项、重金属检测20项、饲料级DL–蛋氨酸5项。基本满足了宁南地区出口产品的检测要求，将进一步为中宁枸杞走出国门提供技术支撑服务。

撰稿人：晋　磊　审稿人：沈永建

深化认证改革　服务质量提升

——宁夏回族自治区质量技术监督局2017年认证监管工作概况

一年来，按照“围绕质量提升，提高供给质量”工作要求，宁夏回族自治区质量技术监督局（以下简称“宁夏质监局”）进一步提高“放管服”工作的实效性，积极推动检验检测行政审批制度改革，强化对认证工作的事中事后监管，不断提升认证工作服务水平，适应全区经济社会发展需要。

一、主要工作开展情况

（一）深化改革提升服务水平

按照《国务院关于规范国务院部门行政审批行为改进行政审批有关工作的通知》《国务院办公厅关于简化优化共服务流程方便基层群众办事创业的通知》等精神，宁夏质监局积极推进行政许可制度改革工作，经反复研究，在征求多方意见的基础上，形成了“检验检测机构行政许可制度改革方案”，主要内容：一是实行先证后核。我们主动服务，让企业少跑路，前置过程程序变为后置程序进行现场审查，将过去先审核确认后发证改为先发证后审核确认。二是压时提效。大幅缩短受理、决定、发证时间，改革前企业从受理到取得许可证需要从最长6个月和最短35个工作日完成，实施网上审批后，实行“2个工作日”受理决定制，大大提高了工作效率。三是事前宽进。放宽准入环节，强化事中事后监管。以企业、机构按相关规定自我承诺为许可取证先决必要条件，规范“先证后核”网上审批工作。四是精简事项。简化重复单一事项程序流程审批过程，减轻企业、机构负担，注重企业、机构诚信和主体责任的落实。如实施减免程序，许可有效期满延续企业、机构申请事项无重大变化，且无违法行为的，实施免于现场审查程序，企业网上申请和自我声明承诺后，直接换发许可证。不影响行政许可能力、参数、资源条件的变更，企业性质变更、注册地址变更等，企业自我声明承诺后，免于审批管理，有效期届满需延续变更。五是优化审批程序。将窗口申报一个通道，变为窗口网上两个通道申报，为企业、机构便利和自由选择。全面推进实施电子化和无纸化网上受理，将企业到政务大厅当面提交材料申请受理改为不见面网上申请受理，大幅删减申报材料，实施申报材料“一单一书一照”制。六是文本清晰统一。制定规范申报文本。将复杂繁琐申报文本简化统一文本申请单和承诺书，并在申请单和承诺书中制定明确相关内容，尽量选项和少填写，使企业、机构填报简单轻松准确又符合要求。编制了《认证行政许可网上审批工作实施方案》《认证行政许可办理流程（暂行）》《申请单（暂行）》《承诺书（暂行）》《宁夏质监局先证后核网上审批管理办法（暂行）》，推动“先证后核”网上审批顺利开展，把“简政放权提速增效 优化服务降本惠民”落到实处，这项改革工作宁夏质监局已按有关规定程序推进。

（二）强化服务指导推动技术保障体系建设

积极服务重点行业建立完善检验检测技术体系，按照宁夏质监局与公安厅联合印发《宁夏公安机关刑事技术机构资质认定工作实施方案》要求，完成了3市5县公安机关刑事检验检测机构资质认定工作，截至到2017年10月市级机构全部建立完成，县级机构建立完成了50%。按照宁夏质监局与农牧厅联合印发《宁夏农产品质量安全技术机构检测能力验证实施方案》要求，完成了2市4县农副产品质量安全检验检测机构资质认定工作，截至2017年10月市级机构建立完成60%，县级机构建立完成了50%。联合自治区交通厅起草印发了《机动车安全技术检验项目和方法》新标准的贯彻实施方案，指导各地机动车安检技术机构更新完善技术检测装备，熟悉掌握技术检测标准，确保2017年底各机动车安检技术机构达标并顺利开展工作。

（三）突出重点提高监管实效

一是深化清真食品认证大检查。主要针对2016年专项整治发现的问题，结合国家和自治区有关清真食品认证方面的最新政策要求全面开展。各市县市场监管局在检查过程中，以规范清真食品认证市场为目的，以宣传教育和帮助企业落实整改为手段，每到一家企业，首先向企业宣传国家及自治区清真食品认证相关政策，引导企业正确使用清真认证标识，正确认识清真食品认证的实际意义及范围。对于获证企业认证标识使用不规范的，要求企业立即整改，限期更换包装，没有使用完的旧包装，必须进行覆盖处理方可使用；取得境外机构清真食品认证的，要求停止使用认证标志，对认证机构开展认证情况进行调查。通过检查，在2016年专项整治过程发现的由各地伊协出具类似清真“认证”证书和境外机构在区内开展认证活动的行为得到有效遏制。通过检查人员的宣传和帮助，企业提高了对清真食品认证工作的认识，对专项检查工作表示支持和理解。

二是组织完成玩具、电线电缆、家用电器、消费类电子产品、装饰装修材料等强制性产品认证监督检查工作。各市、县（区）市场监管局和宁东质监局结合辖区工作实际，对生产领域、流通领域CCC目录内产品未经认证擅自出厂、销售的监管和查处工作，特别是对城乡结合部无证出厂、销售行为严格监管、处罚治理，坚决斩断无证违法行为链条，维护市场经济秩序。部署和完成2017年强制性认证产品液体加热器监督抽查工作。本次监督检查共抽查了4家经销企业，主要为电器专门卖场，样品涉及22家生产企业生产的40个型号液体加热器产品，合格34批次，不合格6个批次，合格率为85.0%。

三是部署和完成2017年宁夏食品农产品日常监管和有机枸杞监督抽查工作，共抽取百瑞源枸杞股份有限公司等五家企业生产的有机枸杞样品5个批次；在超市和批发市场开展“三品”获证产品检查，重点查处标识与产品不符、标识与证书不符、伪造或冒用标识等行为。全区共检查了33家超市和批发市场、153家企业280多张有效证书。在此基础上，宁夏质监局又开展了重点抽查和督查，共检查获证企业32家60多张证书。经检查大部分获证企业均能按照认证规范要求进行生产，但有些企业特别是无公害农产品获证企业还存在着生产记录不全、标识使用管理不规范等问题，对发现的问题，监管人员现场进行了责令整改。同时，在总局的统一部署下完成了2017年宁夏管理体系认证获证单位监督抽查工作。对双随机抽中的两家获证单位现场进行了监督检查，并通过认证监管平台上报国家认监委。

四是强化全区检验检测机构监督管理。为全面掌握全区检验检测机构检验检测能力和行业分布情况，不断提升检验检测机构资质认定工作的质量和水平，按照检验检测领域和行政区域分布，建立了全区资质认定检验检测机构档案。下发了《关于组织开展全区检验检测机构专项监督检查的通知》，要求全区所有资质认定获证检验检测机构进行自查，牵头组织宁夏公安厅、环保厅等相关业务单位配合国家认监委专项检查组对全区建材环境、食品、机动车等行业13家检验检测机构进行了监督检查，组织市、县开展重点督查和监督抽查，共检查机动车安检机构、建材检验等检验检测机构145家，对机构的管理体系运行、诚信检测等方面进行了严格细致的监督检查，检查结束后通报了检查结果，督促全区检验检测机构规范检测行为，提升检测能力。

（四）强化培训提高监管人员素质

积极筹措资金，结合工作实际开展认证认可业务培训。今年5月，在中国计量大学组织开展了全区认证认可监管人员业务知识培训，培训人员近100人，邀请大学教授采用专题讲座与现场教学相结合的方式，从认证认可基础知识、创新能力和管理方法等方面进行了详细讲解。针对固原地区一线工作人员轮岗快，基础薄弱的劣势，为固原市举办一期专题培训班，组织专家通过典型案例分析、实践经验分享、现场交流互动等形式，进一步丰富了课堂内容，提升了培训效果，受到参训人员普遍好评。为全面推进认证工作开展创造有利条件。

二、存在主要问题

市县实行分级管理没有设置认证认可工作科室，区局与市县局衔接不畅。基层监管力量十分薄弱，没有专人负责，都是兼职在干，而认证认可工作面广量大，很难满足新形势、新要求的需要。并且开展认证工作监管的专项经费不能有效保障，从区级到市县级基本上没有将认证专项经费纳入财政预算。

市县技术检验检测机构技术能力和管理水平薄弱。特别是县级技术检验检测机构从专业人员和检测设备等方面比较缺乏，直接影响区、市、县三级技术检测检定体系建立完善。

整体科研能力水平较低，在检测检定标准、方法等方面缺乏有效科研活动，一是没有充分发挥与科研院所和学院合作的作用，结合实际针对性开展科研项目。二是走出去到国家计量科研单位、发达地区计量机构学习取经、参与科研活动的意识不强。三是鼓励中青年业务骨干积极参与科研的措施办法和机制不健全。

队伍建设需要进一步加强，特别是执法人员业务能力培训，中青年科技人才的培育，需要从上到下采取有效措施实施解决，在政策和资金等方面大力支持。

撰稿人：叶　涛　审稿人：陆　靖

主动作为　服务发展　推动认证监管工作再上新台阶

——新疆出入境检验检疫局 2017 年认证监管工作概况

2017 年，新疆出入境检验检疫局（以下简称“新疆局”）认真贯彻落实国家质检总局、国家认监委和新疆局有关工作会议精神，严格按照“抓质量、保安全、促发展、强质检”的工作方针，全面贯彻《质量发展纲要（2011—2020 年）》，紧紧围绕中心工作和重点工作，较好地完成了全年各项工作任务。

在出口食品生产企业备案工作方面，依据《出口食品生产企业备案管理规定》（国家质检总局第 142 号令），2017 年全疆备案申请批准 70 家企业，对 14 家出口食品生产企业给予注销备案资格处理。经测量，出口备案各项工作时限符合率 100%。

在对外开展输华肉类企业注册评审方面，4 月 18 日—28 日、9 月 18 日—30 日，受国家认监委委派，新疆局派员赴哈萨克斯坦开展进口肉类企业注册评审工作；9 月 18 日—30 日，受国家认监委委派，新疆局派员赴蒙古国开展进口肉类企业注册评审工作。

在出口食品企业内外销“同线同标同质”工作。2017 年，新疆局按照国家认监委的要求，于 3 月 20 日—24 日，派员参加出口食品企业“逐一帮扶”行动计划和内外销“同线同标同质”培训班，及时制定了《新疆检验检疫局 2017 年出口食品企业内外销“同线同标同质”帮扶行动方案》和《新疆局 2017 年出口食品企业内外销“同线同标同质”帮扶计划任务分解表》（“同线同标同质”以下简称“三同”），由机关各相关处室及各分支局牵头成立帮扶工作组 12 个，深入企业开展调查走访，按照“一厂一策”的原则，组织制定帮扶方案，确定帮扶对象，开展帮扶工作。2017 年，新疆已有 49 家出口食品生产企业成功登陆国家认监委“出口食品企业内外销‘同线同标同质’信息公共服务平台”，占出口食品生产企业的 16.9%，上线产品种类包括番茄酱、杏酱、果蔬罐头、马铃薯淀粉、干酵母、核桃、红枣、池沼公鱼等新疆特色食品农产品。同时完成了新疆地区出口禽肉企业迎接欧亚经济联盟现场评审。7 月 1–2 日，新疆检验检疫局派员陪同欧亚经济联盟对中国出口禽肉企业注册评审现场检查工作。

积极开展生态原产地产品保护工作。2017 年，根据国家质检总局的有关要求，积极开展生态原产地保护产品的推广和申报工作。2017 年新增巴楚蘑菇、巴尔楚克羊、巴楚库克拜热甜瓜、泽普红枣、吉木乃县沙吾尔哈萨克牛和吉木乃县沙吾尔阿勒泰羊、尼雅系列葡萄酒和西域系列葡萄酒等 8 项产品。在 2017 年全国质检系统援藏援疆工作会议上，国家质检总局向吉木乃县沙吾尔哈萨克牛和阿勒泰羊，以及中信国安葡萄酒股份有限公司的尼雅品牌葡萄酒和西域品牌葡萄酒颁发了新疆生态原产地产品保护证书。截至 2017 年 12 月 31 日，新疆共有 13 项产品获得生态原产地保护。

在强制性产品认证和获证产品监督抽查工作方面，新疆检验检疫局按照《2017 年强制性产品认证获证产品市场抽查经费预算方案和实施方案》先后完成了 3 批次样品的抽样（购买）、委托检测、检测结果告知和总结等各项工作，并按时将检测结果和监督抽查总结报送认监委。截至 2017 年 12 月 31 日，共办理 CCC 免办证明 3 份。

在有机产品认证示范创建和监管方面，新疆局组织并参与了国家认监委专家组对新疆泽普县、裕民县两个国家有机产品认证示范县的现场评定，并对认证机构开展的有机产品认证工作进行了监管，涉及的有机产品包括泽普县 10 万亩有机红枣及有机红枣加工企业、裕民县 5 万亩有机红花、小麦等有机产品。目前，泽普县、裕民县已经正式成为国家有机产品认证示范县。

撰稿人：郭伟杰　曹红建　审稿人：徐日新

夯实质量提升基础　助力质量强区建设
充分发挥认证认可、检验检测质量基础作用

——新疆维吾尔自治区质量技术监督局2017年认证监管工作概况

2017年，新疆维吾尔自治区质量技术监督局（以下简称“自治区局”）在自治区党委、政府、国家质检总局及国家认监委的正确领导下，深入贯彻全国认证认可工作会议、自治区质监工作会议精神，按照“夯实质量提升基础，助力质量强区建设”的总要求，将“围绕放，强化管，做好服”作为工作主线，在发挥认证认可检验检测质量提升基础作用、加强资质认定获证检验检测机构监管、服务新疆社会稳定和长治久安总目标等方面持续发力，较好的完成了全年各项工作任务。

一、围绕质量提升，夯实质量基础，建设质量强区

（一）以管理体系认证为抓手，提升质量管理水平

为了深入贯彻落实国务院政府工作报告中关于“质量提升”“质量强国”的相关精神，充分运用管理体系认证在提高组织管理水平，提升产品和服务质量的基础作用，2017年，自治区局按照“政府搭台、机构唱戏、企业受益”的思路，由自治区局牵头主办，动员辖区7家管理体系认证机构具体协办，对管理体系认证获证组织开展质量管理体系换版培训和质量基础知识普及工作，助推质量强区战略的实施。通过“铺开面、连成线、落在点”的思路，自治区局在运用认证手段促进行业质量提升方面迈出了新步伐，促使新疆食品药品监督管理局做出了在大型食品生产企业中推行HACCP认证的决定，有力提高了食品生产企业风险控制能力，提升了保障全疆食品安全的能力和水平。

（二）以绿色有机为抓手，助推优势资源转化战略

特色林果业是新疆的优势资源，发展特色林果业对提高农业效益，特别是在精准扶贫、助力南疆农民脱贫致富等方面具有重大意义。中央领导对发展新疆特色林果业提出了重要意见，自治区局积极参与了自治区党委农办组织的新疆特色林果业转型升级课题调研，围绕“特色林果业向绿色有机转型升级，打造新疆‘绿洲果品’品牌”等方面，提出了多条意见建议，从产业发展方向上，助推新疆特色林果业的发展。

（三）以检验检测认证为抓手，推动产业创新升级

检验检测认证是服务于国民经济产业发展和社会民生的技术基础，是生产性服务业和高技术服务业的重要组成部分，是带动“双创”开展、推动产业升级必不可少的技术支撑。2017年，自治区局结合检验检测机构服务监管职能，在完成对892家检验检测机构统计数据上报和审核汇总的基础上，发布了《2016年度新疆维吾尔自治区检验检测认证服务统计分析报告》，为政府促进检验检测服务业发展，提供了数据参考和政策依据。同时，按照国家认监委关于“创建国家检验检测认证公共服务平台示范区”的安排，自治区局结合新疆实际，积极引导乌鲁木齐市高新区开展国家检验检测认证公共服务平台示范区创建工作，助力乌鲁木齐市高新技术产业发展。

二、简政放权，释放红利，做好“放”

（一）横向联合，纵向下放，开展行政许可改革

一是部门协同服务，释放改革红利。为进一步转变政府职能，引导社会力量积极有序参与新疆环境监测服务，规范环境监测市场，自治区局联合自治区环保厅、自治区工商局，联合下了《关于进一步推进自治区环境监测服务社会化的实施意见（试行）》，有力推进了新疆第三方环保检测检测机构的发展。二是部门横向

联合，优化审批流程。以公安刑事技术机构资质认定行政许可工作为抓手，同自治区公安厅、兵团公安局分别出台下发了《新疆维吾尔自治区公安机关刑事技术机构资质认定工作实施方案》《兵团公安机关刑事技术机构资质认定工作实施方案》，将公安刑事技术机构资质认定现场技术评审工作委托给自治区公安厅、兵团公安局负责，既实现了行政许可事项的优化，体现了公安刑事技术领域的特殊性，也调动了行业主管部门的积极性，实现了“1+1>2”的效果。目前，已完成了对24家自治区公安刑事技术机构的审批发证工作，50家县市级公安刑事技术机构的申报受理工作，完成了对14师（市）兵团公安刑事技术机构的现场技术评审和审批发证工作，有力推动了新疆“以审判为中心”的司法体制改革。三是部门合并考核，简化审批流程。同自治区农业厅联合下发了《开展农产品质量安全检测机构考核和资质认定工作实施方案的通知》，将自治区农业厅负责的农产品质量安全检验机构考核同检验检测机构资质认定一并开展现场技术评审，实现了“一个评审组、一次评审、完成两项技术评审、颁发两证证书”的目的，简化了审批流程，减轻了机构评审负担；四是纵向下放，初步探索行政许可事项委托地州市局承接。在按照自治区党委“应授尽授”的原则，自治区局在对兵团质监局进行检验检测机构资质认定行政许可事项授权的基础上，进一步探索向地州市局下放检验检测机构资质认定行政许可事项。

（二）联系实际，细化措施，服务最后一公里

一是从细微处入手，减轻机构负担。国家食品安全标准从2016年12月份开始，进行了大面积的更新，涉及的食品标准数量之多，更新频率之频繁，前所未有。为了有效减轻机构进行标准备案的负担，自治区局对标准备案表格进行了优化设计。将不同产品中依据同一标准进行检测的参数，进行合并备案，大幅减少了食品检验机构标准备案的工作量。为了解决国家食品安全标准新标准已经发布但未实施，做好新旧标准无缝衔接的问题，自治区局对具备新旧标准检验能力的食品检验机构，对新旧标准都给予认定，通过对标准的使用期限进行限制，实现了新旧标准无缝衔接。二是适应新变化，满足新需求。随着《机动车安全技术检验项目和方法》（GB 21861—2014）、《道路运输车辆综合性能要求和检验方法》（GB 18565—2016）等机动车检验主要标准的更新，面对新增外廓尺寸、整备质量、碳平衡检测仪等仪器设备的要求，部分机构放弃了大而全的想法，转而专注小型车的检验。针对这种现实情况，自治区局没有“一刀切”，而是按照标准对相关检验车型进行限制，从而在满足标准要求的同时，也实现了机构真实检测能力的体现。

（三）主动作为，敢于担当，维护群众切身利益

1月12日，国务院印发了《关于第三批取消中央指定地方实施行政许可事项的决定》（国发〔2017〕7号），取消了省级质监部门审批的机动车安全技术检验机构检验资格许可，决定由检验检测机构资质认定制度来承接。在国家认监委和公安部没有出台具体的顶层设计、新取证机动车检验机构不能接入公安交管部门的监管网络的问题，自治区局主动同自治区公安交警总队接洽，沟通情况，提出措施方案，使得相关问题得到顺利解决。

三、齐抓共管，多源共治，做好“管”

（一）与行业主管部门合作，做好横向监管

一是积极探索技术评审行业化管理，强化过程监管。与自治区公安厅、兵团公安局、自治区农业厅、自治区食药监局等行业主管部门通力合作，强化对资质认定获证检验检测机构的监管，初步形成了“行政审批密切配合、证后监管信息共享、违法行为联合惩戒”的监管新机制；二是联动执法，加强事后监督。联合自治区食药监局对全疆40家食品检验检测进行了飞行检查。下一步将联合自治区公安厅交管总队，对全疆机动车安全性能检测机构进行专项监督检查。

（二）突出重点，保障安全，加强对强制性认证产品的监管

认真吸取“西安地铁”事件的教训，申请专项经费对全疆电线电缆CCC企业获证单元进行全覆盖抽检。完成对28家生产企业的30个批次产品的监督抽检，1家企业生产的1个批次的产品经检验不合格。监督抽检企业合格率为96.4%，产品批次合格率为96.7%。同时，进一步加强流通领域强制性认证产品的监管。按照国家认监委的安排部署，对流通领域的20家商户销售的32个批次的电动食品加工器具进行了监督抽检，共有两个批次的产品不合格，产品批次合格率为98%。

（三）开展能力验证，保证检验能力

2017年分别对全疆77家获证食品检验检测机构和66家获证环保检验检测机构开展了茶叶中的镉和铁含量的测定和水中的镉和铁含量的测定为项目的能力验证活动。

（四）完善制度建设，强化过程监管

按照国家认监委新修订的《检验检测机构资质认定专业技术评审机构管理办法》的要求，加强对自治区质量技术监督审核评价中心评审工作的管理，明确了评审计划的审批、观察员的指派、评审员的管理等方面的要求，提高评审工作的质量和效率。2017 年，自治区局审核检验检测机构资质认定行政许可材料共 829 家，其中首次、复查发证检验检测机构 325 家，不予许可 37 家。并对国家认监委移交的 2 起案件进行了后处理。

四、助力改革，夯实基础，做好“服”

（一）大力推进国家有机产品示范区创建，服务产业发展

2017 年，自治区局继续将国家有机产品认证示范县创建工作作为精准扶贫、促进新疆有机产业发展的重要抓手，在加大了对 2016 年被列为国家有机产品认证创建示范县的巴州若羌县和昌吉州木垒县创建工作联系与指导的同时，按照“培育一个、成熟一个、验收一个”的工作思路，自治区局在 2017 年成功推荐乌苏市被列为 2017 年全国有机产品认证创建示范县的基础上，积极支持新疆首个国家有机产品认证创建示范县——阿克苏地区温宿县，向国家认监委申请创建验收，形成了“培育、创建、验收”良性循环、有序衔接的有机产品认证示范县创建模式。目前，全疆共有 6 个县市被列为国家有机产品认证创建示范县，有力地推进了新疆有机产业的发展。为了进一步推动新疆有机产品走出去，自治区局联合出入境检验检疫局、新疆有机农产品协会、方圆认证新疆分公司和部分有机认证产品创建示范县组织 7 家企业 10 种有机认证产品参加了首届“全国有机认证产品展活动”，有效提升了新疆有机产品的知名度和影响力。

（二）大力推进公安机关刑事技术机构资质认定工作，服务“司法审判为核心”的国家司法体制改革

为进一步推进全疆公安刑事技术机构资质认定工作的顺利开展，自治区局与自治区公安厅、兵团公安局共同部署安排了 2017 年公安刑事技术机构资质认定考核工作，联合召开了“新疆公安刑事技术机构资质认定工作推进会”，交流了刑事技术机构在质量管理体系建设、质量手册换版、内部管理、技术评审等方面的工作经验，并将交流材料印制成册，发送全疆公安技术机构指导工作。

（三）服务总目标，推进改革发展

随着改革的进一步深化，由于事业单位转制、合并等变化，检验检测机构的性质也发生了较大变化，情况也比较复杂。为了做好改革的推进工作，自治区局总是想方设法解决困难，服务改革发展。2017 年，帮助自治区纤检局、自治区烟草专卖局、自治区信息工程质检站、自治区国土资源厅分析检测中心、巴州水利工程设计院等单位有效解决了由于机构改制、职能转换而产生的检验检测机构资质认定的问题。

五、利用援疆优势，助推认证认可工作开展

2017 年以来，国家认监委加大了对新疆认证认可工作的援助力度，有力助推了新疆认证认可工作的开展。

（一）委领导多次调研指导援助新疆认证认可工作

1 月 10 日，国家认监委常务副主任刘卫军一行 3 人到自治区局进行认证认可工作调研，给新疆认证认可工作提出了宝贵指导意见；6 月 27 日，国家认监委纪检组长许武何参加完在乌鲁木齐市召开的 2017 年全国质检系统援藏援疆工作会议后，来自治区局就对口援助新疆认证认可工作进行了调研座谈。

（二）专项经费援助新疆认证认可工作

2017 年，国家认监委的业务部门在自治区局开展资质认定获证检验检测机构统计直报、管理体系监督管理、获证实验室能力比对、强制性认证产品监督抽查等方面都给予了专项经费支持，有力地保障了自治区局各项工作的顺利开展。

（三）信息技术共享援助新疆认证认可工作

国家认监委给新疆开通端口免费使用“全国检验检测机构监管系统”，自治区局今年在对食品检验机构、机动车检测机构进行监督检查时都使用了此系统，进一步提高了我们对检验检测机构进行监督检查的效率，实现了监督检查的信息化。10 月初，国家认监委同意将“国家检验检测机构资质认定网上行政审批系统”让自治区局免费使用。并安排专家来自治区局现场指导审批系统具体操作过程，有效实现了自治区局网上行政审批全覆盖，提高了自治区局检验检测机构资质认定审批效率。

撰稿人：刘　伟　审稿人：于灵鹤

稳准稳打　逐步推进认证监管工作

——新疆生产建设兵团质量技术监督局 2017 年认证监管工作概况

2017 年，新疆生产建设兵团质量技术监督局（以下简称“兵团质监局”）认真落实全国质检工作会议和全国认证认可工作会议的总体部署，积极贯彻兵团第七次党代会精神，结合兵团实际，推动兵团认证认可工作的开展，着力加强 CCC 产品和食品农产品认证监管工作，认真组织认证认可宣传培训，较好地完成了各项工作任务，取得了一定的成绩。

一、对兵团强制性产品认证、自愿性产品认证和管理体系认证等监管数据开展动态管理

通过国家认监委网站“强制性产品认证证书执法单位系统”、“中国食品农产品认证信息系统”、“管理体系自愿认证信息系统”、认证机构等多种渠道，对兵团辖区内强制性产品认证、食品农产品自愿性认证和管理体系认证获证企业进行调查摸底，掌握了获证企业底数，特别是摸清了 CCC 产品、有机产品、绿色食品、无公害农产品、食品安全管理体系（FSMS）认证、危害分析及关键控制点体系（HACCP）认证、良好农业规范（GAP）、清真食品及质量管理体系、环境管理体系、职业健康安全管理体系认证获证情况，明确了监管对象。对所有 CCC 产品、食品农产品认证获证企业建立了企业档案，为日常监管工作奠定了基础。

二、进一步推动实施强制性产品认证制度

2017 年继续按照“稳步推进，严格监管”的基本思路，完善强制性认证产品生产企业监管数据。并根据企业质量状况分类确定了巡查周期，定期对企业开展巡查，及时了解发现获证企业在生产、质量控制、证书使用等环节出现的问题，对巡查中发现的质量违法行为依法查处，从严处理。

三、组织开展 CCC 产品专项监督检查

为进一步提高强制性产品认证监管的有效性，强化风险意识，不断深化完善监管体系，确保强制性产品认证工作的有效性和公信力。组织对兵团辖区内所有获得 CCC 认证的 44 家生产企业进行了现场核查，配合监督处将CCC产品列入二季度兵团工业产品监督抽查任务，共抽查了 3 家企业生产的 3 批次 CCC 认证产品，检验合格批次为3批，产品检验总批次合格率为100%。10月，根据国家认监委的要求，开展对混凝土搅拌运输车强制性产品认证监督管理，通过对兵团范围内强制性产品生产企业进行排查，发现仅有五师八十九团新疆平云汽车有限公司从事汽车整车产品生产，但没有取得混凝土搅拌运输车强制性产品认证。随即函告五师质监局该公司情况并要求进行监督检查，经五师质监局检查发现该公司不具备生产混凝土搅拌运输车的资质，目前也没有生产和销售混凝土搅拌运输车。通过此次专项检查确保了兵团辖区内不存在混凝土搅拌运输车未获强制性产品认证出厂、销售的情况。通过监督检查，进一步推进了强制性产品认证制度的有效实施。

四、组织开展食品农产品认证监督检查

为进一步加强食品农产品认证监管工作，提高食品农产品认证有效性和社会公信力，切实维护消费者合法权益，确保产品质量安全。对辖区内食品农产品认证获证企业进行梳理，建立相关企业生产档案，其中，有机产品认证获证企业 92 家、食品安全管理体系（FSMS）认证获证企业 39 家、危害分析及关键控制点（HACCP）体系认证获证企业 36 家。组织开展对获证企业及获证产品的证书有效性、管理体系是否有效运行、采取质量安全风险防控的措施、认证标志使用情况进行监督管理，共检查 90 家企业，未发现存在明显的问题和违规行为。通过本次检查，反映出兵团食品农产品认证监管取得了明显的成效，相关企业的质量

管理水平、产品质量安全水平均得到了较大提升。

五、组织开展世界认可日主题宣传活动

认真落实国家认监委《关于组织开展第十个世界认可日活动的通知》精神，结合兵团实际，与新疆自治区质监局共同制定了兵团“第十个世界认可日”宣传活动方案，并认真组织实施。同时，动员兵团各师市开展“第十个世界认可日”主题宣传活动。

为做好主题宣传活动，扩大影响力，让社会各方深入了解认证认可工作。6月9日，兵团质监局与自治区质监局、新疆出入境检验检疫局联合举行2017年世界认可日暨“认证助力质量提升”活动启动仪式。活动围绕经济社会发展总目标，积极培育认证认可市场，不断提升认证认可的社会认知度和第三方采信的影响力，大力维护认证认可事业稳步有序发展等方面，充分阐述了认证助力质量提升的重要作用，并组织开展了一系列认证提升质量活动，树立标杆企业，发挥认证作用，加大了对认证助力质量提升的广泛宣传。

新疆生产建设兵团质量技术监督局　供稿

2018

Yearbook of Certification and Accreditation of China

第十七部分 认证及相关机构

Part Seventeen Certification and Certification-related Bodies

中国检验认证（集团）有限公司

积极履行职责 不断提升管控能力

2017年，面对指定业务全面放开，行业竞争更加激烈的大背景下，中国检验认证集团（简称集团）在国家质检总局和国家认监委两级党组的正确领导下，按照支树平局长提出的“充分发挥独有的比较优势，为全面提高我国供给质量多作贡献”的指示精神和集团“五个进一步”的年度工作部署，加强市场化业务开拓、大客户开发项目落地和经营管理的改善，在全体员工共同努力下，团结一心、攻坚克难、开拓创新，各项重点工作扎实推进，经营绩效再创新高。

一、改革创新得到进一步推进

一是推进集团机构改革。调整完成集团公司内设机构设置和人员编制，选拔配备了一批中层干部。建立了统一的行政后勤体系。规范整合了集团在俄机构，注销了赤塔公司，启动注册俄罗斯公司，并推动将在俄机构纳入欧洲区域统一管理。集团系统6家在京单位、37家国内公司的公车改革全部完成到位。

二是推进集团产品线建设。起草了《集团产品线建设总体方案》，推进溯源等领域产品线试点，逐步完善相关配套政策。溯源业务带动38家国内外公司实现全球商品溯源，涉及21个国家近200款商品，累计发放标签7000余万枚。出台了《集团内部创业机制建设方案（试行）》，构建集团内部创业机制。

三是推动财务改革创新，推行全面预算管理体系，实施了全面预算管理，所有公司预算都经过集团审批和下达；深化规范了财务核算管理体系，全面升级了财务信息化管理体系。

四是认证中心及直属局所属31家评审中心转企改制取得实质性进展，总局党组会议审议并原则通过认证中心及评审中心转企改制方案，并报中央编办审批。

五是推进薪酬绩效改革，优化了薪酬绩效考核管理体系，出台集团本部绩效考核方案并组织实施年度考核，加强了集团系统薪酬管理。

二、市场空间得到进一步拓展

一是推进跨行业跨部门检测资源整合。中检集团与兵装集团达成战略合作协议，成立了中检西部，以质量提升助推军工和军民融合产业发展。

二是加强大客户开发。与中工国际、广西宏桂、荣桂集团、中联油、獐子岛集团等签署战略合作协议；与中石油、中石化、中国五矿、大商所、上期所和郑商所等大客户建立了深度合作；顺利实施了中缅管道原油卸货检验，服务“一带一路”；全面恢复超市、餐饮供应商及门店检验检测业务，完成了华天集团、大董集团、家乐福等8家全国供应商门店服务；完成了蒙牛集团、伊利集团46家工厂多体系整合认证；为中粮福临门、首农集团、丰收集团提供定制技术服务方案；为中国人保财产保险提供首台（套）重大技术装备检验鉴定服务，为中国平安财产保险提供风险防控与风险评价服务；与墨西哥最大认证机构NYCE签署委托工厂检查协议。中检南方获得美国消费者安全委员会CPSC认可资格，与腾讯科技、奇虎360、滴滴出行分别在智能产品、汽车电子零部件领域开展合作，取得东风日产的EMC检测实验室授权；中检中原中标河南省各级食药部门招标项目20余个；中检评价中标陕西省工业企业职业病危害风险分类监管评估项目。中检理化在土壤、大气、水质等环境领域已拥有国家级检测水平。中检溯源参与天猫国际在“6.18”进口宠物食品溯源试点，并对跨境进口奶粉等产品全面开展溯源合作，正式启动了中粮我买网牛肉溯源、供销集团保健品和波士顿龙虾溯源。中检商贸通过牛羊肉代理以及“中检优品”销售，2年实现了盈利，并开发了俄罗斯菜籽油、中国台湾午仔鱼、泰国统一果汁以及进口荷兰鲜花等新项目。

三是加强政府机构合作。对12个国家部委开展公关工作，取得实质成果27项；累计与13家沿海沿边检验检疫局签署合作协议；中标成为商务部商援外物资检验唯一检验机构，为160多个援外物资项目、约20亿元的物资实施了检验；为中国建筑、中铁系统、中国五矿系统、中国地质、中冶等60余家国内知名建筑企业提供100多种建筑材料和工程机械检验服务；开启了覆盖25个非洲国家的“南南合作基金”首批资助的物质检验项目；启动《国际认证认可法规及标准的动态跟踪和应对应用》项目，获政府扶持资金近千万元。启动科技部“互联网+电子商务领域国际标准研究”，开展了跨境电商检验采信和商品信息溯源两个标准草案的研究编写；检验公司主导的水尺计重能力验证项目，填补了我国该领域能力验证的空白。与教育部学校规划建设发展中心合作，开展了学生公寓ISO 9000认证和高校食堂HACCP认证。持续为方太、老板等企业提供非金属材料质量监控等定制服务；与厨具业商会和酒店用品协会合作，推广食品接触产品认证。与公安部交通科学研究所合作开发三角警示牌自愿性产品认证，并纳入整车规则管理；完成B2C电子商务交易服务认证评定工作；光伏产品认证和电站技术服务取得突破。与美国西北太平洋国家实验室签署了合作备忘录，并被列入中美能效合作重要成果之一；与上海临港集团、水利部机电所、中国计量大学、新华网、广东省节能监察中心、中国电器工业协会、深圳无人机协会等签署合作备忘录。2017年，集团与相关部委、各级政府部门和重要组织、大企业达成战略合作协议超过200个。

四是加强国际合作。集团与新加坡企发局、乌拉圭肉协签署战略合作协议；通过与哈萨克投资国家股份公司合作，获准在哈国政府网站上对集团进行介绍宣传，争取集团在墨尔本实验室项目当地政府支持；推动与俄罗斯检验鉴定联盟签署双边战略合作协议落地。再次中标尼日利亚标准局授权装运前符合性验证业务，合同期4年，将为集团系统带来超过1.2亿元的收入。坦桑尼亚等国驻华大使以及哈萨克斯坦、桑给巴尔、刚果等国家和地区相关部委造访集团商谈推进合作；推进集团与UL的深度战略合作并就《合资合同》达成一致意见。

五是推进市场新领域。集团参与各类标准制修订580项，其中国家标准、国际标准162项；对22个新项目进行扶持立项，对扶持成果显著的33项新业务大力推广复制；对已完成开发的37个扶持项目进行验收评价，带来经济效益超过1.2亿元。为中国国际“乌兹别克斯坦纳沃伊PVC、烧碱、甲醇生产综合体项目”提供海关联盟认证；检验公司在以盾构为代表的高端装备再制造检验领域取得突破，牵头组建盾构检验中心，分别与我国盾构最大的使用单位中铁隧道集团、中船重装签署盾构检验战略合作协议；为红星美凯龙、京东、陕煤等规模性企业提供定制化二方审核；开发儿童用品、循环经济、生态环保等第三方认证和评价业务；受国管局节能司委托，编制《公共机构绿色节能技术产品目录》，并对国管局系统17家单位开展能源资源消费状况和节能工作情况专项审计；为地方政府提供碳排放交易核查、质量强市、区域标准及品牌建设、绿色建筑等质量提升服务。推出“充电设施新国标现场评价”和“充电设施新国标升级改造现场评价”项目。编制《商贸流通领域节能节水产品目录》，引导商务领域节能工作。助力国标委“领跑者制度”构建，完成木家具、光伏、视觉作业台灯、绿色建筑4大类产品企业标准领跑者试点。原辅材料和门店及加盟店续约、供应商风险评估风险验证与提升服务覆盖380多家企业。

六是业务资质不断拓展。获得国际IEC/RE风能认证机构资质、ISO 17020风能与光伏检验机构资质，获得认监委建筑领域产品认证资质、环保部废弃电器电子回收处理企业审核第三方机构资质，获得欧盟碳排放体系（EU-ETS）航空领域第三方核查、国际机场协会（ACA）第三方核查及气候债券组织（CBI）第三方审核机构资质等，据不完全统计，全集团新增各类业务资质超过80项。

七是加强实验室建设。全年完成63个投资项目审批，其中40个股权投资项目和23个固定资产投资项目，其中审批入股、投资合作及建设实验室项目20个。中检南方完成了组织架构优化调整，中检中原完成562个项目扩项评审，目前实验室检测参数1400个、产品170个，覆盖国家食药总局食品安全抽检实施细则的90%以上，取得农业厅CATL资质；中检理化对实验室进行整体规划和扩建；中检评价成立驻富平工业园管委会办事处。集团33家实验室完成资质评审53次，四川、福建、湖南、山东等公司新增技术能力3000多项。

八是加强互动和区域协作。检验公司组织20多家国内公司开展有害生物防治业务人员集中培训；联合19家国内公司、28家实验室共同开展农食检验检测、实地验证、风险评估与验证三大市场化业务；组织13个操作中心、23个受理中心开展预包装食品标签咨询业务，收入量较2016年增长66%。除体系认证外，CQC总部及分中心通过低碳核查、推荐集团性质大客户给地方公司带来业务收入数千万元；与韩国、荷兰等6家境外公司合作开发农食业务；与河北公司共同研发张家口食药局“超市食品追溯系统建设项目”，共同投标君乐宝；与宁夏公司完成枸杞有机认证试点工作；为境外公司举办境外培训9期，学员233人次。测试公司与22家国内公司开展164项生态原产地业务，与贵州、天津、湖北公司联合开展政府大客户整体化业务，为质检系统举办200余人次生态原产地资质培训。溯源公司配合集团系统各国内外公司签订溯源业务合同金额数千万元。北京公司中奢中心与国内公司联手，先后为北京、天津等18家海关和12家公安部门提供奢侈品鉴定及培训。安利隆公司大力改善经营环境并取得阶段性成效。

三、质量服务得到进一步提升

一是强化工作质量。认真落实党中央、国务院《禁止洋垃圾入境推进固体废物进口管理制度改革实施方案》，严格按照国家质检总局要求加强废物原料装运前检验现场检验、结果审核、证书签发等装运前检验关键环节的工作质量。以四部委专项行动契机，突出加强再生资源和旧机电业务质量管理，严格质量管理要求，规范装运前检验行为，为保持集团海外公司核心业务长期竞争力奠定坚实基础。全年共检出废料不合格货物3314批、约6.1万吨，不合格批次率为1.5%；旧机电产品装运前检验一次检验不合格（可技术处理）为11.39万台/套，最终装运前检验涉及5批、10493台/套不合格，有效发挥了装运前检验把关职能。同时，积极开展了“质量月”活动、质量提升行动，对5815家电线电缆企业实施专项检查。采取多种手段提升委托业务工作质量，在2017年美国标准学会(ANSI)对UL和CSA委托集团工厂检查业务的审核中，均没有不符合项。

二是推进质量体系建设。加强了风险识别和过程识别，关注绩效指标，积极推进质量管理体系的完善和持续改进。集团ISO 17020管理体系信息系统检验鉴定业务标准库模块正式上线，首次实现集团检验鉴定业务领域标准的统一管理和技术支持类文件的在线查阅、在线管理。

三是加强品牌宣传。修订发布了集团信息宣传管理办法；投资拍摄完成大型纪录片《大国质量》，成功举办了首届中检论坛——农食安全及质量追溯，开展了“三化六好”主题征文活动和2017微信制作大赛；实施品牌活动分级管理，建立专项预算资金杠杆，开通美通社统一推广渠道；策划推进“中检品牌总动员”年度行动计划，涵盖20多个论坛、展会活动。举办了首届中检集团泛长三角石油化工检验业务研讨会暨客户联谊会，中石油、中石化等近50家重要客户参加；组织20多家境内外公司参加2017中国国际矿业大会、第十五届中国国际煤炭大会、埃塞俄比亚“中国贸易周展览会”、南非国际矿业大会。CQC与新华网签订战略合作协议，开展质量时代专题合作，开辟新闻媒体认证直通车，在多个城市举办“质享公益”活动，制作的读写台灯系列科普视频被人民网、新华社转载。全年国内外重要媒体报道集团消息超过800篇，极大提升了集团品牌形象。

四、内部管理得到进一步规范

一是完成《集团“十三五”规划》初稿，绘制集团“十三五”行动路线图，完成《集团信息化规划和大数据应用方案》制订工作，启动部分产品线专项规划编制工作。

二是注重规范基础管理。修订了档案管理办法，建立了国际合作档案；发布了《中检集团服务产品概览》，展示集团业务范围及能力。印发了集团实验室设备投资项目审批管理细则、实施混合所有制投资项目指导意见（试行）、投资项目后评价管理办法（试行）等多个配套投资管理制度，提高了投资决策水平和投资效益，加强了项目的事中检查、事后评价。选取12家国内地方公司进行了财务重点检查。加强风险防控，组织集团系统相关涉密人员签署了《保密及竞业禁止承诺书》，保护集团商业秘密，完成常年法律顾问及专业法律顾问库招投标工作。

三是完善升级集团品牌保护体系。扩充注册了二级防御商标23个，完成了集团境外商标续展及境内商标复审保护工作2件。推进集团品牌保护诉讼案件，处理了中检溯源科技有限公司不正当竞争事宜并刊发声明，处理了集团公司涉名誉权侵权诉讼案件；获得河南中检信用评级有限公司终审胜诉判决，通过不断施压迫使对方停止了侵权行为，履行部分判决，有效维护了集团合法权益。

四是推进信息化建设。开展了统计分析与大数据应用、新业务开发创新服务等多个系统平台的建设，实现了集团资质信息系统动态管理。启动了集团网站和试点公司网站开发工作，建成集团统一登录系统和外部客户门户。财务NC系统和网上报销系统投入使用，强化了对财务数据的收集、分析与管理，集团本部报销已全部实现网上处理。完成集团公司人力资源信息化系统（E-HR）一期建设。完成了集团公司36年13万多件纸质档案的整理、电子化并上线。完成了境外机构综合管理系统的开发和测试以及外事管理系统建设，实现了外事工作的全流程控制和双向监督。完成了UL业务大数据决策分析系统、舞毒蛾移动App系统、ZARA进口服装预评估系统升级改造和检验鉴定业务流程信息采集系统建设并上线试运行。

五是加强人才队伍建设。印发《境外机构驻外人员选派管理办法》，全面加强和规范境外机构人事管理；经集团公司领导班子会议研究，出台管理规定，加强了在京单位、境外机构人员招聘管理工作；统一各境外机构管控模式，调整补充各国内外公司董事监事；选配加强班子建设，实施干部交流加强轮岗管理，选拔任用、轮岗交流；首次建立中检集团驻外人员备选库；开展了领导干部年度考核和境外公司主要负责人任期考核。

六是加强外事管理。修订了外事工作管理办法，制订了海外公司负责人交接管理办法、驻外人员外事手续办理指南、因公出国（境）证照管理办法等。严格执行年度外事计划，按照注重实效、节俭、少而精的原则，严格执行中央有关规定和集团公司外事管理审批相关制度，将外事经费控制在预算内。加强了对外事专办人员的培训，对因公出国（境）证照进行全面清理排查，并对下属单位外事管理工作进行监督检查。

五、党的建设得到进一步强化

一是深入学习宣传贯彻党的十九大精神。把学习贯彻党的十九大精神作为首要政治任务，印发《集团公司党委关于认真学习贯彻党的十九大精神的通知》、制定《集团系统学习宣传贯彻党的十九大精神工作方案》，举办了学习宣传贯彻党的十九大精神主题党日、“学习十九大基层在行动”主题党课宣讲、“不忘初心牢记使命”十九大宣传展板评比等，1项活动分别获得国家质检总局和国家认监委通报表扬；1项活动获得总局机关党委优秀组织奖。

二是积极落实国企党建工作硬任务。按照习近平总书记关于加强国企党建讲话精神和总局党组相关指导意见，起草了《中检集团关于深化国企改革规范公司治理的实施意见》及编制说明，已报至总局。同时把党建工作纳入公司章程，明确党组织在公司治理结构中的法定地位。加强基层党组织建设，完善党支部定期换届机制，完成新设和负责人调整单位（部门）的组织设立和负责人补选改选，集团公司党委序列所有党组织均落实“一肩挑”要求；加大对集团系统各地方公司的指导力度，开展了对国内公司和投资控股机构党建工作基础情况的摸底调查，协调配合有关直属局党组织对国内公司党建进行指导。

三是推进全面从严治党工作。出台了《集团公司党委理论学习中心组学习制度》《“两学一做”学习教育常态化制度化工做方案》《关于进一步规范党费收缴管理的通知》等一批制度办法。加强了党员干部学习教育，严格“三会一课”组织生活，选送2名干部参加党校学习。强化境外党建工作和外派党员管理，建立集团海外公司党建“互联网+”联系机制，开展了对6家海外公司的党建专项巡察；创先争优，评选表彰集团公司党委优秀共产党员、优秀党务工作者和先进党支部工作。

四是落实党风廉政建设主体责任。宣贯习近平总书记专门就纠正“四风”问题作出的重要指示精神并部署全面自查工作。完成了集团党委所属基层党组织负责人党风廉政建设责任书签订工作，印发《集团公司党委2017年反腐倡廉工作任务分工意见》。抓好作风建设，加强“监督、执纪、问责”工作。以月度教育材料、季度知识问答、半年度警示通报、重要时间节点警示提醒、各类廉政谈话等为抓手，做到廉洁宣传、教育警示系统全覆盖。与4家直属局建立互动工作机制，与7家直属局加强办案协作，全面落实集团领导“出访必讲廉”工作，对系统干部提拔、轮岗交流、因私出国境进行廉政把关，对领导干部经商办企业、境外入籍、获取长期居留权等问题进行专项摸底，全面加强干部廉政监督管理工作。严格按要求进行信访案件核查及问题线索处置。

五是开展思想政治工作和企业文化建设。宣贯总局党组关于思想政治工作有关文件精神，开展落实思想政治工作情况的自查；参加了质检总局思想政治工作1项课题研究；组织了1次党建和思想政治工作论文征集活动，获得认监委一等奖2个，二等奖3个，三等奖4个；开展了“中检故事”征集活动。全面加强对群团工作的领导，推进民主管理，召开了集团公司首届职工代表大会，出台《集团公司职工代表大会实施办法（暂行）》；组织开展青年文明号创建工作和志愿服务。

撰稿人：李胜武　审稿人：齐京安

方圆标志认证集团有限公司

浅析“一带一路”背景下认证认可国际合作的路径

推动共建“丝绸之路经济带”和“21 世纪海上丝绸之路”是新时期中国政府对外开放和经济外交的重要顶层设计。“一带一路”建设贯穿亚欧非大陆，是沿线各国开放合作的宏大经济愿景，需要各国携手努力，共商、共建、共享，朝着互利互惠、共同安全的目标相向而行。认证认可，作为国际通行的质量管理手段和贸易便利化工具，是中国与世界紧密联系、相互信任、共同发展的桥梁纽带，对于促进沿线国家间经贸合作互利共赢具有不可替代的作用，在“一带一路”建设这一项系统工程中，中国认证认可大有可为。

一、中国的检验检测认证机构的国际合作路径

“一带一路”贯穿欧、亚、非大陆，一头是东亚经济圈，一头是欧洲经济圈，但中间腹地却是经济欠发达地区。沿线国家的经济发展状况差异较大，对认证的需求也不同。例如，东南亚国家与中国的贸易主要是初级农产品和工业基础原料，对检验检测和认证的需求也是与这些行业有关。对于“一带一路”的终点，欧洲国家来说，我们希望中国优势行业和先进产能能够走出国门，应该作为推进国际合作的重点。同时，我们也要看到国内本土认证机构作为直接面对市场的从业机构，将面对两方面的考验：一是接受检验检测认证服务的组织会提出越来越多的服务需求，同时对服务质量的要求也会越来越高；二是已经进入中国的国际知名机构凭借既有优势在市场中会给本土机构带来巨大竞争压力。因此，中国的检验检测认证机构一方面要“引进来”，引进认证制度和技术，另一方面要“走出去”，服务于有需求的境外当地的企业。从目前的实践情况来看，国内的检验检测认证机构有以下几种合作路径。

1. 分包国外机构在中国境内的业务

在符合 CNCA 政策的前提下，国内的检验检测认证机构可以与国外机构签署分包协议，承担在中国境内的检查和现场审核活动。国外机构可以派出资深专家对国内机构的检查员 / 审核员进行培训，国内机构的审核员经过考试合格后从事相关检查 / 审核任务。对于“制度所有者”开发的认证制度，可能还需要到指定的协会或者专业组织取得资格。

2. 与国外机构在中国境内建立合资机构

国外的某些认证制度不允许分包的形式。因此，国内机构与国外机构成立正式在中国境内注册的合资机构，进而成为国外机构在中国的关键场所，是一种比较好的合作方式。这种合作方式的优点是风险共担、利益共享，在引进认证制度的同时，培养了本土的审核员和管理人员。

3. 培训国外的检查员 / 审核员，为国外的当地企业服务

国外对认证行业的监管比较简单。对于出口到中国的产品，既有我国政府的强制性认证要求，例如，CCC 认证，也有国内采购商提出的自愿性管理体系认证需求。国内机构可以到国外建立办事处，培训当地的检查员 / 审核员，为国外的当地企业提供就近服务。

4. 借助不同国家认证机构组成的联盟组织，实现等效互认证书

这方面比较成熟的案例是 IQNet 国际认证机构联盟。国内的参与机构是 CQM 和 CQC，两家认证机构均为 IQNet 的正式成员。由认证行业的国家主管部门牵头，成立“一带一路”沿线国家的检验检测和认证机构联盟，一方面促进各方的政策和技术交流，另一方面加强多边和双边的互认，尤其是将双边互认落到实处，为实现贸易畅通提供支持。同时，联盟成员之间的合作将有助于国内先进产能走出去。例如，在第 28 届 IQNet 全会期间，IQNet 认证联盟、方圆标志认证集团、浙江制造品牌建设促进会三方联合签署了“浙江制造”认证项目与 IQNet 的合作备忘录。三方共同承诺在 IQNet 联盟的成员之间推广“浙江制造”认证制度，努力实现“浙江制造”认证在国际互认方面的突破。

二、中国的认可机构的国际合作路径

认可是"合格评定的评定"，是合格评定的最高形式。认可机构虽然不直接服务于市场和贸易，但对于数量庞大的检验检测认证机构，承担着证明其服务内容、服务水平和服务质量的重要职责。"一带一路"沿线国家认可机构之间加强国际合作与互认，能够有效拉动各国检验检测认证机构间的合作与互认，提高各国检验检测认证机构服务水平，进一步促进"一带一路"沿线贸易往来便利化。

面对"一带一路"带来的机遇和挑战，中国认可能够在以下几个方面发挥引领和推动作用：

1. 坚持开放合作，牵头成立"一带一路"认证认可机构联盟

"一带一路"战略规划是中国政府提出的伟大战略构想，作为认可大国，努力将我国日益上升的经济实力转化为国际制度性权利，才能更好地推动顶层战略落地。中国认可应敢于担当国际领导者的角色，发挥组织引领作用，积极履行国际职责，积极引领国际认证认可标准制定，深入推动认证认可制度的国际协调和创新，影响、带动沿线国家共同推动"一带一路"建设、促进全球贸易便利化，提升中国认可在国际认证认可领域的影响力和话语权。

建议由国家认可机构牵头联系组织"一带一路"沿线主要国家认证认可机构组成联盟性质的组织机构，建立固定的国际合作平台和机制。一方面可以推广"一带一路"战略，推广中国认证认可，增进沿线国家认证认可机构对一带一路倡议的和中国认证认可的了解，增进各国机构间的相互了解，只有深入了解才具备合作对话的基础。另一方面通过固定的组织形式和交流机制，可以提高各国认证认可机构对于"一带一路"认证认可国际合作的参与程度，建议由各国机构的代表轮值担任联盟主席，建立完善的领导机制、会议机制、委员会机制等，通过深入交流探索合作的领域和形式，最终通过沿线各国认证认可的实质性合作来落实"一带一路"宏大战略。

2. 坚持互学互鉴，开发和引进新的认可制度和领域

目前我国认证认可机构及优秀企业走出国门还受到很多技术壁垒限制，认证认可作为国际通行的贸易便利化工具，应当成为中国制造走出国门的基石。建议中国认可努力搭建好、利用好各种自主创新、协同创新交流平台，为检验检测认证机构创造共同进步的土壤和环境，引导从业机构共同开发适合市场需求的新业务。同时加强与国际认可机构和制度所有者的交流合作，可以将更多资源、信息向下分享，以帮助检验检测认证机构获取一带一路沿线国家认可资质，为检验检测认证机构创新业务提供支持，推动认证认可服务企业经贸发展。注重了解检验检测认证机构业务需求，引进市场需求大的国际性认可领域。目前尚有一些认证资格如 MSC 海洋渔业认证、RSPO 可持续棕榈油认证等国内认证机构仍需要通过国外认可机构获得资质。

3. 坚持互利共赢，强化双边国际合作落实互认成果

"一带一路"的倡议顺应了世界各国通过加强合作、实现互利共赢的根本愿望。目前，中国认可在世界范围内跟踪和参加了 20 个国际区域组织，签署了 9 个检测认证多边互认协议，4 个认可多边互认协议。与 30 个国家或地区的政府部门和机构签署了 106 份双边协议类文件。而在与"一带一路"沿线国家认证认可领域实质性多边、双边国际合作和互认方面仍有待开发。建议中国认可坚持开放合作、分享共赢的理念，与国际认可机构加强信息的共享，以加强对"一带一路"沿线国家认可体系研究，推进认证认可国际互认。

建议进一步加强政府层面推进双边国际合作与互认的力度。在多边互认合作中，由于参与方众多，往往难以实现直接有效的互认和采信。认可机构间的双边合作有利于双方在共同感兴趣的领域开展深入磋商，实现务实合作，为加强双方认可结果和经过认可的检验检测认证结果采信创造更有利的条件。

三、中国的认可机构和认证机构共同努力，推进国际合作

作为认证机构，笔者深深感受到中国认可近年来在服务国家经济发展和从业机构所做出的巨大贡献。当前，中国政府的"一带一路"战略已经推进三年了，引起国际社会广泛重视。除了沿线国家，联合国对"一带一路"建设给予了高度评价和积极关注，认为有利于促进沿线各国经济繁荣与区域经济合作，联合国希望将"一带一路"建设与联合国《2030 年可持续发展议程》结合起来，更好推动"一带一路"建设有序开展。最近，联合国为此设立了为期一年的"评估'一带一路'战略宏观经济影响"研究课题，利用联合国世界经济预测模型系统（LINK），量化分析"一带一路"建设对国际经济发展的推动作用，以联合国名义发布预测结果，并将积极宣传、推动"一带一路"建设。

在这样的大背景下，中国认可应提升国际视野，继续把握国家改革发展和质检事业发展的大方向，在"一带一路"战略规划实施过程中当好"引领者、创造者、分享者"，为国内检验检测认证机构提供更高层次的

平台与发展机遇。国内的从业机构应苦练内功、夯实基础，努力提升自身的业务水平和服务能力，为中国认证认可在国际舞台上争取更多话语权，为“贸易畅通”保驾护航。中国的认可机构和认证机构应共同努力，推进国际合作，为实现质量强国和认证认可强国的目标做出贡献。

方圆标志认证集团有限公司 供稿

中国信息安全认证中心

把握新机遇　迎接新挑战　开启事业发展新征程

2017年，信安中心全面学习贯彻党的十八大、十九大会议精神，深入贯彻落实国家质检总局、国家认监委的工作部署，在中央网信办的指导下，围绕《网络安全法》实施、网络强国和质量强国建设大局，努力推动完善信息安全认证认可体系，大力发展信息安全认证检测业务，积极做好网络安全科研、政研工作，持续加强自身建设，圆满完成了全年工作任务，取得了新的成绩。

一、围绕信息安全保障工作重大需求，完善认证检测业务体系

一年来，中心着眼国家与社会信息安全保障需求，努力推进完善信息安全认证体系，业务覆盖面进一步扩大，信息安全保障服务能力进一步增强。第一，信息技术产品安全认证开创新模式。中心联合多个信息安全专业检测机构，完成了基于GB/T 18336（CC）标准的信息技术产品安全保障级（EAL）高级别认证研究攻关，并正式推出EAL认证业务，在认证模式上与国际对等，这将为提升国内IT产品生产企业安全保障能力及产品、服务国际竞争力发挥重要作用。第二，信息安全认证检测质量控制体系建设迈上新台阶。2017年，中心成为国内首家信息安全领域获得CNAS认可的能力验证提供者，并承担国家认监委首个信息安全领域能力验证项目，为规范开展我国信息安全领域检测实验室的能力比对和能力验证工作奠定了基础，对于提高我国信息安全领域的认证一致性和有效性具有重要意义。第三，工业控制产品信息安全认证取得新进展。围绕我国日益突出的工控领域信息安全问题，中心积极开展工控产品信息安全认证技术研究，针对典型的工业控制产品和工控系统专用安全产品，开展认证试点工作并首次颁发认证证书，为我国工业控制系统信息安全保障工作提供了新手段。

二、不断提升服务发展水平，贴近市场和客户需要，信息安全认证业务开拓新局面

一年来，中心围绕“十三五”规划目标，积极开拓市场，传统认证检测业务稳步推进，电子招投标认证等部分新业务实现快速发展。

产品认证方面，在认监委大力支持下，中心新获批07类CCC认证业务范围，IT产品信息安全认证范围进一步扩展，新发布WEB移动应用性能监控系统等12项认证技术要求，积极开展GB/T 20276—2016、GB/T 18336—2015等五项认证标准的转换工作。截至2017年底，产品认证新颁发认证证书397张，累计颁证量达到2183张。

体系与服务认证方面，为减轻企业负担，提高认证效率，中心积极开展信息安全管理体系和信息安全服务认证创新研究，开发一体化管理认证工具原型。截至2017年底，服务认证新颁发证书473张，累计颁发1401张；体系认证新颁发证书232张，累计颁发886张。

人员认证方面，积极研究开发工控安全、Web安全、网络情报分析等新专业方向的信息安全保障人员认证业务，并成功组织了首批人员认证考试。截至2017年底，新颁发信息安全保障人员（CISAW）认证证书3927张、培训证书141张，累计颁发人员认证与培训证书12454张。

检测业务方面，全力做好国家质检总局信息安全工作技术支撑工作，完成国家质检总局办公厅政务信息报送系统、通关司中国电子检验检疫主干系统等5个总局信息系统安全测评工作；积极推进国家保密科技测评中心质检系统测评实验室筹建工作；开拓了源代码安全审查、移动App安全检测、网站在线安全监测等检测新业务。截至2017年底，颁发电子招标投标系

统交易平台(EBS)认证证书32张，在全国电子招投标认证领域市场占比达到60%以上。

宣传培训方面，中心主办了“中国国际大数据产业博览会大数据安全技术创新与产业化论坛”，联合举办了第三届互联网安全领袖峰会，积极参与“网络安全万人培训资助计划”，并筹备成立“中国关键信息基础设施技术创新联盟”。贴近地方需求，发挥分中心区域优势，积极参与各地网络安全宣传周活动，为促进中心发展提供了有力支撑。

截至2017年底，中心新颁发各类证书5061张，比上年增长64.4%，累计颁发各类证书17000余张；实现业务收入3586万元，比上年增长13%。各类业务实现较快增长，近五年颁发证书数年均复合增长率28.16%。

三、着力夯实国家质量技术基础，认真做好科研创新和国际合作工作

一年来，中心按照国家质检总局的统一部署，积极组织开展NQI“信息安全检测基准体系和关键技术研究”等项目研究工作，完成了12项标准的申报工作，中心牵头制定的3个行标正式发布，申报实用新型专利4项；自主课题成果转化为实用新型专利1项；国内外权威期刊发表学术论文14篇，出版论著5部，发表软件著作权1项，中心成功获得北京市高新技术企业资格认定。

2017年中心首次主办中德信息安全合格评定合作研讨会暨中德信息安全合作项目专题会和专家座谈会，中德信息安全领域合格评定工作取得突破；积极参加中俄认证认可和中韩合格评定机制下相关工作，密切跟踪国际组织动向，持续参与ISO/IEC、FIRST、IEEE ISPCE等国际会议论坛，紧密跟踪参与相关标准的制修订工作，中心正实质性融入信息安全国际合作框架。

四、严格落实质检深化改革要求，认真做好内设机构调整和人才队伍建设

按照总局批示，中心完成了内设机构调整相关工作，明确了各部门工作职责，确保中心各项工作有序开展；坚持正确选人用人导向，组织开展了1名正处级、3名副处级干部选拔聘任工作；严格招聘程序，开展应届毕业生接收和面向社会公开招聘工作，接收1名应届高校毕业生，2名专业技术骨干；向质检外语人才库推荐人才2名，推荐百千万人才工程候选人1名；中心员工晋升为副高级职称1名，认定中级职称2名；3人完成了国家质检WTO培训并取得证书。组织开展EBS认证人员培训和注册工作；通过微信等即时交流工具，开创“微课堂”等业务培训和交流形式，进一步提高审查员业务能力水平，中心干部人才队伍和评审员队伍建设进一步加强。

五、持续加强能力建设，内部管理呈现新面貌

中心结合实际制修订18项内部管理，编制《信安中心内部管理制度汇编(2017版)》，进一步完善内部控制建设、提高了管理运营能力；持续优化信息化基础环境建设，升级中心邮件系统、高清视频会议系统，完成人事管理系统建设。结合新的内设机构情况，梳理完善中心质量管理体系，进一步完善认证审核人员管理制度，做好认证审核人员培训和资质工作；通过内审、管理评审等方式，梳理排查各环节质量和廉政风险。贯彻落实中央和总局财务管理要求，以经济责任审计整改和审计自查自纠工作为抓手，主动整改、主动自查、举一反三，建立成本核算机制，加强企业管理，强化内部控制、夯实财务工作基础，经济责任审计问题整改率达100%。

除此之外，中心还抓住历史性机遇，成功争取重要职能。2017年，中心紧跟网络安全认证领域新形势，积极争取国家网络安全审查工作新职能。通过不懈的努力，在国家质检总局、国家认监委、中央网信办的大力支持下，中心已获中央编办批准更名为“中国网络安全审查技术与认证中心”，明确增加网络安全审查相关职能。中心职能的扩充，为中心在国家网络安全保障体系中发挥更加重要的作用奠定了坚实基础，影响深远。

六、党建工作

学习贯彻落实“十九大”精神和习近平新时代中国特色社会主义思想，坚决落实全面从严治党“两个责任”，严格执行中央八项规定，深入开展党风廉政教育。根据总局统一要求和部署，认真开展“两学一做”专题教育常态化，通过OA系统、内部邮件、微信群等多个途径发布各类文件、学习要点和有关会议精神，组织开展党章党规知识问答活动，将学习教育活动落到实处。2017年，中心完成支部调整换届改选工作，制定了《中心党支部考核标准(2017)》，采取支部联评联述联考的方式对本年度党建工作进行考核评议，做好入党积极分子培养和党员发展、管理工作。规范组织生活，丰富党员活动，各支部开展主题党日等活动近20次，学习型党组织建设取得新成效。

撰稿人：郑晰元　审稿人：宋　扬

中铁检验认证中心

求真务实 持续提高检验检测能力

一、机构基本情况

中铁检验认证中心（原中铁铁路产品认证中心，简称 CRCC），2002 年 10 月 29 日经国家认证认可监督管理委员会批准（批准号 CNCA-R-2002-102），2002 年 11 月国家工商注册，2003 年 4 月正式挂牌成立，注册资金 5100 万元，是实施铁路产品和城市轨道交通产品认证、管理体系认证及产品检验检测 / 校验及技术服务的第三方机构。

认证业务范围：产品认证（18 陆地交通设备、铁路产品、城市轨道交通产品）；2016 年 1 月 5 日增加认证业务范围：管理体系认证（质量管理体系）；2017 年 4 月 24 日增加认证业务范围：管理体系认证（环境管理体系、职业健康安全管理体系）。

2013 年 4 月 11 日工商变更注册法人为中铁检验认证中心，经营范围增加了检测检验及其他技术服务。

2014 年 1 月 21 日国家认监委发文批准 CRCC 的“国家铁路产品质量监督检验中心”授权，检测检验范围覆盖了铁路及城轨机车车辆、牵引供电、通信信号、工务工程、运输包装、金属化学等产品。

2016 年 12 月 21 日工商注册 CRCC 控股子公司——中铁检验认证（深圳）有限公司。

二、业务开展情况

（一）产品认证

1. 科学规范开展产品认证业务

2017 年，CRCC 继续按照《铁路产品认证目录》《中国铁路总公司专用产品认证采信目录》及机构自愿性认证目录积极开展铁路产品认证工作。组织制修订认证实施规则 156 项，新颁发认证证书 1902 张，完成证后监督、复查审核和检测 1559 厂项。特别是全程参与了中国标准动车组“复兴号”的整车运用考核、解体检查、关键部件认证及检测工作，为“复兴号”顺利启航做出了突出贡献。

2. 稳步推进城轨装备认证业务

2017 年，CRCC 贯彻落实国务院关于开展质量提升行动的指导意见，依据城市轨道交通装备认证采信制度及《城市轨道交通装备产品认证第一批目录》，开展城轨装备认证 30 余厂项，颁发城轨装备认证证书 53 张。

3. 正式开展管理体系认证业务

2017 年，CRCC 共受理管理体系认证申请 4 厂项，颁发质量管理体系认证证书 3 张，管理体系认证工作正式启动。

4. 实现检验认证一体化，有效开展检验检测业务

2017 年，CRCC 完成国家铁路局及装备技术中心监督抽查 43 厂项，铁路总公司质量抽查及复查 397 厂项，上报质量通报 6 批。此外，CRCC 还承接各铁路生产企业的委托检测任务，2017 年度累计出具检测报告 17891 份。

5. 稳步推进城轨安全证据的复核与安全评估

2017 年度开展的产品及工程安全评估项目 10 项，完成复核项目 9 个，涉及计算机联锁、轨道电路、列控车载、TCC、TSRS 等五类产品。

6. 铁路产品认证走出去取得丰硕成果

截至 2017 年底，CRCC 共受理境外企业认证申请约 141 项，发证约 361 张，涉及西门子、庞巴迪、克诺尔等国际知名铁路产品生产企业共 87 家。当前有效证书（含暂停）268 张，涉及企业 70 家。

另外，在“一带一路”建设及“铁路走出去”项目大背景下，CRCC 标准、认证及检验检测在国际交流工作中也承担了越来越重要的角色。2017 年，CRCC 继续积极参与“铁路‘走出去’产品国际互认机制及实施方案的研究”“高铁配套设备互认评价与风险控制关键技术研究”及“轨道交通检验检测互认研究”等科研项目，与印尼雅万高铁建设方、印尼交通部及印尼铁路公司开展技术交流，赴泰国就中泰铁路项目开展

试验室检测认证技术交流，并接待了印尼和泰国方面的回访；与中铁国际继续保持良好沟通，积极推动构建检验检测认证国际化服务平台，促进中国轨道交通产品融入国际互认。

7. 加强品牌建设，扩大行业知名度和影响力

全面升级 CRCC 品牌标志，积极参加“轨道交通深圳湾论坛”“上海轨道展”及“北京国际城市轨道交通展”等大型会展，协助央视拍摄《质量名片》专题纪录片，强力打造 CRCC 品牌形象，突出展示 CRCC 能力和水平，受到社会各界的广泛好评。

中铁检验认证中心 供稿

中国船级社质量认证公司

优化管理提升质量　服务国家发展大局

中国船级社（CCS）成立于 1956 年，是国家的船舶技术检验机构，其前身是中华人民共和国船舶检验局，是中国唯一从事船舶入级检验业务的专业机构，国际船级社协会的正式会员。中国船级社坚持“技术立社、诚信为本、与众不同、国际一流”的建社方针，秉承 “安全、环保，为客户和社会创造价值”的价值理念，牢牢把握服务国家水运安全、维护国家海事权益、推进造船强国建设的根本要求，努力建设与海洋强国相适应的国际一流船级社。

中国船级社质量认证公司（CCSC）是承担中国船级社陆上检验与认证业务的专业机构。作为首批国家获准、并率先在国内开展管理体系认证业务的机构之一，CCSC 自 1993 年成立以来，始终秉持“独立、公正、诚信”的工作方针，坚持不以盈利为目的，致力于打造检验认证领域的民族品牌，服务于国家经济发展大局。作为技术密集型和专业服务型组织，CCSC 依托中国船级社强大的技术资源和遍布全球的服务网络，坚持走技术路线，不断加强自身能力建设，打造经验丰富的专业团队，始终把企业质量的提升作为机构发展的首要前提。

2017 年，CCSC 主动适应政策和市场环境，科学把握发展大势，自觉遵循市场规律，把强化内部建设、提升服务质量、科技创新驱动作为新引擎，变压力为动力、化挑战为机遇，稳中求进、主动作为，积极进取，各项工作取得新进展。在“提效益、强管理、增服务、升质量、保安全、强党建、防风险”等方面取得成效。

一、遵章守纪，规范开展认证活动

CCSC 严格遵守国家法律法规及各项规章制度的要求，按照《中华人民共和国认证认可条例》《认证机构管理办法》中的有关规定，开展相应的认证业务活动。

管理体系进一步完善。应外部要求变化及内部管理的需要，公司进一步补充完善了管理体系文件，制修订业务管理手册、须知、程序 151 项。确保了管理体系持续满足认可机构及外部相关方的要求，为各项业务规范经营、安全运行提供了制度保障。

内部审核全面深入。组织实施了全面的内部审核，范围覆盖了公司总部所有部门以及分支机构，内容涵盖了所有业务活动的开展及各项规章制度的落实。

管理评审全面展开。组织对体系认证、产品认证、工业产品检验、安全、节能减排、检测业务的管理体系运行情况以及综合职能管理情况进行了系统、全面的专项评审，进一步巩固了公司的业务及职能管理的基础。

内部质量监督监控不断强化。公司加大了对业务板块的质量监督和监控力度，通过客户意见反馈、客户回访、顾客满意度调查、动态监督等方式进行质量监控，每季度通报服务质量监控情况，对在监督监控过程中发现的问题逐一核查，不留隐患、不留死角。

对外部监管信息及时跟踪管理。完善了外部监管信息的获取及沟通机制，及时跟踪处理外部监管信息，切实规避从业风险。

业务风险的识别和评价持续加强。按照相关程序要求，在上一年度风险识别评价的基础上，根据内外部情况变化，对各类业务及管理风险重新进行了识别评价。针对存在风险，进一步完善了风险控制措施，以最大限度的降低风险，保证质量安全。

二、夯实基础，确保服务高质量运行

2017 年，CCSC 能力建设持续加强，管理水平持续提升。

服务网络与组织结构进一步完善。新成立了湖南、云南分公司，在全国范围内共设立27个分公司，2017年新增1个分支机构关键场所认可，认可关键场所增加到16个，逐步形成了覆盖各省、立足于中心城市、辐射全国的服务网络，服务地方经理发展的能力进一步提升。

业务资质领域进一步扩大。新获得国家认监委批准的食品安全管理体系、危害分析与关键控制点(HACCP)管理体系认证资质、检验检测机构资质认定及新增科学研究领域服务认证资质；获得工信部批准的工业节能与绿色发展评价机构资质；获得交通运输部收费公路运营企业安全生产标准化建设试点一级评价机构资质；获得国家认可委对信息安全管理体系认可、获得中国认证认可协会对服务认证审查员培训课程的确认。

专业人才队伍建设成效明显。公司加大人才引进和培养力度，人员队五规模逐步扩大，截止2017年底，CCSC专兼职从业人员1600余人，其中拥有中高级职称的占总人数的70%，为事业发展提供了强有力的人力资源保障。2017年度公司按培训计划开展了各类培训及继续教育，培训对象继续向全员覆盖。

科研能力持续提升，成果丰硕。2017年，公司在标准制定、政策咨询和课题研究等方面成果丰硕。牵头或参与制定了《认证认可行业标准编写指南》《认证认可行业标准分类指南》《交通运输企业安全生产标准化建设规范系列行业标准》等多项国家、行业标准；承担公路水运行业安全生产风险管理暂行办法、安全生产隐患治理管理暂行办法、交通运输安全生产诚信体系研究等多项政府政策性文件的编制和课题研究工作；完成了“十二五”国家科技支撑计划“我国水上运输碳排放核查关键技术研究与示范”课题研究工作，形成了《水运企业船舶碳排放核查技术规范》《水运企业温室气体排放核算方法与报告指南》等十余项核心成果，填补了国内相关领域的空白。

服务国家“一带一路”建设，国际影响力不断扩大。2017年，公司的海外业务成绩显著，在亚非拉美多个国家客户开展了CDM/GS项目审核、体系认证审核、培训、技术服务。

三、文化聚力，精神文明再开盛花

一直以来，CCSC在狠抓业务的同时，注重精神文明和企业文化建设，铸造了蓬勃向上的企业文化，提振了积极向上的企业精神，取得了物质文明和精神文明的双丰收。

企业文化建设工作稳步推进。初步形成企业文化建设工作方案并有序开展。组织广大员工开展书画、摄影、竞技、健身等多种形式的文体活动，有效提升了公司凝聚力和员工向心力。

坚持政治学习，加强和合作单位的党建交流。共同开展学习十九大精神，探索联学联建新模式，发挥各自优势，互学互补，组织生活有内容丰富，形式生动，达到了相互借鉴、启发共鸣、取长补短、共同提高的预期效果。

加强组织建设，完善制度建设。工会工作不断地规范化和制度化。工会组织进一步完善，队伍进一步壮大。职工入会手续进一步完善。

加强了宣传工作的力度。一方面加强与行业主流媒体的合作，在《中国船检》《中国认证认可》等媒体发表专业技术和管理文章63篇。另一方面认真做好内部宣传，全年编辑发布《CCSC简讯》电子内刊18期，推送微信公众号39期。同时，积极做好公司网站建设，打造全方位的对外宣传窗口。

积极履行社会责任。积极开展公益慈善活动，向公益组织开展爱心捐赠、参加义务献血等。倡导员工低碳出行，外出办事尽量选择公共交通工具。加强了办公用品的管理，号召员工提高节约办公用纸的意识，提倡绿色办公。编制发布了公司2016年度社会责任报告。

CCSC将继续以服务国家大局和相关产业为已任，充分运用认证认可这个市场经济的信用工具，大力弘扬诚信为本、以质取胜的价值理念，力争打造一个持久、领先、具备竞争优势的民族认证服务品牌，为继续构建和谐社会而贡献自己的全部力量。

中国船级社质量认证公司　供稿

北京五洲天宇认证中心

创立四位一体　发展服务认证

北京五洲天宇认证中心是由中华人民共和国商务部发文成立、国家认监委批准的专业认证机构，是中国售后服务认证和品牌认证开创机构、认证规则制定机构、多项国家标准和行业标准的牵头起草单位。北京五洲天宇认证中心成立十多年来，为中国企业的品牌和服务标准化工作不断努力，取得了许多重要成果。

许多企业通过中心的工作，建立了更加完善的品牌和售后服务体系，品牌管理和服务能力进一步提升，市场效益大大提高。企业纷纷来信，感谢中心对社会和企业作出的贡献。

“提升全社会服务水平，为企业品牌创造新价值”，“颁发有社会责任的证书”，是北京五洲天宇认证中心成立至今，一直坚持的初心和使命。

目前获得北京五洲天宇认证中心签发认证证书的代表性企业有：

海尔、美的、中车、五粮液、德力西、无限极、三一集团、中国重汽、远东控股、海澜之家、福田、红豆、徐工、中联、中通、中集、东风、联塑、厦航、澳柯玛、雅迪、王力等数百家行业领跑者、上市公司和中国500强企业，以及来自美国、德国、日本、丹麦、韩国、中国台湾、中国香港等不同国家和地区的大型跨国企业。

北京五洲天宇认证中心以“四位一体”的方式开展工作，在服务认证领域奠定了国内领先地位，在国际上也产生了重大的影响力。

一、理论创新

十多年来，北京五洲天宇认证中心发表了六百多万字的理论研究成果，拥有23本以上的专业研究书籍、近百篇专业研究报告和学术论文，形成了独有的“品牌学”“服务学”系统理论，首次为繁复而庞杂的品牌、服务研究建立了分类法和学科化的技术体系。代表著作《品牌总论》（英文版）已在国际出版发行，是我国品牌理论的重大突破，在国际品牌研究领域具有前沿地位，该书被耶鲁大学、哈佛大学、斯坦福大学等上百个世界知名大学图书馆收录，美国西北大学凯洛商学院院长，ISO品牌评价委员会主席博比.卡尔德教授鼎力推荐。

二、标准制定

2017年，CCSC能力建设持续加强，管理水平持续北京五洲天宇认证中心牵头制定23部以上的国家标准、行业标准和团体标准，开创先河，国际领先。其中包括《商品售后服务评价体系》（GB/T 27922）、《商业企业品牌评价和企业文化建设指南》(GB/T 27925)、《珠宝饰品经营服务规范》、《酒类行业流通服务规范》、《家居行业经营服务规范》、《进口葡萄酒经营服务规范》、《商务策划服务规范》、《零售商供应商公平交易行为规范》、《企业创新评价体系》等，均为国内乃至国际首创的标准。

这些标准的颁布实施，为中国企业提升服务水平，打造一流品牌建立了良好的规范作用，被企业和消费者一致认同。

三、权威认证

北京五洲天宇认证中心一直按“做好认证示范作用、履行社会责任”的原则，严把认证质量关，保护消费者合法权益，做到了张张证书含金量高，在社会引起了强烈反响。目前中心相继完成了家电、服装、汽车、珠宝、电气、电缆、家装、商场、IT、航空等几十个行业的认证工作，为近千家行业领跑企业和上市公司进行专业认证和培训，使企业取得了极大的社会效益和经济效益。

中心开展的品牌认证、售后服务认证被全国上百家大型媒体报道，其中包括中央电视台、人民日报、新华社、中央人民政府网、国家质检总局官网、新浪、搜狐、网易、中国质量新闻网等。

四、专业培训

北京五洲天宇认证中心按照国家商务部、国家工信部文件，与中国商业联合会联合培训“售后服务管理师”和“首席品牌官”“品牌总监”资质，目前已为近3000家行业代表企业，10000多名中高层管理人员进行授课，首次在中国开创了“售后服务专业管理人才”、“品牌专业人才”。参加售后服务管理师培训并获得资质证书的代表性企业包括宝马、法拉利、大众、玛莎拉蒂、丰田、三菱、金杯、长虹、海尔、美的、茅台、陕汽、宝洁、江铃、宇通、西门子、飞利浦、TCL、方太、科勒、海信、振华重工、光明乳业、苏宁电器、南孚电池、格力、国美、鞍钢、中盐等全球著名的跨国企业和上市公司。

不忘初心，坚持使命，开创品牌认证和服务认证，引领相关领域的发展方向。目前，北京五洲天宇认证中心还在探索更多的理论和实践工作，将不断为提升企业服务水平，为中国品牌走向世界而不懈努力！

北京五洲天宇认证中心　供稿

中电赛普检验认证（北京）有限公司

善谋实干　锐意进取
加快建设具有行业影响力的电力检测认证机构

2017年，中电赛普检验认证（北京）有限公司（以下简称公司）深入学习贯彻党的十九大精神，上下团结一心、攻坚克难，扎实推动“十三五”发展规划落地，持续完善公司的质量管理体系，全面规范运行管理，在认证认可领域精耕细作，努力提升公司的参与度和影响力，展现在电工领域的科研实力和深厚功底，树立“认证认可＋电工”的权威性和主导权。

一年中，公司在电力行业认证业务发展势头良好，并实现相关专业检测认证业务协同发展。全年公司共开展14类产品/服务认证扩项，已备案的认证规则数量达到20个，实现了光伏发电并网逆变器、光伏发电并网服务、信息通信设备、继电保护装置、电动汽车充电桩、电能表外置断路器等6类产品/服务认证项目的实质开展，共颁发了20张证书，实现全年合同额5200万元，实现了为“十三五”发展规划开好头、起好步的战略目标。

一、全面加强党建工作

公司各级党员领导干部坚持把学习宣传贯彻党的十九大精神作为首要政治任务，着力在学懂弄通做实上下功夫。认真学习中央各项指示，扎实开展“两学一做”学习教育，进一步提高检测认证广大党员和各级领导干部的政治意识、大局意识、核心意识、看齐意识，做坚决贯彻院党委各项部署、严守政治纪律的表率；认真落实“一岗双责”要求，坚持不懈反对“四风”，保持定力、脚踏实地，知道自己该做什么、能做什么，切实增强从严管理的严肃性和廉洁自律的自觉性。公司把廉洁从业要求融入日常管理，加强风气建设，规范检测流程，强化监管防控，努力营造明底线、守规矩的工作氛围。

二、管理体系完备高效

一年中，公司认真研判国家电网建设发展需求，积极完成质量管理体系文件换版，深入落实体系文件要求，不断优化认证管理机制，建立中电赛普ERP、经法、财务管控、员工报销等内部办公系统，组织开展系列培训，促使认证业务管理水平不断提升。

为进一步提升公司在认证认可高技术服务领域整体发展质量，积极打造优质的电力行业认证业务运行平台，2017年，公司定位从新能源领域认证向电力各专业认证业务扩展，根据最新的管理体系对质量方针、质量目标、组织结构及工作流程进行了调整和优化，依据GB/T 27065—2015《合格评定产品、过程和服务认证机构要求》和《中华人民共和国认证认可条例》的要求，对管理体系文件进行换版，以满足上述标准和条例的要求。新编制了第二版《质量管理手册》和《程序文件》已于2017年1月1日经最高管理者批准发布生效。

三、认证业务扎实拓展

全年共完成了无源光网络设备、无线通信基站、无线通信终端、无线通信核心网、电动汽车非车载直流充电机、电动汽车交流充电桩、10kV ～ 35kV变压器、蓄电池内阻测试设备、1kV ～ 35kV挤包绝缘电力电缆、直流电源设备电能表外置断路器、储能变流器、电池储能系统并网及运行服务认证、电池储能电站等14类产品/服务扩项。现行有效的实施规则总计20个，电力无线通信设备认证获得国家电网公司实质采信，保证了相关行业产品的质量安全和使用安全。

四、研发支撑坚强有力

2017年，公司积极开展认证标准和项目的研发，持续保持电力行业认证领域的引领地位。稳步推进国家电网科技项目《国际化背景下的新能源发电标准框架与认证标准研究》研究工作；积极筹备《国家质量基础的共性技术研究与应用（NQI）》国家重点专项项目申报，积极开展《支撑“一带一路”贸易便利化的认证认可关键技术研究与应用》子课题任务编制。

牵头承担新能源电站、储能系统和高压电气设备领域的3项认证认可行业标准编制工作，成为电力系统首家认证认可行业标准牵头编制单位，受到国家认监委和国家电网公司的高度重视及主要生产厂家的积极响应。

五、战略合作互利共赢

为有效提升认证认可整体技术水平和电力行业国际竞争力，公司与国家认监委认证认可技术研究所相关机构在战略合作框架下，积极实现跨界合作、强强联手，通过认证认可关键技术研究、成果创新与转化，推动电力行业认证认可技术的进步和发展。

六、人才强企加快推进

检测认证工作，归根结底依靠的是一支素质高、能力强、作风硬的干部职工队伍。随着公司认证业务专业领域大幅扩充，公司发展对人员专业素质提出了更高要求，通过培训和各类履职教育，公司队伍的政治素质、工作作风、业务能力均实现明显提升，成为实施人才强企战略的关键。

在技术培训方面，公司以市场竞争和新业务发展需要为牵引，大力开展“检测认证一体化”复合型人才队伍培养。

在专业培训方面，一年中，公司积极与外部专业机构合作，共协同组织了5次集中培训，包括产品认证检查员培训、服务认证审查员培训、ISO 9000质量管理体系审核员培训、质量提升培训及实验室质量监督培训等。共有260人次完成认证专业技能培训，新增注册认证人员52人，相关认证人员全面通过了检查员/审查员/审核员资格考试，公司专业人员在体系运行过程中的应用能力得到明显提升。

在职业生涯管理方面，公司强化正向激励，鼓励员工主动提升能力素质；积极为员工成长成才搭建平台，在职业生涯等方面争取有利政策，增强检测认证从业人员的认同感、归属感和成就感。

新的一年，面对新的形势、新的任务和新的要求，公司上下将开拓创新、团结拼搏，撸起袖子加油干！以“‘十三五’发展规划”为指导，持续推进公司规范、诚信运行，做大做强中电赛普品牌，更好地服务电网安全稳定运行和质量提升大局，加快建设具有行业影响力的第三方检测认证机构！

中电赛普检验认证（北京）有限公司　供稿

北京国标联合认证有限公司

扭住“三大关键”助企业提升测量管理体系认证实效

现代计量是科学技术的基础，尤其在当今社会中，计量工作已成为现代企业素质和现代化管理的基本要件。这是因为没有准确的计量，就没有可靠的数据，就无法指挥生产，无法控制工艺过程，更不可能生产出高质量的产品。我国从2005年起实施统一的测量管理体系认证制度，该体系认证突出的特点是依据国际标准ISO 10012的要求来推进企业建立科学的测量管理体系，这与我国以前建立的计量确认体系和计量保障体系不同，既要保证测量设备的准确可靠，又要保证测量过程和测量数据的连续受控，体现了我国计量管理发展的一次新的飞跃。

北京国标联合认证有限公司创立于2014年,2015年经国家认监委批准,专业从事测量管理体系认证,2017年经国家认监委批准获得“质量、环境、职业健康安全”管理体系认证资质,从而使公司在我国认证领域成为具有“测量”和“质量、环境、职业健康安全”等管理体系认证资质的第三方认证机构。在公司的发展进程中,测量管理体系认证是公司经营的核心主导业务(产品)。因此,在多年推进测量管理体系认证的实践中,我们深刻认识到测量管理体系认证制度在我国实施,从国家层面讲,对夯实我国质量技术基础,促进我国经济高质量发展,提高我国质量整体水平,具有重大的现实意义和深远的战略意义。从企业层面讲,开展测量管理体系认证是我国企业计量管理的创新发展,也是帮助企业夯实质量技术基础,促进企业技术创新、节能降耗、绿色环保、安全健康、拓展市场提升市场话语权和企业可持续发展的必然选择和最佳方案。那么,作为一个客观、公正的第三方认证机构,如何通过认证服务,帮助企业建立一个既符合国际标准要求,又能满足企业实际需要的测量管理体系,并能确保该管理体系的持续、有效运行呢。对此,我公司的认识和做法是抓住测量管理体系建设与认证的三大关键。

第一，企业以质量为主线的测量体系。根据企业的关注点，识别顾客的计量要求，识别关键的测量过程、指导选择相应的测量设备、设置相应的监督方法和控制过程，使企业不断按标准要求持续改进。比如，山东寿光市坤隆石油机械股份有限公司是我国专业从事油田采油装备产品开发、制造及配套技术服务的现代化高新技术公司。2015年通过我公司的认证审核后，遵循审核人员的建议，不断改进，识别了全公司402个测量过程，其中包括49个重要测量过程和5个高度控制测量过程，并建立了智能化管理系统，有效增强了公司的测量能力，确保了公司产品质量的全面提升，并荣获了“山东省级企业技术中心”企业。

第二，以经营结算等为主线的测量体系。扭住企业经营活动中原材料采购、产品交付等涉及对外支付或对内结算等活动的计量过程。既要根据相关方的要求和企业自身的要求确定结算单位，也要明确企业贸易结算的测量过程，选择相应计量器具进行准确的计量，并对测量过程进行监控，以确保企业经营结算数据的准确、可靠，做到零误差。通常一般大型石油石化企业的年进出物料量都在1000万～2000万吨，不管是长管线运输还是铁路罐车、水运、汽车装运、定量包装计量，其计量误差都控制在0.1%，按此计算，每年都会给企业带来了1万～2万吨的损耗。某企业通过强化企业经营结算和内部核算的测量过程管理，将进出厂水、电、气的计量，火车直运输的进厂的固体、液体、气体物料的计量和检验等纳入重点监视的测量过程，派专人到现场进行检查和复核，发现偏差及进与供货商沟通，并由供求双方计量部门共同确认，确定计量误差的范围，保证了测量数据的准确性，从而最大限度地避免了各种原材料及能源消耗损失，使企业每年节约资金500万元以上。

第三，持续改进、有效运行。测量管理体系建立之后，在运行的过程中，还需要不断的根据实际情况进行改进和完善。随着企业的不断发展变化而改变的，一成不变的体系也将束缚企业的发展。国标联合认证有限公司对获证企业除了按规定履行年度监督审核之外，还定期的对企业实施测量管理体系改进情况进行修正，提供建设性意见，指导企业不定期地进行内审和管理评审，不断循环改进，让企业真正地建立起测量管理体系，使企业真正地获得有效的经济和社会效益。

我公司愿与广大企业携手并肩，为夯实企业的质量技术基础，全面提升质量，积极推动和实施测量管理体系认证。

北京国标联合认证有限公司　供稿

新世纪检验认证股份有限公司

提升综合实力　助力质量升级效

党和国家历来高度重视质量。党的十九大以来，以习近平同志为核心的党中央更是把质量摆到前所未有的位置，明确提出我国经济已由高速增长阶段转向高质量发展阶段，必须提升发展质量和效益，显著增强我国经济质量优势。作为检验认证服务机构，新世纪检验认证股份有限公司（BCC）坚决贯彻落实习近平总书记关于质量的论述要求，坚决贯彻落实党中央、国务院关于质量工作的决策部署，从技术研发、客户服务、业务拓展、人才培养、党组织建设等方面着手，积极提升自身综合实力，助力质量升级。

一、响应国家号召，贯彻落实质量升级工作

作为行业领先的认证机构，BCC积极贯彻落实国家认监委《万家企业质量管理体系升级行动》精神并以GB/T 19001（ISO 9001）质量管理体系标准转换为契机，于2017年10月出台了《落实CNCA关于开展“万家企业质量管理体系升级行动”的通知及推进公司转版进展工作方案》，主要从活动宣传、质量提升、审核员转版、企业转版、信息通报五大方面对相关工作做了详细部署，并于11月发布了《关于BCC落实“CNCA百万家企业质量管理体系升级行动”的公开信》，面向不同行业、不同规模的企业开展质量管理体系转版培训工作，告知各相关企业线上、线下学习的渠道。

在全国范围内质量管理体系和环境管理体系升级之际，BCC将之前结合新版标准组织编制的《2016版质量管理体系实用教程》和《2016版环境管理体系实用教程》正式发布，希望这两部教程可以为社会各界的质量管理体系和环境管理体系升级以及质量和和环境管理绩效提升提供帮助!

二、加强研发创新 拓展业务领域

伴随着行业监管日益严格和市场竞争的加剧，我国检测认证行业呈现出行业竞争充分、市场集中度相对较低的态势，同时，检验检测认证被列入国家重点支持的高新技术领域，认证认可正式纳入国家统计体系。全行业集中优势力量推进新型认证和检验检测认证技术制度创新。面对社会形势的变革，BCC充分认识和把握国家政策以及质量发展规划的认证检测行业发展要求，在认证检测等主营业务稳健发展的基础上，BCC通过创新经营、持续发展、践行社会责任等方式，取得了令人瞩目的成绩。

作为检验认证领域首批获得高新技术企业资格的机构，BCC在2017年继续保持高新技术企业资格，共投入超过1100万元科研经费，同比增长83%以上，完成研发创新项目18项，研究领域涉及管理体系的应用推广、信息平台建设、检测技术开发、认证业务领域创新等，获得3项实用新型专利、11项软件著作权。

2017年，BCC在明确了战略定位与核心业务的同时，以开拓创新为原则，积极优化业务结构，深耕体系认证业务，加大研发投入，拓展业务领域。截至到2017年底，BCC颁发各类有效认证证书两万余张。1月4日，BCC收到中国合格评定国家认可委员会（CNAS）通知，获准在所颁发的ISO/IEC 27001证书中使用IAF-MLA/CNAS联合标识，至此，BCC已获得IAF国际认可互认的管理体系包括ISO/IEC 9001（QMS）、ISO/IEC 14001（EMS）、ISO/IEC 27001（ISMS）及ISO/IEC 22000（FSMS）；5月8日，BCC向CNAS申请认可的中国森林认证（CFCC）产销监管链（CoC）体系顺利通过了CNAS办公室评审以及现场见证评审，正式获得了CNAS认可的中国森林认证产销监管链认证（CFCC-CoC）资格；同时，BCC还重点开展了有机产品、良好农业规范（GAP）认证的研究，并获得了认监委批准可以开展相关认证业务；还将绿色产品认证、反贿赂管理体系认证和社会责任管理体系认证在国家认监委进行了备案。

三、着眼客户需求，提升服务质量

BCC始终着眼客户需求，通过不断改革创新提升综合服务质量。2017年，BCC在为客户完成检验检测与认证服务的同时利用自身的优势与行业经验开拓提升服务领域，为客户提供增值服务。BCC通过加强与国内外的机构/组织合作，创新发展，为客户的质量管理提供解决方案和建议，为客户搭建解决问题的交流平台。2016年，BCC搭建了一个基于用户需求的，检验检测认证行业的交互平台，取名为"认准Ta"，并经过工商注册，商标注册后，成为一个具有"互联网+检测认证"功能的客户服务模式。2017年，BCC不断完善运作模式，优化用户体验。

为进一步优化各工作环节，BCC深入分析客户需求、公司内外部环境和经营模式，充分整合公司资源，进行了网格化管理改革，有效提高了工作效率及服务质量。

为在全国范围内更好地服务客户、深化去地域经营，BCC经北京市工商行政管理局核准正式更名为"新世纪检验认证股份有限公司"，英文名称不变，仍为"BCC Inc."。

为进一步提升客户体验，BCC在微信公众号中增设了画面绚丽的H5公司简介及业务介绍，便于客户及时获取；"国家标准全文公开系统"正式上线运行后，为满足客户对随时随地查阅标准及证书的需求，在微信公众号开设了"国标查询"和"证书查询"入口，供企业和公众免费查阅或下载相关标准、查询相关证书。

为了深入了解客户对BCC的潜在需求和期望，客观了解获证组织对我公司的满意程度及现存问题，以指导公司制定改进措施并不断提升认证服务质量，促进公司更高效的服务和管理水平，BCC于2017年3月至5月开展了为期三个月的顾客满意度调查。经过调查与统计，2016年公司认证服务的总体顾客满意度评价为92.32，超过期望水平2.32个百分点。

四、积极组织培训研讨，提升公司整体水平

一直以来，BCC都很重视员工培养。2017年，为进一步完善公司管理、提升公司整体服务水平，BCC先后组织了多种类型的培训。

在认证业务方面，BCC开展了新版质量管理体系、环境管理体系和医疗器械质量管理体系标准培训、电梯行业培训、烟草行业培训、建筑行业培训、森林认证培训以及CC 175和SC 175相关要求培训等，通过线上、线下相结合的培训方式及时有效地让审核员、管理人员学习掌握了相关知识方法，并就BCMS和信息领域认证过程问题进行了研讨，优化了工作思路。

此外，BCC还针对公司中高层领导开展了《集团管控创新实战》培训和《商业模式创新与落地》培训，开拓了管理思维；针对公司员工开展了《这样执行才有效》培训和《创新思维训练》培训等，提升了沟通效力和创新能力，为公司的高效运转、持续发展奠定了良好基础。

五、开展党支部活动，学习十九大精神

2017年是BCC党支部正式成立第11年。经过11年的发展，支部工作对公司的发展起到了重要的作用，全体党员也是机构践行社会责任，开拓创新的主要力量。2017年里在上级党组织的指导下，在全体党员同志的配合下，BCC党支部圆满完成各级党工委部署的工作任务，积极参加街道工委组织的各项党建活动。

在全国掀起响应党中央十九大会议精神学习的热潮之际，BCC党支部开展了"新时代、新征程、新贡献，践行十九大精神，从我做起"为主题的系列活动，包括关于十九大报告和新党章内容的知识竞赛、重温党的一大会址主题交流活动等，使广大党员深入地学习了党的纲领、党的制度，思考了在BCC不断改革创新的进程中党员该如何发挥作用、如何将十九大精神践行到实际工作中，做到了理论学习与工作实践的充分结合，进一步指导了BCC党建认证业务及其他业务的开展。

公司还组织了《建军大业》红色主题教育观影活动，重温峥嵘历史，铭记英雄革命先辈的热血青春。通过观影，各支部党员对党和国家有了更强烈的自信，纷纷表示将不忘初心，继续前进，为祖国未来的发展拼尽全力。

公司为使党员充分了解党的政策，深入了解党和国家各项举措的意义，购置了许多书籍，像《丝绸之路》、《习近平讲故事》、《故宫院长说故宫》、新《党章》等，此举得到党员的一致好评，大家互相交流心得，将新的思路带到工作中，起到了良好的模范作用。

BCC在这一年中取得的成绩离不开社会各界的支持与鼓励，我们会继续秉承客观公正、科学严谨、权威卓越、可持续发展的质量方针，以只争朝夕的进取精神，求真务实的工作作风，勇攀高峰的创新品格，投身于质量提升的大潮中，成为科学发展的建设者、国家利益的维护者、满足客户需求的服务者、质量强国的推动者，勇担伟大时代赋予我们的光荣使命！

新世纪检验认证股份有限公司 供稿

2018

Yearbook of Certification and Accreditation of China

第十八部分　认证实效

Part Eighteen Effectiveness of Certification

深圳市全球通检测服务有限公司

改革创新 继往开来

深圳市全球通检测服务有限公司成立于2014年，是经过国家认证认可监督管理委员会认可和中国合格评定国家认可委员会授权的检测服务机构，专业从事电子产品检测认证服务，自成立以来，经过市场的考验，依靠在检测认证行业的丰富经验，已建立起一支专业的检测团队，公司秉承："一切以为客户创造价值为依归"的经营理念，未来，GTS将一如既往关注测试方案、测试方法、测试精准度、测试效率、测试设备等技术的发展，通过不断的技术创新，推出更多的满足市场的需求，全面、快速、周到的一站式检测解决方案。

一、全面升级、专业团队、贴心服务

2017年以来全球通检测花重金全面升级六大实验室（安规实验室、射频实验室、汽车电子实验室、电磁兼容实验室、电池实验室、可靠性实验室），为社会提供公正性、科学性和权威性的数据。全球通检测严格按照现代企业制度进行管理，目前具有中国合格评定国家认可委员会颁发的"实验室认可证书(CNAS)"，广东省质量技术监督局颁发的"检验检测机构资质认定证书"，苏州美华颁发的"安规资质证书（UL）"，美国认可协会的"a2La"，还通过了国家和深圳的高新认定，另外还有与其他国外机构的授权资质，全球通检测还是"太赫兹产业标准联盟"和"智能穿戴产业标准和知识产权联盟"发起单位。

经过几年不断求真探索，从市场中总结经验，全球通检测认识到人才是企业的核心竞争力，把以人为本确定为企业生存发展的前提，2017年全球通检测已聚集了专业的技术团队、优秀的销售团队、高效的服务团队、这使它在市场竞争中处于绝对优势地位，并为企业的发展打下坚实的基础（其中两位教授级别的技术顾问专家，所有员工大专以上学历，技术骨干均从业10年以上，技术全面而精湛）。与此同时还与多家权威机构建立了长期战略合作伙伴关系（工业和信息化部电子第五研究所、中国质量认证中心、哈尔滨工业大学深圳研究生院）。在无线通讯产品、家电、AV、IT、灯具、汽车电子、电池、机械、玩具、医疗等市场，全球通检测均能够快速响应市场需求的变化，不仅能给客户提供专业、周到、全面的检测认证技术服务，更能为客户提供整体解决方案。

二、风雨同舟，共同见证，成就信赖

2017年是全球通检测不平凡的一年，它综合全面的进行了重大改革，认真分析市场规律，全面提升服务质量，确定了几个信赖的重要愿景，并且在不断的自我完善。

全球通检测通过专业、高效、低调的行事风格，在服务中认真倾听和满足客服需求，并讲解给予引导意见，真正做到全心全意为客户服务，赢得了客户的信赖。

在日常工作中倡导"伙伴、奋斗、共享"的企员关系；为员工提供优良的工作环境和有吸引力的激励制度；培养并引导员工职业发展，使员工和企业共同成长；充分尊重和信任员工，不断鼓励和引导，使员工获得个人成功并达到与企业共同成功。这种理念使员工具有高度企业荣誉感，赢得了员工的信赖。

推动检测行业健康创新发展一直是全球通检测努力前进的方向，行业的发展需要积极向上的正能量、需要人才不断努力的科技创新、需要优秀企业之间的友好合作和良性竞争。全球通深知行业发展的奥秘，致力于与合作伙伴的互利双赢、共同成长，赢得了行业的信赖。

全球通检测以精准客观公正的检测服务回馈社会、以正直擇真和谐的人生态度立足社会，时刻关注国家与社会动态，做一个有良心的服务企业、做一个有爱心的社会团体，正是由于全球通注重社会责任，赢得了社会的信赖。

三、高标准，严要求旨在提升生活品质

2017 年，全球通检测以高标准、严要求对自己重新定位，不断升级硬件与软件实力抓住市场机遇，不断强化员工敬业与服务意识引领行业新标准，旨在提高人类生活品质。

全球通检测在对于创造价值上始终坚持狠、准、稳三点一线，在追求自我价值与社会价值的道路上，始终以高标准、严要求鞭策员工，企业服务员工，员工立足企业的良好工作生活理念，不断提升员工生活品质。

全球通检测在发展创新的道路上，坚持不懈的努力，在检测行业中以质量求生存、在服务行业上以服务谋发展，我们始终相信通过对检测的高标准与严要求能提升产品质量；始终相信通过对检测标准的不断求真探索能推动行业的发展。把创新当做企业生命的长度，把服务当做企业生命的宽度，把质量当做企业生命的高度。通过检测服务提升产品质量，通过标准制定引领行业发展，从而提升人类生活品质。

2018 年，全球通检测将检测蓄势待发，以“立足龙岗，面向深圳，辐射全国，放眼世界”打造全球通检测这一知名品牌的独特视野，全体员工立志于把全球通检测打造成一个世界知名品牌，引领企业走高端路线；不只限于做标准的执行者，同时要做标准的制定者，做行业的领军者；在持续推进产品质量提升的同时做“中国制造”先行者。

深圳市全球通检测服务有限公司 供稿

中国印钞造币总公司

认证认可上水平　技术创新出成果

中国印钞造币总公司是直属中国人民银行领导的、国家唯一的法定货币生产企业，下属二十余家大中型企业和一个国家级企业技术中心，主要从事印钞、造币、钞票纸、银行卡的研制生产、印钞造币专用机械和银行机具的设计制造、高纯度金银精炼和印制增值税专用发票、有价证券、银行专用票据、高级防伪证书等方面的生产经营活动。

中国印钞造币总公司秉承“为央行履行职责服务”的行业使命、“优质安全保发行、科学管理增效益”的行业宗旨以及“忠诚印制、追求第一”的行业理念，致力于提高自主创新能力，提升人民币的综合防伪水平，满足人民币发行和流通的需要。为增强整体技术实力和国际竞争能力，中国印钞造币总公司大力加强硬件基础设施建设，积极开展国家认可实验室认定工作，鼓励企业加大对国家认可实验室的支持。截至2017年底，中国印钞造币总公司共建立了四个国家认可实验室：中钞长城贵金属有限公司分析检测中心、上海造币有限公司理化实验室、国家金银及制品质量监督检验中心（沈阳）、银行卡检测中心。在中国印钞造币总公司的支持下，四个国家认可实验室在分析、检测和科技项目研究方面都取得了长足进步。

一、中钞长城贵金属有限公司分析检测中心

中钞长城贵金属有限公司分析检测中心（以下简称“检测中心”）2002年3月首次通过中国合格评定国家认可委员会认证。检测中心配备了多台世界顶级的分析设备，拥有国际先进水平的贵金属元素测试手段和完善的检测能力。检测范围包括纯金、纯银中杂质分析，原料金、原料银中主成分及杂质分析，高纯金、高纯银中杂质分析，金合金、银合金中主成分及杂质分析，金银提炼、金银深加工过程控制分析，以及金银提纯、加工配套环保监测分析。

2017年检测中心在国内金银检测领域做出了重大

成绩，具体包括以下几个方面：

1.完善小克重金试样分析工作。2017年，国内薄片、硬金产品的继续热销，产品质量也越来越小，该类产品的质量控制受到广泛的重视。检测中心针对该类产品分析进行系统研究，通过不断更新检测方法，改进检测设备及样品制备方法，充分满足产品质量检测要求。

2.完善首饰检测方法。2017年公司首饰产品的销量逐步上升，3D硬金产品的数量急速增加。为了应对不同工艺的硬金产品，分析检测中心根据检测需求，先后运用多种方法进行检测，正确评估个检测方法的差异，选定了火试金作为主要检测方法，实现硬金产品科学检测；同时，继续研究电化学检测技术，开展了溴化钾电位滴定的测量的国际通用方法，增添了检测中心测量银首饰含量的手段。

3.积极参与国际金、银技术交流。检测中心以中钞长城贵金属有限公司作为伦敦贵金属市场协会组织的会员单位为平台，积极参与国际金银冶炼、分析技术交流与合作，实时掌握国际发展动态，紧跟国际发展趋势，保持国内领先地位；同时还与上海造币有限公司、深圳国宝造币有限公司、长春黄金研究院、沈阳造币有限公司、四川省质检院等单位开展能力比对工作，检测能力得到相关单位的肯定。

4.2017年累计分析试样25500余件，其中纯银成品生产试样11000余件，纯金成品生产试样13000余件，工业金银材成品生产试样500余件，金验收料600余件，其他试样400余件；为外部合作单位开展多次技术介绍及培训，先后为建设银行、农业银行、邮储银行提供多场关于贵金属检测及质量控制的专题讲座，协助公司电商平台制定金银知识普及工作；配合营销部门解决检测疑惑及检测纠纷，配合银行开展渠道产品抽检及评估，树立了良好的专业素养及工作作风。

为进一步提高检测能力和水平，检测中心积极完善内部管理，提高人员素质，检测中心推行“一人多专长”培训工作，在内部实施培训合格上岗考试的模式，并采用模块式培训，对通过合格的模块进行授权工作，逐步解决检测技术的传承工作；对检测中心的布局进行调整和整改，增加了中心培训室，建立良好的学习氛围。

二、上海造币有限公司理化实验室

上海造币有限公司技术中心理化实验室（以下简称“理化实验室”）2006年11月首次通过中国合格评定国家认可委员会认可。认可范围涵盖物理、化学两个领域多个项目，包括纯金、纯银中杂质分析，金、银中主成分及杂质分析，银合金中主成分及杂质分析，洛氏硬度HRB、HRC、HR30T检测，镀层测厚等测试分析。理化实验室配备有多台先进的分析设备，拥有国际先进水平的贵金属测试手段和完善的检测能力。

2017年，理化实验室主要工作包括以下几个方面：

1.研发超薄复合金片黄金纯度的检测方法。在企业现有的产品结构中，除了主业以外主要以贵金属制品为拳头产品，新增的超薄复合金片品种是贵金属制品市场中的新贵，对其进行质量控制是一个难点，国内没有对应的检测方法和检测机构可以提供此类黄金制品的检测。2017年，实验室充分利用现有设备进行多种试验，最终攻克了金片卡黄金纯度检测的技术难题。同时考虑到贵金属制品的检测成本，以极低的样品量，实施定量检测，检测后黄金样品还能进行回收，为企业增加贵金属新产品提供了有力的技术支持。本研发方法填补了一项检测技术空白，完成了超薄复合金片试样的黄金纯度检测，获得了满意的检测结果，形成了相关检测工艺。

2.积极参与各类金、银技术交流。理化实验室通过了中实国金国际实验室能力验证研究中心组织的能力验证，内容为GB/T 230.1—2009《金属洛氏硬度试验 第1部分：试验方法（A、B、C、D、E、F、G、H、K、N、T标尺）》HRC、HRB项目的检测，为验证技术能力提供了有力支撑。积极参与相关金、银及金属分析技术交流，与深圳国宝造币有限公司、中钞长城贵金属有限公司分析检测中心等单位开展实验室间能力比对工作，比对结果均为满意，检测能力得到肯定。

3.2017年累计分析试样1万余件，其中金、银试样280余件，洛氏硬度170余件，镀层测厚试样7000余件；多次为相关单位进行疑似币分析鉴定工作。

理化实验室现有体系文件完整、系统、协调，能够服从或服务于质量方针；组织结构描述清晰，内部职责分配合理，满足认可准则要求。在内部管理中，理化实验室通过制定季度、年度计划，有效实施内审、管理评审活动，以质量监督记录、不符合报告、质量满意度调查，客户反馈意见为抓手，进一步规范了检测活动，提高了现有管理水平，加强了人员规范意识；同时，积极提高人员素质，从上海计量测试研究所聘请专家团队培训人员，使认可工作更具备可操作性、合理性；在一系列质量保证的技能操作活动中，组织人员数据比对、留样再测、参加能力验证及与业内权威实验室进行检测比对等质控活动，提升工作效率，切实提高检测的技能水平；组织参加管理培训班，学习GB/T 17025国家实验室认可的新准则，增加管理人员的理论修养。

三、国家金银及制品质量监督检验中心（沈阳）

国家金银及制品质量监督检验中心（沈阳）（以下简称“检测中心”）1997年12月取得CNAS的认可资格，2016年4月通过了中国合格评定国家认可委员会进行的实验室监督评审。为提高检测能力，检测中心于2017年新购置了检测设备并通过计量检定确认。

2017年检测中心在国内金银检测领域做出了重大成绩，具体包括以下几个方面：

1.对可提供标准金锭、银锭企业进行质量监督检测。根据上海黄金交易所《关于开展可提供标准金锭企业质量自检的通知》和《关于开展可提供标准银锭企业质量自检的通知》精神，中心于本年度10至12月对山东恒邦冶炼股份有限公司精炼分公司等23家可提供标准金锭企业和广东金业贵金属有限公司花都白银精炼厂等26家可提供标准银锭企业的产品及检测报告开展了质量监督工作。此次金锭检验的元素有Ag、Cu、Fe、Pb、Sb、Bi六个元素，采用的检验标准为国标GB/T 11066.8-2009；银锭检验的元素有Cu、Fe、Pb、Sb、Bi、Pd、Se、Te八个元素，采用的检验标准为本中心的非标检测方法CTSW H 6806.00E1-2006。检测中心在规定时间内完成了共97件样品的检验及复验工作，及时向上交所提交了2017年度可提供标准金锭、银锭企业质检结果报告，并完成了上述企业样品的退还工作。

2.拓展对外金银检测业务。依托上海黄金交易所，借助印钞造币行业优势，检测中心发挥自身的技术特长，除上交所交办的年度质量监督检验业务以外，多家企业与中心建立了长期业务关系，如中钞国鼎投资有限公司等。据统计，本年度共完成金银及制品的对外检测业务两百余件，此项检测收入30余万元。在全面完成常规检测任务的同时，中心服务水平进一步提高。在2017年度发放的客户满意度调查中，客户对我中心提供的服务表示满意，没有发生任何客户投诉的事件。

3.能力对比。2017年度，检测中心进行了2次实验室内部比对，包括：（1）2017年8月，采用相同的分析方法国家标准GB/T 11067检测银样品中Cu、Pb、Sb、Bi、Se、Te杂质元素含量，进行实验室内不同人员检测的再现性比对；（2）2017年8月，采用GB/T 11066.6-2009《金化学分析方法 镁、镍、锰和钯量的测定 火焰原子吸收光谱法》，对金锭样品中Mg、Ni、Mn、Pd含量进行实验室内相同方法、不同人员间重复性比对。进行了3次实验室间比对，包括：（1）2017年10月，与国家金银及制品质量监督检验中心（长春）依据CTSW H 6806.00E1-2006及YS/T 958—2014，对合质金样品进行了Ag含量的实验室间比对检验；（2）2017年10月，与国家金银及制品质量监督检验中心（长春）共同采用GB/T 11066.1—2008，对金样品中金含量进行了实验室间比对检验；（3）2017年10月，与国家金银及制品质量监督检验中心（长春）共同采用GB/T 11067.1—2006，对银样品中银含量的测定进行了实验室间比对检验。上述比对检验结果均在允许差范围之内。通过以上质量控制工作，可以客观地判断中心的检验数据是否准确可靠，也说明了中心质量控制工作的有效性和必要性。

为提高检测质量，检测中心加强检测仪器管理工作，按照在用检测仪器的计量确认周期表，对各种仪器进行了及时的计量确认，保证了仪器设备的正常检验能力和状态。同时，积极组织检测人员培训，包括国家认监委认证认可技术研究所（CCAI）举办的“化学实验室安全防护知识”培训、全国黄金标准化技术委员会组织的标准化培训等，通过系统学习，丰富检测人员的专业知识，为更好的完成国家中心相关工作提供保障。

四、银联卡检测中心

银行卡检测中心（以下简称“中心”）是中国人民银行总行批准于1998年4月成立的专业化第三方检测单位，主要职责是按照国际、国家和金融行业有关技术质量标准，根据中国人民银行总行的授权承担我国银行卡及其终端机具和系统的应用功能及安全评估测试，为我国银行卡产业健康发展提供专业技术服务。

2017年，中心在国家认监委认可的CMA和国家合格评定认可委员会（CNAS）认可的检测能力范围内，主要工作开展情况包括以下几个方面：

1.保质保量做好各项检测工作。2017年，中心以引入市场竞争机制的商业银行“国密改造项目”为试点，加大竞争性业务的市场开拓力度，中标89家银行改造项目的52家，并以此为契机全面推广商业银行系统安全测评业务，先后中标邮储银行“互联网应用安全测评服务”、昆仑银行“电子银行风险评估”、包商银行“信息系统风险评估”等大型信息安全服务项目，打开了竞争性业务拓展的新局面。

中心还积极推广并进行商业银行发卡系统测试、非金融机构支付服务系统测试、银联卡收单第三方机构测试、银联卡账户信息安全测评、网上银行（手机银行）系统安全测评等系统测试项目，为国内主要商业银行、非金融机构提供测试服务，为国内金融信息安全环境的改善做出贡献。

2.加强实验室能力建设，提升检测服务水平。一是建成“公安部、中国银联打击预防金融支付犯罪联合实验室”，进一步提升公安机关通过技术手段打击防范金融支付犯罪活动的专业化水平，推动产业机构完善金融支付安全体系。二是建设多个专项研究实验室，大力开展生物识别、区块链、TEE、IoT等前沿技术研究，建成了条码支付实验室、区块链实验室、FIDO生物识别安全检测实验室、智能网联汽车实验室，GP TEE安全检测实验室以及数据安全和隐私保护实验室等，为保障金融支付安全提供了坚实的技术基础。三是全力支撑央行构建移动金融安全可信保障体系，全面参与金标委“移动金融”系列标准制修订工作，作为金融行业授权的全领域检测机构，为行业厂商与用户提供优质高效的检测服务，完成了国内首款华为SE+TEE产品的评估测试，并为Intel、Synaptics等业内知名厂商提供了SE、TEE、指纹模组等安全产品的评估测试。四是协助银联技术部做好安全事件的响应和处理，包括针对银行卡芯片的新型模板攻击、功耗分析攻击的技术研究分析，以及关于智能银行卡受理终端逻辑安全的技术研究分析；配合银联技术部对市场上实际使用的卡片、受理终端进行抽检，共完成101款卡片和142款受理终端的检测。

3.丰富对外宣传形式和渠道。2017年，中心在北京、福州、南宁、厦门等多地举办专题研讨会和专题讲堂，面向商业银行及支付机构、银行卡及受理终端厂商解读宣讲支付技术标准及风险防控方案，加大公司品牌推广力度。一是举办“科技创新驱动 金融普惠民生”金融科技活动周——国家金融IC卡安全检测中心实验室开放活动，组织中国互联网金融协会会员单位、上海市远郊区县金融系统员工及在校大学生等百余人参观了公司的重点实验室，向公众展示了实验室的专业技术能力和最新科研成果，扩大了公司的业界知名度和品牌影响力。二是通过公司官方网站、微信公众号、微博等互联网渠道，定期发布公司新闻动态，连载针对热点风险漏洞和安全事件的成因剖析和观点解读，利用金卡生活、移动支付网等平台开展合作宣传，加大公司品牌推广力度。三是面向监管部门、上级单位、行业客户、内部员工等发布《检测通讯》《中心风采》和《电子支付观察》内刊，宣传最新研究成果，传播公司企业文化，通过为客户提供及时、准确、权威的行业新闻和中心动态，达到增加客户粘性、树立品牌形象的目的。

中心通过专业的技术和优质的服务很好的履行了CNAS实验室的各项职责。依靠CNAS资质的助力和中心自身努力，中心检测业务量逐年上升，不仅实现了中心自身的发展，也承担了中心作为银行卡产业链的一个环节所应担负的社会责任，实现了经济效益与社会效益的双丰收。

在上述四个实验室的业务开展过程中，CNAS检测实验室资质发挥了重要作用，提高了检测工作的公信力，从而有力的推动了业务的发展；在新的历史时期，中国印钞造币总公司将继续以“高起点、高质量、高效率、出精品”为目标，以公正的行为、科学的手段、准确的结果，更好地为企业和社会服务，为企业发展提供技术支持。

中国印钞造币总公司 供稿

2018

Yearbook of Certification and Accreditation of China

第十九部分　国家认监委机关综合管理工作

Part Nineteen　Administrative Management of CNCA

一、直属机关党建工作不断强化

（一）认真组织十八届六中全会精神学习贯彻

按照中央要求和国家质检总局统一部署，拟定下发《中共国家认监委党组关于认真学习贯彻党的十八届六中全会精神的通知》（国认党组〔2016〕23号），指导认监委系统各级党组织按照中央要求认真组织学习十八届六中全会精神，加大宣贯力度；2016年12月—2017年2月，依托总局干教中心举办5期学习贯彻十八届六中全会精神处级干部集中轮训班，委机关下属单位共200余名处级干部参加培训，其中委机关55人参加培训。

（二）积极协助委党组中心组开展理论学习

机关党委协助委党组制定并落实《2017年度认监委党组中心组学习计划》。党组围绕习近平总书记在全国国有企业党的建设工作座谈会上的讲话、全国“两会”精神、中央“两学一做”学习教育常态化制度化指导意见、全国质量工作会议精神、国务院会议精神、《中共中央国务院关于开展质量提升行动的指导意见》等进行了9次学习。党组成员分批参加了总局组织的十八届六中全会精神培训班。为党组成员配备了《习近平关于严明党的纪律和规矩论述摘编》《习近平总书记关于思想政治工作论述摘编》《中国共产党纪律检查机关监督执纪工作规则》《政府工作报告》及其辅导读本、《习近平的七年知青岁月》等相关学习材料。坚持党组中心组示范引领，带动全体党员同志加强学习。

（三）扎实推进“两学一做”学习教育常态化制度化

按照中央统一部署和国家质检总局具体要求，直属机关党委协助党组制定《国家认监委推进“两学一做”学习教育常态化制度化实施方案》（国认党组〔2017〕12号）。2017年5月24日，国家质检总局副局长，国家认监委党组书记、主任孙大伟主持召开党组中心组（扩大）学习会，传达学习了习近平总书记关于推进“两学一做”学习教育常态化制度化的重要指示，集中学习了中央“两学一做”学习教育常态化制度化指导意见，对认监委系统推进“两学一做”学习教育常态化制度化工作进行了全面动员部署。各部室和下属单位党组织按照委党组要求拟定了年度学习教育计划，结合“纪律教育月”活动认真筹办了七月“党课月”活动，结合“三会一课”组织了十余次主题党日活动。机关党委收集整理了各单位学习教育开展情况，制作了支部学习宣传展板，持续营造良好学习氛围，截至目前，网站和微信公众号共刊发学习动态、体会文章53篇，编发《党建工作动态》24期。7月，机关党委对委机关各部室开展“两学一做”学习教育情况开展了专项检查，指导督促各支部进一步提高认识，扎实开展好学习教育各项工作。迎接了中央国家机关工委“健全完善中央国家机关严肃党内政治生活制度机制”调研督导。

（四）持续深化学习型党组织建设

深化基层学习型党组织创建，推进“认证认可党建”公众号、党建工作动态等学习平台建设，推动基层党组织不断创新学习载体和方式方法，充分利用网络、微信等电子媒介，增强党员干部学习效果。参加了中央国家机关工委开展的思想政治工作典型案例评选和党建工作典型案例申报。继续做好学习图书推荐工作，推荐并下发了一批党员干部学习书目。积极组织广大干部职工参加2017年总局和认监委党建和思想政治论文评审活动，共收到论文117篇，评选获奖论文30篇，并择优推荐参加总局论文评选。积极组织干部职工参加总局“质检大讲堂”“书香质检”活动。继续开展“认证认可学习讲堂”活动，努力打造认监委党建学习品牌。依托总局干教中心举办了10期（已进行9期）“两学一做”学习教育暨党性教育现场教学培训班，认监委系统450余名党员干部参加了培训，委机关各部室64人参加培训，培训通过现场教学、实践感受和理论讲解相结合的方式，进一步纯洁了党员同志思想、提高了党性认识。按照年度培训计划组织了认监委系统纪检监察干部培训班，邀请中纪委党风廉政监督室胡松田等领导专家为学员授课指导，提高认监委系统纪检监察干部监督执纪工作水平。

（五）努力夯实基层组织基础

一是完善基层党组织建设。进一步健全完善基层党组织建设，根据计划和部署，今年法律部、国际部、研究所党支部，信息中心、认证认可协会党总支进行了改选和补选。二是规范组织发展程序，研究通过2017年度党员发展计划，按照程序开展新党员教育、培养、审查、吸收等工作。机关党委注重对积极分子队伍的培养，举办了一期认监委系统入党积极分子培训班，67名同志参加了培训；注重引导骨干向党组织靠拢，不断壮大积极分子队伍。三是完成认监委直属机关党委党委书记改选工作。根据工作调整，选举刘卫军同志任国家认监委直属机关党委书记，并报请国家质检总局直属机关党委批准。四是对党费收缴使用工作进行了明确。组织各支部学习了中央和总局关于进一步规范党费收缴工作的通知精神，制定了补缴党费使用计划，并报总局直属机关党委。按照中央统一部署，使用集中补缴党费开展了党员培训、支部主题党日活动和扶贫助贫工作。

（六）继续扩展党建工作平台

一是继续开展认证认可联系点工作，推动服务型党组织创建工作。按照《2017年认证认可联系点工作要求》的计划安排，指导机关相关部室党支部继续结合业务工作和“两学一做”学习教育开展对口帮扶、直接服务。积极与福建省连城县协商推进建立委联系点相关工作。二是创新性的开展党建援藏工作。结合委援藏工作安排，机关党委组织下属单位党组织与西藏地方两局相关党组织签订“党建共建协议”，通过捐钱、捐物、技术援助的方式开展党建援藏工作，今年共援助共建党组织资金15万元、电脑13台，下属单位结合业务工作对中检集团西藏公司、日喀则质监局等单位开展了技术帮扶工作，取得良好反响。

二、不断加强纪检监察工作

（一）丰富监督手段、强化监督效果

积极配合党组根据信访举报、行风调查、群众意见等方面的信息，对全系统党风廉政建设状况进行扫描诊断，系统分析我委在党风廉政工作中存在的隐患问题，提出《关于进一步加强认监委系统党风廉政建设工作的建议》，做到“画像”准确，对策可行。将反腐倡廉任务分工作为年度党风廉政建设的总抓手，落实党风廉政建设责任制，发扬“钉钉子”的精神，每季度召开工作任务推进会，由各单位纪检工作负责同志逐项汇报任务进展，对工作进度和质量达不到要求的进行督促和提醒，逐条对账核销，确保工作任务落实到位。将党支部书记和支部纪检委员作为监督重点，通过各种形式传导责任压力。在系统内实现全部单位党政一把手不直接分管人财物，落实领导班子末位发言制度。根据新颁布的《中国共产党党内监督条例》，率先在认监委系统开展述责述廉工作，要求各单位领导班子成员在述职报告中增加述责述廉内容，提出具体要求，所有报告均在内网上公示，接受群众监督。今年四季度我们还将继续开展“两个责任”检查，在去年的基础上，丰富检查内容、规范检查程序，突出检查效果，特别是要将检查结果纳入绩效考核，进一步传导责任压力。加强对“薄弱环节”的监督，特别是就集团地方公司和海外公司党风廉政建设进行深入摸底，向委党组和派驻纪检组提交报告，拿出针对性的工作建议。认真落实中央八项规定精神常态化长效化，年初对认监委纠正“四风”问题情况进行了全面自查，配合派驻纪检组，对反对形式主义和官僚主义中存在的问题进行了深入分析。在元旦春节、国庆中秋等重要节假日前强调过节纪律，国庆节前在认监委机关各楼层办公室、收发室等对受理节礼的情况进行了突击检查，进一步重申纪律要求。

（二）立足抓早抓小，用好四种形态

重点从信访举报办理着手，把“咬耳扯袖、红脸出汗”的要求贯穿于初核和处理的全过程。抓好线索初核。凡是上级部门转办的信访举报都要书面报告办理结果，凡是转由下级单位办理的举报均督办到底，凡是可查线索都一查到底作出负责任的报告。抓好问题处理。我们坚持以党纪为准绳，抓早抓小，严肃执纪，对于初核发现的违纪问题，严肃处理，绝不姑息，支持中检集团对3名处级干部进行了立案调查，在自办案件方面实现了突破。对初核中发现的苗头性问题，及时谈话提醒，对委机关4名干部进行了信访谈话，帮助干部明确党纪要求，从严规范行为。抓好案件通报。纪检部门做到重要信访举报及办理进展第一时间向党组书记汇报，系统党风廉政建设总体情况阶段性向党组报告。对上级纪检部门通报的各位违纪案件及时转发和学习，不断给全系统敲响了警钟，发挥了纪律审查治理“树木”、保护“森林”，处理一个人、教育一大片的作用。

（三）强化权力监督，抓好源头防治

积极探索廉政风险防控的有效途径，将预防廉政风险的要求融入业务工作，着力解决廉政风险“两张皮”

问题。着力推动网上审批。把网上审批作为监督重点，纳入反腐倡廉重点任务，主动“督战”。经过一年的不懈努力，认证机构设立、CCC机构指定、实验室资质认定、进口食品境外生产企业注册、出口食品生产企业备案管理等全部5项审批系统均上线运行。积极研究电子监察工作，先后赴系统内电子监察工作起步较早、经验较丰富的厦门、深圳两局进行调研，对电子监察系统的运作模式、资源支持、实际效果等研究，年底前将选择一个部门作为试点，研究推动认监委电子监察工作。主动接受行业监督。依托全国认证机构会议，在全部300多家认证机构范围内开展行风普查，重点聚焦认证认可关键性改革进展情况，就工作流程、惩戒机制、收费状况、公开透明、行业风气等问题进行问卷调查，不仅发挥了纪检部门的监督作用，也为进一步推动改革、净化行业生态提供了有价值的参考。

（四）加强自身建设，提高履职能力

强化纪检干部配备和培训。明确要求凡是设纪委的单位都应配备专职纪检干部，纪检干部出现空缺的情况下要及时增补，目前认监委系统各单位纪检均已按照上述要求配备到位。举办了认监委纪检干部培训班，邀请中央纪委政风行风室的领导讲解八项规定的实施要求，请派驻纪检组的领导讲解监督执纪的程序要求，解释了大家在工作中遇到的困惑和难题，同时组织和推荐认监委系统的纪检干部参加总局举办的两次纪检干部专题培训。认真抓好执纪审查安全工作。高度重视执纪审查安全，多次召开会议传达上级纪检部门关于执纪审查的具体要求。将确保执纪审查安全，迎接十九大顺利召开作为重要政治任务，始终绷紧安全的线。协调多个部门，设立符合安全要求的谈话室，年底前将在委机关和蓝岛大厦设立两个纪检谈话室。

（五）加强文化建设和群众工作

1. 大力推进文化建设和宣传工作

按照《国家认监委文化建设规划》大力推进认监委文化建设和核心价值观教育，为打响认监委文化品牌夯实基础。组织全委积极参加总局主办的“书香质检”系列活动，举办五四青年节纪念活动，进一步增强我委的核心凝聚力，号召和引导广大干部职工尤其是青年同志追求积极健康纯粹的人生观和价值观。组织参加国家质检总局直属机关2017年英语技能大赛。

2. 开展文体生活，丰富职工业余生活

组织职工参加中央国家机关“公仆杯”羽毛球比赛和总局羽毛球、网球、乒乓球、足球等比赛，并取得了优异成绩。分别组织了羽毛球、网球培训班。为丰富职工文化生活，组织开展了春游、健步走等活动，组织了三八妇女节纪念活动，为过生日的职工送了生日蛋糕，为职工发放了电影票，在各个节日为全体职工发放了慰问品，继续开展“一对一”帮学互助活动，并结合党建援藏工作在西藏扩展帮学互助活动范围。

3. 关心职工生活，主动排忧解难

继续组织国家认监委职工子女暑期托管班和慰问困难党员群众工作，尽力解决职工后顾之忧。

三、紧扣中心工作，不断提升委机关工作能力

（一）放眼全局做好服务保障

1. 加强顶层设计，配合总局完成国务院常务会议汇报

9月6日，国务院第185次常务会议专题研究加强质量认证体系建设。办公室全员参与，组织力量参与起草《关于加强质量认证体系建设 促进全面质量管理工作情况的汇报》，并配合总局做好会议筹备工作，第一时间会同业务部门整理会议资料22份，包括认证认可检验检测基本情况、问题，相关政策法规、规划文件以及中央领导历年来对认证认可检验检测工作的重要批示等。会后，办公室又火速参与了政策吹风会、质量提升行动新闻发布会等系列活动，精准高效地将中央精神宣贯到位，为今后认证认可工作的开展绘就了理论蓝图。

2. 扎牢制度篱笆，牵头做好规章制度废改立工作

2月初，办公室牵头组织开展了认监委规章制度的梳理工作。制定了以《认监委工作规则》为主体，依据认监委三定、五定方案，建立以业务管理类、内部管理类、下属单位管理类和党组织建设类等为主体的制度框架。明确了“立规有据、遵从上级”“规范管理、实用有效”“按职分工、明确责任”的管理制度梳理原则。目前，牵头负责的内部管理类规章制度的废改立工作，在原58项的基础上，废止4项，修订7项，新立3项，将29项合并成8项，最终形成了包含1个规则、25个管理办法、2个流程图的《国家认监委内部管理制度汇编》。

3. 深化协同合作，广泛组织开展世界认可日活动

按照委工作部署，今年将第十个“世界认可日”主题活动办公室设在认监委办公室。本届活动主题为“认证认可助力质量提升”，采取“1+6”系列活动的新模式，

由办公室制定实施活动方案，统领各方沟通协调。面对时间紧任务重的客观条件，办公室全体动员，全程参与，高效协同，最大限度地整合系统内部与地方资源，全方位为活动的顺利开展保驾护航，在全委的共同努力下，活动取得了圆满成功，极大地提升了认证认可社会影响力。

（二）立足实际，围绕本职工作真抓实干推陈出新

1. 多措并举，啃下基础管理“硬骨头”

（1）严格规范，着力解决办文逾期问题。针对办文逾期率居高不下的问题，办公室主要采取了四项措施。一是按季度通报，倒逼各部门引起重视；二是每周四集中电话督办，落实到人；三是举办综合人员培训，强化责任意识；四是探索 OA 每日提醒功能，通过红黄绿灯自动催办。通过多管齐下，今年公文逾期量和逾期率逐步降低（同比下降 6.5%），办文逾期问题得到有效遏制。

（2）创新形式，开门办理建议提案。今年，认监委共承办建议提案 24 件，协助总局各司局办理建议提案 85 件。为了使建议提案的办理更有针对性，我委创新沟通交流模式，主动与代表委员联系。一是邀请提出建议提案的代表委员深入企业一线实地调研、亲自参与办理过程，“一对一”现场办理，“面对面”直接沟通。二是将举办“全国检验检测机构开放日”主题活动与组织重点办理座谈会相结合，提高效率，实现双赢。

（3）改进服务，扎实做好政府信息公开工作。根据总局工作要求，办公室牵头制定了《2017 年认证认可政务公开工作要点任务分解表》，对外拓宽申请渠道，涵盖电子邮件、电话传真、信函邮件等申请平台，共受理信息公开 273 件，在规定时间内办结 196 件，撤销 77 件，由信息公开申请事项引起行政复议 2 件，总局均驳回申请人；对内规范办事流程，严格保密审查，注重保存证据，降低法律风险，共主动公开公文 180 件，建议提案复文 8 件。

（4）加强督办，确保各项政策要求落实不走样。以总局督查为契机，对我委各项工作落实情况进行全面督查，一方面，将国务院领导同志对认证认可工作的重要批示精神和《政府工作报告》中我委有关任务的落实情况作为督察督办的重中之重。另一方面，强化日常督查，包括巡视整改落实情况回头看，中央 5 号文件精神落实情况，全面开展保密自查工作等等。

2. 协同联动，推出新闻宣传“组合拳”

（1）狠抓政务信息报送，对上宣传实现新突破。认监委信息报送工作成绩突出，前三季度中办国办采用信息 17 篇创历史新高，在总局机关司局中排名第一。关注时代焦点，以“深化改革”为切入点，上报涉及认证认可各类改革举措的专报，其中“同线同标同质”工作连续两年为国家领导人批示、强制性认证改革与检验检测认证改革情况均连续 2 次为国办采用。探索工作难点，加大风险、隐患、困难分析类稿件报送力度。《我国光伏出口缓慢复苏仍需关注四“顽疾”》、《美国〈食品安全现代化法案〉全面生效，我 2500 家输美企业面临最严管控》两篇报忧类信息均连续为中办、国办采用。紧扣中央热点，指定人员定期关注国务院常务会议等重点会议精神，结合总局办公厅定期发布的中办、国办重点题材要求及约稿信息，开展针对性组稿。今年，我们紧紧把握国务院专题研究加强质量认证体系建设，促进全面质量管理，提升中国制造品质的契机，从不同角度连续报送 5 篇专报信息，其中 3 篇为国办采用。把握业务重点，围绕“认证认可作为国际通用的贸易便利化工具”这一特点组织了《质检总局、国家认监委贯加快推进认证认可服务”一带一路”建设》《我国加入 GFSI 国际食品互认组织》等专报，均被中办、国办及国家质检总局采用，王勇国务委员也做出了批示。

（2）精心组织重大宣传活动，打造认证认可宣传品牌。一是推陈出新，打造全覆盖立体宣传。今年的世界认可日，除了邀请央视等主流媒体参与现场报道，还在中国经济网首页设立世界认可日专栏，首次实现平面媒体、网络媒体和自媒体全方位立体报道，宣传效果倍增，扩大了社会影响。二是组织专栏专访，强化与媒体的深度合作。“两会”“3·15”期间，在《人民政协报》刊发认证认可专版；在 Vista《看天下》杂志刊发“三同”专题报道；组织《中国经济网》质量提升系列访谈及后续深入报道；与中央电视台《走近科学》栏目合作，以实景纪录 + 故事讲述的方式，全面展现中国认证认可、检验检测的发展成果。三是服务大局，打造宣传周活动品牌。在全国质量月期间，组织策划了有机宣传周、服务认证体验周、全国检验检测机构开放日、“三同”购物节等系列宣传活动，形成了品牌效应，有效助推认证认可工作的社会知晓度。

3. 狠抓改革，谋划人事工作“新发展”

（1）继续推进干部人事工作改革发展。一是建章立制，进一步巩固干部管理机制。完成修订《国家认监委教育培训管理办法》等 3 项管理办法，进一步规范了干部管理工作。二是从委管企业负责人薪酬考核入手，进一步深化工资收入分配制度改革。首次开展中检集团、中检公司负责人薪酬考核，并根据考核结果完成企业负责人薪酬兑现及披露工作。完成委机关

干部及直属单位退休干部“同城同待遇”工资补发、委机关及直属单位干部“在京中央国家机关养老保险”参保登记等工作。三是提前谋划准备，进一步做好事业单位分类改革和认证人员职业资格改革相关工作。目前已初步完成前期机关各部室职责梳理工作。指导中检集团制定中国质量认证中心转企改制工作方案。会同相关部室和认证认可协会，设计认证人员职业资格制度体系。四是着眼实际需求，进一步提升人员招录科学性。在对机关近几年进人情况摸底的基础上，对不同部室、不同岗位，有针对性地采取不同的招考模式，并加大进人力度，提升招考工作有效性。

（2）切实加强班子队伍建设。一是严格领导干部个人有关事项查核。认真贯彻落实2017年中央新出台的《领导干部报告个人有关事项规定》和《领导干部个人有关事项报告查核结果处理办法》并开展随机抽查、重点抽查工作。二是严格干部日常监督管理。配合总局完成2016年委领导班子年度考核及“一报告两评议”工作，完成下属单位干部聘任备案，委机关及下属单位干部兼职审批，委机关参公事业单位人员登记等工作。三是精准科学选人用人。紧扣认证认可事业发展改革需要，突出领导班子的年龄结构、专业结构和经历结构，推动落实能上能下的选人用人机制。四是加强教育培训。研究制订《2017年认监委内部培训计划》并积极督班，强化思想政治建设，提升综合业务能力。五是优化专家人才管理。组织开展2017年百千万人才工程国家级人选推荐工作；首次允许直属单位聘用人员参加系统内职称评审并完成直属单位副高级职称申报工作。

（3）全面夯实人事管理基础工作。一是保障退休干部管理。组织退休干部新年座谈、慰问，开展春游等活动。二是运用因公电子护照管理系统加强出国（境）团组外事管理。三是推进人事工作信息化建设。完成我委“质检人事管理信息系统”升级相关工作，联合信息中心开发了我委干部管理、人员借用审批和培训管理办公模块。四是定期深入开展自我学习教育，不断提高人事干部的政治素质和理论水平。

4. 破冰亮剑，打好绩效考核“攻坚战”

自今年三月份起启动了绩效考核实施办法及考核指标的修订工作，最终形成了《2017年认监委机关绩效考核实施办法》及今年考核指标的送审稿，后续将持续改进，不断优化工作细节。目前，绩效考核实现了对10个部室、25个处和全部在岗人员的覆盖，考核结果为我委人事部门所采信，成为年底评选优秀司局级干部和优秀公务员的重要参考。另外，年初配合总局完成了对35个直属检验检疫局和总局下属单位2016年度的绩效考核工作，目前已经开展对地方局上半年的完成情况进行了两次阶段性评价打分。通过纳入总局绩效考核指标体系，有力的促进了我委4个业务部门的方针政策在地方局的贯彻落实。

四、财务管理工作

（一）推进制度建设，履职能力稳步提升

出台《国家认监委机关合同管理办法》；修订并印发《国家认监委机关财务报销管理办法》、《国家认监委机关项目经费管理办法》、《国家认监委对下属事业单位财务监管办法》、《国家认监委内部审计工作管理办法》；《国家认监委机关政府采购管理办法》（修订）已完成征求意见工作。

（二）强化预算管理，不断提高服务保障能力

1. 积极争取财政经费保障

2017年认监委系统财政拨款总额首次突破1.5亿元，有力支撑了业务工作的开展。为继续争取财政支持，我委报送了2018—2020年重大增支情况和2018—2020年部门预算“一上”，全面体现了财政经费需求。

2. 继续加强预算执行管理

一是在OA系统公示了认监委2017年部门预算情况；二是继续定期公开各项目执行进度，对执行进度缓慢的部门个别沟通和指导，提高我委预算执行的进度，7月份我委预算执行进度超过序时进度，受到总局通报表扬；三是实行经费使用前公示制度，在内网设立“预算经费使用前公示”单独模块，要求各部门将所有经费使用计划先行公示，无异议后再行签报审批流程；四是严格执行公务卡制度和国库集中支付管理制度，目前已基本实现无现金报销模式。

3. 加强对新增出国费额度管理

2017年部门预算批复中正式增加我委出国费额度。为切实加强对新增出国费额度的管理，我部会同国际部进行了多次沟通协商，将有关情况和加强管理措施上报委领导，已建立出国费实际支出统计台账，及时统计实际出国费额度，并加强出国任务预算审批，切实保证出国费用不超过总局批复额度。

4. 加强机关政府采购执行管理工作

财务部开展了机关政府采购代理机构抽签工作，在内网对年度政采工作提出规范性要求。同时重新梳理报送年度政采需求，向总局报备，保证了我委年度政

采工作的合规、有序开展。

5. 做好项目支出绩效评价工作

按照国家质检总局工作要求，结合《国家认监委机关绩效评价管理办法》有关规定，完成了对认监委16个项目的绩效考评工作。所有项目被评为“有效”，没有项目被评为“一般”和“无效”，为后续项目经费申请及绩效工作奠定基础。

6. 完成年度预算经费执行情况的分析工作

形成《认监委2016年度预算经费执行情况财务分析报告》，分析查找出当前财务管理中存在的不足、问题和风险，制定了相应措施。

7. 开展委托业务费执行情况分析工作，并将结果有效运用

完成对2016年委托地方两局、认监委下属单位和系统外单位工作拨付的612笔经费执行情况进行了统计分析，针对有实际结余经费的情况，采用了先抵消结余资金再拨付年度经费的方法，解决了部分结余经费执行困难问题。

（三）内部审计工作不断推进，审计监督作用不断加强

1. 充分发挥经济责任审计联席会议组织协调作用

召开认监委2017年经济责任审计工作联席会议，通报2016年内部审计工作情况，确定2017年经济责任审计工作总体思路，明确经济责任审计工作程序，进一步发挥经济责任审计工作联席会议作用，不断提高审计工作效率和审计质量。

2. 组织系统各单位开展审计自查自纠工作

一是成立了专项领导小组，研究制定并下发工作方案。二是组织委本级及下属各单位对2013年至2016年财政收支、财务收支以及有关经济活动等进行自查。三是各单位经过自查，发现了9个问题，涉及问题金额278万元，相关单位已积极组织开展整改工作。

3. 积极承办审计署对质检总局实施审计有关工作

组织有关下属单位认真分析研究，对2016年4季度及2017年1～3季度审计署出具的《质检总局贯彻落实稳增长等政策措施情况跟踪审计报告》提出修改意见，积极组织整改并及时反馈有关整改信息。

4. 积极开展经济责任审计工作

一是根据人事任免安排，坚持逢离必审，完成对信息中心原主任王海同志经济责任审计工作。二是完成对北京中认网信息技术有限公司、北京中认环宇信息安全技术有限公司承担总局e-CIQ主干系统任务的项目资金专项审计。三是开展对中认国证（北京）评价技术服务有限公司原法人代表刘克同志经济责任审计问题整改“回头看”工作。

（四）积极落实国家清理规范涉企收费要求，有效监管认证认可收费

1. 认真开展涉企收费专项清理规范工作

一是成立认监委专项领导小组，切实落实总局涉企收费自查自纠各阶段的工作任务。二是组织系统各收费单位开展降低涉企经营服务性收费工作，并督促各单位降低涉企收费各项措施落地。三是组织各单位梳理涉企收费项目和收费标准，按月填报收费管理系统中的有关数据。四是对标志中心、中国质量认证中心的收费工作情况进行实地检查并督促整改。

2. 做好各项迎检、调研、材料核实反馈工作

一是组织系统各单位配合审计署开展涉企收费审计调查。二是接受北京市发改委关于认证收费的实地检查，报送认证收费有关材料。三是对国务院大督查中发现的问题，组织有关单位研究并及时落实整改措施。

在质检系统2017年计划财务工作会议上，我委做了收费管理工作的经验交流发言。

（五）不断加强认监委系统财务监督管理工作，保障国有资产保值增值

1. 加强事中事后监管，做好投资事项的现场跟踪检查工作

已完成对中检公司三亚福朋喜来登酒店员工宿舍项目建设情况、中检集团测试技术有限公司2014年增资收购上海方圆玩具检测所股权项目经营运行情况、中检集团及中国质量认证中心增资卡达克机动车质量检验中心（宁波）有限公司项目决策实施情况的检查工作并形成检查报告。

2. 严格把关，提高重大财务事项审批科学合理性

一是承办研究所、信息中心、认证认可协会固定资产报废审批事宜。二是向中检集团正式提出我部审核中国质量认证中心处置车辆的意见。三是对中检集团2016年度利润分配方案进行审核批复。

3. 组织召开2017年认监委系统财务暨内审工作会议

贯彻落实全国质检系统财务工作和质检直属系统督

察内审工作会议精神，总结2016年认监委系统财务和内审工作，分析当前形势、统一思想，研究部署2017年工作思路和工作任务。

4. 组织开展认监委系统企事业单位公务用车制度改革工作

进一步深化改革，组织开展认监委系统企事业单位公务用车制度改革工作。已批复三家直属单位和中检集团公务用车制度改革方案。

5. 组织各单位填报内控报告

组织各单位填报2016年度行政事业单位内部控制报告填报软件有关数据，通过该软件形成我委系统内部控制报告。

6. 认真完成财务报表及相关材料的汇总编报工作

组织系统各单位按时按质完成2016年度部门决算、固定资产投资决算、政府采购计划和执行情况统计报表、行政事业单位资产年报、企业决算、企业快报、事业单位月度财务分析表等多类财务报表的编报任务，不断提高财务信息管理水平。

7. 完成认监委下属单位2016年度以及2017年上半年度财务决算报表分析工作

通过财务报表网上编报系统，收集每月相关财务信息及下属单位经营情况、投资设立公司情况、购房情况信息，在此基础上形成认监委下属单位2016年度以及2017年上半年度财务决算报表分析报告。

（六）围绕认证认可发展大局，做好专项工作

1. 继续推进援藏援疆工作

赴相关单位和地区开展实地调研，研究制定2017年援藏援疆工作任务分工，并确定工作任务、责任部门和时间进度，以正式文件发布。召开援藏援疆任务落实检查及推进会，对已完成的工作进行阶段性总结，有力推动了相关工作开展。

2. 落实反腐倡廉工作要求

一是完善差旅费报销制度，明确机关人员去地方出差缴纳用餐交通费用报销要求并严格审核报销单据。二是规范机关工作人员收取讲课费、评审费的管理工作，制定《认监委机关工作人员劳务报酬“十不准”》规定。三是强化内部经济责任审计，用好审计结果。四是通过审计、调研、自查自纠等多种形式对下属企业经营、管理情况开展摸底调查，进一步依法厘清事业单位与所属企业的关系。

3. 围绕经营类事业单位改革工作，配合人事部完成中国质量认证中心改制方案的审核工作

4. 配合人事部门完成中检集团、中检公司领导班子薪酬方案审核工作

（七）加强自身建设，提升队伍战斗力

紧扣“两学一做”专题教育活动，联系财务、内审工作实际，通过支部学习、部室业务学习、组织2017年度认监委系统财务暨内审培训、参加外部培训、修改委机关财务人员分工表、岗位职责、日常工作内容及程序等多种方式，进一步严格纪律，提高专业素质，进一步提升财务、内审工作质量和管理水平。

五、认监委机关服务保障工作

（一）围绕中心，服务大局，扎实推进党政工团建设

1. 不断巩固“两学一做”成果，推进“两学一做”学习教育常态化制度化

一是建立长效机制，将“两学一做”作为年度工作重点，纳入年度绩效考核，按照计划安排，在组织集中学习的同时要求党员干部结合个人学习情况开展自学。组织各党支部按期召开“三会一课”学习讨论“两学一做”内容，取得较好效果，扎扎实实在学习教育中得到党性锻炼。二是注重“以上率下”，服务中心领导班子以身作则，带头学习，严格落实组织生活制度。截至9月底，服务中心组织集中学习6次。组织党总支书记及委员赴革命老区参加现场党性教育，提高党员干部的思想水平和党性修养。三是抓好关键环节，按照认监委党委部署，组织开展好“纪律月”活动、“党课月”活动及创建学习型党组织，通过“两个责任”自查、召开组织生活会、书记讲党课、主题党日、学习贯彻十九大精神等一系列活动，巩固“两学一做”成果，推进“两学一做”学习教育常态化制度化。

2. 不断夯实基础工作，加强党组织建设

一是规范党费缴纳工作，重新审核党费，建立收缴党费台帐，提升党员积极主动上缴党费意识，进一步加强党费管理；二是抓好积极分子考察培训工作，积极分子是党员的后备军，做好积极分子思想教育需要常抓不懈；三是指导监督党支部按期换届，完善组织结构，提升支部凝聚力；四是严格执行“三会一课”

制度，建立党支部学习型长效机制；五是做党员发展工作。截止目前，指导党支部开展与积极分子谈心活动，组织积极分子参加8月份积极分子培训班；预备党员转正1名，标志中心党支部、中认物业党支部按期换届。

3. 不断推进党风廉政建设，营造清风气正氛围

一是组织纪检委员参加认监委直属机关党委举办学习培训，提高各党支部干部在新形势下的政治素养和履职能力。二是分解细化《认监委2017年反腐倡廉工作任务表》，扎实做好办公用房使用管理工作；二是与各党支部签订《服务中心2016年度党风廉政责任书》，将责任层层传导。三是结合大督查，开展了服务中心公费购车、公费出国、公费接待及新建楼堂馆所自查，符合基本要求。四是开展党风廉政教育，各党支部结合自身情况，观看警示视频，赴党风廉政教育基地参观学习，提高反腐倡廉意识，筑牢思想防线。

4. 不断抓好工团工作，积极开展文化建设

服务中心坚持“党建带团建”“服务中心，服务大局”指导方针，围绕中心工作，扎实推进工团工作。截止9月份，组织开展了义务植树、健步竞走、摄影比赛等活动，丰富职工文体生活，促进交流、增强凝聚力；参观故宫博物院，重温厚重生动的历史过程，增强文化自信；开展主题骑行活动，倡导绿色出行。

（二）夯实基础，勇于创新，推进内部管理取得新成效

一是加强内部管理制度化。服务中心持续加强管理与服务工作的制度化、规范化、标准化。上半年，结合认监委办公室“废、改、立”工作，服务中心重新梳理了对委10余项服务保障工作，结合实际修订、拟定各项规定制度13个，工作流程15个。编制印发了《国家认监委机关后勤保障工作管理办法》，促进服务中心事务管理和后勤服务保障工作制度化和规范化。

二是加强质量体系管理和绩效管理双轮驱动管理。以质量管理体系建设为基础，以绩效考核目标为抓手，实现管理体系与绩效考核双轮驱动，促进了我中心整体工作不断完善，服务水平逐步提升。

三是加强财务管理。科学编制并严格执行财务预算，指导批复所属实体年度财务预算；认真落实财经纪律，严格控制“三公”支出；开展内部控制宣贯，完善内控工作，加强财务管理；完成事业单位“三证合一”换证工作，规范财务业务程序；进行“三公经费”会议费、培训费自查自纠，绩效工资清查工作，促进财务环境严明清正。

四是加强干部人事管理。严格干部选拔聘用与管理，严格领导干部个人事项报告，严格落实人事管理制度，推进事业单位养老保险改革。截止目前，完成了3名内设处室正副职领导干部选拔聘任工作，中心中层干部队伍得到加强；完成中心正式在编职工基本工资和退休人员基本养老金调整工作；开通中心正式在编职工的养老金账户；完成退休职工养老保险核发，开展事业单位岗位设置情况自查，推进中心的岗位设置开展进度。

（三）主动服务、积极作为，提高后勤服务保障水准

固定资产管理方面，认真做好资产出入库登记、清查盘点、资产报废等工作；执行资产管理“实名责任制”，做到帐实相符、责任到人。截至9月底，完成固定资产登录44件，发放固定资产25件；报废资产44件，资产原值达39万余元，并联系中国再生资源回收公司将报废电子设备进行绿色回收处理。下半年的报废工作正在进行中，于年底前完成。

政府采购方面，根据实际需求，精细编报预算，规范采购程序，严格执行采购计划。截至9月底，完成政府采购近36万元，办公用品政府采购11.6万余元，约占全年政府采购总预算的58%；办公设备维修35次，金额25380元。

办公用房方面，制定《办公用房管理办法》，明确服务中心管理职责；配合认监委办公室组织开展办公用房清理腾退“回头看”，审核机关及下属单位占用办公用房面积，完成调整办公用房23间；确定下属单位办公用房管理责任人，建立机关及下属单位办公用房数据库，推进我委办公用房科学化管理。

住房管理方面，在扎实做好提职职工住房补贴变更、交通补贴、住房补贴预决算等经常性工作的同时，解决我委多名新入职单身职工入住职工公寓。重点推进职工住房配售配租工作，成立认监委分房领导小组，传达总局分房文件精神，急职工之所急，想职工之想，做好与总局分房办的沟通协调，及时做出应对舆情情况措施。截至目前，我中心审核完成机关在编职工52份申请材料，其中符合申请条件43份，补充完善审核未通过7份材料。

票务管理方面，准确、高效地完成了委机关职工出差航班查询、机票订购、退改签、行程单及报销凭证整理等票务工作。截至9月底，累计订购政采机票982张、非政采机票98张；办理退票225张；办理改签服务187次；办理票款结算17次。

综合治理方面，贯彻落实总局综合治理办要求，签订了《国家质量监督检验检疫总局社会治安综合治理

责任书》，制定《国家认监委综合治理安全管理责任书》，组织各部室签订并监督实施；高度重视消防和防灾减灾工作，参观消防安全培训，及时转达上级安全要求，并在重大节假日前开展安全检查；加强人防管理，与国家质检总局签订了《2017国家质检总局在京挂靠单位人民防空工作责任书》；交通安全方面，与中心司机全部签订安全责任书，强化司机的责任意识，提高安全防范。

重大活动保障方面，切实履行服务保障职责，全力以赴做好委机关各类重大活动重要会议服务保障工作。2017年，为支树平局长一行到安新白洋淀和雄县技术监督局考察调研提供车辆保障；为国际部接待哈萨克斯坦外宾一行提供用车服务，连续3天凌晨接送外宾到首都机场，得到国际部领导的大力肯定和认可。除此，为委机关各部室开展调研、党建活动、老干部活动等提供用车服务。在委机关开展“五四”青年读书会，排演“不忘实心跟党走”迎接十九大文艺节目提供人员、用餐、设备设施保障。

其他后勤服务方面，在做好绿植维护、名片印制、餐卡管理、办公用品发放、医疗保健、爱国卫生、节能减排、公务用车等日常性工作外，截至目前，重点完成更换机关驻楼人员车证、更换洗衣公司及洗衣服务延长时间；组织“向实行计划生育的贫困母亲献爱心”捐款活动，有72人捐款；组织委机关职工赴安利隆开展植树活动、改造2106会议室及设立17层认监委纪委谈话室等，全力做好机关后勤服务工作。

（四）纵深推进，奋力攻坚，标志管理稳中求进

1. 着力抓好标志改版工作

一是加大调研力度，为保证标志改版惠及企业工作的顺利开展，标志中心一方面成立调研组赴宁波、南京开展调查研究，以两地分中心为依托，实地对当地企业走访，现场对不同产品加施改版标志，评估改版影响。另一方面开展线上调查，借助网上填写调查问卷，广泛听取获证企业对标志改版的意见建议，共同推动标志改版工作落实。

二是搭建信息平台，标志中心经与信息中心多次沟通，将借助中国产品追溯服务云平台，搭建标志改版后产品信息追溯平台，大大方便监督方、消费者“一品一码”、“一物一码”查询服务。通过赴北京奔驰有限公司调研了解一线企业使用情况。经与我委认证部沟通，标志改版二作进入改版样标测试和二维码识读测试阶段。

2. 着力抓好非标经营服务性收费调整

标志中心深入落实国务院和国家发改委清费减负专题会议精神，主动调整非标准规格认证标志的经营服务性收费，报经服务中心主任办公会讨论通过后，于3月1日起，按每种使用形式400元人民币计收，此方案各分中心同步执行。

3. 着力抓好企业端功能增值及推广

标志中心着力推进以信息化建设强化标志管理。目前，获证企业通过企业端方式完成申请数量大大增加，为扩大企业端使用范围，方便用户企业操作，标志中心在企业端增值及宣传推广上下功夫。截止目前，企业端建立增值税专用发票数据库及开发企业端英文版。上半年，标志中心有针对性向未开通企业端的获证企业投放《CCC标志管理系统企业端注册指南》，目前通过企业的申请渠道分析，日均受理材料中，已有超50%的申请通过企业端方式完成。下半年与中国质量认证中心（CQC）联系，通过其官网向企业提供“标志发放管理系统企业端链接”，引导企业以自助下单形式，完成标志发放管理备案。

4. 着力抓好“一站式”合作后续服务工作

截至目前，我国有25家认证机构，标志中心与22家认证机构签署了“一站式”服务协议。对未能签订协议的认证机构，标志中心积极走访、联系。先后与国家消防合格评定中心、中国安全技术防范认证中心座谈，探讨双方开展“一站式”合作事宜。

（五）安全第一，创新服务，物业服务质量提升

1. 抓紧安全工作，创建安全环境

加强消防安全管理。一是建立安全责任制，建立节假日、重要活动前安全检查工作制，以联合检查方式，及时有效发现安全隐患，积极整改落实；构建驻楼单位、物业职工双方一体安全体制，与驻楼单位签订《消防安全协议书》，与物业各职能部门签订《安全管理责任书》，形成“谁主管、谁负责”安全理念。二是加大安全培训演练力度，通过长期安全知识、技能、理念培训，开展实地消防演练，不断加强职工消防安全“四个能力”建设，提升消防处理能力。2017年，邀请朝阳门消防中队实地演练1次，各项目部开展安全培训、考试、训练、检查约10余次。

强化应急反应能力。加强物业员工应急反应能力，是防范应对突发事件及保障安全工作的重要举措。2017年，中认物业控制盗窃嫌疑人1名，成功扑灭明火1次，解救电梯故障被困职工1名，紧急排除各类隐患约5次。

加强设备设施安全管理。物业对三个项目部的设备

设施清查建档，对低压配电设备进行清扫，排查驻楼办公用电，消除安全隐患确保安全；夏季来临前对空调系统进行清洗保养；更换中认大厦玻璃幕墙；更换生活水泵房照明灯具；清理厨房隔油池及下水道，有效保障了物业所管楼宇设备设施的安全运行。

2. 精细化服务，提升服务水平

中认物业以“顾客至上”为宗旨，创新服务方式，细化服务标准，不断提高驻楼单位满意度。2017 年，各项目部先后开展了“夏日菜单”“素食节”“花艺体验课”“情人节”等特色活动，拉进了物业与驻楼单位之间的距离，进一步提高了物业精细化服务能力；更换了洗衣公司，扩大了服务范围，不仅是驻楼单位，系统内中国质量认证中心、中检集团等单位也能享受到物美价廉的服务；因今年较往年气温偏高，中认大厦冷气较往前提前一周开放，受到驻楼单位交口称赞。

（六）拓展经营，开发渠道，中认泰华酒店经营有方

中认泰华酒店以“内强素质，外树形象，狠抓管理，全员营销”为理念，扎扎实实，一步一个脚印走出了具有自身特色的酒店经营之路。一是调整上半年经营计划，截至 9 月底，酒店营业总收入比去年同期增长了 15.4%，其中 8、9 月连续突破 80 万元大关，创历史最好成绩。二是取得会议服务政采资质，经过不断筹划、整改，中认泰华于 3 月取得会议服务的政府采购资质，加入了会议服务的政府采购目录，扩大了经营范围。截止到月底，成功接待了认监委财务工作会、信息安全中心培训会等各类定点会议 5 次。三是积极开展市场调研，拓宽经营思路，2017 年，酒店领导与中心相关领导先后赴厦门、上海等地参观考察，学习当地酒店业的管理模式和经营理念，为中认泰华今后的发展拓宽了思路。四是调整经营模式，停车场整体外包，酒店针对停车场经营过程中出现的管理经验不足，经营收益差的现状，及时调整经营思路，选择有经验的专业公司整体外包，增加酒店固定收益。

国家认监委办公室 供稿

2018

Yearbook of Certification and Accreditation of China

第二十部分 法 规

Part Twenty Regulations

认证机构管理办法

第一章 总则

第一条 为了加强对认证机构的监督管理，规范认证活动，提高认证有效性，根据《中华人民共和国认证认可条例》（以下简称《认证认可条例》）等有关法律、行政法规的规定，制定本办法。

第二条 本办法所称认证机构，是指依法取得资质，对产品、服务和管理体系是否符合标准、相关技术规范要求，独立进行合格评定的具有法人资格的证明机构。

第三条 在中华人民共和国境内从事认证活动的认证机构及其监督管理，适用本办法。

第四条 国家质量监督检验检疫总局（以下简称国家质检总局）主管认证机构的监督管理工作。

国家认证认可监督管理委员会（以下简称国家认监委）负责认证机构的资质审批及其从事认证活动的监督管理。

县级以上地方人民政府质量技术监督部门和国家质检总局设在地方的出入境检验检疫部门（以下统称地方认证监督管理部门）依照本办法的规定，按照各自职责分工负责所辖区域内认证机构从事认证活动的监督管理。

第五条 认证机构从事认证活动应当遵循公正公开、客观独立、诚实信用的原则，维护社会信用体系。

第六条 认证机构及其人员对其认证活动中所知悉的国家秘密、商业秘密负有保密义务。

第二章 资质审批

第七条 取得认证机构资质，应当经国家认监委批准。未经批准，任何单位和个人不得从事认证活动。

第八条 取得认证机构资质，应当符合下列条件：

（一）取得法人资格；

（二）有固定的办公场所和必要的设施；

（三）有符合认证认可要求的管理制度；

（四）注册资本不得少于人民币300万元；

（五）有10名以上相应领域的专职认证人员。

从事产品认证活动的认证机构，还应当具备与从事相关产品认证活动相适应的检测、检查等技术能力。

外商投资企业在中华人民共和国境内取得认证机构资质，除符合上述条件外，还应当符合《认证认可条例》规定的其他条件。

第九条 认证机构资质审批程序：

（一）认证机构资质的申请人（以下简称申请人）应当向国家认监委提出申请，提交符合本办法第八条规定条件的相关证明文件，并对其真实性、有效性、合法性负责；

（二）国家认监委应当对申请人提交的证明文件进行初审，并自收到之日起5日内作出受理或者不予受理的书面决定。对申请材料不齐全或者不符合法定形式的，应当一次性告知申请人需要补正的全部内容；

（三）国家认监委应当自受理认证机构资质申请之日起45日内，作出是否批准的决定。决定批准的，向申请人出具《认证机构批准书》。决定不予批准的，应当书面通知申请人，并说明理由。

需要对申请人的认证、检测、检查等技术能力进行专家评审的，专家评审时间不得超过30日。评审时间不计算在审批期限内。

第十条 国家认监委制定、调整和公布认证领域目录，认证机构应当在批准的认证领域内，按照认证基本规范、认证规则从事认证活动。

国家认监委尚未制定认证规则的，认证机构可以自行制定认证规则，并在认证规则发布后30日内，将认证规则相关信息报国家认监委备案。

第十一条 认证机构有下列情形之一的，应当自变更之日起30日内，向国家认监委申请办理《认证机构批准书》变更手续：

（一）缩小批准认证领域的；

（二）变更法人性质、股东、注册资本的；

（三）合并或者分立的；

（四）变更名称、住所、法定代表人的。

扩大认证领域的，由国家认监委按照本办法第九条的规定予以办理。

第十二条 《认证机构批准书》有效期为6年。

认证机构需要延续《认证机构批准书》有效期的，应当在《认证机构批准书》有效期届满30日前向国家认监委提出申请。

国家认监委应当对提出延续申请的认证机构依照本办法规定的资质条件和审批程序进行书面复查，并在《认证机构批准书》有效期届满前作出是否准予延续的决定。

第三章 行为规范

第十三条 认证机构应当建立风险防范机制，对其从事认证活动可能引发的风险和责任，采取合理、有效措施，并承担相应的社会责任。

认证机构不得超出批准范围从事认证活动。

第十四条 认证机构应当建立健全认证人员管理制度，定期对认证人员进行培训，保证其能力持续符合国家关于认证人员职业资格的相关要求。

认证机构不得聘用国家法律法规和国家政策禁止或者限制从事认证活动的人员。

第十五条 认证机构应当通过其网站或者其他形式公布以下信息并保证其真实、有效：

（一）依法从事认证活动的自我声明；

（二）认证领域、认证规则、认证证书样式、认证标志样式；

（三）设立的承担其认证活动的分支机构名称、地址和认证活动内容；

（四）认证收费标准；

（五）认证证书有效、暂停、注销或者撤销的状态。

强制性产品认证机构还应当按照国家认监委的相关规定，公布其强制性产品认证相关信息。

第十六条 认证机构从事认证活动，应当符合认证基本规范、认证规则规定的程序要求，确保认证过程完整、客观、真实，不得增加、减少或者遗漏程序要求。

第十七条 认证机构在从事认证活动时，应当对认证对象的下列情况进行核实：

（一）具备相关法定资质、资格；

（二）委托认证的产品、服务、管理体系等符合相关法律法规的要求；

（三）未列入国家信用信息严重失信主体相关名录。

认证对象不符合上述要求的，认证机构不得向其出具认证证书。

第十八条 认证机构及其认证人员应当及时作出认证结论，保证其客观、真实并承担相应法律责任。

认证机构及其认证人员不得出具虚假或者严重失实的认证结论。有下列情形之一的，属于出具虚假或者严重失实的认证结论：

（一）认证人员未按照认证规则要求，应当进入现场而未进入现场进行审核、检查或者审查的；

（二）冒名顶替其他认证人员实施审核、检查或者审查的；

（三）伪造认证档案、记录和资料的；

（四）认证证书载明的事项内容严重失实的；

（五）向未通过认证的认证对象出卖或者转让认证证书的。

第十九条 认证结论符合认证要求的，认证机构应当及时向认证对象出具认证证书。

认证机构应当通过其网站或者其他形式，向公众提供查询认证证书有效性的方式。

第二十条 认证机构应当要求认证对象正确使用认证证书和认证标志，对未按照规定使用的，认证机构应当采取有效的纠正措施。

第二十一条 认证机构应当对其认证的产品、服务、管理体系实施有效的跟踪监督。

不能持续符合认证要求的，认证机构应当在确认相关情况后5日内，暂停认证对象相应的认证证书。暂停期限届满仍不符合要求的，应当撤销其相应认证证书。

暂停期限按照认证规则的相关规定执行。

第二十二条 认证机构应当对认证过程做出完整记录，保留相应认证资料。

认证记录和认证资料应当真实、准确，归档留存时间为认证证书有效期届满或者被注销、撤销之日起2年以上，认证记录应当使用中文。

在认证证书有效期内，认证活动参与各方盖章或者签字的认证记录、认证资料等，应当保存具有法律效力的原件。

第二十三条 认证机构应当及时向国家认监委报送以下信息，并保证其真实、有效：

（一）认证计划信息；

（二）与认证结果相关的认证活动、认证人员、认证对象信息；

（三）认证证书的有效、暂停、注销或者撤销状态信息；

（四）设立承担其认证活动的分支机构信息。

认证机构在获得批准的认证领域内，与境外认证机构签订认证结果仅在境外使用的分包合约，应当自签订分包合约之日起10日内向国家认监委报送信息。

第二十四条　认证机构应当在每年3月底之前向国家认监委提交以下报告，并保证其真实、有效：

（一）上一年度工作报告：主要包括从业基本情况、人员、业务状况以及符合国家资质要求的会计师事务所出具的财务会计审计报告等内容；

（二）社会责任报告：主要包括机构概况、机构核心价值观与发展理念、机构最高管理者的社会责任承诺、机构社会责任战略、机构社会责任绩效等内容。

第二十五条　认证机构和认证对象应当对国家认监委、地方认证监督管理部门实施的监督检查工作予以配合，对有关事项的询问和调查如实提供相关材料和信息。

第四章　监督管理

第二十六条　国家认监委对认证机构遵守《认证认可条例》、本办法以及相关部门规章的情况进行监督检查。

地方认证监督管理部门根据法定职责分工，对所辖区域内的认证活动、认证结果实施日常监督检查，查处违法行为，并建立相应的协调工作机制。

地方认证监督管理部门应当将违法行为查处的相关信息及时报送国家认监委。

第二十七条　国家认监委、地方认证监督管理部门对认证机构的认证活动、认证结果实行随机抽查，抽查结果应当及时向社会公开。

国家认监委、地方认证监督管理部门结合随机抽查、行政处罚、投诉举报、失信名录以及大数据分析等信息，对认证机构实行分类监管。

第二十八条　国家认监委在其网站公布以下信息：

（一）依法取得资质的认证机构名录；

（二）认证机构依据本办法第二十四条规定报送的报告；

（三）随机抽查结果；

（四）对认证机构及其认证人员的行政处罚信息；

（五）认证机构及其法定代表人、主要负责人、认证人员失信名录以及失信信息。

失信名录以及失信信息管理规定由国家认监委按照法律法规和国家政策相关要求制定。

第二十九条　认证机构资质的申请人及其法定代表人、主要负责人、认证人员等列入国家信用信息失信主体名录的，对其认证机构资质申请不予批准。

认证机构及其法定代表人、主要负责人、认证人员列入国家信用信息失信主体名录或者国家认监委公布的失信名录的，对其认证机构资质延续、认证领域扩大申请不予批准。

第三十条　国家认监委、地方认证监督管理部门在监督检查中发现认证机构有下列情形之一的，应当给予告诫，并责令其改正：

（一）未依照本办法第十五条规定，公布信息的；

（二）未依照本办法第十九条第二款规定，向公众提供认证证书有效性查询方式的。

第三十一条　有下列情形之一的，国家认监委根据利害关系人的请求或者依据职权，可以撤销《认证机构批准书》：

（一）国家认监委工作人员滥用职权、玩忽职守出具的；

（二）超越法定职权出具的；

（三）违反法定程序出具的；

（四）对不具备申请资格或者不符合法定条件的申请人出具的；

（五）认证机构已不具备或者不能持续符合法定条件和能力的；

（六）依法可以撤销的其他情形。

以欺骗、贿赂等不正当手段取得认证机构资质的，国家认监委应当撤销《认证机构批准书》；申请人在3年内不得再次申请认证机构资质。

第三十二条　认证机构有下列情形之一的，国家认监委应当办理《认证机构批准书》注销手续：

（一）《认证机构批准书》有效期届满，未申请延续或者复查不予延续的；

（二）《认证机构批准书》依法被撤销的；

（三）认证机构申请注销的；

（四）认证机构依法终止的；

（五）法律法规规定应当注销的其他情形。

第三十三条　认证机构可以通过认可机构的认可，证明其认证能力能够持续符合相关要求。

认可机构应当对取得认可的认证机构进行有效跟踪监督，对认可监督中发现的违法行为，及时报告国家认监委。

第三十四条　认证认可协会应当加强对认证机构和认证人员的行业自律管理，发现认证机构或者认证人员的违法行为，及时报告国家认监委。

第三十五条　任何单位和个人对认证活动中的违法行为，有权向国家认监委和地方认证监督管理部门举报。国家认监委和地方认证监督管理部门应当及时调查处理，并为举报人保密。

第五章　法律责任

第三十六条　隐瞒有关情况或者提供虚假材料申请

认证机构资质的，国家认监委不予受理或者不予批准，并给予警告；申请人在 1 年内不得再次申请认证机构资质。

第三十七条 认证机构有下列情形之一的，国家认监委应当责令其限期改正，给予警告并予公布：

（一）未依照本办法第十条第二款规定，将认证规则相关信息报国家认监委备案的；

（二）未依照本办法第十一条规定，办理变更手续的；

（三）未依照本办法第十四条规定，认证人员能力不能持续符合国家职业资格的相关要求，或者聘用国家法律法规和国家政策禁止或者限制从事认证活动的人员的；

（四）未依照本办法第二十三条、第二十四条规定，向国家认监委报送信息和报告的。

第三十八条 认证机构有下列情形之一的，地方认证监督管理部门应当责令其改正，并处 3 万元罚款：

（一）受到告诫或者警告后仍未改正的；

（二）违反本办法第十七条规定，向认证对象出具认证证书的；

（三）违反本办法第二十条规定，发现认证对象未正确使用认证证书和认证标志，未采取有效措施纠正的；

（四）违反本办法第二十五条规定，在监督检查工作中不予配合和协助，拒绝、隐瞒或者不如实提供相关材料和信息的。

第三十九条 认证机构违反本办法第十六条规定，增加、减少、遗漏程序要求的，依照《认证认可条例》第六十条的规定进行处罚。认证机构被责令停业整顿的，停业整顿期限为 6 个月，期间不得从事认证活动。

认证机构增加、减少、遗漏程序要求，情节轻微且不影响认证结论的客观、真实或者认证有效性的，应当责令其限期改正。逾期未改正或者经改正仍不符合要求的，依照前款规定进行处罚。

第四十条 认证机构违反本办法第十八条规定，出具虚假或者严重失实认证结论的，依照《认证认可条例》第六十二条的规定进行处罚。

第四十一条 认证机构违反《认证认可条例》等有关法律、行政法规规定的，依照相关规定追究其法律责任。

第四十二条 国家认监委和地方认证监督管理部门及其工作人员应当依法对认证活动实施监督，有滥用职权、徇私舞弊、玩忽职守等违法行为的，依法给予行政处分；构成犯罪的，依法追究刑事责任。

第六章 附则

第四十三条 本办法中国家认监委实施行政许可的期限以工作日计算，不含法定节假日。

第四十四条 香港、澳门和台湾地区在大陆的投资企业取得认证机构资质，依照本办法第八条的规定办理，并遵守本办法规定。

第四十五条 本办法由国家质检总局负责解释。

第四十六条 本办法自 2018 年 1 月 1 日起施行。国家质检总局 2011 年 7 月 20 日公布的《认证机构管理办法》、2015 年 5 月 11 日公布的《国家质量监督检验检疫总局关于修改〈认证机构管理办法〉的决定》同时废止。

出口食品生产企业备案管理规定

第一章　总则

第一条　为加强出口食品生产企业食品安全卫生管理，规范出口食品生产企业备案管理工作，依据《中华人民共和国食品安全法》《中华人民共和国进出口商品检验法》及其实施条例等有关法律、行政法规的规定，制定本规定。

第二条　国家实行出口食品生产企业备案管理制度。

第三条　在中华人民共和国境内的出口食品生产企业备案管理工作适用本规定。

第四条　国家质量监督检验检疫总局（以下简称国家质检总局）主管全国出口食品生产企业备案工作。

国家认证认可监督管理委员会（以下简称国家认监委）负责统一组织实施全国出口食品生产企业备案管理工作。

国家质检总局设在各地的出入境检验检疫部门（以下简称检验检疫部门）具体实施所辖区域内出口食品生产企业备案和监督检查工作。

第五条　出口食品生产企业应当建立和实施以危害分析和预防控制措施为核心的食品安全卫生控制体系，该体系还应当包括食品防护计划。出口食品生产企业应当保证食品安全卫生控制体系有效运行，确保出口食品生产、加工、储存过程持续符合我国相关法律法规和出口食品生产企业安全卫生要求，以及进口国（地区）相关法律法规要求。

第二章　备案程序与要求

第六条　出口食品生产企业未依法履行备案法定义务或者经备案审查不符合要求的，其产品不予出口。

第七条　出口食品生产企业申请备案时，应当向所在地检验检疫部门提交以下文件和证明材料，并对其真实性负责：

（一）营业执照、法定代表人或者授权负责人的身份证明；

（二）企业承诺符合相关法律法规和要求的自我声明和自查报告；

（三）企业生产条件、产品生产加工工艺、食品原辅料和食品添加剂使用以及卫生质量管理人员等基本情况；

（四）建立和实施以危害分析和预防控制措施为核心的食品安全卫生控制体系的基本情况；

（五）依法应当取得其他相关行政许可的，提供相应许可证照。

第八条　检验检疫部门应当自出口食品生产企业申请备案之日起5日内，对出口食品生产企业提交的备案材料进行初步审查，材料齐全并符合法定形式的，予以受理；材料不齐全或者不符合法定形式的，应当一次性告知出口食品生产企业需要补正的全部内容。

第九条　检验检疫部门应当自受理备案申请之日起20日内，组织专家完成评审工作，并出具专家评审报告。专家评审主要采取文件评审方式，对进口国（地区）有特殊注册要求或者风险程度较高的企业，可以实施现场评审。

前款规定的专家评审时间不计算在检验检疫部门备案审查和决定期限内。

第十条　对依法取得资质的认证机构出具的危害分析和关键控制点（HACCP）认证结果或者其它等效的食品安全卫生控制体系认证结果，评审时应当予以采信。

出口食品生产企业声明已经建立以危害分析和预防控制措施为核心的食品安全卫生控制体系并有效运行的，评审时可以结合企业信用记录适当采信。

第十一条　检验检疫部门应当自收到专家评审报告之日起20日内进行审查，并作出是否准予备案的决定。准予备案的，自作出决定之日起10日内，向企业颁发《出口食品生产企业备案证明》（以下简称《备案证明》）；不予备案的，应当书面告知企业并说明理由。

第十二条　国家认监委和直属检验检疫部门应当公布从事专家评审工作的人员名单，并通过持续培训，不断提高评审人员的专业水平和能力。

第十三条　《备案证明》有效期为5年。

出口食品生产企业需要延续《备案证明》有效期的，应当在其有效期届满30日前，向所在地检验检疫部门提出延续申请。检验检疫部门应当在《备案证明》有效期届满前作出是否准予延续的决定。

第十四条 出口食品生产企业的企业名称、法定代表人、营业执照等备案事项发生变更的，应当自发生变更之日起15日内，向所在地检验检疫部门申请办理变更手续。

出口食品生产企业生产地址搬迁、新建或者改建生产车间以及食品安全卫生控制体系发生重大变更等情况的，应当在变更前向所在地检验检疫部门报告，并重新办理备案。

第十五条 出口食品生产企业应当建立食品安全卫生控制体系运行及出口食品生产记录档案，记录和凭证的保存期限不得少于食品保质期满后6个月；没有明确保质期的，保存期限不得少于2年。

第十六条 出口食品生产企业应当于每年1月底前向其所在地检验检疫部门提交上一年度报告。

出口食品生产企业发生食品安全卫生问题的，应当及时向所在地检验检疫部门报告，并提交相关材料、原因分析和整改计划。检验检疫部门应当对整改情况进行现场监督检查。

第三章 监督管理

第十七条 国家认监委对检验检疫部门实施的出口食品生产企业备案工作进行指导和监督。

检验检疫部门应当依法对所辖区域内的出口食品生产企业进行监督检查。发现违法违规行为的，应当及时查处，并将处理结果上报国家认监委。

第十八条 检验检疫部门应当按照出口食品生产企业备案编号规则对予以备案的出口食品生产企业进行编号管理。

第十九条 检验检疫部门应当在风险分析的基础上，结合企业信用记录，对出口食品生产企业进行分类管理，确定不同的监督检查方式，并根据监督检查结果进行动态调整。

监督检查可以采取报告审查、现场检查和专项检查等方式进行。

第二十条 检验检疫部门可以将对出口食品生产企业的监督检查和对相关认证活动的监督检查结合进行。

第二十一条 检验检疫部门应当公布本辖区出口食品生产企业备案名录。国家认监委统一公布全国出口食品生产企业备案名录，并报国家质检总局。

检验检疫部门在监管中获悉食品安全风险信息，根据工作职责需要向地方农业、食药、质监等监管部门通报的，应当及时通报。

第二十二条 检验检疫部门应当建立出口食品生产企业备案管理档案，及时审查汇总企业年度报告、监督检查情况、违法违规行为等信息，并纳入企业信用记录。

第二十三条 认证机构对其出具的危害分析和关键控制点（HACCP）认证结果或者其他等效的食品安全卫生控制体系认证结果承担相应法律责任。

获得前款规定认证的出口食品生产企业存在严重问题，认证机构未及时进行处理的，自发现之日起1年内不予以采信认证机构相关认证结果。

认证机构因违法行为被查处的，自发现之日起2年内不予以采信其相关认证结果。

第二十四条 出口食品生产企业存在违法违规行为的，检验检疫部门可以约谈企业相关负责人。

第二十五条 出口食品生产企业有下列情形之一的，检验检疫部门应当责令其限期整改，整改期间不受理企业相关食品的出口报检：

（一）出口食品因企业自身安全卫生方面的问题在1年内被进口国（地区）主管当局通报3次以上的；

（二）出口食品经检验检疫时发现存在安全卫生问题的；

（三）不能持续符合备案条件，出口食品存在安全卫生隐患的。

第二十六条 出口食品生产企业有下列情形之一的，检验检疫部门应当撤销《备案证明》，予以公布，并向国家认监委报告：

（一）出口食品发生重大安全卫生事故的；

（二）出口食品生产、加工过程中有非法添加非食用物质、违规使用食品添加剂或者采用不适合人类食用的方法生产、加工食品等行为的；

（三）出租、出借、转让、倒卖、涂改《备案证明》的；

（四）不接受检验检疫部门监督管理，或者在接受监督管理时隐瞒有关情况、提供虚假材料，且拒不改正的；

（五）存在本规定第二十五条所述情形，经整改后仍不能符合要求的；

（六）依法应当撤销《备案证明》的其他情形。

第二十七条 出口食品生产企业有下列情形之一的，检验检疫部门应当注销《备案证明》，予以公布，并向国家认监委报告：

（一）《备案证明》有效期届满，未申请延续的；

（二）出口食品生产企业依法终止或者申请注销的；

（三）《备案证明》依法被撤销的；

（四）依法应当注销《备案证明》的其他情形。

第四章 法律责任

第二十八条 出口食品生产企业有下列情形之一的，责令改正，给予警告：

（一）未按照本规定保存相关档案或者提交年度报告的；

（二）发生食品安全卫生问题，未按照本规定及时向所在地检验检疫部门报告的；

（三）未按照本规定办理变更或者重新备案的。

第二十九条　出口食品生产企业违反《中华人民共和国食品安全法》《中华人民共和国进出口商品检验法》及其实施条例等有关法律、行政法规规定的，依照相关规定追究其法律责任。

第三十条　国家认监委和检验检疫部门的工作人员在实施备案和监督管理工作中，滥用职权、徇私舞弊、玩忽职守的，依法给予行政处分；构成犯罪的，依法追究刑事责任。

第五章　附则

第三十一条　出口食品生产企业需要办理国外（境外）卫生注册的，应当按照本规定取得《备案证明》，依据我国和进口国（地区）有关要求，向其所在地检验检疫部门提出申请，并由国家认监委统一对外推荐。

检验检疫部门在监管中发现获得国外（境外）卫生注册的企业不能持续符合进口国（地区）注册要求，或者其《备案证明》已被依法撤销、注销的，应当报国家认监委取消其对外推荐注册资格。

第三十二条　本规定中检验检疫部门实施行政许可的期限以工作日计算，不含法定节假日。

第三十三条　本规定所称的出口食品生产企业不包括出口食品添加剂、食品相关产品的生产、加工、储存企业。

第三十四条　供港澳食品、边境小额和互市贸易出口食品，国家质检总局另有规定的，从其规定。

第三十五条　本规定由国家质检总局负责解释。

第三十六条　本规定自2018年1月1日起施行。国家质检总局于2011年7月26日公布的《出口食品生产企业备案管理规定》同时废止。

第二十一部分　大事记

Part Twenty-one　Major Events

一月

1月4日 （1）孙大伟主持召开国家认监委党组2016年民主生活会征求意见座谈会。（2）刘卫军会见芬兰农林部常务秘书亚纳·卡里奥（Ms.Jaana husu-kallio）一行，双方就猪肉、乳制品生产企业注册相关事宜进行了深入交流。（3）董乐群出席质检总局中国制造2025、质量品牌提升行动和国家质量技术基础建设服务示范工程领导小组会议。（4）薄昱民出席质检总局工业产品生产许可证改革研讨会议。

1月5日 （1）孙大伟出席第七届世界军人运动会组织委员会成立大会。（2）王大宁对办公室开展全面从严治党主体责任和监督责任落实情况进行专项检查。（3）刘卫军出席2017年京津冀有机农业创意论坛。

1月5日—6日 王大宁赴深圳开展卫星应用和汽车联网产品检测认证相关工作调研。

1月6日 （1）孙大伟主持召开认监委2017年第1次委务会议，刘卫军、许增德、许武何、董乐群、薄昱民出席会议。会议听取了办公室关于全国认证认可工作会议暨第十五次全国认证认可工作部际联席会议筹备及材料起草情况的汇报；听取了各部室及下属单位关于2016年工作亮点和2017年工作重点的汇报；讨论了对全国认证认可工作会议暨第十五次全国认证认可工作部际联席会议工作报告的修改意见及建议。（2）孙大伟出席质检总局党组会议，刘卫军列席会议。（3）董乐群走访工商总局。

1月8日—11日 刘卫军赴乌鲁木齐出席新疆维吾尔自治区政府与哈萨克斯坦东哈州政府“一带一路”合作会谈。

1月9日—10日 孙大伟、王大宁出席全国质量监督检验检疫工作会议。许增德、许武何、董乐群、薄昱民列席1月9日上午会议。

1月10日 （1）孙大伟、王大宁、许增德、许武何、董乐群、薄昱民出席国家质检总局领导班子2016年度考核会。（2）薄昱民出席认证部工作研讨会。

1月11日 （1）孙大伟主持召开认监委党组2017年第1次会议。王大宁、许增德、许武何、董乐群出席会议，薄昱民列席会议。会议传达了全国质量监督检验检疫工作会议精神；审议并原则通过了全国认证认可工作会议暨第十五次全国认证认可工作部际联席会议工作报告；听取了纪检组关于2016年纪检监察工作情况的报告。（2）许增德走访国家林业局。（3）许增德出席质检总局党组民主生活会征求意见座谈会。

1月11日—14日 王大宁赴天津参加学习贯彻十八届六中全会集中轮训班。

1月12日 （1）董乐群出席研究所2016年度工作考核会、民主生活会。（2）薄昱民走访国家铁路局。

1月13日 （1）孙大伟出席总局党组中心组学习会议。（2）刘卫军出席注册部党支部民主生活会。（3）许武何出席服务中心2016年度工作总结会。（4）董乐群走访国家统计局。

1月14日 孙大伟出席第六届国务院关税税则委员会第八次全体会议。

1月15日 孙大伟、刘卫军出席中国质量发展圆桌会议。

1月16日 （1）孙大伟出席国务院执行安理会对朝鲜制裁决议协调机制全体会议。（2）王大宁出席直属机关党委第一次委员会议。（3）王大宁、刘卫军、许增德、许武何、董乐群、薄昱民出席国家认监委2016年度党建工作现场述职评议会。（4）王大宁、刘卫军、许增德、许武何出席全国认证认可工作会议暨第15次全国认证认可工作部际联席会议筹备会议。

1月17日 （1）孙大伟主持召开认监委党组中心组学习会议，王大宁、刘卫军、许增德、许武何、董乐群出席会议，薄昱民列席会议。会议学习了中央政治局民主生活会通报及习近平总书记重要讲话精神；学习了中央印发的《县以上党和国家机关党员领导干部民主生活会若干规定》；传达学习了中央经济工作会议精神；学习了习近平总书记在全国国有企业党的建设工作会议上的重要讲话精神。（2）薄昱民出席信息中心民主生活会。

1月18日 （1）刘卫军出席国际部党支部民主生活会。（2）刘卫军出席国际部业务工作务虚会议。（3）许武何出席信安中心民主生活会。（4）薄昱民出席低碳产品认证委员会工作会议。（5）薄昱民出席认证部党支部民主生活会。

1月19日 （1）认监委召开全国认证认可工作会议暨

第十五次全国认证认可工作部际联席会议。总局支树平局长出席会议并讲话，孙大伟作工作报告，上海市副市长陈寅、云南省副省长董华介绍推动认证认可工作的好方法。部际联席会议成员单位及特邀单位代表及王大宁、刘卫军、许增德、许武何、董乐群、薄昱民出席会议。认监委全体及下属单位班子成员参加了会议。(2)孙大伟、王大宁、刘卫军、许增德、许武何、董乐群、薄昱民出席认监委干部大会。

1月20日 (1)孙大伟出席2017年对台工作会议。(2)孙大伟、刘卫军、许增德、许武何、董乐群、薄昱民出席全国质检系统党风廉政建设工作会议。

1月22日 (1)孙大伟出席质检总局党组民主生活会。(2)孙大伟、王大宁、刘卫军、许增德、许武何、董乐群出席认监委党组民主生活会，薄昱民列席会议。(3)许增德出席实验室部党支部民主生活会。(4)许武何出席财务部党支部民主生活会。(5)董乐群出席科标部党支部民主生活会。

1月23日 (1)孙大伟出席总局局长办公会议，刘卫军列席会议。(2)孙大伟、刘卫军出席总局局务会议。(3)孙大伟出席总局党组会议，刘卫军列席会议。(4)孙大伟、刘卫军、许增德、许武何、董乐群参加认监委2017年迎新春广播体操比赛。(5)董乐群出席法律部党支部民主生活会。(6)薄昱民出席信安中心2016年度年终工作总结会议。

1月24日 (1)孙大伟出席质检总局外事工作领导小组第4次会议，刘卫军列席会议。(2)孙大伟出席直属机关党委党支部组织生活会。(3)孙大伟、刘卫军、许增德、许武何、董乐群、薄昱民出席认监委老干部新春团拜会。(4)刘卫军出席认可中心2016年度工作总结会。(5)许增德分别出席认可部党支部、认证认可协会党总支民主生活会。(6)许武何到服务中心进行节前安全检查并看望慰问服务中心一线职工。(7)许武何出席质检总局经济责任审计工作联席会议第十次全体会议。(8)薄昱民与信息中心商谈工作。

1月25日 (1)孙大伟出席中检集团领导班子民主生活会。(2)孙大伟看望质检总局老领导和程方同志。(3)许武何主持召开认监委党风廉政建设工作会议。(4)薄昱民出席质检总局质量提升工作专题会议并组织传达会议精神。

1月26日 孙大伟主持召开国家认监委2017年第2次党组会议。刘卫军、许增德、许武何、董乐群出席会议，薄昱民列席会议。会议传达了中央纪委关于中检集团有关事件的指示精神。

二月

2月3日 孙大伟主持召开委领导工作例会，刘卫军、许增德、许武何、董乐群、薄昱民出席会议。

2月4日 孙大伟出席国务院国家科技体制改革和创新体系建设领导小组第二十一次会议。

2月6日 (1)孙大伟主持召开认监委系统2017年度党风廉政建设工作会议，刘卫军、许增德、许武何、董乐群、薄昱民出席会议。会议传达了习近平总书记在十八届中纪委七次全会上的讲话和王岐山同志的工作报告；部署了认监委系统2017年党风廉政建设工作。(2)薄昱民出席总局水资源管理及农业节水工作专题会议。

2月7日 (1)孙大伟、刘卫军出席中国检验认证集团2017年全球总经理会议。(2)孙大伟会见商务部国际贸易谈判副代表张向晨。

2月8日 (1)孙大伟、刘卫军出席质检总局局务会议。(2)孙大伟出席质检总局局长办公会议，刘卫军列席会议。(3)孙大伟出席质检总局党组会议，刘卫军列席会议。(4)董乐群出席《产品质量法》执法检查调研座谈会。(5)董乐群听取法律部、实验室部检验检测行政许可工作汇报。

2月9日 (1)孙大伟出席国务院分析当前外贸形势和研究部署2017年外贸重点工作会议。(2)孙大伟出席国务院"一带一路"国际合作高峰论坛筹备委员会第二次会议。

2月10日 (1)孙大伟出席国务院推进"一带一路"建设工作会议暨领导小组第五次全体会议。(2)孙大伟主持召开"一带一路"国际合作高峰论坛检验检疫工作领导小组会议，薄昱民出席会议。(3)刘卫军出席质检总局党校校务委员会第八次会议。

2月13日 孙大伟列席省部级主要领导干部学习贯彻党的十八届六中全会精神专题研讨班开班式。

2月14日 (1)孙大伟主持召开认监委外事工作领导小组第三次会议，刘卫军出席会议。(2)董乐群走访国务院法制办。

2月15日 (1)孙大伟听取通关司关于港珠澳大桥珠澳通道查验模式情况汇报。(2)刘卫军与吉林省质量技术监督局座谈。(3)许武何出席认监委系统专职纪检监察干部学习会议。(4)董乐群出席科技标准需求对接会议。(5)薄昱民出席认证认可检验检测行业信息化工作专题研讨会议。

2月15日—17日 许武何赴海南视察中检公司项目工程并调研。

2月16日 (1)孙大伟、许增德会见中央军委联合参谋部战场环境保障局局长薛贵江少将。(2)孙大伟接受《大国质量》剧组采访。(3)孙大伟会见澳门特区政府警察总局局长马耀权。(4)孙大伟会见重庆市副市长刘桂平。(5)刘卫军参加质检总局网站《质检常谈》栏目在线访谈，就如何进一步贯彻落实全国质检工作会议精神，提高认证认可供给质量进行了解读。（6）许增德出席认证市场准入及监管改革专家工作组筹备座谈会。（7）董乐群出席出入境检验检疫协会第四届会员代表大会第三次会议。

2月17日　刘卫军赴中标合信认证有限公司调研。

2月20日　孙大伟主持召开委领导工作例会，刘卫军、许增德、许武何、董乐群、薄昱民出席会议。

2月21日　（1）孙大伟、刘卫军、许增德、许武何、董乐群出席总局干部会议。（2）孙大伟、董乐群出席法治质检建设工作领导小组会议。（3）孙大伟、刘卫军出席总局局务会议。（4）孙大伟出席总局党组会议，刘卫军列席会议。（5）刘卫军出席中检集团2016年度干部考核会议。（6）许增德走访2022年北京—张家口冬奥会组委会。

2月21日—23日　薄昱民赴湖北襄阳会见伊朗工业与标准研究院（ISIRI）工业标准实施监督部主任皮尔亚什（P.Pirayesh）先生一行，双方就加强中伊认证认可领域合作，促进中伊互供产品贸易便利化达成了共识。

2月22日　（1）孙大伟主持召开认监委2017年第2次委务会议，刘卫军、许增德、许武何、董乐群出席会议。会议传达了国务院和总局有关会议精神；审议并原则通过了《认监委2017年会议计划》和《认监委2017年培训计划》。（2）孙大伟主持召开认监委2017年第3次党组会议，刘卫军、许增德、许武何、董乐群出席会议。会议审议并原则通过了《认监委2017年外事计划》；研究了有关人事工作。（3）许增德出席认证认可检验检测综合服务示范区建设研讨会。（4）许增德出席第十六次全国认证认可工作部际联席会议筹备会。

2月22日—23日　刘卫军赴浙江出席智能马桶产品质量攻坚计划启动活动。

2月23日　（1）孙大伟出席全国检验检疫通关业务工作视频会议。（2）许武何出席质检总局保密委员会全体会议。（3）董乐群出席认证认可质量提升工作座谈会。

2月24日　（1）孙大伟会见商务部部长助理、党组成员李成钢。（2）刘卫军会见陕西省富县县委书记李志锋。（3）刘卫军出席全国信息安全标准化技术委员会（TC260）主任办公会。（4）许增德出席中国合格评定国家认可委员会专门委员会会议。（5）许武何主持召开认监委经济责任审计工作联席会议。

2月27日　（1）孙大伟出席中新（加坡）双边合作联委会第十三次会议、中新（重庆）战略性互联互通示范项目联合协调理事会第一次会议及苏州工业园区中新联合协调理事会第十八次会议。（2）刘卫军出席认监委绩效考核领导小组会议。

2月28日　（1）孙大伟、刘卫军、薄昱民听取信息中心关于认证认可信息化工作汇报。（2）孙大伟出席质检总局党组会议。（3）刘卫军出席米级快速定位北斗芯片联合发布会。（4）许武何到中检集团调研。（5）董乐群出席检验检测行业从业人员能力提升工作研讨会。（6）董乐群出席全国质检系统执法打假工作会议。

2月28日—3月2日　孙大伟赴浙江杭州出席2017年全国进出口商品检验监管工作会议并调研建德市、诸暨市出口商品质量安全示范区。

三月

3月1日　（1）刘卫军主持召开国家认监委保密委员会全体会议，许武何出席会议。（2）董乐群出席国家优质制造工程研讨会。

3月1日—3日　（1）许武何赴浙江出席质检系统2017年计划财务工作会议。（2）董乐群赴湖北出席2017年全国质量管理工作暨质量提升现场交流会。

3月2日　（1）刘卫军出席信安标委全体会议。（2）许增德与网信办商讨网络安全检验检疫事宜。

3月3日　（1）刘卫军陪同质检总局支树平局长会见甘肃省副省长夏红民。（2）薄昱民出席环保部绿色产品认证专题会议。

3月6日　孙大伟主持召开国家认监委领导工作例会，刘卫军、许增德、许武何、董乐群、薄昱民出席会议。

3月7日　（1）孙大伟主持召开国家认监委2017年第4次党组会议，刘卫军、许增德、许武何、董乐群出席会议，薄昱民列席会议。会议传达学习了习近平、刘云山同志在中央党校省部级主要领导干部学习贯彻党的十八届六中全会精神研讨班的讲话精神；集中学习了《领导干部报告个人有关事项规定》和《领导干部个人有关事项报告查核结果处理办法》。（2）刘卫军出席IEC合格评定体系开放研究和IEC大会筹备会。（3）薄昱民会见莱茵集团大中华区总裁汪如顺一行，双方就莱茵集团近年业务发展情况及国家关于产品认证制度最新政策走向进行了沟通和交流。

3月8日　（1）孙大伟陪同质检总局支树平局长会见浙江省委常委、宁波市委书记唐一军，并在支树平局长见证下与唐一军共同签署了总局与宁波市政府合作备忘录。（2）刘卫军会见香港标准及检定中心总裁冯立中一行，双方就香港标准及检定中心近年业务发展情况及国家关于产品认证制度的最新政策进行了沟通和交流。（3）许增德到中央军委联合参谋部战场环境保障局走访，双方就北斗卫星导航领域深化军民融合、北斗卫星导航产品质量检测机构管理、北斗卫星导航产品认证等工作进行了交流。

3月9日　孙大伟列席全国政协十二届五次会议全体会议。

3月10日 （1）孙大伟出席中央外事工作领导小组办公室会议。（2）孙大伟出席质检总局第254次局长办公会议，刘卫军列席会议。（3）孙大伟出席质检总局2017年第6次党组会议，刘卫军列席会议。（4）孙大伟、董乐群出席质检总局迎接《产品质量法》执法检查工作领导小组会议。（5）刘卫军、徐增德、许武何、董乐群出席质检直属系统领导干部个人有关事项报告工作视频会议。（6）刘卫军出席认监委个人有关事项报告及内部管理工作会议。（7）许增德到中国船级社调研。（8）董乐群到认可中心出席科技标准化工作座谈会并调研。

3月11日 孙大伟、刘卫军出席十二届全国人民代表大会五次会议记者会准备会。

3月12日—16日 许增德赴成都、重庆开展检验检测认证综合服务示范调研工作。

3月13日 （1）孙大伟出席中央全面深化改革领导小组经济体制和生态文明体制改革专项小组全体会议。（2）孙大伟会见吉尔吉斯国家兽医及植物卫生安全检疫局局长基·如马哈诺夫一行。（3）许武何出席认监委纪检干部专题学习会。（4）董乐群出席研究所全体干部大会。（5）董乐群到信安中心调研。（6）薄昱民出席全国产品质量监督工作会议。

3月14日 （1）孙大伟、刘卫军出席十二届全国人民代表大会五次会议记者会。（2）许武何出席质检直属系统纪检工作座谈会。（3）薄昱民与深圳市市场监管委员会、发展改革委会商讨认证助推绿色发展事宜。

3月15日 （1）孙大伟主持召开中国经济网“中经在线”访谈准备会，刘卫军出席会议。（2）董乐群出席质检总局“3·15”主题宣传活动。

3月16日 （1）孙大伟、刘卫军出席中国经济网“中经在线”访谈。（2）孙大伟听取贵州省质监局工作汇报。（3）刘卫军、薄昱民会见贵州省质监局局长张伟力。

3月17日 （1）孙大伟主持召开研究检验检测机构管理有关工作专题会议，刘卫军、许增德、董乐群出席会议。（2）孙大伟出席总局党组会议，刘卫军列席会议。（3）孙大伟会见美国质量学会（ASQ）国际部总裁、美澳联合认证人员注册机构董事长兼CEO安卓（Andrew Baines）一行，双方就在全面质量管理、认证认可促进质量提升和质量人员能力提升及培养等方面开展合作进行了交流。（4）刘卫军会见陕西出入境检验检疫局副局长党继祥。（5）薄昱民出席中央有关工作会议。

3月19日—20日 刘卫军赴深圳围绕质量提升和“三同”工程进行调研。

3月20日 （1）孙大伟出席国务院研究禁止洋垃圾入境有关问题会议。（2）孙大伟主持召开研究国务院大督查核查问题有关情况专题会议。（3）薄昱民会见特斯拉公司全球总裁乔恩·马可尼尔一行，双方就特斯拉在中国的业务发展情况以及我国汽车强制性产品认证相关问题进行了沟通交流。

3月21日 （1）孙大伟主持召开研究认监委做好全国人大常委会《产品质量法》执法检查有关工作专题会议。（2）薄昱民出席国家发展改革委生态文明建设指标评价工作会议。

3月21日—24日 刘卫军赴香港对中检公司班子及班子成员开展2016年度及薪酬制度改革考核工作。

3月22日 （1）孙大伟主持召开国家认监委党组中心组（扩大）2017年第3次学习会议，许增德、许武何、董乐群出席会议，薄昱民列席会议。（2）孙大伟出席国务院禁止洋垃圾入境改革工作专题会议。（3）许增德、许武何、薄昱民出席认监委领导干部个人有关事项报告说明会。（4）董乐群赴中国质量认证中心进行科技标准化调研。

3月23日 （1）孙大伟出席全国政协十二届五次会议提案交办会。（2）孙大伟赴中央编办协调国务院大督查核查问题有关工作。（3）许增德出席检验检测服务供给侧改革工作座谈会。

3月24日 （1）孙大伟、许增德出席中国合格评定国家认可委员会第三届全体委员会第四次会议。（2）孙大伟出席国际组织人才工作领导小组第3次会议。（3）许武何出席直属系统督察内审工作视频会议。（4）薄昱民出席质检总局西安电缆事件处理协调会。

3月27日 （1）刘卫军、薄昱民出席认监委传达质检总局紧急会议精神专题会议。（2）许增德到中国建筑科学研究院通州试验基地进行调研并出席国家建筑幕墙门窗质检中心筹建专家论证会。（3）董乐群与301研究所研究认证认可强国评价指标体系。（4）薄昱民出席总局研究调查奥凯公司问题电缆工作专题会议。

3月27日—3月29日 孙大伟赴天津参加全国人大常委会《产品质量法》执法检查。

3月28日 薄昱民到中国质量认证中心进行工作调研。

3月28日—29日 许增德赴长沙出席第十六次全国认证认可工作部际联席会议。

3月28日—4月2日 薄昱民赴西安参加彻查奥凯公司问题电缆工作。

3月29日 （1）刘卫军出席“三同”商务交易服务平台座谈会。（2）刘卫军列席质检总局党组会议。（3）薄昱民出席彻查陕西奥凯公司问题电缆联合调查组第一次会议。

3月30日 （1）孙大伟会见加拿大爱德华王子岛省省长韦德·麦克劳克伦。（2）孙大伟出席政协第十二届全国委员会第63次双周协商座谈会。(3)刘卫军、许武何出席2017年第一期“质检大讲堂”暨党组中心组学习(扩大)会。

3月30日—4月1日 董乐群赴成都出席《认证认可 检验检测“十三五”规划》培训班开班式并开展《检验检测机构管理条例》立法调研。

3月31日 (1)孙大伟出席完善进出口商品质量安全风险预警和快速反应监管体系座谈会。(2)刘卫军陪同质检总局支树平局长会见哈萨克斯坦副总理兼农业部部长梅尔扎赫梅托夫。(3)许增德出席2017年国家计量战略专家咨询委员会全体会议。

四月

4月1日 孙大伟主持召开认监委2017年第5次党组会议，刘卫军、许增德、许武何出席会议。会议传达了国有企业改革领导小组第二十次会议有关精神，审议并原则通过了《中检集团关于深化国企改革规范公司治理的实施意见》(修订版)；研究了有关人事工作；研究了委机关2016年绩效考核有关情况，讨论通过了考核结果。

4月5日 (1)孙大伟主持召开认监委领导工作例会。刘卫军、许增德、许武何、董乐群、薄昱民出席会议。(2)刘卫军出席中国检验检疫协会友好人士交流会议。(3)薄昱民出席总局有关工作专题会议。

4月6日 (1)孙大伟赴北京检验检疫局出席2017年“一带一路”国际合作高峰论坛检验检疫综合应急处置演练并调研。(2)孙大伟出席质检总局局长办公会议，刘卫军列席会议。(3)孙大伟出席质检总局党组会议。(4)刘卫军、许增德、许武何、董乐群参加涉密人员集中轮训。(5)许武何出席驻工商总局纪检组组织的“四风”问题调研座谈会。(6)董乐群出席认证机构能力评价研讨会。(7)薄昱民与国家网信办商谈网络安全相关工作。

4月7日 (1)孙大伟会见英国标准协会(BSI)集团主席大卫·布朗，刘卫军陪同会见。双方就中英认证认可、标准领域合作交换了意见。(2)孙大伟赴俄罗斯驻华大使馆出席俄罗斯绿色产品食品制造商协会推介会以及招待会。

4月10日 孙大伟会见白俄罗斯农业与粮食部副部长苏博京·亚·米和国家标准化委员会副主席塔塔里茨基，双方就共同关注的质检合作问题交换了意见。

4月10日—11日 刘卫军赴上海考察2019年国际电工委员会(IEC)大会会址并出席国家电工委员会爆炸性环境用设备认证体系(IECEx)工业研讨会。

4月11日 薄昱民出席中央有关会议。

4月11日—15日 孙大伟赴湖北参加全国人大常委会《产品质量法》执法检查。

4月12日 (1)刘卫军赴浙江出席中德产品安全合作工作组年度会议并同德方签订绿色产品认证合作协议。(2)薄昱民与美国保险商实验室(UL)商谈绿色产品合作事宜。

4月13日 (1)刘卫军出席质检总局全面深化改革领导小组第八次会议。(2)董乐群主持召开国家认监委行政处罚案审会。(3)董乐群出席国家质量基础(NQI)专项认证认可项目2018年申报指南研讨会。

4月14日 (1)董乐群出席“中国认证认可优良实践案例”编写研讨会。(2)薄昱民与信安中心商讨网络安全相关工作。

4月17日 孙大伟主持召开认监委领导工作例会，刘卫军、许增德、许武何、董乐群、薄昱民出席会议。

4月17日—20日 董乐群赴杭州出席2017年全国检验检疫标准化管理工作会议并就浙江制造认证开展情况进行调研。

4月18日 (1)孙大伟出席国务院支持外贸政策工作台账进展情况汇报，研究部署下一步重点工作会议。(2)孙大伟会见云南省副省长陈舜。(3)刘卫军出席认监委全面质量提升文稿研讨专题会议。(4)刘卫军会见东莞市副市长黄庆辉。(5)许增德出席人员能力评价委员会工作会议。(6)薄昱民为中国质量万里行促进会第四次领导干部质量培训班授课。

4月19日 (1)受支树平委托，孙大伟出席国务院第169次常务会议。(2)孙大伟出席国务院研究应对中美经济百日计划美方意见有关问题会议。(3)刘卫军、薄昱民听取信息中心关于委信息化工作汇报。(4)薄昱民出席总局电线电缆生产企业监督检查工作专题会。

4月20日 刘卫军为质检总局党校第四期处级干部理论专题培训班授课。

4月20日—21日 (1)刘卫军赴青岛出席“三同”工作会及“好师傅传帮带”活动。(2)许武何出席认监委2017年财务暨内审工作会议。

4月21日 (1)孙大伟出席国际刑警组织第86届全体大会组委会第一次会议。(2)孙大伟观看有关保密教育警示片。(3)薄昱民出席中央网信办有关工作会议。(4)董乐群出席《检验检测机构资质认定评审准则》等七项认证认可行业标准审查会。

4月22日 刘卫军赴江苏常州出席2017年发展中国家认证认可合作官员研修班结业式。

4月24日 (1)孙大伟、刘卫军、薄昱民出席“青春·飞扬”认监委青年读书会。(2)许武何出席质检总局党校班研究报告专家评审会。

4月24日—26日 董乐群赴上海出席《认证认可检验

检测发展“十三五”规划》宣贯培训开班式并就“上海品质”建设工作进行调研。

4月25日—27日 （1）孙大伟赴陕西西安调研并赴富县出席全国良好农业规范认证现场会。（2）刘卫军赴陕西富县出席2017年二季度认证认可业务工作会议暨全国良好农业规范认证现场会并调研。

4月27日 （1）董乐群陪同支树平会见中央编办副主任吴知论。（2）薄昱民出席质检总局质量安全风险隐患排查和专项整治行动专题会议。

4月28日 （1）孙大伟主持召开认监委2017年第6次党组会议。刘卫军、许武何、董乐群出席会议，薄昱民列席会议。会议审议并原则通过了《中共国家认监委党组2017年工作要点》；听取了关于采纳委纪检组建议加强认监委系统党风廉政建设工作的情况报告；听取了委纪检组关于2017年认监委系统党风廉政建设工作的建议。（2）孙大伟出席国务院听取中美经济合作百日计划磋商进展情况汇报，研究部署下一步重点工作会议。（3）刘卫军出席认监委IEC大会筹备小组第一次会议。（4）刘卫军列席质检总局局长办公会议。

五月

5月2日 （1）孙大伟主持召开国家认监委领导工作例会。许增德、许武何、董乐群、薄昱民出席会议。（2）孙大伟主持召开检验检测机构管理工作专题会议。（3）刘卫军到住房城乡建设部商谈世界认可日活动有关工作。

5月3日 （1）孙大伟赴首都机场检查北京检验检疫局“一带一路”国际高峰论坛保障工作。（2）许增德出席人员认证和联盟认证课题专家研讨会。

5月4日 （1）刘卫军出席质检总局人大代表建议政协委员提案交办会。（2）刘卫军出席认证认可深化改革领导小组会议筹备会。

5月4日—5日 薄昱民赴内蒙古出席无人机产品认证体系建设论坛并到包头市产品质量计量检测所调研。

5月4日—10日 孙大伟赴上海参加中国浦东干部学院2017年省部级干部提高自由贸易试验区建设质量专题研讨班学习。

5月5日 （1）刘卫军带领认监委青年干部赴北京小米科技有限公司调研。（2）许增德出席认证市场准入及监管改革专项组专家工作组培训班开班式并讲话。（3）董乐群出席认监委加快制定合格评定领域国际标准研讨会。

5月9日 孙大伟赴上海出席质检科技创新能力建设司局级培训班开班式。

5月11日 （1）孙大伟赴财政部出席落实中美经济合作百日计划视频会。（2）刘卫军出席质检总局向国务院保密工作督查组汇报工作会议。（3）许增德主持召开推动北斗导航检测认证军民融合发展工作会议。（4）许增德陪同质检总局支树平局长会见国家烟草专卖局局长凌成兴。

5月8日—12日 （1）董乐群赴上海参加质检科技创新能力建设司局级干部培训班。（2）薄昱民赴上海、江苏开展强制性产品认证改革工作调研。

5月12日 （1）孙大伟会见蒙古国家技术监督总局局长纳·查钢呼。（2）孙大伟出席信息安全认证中心干部大会。（3）刘卫军陪同总局支树平局长会见日本自民党干事长二阶俊博；会见希腊外交部国家经济事务秘书长奇普拉斯。（4）许增德出席2017年“互联网+质检”行动计划领导小组工作会议。（5）许武何参加认监委植树活动。

5月13日 孙大伟会见智利农业部部长富尔切，并出席智利水果出口商协会和中国消费品质量安全促进会《加强合作谅解备忘录》签字仪式。

5月15日 （1）刘卫军主持召开世界认可日筹备会议，许增德出席会议。（2）刘卫军会见芬兰农业和环境部部长凯莫·蒂卡宁一行，双方就芬兰输华食品企业注册等事宜进行了交流。（3）刘卫军陪同总局支树平局长会见塞尔维亚农业和生活环境保护部部长布拉尼斯拉夫。

5月16日 薄昱民出席网络关键设备和网络安全专用产品安全管理首批目录讨论会。

5月16日—17日 （1）孙大伟赴重庆出席重庆市出口摩托车质量提升推进会并调研。（2）许增德赴杭州出席2017年认证机构管理工作会议（浙江）。

5月18日 （1）孙大伟主持召开认证认可深化改革领导小组第七次会议，刘卫军、许增德、许武何、董乐群、薄昱民出席会议。（2）许武何出席认监委2017年反腐倡廉工作任务分工征求意见及工作研讨会。

5月18日—19日 （1）孙大伟赴黑龙江出席第四届质检科技周启动仪式并调研。（2）刘卫军赴四川出席国际有机农业运动联盟第二届亚洲大会暨2017中国有机农业（西充）峰会。

5月19日 许增德列席质检总局党组中心组学习。

5月20日 许增德出席纪念“5·20世界计量日”主题活动。

5月22日 （1）孙大伟会见哈萨克斯坦技术调节与标准委员会主席杜格洛夫先生一行，刘卫军陪同会见。双方就加强认证认可、标准和计量等质量技术基础合作交换了意见。（2）孙大伟出席国务院研究推动落实中美经济合作百日计划早期收获成果后续工作会议。（3）刘卫军出席质检总局质量提升行动领导小组第一次会议。

5月23日 （1）孙大伟出席中国消费品质量安全促进会第一届第三次理事会。（2）刘卫军陪同支树平局长会见挪威贸易、工业与渔业部部长派尔·桑德伯格。（3）刘卫军与住房城乡建设部标准定额司商谈世界认可日筹备事宜。(4)许增德出席2017年认证机构管理工作会议(北京)。(5)董乐群出席中国消费品质量安全促进会第一届第三次理事会。

5月24日 (1)孙大伟组织召开认监委第7次党组会议，刘卫军、许增德、许武何、董乐群出席会议。会议传达学习了习近平总书记对推进“两学一做”学习教育常态化制度化的重要指示精神，集体学习了中央《关于推进“两学一做”学习教育常态化制度化的意见》；研究并原则同意成立国家认监委网络安全与信息化领导小组；听取了财务部关于认监委2016年经费执行情况及2017年预算批复情况的汇报；听取并原则通过委纪检组关于2017年认监委系统党风廉政建设工作的建议；研究了有关人事工作。(2)孙大伟、刘卫军出席总局完善进出口商品质量安全风险预警和快速反应监管体系领导小组第一次会议。

5月24日—25日 刘卫军赴上海出席第十一届中国国际有机食品博览会和研讨会。

5月24日—26日 孙大伟赴贵州出席中国国际大数据产业博览会“大数据安全技术创新与产业化论坛”并调研。

5月25 日 (1)许增德会见河北省质监局副局长刘朝申。(2)董乐群出席2017年度认证认可专业技术委员会全体会议暨认证认可科技发展论坛。

5月26日 (1)刘卫军赴山东潍坊出席第二届峡山有机产业发展国际论坛暨深入推进农业供给侧改革研讨会。(2)许增德出席全国儿童用品绿色创新与质量提升联盟成立大会。

5月27日 (1)孙大伟出席国务院总结中美经济合作百日计划早期收获磋商经验会议。(2)孙大伟与中组部考核组谈话。(3)刘卫军、许增德、许武何、董乐群出席认监委干部大会。

5月30日—6月7日 许武何赴肯尼亚、南非对中检集团海外公司进行财务检查。

5月31日 (1)孙大伟主持召开认监委领导工作例会。刘卫军、许增德、董乐群、薄昱民出席会议。(2)孙大伟出席质检总局党组会议。(3)孙大伟、刘卫军出席质检总局干部大会。(4)许增德出席IEC电话会议。

六月

6月1日 (1)孙大伟、刘卫军赴认可中心听取世界认可日主场活动筹备情况汇报。(2)刘卫军、董乐群出席总局干部大会。

6月1日—2日 许增德赴上海出席“认证认可助力创新发展与质量提升”中国质量发展圆桌会议之高端对话活动。

6月2日 (1)孙大伟出席国务院研究部署开展进一步清理涉企收费有关工作会议。(2)刘卫军主持召开办公用房清理整改回头看专题会议。(3)刘卫军主持召开世界认可日主场活动筹备会议。

6月5日 (1)孙大伟出席总局党组会议。(2)许增德会见美国船级社质量评估有限公司总裁亚历克斯·威森伯格(Alex Weisselberg)一行，双方就我国认证机构行政审批改革，推进认证新领域等议题进行了交流。

6月6日 (1)刘卫军出席“完善进出口商品质量安全风险预警和快速反应监管体制”领导小组第二次会议。(2)许增德会见中石化物资采购中心经理刘飞宇。

6月7日 (1)国家认监委召开干部大会，支树平局长出席会议并讲话，孙大伟、刘卫军、许增德、董乐群、薄昱民出席会议，认监委机关全体干部、下属单位班子成员参加会议。会议传达了中央、总局关于免去孙大伟国家认监委主任、党组书记职务的决定。(2)刘卫军主持召开迎接国务院第四次大督查工作部署会。

6月7日—8日 董乐群赴浙江出席“世界认可日”活动暨上海品质、浙江制造建设有关活动

6月8日 (1)刘卫军、许增德现场检查世界认可日主会场准备工作。(2)刘卫军陪同支树平、侯建国会见广西壮族自治区党委组织部部长喻云林。(3)许武何出席质检系统涉企收费自查自纠工作动员和部署视频会议。

6月9日 (1)刘卫军、许武何、董乐群出席世界认可日主会场活动。(2)刘卫军出席质检总局展厅改造工作会议。

6月9日—10日 许增德赴广西送孙大伟任职。

6月11日—21日 刘卫军赴瑞士、美国、加拿大出席IEC\CAB并访问相关政府和合格评定机构。

6月13日 (1)许增德、许武何、董乐群、薄昱民出席全国推进简政放权放管结合优化服务改革电视电话会议。(2)许增德列席总局党组会议。(3)董乐群赴中国航空综合技术研究所(301所)调研。

6月14日 薄昱民主持召开认监委信息化工作领导小组办公室会议。

6月14日—16日 董乐群赴昆明出席世界认可日活动—中国汽车认证认可国际论坛并调研。

6月14日—23日 许增德赴瑞士、西班牙、挪威出席IEC/CB会议并访问相关政府和合格评定机构。

6月15日 许武何出席质检总局直属系统离退休干部报告会。

6月16日 董乐群会见美国材料与试验协会(ASTM)代表团，双方开展了深入的交流，并就进一步深化合作进行了探讨。

6月17日 许武何陪同支树平局长赴河北雄安考察。

6月19日 （1）许武何出席质检总局局务会。（2）董乐群主持召开有关工作专题会议。

6月21日 （1）董乐群陪同质检总局支树平局长赴中国航空综合技术研究所（301所）调研。（2）薄昱民会见广西钦州市市长黄海昆。

6月22日 刘卫军参加质检总局迎接党的十九大文艺调演演出。

6月23日 （1）刘卫军参加质检总局迎接党的十九大文艺调演演出。（2）许武何、董乐群、薄昱民观看质检总局迎接党的十九大文艺调演。（3）董乐群参加全国人大《产品质量法》实施情况报告分组审议会。

6月24日 董乐群出席全国人大《产品质量法》执法检查联组会议。

6月25日—30日 许武何赴乌鲁木齐出席总局援藏援疆会议并调研。

6月26日 刘卫军主持召开认监委领导工作例会，许增德、董乐群、薄昱民出席会议。

6月27日 （1）刘卫军出席质检系统2017年文化名家暨“四个一批”人才、国家“万人计划”哲学社会科学领军人才推荐评审会。（2）刘卫军、薄昱民出席认监委贯彻落实中央八项规定专题讲座。

6月27日—28日 （1）许增德赴杭州出席“三同”食品进天猫电商活动。（2）董乐群赴青岛出席国际标准化论坛。

6月28日 （1）刘卫军、薄昱民向质检总局党组书记侯建国专题汇报工作。（2）薄昱民会见包头市市长白清元。

6月29日 （1）刘卫军出席第八届“一带一路”生态农业与食品安全论坛。（2）许增德赴河北廊坊出席渤海检验检测技术创新联盟。（3）薄昱民出席中国汽车生态设计国际论坛。

6月30日 （1）许增德赴扬州参加认证认可助力机械行业质量提升活动。（2）董乐群参加法律部、研究所党支部迎“七一”共建活动。

七月

7月3日 （1）质检总局党组书记、副局长侯建国到认监委听取工作汇报并作指示，刘卫军、许增德、许武何、董乐群、薄昱民出席。（2）薄昱民出席质检总局电线电缆生产企业专题整治工作会议。

7月4日 刘卫军主持召开认监委“放管服”改革工作研讨暨2017年上半年工作总结会，许增德、许武何、董乐群、薄昱民出席会议。

7月5日 （1）刘卫军主持召开认监委2017年第三次委务会，许增德、许武何、董乐群、薄昱民出席会议。会议审议并原则通过了《认证认可检验检测信息化“十三五”发展规划暨行动计划》；审议并原则通过了《国家认监委工作规则（审议稿）》；听取了法律部关于地方政府运用认证手段推进质量提升和品牌建设调研情况的汇报，原则通过了规范、引导有关认证活动的工作原则。（2）刘卫军主持召开认监委2017年第一次主任办公会，许增德、许武何、董乐群、薄昱民出席会议。会议审议并原则通过了《国家认监委2017年绩效考核实施办法（送审稿）》。

7月6日 （1）刘卫军会见加拿大标准理事会（SCC）首席执行官约翰·沃尔特（John Walter）先生一行。双方就加强双多边互利合作、促进合格评定结果互认等议题交换了意见，并就下一步合作计划进行了交流。（2）许增德出席总局提高供给质量和效率专题研究班。（3）董乐群主持召开认监委质量提升研讨会。

7月7日 许增德出席认可部干部会议。

7月9日 刘卫军出席军民融合产业技术创新战略联盟启动仪式。

7月12日 （1）刘卫军出席总局干部人事信息化管理视频会。（2）刘卫军出席2017年认监委全面深化改革经验成果交流第一期讲座。

7月13日 （1）刘卫军出席总局保密委员会全体会议。（2）许武何参加财务部党支部和服务中心党支部主题党日活动。

7月14日 （1）刘卫军主持召开委管企业薪酬制度改革考核工作领导小组会议，许武何出席会议。（2）许武何主持召开认监委援藏援疆工作会议。（3）董乐群出席2016年认证认可检验检测统计专题新闻发布会。

7月17日—18日 许武何赴武汉出席党建及两个责任“三级联动”座谈会。

7月18日 （1）刘卫军会见全球食品安全倡议（GFSI）董事会主席麦克·罗巴（Mike Robach）先生及消费品论坛（CGF）执行总裁傅睿德（Peter Freedman）先生一行。双方就GFSI 7.1版本指南文件对标工作、消费教育、促进全球食品安全发展等议题交换了意见。（2）刘卫军出席质检总局局务会。（3）刘卫军列席质检总局局长办公会。

7月19日 （1）刘卫军出席2017年认监委保密委员会第二次全体会议。（2）刘卫军主持召开认监委新闻宣传业务工作会议，许增德、董乐群出席会议。（3）刘卫军出席全球食品安全倡议（GFSI）中国日开幕式并致辞。

7月19日—20日 刘卫军赴黑龙江出席IECEE/CB体系国内运作机制会议。

7月19日—23日 许武何赴武汉参加全国质检直属系统纪检监察工作会议。

7月20日 （1）许增德出席认监委全面深化改革经验

成果交流第二期讲座。(2)董乐群主持召开认证认可强国评价指标专题会议。(3)董乐群听取认证认可对国民经济贡献率有关情况汇报。

7月21日 刘卫军陪同支树平局长会见日本农林水产省大臣山本有二。

7月24日 (1)刘卫军出席第二届中国质量大会(上海)筹备会议。(2)刘卫军主持召开认证认可专题片脚本讨论会。(3)薄昱民出席总局工业产品生产许可证改革专题会议。

7月25日 (1)刘卫军出席质检直属系统国有企业党的建设工作会议。(2)刘卫军会见英国驻华大使吴百纳(Barbara Woodward)女士一行。中英双方就英国肉类产品注册等议题交换了意见,并就进一步开展合作进行了深入交流。(3)许增德参观解放军成立90周年主题展览。(4)董乐群与质检总局质量提升办公室研究工作。(5)薄昱民陪同支树平局长向国务院领导汇报工作。(6)薄昱民到信安中心参加中央网信办调研活动。

7月26日 (1)刘卫军出席中粮我买网"三同"专区开通暨安至选溯源牛肉上线发布会。(2)许增德到节水器具质检中心和建筑防火质检中心调研。(3)薄昱民出席质检总局信息化工作座谈会议。

7月27日 (1)刘卫军、许增德、许武何、董乐群、薄昱民观看警示教育片。(2)许武何主持召开认监委2017年度反腐倡廉工作任务落实推进会。(3)董乐群与中国质量协会商谈工作。

7月28日 (1)刘卫军主持召开中检集团企业改制工作汇报会,许增德、许武何、董乐群、薄昱民出席会议。(2)刘卫军出席总局2017年第20次党组(扩大)会议。

7月31日 (1)刘卫军主持召开认监委党组中心组(扩大)2017年第7次学习会议,许增德、许武何、董乐群出席会议,薄昱民列席会议。(2)刘卫军主持召开认监委领导工作例会,许增德、许武何、董乐群、薄昱民出席会议。(3)刘卫军、许武何出席认监委"八一"建军节纪念活动。(4)董乐群参加法律部党支部活动并讲党课。(5)薄昱民出席北斗认证联盟工作会议。

八月

8月1日 (1)刘卫军会见国际电工委员会电子元器件质量评定体系(IECQ)主席玛丽·伊丽莎白·多纳诺(Marie-Elisabeth d' Ornano),双方就在加强国际电工委员会(IEC)合格评定体系领域的互利合作、进一步发挥合格评定在IEC中的重要影响等议题交换了意见。(2)刘卫军出席质检总局质量技术基础服务企业工作情况汇报会。(3)董乐群出席企业标准管理制度改革领导小组办公室会议。

8月3日 (1)刘卫军主持召开认监委2017年第8次党组会议,许增德、许武何、董乐群出席会议,薄昱民列席会议。会议由李元平副局长宣布了总局党组关于刘卫军同志临时主持认监委党组日常工作的决定,并对认监委党组的工作提出了要求。(2)董乐群出席《合格评定在中国》审稿会。

8月4日 薄昱民会见香港标准检定中心总裁冯立中一行,双方就内地认证认可政策以及香港标准检定中心业务发展进行了交流。

8月8日 (1)刘卫军主持召开认监委2017年第2次主任办公会议,许武何、董乐群、薄昱民出席会议。会议审定了《合格评定在中国》(委内征求意见稿)。(2)许增德赴中国航空规划设计研究院进行质量管理体系升级版现场调研。(3)薄昱民会见海湾合作委员会标准化组织秘书长纳比·莫拉(Nabil Molla)先生,双方就国家认监委与海湾合作委员会标准化组织在认证认可领域深入合作,更好地服务贸易便利化交换了意见。

8月9日—12日 刘卫军赴西宁陪同质检总局支树平局长出席青海枸杞有机认证试点颁证暨国家良好农业规范(GAP)认证示范县创建工作启动会并在青海、西藏调研。

8月14日 (1)许增德会见英国标准协会(BSI)集团技术与运营总监阿尔弗雷德·金(Alfred Au)一行,双方就加强全面质量管理、打造管理体系认证升级版工作进行了深入交流。(2)董乐群赴南戴河为河南省质量强省领导干部研修班授课。

8月16日 (1)刘卫军出席"一带一路"检验检测标准认证合作组织·天宁论坛筹备会。(2)董乐群主持召开认证认可全面助力质量提升座谈会。

8月17日 (1)董乐群主持召开认监委行政处罚案件审理会。(2)董乐群到北汽集团开展认证认可助力全面质量提升专题调研。

8月18日 董乐群到联想集团开展认证认可助力全面质量提升专题调研。

8月21日—22日 薄昱民赴江苏出席总局推进工业产品生产许可证制度改革现场交流会。

8月21日—23日 董乐群赴上海授课并开展开展认证认可助力全面质量提升专题调研。

8月23日 刘卫军参加国际部党支部活动。

8月25日 (1)刘卫军出席质检总局局长办公会议。(2)刘卫军、许增德、董乐群、薄昱民参加2017年第二期质检大讲堂暨总局党组中心组(扩大)学习。(3)薄昱民会见日本JQA质量代表。

8月28日 (1)刘卫军主持召开认监委2017年第9次党组会议,许增德、许武何、董乐群参加会议,薄昱民列席。会议研究了有关人事工作。(2)刘卫军主持召开认监委领导工作例会，许增德、许武何、董乐群、薄昱民出席会议。（3）许武何出席中央宣传部等部门联合主办的“砥砺奋进的五年”系列报告会。（4）薄昱民出席质量安全风险隐患排查和专项整治领导小组第二次会议。

8月28日—30日 （1）刘卫军赴深圳出席中俄标准计量认证检验常设工作组会议。（2）薄昱民赴青岛出席中国汽车质量技术联盟工作会议并调研。

8月29日 （1）许增德陪同质检总局支树平局长会见智利前总统、特命全权亚太大使爱德华多·弗雷。（2）董乐群赴研究所推进落实新版质量管理体系标准宣贯工作。

8月30日 （1）许增德陪同总局支树平局长出席国务院有关会议。（2）许增德会见石家庄市副市长赵文峰一行。

8月31日 （1）刘卫军主持召开认监委贯彻落实国务院常务会议精神工作部署会，许增德、许武何、薄昱民出席会议。（2）刘卫军列席质检总局首次宪法宣誓仪式，薄昱民参加宣誓。（3）许武何到计财司汇报申请财政经费有关工作。（4）许武何主持召开认监委经济责任审计联席会议。（5）薄昱民出席总局质量安全风险隐患排查和专项整治领导小组第二次会议。

8月31日—9月1日，董乐群在深圳会见了国际标准化组织(ISO)合格评定与消费者事务总监肖恩·麦克柯台恩。双方就合格评定国际标准在中国的推广和应用以及出版《合格评定在中国》的情况进行了深入交流。在深期间，围绕认证认可助力全面质量管理进行了调研。

九月

9月1日 （1）刘卫军出席质检总局全面深化改革领导小组第九次会议。（2）刘卫军出席质检总局局长办公会议。

9月4日 （1）刘卫军赴上海出席“一带一路”认可发展研讨会开幕式。（2）刘卫军会见上海市浦东新区人民政府副区长陆方舟。（3）薄昱民出席国务院研究室深化工业产品生产许可制度改革加强产品认证管理和标准制定会议。

9月6日 刘卫军、许增德列席国务院第185次常务会议。

9月6日—8日 许武何出席认监委2017年度财务暨内审业务培训班。

9月7日 （1）刘卫军主持召开认监委党组中心组（扩大）2017年第8次学习会，许增德出席，薄昱民列席。（2）刘卫军出席《中国科学院 质检总局科技战略合作协议》签约仪式。

9月8日 （1）刘卫军出席国务院政策例行吹风会。（2）刘卫军列席质检总局党组会议。（3）刘卫军出席质检总局局务会议。

9月8日—15日 董乐群参加国防大学司局级干部专题研修班。

9月11日 薄昱民出席中德信息安全合格评定合作研讨会。

9月12日—15日 许武何赴厦门、深圳检验检疫局考察电子监察系统并进行党风廉政建设调研。

9月13日 （1）刘卫军出席国务院新闻办公室新闻发布会。（2）许增德列席质检总局党组会议。

9月13日—14日 刘卫军陪同总局支树平局长赴浙江调研。

9月14日 薄昱民观看京津冀直属系统离退休老同志“颂党恩情，永跟党走——迎接党的十九大”文艺汇演。

9月15日—16日 （1）刘卫军赴上海出席中国质量（上海）大会开幕式、闭幕式及第五分会场活动并作主旨演讲。期间，陪同总局支树平局长会见了荷兰基础设施与环境部环境大臣戴克斯玛，澳大利亚工业、创新与科技部助理部长克雷格·朗迪；陪同陈钢副局长会见了乌克兰农业政策与食品部副部长特罗菲姆采娃、哈萨克斯坦农业部副部长伊萨耶娃；陪同标准委田世宏主任会见了立陶宛农业部副部长塔拉斯科维丘斯及部分参会企业代表。（2）薄昱民赴上海出席2017年国家网络安全宣传周开幕式。

9月16日—18日 许增德赴江苏出席中国质量发展圆桌会议江阴峰会并调研。

9月18日 董乐群参加科标部党支部活动。

9月19日 刘卫军主持召开认监委党组中心组（扩大）2017年第9次学习会，许武何、董乐群出席，薄昱民列席。

9月19日—20日 （1）刘卫军赴南宁出席有机产品认证示范创建工作会。（2）许增德赴重庆出席检验检测机构开放日活动。

9月20日 薄昱民出席全国碳排放权交易市场建设方案（发电行业）意见协调会。

9月20日—29日 董乐群出访瑞士、英国、南非。

9月21日 许增德出席2017年“国是论坛”。

9月21日—22日 刘卫军赴西安出席2017欧亚经济论坛·第九届“一带一路”生态农业与食品安全论坛。

9月22日 许增德出席“百万家企业全面质量培训平台”上线启动仪式。

9月23日—30日 薄昱民出访沙特阿拉伯、阿联酋及海合组织。

9月25日—29日 许武何赴昆明参加中国审计培训。

9月26日—27日 刘卫军赴湖南吉首出席有机认证宣传周启动仪式。

9月28日　(1)刘卫军赴常州参加“国家质量基础设施天宁论坛”。(2)刘卫军赴上海出席上海自贸区质量管理体系升级版宣传活动。(3)许增德出席2017年中国合格评定国家认可委员会(CNAS)资深顾问座谈会。

9月30日　(1)刘卫军主持召开认监委党组2017年第10次会议,许增德、许武何、董乐群出席。会议研究了有关人事工作。(2)刘卫军观看“喜迎十九大—质量强国梦五年砥砺行”成就展。(3)刘卫军出席总局党组(扩大)会议。

十月

10月8日—14日 刘卫军、许增德赴俄罗斯海参崴出席第81届国际电工委员会(IEC)大会。

10月10日　(1)许武何出席质检总局局务会。(2)许武何主持召开认监委反腐倡廉工作任务检查推进会。

10月11日—12日 董乐群赴云南临沧出席丝绸之路经济带境内地区检验检疫认证监管合作联动机制第三次联席会议。

10月12日 许武何主持召开认监委援藏援疆任务落实检查及推进会。

10月15日 董乐群出席2017年世界标准日主题活动。

10月16日　(1)刘卫军出席总局党的十九大工作专题部署会议。(2)董乐群出席总局贯彻落实《产品质量法》执法检查报告审议意见汇报会。(3)薄昱民到中冶建筑研究院调研。

10月17日　(1)刘卫军主持召开认监委2017年第4次委务会,许增德、许武何、董乐群、薄昱民出席会议。会议传达了侯建国书记对质检系统在十九大期间做好安全保障工作的指示精神,并就具体贯彻落实工作提出明确要求;传达了支树平局长在总局76次局务会上关于认证认可工作的指示精神;对2017年工作总结和2018年工作打算的报送工作提出具体要求。(2)刘卫军主持召开认监委2017年第3次主任办公会,许增德、许武何、董乐群、薄昱民出席会议。会议审议并原则通过了国家认监委与国家发展改革委拟联合印发的《城市轨道交通装备认证实施意见(送审稿)》。(3)董乐群出席国家标准委消费者政策委员会成立大会。

10月18日　(1)刘卫军、许增德、董乐群、薄昱民集体收看习近平总书记在中国共产党第十九次全国代表大会上的报告。(2)薄昱民会见日本质量保证协会JQA理事近藤繁幸一行。

10月18日—20日 许武何出席认监委新版ISO 9000标准培训开班式,在培训班集体收看十九大开幕会直播并参加培训。

10月19日 薄昱民出席质检总局信息化工作会议。

10月20日 许增德走访国资委。

10月23日 许增德会见中央军民融合办王树年一行。

10月24日　(1)刘卫军会见美国保险商试验所(UL)公司高级副总裁杰森·费希尔(Jason Fischer)。(2)许增德会见知识产权局专利管理司雷筱云司长。(3)董乐群主持召开认监委依法行政普法讲座,许武何出席讲座。

10月25日 刘卫军主持召开认监委落实国务院领导批示精神专题会议,许增德、许武何、董乐群、薄昱民出席会议。

10月26日　(1)刘卫军列席质检总局党组(扩大)会议。(2)刘卫军、许增德、许武何、董乐群、薄昱民出席质检总局传达学习贯彻党的十九大精神党员干部大会。(3)刘卫军、许增德、许武何、董乐群、薄昱民出席认监委退休干部重阳节座谈会。

10月27日　(1)刘卫军主持召开认监委党组中心组(扩大)2017年第10次学习会,许增德、许武何、董乐群出席,薄昱民列席。(2)刘卫军主持召开认监委2017年第11次党组会议,许增德、许武何、董乐群出席会议,薄昱民列席会议。会议研究了有关人事工作。(3)许增德会见国家人民防空办公室副局长杨青山。

10月30日　(1)董乐群出席质检总局国家质量基础的共性技术研究与应用(NQI专项)2017年度立项项目启动会。(2)董乐群出席质检总局《百城千业万企对标达标行动方案》研讨会。

10月31日　(1)刘卫军陪同秦宜智副局长会见美国食品药品管理局(FDA)斯蒂芬·奥斯特洛夫副局长。(2)许增德参加认可部党支部、实验室部党支部活动。(3)许武何、薄昱民参加认证部党支部、财务部党支部活动。

十一月

11月1日　(1)许增德陪同支树平局长会见日本长野县知事阿部守一。(2)许武何列席质检总局党组会议。

11月1日—2日 刘卫军赴韩国出席第十四届中韩合格评定工作组会议。

11月2日　(1)许增德会见中国平安保险集团朱友刚一行。(2)董乐群与301所商谈认证认可强国指标有关工作。

11月3日　(1)刘卫军出席IEC合格评定体系国内运作机制年会。(2)刘卫军出席总局局长办公会议。(3)许增德参加学习贯彻党的十九大精神中央宣讲团首场报告会。

11月4日—5日 刘卫军赴陕西出席第24届中国杨凌农高会和有机产品认证研讨会。

11月5日 许增德出席中国质量发展圆桌会议。

11月6日　(1)刘卫军陪同李元平副局长会见芬兰农林部常务秘书雅娜·胡苏·卡里尔。(2)刘卫军会见芬兰农林部常务秘书雅娜·胡苏·卡里尔，双方就芬兰企业在华注册情况进行了深入交流。(3) 许增德陪同支树平局长会见哈萨克斯坦副总理兼农业部部长胡梅扎赫托夫先生。

11月7日 (1) 许增德主持召开质量管理体系升级行动推进活动筹备会。(2) 许武何主持召开认可业务系统嵌入电子监察系统试点工作会议。(3) 许武何主持召开认监委系统纪检干部第三次学习会。

11月8日 董乐群听取全国认证认可标准化技术委员会换届工作汇报。

11月9日 (1) 许武何、董乐群出席总局2017年第3期"质检大讲堂"暨党组中心组（扩大）学习。(2) 薄昱民出席中央国家机关学习宣传贯彻党的十九大精神系列辅导报告会。

11月13日 薄昱民出席中央网络安全工作协调机制联络员会议。

11月13日—17日 许武何赴海口参加行政机关财务绩效考核培训班。

11月14日 薄昱民到中央网信办商谈工作。

11月15日 (1) 刘卫军列席质检总局党组会议。(2) 刘卫军出席质检总局局务会议。(3) 刘卫军出席质检总局局长办公会。

11月15日—16日 薄昱民赴上海出席泛长三角地区认证认可协作会。

11月16日 许增德出席中检论坛。

11月16日—17日 刘卫军赴河南民权开展扶贫活动。

11月17日 薄昱民赴深圳参加北斗应用产品认证推进会。

11月20日 (1) 刘卫军陪同支树平局长会见加拿大农业部部长麦考利。(2) 刘卫军主持召开认监委2017年第12次党组会议，许增德、董乐群出席会议，薄昱民列席会议。会议听取了办公室、财务部、服务中心关于组织召开2018年全国认证认可工作会议筹备情况的汇报，研究并原则通过了工作方案。

11月20日—22日 许武何赴西安出席检验检疫系统及有关单位纪检工作座谈会。

11月21日 董乐群组织召开TC261会议专题筹备会。

11月22日—23日 刘卫军、许增德赴太原出席质量管理体系升级行动推进活动。

11月23日 (1) 薄昱民出席强制性产品认证综合改革培训开班式。(2) 薄昱民到中国机械研究院出席行业研讨会。

11月23日—25日 薄昱民赴合肥出席认证认可助力智能家电质量提升活动。

11月24日 (1) 刘卫军赴长沙出席认证认可党建联系点工作会议。(2) 许武何陪同支树平局长会见国投公司董事长王会生。(3) 许武何出席质检总局局务会议。

11月27日—12月1日 许武何赴天津参加质检总局学习贯彻党的十九大精神集中轮训班。

11月28日 (1) 刘卫军、许增德出席中国合格评定机构认可工作会议。(2) 许增德出席CNAS执行委员会会议。(3) 董乐群与301所研究2017年认证认可评价指标。

11月29日 (1) 刘卫军、董乐群出席第二届全国认证认可标准化技术委员会成立大会。(2) 薄昱民出席"创新引领 助力绿色生产和消费"论坛。

11月29—12月1日 薄昱民赴重庆出席认监委2017年第四季度认证认可业务工作会议。

十二月

12月1日 (1) 刘卫军约谈中安质环认证中心。(2) 刘卫军会见中检公司董事长周建安。

12月3日—7日 薄昱民赴天津参加质检总局学习贯彻党的十九大精神集中轮训班。

12月4日 (1) 刘卫军会见比利时马文克（Marc VINCK）大使一行，双方就比利时食品企业在华注册事宜进行了交流。(2) 刘卫军主持召开认监委2017年第13次党组会议，许增德、许武何、董乐群出席会议。会议听取了机关党委对总局党组印发的加强党建工作四个文件贯彻落实自查情况的汇报；会议研究了有关人事工作。(3) 董乐群出席质检系统"12·4"国家宪法日主题活动。

12月5日 刘卫军主持召开2017年认证认可政策理论研讨会，许增德、许武何、董乐群出席会议。

12月6日—7日 刘卫军赴上海与上海市人民政府沟通承办IEC大会事宜。

12月7日—9日 董乐群赴广西调研认证认可执法监管工作。

12月8日 (1) 刘卫军赴浙江出席"丽水山耕"认证应用推进会。(2) 许增德出席中国工程建设标准化协会认证工作委员会会议。

12月10日—14日 刘卫军赴天津参加质检总局学习贯彻党的十九大精神集中轮训班。

12月11日 薄昱民出席德国大众汽车公司见面会。

12月11日—13日，董乐群赴重庆出席认证认可科技创新工作研讨会并调研。

12月12日 (1) 许增德陪同支树平局长会见白俄罗农业和粮食部部长扎亚茨·列奥尼德列先生。(2) 许武何出席执守在世界之巅——老西藏精神宣讲会。(3) 许武何出席第三届中国质量奖评选表彰委员会全体会议。(4) 薄昱民会见丹麦安全技术局副局长克劳斯·哈特森·汉哈德（Claus Hattesen Hangaard）一行，双方就中丹检验检测认证认可领域相关工作进行了交流。

12月12日—13日　(1)许增德赴太原出席2017年度机械行业质检机构工作会议。(2)薄昱民赴武汉出席输沙特产品合格评定制度说明会。

12月13日　许武何出席中关村检验检测认证产业技术联盟成立大会。

12月14日—15日　薄昱民赴广州出席中国认证认可发展高层论坛。

12月14日—16日　许增德赴南宁调研检验检测助力质量提升及管理体系认证升级版工作。

12月15日　(1)刘卫军、许武何、董乐群出席质检总局传达习近平总书记关于进一步纠正"四风"的重要指示精神会议。(2)刘卫军出席国务院督查室有关会议。(3)许武何主持认监委全面从严治党"两个责任"检查组会议。

12月17日—21日　许增德赴天津参加质检总局学习贯彻党的十九大精神集中轮训班。

12月19日　(1)刘卫军主持召开认监委2017年绩效考核工作动员会。(2)董乐群出席认证认可智库对话会议。

12月20日　(1)刘卫军、许武何、董乐群、薄昱民出席总局党组(扩大)会议。(2)刘卫军出席第十五届全国HACCP应用与认证研讨会。

12月21日　(1)刘卫军出席质检总局直属机关2017年度党建工作现场述职评议会议。(2)刘卫军会见江苏省质监局副局长冯新南。(3)薄昱民出席工业产品认证工作交流与推进工作会议。

12月22日　(1)刘卫军出席认证认可协会三届二次理事会暨三届二次常务理事会。(2)刘卫军到国家电网公司商谈2019年IEC大会筹备事宜。(3)许增德出席国家资质认定(计量认证)行业评审组工作会议。

12月25日　许增德走访中国国际贸易促进委员会,并主持召开专题会议研究与中国贸促会合作事宜。

12月26日　(1)刘卫军出席认证认可国际合作会议。(2)刘卫军、薄昱民会见上海市质监局副局长朱明。(3)许武何出席质检总局督查内审司工作会议。(4)许武何率检查组对财务部进行"两个责任"检查。

12月27日　(1)刘卫军出席全国质检工作会议主报告审定专题会议。(2)刘卫军主持召开专题会议,研究有关审计事宜,许增德、许武何、薄昱民出席会议。(3)许增德出席加快推进道路货运车辆检验检测改革工作部署电视电话会议。(4)许武何出席质检总局直属系统公共机构节能工作会议。

12月24日—28日　董乐群赴天津参加质检总局学习贯彻党的十九大精神集中轮训班。

12月28日　(1)刘卫军陪同质检总局李元平副局长会见阿根廷农业部副国务秘书海苏斯·赛维伊拉。(2)刘卫军出席总局高质量发展座谈会。(3)薄昱民出席产品碳足迹标识体系建设研究项目中期评审会。(4)薄昱民与工信部商谈网络关键设备和专用产品检测认证实施机构事宜。

12月29日　(1)刘卫军对注册部进行"两个责任"检查。(2)许增德会见国投集团检验检测平台筹备组负责人惠澎。(3)薄昱民出席质检总局关于中国国际进口博览会工作情况专题会议。

2018

Yearbook of Certification and Accreditation of China

第二十二部分　统计资料

Part Twenty-two Statistics

截至2017年底，全国认证认可检验检测机构达到36797家，数量较2016年底增长9.44%；认证认可检验检测机构实现营业收入共计2632.52亿元，较上年增长13.51%；全年吸纳就业人口121.3万人，较上年增长8.69%；全员劳动生产率达到21.70万元/人。

统计数据表明，2017年我国认证认可检验检测服务业继续保持较强增长态势，从业机构数量和营业收入快速增长，科研投入显著加大，高新技术企业数量持续增加，为加强全面质量管理、推动企业产品和服务质量提升、扩大就业容量、服务经济发展做出了积极贡献。

一是"放管服"改革成效明显，认证认可检验检测市场活力不断增强，高技术服务业的行业属性日益凸显。近年来，国家认监委持续深化改革，放宽市场准入限制，扩大对民营及外资机构开放，简化认证机构审批和检验检测机构资质认定程序，加快行政许可和技术评审时效，优化检验检测认证行业发展环境，鼓励支持"大众创业，万众创新"，改革成效持续放大，在2017年度统计数据中得到进一步体现。截至2017年底，全国各类认证认可机构（含子公司）共计470家，同比增长21.45%，认证认可服务业全年实现营业收入255.05亿元，较上年增长0.39%。通过认可的认证机构271家，较上年底增长5.86%，占认证机构总数的57.78%。全国检验检测机构共计36327家，同比增长9.30%；检验检测服务业全年实现营业收入2377.47亿元，较上年增长15.13%。全国认证认可机构从业人员共计93674人，较上年增长2.96%；全国检验检测机构从业人员111.93万人，较上年增长9.21%。2017年度，全国获得"高新技术企业"认定的认证认可检验检测机构共有1444家，占总数的3.92%。在科研方面共计投入194.85亿元，研发收入比达到7.40%。其中，认证机构获得"高新技术企业"认定数量达到90家，占全国认证机构总数的19.19%，比上年增加2.87%。各认证机构新增发明专利授权129件，较上年增长74.32%，制定认证标准314项，新发布认证技术规范624项，创新能力和技术实力不断增强。检验检测机构获得"高新技术企业"认定数量达到1354家，占全国检验检测机构总数的3.73%，较上年增长35.67%。

二是认证认可检验检测供给资源保持快速增长，服务质量提升、保障产品安全方面效果明显。截至2017年底，认证机构自主研发完成的新认证项目达到了362项，服务领域进一步扩大。认证机构累计颁发各类有效认证证书175.33万张，较上年增长2.57%，涉及各类获证组织58.76万家。从认证性质看，强制性产品认证证书60.14万张，较上年增长9.47%；自愿性认证证书115.19万张，与上年基本持平。在自愿性认证中，管理体系认证证书85.49万张，较上年增长13.8%；服务认证颁发证书5067张，较上年增长145.97%；自愿性产品认证证书29.20万张，比去年有所减少。从认证类别看，服务认证起步晚，增长速度明显高于传统产品及管理体系认证，反映出服务业等新行业领域的认证需求显著增加，认证促进国民经济产业结构调整优化的作用进一步显现。2017年全国检验检测机构共有各类仪器设备575.65万台套，较上年增长9.11%，人均拥有仪器设备5.14台，平均每家机构拥有仪器设备158台。仪器设备资产原值2871.33亿元；实验室面积6484.15万平方米；拥有有效专利48455件；参与科研项目总计31882项，研发收入比达到7.98%。2017年共出具检验检测报告3.76亿份，平均每天对社会出具各类报告103万份。检验检测机构的技术实力和创新能力进一步增强，供给资源保持快速增长。

三是认证认可检验检测产业结构进一步优化，产业布局更趋合理。认证认可方面，大型机构68家，营业收入占到行业总收入的68.72%；中型机构117家，营收占比17.56%；小型机构285家，营收占比13.72%，产业集中度进一步提高。按企事业单位类别划分，企业类机构442家，增长22.44%，占机构总数的94.04%，市场化程度不断提高。检验检测方面，企业类型的机构23362家，占机构总量的64%，较上年增长11.18%；事业单位类型机构11369家，占机构总量31%，较上年下降0.96%；其他法人类型机构1596家，占机构总量不足5%。从股权结构来看，国有及国有控股机构18066家，集体控股842家，民营企业16660家，港澳台及外商投资企业257家，其他机构502家。其中，民营检验检测机构增长最快，占增长总数的79.78%。从区域分布上看，在区域经济发达、检验检测需求较大的环渤海地区、华东沿海地区以及华南沿海地区，检验检测机构数量更为集中，资源更为丰富。

依托认证认可检验检测国家统计制度，国家认监委自2016年起开展认证认可强国指标体系建设和测评工作，最新测评结果表明：我国认证认可发展水平逐年提升，特别是在制度建设、服务发展、产业实力等方面具有相对优势，国际影响提升较为明显，创新驱动和基础能力等方面有待进一步提升，整体发展水平与发达国家之间的差距逐渐缩小，目前正处于全球认证认可发展的第二阵营，仅次于主要发达国家，正在加速迈入世界认证认可强国行列。

检验检测机构数量排在前十位的省、市、自治区依次为山东省（2632家）、广东省（2610家）、江苏省（2063家）、河南省（2034家）、河北省（1901家）、浙江省（1866家）、四川省（1740家）、辽宁省（1492家）、湖南省（1374家）、湖北省（1368家）。10省、市、自治区检验检测机构数量占全国总量的52.52%。

检验检测机构数量分布表

地域	企业类	事业单位类	其他	合计
山东省	1731	811	90	2632
广东省	1709	843	58	2610
江苏省	1443	588	32	2063
河南省	1246	689	99	2034
河北省	1280	541	80	1901
浙江省	1253	507	106	1866
四川省	933	607	200	1740
辽宁省	888	516	88	1492
湖南省	838	516	20	1374
湖北省	872	468	28	1368
云南省	814	423	36	1273
江西省	701	318	131	1150
陕西省	907	219	22	1148
内蒙古	627	453	57	1137
北京	735	357	42	1134
安徽省	732	361	34	1127
黑龙江省	629	440	58	1127
广西	673	313	124	1110
福建省	679	351	60	1090
贵州省	579	329	70	978
新疆	657	246	10	913
山西省	655	215	8	878
上海市	666	180	8	854
吉林省	498	308	5	811
甘肃省	499	230	32	761
重庆市	295	204	70	569
天津市	342	164	18	524
海南省	202	56	1	259
青海省	120	45	4	169
宁夏	107	44	2	153
西藏	52	27	3	82
合计	23362	11369	1596	—

2017年各检测领域机构数量及收入表

领域	数量 / 家	收入 / 亿元	平均收入 /（万元 / 家）
机动车综检	3002	23.58	78.56
建筑材料	6388	211.00	330.31
建筑工程	6345	365.47	575.99
机动车安检	6420	91.04	141.80
农产品、林业、渔业、牧业	2083	47.16	226.41
机动车环检	5423	49.08	90.51
食品及食品接触材料	3456	147.92	428.00
消防	576	22.72	394.49
其他	4572	224.02	489.98
卫生疾控	2511	83.12	331.04
环境与环保	4221	150.22	355.89
材料测试	1080	51.49	476.76
珠宝玉石检验鉴定	211	5.48	259.65
司法鉴定	852	15.03	176.38
水质	3313	53.31	160.91
机械（包含汽车）	786	94.32	1199.96
特种设备	609	108.18	1776.29
纺织服装、棉花	495	61.11	1234.56
电子电器	591	104.54	1768.79
化工	1327	37.10	279.55
医学	390	36.62	938.91
轻工	722	57.82	800.87
产商品检验、验货	257	17.10	665.41
软件及信息化	176	24.25	1377.67
采矿、冶金	713	23.06	323.43
电力（包含核电）	298	36.15	1213.23
能源	636	32.11	504.93
计量校准	633	67.56	1067.31
生物安全	253	2.02	79.85
医疗器械	258	10.83	419.60
防雷检测	467	8.02	171.81
卫生检疫（包含保健中心）	176	7.26	412.29
药品	664	41.06	618.35
国防相关	59	5.69	965.02
动植物检疫	140	4.73	337.84
公安刑事技术	858	2.24	26.14
环境监测	1922	55.06	286.49

2017年全国检验检测机构按所在地所属省市划分表

地域	营业收入/亿元	占比（%）
广东省	345.78	14.54
上海市	216.86	9.12
江苏省	212.97	8.96
北京市	188.08	7.91
浙江省	163.40	6.87
山东省	124.03	5.22
四川省	92.92	3.91
安徽省	82.31	3.46
河南省	78.46	3.3
湖北省	77.04	3.24
天津市	64.88	2.73
湖南省	64.43	2.71
河北省	62.62	2.63
辽宁省	61.71	2.6
福建省	58.27	2.45
陕西省	57.48	2.42
重庆市	52.16	2.19
广西壮族自治区	48.09	2.02
云南省	47.72	2.01
新疆维吾尔自治区	35.53	1.49
内蒙古自治区	34.50	1.45
贵州省	32.76	1.38
甘肃省	32.71	1.38
江西省	32.65	1.37
吉林省	30.01	1.26
山西省	27.04	1.14
黑龙江省	22.67	0.95
海南省	11.69	0.49
青海省	9.28	0.39
宁夏回族自治区	6.48	0.27
西藏自治区	2.92	0.12
总计	2377.47	—

2018

Yearbook of Certification and Accreditation of China

第二十三部分 附 录

Part Twenty-three Appendixes

2017年国家认监委发布的公告（选登）

国家认监委关于进一步深化汽车强制性产品认证改革的公告

（2017年第1号）

为进一步服务供给侧结构性改革，加强汽车产品质量监管，为相关各方提供便捷、有效、科学的认证检测服务，国家认监委对汽车强制性产品认证制度（简称CCC认证）进行了调整，相关要求如下：

一、进一步利用企业检测资源，减轻企业负担

进一步在汽车相关产品领域推进生产企业检测资源的利用，在2013年发布的《生产企业检测资源及其他认证结果的利用》（CNCA-00C-004）认证通则的基础上，在符合相关法律法规和确保检验检测数据与结果一致性的前提下，采信生产企业的检验检测结果，进一步减轻企业负担，释放制度红利。

二、进一步创新认证模式，提升认证效率

为进一步提升认证效率，缩短产品进入市场周期，参照国际机动车认证管理惯例，在保证各项技术要求有效实施的前提下，在认证过程中逐步引入设计鉴定认证模式；鼓励认证机构在产品的策划设计阶段参与标准符合性评价，降低产品安全风险及技术开发成本，提升认证效率。

三、进一步简化认证流程，缩短认证时限

结合产品风险管理和企业分类管理实施，对已经取得同类产品CCC证书的汽车制造商，在同一集团内，工厂搬迁或建立新生产场地时，如企业声明符合相关法律法规规定，确保质量管理体系健全、产品符合标准及法规要求，指定认证机构可试点“先发证后审厂”，工厂检查在获证后三个月内完成。

四、调整特殊检测处理程序，纳入CCC认证管理

对《关于调整免予强制性产品认证检测处理程序的公告》（国家认监委2008年第38号公告）中有关特殊用途进口汽车、摩托车、摩托车发动机的检测处理程序的规定实施调整，将其作为单车CCC认证纳入强制性产品认证；对强制性汽车、摩托车、摩托车发动机产品认证实施规则相关内容进行调整（分别见附件1.《汽车CCC认证规则（CNCA-C11-01:2014）调整内容》；2.《摩托车CCC认证规则（CNCA-C11-02:2014）调整内容》；3.《摩托车发动机CCC认证规则（CNCA-C11-03:2014）调整内容》），并明确相关程序及监督管理要求（见附件4）；各相关出入境检验检疫局不再受理汽车、摩托车、摩托车发动机特殊检测处理程序申请，已受理的申请应在2017年6月30日前全部完成；其他产品随认证实施规则修订逐步纳入，并由我委对外发布相关公告。

五、进一步完善认证规则，促进汽车平行进口

指定认证机构在认证受理环节可适当放开对原车型或原基础车型获证的要求，将认证受理车型扩大到所有平行进口车型。对于原2014年第31号公告中要求的非量产改装车企业需在2016年12月31日前按照规则要求提供原厂授权进行换版的要求，给予一年过渡期，在2017年12月31日前取得原厂授权或通过平行进口认证，完成证书转换，逾期将予以暂停直至撤销。

六、进一步增加指定机构，营造良好市场竞争氛围

取消现有机动车产品认证地域限制，将承担汽车、摩

托车、摩托车发动机特殊检测处理程序及CCC生产现场及口岸抽样检测的技术机构全部按CCC日常指定管理要求进行（具体内容参照国家认监委2015年第34号公告及本公告附件）。进一步增加汽车产品指定认证机构(需求公告另行发布）。

七、建立统一平台，促全方位采信CCC认证结果

充分利用指定机构现有数据资源，建立和完善统一的CCC认证车辆一致性信息公共管理服务平台，进一步完善汽车CCC认证车辆一致性证书内容（具体调见附件5)，体现信息来源的统一性与权威性，加强监管信息互联互通，加强制度衔接与合作，推动CCC认证信息共享及结果采信。

八、进一步改进获证后监督，加强事中事后监管

地方认证认可监督管理部门、指定认证、检测机构要进一步落实双随机抽查要求，加大获证产品市场抽查比例，加强协同监管、精准监管、共治监管，改进专项监督的方式方法，提升认证结果的公信力及有效性。

以上要求自本公告发布之日起实施。

附件：

1. 汽车CCC认证规则（CNCA-C11-01:2014）调整内容

2. 摩托车CCC认证规则（CNCA-C11-02:2014）调整内容

3. 摩托车发动机CCC认证规则(CNCA-C11-03:2014）调整内容

4. 汽车、摩托车、摩托车发动机单车CCC认证相关程序及监督管理要求

5. 汽车CCC认证车辆一致性证书格式（略）

国家认监委

2017年1月3日

附件1：

汽车CCC认证规则（CNCA-C11-01:2014）调整内容

一、认证模式

（一）量产车企业质量保证能力和产品一致性检查按照生产一致性审查方式进行；

（二）非量产车企业在质量保证能力和产品一致性检查基础上增加生产现场或口岸现场抽样检测或者检查的方式进行。平行进口汽车①一般情况下属于非量产车。

注①：平行进口汽车是指在汽车生产厂商授权销售体系之外，由除总经销商以外的其他进口商从境外进口的汽车，与国内授权经销商渠道“平行”。平行进口汽车相比一般进口渠道并非专为我国市场定制，进入国内市场时往往需要根据国家标准进行符合性整改。

（三）单车认证：100%检验。适用于因特殊用途或因特殊原因②而未获得强制性产品认证的小批量用于生产和生活消费的进口产品。由认证机构根据国家相关政策和规定制定相应的实施细则。

注②：特殊用途或因特殊原因的适用范围为反恐安全、抢险救灾、应急指挥、体育竞技、道路试验、国家重大生产建设项目和最终用户使用(商务部门进口许可证上列明的进口目的或使用用途须为单位或个人自用)。

二、单元划分

增加：采用单车认证模式申请的产品不进行单元划分，以型号和具体车辆识别代号为单位颁发证书,一车一证。

三、型式试验项目及要求

增加：单车CCC认证检测项目

单车CCC认证检测项目

序号	项目名称		依据标准	适用范围							说明
				M1	M2	M3	N1	N2	N3	O	
1	汽车标记		GB 7258—2012的4.14.8条	√	√	√	√	√	√	√	
2	气体燃料类型标志		GB/T 17676—1999	√	√	√	√	√	√	√	
3	危险货物车辆标志		GB 13392—2005	—	—	—	√	√	√	√	
4	校车外观标识		GB 24315—2009	√	√	√	—	—	—	—	
5	VIN		GB 16735—2004	√	√	√	√	√	√	√	
6	汽车尺寸、轴荷和质量	外廓尺寸、轴荷和质量	GB 1589—2016	√	√	√	√	√	√	√	

续表

序号	项目名称		依据标准	适用范围							说明
				M1	M2	M3	N1	N2	N3	O	
6	汽车尺寸、轴荷和质量	后悬	GB 7258—2012的4.3条	√	√	√	√	√	√	√	
		核载	GB 7258—2012的4.5条	√	√	√	√	√	√	√	
		比功率	GB 7258—2012的4.6条	√	√	√	√	√	√	—	
7	侧倾稳定角		GB 7258—2012 GB 28373—2012 GB/T 14172—2009	√	√	√	√	√	√	√	
8	驾驶员前方视野		GB 11562—2014	√	—	—	—	—	—	—	
9	后视镜安装		GB 15084—2013	√	√	√	√	√	√	—	
10	风窗玻璃除霜装置		GB 11555—2009 GB/T 24552—2009	√	—	—	—	—	—	—	装置、结构、功能审查
11	风窗玻璃除雾装置		GB 11555—2009 GB/T 24552—2009	√	—	—	—	—	—	—	装置、结构、功能审查
12	洗涤器、刮水器装置		GB 15085—2013 GB 7258—2012的12.3条	√	√	√	√	√	√	—	装置、结构、功能审查
13	刮水器性能		GB 15085—2013	√	—	—	—	—	—	—	第4.1.9、4.1.11条暂不检测
14	车速表		GB 15082—2008	√	√	√	√	√	√	—	
15	喇叭装车性能		GB 15742—2001	√	√	√	√	√	√	—	
16	图形标志		GB 4094—1999 GB/T 4094.2—2005	√	√	√	√	√	√	—	
17	汽车号牌板		GB 15741—1995 GB 7258—2012的11.8.2条								
18	燃油系统及排气管		GB 7258—2012的12.5、12.6、12.13.7条	√	√	√	√	√	√	—	
19	汽车罩盖锁		GB 11568—2011	√	√	√	√	√	√	—	
20	防盗装置		GB 15740—2006	√	√	√	√	√	√	—	整车装置检查
21	行驶记录装置		GB 7258—2012的8.6.5条	—	√	√	√	√	√	—	装置检查
22	客车结构		GB 13094—2007 GB 18986—2003 GB/T 16887—2008 GB 7258—2012的11.6.7条 GB/T 19950—2005 GB 24407—2012	—	√	√	—	—	—	—	
23	道路运输爆炸品和剧毒化学品车辆安全技术条件		GB 20300—2006	—	—	—	√	√	√	√	
24	危险货物运输车辆结构要求		GB 21668—2008	—	—	—	√	√	√	√	
25	超速报警和限速功能		GB 7258—2012的10.5条	—	√	√	√	√	√	—	
26	车辆的特殊要求		GB 7258—2012的12.9～12.11条	—	√	√	√	√	√	√	
27	座椅布置和朝向		GB 7258—2012的11.6.3、11.6.4条	√	√	√	—	—	—	—	
28	门锁、门保持件安装		GB 15086—2013的3.1、3.2.1.5.3、3.2.3条	√	—	—	√	—	—	—	
29	安全带和约束系统安装		GB 14166—2013	√	√	√	√	√	√	—	
30	乘用车外部凸出物		GB 11566—2009	√	—	—	—	—	—	—	
31	商用车驾驶室外部凸出物		GB 20182—2006	—	—	—	√	√	√	—	
32	乘用车护轮板		GB 7063—2011	√	—	—	—	—	—	—	第3.2、3.7条暂不检测

续表

序号	项目名称		依据标准	适用范围							说明
				M1	M2	M3	N1	N2	N3	O	
33	商用车前下部防护装置		GB 26511—2011	—	—	—	—	√	√	—	加载后装置位移量暂不检测
34	汽车和挂车侧部防护装置		GB 11567.1—2001	—	—	—	—	√	√	√	加载后装置位移量暂不检测
35	汽车和挂车后下部防护装置		GB 11567. 2—2001	—	—	—	—	√	√	√	加载后装置位移量暂不检测
36	门窗玻璃装置		GB 7258—2012的11.5.6条	√	√	√	√	√	√	—	装置、结构审查
37	电动汽车安全要求	车载储能装置	GB/T 18384.1—2015	√	√	√	√	√	√	—	部分项目（条款4；5.1；5.2）
		功能安全和故障防护	GB/T 18384.2—2015	√	√	√	√	√	√	—	部分项目（条款4.1~4.5；6）
		人员触电保护	GB/T 18384.3—2015	√	√	√	√	√	√	—	部分项目（条款4；6.2；6.5；6.6；其中6.5条的耐压性暂不检测）
38	混合动力电动汽车安全要求		GB/T 19751—2005	√	√	√	√	—	—	—	部分项目（4.1.1~4.1.3；4.2.1~4.2.3；5）
39	燃料电池电动汽车安全要求		GB/T 24549—2009	√	√	√	√	√	√	—	第4.6.5条暂不检测
40	电动汽车 传导充电系统一般要求		GB/T 18487.1—2015	√	√	√	√	√	√	—	
41	动力蓄电池		GB/T 31484—2015 GB/T 31485—2015 GB/T 31486—2015 GB/T 18333.2—2015 GB/T 32620.1—2016	√	√	√	√	√	√	—	参数核对
42	排气污染物工况		GB 18352.3—2005/ GB 18352.5—2013 GB/T 19755—2016	√ √ √	√ √ √	—	√ √ √	—	—	—	汽油车 柴油车 混合动力
43	怠速		GB 18352.3—2005/ GB 18352.5—2013 GB/T 19755—2016 GB 18285—2005	√	√	√	√	√	√	—	总质量<3.5t车辆 总质量>3.5t车辆
44	装用压燃式发动机车辆自由加速		GB 3847—2005	√	√	√	√	√	√	—	
45	曲轴箱		GB 18352.3—2005/ GB 18352.5—2013	√	√	—	√	—	—	—	
46	发动机排气污染物		GB 17691—2005 GB 14762—2008	—	√	√	—	√	√	—	总质量>3.5t车辆，参数核对
47	含氟物质		禁止使用CFC12	√	√	√	√	√	√	—	有空调的车
48	乘用车燃料消耗量		GB/T 19233—2008 GB/T 19753—2013 GB 22757—2008	√	—	—	—	—	—	—	随排气污染物一同检测
49	轻型商用汽车燃料消耗量		GB/T 19233—2008 GB/T 19753—2013 GB 20997—2007 GB 22757—2008	—	√	—	√	—	—	—	随排气污染物一同检测
50	照明与信号装置安装		GB 4785—2007	√	√	√	√	√	√	√	几何可见度角和4.3.2.6条倾斜度暂不检测

续表

序号	项目名称		依据标准	适用范围							说明
				M1	M2	M3	N1	N2	N3	O	
51	前照灯	位置和强度	GB 7258—2012	√	√	√	√	√	√	—	
		近光光型	GB 4599—2007 GB 21259—2007 GB 25991—2010 GB/T 30036—2013	√	√	√	√	√	√	—	非原车前照灯应进行配光性能检测
52	车身反光标识		GB 23254—2009 GB 7258—2012	—	—	—	√	√	√	√	只进行安装和粘贴检测
53	车辆尾部标志板		GB 25990—2010 GB 7258—2012	—	—	—	—	√	√	√	只进行安装检测
54	汽车加速行驶车外噪声		GB 1495—2002	√	√	√	√	√	√	—	没有特殊场地要求
55	汽车定置噪声		GB/T 14365—1993	√	√	√	√	√	√	—	
56	转向装置		GB 17675—1999	√	√	√	√	√	√	—	第3.5、3.9、3.11~3.13条暂不检测
57	制动装置		GB 12676—2014 GB 21670—2008	√	√	√	√	√	√	√	只进行“O”型、“I”型、驻车制动性能检测
58	ABS装置		GB 7258—2012的7.2.11条 GB 12676—2014 GB 21670—2008 GB/T 13594—2003	√	√	√	—	√	√	√	装置、结构审查
59	专用汽车	质量参数	GB 7258—2012	—	—	—	—	√	√	√	适用于专用汽车
		上装电气系统	JB 8716—1998 JG 5099—1998	—	—	—	—	√	√	—	适用于汽车起重机、全地面起重机、高空作业车、混凝土泵车
		危险标志	GB 7258—2012 GB 15052—2010 CNCA-C11-01：2014附件1第06~03条	—	—	—	—	√	√	—	运输危险化学品的罐式车辆、运送危险货物的车辆、起重举升类、混凝土泵车
		罐体及管路	GB 18564.1—2006 QC/T 932—2012 CNCA-C11-01：2014附件1第06~04条	—	—	—	—	√	√	—	罐式汽车
		导静电装置	GB 7258—2012 JT 230—1995	—	—	—	—	√	√	—	导静电拖地带、运送易燃品的专用汽车
		消防装置检查	GB 7258—2012	—	—	—	—	√	√	—	运送易燃、易爆品的专用汽车及作业环境有特殊要求的专用汽车
		作业噪声	GB 20062—2006 GB/T 26408—2011 QC/T 718—2013 CNCA-C11-01：2014附件1第06~07条	—	—	—	—	√	√	—	适用于罐式汽车、汽车起重机、随车起重运输车、混凝土搅拌运输车、混凝土泵车
		安全防护装置	JB 8716—1998 JG 5099—1998 CNCA-C11-01：2014附件1第06~08条	—	—	—	—	√	√	—	适用于汽车起重机、全地面起重机、高空作业车、随车起重运输车、混凝土泵车、垃圾车、吸污车

续表

序号	项目名称		依据标准	适用范围							说明
				M1	M2	M3	N1	N2	N3	O	
59	专用汽车	操作系统	JB 8716—1998 JG 5099—1998 CNCA-C11-01：2014附件1第06~09条	—	—	—	—	√	√	—	适用于汽车起重机、全地面起重机、高空作业车、混凝土搅拌运输车、压缩式垃圾车
		整车稳定性	JB 8716—1998 JG 5099—1998 CNCA-C11-01：2014附件1第06~10条	—	—	—	—	√	√	—	适用于汽车起重机、全地面起重机、高空作业车、随车起重运输车、混凝土泵车、混凝土搅拌运输车、清障车
		液压系统	JB 8716—1998 JG 5099—1998 CNCA-C11-01：2014附件1第06~11条	—	—	—	—	√	√	—	适用于汽车起重机、全地面起重机、高空作业车、特种结构汽车
		吊钩	JB 8716—1998	—	—	—	—	√	√	—	适用于汽车起重机、全地面起重机
		钢丝绳	JB 8716—1998 JG 5099—1998 CNCA-C11-01：2014附件1第06~13条	—	—	—	—	√	√	—	适用于汽车起重机、全地面起重机、高空作业车随车起重运车、清障车 资料审查
		上车制动器	CNCA-C11-01：2014附件1第06~14条	—	—	—	—	√	√	—	适用于汽车起重机、全地面起重机、随车起重运输车
		起升、变幅、伸缩、回转机构	JB 8716—1998 CNCA-C11-01：2014附件1第06~15条	—	—	—	—	√	√	—	适用于汽车起重机、全地面起重机、清障车
		压力表	CNCA-C11-01：2014附件1第06~16条	—	—	—	—	√	√	—	适用于专用汽车
		结构强度	JG 5099—1998 GB/T 27996—2011 GB/T 6068—2008 QC/T 459—2014 QC/T 718—2013 CNCA-C11-01：2014附件1第06~17条	—	—	—	—	√	√	—	适用于汽车起重机、全地面起重机、随车起重运输车、清障车、高空作业车、特种结构汽车 资料审查
		上车操纵室	JB 8716~1998	—	—	—	—	√	√	—	适用于汽车起重机、全地面起重机
		上车排放	GB 20891~2007 CNCA-C11-01：2014附件1第06~19条	—	—	—	—	√	√	—	适用于安装上车发动机的专用车

附件 2:

摩托车CCC认证规则(CNCA-C11-02:2014)调整内容

一、认证模式

摩托车生产企业质量保证能力和产品一致性检查按照生产一致性审查方式进行;

单车认证:100%检验。适用于因特殊用途或因特殊原因[①]而未获得强制性产品认证的小批量用于生产和生活消费的进口产品。由认证机构根据国家相关政策和规定制定相应的实施细则。

注[①]:特殊用途或因特殊原因的适用范围为反恐安全、抢险救灾、应急指挥、体育竞技、道路试验、国家重大生产建设项目和最终用户使用(商务部门进口许可证上列明的进口目的或使用用途须为单位或个人自用)。

二、认证单元划分

增加:采用单车认证模式申请的产品不进行单元划分,以型号和具体车辆识别代号为单位颁发证书,一车一证。

三、型式试验项目及要求

增加:摩托车单车CCC认证检测项目

摩托车单车CCC认证检测项目

序号	项目名称		依据标准	适用范围					说明
				L1	L2	L3	L4	L5	
1	车辆识别代号		GB 16735—2004	√	√	√	√	√	
			GB 16737—2004						
2	车速表指示误差值		GB 7258—2012	√	√	√	√	√	
3	车辆标志		GB 7258—2012	√	√	√	√	√	考核中文、标志、内容
4	转向装置		GB 7258—2012	√	√	√	√	√	
5	前照灯光束照射位置及发光强度		GB 7258—2012	√	√	√	√	√	
6	三轮车辆整车整备质量		GB 7258—2012	—	√	—	√	√	
7	车速受限车辆的最高车速		GB 7258—2012	√	√	—	—	√	
8	转向轴轴荷比		GB 7258—2012	√	√	√	√	√	
9	乘坐人数核定		GB 7258—2012	√	√	√	√	√	不带驾驶室的三轮载货摩托车不适用
10	安全防护装置	后视镜	GB 7258—2012	√	√	√	√	√	
		前风窗玻璃刮水器	GB 7258—2012	√	√	√	√	√	适用于装有前风窗玻璃的摩托车
		燃料系统	GB 7258—2012	√	√	√	√	√	电动摩托车不适用
		发动机的排气管口	GB 7258—2012	√	√	√	√	√	电动摩托车不适用
11	摩托车外廓尺寸		GB 7258—2012	√	√	√	√	√	
12	侧倾稳定角		GB 7258—2012	—	√	—	√	√	
13	驻车性能		GB 7258—2012	√	√	√	√	√	
14	操纵件、指示器及信号装置的图形符号		GB 15365—2008	√	√	√	√	√	
15	加速行驶噪声		GB 16169—2005	√	√	√	√	√	电动摩托车不适用,不考核附录A.3
16	定置噪声		GB 4569—2005	√	√	√	√	√	
17	燃油消耗量		GB 15744—2008	—	—	—	—	—	
			GB 16486—2008	—	—	—	—	—	
	电动摩托车能量消耗率		GB /T 24157—2009	—	—	—	—	—	
18	喇叭安装性能		GB 15742—2001	—	—	√	√	√	仅考核第4.1.2条
			GB 7258—2012	√	√	√	√	√	

续表

序号	项目名称		依据标准	适用范围					说明
				L1	L2	L3	L4	L5	
19	无线电骚扰		GB 14023—2011	√	√	√	√	√	
			GB/T 18387—2008	√	√	√	√	√	仅电动摩托车适用
20	制动性能		GB 20073—2006	√	√	√	√	√	不考核附录B(对装有防抱死装置的两轮轻便摩托车和两轮摩托车的要求)
21	后视镜安装性能		GB 17352—2010	√	√	√	√	√	仅考核第5条
			GB 15084—2013	—	√	—	—	√	仅考核第6.1-6.4条
22	防盗装置		GB 17353—2014	√	√	√	√	√	不考核第5.4条
23	照明和光信号装置的安装		GB 18100.1—2010	—	—	√	—	—	
			GB 18100.2—2010	√	—	—	—	—	
			GB 18100.3—2010	—	√	—	√	√	
24	外部凸出物		GB 20074—2006	√	√	√	√	√	
25	乘员扶手		GB 20075—2006	—	—	√	√	—	装置、结构审查
26	燃油箱（指出油箱材料）		GB 19482—2004	—	—	—	—	—	单体不进行试验
27	燃油蒸发		GB 20998—2007	—	—	—	—	—	装置、结构审查，电动摩托车不适用
28	排气污染物排放	双怠速法	GB 14621—2011	√	√	√	√	√	电动摩托车不适用
		I型试验	GB 14622—2007（摩托车）GB 18176—2007（轻便摩托车）	√	√	√	√	√	电动摩托车不适用
		III型试验		√	√	√	√	√	电动摩托车不适用
		V型试验（指出耐久里程，若需选择最少试验里程，一旦不合格的试验方案）		—	—	—	—	—	
29	电驱动摩托车安全要求	安全性检查	GB 24155—2009	√	√	√	√	√	仅电动摩托车适用，进行“安全性检查”，“安全性检查”指4.1、4.2.1、4.2.2、4.2.4、4.2.5、4.3.1、4.3.2.1、4.3.2.2、4.3.2.4、4.4条要求
		防水试验		—	—	—	—	—	
		绝缘电阻		—	—	—	—	—	
		耐电压性能		—	—	—	—	—	
		驱动电机过载性		—	—	—	—	—	
		剩余电量显示		—	—	—	—	—	
30	照明和光信号装置的配光性能		GB 5948—1998	—	—	—	—	—	单体不进行试验
			GB 17510—2008	—	—	—	—	—	单体不进行试验
31	回复反射器		GB 11564—2008	—	—	—	—	—	单体不进行试验
32	后视镜性能		GB 17352—2010	—	—	—	—	—	单体不进行试验
			GB 15084—2013（带驾驶室）	—	—	—	—	—	
33	喇叭性能		GB 15742—2001	—	—	—	—	—	单体不进行试验
34	制动软管		GB 16897—2010	—	—	—	—	—	单体不进行试验
36	摩托车轮胎		GB 518—2007	—	—	—	—	—	单体不进行试验
	夹层玻璃		GB 9659—2003	—	—	—	—	—	单体不进行试验
	钢化								
	塑玻复合玻璃								
37	发动机最大扭矩和最大净功率		GB/T 20076—2006	—	—	—	—	—	单体不进行试验

附件 3:

摩托车发动机CCC认证规则(CNCA-C11-03:2014)调整内容

一、认证模式

摩托车发动机生产企业质量保证能力和产品一致性检查按照生产一致性审查方式进行;

单机认证:100%检验。适用于因特殊用途或因特殊原因[①]而未获得强制性产品认证的小批量用于生产和生活消费的进口产品。由认证机构根据国家相关政策和规定制定相应的实施细则。

注[①]:特殊用途或因特殊原因的适用范围为反恐安全、抢险救灾、应急指挥、体育竞技、道路试验、国家重大生产建设项目和最终用户使用(商务部门进口许可证上列明的进口目的或使用用途须为单位或个人自用)。

二、认证单元划分

增加:采用单机认证模式申请的产品不进行单元划分,以型号和发动机编号为单位颁发证书,一机一证。

三、型式试验项目及要求

增加:摩托车发动机单机CCC认证检测项目

摩托车发动机单机CCC认证检测项目

序号	检验项目	检验依据	适用范围					说明
			L1	L2	L3	L4	L5	
1	标记	GB 7258—2012	√	√	√	√	√	
2	起动性能	GB/T 5363—2008	√	√	√	√	√	考核中文、标志、内容
3	怠速性能	GB/T 5363—2008	√	√	√	√	√	
4	怠速污染物	GB 14621—2011	√	√	√	√	√	
5	发动机最大扭矩和最大净功率	GB/T 20076—2006	—	—	—	—	—	
注:试验针对完整发动机,包含所有保证发动机正常工作所需的空滤器、排气消声器、点火开关、起动开关、刹车开关、侧倾装置、供油控制系统、ECU以及全部线束和相关配件,必要时需要提供相关图纸								

附件 4:

汽车、摩托车、摩托车发动机单车CCC认证相关程序及监督管理要求

一、申请和受理环节相关要求

1.指定产品认证机构应规范申请人的资质,强化申请人的质量责任,加强对申请人的监管,把握好审核原则;

2.指定产品认证机构规范对可受理申请的车型认定,加强资料审核和信息化建设,明确车辆变更和送检期限的规定,确保文件资料、证书、车型的一一对应。

二、检测认证环节的相关要求

1.指定产品认证机构对各指定检测机构的试验方案及检测报告格式进行梳理和统一。

2.单车(单机)认证的指定检测机构,需在强制性产品认证指定的检测范围内,实施检测。应加强样品和检测管理, 明确可追溯性的要求。

3.对各检测机构合格判定存在差异的检测项目,由国家认监委强制性产品认证技术专家组对相关项目的合格判定尺度作出统一,各检测机构统一执行。

4.指定认证机构根据申请资料、检测及检查结果进行技术评价,评价合格的将相关信息向相关省级质量技术监督局(市场监督管理部门)或口岸直属检验检疫局备案后,颁发认证证书。

三、工作衔接及信息化要求

1.指定认证机构应建立信息化工作平台作为支撑,使企业申请、地方认证认可监督管理部门备案、检测机构检验和上传报告、审核发证逐步实现在线上运行。

2.认证机构在受理申请及证书发放等环节应与口岸直属检验检疫局,省级质量技术监督局(市场监督管理部门)做好信息传递与管理衔接,确保有效认证监管。

国家认监委关于更新强制性产品认证指定实验室名录及业务范围的公告

（2017 年第 2 号）

近为进一步便利认证委托人办理强制性产品认证，经对近期新指定强制性产品认证实验室信息进行梳理，并对部分指定实验室变更信息予以确认，现将汇总更新后的强制性产品认证指定实验室名录及业务范围予以发布。

附件：强制性产品认证指定实验室名录及业务范围

国家认监委
2017 年 1 月 3 日

附件：

强制性产品认证指定实验室名录及业务范围

序号	实验室编号	实验室名称	指定业务范围	实验室地址及联系方式	法人名称
1	00101	电子工业安全与电磁兼容检测中心/中国电子技术标准化研究院赛西实验室	CNCA-C02-01：电路开关及保护或连接用电器装置（电器附件）中的下列产品 ——电线组件、插头插座（家用和类似用途）、器具耦合器（家用和类似用途）、热熔断体、小型熔断器的管状熔断体 CNCA-C08-01：音视频设备 CNCA-C09-01：信息技术设备 CNCA-C16-01：电信终端设备中的下列产品 ——传真机、调制解调器（含卡）、固定电话终端及电话机附加装置、集团电话、ISDN终端、数据终端（含卡）、多媒体终端	北京经济技术开发区亦庄同济南路8号 联系人：胡京平 电话：010-67831963 E-mail：hujp@cesi.ac.cn	工业和信息化部电子工业标准化研究院
2	00201	国家广播电视产品质量监督检验中心（北京泰瑞特检测技术服务有限责任公司）	CNCA-C02-01：电路开关及保护或连接用电器装置（电器附件）中的下列产品 ——电线组件、插头插座（家用和类似用途）、家用和类似用途固定式电气装置的开关、器具耦合器（家用和类似用途）、热熔断体、小型熔断器的管状熔断体 CNCA-C07-01：家用和类似用途设备中的下列产品： ——电风扇、储水式电热水器、室内加热器、真空吸尘器、皮肤和毛发护理器具、电熨斗、电磁灶、电烤箱、电动食品加工器具、吸油烟机、液体加热器、电饭锅 CNCA-C08-01：音视频设备 CNCA-C09-01：信息技术设备 CNCA-C10-01：照明电器中的下列产品 ——除高强度气体放电灯用电子镇流器外的其他产品 CNCA-C16-01：电信终端设备	北京市朝阳区酒仙桥北路乙7号 联系人：吴昕 电话：010-59570588 传真：010-59570553 E-mail：wuxin@tirt.com.cn 网址：www.tirt.com.cn 邮编：100015	北京泰瑞特检测技术服务有限责任公司

续表

序号	实验室编号	实验室名称	指定业务范围	实验室地址及联系方式	法人名称
3	00301	上海市质量监督检验技术研究院	CNCA-C01-01：电线电缆中的下列产品： ——额定电压450/750 V及以下橡皮绝缘电线电缆和聚氯乙烯绝缘电线电缆（GB/T 5013.3~8、GB/T 5023.5覆盖的型号产品） CNCA-C02-01：电路开关及保护或连接用电器装置（电器附件）中的下列产品 ——电线组件、插头插座（家用和类似用途）、器具耦合器（家用和类似用途）、热熔断体、家用和类似用途固定式电气装置电器附件外壳、小型熔断器的管状熔断体 CNCA-C08-01：音视频设备 CNCA-C09-01：信息技术设备 CNCA-C16-01：电信终端设备中的下列产品 ——传真机、调制解调器（含卡）、固定电话终端及电话机附加装置、集团电话、ISDN终端、数据终端（含卡）、多媒体终端 CNCA-C21-01：装饰装修产品中的下列产品 ——溶剂型木器涂料、瓷质砖 CNCA-C22-01：童车产品 CNCA-C22-02：玩具产品 CNCA-C13-01：安全玻璃中的下列产品 ——汽车安全玻璃、建筑安全玻璃 CNCA-C07-01：家用和类似用途设备中的下列产品： ——家用电冰箱和食品冷冻箱、电风扇、空调器、家用电动洗衣机、电热水器、室内加热器、皮肤和毛发护理器具、电磁灶、电烤箱、电动食品加工器具、微波炉、电灶、灶台、烤炉和类似器具、吸油烟机、液体加热器和冷热饮水机、电饭锅	上海市闸北区万荣路918号 联系人：林钧斌 电话：021-56033415 传真：021-56033415 E-mail：linjb@sqi.org.cn 网址：www.sqi.org.cn 邮编：200072 上海市江月路900号 联系人：翟佳斌、林蔚、俞毅敏 电话：021-54336322 021-54336280 传真：021-54336146 021-54336281 E-mail：sqidz@sqi.org.cn 邮编：201114 联系人：章若红、施慧娟 电话：021-54336268 021-54336256 传真：021-54336263 021-54336256 上海市苍梧路381号/上海市江月路900号 联系人：俞毅敏 电话：021-54336280 传真：021-54336281	上海市质量监督检验技术研究院
4	00302	国家电光源质量监督检验中心（上海）	CNCA-C10-01：照明电器	上海市闵行区江月路900号 联系人：俞安琪、裘继红 电话：021-54337202 021-51097935-3182 传真：021-54337200-0539 021-54337200-0563 E-mail：yuaq@saltnet.com.cn qiujh@saltnet.com.cn 网址：www.saltnet.con.cn www.sqi.org.cn	上海市质量监督检验技术研究院
5	00303	国家灯具质量监督检验中心	CNCA-C10-01：照明电器	上海市闵行区江月路900号 联系人：陈超中、于立成 电话：021-54337201 021-51097935-3181 传真：021-54337200-0538 021-54337200-0551 E-mail：chencz@saltnet.com.cn yulc@saltnet.com.cn 网址：www.saltnet.com.cn www.sqi.org.cn	上海市质量监督检验技术研究院
6	00401	工业和信息化部电子第五研究所/中国赛宝实验室	CNCA-C01-01：电线电缆中的下列产品： ——额定电压450/750 V及以下聚氯乙烯绝缘电线电缆（GB/T 5013.3~5、JB/T 8734.2~5覆盖的型号产品） CNCA-C04-01：小功率电动机中的下列产品 ——GB 12350覆盖的小功率电动机	广东省广州市天河区东莞庄路110号 联系人：杨林 电话：020-85131105 传真：020-87236171 E-mail：lynny@ceprei.biz 网址：www.ceprei.com 邮编：510610	工业和信息化部电子第五研究所/中国赛宝实验室/中国电子产品可靠性与环境试验研究所

续表

序号	实验室编号	实验室名称	指定业务范围	实验室地址及联系方式	法人名称
6	00401	工业和信息化部电子第五研究所/中国赛宝实验室	CNCA-C01-01：电线电缆中的下列产品： ——额定电压450/750V及以下聚氯乙烯绝缘电线电缆（GB/T 5013.3~5、JB/T 8734.2~5覆盖的型号产品） CNCA-C04-01：小功率电动机中的下列产品 ——GB 12350覆盖的小功率电动机 CNCA-C02-01：电路开关及保护或连接用电器装置（电器附件）中的下列产品 ——电线组件、插头插座（家用和类似用途）、家用和类似用途固定式电气装置的开关、器具耦合器（家用和类似用途）、热熔断体、家用和类似用途固定式电器装置电器附件外壳、小型熔断器的管状熔断体 CNCA-C07-01：家用和类似用途设备 CNCA-C08-01：音视频设备 CNCA-C09-01：信息技术设备 CNCA-C16-01：电信终端设备	广东省广州市天河区东莞庄路110号 联系人：杨林 电话：020-85131105 传真：020-87236171 E-mail：lynny@ceprei.biz 网址：www.ceprei.com 邮编：510610	工业和信息化部电子第五研究所/中国赛宝实验室/中国电子产品可靠性与环境试验研究所
7	00501	威凯检测技术有限公司	CNCA-C01-01：电线电缆中的下列产品 ——额定电压450/750 V 及以下橡皮绝缘电缆和聚氯乙烯绝缘电线电缆 CNCA-C02-01：电路开关及保护或连接用电器装置（电器附件） CNCA-C04-01：小功率电动机 CNCA-C06-01：电焊机中的下列产品 ——小型交流弧焊机、交流弧焊机、直流弧焊机、TIG 弧焊机、MIG/MAG 弧焊机、埋弧焊机、等离子弧焊机、等离子弧切割机、电焊钳、焊接电缆耦合装置、电阻焊机、送丝装置 CNCA-C07-01：家用和类似用途设备 CNCA-C08-01：音视频设备 CNCA-C09-01：信息技术设备 CNCA-C10-01：照明电器 CNCA-C11-05：机动车喇叭 CNCA-C11-07：机动车外部照明及光信号装置 CNCA-C22-01：童车产品 CNCA-C22-02：玩具产品	广州市科学城开泰大道天泰一路3号 联系人：谢浩江 电话：020-32292666 传真：020-32293889 E-mail：office@cvc.org.cn 网址：www.cvc.org.cn 邮编：510663	威凯检测技术有限公司
8	00601	中家院（北京）检测认证有点公司（中国家用电器检测所）	CNCA-C01-01：电线电缆中的下列产品 ——额定电压450/750 V 及以下橡皮绝缘电缆和聚氯乙烯绝缘电线电缆（GB/T 5013.3~5、JB/T 8735.2~3、GB/T 5023.3~5、JB/T8734.2~5覆盖的型号产品） CNCA-C02-01：电路开关及保护或连接用电器装置（电器附件）中的下列产品 ——电线组件、插头插座（家用和类似用途）、家用和类似用途固定式电气装置的开关、器具耦合器（家用和类似用途）、家用和类似用途固定式电器装置电器附件外壳、小型熔断器的管状熔断体 CNCA-C04-01：小功率电动机 CNCA-C05-01：电动工具中的以下产品 ——电钻、电动砂轮机、往复锯、砂光机 CNCA-C07-01：家用和类似用途设备 CNCA-C08-01：音视频设备 ——除显像（示）管外的其他产品 CNCA-C09-01：信息技术设备 CNCA-C10-01：照明电器中的下列产品 ——除高强度气体放电灯用电子镇流器外其他产品 CNCA-C22-02：玩具产品	北京经济技术开发区博兴八路3号 联系人：潘权 电话：010-58083802 传真：010-58083806 E-mail：panq@cheari.com 网址：www.cheari.com 邮编：100176	中国家用电器研究院

续表

序号	实验室编号	实验室名称	指定业务范围	实验室地址及联系方式	法人名称
9	00701	机械工业电线电缆质量检测中心(北京)	CNCA-C01-01:电线电缆中的下列产品 ——额定电压450/750 V 及以下橡皮绝缘电缆和聚氯乙烯绝缘电线电缆(除GB/T 5023.7覆盖的型号产品) CNCA-C02-01:电路开关及保护或连接用电器装置(电器附件)中的下列产品 ——电线组件、插头插座(家用和类似用途)、器具耦合器(家用和类似用途)	北京市海淀区翠微路2号院 联系人:赵军民 电话:010-68183165 010-68222807 E-mail:zjmin0606@sina.com	机械工业北京电工技术经济研究所
10	00801	国家电线电缆质量监督检验中心	CNCA-C01-01:电线电缆 CNCA-C02-01:电路开关及保护或连接用电器装置(电器附件)中的下列产品 ——电线组件、插头插座(家用和类似用途)、器具耦合器(家用和类似用途)	上海市军工路1000号 联系人:吴长顺 电话:021-65494605 传真:021-65490171 E-mail:wcs@ticw.com.cn	上海电缆研究所
11	00901	上海电器设备检测所	CNCA-C03-01:低压成套开关设备 CNCA-C03-02:低压元器件 CNCA-C04-01:小功率电动机 CNCA-C06-01:电焊机	上海市武宁路505号 联系人:易颖、严蓓兰 电话:021-62574990-405 021-62574990-568 传真:021-62435543 021-62545249 E-mail:yy@seari.com.cn yanbl@seari.com.cn 网址:www.stiee.com 邮编:200063	上海电器设备检测所
12	01001	上海电气器具检验测试所	CNCA-C02-01:电路开关及保护或连接用电器装置(电器附件)中的下列产品 ——电线组件、插头插座、家用和类似用途固定式电气装置的开关、器具耦合器、家用和类似用途固定式电器装置电器附件外壳 CNCA-C04-01:小功率电动机 CNCA-C05-01:电动工具 CNCA-C07-01:家用和类似用途设备中的下列产品: ——电风扇、电热水器、室内加热器、真空吸尘器、皮肤和毛发护理器具、电熨斗、电磁灶、电烤箱、电动食品加工器具、吸油烟机、液体加热器和冷热饮水机、电饭锅	上海市宝庆路10号/上海市桂箐路19号 联系人:陈建秋 电话:021-64314863 传真:021-64339515 E-mail:aqiu7184@hotmail.com、 网址:www.tiet.org 邮编:200233	上海电气器具检验测试所
13	01101	国家电光源质量监督检验中心(北京)	CNCA-C10-01:照明电器	北京市朝阳区大北窑厂坡村甲3号 联系人:王方 电话:010-67708989 传真:010-67708989转1111 E-mail:wangfang@nltc.cn	国家电光源质量监督检验中心(北京)
14	01201	中国泰尔实验室	CNCA-C08-01:音视频设备 CNCA-C09-01:信息技术设备 CNCA-C16-01:电信终端设备	北京市西城区月坛南街11号/北京市海淀区花园北路52 号/北京市海淀区学院路51号首享大厦/北京市北京经济开发区康定街甲18号 联系人:孟梦、陈晖、常蕊 电话:010-68094017 010-62304633-2513 010-62304633-2500 传真:010-68011404 010-62304633-2504 E-mail:liuwei@chinattl.com	工业和信息化部电信研究院
15	01501	上海出入境检验检疫局机电产品检测技术中心	CNCA-C02-01:电路开关及保护或连接用电器装置(电器附件)中的下列产品 ——插头插座(家用和类似用途)、家用和类似用途固定式电器装置的开关 CNCA-C04-01:小功率电动机 CNCA-C05-01:电动工具	上海浦东新区民生路1208号/上海市闸北区灵石路709号44栋 联系人:徐胜、章稼新 电话:021-38620850 021-38620830 传真:021-68545620 021-68546965	上海出入境检验检疫局机电产品检测技术中心

续表

序号	实验室编号	实验室名称	指定业务范围	实验室地址及联系方式	法人名称
15	01501	上海出入境检验检疫局机电产品检测技术中心	CNCA-C07-01：家用和类似用途设备 CNCA-C10-01：照明电器中的下列产品 ——灯具、荧光灯用交流电子镇流器、荧光灯镇流器、LED模块用直流或交流电子控制装置	E-mail：xusheng@shciq.gov.cn zhangjiaxin@shciq.gov.cn 网址：smec.shciq.gov.cn 邮编：200135	上海出入境检验检疫局机电产品检测技术中心
16	01502	中国上海进出口玩具检测中心	CNCA-C22-01：童车产品中的下列产品 ——儿童三轮车、儿童推车、婴儿学步车、玩具自行车、电动童车、其他玩具车辆 CNCA-C22-02：玩具产品 CNCA-C22-01：童车产品中的下列产品 ——儿童自行车	上海浦东新区民生路1208号 上海市闸北区灵石路709号44栋 联系人：缪俊文 电话：021-38620885 E-mail：miaojunwen@shciq.gov.cn 上海市闸北区灵石路709号44栋	上海出入境检验检疫局机电产品检测技术中心
17	01601	浙江立德产品技术有限公司	CNCA-C01-01：电线电缆中的下列产品 ——额定电压450/750V 及以下橡皮绝缘电缆和聚氯乙烯绝缘电线电缆 CNCA-C02-01：电路开关及保护或连接用电器装置（电器附件）中的下列产品 ——插头插座（家用和类似用途）、家用和类似用途固定式电气装置的开关 CNCA-C04-01：小功率电动机 CNCA-C05-01：电动工具 CNCA-C07-01：家用和类似用途设备中的下列产品 ——家用电冰箱和食品冷冻箱、电风扇、空调器、家用电动洗衣机、电热水器、室内加热器、真空吸尘器、皮肤和毛发护理器具、电熨斗、电磁灶、电烤箱、电动食品加工器具、微波炉、电灶、灶台、烤炉和类似器具、吸油烟机、液体加热器和冷热饮水机、电饭锅 CNCA-C10-01：照明电器 CNCA-C22-01：童车产品 CNCA-C22-02：玩具产品中的下列产品 ——塑胶玩具类产品、娃娃玩具产品	杭州市萧山区建设三路555号 联系人：程丽玲 电话：0571-83527005 传真：0571-83527100 E-mail：cll@lead-int.com 网址：www.lead-int.com 邮编：311215	浙江立德产品技术有限公司
18	01602	浙江立德产品技术有限公司低压电器实验室	CNCA-C03-01：低压成套开关设备中的下列产品 ——配电板 CNCA-C03-02：低压元器件中的下列产品 ——低压断路器、低压开关（隔离器、隔离开关与熔断器组合电器）、低压机电式接触器和电动机起动器、机电式控制电路电器、设备用断路器、家用及类似用途的机电式接触器、MCB、（除B型RCCB）、RCBO（除B型RCBO）、PRCD、低压熔断器（限专职人员使用的熔断器）	浙江省乐清市柳市镇进港大道检验检疫大楼 联系人：吴献东 电话：0577-61728997 传真：0577-61729109 E-mail：wxd@wz.ziq.gov.cn 网址：www.lead-int.com 邮编：325604	浙江立德产品技术有限公司
19	01701	江苏出入境检验检疫局机电产品及车辆检测中心	CNCA-C04-01：小功率电动机 CNCA-C05-01：电动工具中的下列产品： —电钻、电动螺丝刀和冲击扳手、电动砂轮机、砂光机、圆锯、电锤、电剪刀、攻丝机、往复锯、电刨、电动修枝剪、电木铣和修边机、电动石材切割机 CNCA-C07-01：家用和类似用途设备中的下列产品： —家用电冰箱和食品冷冻箱、电风扇、空调器、家用电动洗衣机、电热水器、室内加热器、真空吸尘器、皮肤和毛发护理器具、电熨斗、电磁灶、电烤箱、电动食品加工器具、微波炉、电灶、灶台、烤炉和类似器具、吸油烟机、液体加热器和冷热饮水机、电饭锅 CNCA-C10-01：照明电器中的下列产品： —灯具、LED模块用直流或交流电子控制装置 CNCA-C11-04：汽车安全带 CNCA-C11-12：汽车座椅及座椅头枕 CNCA-C22-03：机动车儿童乘员用约束系统	江苏省无锡市惠山区堰新路328号 联系人：赵介军 电话：0510-88219787 传真：0510-83583539 E-mail：zhaojiejunciq@126.com 网址：www.jsmetc.com 邮编：214174 联系人：陈晓东 电话：0510-83583538 传真：0510-83583537 E-mail：xiaodong-chen@163.com	江苏出入境检验检疫局机电产品及车辆检测中心

续表

序号	实验室编号	实验室名称	指定业务范围	实验室地址及联系方式	法人名称
20	01801	江苏出入境检验检疫局工业产品检测中心化矿金属材料实验室	CNCA-C21-01：装饰装修产品中的下列产品 ——溶剂型木器涂料	江苏省南京市中华路99号 联系人：袁敏 电话：025-52345203 传真：025-52345243	江苏出入境检验检疫局工业产品检测中心
21	01901	深圳出入境检验检疫局工业品检测技术中心	CNCA-C07-01：家用和类似用途设备中的下列产品 ——家用电冰箱和食品冷冻箱、电风扇、电热水器、室内加热器、真空吸尘器、皮肤和毛发护理器具、电熨斗、电磁灶、电烤箱、电动食品加工器具、微波炉、电灶、灶台、烤炉和类似器具、吸油烟机、液体加热器和冷热饮水机、电饭锅 CNCA-C08-01：音视频设备 CNCA-C09-01：信息技术设备	广东省深圳市南山区工业八路289号 联系人：鹿文军 电话：0755-26673796 传真：0755-26673227 E-mail：13823261340@139.com 网址：www.szciq.gov.cn/gypjc 邮编：518067	深圳出入境检验检疫局工业品检测技术中心
22	02001	中认（沈阳）北方实验室有限公司	CNCA-C01-01：电线电缆中的下列产品 ——额定电压450/750 V及以下橡皮绝缘电缆和聚氯乙烯绝缘电线电缆（除JB/T 8734.5覆盖的型号产品） CNCA-C02-01：电路开关及保护或连接用电器装置（电器附件）中的下列产品 ——插头插座（家用和类似用途）、家用和类似用途固定式电器装置的开关 CNCA-C04-01：小功率电动机中的下列产品 ——GB12350覆盖的小功率电动机 CNCA-C07-01：家用和类似用途设备中的下列产品 ——电风扇、室内加热器、真空吸尘器、皮肤和毛发护理器具、电熨斗、电磁灶、电烤箱、电动食品加工器具、微波炉（限频率在300MHz以上）、电灶、灶台、烤炉和类似器具、吸油烟机、液体加热器和冷热饮水机、电饭锅 CNCA-C08-01：音视频设备 CNCA-C09-01：信息技术设备 CNCA-C10-01：照明电器中的下列产品 ——固定式通用灯具、可移式通用灯具、水族箱灯具、电源插座安装的夜灯、嵌入式灯具、地面嵌入式灯具、荧光灯镇流器、荧光灯用交流电子镇流器、LED模块用直流或交流电子控制装置	沈阳经济技术开发区二期四号街14甲-2 联系人：赵敏 电话： 024-25279212 传真： 024-25375286 E-mail：lnjjzx@163.com 网址：www.cqcnl.com 邮编：110141	中认（沈阳）北方实验室有限公司
23	02101	中检集团南方电子产品测试（深圳）有限公司	CNCA-C07-01：家用和类似用途设备中下列产品 ——家用电冰箱和食品冷冻箱、电风扇、电热水器、室内加热器、真空吸尘器、皮肤和毛发护理器具、电熨斗、电磁灶、电烤箱、电动食品加工器具、微波炉、电灶、灶台、烤炉和类似器具、吸油烟机、液体加热器和冷热饮水机、电饭锅 CNCA-C08-01：音视频设备 CNCA-C09-01：信息技术设备中的下列产品 ——除复印机外的其他产品 CNCA-C10-01：照明电器中的下列产品 ——除高强度气体放电灯用电子镇流器外的其他产品 CNCA-C16-01：电信终端设备	广东省深圳市南山区西丽街道西丽工业区石鼓东28、29栋 联系人：吴立安 电话：0755-26627966 传真：0755-26628013 E-mail：wla@ccic-set.com 网址：www.ccic-set.com 邮编：518055	中检集团南方电子产品测试（深圳）有限公司
24	02201	广东出入境检验检疫局检验检疫技术中心	CNCA-C04-01：小功率电动机中的下列产品 ——GB12350覆盖的小功率电动机 CNCA-C07-01：家用和类似用途设备中下列产品 ——家用电冰箱和食品冷冻箱、电风扇、空调器、家用电动洗衣机、电热水器、室内加热器、真空吸尘器、皮肤和毛发护理器具、电熨斗、电磁灶、电烤箱、电动食品加工器具、微波炉、电灶、灶台、烤炉和类似器具、吸油烟机、液体加热器和冷热饮水机、电饭锅	广东省广州市珠江新城花城大道66号 联系人：周娜、黄宇斌 电话：020-38290492 020-38291635 传真：020-38290490 E-mail：zhoun@iqtc.cn huangyb@iqtc.cn 网址：www.iqtc.cn 邮编：510520	广东出入境检验检疫局检验检疫技术中心

续表

序号	实验室编号	实验室名称	指定业务范围	实验室地址及联系方式	法人名称
24	02201	广东出入境检验检疫局检验检疫技术中心	CNCA-C10-01：照明电器 CNCA-C22-01：童车产品中的下列产品 ——玩具自行车、电动童车、其他玩具车辆 CNCA-C22-02：玩具产品 CNCA-C22-01：童车产品中的下列产品 ——儿童自行车、儿童三轮车、儿童推车、婴儿学步车 CNCA-C22-03：机动车儿童乘员用约束系统	联系人：何惠蝉 电话：020-38290587 传真：020-38290599 E-mail：gz0587@iqtc.cn 广东省广州市天河软件工业园建工路19号 广东省广州科学城南翔之路1号102房 联系人：黄宇斌 电话：020-38291635 传真：020-38290490 E-mail：huangyb@iqtc.cn	广东出入境检验检疫局检验检疫技术中心
25	02301	广东产品质量监督检验研究院	CNCA-C01-01：电线电缆中的下列产品 ——额定电压450/750 V及以下橡皮绝缘电缆和聚氯乙烯绝缘电缆 CNCA-C02-01：电路开关及保护或连接用电器装置（电器附件） CNCA-C04-01：小功率电动机中的下列产品 ——GB12350覆盖的小功率电动机 CNCA-C05-01：电动工具 CNCA-C07-01：家用和类似用途设备中的下列产品 ——家用电冰箱和食品冷冻箱、电风扇、空调器、家用电动洗衣机、电热水器、室内加热器、真空吸尘器、皮肤和毛发护理器具、电熨斗、电磁灶、电烤箱、电动食品加工器具、微波炉、电灶、灶台、烤炉和类似器具、吸油烟机、液体加热器和冷热饮水机、电饭锅 CNCA-C08-01：音视频设备 CNCA-C09-01：信息技术设备 CNCA-C10-01：照明电器 CNCA-C22-01：童车产品 CNCA-C22-02：玩具产品 CNCA-C03-01：低压成套开关设备 CNCA-C03-02：低压元器件中的下列产品 ——低压断路器、低压开关（隔离器、隔离开关与熔断器组合电器）、低压机电式接触器和电动机起动器、交流半导体电动机控制器、控制和保护开关电器、接近开关、自动转换开关电器、设备用断路器、家用及类似用途的机电式接触器、MCB、（除B型RCCB）、RCBO（除B型RCBO）、PRCD、剩余电流动作继电器、低压熔断器 CNCA-C21-01：装饰装修产品中的下列产品 ——溶剂型木器涂料	广东省广州市海珠区新港东路海诚东街6号 联系人：高晓东 电话：020-89232890 传真：020-89232876 E-mail：gxd@gqi.org.cn 网址：www.gqi.org.cn 邮编：510330 联系人：杨典 电话：020-89232662 传真：020-89232500	广东产品质量监督检验研究院
26	02401	浙江方圆检测集团股份有限公司	CNCA-C01-01：电线电缆中的下列产品 ——额定电压450/750 V及以下橡皮绝缘电缆和聚氯乙烯绝缘电缆 CNCA-C02-01：电路开关及保护或连接用电器装置（电器附件）中的下列产品 ——电线组件、插头插座（家用和类似用途）、家用和类似用途固定式电气装置的开关、家用和类似用途固定式电器装置电器附件外壳 CNCA-C04-01：小功率电动机 CNCA-C05-01：电动工具中的下列产品 ——电钻、电动螺丝刀和冲击板手、电动砂轮机、砂光机、圆锯、电锤、电剪刀、攻丝机、往复锯、插入式混凝土振动器、电刨、电木铣和修边机、电动石材切割机	杭州市杭州经济技术开发区下沙路300号 联系人：徐建楚 电话：0571-85128182 传真：0571-85120675 E-mail：7173862@qq.com 联系人：赵新建 电话：0571-86918250 传真：0571-86918251 E-mail：7173862@qq.com	浙江省质量检测科学研究院

续表

序号	实验室编号	实验室名称	指定业务范围	实验室地址及联系方式	法人名称
26	02401	浙江方圆检测集团股份有限公司	CNCA-C07-01: 家用和类似用途设备中的下列产品 ——家用电冰箱和食品冷冻箱、电风扇、空调器、家用电动洗衣机、电热水器、室内加热器、真空吸尘器、皮肤及毛发护理器具、电熨斗、电烤箱、电动食品加工器具、电灶、灶台、烤炉和类似器具、吸油烟机、液体加热器和冷热饮水机、电饭锅 CNCA-C10-01: 照明电器 CNCA-C21-01: 装饰装修产品 CNCA-C03-01: 低压成套开关设备 CNCA-C03-02: 低压元器件中的下列产品 ——低压断路器、低压开关(隔离器、隔离开关与熔断器组合电器)、低压机电式接触器和电动机起动器、交流半导体电动机控制器、控制和保护开关电器、接近开关、自动转换开关电器、设备用断路器、家用及类似用途的机电式接触器、MCB、(除B型RCCB)、RCBO(除B型RCBO)、PRCD、剩余电流动作继电器、低压熔断器 CNCA-C11-07: 机动车外部照明及光信号装置 CNCA-C22-02: 玩具产品 CNCA-C22-01: 童车产品	浙江省嘉兴市广穹路400号 联系人: 黄芳 电话: 0573-82099578 0573-82077118 传真: 0573-82077898 E-mail: 7173862@qq.com 联系人: 姚波 电话: 0573-82077511 0573-82077811 传真: 0573-82077822 E-mail: 7173862@qq.com 杭州市西湖区西溪路934号 联系人: 翁文祥、张杰 电话: 0571-85026381 0571-85027205 传真: 0571-85027205 E-mail: 7173862@qq.com	浙江省质量检测科学研究院
27	02501	福建省产品质量检验研究院	CNCA-C03-01: 低压成套开关设备 CNCA-C03-02: 低压元器件中的下列产品 ——低压断路器、低压开关(隔离器、隔离开关及熔断器组合电器)、低压机电式接触器和电动机低压机电式接触器和电动机起动器、机电式控制电路电器、交流半导体电动机控制器和启动器、控制和保护开关电器、接近开关、自动转换开关电器、设备用断路器、家用及类似用途机电式接触器、MCB、RCBO、RCCB、PRCD、剩余电流动作继电器、低压熔断器(除半导体设备保护用容断体) CNCA-C21-01: 装饰装修产品中的下列产品 ——溶剂型木器涂料、瓷质砖 CNCA-C01-01: 电线电缆 CNCA-C02-01: 电路开关及保护或连接用电器装置(电器附件)中的下列产品 ——插头插座(家用和类似用途)、家用和类似用途固定式电气装置的开关 CNCA-C04-01: 小功率电动机 CNCA-C08-01: 音视频设备 CNCA-C09-01: 信息技术设备 CNCA-C10-01: 照明电器 CNCA-C22-01: 童车产品 CNCA-C22-02: 玩具产品	福建省福州市鼓楼区杨桥西路山头角121号 联系人: 林彤 电话: 0591-83774485 传真: 0591-83710867 E-mail: lintong12350@163.com 网址: www.fcii.net 邮编: 350002 福建省福州市马尾经济开发区快安延伸区创新路101号	福建省产品质量检验研究院
28	02601	成都产品质量监督检验研究院有限责任公司	CNCA-C01-01: 电线电缆中的下列产品 ——额定电压450/750 V 及以下橡皮绝缘电缆和聚氯乙烯绝缘电线电缆(除GB/T 5023.5中覆盖的60227 IEC 41(RTPVR)型号产品) CNCA-C02-01: 电路开关及保护或连接用电器装置(电器附件)中的下列产品 ——插头插座(家用和类似用途)、家用和类似用途固定式电器装置电器附件外壳 CNCA-C10-01: 照明电器中的下列产品 ——除高强度气体放电灯用电子镇流器外的其他产品 CNCA-C21-01: 装饰装修产品中的下列产品 ——溶剂型木器涂料 CNCA-C21-01: 装饰装修产品中的下列产品 ——瓷质砖 CNCA-C03-01: 低压成套开关设备	四川省成都市龙泉驿经开区兴茂街16号 联系人: 李建、王燕、杨春尧(后两位的联系方式仅在第一条中列出,后面不赘述) 电话: 028-65099193 028-65099056 028-65099016 E-mail: 13709038998@163.com 2665176568@qq.com ycy2000@sina.com 网址: www.cqi.org	四川省产品质量监督检验检测院

续表

序号	实验室编号	实验室名称	指定业务范围	实验室地址及联系方式	法人名称
28	02601	成都产品质量监督检验研究院有限责任公司	CNCA-C07-01：家用和类似用途设备中的下列产品 ——储水式电热水器、室内加热器、液体加热器和冷热饮水机、电风扇	联系人：张亚斌、王燕、杨春尧 电话：028-84844711 E-mail：zyb1340@126.com 联系人：谭诗珂、王燕、杨春尧 电话：028-65099251 E-mail：16451961@qq.com 联系人：赵华堂、王燕、杨春尧 电话：028-65099241 E-mail：13709038998@163.com 成都市温江区新南路425号 联系人：艾劼、王燕、杨春尧 电话：028-82767925 E-mail：scaijie@qq.com 四川省成都市龙泉驿兴茂街16号 成都市西航港经济开发区腾飞2路355号 联系人：张亚斌、王燕、杨春尧	四川省产品质量监督检验检测院
29	02801	深圳市计量质量检测研究院	CNCA-C01-01：电线电缆中的下列产品 ——额定电压450/750 V及以下橡皮绝缘电缆和聚氯乙烯绝缘电线电缆（除RX系列产品） CNCA-C02-01：电路开关及保护或连接用电器装置（电器附件）中的下列产品 ——插头插座（家用和类似用途）、家用和类似用途固定式电气装置的开关 CNCA-C07-01：家用和类似用途设备中的下列产品 ——电风扇、电热水器、室内加热器、真空吸尘器、皮肤和毛发护理器具、电熨斗、电磁灶、电烤箱、电动食品加工器具、微波炉、电灶、灶台、烤炉和类似器具、液体加热器和冷热饮水机、吸油烟机、电饭锅 CNCA-C08-01：音视频设备 CNCA-C09-01：信息技术设备 CNCA-C16-01：电信终端设备 CNCA-C22-01：童车产品 CNCA-C22-02：玩具产品	深圳市南山区龙珠大道中段计量质检院大楼 联系人：骆红（联系方式只在第一条列出） 电话：0755-26941627 0755-86009836 E-mail：sonry01@yahoo.com.cn tech@smq.com.cn 网址：www.smq.com.cn 邮编：518055 深圳市南山区西丽街道办同发路4号国家数字电子产品质量监督检验中心大楼 联系人：曹卫东、骆红 电话：0755-86009898-31286 传真：0755-86009898-31299 E-mail：caowd@smq.com.cn 联系人：林兰芬、骆红 电话：0755-86009898-31266 传真：0755-86009898-31299 E-mail：linzinancy@126.com 联系人：林斌、骆红 电话：0755-86009898-31353 传真：0755-86009898-31396 E-mail：linb@smq.com.cn 深圳市宝安区民治街道办民治大道民康路 联系人：柯灯明、杨志鹏 电话：0755-27528486 0755-27528421 传真：0755-27528417 E-mail：smqty@126.com	深圳市计量质量检测研究院
30	02901	大连市产品质量监督检验所	CNCA-C01-01：电线电缆中的下列产品 ——额定电压450/750V及以下橡皮绝缘电缆和聚氯乙烯绝缘电线电缆（除GB/T 5013.8覆盖的型	辽宁省大连市甘井子区革镇堡新水泥路150号 联系人：郑顺利	大连市产品质量监督检验所

续表

序号	实验室编号	实验室名称	指定业务范围	实验室地址及联系方式	法人名称
30	02901	大连市产品质量监督检验所	号产品、GB/T 5023.6覆盖的60227IEC 71c（TVV）型号产品） CNCA-C03-01：低压成套开关设备 CNCA-C03-02：低压元器件中的下列产品 ——低压断路器、低压开关（隔离器、隔离开关及熔断器组合电器）、低压机电式接触器和电动机起动器、机电式控制电路电器、交流半导体电动机控制器和起动器、MCB CNCA-C21-01：装饰装修产品中的下列产品 ——混凝土防冻剂	电话：0411-84603949 传真：0411-84603289 E-mail：13840814566@139.com 辽宁省大连市沙河口区万岁街68-2号	大连市产品质量监督检验所
31	03001	山东省计量科学研究院	CNCA-C07-01：家用和类似用途设备中的下列产品 ——家用电冰箱和食品冷冻箱、空调器、电风扇、家用电动洗衣机、电热水器、室内加热器、真空吸尘器、皮肤和毛发护理器具、电熨斗、电磁灶、电烤箱、电动食品加工器具、微波炉、电灶、灶台、烤炉和类似器具、吸油烟机、液体加热器和冷热饮水机、电饭锅	济南市千佛山东路28号 联系人：许宏雷、咸美玲、吕惠政 电话：0531-88728911 传真：0531-88728911 0531-82603694 E-mail：mailxhl@sohu.com xianmeiling1985@163.com lvhuizheng@yeah.net 网址：www.sdim.cn	山东省计量科学研究院
32	03101	山东省产品质量检验研究院	CNCA-C01-01：电线电缆中的下列产品 ——额定450/750 V及以下橡皮绝缘电缆和聚氯乙烯绝缘电线电缆（除GB/T 5013.8覆盖的型号产品） CNCA-C03-01：低压成套开关设备 CNCA-C03-02：低压元器件中的下列产品 ——低压断路器、低压开关（隔离器、隔离开关及熔断器组合电器）、低压机电式接触器和电动机低压机电式接触器和电动机起动器、机电式控制电路电器、交流半导体电动机控制器和启动器、控制和保护开关电器、接近开关、自动转换开关电器、设备用断路器、家用及类似用途机电式接触器、MCB、SMCB、RCBO（除B型RCBO）、RCCB（除B型RCCB）、PRCD、SRCD、剩余电流动作继电器、低压熔断器 CNCA-C04-01：小功率电动机 CNCA-C06-01：电焊机中的下列产品 ——小型交流弧焊机、交流弧焊机、直流弧焊机、TIG 弧焊机、MIG/MAG弧焊机、埋弧焊机、等离子弧焊机、等离子弧切割机 CNCA-C07-01：家用和类似用途设备中的下列产品 ——家用电冰箱和食品冷冻箱、电风扇、家用电动洗衣机、电热水器、室内加热器、真空吸尘器、电磁灶、电烤箱、电动食品加工器具、微波炉、吸油烟机、液体加热器和冷热饮水机、电饭锅	山东省济南市经十东路31000号 联系人：王锋 电话：0531-88013226 传真：0531-89701996 E-mail：wfzj0531@sina.com 网址：www.sdqi.com.cn 邮编：250102	山东省产品质量检验研究院（山东省低压电器产品质量检验站、山东省产品质量认证咨询服务中心）
33	03201	国家办公设备及耗材质量监督检验中心	CNCA-C09-01：信息技术设备中的下列产品 ——多用途打印复印机、复印机（除静电复印机）	天津市红桥区昌图道7号 联系人：邝亚明 电话：022-26650880 传真：022-26650880 E-mail：k-yaming57@163.com	机械工业办公自动化设备检验所
34	03301	北京尊冠科技有限公司	CNCA-C09-01：信息技术设备	北京北四环中路211号 联系人：符荣梅 电话：010-89055897 传真：010-98055885 E-mail：nctcfrm@163.com 网址：www.nctc.org.cn 邮编：100083	北京尊冠科技有限公司
35	03401	湖南电器检测所	CNCA-C03-01：低压成套开关设备中的下列产品 ——成套电力开关和控制设备、母线干线系统	湖南省长沙市新中路4号 联系人：薛正山	湖南电器检测所

续表

序号	实验室编号	实验室名称	指定业务范围	实验室地址及联系方式	法人名称
35	03401	湖南电器检测所	（母线槽）、配电板、低压成套无功功率补偿装置 CNCA-C03-02：低压元器件中的下列产品 ——低压断路器、低压开关（隔离器、隔离开关及熔断器组合电器）、低压机电式接触器和电动机起动器、机电式控制电路电器、自动转换开关电器、设备用断路器、家用及类似用途机电式接触器、MCB、SMCB、RCBO（除B型RCBO）、RCCB（除B型RCCB）、PRCD、SRCD、剩余电流动作继电器、低压熔断器	电话：0731-85414370 传真：0731-85412094 E-mail：xue1964@163.com 网址：www.hnetc.com 邮编：410009	湖南电器检测所
36	03501	电力工业电气设备质量检验测试中心	CNCA-C03-01：低压成套开关设备中的下列产品 ——成套电力开关和控制设备、母线干线系统（母线槽）、配电板、低压成套无功功率补偿装置	湖北省武汉市洪山区珞瑜路143号 电话：027-59835861 13971036925 E-mail：Lxj0411013@163.com	中国电力科学研究院
37	03601	苏州电器科研究院股份有限公司	CNCA-C03-01：低压成套开关设备 CNCA-C03-02：低压元器件 CNCA-C08-01：音视频设备中的下列产品 ——除像（示）管外的其他产品 CNCA-C09-01：信息技术设备 CNCA-C10-01：照明电器中的下列产品 ——固定式通用灯具、嵌入式灯具、可移式通用灯具、水族箱灯具、电源插座安装的夜灯、地面嵌入式灯具、荧光灯镇流器、荧光灯用交流电子镇流器、放电灯（荧光灯除外）用镇流器、高强度气体放电灯用镇流器	苏州新区滨河路永和街7号 联系人：厉丽华 电话：0512-68252753 0512-68081686 E-mail：eservice@eeti.cn 网址：www.eeti.cn 邮编：215104 苏州市吴中区越溪前珠路5号	苏州电器科学研究院股份有限公司
38	03701	浙江科正电子信息产品检验有限公司（国家电子计算机外部设备质量监督检验中心）	CNCA-C08-01：音视频设备 CNCA-C09-01：信息技术设备 CNCA-C16-01：电信终端设备中的下列产品 ——传真机、调制解调器（含卡）、固定电话终端及电话机附加装置、集团电话、ISDN终端、数据终端（含卡）、多媒体终端	浙江省杭州市马塍路36号 联系人：蔡方明 电话：0571-88366802 0571-88828284 13605707612 传真：0571-88366821 E-mail：cfm@chinacptc.net 网址：www.ksign.cn 邮编：310012	浙江科正电子信息产品检验有限公司
39	03801	国家橡胶轮胎质量监督检验中心	CNCA-C12-01：机动车辆轮胎	北京市海淀区阜石路甲19号 联系人：李红伟 电话：010-51338174 15311229956	北京橡胶工业研究设计院
40	03901	化学工业力车胎质量监督检验中心	CNCA-C12-01：机动车辆轮胎	广东省广州市工业大道中270号 联系人：谢四海 电话：020-84351770 传真：020-84128611	广州橡胶工业制品研究所有限公司
41	04001	青岛市产品质量监督检验研究院（国家电子电器安全质量监督检验中心）	CNCA-C01-01：电线电缆中的下列产品 ——额定电压450/750V 及以下橡皮绝缘电缆和聚氯乙烯绝缘电线电缆［除GB/T 5013.5覆盖的型号产品、GB/T 5013.8覆盖的型号产品、GB/T 5023.6覆盖的60227 IEC 71c（TVV）型号产品、GB/T 5023.7覆盖的60227 IEC 74（RVVYP）型号产品］ CNCA-C03-01：低压成套开关设备 CNCA-C03-02：低压元器件中的下列产品 ——低压开关（隔离器、隔离开关、熔断器组合电器）、低压机电式接触器和电动机起动器、MCB	青岛市崂山区科苑纬四路77号 联系人：贾洪亮、赵岩 电话：0532-68069114 0532-68069106 传真：0532-68069114 0532-68069102 E-mail：diyadq@126.com qdzjs@public.qd.sd.cn 青岛市崂山区深圳路173号 联系人：贾洪亮 电话：0532-88918006 传真：0532-88918006 E-mail：diyadq@126.com	青岛市产品质量监督检验研究院

续表

序号	实验室编号	实验室名称	指定业务范围	实验室地址及联系方式	法人名称
42	04002	青岛市产品质量监督检验研究院（国家轮胎及橡胶制品质量监督检验中心）	CNCA-C12-02：机动车辆轮胎	青岛市崂山区科苑纬四路77号 青岛市黄岛区凤凰山路2552号 联系人：孙光明 电话：0532-68069157 传真：0532-68069156 E-mail：sgm5904@163.com	青岛市产品质量监督检验研究院
43	04101	国家安全玻璃及石英玻璃质量监督检验中心/国家建筑材料测试中心	CNCA-C13-01：安全玻璃 CNCA-C21-01：装饰装修产品	北京市朝阳区管庄东里1号 联系人：韩松 电话：010-51167345 传真：010-65711591 联系人：刘元新 电话：010-51167655 传真：010-65764684	中国建材检验认证集团股份有限公司
44	04201	国家玻璃质量监督检验中心	CNCA-C13-01：安全玻璃中的下列产品 ——汽车安全玻璃、建筑安全玻璃	河北省秦皇岛河北大街西段91号 联系人：李勇 电话：0335-5911589 13603238229	中国建材检验认证集团秦皇岛有限公司
45	04301	国家植保机械质量监督检验中心	CNCA-C14-01：农机产品中的下列产品 ——植物保护机械	江苏省南京市中山门外柳营100号 联系人：陈小兵 电话：025-84431331 传真：025-84346068	农业部南京农业机械化研究所
46	04401	国家农机具质量监督检验中心	CNCA-C14-01：农机产品中的下列产品 ——植物保护机械	北京市朝阳区德胜门外北沙滩一号 联系人：陈戈 电话：010-64882637 传真：010-64873702	中国农业机械化科学研究院
47	04501	国家安全防范报警系统产品质量监督检验中心（北京）	CNCA-C19-01：防盗报警产品 CNCA-C19-02：安防实体防护产品	北京市首都体育馆南路1号 联系人：刘琳 电话：010-68773379 传真：010-68773387	公安部第一研究所
48	04601	国家安全防范报警系统产品质量监督检验中心（上海）	CNCA-C11-14：汽车行驶记录仪 CNCA-C19-01：防盗报警产品 CNCA-C19-02：安防实体防护产品	上海市岳阳路76号 联系人：陆曙蓉 电话：13901864918 传真：021-64335838	公安部第三研究所
49	04701	长春汽车检测中心［国家汽车质量监督检验中心（长春）］	CNCA-C11-01：汽车 CNCA-C11-04：汽车安全带 CNCA-C11-05：机动车喇叭 CNCA-C11-06：机动车制动软管 CNCA-C11-07：机动车外部照明及光信号装置中的下列产品 ——机动车回复反射器、汽车外部照明及光信号装置 CNCA-C11-08：机动车辆间接视野装置中的下列产品 ——汽车后视镜 CNCA-C11-09：汽车内饰件 CNCA-C11-10：汽车门锁及门保持件 CNCA-C11-11：汽车燃油箱 CNCA-C11-12：汽车座椅及汽车头枕 CNCA-C11-13：车身反光标识 CNCA-C22-03：机动车儿童成员用约束系统	吉林省长春市创业大街1063号 联系人：周锋、范纯云 电话：0431-85788311 0431-85788317 传真：0431-85788310 E-mail：catc_jc@163.com fanchunyun@163.com 邮编：130011	长春汽车检测中心

续表

序号	实验室编号	实验室名称	指定业务范围	实验室地址及联系方式	法人名称
50	04801	襄阳达安汽车检测中心［国家汽车质量监督检验中心（襄阳）］	CNCA-C11-01：汽车 CNCA-C11-04：汽车安全带 CNCA-C11-05：机动车喇叭 CNCA-C11-06：机动车制动软管 CNCA-C11-07：机动车外部照明及光信号装置中的下列产品 ——机动车回复反射器、汽车外部照明及光信号装置 CNCA-C11-08：机动车辆间接视野装置中的下列产品 ——汽车后视镜 CNCA-C11-09：汽车内饰件 CNCA-C11-10：汽车门锁及门保持件 CNCA-C11-11：汽车燃油箱 CNCA-C11-12：汽车座椅及座椅头枕 CNCA-C22-03：机动车儿童乘员用约束系统	湖北省襄阳市高新区汽车试验场 联系人：韩鹏、李学强 电话：0710-3994020 0710-3994019 E-mail：hanpeng@nast.com.cn lxq@nast.com.cn 网址：www.nast.com.cn 邮编：441004	襄阳达安汽车检测中心
51	04901	天津汽车检测中心（国家轿车质量监督检验中心）	CNCA-C11-01：汽车 CNCA-C11-04：汽车安全带 CNCA-C11-05：机动车喇叭 CNCA-C11-06：机动车制动软管 CNCA-C11-07：机动车外部照明及光信号装置CNCA-C11-08：机动车辆间接视野装置 CNCA-C11-09：汽车内饰件 CNCA-C11-10：汽车门锁及门保持件 CNCA-C11-11：汽车燃油箱 CNCA-C11-12：汽车座椅及座椅头枕 CNCA-C11-13：车身反光标识 CNCA-C12-01：机动车辆轮胎 CNCA-C22-03：机动车儿童乘员用约束系统	天津市东丽区先锋东路68号 联系人：颜燕 电话：022-84379680 传真：022-24375350 网址：www.tatc.com.cn 邮编：300300	天津汽车检测中心
52	05001	重庆中交机动车检测中心（国家客车质量监督检验中心）	CNCA-C11-01：汽车 CNCA-C11-04：汽车安全带 CNCA-C11-05：机动车喇叭 CNCA-C11-06：机动车制动软管 CNCA-C11-07：机动车外部照明及光信号装置中的下列产品 ——机动车回复反射器、汽车外部照明及光信号装置 CNCA-C11-08：机动车辆间接视野装置中的下列产品 ——汽车后视镜 CNCA-C11-09：汽车内饰件 CNCA-C11-10：汽车门锁及门保持件 CNCA-C11-11：汽车燃油箱 CNCA-C11-12：汽车座椅及座椅头枕 CNCA-C22-03：机动车儿童乘员用约束系统	重庆市北部新区汇星路1号 联系人：谭龙、曹飞 电话：023-86305436 023-86305435 传真：023-86305440 E-mail：tanlong@cmhk.com caofei@cmhk.com 网址：www.cqvtri.com 邮编：401122	重庆中交机动车检测中心
53	05101	中国汽车工程研究院股份有限公司检测中心［国家机动车质量监督检验中心（重庆）］	CNCA-C11-01：汽车 CNCA-C11-04：汽车安全带 CNCA-C11-05：机动车喇叭 CNCA-C11-06：机动车制动软管 CNCA-C11-07：机动车外部照明及光信号装置 CNCA-C11-08：机动车辆间接视野装置 CNCA-C11-09：汽车内饰件 CNCA-C11-10：汽车门锁及门保持件 CNCA-C11-11：汽车燃油箱 CNCA-C11-12：汽车座椅及座椅头枕 CNCA-C11-13：车身反光标识 CNCA-C12-01：机动车辆轮胎中的下列产品 ——轿车轮胎、载重汽车轮胎 CNCA-C22-03：机动车儿童乘员用约束系统	重庆市北部新区金渝大道9号 联系人：傅勇 电话：023-68677860 传真：023-68966987 E-mail：fuyongcq@vip.sina.com 网址：www.cmvic.com 邮编：401122	中国汽车工程研究院股份有限公司

续表

序号	实验室编号	实验室名称	指定业务范围	实验室地址及联系方式	法人名称
54	05201	机械科学研究总院工程机械军用改装车试验场（国家工程机械质量监督检验中心）	CNCA-C11-01：汽车中的下列产品 ——专用、特种车辆、N类、O类汽车 CNCA-C11-05：机动车喇叭 CNCA-C11-06：机动车制动软管 CNCA-C11-07：机动车外部照明及光信号装置中的下列产品 ——机动车回复反射、汽车外部照明及光信号装置 CNCA-C11-08：机动车辆间接视野装置中的下列产品 ——汽车后视镜 CNCA-C11-09：汽车内饰件 CNCA-C11-11：汽车燃油箱 CNCA-C11-12：汽车座椅及座椅头枕（客车座椅除外）	北京市延庆县东外大街55号 联系人：陆明 电话：010-69101140 传真：010-69101904 E-mail：luryue@126.com 网址：www.syc.org.cn 邮编：102100	机械科学研究总院
55	05301	天津摩托车质量监督检验所［国家摩托车质量监督检验中心（天津）］	CNCA-C11-02：摩托车 CNCA-C11-03：摩托车发动机 CNCA-C11-05：机动车喇叭 CNCA-C11-06：机动车制动软管中的下列产品 ——液压制动软管 CNCA-C11-07：机动车外部照明及光信号装置中的下列产品 ——机动车回复反射器、摩托车外部照明及光信号装置 CNCA-C11-08：机动车辆间接视野装置 CNCA-C11-11：汽车燃油箱	天津市南开区卫津路92 号天津大学内 联系人：贺文杰 电话：022-27892002 传真：022-27407628 E-mail：tmtchwj@tju.edu.cn 网址：www.cnmtctj.com 邮编：300072	天津摩托车质量监督检验所
56	05401	中国兵器装备集团摩托车检测技术研究所（国家摩托车质量监督检验中心）	CNCA-C10-01：照明电器中的下列产品 ——固定式通用灯具、嵌入式灯具、LED模块用直流或交流电子控制装置 CNCA-C11-02：摩托车 CNCA-C11-03：摩托车发动机 CNCA-C11-05：机动车喇叭 CNCA-C11-07：机动车外部照明及光信号装置 CNCA-C11-08：机动车辆间接视野装置中的下列产品 ——摩托车后视镜	陕西省西安市灞桥区米秦路6号 联系人：李宝基 电话：029-86795288-8401 传真：029-86795296 E-mail：libaoji@cnmtc.com.cn 网址：www.cnmtc.com.cn 邮编：710032	中国兵器装备集团摩托车检测技术研究所
57	05501	南昌摩托车质量监督检验所	CNCA-C11-02：摩托车 CNCA-C11-03：摩托车发动机 CNCA-C11-05：机动车喇叭 CNCA-C11-07：机动车外部照明及光信号装置中的下列产品 ——机动车回复反射器、摩托车外部照明及光信号装置 CNCA-C11-08：机动车辆间接视野装置中的下列产品 ——摩托车后视镜	江西省南昌市新溪桥 联系人：陈建发 电话：0791-88469387 传真：0791-88430119	南昌摩托车质量监督检验所
58	05601	上海机动车检测中心［国家机动车产品质量监督检验中心（上海）］	CNCA-C11-01：汽车 CNCA-C11-02：摩托车 CNCA-C11-03：摩托车发动机 CNCA-C11-04：汽车安全带 CNCA-C11-05：机动车喇叭 CNCA-C11-06：机动车制动软管 CNCA-C11-07：机动车外部照明及光信号装置 CNCA-C11-08：机动车辆间接视野装置 CNCA-C11-09：汽车内饰件 CNCA-C11-10：汽车门锁及门保持件 CNCA-C11-11：汽车燃油箱 CNCA-C11-12：汽车座椅及座椅头枕 CNCA-C22-03：机动车儿童乘员用约束系统	上海市嘉定区安亭镇于田南路68号 联系人：张舒 电话：021-69502137 传真：021-69502111 E-mail：shuz@smvic.com.cn 网址：www.smvic.com.cn 邮编：201805	上海机动车检测中心

续表

序号	实验室编号	实验室名称	指定业务范围	实验室地址及联系方式	法人名称
59	05701	国家消防装备质量监督检验中心	CNCA-C11-01/A1：汽车（消防车） CNCA-C18-03：灭火设备产品中的下列产品 ——喷水灭火产品（感温元件、管道及连接件、减压阀、加速器、末端试水装置、预作用装置、自动跟踪定位射流灭火装置、细水雾灭火装置）、泡沫灭火设备产品（厨房设备灭火装置、泡沫喷雾灭火装置）、干粉灭火设备产品、气体灭火设备产品、灭火剂（A 类泡沫灭火剂、六氟丙烷（HFC236fa）灭火剂）、灭火器、消防水带、消防给水设备产品、阻火抑爆产品 CNCA-C18-04：消防装备产品	上海市闵行区莘庄西环路391号 联系人：沈坚敏 电话：021-54959910 传真：021-54959909 E-mail：shenjianmin@xfjyzx.com 网址：www. xfjyzx.com 邮编：201199	公安部上海消防研究所
60	05801	国家消防电子产品质量监督检验中心	CNCA-C18-01：火灾报警产品	辽宁省沈阳市皇姑区文大路218-20号甲 联系人：张德成 电话：024-31535833 传真：024-31535850 E-mail：zhangdecheng@efire.cn 网址：www.efire.cn 邮编：110034	公安部沈阳消防研究所
61	05901	国家固定灭火系统和耐火构件质量监督检验中心	CNCA-C18-01：火灾报警产品中的下列产品 ——线型感温火灾探测器、家用火灾报警产品、城市消防远程监控产品、可燃气体报警产品、消防应急照明和疏散指示产品、消防安全标志、火警受理设备、119 火灾报警装置、消防车辆动态管理装置 CNCA-C18-02：火灾防护产品 CNCA-C18-03：灭火设备产品中的下列产品 CNCA-C18-03：灭火设备产品中的下列产品 ——喷水灭火产品、泡沫灭火设备产品、干粉灭火设备产品、气体灭火设备产品、灭火剂、灭火器、消防水带（消防吸水胶管）、消防给水设备产品、阻火抑爆产品 CNCA-C18-04：消防装备产品中的下列产品 ——消防员个人防护装备、消防摩托车、抢险救援产品、逃生产品、自救呼吸器	天津市西青区津涞公路富兴路2号 联系人：杨震铭 电话：022-58387855 传真：022-58387855 E-mail：yangzhenming@tfri.com.cn 网址：www.cncf.com.cn 邮编：300382	公安部天津消防研究所
62	06001	合肥通用机电产品检测院有限公司	CNCA-C04-01：小功率电动机中的下列产品 ——GB12350覆盖的小功率电动机 CNCA-C07-01：家用和类似用途设备中的下列产品 ——家用电冰箱和食品冷冻箱、电风扇、空调器、电动机-压缩机、家用电动洗衣机、电热水器、电熨斗、电灶、灶台、烤炉和类似器具、液体加热器和冷热饮水机、电饭锅	安徽省合肥市长江西路888号 联系人：曲本连、李道平 电话：0551-65335599 0551-65335670 传真：0551-65325105 E-mail：ldp009@163.com 网址：www.gmpicn.com 邮编：230031	合肥通用机电产品检测院有限公司
63	06101	辽宁省产品质量监督检验院（辽宁省建筑材料监督检验院）/国家电线电缆质量监督检验中心（辽宁）	CNCA-C01-01：电线电缆中的下列产品 ——额定电压450/750V 及以下橡皮绝缘电缆和聚氯乙烯绝缘电线电缆 CNCA-C03-01：低压成套开关设备中的下列产品 ——配电板 CNCA-C21-01：装饰装修产品中的下列产品 ——瓷质砖、混凝土防冻剂	辽宁省沈阳市经济技术开发区沈西三东路2甲3号 联系人：秦猛、赵琳琳 电话：024-86610662 024-23921295 传真：024-89308317 沈阳市皇姑区崇山东路61号 联系人：闫飞、秦猛 电话：024-86610662 024-23892841 传真：024-86610662	辽宁省产品质量监督检验院（辽宁省建筑材料监督检验院）

续表

序号	实验室编号	实验室名称	指定业务范围	实验室地址及联系方式	法人名称
64	06201	沈阳产品质量监督检验院	CNCA-C01-01：电线电缆中的下列产品 ——额定电压450/750 V 及以下橡皮绝缘电线电缆和聚氯乙烯绝缘电线电缆（除GB/T 5013.8覆盖的型号产品、GB/T 5023.5覆盖的60227 IEC41(RTPVR)型号产品、GB/T 5023.7 覆盖的60227IEC74（RVVYP）型号产品） CNCA-C21-01：装饰装修产品中的下列产品 ——溶剂型木器涂料	沈阳市铁西区滑翔路26号 联系人：丁婉婷 电话：024-25893230 传真：024-25893230 E-mail：delia8292@163.com	沈阳产品质量监督检验院
65	06202	国家军用橡胶制品质量监督检验中心/沈阳产品质量监督检验院	CNCA-C12-01：机动车辆轮胎	沈阳经济技术开发区细河四北街6号 联系人：富海涛 电话：13504988250 传真：024-25890601 E-mail：f312003@126.com 网址：www.syzjy.com	沈阳产品质量监督检验院
66	06301	天津天传电控设备检测有限公司	CNCA-C03-01：低压成套开关设备 CNCA-C03-02：低压元器件中的下列产品 ——低压断路器、低压开关（隔离器、隔离开关、熔断器组合开关）、低压机电式接触器和电动机起动器、交流半导体电动机控制器和起动器、控制和保护开关电器、自动转换开关电器、设备用断路器、家用及类似用途的机电式接触器、MCB、RCCB（除B型RCCB）、RCBO（除B型RCBO）、剩余电流动作继电器	天津市东丽开发区一经路信通路6号 联系人：王春武 电话：022-24981806 传真：022-84376022 E-mail：wangchunwu@tried.com.cn 网址：www.ccdt-tj.com 邮编：300300	天津天传电控设备检测有限公司
67	06401	甘肃电器科学研究院	CNCA-C03-01：低压成套开关设备 CNCA-C03-02：低压元器件中的下列产品 ——低压断路器、低压开关（隔离器、隔离开关、熔断器组合开关）、低压机电式接触器和电动机起动器、机电式控制电路电器、交流半导体电动机控制器和起动器、控制和保护开关电器、接近开关、自动转换开关电器、设备用断路器、家用及类似用途的机电式接触器、MCB、RCCB（除B型RCCB）、RCBO（除B型RCBO）、PRCD、剩余电流动作继电器、低压熔断器	甘肃省天水市秦州区长开路6-6号 联系人：胡新明 电话：0938-8381214 传真：0938-8381214 E-mail：neic01@163.com 网址：www.tsccs.com.cn 邮编：741018	甘肃电器科学研究院
68	06501	重庆电气产品检测中心	CNCA-C03-01：低压成套开关设备中的下列产品 ——成套电力开关和控制设备、母线干线系统（母线槽）、配电板、低压成套无功功率补偿装置 CNCA-C03-02：低压元器件中的下列产品 ——低压断路器、低压开关（隔离器、隔离开关及熔断器组合电器）、低压机电式接触器和起动器、机电式控制电路电器、自动转换开关电器	重庆市渝中区红岩村99号 联系人：廖家秋 电话：023-63301736 传真：023-63318968 E-mail：liaojiaqiu@163.com	重庆电气产品检测中心
69	06601	遵义市产品质量检验检测院	CNCA-C03-01：低压成套开关设备 CNCA-C03-02：低压元器件中下列产品 ——低压断路器、低压开关（隔离器、隔离开关及熔断器组合电器）、机电式接触器和电动机起动器、机电式控制电路电器、控制和保护开关电器（限交流产品）、自动转换开关电器、MCB	遵义市上海路126号 联系人：张宗琴 电话：0852-8624009 传真：0852-8622627 E-mail：czyjs@czyjs.sina.net 网址：www.gzzyjc.cn 邮编：563002	遵义市产品质量检验检测院
70	06701	机械工业低压防爆电器产品质量监督检测中心	CNCA-C03-01：低压成套开关设备中的下列产品 ——成套电力开关和控制设备、母线干线系统（母线槽）、配电板、建筑工地用成套设备、低压成套无功功率补偿装置 CNCA-C03-02：低压元器件中的下列产品 ——低压断路器、低压开关（隔离器、隔离开关及熔断器组合电器）、低压机电式接触器和起动器、机电式控制电路电器、控制和保护开关电器、自动转换开关电器、低压熔断器	沈阳市于洪区巢湖街10号 联系人：田杰 电话：024-85831461 传真：024-25313368 E-mail：sytianjie@sina.cn 网址：www.fbdqhy.com 邮编：110141	沈阳电气传动研究所（有限公司）

续表

序号	实验室编号	实验室名称	指定业务范围	实验室地址及联系方式	法人名称
71	06801	浙江省机电产品质量检测所	CNCA-C03-01：低压成套开关设备中的下列产品 ——成套电力开关和控制设备、母线干线系统（母线槽）、配电板、低压成套无功功率补偿装置 CNCA-C03-02：低压元器件中的下列产品 ——低压断路器、低压开关（隔离器、隔离开关及熔断器组合电器）、低压机电式接触器和电动机起动器、机电式控制电路电器、交流半导体电动机控制器和启动器、控制和保护开关电器、自动转换开关电器、设备用断路器、家用及类似用途机电式接触器、MCB（限交流产品）、SMCB、RCCB、RCBO、PRCD、SRCD、剩余电流动作继电器 CNCA-C06-01：电焊机中的下列产品 ——小型交流弧焊机、交流弧焊机、直流弧焊机、TIG 弧焊机、MIG/MAG弧焊机、等离子弧焊机、等离子弧切割机、电阻焊机 CNCA-C06-01：小功率电动机 CNCA-C05-01：电动工具中的下列产品： ——电钻、电动螺丝刀和冲击板手、电动砂轮机、砂光机、圆锯、电锤、电剪刀、攻丝机、往复锯、电刨、电动修枝剪、电木铣和修边机、电动石材切割机	浙江省杭州市滨江区庙后王路125号 联系人：杜量 电话：0571-88023690 传真：0571-88281776 E-mail：liangd298@163.com 网址：www.ztme.com 邮编：310051 浙江省临安市青山湖创业街道28号 联系人：何朝辉 电话：0571-61132002 传真：0571-61132009 浙江省杭州市滨江区庙后王路125号/浙江省临安市青山湖创业街道28号 联系人：何朝辉	浙江省机电产品质量检测所
72	06901	北京中认检测技术服务有限公司	CNCA-C07-01：家用和类似用途设备中的下列产品 ——电风扇、电热水器、室内加热器、真空吸尘器、皮肤及毛发护理器具、电熨斗、电磁灶、电烤箱、电动食品加工器具、微波炉、吸油烟机、液体加热器和冷热饮水机、电饭锅 CNCA-C08-01：音视频设备 CNCA-C09-01：信息技术设备 CNCA-C16-01：电信终端设备	北京经济技术开发区荣华中路16号 联系人：何鹏颖 电话：010-67888592 传真：010-67863835 E-mail：hey@bjciq.gov.cn 网址：www.cqc-ts.com 邮编：100176	北京中认检测技术服务有限公司
73	07001	福建出入境检验检疫局检验检疫技术中心	CNCA-C02-01：电路开关及保护或连接用电器装置（电器附件）中的下列产品 ——插头插座（家用和类似用途）、家用和类似用途固定式电气装置的开关、器具耦合器（家用和类似用途） CNCA-C04-01：小功率电动机	福建省福州市湖东路312号国检广场 联系人：梁鸣 电话：0591-87065505 E-mail：1052948629@qq.com	福建出入境检验检疫局检验检疫技术中心
74	07101	厦门出入境检验检疫局检验检疫技术中心	CNCA-C07-01：家用和类似用途设备中的下列产品 ——电风扇、真空吸尘器、电熨斗、电烤箱、电动食品加工器具、电灶、灶台、烤炉和类似器具、液体加热器和冷热饮水机、电饭锅	福建省厦门市集美区杏南路37号 联系人：魏彧展 电话：0592-6228596 传真：0592-6228591 E-mail：weiyz@xmciq.gov.cn 网址：www.xmciqtech.gov.cn 邮编：361012	厦门出入境检验检疫局检验检疫技术中心
75	07201	武汉产品质量监督检验所［国家电线电缆产品质量监督检验中心(武汉)］	CNCA-C01-01：电线电缆中的下列产品 ——额定电压450/750 V 及以下橡皮绝缘电缆和聚氯乙烯绝缘电线电缆（除GB 5013.4覆盖的227 IEC 51（RX）型号产品、GB/T 5023.5覆盖的60227 IEC 41（RTPVR）型号产品、GB/T 5023.7覆盖的60227IEC 74(RVVYP) 型号产品）	湖北省东西湖区金银湖东二路5号 联系人：王煜红 电话：027-68853759 传真：027-5795691 E-mail：zbs@whzj.org.cn	武汉产品质量监督检验所
76	07301	陕西省产品质量监督检验研究院	CNCA-C01-01：电线电缆中的下列产品 ——额定电压450/750 V 及以下橡皮绝缘电缆和聚氯乙烯绝缘电线电缆（除RX系列产品、GB/T 5013.8覆盖的型号产品、GB/T 5023.6覆盖的60227 IEC 71c（TVV）型号产品、GB/T 5023.7覆盖的60227 IEC74（RVVYP）型号产品）	西安市咸宁西路30号 联系人：王兵部 电话：029-62653939 E-mail：jssbk@163a.com	陕西省产品质量监督检验研究院

续表

序号	实验室编号	实验室名称	指定业务范围	实验室地址及联系方式	法人名称
77	07401	国家特种电缆产品质量监督检验中心	CNCA-C01-01：电线电缆中的下列产品 ——额定电压450/750 V 及以下橡皮绝缘电缆和聚氯乙烯绝缘电线电缆（除GB 5013.4覆盖的227 IEC 51（RX）型号、GB/T 5013.7覆盖的型号产品、GB/T 5023.6 覆盖的60227 IEC 71c（TVV）型号产品）	河北省宁晋县新兴路103号 联系人：韩光 电话：0311-67568575 传真：0311-67568575 E-mail：Hg1963@sina.com	河北省产品质量监督检验院
78	07501	吉林省产品质量监督检验院	CNCA-C01-01：电线电缆中的下列产品 ——额定电压450/750 V 及以下橡皮绝缘电缆和聚氯乙烯绝缘电线电缆（除GB/T 5013.7覆盖的型号产品、GB/T 5013.8覆盖的型号产品、GB/T 5023.6覆盖的60227 IEC 71c（TVV）型号产品）	吉林省长春市南关区东南湖大路1088号 电话：0431-85237231 E-mail：liuzhigang5818@163.com	吉林省产品质量监督检验院
79	07601	天津市产品质量监督检测技术研究院	CNCA-C01-01：电线电缆中的下列产品 ——额定电压450/750 V 及以下橡皮绝缘电缆和聚氯乙烯绝缘电线电缆 CNCA-C07-01：家用和类似用途设备中下列产品 ——液体加热器 CNCA-C10-01：照明电器中的下列产品 ——固定式通用灯具、嵌入式灯具、可移式通用灯具、儿童用可移式灯具 CNCA-C21-01：装饰装修产品中的下列产品 ——溶剂型木器涂料	天津市华苑产业区开华道26号 联系人：刘萍 电话：022-23078930 传真：022-23078631 E-mail：Zhiliang8638@163.com	天津市产品质量监督检测技术研究院
80	07701	湖南省产商品质量监督检验研究院	CNCA-C01-01：电线电缆中的下列产品 ——额定电压450/750 V 及以下橡皮绝缘电缆和聚氯乙烯绝缘电线电缆（除RX系列产品、GB/T 5013.5覆盖的型号产品、GB/T 5013.7覆盖的型号产品、GB/T 5013.8 覆盖的型号产品、GB/T 5023.5 覆盖的60227 IEC 41(RTPVR)型号产品、GB/T 5023.6覆盖的型号产品、GB/T 5023.7覆盖的型号产品） CNCA-C02-01：电路开关及保护或连接用电器装置（电器附件）中的下列产品 ——插头插座（家用和类似用途）、家用和类似用途固定式电气装置的开关	湖南省长沙市雨花区新建西路189号 联系人：刘平、唐玲 电话：0731-85350641 0731-85535825 传真：0731-85557071 E-mail：1085651960@qq.com	湖南省产商品质量监督检验研究院
81	07801	河南省产品质量监督检验院	CNCA-C01-01：电线电缆中的下列产品 ——额定电压450/750 V 及以下橡皮绝缘电缆和聚氯乙烯绝缘电线电缆［除GB/T 5013.4覆盖的227 IEC51（RX）型号产品、GB/T 5023.5覆盖的60227 IEC 41（RTPVR）型号产品、GB/T 5023.7覆盖的60227IEC 74（RVVYP）型号产品］	郑州市东明路北17号 联系人：王勇 电话：0371-55015003 传真：0371-63318907 E-mail：wywyx111@163.com 网址：www.zz315.com 邮编：450004	河南省产品质量监督检验院
82	07901	江苏省产品质量监督检验研究院	CNCA-C01-01：电线电缆 CNCA-C02-01：电路开关及保护或连接用电器装置（电器附件）中的下列产品 ——插头插座（家用和类似用途）、家用和类似用途固定式电气装置的开关、家用和类似用途固定式电器装置电器附件外壳 CNCA-C05-01：电动工具 CNCA-C07-01：家用和类似用途设备中的下列产品 ——家用电冰箱和食品冷冻箱、电风扇、空调器、家用电动洗衣机、电热水器、室内加热器、真空吸尘器、皮肤及毛发护理器具、电熨斗、电磁灶、电烤箱、电动食品加工器具、微波炉、电灶、灶台、烤炉和类似器具、吸油烟机、液体加热器和冷热饮水机、电饭锅	宜兴市新街街道绿园路500号 电话：0510-80713755 0510-80713702 E-mail：jszjgyp@163.com 江苏省南京市光华东街5号 联系人：水利民 电话：025-84470228 传真：025-84470203 E-mail：13515121212@yeah.net 网址：www.jszj.net.cn 邮编：210007	江苏省产品质量监督检验研究院
83	08001	无锡市产品质量监督检验中心/国家轻型电动车及电池产品质量监督检验中心	CNCA-C06-01：电焊机中的下列产品 ——小型交流弧焊机、交流弧焊机、直流弧焊机、TIG 弧焊机、MIG/MAG弧焊机、埋弧焊机 CNCA-C11-02：摩托车中的下列产品 ——电动摩托车	无锡市东亭春新东路8号 联系人：龚皓 电话：0510-88208722 18961779015 传真：0510-88204261 E-mail：gonghao@wxzjs.com	无锡市产品质量监督检验中心

续表

序号	实验室编号	实验室名称	指定业务范围	实验室地址及联系方式	法人名称
84	08101	北京市产品质量监督检验院	CNCA-C01-01：电线电缆中的下列产品 ——额定450/750 V 及以下橡皮绝缘电缆和聚氯乙烯绝缘电线电缆（除GB/T 5013.5覆盖的型号产品、GB/T 5013.7覆盖的型号产品、GB/T 5013.8覆盖的型号产品、GB/T 5023.5覆盖的60227 IEC 41（RTPVR）型号产品、GB/T 5023.6 覆盖的型号产品、GB/T 5023.7覆盖的型号产品）	北京市顺义区顺兴路9号 联系人：高凡 电话：010-57520908 传真：010-57520904 E-mail：zjs@bqi.gov.cn	北京市产品质量监督检验院
85	08102	北京市产品质量监督检验院汽车检测中心［国家汽车质量监督检验中心（北京顺义）］	CNCA-C11-07：机动车外部照明及光信号装置中的下列产品 ——汽车外部照明及光信号装置 CNCA-C11-08：机动车辆间接视野装置中的下列产品 ——汽车后视镜 CNCA-C11-09：汽车内饰件 CNCA-C11-13：车身反光标识	北京市顺义区顺兴路9号 联系人：杨林 电话：010-57521163 传真：010-57521186 E-mail：batc_zlb_yl@126.com 邮编：101300	北京市产品质量监督检验院
86	08201	重庆市电子电器商品质量监督检验站	CNCA-C01-01：电线电缆中的下列产品 ——额定电压450/750 V及以下聚氯乙烯绝缘电线电缆 CNCA-C02-01：电路开关及保护或连接用电器装置（电器附件）中的下列产品 ——插头插座（家用和类似用途）、家用和类似用途固定式电气装置的开关 CNCA-C04-01：小功率电动机 CNCA-C07-01：家用和类似用途设备	重庆市渝中区嘉滨路151号 联系人：张文、陈琴 电话：023-63724062 023-63841535 传真：023-63521360 E-mail：zw.6806@163.com 505957720@qq.com 网址：www.cccccq.org 邮编：400010	重庆仕益产品质量检测有限责任公司
87	08301	宁波市产品质量监督检验研究院	CNCA-C02-01：电路开关及保护或连接用电器装置（电器附件）中的下列产品 ——家用和类似用途固定式电气装置的开关 CNCA-C04-01：小功率电动机中的下列产品 ——GB12350覆盖的小功率电动机 CNCA-C07-01：家用和类似用途设备中的下列产品 ——家用电冰箱和食品冷冻箱、电风扇、电热水器、室内加热器、皮肤和毛发护理器具、电熨斗、电烤箱、电动食品加工器具、电灶、灶台、烤炉和类似器具、吸油烟机、液加热器和冷热饮水机、电饭锅 CNCA-C10-01：照明电器中的下列产品 ——固定式通用灯具、可移式通用灯具、嵌入式灯具、电源插座安装的夜灯、地面嵌入式灯具、荧光灯镇流器、放电灯（荧光灯除外）用镇流器、荧光灯用交流电子镇流器	浙江省宁波市慈溪市兴检路99号 联系人：鲍俊 电话：0574-55126601 传真：0574-87889216 E-mail：nbdq@nbzjy.gov.cn 网址：www. nbzjy.gov.cn 邮编：315048	宁波市产品质量监督检验研究院
88	08401	温州市质量技术监督检测院	CNCA-C02-01：电路开关及保护或连接用电器装置（电器附件）中的下列产品 ——插头插座（家用和类似用途）、家用和类似用途固定式电气装置的开关	浙江省温州市滨海园区滨海12路758号 联系人：方温至 电话：0577-86909112 传真：0577-86909110 E-mail：fangwz_1202@163.com	温州市质量技术监督检测院
89	08501	东北电力电器产品质量检测站	CNCA-C03-01：低压成套开关设备中的下列产品 ——成套电力开关和控制设备	辽宁省沈阳市沈北新区虎石台镇南 联系人：田勇 电话：13514254322 传真：024-89874900 E-mail：13514254322@126.com	东北电力科学研究院有限公司
90	08601	山东出入境检验检疫局检验检疫技术中心	CNCA-C04-01：小功率电动机	青岛市瞿塘峡路70号 联系人：王会永 电话：0532-80885537	山东出入境检验检疫局检验检疫技术中心

续表

序号	实验室编号	实验室名称	指定业务范围	实验室地址及联系方式	法人名称
91	08701	江苏省电子信息产品质量监督检验研究院	CNCA-C08-01：音视频设备 CNCA-C09-01：信息技术设备 CNCA-C16-01：电信终端设备	江苏省无锡市金水路100号 联系人：杨东岩、秦峰 电话：0510-85110601 0510-85105775 传真：0510-85104572 0510-85110601 E-mail：hs@jnlab.com qf@jnlab.org 网址：www.jnab.org 邮编：214073	江苏省电子信息产品质量监督检验研究院
92	08801	杭州市质量技术监督检测院	CNCA-C01-01：电线电缆中的下列产品 ——额定电压450/750V 及以下聚氯乙烯绝缘电线电缆［除GB/T5023.5覆盖的60227 IEC 41（RTPVR）型号产品、GB/T 5023.7覆盖的60227 IEC 74（RVVYP）型号产品、GB/T 5023.6 覆盖的60227 IEC71c（TVV）型号产品］	浙江省杭州市九环路50号 联系人：王达 电话：0571-81995099 传真：0571-81994918 E-mail：12810830@qq.com 网址：www.hzzjy.net 邮编：310019	杭州市质量技术监督检测院
93	08901	安徽省产品质量监督检验研究院	CNCA-C01-01：电线电缆中的下列产品 ——额定电压450/750V 及以下橡皮绝缘和聚氯乙烯绝缘电缆（除GB/T 5013.8 覆盖的型号产品、GB/T 5023.6 覆盖的60227 IEC71c（TVV）型号产品） CNCA-C04-01：小功率电动机中的下列产品 ——GB12350覆盖的小功率电动机 CNCA-C07-01：家用和类似用途设备 CNCA-C11-09：汽车内饰件 CNCA-C11-06：机动车制动软管	安徽省合肥市包河工业园区延安路13号 联系人：宣萍、金爱咏 电话：0551-63356289 0551-63356315 传真：0551-63356286 E-mail：jay3700@163.com 网址：www.ahzjy.org.cn 邮编：230051	安徽省产品质量监督检验研究院
94	09001	重庆市机动车质量监督检验中心［国家摩托车质量监督检验中心（重庆）］	CNCA-C11-02：摩托车 CNCA-C11-03：摩托车发动机 CNCA-C11-05：机动车喇叭 CNCA-C11-07：机动车外部照明及光信号装置中的下列产品 ——机动车回复反射器、摩托车外部照明及光信号装置 CNCA-C11-08：机动车辆间接视野装置中的下列产品 ——摩托车后视镜	重庆市北部新区汇星路1号 联系人：谭龙、杨建中 电话：023-86305436 023-86305412 传真：023-86305440 E-mail：tanlong@cmhk.com yangjianzhong@cmhk.com	重庆市机动车质量监督检验中心
95	09101	国家无线电监测中心检测中心	CNCA-C08-01：音视频设备 CNCA-C09-01：信息技术设备 CNCA-C16-01：电信终端设备	北京市石景山区实兴大街30 号院15栋/北京市大兴区北藏村赵家场 联系人：王文俭 电话：13910628226 传真：010-57996388 E-mail：wangwenjian@srtc.org.cn 网址：www.srtc.org.cn 邮编：100041	国家无线电监测中心检测中心
96	09201	国家涂料质量监督检验中心	CNCA-C21-01：装饰装修产品中的下列产品 ——溶剂型木器涂料	江苏省常州市龙江中路22号 联系人：刘琳、周文沛 电话：0519-83295116 0519-83971609 传真：0519-83299560 0519-83971609	中海油常州涂料化工研究院
97	09301	国家化学建筑材料测试中心（材料测试部）	CNCA-C21-01：装饰装修产品中的下列产品 ——溶剂型木器涂料	北京市朝阳区北三环东路14号 联系人：杨勇、者东梅 电话：010-59202465 010-59202733 传真：010-84290301	中国石油化工股份有限公司北京化工研究院

续表

序号	实验室编号	实验室名称	指定业务范围	实验室地址及联系方式	法人名称
98	09401	广州合成材料研究院有限公司/化学工业合成材料老化质量监督检验中心	CNCA–C21–01：装饰装修产品中的下列产品 ——溶剂型木器涂料	广东省广州市天河区棠下车陂西路396号 联系人：谢宇芳 电话：020–32373200 传真：020–32373159	广州合成材料研究院有限公司
99	09501	广州质量监督检测研究院	CNCA–C07–01：家用和类似用途设备中的下列产品 ——家用电冰箱和食品冷冻箱、电风扇、空调器、家用电动洗衣机、电热水器、室内加热器、真空吸尘器、皮肤及毛发护理器具、电熨斗、电磁灶、电烤箱、电动食品加工器具、微波炉、电灶、灶台、烤炉和类似器具、吸油烟机、液体加热器和冷热饮水机、电饭锅 CNCA–C22–02：玩具产品中的下列产品 ——金属玩具类产品 CNCA–C21–01：装饰装修产品	广州市番禺区石楼潮田工业区珠江路1–2号 联系人：朱丽萍 电话：020–83179030 传真：020–83390780 E–mail：zb@qmark.com.cn 网址：www.qmark.com.cn 邮编：511447 广州市黄埔东路3598号 邮编：510110	广州质量监督检测研究院
100	09601	国家建筑卫生陶瓷质量监督检验中心	CNCA–C21–01：装饰装修产品中的下列产品 ——瓷质砖	陕西省咸阳市秦都区渭阳西路35号 联系人：张卫星 电话：029–38136072 传真：029–33575203	中国建材检验认证集团（陕西）有限公司
101	09701	佛山市质量计量监督检测中心	CNCA–C04–01：小功率电动机中的下列产品 ——GB12350覆盖的小功率电动机 CNCA–C07–01：家用和类似用途设备中的下列产品 ——家用电冰箱和食品冷冻箱、电风扇、空调器、家用电动洗衣机、电热水器、室内加热器、真空吸尘器、皮肤和毛发护理器具、电熨斗、电磁灶、电烤箱、电动食品加工器具、微波炉、电灶、灶台、烤炉和类似器具、吸油烟机、液体加热器和冷热饮水机、电饭锅 CNCA–C21–01：装饰装修产品中的下列产品 ——溶剂型木器涂料、瓷质砖 CNCA–C11–12：汽车座椅及座椅头枕 CNCA–C11–10：汽车门锁及门保持件 CNCA–C11–06：机动车制动软管 CNCA–C11–08：机动车辆间接视野装置中的下列产品 ——汽车后视镜 CNCA–C11–09：汽车内饰件 CNCA–C11–11：汽车燃油箱	广东省佛山市南海区佛山一环科技路口 联系人：陈敏玲、张兆芝 电话：0757–88735142 0757–88735599 传真：0757–88735555–22 E–mail：zzz8398@163.com 网址：www.fszjzx.com 邮编：528225 广东省佛山市禅城区季华西路罗格工业园科汇路2号 联系人：肖文建 电话：0757–88036998	佛山市质量计量监督检测中心
102	09801	国家轻工业装饰材料陶瓷质量监督检测广州站	CNCA–C21–01：装饰装修产品中的下列产品 ——瓷质砖	广州市天河区黄埔大道东742 号AEC世贸建材广场丰田夹层三楼 联系人：陈丽娜 电话：020–82574248 传真：020–82563102	国家轻工业装饰材料陶瓷质量监督检测广州站
103	09901	济南汽车检测中心（国家重型汽车质量监督检验中心）	CNCA–C11–01：汽车中的下列产品 ——N、O类汽车 CNCA–C11–05：机动车喇叭 CNCA–C11–06：机动车制动软管 CNCA–C11–09：汽车内饰件 CNCA–C11–10：汽车门锁及门保持件 CNCA–C11–11：汽车燃油箱	山东省济南市英雄山路165号 联系人：孙利 电话：0531–85586162 传真：0531–85586176	济南汽车检测中心

续表

序号	实验室编号	实验室名称	指定业务范围	实验室地址及联系方式	法人名称
104	10001	新疆维吾尔自治区产品质量监督检验研究院	CNCA-C01-01：电线电缆中的下列产品 ——额定电压450/750V 及以下聚氯乙烯绝缘电线电缆（除GB/T5023.6覆盖的型号产品、GB/T 5023.7覆盖的型号产品） CNCA-C03-01：低压成套开关设备中的下列产品 ——配电板 CNCA-C21-01：装饰装修产品中的下列产品 ——溶剂型木器涂料	新疆乌鲁木齐市河北东路188号 联系人：张辽生、王爱冬 电话：0991-3191170 0991-3191160 传真：0991-3191171 0991-3191161 E-mail：wad1117@163.com zhangliaosheng.1@163.com	新疆维吾尔自治区产品质量监督检验研究院
105	10101	湖北省电力公司电力科学研究院	CNCA-C03-01：低压成套开关设备中的下列产品 ——成套电力开关和控制设备、母线干线系统（母线槽）、配电板、低压成套无功功率补偿装置	湖北省武汉市徐东大街227号 电话：027-88566011 E-mail：yusy63@163.com	湖北省电力公司电力科学研究院
106	10201	宁波出入境检验检疫局检验检疫技术中心/宁波中盛产品检测公司	CNCA-C07-01：家用和类似用途设备中的下列产品 ——电风扇、电热水器、室内加热器、皮肤和毛发护理器具、电熨斗、电磁灶、电烤箱、电动食品加工器具、微波炉、吸油烟机、液体加热器和冷热饮水机、电饭锅	浙江省宁波市出口加工区珠峰路5-9/浙江省宁波市慈溪市兴检路99号/余姚市城东新区双河路余姚市科创中心2号楼 联系人：陈晓东 电话：0574-87169360 传真：0574-87169070 E-mail：chenxd@nbciq.gov.cn 网址：www.nbciqtc.com 邮编：315800	宁波中盛产品检测公司
107	10301	江西省产品质量监督检测院	CNCA-C01-01：电线电缆中的下列产品 ——额定电压450/750 V 及以下聚氯乙烯绝缘电线电缆［除GB/T 5023.5覆盖的60227 IEC 41（RTPVR）型号产品、GB/T 5023.7覆盖的60227 IEC 74（RVVYP）型号产品、GB/T 5023.6覆盖的60227 IEC71c（TVV）型号产品］	江西省南昌市江大南路9号 联系人：胡晓云 电话：0791-88331420 E-mail：hxy666@163.com	江西省产品质量监督检测院
108	10501	山西省产品质量监督检验研究院	CNCA-C21-01：装饰装修产品中的下列产品 ——溶剂型木器涂料	山西省太原市长治路106号 联系人：郭学桃、杨志军 电话：0351-7244331 0351-7235332 传真：0351-7243704 E-mail：sxzj@vip.sina.com	山西省产品质量监督检验研究院
109	10601	湖北省产品质量监督检验研究院	CNCA-C21-01：装饰装修产品中的下列产品 ——溶剂型木器涂料	武汉市武昌区公平路6号 联系人：姚鹏 电话：027-88219972	湖北省产品质量监督检验研究院
110	10701	重庆市计量质量检测研究院	CNCA-C01-01：电线电缆中的下列产品 ——额定电压450/750 V及以下橡皮绝缘电线电缆和聚氯乙烯绝缘电线电缆（GB/T 5013.3~6、JB/T 8735.2、GB/T 5023.3~5、GB/T 5023.7、JB/T 8734.2~5覆盖的型号产品） CNCA-C08-01：音视频设备 CNCA-C09-01：信息技术设备 CNCA-C13-01：安全玻璃中的下列产品 ——建筑安全玻璃 CNCA-C21-01：装饰装修产品	重庆市渝北区杨柳北路1号 联系人：李立 电话：023-89232097 传真：023-67951136 E-mail：lili@cqjz.com.cn 网址：www.cqjz.com.cn 邮编：401123	重庆市计量质量检测研究院
111	10801	江西出入境检验检疫局景德镇陶瓷检测中心	CNCA-C21-01：装饰装修产品中的下列产品 ——瓷质砖	江西省景德镇市瓷都大道910号 联系人：袁文瓒 电话：0798-8330253	景德镇出入境检验检疫局
112	10901	江苏大学车辆产品实验室	CNCA-C11-05：机动车喇叭 CNCA-C11-07：机动车外部照明及光信号装置 CNCA-C11-08：机动车辆间接视野装置 CNCA-C11-09：汽车内饰件 CNCA-C11-07：机动车外部照明及光信号装置	江苏省镇江市学府路301号 联系人：陆勇 电话：0511-88791797 传真：0511-88780220 江苏省常州市新北区孟河镇小河富平路19-1号	江苏大学

续表

序号	实验室编号	实验室名称	指定业务范围	实验室地址及联系方式	法人名称
113	11001	北京中汽寰宇机动车检验中心有限公司	CNCA-C11-07：机动车外部照明及光信号装置 CNCA-C11-09：汽车内饰件 CNCA-C11-04：汽车安全带 CNCA-C11-08：机动车辆间接视野装置中的下列产品 ——汽车后视镜 CNCA-C11-10：汽车门锁及门保持件 CNCA-C11-06：机动车制动软管	北京市大兴区北臧村镇天荣街32号 联系人：杨新影 电话：010-60273218 传真：010-60279702 E-mail：lab@cccap.org.cn 网址：www.cccap.org.cn 邮编：310012	北京中汽寰宇机动车检验中心有限公司
114	11101	武汉汽车车身附件研究所质量监督检验中心	CNCA-C11-05：机动车喇叭 CNCA-C11-06：机动车制动软管 CNCA-C11-08：机动车辆间接视野装置中的下列产品 ——汽车后视镜 CNCA-C11-09：汽车内饰件 CNCA-C11-10：汽车门锁及门保持件	湖北省武汉市硚口区古田五路17号 联系人：高敏 电话：027-82318175-801 传真：027-82302973 E-mail：whcfs@ponytest.com	武汉汽车车身附件研究所有限公司
115	11201	江苏省车用灯具产品质量监督检验中心	CNCA-C11-07：机动车外部照明及光信号装置 CNCA-C11-08：机动车辆间接视野装置 CNCA-C11-09：汽车内饰件	江苏省丹阳市新桥镇中心路18号 联系人：陈娜、王惠平 电话：0511-86357899 0511-86302799 传真：0511-86357899 E-mail：jscdsys@yahoo.com.cn	丹阳市产品质量监督检验所
116	11301	国家道路交通安全产品质量监督检验中心（公安部交通安全产品质量监督检测中心）	CNCA-C11-14：汽车行驶记录仪 CNCA-C11-13：车身反光标识 CNCA-C11-07：机动车外部照明及光信号装置中的下列产品 ——机动车回复反射器、汽车外部照明及光信号装置（除前照灯、前雾灯、倒车灯、转向灯、驻车灯、侧标志灯外的其他汽车外部照明及光信号装置）、摩托车外部照明及光信号装置（摩托车牌照灯、轻便摩托车牌照灯及前照灯）	江苏省无锡市钱荣路88号 联系人：邹永良 电话：0510-85511602 13961861182 传真：0510-85503152 E-mail：jczx001@126.com	公安部交通管理科学研究所
117	11401	国家汽车零部件产品质量监督检验中心（长春）	CNCA-C11-06：机动车制动软管 CNCA-C11-09：汽车内饰件 CNCA-C11-11：汽车燃油箱 CNCA-C11-06：机动车制动软管 CNCA-C11-09：汽车内饰件 CNCA-C11-11：汽车燃油箱	长春市南湖大路6888号 联系人：刘洪全 电话：0431-85546499 13843177000 传真：0431-85510488 E-mail：lliuhongquan928@163.com	长春市产品质量监督检验院
118	11501	中华人民共和国扬州进出口玩具检验所	CNCA-C22-01：童车产品 CNCA-C22-02：玩具产品	江苏省扬州市开发西路6号 电话：0514-87869580	中华人民共和国扬州进出口玩具检验所
119	11601	江苏检验检疫自行车检测中心	CNCA-C22-01：童车产品中的下列产品 ——儿童自行车、儿童三轮车、儿童推车、婴儿学步车	昆山市苇城南路1699号 联系人：钱烈辉 电话：0512-57379763 传真：0512-57372425 E-mail：jsbtc@163.com	昆山产品安全检验所
120	11701	广东出入境检验检疫局粤东玩具检测中心	CNCA-C22-01：童车产品中的下列产品 ——电动童车、玩具自行车、其他玩具车辆 CNCA-C22-02：玩具产品	广东省汕头市澄海区外经大楼（324国道岭亭路段） 联系人：许晓阳 电话：0754-85859644 传真：0754-85859540 E-mail：stjszxwj@st.gdciq.gov.cn	汕头出入境检验检疫局检验检疫技术中心
121	11801	深圳出入境检验检疫局玩具检测技术中心	CNCA-C22-01：童车产品中的下列产品 ——儿童自行车、电动童车、其他玩具车辆 CNCA-C22-02：玩具产品	广东省深圳市福田区福强路1011号 深圳市罗湖区和平路2049号和平大厦B座6楼 广东省深圳市宝安国际机场机场道10号CIQ大楼1、4楼	深圳出入境检验检疫局玩具检测技术中心

续表

序号	实验室编号	实验室名称	指定业务范围	实验室地址及联系方式	法人名称
121	11801	深圳出入境检验检疫局玩具检测技术中心	CNCA-C22-01：童车产品中的下列产品 ——儿童自行车、电动童车、其他玩具车辆 CNCA-C22-02：玩具产品	联系人：董夫银 电话：0755-83886164 传真：0755-83396454	深圳出入境检验检疫局玩具检测技术中心
122	11901	国家玩具质量监督检验中心	CNCA-C22-01：童车产品 CNCA-C22-02：玩具产品	上海市万荣路1218 弄6 号（B座）五楼 联系人：王晓琴 电话：158215550289 传真：021-64378969 E-mail：wangxiaoqin@cciclab.com 网址：www.cciclab.com 邮编：200436	中检集团理化检测有限公司
123	12001	北京出入境检验检疫局检验检疫技术中心	CNCA-C22-02：玩具产品	北京市海淀区西北旺镇德政路10号四层 联系人：高欣 电话：010-58648735 传真：010-82403682	北京出入境检验检疫局检验检疫技术中心
124	12101	国家自行车电动自行车质量监督检验中心	CNCA-C22-01：童车产品中的下列产品 ——儿童自行车、儿童三轮车、儿童推车、婴儿学步车	天津市南开区黄河道501号 联系人：徐俊丽 电话：022-27363036 传真：022-27640673	天津市自行车研究院
125	12201	农业部农业机械试验鉴定总站/国家拖拉机质量监督检验中心（北京）	CNCA-C14-01：农机产品中的下列产品 ——轮式拖拉机	北京市朝阳区东三环南路96号 联系人：李英杰 电话：010-59199061 传真：010-59199062	农业部农业机械试验鉴定总站
126	12301	洛阳西苑车辆与动力检验所有限公司（国家拖拉机质量监督检验中心）	CNCA-C14-01：农机产品中的下列产品 ——轮式拖拉机 CNCA-C11-11：汽车燃油箱 CNCA-C11-05：机动车喇叭 CNCA-C14-01：农机产品中的下列产品 ——轮式拖拉机 CNCA-C11-11：汽车燃油箱 CNCA-C11-05：机动车喇叭	河南省洛阳市涧西区西苑路39号 河南省洛阳市涧西区王祥路206号 联系人：李京忠、郎志中 电话：0379-62690108 0379-62690111 传真：0379-64967099 E-mail：cottec@vip.163.com 网址：www.tractorinfo.com 邮编：471039	洛阳西苑车辆与动力检验所有限公司
127	12401	山东省农业机械产品质量监督检验站	CNCA-C14-01：农机产品中的下列产品 ——轮式拖拉机	山东省济南市桑园路19号 山东省济南市章丘枣园大街53号 联系人：张波 电话：0531-88623868 传真：0531-88623868	山东省农业机械科学研究所
128	12501	机械工业拖拉机农用运输车产品质量检测中心/吉林大学车辆产品检测实验室	CNCA-C14-01：农机产品中的下列产品 ——轮式拖拉机	吉林省长春市人民大街5988 号 吉林大学车辆产品检测实验室 联系人：彭彦宏 电话：0431-85681966 传真：0431-85695947	吉林大学
129	12601	四川省农业机械鉴定站	CNCA-C14-01：农机产品中的下列产品 ——植物保护机械（背负式喷雾器、背负式电动喷雾器）	四川省成都金牛区银沙西街19号 联系人：米洪友 电话：028-87613473 传真：028-87607892	四川省农业机械鉴定站
130	12701	慈溪市出入境检验检疫局综合技术服务中心/宁波中龙检测技术有限公司	CNCA-C22-01：童车产品 CNCA-C22-02：玩具产品	浙江省慈溪市科技路389号 联系人：韩振国 电话：0574-63025467 传真：0574-63025467 邮编：315300	宁波中龙检测技术有限公司

续表

序号	实验室编号	实验室名称	指定业务范围	实验室地址及联系方式	法人名称
131	12801	国家汽车质量监督检验中心（北京通州）	CNCA-C11-01：汽车中的下列产品 ——M3、O类汽车产品	北京市通州区马驹桥镇大杜社 联系人：刘元鹏 电话：010-61585618 传真：010-61585490	交通运输部公路科学研究所
132	12901	镇江市产品质量监督检验中心	CNCA-C03-01：低压成套开关设备 CNCA-C03-02：低压元器件中的下列产品 ——低压断路器、低压开关（隔离器、隔离开关及熔断器组合电器）、低压机电式接触器和电动机起动器、机电式控制电路电器、自动转换开关电器、MCB（限交流产品）、RCCB（除B型RCCB）、RCBO（除B型RCBO）、PRCD、剩余电流动作继电器	江苏省镇江新区港南路333号 联系人：丁志东 电话：0511-83996108 传真：0511-83996076 E-mail：gjzjcjb@163.com 网址：www.ccqte.com 邮编：212009	镇江市产品质量监督检验中心
133	13001	中认英泰检测技术有限公司	CNCA-C04-01：小功率电动机 CNCA-C05-01：电动工具中的下列产品 ——电钻、电动砂轮机、砂光机、圆锯、电锤、往复锯、电链锯、电刨、电动修枝剪 CNCA-C07-01：家用和类似用途设备 CNCA-C08-01：音视频设备中的下列产品 ——除显像（示）管外的其他产品 CNCA-C09-01：信息技术设备 CNCA-C10-01：照明电器的下列产品 ——除高强度气体放电灯用电子镇流器外的其他产品 CNCA-C16-01：电信终端设备中的下列产品 ——传真机、调制解调器（含卡）、固定电话终端及电话机附加装置、集团电话、ISDN终端、数据终端（含卡）、多媒体终端	江苏省苏州市吴中经济开发区吴中大道1368号东太湖科技金融城 联系人：蒋应龙 电话：0512-66303621 传真：0512-66303621 E-mail：cqc_jiangyl@126.com 网址：www.cqc-it.com 邮编：215104	中认英泰检测技术有限公司
134	13101	国家防火建筑材料质量监督检验中心	CNCA-C18-02：火灾防护产品	四川省都江堰市都江村鱼嘴试验基地 联系人：程道彬 电话：028-87516751 传真：028-87516330 E-mail：cdbfire_119@126.com 网址：www.fire-testing.net 邮编：610036	公安部四川消防研究所
135	13201	成都三方电气有限公司	CNCA-C06-01：电焊机	四川省成都市东三环路二段龙潭工业区航天路24号 联系人：邢军 电话：028-84216623 传真：028-84216690 E-mail：yqx@cdsfe.com	成都三方电气有限公司
136	13301	广东省通讯终端产品质量监督检验中心/国家通讯终端产品质量监督检验中心	CNCA-C08-01：音视频设备 CNCA-C09-01：信息技术设备 CNCA-C16-01：电信终端设备	广东省河源市高新技术开发区科技大道 联系人：骆建 电话：0762-3607181 传真：0762-3603336 E-mail：hzljian@126.com 网址：www.ncct.org.cn 邮编：517001	广东省通讯终端产品质量监督检验中心
137	13401	广东省中山市质量计量监督检测所［国家灯具质量监督检验中心（中山）］	CNCA-C10-01：照明电器	广东省中山市东区博爱六路48号 联系人：彭振坚 电话：0760-88320103 13392928868 传真：0760-88381175 E-mail：13392928868@126.com	广东省中山市质量计量监督检测所

续表

序号	实验室编号	实验室名称	指定业务范围	实验室地址及联系方式	法人名称
138	13501	厦门市产品质量监督检验院［国家半导体发光器件（LED）应用产品质量监督检验中心］	CNCA-C10-01：照明电器中的下列产品 ——除高强度气体放电灯用电子镇流器外的其他产品	福建省厦门市翔安产业区翔星路88号育成中心 联系人：傅诺毅 电话：0592-2699790 传真：0592-2699700 E-mail：funuoyi@126.com 网址：www.ntclxm.com 邮编：361000	厦门市产品质量监督检验院
139	13601	苏州市产品质量监督检验所	CNCA-C02-01：电路开关及保护或连接用电器装置（电器附件）中的下列产品 ——插头插座（工业用）、家用和类似用途固定式电气装置的开关、器具耦合器（工业用）	江苏省苏州市吴中区吴中大道1368号B楼 联系人：陈兴慧 电话：0512-65137116 传真：0512-65137116 E-mail：chenxinghui72@sina.com 网址：www.szzjzx.cn 邮编215104	苏州市产品质量监督检验所
140	13701	扬州光电产品检测中心	CNCA-C10-01：照明电器中的下列产品 ——固定式通用灯具、嵌入式灯具、可移式通用灯具	江苏省扬州市开发西路10号 联系人：刘炘、赵文 电话：0514-87862465 传真：0514-87885882 E-mail：liux1965@126.com zen3306@hotmail.com	扬州光电产品检测中心
141	13801	机械工业专用汽车产品质量检测中心	CNCA-C11-01：汽车中的下列产品 ——专用汽车 CNCA-C11-05：机动车喇叭 CNCA-C11-09：摩托车发动机 CNCA-C11-11：汽车燃油箱	湖北省武汉市经济技术开发区沌阳大道318号 联系人：王维 电话：027-84298086 13647200727 传真：027-84298053 E-mail：wangwei@catarc.ac.cn	武汉华威专用汽车检测有限责任公司
142	13901	国家摩托车及配件质量监督检验中心（广东）	CNCA-C11-02：摩托车 CNCA-C11-03：摩托车发动机 CNCA-C11-05：机动车喇叭 CNCA-C11-07：机动车外部照明及光信号装置中的下列产品 ——机动车回复反射器、摩托车外部照明及光信号装置 CNCA-C11-08：机动车辆间接视野装置中的下列产品 ——摩托车后视镜 CNCA-C12-01：机动车辆轮胎中的下列产品 ——摩托车轮胎	广东省江门市建设三路48号 联系人：邱杰 电话：0750-3286126 传真：0750-3286125 E-mail：qiujie7788@126.com 网址：www.cnmtcgd.com 邮编：529000	广东省江门市质量计量监督检测所
143	14001	国家陶瓷与耐火材料产品质量监督检验中心	CNCA-C21-01：装饰装修产品中的下列产品 ——瓷质砖	山东省淄博市张店区昌国西路88号 联系人：林晓慧 电话：0533-2858006 13953353205 传真：0533-2858060	淄博市产品质量监督检验所
144	14101	宁波出入境检验检疫局检验检疫技术中心汽车零部件检测中心	CNCA-C11-04：汽车安全带 CNCA-C11-07：机动车外部照明及光信号装置 CNCA-C11-08：机动车辆间接视野装置 CNCA-C11-12：汽车座椅及座椅头枕 CNCA-C22-03：机动车儿童乘员用约束系统	浙江省宁波市鄞州投资创业中心金谷南路99号 联系人：严国荣 电话：0574-28888228 传真：0574-28888200 E-mail：yanguorong@catarc.ac.cn 网址：www.catarc-nb.com 邮编：315104	宁波汽车零部件检测有限公司

续表

序号	实验室编号	实验室名称	指定业务范围	实验室地址及联系方式	法人名称
145	14201	中检质技检验检测科学研究院有限公司	CNCA-C03-01：低压成套开关设备中的下列产品 ——成套电力开关和控制设备、配电板 CNCA-C03-02：低压元器件中的下列产品 ——低压断路器、低压开关（隔离器、隔离开关及熔断器组合电器）、低压机电式接触器和电动机起动器、机电式控制电路电器、交流半导体电动机控制器和启动器、控制和保护开关电器、自动转换开关电器、设备用断路器、家用及类似用途机电式接触器、MCB、RCCB（除B型RCCB）、RCBO（除B型RCBO）、剩余电流保护继电器	杭州市拱墅区沈半路267号 联系人：吴华 电话：0571-87882283 传真：0571-88296681 E-mail：hdjc001@163.com 网址：www.hztest.cn 邮编：310015	中检质技检验检测科学研究院有限公司
146	14301	江苏检验检疫车辆灯具检测实验室	CNCA-C11-07：机动车外部照明及光信号装置	江苏丹阳市经济开发区葛丹路3号 联系人：葛志晨 电话：0511-86229936 传真：0511-86225170 E-mail：gezhichen@163.com 网址：www.jsdjjc.com 邮编：212300	江苏检验检疫车辆灯具检测实验室
147	14401	广东省汕头市质量计量监督检测所/国家玩具质量监督检验中心（汕头）	CNCA-C22-02：玩具产品	广东省汕头市东厦北路155号 联系人：余石金 电话：0754-88382350 传真：0754-88532247	广东省汕头市质量计量监督检测所
148	14501	天津市电工技术科学研究院	CNCA-C01-01：电线电缆中的下列产品： 额定电压450/750 V及以下橡皮绝缘电线电缆和聚氯乙烯绝缘电线电缆（除JB/T 8734.6覆盖的产品型号） CNCA-C03-01：低压成套开关设备 CNCA-C03-02：低压元器件中的下列产品 ——低压断路器、低压开关（隔离器、隔离开关及熔断器组合电器）、低压机电式接触器和电动机起动器、机电式控制电路电器、自动转换开关电器、设备用断路器、家用及类似用的机电式接触器、MCB、SMCB、RCCB（除B型RCCB）、RCBO（除B型RCBO）	天津市河北区南口路40号 联系人：杨万生、牛蓁 电话：022-86562056 传真：022-26340928 E-mail：tjeari_171b@vip.163.com	天津市电工技术科学研究院
149	14601	四川省电子产品监督检验所	CNCA-C07-01：家用和类似用途设备中的下列产品 ——家用电冰箱和食品冷冻箱、电风扇、空调器、电磁灶、微波炉、吸油烟机、液体加热器和冷热饮水机、电饭锅 CNCA-C08-01：音视频设备 CNCA-C09-01：信息技术设备	四川省成都市龙泉驿文明东街45号 联系人：张良龙 电话：028-84877546 传真：028-84856001 E-mail：cepreisc@cepreisc.org 邮编：610100	四川省电子产品监督检验所
150	14701	国家建筑装修材料质量监督检验 中心	CNCA-C21-01：装饰装修产品中的下列产品 ——瓷质砖、溶剂型木器涂料	郑州市东明路北17号 电话：0371-63210121	国家建筑装修材料质量监督检验中心
151	14801	青岛致鉴检验有限公司	CNCA-C12-01：机动车辆轮胎	山东省青岛保税区北京路53号 联系人：刘晓民、苏杰 电话：0532-86760071 0532-86766962 传真：0532-86766550	青岛致鉴检验有限公司
152	14901	江苏亿科检测技术服务有限公司	CNCA-C22-03：机动车儿童乘员用约束系统	江苏省昆山市陆家镇陆丰东路28号 联系人：邹宇 电话：0512-57871057 传真：0512-57876161 E-mail：yu.zou@eqots.com 网址：www.eqots.com 邮编：215331	江苏亿科检测技术服务有限公司

续表

序号	实验室编号	实验室名称	指定业务范围	实验室地址及联系方式	法人名称
153	15001	青海省产品质量监督检验研究所	CNCA-C01-01：电线电缆中的下列产品 ——额定电压450/750 V 及以下橡皮绝缘电缆和聚氯乙烯绝缘电线电缆	青海省西宁市冷湖路6号 联系人：徐小艳 电话：0971-6308792 传真：0971-6313770 E-mail：qhzjxxy@163.com 邮编：810008	青海省产品质量监督检验研究所
154	15101	云南省产品质量监督检验研究院	CNCA-C01-01：电线电缆中的下列产品 ——额定电压450/750 V 及以下橡皮绝缘电缆和聚氯乙烯绝缘电线电缆（GB/T 5013.3~4、JB/T 8735.2~3、GB/T 5023.3~5、JB/T8734.2~3覆盖产品）	云南省昆明市教场东路23号 联系人：马勇 电话：0871-65199021 传真：0871-65110872 E-mail：eggrollkm@163.com 网址：www.yqsi.org 邮编：650223	云南省产品质量监督检验研究院
155	15201	河北出入境检验检疫局检验检疫技术中心沧州分中心	CNCA-C01-01：电线电缆中的下列产品 ——额定电压450/750 V及以下橡皮绝缘电缆	河北省沧州市运河区解放西路66号 联系人：王建忠 电话：0317-2063688 15613777906 传真：0317-2063718 E-mail：394023025@qq.com 邮编：061001	河北出入境检验检疫局检验检疫技术中心
156	15301	机械工业高原电器产品质量监督检测中心	CNCA-C03-01：低压成套开关设备中的下列产品 ——成套电力开关和控制设备、母线干线系统（母线槽）、配电板、建筑工地用成套设备	云南省昆明市嵩明县三公里武警中队旁 联系人：赵磊 电话：0871-66243005 传真：0871-66243234 E-mail：km2198@126.com 网址：www.kmghb.com 邮编：650221	云南省电器产品质量监督检验站（机械工业高原电器产品质量监督检测中心）
157	15401	通标标准技术服务有限公司广州分公司	CNCA-C08-01：音视频设备	广东省广州市经济技术开发区科学城科珠路198号 联系人：廖彩苑 电话：020-82155379 传真：020-82075058 E-mail：Bonnie.liao@sgs.com 网址：www.sgsgroup.com.cn 邮编：510663	通标标准技术服务有限公司
158	15501	苏州UL 美华认证有限公司	CNCA-C04-01：小功率电动机中的下列产品 ——GB 12350覆盖的小功率电动机 CNCA-C07-01：家用和类似用途设备中的下列产品 ——家用电冰箱和食品冷冻箱、空调器、电动机-压缩机	苏州工业园区澄湾路2号 联系人：陈宁 电话：010-85277110 传真：010-65668108 E-mail：ning.chen@ul.com 网址：www.ul.com 邮编：215122	苏州UL 美华认证有限公司
159	15601	安徽中认倍佳科技有限公司	CNCA-C07-01：家用和类似用途设备中的下列产品 ——家用电冰箱和食品冷冻箱、电风扇、空调器、家用电动洗衣机、电热水器、室内加热器、真空吸尘器、皮肤和毛发护理器具、电磁灶、电烤箱、电动食品加工器具、电灶、灶台、烤炉和类似器具、吸油烟机、液体加热器和冷热饮水机、电饭锅	安徽省滁州市经济技术开发区昭阳工业园10号楼 联系人：刘杰 电话：0550-3533162 传真：0550-3533881 E-mail：liujie@cheari.com 网址：www.cqc-cheari.com 邮编：239000	安徽中认倍佳科技有限公司
160	15701	国家橡胶及橡胶制品质量监督检验中心（广西）	CNCA-C12-01：机动车辆轮胎	广西壮族自治区桂林市铁山路12号 联系人：庾国新 电话：0773-3133215 传真：0773-3133205 E-mail：576469019@qq.com 邮编：541004	桂林市产品质量检验所

续表

序号	实验室编号	实验室名称	指定业务范围	实验室地址及联系方式	法人名称
161	15801	中国质量认证中心华南实验室	CNCA-C01-01：电线电缆中的下列产品 ——额定电压450/750 V 及以下橡皮绝缘电缆和聚氯乙烯绝缘电线电缆 CNCA-C02-01：电路开关及保护或连接用电器装置（电器附件）中的下列产品 ——电线组件、插头插座（家用和类似用途）、家用和类似用途固定式电器装置的开关、器具耦合器（家用和类似用途） CNCA-C04-01：小功率电动机 CNCA-C07-01：家用和类似用途设备中的下列产品 ——家用电冰箱和食品冷冻箱、电风扇、空调器、电热水器、室内加热器、真空吸尘器、皮肤和毛发护理器具、电熨斗、电磁灶、电烤箱、电动食品加工器具、微波炉、电灶、灶台、烤炉和类似器具、吸油烟机、液体加热器和冷热饮水机、电饭锅 CNCA-C08-01：音视频设备 CNCA-C09-01：信息技术设备 CNCA-C10-01：照明电器的下列产品 ——除高强度气体放电灯用电子镇流器外的其他产品 CNCA-C16-01：电信终端设备中的下列产品 ——传真机、调制解调器（含卡）、固定电话终端及电话机附加装置、集团电话、ISDN终端、数据终端（含卡）、多媒体终端 CNCA-C22-02：玩具产品中的下列产品 ——弹射玩具产品	广东省中山市南头镇升辉南路11号 联系人：胥凌 电话：0760-22519820 传真：0760-22519969 E-mail：xuling@cqc.com.cn 网址：www.cqc.com.cn/southchinalab 邮编：528427 广东省广州增城市新塘镇宁西工业园区 邮编：511300	中国质量认证中心
162	15802	中国质量认证中心华东实验室	CNCA-C08-01：音视频设备 CNCA-C09-01：信息技术设备	上海市浦东新区金海路1000 号金领之都园区17号楼 联系人：陈海洋 电话：021-60133108 传真：021-60133098 E-mail：chenhaiyang@cqc.com.cn 网址：www.cqc.com.cn 邮编：201206	中国质量认证中心
163	15803	中国质量认证中心华中实验室	CNCA-C13-01：安全玻璃中的下列产品 ——汽车安全玻璃、建筑安全玻璃	湖北省武汉市东湖开发区高新大道999号 联系人：肖红清 电话：027-87908588 传真：027-87908026 E-mail：xiaohongqing@cqc.com.cn 邮编：430000	中国质量认证中心
164	15901	中国建材检验认证集团浙江有限公司	CNCA-C13-01：安全玻璃中的下列产品 ——建筑安全玻璃	浙江省杭州市教工路533号 联系人：翟跃忠 电话：0571-85063796 传真：0571-88806279 E-mail：bmtest@126.com 邮编：310012	中国建材检验认证集团浙江有限公司
165	16001	东莞标检产品检测有限公司	CNCA-C22-02：玩具产品中的下列产品 ——金属玩具	广东省东莞市大朗镇富民南路68号 联系人：黄志 电话：0769-81119888转8901 传真：0769-81116222 E-mail：jason_huang@hkstc.com.cn 网址：www.dgstc.com 邮编：523770	东莞标检产品检测有限公司

续表

序号	实验室编号	实验室名称	指定业务范围	实验室地址及联系方式	法人名称
166	16101	广东省东莞市质量监督检测中心	CNCA-C22-02：玩具产品中的下列产品 ——弹射玩具	广东省东莞市松山湖工业南路2号 联系人：梁俊威 电话：13686180239 传真：0769-23077215 E-mail：ljw@gddqt.com 网址：www.gddqt.com 邮编：523808	广东省东莞市质量监督检测中心
167	16201	中国建材检验认证集团苏州有限公司	CNCA-C13-01：安全玻璃中的下列产品 ——建筑安全玻璃	江苏省苏州市广济路282号 联系人：朱德明 电话：0512-65566587 传真：0512-65566587 E-mail：ctcszh@163.com 邮编：215008	中国建材检验认证集团苏州有限公司
168	16301	蚌埠市产品质量监督检测中心（国家特种玻璃质量监督检验中心）	CNCA-C13-01：安全玻璃中的下列产品 ——建筑安全玻璃	安徽省蚌埠市货场一路18号 联系人：史靖宏 电话：0552-4915001 传真：0552-4078558 E-mail：bbzjssjh@126.com 邮编：233040	蚌埠市产品质量监督检测中心
169	16401	台州市质量技术监督检测研究院（国家电机及机械零部件产品质量监督检验中心）	CNCA-C14-01：农机产品中的下列产品	浙江省台州市中心大道399号 联系人：罗勇波 电话：0576-88320898 传真：0576-88320911 E-mail：tz88320898@163.com 邮编：318000	台州市质量技术监督检测研究院（台州质量技术监督宣教中心）
170	16501	邢台出入境检验检疫局自行车检测中心	CNCA-C22-01：童车产品中的下列产品 ——儿童自行车	河北省平乡县文明路317号 联系人：张宏欣 电话：0319-7980389 传真：0319-7883506 E-mail：ciqhbbtc@163.com 邮编：054500	邢台出入境检验检疫局
171	16601	湖北中检检验有限公司	CNCA-C22-01：童车产品中的下列产品 ——儿童推车、婴儿学步车	湖北省武汉市琴台大道588号第3栋实验楼107室 联系人：曾蕾 电话：027-58906085 传真：027-58906109 E-mail：zenglei@hb.ccic.com 邮编：430050	湖北中检检验有限公司
172	16701	华测检验认证集团股份有限公司	CNCA-C08-01：音视频设备 CNCA-C09-01：信息技术设备 CNCA-C22-02：玩具产品中的下列产品 ——电玩具类产品	广东省深圳市宝安区70区鸿威工业园 联系人：张波 电话：0755-33681259 传真：0755-33683385 E-mail：bo.zhang@cti-cert.com 网址：www.cti-cert.com 邮编：518101	华测检验认证集团股份有限公司
173	16801	清华大学汽车安全与节能国家重点实验室汽车碰撞试验室	CNCA-C22-03：机动车儿童乘员用约束系统	北京市海淀区中关村清华园1号 联系人：许述财 电话：010-62798897 传真：010-62798897 E-mail：xushc@tsinghua.edu.cn 邮编：100084	清华大学
174	16901	包头市产品质量计量检验所	CNCA-C01-01：电线电缆中的下列产品 ——额定电压450/750V及以下橡皮绝缘电缆和聚氯乙烯绝缘电线电缆（GB/T 5013.3、GB/T 5023.3~7、JB/T8734.2~5覆盖的型号产品）	内蒙古自治区包头市青山区钢铁大街34号 联系人：袁利兵 电话：0472-5153255	包头市产品质量计量检验所

续表

序号	实验室编号	实验室名称	指定业务范围	实验室地址及联系方式	法人名称
174	16901	包头市产品质量计量检验所	CNCA-C01-01：电线电缆中的下列产品 ——额定电压450/750 V 及以下橡皮绝缘电缆和聚氯乙烯绝缘电线电缆（GB/T 5013.3、GB/T 5023.3~7、JB/T8734.2~5覆盖的型号产品）	E-mail：ylb19601020@sohu.com 邮编：014030	包头市产品质量计量检验所
175	17001	国家工业电器质量监督检验中心	CNCA-C03-01：低压成套开关设备 CNCA-C03-02：低压元器件中的下列产品 ——低压断路器、低压开关（隔离器、隔离开关及熔断器组合电器）、低压机电式接触器和电动机起动器、机电式控制电路电器、交流半导体电动机控制器和启动器、控制和保护开关电器、接近开关、自动转换开关电器、设备用断路器、家用及类似用的机电式接触器、MCB、RCCB（除B型RCCB）、RCBO（除B型RCBO）、PRCD、剩余电流动作继电器、低压熔断器	浙江省乐清市北白象镇大桥工业区楠溪江路 联系人：李孟 电话：13868329175 传真：0577-62752910 E-mail：19691965@qq.com 网址：www.niqs.cn 邮编：325603	浙江省高低压电器产品质量检验中心
176	171101	上海天祥质量技术服务有限公司	CNCA-C05-01：电动工具中的下列产品 ——电钻、电动螺丝刀和冲击扳手、砂光机、电锤、电剪刀、插入式混凝土振动器、往复锯、电动石材切割机	上海市钦州北路1198号86号楼 联系人：徐红丽 电话：021-61278329 传真：021-54262347-329 E-mail：leah.xu@intertek.com 网址：www.intertek.com.cn 邮编：200233	上海天祥质量技术服务有限公司
177	17201	北京鉴衡认证中心有限公司广州分公司	CNCA-C07-01：家用和类似用途设备中的下列产品 ——家用电冰箱和食品冷冻箱、电风扇、空调器、电热水器、室内加热器、真空吸尘器、皮肤和毛发护理器具、电熨斗、电磁灶、电烤箱、电动食品加工器具、微波炉、灶台、烤炉和类似器具、吸油烟机、液体加热器和冷热饮水机、电饭锅	广州高新技术产业开发区科学城尖塔山路2号办公楼四楼403 联系人：吴伟民 电话：020-32204370 传真：020-32207831 E-mail：wuwm@cgc.org.cn 网址：www.cgc.org.cn 邮编：510663	北京鉴衡认证中心有限公司
178	17301	珠海出入境检验检疫局检验检疫技术中心	CNCA-C08-01：音视频设备 CNCA-C09-01：信息技术设备	珠海市唐家湾金凤路18号 联系人：王粤威 电话：0756-6128288 传真：0756-6128299 E-mail：563733359@qq.com 网址：www.zhtech,cn 邮编：519085	珠海出入境检验检疫局检验检疫技术中心
179	17401	国家工业自动化仪表产品质量监督检验中心（上海仪器仪表自控系统检验测试所）	CNCA-C09-01：信息技术设备	上海市漕宝路103号 联系人：郭爱华 电话：021-648395868 传真：021-64838381 E-mail：13386276879@163.com 网址：www.sitiias,com.cn 邮编：200233	上海仪器仪表自控系统检验测试所
180	17501	莱茵技术（上海）有限公司	CNCA-C11-09：汽车内饰件	上海市广中西路777弄177、178号楼、10号楼1楼 联系人：王瑞珉 电话：021-61081327 传真：021-61081099 E-mail：richard.wang@tuv.com 网址：www.tuv.com 邮编：200072	莱茵技术（上海）有限公司
181	17601	谱尼测试集团上海有限公司	CNCA-C11-09：汽车内饰件	上海市市辖区徐汇区钦江路333号37号楼102室、2楼 联系人：宋虹 电话：15921440069 传真：021-64856403 E-mail：csk@ponytest.com 网址：www.ponytestsh.com	谱尼测试集团上海有限公司

续表

序号	实验室编号	实验室名称	指定业务范围	实验室地址及联系方式	法人名称
182	17701	国家乳胶制品质量监督检验中心	CNCA-C21-01：装饰装修产品中的下列产品 ——溶剂型木器涂料	湖南省株洲市荷塘区新华东路818号 联系人：李枚辉 电话：0731-22495120 传真：0731-22495101 E-mail：Latex101@sina.com 网址：www.latextest.com 邮编：412003	中国化工株洲橡胶研究设计院有限公司
183	17801	苏州市信测标准技术服务有限公司	CNCA-C11-09：汽车内饰件	苏州吴中经济开发区越溪街道北官渡路38号5幢 联系人：袁奇 电话：0512-80996780 传真：0512-80996689 E-mail：mickey.yuan@emtek.com.cn 网址：www.emtek.com.cn 邮编：215104	苏州市信测标准技术服务有限公司
184	17901	深圳市北测检测技术有限公司	CNCA-C21-01：装饰装修产品中的下列产品 ——溶剂型木器涂料	深圳市宝安区西乡三围奋达科技创意园E栋1楼西 联系人：刘锦英 电话：0755-61156584 传真：0755-61156599 E-mail：Lj@ntek.org.cn 网址：www.ntek.org.cn 邮编：518126	深圳市北测检测技术有限公司
185	18001	深圳信测标准技术服务股份有限公司	CNCA-C21-01：装饰装修产品中的下列产品 ——溶剂型木器涂料	深圳市光明新区光明街道高新路11号研祥科技工业园电子厂房1楼西侧 联系人：杨宇 电话：0755-26954280-203 传真：0755-26954282 E-mail：yangyu@emtek.com.cn 网址：www.emtek.com.cn 邮编：518107	深圳信测标准技术服务股份有限公司
186	18101	国家特种电线电缆产品质量监督检验中心（安徽）	CNCA-C01-01：电线电缆中的下列产品 ——交流额定电压3kV及以下铁路机车车辆用电线电缆、额定电压450/750 V及以下橡皮绝缘电线电缆和聚氯乙烯绝缘电线电缆（除GB/T 5023.7覆盖的60227 IEC 74(RVVYP) 型号产品）	安徽省芜湖市无为县城南高新大道与恺帆路交叉口 联系人：汪森 电话：0553-6699615 传真：0553-6699602 E-mail：459834859@qq.com 网址：www.ahntcw.org 邮编：238300	芜湖特种电线电缆产品质量监督检验中心
187	18201	南德认证检测（中国）有限公司	CNCA-C05-01：电动工具	江苏省无锡市锡山区东亭镇华夏中路10号 联系人：蒋丹峰 电话：0510-88203737 传真：0510-88203636 E-mail：danfeng.jiang@tuv-sud.cn 网址：www.tuv-sud.cn 邮编：214101	南德认证检测（中国）有限公司
188	18301	方圆广电检验检测股份有限公司	CNCA-C02-01：电路开关及保护或连接用电气装置（电器附件）中的下列产品 ——家用和类似用途固定式电气装置的开关 CNCA-C04-01：小功率电动机 CNCA-C06-01：电焊机 CNCA-C11-09：汽车内饰件	江苏省无锡市滨湖区蠡湖大道200号中国传感网国际创新园G9幢2楼 联系人：张泽铭 传真：0510-68790033 E-mail：zhangzm@grgtest.com 邮编：300074	方圆广电检验检测股份有限公司

续表

序号	实验室编号	实验室名称	指定业务范围	实验室地址及联系方式	法人名称
189	18401	嘉兴威凯检测技术有限公司	CNCA-C07-01：家用和类似用途设备中的下列产品 ——电风扇、空调器、电动机-压缩机、家用电动洗衣机、电热水器、室内加热器、皮肤毛发护理器具、电熨斗、电磁灶、电烤箱、电动食品加工器具、电灶、灶台、烤炉和类似器具、吸油烟机、液体加热器、电饭锅	浙江省嘉兴市南湖区嘉兴总部商务花园3号楼 联系人：朱嘉 电话：0573-82586863 传真：0573-82586885 E-mail：zhujia@cvc.org.cn 网址：www.cvc.org.cn 邮编：314000	嘉兴威凯检测技术有限公司
190	18501	国家半导体照明产品质量监督检验中心（江苏）	CNCA-C10-01：照明电器中的下列产品 ——固定式通用灯具、嵌入式灯具、可移式通用灯具、地面嵌入式灯具、荧光灯镇流器、放电灯（荧光的除外）用镇流器、高强度气体放电灯用电子镇流器、LED模块用直流或交流电子控制装置	江苏省常州市武进区西湖路2-18号 联系人：施朝阳 电话：0519-86922816 传真：0519-86902725 E-mail：shly64@163.com 网址：www.czled.cn 邮编：213164	常州市产品质量监督检验所
191	18601	国网计量中心	CNCA-C03-01：低压成套开关设备中的下列产品 ——配电板	北京市海淀区清河小营东路15号 联系人：潘卫红 电话：010-82812328 传真：010-82413640 E-mail：panwh@epri.sgcc.com.cn 网址：jlzx.epri.sgcc.com.cn 邮编：100192	国网计量中心
192	18701	东莞精准通检测认证股份有限公司	CNCA-C04-01：小功率电动机中的下列产品 —— GB12350覆盖的小功率电动机	广东省东莞市东城区光明社区光明二路宝鼎科技园D栋 联系人：杜春林 电话：0769-21991043 传真：0769-23368602 E-mail：chris.du@pts-testing.com 网址：www.pts-testing.com 邮编：523129	东莞精准通检测认证股份有限公司
193	18801	方圆检测认证有限公司	CNCA-C04-01：小功率电动机	郑州市高新区莲花街338号11幢6层41号 联系人：张保康 电话：0371-67597272 传真：0371-67597979 E-mail：fyjcyxb@163.com 网址：www.fyjt.org 邮编：450000	方圆检测认证有限公司
194	18901	深圳安博检测股份有限公司	CNCA-C11-09：汽车内饰件	深圳市宝安区西乡街道后瑞第三工业区A栋4楼东 联系人：朱骏 电话：0755-26064492 传真：0755-26014772 E-mail：jeff.zhu@anbotek.com 网址：www.anbotek.com.cn	深圳安博检测股份有限公司
195	19001	中国建筑科学研究院	CNCA-C21-01：装饰装修产品中的下列产品 ——溶剂型木器涂料	北京市朝阳区北三环东路30号 联系人：关淑君 电话：010-64517830 传真：010-84288515 E-mail：guanshujun@sina.com 网址：www.cabr-betc.com 邮编：100013	中国建筑科学研究院

注：法人编号为对应实验室编号的前三位数字。

国家认监委关于发布 2016 年强制性产品认证获证产品监督检查结果的公告

（2017 年第 3 号）

依据《中华人民共和国认证认可条例》、《强制性产品认证管理规定》等有关规定，国家认监委在 2016 年组织地方质检部门对强制性产品认证目录内的儿童用品、家用电器、电线电缆、手机、灯具、轮胎、消防产品等重点消费品领域的获证产品实施了监督检查，覆盖生产、流通和进口领域共计 1321 家生产、销售和进口企业的 2044 批次产品。

经检查，发现 152 批次抽样产品存在涉及安全项目的不合格问题，不符合强制性产品认证的有关要求。相关认证机构依据强制性产品认证的相关规定，对上述存在涉及安全项目不合格的获证产品进行了撤销强制性产品认证证书处理。

国家认监委依据有关规定，现对上述被撤销证书的产品信息予以公告。

附件：被撤销强制性产品认证证书的产品信息名单（略）

国家认监委

2017 年 1 月 9 日

国家认监委关于对四川省电子产品监督检验所等 2 家单位的部分强制性产品认证指定检测业务进行停业整顿的公告

（2017 年第 4 号）

2016 年国家认监委组织开展对强制性产品认证指定实验室专项监督检查，发现以下 2 家单位存在影响认证检测有效性的严重问题。根据《强制性产品认证机构、检查机构和实验室管理办法》（质检总局第 65 号令）的有关规定，现决定即日起对其承担的部分领域强制性产品认证指定检测业务进行停业整顿。

一、四川省电子产品监督检验所：存在检测设备缺失和人员技术能力不足等问题，对其吸油烟机产品（CNCA-C07-01：家用和类似用途设备）强制性产品认证指定检测业务进行停业整顿。

二、苏州市产品质量监督检验所：存在检测设备缺失、人员技术能力不足、比对试验结果不满意等问题，对其电器附件（耦合器）产品（CNCA-C02-01：电路开关及保护或连接用电器装置）强制性产品认证指定检测业务进行停业整顿。

国家认监委

2017 年 2 月 7 日

国家认监委关于撤销国家轻工业装饰材料陶瓷质量监督检测广州站瓷质砖产品强制性产品认证检测业务的公告

（2017 年第 5 号）

2016 年国家认监委组织开展对强制性产品认证指定实验室专项监督检查，发现国家轻工业装饰材料陶瓷质量监督检测广州站存在重大变更事项未申报、出具虚假报告等违规行为。根据《强制性产品认证机构、检查机构和实验室管理办法》（质检总局第 65 号令）第十一条、第三十九条的规定，现决定即日起撤销国家轻工业装饰材料陶瓷质量监督检测广州站承担的瓷质砖（CNCA-C21-01：装饰装修产品）强制性产品认证检测业务。

特此公告。

国家认监委

2017 年 2 月 7 日

国家认监委关于 2016 年度部分领域检验检测机构“在线检测”考核结果的公告

（2017 年第 6 号）

为进一步加强检验检测机构资质认定监管，不断提升检验检测机构服务水平，国家认监委 2016 年在纺织、建材领域组织开展了“在线检测”试点考核工作。“在线检测”是指模拟客户真实委托检验检测机构对预制样品进行检验检测的考核方式，用以评估相关检验检测机构在不知情的情况下实际开展检验检测活动的规范性、服务质量以及结果的准确性。经对 60 个检验检测机构进行“在线检测”的考核，未发现相关机构存在超出资质认定范围检验、违规使用资质认定标志等违规行为，但部分检验检测机构在数据准确性、报告规范性、业务委托协议及合同评审严谨性、服务质量及时效性等方面需要进一步提升。

本次在线检测考核排名顺序根据检验检测机构在“在线检测”考核中有关“客户的服务质量”、“内部质量管理水平”、“检验检测报告规范性”及“检验检测结果准确性”等方面的表现，经专家综合评价后得出。有关排名仅代表本次“在线检测”考核评价结果，不代表相关检验检测机构综合能力水平。

特此公告。

国家认监委

2017 年 2 月 7 日

纺织领域检验检测机构“在线检测”考核排名

排名	检验检测机构名称	考核结果
1	中国广州分析测试中心中山纺织品实验室	良好
2	大加利(太仓)质量技术检测中心	良好
3	苏州中纺联检验技术服务有限公司	服务质量需提升
4	深圳市虹彩检测技术有限公司	服务质量需提升
5	广州必维技术检测有限公司	服务质量及时效性需提升
6	珠海出入境检验检疫局技术中心	服务质量及时效性需提升
7	上海华测品标检测技术有限公司	检验检测结果准确性需提升
8	广东世倛检测技术服务有限公司	检验检测结果准确性需提升
9	飞迪商品检验(上海)有限公司(委托机构)国家纺织制品质量监督检验中心(实际承担检测机构)	检验检测结果准确性需提升
10	远东正大检验(重庆)有限公司	检验检测结果准确性需提升
11	谱尼测试集团深圳有限公司	检验检测结果准确性、服务时效性需提升
12	英格尔检测技术服务(上海)有限公司	检验检测结果准确性需提升
13	颞泓(上海)测试技术服务有限公司青岛分公司	检验检测结果准确性需提升
14	高迪谛商品检验(上海)有限公司	检验检测结果准确性需提升
15	岛津(广州)检测技术有限公司	检验检测结果准确性、服务质量及时效性需提升
16	中国商业联合会产(商)品质量监督检测中心(重庆)(重庆仕益产品质量检测有限责任公司)	检验检测结果准确性需提升
17	上海天祥质量技术服务有限公司	检验检测结果准确性需提升
18	深圳市计量质量检测研究院	检验检测结果准确性需提升
19	浙江必维申越检测技术有限公司	检验检测结果准确性需提升
20	江苏省纺织产品质量监督检验研究院	检验检测结果准确性、服务质量及时效性需提升
21	青岛中检纺织品检验有限公司(国家生态纺织品质量监督检验中心)	检验检测结果准确性需提升
22	宁波中普检测技术服务有限公司	检验检测结果准确性需提升
23	烟台尼森肯纺织品检测有限公司	检验检测结果准确性及服务时效性需提升
24	测势界(宁波)检测产品技术有限公司	检验检测结果准确性、出具报告规范性需提升
25	浙江中鼎检测技术有限公司	检验检测结果准确性、出具报告规范性需提升
26	欧陆检测技术服务(上海)有限公司	检验检测结果准确性、服务时效性需提升
27	温州亚检检测技术有限公司	检验检测结果准确性、出具报告规范性需提升
28	天津市纺织纤维检验所	检验检测结果准确性需提升
29	苏州市纤维检验所(国家丝绸及服装产品质量监督检验中心)	检验检测结果准确性、服务质量及时效性需提升
30	通标标准技术服务有限公司常州分公司	检验检测结果准确性、服务质量及时效性、出具报告规范性需提升

建材领域检验检测机构"在线检测"考核排名

排名	检验检测机构名称	考核结果
1	中国水电基础局有限公司试验中心	质量管理水平需提升
2	天津市建筑材料产品质量监督检测中心	质量管理水平、服务质量需提升
3	中大建设集团(廊坊)工程检测有限公司	质量管理水平、报告规范性需提升
4	国家化学建筑材料测试中心(材料测试部)	质量管理水平需提升
5	天津市建筑工程质量检测中心	质量管理水平需提升
6	廊坊市产品质量监督检验所	质量管理水平、报告规范性需提升
7	北京天仪建设工程质量检测所	质量管理水平、服务质量需提升
8	北京致用恒力建筑材料检测有限公司	质量管理水平、报告规范性需提升
9	廊坊开发区安城建设工程材料检测有限公司	质量管理水平、报告规范性需提升
10	天津市环亚建筑工程环境质量检测有限公司	质量管理水平、服务质量需提升
11	张家口恒泰工程检测有限责任公司	质量管理水平、报告规范性、服务质量需提升
12	北京中建华衡工程检测试验有限公司	质量管理水平、报告规范性、服务质量需提升
13	北京鑫畅路桥工程检测有限公司	质量管理水平、报告规范性、服务质量需提升
14	衡水宇正建设工程检测有限责任公司	质量管理水平、服务质量需提升
15	保定筑业工程质量检测有限公司	质量管理水平、服务质量及报告规范性需提升
16	天津雍阳建设工程质量检测中心	质量管理水平、报告规范性需提升
17	天津开发区建设工程试验中心	质量管理水平、报告规范性及服务质量需提升
18	天津市百达通建筑工程检测有限公司	质量管理水平、报告规范性、服务质量需提升
19	北京中科诚达建设工程质量检测有限公司	质量管理水平及报告规范性需提升
20	保定市旭锐工程检测有限公司	质量管理水平、服务质量、检验检测结果准确性需提升
21	北京恒筑城建设工程质量测试有限公司	质量管理水平、报告规范性、服务质量及检验检测结果准确性需提升
22	北京恒永诚建设工程检测有限公司	质量管理水平、检测结果准确性、报告规范性、服务质量需提升
23	北京市建昌建筑材料检测有限公司	质量管理水平、服务质量、报告规范性及检验检测结果准确性需提升
24	保定市产品质量监督检验所	质量管理水平、检验报告规范性及检验检测结果准确性需提升
25	天津诚顺达建筑材料检测有限公司	质量管理水平、服务质量、检验报告规范性及检验检测结果准确性需提升
26	华辉瑞工程质量检测(北京)有限责任公司	质量管理水平、报告规范性、服务质量及检验检测结果准确性需提升
27	天津市君恒建筑工程检测有限公司	质量管理水平、服务质量及检验检测结果准确性需提升
28	河北卓诚工程检测有限公司	质量管理水平、服务质量、报告规范性及检验检测结果准确性需提升
29	河北华茂建设工程检测有限公司	质量管理水平、服务质量、报告规范性及检验检测结果准确性需提升
30	天津市静海县腾飞建筑工程试验室	质量管理水平、服务质量、报告规范性及检验检测结果准确性需提升

国家认监委关于发布强制性产品认证机构补充指定决定的公告

（2017 年第 7 号）

根据《中华人民共和国认证认可条例》、《强制性产品认证机构、检查机构和实验室管理办法》（质检总局第 65 号令）及《国家认监委关于调整从事强制性产品认证以及相关活动的认证机构、检查机构、实验室指定行政审批要求的公告》（国家认监委 2016 年第 11 号公告），按照《国家认监委关于拟补充指定强制性产品认证机构和实验室的公告》（国家认监委 2015 年第 19 号公告）的部署，并征得公安部同意，国家认监委组织专家对国家消防工程技术研究中心进行了评审，其符合指定条件。现决定指定国家消防工程技术研究中心为强制性产品认证机构，并予以公告。

对本补充指定决定有异议的，请在本公告发布之日起 15 个工作日内向我委提出申诉或者投诉（请注明联系人和联系方式）。

附件：强制性产品认证指定认证机构业务范围

国家认监委

2017 年 2 月 8 日

强制性产品认证指定认证机构业务范围

序号	业务领域		指定认证机构名称	备注
	实施规则号	产品名称		
1.6	CNCA-C18-01	火灾报警产品	国家消防工程技术研究中心	
1.7	CNCA-C18-02	火灾防护产品		
1.8	CNCA-C18-03	灭火设备产品		
1.9	CNCA-C18-04	消防装备产品		

国家认监委关于启用认证机构资质网上审批系统的公告

（2017 年第 8 号）

为进一步深化认证机构资质审批制度改革，提高审批效率，便利申请人，国家认监委开发了认证机构资质网上审批系统，并已上线。现将有关事项公告如下：

一、网上审批系统功能

申请机构可通过网上审批系统远程提交申请材料，实时查询受理及审查进度，并通过网上审批系统接收有关文书，全程实现无纸化。

二、网上审批系统基本信息

网上审批系统网址路径为 http://rzjg.cnca.cn/jgsp/login，登录系统后可下载操作手册。

现有认证机构初始用户名为机构批准书号去掉“CNCA-”，初始密码为 CNCA2017。新申请设立机构通过系统在线注册后,可提交新设立机构申请材料。

三、相关要求

自本公告发布之日起至 2017 年 3 月 31 日为系统试运行阶段，2017 年 4 月 1 日起，将正式启用。届时所有申请者均应通过该系统申报材料，认监委不再接收纸质申请材料。

在网上审批系统试运行及使用过程中遇到的问题请及时与国家认监委认可监管部和信息中心联系。

认可监管部

联系人：李丽琨、段新峰、李凌志

电话：010-82262154 82260732 82262793

信息中心

联系人：张冀川

电话：010-65994168-8305

国家认监委

2017 年 2 月 27 日

国家认监委关于简化相关检验检测标准变更流程的公告

（2017 年第 9 号）

根据中华人民共和国国家标准 2017 年第 7 号公告，国家质检总局、国家标准委将《水泥包装袋》等 1077 项强制性国家标准转化为推荐性国家标准（名录详见上述公告附件）。

为做好强制性标准整合精简后检验检测机构资质认定工作的衔接，便利检验检测机构对外提供检验检测服务，鉴于上述 1077 项标准仅涉及标准性质、标准代号转化，国家认监委经研究决定：自上述标准转化之日起，允许已取得原标准所涉检验检测能力的机构直接使用转化后的推荐性标准开展检验检测活动，并在后续资质认定申请时办理相关手续。

特此公告。

国家认监委

2017 年 4 月 12 日

国家认监委关于发布2017年第1批强制性产品认证实验室日常指定决定的公告

（2017年第10号）

根据《中华人民共和国认证认可条例》、《强制性产品认证机构、检查机构和实验室管理办法》（质检总局令第65号）、《国家认监委关于调整从事强制性产品认证以及相关活动的认证机构、检查机构、实验室指定行政审批要求的公告》（国家认监委公告2016年第11号）和《国家认监委关于发布进一步深化强制性认证实施机构指定审批制度改革工作举措的公告》（国家认监委公告2015年第34号），现对2017年第1批强制性产品认证实验室日常指定决定予以公告。

对本指定决定有异议的，请在公告发布之日起15个工作日内向我委提出申诉或投诉（请注明联系人和联系方式）。

附件：2017年第1批强制性产品认证实验室日常指定决定

国家认监委

2017年5月2日

2017年第1批强制性产品认证实验室日常指定决定

指定项目编号	产品领域	实施规则	指定实验室	指定业务范围
3.2	电器附件	CNCA-C02-01	中认（沈阳）北方实验室有限公司（02001）	电路开关及保护或连接用电气装置（电器附件）中的下列产品 ——电线组件、插头插座[家用和类似用途（仅转换器产品（带有国外标准插头或插座的除外）和带有国标组合孔的延长线插座（电线加长组件）产品）]、器具耦合器（家用和类似用途）、家用和类似用途固定式电气装置电器附件外壳
			深圳市计量质量检测研究院（02801）	电路开关及保护或连接用电气装置（电器附件）中的下列产品 ——插头插座[家用和类似用途（仅转换器产品（带有国外标准插头或插座的除外）和带有国标组合孔的延长线插座（电线加长组件）产品）]
3.3	低压电器	CNCA-C03-01 CNCA-C03-02	浙江方圆检测集团股份有限公司（02401）	低压元器件中的下列产品（短路电流强度420 V 120 kA及以下） ——B型RCCB和B型RCBO
			重庆电气产品检测中心（06501）	低压成套开关设备中的下列产品（短时耐受电流强度420 V 65 kA 1 s及以下） ——成套电力开关和控制设备、母线干线系统（母线槽）、配电板、低压成套无功功率补偿装置 低压元器件中的下列产品（短路电流强度420 V 65 kA及以下） ——低压断路器、低压开关（隔离器、隔离开关及熔断器组合电器）、低压机电式接触器和起动器、机电式控制电路电器、自动转换开关电器
3.7	家用和类似用途设备	CNCA-C07-01	上海市质量监督检验技术研究院（00301）	家用和类似用途设备中的下列产品 ——电熨斗
			安徽中认倍佳科技有限公司（15601）	家用和类似用途设备中的下列产品 ——电熨斗、微波炉
3.8	电子设备	CNCA-C08-01 CNCA-C09-01 CNCA-C16-01	厦门市产品质量监督检验院（国家半导体发光器件（LED）应用产品质量监督检验中心）（13501）	信息技术设备

续表

指定项目编号	产品领域	实施规则	指定实验室	指定业务范围
3.18	安全玻璃	CNCA-C13-01	上海市质量监督检验技术研究院(00301)	安全玻璃中的下列产品: ——铁道车辆安全玻璃
3.23	童车产品	CNCA-C22-01	江苏亿科检测技术服务有限公司(14901)	童车产品
5.3	汽车内饰件	CNCA-C11-09	通标标准技术服务有限公司广州分公司(15401)	汽车内饰件
5.4	溶剂型木器涂料	CNCA-C21-01	谱尼测试集团股份有限公司(17602)	装饰装修产品中的下列产品: ——溶剂型木器涂料
6.1	汽车	CNCA-C11-01	中国汽车工程研究院股份有限公司检测中心(国家机动车质量监督检验中心(重庆))(05101)	汽车产品中的下列检测项目: ——单车CCC认证相关检测项目

国家认监委关于责令临沂市金兴森林认证中心等 16 家认证机构进行整改的公告

(2017 年第 11 号)

根据《认证机构管理办法》第三十三条相关规定,认证机构应当于每年 3 月底之前将上一年度工作报告报送国家认监委。经统计,有 16 家认证机构未按要求提交 2016 年度工作报告,分别是:

序号	机构名称	批准号
1	临沂市金兴森林认证中心	CNCA-R-2013-169
2	江西山和森林认证有限公司	CNCA-R-2014-167
3	宁夏清真食品国际贸易认证中心	CNCA-R-2014-171
4	杨凌食品农产品质量安全认证中心	CNCA-R-2015-185
5	国家林业局调查规划设计院	CNCA-R-2015-203
6	中国农村技术开发中心	CNCA-R-2016-223
7	中国中医药科技开发交流中心	CNCA-R-2016-224
8	河南省产品质量监督检验院	CNCA-R-2016-234
9	艾斯欧(北京)认证有限公司	CNCA-R-2016-237
10	深圳市建筑科学研究院股份有限公司	CNCA-R-2016-238
11	普研(上海)标准技术服务有限公司	CNCA-R-2016-261
12	北京华制认证检测技术服务有限公司	CNCA-R-2016-276
13	润标天泽国际认证(北京)有限公司	CNCA-R-2016-289
14	南京市产品质量监督检验院	CNCA-R-2016-292
15	大连澳美克货物检查有限公司	CNCA-RF-2016-72
16	利纳(上海)质量认证有限公司	CNCA-RF-2016-74

上述16家认证机构应立即整改,并于2017年5月31日前完成年度工作报告的补报。

特此公告。

国家认监委
2017年5月12日

国家认监委关于部分电线电缆强制性产品认证适用标准换版的公告

（2017年第12号）

JB/T 8734—2016《额定电压450/750 V及以下聚氯乙烯绝缘电缆电线和软线》、JB/T 8735—2016《额定电压450/750 V及以下橡皮绝缘软线和软电缆》（以下简称新版标准）已于2016年9月1日正式实施。现将对应的电线电缆产品按照新版标准开展强制性产品认证的有关要求公告如下：

一、各相关强制性产品认证指定认证机构应按照《国家认监委关于强制性产品认证依据标准修订时有关要求的公告》（国家认监委公告2012年第4号）制定并公布依据新版标准开展认证的实施方案。

二、将新版标准中增加的型号为"RVV 300/500 3×10"电线电缆产品，纳入强制性产品认证实施范围。自2018年5月1日起，未获得强制性产品认证的不得出厂、销售、进口或者在其他经营活动中使用。

国家认监委

2017年5月15日

国家认监委关于调整汽车产品强制性认证依据标准的公告

（2017年第13号）

为加强汽车产品质量监管，确保强制性产品认证有效性和公信力，国家认监委决定将GB 18352.6《轻型汽车污染物排放限值及测量方法》（中国第六阶段）及新能源汽车产品相关标准纳入强制性认证实施。现将有关要求明确如下：

一、自本公告发布之日起，相应的强制性产品认证实施规则《强制性产品认证实施规则——汽车》（CNCA-C11-01）及《强制性产品认证目录描述与界定表》（国家认监委公告2014年第45号）中的汽车产品认证依据增加本公告附件中列入的标准，指定认证机构将相关标准纳入认证实施并出具认证证书。

二、已获证相关产品认证证书自本公告发布之日起可继续使用1年，企业可根据自身意愿，提前开展证书转换工作。指定认证机构认证证书转换工作应采取到期换证、标准换版、产品变更等自然过渡的方式。相关产品认证证书的转换工作应按照《关于强制性产品认证依据用标准修订时有关要求的公告》（国家认监委公告2012年第4号）执行。规定期限内产品未符合要求的，由指定认证机构按照《强制性产品认证管理规定》（质检总局令第117号）的要求做出处理。

三、对于已获证汽车产品，如无新增试验项目，无须再进行试验，可直接换发新版认证证书；如有新增试验项目，需进行补差试验，通过试验后换发新版认证证书；过渡期结束前已出厂、销售、进口的相关产品，在销售过程中，无需办理强制性产品认证，但应符合其他相关法律法规的要求。

四、各指定认证机构、实验室应按照《关于强制性产品认证依据用标准修订时有关要求的公告》（国家认监委公告2012年第4号）的要求，在2017年6月30日前，将按照本公告修订的实施细则、新纳入标准检测能力情况以及获得实验室资质认定的情况报国家认监委备案。

附件：新增汽车产品强制性认证依据标准

国家认监委

2017年5月18日

附件：

新增汽车产品强制性认证依据标准

序号	标准号及名称	标准实施说明
1	QC/T 742—2006电动汽车用铅酸蓄电池	
2	GB/T 31484—2015电动汽车用动力蓄电池循环寿命要求及试验方法	6.5暂不执行
3	GB/T 31485—2015电动汽车用动力蓄电池安全要求及试验方法	6.3.7暂不执行； 6.2.8、6.3.8暂不执行
4	GB/T 31486—2015电动汽车用动力蓄电池电性能要求及试验方法	
5	GB/T 31467.3—2015电动汽车用锂离子动力蓄电池包和系统 第3部分：安全性要求与测试方法	对于由车体包覆并构成电池包箱体的，要带箱体/车体测试；电池包或系统尺寸较大，无法进行台架安装测试时，可进行子系统测试。
6	QC/T 741—2014车用超级电容器	6.2.11、6.3.8暂不执行。
7	GB/T 18333.2—2015电动汽车用锌空气电池	对水系电解液蓄电池6.2.4、6.3.4暂不执行
8	GB/T 18488.1—2015电动汽车用驱动电机系统 第1部分：技术条件	5.6.7 电磁兼容性结合GB/T 18387电磁兼容考核； 5.7暂不执行； 附录A 暂不执行
9	GB/T 18488.2—2015电动汽车用驱动电机系统 第2部分：试验方法	9.4.3中对于混合动力电动汽车，驱动电机的随机振动试验可按照车身安装位置的振动要求执行； 9.7 暂不执行； 10 暂不执行
10	GB/T 20234.1—2015电动汽车传导充电用连接装置 第1部分：通用要求	
11	GB/T 20234.2—2015电动汽车传导充电用连接装置 第2部分：交流充电接	
12	GB/T 20234.3—2015电动汽车传导充电用连接装置 第3部分：直流充电接	
13	GB/T 18487.1—2015电动汽车传导充电系统 第1部分：通用要求	
14	GB/T 27930—2015电动汽车非车载传导式充电机与电池管理系统之间的通信协议	
15	GB/T 18384.1—2015电动汽车　安全要求　第1部分：车载可充电储能系统（REESS）	5.1.2（除乘用车和N1 类车辆外的其他汽车）绝缘电阻测试条件，可在室温条件下进行； 5.2污染度暂不执行； 5.3暂不执行
16	GB/T 18384.2—2015电动汽车 安全要求 第2部分：操作安全和故障防护	6暂不执行； 8暂不执行
17	GB/T 18384.3—2015电动汽车 安全要求 第3部分：人员触电防护	6.3.3暂不执行； 7.2（除乘用车和N1 类车辆外的其他汽车）绝缘电阻测试条件，可在室温条件下进行； 9暂不执行
18	GB/T 18386—2005电动汽车 能量消耗率和续驶里程 试验方法	
19	GB/T 18387—2008电动车辆的电磁场发射强度的限值和测量方法，宽带，9 kHz~30 MHz	
20	GB/T 4094.2—2005电动汽车操纵件、指示器及信号装置的标志	
21	GB/T 19836—2005电动汽车用仪表	仅执行整车测试部分。
22	GB/T 24552—2009电动汽车风窗玻璃除霜除雾系统的性能要求及试验方法	5.1.1除霜试验环境温度对于燃料电池电动汽车为-10 ℃。
23	GB/T 31498—2015电动汽车碰撞后安全要求	采用B级电压的燃料电池电动汽车应符合本标准规定。
24	GB/T 19753—2013轻型混合动力电动汽车能量消耗量试验方法	
25	GB/T 19754—2015重型混合动力电动汽车能量消耗量试验方法	
26	GB 19755—2016轻型混合动力电动汽车污染物排放控制要求及测量方法	

续表

序号	标准号及名称	标准实施说明
27	GB/T 24549—2009燃料电池电动汽车 安全要求	
28	GB/T 26779—2011燃料电池电动汽车 加氢口	
29	GB/T 26990—2011燃料电池电动汽车 车载氢系统 技术条件	
30	GB/T 29126—2012燃料电池电动汽车 车载氢系统 试验方法	
31	QC/T 838—2010超级电容电动城市客车	5.1.3.1 、5.2.1、5.3暂不执行。
32	GB 27887—2011儿童乘员用约束系统	已有单独规则CNCA-C22-03：2014，本次修订列入整车规则。 对于整车后排座椅自带儿童约束系统的产品，要求其应满足GB27887-2011的要求，但不必单独获证
33	GB 19151—2003三角警告牌	
34	QC/T 932—2012道路运输液体危险货物罐式车辆紧急切断阀	
35	GB/T 24160—2009车用压缩天然气钢质内胆环向缠绕气瓶	检查标记、核查安全监察部门的监检标记及制造许可证号
36	GB/T 17259—2009机动车用液化石油气钢瓶	检查标记、核查安全监察部门的监检标记及制造许可证号
37	GB/T 17258—2011汽车用压缩天然气钢瓶	检查标记、核查安全监察部门的监检标记及制造许可证号
38	GB 19239—2013燃气汽车专用装置安装要求	
39	GB 32087—2015轻型汽车牵引装置	
40	GB 30678—2014客车用安全标志和信息符号	
41	GB 18352.6—2016轻型汽车污染物排放限值及测量方法（中国第六阶段）	

国家认监委关于注销北京神舟时代认证中心认证机构资质的公告

（2017 年第 14 号）

北京神舟时代认证中心是 2002 年经国家认监委批准设立的认证机构（批准号：CNCA-R-2002-036），批准的认证业务范围为质量管理体系、环境管理体系、职业健康安全管理体系、一般工业产品（17 仪器设备、20 航空航天设备）。因其投资方中国航天标准化研究所进行检测认证业务整合，现该中心自愿申请注销认证机构资质。

经研究，国家认监委决定自本公告发布之日起注销北京神舟时代认证中心的认证机构资质。请持有北京神舟时代认证中心有效认证证书的组织，按照自愿原则选择其他经批准的具有相关认证领域资质的认证机构转换认证证书。

特此公告。

国家认监委

2017 年 5 月 18 日

国家认监委关于部分强制性产品认证指定认证机构和实验室信息变更的公告

（2017 年第 15 号）

经审核，现对部分强制性产品认证指定认证机构和实验室变更后的信息予以公告。

国家认监委

2017 年 5 月 18 日

附件：

强制性产品认证指定认证机构信息变更确认表

变更前信息				变更后信息			
认证机构编号	认证机构名称	指定业务范围	地址及联系方式	认证机构编号	认证机构名称	指定业务范围	地址及联系方式
12	方圆标志认证集团有限公司	CNCA-C03-01：低压成套开关设备 CNCA-C03-02：低压元器件 CNCA-C05-01：电动工具 CNCA-C06-01：电焊机 CNCA-C21-01：装饰装修产品中的下列产品 ——溶剂型木器涂料、瓷质砖	北京市海淀区增光路33号 电话：400-6681677 传真：010-68437171 E-mail：pcc@cqm.com.cn 网址：www.cqm.com.cn 邮编：100048	12	方圆标志认证集团有限公司	CNCA-C03-01：低压成套开关设备 CNCA-C03-02：低压元器件 CNCA-C05-01：电动工具 CNCA-C06-01：电焊机 CNCA-C21-01：装饰装修产品中的下列产品 ——溶剂型木器涂料、瓷质砖	北京市海淀区增光路33号 电话：010-68437373 传真：010-68415037 E-mail：pct@cqm.com.cn 网址：www.cqm.com.cn 邮编：100048
18	广州威凯认证检测有限公司	CNCA-C02-01：电路开关及保护或连接用电器装置（电器附件） CNCA-C04-01：小功率电动机 CNCA-C06-01：电焊机 CNCA-C07-01：家用和类似用途设备	广东省广州市广州高新技术产业开发区科学城天泰一路3号1410房 电话：020-32293680 传真：020-32293889 E-mail：liugr@cvc.org.cn 网址：www.cvc.or.cn 邮编：510663	18	威凯认证检测有限公司	CNCA-C02-01：电路开关及保护或连接用电器装置（电器附件） CNCA-C04-01：小功率电动机 CNCA-C06-01：电焊机 CNCA-C07-01：家用和类似用途设备	广州高新技术产业开发区天泰一路3号一号楼南四、五楼 电话：020-32293680 传真：020-32293889 E-mail：liugr@cvc.org.cn 网址：www.cvc.or.cn 邮编：510663

强制性产品认证指定实验室信息变更确认表

变更前信息					变更后信息				
实验室编号	实验室名称	指定业务范围	实验室地址及联系方式	法人名称	实验室编号	实验室名称	指定业务范围	实验室地址及联系方式	法人名称
01602	浙江立德产品技术有限公司低压电器实验室	CNCA-C03-01：低压成套开关设备中的下列产品（短时耐受电流强度420 V 120 kA 1s及以下） ——成套电力开关和控制设备、配电板 CNCA-C03-02：低压元器件中的下列产品（短路电流强度420 V 200 kA及以下） ——低压断路器、低压开关（隔离器、隔离开关与熔断器组合电器）、低压机电式接触器和电动机起动器、机电式控制电路电器、控制和保护开关电器、自动转换开关电器、设备用断路器、家用及类似用途的机电式接触器、MCB、RCCB（除B型RCCB）、RCBO（除B型RCBO）、PRCD、低压熔断器（限专职人员使用的熔断器）	浙江省乐清市柳市镇进港大道检验检疫大楼/浙江省瑞安市集贤路699号 联系人：吴献东 电话： 0577-61728997 传真： 0577-61729109 E-mail： wxd@wz.ziq.gov.cn 网址： www.lead-int.com 邮编：325604	浙江立德产品技术有限公司	19101	温州出入境检验检疫局综合技术服务中心（温州出入境检验检疫技术中心）	CNCA-C03-01：低压成套开关设备中的下列产品（短时耐受电流强度420 V 120 kA 1s及以下） ——成套电力开关和控制设备、配电板 CNCA-C03-02：低压元器件中的下列产品（短路电流强度420V 200 kA及以下） ——低压断路器、低压开关（隔离器、隔离开关与熔断器组合电器）、低压机电式接触器和电动机起动器、机电式控制电路电器、控制和保护开关电器、自动转换开关电器、设备用断路器、家用及类似用途的机电式接触器、MCB、RCCB（除B型RCCB）、RCBO（除B型RCBO）、PRCD、低压熔断器（限专职人员使用的熔断器）	浙江省乐清市柳市镇进港大道检验检疫大楼/浙江省瑞安市集贤路699号 联系人：吴献东 电话： 0577-61728997 传真： 0577-61729109 E-mail： wxd@wz.ziq.gov.cn 网址： www.lead-int.com 邮编：325604	温州出入境检验检疫局综合技术服务中心（温州出入境检验检疫技术中心）
02201	广东出入境检验检疫局检验检疫技术中心	CNCA-C04-01：小功率电动机中的下列产品 ——GB12350覆盖的小功率电动机 CNCA-C07-01：家用和类似用途设备中的下列产品 ——家用电冰箱和食品冷冻箱、电风扇、空调器、家用电动洗衣机、电热水器、室内加热器、真空吸尘器、皮肤和毛发护理器具、电熨斗、电磁灶、电烤箱、电动食品加工器具、微波炉、电灶、灶台、烤炉和类似器具、吸油烟机、液体加热器和冷热饮水机、电饭锅 CNCA-C10-01：照明电器 CNCA-C22-01：童车产品中的下列产品 ——玩具自行车、电动童车、其他玩具车辆 CNCA-C22-02：玩具产品	广东省广州市珠江新城花城大道66号 联系人：周娜、黄宇斌 电话： 020-38290492 020-38291635 传真： 020-38290490 E-mail： zhoun@iqtc.cn huangyb@iqtc.cn 网址：www.iqtc.cn 邮编：510520	广东出入境检验检疫局检验检疫技术中心	02201	广东出入境检验检疫局检验检疫技术中心	CNCA-C04-01：小功率电动机中的下列产品 ——GB12350覆盖的小功率电动机 CNCA-C07-01：家用和类似用途设备中的下列产品 ——电风扇、室内加热器、真空吸尘器、皮肤和毛发护理器具、电熨斗、电烤箱、电动食品加工器具、液体加热器和冷热饮水机、电饭锅 CNCA-C10-01：照明电器 CNCA-C22-01：童车产品中的下列产品 ——玩具自行车、电动童车、其他玩具车辆 CNCA-C22-02：玩具产品	广东省广州市珠江新城花城大道66号 联系人：裴晓波 电话： 020-38290476 传真： 020-38290490 E-mail：esl@iqtc.cn 网址：www.iqtc.cn 邮编：510623	广东出入境检验检疫局检验检疫技术中心

续表

变更前信息					变更后信息				
实验室编号	实验室名称	指定业务范围	实验室地址及联系方式	法人名称	实验室编号	实验室名称	指定业务范围	实验室地址及联系方式	法人名称
02201	广东出入境检验检疫局检验检疫技术中心	CNCA-C22-01：童车产品中的下列产品 ——儿童自行车、儿童三轮车、儿童推车、婴儿学步车 CNCA-C22-03：机动车儿童乘员用约束系统	联系人：何惠蝉 电话：020-38290587 传真：020-38290599 E-mail： gz0587@iqtc.cn 广东省广州市天河软件工业园建工路19号 广东省广州科学城南翔之路1号102房 联系人：黄宇斌 电话： 020-38291635 传真：020-38290490 E-mail： huangyb@iqtc.cn	广东出入境检验检疫局检验检疫技术中心	02201	广东出入境检验检疫局检验检疫技术中心	CNCA-C07-01：家用和类似用途设备中的下列产品 ——家用电冰箱和食品冷冻箱、空调器、家用电动洗衣机、电热水器、电磁灶、微波炉、电灶、灶台、烤炉和类似器具、吸油烟机 CNCA-C07-01：家用和类似用途设备中的下列产品 ——家用电冰箱和食品冷冻箱、空调器、家用电动洗衣机、电热水器、电磁灶、微波炉、电灶、灶台、烤炉和类似器具、吸油烟机 CNCA-C22-01：童车产品中的下列产品 ——儿童自行车、儿童三轮车、儿童推车、婴儿学步车 CNCA-C22-03：机动车儿童乘员用约束系统	联系人：何惠蝉 电话：020-38290587 传真：020-38290599 E-mail： gz0587@iqtc.cn 广东省佛山市顺德大良德胜东路3号 联系人：廖嫒敏 电话： 0757-22826131 传真： 0757-22915209 E-mail： liaoam@iqtc.cn 广东省广州市天河软件工业园建工路19号 广东省广州科学城南翔之路1号102房 联系人：黄宇斌 电话：020-38291635 传真：020-38290490 E-mail： huangyb@iqtc.cn	广东出入境检验检疫局检验检疫技术中心
02401	浙江方圆检测集团股份有限公司	CNCA-C01-01：电线电缆中的下列产品 ——额定电压450/750V及以下橡皮绝缘电线电缆和聚氯乙烯绝缘电线电缆	杭州市杭州经济技术开发区下沙路300号	浙江方圆检测集团股份有限公司	02401	浙江方圆检测集团股份有限公司	CNCA-C01-01：电线电缆中的下列产品 ——额定电压450/750V及以下橡皮绝缘电线电缆和聚氯乙烯绝缘电线电缆	杭州市杭州经济技术开发区下沙路300号	浙江方圆检测集团股份有限公司

续表

变更前信息					变更后信息				
实验室编号	实验室名称	指定业务范围	实验室地址及联系方式	法人名称	实验室编号	实验室名称	指定业务范围	实验室地址及联系方式	法人名称
02401	浙江方圆检测集团股份有限公司	CNCA-C02-01：电路开关及保护或连接用电器装置（电器附件）中的下列产品 ——电线组件、插头插座（家用和类似用途）、家用和类似用途固定式电气装置的开关、家用和类似用途固定式电气装置电器附件外壳 CNCA-C04-01：小功率电动机 CNCA-C05-01：电动工具中的下列产品 ——电钻、电动螺丝刀和冲击扳手、电动砂轮机、砂光机、圆锯、电锤、电剪刀、攻丝机、往复锯、插入式混凝土振动器、电刨、电木铣和修边机、电动石材切割机 CNCA-C07-01：家用和类似用途设备中的下列产品 ——家用电冰箱和食品冷冻箱、电风扇、空调器、家用电动洗衣机、电热水器、室内加热器、真空吸尘器、皮肤及毛发护理器具、电熨斗、电磁灶、电烤箱、电动食品加工器具、微波炉、电灶、灶台、烤炉和类似器具、吸油烟机、液体加热器和冷热饮水机、电饭锅 CNCA-C10-01：照明电器 CNCA-C21-01：装饰装修产品 CNCA-C03-01：低压成套开关设备（短时耐受电流强度420V 170kA 1s及以下）	联系人：徐建楚 电话： 0571-85128182 传真： 0571-85120675 E-mail： 7173862@qq.com 联系人：赵新建 电话： 0571-86918250 传真： 0571-86918251 E-mail： 7173862@qq.com 浙江省嘉兴市广穹路400号 联系人：黄芳、姚波 电话： 0573-82099578/ 0573-82077118/ 0573-82077511/ 0573-82077811 传真： 0573-82077898/ 0573-82077822 E-mail： 7173862@qq.com	浙江方圆检测集团股份有限公司	02401	浙江方圆检测集团股份有限公司	CNCA-C02-01：电路开关及保护或连接用电器装置（电器附件）中的下列产品 ——电线组件、插头插座（家用和类似用途）、家用和类似用途固定式电气装置的开关、家用和类似用途固定式电气装置电器附件外壳 CNCA-C04-01：小功率电动机 CNCA-C05-01：电动工具中的下列产品 ——电钻、电动螺丝刀和冲击扳手、电动砂轮机、砂光机、圆锯、电锤、电剪刀、攻丝机、往复锯、插入式混凝土振动器、电刨、电木铣和修边机、电动石材切割机 CNCA-C07-01：家用和类似用途设备中的下列产品 ——家用电冰箱和食品冷冻箱、电风扇、空调器、家用电动洗衣机、电热水器、室内加热器、真空吸尘器、皮肤及毛发护理器具、电熨斗、电磁灶、电烤箱、电动食品加工器具、微波炉、电灶、灶台、烤炉和类似器具、吸油烟机、液体加热器和冷热饮水机、电饭锅 CNCA-C10-01：照明电器 CNCA-C21-01：装饰装修产品	联系人：徐建楚 电话： 0571-85128182 传真： 0571-85120675 E-mail： 7173862@qq.com 联系人：王晓格 电话： 0571-86918250 传真： 0571-86918251 E-mail： 58030264@qq.com	浙江方圆检测集团股份有限公司

续表

变更前信息					变更后信息				
实验室编号	实验室名称	指定业务范围	实验室地址及联系方式	法人名称	实验室编号	实验室名称	指定业务范围	实验室地址及联系方式	法人名称
02401	浙江方圆检测集团股份有限公司	CNCA-C03-02：低压元器件中的下列产品（短路电流强度420V 250kA及以下） ——低压断路器、低压开关（隔离器、隔离开关及熔断器组合电器）、低压机电式接触器和电动机起动器、机电式控制电路电器、交流半导体电动机控制器和启动器、控制和保护开关电器、接近开关、自动转换开关电器、设备用断路器、家用及类似用途机电式接触器、MCB、SMCB、RCCB（除B型RCCB）、RCBO（除B型RCBO）、PRCD、SRCD、剩余电流动作继电器、低压熔断器 CNCA-C11-07：机动车外部照明及光信号装置 CNCA-C22-02：玩具产品 CNCA-C22-01：童车产品	杭州市西湖区西溪路934号 联系人：翁文祥、张杰 电话： 0571-85026381 0571-85027205 传真： 0571-85027205 E-mail： 7173862@qq.com	浙江方圆检测集团股份有限公司	02401	浙江方圆检测集团股份有限公司	CNCA-C03-01：低压成套开关设备（短时耐受电流强度420 V 170 kA 1s及以下） CNCA-C03-02：低压元器件中的下列产品（短路电流强度420 V 250 kA及以下） ——低压断路器、低压开关（隔离器、隔离开关及熔断器组合电器）、低压机电式接触器和电动机起动器、机电式控制电路电器、交流半导体电动机控制器和启动器、控制和保护开关电器、接近开关、自动转换开关电器、设备用断路器、家用及类似用途机电式接触器、MCB、SMCB、RCCB（除B型RCCB）、RCBO（除B型RCBO）、PRCD、SRCD、剩余电流动作继电器、低压熔断器 CNCA-C11-07：机动车外部照明及光信号装置 CNCA-C22-02：玩具产品 CNCA-C22-01：童车产品	浙江嘉兴市广穹路400号 联系人：黄芳、姚波 电话： 0573-82099578/ 0573-82077118/ 0573-82077511/ 0573-82077811 传真： 0573-82077898/ 0573-82077822 E-mail： 7173862@qq.com 杭州市经济技术开发区下沙街道幸福南路115号 联系人：翁文祥、张杰 电话： 0571-85026381 0571-85027205 传真： 0571-85027205 E-mail： 806829171@qq.com 80350392@qq.com	浙江方圆检测集团股份有限公司
06201	沈阳产品质量监督检验院	CNCA-C01-01：电线电缆中的下列产品 ——额定电压450/750V及以下橡皮绝缘电线电缆和聚氯乙烯绝缘电线电缆（除GB/T 5013.8覆盖的型号产品、GB/T 5023.5覆盖的60227 IEC41(RTPVR)型号产品、GB/T 5023.7覆盖的60227 IEC74(RVVYP)型号产品） CNCA-C21-01：装饰装修产品中的下列产品 ——溶剂型木器涂料	沈阳市铁西区滑翔路26号 联系人：丁婉婷 电话：024-25893230 传真：024-25893230 E-mail： delia8292@163.com	沈阳产品质量监督检验院	06201	沈阳产品质量监督检验院	CNCA-C01-01：电线电缆中的下列产品 ——额定电压450/750 V及以下橡皮绝缘电线电缆和聚氯乙烯绝缘电线电缆［除GB/T 5013.8覆盖的型号产品、GB/T 5023.5覆盖的60227 IEC41(RTPVR)型号产品、GB/T 5023.7覆盖的60227 IEC74(RVVYP)型号产品］ CNCA-C21-01：装饰装修产品中的下列产品 ——溶剂型木器涂料	辽宁省沈阳市经济技术开发区细河四北街6号 联系人：李娜 电话：024-25893230 传真：024-25893230 E-mail： 13604906252@126.com 网址：www.syzjy.com 邮编：110144	沈阳产品质量监督检验院

续表

变更前信息					变更后信息				
实验室编号	实验室名称	指定业务范围	实验室地址及联系方式	法人名称	实验室编号	实验室名称	指定业务范围	实验室地址及联系方式	法人名称
09501	广州质量监督检测研究院	CNCA-C01-01：电线电缆中的下列产品 ——额定电压450/750V及以下聚氯乙烯绝缘电线电缆（除GB/T 5023.6、GB/T 5023.7、JB/T 8734.6覆盖的型号产品） CNCA-C07-01：家用和类似用途设备中的下列产品 ——家用电冰箱和食品冷冻箱、电风扇、家用电动洗衣机、电热水器、室内加热器、真空吸尘器、皮肤和毛发护理器具、电熨斗、电磁灶、电烤箱、电动食品加工器具、电灶、灶台、烤炉和类似器具、吸油烟机、液体加热器和冷热饮水机、电饭锅 CNCA-C22-02：玩具产品中的下列产品 ——金属玩具类产品 CNCA-C21-01：装饰装修产品	广州市番禺区石楼潮田工业区珠江路1-2号 联系人：朱丽萍 电话：020-83179030 传真：020-83390780 E-mail: zb@qmark.com.cn 网址： www.qmark.com.cn 邮编：511447 广州市黄埔东路3598号 邮编：510110	广州质量监督检测研究院	09501	广州质量监督检测研究院	CNCA-C01-01：电线电缆中的下列产品 ——额定电压450/750V及以下聚氯乙烯绝缘电线电缆（除GB/T 5023.6、GB/T 5023.7、JB/T 8734.6覆盖的型号产品） CNCA-C07-01：家用和类似用途设备中的下列产品 ——家用电冰箱和食品冷冻箱、电风扇、家用电动洗衣机、电热水器、室内加热器、真空吸尘器、皮肤和毛发护理器具、电熨斗、电磁灶、电烤箱、电动食品加工器具、电灶、灶台、烤炉和类似器具、吸油烟机、液体加热器和冷热饮水机、电饭锅 CNCA-C21-01：装饰装修产品 CNCA-C22-02：玩具产品中的下列产品 ——金属玩具类产品	广州市番禺区石楼潮田工业区珠江路1-2号 联系人：朱丽萍 电话：020-83179030 传真：020-83390780 E-mail: zb@qmark.com.cn 网址： www.qmark.com.cn 邮编：511447	广州质量监督检测研究院
10201	宁波出入境检验检疫局检验检疫技术中心/宁波中盛产品检测有限公司	CNCA-C07-01：家用和类似用途设备中的下列产品 ——电风扇、电热水器、室内加热器、皮肤和毛发护理器具、电熨斗、电磁灶、电烤箱、电动食品加工器具、微波炉、吸油烟机、液体加热器和冷热饮水机、电饭锅	浙江省宁波市出口加工区珠峰路5-9/浙江省宁波市慈溪市兴检路99号/余姚市城东新区双河路余姚市科创中心2号楼 联系人：洪宇光 电话： 0574-86813877 传真： 0574-86813876 E-mail: 13957433353@163.com	宁波中盛产品检测有限公司	10201	宁波出入境检验检疫局检验检疫技术中心/宁波中盛产品检测有限公司	CNCA-C07-01：家用和类似用途设备中的下列产品 ——电风扇、电热水器、室内加热器、皮肤和毛发护理器具、电熨斗、电磁灶、电烤箱、电动食品加工器具、微波炉、吸油烟机、液体加热器和冷热饮水机、电饭锅	浙江省宁波市高新区清逸路66号/浙江省宁波市慈溪市兴检路99号/余姚市城东新区双河路余姚市科创中心2号楼 联系人：洪宇光 电话： 0574-86813877 传真： 0574-86813876 E-mail: 13957433353@163.com	宁波中盛产品检测有限公司

续表

变更前信息					变更后信息				
实验室编号	实验室名称	指定业务范围	实验室地址及联系方式	法人名称	实验室编号	实验室名称	指定业务范围	实验室地址及联系方式	法人名称
15601	安徽中认倍佳科技有限公司	CNCA-C07-01：家用和类似用途设备中的下列产品 ——家用电冰箱和食品冷冻箱、电风扇、空调器、家用电动洗衣机、电热水器、室内加热器、真空吸尘器、皮肤和毛发护理器具、电磁灶、电烤箱、电动食品加工器具、电灶、灶台、烤炉和类似器具、吸油烟机、液体加热器和冷热饮水机、电饭锅	安徽省滁州市丰乐大道2588号中试大楼 联系人：刘杰 电话：0550-3533162 传真：0550-3533881 E-mail: liujie@cheari.com 网址：www.cqc-cheari.com 邮编：239000	安徽中认倍佳科技有限公司	15601	安徽中认倍佳科技有限公司	CNCA-C07-01：家用和类似用途设备中的下列产品 ——家用电冰箱和食品冷冻箱、电风扇、空调器、家用电动洗衣机、电热水器、室内加热器、真空吸尘器、皮肤和毛发护理器具、电磁灶、电烤箱、电动食品加工器具、电灶、灶台、烤炉和类似器具、吸油烟机、液体加热器和冷热饮水机、电饭锅	安徽省滁州市丰乐大道2588号中试大楼 联系人：刘杰 电话：0550-3533882 传真：0550-3533881 E-mail: liujie@cheari.com 网址：www.cctah.com 邮编：239000	安徽中认倍佳科技有限公司
15901	中国建材检验认证集团浙江有限公司	CNCA-C13-01：安全玻璃中的下列产品 ——建筑安全玻璃	浙江省杭州市教工路533号 联系人：翟跃忠 电话：0571-85063796 传真：0571-88806279 E-mail: bmtest@126.com 邮编：310012	中国建材检验认证集团浙江有限公司	15901	中国建材检验认证集团浙江有限公司	CNCA-C13-01：安全玻璃中的下列产品 ——建筑安全玻璃	浙江省杭州市余杭区良渚街道通运街439号1-4号楼 联系人：翟跃忠 电话：0571-85063796 传真：0571-88806279 E-mail: bmtest@126.com 邮编：310012	中国建材检验认证集团浙江有限公司
17001	国家工业电器质量监督检验中心	CNCA-C03-01：低压成套开关设备（短时耐受电流强度420V 100kA 1s及以下） CNCA-C03-02：低压元器件中的下列产品（短路电流强度420V 130kA及以下） ——低压断路器、低压开关（隔离器、隔离开关及熔断器组合电器）、低压机电式接触器和电动机起动器、机电式控制电路电器、交流半导体电动机控制器和启动器、控制和保护开关电器、接近开关、自动转换开关电器、设备用断路器、家用及类似用途机电式接触器、MCB、RCCB（除B型RCCB）、RCBO（除B型RCBO）、PRCD、剩余电流动作继电器、低压熔断器	浙江省乐清市北白象镇大桥工业区楠溪江路 联系人：李孟 电话：13868329175 传真：0577-62752910 E-mail: 19691965@qq.com 网址：www.niqs.cn 邮编：325603	浙江省高低压电器产品质量检验中心	17001	国家低压电器产品质量监督检验中心（浙江）	CNCA-C03-01：低压成套开关设备（短时耐受电流强度420 V 100kA 1 s及以下） CNCA-C03-02：低压元器件中的下列产品（短路电流强度420 V 130 kA及以下） ——低压断路器、低压开关（隔离器、隔离开关及熔断器组合电器）、低压机电式接触器和电动机起动器、机电式控制电路电器、交流半导体电动机控制器和启动器、控制和保护开关电器、接近开关、自动转换开关电器、设备用断路器、家用及类似用途机电式接触器、MCB、RCCB（除B型RCCB）、RCBO（除B型RCBO）、PRCD、剩余电流动作继电器、低压熔断器	浙江省乐清市北白象镇大桥工业区楠溪江路 联系人：李孟 电话：13868329175 传真：0577-62752910 E-mail: 19691965@qq.com 网址：www.niqs.cn 邮编：325603	浙江省高低压电器产品质量检验中心

续表

变更前信息					变更后信息				
实验室编号	实验室名称	指定业务范围	实验室地址及联系方式	法人名称	实验室编号	实验室名称	指定业务范围	实验室地址及联系方式	法人名称
15801	中国质量认证中心华南实验室	CNCA-C01-01：电线电缆中的下列产品 ——额定电压450/750V及以下橡皮绝缘电线电缆和聚氯乙烯绝缘电线电缆 CNCA-C02-01：电路开关及保护或连接用电器装置（电器附件）中的下列产品 ——电线组件、插头插座（家用和类似用途（除转换器产品（不带有国外标准插头或插座）和带有国标组合孔的延长线插座产品（电线加长组件）））、家用和类似用途固定式电气装置的开关、器具耦合器（家用和类似用途） CNCA-C04-01：小功率电动机 CNCA-C07-01：家用和类似用途设备中的下列产品 ——家用电冰箱和食品冷冻箱、电风扇、空调器、电动机-压缩机、电热水器、室内加热器、真空吸尘器、皮肤和毛发护理器具、电熨斗、电磁灶、电烤箱、电动食品加工器具、微波炉、电灶、灶台、烤炉和类似器具、吸油烟机、液体加热器和冷热饮水机、电饭锅 CNCA-C08-01：音视频设备 CNCA-C09-01：信息技术设备 CNCA-C10-01：照明电器中的下列产品 ——除高强度气体放电灯用电子镇流器外的其他产品 CNCA-C16-01：电信终端设备中的下列产品 ——传真机、调制解调器（含卡）、固定电话终端及电话机附加装置、集团电话、ISDN终端、数据终端（含卡）、多媒体终端 CNCA-C11-09：汽车内饰件 CNCA-C22-02：玩具产品	广东省中山市南头镇升辉南路11号 联系人：胥凌 电话： 0760-2251982 传真： 0760-22519969 E-mail： xuling@cqc.com.cn 网址： www.cqc.com.cn/southchinala 邮编：528427 广东省广州增城市新塘镇宁西工业园区 邮编：511300	中国质量认证中心	15801	中国质量认证中心华南实验室	CNCA-C01-01：电线电缆中的下列产品 ——额定电压450/750 V及以下橡皮绝缘电线电缆和聚氯乙烯绝缘电线电缆 CNCA-C02-01：电路开关及保护或连接用电器装置（电器附件）中的下列产品 ——电线组件、插头插座（家用和类似用途（除转换器产品（不带有国外标准插头或插座）和带有国标组合孔的延长线插座产品（电线加长组件）））、家用和类似用途固定式电气装置的开关、器具耦合器（家用和类似用途） CNCA-C04-01：小功率电动机 CNCA-C07-01：家用和类似用途设备中的下列产品 ——家用电冰箱和食品冷冻箱、电风扇、空调器、电动机-压缩机、电热水器、室内加热器、真空吸尘器、皮肤和毛发护理器具、电熨斗、电磁灶、电烤箱、电动食品加工器具、微波炉、电灶、灶台、烤炉和类似器具、吸油烟机、液体加热器和冷热饮水机、电饭锅 CNCA-C10-01：照明电器中的下列产品 ——除高强度气体放电灯用电子镇流器外的其他产品 CNCA-C08-01：音视频设备 CNCA-C09-01：信息技术设备 CNCA-C16-01：电信终端设备中的下列产品 ——传真机、调制解调器（含卡）、固定电话终端及电话机附加装置、集团电话、ISDN终端、数据终端（含卡）、多媒体终端 CNCA-C11-09：汽车内饰件 CNCA-C22-02：玩具产品	广东省中山市南头镇升辉南路11号 联系人：胥凌 电话： 0760-22519820 传真： 0760-22519969 E-mail： xuling@cqc.com.cn 网址： www.cqc.com.cn/southchinalab 邮编：528427 广东省东莞市东坑镇一环路科技创新基地1103号 邮编：523451 广东省广州增城市新塘镇宁西工业园区 邮编：511300	中国质量认证中心

国家认监委关于注销浙江立德产品技术有限公司部分领域强制性产品认证指定检测业务的公告

（2017年第16号）

根据浙江立德产品技术有限公司的主动申请，因该公司业务发展调整，部分产品检测领域不再符合强制性产品认证的相关要求，依据《强制性产品认证机构、检查机构和实验室管理办法》（质检总局令第65号）第三十九条的规定，现决定即日起注销该实验室承担的产品领域的强制性产品认证指定检测业务。具体业务如下：

（一）各种广播波段的调谐接收机、收音机；

（二）各类载体形式的音视频录制播放及处理设备（包括各类光盘、磁带、硬盘、等载体形式）；

（三）总输出功率在500W（有效值）以下的单扬声器和多扬声器有源音箱、音频功率放大器、各种广播波段的调谐接收机、收音机、各类载体形式的音视频录制播放及处理设备(包括各类光盘、磁带、硬盘、等载体形式）四种设备的组合；

（四）各种成像方式的彩色电视接收机；

（五）监视器；

（六）录像机；

（七）天线放大器。

特此公告。

国家认监委

2017年5月31日

国家认监委关于开展2017年强制性产品认证实施机构年度指定工作的公告

（2017年第17号）

根据《中华人民共和国认证认可条例》、《强制性产品认证机构、检查机构和实验室管理办法》（质检总局令第65号）、《国家认监委关于进一步深化强制性认证实施机构指定审批制度改革工作举措的公告》（国家认监委公告2015年第34号）、《国家认监委关于调整从事强制性产品认证以及相关活动的认证机构、检查机构、实验室指定行政审批要求的公告》（国家认监委公告2016年第11号），国家认监委拟于近期开展2017年强制性产品认证实施机构年度指定工作。现公告如下：

一、指定原则

（一）公开公正，公平竞争，择优使用，资源合理利用；

（二）满足产业集中地企业检测服务需求；

（三）同等条件下，优先考虑标准检测认证一体化、具备关联产品认证 / 检测经验的机构。

二、指定需求

在部分强制性认证产品领域指定有关认证机构和实验室（具体需求详见附件）。

三、指定申请的受理条件

（一）申请从事强制性产品认证活动的认证机构应当具备下列条件：

1. 依照条例规定设立，具有相应领域2年以上认证经历或者颁发相关产品认证证书20份以上；

2. 符合国家标准中对认证机构技术能力的通用要求；

3. 在申请前6各月内无不良记录；

4. 本机构的法人性质、产权构成和组织结构等能够

保证其强制性认证活动的客观公正;

5. 具备能够公正、独立和有效地从事强制性产品认证活动的技术与管理能力;

6. 具备从事强制性产品认证活动所需要并且可以独立调配使用的检测、检查资源，拥有与强制性产品认证工作任务相适应的符合条例规定的认证人员和稳定的财力资源。

（二）申请从事强制性产品认证检测活动的实验室应当具备下列条件:

1. 具有法律、行政法规规定的基本条件和能力，并经依法认定;

2. 获得资质认定并具有相关领域检测经验，从事检测工作 2 年以上或者对外出具相关产品检测报告 20 份以上;

3. 符合国家标准中对实验室技术能力的通用要求;

4. 在申请前 6 个月内无不良记录;

5. 本单位的法人性质、产权构成以及组织结构能够保证其公正、独立地实施检测活动;

6. 具备承担相应产品认证检测活动所需的全部设备、设施，或者经相关设备、设施所有权单位的授权，可以独立使用设备、设施;

7. 检测人员接受过与其承担的相应产品认证检测所必需的教育和培训，并掌握相关的标准、技术规范和强制性产品认证实施规则的要求，具备必要的产品检测能力。

四、指定工作安排

（一）符合上述条件并有申报意愿的认证机构和实验室，请按照以下要求进行申报:

1. 本次指定采取网上填报和寄送纸质申请书并行的方式进行。网上申报地址: http://cccxzsp.cnca.cn/aasp; 邮寄地址: 北京市海淀区马甸东路 9 号国家认监委认证监管部，邮编: 100088。

2. 申请机构应按不同指定项目编号分别填写申请书。

3. 申请机构应于 2017 年 7 月 17 日 17: 00 前（以收到时间为准）将纸质申请书寄达国家认监委，并提交网上申请。

4. 申请机构应确保申请材料的真实性，如发现存在虚假、瞒报等情况的，一律取消指定资格。

5. 为保证工作秩序，我委不受理直接上门报送纸质申请书，寄送材料建议使用 EMS 邮政特快专递。

（二）2017 年 7 月 18 日至 8 月 12 日，国家认监委按照指定程序开展指定工作并作出指定决定。如需要对申请机构开展现场审核的,本阶段所需时间将延长。

（三）2017 年 8 月 27 日前，国家认监委公告本次指定认证机构和实验室的名录及业务范围。如发生现场审核，公告时间将相应顺延。

五、信息咨询及联络方式

（一）电气电子类

联系人: 邱 磊 电 话: 010-82262779

（二）非电气电子类

联系人: 关钧文 电 话: 010-82262674

附件: 认证机构和实验室指定需求表

国家认监委

2017 年 6 月 27 日

认证机构和实验室指定需求表

一、认证机构

指定项目编号	业务领域		拟指定认证机构数量	备注
	实施规则号	产品名称		
1.1	CNCA-C02-01	电路开关及保护或连接用电器装置（电器附件）	1家	
1.2	CNCA-C05-01	电动工具	1家	
1.3	CNCA-C07-01	家用和类似用途设备	1家	
1.4	CNCA-C08-01	音视频设备	1家	
	CNCA-C09-01	信息技术设备		
	CNCA-C16-01	电信终端设备		
1.5	CNCA-C11-01	汽车产品中的下列产品: 纯电动汽车	1家	业务范围仅限国内
1.6	CNCA-C11-04	汽车安全带	1家	
	CNCA-C11-05	机动车喇叭		
	CNCA-C11-06	机动车制动软管		
	CNCA-C11-07	机动车外部照明及光信号装置		
	CNCA-C11-08	机动车辆间接视野装置		

续表

指定项目编号	业务领域		拟指定认证机构数量	备注
	实施规则号	产品名称		
1.6	CNCA-C11-11	汽车燃油箱	1家	
	CNCA-C11-12	汽车座椅及座椅头枕		
1.7	CNCA-C22-03	机动车儿童乘员用约束系统	1家	

二、实验室

指定项目编号	业务领域		拟指定实验室所在地域	拟指定实验室数量
	实施规则号	产品名称		
2.1	CNCA-C01-01	电线电缆	江苏、广西	各1家
2.2	CNCA-C07-01	家用和类似用途设备	安徽、北京、重庆	各1家
2.3	CNCA-C09-01	信息技术设备	广东	2家
			重庆	1家
2.4	CNCA-C10-01	照明电器	广东	4家
			江苏、浙江、上海	各1家
2.5	CNCA-C16-01	电信终端设备	广东、江苏	各1家
2.6	CNCA-C11-01	汽车产品中的下列产品：O类汽车	浙江	1家
2.7	CNCA-C11-07	机动车外部照明及光信号装置	广东、重庆、吉林	各1家
2.8	CNCA-C13-01	安全玻璃产品中的下列产品：建筑安全玻璃	贵州	1家
2.9	CNCA-C22-01	童车产品中的下列产品：电动童车	浙江	1家
2.10	CNCA-C22-01	童车产品中的下列产品：儿童推车	广东	1家
2.11	CNCA-C22-02	玩具产品中的下列产品：金属玩具类产品	广东	1家
2.12	CNCA-C22-02	玩具产品中的下列产品：弹射玩具类产品	福建	1家
2.13	CNCA-C22-03	机动车儿童乘员用约束系统	江苏	1家

国家认监委关于对有关机构非法从事认证活动的公告

（2017 年第 18 号）

经查证，“CQS 欧亚认证（中国）有限公司”、“CQS 国际认证服务（中国）有限公司”、“美国国际标准管理局（ISA）”、“台湾英日美国际有限公司”、“意大利欧洲认证组织股份有限公司”、“华睿达认证服务（中国）有限公司”、“凯达国际标准认证中心”、“INTECHNICA”、“Mathwea International Certification Co.,Ltd.（简称 MIC）”和“北京中美华盛国际信用评价事务所”违反《中华人民共和国认证认可条例》规定，在未经国家认监委批准的情况下，擅自在中华人民共和国境内非法开展认证活动，并向部分企业颁发管理体系等认证证书。其颁发的认证证书在中华人民共和国境内无效。

国家认监委提醒社会各界，应选择国家认监委批准的合法的认证机构提供认证服务。合法的认证机构名录可从国家认监委官方网站查询。欢迎认证委托人及社会各方对认证机构的资质及其行为进行监督，发现非法从事认证活动的机构，可向所在地出入境检验检疫局、质量技术监督局或国家认监委举报，共同维护公平竞争的认证市场环境。

特此公告。

国家认监委

2017 年 7 月 11 日

国家认监委关于发布 2017 年第 2 批强制性产品认证实验室日常指定决定的公告

（2017 年第 19 号）

根据《中华人民共和国认证认可条例》和《强制性产品认证机构、检查机构和实验室管理办法》（质检总局令第 65 号）、《国家认监委关于调整从事强制性产品认证以及相关活动的认证机构、检查机构、实验室指定行政审批要求的公告》（国家认监委公告 2016 年第 11 号）等法律规定，现对 2017 年第 2 批强制性产品认证实验室日常指定决定予以公告。

对本指定决定有异议的，请在公告发布之日起 15 个工作日内向我委提出申诉或投诉（请注明联系人和联系方式）。

国家认监委

2017 年 7 月 17 日

2017年第2批强制性产品认证实验室日常指定决定

指定项目编号	产品领域	实施规则	指定实验室	指定业务范围
3.2	电器附件	CNCA-C02-01	国家广播电视产品质量监督检验中心（北京泰瑞特检测技术服务有限责任公司）（00201）	电路开关及保护或连接用电气装置（电器附件）中的下列产品 ——插头插座（家用和类似用途（仅转换器产品（带有国外标准插头或插座的除外）和带有国标组合孔的延长线插座（电线加长组件）产品））
			温州市质量技术监督检测院（08401）	电路开关及保护或连接用电气装置（电器附件）中的下列产品 ——电线组件、插头插座（家用和类似用途（仅转换器产品（带有国外标准插头或插座的除外）和带有国标组合孔的延长线插座（电线加长组件）产品）、工业用）、器具耦合器、家用和类似用途固定式电气装置电器附件外壳
			方圆广电检验检测股份有限公司（18301）	电路开关及保护或连接用电气装置（电器附件）中的下列产品 ——电线组件、插头插座（家用和类似用途）、器具耦合器（家用和类似用途）、家用和类似用途固定式电气装置电器附件外壳
3.3	低压电器	CNCA-C03-02	浙江省机电产品质量检测所（06801）	低压元器件中的下列产品（短路电流强度420 V 120 kA及以下） ——MCB（直流产品）
3.5	电动工具	CNCA-C05-01	中认英泰检测技术有限公司（13001）	电动工具中的下列产品 ——电动螺丝刀和冲击扳手、电剪刀、攻丝机、电木铣和修边机、电动石材切割机
3.7	家用和类似用途设备	CNCA-C07-01	嘉兴威凯检测技术有限公司（18401）	家用和类似用途设备中的下列产品 ——家用电冰箱和食品冷冻箱、真空吸尘器
3.8	电子设备	CNCA-C09-01 CNCA-C16-01	福建省产品质量检验研究院（02501）	电信终端设备中的下列产品 ——传真机、调制解调器（含卡）、固定电话终端及电话机附加装置、集团电话、移动用户终端、ISDN终端、数据终端（含卡）、多媒体终端
			国家办公设备及耗材质量监督检验中心（03201）	信息技术设备中的下列产品 ——与计算机连用的显示设备、与计算机连用的打印设备、扫描仪
3.23	童车产品	CNCA-C22-01	河北出入境检验检疫局检验检疫技术中心邢台分中心（16501）	童车产品中的下列产品 ——儿童三轮车、儿童推车、婴儿学步车、玩具自行车、电动童车、其他玩具车辆
3.24	玩具产品	CNCA-C22-02	华测检测认证集团股份有限公司（16701）	玩具产品中的下列产品 ——塑胶玩具类产品、金属玩具类产品、弹射玩具类产品、娃娃玩具类产品
4.1	电线电缆	CNCA-C01-01	镇江市产品质量监督检验中心/国家中低压配电设备质量监督检验中心（12901）	电线电缆中的下列产品 ——额定电压450/750 V及以下聚氯乙烯绝缘电线电缆（GB/T 5023.5覆盖的60227 IEC 41（RTPVR）型号产品）
4.4	器具附件	CNCA-C02-01	嘉兴威凯检测技术有限公司（18401）	电路开关及保护或连接用电气装置（电器附件）中的下列产品 ——电线组件、插头插座（家用和类似用途）、家用和类似用途固定式电气装置的开关、家用和类似用途固定式电气装置电器附件外壳
5.1	小功率电动机	CNCA-C04-01	嘉兴威凯检测技术有限公司（18401）	小功率电动机
			江苏出入境检验检疫局能效检测中心（19101）	小功率电动机
5.3	汽车内饰件	CNCA-C11-09	成都产品质量检验研究院有限责任公司（02601）	汽车内饰件
5.4	溶剂型木器涂料	CNCA-C21-01	深圳市计量质量检测研究院（02801）	装饰装修产品中的下列产品 ——溶剂型木器涂料

国家认监委关于发布强制性产品认证目录产品与2017年HS编码对应参考表的公告

（2017年第20号）

为便利强制性产品认证目录内产品的进口贸易，提高监管效率，国家认监委组织编制完成了《强制性产品认证目录产品与2017年HS编码对应参考表》（以下简称《参考表》），现予以发布。

《参考表》仅作为强制性产品认证目录产品判定的参考，有关强制性产品认证目录产品的具体描述与界定，以国家认监委发布的相关产品实施强制性产品认证的公告为准。

附件：强制性产品认证目录产品与2017年HS编码对应表。

国家认监委

2017年7月25日

附件：

强制性产品认证目录产品与2017年HS编码对应表

序号	强制性产品认证目录产品名称	商品编码（HS编码）	商品编码对应的商品名称及备注
1	电线组件	8536909000	其他电压≤1000 V电路连接器等电气装置
		8544422100	80 V<额定电压≤1000 V有接头电缆
		8544422900	80 V<额定电压≤1000 V有接头电导体
2	交流额定电压3 kV及以下铁路机车车辆用电线电缆	8544492100	1000 V≥额定电压>80 V其他电缆
		8544601200	1 kV<额定电压≤35 kV的电缆
3	额定电压450/750 V及以下聚氯乙烯绝缘电线电缆	8544492100	1000 V≥额定电压>80 V其他电缆
4	额定电压 450/750 V及以下橡皮绝缘电线电缆	8544492100	1000 V≥额定电压>80 V其他电缆
5	插头插座（家用和类似用途、工业用）	8536901900	其他36 V<电压≤1000 V的接插件
		8536690000	电压≤1000 V的插头及插座
6	家用和类似用途固定式电气装置的开关	8536909000	其他电压≤1000 V电路连接器等电气装置
7	器具耦合器（家用和类似用途、工业用）	8536909000	其他电压≤1000 V电路连接器等电气装置
		8536690000	电压≤1000 V的插头及插座
		8536901900	其他36 V<电压≤1000 V的接插件
8	热熔断体	8536100000	熔断器（电压不超过1000 V）
9	家用和类似用途固定式电气装置电器附件外壳	8536909000	其他电压≤1000 V电路连接器等电气装置
10	小型熔断器的管状熔断体	8536100000	熔断器（电压不超过1000 V）
11	漏电保护器	8536300000	电压≤1000 V其他电路保护装置
		8536419000	36 V<电压≤60 V的继电器
		8536490000	电压大于60 V的继电器（用于电压不超过1000 V的线路）
12	断路器	8535210000	电压<72.5 kV自动断路器（用于电压超过1000 V的线路）
		8536200000	电压不超过1000 V自动断路器

续表

序号	强制性产品认证目录产品名称	商品编码（HS编码）	商品编码对应的商品名称及备注
13	熔断器	8535100000	电路熔断器（电压>1000 V）
		8536100000	熔断器（电压不超过1000 V）
14	低压开关（隔离器、隔离开关、熔断器组合电器）	8535309000	其他隔离开关及断续开关（用于电压超过1000 V的线路）
		8536500000	电压≤1000 V的其他开关
15	其他电路保护装置	8536300000	电压≤1000 V其他电路保护装置
		8535900090	其他电压>1000 V电路开关等电气装置
		8536419000	36 V<电压≤60 V的继电器
		8536490000	电压大于60 V的继电器（用于电压不超过1000 V的线路）
16	继电器	8536419000	36 V<电压≤60 V的继电器
		8536490000	电压大于60 V的继电器（用于电压不超过1000 V的线路）
17	其他开关	8536500000	电压≤1000 V的其他开关
18	其他装置	8536300000	电压≤1000 V其他电路保护装置
19	低压成套开关设备	8537109090	其他电力控制或分配的装置（电压不超过1000 V的线路）
		8544422900	80 V<额定电压≤1000 V有接头电导体
20	小功率电动机	8501520000	750 W<输出功率≤75 kW的多相交流电动机
		8501320000	750 W<输出功率≤75 kW的直流电动机、发电机
		8501510090	其他输出功率≤750 W多相交流电动机
		8501200000	输出功率>37.5 W的交直流两用电动机
		8501310000	其他输出功率≤750 W的直流电动机、发电机
		8501400000	单相交流电动机
21	电钻	8467210000	手提式电动钻
		8467299000	其他手提式电动工具
22	电动螺丝刀和冲击扳手	8467299000	其他手提式电动工具
23	电动砂轮机	8467291000	手提式电动砂磨工具
		8467299000	其他手提式电动工具
24	砂光机	8467299000	其他手提式电动工具
25	圆锯	8467229000	其他手提式电锯
		8467299000	其他手提式电动工具
26	电锤	8467299000	其他手提式电动工具
27	不易燃液体电喷枪	8467299000	其他手提式电动工具
28	电剪刀	8467299000	其他手提式电动工具
29	攻丝机	8467299000	其他手提式电动工具
30	往复锯	8467229000	其他手提式电锯
		8467299000	其他手提式电动工具
31	插入式混凝土振动器	8467299000	其他手提式电动工具
32	电链锯	8467221000	手提式电动链锯
		8467299000	其他手提式电动工具
33	电刨	8467292000	手提式电刨
		8467299000	其他手提式电动工具
34	电动修枝剪	8467299000	其他手提式电动工具
35	电木铣和修边机	8467299000	其他手提式电动工具
36	电动石材切割机	8467299000	其他手提式电动工具
37	小型交流弧焊机	8515319900	其他电弧（包括等离子弧）焊接机及装置（全自动或半自动的）
		8515390000	其他电弧（等离子弧）焊接机器及装置（非全自动或半自动的）

续表

序号	强制性产品认证目录产品名称	商品编码（HS编码）	商品编码对应的商品名称及备注
37	小型交流弧焊机	8515319100	螺旋焊管机[电弧（包括等离子弧）焊接式，全自动或半自动的]
		8515809090	其他焊接机器及装置
38	交流弧焊机	8515319900	其他电弧（包括等离子弧）焊接机及装置（全自动或半自动的）
		8515390000	其他电弧（等离子弧）焊接机器及装置（非全自动或半自动）
		8515319100	螺旋焊管机[电弧（包括等离子弧）焊接式，全自动或半自动的]
		8515809090	其他焊接机器及装置
		8515312000	电弧（包括等离子弧）焊接机器人
39	直流弧焊机	8515319900	其他电弧（包括等离子弧）焊接机及装置（全自动或半自动的）
		8515390000	其他电弧（等离子弧）焊接机器及装置（非全自动或半自动）
		8515319100	螺旋焊管机[电弧（包括等离子弧）焊接式，全自动或半自动的]
		8515809090	其他焊接机器及装置
		8515312000	电弧（包括等离子弧）焊接机器人
40	TIG弧焊机	8515319900	其他电弧（包括等离子弧）焊接机及装置（全自动或半自动的）
		8515390000	其他电弧（等离子弧）焊接机器及装置（非全自动或半自动）
		8515319100	螺旋焊管机[电弧（包括等离子弧）焊接式，全自动或半自动的]
		8515809090	其他焊接机器及装置
		8515312000	电弧（包括等离子弧）焊接机器人
41	MIG/MAG弧焊机	8515319900	其他电弧（包括等离子弧）焊接机及装置（全自动或半自动的）
		8515390000	其他电弧（等离子弧）焊接机器及装置（非全自动或半自动）
		8515319100	螺旋焊管机[电弧（包括等离子弧）焊接式，全自动或半自动的]
		8515809090	其他焊接机器及装置
		8515312000	电弧（包括等离子弧）焊接机器人
42	埋弧焊机	8515319900	其他电弧（包括等离子弧）焊接机及装置（全自动或半自动的）
		8515390000	其他电弧（等离子弧）焊接机器及装置（非全自动或半自动）
		8515319100	螺旋焊管机[电弧（包括等离子弧）焊接式，全自动或半自动的]
		8515809090	其他焊接机器及装置
		8515312000	电弧（包括等离子弧）焊接机器人
43	等离子弧焊机	8515319900	其他电弧（包括等离子弧）焊接机及装置（全自动或半自动的）
		8515390000	其他电弧（等离子弧）焊接机器及装置（非全自动或半自动）
43	等离子弧焊机	8515319100	螺旋焊管机[电弧（包括等离子弧）焊接式，全自动或半自动的]
		8515809090	其他焊接机器及装置
		8515312000	电弧（包括等离子弧）焊接机器人
44	等离子弧切割机	8456401000	等离子切割机
45	弧焊变压器防触电装置	8515319900	其他电弧（包括等离子弧）焊接机及装置（全自动或半自动的）
		8515390000	其他电弧（等离子弧）焊接机器及装置（非全自动或半自动）
		8515809090	其他焊接机器及装置
46	电焊钳	8515319900	其他电弧（包括等离子弧）焊接机及装置（全自动或半自动的）
		8515390000	其他电弧（等离子弧）焊接机器及装置（非全自动或半自动）
		8515809090	其他焊接机器及装置
47	焊接电缆耦合装置	8515319900	其他电弧（包括等离子弧）焊接机及装置（全自动或半自动的）
		8515390000	其他电弧（等离子弧）焊接机器及装置（非全自动或半自动的）
		8515809090	其他焊接机器及装置
48	电阻焊机	8515219100	直缝焊管机（电阻焊接式，全自动或半自动的）
		8515212001	汽车生产线电阻焊接机器人

续表

序号	强制性产品认证目录产品名称	商品编码（HS编码）	商品编码对应的商品名称及备注
48	电阻焊机	8515212090	其他电阻焊接机器人
		8515219900	其他电阻焊接机器（全自动或半自动的）
		8515290000	其他电阻焊接机器及装置
49	TIG焊焊炬	8515319900	其他电弧（包括等离子弧）焊接机及装置（全自动或半自动的）
		8515390000	其他电弧（等离子弧）焊接机器及装置（非全自动或半自动）
		8515809090	其他焊接机器及装置
50	MIG/MAG焊焊枪	8515319900	其他电弧（包括等离子弧）焊接机及装置（全自动或半自动的）
		8515390000	其他电弧（等离子弧）焊接机器及装置（非全自动或半自动）
		8515809090	其他焊接机器及装置
51	送丝装置	8515319900	其他电弧（包括等离子弧）焊接机及装置（全自动或半自动的）
		8515390000	其他电弧（等离子弧）焊接机器及装置（非全自动或半自动）
		8515809090	其他焊接机器及装置
52	家用电冰箱和食品冷冻箱	8418102000	200 L<容积≤500 L冷藏冷冻组合机（各自装有单独外门的）
		8418103000	容积≤200 L冷藏-冷冻组合机（各自装有单独外门的）
		8418211000	容积>150 L压缩式家用型冷藏箱
		8418212000	压缩式家用型冷藏箱（50 L<容积≤150 L）
		8418213000	容积≤50 L压缩式家用型冷藏箱
		8418291000	半导体制冷式家用型冷藏箱
52	家用电冰箱和食品冷冻箱	8418292000	电气吸收式家用型冷藏箱
		8418299000	其他家用型冷藏箱
		8418302900	制冷温度>-40℃小的其他柜式冷冻箱（小的指容积≤500 L）
		8418402900	制冷温度>-40℃小的立式冷冻箱（小的指容积≤500 L）
		8418500000	装有冷藏或冷冻装置的其他设备,用于存储及展示（包括柜、箱、展示台、陈列箱及类似品）
53	电风扇	8414511000	功率≤125 W的吊扇（本身装有一个输出功率不超过125 W的电动机）
		8414512000	其他功率≤125 W的换气扇（装有一输出功率≤125 W电动机）
		8414513000	功率≤125 W有旋转导风轮的风扇（本身装有一个输出功率不超过125 W的电动机）
		8414519100	功率≤125 W的台扇（本身装有一个输出功率不超过125 W的电动机）
		8414519200	功率≤125 W的落地扇（本身装有一个输出功率不超过125 W的电动机）
		8414519300	功率≤125 W的壁扇（本身装有一个输出功率不超过125 W的电动机）
		8414519900	其他功率≤125 W其他风机、风扇（本身装有一个输出功率不超过125 W的电动机）
		8414591000	其他吊扇（电动机输出功率超过125 W的）
		8414592000	其他换气扇（电动机输出功率超过125 W的）
		8414599091	其他台扇、落地扇、壁扇（电动机输出功率超过125 W的）
		8414599099	其他风机、风扇
54	空调器	8415101000	独立式空气调节器，窗式、壁式、置于天花板或地板上的（装有电扇及调温、调湿装置,包括不能单独调湿的空调器）
		8415102100	制冷量≤4000 kcal/h分体式空调,窗式、壁式、置于天花板或地板上的（装有电扇及调温、调湿装置,包括不能单独调湿的空调器）
		8415102210	4000 kcal/h<制冷量≤12046 kcal/h（14000 W）分体式空调，窗式、壁式、置于天花板或地板上的（装有电扇及调温、调湿装置,包括不能单独调湿的空调器）
		8415102290	其他制冷量>12046 kcal/h（14000 W）分体式空调,窗式、壁式、置于天花板或地板上的（装有电扇及调温、调湿装置,包括不能单独调湿的空调器）

续表

序号	强制性产品认证目录产品名称	商品编码（HS编码）	商品编码对应的商品名称及备注
54	空调器	8415811000	制冷量≤4000 kcal/h热泵式空调器（装有制冷装置及一个冷热循环换向阀的）
		8415812001	4000 kcal/h<制冷量≤12046 kcal/h（14000 W）热泵式空调器（装有制冷装置及一个冷热循环换向阀的）
		8415812090	其他制冷量>12046 kcal/h（14000 W）热泵式空调器（装有制冷装置及一个冷热循环换向阀的）
		8415821000	制冷量≤4000 kcal/h的其他空调器（仅装有制冷装置,而无冷热循环装置的）
		8415822001	4000 kcal/h<制冷量≤12046 kcal/h（14000 W）的其他空调（仅装有制冷装置,而无冷热循环装置的）
		8415822090	其他制冷量>12046 kcal/h（14000 W）的其他空调（仅装有制冷装置,而无冷热循环装置的）
		8479892000	空气增湿器及减湿器
55	电动机–压缩机	8414301100	电动机额定功率≤0.4 kW冷藏或冷冻箱用压缩机
		8414301200	其他电驱动冷藏或冷冻箱用压缩机（指0.4 kW<电动机额定功率≤5 kW）
		8414301300	电动机额定功率>0.4 kW, 但≤5 kW的空调器用压缩机
		8414301900	电动机驱动其他用于制冷设备的压缩机
56	家用电动洗衣机	8450111000	干衣量≤10 kg全自动波轮式洗衣机
		8450112000	干衣量≤10 kg全自动滚筒式洗衣机
		8450119000	其他干衣量≤10 kg的全自动洗衣机
		8450120000	装有离心甩干机的非全自动洗衣机（干衣量≤10 kg）
		8450190000	干衣量≤10 kg的其他洗衣机
		8421121000	干衣量不超过10 kg的离心干衣机
		8421191000	脱水机
57	电热水器	8516101000	储存式电热水器
		8516102000	即热式电热水器
		8516109000	其他电热水器
58	室内加热器	8516299000	电气空间加热器
		8516292000	辐射式空间加热器
		8516293900	其他对流式空间加热器
		8516293100	风扇式对流空间加热器
		8516293200	充液式对流空间加热器
59	真空吸尘器	8508110000	电动的真空吸尘器（功率不超过1500 W,且带有容积不超过20 L的集尘袋或其他集尘容器）
		8508190000	其他电动的真空吸尘器
60	皮肤和毛发护理器具	8516310000	电吹风机
		8516320000	其他电热理发器具
		8516330000	电热干手器
61	电熨斗	8516400000	电熨斗
62	电磁灶	8516601000	电磁炉
63	电烤箱（便携式烤架、面包片烘烤器及类似烹调器具）	8516605000	电烤箱
		8516609000	其他电热炉（包括电热板、加热环、烧烤炉及烘烤器）
		8516721000	家用自动面包机
		8516722000	片式烤面包机（多士炉）
		8516729000	其他电热烤面包器

续表

序号	强制性产品认证目录产品名称	商品编码（HS编码）	商品编码对应的商品名称及备注
64	电动食品加工器具（食品加工机（厨房机械））	8509401000	水果或蔬菜的榨汁机
		8509409000	食品研磨机,搅拌器
		8509809000	其他家用电动器具
65	微波炉	8516500000	微波炉
66	电灶、灶台、烤炉和类似器具（驻立式电烤箱、固定式烤架及类似烹调器具）	8516799000	其他电热器具
		8516609000	其他电热炉（包括电热板、加热环、烧烤炉及烘烤器）
67	吸油烟机	8414601000	抽油烟机（指罩的平面最大边长不超过120 cm,装有风扇的）
68	液体加热器和冷热饮水机	8516711000	滴液式咖啡机
		8516712000	蒸馏渗滤式咖啡机
		8516713000	泵压式咖啡机
		8516719000	其他电热咖啡机和茶壶
		8419810000	加工热饮料,烹调,加热食品的机器
		8516791000	电热饮水机
69	电饭锅	8516603000	电饭锅
70	总输出功率在500 W（有效值）以下的单扬声器和多扬声器有源音箱	8518210000	单喇叭音箱
		8518220000	多喇叭音箱
71	音频功率放大器	8518400090	其他音频扩大器
		8543709200	其他高、中频放大器
		8518500000	电气扩音机组
72	各种广播波段的调谐接收机、收音机	8527920000	带时钟的收音机
		8527990000	其他收音机
73	各类载体形式的音视频录制播放及处理设备（包括各类光盘、磁带、硬盘、等载体形式）	8517629900	其他接收、转换并发送或再生音像或其他数据用的设备
		8519200010	以特定支付方式使其工作的激光唱机（用硬币、钞票、银行卡、代币或其他支付方式使其工作）
		8519200090	其他以特定支付方式使其工作的声音录制或重放设备（用硬币、钞票、银行卡、代币或其他支付方式使其工作）
		8519811100	未装有声音录制装置的盒式磁带型声音重放装置（编辑节目用放声机除外）
		8519811200	装有声音重放装置的盒式磁带型录音机
		8519811900	其他使用磁性媒体的声音录制或重放设备
		8519812100	激光唱机,未装有声音录制装置
		8519812910	具有录音功能的激光唱机
		8519812990	其他使用光学媒体的声音录制或重放设备
		8519813100	装有声音重放装置的闪速存储器型声音录制设备
		8519813900	其他使用半导体媒体的声音录制或重放设备
		8519891000	不带录制装置的其他唱机,不论是否带有扬声器（使用磁性、光学或半导体媒体的除外）
		8519899000	其他声音录制或重放设备（使用磁性、光学或半导体媒体的除外）
		8521901110	具有录制功能的视频高密光盘（VCD）播放机（不论是否装有高频调谐放大器）
		8521901190	其他视频高密光盘（VCD）播放机（不论是否装有高频调谐放大器）
		8521901290	其他数字化视频光盘（DVD）播放机（不论是否装有高频调谐放大器）
		8521901910	具有录制功能的其他激光视盘播放机（不论是否装有高频调谐放大器）
		8521901990	其他激光视盘播放机（不论是否装有高频调谐放大器）

续表

序号	强制性产品认证目录产品名称	商品编码（HS编码）	商品编码对应的商品名称及备注
73	各类载体形式的音视频录制播放及处理设备（包括各类光盘、磁带、硬盘、等载体形式）	8521909090	其他视频信号录制或重放设备（不论是否装有高频调谐放大器）
74	以上四种设备的组合	8527910000	其他收录（放）音组合机
75	音视频设备配套的电源适配器（含充/放电器）	8504401990	其他稳压电源
		8504401400	功率<1 kW直流稳压电源（稳压系数低于万分之一，品目84.71所列机器用除外）
76	各种成像方式的彩色电视接收机	8528711000	彩色的卫星电视接收机（在设计上不带有视频显示器或屏幕的）
		8528718000	其他彩色的电视接收装置（在设计上不带有视频显示器或屏幕的）
		8528721100	其他彩色的模拟电视接收机，带阴极射线显像管的
		8528721200	其他彩色的数字电视接收机,阴极射线显像管的
		8528721900	其他彩色的电视接收机,阴极射线显像管的
		8528722100	彩色的液晶显示器的模拟电视接收机
		8528722200	彩色的液晶显示器的数字电视接收机
		8528722900	其他彩色的液晶显示器的电视接收机
		8528723100	彩色的等离子显示器的模拟电视接收机
		8528723200	彩色的等离子显示器的数字电视接收机
		8528723900	其他彩色的等离子显示器的电视接收机
		8528729100	其他彩色的模拟电视接收机
		8528729200	其他彩色的数字电视接收机
		8528729900	其他彩色的电视接收机
		8529901011	卫星电视接收用解码器
		8528691000	其他彩色的投影机
		8528699000	其他单色的投影机
77	监视器	8528491000	其他彩色的阴极射线管监视器
		8528499000	其他单色的阴极射线管监视器
		8528591090	其他彩色的监视器
		8528599000	其他单色的监视器
78	显像（示）管	8540110000	彩色阴极射线电视显像管（包括视频监视器用阴极射线管）
		8540120000	单色阴极射线电视显像管（包括视频监视器用阴极射线管）
		8540401000	点距<0.4 mm彩色数据/图形显示管（指屏幕荧光点间距小于0.4 mm）
		8540402000	单色数据/图形显示管
		8540609000	其他阴极射线管
79	录像机	8521101900	其他磁带型录像机（不论是否装有高频调谐放大器）
		8521102000	磁带放像机（不论是否装有高频调谐放大器）
		8521901210	具有录制功能的数字化视频光盘（DVD）播放机（不论是否装有高频调谐放大器）
80	电子琴	9207100000	通过电产生或扩大声音的键盘乐器（手风琴除外）
81	天线放大器	8529102000	收音机、电视机天线及其零件（包括收音机的组合机用的天线及零件）
		8529109090	其他无线电设备天线及其零件（品目8525至8528所列其他装置或设备的,包括天线反射器）
82	微型计算机	8471414000	微型机
		8471412000	小型自动数据处理设备
		8471419000	其他数据处理设备（同一机壳内至少有一个CPU和一个输入输出部件;包括组合式）

续表

序号	强制性产品认证目录产品名称	商品编码（HS编码）	商品编码对应的商品名称及备注
82	微型计算机	8471492000	以系统形式报验的小型计算机（计算机指自动数据处理设备）
		8471494000	以系统形式报验的微型机
		8471499900	以系统形式报验的其他计算机
		8471900090	未列名的磁性或光学阅读器（包括将数据以代码形式转录的机器及处理这些数据的机器）
		8472901000	自动柜员机
		8471504001	含显示器和主机的微型机（不论是否在同一机壳内有一或两个存储,输入或输出部件）
		8470501000	销售点终端出纳机
		8470509000	其他现金出纳机
83	便携式计算机	8471301000	平板电脑（重量≤10 kg,至少由一个中央处理器、键盘和显示器组成）
		8471309000	其他便携式自动数据处理设备（重量≤10 kg,至少由一个中央处理器、键盘和显示器组成）
84	与计算机连用的显示设备	8528420000	可直接连接且设计用于税目84.71的自动数据处理设备的阴极射线管监视器
		8528521100	专用或主要用于品目84.71商品的液晶监视器
		8528521200	其他可直接连接且设计用于税目84.71的自动数据处理设备的彩色液晶监视器
		8528521900	其他可直接连接且设计用于税目84.71的自动数据处理设备的单色液晶监视器
		8528529100	专用或主要用于品目84.71商品的其他彩色监视器
		8528529200	其他可直接连接且设计用于税目84.71的自动数据处理设备的其他彩色监视器
		8528529900	其他可直接连接且设计用于税目84.71的自动数据处理设备的其他单色监视器
		8528621010	专用或主要用于品目84.71商品的彩色投影机
		8528621090	其他专用或主要用于品目84.71商品的投影机
		8528691000	其他彩色的投影机
		8528622000	其他可直接连接且设计用于税目84.71的自动数据处理设备的彩色投影机
		8528629000	其他可直接连接且设计用于税目84.71的自动数据处理设备的单色投影机
		8528699000	其他单色的投影机
85	与计算机相连的打印设备	8443321100	专用于品目84.71所列设备的针式打印机（可与自动数据处理设备或网络连接）
		8443321200	专用于品目84.71所列设备的激光打印机（可与自动数据处理设备或网络连接）
		8443321300	专用于品目84.71所列设备的喷墨打印机（可与自动数据处理设备或网络连接）
		8443321400	专用于品目84.71所列设备的热敏打印机（可与自动数据处理设备或网络连接）
		8443321900	专用于品目84.71所列设备的其他打印机（可与自动数据处理设备或网络连接）
		8472100000	胶版复印机、油印机
		8443329090	其他印刷（打印）机、复印机、传真机和电传打字机（可与自动数据处理设备或网络连接）
86	多用途打印复印机	8443311090	其他静电感光式多功能一体机（可与自动数据处理设备或网络连接）
		8443311010	静电感光式多功能一体加密传真机（可与自动数据处理设备或网络连接）

续表

序号	强制性产品认证目录产品名称	商品编码（HS编码）	商品编码对应的商品名称及备注
86	多用途打印复印机	8443319010	其他具有打印和复印两种功能的机器（可与自动数据处理设备或网络连接）
		8443319090	其他具有打印、复印或传真中两种及以上功能的机器（具有打印和复印两种功能的机器除外,可与自动数据处理设备或网络连接）
87	扫描仪	8471605000	自动数据处理设备的扫描器
88	计算机内置电源及电源适配器充电器	8504401300	品目84.71所列机器用的稳压电源
		8504401990	其他稳压电源
89	电脑游戏机	9504501900	视频游戏控制器及设备（与电视接收机配套使用的，子目9504.30的货品除外）
		9504509900	其他视频游戏控制器及设备（子目9504.30的货品除外）
		9504901000	其他电子游戏机
90	学习机	9504901000	其他电子游戏机
91	复印机	8443329090	其他印刷（打印）机、复印机、传真机和电传打字机（可与自动数据处理设备或网络连接）
		8443391100	将原件直接复印（直接法）的静电感光复印设备（不可与自动数据处理设备或网络连接）
		8443391200	将原件通过中间体转印（间接法）的静电感光复印设备（不可与自动数据处理设备或网络连接）
		8443392100	带有光学系统的其他感光复印设备（不可与自动数据处理设备或网络连接）
		8443392200	接触式的其他感光复印设备（不可与自动数据处理设备或网络连接）
		8443392300	热敏的其他感光复印设备（不可与自动数据处理设备或网络连接）
		8443392400	热敏的其他感光复印设备（不可与自动数据处理设备或网络连接）
		8443399000	其他印刷（打印）机、复印机（不可与自动数据处理设备或网络连接）
92	服务器	8471414000	微型机
93	灯具	9405100000	枝形吊灯（包括天花板或墙壁上的照明装置，但露天或街道上的除外）
		9405200010	含濒危物种成分的电气台灯、床头灯、落地灯
		9405200090	其他电气台灯、床头灯、落地灯
		9405409000	其他电灯及照明装置
94	镇流器	8504101000	电子镇流器
		8504109000	其他放电灯或放电管用镇流器
95	汽车	8702109100	30座及以上仅装有压燃式活塞内燃发动机（柴油或半柴油发动机）的大型客车
		8702109210	20≤座≤23仅装有压燃式活塞内燃发动机（柴油或半柴油发动机）的客车
		8702109290	24≤座≤29仅装有压燃式活塞内燃发动机（柴油或半柴油发动机）的客车
		8702109300	10≤座≤19仅装有压燃式活塞内燃发动机（柴油或半柴油发动机）的客车
		8702209100	30座及以上同时装有压燃式活塞内燃发动机（柴油或半柴油发动机）及驱动电动机的大型客车（指装有柴油或半柴油发动机的30座及以上的客运车）
		8702209210	20≤座≤23同时装有压燃式活塞内燃发动机（柴油或半柴油发动机）及驱动电动机的客车
		8702209290	24≤座≤29同时装有压燃式活塞内燃发动机（柴油或半柴油发动机）及驱动电动机的客车
		8702209300	10≤座≤19同时装有压燃式活塞内燃发动机（柴油或半柴油发动机）及驱动电动机的客车

续表

序号	强制性产品认证目录产品名称	商品编码（HS编码）	商品编码对应的商品名称及备注
95	汽车	8702301000	30座及以上同时装有点燃往复式活塞内燃发动机及驱动电动机的大型客车
		8702302010	20≤座≤23同时装有点燃往复式活塞内燃发动机及驱动电动机的客车
		8702302090	24≤座≤29同时装有点燃往复式活塞内燃发动机及驱动电动机的客车
		8702303000	10≤座≤19同时装有点燃往复式活塞内燃发动机及驱动电动机的客车
		8702401000	30座及以上仅装有驱动电动机的大型客车
		8702402010	20≤座≤23仅装有驱动电动机的客车
		8702402090	24≤座≤29仅装有驱动电动机的客车
		8702403000	10≤座≤19仅装有驱动电动机的客车
		8702901000	30座及以上大型客车（其他型）（指装有其他发动机的30座及以上的客运车）
		8702902001	20≤座≤23装有非压燃式活塞内燃发动机的客车
		8702902090	24≤座≤29装有非压燃式活塞内燃发动机的客车
		8702903000	10≤座≤19装有非压燃式活塞内燃发动机的客车
		8703213010	仅装有排量≤1 L的点燃往复式活塞内燃发动机的小轿车
		8703214010	仅装有排量≤1 L的点燃往复式活塞内燃发动机的越野车（4轮驱动）
		8703215010	仅装有排量≤1 L的点燃往复式活塞内燃发动机的小客车（9座及以下）
		8703219010	仅装有排量≤1 L的点燃往复式活塞内燃发动机的其他载人车辆
		8703223010	仅装有1 L<排量≤1.5 L点燃往复式活塞内燃发动机小轿车
		8703224010	仅装有1 L<排量≤1.5 L点燃往复活塞内燃发动机四轮驱动越野车
		8703225010	仅装有1 L<排量≤1.5 L点燃往复式活塞内燃发动机小客车（≤9座）
		8703229010	仅装有1 L<排量≤1.5 L点燃往复式活塞内燃发动机其他载人车辆
		8703234110	仅装有1.5 L<排量≤2 L的点燃往复式活塞内燃发动机小轿
		8703234210	仅装有1.5 L<排量≤2 L的点燃往复式活塞内燃发动机越野车（4轮驱动）
		8703234310	仅装有1.5 L<排量≤2 L的点燃往复式活塞内燃发动机小客车（9座及以下的）
		8703234910	仅装有1.5 L<排量≤2 L的点燃往复式活塞内燃发动机的其他载人车辆
		8703235110	仅装有2 L<排量≤2.5 L的点燃往复式活塞内燃发动机小轿车
		8703235210	仅装有2 L<排量≤2.5 L的点燃往复式活塞内燃发动机越野车（4轮驱动）
		8703235310	仅装有2 L<排量≤2.5 L的点燃往复式活塞内燃发动机小客车（9座及以下的）
		8703235910	仅装有2< L排量≤2.5 L的点燃往复式活塞内燃发动机的其他载人车辆
		8703236110	仅装有2.5 L<排量≤3 L的点燃往复式活塞内燃发动机小轿车
		8703236210	仅装有2.5 L<排量≤3 L的点燃往复式活塞内燃发动机越野车（4轮驱动）
		8703236310	仅装有2.5 L<排量≤3 L的点燃往复式活塞内燃发动机小客车（9座及以下的）
		8703236910	仅装有2.5 L<排量≤3 L的点燃往复式活塞内燃发动机的其他载人车辆
		8703241110	仅装有3 L<排量≤4 L的点燃往复式活塞内燃发动机小轿车
		8703241210	仅装有3 L<排量≤4 L的点燃往复式活塞内燃发动机越野车（4轮驱动）
		8703241310	仅装有3 L<排量≤4 L的点燃往复式活塞内燃发动机的小客车（9座及以下的）
		8703241910	仅装有3 L<排量≤4 L的点燃往复式活塞内燃发动机的其他载人车辆
		8703242110	仅装有排气量>4 L的点燃往复式活塞内燃发动机小轿车
		8703242210	仅装有排气量>4 L的点燃往复式活塞内燃发动机越野车（4轮驱动）
		8703242310	仅装有排气量>4 L的点燃往复式活塞内燃发动机的小客车（9座及以下的）

续表

序号	强制性产品认证目录产品名称	商品编码（HS编码）	商品编码对应的商品名称及备注
95	汽车	8703242910	仅装有排气量>4 L的点燃往复式活塞内燃发动机的其他载人车辆
		8703311110	仅装有排气量≤1 L的压燃式活塞内燃发动机小轿车
		8703311910	仅装有排气量≤1 L的压燃式活塞内燃发动机的其他载人车辆
		8703312110	仅装有1 L<排气量≤1.5 L的压燃式活塞内燃发动机小轿车
		8703312210	仅装有1 L<排气量≤1.5 L的压燃式活塞内燃发动机越野车（4轮驱动）
		8703312310	仅装有1 L<排气量≤1.5 L的压燃式活塞内燃发动机小客车（9座及以下的）
		8703312910	仅装有1 L<排气量≤1.5 L的压燃式活塞内燃发动机的其他载人车辆
		8703321110	仅装有1.5 L<排量≤2 L的压燃式活塞内燃发动机小轿车
		8703321210	仅装有1.5L<排量≤2 L的压燃式活塞内燃发动机越野车（4轮驱动）
		8703321310	仅装有1.5L<排量≤2L的装压燃式活塞内燃发动机小客车（9座及以下的）
		8703321910	仅装有1.5L<排量≤2 L的压燃式活塞内燃发动机的其他载人车辆
		8703322110	仅装有2 L<排量≤2.5 L的压燃式活塞内燃发动机小轿车
		8703322210	仅装有2 L<排量≤2.5 L的燃式活塞内燃发动机越野车（4轮驱动）
		8703322310	仅装有2 L<排量≤2.5 L的燃式活塞内燃发动机小客车（9座及以下的）
		8703322910	仅装有2 L<排量≤2.5 L的压燃式活塞内燃发动机的其他载人车辆
		8703331110	仅装有2.5 L<排量≤3 L的压燃式活塞内燃发动机小轿车
		8703331210	仅装有2.5 L<排量≤3 L的压燃式活塞内燃发动机越野车（4轮驱动）
		8703331310	仅装有2.5 L<排量≤3 L的压燃式活塞内燃发动机小客车（9座及以下的）
		8703331910	仅装有2.5 L<排量≤3 L的压燃式活塞内燃发动机的其他载人车辆
		8703332110	仅装有3 L<排量≤4 L的压燃式活塞内燃发动机小轿车
		8703332210	仅装有3 L<排量≤4 L的压燃式活塞内燃发动机越野车（4轮驱动）
		8703332310	仅装有3 L<排量≤4L的压燃式活塞内燃发动机小客车（9座及以下的）
		8703332910	仅装有3 L<排量≤4 L的压燃式活塞内燃发动机的其他载人车辆
		8703336110	仅装有排量>4 L的压燃式活塞内燃发动机小轿车
		8703336210	仅装有排量>4 L的压燃式活塞内燃发动机越野车（4轮驱动）
		8703336310	仅装有排量>4 L的压燃式活塞内燃发动机小客车（9座及以下的）
		8703336910	仅装有排量>4 L的压燃式活塞内燃发动机其他载人车辆
		8703401110	同时装有点燃往复式活塞内燃发动机（排量≤1L）及驱动电动机的小轿车（可通过接插外部电源进行充电的除外）
		8703401210	同时装有点燃往复式活塞内燃发动机（排量≤1L）及驱动电动机的越野车（4轮驱动）（可通过接插外部电源进行充电的除外）
		8703401310	同时装有点燃往复式活塞内燃发动机（排量≤1L）及驱动电动机的小客车（9座及以下，可通过接插外部电源进行充电的除外）
		8703402110	同时装有点燃往复式活塞内燃发动机（1L<排量≤1.5L）及驱动电动机的小轿车（可通过接插外部电源进行充电的除外）
		8703402210	同时装有点燃往复式活塞内燃发动机（1L<排量≤1.5L）及驱动电动机的四轮驱动越野车（可通过接插外部电源进行充电的除外）
		8703402310	同时装有点燃往复式活塞内燃发动机（1L<排量≤1.5L）及驱动电动机的小客车（9座及以下，可通过接插外部电源进行充电的除外）
		8703402910	同时装有点燃往复式活塞内燃发动机（1L<排量≤1.5L）及驱动电动机的其他载人车辆（可通过接插外部电源进行充电的除外）
		8703403110	同时装有点燃往复式活塞内燃发动机（1.5<排量≤2L）及驱动电动机的小轿车（可通过接插外部电源进行充电的除外）
		8703403210	同时装有点燃往复式活塞内燃发动机（1.5<排量≤2L）及驱动电动机的四轮驱动越野车（可通过接插外部电源进行充电的除外）

续表

序号	强制性产品认证目录产品名称	商品编码（HS编码）	商品编码对应的商品名称及备注
95	汽车	8703403310	同时装有点燃往复式活塞内燃发动机（1.5 L<排量≤2 L）及驱动电动机的小客车（9座及以下，可通过接插外部电源进行充电的除外）
		8703403910	同时装有点燃往复式活塞内燃发动机（1.5 L<排量≤2 L）及驱动电动机的其他载人车辆（可通过接插外部电源进行充电的除外）
		8703404110	同时装有点燃往复式活塞内燃发动机（2 L<排量≤2.5L）及驱动电动机的小轿车（可通过接插外部电源进行充电的除外）
		8703404210	同时装有点燃往复式活塞内燃发动机（2 L<排量≤2.5L）及驱动电动机的四轮驱动越野车（可通过接插外部电源进行充电的除外）
		8703404310	同时装有点燃往复式活塞内燃发动机（2 L<排量≤2.5L）及驱动电动机的小客车（9座及以下，可通过接插外部电源进行充电的除外）
		8703404910	同时装有点燃往复式活塞内燃发动机（2 L<排量≤2.5L）及驱动电动机的其他载人车辆（可通过接插外部电源进行充电的除外）
		8703405110	同时装有点燃往复式活塞内燃发动机（2.5 L<排量≤3L）及驱动电动机的小轿车（可通过接插外部电源进行充电的除外）
		8703405210	同时装有点燃往复式活塞内燃发动机（2.5 L<排量≤3L）及驱动电动机的四轮驱动越野车（可通过接插外部电源进行充电的除外）
		8703405310	同时装有点燃往复式活塞内燃发动机（2.5 L<排量≤3L）及驱动电动机的小客车（9座及以下，可通过接插外部电源进行充电的除外）
		8703405910	同时装有点燃往复式活塞内燃发动机（2.5 L<排量≤3L）及驱动电动机的其他载人车辆（可通过接插外部电源进行充电的除外）
		8703406110	同时装有点燃往复式活塞内燃发动机（3 L<排量≤4 L）及驱动电动机的小轿车（可通过接插外部电源进行充电的除外）
		8703406210	同时装有点燃往复式活塞内燃发动机（3 L<排量≤4 L）及驱动电动机的四轮驱动越野车（可通过接插外部电源进行充电的除外）
		8703406310	同时装有点燃往复式活塞内燃发动机（3 L<排量≤4 L）及驱动电动机的小客车（9座及以下，可通过接插外部电源进行充电的除外）
		8703406910	同时装有点燃往复式活塞内燃发动机（3 L<排量≤4 L）及驱动电动机的其他载人车辆（可通过接插外部电源进行充电的除外）
		8703407110	同时装有点燃往复式活塞内燃发动机（排量>4 L）及驱动电动机的小轿车（可通过接插外部电源进行充电的除外）
		8703407210	同时装有点燃往复式活塞内燃发动机（排量>4 L）及驱动电动机的四轮驱动越野车（可通过接插外部电源进行充电的除外）
		8703407310	同时装有点燃往复式活塞内燃发动机（排量>4 L）及驱动电动机的小客车（9座及以下，可通过接插外部电源进行充电的除外）
		8703407910	同时装有点燃往复式活塞内燃发动机（排量>4 L）及驱动电动机的其他载人车辆（可通过接插外部电源进行充电的除外）
		8703409010	其他同时装有点燃往复式活塞内燃发动机及驱动电动机的载人车辆（可通过接插外部电源进行充电的除外）
		8703501110	同时装有压燃式活塞内燃发动机（柴油或半柴油发动机，排量≤1L）及驱动电动机的小轿车（可通过接插外部电源进行充电的除外）
		8703501910	同时装有压燃式活塞内燃发动机（柴油或半柴油发动机，排量≤1L）及驱动电动机的其他载人车辆（可通过接插外部电源进行充电的除外）
		8703502110	同时装有压燃式活塞内燃发动机（柴油或半柴油发动机，1 L<排量≤1.5 L）及驱动电动机的小轿车（可通过接插外部电源进行充电的除外）
		8703502210	同时装有压燃式活塞内燃发动机（柴油或半柴油发动机，1 L<排量≤1.5 L）及驱动电动机的四轮驱动越野车（可通过接插外部电源进行充电的除外）
		8703502310	同时装有压燃式活塞内燃发动机（柴油或半柴油发动机，1 L<排量≤1.5 L）及驱动电动机的小客车（9座及以下，可通过接插外部电源进行充电的除外）

续表

序号	强制性产品认证目录产品名称	商品编码（HS编码）	商品编码对应的商品名称及备注
95	汽车	8703502910	同时装有压燃式活塞内燃发动机（柴油或半柴油发动机，1 L<排量≤1.5L）及驱动电动机的其他载人车辆（可通过接插外部电源进行充电的除外）
		8703503110	同时装有压燃式活塞内燃发动机（柴油或半柴油发动机，1.5 L<排量≤2L）及驱动电动机的小轿车（可通过接插外部电源进行充电的除外）
		8703503210	同时装有压燃式活塞内燃发动机（柴油或半柴油发动机，1.5 L<排量≤2 L）及驱动电动机的四轮驱动越野车（可通过接插外部电源进行充电的除外）
		8703503310	同时装有压燃式活塞内燃发动机（柴油或半柴油发动机，1.5 L<排量≤2 L）及驱动电动机的小客车（9座及以下，可通过接插外部电源进行充电的除外）
		8703503910	同时装有压燃式活塞内燃发动机（柴油或半柴油发动机，1.5 L<排量≤2 L）及驱动电动机的其他载人车辆（可通过接插外部电源进行充电的除外）
		8703504110	同时装有压燃式活塞内燃发动机（柴油或半柴油发动机，2L<排量≤2.5 L）及驱动电动机的小轿车（可通过接插外部电源进行充电的除外）
		8703504210	同时装有压燃式活塞内燃发动机（柴油或半柴油发动机，2 L<排量≤2.5 L）及驱动电动机的四轮驱动越野车（可通过接插外部电源进行充电的除外）
		8703504310	同时装有压燃式活塞内燃发动机（柴油或半柴油发动机，2 L<排量≤2.5 L）及驱动电动机的小客车（9座及以下，可通过接插外部电源进行充电的除外）
		8703504910	同时装有压燃式活塞内燃发动机（柴油或半柴油发动机，2 L<排量≤2.5 L）及驱动电动机的其他载人车辆（可通过接插外部电源进行充电的除外）
		8703505110	同时装有压燃式活塞内燃发动机（柴油或半柴油发动机，2.5 L<排量≤3L）及驱动电动机的小轿车（可通过接插外部电源进行充电的除外）
		8703505210	同时装有压燃式活塞内燃发动机（柴油或半柴油发动机，2.5 L<排量≤3 L）及驱动电动机的四轮驱动越野车（可通过接插外部电源进行充电的除外）
		8703505310	同时装有压燃式活塞内燃发动机（柴油或半柴油发动机,2.5 L<排量≤3L）及驱动电动机的小客车（9座及以下，可通过接插外部电源进行充电的除外）
		8703505910	同时装有压燃式活塞内燃发动机（柴油或半柴油发动机，2.5 L<排量≤3 L）及驱动电动机的其他载人车辆（可通过接插外部电源进行充电的除外）
		8703506110	同时装有压燃式活塞内燃发动机（柴油或半柴油发动机，3L<排量≤4L）及驱动电动机的小轿车（可通过接插外部电源进行充电的除外）
		8703506210	同时装有压燃式活塞内燃发动机（柴油或半柴油发动机，3 L<排量≤4 L）及驱动电动机的四轮驱动越野车（可通过接插外部电源进行充电的除外）
		8703506310	同时装有压燃式活塞内燃发动机（柴油或半柴油发动机，3L<排量≤4L）及驱动电动机的小客车（9座及以下，可通过接插外部电源进行充电的除外）
		8703506910	同时装有压燃式活塞内燃发动机（柴油或半柴油发动机，3 L<排量≤4 L）及驱动电动机的其他载人车辆（可通过接插外部电源进行充电的除外）
		8703507110	同时装有压燃式活塞内燃发动机（柴油或半柴油发动机,排量>4 L）及驱动电动机的小轿车（可通过接插外部电源进行充电的除外）
		8703507210	同时装有压燃式活塞内燃发动机（柴油或半柴油发动机,排量>4 L）及驱动电动机的四轮驱动越野车（可通过接插外部电源进行充电的除外）

续表

序号	强制性产品认证目录产品名称	商品编码（HS编码）	商品编码对应的商品名称及备注
95	汽车	8703507310	同时装有压燃式活塞内燃发动机（柴油或半柴油发动机,排量>4 L）及驱动电动机的小客车（9座及以下, 可通过接插外部电源进行充电的除外）
		8703507910	同时装有压燃式活塞内燃发动机（柴油或半柴油发动机,排量>4 L）及驱动电动机的其他载人车辆（可通过接插外部电源进行充电的除外）
		8703509010	其他同时装有压燃式活塞内燃发动机（柴油或半柴油发动机）及驱动电动机的载人车辆（可通过接插外部电源进行充电的除外）
		8703600000	同时装有点燃往复式活塞内燃发动机及驱动电动机、可通过接插外部电源进行充电的其他载人车辆
		8703700000	同时装有压燃活塞内燃发动机（柴油或半柴油发动机）及驱动电动机、可通过接插外部电源进行充电的其他载人车辆
		8703800000	仅装有驱动电动机的其他载人车辆
		8703900021	其他型排气量≤1 L的其他载人车辆
		8703900022	其他型1 L<排气量≤1.5L的其他载人车辆
		8703900023	其他型1.5 L<排气量≤2 L的其他载人车辆
		8703900024	其他型2 L<排气量≤2.5L的其他载人车辆
		8703900025	其他型2.5 L<排气量≤3 L的其他载人车辆
		8703900026	其他型3 L<排气量≤4 L的其他载人车辆
		8703900027	其他型排气量>4L的其他载人车辆
		8703900029	其他无法区分排气量的载人车辆
		8703401910	同时装有点燃往复式活塞内燃发动机（排量≤1L）及驱动电动机的其他载人车辆（可通过接插外部电源进行充电的除外）
		8703900010	电动汽车和其他无法区分排气量的载人车辆
		8701200000	半挂车用的公路牵引车
		8701909000	其他牵引车（不包括品目8709的牵引车）
		8701919000	其他发动机功率不超过18kW的牵引车（不包括品目8709的牵引车）
		8701929000	其他发动机功率超过18 kW但不超过37 kW的牵引车（不包括品目8709的牵引车）
		8701939000	其他发动机功率超过37 kW但不超过75 kW的牵引车（不包括品目8709的牵引车）
		8701949000	其他发动机功率超过75 kW但不超过130 kW的牵引车（不包括品目8709的牵引车）
		8701959000	其他发动机功率超过130 kW的牵引车（不包括品目8709的牵引车）
		8704210000	柴油型其他小型货车（装有压燃式活塞内燃发动机,小型指车辆总重量≤5 t）
		8704223000	柴油型其他中型货车（装有压燃式活塞内燃发动机, 中型指5 t<车辆总重量<14 t）
		8704224000	柴油型其他重型货车（装有压燃式活塞内燃发动机,重型指14≤车辆总重≤20 t）
		8704230010	固井水泥车、压裂车、混砂车、连续油管车、液氮泵车用底盘（车辆总重量>35 t,装驾驶室）
		8704230020	起重≥55 t汽车起重机用底盘（装有压燃式活塞内燃发动机）
		8704230030	车辆总重量≥31 t清障车专用底盘
		8704230090	柴油型的其他超重型货车（装有压燃式活塞内燃发动机,超重型指车辆总重量>20 t）
		8704310000	总重量≤5 t的其他货车（汽油型,装有点燃式活塞内燃发动机）
		8704323000	5t<总重量≤8 t的其他货车（汽油型,装有点燃式活塞内燃发动机）
		8704324000	总重量>8 t的其他货车（汽油型,装有点燃式活塞内燃发动机）

续表

序号	强制性产品认证目录产品名称	商品编码（HS编码）	商品编码对应的商品名称及备注
95	汽车	8704900000	装有其他发动机的货车
		8705102100	起重重量≤50 t全路面起重车
		8705102200	50 t<起重重量≤100 t全路面起重车
		8705102300	起重量>100 t全路面起重车
		8705109100	起重重量≤50 t其他机动起重车
		8705109200	50 t<起重重量≤100 t其他起重车
		8705109300	起重重量>100 t其他机动起重车
		8705200000	机动钻探车
		8705400000	机动混凝土搅拌车
		8705901000	无线电通信车
		8705902000	机动放射线检查车
		8705903000	机动环境监测车
		8705904000	机动医疗车
		8705905900	其他机动电源车（频率为400 Hz航空电源车除外）
		8705907000	道路（包括跑道）扫雪车
		8705908000	石油测井车,压裂车,混沙车
		8705909100	混凝土泵车
		8705909990	其他特殊用途的机动车辆（主要用于载人或运货的车辆除外）
		8706002100	车辆总重量≥14 t的货车底盘（装有发动机的）
		8706002200	车辆总重量<14 t的货车底盘（装有发动机的）
		8706004000	汽车起重机底盘（装有发动机的）
		8706009000	其他机动车辆底盘（装有发动机的，品目8701、8703和8705所列车辆用）
		8716100000	供居住或野营用厢式挂车及半挂车
		8716311000	油罐挂车及半挂车
		8716319000	其他罐式挂车及半挂车
		8716391000	货柜挂车及半挂车
		8716399000	其他货运挂车及半挂车
		8716400000	其他未列名挂车及半挂车
		8426411000	轮胎式起重机
96	摩托车	8711100010	微马力摩托车及脚踏两用车（装有往复式活塞发动机，微马力指排气量=50 mL）
		8711100090	微马力摩托车及脚踏两用车（装有往复式活塞发动机,微马力指排气量<50 mL）
		8711201000	50 mL<排气量≤100 mL装往复式活塞内燃发动机摩托车及脚踏两用车
		8711202000	100 mL<排气量≤125 mL装往复式活塞内燃发动机摩托车及脚踏两用车
		8711203000	125 mL<排气量≤150 mL装往复式活塞内燃发动机摩托车及脚踏两用车
		8711204000	150 mL<排气量≤200 mL装往复式活塞内燃发动机摩托车及脚踏两用车
		8711205010	200 mL<排气量<250 mL装往复式活塞内燃发动机摩托车及脚踏两用车
		8711205090	排气量=250 mL装往复式活塞内燃发动机摩托车及脚踏两用车
		8711301000	250 mL<排气量≤400 mL装往复式活塞内燃发动机摩托车及脚踏两用车
		8711302000	400 mL<排气量≤500 mL装往复式活塞内燃发动机摩托车及脚踏两用车
		8711400000	500 mL<排气量≤800 mL装往复式活塞内燃发动机摩托车及脚踏两用车
		8711500000	800 mL<排气量装往复式活塞内燃发动机摩托车及脚踏两用车
		8711600090	其他装有电驱动电动机的摩托车
		8711900010	其他排气量≤250 mL摩托车及脚踏两用车

续表

序号	强制性产品认证目录产品名称	商品编码（HS编码）	商品编码对应的商品名称及备注
96	摩托车	8711900020	其他排气量>250 mL摩托车及脚踏两用车
		8711900030	其他无法区分排气量的摩托车及脚踏两用车
		8711900090	装有其他辅助发动机的脚踏车，边车
97	消防车	8705309000	其他机动救火车
		8705301000	装有云梯的机动救火车
98	摩托车发动机	8407310000	排气量≤50 mL往复式活塞引擎（87章所列车[illegible]的点燃往复式活[illegible]发动机,不超过50 mL）
		8407320000	50 mL<排气量≤250 mL往复式活塞引擎（第8[illegible]所列车辆用的点[illegible]复式活塞发动机）
		8407330000	250 mL<排气量≤1000 mL往复活塞引擎（第[illegible]7章所列车辆的[illegible]往复式活塞发动机）
		8407341000	1000 mL<排气量≤3000 mL车辆的往复[illegible]活塞引擎（第87[illegible]列车辆的点燃往复式活塞发动机）
99	汽车安全带	8708210000	坐椅安全带（品目8701至8705的车辆用）
100	机动车喇叭	8512301100	机动车辆用喇叭、蜂鸣器
101	机动车回复反射器	8512209000	其他照明或视觉信号装置（包括机动车[illegible]用视觉装置）
102	机动车制动软管	8708309100	牵引车、拖拉机用制动器及其零件（包[illegible]助力制动器[illegible]零件）
		8708309200	大型客车用制动器及其零件（包括助[illegible]动器及其[illegible]
		8708309400	柴、汽油轻型货车用制动器及零件（[illegible]号87042[illegible]7042230,87043100,87043230所列总重量≤14 t车辆[illegible]
		8708309500	柴、汽油型重型货车用制动器及其[illegible]（指编号[illegible]42240,87042300及87043240所列车辆用）
		8708309600	特种车用制动器及其零件（指品目[illegible]05所列[illegible]辆用,包括助动器及零件）
		8708309990	其他机动车辆用制动器（包括助力[illegible]器[illegible]零件
		8708995900	总重≥14 t柴油货车用其他零部件（[illegible]40,87042300,87043240所列车辆用,含总重>8 t汽油货车）
		4009110000	未加强或其他材料合制硫化橡胶管（不带附件、硬质橡胶除外）
		4009120000	未加强或其他材料合制硫化橡胶管（装有附件、硬质橡胶除外）
		4009210000	加强或只与金属合制的硫化橡胶管（不带附件、硬质橡胶除外）
		4009220000	加强或只与金属合制的硫化橡胶管（装有附件、硬质橡胶除外）
		4009310000	加强或与纺织材料合制硫化橡胶管（不带附件、硬质橡胶除外）
		4009320000	加强或与纺织材料合制硫化橡胶管（装有附件、硬质橡胶除外）
103	机动车外部照明及光信号装置（汽车用灯具、摩托车用灯具）	8512201000	机动车辆用照明装置
104	机动车后视镜（汽车后视镜、摩托车后视镜）	7009100000	车辆后视镜（不论是否镶框）
105	汽车内饰件	8708299000	其他车身未列名零部件（包括驾驶室的零件、附件）
		3926300000	塑料制家具、车厢及类似品的附件
		4016910000	硫化橡胶制铺地制品及门垫（硬质橡胶的除外）
		8708995900	总重≥14 t柴油货车用其他零部件（指87042240,87042300,87043240所列车辆用,含总重>8 t汽油货车）
106	汽车门锁及门保持件	8301209000	其他机动车用锁
		8301201000	机动车用中央控制门锁
		8302100000	铰链（折叶）
		8302300000	机车用贱金属附件及架座

续表

序号	强制性产品认证目录产品名称	商品编码（HS编码）	商品编码对应的商品名称及备注
107	汽车燃油箱	8708299000	其他车身未列名零部件（包括驾驶室的零件、附件）
		8708995900	总重≥14 t柴油货车用其他零部件（指87042240,87042300,87043240所列车辆用,含总重>8 t汽油货车）
108	汽车座椅及座椅头枕	9401201000	皮革或再生皮革面的机动车辆用坐具
		9401209000	其他机动车辆用坐具
		9401901900	机动车辆用其他座具零件
		8708995900	总重≥14 t柴油货车用其他零部件（指87042240,87042300,87043240所列车辆用,含总重>8 t汽油货车）
109	车身反光标识	8512209000	其他照明或视觉信号装置（包括机动车辆用视觉装置）
110	汽车行驶记录仪	9106900000	其他时间记录器及其他类似装置（包括测量、记录或指示时间的装置）
111	轿车轮胎	4011100000	机动小客车用新的充气轮胎（橡胶轮胎,包括旅行小客车及赛车用）
		4011200090	其他客或货车用新充气橡胶轮胎（指机动车辆用橡胶轮胎）
		4011909090	其他新的充气橡胶轮胎（其他用途,新充气橡胶轮胎,非人字形胎面）
112	载重汽车轮胎	4011100000	机动小客车用新的充气轮胎（橡胶轮胎,包括旅行小客车及赛车用）
		4011200090	其他客或货车用新充气橡胶轮胎（指机动车辆用橡胶轮胎）
		4011909090	其他新的充气橡胶轮胎（其他用途,新充气橡胶轮胎,非人字形胎面）
113	摩托车轮胎	4011400000	摩托车用新的充气橡胶轮胎
		4011909090	其他新的充气橡胶轮胎（其他用途,新充气橡胶轮胎,非人字形胎面）
114	汽车安全玻璃	7007219000	车辆用层压安全玻璃（规格及形状适于安装在车辆上的）
		7007119000	车辆用钢化安全玻璃（规格及形状适于安装在车辆上的）
		7008001000	中空或真空隔温、隔音玻璃组件
		7008009000	其他多层隔温、隔音玻璃组件
		8708294100	汽车电动天窗
		8708294200	汽车手动天窗
115	建筑安全玻璃	7007290000	其他层压安全玻璃
		7007190000	其他钢化安全玻璃
		7008001000	中空或真空隔温、隔音玻璃组件
		7008009000	其他多层隔温、隔音玻璃组件
116	铁道车辆安全玻璃	7007219000	车辆用层压安全玻璃（规格及形状适于安装在车辆上的）
		7007119000	车辆用钢化安全玻璃（规格及形状适于安装在车辆上的）
		7008001000	中空或真空隔温、隔音玻璃组件
		7008009000	其他多层隔温、隔音玻璃组件
117	植物保护机械	8424410000	农业或园艺用便携式喷雾器
		8424490000	农业或园艺用非便携式喷雾器
		8424820000	农业或园艺用其他喷射器具（喷雾器除外）
118	轮式拖拉机	8701911000	其他发动机功率不超过18 kW的拖拉机
		8701921000	其他发动机功率超过18 kW但不超过37 kW的拖拉机
119	调制解调器（含卡）	8517623400	调制解调器
		8517623300	IP电话信号转换设备
120	传真机	8443319090	其他具有打印、复印或传真中两种及以上功能的机器（具有打印和复印两种功能的机器除外，可与自动数据处理设备或网络连接）
		8443329010	其他加密传真机（可与自动数据处理设备或网络连接）
		8443319020	其他多功能一体加密传真机（兼有打印、复印中一种及以上功能的机器）

续表

序号	强制性产品认证目录产品名称	商品编码（HS编码）	商品编码对应的商品名称及备注
121	固定电话终端及电话机附加装置	8517180090	其他电话机
		8517180010	其他加密电话机
		8517699000	其他有线通信设备
		8519500000	电话应答机
122	无绳电话终端	8517110010	无绳加密电话机
		8517110090	其他无绳电话机
123	集团电话	8517621900	其他数字式程控电话交换机
		8517621100	局用电话交换机、长途电话交换机、电报交换机,数字式
124	移动用户终端	8517121019	其他GSM数字式手持无线电话机
		8517121029	其他CDMA数字式手持无线电话机
		8517121090	其他手持式无线电话机（包括车载式无线电话机）
		8517129000	其他用于蜂窝网络或其他无线网络的电话机
		8517629200	无线网络接口卡
		8517629300	无线接入固定台
		8517691090	其他无线通信设备
125	ISDN终端	8517699000	其他有线通信设备
126	数据终端（含卡）	8517622100	光端机及脉冲编码调制设备（PCM）
		8517622200	波分复用光传输设备
		8517622990	其他光通讯设备
		8517623100	非光通讯网络时钟同步设备
		8517623210	非光通讯加密以太网络交换机
		8517623290	其他非光通讯以太网络交换机
		8517623500	集线器
		8517623690	其他路由器
		8517623610	非光通讯加密路由器
		8517623790	其他有线网络接口卡
		8517622910	光通讯加密路由器
		8517699000	其他有线通信设备
127	多媒体终端	8517623990	其他有线数字通信设备
		8517629900	其他接收、转换并发送或再生音像或其他数据用的设备
		8517699000	其他有线通信设备
128	火灾报警产品	8531901000	防盗、防火及类似装置用零件
		8531100000	防盗或防火报警器及类似装置
129	消防水带	5909000000	纺织材料制水龙软管及类似管子（不论有无其他材料作衬里,护套或附件）
130	喷水灭火产品	8424902000	家用型喷射、喷雾器具的零件
		8424899990	其他用途的喷射、喷雾机械器具
131	灭火剂	3813001000	灭火器的装配药
132	建筑耐火构件	7308300000	钢铁制门窗及其框架、门槛
		4418101000	辐射松木制的木窗，落地窗及其框架
		4418109010	拉敏木制木窗，落地窗及其框架
		4418109020	濒危木制木窗，落地窗及其框架
		4418109090	其他木制木窗，落地窗及其框架
		4418200090	木门及其框架和门槛
		7610100000	铝制门窗及其框架、门槛

续表

序号	强制性产品认证目录产品名称	商品编码（HS编码）	商品编码对应的商品名称及备注
132	建筑耐火构件	7008009000	其他多层隔温、隔音玻璃组件
		6303920010	合纤百叶窗,卷帘和窗幔（非针织非钩编）
133	泡沫灭火设备产品	8424899910	分离喷嘴（由狭缝状、曲率半径极小的弯曲通道组成,内有分离楔尖）
		8424899990	其他用途的喷射、喷雾机械器具
134	消防装备产品	9020000000	其他呼吸器具及防毒面具（但不包括既无机械零件又无可互换过滤器的防护面具）
		8705309000	其他机动救火车
		8414599099	其他风机、风扇
		9405409000	其他电灯及照明装置
135	火灾防护产品	3210000091	其他油漆及清漆,皮革用水性颜料，施工状态下挥发性有机物含量大于420 g/L（包括非聚合物为基料的瓷漆,大漆及水浆涂料）
		3210000099	其他油漆及清漆,皮革用水性颜料，施工状态下挥发性有机物含量不大于420 g/L（包括非聚合物为基料的瓷漆,大漆及水浆涂料）
136	灭火器	8424100000	灭火器（不论是否装药）
137	消防给水设备产品	8481804090	其他阀门（用于管道、锅炉、罐、桶或类似品的）
		8481901000	阀门用零件（用于管道、锅炉、罐、桶或类似品的）
138	气体灭火设备产品	8424899910	分离喷嘴（由狭缝状、曲率半径极小的弯曲通道组成,内有分离楔尖）
		8424899990	其他用途的喷射、喷雾机械器具
139	干粉灭火设备产品	8424899910	分离喷嘴（由狭缝状、曲率半径极小的弯曲通道组成,内有分离楔尖）
		8424899990	其他用途的喷射、喷雾机械器具
140	消防防烟排烟设备产品	8481804090	其他阀门（用于管道、锅炉、罐、桶或类似品的）
		8414599099	其他风机、风扇
141	避难逃生产品	8512209000	其他照明或视觉信号装置（包括机动车辆用视觉装置）
		9405409000	其他电灯及照明装置
		9405600000	发光标志、发光铭牌及类似品
		9020000000	其他呼吸器具及防毒面具（但不包括既无机械零件又无可互换过滤器的防护面具）
142	消防通信产品	8531100000	防盗或防火报警器及类似装置
143	入侵探测器	8531100000	防盗或防火报警器及类似装置
144	防盗报警控制器	8531100000	防盗或防火报警器及类似装置
145	汽车防盗报警系统	8512301200	机动车辆用防盗报警器
146	防盗保险柜	8303000000	保险箱,柜,保险库的门（及带锁保险储存厨,钱箱,契约箱及类似品）
147	防盗保险箱	0	
148	无线局域网产品	注：根据质检总局、标准委、认监委2004年44号联合公告，该产品强制性认证的强制实施时间后延	
149	溶剂型木器涂料	3208901091	其他聚胺酯油漆清漆等，施工状态下挥发性有机物含量大于420g/L（溶于非水介质以聚胺酯类化合物为基本成分，含瓷漆大漆）
		3208901099	其他聚胺酯油漆清漆等；以聚氨酯类化合物为基本成分的本章注释四所述溶液（分散于或溶于非水介质以聚胺酯类化合物为基本成分,含瓷漆大漆）
		3208909010	分散于或溶于非水介质其他油漆、清漆溶液，施工状态下挥发性有机物含量大于420 g/L（包括以聚合物为基本成分的漆，本章注释四所述溶液）
		3208909090	分散于或溶于非水介质其他油漆、清漆溶液；其他本章注释四所述溶液（包括以聚合物为基本成分的漆，本章注释四所述溶液）
		3210000091	其他油漆及清漆,皮革用水性颜料，施工状态下挥发性有机物含量大于420 g/L（包括非聚合物为基料的瓷漆，大漆及水浆涂料 ）
		3210000099	其他油漆及清漆,皮革用水性颜料，施工状态下挥发性有机物含量不大于420 g/L（包括非聚合物为基料的瓷漆，大漆及水浆涂料）

续表

序号	强制性产品认证目录产品名称	商品编码（HS编码）	商品编码对应的商品名称及备注
150	瓷质砖	6904100000	陶瓷制建筑用砖
		6904900000	陶瓷制铺地砖、支撑或填充用砖（包括类似品）
		6905900000	其他建筑用陶瓷制品（包括烟囱罩通风帽,烟囱衬壁,建筑装饰物）
		6907211000	不论是否矩形，其最大表面积以可置入边长小于7 cm的方格的贴面砖、铺面砖，包括炉面砖及墙面砖，但子目6907.30和6907.40所列商品除外（按重量计吸水率不超过0.5%）
		6907219000	其他贴面砖、铺面砖，包括炉面砖及墙面砖，但子目6907.30和6907.40所列商品除外（按重量计吸水率不超过0.5%）
		6907301000	不论是否矩形，其最大表面积以可置入边长小于7 cm的方格的镶嵌砖（马赛克）及其类似品，但子目6907.40的货品除外
		6907309000	其他镶嵌砖（马赛克）及其类似品，但子目6907.40的货品除外
		6907401000	不论是否矩形，其最大表面积以可置入边长小于7 cm的方格的饰面陶瓷
		6907409000	其他饰面陶瓷
151	混凝土防冻剂	3824409000	其他水泥、灰泥及混凝土用添加剂
152	童车类产品	8712008110	12 in~16 in（1 in=2.54 cm）的未列名自行车
		8712008190	11 in（1 in=2.54 cm）及以下的未列名自行车
		8712008900	其他未列名自行车
		9503001000	三轮车、踏板车、踏板汽车和类似的带轮玩具；玩偶车
		8712009000	其他非机动脚踏车
		8715000000	婴孩车及其零件
		9503008900	其他未列名玩具
153	电玩具类产品	9503006000	智力玩具
		9503001000	三轮车、踏板车、踏板汽车和类似的带轮玩具；玩偶车
		9503002100	动物玩偶，不论是否着装
		9503002900	其他玩偶，不论是否着装
		9503003100	缩小（按比例缩小）的电动火车模型
		9503003900	其他缩小（按比例缩小）的全套模型组件（不论是否活动）
		9503008100	组装成套或全套的其他玩具
		9503008200	其他带动力装置的玩具及模型
		9503008900	其他未列名玩具
		9503009000	玩具、模型零件
		9504901000	其他电子游戏机
		9503004000	其他建筑套件及建筑玩具
		9503005000	玩具乐器
154	塑胶玩具类产品	9503001000	三轮车、踏板车、踏板汽车和类似的带轮玩具；玩偶车
		9503002100	动物玩偶，不论是否着装
		9503002900	其他玩偶，不论是否着装
		9503004000	其他建筑套件及建筑玩具
		9503006000	智力玩具
		9503008100	组装成套或全套的其他玩具
		9503008900	其他未列名玩具
		9503009000	玩具、模型零件
		9503005000	玩具乐器
		9503008200	其他带动力装置的玩具及模型
155	金属玩具类产品	9503001000	三轮车、踏板车、踏板汽车和类似的带轮玩具；玩偶车

续表

序号	强制性产品认证目录产品名称	商品编码（HS编码）	商品编码对应的商品名称及备注
155	金属玩具类产品	9503002100	动物玩偶，不论是否着装
		9503002900	其他玩偶，不论是否着装
		9503004000	其他建筑套件及建筑玩具
		9503006000	智力玩具
		9503008100	组装成套或全套的其他玩具
		9503008900	其他未列名玩具
		9503009000	玩具、模型零件
		9503008200	其他带动力装置的玩具及模型
156	弹射玩具类产品	9503002100	动物玩偶，不论是否着装
		9503002900	其他玩偶，不论是否着装
		9503008100	组装成套或全套的其他玩具
		9503008200	其他带动力装置的玩具及模型
		9503008900	其他未列名玩具
		9503009000	玩具、模型零件
157	娃娃玩具类产品	9503002900	其他玩偶，不论是否着装
		9503008900	其他未列名玩具
		9503009000	玩具、模型零件
158	机动车儿童乘员用约束系统	8708210000	坐椅安全带（品目8701至8705的车辆用）
		9401201000	皮革或再生皮革面的机动车辆用坐具
		9401209000	其他机动车辆用坐具
		9401401000	皮革或再生皮革面的能作床用的两用椅（但庭园坐具或野营设备除外）
		9401409000	其他能作床用的两用椅（但庭园坐具或野营设备除外）
		9401809091	儿童用汽车安全座椅
		9401809099	其他坐具
		9401901900	机动车辆用其他座具零件

国家认监委关于发布 2016 年能力验证满意结果检验检测机构名单的公告

（2017 年第 21 号）

国家认监委 2016 年能力验证项目已实施完毕，现将取得满意结果的检验检测机构名单予以公布（名单见附件）。

根据有关规定，对取得满意结果的检验检测机构，计入其参加能力验证活动的记录，并在 2017—2018 年度资质认定评审时免除该项目的现场实验。鼓励社会选用能力验证结果满意的检验检测机构提供相关技术服务。

附件：1.2016 年国家认监委能力验证满意结果实验室名单（A 类项目）

2.2016 年国家认监委能力验证满意结果实验室名单（B 类项目）（略）

国家认监委

2017 年 8 月 1 日

附件：

2016年国家认监委能力验证满意结果实验室名单
(A类项目)

一、 寨卡病毒实验室检测能力验证项目(90家)

编号	机构名称	满意参数
1	江苏国际旅行卫生保健中心徐州分中心传染病检测实验室	寨卡病毒
2	江苏国际旅行卫生保健中心无锡分中心传染病检测实验室	寨卡病毒
3	天津国际旅行卫生保健中心实验室	寨卡病毒
4	江苏国际旅行卫生保健中心常州分中心传染病检测实验室	寨卡病毒
5	汕头国际旅行卫生保健中心	寨卡病毒
6	江苏国际旅行卫生保健中心江阴分中心传染病检测实验室	寨卡病毒
7	山东国际旅行卫生保健中心医学检测实验室	寨卡病毒
8	河北国际旅行卫生保健中心病原检测部	寨卡病毒
9	沈阳国际旅行卫生保健中心实验室	寨卡病毒
10	国家新发传染病检测重点实验室(珠海国际旅行卫生保健中心)	寨卡病毒
11	安徽国际旅行卫生保健中心传染病检测实验室	寨卡病毒
12	贵州省疾病预防控制中心	寨卡病毒
13	深圳国际旅行卫生保健中心卫生检疫中心实验室	寨卡病毒
14	海南国际旅行卫生保健中心	寨卡病毒
15	浙江国际旅行卫生保健中心台州分中心医学检测实验室	寨卡病毒
16	广州机场出入境检验检疫局综合技术服务中心综合实验室	寨卡病毒
17	威海国际旅行卫生保健中心医学检测综合实验室	寨卡病毒
18	内蒙古国际旅行卫生保健中心	寨卡病毒
19	北京国际旅行卫生保健中心实验室	寨卡病毒
20	甘肃国际旅行卫生保健中心医学实验室	寨卡病毒
21	四川国际旅行卫生保健中心病原体检测实验室	寨卡病毒
22	河南出入境检验检疫局检验检疫技术中心医学媒介实验室	寨卡病毒
23	北京市西城区疾病预防控制中心	寨卡病毒
24	上海国际旅行卫生保健中心实验室	寨卡病毒
25	长春国际旅行卫生保健中心医学实验室	寨卡病毒
26	云南国际旅行卫生保健中心昆明机场口岸分中心卫生检疫实验室	寨卡病毒
27	济南国际旅行卫生保健中心	寨卡病毒
28	陕西国际旅行卫生保健中心医学实验室	寨卡病毒
29	义乌国际旅行卫生保健中心实验室	寨卡病毒
30	浙江国际旅行卫生保健中心检验科	寨卡病毒
31	舟山国际旅行卫生保健中心综合实验室	寨卡病毒
32	山东省疾病预防控制中心	寨卡病毒
33	厦门国际旅行卫生保健中心实验室	寨卡病毒
34	国家质检总局外来传染病预防控制重点实验室	寨卡病毒
35	江苏国际旅行卫生保健中心苏州分中心传染病检测实验室	寨卡病毒
36	温州国际旅行卫生保健中心实验室	寨卡病毒
37	北京市疾病预防控制中心	寨卡病毒
38	重庆国际旅行卫生保健中心	寨卡病毒
39	湖南国际旅行卫生保健中心综合实验室	寨卡病毒
40	新疆国际旅行卫生保健中心	寨卡病毒
41	广东国际旅行卫生保健中心实验室	寨卡病毒

续表

编号	机构名称	满意参数
42	河南国际旅行卫生保健中心综合实验室	寨卡病毒
43	江西国际旅行卫生保健中心医学媒介生物检测实验室	寨卡病毒
44	广西国际旅行卫生保健中心综合实验室	寨卡病毒
45	东莞国际旅行卫生保健中心	寨卡病毒
46	山西国际旅行卫生保健中心综合实验室	寨卡病毒
47	宁波国际旅行卫生保健中心综合实验室	寨卡病毒
48	中山出入境检验检疫局检验检疫技术中心	寨卡病毒
49	江苏国际旅行卫生保健中心泰州分中心传染病检测实验室	寨卡病毒
50	国家生物安全检测重点实验室(福州)	寨卡病毒
51	湖北国际旅行卫生保健中心实验室	寨卡病毒
52	江苏出入境检验检疫局医学媒介生物监测实验室	寨卡病毒
53	江苏国际旅行卫生保健中心镇江分中心传染病检测实验室	寨卡病毒
54	满洲里国际旅行卫生保健中心综合实验室	寨卡病毒
55	江苏国际旅行卫生保健中心太仓分中心传染病检测实验室	寨卡病毒
56	江苏国际旅行卫生保健中心昆山分中心传染病检测实验室	寨卡病毒
57	烟台国际旅行卫生保健中心医学检测中心实验室	寨卡病毒
58	连云港出入境检验检疫局综合技术中心传染病检测实验室	寨卡病毒
59	西藏国际旅行卫生保健中心分子生物检测实验室	寨卡病毒
60	张家港出入境检验检疫局检验检疫综合技术中心传染病检测实验室	寨卡病毒
61	江苏国际旅行卫生保健中心盐城分中心传染病检测实验室	寨卡病毒
62	江苏国际旅行卫生保健中心常熟分中心传染病检测实验室	寨卡病毒
63	国家医学媒介生物监测检测重点实验室	寨卡病毒
64	佛山出入境检验检疫局检验检疫综合技术中心卫生检疫实验室	寨卡病毒
65	顺德出入境检验检疫局综合技术服务中心卫生检疫实验室	寨卡病毒
66	吉林出入境检验检疫局检验检疫技术中心	寨卡病毒
67	青海国际旅行卫生保健中心实验室	寨卡病毒
68	福建省疾病预防控制中心	寨卡病毒
69	江苏国际旅行卫生保健中心扬州分中心传染病检测实验室	寨卡病毒
70	新会出入境检验检疫局综合技术服务中心综合检验检疫实验室	寨卡病毒
71	包头出入境检验检疫局综合技术服务中心保健中心实验室	寨卡病毒
72	中山出入境检验检疫局检验检疫技术中心卫生检疫医学检测实验室	寨卡病毒
73	国家质检总局医学媒介监测区域性中心实验室(黑龙江)	寨卡病毒
74	宁波检验检疫局技术中心大榭分中心	寨卡病毒
75	黄埔出入境检验检疫局卫生保健中心实验室	寨卡病毒
76	山东日照出入境检验检疫局口岸传染病检测综合实验室	寨卡病毒
77	烟台国际旅行卫生保健中心医学检测中心实验室荣成分中心	寨卡病毒
78	南通国际旅行卫生保健门诊部传染病检测实验室	寨卡病毒
79	杭州赫贝科技有限公司	寨卡病毒
80	广州市疾病预防控制中心	寨卡病毒
81	南疆口岸传染病监测区域中心实验室	寨卡病毒
82	上海市普陀区疾病预防控制中心	寨卡病毒
83	厦门市疾病预防控制中心(厦门市卫生检测检验中心)	寨卡病毒
84	临沂国际旅行卫生保健中心医生检测实验室	寨卡病毒
85	贵州国际旅行卫生保健中心传染病监测实验室	寨卡病毒
86	上海之江生物科技股份有限公司	寨卡病毒

续表

编号	机构名称	满意参数
87	上海市浦东新区疾病预防控制中心	寨卡病毒
88	上海市黄浦区疾病预防控制中心	寨卡病毒
89	内蒙古国家级鼠疫检测重点实验室（二连浩特）	寨卡病毒
90	宁夏国际旅行卫生保健中心	寨卡病毒*

二、 重要医学媒介蚊类形态学鉴定能力验证项目（93家）

编号	机构名称	满意参数
1	福建国际旅行卫生保健中心综合实验室	埃及伊蚊、白纹伊蚊、刺扰伊蚊、致倦库蚊
2	深圳国际旅行卫生保健中心医学媒介生物实验室	埃及伊蚊、白纹伊蚊、刺扰伊蚊、致倦库蚊
3	福州出入境检验检疫局医学媒介生物实验室	埃及伊蚊、白纹伊蚊、刺扰伊蚊、致倦库蚊
4	江门出入境检验检疫局技术中心医学媒介生物监测实验室	埃及伊蚊、白纹伊蚊、刺扰伊蚊、致倦库蚊
5	国家医学媒介生物（蝇类）监测与检测重点实验室	埃及伊蚊、白纹伊蚊、刺扰伊蚊、致倦库蚊
6	太仓局出入境检验检疫局口岸有害生物检疫实验室	埃及伊蚊、白纹伊蚊、刺扰伊蚊、致倦库蚊
7	国家质检总局陕西医学媒介生物监测中心实验室	埃及伊蚊、白纹伊蚊、刺扰伊蚊、致倦库蚊
8	苏州出入境检验检疫局医学媒介生物实验室	埃及伊蚊、白纹伊蚊、刺扰伊蚊、致倦库蚊
9	吉林出入境检验检疫局检验检疫技术中心	埃及伊蚊、白纹伊蚊、刺扰伊蚊、致倦库蚊
10	大亚湾出入境检验检疫局综合技术服务中心	埃及伊蚊、白纹伊蚊、刺扰伊蚊、致倦库蚊
11	国家质检总局医学媒介生物区域性中心实验室（阿拉山口）	埃及伊蚊、白纹伊蚊、刺扰伊蚊、致倦库蚊
12	铜陵出入境检验检疫局卫生检疫实验室	埃及伊蚊、白纹伊蚊、刺扰伊蚊、致倦库蚊
13	安徽国际旅行卫生保健中心卫生检疫实验室	埃及伊蚊、白纹伊蚊、刺扰伊蚊、致倦库蚊
14	国家质检总局海南医学媒介监测区域性中心实验室	埃及伊蚊、白纹伊蚊、刺扰伊蚊、致倦库蚊
15	南通国际旅行卫生保健门诊部传染病检测实验室	埃及伊蚊、白纹伊蚊、刺扰伊蚊、致倦库蚊
16	新疆国际旅行卫生保健中心医学媒介监测实验室	埃及伊蚊、白纹伊蚊、刺扰伊蚊、致倦库蚊
17	池州出入境检验检疫局口岸卫生检疫实验室	埃及伊蚊、白纹伊蚊、刺扰伊蚊、致倦库蚊
18	南海出入境检验检疫局综合技术服务中心检测中心卫生检疫实验室	埃及伊蚊、白纹伊蚊、刺扰伊蚊、致倦库蚊
19	福建出入境检验检疫局武夷山办事处医学媒介实验室	埃及伊蚊、白纹伊蚊、刺扰伊蚊、致倦库蚊
20	张家港出入境检验检疫局医学媒介生物实验室	埃及伊蚊、白纹伊蚊、刺扰伊蚊、致倦库蚊
21	广西国际旅行卫生保健中心东兴分中心媒介生物实验室	埃及伊蚊、白纹伊蚊、刺扰伊蚊、致倦库蚊
22	江苏检验检疫局医学媒介生物实验室徐州常规监测点	埃及伊蚊、白纹伊蚊、刺扰伊蚊、致倦库蚊
23	河南出入境检验检疫局检验检疫技术中心医学媒介生物实验室	埃及伊蚊、白纹伊蚊、刺扰伊蚊、致倦库蚊
24	连云港出入境检验检疫局医学媒介监测实验室	埃及伊蚊、白纹伊蚊、刺扰伊蚊、致倦库蚊
25	西藏国际旅行卫生保健中心医学媒介生物检测实验室	埃及伊蚊、白纹伊蚊、刺扰伊蚊、致倦库蚊
26	甘肃国际旅行卫生保健中心医学媒介实验室	埃及伊蚊、白纹伊蚊、刺扰伊蚊、致倦库蚊
27	佛山出入境检验检疫局综合技术中心卫生检疫实验室	埃及伊蚊、白纹伊蚊、刺扰伊蚊、致倦库蚊
28	马鞍山口岸卫生检疫实验室	埃及伊蚊、白纹伊蚊、刺扰伊蚊、致倦库蚊
29	安庆口岸卫生检疫实验室	埃及伊蚊、白纹伊蚊、刺扰伊蚊、致倦库蚊
30	芜湖出入境检验检疫局口岸卫生检疫实验室	埃及伊蚊、白纹伊蚊、刺扰伊蚊、致倦库蚊
31	辽宁国际旅行卫生保健中心国家医学媒介生物监测检测重点实验室	埃及伊蚊、白纹伊蚊、刺扰伊蚊、致倦库蚊
32	安徽出入境检验检疫局合肥机场办事处口岸医学媒介实验室	埃及伊蚊、白纹伊蚊、刺扰伊蚊、致倦库蚊
33	龙口出入境检验检疫局综合技术服务中心	埃及伊蚊、白纹伊蚊、刺扰伊蚊、致倦库蚊
34	常州出入境检验检疫局医学媒介生物常规监测点	埃及伊蚊、白纹伊蚊、刺扰伊蚊、致倦库蚊
35	云南国际旅行卫生保健中心勐腊分中心	埃及伊蚊、白纹伊蚊、刺扰伊蚊、致倦库蚊
36	南沙出入境检验检疫局综合技术服务中心实验室	埃及伊蚊、白纹伊蚊、刺扰伊蚊、致倦库蚊
37	淮安出入境检验检疫局医学媒介生物实验室	埃及伊蚊、白纹伊蚊、刺扰伊蚊、致倦库蚊

续表

编号	机构名称	满意参数
38	中山出入境检验检疫局检验检疫技术中心	埃及伊蚊、白纹伊蚊、刺扰伊蚊、致倦库蚊
39	莆田出入境检验检疫局口岸医学媒介实验室	埃及伊蚊、白纹伊蚊、刺扰伊蚊、致倦库蚊
40	宁波出入境检验检疫局技术中心大榭分中心	埃及伊蚊、白纹伊蚊、刺扰伊蚊、致倦库蚊
41	宁波出入境检验检疫局技术中心北仑分中心医学媒介生物检测实验室	埃及伊蚊、白纹伊蚊、刺扰伊蚊、致倦库蚊
42	四川出入境检验检疫局检验检疫技术中心四川酒类检测实验室	埃及伊蚊、白纹伊蚊、刺扰伊蚊、致倦库蚊
43	国家医学媒介生物（蚤、蠓）监测与检测重点实验室	埃及伊蚊、白纹伊蚊、刺扰伊蚊、致倦库蚊
44	浙江国际旅行卫生保健中心检验科	埃及伊蚊、白纹伊蚊、刺扰伊蚊、致倦库蚊
45	内蒙古国家级鼠疫检测重点实验室（二连浩特）	埃及伊蚊、白纹伊蚊、刺扰伊蚊、致倦库蚊
46	首都机场分中心检测三室	埃及伊蚊、白纹伊蚊、刺扰伊蚊、致倦库蚊
47	福州机场检验检疫局媒介监测实验室	埃及伊蚊、白纹伊蚊、刺扰伊蚊、致倦库蚊
48	国家卫生处理安全及适用性检测重点实验室	埃及伊蚊、白纹伊蚊、刺扰伊蚊、致倦库蚊
49	开平出入境检验检疫局综合技术服务中心综合实验室	埃及伊蚊、白纹伊蚊、刺扰伊蚊、致倦库蚊
50	顺德出入境检验检疫局综合技术服务中心医学媒介生物实验室	埃及伊蚊、白纹伊蚊、刺扰伊蚊、致倦库蚊
51	浙江国际旅行卫生保健中心嘉兴分中心实验室	埃及伊蚊、白纹伊蚊、刺扰伊蚊、致倦库蚊
52	温州出入境检验检疫局病媒生物实验室	埃及伊蚊、白纹伊蚊、刺扰伊蚊、致倦库蚊
53	镇江出入境检验检疫局医学媒介生物实验室	埃及伊蚊、白纹伊蚊、刺扰伊蚊、致倦库蚊
54	吉林检验检疫局图们办事处图们口岸检疫实验室	埃及伊蚊、白纹伊蚊、刺扰伊蚊、致倦库蚊
55	塔城出入境检验检疫局媒介生物实验室	埃及伊蚊、白纹伊蚊、刺扰伊蚊、致倦库蚊
56	重庆国际旅行卫生保健中心	埃及伊蚊、白纹伊蚊、刺扰伊蚊、致倦库蚊
57	清远国际旅行卫生保健中心卫生检疫实验室	埃及伊蚊、白纹伊蚊、刺扰伊蚊、致倦库蚊
58	汕尾国际旅行卫生保健中心卫生检疫实验室	埃及伊蚊、白纹伊蚊、刺扰伊蚊、致倦库蚊
59	黄埔出入境检验检疫局综合技术服务中心检验检测中心	埃及伊蚊、白纹伊蚊、刺扰伊蚊、致倦库蚊
60	泰州出入境检验检疫局医学媒介实验室（监测点）	埃及伊蚊、白纹伊蚊、刺扰伊蚊、致倦库蚊
61	荣成出入境检验检疫局医学媒介实验室	埃及伊蚊、白纹伊蚊、刺扰伊蚊、致倦库蚊
62	烟台检验检疫局保健中心医学媒介生物实验室	埃及伊蚊、白纹伊蚊、刺扰伊蚊、致倦库蚊
63	江苏出入境检验检疫局医学媒介生物监测实验室	埃及伊蚊、白纹伊蚊、刺扰伊蚊、致倦库蚊
64	上海出入境检验检疫局国家国境口岸卫生监督检测重点实验室	埃及伊蚊、白纹伊蚊、刺扰伊蚊、致倦库蚊
65	香港特别行政区政府食物环境卫生署防治虫鼠事务咨询组	埃及伊蚊、白纹伊蚊、刺扰伊蚊、致倦库蚊
66	澳门特别行政区政府卫生局疾病预防控制中心传染病防制暨疾病监测部	埃及伊蚊、白纹伊蚊、刺扰伊蚊、致倦库蚊
67	泉州出入境检验检疫局综合技术服务中心	埃及伊蚊、白纹伊蚊、刺扰伊蚊、致倦库蚊
68	宁德出入境检验检疫局医学媒介实验室	埃及伊蚊、白纹伊蚊、刺扰伊蚊、致倦库蚊
69	上海机场出入境检验检疫局综合实验室	埃及伊蚊、白纹伊蚊、刺扰伊蚊、致倦库蚊
70	山东国际旅行卫生保健中心医学检测实验室	埃及伊蚊、白纹伊蚊、刺扰伊蚊、致倦库蚊*
71	高明出入境检验检疫局检测中心	埃及伊蚊、白纹伊蚊、刺扰伊蚊、致倦库蚊*
72	浙江出入境检验检疫局杭州机场办事处医学媒介实验室	埃及伊蚊、白纹伊蚊、刺扰伊蚊、致倦库蚊*
73	江苏国际旅行卫生保健中心无锡分中心医学媒介生物实验室	埃及伊蚊、白纹伊蚊、刺扰伊蚊、致倦库蚊*
74	珠海国际旅行卫生保健中心医学媒介生物监测中心实验室	埃及伊蚊、白纹伊蚊、刺扰伊蚊、致倦库蚊*
75	广西检验检疫局技术中心钦州保税港区分中心医学媒介生物实验室	埃及伊蚊、白纹伊蚊、刺扰伊蚊*、致倦库蚊
76	云南国际旅行卫生保健中心昆明机场口岸分中心卫生检疫实验室	埃及伊蚊、白纹伊蚊、刺扰伊蚊*、致倦库蚊
77	黄山机场口岸卫生检疫生物实验室	埃及伊蚊*、白纹伊蚊、刺扰伊蚊、致倦库蚊
78	东山出入境检验检疫局综合技术服务中心医学媒介实验室	埃及伊蚊、白纹伊蚊、刺扰伊蚊*、致倦库蚊
79	盐城出入境检验检疫局大丰港口岸医学媒介生物监测点	埃及伊蚊*、白纹伊蚊、刺扰伊蚊、致倦库蚊
80	常熟出入境检验检疫局检疫实验室/常熟出入境检验检疫局	埃及伊蚊、白纹伊蚊、刺扰伊蚊*、致倦库蚊
81	广州机场出入境检验检疫局综合技术服务中心综合实验室	埃及伊蚊、白纹伊蚊、刺扰伊蚊*、致倦库蚊
82	青岛机场检验检疫局综合技术中心医学媒介生物实验室	埃及伊蚊*、白纹伊蚊、刺扰伊蚊、致倦库蚊

续表

编号	机构名称	满意参数
83	梅州出入境检验检疫局卫生检疫实验室	埃及伊蚊、白纹伊蚊、刺扰伊蚊*、致倦库蚊
84	韶关出入境检验检疫局综合技术服务中心综合实验室	埃及伊蚊、白纹伊蚊、刺扰伊蚊*、致倦库蚊
85	新会出入境检验检疫局综合技术服务中心综合检验检疫实验室	埃及伊蚊、白纹伊蚊、刺扰伊蚊*、致倦库蚊
86	舟山出入境检验检疫局卫生检疫实验室	埃及伊蚊、白纹伊蚊、刺扰伊蚊*、致倦库蚊*
87	东莞国际旅行卫生保健中心医学媒介实验室	埃及伊蚊、白纹伊蚊、刺扰伊蚊*、致倦库蚊*
88	江西国际旅行卫生保健中心医学媒介生物检测实验室	埃及伊蚊、白纹伊蚊、刺扰伊蚊*、致倦库蚊*
89	河北出入境检验检疫局曹妃甸办事处卫生检疫基础实验室	埃及伊蚊*、白纹伊蚊*、刺扰伊蚊、致倦库蚊
90	盐城出入境检验检疫局南洋机场口岸医学媒介生物监测点	埃及伊蚊*、白纹伊蚊*、刺扰伊蚊、致倦库蚊
91	满洲里国际旅行卫生保健中心综合实验室	埃及伊蚊、白纹伊蚊、刺扰伊蚊*、致倦库蚊*
92	茂名出入境检验检疫局综合实验室	埃及伊蚊、白纹伊蚊*、刺扰伊蚊、致倦库蚊*
93	湛江国际旅行卫生保健中心卫生检疫实验室	埃及伊蚊*、白纹伊蚊、刺扰伊蚊、致倦库蚊*

三、 蛙病毒（BIV）核酸检测能力验证项目（31家）

编号	机构名称	满意参数
1	福州市水生动物疫病预防控制中心	蛙病毒
2	连云港出入境检验检疫局动植物实验室	蛙病毒
3	北京海森通检测技术有限公司	蛙病毒
4	吉林出入境检验检疫局检验检疫技术中心	蛙病毒
5	山东省淡水渔业研究院疫病防控研究室	蛙病毒
6	北京市水产技术推广站	蛙病毒
7	上海市水产研究所	蛙病毒
8	浙江出入境检验检疫局检验检疫技术中心	蛙病毒
9	中国水产科学研究院长江水产研究所	蛙病毒
10	山东省海洋生物研究院病害防治实验室	蛙病毒
11	辽宁省水产技术推广总站	蛙病毒
12	广西壮族自治区渔业病害防治环境监测和质量检验中心	蛙病毒
13	深圳市水生动物防疫检疫站	蛙病毒
14	河北省水产品质量检验检测站	蛙病毒
15	浙江省水生动物防疫检疫中心	蛙病毒
16	东北农业大学微生物免疫实验室	蛙病毒
17	中国海洋大学水产学院	蛙病毒
18	湖南省畜牧水产技术推广站	蛙病毒
19	宁波大学水生动物病害实验室	蛙病毒
20	广东省水生动物疫病预防控制中心	蛙病毒
21	天津出入境检验检疫局动植物与食品检测中心	蛙病毒
22	湖南出入境检验检疫局检验检疫技术中心	蛙病毒
23	山东出入境检验检疫局检验检疫技术中心	蛙病毒
24	中国检验检疫科学研究院动物检疫研究所	蛙病毒
25	广东出入境检验检疫局检验检疫技术中心	蛙病毒
26	厦门出入境检验检疫局检验检疫技术中心动物检疫实验室	蛙病毒
27	湖北出入境检验检疫局检验检疫技术中心	蛙病毒
28	中国水产科学研究院珠江水产研究所水产病害与免疫研究室	蛙病毒
29	福建出入境检验检疫局检验检疫技术中心	蛙病毒
30	集美大学	蛙病毒*
31	海南省海洋与渔业科学院	蛙病毒*

四、 施马伦贝格病核酸检测能力验证项目（23家）

编号	机构名称	满意参数
1	中国兽医药品监察所	施马伦贝格病核酸
2	天津出入境检验检疫局动植物与食品检测中心反刍动物疫病检测实验室	施马伦贝格病核酸
3	河北出入境检验检疫局检验检疫技术中心	施马伦贝格病核酸
4	山东出入境检验检疫局检验检疫技术中心动检实验室	施马伦贝格病核酸
5	河南出入境检验检疫局检验检疫技术中心微生物实验室	施马伦贝格病核酸
6	上海出入境检验检疫局动植物与食品检验检疫技术中心动物与毒理实验室	施马伦贝格病核酸
7	江苏出入境检验检疫局检验检疫技术中心动检实验室	施马伦贝格病核酸
8	浙江出入境检验检疫局检验检疫技术中心动物检验检疫实验室	施马伦贝格病核酸
9	浙江省检验检疫科学技术研究院温州分院动植检实验室	施马伦贝格病核酸
10	舟山出入境检验检疫局动植物检疫实验室	施马伦贝格病核酸
11	山西出入境检验检疫局检验检疫技术中心动检实验室	施马伦贝格病核酸
12	重庆出入境检验检疫局检验检疫技术中心动物检疫实验室	施马伦贝格病核酸
13	湖北出入境检验检疫局技术中心	施马伦贝格病核酸
14	伊犁出入境检验检疫局综合技术服务中心综合实验室	施马伦贝格病核酸
15	珠海出入境检验检疫局检验检疫技术中心动物检疫实验室	施马伦贝格病核酸
16	深圳出入境检验检疫局动植物检验检疫技术中心	施马伦贝格病核酸
17	黑龙江出入境检验检疫局检验检疫技术中心	施马伦贝格病核酸
18	二连浩特出入境检验检疫局技术中心动检实验室	施马伦贝格病核酸
19	吉林出入境检验检疫局检验检疫技术中心	施马伦贝格病核酸
20	广东出入境检验检疫局检验检疫技术中心动物检疫实验室	施马伦贝格病核酸
21	湖南出入境检验检疫局检验检疫技术中心	施马伦贝格病核酸
22	辽宁出入境检验检疫局检验检疫技术中心动物检疫实验室	施马伦贝格病核酸
23	云南出入境检验检疫局检验检疫技术中心动检实验室	施马伦贝格病核酸*

五、 柑桔溃疡病菌检疫鉴定能力验证项目（51家）

编号	机构名称	满意参数
1	国家质检总局植物检疫区域性中心实验室（四川）	柑桔溃疡病菌
2	东兴出入境检验检疫局检验检疫综合实验室	柑桔溃疡病菌
3	国家质检总局植物检疫中心实验（云南）	柑桔溃疡病菌
4	国家热带和亚热带水果检疫重点实验室	柑桔溃疡病菌
5	辽宁出入境检验检疫局检验检疫技术中心植物检验科	柑桔溃疡病菌
6	吉林出入境检验检疫局检验检疫技术中心	柑桔溃疡病菌
7	国家材种鉴定与木材检疫重点实验室（张家港出入境检验检疫局）	柑桔溃疡病菌
8	上海出入境检验检疫局动植物与食品检验检疫技术中心	柑桔溃疡病菌
9	江苏连云港出入境检验检疫局植检实验室	柑桔溃疡病菌
10	黑龙江出入境检验检疫局检验检疫技术中心植物检疫实验室	柑桔溃疡病菌
11	广东出入境检验检疫技术中心植物检疫实验室	柑桔溃疡病菌
12	二连浩特出入境检验检疫局技术中心植物检疫实验室	柑桔溃疡病菌
13	河南出入境检验检疫局植物检疫实验室	柑桔溃疡病菌
14	中山出入境检验检疫局技术中心	柑桔溃疡病菌
15	广州机场出入境检验检疫局综合技术服务中心综合实验室（检验检疫集中查验监管区）	柑桔溃疡病菌
16	陕西出入境检验检疫局检验检疫技术中心	柑桔溃疡病菌
17	浙江省检验检疫科学技术研究院温州分院综合实验室	柑桔溃疡病菌
18	福建出入境检验检疫局检验检疫技术中心	柑桔溃疡病菌

续表

编号	机构名称	满意参数
19	安徽出入境检验检疫局检验检疫技术中心	柑桔溃疡病菌
20	浙江出入境检验检疫局检验检疫技术中心	柑桔溃疡病菌
21	宁波出入境检验检疫局检验检疫技术中心	柑桔溃疡病菌
22	防城港出入境检验检疫局综合实验室	柑桔溃疡病菌
23	河北出入境检验检疫局检验检疫技术中心生物实验室	柑桔溃疡病菌
24	浙江省检验检疫科学技术研究院嘉兴分院	柑桔溃疡病菌
25	珠海出入境检验检疫局检验检疫技术中心	柑桔溃疡病菌
26	山东检验检疫技术中心植物检疫实验室	柑桔溃疡病菌
27	深圳出入境检验检疫局动植物检验检疫技术中心植物检验检疫实验室	柑桔溃疡病菌
28	泉州出入境检验检疫局综合技术服务中心动植物检疫分中心	柑桔溃疡病菌
29	重庆出入境检验检疫局检验检疫技术中心植检实验室	柑桔溃疡病菌
30	国家仓储有害生物检疫重点实验室（苏州）	柑桔溃疡病菌
31	舟山出入境检验检疫局动植物检疫实验室	柑桔溃疡病菌
32	阿拉山口出入境检验检疫局技术中心	柑桔溃疡病菌
33	太仓出入境检验检疫局口岸有害生物检疫实验室	柑桔溃疡病菌
34	南沙出入境检验检疫局综合技术服务中心植检实验室	柑桔溃疡病菌
35	天津出入境检验检疫局动植物与食品检测中心植物检疫实验室	柑桔溃疡病菌
36	湖南出入境检验检疫局检验检疫技术中心	柑桔溃疡病菌
37	江苏出入境检验检疫局动植物与食品检测中心植物检疫实验室	柑桔溃疡病菌
38	湖北出入境检验检疫局技术中心植检实验室	柑桔溃疡病菌
39	广西出入境检验检疫局检验检疫技术中心植物检疫与分子生物学区域性中心实验室	柑桔溃疡病菌
40	海南出入境检验检疫局热带植物隔离检疫中心植物检疫实验室	柑桔溃疡病菌
41	江西出入境检验检疫局检验检疫综合技术中心	柑桔溃疡病菌
42	汕头出入境检验检疫局检验检疫技术中心植物检疫实验室	柑桔溃疡病菌
43	勐腊出入境检验检疫局检验检疫综合技术中心	柑桔溃疡病菌
44	盐城出入境检验检疫局大丰港办植检实验室	柑桔溃疡病菌
45	厦门出入境检验检疫局检验检疫技术中心植物检疫实验室	柑桔溃疡病菌
46	伊犁出入境检验检疫局综合技术服务中心综合实验室	柑桔溃疡病菌
47	湛江出入境检验检疫局检验检疫技术中心植物检验检疫实验室	柑桔溃疡病菌
48	中国检验检疫科学研究院植物检疫研究所	柑桔溃疡病菌
49	中国农业科学院柑桔研究所国家柑桔苗木脱毒中心	柑桔溃疡病菌
50	西南大学植物生态病理研究所	柑桔溃疡病菌
51	中国农业大学植物保护学院	柑桔溃疡病菌

六、 甜菜孢囊线虫检疫鉴定能力验证项目（42家）

编号	机构名称	满意参数
1	天津出入境检验检疫局动植物与食品检验检疫技术中心	甜菜孢囊线虫
2	江西出入境检验检疫局检验检疫局综合技术中心	甜菜孢囊线虫
3	吉林出入境检验检疫局检验检疫技术中心	甜菜孢囊线虫
4	江苏出入境检验检疫局动植物与食品检测中心	甜菜孢囊线虫
5	石河子出入境检验检疫局综合实验室	甜菜孢囊线虫
6	河南出入境检验检疫局检验检疫局检验检疫技术中心植物检疫实验室	甜菜孢囊线虫
7	苏州出入境检验检疫局外来有害生物防控实验室	甜菜孢囊线虫
8	湖北出入境检验检疫局检验检疫技术中心植物检疫实验室	甜菜孢囊线虫
9	上海出入境检验检疫局动植物与食品检验检疫技术中心	甜菜孢囊线虫

续表

编号	机构名称	满意参数
10	舟山出入境检验检疫局动植物检疫实验室	甜菜孢囊线虫
11	海南出入境检验检疫局热带植物隔离检疫中心	甜菜孢囊线虫
12	太仓出入境检验检疫局口岸有害生物检疫实验室	甜菜孢囊线虫
13	黑龙江出入境检验检疫局检验检疫技术中心植物检疫实验室	甜菜孢囊线虫
14	防城港出入境检验检疫局综合实验室	甜菜孢囊线虫
15	张家港出入境检验检疫局综合技术中心国家材种鉴定与木材检疫重点实验室	甜菜孢囊线虫
16	满洲里出入境检验检疫局技术中心	甜菜孢囊线虫
17	连云港出入境检验检疫局植物检疫实验室*	甜菜孢囊线虫
18	浙江出入境检验检疫局检验检疫技术中心植物检疫实验室	甜菜孢囊线虫
19	宁夏出入境检验检疫局检验检疫综合技术中心	甜菜孢囊线虫
20	顺德出入境检验检疫局综合技术服务中心动植物检验检疫实验室	甜菜孢囊线虫
21	广州机场出入境检验检疫局综合技术服务中心综合实验室	甜菜孢囊线虫
22	辽宁出入境检验检疫局检验检疫技术中心动植中心植物检疫实验室	甜菜孢囊线虫
23	宁波出入境检验检疫局检验检疫技术中心(生物分中心)	甜菜孢囊线虫
24	云南出入境检验检疫局检验检疫技术中心	甜菜孢囊线虫
25	中山出入境检验检疫局检验检疫技术中心	甜菜孢囊线虫
26	重庆出入境检验检疫局技术中心	甜菜孢囊线虫
27	山东出入境检验检疫局检验检疫技术中心植物检疫实验室	甜菜孢囊线虫
28	福建出入境检验检疫局检验检疫技术中心	甜菜孢囊线虫
29	阿拉山口出入境检验检疫局综合技术服务中心动植食品纺织实验室	甜菜孢囊线虫
30	临沂出入境检验检疫局综合技术服务中心	甜菜孢囊线虫
31	北京出入境检验检疫局检验检疫技术中心	甜菜孢囊线虫
32	新疆出入境检验检疫局检验检疫技术中心	甜菜孢囊线虫
33	湖南出入境检验检疫局检验检疫技术中心	甜菜孢囊线虫
34	贵州出入境检验检疫局检验检疫综合技术中心	甜菜孢囊线虫
35	甘肃出入境检验检疫局综合技术服务中心	甜菜孢囊线虫
36	深圳出入境检验检疫局动植物检验检疫技术中心植物检验检疫实验室	甜菜孢囊线虫
37	中国农科院植保所	甜菜孢囊线虫
38	南京农业大学植物保护学院植物线虫实验室	甜菜孢囊线虫
39	河北农科院植保所	甜菜孢囊线虫
40	深圳出入境检验检疫局动植物检验检疫技术中心植物隔离检疫中心	甜菜孢囊线虫
41	华中农业大学	甜菜孢囊线虫
42	青海省农林科学院	甜菜孢囊线虫

七、 食品中诺如病毒的定性检测能力验证项目(39家)

编号	机构名称	满意参数
1	福建省产品质量检验研究院	贝类基质
2	深圳市通量检测科技有限公司	贝类基质
3	珠海国际旅行卫生保健中心	贝类基质
4	大连出入境检验检疫局检验检疫技术中心	贝类基质
5	上海出入境检验检疫局动植物与食品检验检疫技术中心	贝类基质
6	福建出入境检验检疫局检验检疫技术中心	贝类基质
7	吉林出入境检验检疫局检验检疫技术中心	贝类基质
8	河南出入境检验检疫局检验检疫技术中心微生物实验室	贝类基质
9	珠海出入境检验检疫局检验检疫技术中心	贝类基质

续表

编号	机构名称	满意参数
10	深圳出入境检验检疫局食品检验检疫技术中心	贝类基质
11	国家轻工业食品质量监督检测广州站	贝类基质
12	瑞丽出入境检验检疫局检验检疫综合技术中心	贝类基质
13	汕头出入境检验检疫局检验检疫技术中心基因检测实验室	贝类基质
14	北京出入境检验检疫局检验检疫技术中心	贝类基质
15	湖北出入境检验检疫局检验检疫技术中心	贝类基质
16	云南出入境检验检疫局检验检疫技术中心	贝类基质
17	浙江出入境检验检疫局检验检疫技术中心	贝类基质
18	舟山国际旅行卫生保健中心综合实验室	贝类基质
19	质检总局国家水产品检测重点实验室/广州机场出入境检验检疫局综合技术服务中心	贝类基质
20	广东出入境检验检疫局检验检疫技术中心卫生检疫实验室	贝类基质
21	中山出入境检验检疫局检验检疫技术中心	贝类基质
22	深圳出入境检验检疫局动植物检验检疫技术中心	贝类基质
23	重庆出入境检验检疫局检验检疫技术中心动物检疫实验室	贝类基质
24	福建省疾病预防控制中心	贝类基质
25	厦门出入境检验检验局检验检疫技术中心动物检验检疫实验室	贝类基质
26	江苏出入境检验检疫局动植物与食品检测中心	贝类基质草莓基质
27	烟台出入境检验检疫局检验检疫技术中心	贝类基质草莓基质
28	宁波出入境检验检疫局检验检疫技术中心生物分中心	贝类基质草莓基质
29	潍坊出入境检验检疫局检验检疫技术中心	贝类基质草莓基质
30	连云港出入境检验检疫局动植物实验室	贝类基质草莓基质
31	深圳市计量质量检测研究院	贝类基质
32	河北出入境检验检疫局检验检疫技术中心	贝类基质
33	广西出入境检验检疫局检验检疫技术中心	贝类基质
34	辽宁出入境检验检疫局检验检疫技术中心	草莓基质
35	济南出入境检验检疫局检验检疫技术中心	草莓基质
36	临沂出入境检验检疫局综合技术服务中心	草莓基质
37	日照出入境检验检疫局综合技术服务中心	草莓基质
38	广州机场出入境检验检疫局综合技术服务中心综合实验室	草莓基质
39	烟台杰科检测服务有限公司	草莓基质

八、 蒸馏酒中甲醇、铅含量的测定能力验证项目（224家）

编号	机构名称	满意参数
1	皖西南产品质量监督检验中心	甲醇、铅
2	安徽省疾病预防控制中心	甲醇、铅
3	国家食品质量监督检验中心 中国食品发酵工业研究院检验实验室	甲醇、铅
4	北京出入境检验检疫局检验检疫技术中心	甲醇、铅
5	中国检验检疫科学研究院综合检测中心	甲醇、铅
6	中国肉类食品综合研究中心检测实验室	甲醇、铅
7	谱尼测试集团股份有限公司	甲醇、铅
8	国家食品质量安全监督检验中心	甲醇、铅
9	福州出入境检验检疫局综合技术服务中心食品实验室	甲醇、铅
10	福州市产品质量检验所	甲醇、铅
11	福建出入境检验检疫局检验检疫技术中心	甲醇、铅
12	福州市疾病预防控制中心	甲醇、铅

续表

编号	机构名称	满意参数
13	福建省产品质量检验研究院	甲醇、铅
14	厦门出入境检验检疫局检验检疫技术中心	甲醇、铅
15	东莞出入境检验检疫局检验检疫综合技术中心	甲醇、铅
16	佛山出入境检验检疫局检验检疫综合技术中心	甲醇、铅
17	广东产品质量监督检验研究院	甲醇、铅
18	广东省食品检验所	甲醇、铅
19	广州质量监督检测研究院	甲醇、铅
20	国家糖业质量监督检验中心国家轻工业甘蔗糖业质量监督检测中心	甲醇、铅
21	国家轻工业食品质量监督检测广州站	甲醇、铅
22	黄埔出入境检验检疫局综合技术服务中心检验检测中心	甲醇、铅
23	中国广州分析测试中心	甲醇、铅
24	广东出入境检验检疫技术中心	甲醇、铅
25	江门出入境检验检疫局检验检疫技术中心	甲醇、铅
26	汕头出入境检验检疫局技术中心食品检测实验室汕头出入境检验检疫技术中心	甲醇、铅
27	深圳市通量检测科技有限公司	甲醇、铅
28	深圳前海深港国际酒类检验中心深圳出入境检验检疫局食品检验检疫技术中心	甲醇、铅
29	谱尼测试集团深圳有限公司	甲醇、铅
30	深圳市计量质量检测研究院	甲醇、铅
31	肇庆出入境检验检疫局检验检疫综合技术中心（肇庆国际旅行卫生保健中心）	甲醇、铅
32	广东省中山市质量计量监督检测所	甲醇、铅
33	中山出入境检验检疫局检验检疫技术中心	甲醇、铅
34	珠海出入境检验检疫局检验检疫技术中心	甲醇、铅
35	国家食糖及加工食品质量监督检验中心 广西壮族自治区产品质量检验研究院	甲醇、铅
36	广西出入境检验检疫局技术中心	甲醇、铅
37	河北出入境检验检疫局检验检疫技术中心保定分中心	甲醇、铅
38	河北出入境检验检疫局检验检疫技术中心	甲醇、铅
39	国家果类及农副加工产品质量监督检验中心	甲醇、铅
40	河南省产品质量监督检验院	甲醇、铅
41	农业部农产品质量监督检验测试中心（郑州） 河南省农业科学院	甲醇、铅
42	河南出入境检验检疫局技术中心	甲醇、铅
43	中检集团中原农食产品检测（河南）有限公司	甲醇、铅
44	河南三方元泰检测技术有限公司	甲醇、铅
45	国家轻工业食品质量监督检测郑州站	甲醇、铅
46	黑龙江出入境检验检疫局检验检疫技术中心东宁分中心 黑龙江出入境检验检疫局检验检疫技术中心	甲醇、铅
47	黑龙江出入境检验检疫局检验检疫技术中心	甲醇、铅
48	哈尔滨市产品质量监督检验院	甲醇、铅
49	农业部谷物及制品质量监督检验测试中心（哈尔滨）	甲醇、铅
50	黑龙江省出入境检验检疫局检验检疫技术中心齐齐哈尔分中心	甲醇、铅
51	武汉产品质量监督检验所	甲醇、铅
52	湖南出入境检验检疫局检验检疫技术中心	甲醇、铅
53	湖南省产商品质量监督检验研究院	甲醇、铅
54	中国检验认证集团湖南有限公司 湖南中检检测有限公司	甲醇、铅
55	吉林省安信食品技术服务有限责任公司	甲醇、铅

续表

编号	机构名称	满意参数
56	吉林省食品检验所	甲醇、铅
57	长春市产品质量监督检验院	甲醇、铅
58	吉林出入境检验检疫局检验检疫技术中心	甲醇、铅
59	吉林省产品质量监督检验院	甲醇、铅
60	淮安出入境检验检疫局综合技术服务中心	甲醇、铅
61	国家有机食品质量监督检验中心（江苏）	甲醇、铅
62	江苏出入境检验检疫局动植物与食品检测中心	甲醇、铅
63	谱尼测试集团江苏有限公司	甲醇、铅
64	苏州出入境检验检疫局检验检疫综合技术中心	甲醇、铅
65	宿迁市产品质量监督检验所	甲醇、铅
66	张家港出入境检验检疫局检验检疫综合技术中心	甲醇、铅
67	江西出入境检验检疫局综合技术中心	甲醇、铅
68	江西省产品质量检验研究院	甲醇、铅
69	沈阳出入境检验检疫局检验检疫综合技术中心	甲醇、铅
70	鲅鱼圈出入境检验检疫局综合技术服务中心	甲醇、铅
71	内蒙古出入境检验检疫局检验检疫技术中心	甲醇、铅
72	国家农副加工产品质量监督检验中心（宁夏） 宁夏回族自治区食品检测中心	甲醇、铅
73	农业部食品质量监督检验测试中心（济南）	甲醇、铅
74	中国冶金地质总局山东局测试中心	甲醇、铅
75	中华全国供销总社济南果蔬及制品质量监督检验测试中心/中华全国供销合作济南果品研究院	甲醇、铅
76	龙口出入境检验检疫局综合技术服务中心	甲醇、铅
77	威海出入境检验检疫技术中心	甲醇、铅
78	国家蔬菜质量监督检验中心/潍坊市产品质量检验所（潍坊市纤维检验所）	甲醇、铅
79	潍坊出入境检验检疫局检验检疫技术中心	甲醇、铅
80	烟台市产品质量监督检验所	甲醇、铅
81	山西省食品质量安全监督检验研究院	甲醇、铅
82	山西出入境检验检疫局技术中心	甲醇、铅
83	国家农副加工产品质量监督检验中心	甲醇、铅
84	上海市酒类产品质量检验中心有限公司	甲醇、铅
85	国家轻工业食品质量监督检测上海站 上海市营养食品质量监督检验站 上海源本食品质量检验有限公司	甲醇、铅
86	国家食品质量监督检验中心(上海) 上海市质量监督检验技术研究院	甲醇、铅
87	上海市疾病预防控制中心	甲醇、铅
88	国家轻工业食品质量监督检测成都站	甲醇、铅
89	四川水井坊股份有限公司检测中心	甲醇、铅
90	国家酒类及加工食品质量监督检验中心 成都产品质量检验研究院有限责任公司	甲醇、铅
91	四川省食品药品检验检测院	甲醇、铅
92	四川出入境检验检疫局检验检疫技术中心	甲醇、铅
93	天津市产品质量监督检测技术研究院 国家加工食品质量监督检验中心	甲醇、铅
94	国家轻工业食品质量监督检测天津站	甲醇、铅
95	农业部乳品质量监督检验测试中心	甲醇、铅
96	天津出入境检验检疫局动植物与食品检测中心	甲醇、铅
97	西藏出入境检验检疫局检验检疫技术中心	甲醇、铅

续表

编号	机构名称	满意参数
97	国家蜂蜜产品质量监督检验中心 伊犁哈萨克自治州产品质量检验所	甲醇、铅
99	云南出入境检验检疫局检验检疫技术中心大理食品实验室	甲醇、铅
100	云南天正检测技术有限公司	甲醇、铅
101	云南省疾病预防控制中心	甲醇、铅
102	国家轻工业食品质量监督检测杭州站	甲醇、铅
103	浙江省质量检测科学研究院/浙江方圆检测集团股份有限公司（国家预包装食品质量监督检验中心（浙江））	甲醇、铅
104	浙江省检验检疫科学技术研究院	甲醇、铅
105	浙江省检验检疫科学技术研究院嘉兴分院	甲醇、铅
106	宁波出入境检验检疫局检验检疫技术中心（食品分中心）	甲醇、铅
107	国家黄酒产品质量监督检验中心	甲醇、铅
108	重庆市计量质量检测研究院	甲醇、铅
109	贵州省产品质量监督检验院	甲醇、铅
110	安徽出入境检验检疫局检验检疫技术中心	甲醇、铅
111	国家白酒产品质量监督检验中心（四川）宜宾市产品质量监督检验所	甲醇、铅
112	芜湖出入境检验检疫局农产品检测实验室	甲醇、铅
113	国家青少年食品质量监督检验中心	甲醇、铅
114	国家粮食质量监督检验中心大连市产品质量检测研究院	甲醇、铅
115	贵州省流通环节食品检验中心	甲醇、铅
116	黄山出入境检验检疫局茶叶质量安全研究中心	甲醇、铅
117	浙江迪恩安正检测技术有限公司	甲醇、铅
118	贵州出入境检验检疫局综合技术中心食品实验室	甲醇、铅
119	重庆仕益产品质量检测有限责任公司	甲醇、铅
120	中国科学院沈阳应用生态研究所农产品安全与环境质量检测中心	甲醇、铅
121	北京市疾病预防控制中心营养与食品卫生所	甲醇、铅
122	江苏省疾病预防控制中心	甲醇、铅
123	上海出入境检验检疫局食品中心理化室	甲醇、铅
124	湖北省产品质量监督检验研究院	甲醇、铅
125	泉州出入境检验检疫局综合技术服务中心食品监测分中心	甲醇、铅
126	华测检测认证集团股份有限公司	甲醇
127	桂林出入境检验检疫局综合实验室	甲醇
128	河南出入境检验检疫局检验检疫技术中心三门峡分中心	甲醇
129	黑龙江出入境检验检疫局检验检疫技术中心牡丹江分中心	甲醇
130	延边出入境检验检疫局综合技术服务中心	甲醇
131	菏泽出入境检验检疫局技术中心	甲醇
132	荣成出入境检验检疫局综合技术服务中心	甲醇
133	天津市蓟县产品质量监督检验所	甲醇
134	绍兴出入境检验检疫局综合技术服务中心	甲醇
135	农业部食品质量监督检验测试中心(石河子)	甲醇
136	中国测试技术研究院 中测测试科技有限公司	甲醇
137	浙江省疾病预防控制中心	甲醇
138	河南华测检测技术有限公司	甲醇
139	国家轻工业食品质量监督检测南京站	甲醇
140	青海省产品质量监督检验所	甲醇
141	烟台出入境检验检疫局技术中心	甲醇

续表

编号	机构名称	满意参数
142	西昌市疾病预防控制中心	甲醇
143	中国轻工业联合会食品质量监督检测重庆站	甲醇
144	南平出入境检验检疫局食品检测综合实验室	铅
145	宁德出入境检验检疫局技术中心 宁德出入境检验检疫局	铅
146	漳州出入境检验检疫局综合技术服务中心	铅
147	新会出入境检验检疫局综合技术服务中心综合检验检疫实验室	铅
148	韶关出入境检验检疫局综合技术服务中心综合实验室	铅
149	贺州出入境检验检疫局综合实验室 中华人民共和国贺州出入境检验检疫局	铅
150	国家乳制品质量监督检验中心	铅
151	绥芬河出入境检验检疫局综合技术中心	铅
152	徐州出入境检验检疫局综合技术服务中心	铅
153	辽宁出入境检验检疫局检验检疫技术中心东港分中心	铅
154	山东省食品药品检验研究院	铅
155	威海市产品质量监督检验所 国家海产品质量监督检验中心（山东）	铅
156	威海市食品药品检验检测中心	铅
157	陕西出入境检验检疫局技术中心渭南分中心	铅
158	石河子出入境检验检疫局综合实验室	铅
159	普洱出入境检验检疫局综合技术服务中心	铅
160	金华出入境检验检疫局技术中心	铅
161	北京市粮油食品检验所（国家粮油质量监督检验中心）	铅
162	湖北出入境检验检疫局检验检疫技术中心随州综合实验室	铅
163	连云港出入境检验检疫局动植物实验室	铅
164	莆田出入境检验检疫局检验检疫技术中心	铅
165	甘肃省食品检验研究院	铅
166	河北出入境检验检疫局检验检疫中心廊坊分中心	铅
167	贵州省疾病预防控制中心	铅
168	贵州出入境检验检疫局检验检疫综合技术中心遵义综合实验室	铅
169	河北省疾病预防控制中心	铅
170	河南出入境检验检疫局检验检疫技术中心洛阳分中心	铅
171	农业部肉及肉制品质量监督检验测试中心江西省农业科学院	铅
172	大连诚泽检测有限公司	铅
173	新疆维吾尔自治区产品质量监督检验研究院	铅
174	辽宁出入境检验检疫局检验检疫技术中心丹东分中心	铅
175	南海出入境检验检疫局综合技术服务中心检测中心	铅
176	福清出入境检验检疫局检验检疫技术中心 福清出入境检验检疫局综合技术服务中心	甲醇、铅*
177	甘肃出入境检验检疫局检验检疫综合技术中心	甲醇、铅*
178	黑龙江省华测检测技术有限公司	甲醇、铅*
179	虎林出入境检验检疫局食品检测实验室	甲醇、铅*
180	黑龙江出入境检验检疫局检验检疫技术佳木斯分中心	甲醇、铅*
181	黑龙江出入境检验检疫局检验检疫技术中心同江分中心	甲醇、铅*
182	湖北出入境检验检疫局检验检疫技术中心	甲醇、铅*
183	义乌出入境检验检疫局综合技术服务中心	甲醇、铅*
184	镇江出入境检验检疫局检验检疫综合技术中心	甲醇、铅*

续表

编号	机构名称	满意参数
185	济宁出入境检验检疫局综合技术服务中心	甲醇、铅*
186	西安市食品药品检验所	甲醇、铅*
187	顺德出入境检验检疫局综合技术服务中心	甲醇、铅*
188	农业部食品质量监督检验测试中心（佳木斯）/黑龙江省农垦科学院	甲醇、铅*
189	中国食品药品鉴定研究院	甲醇*、铅
190	深圳出入境检验检疫局食品检验检疫技术中心	甲醇*、铅
191	湛江出入境检验检疫局检验检疫技术中心	甲醇*、铅
192	海南出入境检验检疫局检验检疫技术中心食品安全实验室	甲醇*、铅
193	海南省产品质量监督检验所	甲醇*、铅
194	秦皇岛市食品药品检验中心国家葡萄、葡萄酒质量监督检验中心（秦皇岛）	甲醇*、铅
195	昆山市流通领域食品质量检测中心	甲醇*、铅
196	南京市产品质量监督检验院南京市产品质量监督检验院	甲醇*、铅
197	国家乳制品及肉类产品质量监督检验中心 内蒙古自治区产品质量检验研究院	甲醇*、铅
198	国家加工食品质量监督检验中心（山东） 山东省产品质量检验研究院	甲醇*、铅
199	山东出入境检验检疫局检验检疫技术中心	甲醇*、铅
200	陕西出入境检验检疫局检验检疫技术中心	甲醇*、铅
201	云南出入境检验检疫局检验检疫技术中心	甲醇*、铅
202	宁波出入境检验检疫局检验检疫技术中心（酒类检测实验室）	甲醇*、铅
203	重庆出入境检验检疫局检验检疫技术中心	甲醇*、铅
204	中国商业联合会食品质量监督检测中心（上海） 上海市食品研究所	甲醇*、铅
205	农业部食品质量监督检验测试中心（成都）	甲醇*、铅
206	广东省保化检测中心有限公司	甲醇*、铅
207	上海市浦东新区疾病预防控制中心	甲醇*、铅
208	台山市疾病预防控制中心	甲醇*
209	辽宁出入境检验检疫局技术中心	甲醇*
210	宁夏出入境检验检疫局综合技术中心	甲醇*
211	万州出入境检验检疫局综合实验室	甲醇*
212	北京市产品质量监督检验院	铅*
213	花都出入境检验检疫局综合技术服务中心综合实验室	铅*
214	南沙出入境检验检疫局综合技术服务中心实验室	铅*
215	开平出入境检验检疫局综合技术服务中心综合实验室	铅*
216	玉林出入境检验检疫局综合实验室	铅*
217	黑河出入境检验检疫局检验检疫综合技术中心	铅*
218	青海出入境检验检疫局检验检疫综合技术中心	铅*
219	阿克苏出入境检验检疫局	铅*
220	秦皇岛出入境检验检疫局检验检疫技术中心	甲醇*、铅*
221	河北出入境检验检疫局检验检疫技术中心沧州分中心	甲醇*、铅*
222	新疆出入境硷验检疫局检验检疫技术中心	甲醇*、铅*
223	摩天众创（天津）检测服务有限公司	甲醇*、铅*
224	河北出入境硷验检疫局检验检疫中心张家口分中心	甲醇*、铅*

九、 生活饮用水中二氯乙酸、林丹、铝、溶解性总固体的检测能力验证项目(822家)

编号	机构名称	满意参数
1	国家饮用水产品质量监督检验中心/白山市产品质量检验所	二氯乙酸、林丹、铝、溶解性总固体
2	天津市水环境监测中心	二氯乙酸、林丹、铝、溶解性总固体
3	国家饮料及粮油制品质量监督检验中心/武汉产品质量监督检验所	二氯乙酸、林丹、铝、溶解性总固体
4	国家海水及苦咸水利用产品质量监督检验中心/国家海洋局天津海水淡化与综合利用研究所	二氯乙酸、林丹、铝、溶解性总固体
5	上海市质量监督检验技术研究院	二氯乙酸、林丹、铝、溶解性总固体
6	国家城市供水水质监测网石家庄监测站	二氯乙酸、林丹、铝、溶解性总固体
7	湖南省疾病预防控制中心/湖南省公共卫生检测检验中心	二氯乙酸、林丹、铝、溶解性总固体
8	国家城市供水水质监测网佛山监测站	二氯乙酸、林丹、铝、溶解性总固体
9	湖北出入境检验检疫局检验检疫技术中心	二氯乙酸、林丹、铝、溶解性总固体
10	合肥市疾病预防控制中心	二氯乙酸、林丹、铝、溶解性总固体
11	安徽省疾病预防控制中心	二氯乙酸、林丹、铝、溶解性总固体
12	国家城市供水水质监测网合肥监测站	二氯乙酸、林丹、铝、溶解性总固体
13	淮河流域水资源保护局淮河流域水环境监测中心	二氯乙酸、林丹、铝、溶解性总固体
14	国家城市供水水质监测网深圳水务局监测站	二氯乙酸、林丹、铝、溶解性总固体
15	国家城市供水水质监测网南京监测站	二氯乙酸、林丹、铝、溶解性总固体
16	南京市宁溪给排水检测有限公司	二氯乙酸、林丹、铝、溶解性总固体
17	国家轻工业食品质量监督检测南京站	二氯乙酸、林丹、铝、溶解性总固体
18	江苏省疾病预防控制中心	二氯乙酸、林丹、铝、溶解性总固体
19	桂林天源技术检测有限公司	二氯乙酸、林丹、铝、溶解性总固体
20	中国检验认证集团湖南有限公司	二氯乙酸、林丹、铝、溶解性总固体
21	江苏泰州市疾病预防控制中心	二氯乙酸、林丹、铝、溶解性总固体
22	国家城市供水水质监测网南宁监测站	二氯乙酸、林丹、铝、溶解性总固体
23	黑龙江省华测检测技术有限公司	二氯乙酸、林丹、铝、溶解性总固体
24	连云港市水质检测中心	二氯乙酸、林丹、铝、溶解性总固体
25	江西省产品质量监督检测院	二氯乙酸、林丹、铝、溶解性总固体
26	国家城市供水水质监测网太原监测站	二氯乙酸、林丹、铝、溶解性总固体
27	国家城市供水水质监测网株洲监测站	二氯乙酸、林丹、铝、溶解性总固体
28	宿迁市疾病预防控制中心	二氯乙酸、林丹、铝、溶解性总固体
29	国家城市供水水质监测网无锡监测站	二氯乙酸、林丹、铝、溶解性总固体
30	国土资源部长沙矿产资源监督检测中心/湖南省地质测试研究院	二氯乙酸、林丹、铝、溶解性总固体
31	国家城市供水水质监测网大庆监测站/中国石油大庆石油管理局环境监测中心站	二氯乙酸、林丹、铝、溶解性总固体
32	苏州出入境检验检疫局检验检疫综合技术中心	二氯乙酸、林丹、铝、溶解性总固体
33	国家城市供水水质监测网长沙监测站	二氯乙酸、林丹、铝、溶解性总固体
34	国家城市供水水质监测网哈尔滨监测站	二氯乙酸、林丹、铝、溶解性总固体
35	海南省水环境监测中心	二氯乙酸、林丹、铝、溶解性总固体
36	海南省产品质量监督检验所	二氯乙酸、林丹、铝、溶解性总固体
37	国家城市供水水质监测网沈阳监测站	二氯乙酸、林丹、铝、溶解性总固体
38	西安市疾病预防控制中心	二氯乙酸、林丹、铝、溶解性总固体
39	国家城市供水水质监测网深圳监测站	二氯乙酸、林丹、铝、溶解性总固体
40	广东省疾病预防控制中心	二氯乙酸、林丹、铝、溶解性总固体
41	珠海市水质监测中心	二氯乙酸、林丹、铝、溶解性总固体
42	国家城市供水水质监测网天津监测站	二氯乙酸、林丹、铝、溶解性总固体
43	内蒙古自治区疾病预防控制中心	二氯乙酸、林丹、铝、溶解性总固体
44	广西壮族自治区疾病预防控制中心	二氯乙酸、林丹、铝、溶解性总固体

续表

编号	机构名称	满意参数
45	谱尼测试集团深圳有限公司	二氯乙酸、林丹、铝、溶解性总固体
46	广东产品质量监督检验研究院	二氯乙酸、林丹、铝、溶解性总固体
47	河南省产品质量监督检验院	二氯乙酸、林丹、铝、溶解性总固体
48	国土资源部保定矿产资源监督检测中心	二氯乙酸、林丹、铝、溶解性总固体
49	国家城市供水水质监测网厦门监测站	二氯乙酸、林丹、铝、溶解性总固体
50	国家城市供水水质监测网长春监测站	二氯乙酸、林丹、铝、溶解性总固体
51	上海市浦东新区疾病预防控制中心	二氯乙酸、林丹、铝、溶解性总固体
52	辽宁省疾病预防控制中心	二氯乙酸、林丹、铝、溶解性总固体
53	国家城市供水水质监测网北京监测站/北京市自来水集团水质监测中心	二氯乙酸、林丹、铝、溶解性总固体
54	国家食品质量监督检验中心/中国食品发酵工业研究院检验实验室	二氯乙酸、林丹、铝、溶解性总固体
55	国家轻工业食品质量监督检测成都站	二氯乙酸、林丹、铝、溶解性总固体
56	国家果类及农副加工产品质量监督检验中心/河北省食品检验研究院	二氯乙酸、林丹、铝、溶解性总固体
57	国家城市供水水质监测网兰州监测站	二氯乙酸、林丹、铝、溶解性总固体
58	国家城市供水水质监测网杭州监测站	二氯乙酸、林丹、铝、溶解性总固体
59	广西出入境检验检疫局检验检疫技术中心	二氯乙酸、林丹、铝、溶解性总固体
60	国家城市供水(排水)监测网济南监测站	二氯乙酸、林丹、铝、溶解性总固体
61	国家城市供水水质监测网温州监测站	二氯乙酸、林丹、铝、溶解性总固体
62	国家城市供水水质监测网青岛监测站/青岛市海润自来水集团有限公司水质监测站	二氯乙酸、林丹、铝、溶解性总固体
63	济南市疾病预防控制中心	二氯乙酸、林丹、铝、溶解性总固体
64	烟台出入境检验检疫局检验检疫技术中心	二氯乙酸、林丹、铝、溶解性总固体
65	中国冶金地质总局山东局测试中心	二氯乙酸、林丹、铝、溶解性总固体
66	江门融浩水业股份有限公司水质研究及监测中心	二氯乙酸、林丹、铝、溶解性总固体
67	河南省疾病预防控制中心	二氯乙酸、林丹、铝、溶解性总固体
68	国土资源部福州矿产资源监督检测中心/福建省地质测试研究中心	二氯乙酸、林丹、铝、溶解性总固体
69	浙江省质量检测科学研究院/浙江方圆检测集团股份有限公司/国家预包装食品质量监督检验中心(浙江)	二氯乙酸、林丹、铝、溶解性总固体
70	国家加工食品质量监督检验中心(广州)/广州质量监督检测研究院	二氯乙酸、林丹、铝、溶解性总固体
71	吉林出入境检验检疫局检验检疫技术中心	二氯乙酸、林丹、铝、溶解性总固体
72	珠江流域水环境监测中心	二氯乙酸、林丹、铝、溶解性总固体
73	中国广州分析测试中心	二氯乙酸、林丹、铝、溶解性总固体
74	深圳市计量质量检测研究院	二氯乙酸、林丹、铝、溶解性总固体
75	国家城市供水水质监测网珠海监测站	二氯乙酸、林丹、铝、溶解性总固体
76	云南省疾病预防控制中心	二氯乙酸、林丹、铝、溶解性总固体
77	中山市小榄水质检测有限公司	二氯乙酸、林丹、铝、溶解性总固体
78	上海市疾病预防控制中心/上海市预防医学研究院	二氯乙酸、林丹、铝、溶解性总固体
79	中检集团理化检测有限公司	二氯乙酸、林丹、铝、溶解性总固体
80	深圳出入境检验检疫局食品检验检疫技术中心	二氯乙酸、林丹、铝、溶解性总固体
81	山东出入境检验检疫局检验检疫技术中心	二氯乙酸、林丹、铝、溶解性总固体
82	国家城市供水水质监测网福州监测站	二氯乙酸、林丹、铝、溶解性总固体
83	国家城市供水水质监测网宁波监测站	二氯乙酸、林丹、铝、溶解性总固体
84	浙江省疾病预防控制中心	二氯乙酸、林丹、铝、溶解性总固体
85	吉林省食品检验所	二氯乙酸、林丹、铝、溶解性总固体
86	国家城市供水水质监测网成都监测站	二氯乙酸、林丹、铝、溶解性总固体
87	天津市产品质量监督检测技术研究院	二氯乙酸、林丹、铝、溶解性总固体
88	中国检验检疫科学研究院综合检测中心	二氯乙酸、林丹、铝、溶解性总固体

续表

编号	机构名称	满意参数
89	上海市供水调度监测中心水质监测站/国家城市供水水质监测网上海监测站	二氯乙酸、林丹、铝、溶解性总固体
90	国家城市供水水质监测网西宁监测站	二氯乙酸、林丹、铝、溶解性总固体
91	中国疾病预防控制中心环境与健康相关产品安全所	二氯乙酸、林丹、铝、溶解性总固体
92	吉林省疾病预防控制中心	二氯乙酸、林丹、铝、溶解性总固体
93	国家城市供水水质监测网滨海监测站	二氯乙酸、林丹、铝、溶解性总固体
94	珠海出入境检验检疫局检验检疫技术中心	二氯乙酸*、林丹、铝、溶解性总固体
95	江苏省城市供水水质监测网淮安监测站	二氯乙酸*、林丹、铝、溶解性总固体
96	山东省疾病预防控制中心	二氯乙酸*、林丹、铝、溶解性总固体
97	国家城市供水水质监测网南昌监测站	二氯乙酸*、林丹、铝、溶解性总固体
98	芜湖市疾病预防控制中心	二氯乙酸*、林丹、铝、溶解性总固体
99	宁波市疾病预防控制中心	二氯乙酸*、林丹、铝、溶解性总固体
100	重庆市疾病预防控制中心	二氯乙酸*、林丹、铝、溶解性总固体
101	北京市水环境监测中心	二氯乙酸*、林丹、铝、溶解性总固体
102	广州市城市排水监测站	二氯乙酸*、林丹、铝、溶解性总固体*
103	河南出入境检验检疫局检验检疫技术中心	二氯乙酸*、林丹、铝、溶解性总固体*
104	天津市疾病预防控制中心	二氯乙酸*、林丹、铝、溶解性总固体*
105	农业部农产品质量监督检验测试中心（郑州）	二氯乙酸*、林丹、铝、溶解性总固体*
106	中国石化集团胜利石油管理局水质检测中心	二氯乙酸*、林丹、铝、溶解性总固体*
107	中国石油天然气股份有限公司新疆油田分公司实验检测研究院	二氯乙酸*、林丹、铝、溶解性总固体*
108	内江市疾病预防控制中心	二氯乙酸*、林丹、铝*、溶解性总固体
109	国家城市供水水质监测网贵阳监测站	二氯乙酸*、林丹、铝*、溶解性总固体
110	江西省环境监测中心站	二氯乙酸*、林丹、铝*、溶解性总固体
111	广州市二次供水技术咨询服务中心	二氯乙酸*、林丹、铝*、溶解性总固体
112	广西城市供水水质监测网柳州监测站	二氯乙酸*、林丹*、铝、溶解性总固体
113	北京市疾病预防控制中心	二氯乙酸*、林丹*、铝、溶解性总固体
114	中家院（北京）检测认证有限公司（中国家用电器检测所）/国家家用电器质量监督检验中心	二氯乙酸*、林丹*、铝、溶解性总固体
115	青海省疾病预防控制中心	二氯乙酸*、林丹*、铝、溶解性总固体*
116	黑龙江省疾病预防控制中心	二氯乙酸*、林丹*、铝、溶解性总固体*
117	国家城市供水水质监测网武汉监测站	二氯乙酸、林丹、铝、溶解性总固体*
118	四川省疾病预防控制中心	二氯乙酸、林丹、铝、溶解性总固体*
119	江西省疾病预防控制中心	二氯乙酸、林丹、铝、溶解性总固体*
120	江西出入境检验检疫局检验检疫综合技术中心	二氯乙酸、林丹、铝、溶解性总固体*
121	莱芜市疾病预防控制中心	二氯乙酸、林丹、铝*、溶解性总固体
122	国家城市供水水质监测网昆明监测站	二氯乙酸、林丹、铝*、溶解性总固体
123	国家城市供水水质监测网呼和浩特监测站	二氯乙酸、林丹、铝*、溶解性总固体
124	徐州市城市供水水质检测中心	二氯乙酸、林丹、铝*、溶解性总固体
125	国家城市供水水质监测网重庆监测站	二氯乙酸、林丹、铝*、溶解性总固体
126	大连市产品质量检测研究院	二氯乙酸、林丹*、铝、溶解性总固体
127	扬州市水质检测中心	二氯乙酸、林丹*、铝、溶解性总固体
128	山西出入境检验检疫局技术中心	二氯乙酸、林丹*、铝、溶解性总固体
129	国土资源部地下水矿泉水及环境监测中心	二氯乙酸、林丹*、铝、溶解性总固体
130	厦门出入境检验检疫局检验检疫技术中心	二氯乙酸、林丹*、铝、溶解性总固体
131	贵州省疾病预防控制中心	二氯乙酸、林丹*、铝、溶解性总固体
132	阜阳市疾病预防控制中心	二氯乙酸、林丹*、铝、溶解性总固体
133	国家食糖及加工食品质量监督检验中心/广西壮族自治区产品质量检验研究院	二氯乙酸、林丹*、铝、溶解性总固体

续表

编号	机构名称	满意参数
134	湖北省疾病预防控制中心	二氯乙酸、林丹*、铝、溶解性总固体
135	辽宁出入境检验检疫局检验检疫技术中心（丹东分中心）	二氯乙酸、林丹*、铝、溶解性总固体
136	大连市疾病预防控制中心	二氯乙酸、林丹*、铝、溶解性总固体
137	福州市疾病预防控制中心	二氯乙酸、林丹*、铝、溶解性总固体
138	谱尼测试集团股份有限公司	二氯乙酸、林丹*、铝、溶解性总固体
139	福建省疾病预防控制中心	二氯乙酸、林丹*、铝、溶解性总固体
140	国家城市供水水质监测网西安监测站	二氯乙酸、林丹*、铝、溶解性总固体
141	国家食品质量安全监督检验中心	二氯乙酸、林丹*、铝、溶解性总固体
142	中国城市规划设计研究院供水水质监测中心/建设部城市供水水质监测中心	二氯乙酸、林丹*、铝、溶解性总固体*
143	盐城市水质检测中心	二氯乙酸、林丹*、铝*、溶解性总固体
144	河北省疾病预防控制中心	二氯乙酸、林丹*、铝*、溶解性总固体
145	陕西省疾病预防控制中心	二氯乙酸、林丹*、铝*、溶解性总固体
146	国家城市供水水质监测网郑州监测站	二氯乙酸、林丹*、铝、溶解性总固体*
147	国家城市供水水质监测网广州监测站	二氯乙酸、林丹、铝、溶解性总固体*
148	广东顺控发展股份有限公司水质监测站/广东省城市供水水质监测网顺德监测站	二氯乙酸、林丹、铝
149	国家城市供水水质监测网大连监测站	二氯乙酸、林丹、铝
150	上海市闵行区疾病预防控制中心	二氯乙酸、林丹、铝
151	苏州市自来水有限公司水质检测中心/江苏省供水水质监测网苏州监测站	二氯乙酸、林丹、溶解性总固体
152	通辽市水质检测中心	二氯乙酸、铝、溶解性总固体
153	太原市疾病预防控制中心	二氯乙酸、铝、溶解性总固体
154	甘肃省疾病预防控制中心	二氯乙酸、铝、溶解性总固体
155	四川省眉山市疾病预防控制中心	二氯乙酸、铝、溶解性总固体
156	天津市环境监测中心	林丹、铝、溶解性总固体
157	湖北省产品质量监督检验研究院	林丹、铝、溶解性总固体
158	威海出入境检验检疫局检验检疫技术中心	林丹、铝、溶解性总固体
159	六安市疾病预防控制中心	林丹、铝、溶解性总固体
160	江苏省城市供水水质监测网常州监测站/常州市城镇供水水质检测中心	林丹、铝、溶解性总固体
161	松辽流域水资源保护局松辽流域水环境监测中心	林丹、铝、溶解性总固体
162	武汉市临空港水质检测有限公司	林丹、铝、溶解性总固体
163	黑龙江出入境检验检疫局检验检疫技术中心东宁分中心	林丹、铝、溶解性总固体
164	吉林省水环境监测中心	林丹、铝、溶解性总固体
165	连云港出入境检验检疫局综合技术中心动植物实验室	林丹、铝、溶解性总固体
166	淮安市疾病预防控制中心	林丹、铝、溶解性总固体
167	长江流域水环境监测中心	林丹、铝、溶解性总固体
168	太湖流域水文水资源监测中心(太湖流域水环境监测中心)	林丹、铝、溶解性总固体
169	青海省环境监测中心站	林丹、铝、溶解性总固体
170	广西壮族自治区环境监测中心站	林丹、铝、溶解性总固体
171	浙江出入境检验检疫局检验检疫技术中心	林丹、铝、溶解性总固体
172	宁波出入境检验检疫局检验检疫技术中心（食品分中心）	林丹、铝、溶解性总固体
173	国土资源部广州矿产资源监督检测中心（广东省地质实验测试中心）	林丹、铝、溶解性总固体
174	广东省城市供水水质监测网肇庆监测站	林丹、铝、溶解性总固体
175	广东省城市供水水质监测网南海监测站	林丹、铝、溶解性总固体
176	邵阳市疾病预防控制中心	林丹、铝、溶解性总固体
177	北京市昌平区疾病预防控制中心	林丹、铝、溶解性总固体
178	山西省晋城市疾病预防控制中心	林丹、铝、溶解性总固体
179	四川省水环境监测中心（成都分中心）	林丹、铝、溶解性总固体

续表

编号	机构名称	满意参数
180	水利部水质监督检验测试中心	林丹、铝、溶解性总固体
181	湖南出入境检验检疫局检验检疫技术中心	林丹、铝、溶解性总固体
182	山西省环境监测中心站	林丹、铝、溶解性总固体
183	马鞍山润洁水质检测有限责任公司	林丹、铝、溶解性总固体
184	黑龙江出入境检验检疫局检验检疫技术中心	林丹、铝、溶解性总固体
185	海南省疾病预防控制中心	林丹、铝、溶解性总固体
186	河南出入境检验检疫局检验检疫技术中心三门峡分中心	林丹、铝、溶解性总固体
187	包头市疾病预防控制中心	林丹、铝、溶解性总固体
188	安徽出入境检验检疫局检验检疫技术中心	林丹、铝、溶解性总固体
189	宁夏回族自治区环境监测中心站	林丹、铝、溶解性总固体
190	内蒙古自治区环境监测中心站	林丹、铝、溶解性总固体
191	甘肃省环境监测中心站	林丹、铝、溶解性总固体
192	新疆维吾尔自治区产品质量监督检验研究院	林丹、铝、溶解性总固体
193	荣成出入境检验检疫局综合技术服务中心	林丹、铝、溶解性总固体
194	河北出入境检验检疫局检验检疫技术中心	林丹、铝、溶解性总固体
195	潍坊市嘉源水质监测中心	林丹、铝、溶解性总固体
196	中国肉类食品综合研究中心检验实验室	林丹、铝、溶解性总固体
197	国家城市排水监测网北京监测站	林丹、铝、溶解性总固体
198	福建省产品质量检验研究院	林丹、铝、溶解性总固体
199	重庆出入境检验检疫局技术中心	林丹、铝、溶解性总固体
200	国土资源部东北矿产资源监督检测中心	林丹、铝、溶解性总固体
201	漳州出入境检验检疫局综合技术服务中心实验室	林丹、铝、溶解性总固体
202	福建出入境检验检疫局检验检疫技术中心	林丹、铝、溶解性总固体
203	辽宁省环境监测实验中心	林丹、铝、溶解性总固体
204	安徽省水环境监测中心	林丹、铝、溶解性总固体
205	南京市产品质量监督检验院	林丹、铝、溶解性总固体
206	国家城市供水水质监测网乌鲁木齐监测站	林丹、铝、溶解性总固体
207	吉林省产品质量监督检验院	林丹、铝、溶解性总固体
208	国家城市供水水质监测网银川监测站	林丹、铝、溶解性总固体
209	四川省城市供排水水质监测网攀枝花监测站	林丹、铝、溶解性总固体
210	江苏省城市供水水质监测网镇江监测站	林丹、铝、溶解性总固体
211	国土资源部贵阳矿产资源监督检测中心/贵州省地质矿产中心实验室	林丹、铝、溶解性总固体
212	晋城市碧源水质有限公司	林丹、铝、溶解性总固体
213	四川省城市供水排水水质监测网泸州监测站	二氯乙酸*、林丹、铝
214	中国检验认证集团山东检测有限公司	二氯乙酸、林丹*、铝
215	海南省环境监测中心站	二氯乙酸、林丹、溶解性总固体*
216	南宁市疾病预防控制中心	二氯乙酸、林丹*、溶解性总固体
217	淮安出入境检验检疫局综合服务中心实验室	林丹*、铝、溶解性总固体
218	国家轻工业食品质量监督检测广州站	林丹*、铝、溶解性总固体
219	三亚市疾病预防控制中心	林丹*、铝、溶解性总固体
220	安徽省地质实验研究所/国土资源部合肥矿产资源监督检测中心	林丹*、铝、溶解性总固体
221	中国商业联合会食品质量监督检测中心(上海)	林丹*、铝、溶解性总固体
222	四川出入境检验检疫局检验检疫技术中心	林丹*、铝、溶解性总固体
223	中山出入境检验检疫局检验检疫技术中心	林丹*、铝、溶解性总固体
224	国家青少年食品质量监督检验中心	林丹*、铝、溶解性总固体
225	大连出入境检验检疫局检验检疫技术中心	林丹*、铝*、溶解性总固体

续表

编号	机构名称	满意参数
226	济宁出入境检验检疫局综合技术服务中心	林丹*、铝、溶解性总固体
227	宁夏回族自治区疾病预防控制中心	林丹*、铝、溶解性总固体*
228	国土资源部哈尔滨矿产资源监督检测中心	林丹*、铝、溶解性总固体*
229	山东省环境监测中心站	林丹*、铝、溶解性总固体*
230	国家轻工业食品质量监督检测上海站/上海市营养食品质量监督检验站/上海源本食品质量检验有限公司	林丹*、铝、溶解性总固体*
231	重庆市开州区疾病预防控制中心	林丹*、铝、溶解性总固体*
232	广东省城市供水水质监测网茂名监测站	林丹、铝*、溶解性总固体
233	吉林省环境监测中心站	林丹、铝*、溶解性总固体
234	铜陵市疾病预防控制中心	林丹、铝*、溶解性总固体
235	中检集团中原农食产品检测（河南）有限公司	林丹、铝*、溶解性总固体
236	浙江省环境监测中心	林丹、铝*、溶解性总固体
237	马鞍山市疾病预防控制中心	林丹、铝*、溶解性总固体
238	邵阳市成源检测有限公司	林丹、铝*、溶解性总固体
239	曲靖至臻环境检测有限公司	林丹、铝*、溶解性总固体*
240	福清出入境检验检疫局检验检疫技术中心	林丹、铝*、溶解性总固体*
241	临汾市欣润洁水质检测有限公司	林丹、铝、溶解性总固体*
242	农业部食品质量监督检验测试中心（上海）	林丹、铝、溶解性总固体*
243	广西城市供水水质监测网百色监测站	林丹、铝、溶解性总固体*
244	西宁市疾病预防控制中心	林丹、铝、溶解性总固体*
245	大同市疾病预防控制中心	铝、溶解性总固体
246	贵州省水环境监测中心黔南州分中心	铝、溶解性总固体
247	山东省水环境监测中心聊城分中心	铝、溶解性总固体
248	四川省水环境监测中心南充分中心	铝、溶解性总固体
249	四川省水环境监测中心西昌分中心	铝、溶解性总固体
250	山东省水环境监测中心威海分中心	铝、溶解性总固体
251	徐州出入境检验检疫局综合技术服务中心	铝、溶解性总固体
252	山东省水环境监测中心日照分中心	铝、溶解性总固体
253	山东省水环境监测中心青岛分中心	铝、溶解性总固体
254	威海市文登区疾病预防控制中心	铝、溶解性总固体
255	山东省水环境监测中心枣庄分中心	铝、溶解性总固体
256	乳山市疾病预防控制中心/乳山市卫生检测检验中心	铝、溶解性总固体
257	山东省水环境监测中心淄博分中心	铝、溶解性总固体
258	什邡市疾病预防控制中心	铝、溶解性总固体
259	山西省运城市疾病预防控制中心	铝、溶解性总固体
260	通辽市疾病预防控制中心	铝、溶解性总固体
261	北京市水环境监测中心大兴分中心	铝、溶解性总固体
262	国家城市排水监测网南京监测站	铝、溶解性总固体
263	江苏省兴化市总公司	铝、溶解性总固体
264	宾阳县疾病预防控制中心	铝、溶解性总固体
265	长春市产品质量监督检验院	铝、溶解性总固体
266	上海欧萨评价咨询股份有限公司	铝、溶解性总固体
267	枣庄市疾病预防控制中心	铝、溶解性总固体
268	四川省水环境监测中心阿坝分中心	铝、溶解性总固体
269	黑龙江出入境检验检疫局检验检疫技术中心牡丹江分中心	铝、溶解性总固体 、
270	国土资源部南宁矿产资源监督检测中心/广西壮族自治区地质矿产测试研究中心	铝、溶解性总固体

续表

编号	机构名称	满意参数
271	天津出入境检验检疫局动植物与食品检测中心	铝、溶解性总固体
272	四川省水环境监测中心绵阳分中心	铝、溶解性总固体
273	太原市晋源区疾病预防控制中心	铝、溶解性总固体
274	中江县疾病预防控制中心	铝、溶解性总固体
275	黑龙江出入境检验检疫局检验检疫技术中心齐齐哈尔分中心	铝、溶解性总固体
276	长丰县疾病预防控制中心	铝、溶解性总固体
277	绩溪县疾病预防控制中心	铝、溶解性总固体
278	霍山县疾病预防控制中心	铝、溶解性总固体
279	晋江市疾病预防控制中心	铝、溶解性总固体
280	福建省水环境监测中心龙岩分中心	铝、溶解性总固体
281	宣城市疾病预防控制中心	铝、溶解性总固体
282	蚌埠市疾病预防控制中心	铝、溶解性总固体
283	福建省南安市疾病预防控制中心	铝、溶解性总固体
284	五河县疾病预防控制中心	铝、溶解性总固体
285	颍泉区疾病预防控制中心	铝、溶解性总固体
286	仙游县疾病预防控制中心	铝、溶解性总固体
287	怀宁县疾病预防控制中心	铝、溶解性总固体
288	漳州市疾病预防控制中心	铝、溶解性总固体
289	福建省水环境监测中心泉州分中心	铝、溶解性总固体
290	和县疾病预防控制中心	铝、溶解性总固体
291	歙县疾病预防控制中心	铝、溶解性总固体
292	三明出入境检验检疫局综合技术服务中心	铝、溶解性总固体
293	国家农副加工产品及白酒质量监督检验中心/山西省食品质量安全监督检验研究院	铝、溶解性总固体
294	砀山县疾病预防控制中心	铝、溶解性总固体
295	明光市疾病预防控制中心	铝、溶解性总固体
296	国土资源部银川矿产品资源监督检测中心/宁夏回族自治区地质矿产中心实验室	铝、溶解性总固体
297	宁夏中卫市疾病预防控制中心	铝、溶解性总固体
298	青阳县疾病预防控制中心	铝、溶解性总固体
299	舒城县疾病预防控制中心	铝、溶解性总固体
300	福建省水环境监测中心	铝、溶解性总固体
301	福建省水环境监测中心三明分中心	铝、溶解性总固体
302	滁州市疾病预防控制中心	铝、溶解性总固体
303	福建省水环境监测中心莆田分中心	铝、溶解性总固体
304	福建省龙岩市疾病预防控制中心	铝、溶解性总固体
305	凤台县疾病预防控制中心	铝、溶解性总固体
306	泾县疾病预防控制中心	铝、溶解性总固体
307	广德县疾病预防控制中心	铝、溶解性总固体
308	阜南县疾病预防控制中心	铝、溶解性总固体
309	莆田市城厢区疾病预防控制中心	铝、溶解性总固体
310	临泉县疾病预防控制中心	铝、溶解性总固体
311	河北出入境检验检疫局检验检疫技术中心廊坊分中心	铝、溶解性总固体
312	古田县疾病预防控制中心	铝、溶解性总固体
313	银川市疾病预防控制中心	铝、溶解性总固体
314	池州市疾病预防控制中心	铝、溶解性总固体
315	金安区疾病预防控制中心	铝、溶解性总固体
316	莆田市疾病预防控制中心	铝、溶解性总固体

续表

编号	机构名称	满意参数
317	庐江县疾病预防控制中心	铝、溶解性总固体
318	深圳市龙华新区疾病预防控制中心	铝、溶解性总固体
319	重庆市水环境监测中心	铝、溶解性总固体
320	国土资源部济南矿产资源监督检测中心/山东省地质科学研究院	铝、溶解性总固体
321	南海出入境检验检疫局综合技术服务中心检测中心	铝、溶解性总固体
322	国土资源部放射性矿产资源监督检测中心	铝、溶解性总固体
323	甘肃省食品检验研究院	铝、溶解性总固体
324	湛江出入境检验检疫局检验检疫技术中心	铝、溶解性总固体
325	国家糖业质量监督检验中心/国家轻工业甘蔗糖业质量监督检测中心/广州甘蔗糖业研究所检测中心	铝、溶解性总固体
326	山东省水环境监测中心菏泽分中心	铝、溶解性总固体
327	泗县疾病预防控制中心	铝、溶解性总固体
328	无为县疾病预防控制中心	铝、溶解性总固体
329	贵州省水环境监测中心黔西南州分中心	铝、溶解性总固体
330	即墨市自来水公司	铝、溶解性总固体
331	濉溪县疾病预防控制中心	铝、溶解性总固体
332	四川省水环境监测中心乐山分中心	铝、溶解性总固体
333	涡阳县疾病预防控制中心	铝、溶解性总固体
334	四川省水环境监测中心达州分中心	铝、溶解性总固体
335	黄河勘测规划设计有限公司实验中心	铝、溶解性总固体
336	凉山彝族自治州疾病预防控制中心	铝、溶解性总固体
337	山东省水环境监测中心德州分中心	铝、溶解性总固体
338	山东省水环境监测中心济宁分中心	铝、溶解性总固体
339	山东省水环境监测中心潍坊分中心	铝、溶解性总固体
340	山东省水环境监测中心烟台分中心	铝、溶解性总固体
341	浙江省城市供水水质监测网台州监测站	铝、溶解性总固体
342	山东省水环境监测中心	铝、溶解性总固体
343	胶州市疾病预防控制中心	铝、溶解性总固体
344	郫县疾病预防控制中心	铝、溶解性总固体
345	杭州余杭水务水质监测有限公司	铝、溶解性总固体
346	福州出入境检验检疫局综合技术服务中心食品实验室	铝、溶解性总固体
347	国家面粉及制品质量监督检验中心/商丘市质量技术监督检验测试中心	铝、溶解性总固体
348	北京市水环境监测中心通州分中心	铝、溶解性总固体
349	山东省水环境监测中心滨州分中心	铝、溶解性总固体
350	山东省水环境监测中心泰安分中心	铝、溶解性总固体
351	山东省水环境监测中心临沂分中心	铝、溶解性总固体
352	西昌市疾病预防控制中心	铝、溶解性总固体
353	中国人民解放军疾病预防控制所	铝、溶解性总固体
354	沈阳市浑南区疾病预防控制中心	铝、溶解性总固体
355	国土资源部杭州矿产资源监督检测中心/浙江省地质矿产研究所	铝、溶解性总固体
356	北京市门头沟区疾病预防控制中心	铝、溶解性总固体
357	国家地质实验测试中心	铝、溶解性总固体
358	国家蔬菜质量监督检验中心	铝、溶解性总固体
359	河南出入境检验检疫局检验检疫技术中心安阳分中心	铝、溶解性总固体
360	济南出入境检验检疫局检验检疫技术中心	铝、溶解性总固体
361	北京市西城区疾病预防控制中心	铝、溶解性总固体

续表

编号	机构名称	满意参数
362	河南省环境监测中心	铝、溶解性总固体
363	浙江省检验检疫科学技术研究院	铝、溶解性总固体
364	国家建筑材料工业建筑围护材料及管道产品质量监督检验测试中心	铝、溶解性总固体
365	乌海市疾病预防控制中心	铝、溶解性总固体
366	河北冠卓检测科技有限公司	铝、溶解性总固体
367	海南出入境检验检疫局技术中心	铝、溶解性总固体
368	国家农副加工产品质量监督检验中心	铝、溶解性总固体
369	湖南省益阳市沅江市疾病预防控制中心	铝、溶解性总固体
370	农业部食品质量监督检验测试中心(佳木斯)	铝、溶解性总固体
371	福建省水环境监测中心南平分中心	铝、溶解性总固体
372	河北省水环境监测中心邢台分中心	铝、溶解性总固体
373	新疆生产建设兵团环境监测中心站	铝、溶解性总固体
374	昆明清源自来水有限责任公司水质部	铝、溶解性总固体
375	新疆出入境检验检疫局检验检疫技术中心	铝、溶解性总固体
376	湖南省产商品质量监督检验研究院/国家农副产品质量监督检验中心(湖南)	铝、溶解性总固体
377	青海出入境检验检疫局检验检疫综合技术中心	铝、溶解性总固体
378	西藏出入境检验检疫局检验检疫技术中心	铝、溶解性总固体
379	国家环保产品质量监督检验中心	铝、溶解性总固体
380	国土资源部南昌矿产资源监督检测中心/江西省地质调查研究院	铝、溶解性总固体
381	宿州市疾病预防控制中心	铝、溶解性总固体
382	长乐市疾病预防控制中心	铝、溶解性总固体
383	天长市疾病预防控制中心	铝、溶解性总固体
384	祁门县疾病预防控制中心	铝、溶解性总固体
385	庐阳区疾病预防控制中心	铝、溶解性总固体
386	安庆市疾病预防控制中心	铝、溶解性总固体
387	国家轻工业食品质量监督检测天津站	铝、溶解性总固体
388	重庆市计量质量检测研究院	铝、溶解性总固体
389	淮北市疾病预防控制中心	铝、溶解性总固体
390	淮南市疾病预防控制中心	铝、溶解性总固体
391	奎屯市疾病预防控制中心	铝、溶解性总固体
392	长治市慧泉水质检测有限公司	林丹、溶解性总固体
393	宁波出入境检验检疫局检验检疫技术中心(北仑分中心)	林丹、溶解性总固体
394	大连市甘井子区疾病预防控制中心	林丹、溶解性总固体
395	广西城市供水水质监测网北海监测站	林丹、铝
396	农业部亚热带果品蔬菜质量监督检验测试中心	林丹、铝
397	浏阳市疾病预防控制中心	林丹、铝
398	福建省环境监测中心站	林丹、铝
399	湖南省环境监测中心站	林丹、铝
400	西藏自治区环境监测中心站	林丹、铝
401	广西壮族自治区水环境监测中心	林丹、溶解性总固体
402	江苏省水环境监测中心常州分中心	林丹、溶解性总固体
403	江苏省水环境监测中心无锡分中心	林丹、溶解性总固体
404	云南出入境检验检疫局检验检疫技术中心大理食品实验室	林丹、溶解性总固体
405	江苏省水环境监测中心	林丹、溶解性总固体
406	河北华清环境科技有限公司	林丹、溶解性总固体
407	辽宁省水环境监测中心	林丹、溶解性总固体

续表

编号	机构名称	满意参数
408	农业部农业环境质量监督检验测试中心（沈阳）	林丹、溶解性总固体
409	安徽省水环境监测中心阜阳分中心	林丹、溶解性总固体
410	重庆市渝中区疾病预防控制中心	林丹、溶解性总固体
411	珠江水利委员会珠江水利科学研究院中心试验室	林丹、溶解性总固体
412	江西省水务水科学检测研发有限公司	二氯乙酸*、铝*
413	甘肃出入境检验检疫局检验检疫综合技术中心	铝*、溶解性总固体
414	河南三方元泰检测技术有限公司	铝、溶解性总固体
415	国土资源部西安矿产资源监督检测中心/陕西省地质矿产实验研究所	铝、溶解性总固体
416	云南出入境检验检疫局检验检疫技术中心	铝、溶解性总固体
417	乐山市疾病预防控制中心	铝、溶解性总固体*
418	山西省疾病预防控制中心	铝*、溶解性总固体*
419	四川省环境监测总站	铝*、溶解性总固体
420	云南省城市供水水质监测网玉溪监测站	铝*、溶解性总固体
421	核工业地质分析测试研究中心/核工业北京地质研究院分析测试研究中心	铝、溶解性总固体*
422	黑龙江省环境监测中心站	林丹、溶解性总固体
423	济南水务集团有限公司生产技术部水质检测中心	林丹、溶解性总固体
424	黑龙江省城市供水水质监测网黑河监测站	林丹、溶解性总固体
425	晋中市天湖水质检测有限公司	林丹、溶解性总固体
426	上海市城市排水监测站	林丹*、溶解性总固体
427	江西省城市供水水质监测网抚州监测站	林丹、溶解性总固体*
428	广东出入境检验检疫局检验检疫技术中心食品实验室	林丹、溶解性总固体*
429	海河流域水环境监测中心	林丹、溶解性总固体*
430	广东省水文水资源监测中心	林丹、溶解性总固体*
431	陕西省环境监测中心站	林丹*、溶解性总固体*
432	国家轻工业食品质量监督检测杭州站	林丹、铝
433	浙江省舟山海洋生态环境监测站	林丹*、铝
434	济宁水司水质监测中心	林丹*、铝*
435	成都产品质量检验研究院有限责任公司（四川省质检院/成都市质检院）	林丹、铝
436	扬州市江都区自来水有限公司中心化验室	林丹、铝*
437	陕西出入境检验检疫局检验检疫技术中心	林丹、铝
438	茂名出入境检验检疫局综合实验室	林丹、铝
439	陕西中检检测技术有限公司	林丹、铝
440	湖北省环境监测中心站	林丹*、铝*
441	旌德县疾病预防控制中心	铝、溶解性总固体*
442	山西省晋中市榆次区疾病预防控制中心	铝、溶解性总固体*
443	晋中市疾病预防控制中心	铝、溶解性总固体*
444	国土资源部成都矿产资源监督检测中心/四川省地质矿产勘查开发局成都综合岩矿测试中心	铝、溶解性总固体*
445	重庆仕益产品质量检测有限责任公司	铝、溶解性总固体*
446	芜湖县疾病预防控制中心	铝、溶解性总固体*
447	广东省环境监测中心	铝、溶解性总固体*
448	国家城市排水监测网天津监测站/天津市城市排水监测站	铝、溶解性总固体*
449	北京市水环境监测中心昌平分中心	铝、溶解性总固体*
450	肥东县疾病预防控制中心	铝、溶解性总固体*
451	贵州省水环境监测中心毕节市分中心	铝、溶解性总固体*
452	北京市水环境监测中心海淀分中心	铝、溶解性总固体*

续表

编号	机构名称	满意参数
453	广西城市供水水质监测网钦州监测站	铝、溶解性总固体*
454	国土资源部西宁矿产资源监督检测中心/青海省地质矿产测试应用中心	铝、溶解性总固体*
455	南平出入境检验检疫局食品检测综合实验室	铝、溶解性总固体*
456	福建省石狮市疾病预防控制中心	铝、溶解性总固体*
457	绍兴柯桥城乡水质检测有限公司	铝、溶解性总固体*
458	肥西县疾病预防控制中心	铝、溶解性总固体*
459	安徽省环境监测中心站	铝、溶解性总固体*
460	长治市疾病预防控制中心	铝、溶解性总固体*
461	萧县疾病预防控制中心	铝、溶解性总固体*
462	鄞县疾病预防控制中心	铝、溶解性总固体*
463	裕安区疾病预防控制中心	铝、溶解性总固体*
464	内蒙古自治区矿产实验研究所	铝*、溶解性总固体
465	霍邱县疾病预防控制中心	铝*、溶解性总固体
466	张家港出入境检验检疫局检验检疫综合技术中心	铝*、溶解性总固体
467	界首市疾病预防控制中心	铝*、溶解性总固体
468	巢湖市疾病预防控制中心	铝*、溶解性总固体
469	重庆市水环境监测中心渝东北分中心	铝*、溶解性总固体
470	辽宁出入境检验检疫局检验检疫技术中心	铝*、溶解性总固体
471	国家城市排水监测网海口监测站	铝*、溶解性总固体
472	广元市利州区疾病预防控制中心	铝*、溶解性总固体
473	北京市怀柔区疾病预防控制中心	铝*、溶解性总固体
474	阳泉市疾病预防控制中心	铝*、溶解性总固体
475	宁国市疾病预防控制中心	铝*、溶解性总固体
476	水利部长江水利委员会水文局长江上游水环境监测中心	铝*、溶解性总固体
477	泰州出入境检验检疫局综合技术服务中心	铝*、溶解性总固体
478	长江水利委员会水文局长江口水环境监测中心	铝*、溶解性总固体
479	常州市武进区疾病预防控制中心	铝*、溶解性总固体
480	甘肃省水环境监测中心平凉分中心	铝*、溶解性总固体
481	东山出入境检验检疫局综合技术服务中心	铝*、溶解性总固体
482	四川省水环境监测中心雅安分中心	铝*、溶解性总固体
483	长江水利委员会水文局汉江水环境监测中心	铝*、溶解性总固体
484	兰州大学分析测试中心	铝*、溶解性总固体
485	长江水利委员会水文局长江中游水环境监测中心	铝*、溶解性总固体
486	四川省水环境监测中心内江分中心	铝*、溶解性总固体
487	当涂县疾病预防控制中心	铝*、溶解性总固体
488	黄山市疾病预防控制中心	铝*、溶解性总固体
489	金寨县疾病预防控制中心	铝*、溶解性总固体
490	甘肃省水环境监测中心	铝*、溶解性总固体
491	贵州省水环境监测中心铜仁市分中心	铝*、溶解性总固体
492	九江市水质监测有限公司	铝*、溶解性总固体
493	河北出入境检验检疫局检验检疫技术中心保定分中心	铝*、溶解性总固体*
494	北京市水环境监测中心房山分中心	铝*、溶解性总固体*
495	巫山县疾病预防控制中心	铝*、溶解性总固体*
496	盐城出入境检验检疫局	铝*、溶解性总固体*
497	句容市疾病预防控制中心	铝*、溶解性总固体*
498	北京市水环境监测中心顺义分中心	铝*、溶解性总固体*

续表

编号	机构名称	满意参数
499	望江县疾病预防控制中心	铝*、溶解性总固体*
500	中国疾病预防控制中心环境与健康相关产品安全所	二氯乙酸
501	国家城市供水水质监测网重庆监测站	二氯乙酸
502	万州出入境检验检疫局综合实验室	林丹
503	新会出入境检验检疫局综合技术服务中心综合实验室	林丹
504	厦门谱尼测试有限公司	林丹
505	国家林业局经济林产品质量检验检测中心（杭州）	林丹
506	水利部长江科学院工程质量检测中心	林丹
507	东台市自来水有限公司	林丹
508	江苏出入境检验检疫局动植物与食品检测中心	林丹
509	清河县食品药品检验检测中心	林丹
510	江西省城市供水水质监测网新余监测站	铝
511	内蒙古鄂尔多斯市疾病预防控制中心	铝
512	靖江市城镇供水水质检测中心	铝
513	万宁市疾病预防控制中心	铝
514	保亭黎族苗族自治县疾病预防控制中心	铝
515	定远县疾病预防控制中心	铝
516	广西宜州市疾病预防控制中心	铝
517	湘西州疾病预防控制中心	铝
518	内蒙古出入境检验检疫局检验检疫技术中心理化实验室	铝
519	宁夏出入境检验检疫局检验检疫综合技术中心	铝
520	泉州市丰泽区疾病预防控制中心	铝
521	福建省南平市延平区疾病预防控制中心	铝
522	黑河出入境检验检疫局检验检疫综合技术中心	铝
523	顺德出入境检验检疫局综合技术服务中心	铝
524	湖州出入境检验检疫局综合技术服务中心	铝
525	江苏省泰州市高港自来水有限公司	铝
526	长江流域水环境监测中心上海分中心	铝
527	云南省环境监测中心站	铝
528	柳州出入境检验检疫局检验检疫综合实验室	铝
529	中保益信商品质量检测股份有限公司	铝
530	北京铁路疾病预防控制中心	铝
531	上海出入境检验检疫局动植物与食品检验检疫技术中心	铝
532	广州市穗泉水质检测有限公司	铝
533	莆田出入境检验检疫局检验检疫技术中心	铝
534	临沂出入境检验检疫局综合技术服务中心	铝
535	绥芬河出入境检验检疫局综合技术中心	铝
536	菏泽出入境检验检疫局技术中心	铝
537	北京市产品质量监督检验院	铝
538	肇庆市环境保护监测站	铝
539	中国环境科学研究院国家环境保护化学品生态效应与风险评估重点实验室	铝
540	北京中科华航检测技术有限公司	铝
541	来安县疾病预防控制中心	铝
542	兴安盟疾病预防控制中心	铝
543	国家有色贵重金属产品质量监督检验中心（湖南）/郴州市产商品质量监督检验所	铝
544	亳州市疾病预防控制中心	铝

续表

编号	机构名称	满意参数
545	威海市疾病预防控制中心	铝
546	蜀山区疾病预防控制中心	铝
547	福建省龙海市疾病预防控制中心	铝
548	蒙城县疾病预防控制中心	铝
549	休宁县疾病预防控制中心	铝
550	国家重有色金属质量监督检验中心	铝
551	颍东区疾病预防控制中心	铝
552	寿县疾病预防控制中心	铝
553	贵州省水环境监测中心黔东南州分中心	铝
554	北京市海淀区疾病预防控制中心	铝
555	太湖县疾病预防控制中心	铝
556	北京市房山区燕山疾病预防控制中心	铝
557	广西防城港市疾病预防控制中心	铝
558	贵港出入境检验检疫局检验检疫综合实验室	铝
559	全椒县疾病预防控制中心	铝
560	石嘴山市疾病预防控制中心	铝
561	黄河水利委员会基本建设工程质量检测中心	铝
562	贵州省环境监测中心站	铝
563	南通出入境检验检疫局检验检疫综合技术中心	铝
564	赤峰市疾病预防控制中心	铝*
565	含山县疾病预防控制中心	铝*
566	东营市自来水公司水质检测中心	铝*
567	上杭县疾病预防控制中心	铝*
568	台山市疾病预防控制中心	铝*
569	河北省环境监测中心站	铝*
570	华南国家计量测试中心/广东省计量科学研究院	铝*
571	湘西恒远水务检验检测有限公司	溶解性总固体
572	山东省滕州市疾病预防控制中心	溶解性总固体
573	潜山县疾病预防控制中心	溶解性总固体
574	天津市蓟县疾病预防控制中心	溶解性总固体
575	大连出入境检验检疫局检验检疫技术中心庄河分中心	溶解性总固体
576	济南市历下区疾病预防控制中心	溶解性总固体
577	郑州永扬食品检测有限公司	溶解性总固体
578	河北东森检测科技股份有限公司	溶解性总固体
579	莆田市涵江区疾病预防控制中心	溶解性总固体
580	江苏康达检测技术股份有限公司	溶解性总固体
581	江苏省水环境监测中心徐州分中心	溶解性总固体
582	谱尼测试集团江苏有限公司	溶解性总固体
583	黑龙江省水环境监测中心大兴安岭分中心	溶解性总固体
584	屯溪区疾病预防控制中心	溶解性总固体
585	黑龙江省水环境监测中心绥化分中心	溶解性总固体
586	青海省黄南州疾病预防控制中心	溶解性总固体
587	黄河中游水环境监测中心	溶解性总固体
588	湖北省水环境监测中心十堰分中心	溶解性总固体
589	吉安市水资源监测中心	溶解性总固体
590	黑龙江省水环境监测中心伊春分中心	溶解性总固体

续表

编号	机构名称	满意参数
591	山西省水环境监测中心	溶解性总固体
592	江苏省水环境监测中心连云港分中心	溶解性总固体
593	黑龙江省水环境监测中心黑河分中心	溶解性总固体
594	山西省水环境监测中心临汾分中心	溶解性总固体
595	山西省水环境监测中心忻州监测站	溶解性总固体
596	颍州区疾病预防控制中心	溶解性总固体
597	湖北省水环境监测中心孝感分中心	溶解性总固体
598	长江水利委员会水文局荆江水环境监测中心	溶解性总固体
599	湖北省水环境监测中心宜昌分中心	溶解性总固体
600	山西省水环境监测中心晋中分中心	溶解性总固体
601	山西省水环境监测中心太原分中心	溶解性总固体
602	山西省水环境监测中心大同分中心	溶解性总固体
603	湖南省水环境监测中心衡阳分中心	溶解性总固体
604	山西省水环境监测中心阳泉分中心	溶解性总固体
605	山西省水环境监测中心吕梁分中心	溶解性总固体
606	山西省水环境监测中心运城分中心	溶解性总固体
607	黑龙江省水环境监测中心牡丹江分中心	溶解性总固体
608	江苏省水环境监测中心淮安分中心	溶解性总固体
609	江苏省水环境监测中心泰州分中心	溶解性总固体
610	湖北省水环境监测中心黄石分中心	溶解性总固体
611	宁夏回族自治区水环境监测中心	溶解性总固体
612	黑龙江省水环境监测中心佳木斯分中心	溶解性总固体
613	包河区疾病预防控制中心	溶解性总固体
614	广西壮族自治区水环境监测中心南宁分中心	溶解性总固体
615	长江水利委员会水文局长江下游水环境监测中心	溶解性总固体
616	湖南省水环境监测中心湘潭分中心	溶解性总固体
617	安徽省水环境监测中心马鞍山分中心	溶解性总固体
618	江苏省水环境监测中心宿迁分中心	溶解性总固体
619	湖南省水环境监测中心	溶解性总固体
620	广西壮族自治区水环境监测中心桂林分中心	溶解性总固体
621	湖北中检检测有限公司	溶解性总固体
622	江苏省水环境监测中心镇江分中心	溶解性总固体
623	江西省水资源监测中心	溶解性总固体
624	瑶海区疾病预防控制中心	溶解性总固体
625	潮州出入境检验检疫局综合技术服务中心（检测中心）	溶解性总固体
626	湖南省水环境监测中心怀化分中心	溶解性总固体
627	江苏省环境监测中心	溶解性总固体
628	云南省水环境监测中心曲靖市分中心	溶解性总固体
629	广西壮族自治区水环境监测中心梧州分中心	溶解性总固体
630	辽宁省水环境监测中心朝阳分中心	溶解性总固体
631	新疆维吾尔自治区水环境监测中心克州分中心	溶解性总固体
632	惠安县疾病预防控制中心	溶解性总固体
633	吉林省水环境监测中心四平分中心	溶解性总固体
634	吉林省水环境监测中心通化分中心	溶解性总固体
635	辽宁省水环境监测中心辽阳分中心	溶解性总固体
636	浙江省水文水资源监测中心丽水分中心	溶解性总固体

续表

编号	机构名称	满意参数
637	云南省水环境监测中心德宏州分中心	溶解性总固体
638	黄河上游水环境监测中心	溶解性总固体
639	黄河三门峡库区水环境监测中心	溶解性总固体
640	新疆维吾尔自治区水环境监测中心巴州分中心	溶解性总固体
641	河北省水环境监测中心衡水分中心	溶解性总固体
642	天津市水环境监测中心于桥水库分中心	溶解性总固体
643	南水北调中线干线工程建设管理局河北水质监测中心	溶解性总固体
644	河北省水环境监测中心廊坊分中心	溶解性总固体
645	北京市水环境监测中心南水北调分中心	溶解性总固体
646	云南省水环境监测中心	溶解性总固体
647	新疆水环境监测中心伊犁分中心	溶解性总固体
648	湖北省水环境监测中心襄阳分中心	溶解性总固体
649	河南省水环境监测中心信阳分中心	溶解性总固体
650	长江水利委员会水文局长江三峡水环境监测中心	溶解性总固体
651	河北省水环境监测中心	溶解性总固体
652	江西省宜春水资源监测中心	溶解性总固体
653	云南省水环境监测中心保山市分中心	溶解性总固体
654	喀什出入境检验检疫局综合技术服务中心	溶解性总固体
655	秦皇岛市引青工程水质监测中心	溶解性总固体
656	湖北省水环境监测中心武汉分中心	溶解性总固体
657	广西壮族自治区水环境监测中心河池分中心	溶解性总固体
658	广西壮族自治区水环境监测中心柳州分中心	溶解性总固体
659	河北省水环境监测中心保定分中心	溶解性总固体
660	云南省水环境监测中心玉溪市分中心	溶解性总固体
661	青海省产品质量监督检验所	溶解性总固体
662	内蒙古自治区水环境监测中心	溶解性总固体
663	吉林省水环境监测中心白城分中心	溶解性总固体
664	云南省水环境监测中心丽江市分中心	溶解性总固体
665	新疆维吾尔自治区环境监测总站	溶解性总固体
666	青海省西宁市湟中县疾病预防控制中心	溶解性总固体
667	湖北省水环境监测中心黄冈分中心	溶解性总固体
668	湖北省水环境监测中心咸宁分中心	溶解性总固体
669	湖北省水环境监测中心荆州分中心	溶解性总固体
670	吉林省水环境监测中心延边分中心	溶解性总固体
671	陕西省水环境监测中心商洛分中心	溶解性总固体
672	河南省水环境监测中心许昌分中心	溶解性总固体
673	河南省水文水资源局	溶解性总固体
674	国土资源部实物地质资料及煤炭监督检测中心	溶解性总固体
675	湖北省水环境监测中心恩施分中心	溶解性总固体
676	内蒙古自治区水环境监测中心赤峰分中心	溶解性总固体
677	云南省水环境监测中心红河州分中心	溶解性总固体
678	西宁市城西区疾病预防控制中心	溶解性总固体
679	农业部果品及苗木质量监督检验测试中心（烟台）	溶解性总固体
680	广东省水文水资源监测中心惠州分中心	溶解性总固体
681	国家城市排水监测网武汉监测站	溶解性总固体
682	浙江省水资源监测中心宁波分中心	溶解性总固体

续表

编号	机构名称	满意参数
683	新疆维吾尔自治区水环境监测中心塔城分中心	溶解性总固体
684	河南省水环境监测中心安阳分中心	溶解性总固体
685	河南省水环境监测中心驻马店分中心	溶解性总固体
686	福建省福安市疾病预防控制中心	溶解性总固体
687	内蒙古自治区水环境监测中心鄂尔多斯分中心	溶解性总固体
688	新疆维吾尔自治区水环境监测中心喀什分中心	溶解性总固体
689	青海省水环境监测中心格尔木分中心	溶解性总固体
690	甘肃省水环境监测中心张掖分中心	溶解性总固体
691	甘肃省水环境监测中心定西分中心	溶解性总固体
692	汕头出入境检验检疫局技术中心食品检测实验室	溶解性总固体
693	浙江省水资源监测中心台州分中心	溶解性总固体
694	山西省万家寨引黄工程管理局中心实验室	溶解性总固体
695	河北省水环境监测中心邯郸分中心	溶解性总固体
696	黄河山东水环境监测中心	溶解性总固体
697	青海省果洛州疾病预防控制中心	溶解性总固体
698	江苏省镇江市丹徒区疾病预防控制中心	溶解性总固体
699	云南省水环境监测中心大理州分中心	溶解性总固体
700	江西省赣州市水资源监测中心	溶解性总固体
701	江西省九江市水资源监测中心	溶解性总固体
702	河北省水环境监测中心沧州分中心	溶解性总固体
703	安徽省水环境监测中心芜湖分中心	溶解性总固体
704	河北省水环境监测中心石家庄分中心	溶解性总固体
705	甘肃省水环境监测中心陇南分中心	溶解性总固体
706	浙江省水资源监测中心金华分中心	溶解性总固体
707	浙江省水资源监测中心嘉兴分中心	溶解性总固体
708	长江水利委员会水文局长江中游水环境监测中心益阳水环境监测分中心	溶解性总固体
709	广东省水文水资源监测中心梅州分中心	溶解性总固体
710	广东省水文水资源监测中心汕头分中心	溶解性总固体
711	广东省水文水资源监测中心茂名分中心	溶解性总固体
712	河北省水环境监测中心承德分中心	溶解性总固体
713	江西省抚州市水资源监测中心	溶解性总固体
714	黄河流域水环境监测中心	溶解性总固体
715	青海省水环境监测中心海东分中心	溶解性总固体
716	辽宁省水环境监测中心本溪分中心	溶解性总固体
717	青海省水环境监测中心	溶解性总固体
718	广东省水文水资源监测中心韶关分中心	溶解性总固体
719	东莞出入境检验检疫局检验检疫综合技术中心	溶解性总固体
720	安徽省水环境监测中心安庆分中心	溶解性总固体
721	河北省水环境监测中心张家口分中心	溶解性总固体
722	国家城市排水监测网石家庄监测站/石家庄市城市排水监测站	溶解性总固体
723	广西壮族自治区水环境监测中心百色分中心	溶解性总固体
724	广东省水文水资源监测中心江门分中心	溶解性总固体
725	南沙出入境检验检疫局综合技术服务中心实验室	溶解性总固体
726	青海省海北州疾病预防控制中心	溶解性总固体
727	湖南省水环境监测中心常德分中心	溶解性总固体
728	辽宁省水环境监测中心大连分中心	溶解性总固体

续表

编号	机构名称	满意参数
729	泉州出入境检验检疫局综合技术服务中心食品检测分中心	溶解性总固体
730	辽宁省水环境监测中心丹东分中心	溶解性总固体
731	湖南省水环境监测中心长沙分中心	溶解性总固体
732	河北省水环境监测中心唐山分中心	溶解性总固体
733	安徽省水环境监测中心蚌埠分中心	溶解性总固体
734	陕西省水环境监测中心安康分中心	溶解性总固体
735	广西壮族自治区水环境监测中心沿海分中心	溶解性总固体
736	广东省水文水资源监测中心肇庆分中心	溶解性总固体
737	黑龙江省水环境监测中心	溶解性总固体
738	国土资源部沈阳矿产资源监督检测中心/辽宁省地质矿产研究院	溶解性总固体
739	青岛市城市排水监测站	溶解性总固体
740	广东省水文水资源监测中心湛江分中心	溶解性总固体
741	辽宁省水环境监测中心营口分中心	溶解性总固体
742	陕西省水环境监测中心汉中分中心	溶解性总固体
743	江西省鄱阳湖水资源监测中心	溶解性总固体
744	山西省水环境监测中心长治分中心	溶解性总固体
745	陕西省水环境监测中心宝鸡分中心	溶解性总固体
746	黑龙江省水环境监测中心齐齐哈尔分中心	溶解性总固体
747	广西壮族自治区水环境监测中心玉林分中心	溶解性总固体
748	辽宁省水环境监测中心鞍山分中心	溶解性总固体
749	广东省水文水资源监测中心佛山分中心	溶解性总固体
750	湖南省水环境监测中心湘西分中心	溶解性总固体
751	辽宁省水环境监测中心阜新分中心	溶解性总固体
752	河南省水环境监测中心洛阳分中心	溶解性总固体
753	河南省水环境监测中心商丘分中心	溶解性总固体
754	辽宁省水环境监测中心铁岭分中心	溶解性总固体
755	北京出入境检验检疫局检验检疫技术中心	溶解性总固体
756	陕西省水环境监测中心	溶解性总固体
757	江西省景德镇市水资源监测中心	溶解性总固体
758	深圳市南山区疾病预防控制中心	溶解性总固体
759	河南省水环境监测中心南阳分中心	溶解性总固体
760	重庆市水环境监测中心渝东南分中心	溶解性总固体
761	云南省水环境监测中心西双版纳州分中心	溶解性总固体
762	新疆维吾尔自治区水环境监测中心阿克苏分中心	溶解性总固体
763	内蒙古自治区水环境监测中心巴彦淖尔分中心	溶解性总固体
764	湖南省水环境监测中心邵阳分中心	溶解性总固体
765	辽宁省水环境监测中心抚顺分中心	溶解性总固体
766	云南省水环境监测中心楚雄州分中心	溶解性总固体
767	陕西省水环境监测中心延安分中心	溶解性总固体
768	内蒙古自治区水环境监测中心呼伦贝尔分中心	溶解性总固体
769	云南省水环境监测中心昆明市分中心	溶解性总固体
770	湖南省水环境监测中心娄底分中心	溶解性总固体
771	内蒙古自治区水环境监测中心通辽分中心	溶解性总固体
772	河南省水环境监测中心周口分中心	溶解性总固体
773	辽宁省水环境监测中心锦州分中心	溶解性总固体
774	贵州省产品质量监督检验院	溶解性总固体

续表

编号	机构名称	满意参数
775	新疆维吾尔自治区水环境监测中心哈密分中心	溶解性总固体
776	龙岩出入境检验检疫局综合技术服务中心	溶解性总固体
777	河南省水环境监测中心新乡分中心	溶解性总固体
778	湖南省水环境监测中心洞庭湖分中心	溶解性总固体
779	云南省水环境监测中心普洱市分中心	溶解性总固体
780	上海市环境监测中心	溶解性总固体
781	山东省产品质量检验研究院	溶解性总固体
782	繁昌县疾病预防控制中心	溶解性总固体
783	贵州省水环境监测中心安顺市分中心	溶解性总固体
784	资阳市疾病预防控制中心	溶解性总固体
785	福建省莆田市荔城区疾病预防控制中心	溶解性总固体
786	福建省水环境监测中心宁德分中心	溶解性总固体
787	怀远县疾病预防控制中心	溶解性总固体
788	贵州省水环境监测中心遵义市分中心	溶解性总固体
789	宿松县疾病预防控制中心	溶解性总固体
790	枞阳县疾病预防控制中心	溶解性总固体
791	颍上县疾病预防控制中心	溶解性总固体
792	贵州省水环境监测中心六盘水市分中心	溶解性总固体
793	贵州省水环境监测中心	溶解性总固体
794	常州进出口工业及消费品安全检测中心	溶解性总固体
795	新疆维吾尔自治区疾病预防控制中心	溶解性总固体
796	义安区疾病预防控制中心	溶解性总固体*
797	北京市石景山区疾病预防控制中心	溶解性总固体*
798	清华大学环境质量检测中心	溶解性总固体*
799	灵璧县疾病预防控制中心	溶解性总固体*
800	岳西县疾病预防控制中心	溶解性总固体*
801	辽宁省庄河市疾病预防控制中心	溶解性总固体*
802	云南省水环境监测中心文山州分中心	溶解性总固体*
803	湖南省水环境监测中心郴州分中心	溶解性总固体*
804	浙江省水资源监测中心舟山分中心	溶解性总固体*
805	浙江省水资源监测中心杭州分中心	溶解性总固体*
806	北京市水环境监测中心密云水库分中心	溶解性总固体*
807	江西省上饶水资源监测中心	溶解性总固体*
808	黄河宁蒙水环境监测中心	溶解性总固体*
809	南靖县疾病预防控制中心	溶解性总固体*
810	黄埔出入境检验检疫局综合技术服务中心检验检测中心	溶解性总固体*
811	浙江省水资源监测中心	溶解性总固体*
812	浙江省水资源监测中心温州分中心	溶解性总固体*
813	北京市水环境监测中心官厅水库分中心	溶解性总固体*
814	新疆水环境检测中心石河子分中心	溶解性总固体*
815	新疆水环境监测中心博州分中心	溶解性总固体*
816	水利部牧区水利科学研究所实验中心	溶解性总固体*
817	吉林省水环境监测中心吉林分中心	溶解性总固体*
818	甘肃省水环境监测中心临洮分中心	溶解性总固体*
819	青海省海西州疾病预防保健中心	溶解性总固体*
820	泰州金州水务有限公司	溶解性总固体*

续表

编号	机构名称	满意参数
821	江苏省水环境监测中心南通分中心	溶解性总固体*
822	阿克苏出入境检验检疫局综合实验室	溶解性总固体*

十、辣椒油中罗丹明 B 的测定能力验证项目（124家）

编号	机构名称	满意参数
1	河北出入境检验检疫局检验检疫技术中心	罗丹明 B
2	四川出入境检验检疫局检验检疫技术中心	罗丹明 B
3	中国广州分析测试中心	罗丹明 B
4	国家加工食品质量监督检验中心（山东）/山东省产品质量检验研究院	罗丹明 B
5	河北出入境检验检疫局检验检疫技术中心保定分中心	罗丹明 B
6	上海出入境检验检疫局动植物与食品检验检疫技术中心	罗丹明 B
7	广西出入境检验检疫局检验检疫技术中心	罗丹明 B
8	天津出入境检验检疫局动植物与食品检测中心	罗丹明 B
9	河北出入境检验检疫局检验检疫技术中心张家口分中心	罗丹明 B
10	哈尔滨市产品监督检验院/国家农林副产品质量监督检验中心	罗丹明 B
11	苏州出入境检验检疫局检验检疫综合技术中心	罗丹明 B
12	江苏出入境检验检疫局动植物与食品检测中心	罗丹明 B
13	湖南省产商品质量监督检验研究院/国家农副产品质量监督检验中心（湖南）	罗丹明 B
14	浙江出入境检验检疫局检验检疫技术中心农药残留检测实验室	罗丹明 B
15	万州出入境检验检疫局综合实验室	罗丹明 B
16	黑龙江出入境检验检疫局检验检疫技术中心	罗丹明 B
17	浙江省质量检测科学研究院/浙江方圆检测集团股份有限公司/国家预包装食品质量监督检验中心（浙江）	罗丹明 B
18	江西出入境检验检疫局检验检疫综合技术中心	罗丹明 B
19	甘肃出入境检验检疫局检验检疫综合技术中心	罗丹明 B
20	黑龙江出入境检验检疫局检验检疫技术中心佳木斯分中心	罗丹明 B
21	黑龙江出入境检验检疫局检验检疫技术中心牡丹江分中心	罗丹明 B
22	山西出入境检验检疫局技术中心食品与农产品实验室	罗丹明 B
23	安徽出入境检验检疫局检验检疫技术中心	罗丹明 B
24	国家农副加工产品质量监督检验中心（宁夏）	罗丹明 B
25	河北省食品检验研究院/国家果类及农副加工产品质量监督检验中心	罗丹明 B
26	吉林省食品检验所	罗丹明 B
27	烟台出入境检验检疫局技术中心食品实验室	罗丹明 B
28	云南出入境检验检疫局检验检疫技术中心	罗丹明 B
29	黑龙江出入境检验检疫局检验检疫技术中心齐齐哈尔分中心	罗丹明 B
30	厦门出入境检验检疫局检验检疫技术中心	罗丹明 B
31	农业部谷物及制品质量监督检验测试中心（哈尔滨）	罗丹明 B
32	漳州出入境检验检疫局综合技术服务中心实验室	罗丹明 B
33	国家轻工业食品质量监督检测广州站/广东省食品工业研究所	罗丹明 B
34	秦皇岛出入境检验检疫局检验检疫技术中心	罗丹明 B
35	国家农副加工产品质量监督检验中心	罗丹明 B
36	广东出入境检验检疫局检验检疫技术中心食品实验室	罗丹明 B
37	四川省食品药品检验检测院	罗丹明 B
38	中国商业联合会食品质量监督检验中心（上海）	罗丹明 B
39	中检集团中原农食产品检测（河南）有限公司	罗丹明 B

续表

编号	机构名称	满意参数
40	国家糖业质量监督检验中心（国家轻工业甘蔗糖业质量监督检测中心/广州甘蔗糖业研究所检测中心）	罗丹明B
41	天津市产品质量监督检测技术研究院	罗丹明B
42	中国检验认证集团湖南有限公司/湖南中检检测有限公司	罗丹明B
43	成都产品质量检验研究院有限责任公司（四川省质检院、成都市质检院）/国家酒类及加工食品质量监督检验中心	罗丹明B
44	深圳出入境检验检疫局食品检验检疫技术中心	罗丹明B
45	国家葡萄、葡萄酒质量监督检验中心（秦皇岛）/秦皇岛市食品药品检验中心	罗丹明B
46	江西省产品质量监督检测院	罗丹明B
47	中国检验检疫科学研究院综合检测中心	罗丹明B
48	广东产品质量监督检验研究院	罗丹明B
49	上海市质量监督检验技术研究院	罗丹明B
50	潍坊出入境检验检疫局检验检疫技术中心	罗丹明B
51	国家轻工业食品质量监督检测南京站	罗丹明B
52	宁夏出入境检验检疫局检验检疫综合技术中心	罗丹明B
53	新疆出入境检验检疫局检验检疫技术中心食品室	罗丹明B
54	北京出入境检验检疫局检验检疫技术中心	罗丹明B
55	国家加工食品质量监督检验中心（广州）/广州质量监督检测研究院	罗丹明B
56	吉林省安信食品技术服务有限责任公司	罗丹明B
57	浙江省检验检疫科学技术研究院台州分院	罗丹明B
58	中国检验认证集团山东检测有限公司	罗丹明B
59	农业部食品质量监督检验测试中心（上海）	罗丹明B
60	谱尼测试集团深圳有限公司	罗丹明B
61	莆田出入境检验检疫局检验检疫技术中心	罗丹明B
62	内蒙古出入境检验检疫局检验检疫技术中心理化实验室	罗丹明B
63	海南出入境检验检疫局技术中心食品安全实验室	罗丹明B
64	大连市产品质量检测研究院	罗丹明B
65	新疆维吾尔自治区产品质量监督检验研究院	罗丹明B
66	国家轻工业食品质量监督检测上海站/上海市营养食品质量监督检验站/上海源本食品检验有限公司	罗丹明B
67	云南出入境检验检疫局检验检疫技术中心大理食品实验室	罗丹明B
68	中国肉类食品综合研究中心检验实验室	罗丹明B
69	河南出入境检验检疫局检验检疫技术中心	罗丹明B
70	福建出入境检验检疫局检验检疫技术中心	罗丹明B
71	福建省福州市疾病预防控制中心	罗丹明B
72	成都市食品药品检验研究院	罗丹明B
73	深圳市计量质量检测研究院	罗丹明B
74	山东出入境检验检疫局检验检疫技术中心食品添加剂元素检测实验室	罗丹明B
75	福建省产品质量检验研究院	罗丹明B
76	贵州出入境检验检疫局综合技术中心食品实验室	罗丹明B
77	国家轻工业食品质量监督检测成都站	罗丹明B
78	国家农副加工产品及调味品质量监督检验中心/重庆市计量质量检测研究院	罗丹明B
79	湖北出入境检验检疫局检验检疫技术中心	罗丹明B
80	珠海出入境检验检疫局检验检疫技术中心	罗丹明B
81	陕西出入境检验检疫局技术中心渭南分中心	罗丹明B
82	陕西出入境检验检疫局检验检疫技术中心	罗丹明B
83	重庆仕益产品质量检测有限公司	罗丹明B

续表

编号	机构名称	满意参数
84	中国测试技术研究院，中测测试科技有限公司	罗丹明 B
85	河南出入境检验检疫局检验检疫技术中心三门峡分中心	罗丹明 B
86	甘肃省食品检验研究院	罗丹明 B
87	湖南出入境检验检疫局检验检疫技术中心	罗丹明 B
88	武汉产品质量监督检验所/国家饮料及粮油制品质量监督检验中心	罗丹明 B
89	国家食品质量监督检验中心/中国食品发酵工业研究院检验实验室	罗丹明 B
90	湖北省产品质量监督检验研究院	罗丹明 B
91	泉州出入境检验检疫局综合技术服务中心	罗丹明 B
92	宁波出入境检验检疫局检验检疫技术中心食品分中心	罗丹明 B
93	国家食品质量安全监督检验中心/北京市海淀区产品质量监督检验所	罗丹明 B
94	镇江出入境检验检疫局检验检疫综合技术中心	罗丹明 B
95	国家轻工业食品质量监督检测郑州站/河南省食品工业科学研究所有限公司	罗丹明 B
96	国家轻工业食品质量监督检测杭州站/浙江公正检验中心有限公司	罗丹明 B
97	农业部肉及肉制品质量监督检验测试中心	罗丹明 B
98	浙江大学分析测试中心	罗丹明 B
99	国家面粉及制品质量监督检验中心	罗丹明 B
100	农业部食品质量监督检验测试中心（湛江）	罗丹明 B
101	河南省产品质量监督检验院/国家粮油及肉制品质量监督检验中心	罗丹明 B
102	吉林省疾病预防控制中心	罗丹明 B
103	北京市疾病预防控制中心 中心实验室	罗丹明 B
104	青海出入境检验检疫局检验检疫综合技术中心	罗丹明 B
105	农业部农产品及转基因产品质量监督检验检测测试中心（杭州）	罗丹明 B *
106	山西省食品质量安全监督检验研究院/国家农副加工产品及白酒质量监督检验中心	罗丹明 B *
107	华测检测认证集团股份有限公司	罗丹明 B *
108	黑龙江出入境检验检疫局检验检疫技术中心同江分中心	罗丹明 B *
109	谱尼测试集团股份有限公司	罗丹明 B *
110	济宁出入境检验检疫局综合技术服务中心	罗丹明 B *
111	三明出入境检验检疫局综合技术服务中心	罗丹明 B *
112	贵州省流通环节食品安全检验中心	罗丹明 B *
113	黑龙江省华测检测技术有限公司	罗丹明 B *
114	贵州省产品质量监督检验院	罗丹明 B *
115	黑龙江出入境检验检疫局检验检疫技术中心东宁分中心	罗丹明 B *
116	辽宁出入境检验检疫局检验检疫技术中心东港分中心	罗丹明 B *
117	广西壮族自治区产品质量检验研究院/国家食糖及加工食品质量监督检验中心	罗丹明 B *
118	国家轻工业食品质量监督检测天津站	罗丹明 B *
119	河北出入境检验检疫局检验检疫技术中心廊坊分中心	罗丹明 B *
120	陕西省疾病预防控制中心	罗丹明 B *
121	满洲里出入境检验检疫局检验检疫技术中心	罗丹明 B *
122	荣成出入境检验检疫局综合技术服务中心(荣成农副产品检测中心)	罗丹明 B *
123	农业部农产品质量安全监督检验测试中心（宁波）/宁波农产品质检中心	罗丹明 B *
124	唐山出入境检验检疫局综合技术服务中心	罗丹明 B *

十一、化妆品中微生物的检测能力验证项目(173家)

编号	机构名称	满意参数
1	无锡出入境检验检疫局检验检疫综合技术中心	菌落总数、金黄色葡萄球菌、铜绿假单胞菌、霉菌和酵母菌
2	湖南省疾病预防控制中心(湖南省公共卫生检测检验中心)	菌落总数
3	贵州省疾病预防控制中心	菌落总数、金黄色葡萄球菌、铜绿假单胞菌、霉菌和酵母菌
4	黑龙江出入境检验检疫局检验检疫技术中心东宁分中心	菌落总数、金黄色葡萄球菌、铜绿假单胞菌、霉菌和酵母菌
5	云南出入境检验检疫局(国家质检总局云南微生物检测中心实验室)	菌落总数、金黄色葡萄球菌、铜绿假单胞菌、霉菌和酵母菌
6	河南省产品质量监督检验院	菌落总数、金黄色葡萄球菌、铜绿假单胞菌、霉菌和酵母菌
7	深圳出入境检验检疫局食品检验检疫技术中心	菌落总数、金黄色葡萄球菌、铜绿假单胞菌、霉菌和酵母菌
8	上海市质量监督检验技术研究院	菌落总数、金黄色葡萄球菌、铜绿假单胞菌、霉菌和酵母菌
9	河北出入境检验检疫局检验检疫技术中心生物检测室	菌落总数、金黄色葡萄球菌、铜绿假单胞菌、霉菌和酵母菌
10	山西省产品质量监督检验研究院	菌落总数、金黄色葡萄球菌、铜绿假单胞菌、霉菌和酵母菌
11	广东省保化检测中心有限公司	菌落总数、金黄色葡萄球菌、铜绿假单胞菌、霉菌和酵母菌
12	顺德出入境检验检疫局综合技术服务中心	菌落总数、金黄色葡萄球菌、铜绿假单胞菌、霉菌和酵母菌
13	宁波出入境检验检疫局技术中心奉化分中心	菌落总数、金黄色葡萄球菌、铜绿假单胞菌、霉菌和酵母菌
14	吉林出入境检验检疫局检验检疫技术中心	菌落总数、金黄色葡萄球菌、铜绿假单胞菌、霉菌和酵母菌
15	吉林省食品检验所	菌落总数、金黄色葡萄球菌、铜绿假单胞菌、霉菌和酵母菌
16	深圳市通量检测科技有限公司	菌落总数、金黄色葡萄球菌、铜绿假单胞菌、霉菌和酵母菌
17	湖州出入境检验检疫局综合技术服务中心	菌落总数、金黄色葡萄球菌、铜绿假单胞菌、霉菌和酵母菌
18	扬州市产品质量监督检验所	金黄色葡萄球菌
19	中国广州分析测试中心汕头实验室	菌落总数、金黄色葡萄球菌、铜绿假单胞菌、霉菌和酵母菌
20	福州出入境检验检疫局综合技术服务中心食品实验室	菌落总数、金黄色葡萄球菌、铜绿假单胞菌、霉菌和酵母菌
21	广西壮族自治区产品质量检验研究院	菌落总数、金黄色葡萄球菌、铜绿假单胞菌、霉菌和酵母菌
22	安徽省产品质量监督检验研究院	菌落总数、金黄色葡萄球菌、铜绿假单胞菌、霉菌和酵母菌
23	国家轻工业香料化妆品洗涤用品质量监督检测南京站	菌落总数、金黄色葡萄球菌、铜绿假单胞菌、霉菌和酵母菌
24	吉林省产品质量监督检验院	菌落总数、金黄色葡萄球菌、铜绿假单胞菌、霉菌和酵母菌
25	河南出入境检验检疫局检验检疫技术中心	菌落总数、金黄色葡萄球菌、铜绿假单胞菌、霉菌和酵母菌
26	浙江省检验检疫科学技术研究院台州分院	菌落总数、金黄色葡萄球菌、铜绿假单胞菌、霉菌和酵母菌
27	汕头出入境检验检疫局技术中心动检实验室	铜绿假单胞菌
28	莱茵技术监护(深圳)有限公司	菌落总数、金黄色葡萄球菌、铜绿假单胞菌、霉菌和酵母菌
29	广东出入境检验检疫局检验检疫技术中心食品实验室	金黄色葡萄球菌、铜绿假单胞菌
30	高宝化妆品(中国)有限公司测试中心	金黄色葡萄球菌、铜绿假单胞菌
31	广州质量监督检测研究院	菌落总数、金黄色葡萄球菌、铜绿假单胞菌、霉菌和酵母菌
32	陕西省食品药品检验所	菌落总数、金黄色葡萄球菌、铜绿假单胞菌、霉菌和酵母菌
33	海南省产品质量监督检验所	菌落总数、金黄色葡萄球菌、铜绿假单胞菌、霉菌和酵母菌
34	苏州出入境检验检疫局检验检疫综合技术中心化妆品实验室	菌落总数、金黄色葡萄球菌、铜绿假单胞菌、霉菌和酵母菌
35	四川大学华西公共卫生学院分析测试中心	菌落总数、金黄色葡萄球菌、铜绿假单胞菌、霉菌和酵母菌
36	广州机场出入境检验检疫局综合技术服务中心综合实验室(检验检疫集中查验监管区)	菌落总数、金黄色葡萄球菌、铜绿假单胞菌、霉菌和酵母菌
37	漳州出入境检验检疫局综合技术服务中心实验室	菌落总数、金黄色葡萄球菌、铜绿假单胞菌、霉菌和酵母菌
38	浙江出入境检验检疫局检验检疫技术中心微生物实验室	菌落总数、金黄色葡萄球菌、铜绿假单胞菌、霉菌和酵母菌
39	中国检验认证集团湖南有限公司/湖南中检检测有限公司	菌落总数、金黄色葡萄球菌、铜绿假单胞菌、霉菌和酵母菌
40	新疆产品质量监督检验研究院	菌落总数、金黄色葡萄球菌、铜绿假单胞菌、霉菌和酵母菌
41	深圳市计量质量检测研究院	菌落总数、金黄色葡萄球菌、铜绿假单胞菌、霉菌和酵母菌
42	天津市质量监督检验站第六十站	菌落总数、金黄色葡萄球菌、铜绿假单胞菌、霉菌和酵母菌
43	贵州省分析测试研究院	菌落总数、金黄色葡萄球菌、铜绿假单胞菌、霉菌和酵母菌

续表

编号	机构名称	满意参数
44	西藏出入境检验检疫局技术中心	菌落总数、金黄色葡萄球菌、铜绿假单胞菌、霉菌和酵母菌
45	湖南省产商品质量监督检验研究院	菌落总数、金黄色葡萄球菌、铜绿假单胞菌、霉菌和酵母菌
46	中检集团中原农食产品检测(河南)有限公司	菌落总数、金黄色葡萄球菌、铜绿假单胞菌、霉菌和酵母菌
47	上海出入境检验检疫局动植物与食品检验检疫技术中心酒化中心	菌落总数、金黄色葡萄球菌、铜绿假单胞菌、霉菌和酵母菌
48	江西省产品质量监督检测院	菌落总数、金黄色葡萄球菌、铜绿假单胞菌、霉菌和酵母菌
49	大连出入境检验检疫局检验检疫技术中心生物检测实验室	菌落总数、金黄色葡萄球菌、铜绿假单胞菌、霉菌和酵母菌
50	河南出入境检验检疫局检验检疫技术中心安阳分中心	菌落总数、金黄色葡萄球菌、霉菌和酵母菌
51	河南出入境检验检疫局检验检疫技术中心信阳分中心	菌落总数、金黄色葡萄球菌
52	陕西出入境检验检疫局技术中心微生物实验室	菌落总数、金黄色葡萄球菌、铜绿假单胞菌、霉菌和酵母菌
53	广西出入境检验检疫局检验检疫技术中心	菌落总数、金黄色葡萄球菌、铜绿假单胞菌、霉菌和酵母菌
54	安徽省疾病预防控制中心	菌落总数、金黄色葡萄球菌、铜绿假单胞菌、霉菌和酵母菌
55	中国检验检疫科学研究院综合检测中心	菌落总数、金黄色葡萄球菌、铜绿假单胞菌、霉菌和酵母菌
56	增城出入境检验检疫局综合实验室	菌落总数、金黄色葡萄球菌
57	福建省产品质量检验研究院(国家加工食品质量监督检验中心)	菌落总数、金黄色葡萄球菌、铜绿假单胞菌、霉菌和酵母菌
58	海南出入境检验检疫局检验检疫技术中心食品安全实验室	菌落总数、金黄色葡萄球菌、铜绿假单胞菌、霉菌和酵母菌
59	沈阳市产品质量监督检验院	菌落总数
60	贵州省产品质量监督检验院	菌落总数、金黄色葡萄球菌、铜绿假单胞菌、霉菌和酵母菌
61	淮安市疾病预防控制中心	菌落总数、金黄色葡萄球菌、铜绿假单胞菌、霉菌和酵母菌
62	南沙出入境检验检疫局综合技术服务中心实验室	菌落总数、金黄色葡萄球菌、铜绿假单胞菌、霉菌和酵母菌
63	清远出入境检验检疫局	铜绿假单胞菌
64	苏州世谱检测技术有限公司	菌落总数、金黄色葡萄球菌、铜绿假单胞菌、霉菌和酵母菌
65	宁波出入境检验检疫局检验检疫技术中心(食品分中心)	菌落总数、金黄色葡萄球菌、铜绿假单胞菌、霉菌和酵母菌
66	内蒙古出入境检验检疫局检验检疫技术中心	菌落总数、金黄色葡萄球菌、铜绿假单胞菌、霉菌和酵母菌
67	浙江省检验检疫科学技术研究院嘉兴分院	菌落总数、金黄色葡萄球菌、铜绿假单胞菌、霉菌和酵母菌
68	武汉产品质量监督检验所	金黄色葡萄球菌
69	国家纺织品服装服饰产品质量监督检验中心(广州)	菌落总数、金黄色葡萄球菌、铜绿假单胞菌、霉菌和酵母菌
70	北京市产品质量监督检验院	金黄色葡萄球菌
71	谱尼测试科技股份有限公司	菌落总数、金黄色葡萄球菌、铜绿假单胞菌、霉菌和酵母菌
72	湖北出入境检验检疫局技术中心荆州综合实验室	铜绿假单胞菌
73	佛山出入境检验检疫局检验检疫综合技术中心	菌落总数、金黄色葡萄球菌、铜绿假单胞菌、霉菌和酵母菌
74	中检集团南方电子产品测试(深圳)股份有限公司	菌落总数、金黄色葡萄球菌、铜绿假单胞菌、霉菌和酵母菌
75	云南省疾病预防控制中心	菌落总数、金黄色葡萄球菌、铜绿假单胞菌、霉菌和酵母菌
76	福州市疾病预防控制中心	菌落总数、金黄色葡萄球菌、铜绿假单胞菌、霉菌和酵母菌
77	义乌出入境检验检疫局综合技术服务中心	菌落总数、金黄色葡萄球菌、铜绿假单胞菌、霉菌和酵母菌
78	东山出入境检验检疫局综合技术服务中心	菌落总数、金黄色葡萄球菌、铜绿假单胞菌、霉菌和酵母菌
79	国家轻工业牙膏蜡制品质量监督检测中心	菌落总数、金黄色葡萄球菌、铜绿假单胞菌、霉菌和酵母菌
80	国家轻工业食品质量监督检测杭州站	菌落总数、金黄色葡萄球菌、铜绿假单胞菌、霉菌和酵母菌
81	南京市产品质量监督检验院	菌落总数、金黄色葡萄球菌、铜绿假单胞菌、霉菌和酵母菌
82	陕西省产品质量监督检验研究院	菌落总数、金黄色葡萄球菌、铜绿假单胞菌、霉菌和酵母菌
83	从化出入境检验检疫局综合技术服务中心综合实验室	金黄色葡萄球菌
84	广东产品质量监督检验研究院	菌落总数、金黄色葡萄球菌、铜绿假单胞菌、霉菌和酵母菌
85	许昌市质量技术监督检验测试中心	菌落总数、金黄色葡萄球菌、铜绿假单胞菌、霉菌和酵母菌
86	宁波出入境检验检疫局检验检疫技术中心(大榭分中心)	菌落总数、金黄色葡萄球菌、铜绿假单胞菌、霉菌和酵母菌
87	济南出入境检验检疫局技术中心	菌落总数、金黄色葡萄球菌、铜绿假单胞菌

续表

编号	机构名称	满意参数
88	江西出入境检验检疫局综合技术中心	菌落总数、金黄色葡萄球菌、铜绿假单胞菌、霉菌和酵母菌
89	杭州希科检测技术有限公司	菌落总数
90	广东省中山市质量计量监督检测所	金黄色葡萄球菌、铜绿假单胞菌
91	江门出入境检验检疫局技术中心食品室	菌落总数、金黄色葡萄球菌、铜绿假单胞菌、霉菌和酵母菌
92	重庆市计量质量检测研究院	菌落总数、金黄色葡萄球菌、铜绿假单胞菌、霉菌和酵母菌
93	中国广州分析测试中心	菌落总数、金黄色葡萄球菌、铜绿假单胞菌、霉菌和酵母菌
94	辽宁出入境检验检疫局技术中心生物科	金黄色葡萄球菌
95	浙江省质量检测科学研究院/浙江方圆检测集团股份有限公司	菌落总数、金黄色葡萄球菌、铜绿假单胞菌、霉菌和酵母菌
96	湖北中检检测有限公司	菌落总数、金黄色葡萄球菌、铜绿假单胞菌、霉菌和酵母菌
97	临沂出入境检验检疫局综合技术服务中心	菌落总数、金黄色葡萄球菌、铜绿假单胞菌、霉菌和酵母菌
98	珠海出入境检验检疫局检验检疫技术中心	菌落总数、金黄色葡萄球菌、铜绿假单胞菌、霉菌和酵母菌
99	中华人民共和国万州出入境检验检疫局综合实验室	菌落总数、金黄色葡萄球菌、铜绿假单胞菌、霉菌和酵母菌
100	湖南出入境检验检疫局检验检疫技术中心	菌落总数、金黄色葡萄球菌、铜绿假单胞菌、霉菌和酵母菌
101	重庆仕益产品质量检测有限责任公司	菌落总数、金黄色葡萄球菌、铜绿假单胞菌、霉菌和酵母菌
102	广东中检达元检测技术有限公司	菌落总数、金黄色葡萄球菌、铜绿假单胞菌、霉菌和酵母菌
103	河北冠卓检测科技有限公司	菌落总数、金黄色葡萄球菌
104	广州市加能轻工产品检验有限公司	菌落总数、金黄色葡萄球菌、铜绿假单胞菌、霉菌和酵母菌
105	郑州永扬食品检测有限公司	菌落总数、金黄色葡萄球菌、铜绿假单胞菌
106	中国疾病预防控制中心环境与健康相关产品安全所（潘家园工作区）	菌落总数、金黄色葡萄球菌、铜绿假单胞菌、霉菌和酵母菌
107	浙江省疾病预防控制中心	菌落总数、金黄色葡萄球菌、铜绿假单胞菌、霉菌和酵母菌
108	四川出入境检验检疫局技术中心微生物室	金黄色葡萄球菌
109	重庆出入境检验检疫局检验检疫技术中心动物检疫实验室	菌落总数、金黄色葡萄球菌、铜绿假单胞菌、霉菌和酵母菌
110	伊犁出入境检验检疫局综合技术服务中心综合实验室	菌落总数、金黄色葡萄球菌、铜绿假单胞菌、霉菌和酵母菌
111	沈阳出入境检验检疫局检验检疫综合技术中心	菌落总数、金黄色葡萄球菌、铜绿假单胞菌、霉菌和酵母菌
112	成都产品质量检验研究院有限责任公司/国家酒类及加工食品质量监督检验中心	菌落总数、金黄色葡萄球菌、铜绿假单胞菌、霉菌和酵母菌
113	宁波出入境检验检疫局技术中心象山分中心	菌落总数、金黄色葡萄球菌、铜绿假单胞菌、霉菌和酵母菌
114	山西出入境检验检疫局检验检疫技术中心	金黄色葡萄球菌、铜绿假单胞菌
115	昆山市疾病预防控制中心	菌落总数、金黄色葡萄球菌、铜绿假单胞菌、霉菌和酵母菌
116	新疆出入境检验检疫局检验检疫技术中心	菌落总数、金黄色葡萄球菌、铜绿假单胞菌、霉菌和酵母菌
117	番禺出入境检验检疫局综合技术服务中心实验室	菌落总数、金黄色葡萄球菌、铜绿假单胞菌
118	绥芬河出入境检验检疫局综合技术中心微生物室	菌落总数、金黄色葡萄球菌、铜绿假单胞菌、霉菌和酵母菌*
119	华测检测认证集团股份有限公司	铜绿假单胞菌、金黄色葡萄球菌*
120	名臣健康用品股份有限公司检测中心	菌落总数*，金黄色葡萄球菌
121	厦门出入境检验检疫局技术中心	菌落总数、金黄色葡萄球菌、铜绿假单胞菌、霉菌和酵母菌*
122	宁夏出入境检验检疫局检验检疫综合技术中心	菌落总数*、金黄色葡萄球菌、铜绿假单胞菌、霉菌和酵母菌
123	国家日用小商品质量监督检验中心	菌落总数、金黄色葡萄球菌、铜绿假单胞菌、霉菌和酵母菌*
124	黑龙江出入境检验检疫局技术中心微生物实验室	菌落总数、金黄色葡萄球菌、铜绿假单胞菌、霉菌和酵母菌*
125	辽宁出入境检验检疫局技术中心（鲅鱼圈分中心）	菌落总数、金黄色葡萄球菌、铜绿假单胞菌、霉菌和酵母菌*
126	黑河出入境检验检疫局检验检疫综合技术中心	菌落总数、金黄色葡萄球菌、铜绿假单胞菌、霉菌和酵母菌*
127	扬州出入境检验检疫局综合检测中心	菌落总数、金黄色葡萄球菌、霉菌和酵母菌、铜绿假单胞菌*
128	马鞍山市食品药品检验中心	菌落总数、铜绿假单胞菌、霉菌和酵母菌、金黄色葡萄球菌*
129	东莞出入境检验检疫局检验检疫综合技术中心	菌落总数*、金黄色葡萄球菌、铜绿假单胞菌、霉菌和酵母菌
130	绍兴出入境检验检疫局综合技术服务中心	菌落总数、金黄色葡萄球菌、铜绿假单胞菌、霉菌和酵母菌*

续表

编号	机构名称	满意参数
131	河南出入境检验检疫局检验检疫技术中心三门峡分中心	菌落总数*、金黄色葡萄球菌、铜绿假单胞菌、霉菌和酵母菌
132	山东省产品质量检验研究院	菌落总数、金黄色葡萄球菌、铜绿假单胞菌、霉菌和酵母菌*
133	淮安出入境检验检疫局综合技术服务中心实验室	菌落总数、金黄色葡萄球菌、铜绿假单胞菌、霉菌和酵母菌*
134	惠州出入境检验检疫局综合技术中心食品实验室	菌落总数*、金黄色葡萄球菌、铜绿假单胞菌、霉菌和酵母菌
135	天津市产品质量监督检测技术研究院	菌落总数*、金黄色葡萄球菌、铜绿假单胞菌、霉菌和酵母菌
136	谱尼测试集团深圳有限公司	菌落总数、金黄色葡萄球菌*、铜绿假单胞菌、霉菌和酵母菌
137	北京出入境检验检疫局检验检疫技术中心	菌落总数、金黄色葡萄球菌、铜绿假单胞菌、霉菌和酵母菌*
138	山东出入境检验检疫局检验检疫技术中心	菌落总数、金黄色葡萄球菌、铜绿假单胞菌、霉菌和酵母菌*
139	湛江出入境检验检疫局食品实验室	菌落总数*、金黄色葡萄球菌、铜绿假单胞菌、霉菌和酵母菌
140	福清出入境检验检疫局检验检疫技术中心	菌落总数*、金黄色葡萄球菌、铜绿假单胞菌、霉菌和酵母菌
141	天津出入境检验检疫局工业产品安全技术中心	菌落总数、金黄色葡萄球菌、铜绿假单胞菌、霉菌和酵母菌*
142	肇庆出入境检验检疫局检验检疫综合技术中心	菌落总数、铜绿假单胞菌、霉菌和酵母菌
143	大连市产品质量检测研究院	菌落总数*、金黄色葡萄球菌、铜绿假单胞菌、霉菌和酵母菌
144	河南三方元泰检测技术有限公司	菌落总数、金黄色葡萄球菌、铜绿假单胞菌、霉菌和酵母菌*
145	优力胜邦质量检测（上海）有限公司深圳分公司	菌落总数、金黄色葡萄球菌、铜绿假单胞菌、霉菌和酵母菌*
146	福建出入境检验检疫局检验检疫技术中心	菌落总数、金黄色葡萄球菌、铜绿假单胞菌
147	安徽出入境检验检疫局生物技术分中心	菌落总数、金黄色葡萄球菌、铜绿假单胞菌、霉菌和酵母菌*
148	荣成出入境检验检疫局综合技术服务中心（荣成农副产品检测中心）	菌落总数、金黄色葡萄球菌、铜绿假单胞菌、霉菌和酵母菌*
149	威海出入境检验检疫局检验检疫技术中心	菌落总数、金黄色葡萄球菌、铜绿假单胞菌
150	上海天祥质量技术服务有限公司食品实验室	菌落总数*、金黄色葡萄球菌、铜绿假单胞菌、霉菌和酵母菌
151	云南省曲靖市质量技术监督综合检测中心/云南省肉制品质量监督检验中心	菌落总数、金黄色葡萄球菌、铜绿假单胞菌
152	上海市长宁区疾病预防控制中心	菌落总数、金黄色葡萄球菌、铜绿假单胞菌、霉菌和酵母菌*
153	湖北省疾病预防控制中心	菌落总数、金黄色葡萄球菌、霉菌和酵母菌、铜绿假单胞菌*
154	湖北出入境检验检疫局检验检疫技术中心	菌落总数*、金黄色葡萄球菌、铜绿假单胞菌、霉菌和酵母菌
155	北京市疾病预防控制中心	菌落总数*、金黄色葡萄球菌、铜绿假单胞菌、霉菌和酵母菌
156	泉州出入境检验检疫局综合技术服务中心食品检测分中心	金黄色葡萄球菌*
157	甘肃出入境检验检疫局检验检疫综合技术中心（中心实验室）	金黄色葡萄球菌、铜绿假单胞菌、霉菌和酵母菌
158	国家香料香精化妆品质量监督检验中心	菌落总数、金黄色葡萄球菌、铜绿假单胞菌、霉菌和酵母菌*
159	江苏出入境检验检疫局动植物与食品检测中心动检实验室	菌落总数、金黄色葡萄球菌、铜绿假单胞菌
160	广西民生中检联检测有限公司	金黄色葡萄球菌*、铜绿假单胞菌
161	北京市海淀区产品质量监督检验所(国家食品质量安全监督检验中心)	菌落总数、金黄色葡萄球菌、铜绿假单胞菌、霉菌和酵母菌*
162	江苏省产品质量监督检验研究院	菌落总数*、金黄色葡萄球菌、铜绿假单胞菌、霉菌和酵母菌
163	花都检验检疫局综合技术服务中心综合实验室	菌落总数*、金黄色葡萄球菌、铜绿假单胞菌、霉菌和酵母菌
164	四川省食品药品检验检测院	菌落总数*、金黄色葡萄球菌、铜绿假单胞菌、霉菌和酵母菌*
165	河北省疾病预防控制中心	菌落总数、金黄色葡萄球菌、铜绿假单胞菌*、霉菌和酵母菌*
166	贵州出入境检验检疫局检验检疫综合技术中心	金黄色葡萄球菌、铜绿假单胞菌
167	上海市浦东新区疾病预防控制中心	菌落总数*、金黄色葡萄球菌、铜绿假单胞菌、霉菌和酵母菌*
168	广东产品质量监督检验研究院轻化产品检测室	菌落总数、金黄色葡萄球菌*、铜绿假单胞菌、霉菌和酵母菌*
169	烟台出入境检验检疫局检验检疫技术中心	菌落总数*、金黄色葡萄球菌、铜绿假单胞菌、霉菌和酵母菌*
170	天津出入境检验检疫局动植物与食品检测中心	铜绿假单胞菌、霉菌和酵母菌
171	青海出入境检验检疫局检验检疫综合技术中心	菌落总数*、金黄色葡萄球菌、铜绿假单胞菌、霉菌和酵母菌*
172	上海市疾病预防控制中心/上海市预防医学研究院	菌落总数*、金黄色葡萄球菌、铜绿假单胞菌、霉菌和酵母菌*
173	中山立创检测技术服务有限公司	菌落总数*、金黄色葡萄球菌*、铜绿假单胞菌、霉菌和酵母菌

十二、土壤中重金属元素的检测能力验证项目（339家）

编号	机构名称	满意参数
1	河南省水环境监测中心信阳分中心	铜、汞*
2	广东新创华科环保股份有限公司	汞、铬、铜
3	南京索益盟检测技术有限公司	铜、铬*
4	贵州开磷质量检测中心有限责任公司	汞*、铬*
5	农业部农产品质量安全监督检验测试中心（天津）	汞、铬、铜
6	淮安出入境检验检疫局综合技术服务中心实验室	汞、铬
7	海河流域水环境监测中心	汞、铜、铬*
8	中国科学院西北高原生物研究所分析测试中心	汞、铬、铜
9	广西出入境检验检疫局检验检疫技术中心	汞、铬、铜
10	合肥市宇驰检测技术有限公司	汞、铬、铜
11	武汉市环境监测中心	汞、铬、铜
12	中国科学院城市环境研究所分析测试中心	铬、铜、汞*
13	农业部肥料质量监督检验测试中心（郑州）	汞、铬、铜
14	福建省产品质量检验研究院	铬、铜
15	沈阳市宇驰检测技术有限公司	汞、铜
16	农业部天然橡胶质量监督检验测试中心	汞、铬、铜
17	河南省水环境监测中心商丘分中心	汞、铜
18	广西壮族自治区产品质量检验研究院	汞、铬、铜
19	农业部农产品质量监督检验测试中心（沈阳）	汞、铬、铜
20	长江流域水环境监测中心	汞、铬、铜
21	深圳市威标检测技术有限公司	汞、铬、铜
22	清华大学环境质量检测中心	铬
23	湖南品标华测检测技术服务有限公司	汞、铬、铜
24	桂林出入境检验检疫局综合实验室	汞、铬
25	四川省环境监测总站	汞、铬、铜
26	中华人民共和国国家质量监督检验检疫总局危险品中心实验室	铬、铜*
27	中国环境科学研究院国家环境保护化学品生态效应与风险评估重点实验室	汞*
28	天津市环境监测中心	汞、铬、铜
29	水利部水质监督检验测试中心	汞、铬、铜
30	谱尼测试集团股份有限公司	汞、铬、铜
31	黄河流域水环境监测中心	汞、铬、铜
32	安徽省地质实验研究所（国土资源部合肥矿产资源监督检测中心）	汞、铬、铜
33	河南出入境检验检疫局检验检疫技术中心商丘分中心	铬、铜
34	烟台出入境检验检疫局检验检疫技术中心	汞、铬
35	陕西出入境检验检疫局检验检疫技术中心	汞、铬、铜
36	中检集团南方电子产品测试（深圳）股份有限公司	汞、铬、铜
37	重庆出入境检验检疫局检验检疫技术中心	铬
38	绥芬河出入境检验检疫局综合技术中心	汞、铜
39	深圳市帕斯环境检测技术有限公司	汞、铬*
40	云南省水环境监测中心玉溪市分中心	汞、铬、铜
41	农业部农产品及转基因产品质量安全监督检验测试中心（杭州）	汞、铬、铜
42	中山市中能检测中心有限公司	汞、铬、铜
43	河北出入境检验检疫局检验检疫技术中心	汞、铬
44	农业部农产品质量安全监督检验测试中心（石家庄）	汞、铬、铜
45	浙江省质量检测科学研究院/浙江方圆检测集团股份有限公司［国家预包装食品质量监督检验中心（浙江）］	汞、铬、铜*

续表

编号	机构名称	满意参数
46	国家海洋局北海环境监测中心	铬
47	北京华测北方检测技术有限公司	铬、铜
48	浙江出入境检验检疫局检验检疫技术中心	汞、铬、铜
49	广东产品质量监督检验研究院	铬
50	四川出入境检验检疫局检验检疫技术中心	汞、铬*、铜*
51	国土资源部放射性矿产资源监督检测中心	汞、铜、铬*
52	国家林业局林产品质量检验检测中心（杭州）	汞、铬、铜
53	湖南出入境检验检疫局检验检疫技术中心	汞、铬、铜
54	普洱出入境检验检疫局综合技术服务中心	汞、铜、铬*
55	威海出入境检验检疫局检验检疫技术中心	汞、铬、铜
56	黑龙江出入境检验检疫局技术中心元素检测室	汞、铬、铜
57	北京建筑材料检验研究院有限公司	汞、铬、铜
58	广州市中加环境检测技术有限公司	汞、铬、铜
59	浙江省第十一地质大队	汞、铜
60	湖北中检检测有限公司	汞
61	北京大学环境工程实验室	汞*、铬*、铜*
62	江苏省水环境监测中心无锡分中心	汞、铜
63	泰州市农林畜水产品质量检测中心	汞、铜*
64	农业部农业环境质量监督检验测试中心（济南）	汞、铬、铜
65	河南省水环境监测中心驻马店分中心	汞、铜
66	农业部食品质量监督检验测试中心（济南）	汞、铬、铜
67	农业部热带农产品质量监督检验测试中心	汞、铬、铜
68	农业部果品及苗木质量监督检验测试中心（郑州）	汞、铬、铜
69	化工地质矿山第十一实验室	铬、铜
70	万州出入境检验检疫局综合实验室	汞、铬、铜
71	深圳市华保科技有限公司惠州分公司	铬
72	天津市水环境监测中心	汞、铬、铜
73	湖北出入境检验检疫局检验检疫技术中心	铬、铜
74	山东出入境检验检疫局检验检疫技术中心	汞、铬、铜
75	兰州大学分析测试中心	汞、铬、铜
76	扬州大学测试中心	汞、铬、铜
77	广东省环境监测中心	汞、铬、铜
78	珠海出入境检验检疫局检验检疫技术中心	汞、铬、铜
79	临沂出入境检验检疫局综合技术服务中心	汞、铜
80	中国测试科技有限公司/中国测试技术研究院	铜
81	农业部农业环境质量监督检验测试中心（北京）	汞、铬、铜
82	广西壮族自治区环境监测中心站	汞、铬、铜
83	宝应县有机食品质量监督检验中心	汞、铜
84	云南省水环境监测中心西双版纳州分中心	汞、铬、铜
85	黑河出入境检验检疫局检验检疫综合技术中心	汞、铬、铜
86	中山出入境检验检疫局检验检疫技术中心	汞、铬、铜
87	农业部农产品质量安全监督检验测试中心（厦门）	汞、铬、铜
88	惠州出入境检验检疫局检验检疫综合技术中心	汞、铜、铬*
89	佛山量源环境与安全检测有限公司	铬
90	苏州工业园区绿环环境检测技术有限公司	汞、铬*
91	江西出入境检验检疫局检验检疫综合技术中心	汞、铬、铜

续表

编号	机构名称	满意参数
92	农业部农产品质量监督检验测试中心(郑州)	汞、铬、铜
93	河南省水环境监测中心新乡分中心	铜
94	贵港市环境监测站	铬*、铜*
95	云南蓝硕环境信息咨询有限公司	汞、铬、铜
96	深圳市政院检测有限公司	汞、铬、铜
97	中国科学院沈阳应用生态研究所农产品安全与环境质量检测中心	汞、铬、铜
98	云南省水环境监测中心丽江市分中心	汞、铬、铜
99	云南省水环境监测中心	汞、铬、铜
100	深圳市高迪科技有限公司	铬、铜
101	吉林出入境检验检疫局检验检疫技术中心	汞、铬、铜
102	农业部农业环境质量监督检验测试中心(昆明)	铬、铜
103	谱尼测试集团深圳有限公司	汞、铬、铜
104	山东省环境监测中心站	铬、汞*、铜*
105	湖北省水环境监测中心黄冈分中心	汞、铬、铜
106	云南省水环境监测中心文山州分中心	汞、铬、铜
107	农业部农产品质量安全监督检验测试中心(杭州)/农业部农药残留质量监督检验测试中心(杭州)	汞、铬、铜
108	中华全国供销合作总社济南果蔬及制品质量监督检验测试中心	汞、铬、铜
109	国土资源部广州矿产资源监督检测中心	汞、铬、铜
110	北京飞燕石化环保科技发展有限公司环境监测中心	铬*、铜*
111	武汉博源中测检测科技有限公司	汞、铬、铜
112	长江水利委员会水文局荆江水环境监测中心	汞、铬、铜
113	山西出入境检验检疫局检验检疫技术中心	汞、铬、铜
114	深圳市宇驰检测技术有限公司	汞、铬、铜
115	新疆维吾尔自治区环境监测总站	汞、铬、铜
116	河南省水环境监测中心南阳分中心	汞、铜
117	湖北省水环境监测中心武汉分中心	汞、铬、铜
118	天津市津南区环境保护监测站	
119	国家环境分析测试中心	汞、铬、铜
120	东北师范大学分析测试中心	汞、铬
121	连云港出入境检验检疫局动植物实验室	汞、铬、铜
122	宁夏回族自治区农产品质量安全检测中心/农业部农产品质量安全监督检验测试中心(银川)	汞、铬、铜
123	上海市水环境监测中心实验室	汞、铬、铜
124	中国冶金地质总局山东局测试中心	汞、铬、铜
125	湖南省环境监测中心站	汞、铬、铜
126	唐山出入境检验检疫局综合技术服务中心	汞、铜
127	甘肃地质工程实验室	铬、铜*
128	河南省水环境监测中心周口分中心	汞、铬
129	青海省水环境监测中心海东分中心	汞、铬
130	上海勘测设计研究院有限公司工程检测中心	汞、铜
131	宁夏回族自治区环境监测中心站	汞、铬、铜
132	农业部土壤肥料质量监督检验测试中心/全国农业技术推广服务中心	汞、铬、铜
133	宁波市北仑区环境保护监测站	铬、铜
134	江苏省海洋环境监测预报中心	铬、铜、汞*
135	黑龙江省环境监测中心站	汞、铬、铜
136	苏州出入境检验检疫局检验检疫综合技术中心	汞、铬、铜

续表

编号	机构名称	满意参数
137	云南出入境检验检疫局检验检疫技术中心大理食品实验室	汞、铬、铜
138	吉林省环境监测中心站	铬、铜、汞*
139	国土资源部长春矿产资源监督检测中心（吉林省地质科学研究所）	汞、铬、铜*
140	黄河水利委员会基本建设工程质量检测中心	铬、铜*
141	中国检验认证集团山东检测有限公司	汞、铬、铜
142	北京市水环境监测中心	汞、铬、铜
143	贵州出入境检验检疫局检验检疫综合技术中心	汞、铬、铜
144	广东出入境检验检疫局检验检疫局检验检疫技术中心食品实验室	汞*
145	新疆生产建设兵团环境监测中心站	汞、铬、铜
146	中国检验检疫科学研究院综合检测中心	汞、铬、铜
147	水利部牧区水利科学研究所实验中心	汞、铜*
148	云南省水环境监测中心保山市分中心	汞、铬、铜
149	农业部甘蔗品质监督检验测试中心（南宁）	汞、铬、铜*
150	国家海洋局宁德海洋环境监测中心站（福建省闽东海洋环境监测中心）	汞、铬
151	广东海洋大学海洋资源与环境监测中心	汞、铬、铜
152	山西省环境监测中心站	汞、铬、铜
153	云南省水环境监测中心昭通市分中心	汞、铬、铜
154	青海省水环境监测中心	汞、铜
155	江苏省环境监测中心	汞、铬、铜
156	核工业地质分析测试研究中心/核工业北京地质研究院分析测试研究中心	汞、铬、铜
157	保山谱利分析测试有限公司	铜、铬*
158	天津市产品质量监督检测技术研究院	汞、铬
159	贵州省农业科学院农业资源与环境检测中心	汞、铬
160	中国科学院南京土壤研究所土壤与环境分析测试中心	铜
161	国家金银及制品质量监督检验中心（长春）	汞、铬、铜
162	云南省水环境监测中心红河州分中心	汞、铬、铜
163	哈尔滨市宇驰环境检测有限公司	汞、铬、铜
164	太湖流域水文水资源监测中心（太湖流域水环境监测中心）	汞、铜、铬*
165	福建出入境检验检疫局检验检疫技术中心	汞、铬、铜
166	龙岩出入境检验检疫局综合技术服务中心	汞、铬、铜
167	泉州出入境检验检疫局综合技术服务中心（食品检测分中心）	汞、铜
168	内蒙古自治区矿产实验研究所	汞、铬、铜
169	华南理工大学分析测试中心	汞、铬、铜
170	农业部农产品质量安全监督检验测试中心（武汉）	汞、铬、铜
171	云南地矿环境检测中心	汞、铬、铜
172	南京白云化工环境监测有限公司	铬、汞*
173	国家有机食品质量监督检验中心（江苏）	汞、铬、铜
174	河北华清环境科技有限公司	汞、铜
175	珠江流域水环境监测中心	汞、铬、铜
176	农业部农产品质量安全监督检验测试中心（贵阳）	汞、铬、铜
177	四川出入境检验检疫局检验检疫技术中心四川酒类检测实验室	汞、铜
178	宁波出入境检验检疫局检验检疫技术中心（消费品分中心）	汞
179	四川省核工业辐射测试防护院	汞、铬
180	农业部肥料质量监督检验测试中心（成都）	汞、铬、铜
181	陕西省环境监测中心站	汞、铬、铜
182	湖北省环境监测中心站	汞、铬、铜

续表

编号	机构名称	满意参数
183	北京市环境保护监测中心	汞、铬
184	水利部长江科学院工程质量检测中心	汞
185	杭州市环境检测科技有限公司	汞、铬
186	农业部农产加工品质量监督检验测试中心（大庆）	汞、铬、铜
187	东华大学分析测试中心	铜、铬*
188	农业部农产品质量监督检验测试中心（乌鲁木齐）	汞、铜、铬*
189	江苏力维检测科技有限公司苏州分公司	汞、铜、铬*
190	上海市水环境监测中心奉贤分中心	汞、铬、铜
191	山东出入境检验检疫局检验检疫技术中心	汞、铬、铜
192	柳州市环境保护监测站	汞、铬*、铜*
193	农业部农产品质量安全监督检验测试中心（长沙）/湖南省农产品质量检验检测中心	汞、铬、铜
194	北京境泽技术服务有限公司	铬、铜
195	合肥工业大学分析测试中心	铜
196	河南省水环境监测中心洛阳分中心	
197	河南省水环境监测中心	汞、铜
198	农业部枸杞产品质量监督检验测试中心	汞、铬、铜
199	上海市环境监测中心	汞、铬、铜
200	农业部农业环境质量监督检验测试中心（重庆）	汞、铜
201	国家海洋局东海环境监测中心	汞、铜
202	辽宁出入境检验检疫局检验检疫技术中心（丹东分中心）	汞、铬、铜*
203	青岛市宇驰检测技术有限公司	汞、铬、铜
204	国家果类及农副加工产品质量监督检验中心	汞、铬、铜
205	重庆市计量质量检测研究院	汞、铬、铜
206	郑州市宇驰检测技术有限公司	汞、铬、铜
207	上海市浦东新区环境监测站	汞、铬、铜
208	农业部微生物产品质量监督检验测试中心（武汉）	汞、铬
209	上海化工研究院检测中心	汞、铬、铜
210	河南省环境监测中心	汞、铬、铜
211	云南省环境监测中心站	汞、铬、铜
212	黄山出入境检验局茶叶质量安全研究中心	汞、铬、铜
213	河南三方元泰检测技术有限公司	铬、铜
214	辽宁省环境监测实验中心	汞、铬、铜
215	徐州出入境检验检疫局综合技术服务中心	汞、铬
216	农业部农产品质量安全监督检验测试中心（宁波）	汞、铬、铜
217	广州市海洋与渔业环境监测中心	汞、铬、铜
218	农业部环境质量监督检验测试中心（天津）	汞、铬、铜
219	松辽流域水资源保护局松辽流域水环境监测中心	汞、铬、铜
220	国家林业局经济林产品质量检验检测中心（杭州）	汞、铬、铜
221	农业部食品质量监督检验测试中心（上海）	汞、铜、铬*
222	江苏新测环境监测科技有限公司	汞、铬
223	江苏省水环境监测中心苏州分中心	汞、铬*、铜*
224	农业部花卉产品质量监督检验测试中心（广州）	铜
225	国家林业局经济林产品质量检验检测中心（南昌）	汞、铬、铜
226	常州市排水管理处常州市城市排水监测站	铬*、铜*
227	谱尼测试集团江苏有限公司	汞、铬、铜
228	江苏省水环境监测中心常州分中心	汞、铬、铜

续表

编号	机构名称	满意参数
229	浙江省海洋监测预报中心	汞、铬、铜*
230	苏州大学分析测试中心	铜、汞*、铬*
231	浙江中通检测科技有限公司	铬、铜
232	中国石化集团江苏石油勘探局环境监测中心站	汞、铬、铜
233	国家海洋局南通海洋环境监测中心站	铬、铜
234	黑龙江出入境检验检疫局检验检疫技术中心东宁分中心	汞、铬、铜
235	淮河流域水资源保护局淮河流域水环境监测中心	汞、铬、铜
236	水利部长江水利委员会水文局长江上游水环境监测中心	汞、铬、铜
237	甘肃省环境监测中心站	汞、铬、铜
238	甘肃省水环境监测中心	铜、铬*
239	华东理工大学分析测试中心	铜、铬*
240	山东省海洋资源与环境研究院（山东省海洋环境监测中心）	汞、铬、铜
241	农业部谷物及制品质量监督检验测试中心（哈尔滨）	汞、铬、铜
242	安徽华测检测技术有限公司	铬、铜
243	国家糖业质量监督检验中心/国家轻工业甘蔗糖业质量监督检测中心/广州甘蔗糖业研究所检测中心	汞、铬、铜
244	宁波出入境检验检疫局检验检疫技术中心北仑分中心煤炭检测实验室	汞
245	江苏恒安检测技术有限公司	汞、铬、铜
246	暨南大学分析测试中心	铬、铜
247	山西省万家寨引黄工程管理局中心实验室	铬、铜、汞*
248	江苏中聚检测服务有限公司	汞、铬、铜
249	安徽省水环境监测中心	汞
250	安徽省环境监测中心站	汞、铬、铜
251	呼和浩特市宇驰检测技术有限公司	汞、铬、铜
252	中国石油天然气集团公司环境工程研究开发中心	铜
253	云南省水环境监测中心曲靖市分中心	汞、铬、铜
254	吉林省产品质量监督检验院	铜*
255	深圳出入境检验检疫局食品检验检疫技术中心	汞、铜*、铬*
256	华测检测认证集团股份有限公司	汞、铬、铜
257	浙江省舟山海洋生态环境监测站	铬、汞*
258	内蒙古自治区环境监测中心站	汞、铜、铬*
259	农业部农产品质量安全监督检验测试中心（南昌）	汞、铬、铜
260	镇江市宇驰检测技术有限公司	铬、铜
261	云南科诚环境监测有限公司	汞
262	北京中科华航检测技术有限公司	汞、铜
263	云南省水环境监测中心昆明市分中心	汞、铬、铜
264	湖北省水环境监测中心荆州分中心	铬、铜、汞*
265	青海省水环境监测中心格尔木分中心/青海省水文水资源勘测局	汞*
266	国家城市排水监测网北京监测站/北京市城市排水监测总站	汞、铬、铜
267	山东省产品质量检验研究院	汞、铬、铜
268	青海省环境监测中心站	汞、铬、铜
269	贵州师范大学分析测试中心	铬、汞*、铜*
270	杭州格临检测股份有限公司	汞、铜
271	江西省环境监测中心站	汞、铜、铬*
272	浙江省水产质量检测中心	汞、铬、铜*
273	上海市水环境监测中心浦东新区分中心	铜

续表

编号	机构名称	满意参数
274	农业部农产加工品监督检验测试中心(南京)	汞、铬、铜
275	农业部农业环境质量监督检验测试中心(南京)	汞、铬、铜
276	丹东市精益理化测试有限责任公司	铬*
277	厦门大学分析测试中心	铜*
278	深圳市华保科技有限公司	汞、铬、铜
279	厦门出入境检验检疫局检验检疫技术中心工业品及原材料化学实验室	汞、铬、铜
280	佛山市环境监测中心站	铬、铜
281	中国石油化工集团公司油田行业环境监测中心站/胜利石油管理局环境监测总站	汞、铬、铜
282	江阴秋毫检测有限公司	铜
283	云南省水环境监测中心楚雄州分中心	汞、铬、铜
284	河北省水环境监测中心唐山分中心	汞、铬、铜
285	贵州省分析测试研究院	汞、铬、铜
286	农业部肥料质量监督检验测试中心(杭州)	汞、铬、铜
287	农业部农业环境质量监督检验测试中心(沈阳)	汞、铬、铜
288	西藏自治区环境监测中心站	铬、铜
289	长沙市宇驰检测技术有限公司	汞、铬、铜
290	云南省水环境监测中心德宏州分中心	汞、铬、铜
291	苏州市相城区环境监测站	铜
292	农业部蔬菜水果质量监督检验测试中心(广州)(广东省农业科学院农产品公共监测中心)	汞、铬、铜
293	贵州省环境监测中心站	铜、汞*、铬*
294	上海申丰地质新技术应用研究所有限公司	铬、铜
295	深圳市虹彩检测技术有限公司	汞、铬、铜
296	武汉市宇驰检测技术有限公司	汞、铬、铜
297	青岛衡立检测有限公司	铜
298	北京科卓检测技术有限公司	铬*、铜*
299	云南省水环境监测中心大理州分中心	汞、铬、铜
300	宁波市海洋环境监测中心	铜
301	清远市清城区环境监测站	铜、铬*
302	华中科技大学分析测试中心	汞、铬、铜
303	农业部农产品质量安全监督检验测试中心(呼和浩特)	汞、铬、铜
304	福建省环境监测中心站	汞、铬、铜*
305	海南大学分析测试中心	汞、铬、铜
306	河北出入境检验检疫局检验检疫技术中心保定分中心	铬
307	湖州出入境检验检疫局综合技术服务中心	汞、铬、铜
308	江苏力维检测科技有限公司	汞、铬
309	中检集团理化检测有限公司	汞、铬、铜
310	云南省水环境监测中心临沧市分中心	铬、铜、汞*
311	农业部果品及苗木质量监督检验测试中心(烟台)	汞、铬、铜
312	国土资源部贵阳矿产资源监督检测中心(贵州省地质矿产中心实验室)	汞、铬、铜
313	重庆市环境监测中心	汞、铬、铜*
314	广西南宁新桂检测有限公司	汞、铜*
315	深圳市深港联检测有限公司	铬、铜
316	河北省环境监测中心站	铬、铜、汞*
317	湖北省水环境监测中心襄阳分中心	汞、铬、铜
318	福建省海洋环境与渔业资源监测中心	汞、铬、铜
319	甘肃出入境检验检疫局检验检疫综合技术中心	汞

续表

编号	机构名称	满意参数
320	荣成出入境检验检疫局综合技术服务中心（荣成农副产品检测中心）	汞、铬、铜
321	三明出入境检验检疫局综合技术服务中心	汞、铬、铜
322	国土资源部成都矿产资源监督检测中心（四川省地质矿产勘查开发局成都综合岩矿测试中心）	汞、铬、铜
323	农业部大豆及大豆制品质量监督检验测试中心	汞、铬、铜
324	农业部果品及苗木质量监督检验测试中心（兴城）	铬、铜
325	中国广州分析测试中心	汞、铬、铜
326	陕西省产品质量监督检验研究院	汞、铬
327	农业部肥料质量监督检验测试中心（广州）	汞、铬、铜
328	苏州市宇驰检测技术有限公司	铬、铜
329	云南省水环境监测中心普洱市分中心	汞、铬、铜
330	珠江水利委员会珠江水利科学研究院中心试验室	汞、铬、铜
331	云南出入境检验检疫局检验检疫技术中心理化实验室	汞、铬、铜
332	中国建材检验认证集团股份有限公司	汞、铬、铜
333	中国农业科学院农业环境与可持续发展研究所分析测试中心	汞、铬、铜
334	农业部亚热带果品蔬菜质量监督检验测试中心	汞、铬、铜
335	国土资源部福州矿产资源监督检测中心	汞*、铬*、铜*
336	国家重有色金属质量监督检验中心	汞*、铬*、铜*
337	上海市疾病预防控制中心/上海市疾病预防医学研究院	铬*、铜*
338	湖南省地质测试研究院（国土资源部长沙矿产资源监督检测中心）	汞*、铬*、铜*
339	常州进出口工业及消费品安全检测中心	汞*、铬*

十三、皮革中禁用偶氮染料含量的测定能力验证项目（150家）

编号	机构名称	满意参数
001	上海市质量监督检验技术研究院（轻化所）	禁用偶氮染料
002	上海市质量监督检验技术研究院（纤检所）	禁用偶氮染料
003	哈尔滨市产品质量监督检验院	禁用偶氮染料
004	内蒙古自治区产品质量检验研究院	禁用偶氮染料
005	湖州出入境检验检疫局综合技术服务中心	禁用偶氮染料
006	丽水检验检验局综合技术服务中心	禁用偶氮染料
007	深圳市英柏检测技术有限公司IMPAQ TESTING TECHNOLOGY CO.,LTD	禁用偶氮染料
008	宁波出入境检验检疫局技术中心象山分中心	禁用偶氮染料
009	浙江省检验检疫科学技术研究院温州分院	禁用偶氮染料
010	厦门出入境检验检疫局检验检疫技术中心	禁用偶氮染料
011	国家纺织品服装服饰产品质量监督检验中心（广州）	禁用偶氮染料
012	深圳市计量质量检测研究院/国家体育用品质量监督检验中心（广东）	禁用偶氮染料
013	东莞出入境检验检疫局检验检疫综合技术中心	禁用偶氮染料
014	黑龙江出入境检验检疫局检验检疫技术中心	禁用偶氮染料
015	黑河出入境检验检疫局检验检疫综合技术中心	禁用偶氮染料
016	中纺标（深圳）检测有限公司	禁用偶氮染料
017	国家纺织制品质量监督检验中心	禁用偶氮染料
018	广东省惠州市质量计量监督检测所	禁用偶氮染料
019	国家鞋类质量监督检验中心（温州）	禁用偶氮染料
020	宁波出入境检验检疫局技术中心鄞州分中心	禁用偶氮染料
021	国家轻工业鞋类皮革毛皮制品质量监督检测成都站	禁用偶氮染料

续表

编号	机构名称	满意参数
022	中纺协（北京）检验技术服务有限公司	禁用偶氮染料
023	新疆维吾尔自治区产品质量监督检验研究院	禁用偶氮染料
024	江苏出入境检验检疫局纺织工业产品检测中心	禁用偶氮染料
025	浙江省检验检疫科学技术研究院台州分院	禁用偶氮染料
026	国家家具质量监督检验中心（河北）	禁用偶氮染料
027	华测检测认证集团股份有限公司——华南中心化学实验室	禁用偶氮染料
028	广州冠鼎检测技术有限公司	禁用偶氮染料
029	青岛市纤维纺织品监督检验研究院	禁用偶氮染料
030	浙江省检验检疫科学技术研究院绍兴分院（绍兴纺织品检测中心/绍兴检验检疫局综合技术服务中心）	禁用偶氮染料
031	武汉产品质量监督检验所（国家纺织服装产品质量监督检验中心（湖北））	禁用偶氮染料
032	浙江省检验检疫科学技术研究院台州分院鞋类实验室	禁用偶氮染料
033	福建省纤维检验局晋江实验室/国家服装服饰质量监督检验中心（福建）	禁用偶氮染料
034	福建省纤维检验局/国家纺织服装产品质量监督检验中心（福建）	禁用偶氮染料
035	谱尼测试集团深圳有限公司	禁用偶氮染料
036	河北出入境检验检疫局检验检疫技术中心衡水分中心裘皮检测中心	禁用偶氮染料
037	万州出入境检验检疫局综合实验室	禁用偶氮染料
038	北京出入境检验检疫局检验检疫技术中心	禁用偶氮染料
039	天津市产品质量监督检验技术研究院	禁用偶氮染料
040	嘉兴市产品质量检验检测院/国家服装辅料产品质量监督检验中心（浙江）	禁用偶氮染料
041	宜春检验检疫技术研究所	禁用偶氮染料
042	中纺协检验（泉州）技术服务有限公司	禁用偶氮染料
043	中国检验认证集团宁波有限公司	禁用偶氮染料
044	广东出入境检验检疫局检验检疫技术中心化矿金属材料实验室	禁用偶氮染料
045	上海出入境检验检疫局机电产品检测技术中心	禁用偶氮染料
046	浙江省检验检疫科学技术研究院嘉兴分院	禁用偶氮染料
047	中检集团南方电子产品测试（深圳）股份有限公司	禁用偶氮染料
048	优力胜邦质量检测（上海）有限公司深圳分公司	禁用偶氮染料
049	国家轻工业鞋类皮革毛皮制品质量监督检测北京站/北京市轻工产品质量监督检验一站	禁用偶氮染料
050	内蒙古自治区纤维检验局（国家毛绒质量监督检验中心）	禁用偶氮染料
051	上海鉴正皮革质量检测技术中心	禁用偶氮染料
052	浙江省检验检疫科学技术研究院	禁用偶氮染料
053	安徽省纤维检验局（国家功能纤维及纺织产品质检中心）	禁用偶氮染料
054	中山出入境检验检疫局检验检疫技术中心	禁用偶氮染料
055	金华出入境检验检疫局技术中心	禁用偶氮染料
056	大加利（太仓）质量技术检测中心有限公司	禁用偶氮染料
057	天纺标检测科技有限公司/国家针织产品质量监督检验中心	禁用偶氮染料
058	上海天祥质量技术服务有限公司	禁用偶氮染料
059	大连市产品质量检测研究院	禁用偶氮染料
060	国家服装质量监督检验中心（上海）	禁用偶氮染料
061	菏泽出入境检验检疫局技术中心	禁用偶氮染料
062	中国检验检疫科学研究院综合检测中心	禁用偶氮染料
063	重庆市纤维检验局	禁用偶氮染料
064	国家服装质量监督检验中心（天津）/天纺标检测科技有限公司质量监督检验中心	禁用偶氮染料
065	汕头出入境检验检疫局检验检疫技术中心（纺织品实验室）	禁用偶氮染料

续表

编号	机构名称	满意参数
066	重庆市计量质量检测研究院	禁用偶氮染料
067	江门出入境检验检疫局检验检疫技术中心	禁用偶氮染料
068	江苏出入境检验检疫局轻工产品与儿童用品检测中心	禁用偶氮染料
069	谱尼测试集团上海有限公司	禁用偶氮染料
070	上海华测品标检测技术有限公司	禁用偶氮染料
071	河北出入境检验检疫局检验检疫技术中心	禁用偶氮染料
072	中检集团广东有限公司惠州检测中心轻纺实验室	禁用偶氮染料
073	惠州出入境检验检疫局检验检疫综合技术中心	禁用偶氮染料
074	国家生态纺织品质量监督检验中心/滨州市纺织纤维检验所	禁用偶氮染料
075	倍科质量技术服务（东莞）有限公司	禁用偶氮染料
076	宁波市纤维检验所/国家纺织服装产品质量监督检验中心（浙江）	禁用偶氮染料
077	辽宁出入境检验检疫局检验检疫技术中心轻纺产品检测实验室	禁用偶氮染料
078	慈溪出入境检验检疫局综合技术服务中心	禁用偶氮染料
079	上海市纺织科学研究院纺织工业南方科技测试中心	禁用偶氮染料
080	宁波出入境检验检疫局检验检疫技术中心（消费品分中心）	禁用偶氮染料
081	宁波出入境检验检疫局检验检疫技术中心（石化分中心）	禁用偶氮染料
082	广东出入境检验检疫局检验检疫技术中心纺织实验室	禁用偶氮染料
083	广东产品质量监督检验研究院	禁用偶氮染料
084	义乌出入境检验检疫局综合技术服务中心	禁用偶氮染料
085	山西省纤维检验局	禁用偶氮染料
086	江西出入境检验检疫局检验检疫综合技术中心	禁用偶氮染料
087	广东产品质量监督检验研究院	禁用偶氮染料
088	浙江省质量检测科学研究院/浙江方圆检测集团股份有限公司/国家皮革质量监督检验中心（浙江）	禁用偶氮染料
089	天祥（天津）质量技术服务有限公司	禁用偶氮染料
090	北京市产品质量监督检验院（国家家具及室内环境质量监督检验中心）	禁用偶氮染料
091	广州质量监督检测研究院	禁用偶氮染料
092	宁波出入境检验检疫局技术中心宁海分中心	禁用偶氮染料
093	顺德出入境检验检疫局综合技术服务中心	禁用偶氮染料
094	广东省东莞市质量监督检测中心	禁用偶氮染料
095	福建出入境检验检疫局检验检疫技术中心	禁用偶氮染料
096	国家文教用品质量监督检验中心	禁用偶氮染料
097	国家鞋类检测中心莆田实验室	禁用偶氮染料
098	上海出入境检验检疫局工业品与原材料检测技术中心纺织品室	禁用偶氮染料
099	广东省测试分析研究所（中国广州分析测试中心）	禁用偶氮染料
100	安徽出入境检验检疫局检验检疫技术中心	禁用偶氮染料
101	无锡天祥质量技术服务有限公司	禁用偶氮染料
102	山东省纤维检验局	禁用偶氮染料
103	瑞安市质量技术监督检测院	禁用偶氮染料
104	佛山市南方纺织质量技术服务有限公司纺织工业（南方）检测中心	禁用偶氮染料
105	中国皮革和制鞋工业研究院检测中心/国家鞋类质量监督检验中心（北京）	禁用偶氮染料
106	国家棉花及纺织服装产品质量监督检验中心（河南）	禁用偶氮染料
107	中国广州分析测试中心	禁用偶氮染料
108	新百丽鞋业（深圳）有限公司检测中心	禁用偶氮染料
109	南京正大皮革产品质量检测中心	禁用偶氮染料
110	中国商业联合会针棉织商品质量监督检验测试中心（天津）	禁用偶氮染料

续表

编号	机构名称	满意参数
111	中国商业联合会商品质量监督检验测试中心(天津)	禁用偶氮染料
112	国家毛纺织产品质量监督检验中心(上海)	禁用偶氮染料
113	中国检验认证集团湖南有限公司/湖南中检检测有限公司	禁用偶氮染料
114	威凯检测技术有限公司	禁用偶氮染料
115	湖南出入境检验检疫局检验检疫技术中心	禁用偶氮染料
116	国家妇女儿童用品检测重点实验室	禁用偶氮染料
117	重庆仕益产品质量检测责任有限公司	禁用偶氮染料
118	天津出入境检验检疫局工业产品安全技术中心消费品安全实验室	禁用偶氮染料
119	中国检验认证集团山东检测有限公司	禁用偶氮染料
120	中国检验认证集团上海有限公司	禁用偶氮染料
121	广州杰信检验技术服务有限公司	禁用偶氮染料
122	国家纺织及皮革产品质量监督检验中心	禁用偶氮染料
123	广州出入境检验检疫局综合检测中心	禁用偶氮染料
124	苏州出入境检验检疫局检验检疫综合技术中心	禁用偶氮染料
125	中国质量认证中心华南实验室	禁用偶氮染料
126	天津津滨华测产品检测中心有限公司	禁用偶氮染料
127	福建华检质检技术服务有限公司	禁用偶氮染料
128	珠海出入境检验检疫局检验检疫技术中心	禁用偶氮染料
129	湖北省纤维检验局	禁用偶氮染料
130	国家皮革制品质量监督检验中心	禁用偶氮染料
131	海南出入境检验检疫局检验检疫技术中心	禁用偶氮染料*
132	湖北出入境检验检疫局检验检疫技术中心	禁用偶氮染料*
133	山东省产品质量检验研究院	禁用偶氮染料*
134	四川省纤维检验局	禁用偶氮染料*
135	佛山出入境检验检疫局检验检疫综合技术中心	禁用偶氮染料*
136	河南出入境检验检疫局检验检疫技术中心	禁用偶氮染料*
137	江苏出入境检验检疫局纺织实验室	禁用偶氮染料*
138	上海天伟纺织质量技术服务有限公司	禁用偶氮染料*
139	广东出入境检验检疫局检验检疫技术中心	禁用偶氮染料*
140	广西出入境检验检疫局检验检疫技术中心	禁用偶氮染料*
141	重庆出入境检验检疫局检验检疫技术中心	禁用偶氮染料*
142	成都产品质量检验研究院有限责任公司/国家鞋类产品质量监督检验中心(成都)	禁用偶氮染料*
143	深圳出入境检验检疫局工业品检测技术中心纺织实验室	禁用偶氮染料*
144	江苏省纺织产品质量监督检验研究院	禁用偶氮染料*
145	宁波市桑通质量技术服务有限公司	禁用偶氮染料*
146	南京市产品质量监督检验院	禁用偶氮染料*
147	杭州市质量技术监督检测院	禁用偶氮染料*
148	四川出入境检验检疫局检验检疫技术中心国家鞋类及原料检测重点实验室	禁用偶氮染料*
149	泉州出入境检验检疫局综合技术服务中心	禁用偶氮染料*
150	国家鞋类检测中心(晋江)	禁用偶氮染料*

十四、纺织品邻苯二甲酸酯类增塑剂的测定能力验证项目（108家）

编号	机构名称	满意参数
001	上海市质量监督检验技术研究院	DEHP、DIBP
002	江苏出入境检验检疫局轻工产品与儿童用品检测中心	DEHP
003	四川出入境检验检疫局检验检疫技术中心轻工纺织品实验室	DEHP
004	黑龙江出入境检验检疫局检验检疫技术中心	DEHP
005	广西壮族自治区产品质量检验研究院/广西壮族自治区纤维检验所	DEHP、DIBP
006	山东省纤维检验局	DEHP、DIBP
007	成都产品质量检验研究院有限责任公司（四川省质检院/成都市质检院）	DEHP
008	厦门出入境检验检疫局检验检疫技术中心	DEHP、DIBP
009	湖州出入境检验检疫局综合技术服务中心	DEHP、DIBP
010	国家纺织制品质量监督检验中心	DEHP
011	中纺标（深圳）检测有限公司	DEHP
012	国家茧丝绸产品质量监督检验中心（柳州）	DEHP
013	浙江省检验检疫科学技术研究院	DEHP、DIBP
014	宁波出入境检验检疫局技术中心象山分中心	DEHP、DIBP
015	中国检验认证集团山东检测有限公司	DEHP、DIBP
016	宁夏出入境检验检疫局综合技术中心	DEHP
017	深圳市计量质量检测研究院	DEHP、DIBP
018	中纺协（北京）检验技术服务有限公司	DEHP
019	上海华测品标检测技术有限公司	DEHP
020	江苏出入境检验检疫局纺织工业产品检测中心	DEHP、DIBP
021	南通出入境检验检疫局综合技术中心	DEHP、DIBP
022	国家纺织品服装服饰产品质量监督检验中心（广州）	DEHP、DIBP
023	浙江省检验检疫科学技术研究院绍兴分院（绍兴纺织品检测中心/绍兴检验检疫局综合技术服务中心）	DEHP、DIBP
024	广东省惠州市质量计量监督检测所	DEHP、DIBP
025	青岛市纤维纺织品监督检验研究院	DEHP、DIBP
026	山东省产品质量检验研究院	DEHP
027	武汉产品质量监督检验所/国家纺织服装产品质量监督检验中心（湖北）	DEHP
028	湖南出入境检验检疫技术中心	DEHP、DIBP
029	山东出入境检验检疫局检验检疫技术中心	DEHP、DIBP
030	浙江省检验检疫科学技术研究院台州分院	DEHP
031	国家棉印染产品质量监督检验中心/上海市纺织工业技术监督所	DEHP*、DIBP*
032	天津市产品质量监督检测技术研究院	DEHP、DIBP
033	中国纤维检验局检验中心/国家纤维纺织服装产品质量监督检验中心	DEHP*、DIBP*
034	嘉兴市产品质量检验检测院/国家服装辅料产品质量监督检验中心（浙江）	DEHP
035	福建省纤维检验局/国家纺织服装产品质量监督检验中心（福建）	DEHP、DIBP
036	福建省纤维检验局晋江实验室/国家服装服饰质量监督检验中心（福建）	DEHP*
037	浙江省检验检疫科学技术研究院嘉兴分院	DEHP、DIBP
038	中检集团南方电子产品测试（深圳）股份有限公司	DEHP
039	佛山出入境检验检疫局检验检疫综合技术中心	DEHP
040	上海鉴正皮革质量检测技术中心	DEHP*、DIBP*
041	苏州出入境检验检疫局检验检疫综合技术中心	DEHP、DIBP
042	广东出入境检验检疫局检验检疫技术中心化矿金属材料实验室	DEHP、DIBP
043	福建出入境检验检疫局检验检疫技术中心	DEHP、DIBP
044	浙江省检验检疫科学技术研究院台州分院鞋类实验室	DEHP

续表

编号	机构名称	满意参数
045	金华出入境检验检疫局技术中心	DEHP、DIBP
046	威海出入境检验检疫局检验检疫技术中心	DEHP、DIBP
047	宁波出入境检验检疫局技术中心鄞州分中心	DEHP、DIBP
048	浙江省检验检疫科学技术研究院温州分院	DEHP、DIBP
049	国家服装质量监督检验中心（上海）	DEHP、DIBP
050	中国检验检疫科学研究院综合检测中心	DEHP、DIBP
051	大连市产品质量检测研究院	DEHP*
052	国家服装质量监督检验中心（天津）/天纺标检测科技有限公司质量监督检验中心	DEHP、DIBP
053	中山出入境检验检疫局检验检疫技术中心	DEHP、DIBP
054	河北出入境检验检疫局检验检疫技术中心	DEHP、DIBP
055	惠州出入境检验检疫局检验检疫综合技术中心	DEHP
056	中国广州分析测试中心汕头实验室	DEHP
057	重庆市计量质量检测研究院	DEHP
058	浙江省纺织测试研究院/国家纺织服装产品质量监督检验中心（浙江）	DEHP*
059	谱尼测试集团深圳有限公司	DEHP、DIBP
060	广西出入境检验检疫局检验检疫技术中心	DEHP、DIBP
061	广东产品质量监督检验研究院	DEHP、DIBP
062	宁波出入境检验检疫局检验检疫技术中心（消费品分中心）	DEHP*、DIBP*
063	宁波出入境检验检疫局检验检疫技术中心（石化分中心）	DEHP*、DIBP*
064	义乌出入境检验检疫局综合技术服务中心	DEHP
065	山西省纤维检验局	DEHP*
066	江西出入境检验检疫局综合技术中心	DEHP
067	宁波市纤维检验所	DEHP、DIBP
068	重庆出入境检验检疫局检验检疫技术中心	DEHP、DIBP
069	宁波出入境检验检疫局检验检疫技术中心奉化分中心	DEHP
070	深圳出入境检验检疫局工业品检测技术中心纺织实验室	DEHP、DIBP
071	广东东正产品检测服务有限公司	DEHP、DIBP
072	上海出入境检验检疫局工业品与原材料检测技术中心纺织品室	DEHP、DIBP
073	国家鞋类检测中心莆田实验室	DEHP、DIBP
074	浙江省质量检测科学研究院/浙江方圆检测集团股份有限公司	DEHP*
075	浙江省质量检测科学研究院/浙江方圆检测集团股份有限公司/国家皮革质量监督检验中心（浙江）	DEHP、DIBP
076	南京市产品质量监督检验院	DEHP、DIBP
077	广东省测试分析研究所（中国广州分析测试中心）	DEHP
078	天津市纺织纤维检验所（国家絮用纤维制品质量监督检验中心）	DEHP*、DIBP*
079	广东出入境检验检疫局检验检疫技术中心纺织实验室	DEHP
080	无锡天祥质量技术服务有限公司	DEHP、DIBP
081	珠海出入境检验检疫局检验检疫技术中心	DEHP
082	桐乡市产品质量监督检验所/国家纺织服装产品质量监督检验（浙江桐乡）毛针织品分中心/浙江省羊毛衫质量检验中心	DEHP、DIBP
083	重庆市纤维检验局	DEHP、DIBP
084	广州必维技术检测有限公司	DEHP*、DIBP*
085	浙江中纺标检验有限公司	DEHP、DIBP
086	河北省纤维检验局/国家羊绒产品质量监督检验中心	DEHP、DIBP
087	安徽出入境检验检疫局检验检疫技术中心	DEHP
088	中国广州分析测试中心	DEHP

续表

编号	机构名称	满意参数
089	湖南省纤维检验局/国家苎麻产品质量监督检验中心	DEHP、DIBP
090	国家纺织及皮革产品质量监督检验中心	DEHP*、DIBP*
091	国家文教用品质量监督检验中心	DEHP*
092	江苏省纺织产品质量监督检验研究院	DEHP、DIBP
093	江苏检验检疫局工业产品检测中心纺织实验室	DEHP、DIBP
094	中家院（北京）检测认证有限公司（中国家用电器检测所）/国家家用电器质量监督检验中心	DEHP
095	国家棉花及纺织服装产品质量监督检验中心（河南）	DEHP、DIBP
096	绍兴市质量技术监督检测院	DEHP、DIBP
097	中国商业联合会针棉织商品质量监督检验测试中心（天津）	DEHP、DIBP
098	苏州市纤维检验所	DEHP
099	优力胜邦质量检测（上海）有限公司深圳分公司	DEHP、DIBP
100	国家毛纺织产品质量监督检验中心（上海）	DEHP、DIBP
101	中国检验认证集团湖南有限公司/湖南中检检测有限公司	DEHP
102	威凯检测技术有限公司	DEHP、DIBP
103	辽宁省纤维检验局	DEHP
104	广州杰信检验技术服务有限公司	DEHP
105	通标标准技术服务有限公司杭州分公司	DEHP、DIBP
106	国家妇女儿童用品检测重点实验室	DEHP、DIBP
107	天纺标检测科技有限公司/国家针织产品质量监督检验中心	DEHP、DIBP
108	中国检验认证集团宁波有限公司	DEHP、DIBP

十五、非金属材料的针焰试验能力验证项目（163家）

编号	机构名称	满意参数
1	东莞市东电检测技术有限公司	针焰试验
2	横店集团得邦照明股份有限公司检测中心	针焰试验
3	深圳市信特斯检测科技有限公司	针焰试验
4	潍坊半导体照明产品检测中心	针焰试验
5	广东省江门市质量计量监督检测所	针焰试验
6	通标标准技术服务有限公司顺德分公司电气安全实验室	针焰试验
7	通标标准技术服务有限公司深圳分公司	针焰试验
8	广东美的制冷设备有限公司测试中心	针焰试验
9	国家光电子信息产品质量监督检验中心/湖北省计量测试技术研究院	针焰试验
10	香港标准及检定中心	针焰试验
11	滨州市产品质量监督检验所	针焰试验
12	佛山市顺德区美的洗涤电器制造有限公司测试中心	针焰试验*
13	南京中认南信检测技术有限公司	针焰试验
14	深圳天祥质量技术服务有限公司广州分公司	针焰试验*
15	广东出入境检验检疫局检验检疫技术中心机电实验室顺德分部	针焰试验*
16	浙江三花股份有限公司计量测试中心	针焰试验
17	安徽中认倍佳科技有限公司	针焰试验
18	昆山市产品质量监督检验所	针焰试验
19	北京出入境检验检疫局机电产品检测中心/北京中认检测技术服务有限公司	针焰试验
20	梅州线艺科技有限公司线艺测试服务中心	针焰试验
21	惠州元晖光电股份有限公司半导体照明测试中心	针焰试验
22	宝时得机械（中国）有限公司检测中心	针焰试验

续表

编号	机构名称	满意参数
23	苏州UL美华认证有限公司	针焰试验
24	深圳市洲明科技股份有限公司中心实验室	针焰试验
25	苏州欧普照明有限公司实验室	针焰试验
26	德凯质量认证(上海)有限公司	针焰试验
27	广东省质量监督水族养殖器材检验站	针焰试验
28	广东省潮州市质量计量监督检测所	针焰试验
29	欧普照明电器(中山)有限公司实验室	针焰试验
30	公牛集团有限公司检测中心	针焰试验
31	江苏省产品质量监督检验研究院	针焰试验
32	深圳市鑫宇环检测有限公司	针焰试验*
33	苏州市质量技术监督综合检验检测中心	针焰试验*
34	广东省电子电器产品监督检验所	针焰试验
35	惠州TCL照明电器有限公司检验中心	针焰试验
36	绍兴市上虞区产品质量监督检验所	针焰试验*
37	通标标准技术服务(上海)有限公司电子电气实验室	针焰试验
38	厦门市三安光电科技有限公司检测中心	针焰试验
39	通标标准技术服务有限公司安徽分公司电子电气实验室	针焰试验
40	安姆斯质量技术服务(上海)有限公司	针焰试验*
41	深圳阿尔法商品检验有限公司	针焰试验
42	深圳市卓时检测技术有限公司	针焰试验
43	南京市产品质量监督检验院	针焰试验
44	国家家用电器产品质量监督检验中心(安徽)	针焰试验
45	中国兵器装备集团摩托车检测技术研究所/国家摩托车质量监督检验中心	针焰试验
46	辽宁省电子信息产品监督检验院(辽宁省信息安全与软件测评认证中心)	针焰试验
47	四川省电子产品监督检验所/中国赛宝(四川)实验室/四川省软件和信息系统工程测评中心	针焰试验
48	莱茵技术-商检(宁波)有限公司/中国检验认证集团宁波有限公司	针焰试验
49	佛山市质量计量监督检测中心	针焰试验
50	重庆仕益产品质量检测有限责任公司	针焰试验
51	江苏省质量和标准化研究院自动识别技术应用中心	针焰试验*
52	广东美的环境电器制造有限公司中心实验室	针焰试验*
53	厦门通士达照明有限公司检测实验室	针焰试验
54	广东省中山市质量计量监督检测所(博爱六路)	针焰试验
55	广东省中山市质量计量监督检测所(古镇)	针焰试验
56	广东省中山市质量计量监督检测所(中山三路)	针焰试验
57	菲尼克斯亚太电气(南京)有限公司电涌防护与机电精实验室	针焰试验
58	欧司朗(中国)照明有限公司检测实验室	针焰试验
59	广州万宝集团有限公司实验中心	针焰试验
60	东莞华明灯具有限公司实验室	针焰试验*
61	珠海出入境检验检疫局检验检疫技术中心	针焰试验
62	河南省产品质量监督检验院	针焰试验
63	深圳安吉尔饮水产业集团有限公司	针焰试验*
64	松下家电研究开发(杭州)有限公司评价中心	针焰试验
65	江门出入境检验检疫局技术中心	针焰试验
66	广东新昇电业科技股份有限公司测试中心	针焰试验
67	广东美的厨房电器制造有限公司厨房电器测试中心	针焰试验*
68	先锋电器集团有限公司实验中心	针焰试验*

续表

编号	机构名称	满意参数
69	三菱重工金羚空调器有限公司实验室测试科	针焰试验
70	国家电话机质量监督检验中心/中国泰尔实验室	针焰试验
71	国家电话机质量监督检验中心（中国泰尔实验室）	针焰试验*
72	温州市质量技术监督检测院	针焰试验
73	广东锦力电器有限公司检测中心	针焰试验
74	无锡小天鹅股份有限公司测试中心	针焰试验
75	国家电子计算机外部设备质量监督检验中心/浙江科正电子信息产品检验有限公司	针焰试验
76	广东万德检测技术股份有限公司	针焰试验
77	国家轻工业家用电器质量监督检测杭州站/浙江方正家用电器质量检测有限公司	针焰试验
78	深圳拓邦股份有限公司中心实验室	针焰试验
79	许昌开普检测技术有限公司	针焰试验
80	江苏出入境检验检疫局机电产品及车辆检测中心	针焰试验
81	扬州光电产品检测中心	针焰试验
82	江苏省电子信息产品质量监督检验研究院/国家物联网产品及应用系统质量监督检验中心	针焰试验
83	宁波出入境检验检疫局检验检疫技术中心/宁波中盛产品检测有限公司电气分中心余姚实验室	针焰试验*
84	濮阳市质量技术监督检验测试中心	针焰试验
85	广东出入境检验检疫局检验检疫技术中心	针焰试验
86	广西壮族自治区产品质量检验研究院	针焰试验
87	中国赛宝实验室/工业和信息化部电子第五研究所/国家通用电子元器件及产品质量监督检验中心	针焰试验*
88	中国赛宝实验室	针焰试验
89	中认尚动（上海）检测技术有限公司	针焰试验
90	中认尚动（上海）检测技术有限公司	针焰试验
91	台表科技（苏州）电子有限公司实验室	针焰试验
92	华测检测认证集团股份有限公司	针焰试验
93	成都产品质量检验研究院有限责任公司/四川省产品质量监督检验检测院/成都市产品质量监督检验院	针焰试验
94	吉林省产品质量监督检验院	针焰试验
95	中家院（北京）检测认证有限公司（中国家用电器检测所）/国家家用电器质量监督检验中心	针焰试验
96	浙江出入境检验检疫局检验检疫技术中心	针焰试验*
97	广州质量监督检测研究院	针焰试验
98	中认（沈阳）北方实验室有限公司	针焰试验
99	厦门出入境检验检疫局检验检疫技术中心	针焰试验
100	上海市质量监督检验技术研究院（电家所苍梧路）	针焰试验
101	上海市质量监督检验技术研究院（时代之光）	针焰试验
102	上海电器设备检测所	针焰试验
103	国家工业自动化仪表产品质量监督检验中心	针焰试验*
104	山东出入境检验检疫局检验检疫技术中心	针焰试验
105	山东省计量科学研究院	针焰试验*
106	顺德出入境检验检疫局综合技术服务中心	针焰试验
107	国家商用制冷设备质量监督检验中心	针焰试验
108	中认英泰检测技术有限公司	针焰试验
109	科沃斯机器人有限公司中心实验室	针焰试验*
110	合肥通用机电产品检测院有限公司	针焰试验
111	广东优科检测技术服务有限公司	针焰试验
112	惠州出入境检验检疫局检验检疫综合技术中心	针焰试验*
113	国家质量监督检验检疫总局危险品中心实验室	针焰试验
114	国家消防电子产品质量监督检验中心	针焰试验

续表

编号	机构名称	满意参数
115	天津市自行车研究院检测计量所	针焰试验
116	国家半导体及显示产品质量监督检验中心（山东）	针焰试验
117	国家电光源质量监督检验中心（北京）	针焰试验
118	国家光电产品光辐射安全质量监督检验中心（广东）	针焰试验*
119	方圆广电检验检测股份有限公司广州分公司	针焰试验
120	方圆广电检验检测股份有限公司	针焰试验
121	方圆广电检验检测股份有限公司无锡分公司	针焰试验
122	湖南省产商品质量监督检验研究院（隆平高科实验室）	针焰试验
123	山东省产品质量检验研究院	针焰试验
124	天津天传电控设备检测有限公司/国家电控配电设备质量监督检验中心	针焰试验
125	铁道部产品质量监督检验中心信号产品检验站	针焰试验
126	深圳市计量质量检测研究院	针焰试验
127	中铁检验认证中心（铁道部产品质量监督检验中心）	针焰试验
128	国家低压防爆电器质量监督检验中心（辽宁）	针焰试验
129	福建省产品质量检验研究院	针焰试验
130	陕西省产品质量监督检验研究院	针焰试验
131	国家中文信息处理产品质量监督检验中心	针焰试验
132	江西省进出口机械电子产品安全检测实验室（中心）	针焰试验
133	中国质量认证中心华南实验室	针焰试验
134	浙江省质量检测科学研究院	针焰试验*
135	深圳出入境检验检疫局工业品检测技术中心	针焰试验
136	威凯检测技术有限公司	针焰试验
137	天津市产品质量监督检测技术研究院	针焰试验
138	宁波出入境检验检疫局检验检疫技术中心/宁波中盛产品检测有限公司（电气安全检测分中心出口加工区光电检测实验室）	针焰试验
139	宁波出入境检验检疫局检验检疫技术中心/宁波中盛产品检测有限公司（电气安全检测分中心慈溪实验室）	针焰试验*
140	四川出入境检验检疫局检验检疫技术中心	针焰试验
141	广东产品质量监督检验研究院	针焰试验
142	国家广播电视产品质量监督检验中心/北京泰瑞特检测技术服务有限责任公司	针焰试验
143	辽宁省产品质量监督检验院（辽宁省建筑材料监督检验院）	针焰试验
144	中检集团南方电子产品测试（深圳）股份有限公司	针焰试验
145	重庆出入境检验检疫局检验检疫技术中心	针焰试验
146	格力电器（中山）小家电制造有限公司产品检测中心	针焰试验
147	上海出入境检验检疫局机电产品检测技术中心	针焰试验
148	佛山出入境检验检疫局检验检疫综合技术中心	针焰试验
149	国家信息网络产品质量监督检验中心（江苏）	针焰试验*
150	苏州市计量测试研究所	针焰试验
151	东莞出入境检验检疫局检验检疫综合技术中心	针焰试验
152	河北省产品质量监督检验院	针焰试验
153	国家电子计算机质量监督检验中心	针焰试验
154	浙江省检验检疫科学技术研究院温州分院/温州出入境检验检疫技术中心	针焰试验*
155	亚士得产品质量咨询（深圳）有限公司实验室	针焰试验
156	金华出入境检验检疫局综合技术服务中心/浙江省检验检疫科学技术研究院金华分院	针焰试验
157	大连市产品质量检测研究院	针焰试验
158	宁波市沃特测试技术服务有限公司	针焰试验
159	浙江绍兴苏泊尔生活电器有限公司检测中心	针焰试验

续表

编号	机构名称	满意参数
160	南德认证检测（中国）有限公司	针焰试验
161	湖北省产品质量监督检验研究院	针焰试验
162	福建出入境检验检疫局检验检疫技术中心	针焰试验
163	中山出入境检验检疫局检验检疫技术中心	针焰试验

十六、电器产品短路试验Ip测试能力验证项目（25家）

编号	机构名称	满意参数
1	中国电力科学研究院	短路试验Ip测试
2	威凯检测技术有限公司	短路试验Ip测试
3	浙江省质量检测科学研究院/浙江方圆检测集团股份有限公司/国家电器安全质量监督检验中心(浙江)/浙江方圆电气设备检测有限公司	短路试验Ip测试
4	福建省产品质量检验研究院	短路试验Ip测试
5	天津天传电控设备检测有限公司	短路试验Ip测试
6	山东省产品质量检验研究院	短路试验Ip测试
7	天津市电工技术科学研究院/天津市质量监督检验站第十三站	短路试验Ip测试
8	浙江检验检疫科学技术研究院低压电器实验室（温州）	短路试验Ip测试
9	国家电器产品质量监督检验中心/苏州电器科学研究院股份有限公司	短路试验Ip测试
10	上海电器设备检测所	短路试验Ip测试
11	西安高压电器研究院有限责任公司	短路试验Ip测试
12	浙江省高低压电器产品质量检验中心	短路试验Ip测试
13	湖南电器检测所有限公司	短路试验Ip测试
14	镇江市产品质量监督检验中心/国家中低压配电设备质量监督检验中心	短路试验Ip测试
15	沈阳电气传动研究所（有限公司）低压防爆电器产品质量监督检测中心	短路试验Ip测试
16	苏州西门子电器有限公司研发测试中心	短路试验Ip测试
17	中检质技检验检测科学研究院有限公司	短路试验Ip测试
18	国家中低压输配电设备质量监督检验中心	短路试验Ip测试
19	中国电力科学研究院	短路试验Ip测试
20	青岛市产品质量监督检验研究院	短路试验Ip测试
21	浙江省检验检疫科学技术研究院低压电器实验室（温州）	短路试验Ip测试
22	上海电器股份有限公司人民电器厂中心试验室	短路试验Ip测试
23	大连市产品质量检测研究院	短路试验Ip测试
24	甘肃电器科学研究院	短路试验Ip测试*
25	国家高原电器产品质量监督检验中心	短路试验Ip测试*

十七、混凝土立方体抗压强度能力验证项目（291家）

编号	机构名称	满意参数
1	中铁十五局集团第一工程有限公司中心试验室	混凝土抗压强度
2	中国中铁航空港建设集团有限公司试验检测中心	混凝土抗压强度
3	中铁十七局集团第三工程有限公司中心试验室	混凝土抗压强度
4	中铁三局集团第六工程有限公司工程试验中心	混凝土抗压强度
5	中铁二十一局集团检测中心/甘肃铁鹰建筑质量检测有限公司	混凝土抗压强度
6	中铁隧道集团有限公司工程试验中心/河南铁诚检测科技有限公司	混凝土抗压强度
7	中铁二局工程测试中心	混凝土抗压强度
8	中铁十一局集团第二工程有限公司中心试验室	混凝土抗压强度
9	中铁十一局集团第三工程有限公司中心试验室	混凝土抗压强度

续表

编号	机构名称	满意参数
10	中铁一局集团第四工程有限公司中心试验室	混凝土抗压强度
11	中铁五局集团机械化工程有限责任公司试验检测公司	混凝土抗压强度
12	中铁航空港集团第三工程有限公司工程试验中心	混凝土抗压强度
13	中铁四局集团建筑工程有限公司质量检测中心	混凝土抗压强度
14	中铁十八局集团第一工程有限公司中心试验室	混凝土抗压强度
15	中国水利水电第六工程局有限公司试验室	混凝土抗压强度
16	中铁二十五局集团有限公司质量检测中心/广州铁诚工程质量检测有限公司	混凝土抗压强度
17	中铁十六局集团第二工程有限公司计量测试中心/天津中铁信达工程检测技术有限公司	混凝土抗压强度
18	中铁上海工程局集团有限公司工程质量检测中心	混凝土抗压强度
19	中铁三局集团有限公司工程检测中心	混凝土抗压强度
20	中铁二局第一工程有限公司中心实验室/贵阳华筑工程测试中心	混凝土抗压强度
21	中铁五局集团第二工程有限责任公司试验检测分公司	混凝土抗压强度
22	中铁十七局集团第二工程有限公司中心试验室	混凝土抗压强度
23	中铁四局集团第二工程有限公司质量检测中心	混凝土抗压强度
24	济南铁路诚意工程检测有限公司	混凝土抗压强度
25	中铁十局集团第三建设有限公司质量检测中心	混凝土抗压强度
26	中铁二局第四工程有限公司工程检测中心	混凝土抗压强度
27	中铁十七局集团有限公司工程检测中心/山西铧兴工程检测有限公司	混凝土抗压强度
28	中铁五局集团建筑工程有限责任公司中心试验室/贵州黔建工程质量检测咨询有限责任公司	混凝土抗压强度
29	中铁十八局集团第五工程有限公司试验中心	混凝土抗压强度
30	中铁大桥局集团第二工程有限公司中心试验室	混凝土抗压强度
31	中铁十一局集团桥梁有限公司中心试验室	混凝土抗压强度
32	中铁十七局集团第一工程有限公司工程检测中心	混凝土抗压强度
33	中铁二十局集团第二工程有限公司中心试验室	混凝土抗压强度
34	中铁丰桥桥梁有限公司工程试验检测中心	混凝土抗压强度
35	中铁港航局集团有限公司工程检测中心/中铁港航局集团（广州）工程检测中心有限公司	混凝土抗压强度
36	中铁十四局集团第四工程有限公司测试计量中心	混凝土抗压强度
37	中铁十六局集团第三工程有限公司计量测试中心	混凝土抗压强度
38	中铁大桥局集团第四工程有限公司试验中心	混凝土抗压强度
39	中铁二局第二工程有限公司工程测试中心	混凝土抗压强度
40	中铁二局第六工程有限公司检测中心	混凝土抗压强度
41	中铁二局集团新运工程有限公司工程试验室	混凝土抗压强度
42	中铁三局集团建筑安装工程有限公司工程试验中心/太原建辉工程检测有限公司	混凝土抗压强度
43	中铁上海工程局集团市政工程有限公司试验检测中心	混凝土抗压强度
44	中铁五局集团第四工程有限责任公司工程试验检测中心	混凝土抗压强度
45	赣州市产品质量监督检验所	混凝土抗压强度
46	宁夏中测计量测试检验院（有限公司）	混凝土抗压强度
47	天津津贝尔建筑工程试验检测技术有限公司	混凝土抗压强度
48	中铁十五局集团第二工程有限公司中心试验室	混凝土抗压强度
49	中铁八局重庆工程检测中心	混凝土抗压强度
50	中铁大桥局集团第五工程有限公司试验中心	混凝土抗压强度
51	中铁港航局集团第三工程有限公司工程试验检测公司	混凝土抗压强度
52	中铁六局集团北京铁路建设有限公司中心试验室	混凝土抗压强度
53	中铁七局集团西安铁路工程有限公司中心试验室	混凝土抗压强度
54	中铁十五局集团第六工程有限公司中心实验室	混凝土抗压强度
55	中铁五局测绘试验中心/贵州铁建工程质量检测咨询有限公司	混凝土抗压强度

续表

编号	机构名称	满意参数
56	山东铁正工程试验检测中心有限公司	混凝土抗压强度
57	中铁十四局集团第二工程有限公司测试中心	混凝土抗压强度
58	石家庄铁道大学工程检测中心/石家庄铁源工程检测有限公司	混凝土抗压强度
59	中铁四局集团第五工程有限公司中心试验室	混凝土抗压强度
60	中铁建大桥工程局集团第一工程有限公司试验室	混凝土抗压强度
61	广东省鹤山市建设工程质量检测中心	混凝土抗压强度
62	广州港湾工程质量检测有限公司	混凝土抗压强度
63	中铁十五局集团第四工程有限公司中心试验室	混凝土抗压强度
64	中铁十五局集团第五工程有限公司中心试验室	混凝土抗压强度
65	常州市恒正交通工程试验检测中心	混凝土抗压强度
66	中铁第五勘察设计院集团有限公司试验检测中心/北京铁五院工程试验检测有限公司	混凝土抗压强度
67	中铁二院工程集团有限责任公司工程测试中心/四川智源工程检测有限责任公司	混凝土抗压强度
68	中铁十六局集团第一工程有限公司计量测试中心	混凝土抗压强度
69	中铁建工集团有限公司检测试验中心	混凝土抗压强度
70	中铁十二局集团建筑安装工程有限公司测试中心	混凝土抗压强度
71	佛山市质量计量监督检测中心	混凝土抗压强度
72	中铁桥梁与基础（武汉）检测中心	混凝土抗压强度
73	中铁工程设计咨询集团有限公司/中铁咨询集团北京工程检测有限公司	混凝土抗压强度
74	遵义市产品质量检验检测院	混凝土抗压强度
75	柳州铁路工程质量检测中心有限公司	混凝土抗压强度
76	中国水利水电第四工程局有限公司试验中心	混凝土抗压强度
77	北京铁城信诺工程检测有限公司	混凝土抗压强度
78	中铁京诚工程检测有限公司	混凝土抗压强度
79	成都产品质量检验研究院有限责任公司（四川省质检院/成都市质检院）	混凝土抗压强度
80	北京市建设工程质量第四检测所	混凝土抗压强度
81	胜利油田检测评价研究有限公司	混凝土抗压强度
82	中铁隧道集团二处有限公司中心试验室	混凝土抗压强度
83	中铁二十局集团有限公司计量测试中心	混凝土抗压强度
84	中铁七局集团有限公司工程质量检测中心（河南华正工程试验检测有限责任公司）	混凝土抗压强度
85	南京东南建设工程安全鉴定有限公司	混凝土抗压强度
86	天津市建筑材料产品质量监督检测中心	混凝土抗压强度
87	徐州市建设工程检测中心（和平新村试验室）	混凝土抗压强度
88	徐州市建设工程检测中心（杨山路试验室）	混凝土抗压强度
89	徐州市建设工程检测中心(铜山新区试验室)	混凝土抗压强度
90	哈尔滨市产品质量监督检验院	混凝土抗压强度
91	大连理工现代工程检测有限公司	混凝土抗压强度
92	中国水利水电第三工程局有限公司中心试验室	混凝土抗压强度
93	安徽环通工程试验检测有限公司	混凝土抗压强度
94	襄阳市禹德建筑工程质量检测有限责任公司	混凝土抗压强度
95	马鞍山首建建材试验检测有限责任公司	混凝土抗压强度
96	中铁十八局集团第二工程有限公司计量测试中心	混凝土抗压强度
97	中铁八局集团昆明铁路建设有限公司试验检测中心/昆明中铁建设工程质量检测有限公司	混凝土抗压强度
98	天津天诚工程检测技术有限公司	混凝土抗压强度
99	上海勘测设计研究院有限公司	混凝土抗压强度
100	甘肃鲲诚工程检测有限公司	混凝土抗压强度
101	中铁三局集团第二工程有限公司工程试验中心	混凝土抗压强度

续表

编号	机构名称	满意参数
102	中铁二十一局集团第三工程有限公司计量测试中心	混凝土抗压强度
103	广西水电科学研究院有限公司	混凝土抗压强度
104	中铁一局集团有限公司计量试验检测中心	混凝土抗压强度
105	中铁一局集团桥梁工程有限公司试验检测中心	混凝土抗压强度
106	中铁十四局集团第三工程有限公司测试计量中心	混凝土抗压强度
107	中铁二十局集团第一工程有限公司工程检测中心	混凝土抗压强度
108	中铁八局集团有限公司贵阳工程检测中心/贵州金川工程检测有限公司	混凝土抗压强度
109	中铁十局集团有限公司试验检测中心	混凝土抗压强度
110	中铁四局集团工程质量检测中心	混凝土抗压强度
111	赤峰市建设工程质量检测有限责任公司	混凝土抗压强度
112	武汉市建筑工程质量检测中心有限公司	混凝土抗压强度
113	水利部农村电气化研究所小水电工程质量检测中心	混凝土抗压强度
114	中国水利水电第七工程局有限公司试验检测研究所	混凝土抗压强度
115	中铁西南科学研究院有限公司	混凝土抗压强度
116	中铁十五局集团有限公司计量测试中心	混凝土抗压强度
117	中铁八局集团西南检测中心/四川铁正建设工程质量检测有限公司	混凝土抗压强度
118	中铁八局集团有限公司成都检测中心	混凝土抗压强度
119	华北水利水电大学工程检测中心（河南华水工程质量检测有限公司）	混凝土抗压强度
120	南通市产品质量监督检验所	混凝土抗压强度
121	中铁二十三局集团有限公司工程试验检测中心	混凝土抗压强度
122	中铁十一局集团第四工程有限公司中心试验室	混凝土抗压强度
123	中铁建设集团有限公司中心试验室	混凝土抗压强度
124	新疆维吾尔自治区产品质量监督检验研究院	混凝土抗压强度
125	中铁四局集团第一工程有限公司质量检测中心	混凝土抗压强度
126	中铁十七局集团第六工程有限公司工程检测中心站	混凝土抗压强度
127	福建省交通建设工程试验检测有限公司	混凝土抗压强度
128	北京科远智恒工程检测有限公司	混凝土抗压强度
129	深圳地质建设工程公司	混凝土抗压强度
130	重庆市计量质量检测研究院	混凝土抗压强度
131	中冶建筑研究总院有限公司	混凝土抗压强度
132	湖南省产商品质量监督检验研究院（星沙实验室）	混凝土抗压强度
133	中铁十二局集团第四工程有限公司计量测试中心	混凝土抗压强度
134	中铁十二局集团第一工程有限公司计量测试中心	混凝土抗压强度
135	国家绿色建筑质量监督检验中心	混凝土抗压强度
136	中铁九局集团工程检测试验有限公司	混凝土抗压强度
137	中铁十八局集团第三工程有限公司计量测试中心	混凝土抗压强度
138	南京市产品质量监督检验所	混凝土抗压强度
139	广东天信电力工程检测有限公司	混凝土抗压强度
140	中铁十九局集团工程检测有限公司	混凝土抗压强度
141	中铁一局集团第二工程有限公司中心试验室	混凝土抗压强度
142	中铁二十四局集团浙江工程检测有限公司	混凝土抗压强度
143	广东省建筑科学研究院集团股份有限公司	混凝土抗压强度
144	中铁二局第三工程有限公司测试中心	混凝土抗压强度
145	中国水利水电第十工程局有限公司中心试验室	混凝土抗压强度
146	中铁十二局集团第三工程有限公司计量测试中心	混凝土抗压强度
147	中铁二十局集团第六工程有限公司试验测试中心	混凝土抗压强度

续表

编号	机构名称	满意参数
148	中铁建大桥工程局集团第三工程有限公司试验检测中心	混凝土抗压强度
149	中铁隧道集团三处有限公司试验中心	混凝土抗压强度
150	中铁五局集团第六工程有限责任公司中心试验室	混凝土抗压强度
151	贵州黔贵工程技术服务咨询有限公司	混凝土抗压强度
152	六安市水利工程质量检测有限公司	混凝土抗压强度
153	河南省产品质量监督检验院	混凝土抗压强度
154	国家建筑材料工业建筑围护材料及管道产品质量监督检验测试中心	混凝土抗压强度
155	中电投工程研究检测评定中心	混凝土抗压强度
156	水利部松辽水利委员会水利基本建设工程质量检测中心	混凝土抗压强度
157	中铁二十局集团第四工程有限公司检测实验/青岛铁信力源工程检测有限公司	混凝土抗压强度
158	中铁十七局集团第四工程有限公司试验室	混凝土抗压强度
159	中铁十一局集团第一工程有限公司中心试验室/襄阳市中铁诚达工程检测有限公司	混凝土抗压强度
160	江苏恒达工程检测有限公司	混凝土抗压强度
161	中铁十一局集团第五工程有限公司中心试验室/重庆中铁建筑工程质量检测有限公司	混凝土抗压强度
162	湖南铁院土木工程检测有限公司	混凝土抗压强度
163	中国水利水电第一工程局有限公司中心试验室	混凝土抗压强度
164	中山市东宜建设工程质量检测有限公司	混凝土抗压强度
165	三亚建筑工程质量检测中心	混凝土抗压强度
166	中铁五局集团第一工程有限责任公司中心试验室	混凝土抗压强度
167	中铁二十二局集团第四工程有限公司中心试验室	混凝土抗压强度
168	贵州卓诚工程质量检测有限公司	混凝土抗压强度
169	徐州市产品质量监督检验中心	混凝土抗压强度
170	中铁西北科学研究院有限公司工程检测试验中心	混凝土抗压强度
171	中铁一局集团第五工程有限公司中心试验室	混凝土抗压强度
172	贵州贵安工程检测有限公司	混凝土抗压强度
173	河南交院工程技术有限公司	混凝土抗压强度
174	中铁十局集团第二工程有限公司工程试验中心	混凝土抗压强度
175	江苏省建工建材质量检测中心有限公司	混凝土抗压强度
176	中铁电气化集团有限公司检测试验中心	混凝土抗压强度
177	北京四环恒信建设工程检测有限公司	混凝土抗压强度
178	国家有色金属质量监督检验中心	混凝土抗压强度
179	天津市建筑工程质量检测中心	混凝土抗压强度
180	江苏省水利建设工程质量检测站	混凝土抗压强度
181	北京正宏兴达试验检测科技有限公司	混凝土抗压强度
182	中铁隧道股份有限公司工程试验中心	混凝土抗压强度
183	甘肃华宇工程检测有限公司	混凝土抗压强度
184	中铁津桥工程检测有限公司	混凝土抗压强度
185	深圳市福田建设工程质量检测中心	混凝土抗压强度
186	山东省产品质量检验研究院	混凝土抗压强度
187	深圳市铁科检测工程有限公司	混凝土抗压强度
188	中国水利水电第十二工程局有限公司实验室	混凝土抗压强度
189	中国长江三峡集团公司试验中心中心试验室	混凝土抗压强度
190	中国长江三峡集团公司试验中心向家坝工程分中心	混凝土抗压强度
191	甘肃信尔达工程试验检测有限公司	混凝土抗压强度
192	中国长江三峡集团公司试验中心白鹤滩工程分中心	混凝土抗压强度
193	中国长江三峡集团公司试验中心乌东德工程分中心	混凝土抗压强度

续表

编号	机构名称	满意参数
194	中铁十二局集团第二工程有限公司计量试验中心	混凝土抗压强度
195	中铁八局集团桥梁工程有限责任公司试验检测中心	混凝土抗压强度
196	中铁第四勘察设计院集团有限公司工程测试中心	混凝土抗压强度
197	广东建准检测技术有限公司	混凝土抗压强度
198	水利部西北水利科学研究所实验中心	混凝土抗压强度
199	中铁七局集团第三工程有限公司检测中心	混凝土抗压强度
200	大连市产品质量检测研究院	混凝土抗压强度
201	中交第一航务工程勘察设计院有限公司工程检测中心	混凝土抗压强度
202	珠江水利委员会珠江水利科学研究院中心试验室	混凝土抗压强度
203	水利部海河水利委员会基本建设工程质量检测中心	混凝土抗压强度
204	中国水电基础局有限公司试验中心	混凝土抗压强度
205	黄河水利委员会基本建设工程质量检测中心	混凝土抗压强度
206	江苏省产品质量监督检验研究院溧阳检测中心	混凝土抗压强度
207	陕西省产品质量监督检验研究院	混凝土抗压强度
208	中铁大桥局集团第一工程有限公司试验检测中心	混凝土抗压强度
209	水利部基本建设工程质量检测测中心/南京水利科学研究院实验中心	混凝土抗压强度
210	沈阳产品质量监督检验院	混凝土抗压强度
211	深圳航天科技创新研究院材料评价与检测中心	混凝土抗压强度
212	贵州大西南工程检测有限公司	混凝土抗压强度
213	中国水利水电第十三工程局有限公司中心试验室	混凝土抗压强度
214	甘肃智通科技工程检测咨询有限公司	混凝土抗压强度
215	江苏科永和工程建设质量检测鉴定中心有限公司	混凝土抗压强度
216	中国电建集团北京勘测设计研究院有限公司测试中心	混凝土抗压强度
217	贵州光力检测有限责任公司	混凝土抗压强度
218	辽宁省产品质量监督检验院（辽宁省建筑材料监督检验院）	混凝土抗压强度
219	中铁六局集团有限公司检测中心	混凝土抗压强度
220	六盘水友升建设工程检测有限公司	混凝土抗压强度
221	广东广业检测有限公司	混凝土抗压强度
222	天津雍阳建设工程质量检测中心	混凝土抗压强度
223	贵州省建筑科学研究检测中心	混凝土抗压强度
224	水利部珠江水利委员会基本建设工程质量检测中心	混凝土抗压强度
225	中国铁道科学研究院高速铁路无砟轨道技术国家重点实验室	混凝土抗压强度
226	山西锦辉工程检测有限公司	混凝土抗压强度
227	中国建材检验认证集团股份有限公司	混凝土抗压强度
228	中铁一局集团新运工程有限公司中心试验室	混凝土抗压强度
229	上海建科检验有限公司/国家建筑工程材料质量监督检验中心	混凝土抗压强度
230	钦州市建筑工程质量检测中心	混凝土抗压强度
231	广西建筑工程质量检测中心（广西建筑施工材料质量监督检验站）	混凝土抗压强度
232	国土资源部成都矿产资源监督检测中心	混凝土抗压强度
233	中铁十七局集团第五工程有限公司中心试验室	混凝土抗压强度
234	中铁第一勘察设计院集团有限公司工程试验检测中心/甘肃环通工程试检测有限公司	混凝土抗压强度
235	中铁四局集团第四工程有限公司质量检测中心	混凝土抗压强度
236	中铁十二局集团有限公司计量试验中心	混凝土抗压强度
237	贵州顺康路桥咨询有限公司	混凝土抗压强度
238	中国建材检验认证集团西安有限公司	混凝土抗压强度
239	水利部长江科学院工程质量检测中心	混凝土抗压强度

续表

编号	机构名称	满意参数
240	中铁二十三局集团第一工程有限公司测试中心	混凝土抗压强度
241	中铁十六局集团第四工程有限公司计量测试中心	混凝土抗压强度
242	中铁三局集团第五工程有限公司工程试验中心	混凝土抗压强度
243	计量测试中心	混凝土抗压强度
244	中铁二十三局集团第六工程有限公司中心试验室	混凝土抗压强度
245	中铁十一局集团有限公司工程检测中心/湖北铁建工程检测有限公司	混凝土抗压强度
246	铁道第三勘察设计院集团有限公司中心试验室	混凝土抗压强度
247	中国水利水电科学研究院工程检测中心	混凝土抗压强度
248	中铁十八局集团有限公司工程检测中心	混凝土抗压强度
249	中国商业联合会产（商）品质量监督检测中心（重庆）	混凝土抗压强度
250	中交路桥技术有限公司试验检测中心	混凝土抗压强度
251	中铁二十三局集团第三工程有限公司中心试验室	混凝土抗压强度
252	中铁二局第五工程有限公司工程检测中心	混凝土抗压强度
253	安徽省池州市工程质量检测中心	混凝土抗压强度
254	广东盛翔交通工程检测有限公司	混凝土抗压强度
255	河南中公交通检测有限公司	混凝土抗压强度
256	威海市文登区建设工程质量检测有限公司	混凝土抗压强度
257	广东科正水电与建筑工程质量检测站	混凝土抗压强度
258	国家道路及桥梁质量监督检验中心	混凝土抗压强度
259	大冶建设工程质量检测中心有限公司	混凝土抗压强度
260	山西省万家寨引黄工程管理局中心实验室	混凝土抗压强度
261	上海港湾工程质量检测有限公司	混凝土抗压强度
262	中国水利水电第十六工程局有限公司中心实验室	混凝土抗压强度
263	核工业西南勘察设计研究院有限公司检测中心	混凝土抗压强度
264	贵州省建材产品质量监督检验院	混凝土抗压强度
265	淮河流域水工程质量检测中心	混凝土抗压强度
266	瑞安市建设工程检测科学研究所有限公司	混凝土抗压强度
267	中国建材检验认证集团北京天誉有限公司	混凝土抗压强度
268	毕节四维建筑工程试验检测咨询有限公司	混凝土抗压强度
269	中南大学现代分析测试中心	混凝土抗压强度
270	天津衡信建筑工程试验有限公司	混凝土抗压强度
271	水利部水利机械质量检验测试中心	混凝土抗压强度
272	广东省质量监督水泥检验站（梅州）	混凝土抗压强度
273	天津津滨建质工程试验检测有限公司	混凝土抗压强度
274	泰兴市元一建设工程质量检测中心有限公司	混凝土抗压强度
275	中交一公局土木工程建筑研究院有限公司	混凝土抗压强度
276	水利部水工金属结构质量检验测试中心	混凝土抗压强度
277	贵州道兴建设工程检测有限责任公司	混凝土抗压强度
278	天津港湾工程质量检测中心有限公司	混凝土抗压强度
279	重庆公路工程检测中心	混凝土抗压强度
280	中交第一公路勘察设计研究院有限公司科研试验检测中心	混凝土抗压强度
281	交通水运工程试验检测中心	混凝土抗压强度*
282	黄河勘测规划设计有限公司实验中心	混凝土抗压强度*
283	中国长江三峡集团公司试验中心溪洛渡工程分中心	混凝土抗压强度*
284	浙江省质量检测科学研究院/浙江方圆检测集团股份有限公司（国家化学建材质量监督检验中心）	混凝土抗压强度*

续表

编号	机构名称	满意参数
285	中铁八局集团有限公司工程检测中心	混凝土抗压强度*
286	中铁五局集团第五工程有限责任公司工程试验检测中心	混凝土抗压强度*
287	中铁十六局集团第五工程有限公司计量测试中心	混凝土抗压强度*
288	中国五冶集团有限公司试验检测中心	混凝土抗压强度*
289	新疆维吾尔自治区建材非金属产品质量监督检验站	混凝土抗压强度*
290	中国水电十一局有限公司中心试验室	混凝土抗压强度*
291	中化地质矿山遵义实验中心	混凝土抗压强度*

十八、水泥中有害物质水溶性铬(VI)的测定能力验证项目(44家)

编号	机构名称	满意参数
1	四川省建材产品质量监督检验中心	水溶性铬(VI)
2	南通市产品质量监督检验所	水溶性铬(VI)
3	云南省建筑材料产品质量检验研究院	水溶性铬(VI)
4	内蒙古自治区建材产品质量检验院	水溶性铬(VI)
5	山东省产品质量检验研究院	水溶性铬(VI)
6	天津市建筑材料产品质量监督检测中心	水溶性铬(VI)
7	湖北省建材产品质量监督检验站	水溶性铬(VI)
8	江苏省产品质量监督检验研究院	水溶性铬(VI)
9	新疆维吾尔自治区建材非金属产品质量监督检验站	水溶性铬(VI)
10	浙江省质量检测科学研究院/浙江方圆检测集团股份有限公司(国家化学检测质量监督检验中心)	水溶性铬(VI)
11	辽宁省产品质量监督检验院(辽宁省建筑材料监督检验院)/国家建筑装修材料质量安全监督检验中心	水溶性铬(VI)
12	山东省水泥质量监督检验站	水溶性铬(VI)
13	重庆市水泥质量监督检验站	水溶性铬(VI)
14	浙江省水泥质量检测中心	水溶性铬(VI)
15	北京金隅水泥节能科技有限公司	水溶性铬(VI)
16	贵州省建材产品质量监督检验院	水溶性铬(VI)
17	山西省水泥产品质量监督检验站	水溶性铬(VI)
18	四川亚东水泥有限公司	水溶性铬(VI)
19	国家水泥质量监督检验中心	水溶性铬(VI)
20	成都产品质量检验研究院有限责任公司(四川省质检院/成都市质检院)	水溶性铬(VI)
21	河北金隅鼎鑫水泥有限公司技术研发中心实验室	水溶性铬(VI)
22	龙岩市产品质量检验所(福建省水泥产品质量监督检验中心(龙岩))	水溶性铬(VI)
23	广东省建筑材料研究院检测实验室	水溶性铬(VI)
24	中国建材检验认证集团浙江有限公司	水溶性铬(VI)
25	江苏省建工建材质量检测中心有限公司	水溶性铬(VI)
26	中国葛洲坝集团水泥有限公司实验室检测中心	水溶性铬(VI)
27	黑龙江省建筑材料质量监督检验站	水溶性铬(VI)
28	江西省建材产品质量监督检验站	水溶性铬(VI)
29	河北省建材产品质量监督检验站	水溶性铬(VI)
30	四川双马宜宾水泥制造有限公司	水溶性铬(VI)
31	甘肃省检测科研设计院(甘肃省建筑材料产品质量监督检验站)	水溶性铬(VI)
32	安徽省水泥质量监督检验站	水溶性铬(VI)
33	河南省水泥质量监督检验中心	水溶性铬(VI)
34	广东省质量监督水泥检验站(梅州)	水溶性铬(VI)

续表

编号	机构名称	满意参数
35	福建省建筑材料质量监督检验站	水溶性铬(VI)
36	枣庄市建材产品质量监督检验中心	水溶性铬(VI)
37	广西壮族自治区建材产品质量检验站	水溶性铬(VI)
38	海南省产品质量监督检验所	水溶性铬(VI)
39	通标标准技术服务有限公司青岛分公司	水溶性铬(VI)
40	湖南省建筑材料质量监督检验授权站	水溶性铬(VI)
41	华润水泥技术研发(广西)有限公司	水溶性铬(VI) *
42	华新水泥股份有限公司中心实验室	水溶性铬(VI) *
43	陕西省装饰装修材料质量监督检验站	水溶性铬(VI) *
44	徐州市产品质量监督检验中心	水溶性铬(VI) *

十九、光滑工件尺寸测量能力验证项目(44家)

编号	机构名称	满意参数
1	北京大学口腔医学院口腔医疗器械检验中心	长度、角度
2	重庆市计量质量检测研究院	长度、角度
3	中铁检验认证(大连)机车检验站有限公司	长度、角度
4	浙江省质量检测科学研究院/浙江方圆检测集团股份有限公司	长度、角度
5	深圳市计量质量检测研究院	长度、角度
6	机械工业机床产品质量检测中心(昆明)	长度、角度
7	中国科学院成都几何量及光电精密机械测试实验室	长度、角度
8	中铁宝鸡轨道电气设备检测有限公司	长度、角度
9	山东省医疗器械产品质量检验中心	长度、角度
10	广西壮族自治区计量检测研究院	长度、角度
11	烟台市产品质量监督检验所	长度、角度
12	华南国家计量测试中心/广东省计量科学研究院	长度、角度
13	华南国家计量测试中心/广东省计量科学研究院	长度、角度
14	天津达祥精密工业有限公司实验室	长度、角度
15	苏州市计量测试研究所	长度、角度
16	怡得乐电子(杭州)有限公司实验中心	长度、角度
17	浙江省医疗器械检验院	长度、角度
18	江阴市计量测试检定所	长度、角度
19	内蒙古第一机械集团有限公司计量检测中心	长度、角度
20	南京市计量监督检测院	长度、角度
21	上海市计量测试技术研究院	长度、角度
22	沧州市计量测试所	长度、角度
23	中国民航计量检测中心	长度、角度
24	贵州省机械电子产品质量监督检验院	长度、角度
25	珠海中航艾维检测技术有限公司	长度、角度
26	台达电子电源(东莞)有限公司分析实验室	长度、角度
27	四川长虹电器股份有限公司检测校准实验室	长度、角度
28	宁波信泰机械有限公司检测中心	长度、角度
29	富誉电子科技(淮安)有限公司实验室	长度、角度
30	陕西省产品质量监督检验研究院	长度
31	无锡纺织机械质量监督检验中心	长度

续表

编号	机构名称	满意参数
32	中国测试技术研究院/中测测试科技有限公司	长度
33	上海市轴承技术研究所检测实验室	长度
34	方溯认证检测研究院（深圳）有限公司	长度
35	兰州交通大学结构强度试验中心	长度、角度*
36	国家中小型轴承产品质量监督检验中心	长度、角度*
37	国家铁路产品质量监督检验中心	长度、角度*
38	中国科学院西安光学精密机械研究所检测技术研究中心	长度*、角度
39	宁波汽车零部件检测有限公司	长度*、角度
40	成都工具检测所	长度*、角度
41	麦格纳（太仓）汽车科技有限公司	长度*、角度*
42	上海市工具工业研究所检测中心	长度*
43	内蒙古自治区农牧业机械试验鉴定站	长度*
44	苏州长菱测试技术有限公司	长度*

注：以上表格中，所有带星号（*）的项目，均为补测满意项目。

国家认监委关于部分强制性产品认证指定认证机构和实验室信息变更的公告

（2017 年第 22 号）

经审核，现对部分强制性产品认证指定实验室变更后的信息予以公告。

国家认监委

2017 年 8 月 7 日

强制性产品认证指定实验室名称等信息变更确认表

变更前信息					变更后信息				
实验室编号	实验室名称	指定业务范围	实验室地址及联系方式	法人名称	实验室编号	实验室名称	指定业务范围	实验室地址及联系方式	法人名称
01201	中国泰尔实验室	CNCA-C08-01:音视频设备 CNCA-C09-01:信息技术设备 CNCA-C16-01:电信终端设备	北京市西城区月坛南街11号/北京市海淀区花园北路52号/北京市海淀区学院路51号首享大厦/北京市北京经济开发区康定街甲18号 联系人:刘伟、陈晖、常蕊 电话:010-68094017 010-62304633-2513 010-62304633-2500 传真:010-68011404 010-62304633-2504 E-mail: liuwei@chinattl.com	工业和信息化部电信研究院	01201	中国泰尔实验室	CNCA-C08-01:音视频设备 CNCA-C09-01:信息技术设备 CNCA-C16-01:电信终端设备	北京市西城区月坛南街11号/北京市海淀区花园北路52号/北京市海淀区学院路51号首享大厦/北京市北京经济开发区康定街甲18号 联系人:刘伟、陈晖、常蕊 电话:010-68094017 010-62304633-2513 010-62304633-2500 传真:010-68011404 010-62304633-2504	中国信息通信研究院
02201	广东出入境检验检疫局检验检疫技术中心	CNCA-C04-01:小功率电动机中的下列产品 ——GB12350覆盖的小功率电动机 CNCA-C07-01:家用和类似用途设备中的下列产品 ——电风扇、室内加热器、真空吸尘器、皮肤和毛发护理器具、电熨斗、电烤箱、电动食品加工器具、液体加热器和冷热饮水机、电饭锅 CNCA-C10-01:照明电器 CNCA-C22-01:童车产品中的下列产品 ——玩具自行车、电动童车、其他玩具车辆 CNCA-C22-02:玩具产品	广东省广州市珠江新城花城大道66号 联系人:裴晓波 电话: 020-38290476 传真: 020-38290490 E-mail: esl@iqtc.cn 网址: www.iqtc.cn 邮编: 510623 联系人:何惠蝉 电话: 020-38290587 传真: 020-38290599 E-mail: gz0587@iqtc.cn 广东省佛山市顺德大良德胜东路3号 联系人:廖嫒敏 电话: 0757-22826131 传真: 0757-22915209 E-mail: liaoam@iqtc.cn	广东出入境检验检疫局检验检疫技术中心	02201	广东出入境检验检疫局检验检疫技术中心	CNCA-C04-01:小功率电动机中的下列产品 ——GB 12350覆盖的小功率电动机 CNCA-C07-01:家用和类似用途设备中的下列产品 ——电风扇、室内加热器、真空吸尘器、皮肤和毛发护理器具、电熨斗、电烤箱、电动食品加工器具、液体加热器和冷热饮水机、电饭锅 CNCA-C10-01:照明电器 CNCA-C22-01:童车产品中的下列产品 ——玩具自行车、电动童车、其他玩具车辆 CNCA-C22-02:玩具产品	广东省广州市珠江新城花城大道66号 联系人:裴晓波 电话: 020-38290476 传真: 020-38290490 E-mail: esl@iqtc.cn 网址: www.iqtc.cn 邮编: 510623 联系人:何惠蝉 电话: 020-38290587 传真: 020-38290599 E-mail: gz0587@iqtc.cn 广东省佛山市顺德大良德胜东路3号 联系人:廖嫒敏 电话: 0757-22826131 传真: 0757-22915209 E-mail: liaoam@iqtc.cn	广东出入境检验检疫局检验检疫技术中心

续表

变更前信息					变更后信息				
实验室编号	实验室名称	指定业务范围	实验室地址及联系方式	法人名称	实验室编号	实验室名称	指定业务范围	实验室地址及联系方式	法人名称
02201	广东出入境检验检疫局检验检疫技术中心	CNCA-C07-01：家用和类似用途设备中的下列产品 ——家用电冰箱和食品冷冻箱、空调器、家用电动洗衣机、电热水器、电磁灶、微波炉、电灶、灶台、烤炉和类似器具、吸油烟机 CA-C22-01：童车产品中的下列产品 ——儿童自行车、儿童三轮车、儿童推车、婴儿学步车 CNCA-C22-03：机动车儿童乘员用约束系统	广东省广州市天河软件工业园建工路19号 广东省广州科学城南翔之路1号102房 联系人：黄宇斌 电话：020-38291635 传真：020-38290490 E-mail：huangyb@iqtc.cn	广东出入境检验检疫局检验检疫技术中心	02201	广东出入境检验检疫局检验检疫技术中心	CNCA-C07-01：家用和类似用途设备中的下列产品 ——家用电冰箱和食品冷冻箱、空调器、家用电动洗衣机、电热水器、电磁灶、微波炉、电灶、灶台、烤炉和类似器具、吸油烟机 CNCA-C22-01：童车产品中的下列产品 ——儿童自行车、儿童三轮车、儿童推车、婴儿学步车 CNCA-C22-03：机动车儿童乘员用约束系统	广东省广州科学城南翔之路1号102房 联系人：苍安国 电话：020-82350405 传真：020-32065399 E-mail：cangga@iqtc.cn	广东出入境检验检疫局检验检疫技术中心
02301	广东产品质量监督检验研究院	CNCA-C01-01：电线电缆中的下列产品 ——额定电压450/750 V及以下橡皮绝缘电线电缆和聚氯乙烯绝缘电缆 CNCA-C02-01：电路开关及保护或连接用电器装置（电器附件） CNCA-C04-01：小功率电动机中的下列产品 ——GB12350覆盖的小功率电动机 CNCA-C05-01：电动工具 CNCA-C07-01：家用和类似用途设备中的下列产品	广东省广州市海珠区新港东路海诚东街6号 联系人：高晓东 电话：020-89232890 传真：020-89232876 E-mail：gxd@gqi.org.cn 网址：www.gqi.org.cn 邮编：510330	广东产品质量监督检验研究院	02301	广东产品质量监督检验研究院	NCA-C01-01：电线电缆中的下列产品 ——额定电压450/750 V及以下橡皮绝缘电线电缆和聚氯乙烯绝缘电缆 CNCA-C02-01：电路开关及保护或连接用电器装置（电器附件） CNCA-C04-01：小功率电动机中的下列产品 ——GB 12350覆盖的小功率电动机 CNCA-C04-01：小功率电动机中的下列产品 ——GB 12350覆盖的小功率电动机 CNCA-C05-01：电动工具 CNCA-C07-01：家用和类似用途设备中的下列产品	广东省广州市黄浦区科学城科学大道10号 联系人：高晓东 电话：020-89232890 传真：020-89232876 E-mail：gxd@gqi.org.cn 网址：www.gqi.org.cn 邮编：510330	广东产品质量监督检验研究院

续表

变更前信息					变更后信息				
实验室编号	实验室名称	指定业务范围	实验室地址及联系方式	法人名称	实验室编号	实验室名称	指定业务范围	实验室地址及联系方式	法人名称
02301	广东产品质量监督检验研究院	——家用电冰箱和食品冷冻箱、电风扇、空调器、家用电动洗衣机、电热水器、室内加热器、真空吸尘器、皮肤和毛发护理器具、电熨斗、电磁灶、电烤箱、电动食品加工器具、微波炉、电灶、灶台、烤炉和类似器具、吸油烟机、液体加热器和冷热饮水机、电饭锅 CNCA-C08-01:音视频设备 CNCA-C09-01:信息技术设备 CNCA-C10-01:照明电器	广东省广州市海珠区新港东路海诚东街6号 联系人:高晓东 电话:020-89232890 传真:020-89232876 E-mail:gxd@gqi.org.cn 网址:www.gqi.org.cn 邮编:510330	广东产品质量监督检验研究院	02301	广东产品质量监督检验研究院	——家用电冰箱和食品冷冻箱、电风扇、空调器、家用电动洗衣机、电热水器、室内加热器、真空吸尘器、皮肤和毛发护理器具、电熨斗、电磁灶、电烤箱、电动食品加工器具、微波炉、电灶、灶台、烤炉和类似器具、吸油烟机、液体加热器和冷热饮水机、电饭锅 CNCA-C08-01:音视频设备 CNCA-C09-01:信息技术设备 CNCA-C10-01:照明电器	广东省广州市黄浦区科学城科学大道10号 联系人:高晓东 电话:020-89232890 传真:020-89232876 E-mail:gxd@gqi.org.cn 网址:www.gqi.org.cn 邮编:510330	广东产品质量监督检验研究院
		CNCA-C22-01:童车产品 CNCA-C22-02:玩具产品	联系人:杨典 电话:020-89232662 传真:020-89232500				CNCA-C22-01:童车产品 CNCA-C22-02:玩具产品	广东省广州市黄浦区科学城科学大道10号 联系人:杨典 电话:020-89232500 传真:020-89232876 E-mail:qj@gqi.org.cn 网址:www.gqi.org.cn	
		CNCA-C21-01:装饰装修产品中的下列产品 ——溶剂型木器涂料	广东省佛山市顺德区大良新城区德胜东路1号 联系人:陈纪文 电话:0757-22802680 传真:0757-22802618				CNCA-C21-01:装饰装修产品中的下列产品 ——溶剂型木器涂料	广东省佛山市顺德区大良新城区德胜东路1号 联系人:陈纪文 电话:0757-22802680 传真:0757-22802618 E-mail:Jiwench@126.com 邮编:528300	

续表

变更前信息					变更后信息				
实验室编号	实验室名称	指定业务范围	实验室地址及联系方式	法人名称	实验室编号	实验室名称	指定业务范围	实验室地址及联系方式	法人名称
02301	广东产品质量监督检验研究院	CNCA-C03-01：低压成套开关设备(短时耐受电流强度420 V 160 kA 1s及以下) CNCA-C03-02：低压元器件中的下列产品(短路电流强度420 V 250 kA及以下) ——低压断路器、低压开关(隔离器、隔离开关及熔断器组合电器)、低压机电式接触器和电动机起动器、机电式控制电路电器、交流半导体电动机控制器和启动器、控制和保护开关电器、接近开关、自动转换开关电器、设备用断路器、家用及类似用途机电式接触器、MCB、RCCB(除B型RCCB)、RCBO(除B型RCBO)、PRCD、剩余电流动作继电器、低压熔断器	广东省东莞市石龙镇西湖东路68号 联系人：苗本健 电话：0769-81867328 传真：0769-81867328 E-mail：miaobenjian027@sina.com 网址：www.gqi.org.cn 邮编：523328	广东产品质量监督检验研究院	02301	广东产品质量监督检验研究院	CNCA-C03-01：低压成套开关设备(短时耐受电流强度420 V 160 kA 1 s及以下) CNCA-C03-02：低压元器件中的下列产品(短路电流强度420 V 250 kA及以下) ——低压断路器、低压开关(隔离器、隔离开关及熔断器组合电器)、低压机电式接触器和电动机起动器、机电式控制电路电器、交流半导体电动机控制器和启动器、控制和保护开关电器、接近开关、自动转换开关电器、设备用断路器、家用及类似用途机电式接触器、MCB、RCCB(除B型RCCB)、RCBO(除B型RCBO)、PRCD、剩余电流动作继电器、低压熔断器	广东省东莞市石龙镇西湖东路68号 联系人：苗本健 电话：0769-81867328 传真：0769-81867200 E-mail：miaobenjian027@sina.com 网址：www.gqi.org.cn 邮编：523325	广东产品质量监督检验研究院
05401	中国兵器装备集团摩托车检测技术研究所(国家摩托车质量监督检验中心)	CNCA-C10-01：照明电器中的下列产品 ——固定式通用灯具、嵌入式灯具、可移式通用灯具、LED模块用直流或交流电子控制装置 CNCA-C11-02：摩托车 CNCA-C11-03：摩托车发动机 CNCA-C11-05：机动车喇叭 CNCA-C11-07：机动车外部照明及光信号装置 CNCA-C11-08：机动车辆间接视野装置中的下列产品 ——摩托车后视镜	陕西省西安市灞桥区米秦路6号 联系人：李宝基 电话：029-86795288-8201 传真：029-86795296 E-mail：libaoji@cnmtc.c 网址：www.cnmtc.com.cn 邮编：710032	中国兵器装备集团摩托车检测技术研究所	05401	中检西部检测有限公司(国家摩托车质量监督检验中心)	CNCA-C10-01：照明电器中的下列产品 ——固定式通用灯具、嵌入式灯具、可移式通用灯具、LED模块用直流或交流电子控制装置 CNCA-C11-02：摩托车 CNCA-C11-03：摩托车发动机 CNCA-C11-05：机动车喇叭 CNCA-C11-07：机动车外部照明及光信号装置 CNCA-C11-08：机动车辆间接视野装置中的下列产品 ——摩托车后视镜	陕西省西安市灞桥区米秦路6号 联系人：李宝基 电话：029-86795288-8201 传真：029-86795296 E-mail：libaoji@cnmtc.com.cn 网址：www.cnmtc.com.cn 邮编：710032	中检西部检测有限公司

续表

变更前信息					变更后信息				
实验室编号	实验室名称	指定业务范围	实验室地址及联系方式	法人名称	实验室编号	实验室名称	指定业务范围	实验室地址及联系方式	法人名称
08201	重庆市电子电器商品质量监督检验站	CNCA-C01-01：电线电缆中的下列产品 ——额定电压450/750V及以下聚氯乙烯绝缘电线电缆 CNCA-C02-01：电路开关及保护或连接用电器装置（电器附件）中的下列产品 ——插头插座{家用和类似用途[除转换器产品（不带有国外标准插头或插座）和带有国标组合孔的延长线插座产品（电线加长组件）]}、家用和类似用途固定式电气装置的开关 CNCA-C04-01：小功率电动机 CNCA-C07-01：家用和类似用途设备	重庆市渝中区嘉滨路151号 联系人：张文、陈琴 电话：023-63724062 023-63841535-803 传真：023-63521360 E-mail：zw.6806@163.com 505957720@qq.com 网址：www.ccceq.org 邮编：400010	重庆仕益产品质量检测有限责任公司	08201	重庆仕益产品质量检测有限责任公司	CNCA-C01-01：电线电缆中的下列产品 ——额定电压450/750 V及以下聚氯乙烯绝缘电线电缆 CNCA-C02-01：电路开关及保护或连接用电器装置（电器附件）中的下列产品 ——插头插座{家用和类似用途[除转换器产品（不带有国外标准插头或插座）和带有国标组合孔的延长线插座产品（电线加长组件）]}、家用和类似用途固定式电气装置的开关 CNCA-C04-01：小功率电动机 CNCA-C07-01：家用和类似用途设备	重庆市渝中区嘉滨路151号 联系人：张文、陈琴 电话：023-63724062 023-63841535-803 传真：023-63521360 E-mail：zw.6806@163.com 505957720@qq.com 网址：www.ccceq.org 邮编：400010	重庆仕益产品质量检测有限责任公司
16501	河北出入境检验检疫局检验检疫技术中心邢台分中心	CNCA-C22-01：童车产品	河北省平乡县文明路317号 联系人：张宏欣 电话：0319-7980389 传真：0319-7883506 E-mail：ciqhbbtc@163.com 邮编：054500	河北出入境检验检疫局检验检疫技术中心	15202	河北出入境检验检疫局检验检疫技术中心邢台分中心	CNCA-C22-01：童车产品	河北省平乡县文明路317号 联系人：张宏欣 电话：0319-7980389 传真：0319-7883506 E-mail：ciqhbbtc@163.com 邮编：054500	河北出入境检验检疫局检验检疫技术中心
17602	谱尼测试集团股份有限公司	CNCA-C21-01：装饰装修产品中的下列产品 ——溶剂型木器涂料	北京市海淀区苏州街49-3盈智大厦1层9层10层11层 联系人：刘明 电话：010-82618116 E-mail：bjse@ponytest.com	谱尼测试集团股份有限公司	19201	谱尼测试集团股份有限公司	CNCA-C21-01：装饰装修产品中的下列产品 ——溶剂型木器涂料	北京市海淀区苏州街49-3盈智大厦1层9层 10层11层 联系人：刘明 电话：010-82618116 E-mail：bjse@ponytest.com	谱尼测试集团股份有限公司

续表

变更前信息					变更后信息				
实验室编号	实验室名称	指定业务范围	实验室地址及联系方式	法人名称	实验室编号	实验室名称	指定业务范围	实验室地址及联系方式	法人名称
18301	方圆广电检验检测股份有限公司	CNCA-C02-01：电路开关及保护或连接用电气装置（电器附件）中的下列产品——家用和类似用途固定式电气装置的开关 CNCA-C04-01：小功率电动机 CNCA-C06-01：电焊机 CNCA-C11-09：汽车内饰件	江苏省无锡市滨湖区菱湖大道200号中国传感网国际创新园G9幢2楼 联系人：张泽铭 传真：0510-68790033 E-mail：zhangzm@grgtest.com 邮编：300074	方圆广电检验检测股份有限公司	18301	方圆广电检验检测股份有限公司	CNCA-C02-01：电路开关及保护或连接用电气装置（电器附件）中的下列产品——家用和类似用途固定式电气装置的开关 CNCA-C04-01：小功率电动机 CNCA-C06-01：电焊机 CNCA-C11-09：汽车内饰件	江苏省无锡市滨湖区菱湖大道200号中国传感网国际创新园G9幢2楼 联系人：张泽铭 传真：0510-68790033 E-mail：zhangzm@grgtest.com 邮编：300074 广东省广州市天河区黄埔大道西平云路163号广电科技大厦201自编之02单元 联系人：张泽铭 传真：0510-68790033 E-mail：zhangzm@grgtest.com 邮编：300074	方圆广电检验检测股份有限公司

国家认监委关于恢复四川省电子产品监督检验所等2家单位相关领域强制性产品认证指定检测业务的公告

（2017年第23号）

按照《国家认监委关于对四川省电子产品监督检验所等2家单位的部分强制性产品认证指定检测业务进行停业整顿的公告》（国家认监委公告2017年第4号）的要求，四川省电子产品监督检验所、苏州市质量技术监督综合检验检测中心（苏州市产品质量监督检验所）已于近期完成了相应的整顿和整改工作。经我委组织专家现场核查验证，上述两家单位在相应领域的检测能力和规范性已符合强制性产品认证的相关要求。

根据有关规定，现决定即日起恢复上述两家单位承担的相关领域强制性产品认证指定检测业务，具体业务范围如下：

一、四川省电子产品监督检验所：恢复其吸油烟机产品（CNCA-C07-01：家用和类似用途设备）强制性产品认证指定检测业务。

二、苏州市质量技术监督综合检验检测中心（苏州市产品质量监督检验所）：恢复其电器附件（耦合器）产品（CNCA-C02-01：电路开关及保护或连接用电器装置）强制性产品认证指定检测业务。

特此公告。

国家认监委

2017年8月17日

国家认监委关于发布《关于〈内地与香港关于建立更紧密经贸关系的安排〉〈服务贸易协议〉中认证认可有关条款的实施指南》的公告

（2017 年第 24 号）

2015 年 11 月 27 日，内地与香港签署了《〈内地与香港关于建立更紧密经贸关系的安排〉服务贸易协议》（以下简称《CEPA 服贸协议》）。

为推进《CEPA 服贸协议》认证认可条款的落实，国家认监委制定了《关于〈内地与香港关于建立更紧密经贸关系的安排〉服务贸易协议中认证认可有关条款的实施指南》，现将该实施指南予以公布。

特此公告。

国家认监委

2017 年 9 月 17 日

国家认监委关于发布《关于〈内地与澳门关于建立更紧密经贸关系的安排〉〈服务贸易协议〉中认证认可有关条款的实施指南》的公告

（2017 年第 25 号）

2015 年 11 月 28 日，内地与澳门签署了《〈内地与澳门关于建立更紧密经贸关系的安排〉服务贸易协议》（以下简称《CEPA 服贸协议》）。

为推进《CEPA 服贸协议》认证认可条款的落实，国家认监委制定了《关于〈内地与澳门关于建立更紧密经贸关系的安排〉服务贸易协议中认证认可有关条款的实施指南》，现将该实施指南予以公布。

特此公告。

国家认监委

2017 年 9 月 17 日

国家认监委关于发布2017年强制性产品认证实施机构年度指定和第三批日常指定结果的公告

（2017年第26号）

根据《中华人民共和国认证认可条例》、《强制性产品认证机构、检查机构和实验室管理办法》（质检总局令第65号）及国家认监委有关公告等规定，现对2017年强制性产品认证实施机构年度指定决定和第三批日常指定决定予以公告。

对本指定决定有异议的，请在公告发布之日起15个工作日内向我委提出申诉或投诉（请注明联系人和联系方式）。

国家认监委

2017年9月18日

附件：

2017年强制性产品认证实施机构年度指定和第三批日常指定决定

一、2017年强制性产品认证实施机构年度指定决定

（一）认证机构

指定项目编号	业务领域	指定认证机构	指定业务范围	机构信息
1.1	CNCA-C02-01：电路开关及保护或连接用电器装置（电器附件）	方圆标志认证集团有限公司（12）	CNCA-C02-01：电路开关及保护或连接用电器装置（电器附件）	北京市朝阳区朝外大街甲10号1101房间 电话：010-65994357 传真：010-65994307 E-mail：tianhw@isccc.gov 网址：http://www.isccc.gov.cn 邮编：100088
1.2	CNCA-C05-01：电动工具	—		
1.3	CNCA-C07-01：家用和类似用途设备	中国信息安全认证中心（16）	CNCA-C07-01：家用和类似用途设备	北京市朝阳区朝外大街甲10号1101房间 电话：010-65994357 传真：010-65994307 E-mail：tianhw@isccc.gov 网址：http://www.isccc.gov.cn 邮编：100088
1.4	CNCA-C08-01：音视频设备 CNCA-C09-01：信息技术设备 CNCA-C16-01：电信终端设备	威凯认证检测有限公司（18）	CNCA-C08-01：音视频设备 CNCA-C09-01：信息技术设备 CNCA-C16-01：电信终端设备	广州高新技术产业开发区天泰一路3号一号楼南四、五楼 电话：020-32293724 传真：020-32293726 E-mail：shencb@cvc.org.cn 网址：http://www.cvc.org.cn 邮编：510663

（二）实验室

指定项目编号	业务领域	地域	指定实验室	指定业务范围	机构信息	法人单位
2.1	CNCA-C01-01：电线电缆	江苏	江苏省产品质量监督检验研究院（07901）	CNCA-C01-01：电线电缆中的下列产品 ——额定电压450/750 V及以下橡皮绝缘电线电缆和聚氯乙烯绝缘电线电缆（除GB/T 5013.8覆盖的型号产品、GB/T 5023.6~7覆盖的型号产品）	徐州市新城区产业园区 联系人：水利民 电话：025-84470228 传真：025-84470203 E-mail：13515121212@yeah.net 网址：www.jszj.net.cn	江苏省产品质量监督检验研究院
		广西	广西壮族自治区产品质量检验研究院（19401）	CNCA-C01-01：电线电缆中的下列产品 ——额定电压450/750 V及以下聚氯乙烯绝缘电线电缆（GB/T 5023.3、JB/T 8734.2~3覆盖的型号产品）	广西南宁市科园西九路23号 联系人：刘红清 电话：0771-5852391 E-mail：1827693699@qq.com 网址：www.gxqt.net	广西壮族自治区产品质量检验研究院
2.2	CNCA-C07-01：家用和类似用途设备	安徽	合肥市产品质量监督检验所/国家家用电器产品质量监督检验中心（安徽）（19501）	CNCA-C07-01：家用和类似用途设备中的下列产品 ——家用电冰箱和食品冷冻箱、电风扇、空调器、家用电动洗衣机、快热式电热水器、室内加热器、真空吸尘器、皮肤毛发护理器具、电熨斗、电动食品加工器具、微波炉、吸油烟机、液体加热器和冷热饮水机、电饭锅	安徽省合肥市蜀山区望江西路与浮山路口 联系人：刘华 电话：0551-68125803 传真：0551-68125817 E-mail：673588860@qq.com 网址：www.nchea.cn	合肥市产品质量监督检验所
		北京	中国检验检疫科学研究院综合检测中心（19601）	CNCA-C07-01：家用和类似用途设备中的下列产品 ——电风扇、电热水器、室内加热器、真空吸尘器、皮肤毛发护理器具、电熨斗、电磁灶、电烤箱、电动食品加工器具、微波炉、电灶、灶台、烤炉和类似器具、吸油烟机、液体加热器和冷热饮水机、电饭锅	北京市亦庄经济技术开发区荣华南路11号 联系人：刘庆 电话：010-85773355-2114 E-mail：liuqing@caiqtest.com 网址：http://www.caiqtest.com	中国检验检疫科学研究院综合检测中心
		重庆	—			
2.3	CNCA-C09-01：信息技术设备	广东	东莞标检产品检测有限公司（16001）	CNCA-C09-01：信息技术设备	广东省东莞市大朗镇富民南路68号 联系人：黄志 电话：0769-81119888 传真：0769-81116222 E-mail：dgqad@stc.group 网址：www.dgstc.com 邮编：523770	东莞标检产品检测有限公司
			广东省东莞市质量监督检测中心（16101）	CNCA-C09-01：信息技术设备	广东省东莞市松山湖科技产业园区工业南路2号 联系人：梁俊威 电话：0769-23071111-1136 13686180239 传真：0769-23077215 E-mail：ljw@gddqt.com 网址：www.gddqt.com 邮编：523808	广东省东莞市质量监督检测中心

续表

指定项目编号	业务领域	地域	指定实验室	指定业务范围	机构信息	法人单位
2.3	CNCA-C09-01：信息技术设备	重庆	重庆仕益产品质量检测有限责任公司（08201）	CNCA-C09-01：信息技术设备	重庆市渝中区嘉滨路151号 联系人：张舟 电话：023-63841535 传真：023-63521360 E-mail：271817890@qq.com 网址：www.ccccq.org 邮编：400010	重庆仕益产品质量检测有限责任公司
2.4	CNCA-C10-01：照明电器	广东	深圳市计量质量检测研究院（02801）	CNCA-C10-01：照明电器	深圳市南山区西丽街道办同发路4号 联系人：骆红 电话：0755-26941627 传真：0755-86009836 E-mail：rzrk@smq.com.cn 网址：www.smq.com.cn 邮编：518055	深圳市计量质量检测研究院
			东莞标检产品检测有限公司（16001）	CNCA-C10-01：照明电器	广东省东莞市大朗镇富民南路68号 联系人：黄志 电话：0769-81119888 传真：0769-81116222 E-mail：dgqad@stc.group 网址：www.dgstc.com 邮编：523770	东莞标检产品检测有限公司
			广东省东莞市质量监督检测中心（16101）	CNCA-C10-01：照明电器	广东省东莞市松山湖科技产业园区工业南路2号 联系人：梁俊威 电话：0769-23071111-1136 13686180239 传真：0769-23077215 E-mail：ljw@gddqt.com 网址：www.gddqt.com 邮编：523808	广东省东莞市质量监督检测中心
			华测检测认证集团股份有限公司（16701）	CNCA-C10-01：照明电器	广东省深圳市宝安区70区鸿威工业园 联系人：张波 电话：0755-33681259 传真：0755-33683385 E-mail：bo.zhang@cti-cert.com 网址：www.cti-cert.com 邮编：518101	华测检测认证集团股份有限公司
		江苏	方圆广电检验检测股份有限公司（18301）	CNCA-C10-01：照明电器	江苏省无锡市滨湖区蠡湖大道200号中国传感网国际创新园G9幢2楼 联系人：张泽铭 传真：0510-68790033 E-mail：zhangzm@grgtest.com 邮编：300074	方圆广电检验检测股份有限公司
		浙江	嘉兴威凯检测技术有限公司（18401）	CNCA-C10-01：照明电器中的下列产品 ——固定式通用灯具、可移式通用灯具、嵌入式灯具、电源插座安装的夜灯、荧光灯用交流电子镇流器、LED模块用直流或交流电子控制装置	浙江省嘉兴市南湖区嘉兴总部商务花园3号楼 联系人：朱嘉 电话：0573-82586863 传真：0573-82586885 E-mail：zhujia@cvc.org.cn 网址：www.cvc.org.cn 邮编：314000	嘉兴威凯检测技术有限公司

续表

指定项目编号	业务领域	地域	指定实验室	指定业务范围	机构信息	法人单位
2.4	CNCA-C10-01：照明电器	上海	中认尚动（上海）检测技术有限公司（01001）	CNCA-C10-01：照明电器	上海市徐汇区桂菁路19号 联系人：陈建秋 电话：021-64314863 传真：021-64339515 E-mail：aqiu7184@hotmail.com 网址：www.tiet.org 邮编：200233	中认尚动（上海）检测技术有限公司
2.5	CNCA-C16-01：电信终端设备	广东	国家天线及射频部件产品质量监督检验中心（19701）	CNCA-C16-01：电信终端设备中的下列产品 ——传真机、调制解调器（含卡）、固定电话终端及电话机附加装置、集团电话、移动用户终端、ISDN终端、数据终端（含卡）、多媒体终端	广东省广州市海珠区新港中路381号 联系人：杜渝 电话：020-84119454 传真：020-84203910 E-mail：13824618182@qq.com 网址：www.cctl.com.cn 邮编：510310	中国电子科技集团公司第七研究所
		江苏	江苏省产品质量监督检验研究院（07901）	CNCA-C16-01：电信终端设备	江苏省苏州市吴中区吴中大道1368号 联系人：水利民 电话：025-84470228 传真：025-84470203 E-mail：13515121212@yeah.net 网址：www.jszj.net.cn 邮编：215104	江苏省产品质量监督检验研究院
2.6	CNCA-C11-01：汽车产品中的下列产品 ——O类汽车	浙江	卡达克机动车质量检验中心（宁波）有限公司(19801)	CNCA-C11-01：汽车产品中的下列产品 ——O类汽车	浙江省宁波杭州湾新区滨海二路727号 联系人：杨雪 电话：0574-2372 6602 E-mail：yangxue@catarc.ac.cn 网址：www.catarc-nb.com 邮编：315336	卡达克机动车质量检验中心（宁波）有限公 司
2.7	CNCA-C11-07：机动车外部照明及光信号装置	广东	—			
		重庆	—			
		吉林	—			
2.8	CNCA-C13-01：安全玻璃产品中的下列产品 ——建筑安全玻璃	贵州	贵州省建材产品质量监督检验院(19901)	CNCA-C13-01：安全玻璃产品中的下列产品 ——建筑钢化玻璃	贵州省贵阳市白云区科教街698号 联系人：朱孜 电话：0851-85799171 传真：0851-85762271 E-mail：974104003@qq.com 网址：www.gzjcz.com 邮编：550000	贵州省建材产品质量监督检验院
2.9	CNCA-C22-01：童车产品中的下列产品 ——电动童车	浙江	平湖市产品质量监督检验所(20001)	CNCA-C22-01：童车产品中的下列产品 ——电动童车	浙江省平湖市经济开发区新兴三路433号 联系人：吴为华 电话：0573-85075136 传真：0573-85075126 E-mail：wuweihua@pinghu.gov.cn 网址：http://zjj.pinghu.gov.cn 邮编：314200	平湖市产品质量监督检验所
2.10	CNCA-C22-01：童车产品中的下列产品 ——儿童推车	广东	中国质量认证中心华南实验室(15801)	CNCA-C22-01：童车产品中的下列产品 ——儿童推车	广东省广州市增城区新塘镇宁西工业园区 联系人：王莹琛 电话：020-85190132/18925029668 传真：020-85190132 E-mail：wangyingchen@cqc.com.cn 网址：http://www.cqc.com.cn/southchinalab/	中国质量认证中心

续表

指定项目编号	业务领域	地域	指定实验室	指定业务范围	机构信息	法人单位
2.11	CNCA-C22-02：玩具产品中的下列产品 ——金属玩具类产品	广东	广东精正检测有限公司(20101)	CNCA-C22-02：玩具产品中的下列产品 ——金属玩具类产品	广东省汕头市澄海区澄华工业区艺丰大厦一、二层 联系人：陈小砖 电话：0754-86989610 传真：0754-86984098 E-mail：chenxz@ajtesting.com 网址：www.ajtesting.com	广东精正检测有限公司
2.12	CNCA-C22-02：玩具产品中的下列产品 ——弹射玩具类产品	福建	厦门市产品质量监督检验院（国家半导体发光器件（LED）应用产品质量监督检验中心）(13501)	CNCA-C22-02：玩具产品中的下列产品 ——弹射玩具类产品	福建省厦门市思明区湖滨南路170号三楼 联系人：林远洪 电话：0592-2699762 传真：0592-2699797 E-mail：linyuanhong@xmzjy.org 网址：www. xmzjy.org 邮编：361004	厦门市产品质量监督检验院
2.13	CNCA-C22-03：机动车儿童乘员用约束系统	江苏	谱尼测试集团江苏有限公司(20201)	CNCA-C22-03：机动车儿童乘员用约束系统	江苏省苏州市工业园区金芳路8号 联系人：方敏 电话：18938666405 传真：0512-68021475 E-mail：szqae@ponytest.com 网址：www.ponytest.com 邮编：215123	谱尼测试集团江苏有限公司

二、2017年第三批强制性产品认证实验室日常指定决定

指定项目编号	业务领域	指定实验室	指定业务范围	机构信息	法人单位
6.1	CNCA-C11-01：汽车（单车认证）	宁波梅山卡达克汽车检测有限公司(20301)	CNCA-C11-01：汽车（单车认证）中的下列产品 ——整备质量≤5000 kg、轴荷≤3000 kg车长≤7 m的M1类车辆（限燃用汽油或柴油的车辆）	浙江省宁波市北仑区梅山保税港区港浦路58号 联系人：张锦 电话：15824253580 传真：0574-86709705 E-mail：zhangjin2014@catarc.ac.cn 网址：www.catarc-nb.com 邮编：315832	宁波梅山卡达克汽车检测有限公司

国家认监委关于开展摩托车乘员头盔、电热毯产品强制性产品认证实施机构指定工作的公告

（2017年第27号）

为贯彻落实《国务院关于调整工业产品生产许可证管理目录和试行简化审批程序的决定》（国发〔2017〕34号）有关要求，确保摩托车乘员头盔、电热毯产品由实施生产许可证向强制性产品认证管理平稳过渡，我委将依据《中华人民共和国认证认可条例》、《强制性产品认证机构、检查机构和实验室管理办法》（质检总局令第65号）、《国家认监委关于调整从事强制性产品认证以及相关活动的认证机构、检查机构、实验室指定行政审批要求的公告》（国家认监委公告2016年第11号）开展从事相关产品强制性产品认证及相关活动的认证机构和实验室指定工作。现公告如下：

一、指定需求

（一）认证机构

在摩托车乘员头盔领域指定2家认证机构（具体需求详见附件）。电热毯产品由家用和类似用途设备领域已指定认证机构承担相关认证工作，不再另行指定。

（二）实验室

在摩托车乘员头盔领域拟指定6家实验室，在电热毯领域拟指定20家实验室（具体需求详见附件）。

二、指定原则

（一）公开公正，公平竞争，择优使用；

（二）在认证机构指定方面，优先考虑具备关联产品认证经验的认证机构；在实验室指定方面，优先面向原生产许可证检测机构，或承担过出口越南摩托车乘员头盔产品强制性认证相关检测工作的实验室；

（三）电热毯产品不纳入《国家认监委关于发布进一步深化强制性认证实施机构指定审批制度改革工作举措的公告》（国家认监委公告2015年第34号）规定的日常指定范围。

三、指定条件

（一）申请从事强制性产品认证活动的认证机构应当具备下列条件：

1. 依照条例规定设立，具有相应领域2年以上认证经历或者颁发相关产品认证证书20份以上；

2. 符合国家标准中对认证机构技术能力的通用要求；

3. 在申请前6个月内无不良记录；

4. 本机构的法人性质、产权构成和组织结构等能够保证其强制性产品认证活动的客观公正；

5. 具备能够公正、独立和有效地从事强制性产品认证活动的技术与管理能力；

6. 具备从事强制性产品认证活动所需要并且可以独立调配使用的检测、检查资源，拥有与强制性产品认证工作任务相适应的符合条例规定的认证人员和稳定的财力资源。

（二）申请从事强制性产品认证检测活动的实验室应当具备下列条件：

1. 具有法律、行政法规规定的基本条件和能力，并经依法认定；

2. 获得资质认定并具有相关领域检测经验，从事检测工作2年以上或者对外出具相关产品检测报告20份以上；

3. 符合国家标准中对实验室技术能力的通用要求；

4. 在申请前6个月内无不良记录；

5. 本单位的法人性质、产权构成以及组织结构能够保证其公正、独立地实施检测活动；

6. 具备承担相应产品认证检测活动所需的全部设备、设施，或者经相关设备、设施所有权单位的授权，可以独立使用设备、设施；

7. 检测人员接受过与其承担的相应产品认证检测所必需的教育和培训，并掌握相关的标准、技术规范和强制性产品认证实施规则的要求，具备必要的产品检测能力。

四、指定工作安排

（一）符合上述条件并有申报意愿的认证机构和实验室，请按照以下要求进行申报：

1. 本次指定采取网上填报和寄送纸质申请书并行的方式进行。网上申报地址：http://cccxzsp.cnca.cn/

aasp；邮寄地址：北京市海淀区马甸东路9号国家认监委认证监管部，邮编：100088。

2. 申请机构应于2017年10月9日17：00前（以收到时间为准）将纸质申请书寄达国家认监委，并提交网上申请。

3. 申请机构应确保申请材料的真实性，如发现存在虚假、瞒报等情况的，一律取消指定资格。

4. 为保证工作秩序，我委不受理直接上门报送纸质申请书，寄送材料建议使用EMS邮政特快专递。

（二）国家认监委按照指定程序开展指定工作并作出指定决定，并于2017年10月31日前公告本次指定认证机构和实验室的名录及业务范围。

五、信息咨询及联络方式

（一）摩托车乘员头盔

联系人：关钧文　电话：010-82262674

（二）电热毯

联系人：邱磊　电话：010-82262779

附件：认证机构和实验室指定需求表

国家认监委

2017年9月6日

国家认监委关于进一步扩大强制性产品认证实验室日常指定实施范围的公告

（2017年第28号）

为持续深化强制性产品认证实施机构指定审批制度改革，激发认证检测行业活力，便利生产企业获得认证，经研究，我委决定在《国家认监委关于发布进一步深化强制性认证实施机构指定审批制度改革工作举措的公告》（国家认监委公告2015年第34号）基础上，进一步扩大强制性产品认证实验室日常指定实施范围。现公告如下：

一、新增范围

日常指定试点产品范围新增家用和类似用途设备、照明电器、机动车外部照明及光信号装置，同时将装饰装修类木器溶剂涂料扩大至整个装饰装修产品（指定项目详见附件）。

二、申请方式

有意愿承担上述产品领域强制性认证检测业务的实验室可随时向国家认监委提交指定申请。申请采取网上填报和寄送纸质申请书并行的方式进行。网上申报地：http://cccxzsp.cnca.cn/aasp；邮寄地址：北京市海淀区马甸东路9号国家认监委认证监管部，邮编：100088。

三、指定方式

我委将严格按照《中华人民共和国认证认可条例》、《强制性产品认证机构、检查机构和实验室管理办法》（质检总局令第65号）、《国家认监委关于调整从事强制性产品认证以及相关活动的认证机构、检查机构、实验室指定行政审批要求的公告》（国家认监委公告2016年第11号）要求，对具备所申请领域检测能力的实验室（其中申请家用和类似用途设备、照明电器的，应具备该领域全部认证依据标准的检测能力）予以指定。

附件：新增日常指定产品范围表

特此公告。

国家认监委

2017年9月7日

国家认监委关于发布有机产品认证扶贫信息的公告

（2017 年第 29 号）

为充分发挥有机产品认证在服务脱贫攻坚中“传递信任”的作用，规范认证扶贫信息传递方式，现将有机产品认证扶贫信息传递要求公告如下：

一、有机产品认证扶贫信息传递要求

来自贫困地区的有机产品认证获证企业，经过确认符合有机产品认证扶贫技术要求（见附件）后，可以在其获证产品包装上加施有机产品认证扶贫信息，同时应按照《认证证书和认证标志管理办法》（质检总局令第 162 号）、《有机产品认证管理办法》（质检总局令第 155 号）和有机产品认证实施规则要求加施中国有机产品认证标志、有机码和认证机构名称。

二、有机产品认证扶贫信息传递方式

有机产品认证扶贫信息为中文“认证扶贫”字样。图案如下：

■ C10 M100 Y100

字体：微软雅黑 Bold

“认证扶贫”字样使用时可以等比例放大或缩小，但不允许变形、变色。

特此公告。

附件：宣布失效文件目录

国家认监委

2017 年 9 月 7 日

国家认监委关于发布《北斗卫星导航检测认证 2020 行动计划》的公告

（2017 年第 30 号）

为深入贯彻军民融合发展重大战略思想，加快推进北斗卫星导航检测认证体系建设，进一步提升北斗卫星导航产品整体质量水平，增强北斗卫星导航核心竞争力，保障北斗系统运行安全、应用推广及产业发展，国家认证认可监督管理委员会和中央军委联合参谋部战场环境保障局联合制定了《北斗卫星导航检测认证 2020 行动计划》，现予以发布。

国家认监委

2017 年 9 月 27 日

国家认监委关于宣布失效第二批文件的公告

（2017 年第 31 号）

为进一步深入推动简政放权、放管结合、优化服务向纵深发展，国家认监委在前期工作基础上，再次对历年来印发的文件进行了清理，决定宣布失效第二批已不适应经济发展和行政管理要求的文件，现予以公告。凡宣布失效的文件，自本公告发布之日起停止执行。

附件：第二批失效文件目录

国家认监委

2017 年 9 月 30 日

附件：

第二批失效文件目录

序号	文件名称	文号	发文日期
1	关于印发《国家认监委认证认可专家咨询委员会第一次会议纪要》和《国家认监委认证认可专家咨询委员会章程》的函	国认可函〔2003〕]27号	20030220
2	关于质量管理体系审核员建筑施工领域专业注册相关要求的通知	国认可〔2012〕49号	20120619
3	关于请做好提交社会责任报告准备工作的通知	认办可函〔2013〕115号	20130603
4	国家认监委关于发布自愿性认证业务分类目录及主要审批条件的公告	公告2014年第38号	20141119
5	［国家认监委关于发布《饲料产品认证实施规则》的公告］	公告2004年第11号	20040425
6	关于启用食品农产品认证信息系统的通知	国认注函〔2006〕194号	20060928
7	关于开展良好农业规范（GAP）认证试点有关要求的通知	认办注函〔2006〕100号	20060525
8	关于做好卫生注册登记企业产品说明书和生产加工工艺审核工作的通知	认办注〔2007〕56号	20071024
9	关于采取紧急措施切实加强输日食品生产企业卫生注册和监督管理工作的通知	国认注〔2008〕7号	20080219
10	关于进一步做好输美植物蛋白企业推荐和注册监管工作的通知	认办注函〔2008〕108号	20080516
11	国家认监委关于有机产品认证监管公告	公告2010年第31号	20100727
12	关于做好指导对美国出口食品企业重新注册工作的通知	认办注函〔2012〕239号	20121017
13	关于进一步做好出口食品备案企业安全风险排查整治工作的通知	认办注函〔2012〕194号	20120816
14	［关于公布良好实验室规范（GLP）及评价程序的有关文件的公告］	公告2008年第17号	20080616
15	国家认监委关于进一步加强食品检验机构资质认定及证后监督管理工作的通知	国认实〔2012〕79号	20121031

国家认监委关于发布摩托车乘员头盔、家用和类似用途设备强制性产品认证实施规则的公告

（2017 年第 32 号）

根据《国务院关于调整工业产品生产许可证管理目录和试行简化审批程序的决定》（国发〔2017〕34 号），摩托车乘员头盔、电热毯由生产许可证转为实施强制性产品认证（以下简称“CCC 认证”）管理。现将已制修订完成的摩托车乘员头盔、家用和类似用途设备（电热毯属于家用和类似用途设备）CCC 认证实施规则予以公告（见附件 1、附件 2，以下简称“新版规则”）。本次修订的家用和类似用途设备 CCC 认证实施规则增加了适用产品范围，在“家用和类似用途设备”项下增加“电热毯、电热垫及类似柔性发热器具”。

新版规则于 2017 年 11 月 1 日起正式实施。认证实施、证书转换、执法工作安排以《质检总局 国家认监委关于发布摩托车乘员头盔、电热毯、助力车产品转强制性产品认证管理过渡期安排的公告》（质检总局、认监委联合公告 2017 年第 86 号）为准。

相关指定认证机构应依据新版规则和已发布的强制性产品认证通用实施规则的要求制定对应产品认证实施细则，于 2017 年 10 月 27 日前向国家认监委备案。认证实施细则备案后，方可开展相关指定领域的认证活动。自新版规则实施之日起，对新受理的认证委托业务，指定认证机构应按照新版规则实施认证。

附件：1. CNCA-C11-15：2017 强制性产品认证实施规则 摩托车乘员头盔

2. CNCA-C07-01：2017 强制性产品认证实施规则 家用和类似用途设备

国家认监委

2017 年 10 月 16 日

国家认监委关于重新发布 2017 年强制性产品认证实施机构年度指定结果的公告

（2017 年第 33 号）

《国家认监委关于发布 2017 年强制性产品认证实施机构年度指定和第三批日常指定结果的公告》（国家认监委公告 2017 年第 26 号，以下简称 2017 年第 26 号公告）发布后，我委在规定的期限内收到有关方面对年度指定结果有异议的反映。经核查，反映的情况属实，国家认监委决定依法撤销相关机构的指定，并重新公布 2017 年强制性产品认证实施机构年度指定结果。

2017 年第 26 号公告有关年度指定决定的内容同时作废。

国家认监委

2017 年 10 月 25 日

附件:

2017年强制性产品认证实施机构年度指定决定

一、2017年强制性产品认证实施机构年度指定决定

（一）认证机构

指定项目编号	业务领域	指定认证机构	指定业务范围	机构信息
1.1	CNCA-C02-01：电路开关及保护或连接用电器装置（电器附件）	方圆标志认证集团有限公司（12）	CNCA-C02-01：电路开关及保护或连接用电器装置（电器附件）	北京市海淀区增光路33号 电话：010-68412862 传真：010-88414325 E-mail：cqm@cqm.com.cn 网址：www.cqm.com.cn 邮编：100048
1.2	CNCA-C05-01：电动工具	—		
1.3	CNCA-C07-01：家用和类似用途设备	中国信息安全认证中心（16）	CNCA-C07-01：家用和类似用途设备	北京市朝阳区朝外大街甲10号1101房间 电话：010-65994357 传真：010-65994307 E-mail：tianhw@isccc.gov.cn 网址：http://www.isccc.gov.cn 邮编：100020
1.4	CNCA-C08-01：音视频设备 CNCA-C09-01：信息技术设备 CNCA-C16-01：电信终端设备	威凯认证检测有限公司（18）	CNCA-C08-01：音视频设备 CNCA-C09-01：信息技术设备 CNCA-C16-01：电信终端设备	广州高新技术产业开发区天泰一路3号一号楼南四、五楼 电话：020-32293724 传真：020-32293726 E-mail：shencb@cvc.org.cn 网址：http://www.cvc.org.cn 邮编：510663

（二）实验室

指定项目编号	业务领域	地域	指定认证机构	指定业务范围	机构信息	法人单位
2.1	CNCA-C01-01：电线电缆	江苏	江苏省产品质量监督检验研究院（07901）	CNCA-C01-01：电线电缆中的下列产品 ——额定电压450/750 V及以下橡皮绝缘电线电缆和聚氯乙烯绝缘电线电缆（除GB/T 5013.8覆盖的型号产品、GB/T 5023.6~7覆盖的型号产品）	徐州市新城区产业园区 联系人：水利民 电话：025-84470228 传真：025-84470203 E-mail：13515121212@yeah.net 网址：www.jszj.net.cn	江苏省产品质量监督检验研究院
		广西	广西壮族自治区产品质量检验研究院（19401）	CNCA-C01-01：电线电缆中的下列产品 ——额定电压450/750 V及以下聚氯乙烯绝缘电线电缆（GB/T 5023.3、JB/T 8734.2~3覆盖的型号产品）	广西南宁市科园西九路23号 联系人：刘红清 电话：0771-5852391 E-mail：1827693699@qq.com 网址：www.gxqt.net	广西壮族自治区产品质量检验研究院
2.2	CNCA-C07-01：家用和类似用途设备	安徽	合肥市产品质量监督检验所/国家家用电器产品质量监督检验中心（安徽）（19501）	CNCA-C07-01：家用和类似用途设备中的下列产品 ——家用电冰箱和食品冷冻箱、电风扇、空调器、家用电动洗衣机、快热式电热水器、室内加热器、真空吸尘器、皮肤毛发护理器具、电熨斗、电动食品	安徽省合肥市蜀山区望江西路与浮山路口 联系人：刘华 电话：0551-68125803 传真：0551-68125817 E-mail：673588860@qq.com 网址：www.nchea.cn	合肥市产品质量监督检验所

续表

指定项目编号	业务领域	地域	指定认证机构	指定业务范围	机构信息	法人单位
2.2	CNCA-C07-01：家用和类似用途设备	安徽	合肥市产品质量监督检验所/国家家用电器产品质量监督检验中心（安徽）（19501）	加工器具、微波炉、吸油烟机、液体加热器和冷热饮水机、电饭锅	安徽省合肥市蜀山区望江西路与浮山路口 联系人：刘华 电话：0551-68125803 传真：0551-68125817 E-mail：673588860@qq.com 网址：www.nchea.cn	合肥市产品质量监督检验所
		北京	中国检验检疫科学研究院综合检测中心（19601）	CNCA-C07-01：家用和类似用途设备中的下列产品 ——电风扇、电热水器、室内加热器、真空吸尘器、皮肤毛发护理器具、电熨斗、电磁灶、电烤箱、电动食品加工器具、微波炉、电灶、灶台、烤炉和类似器具、吸油烟机、液体加热器和冷热饮水机、电饭锅	北京市亦庄经济技术开发区荣华南路11号 联系人：刘庆 电话：010-85773355-2114 E-mail：liuqing@caiqtest.com 网址：http://www.caiqtest.com	中国检验检疫科学研究院综合检测中心
		重庆	—			
2.3	CNCA-C09-01：信息技术设备	广东	东莞标检产品检测有限公司（16001）	CNCA-C09-01：信息技术设备	广东省东莞市大朗镇富民南路68号 联系人：黄志 电话：0769-81119888 传真：0769-81116222 E-mail：dgqad@stc.group 网址：www.dgstc.com 邮编：523770	东莞标检产品检测有限公司
			广东省东莞市质量监督检测中心（16101）	CNCA-C09-01：信息技术设备	广东省东莞市松山湖科技产业园区工业南路2号 联系人：梁俊威 电话：0769-23071111-1136 13686180239 传真：0769-23077215 E-mail：ljw@gddqt.com 网址：www.gddqt.com 邮编：523808	广东省东莞市质量监督检测中心
		重庆	重庆仕益产品质量检测有限责任公司（08201）	CNCA-C09-01：信息技术设备	重庆市渝中区嘉滨路151号 联系人：张舟 电话：023-63841535 传真：023-63521360 E-mail：271817890@qq.com 网址：www.cccccq.org 邮编：400010	重庆仕益产品质量检测有限责任公司
2.4	CNCA-C10-01：照明电器	广东	深圳市计量质量检测研究院（02801）	CNCA-C10-01：照明电器	深圳市南山区西丽街道办同发路4号 联系人：骆红 电话：0755-26941627 传真：0755-86009836 E-mail：rzrk@smq.com.cn 网址：www.smq.com.cn 邮编：518055	深圳市计量质量检测研究院
			东莞标检产品检测有限公司（16001）	CNCA-C10-01：照明电器	广东省东莞市大朗镇富民南路68号 联系人：黄志 电话：0769-81119888 传真：0769-81116222 E-mail：dgqad@stc.group 网址：www.dgstc.com 邮编：523770	东莞标检产品检测有限公司

续表

指定项目编号	业务领域	地域	指定认证机构	指定业务范围	机构信息	法人单位
2.4	CNCA-C10-01：照明电器	广东	广东省东莞市质量监督检测中心（16101）	CNCA-C10-01：照明电器	广东省东莞市松山湖科技产业园区工业南路2号 联系人：梁俊威 电话：0769-23071111-1136 13686180239 传真：0769-23077215 E-mail：ljw@gddqt.com 网址：www.gddqt.com 邮编：523808	广东省东莞市质量监督检测中心
			华测检测认证集团股份有限公司（16701）	CNCA-C10-01：照明电器	广东省深圳市宝安区70区鸿威工业园 联系人：张波 电话：0755-33681259 传真：0755-33683385 E-mail：bo.zhang@cti-cert.com 网址：www.cti-cert.com 邮编：518101	华测检测认证集团股份有限公司
		江苏	方圆广电检验检测股份有限公司（18301）	CNCA-C10-01：照明电器	江苏省无锡市滨湖区菱湖大道200号中国传感网国际创新园G9幢2楼 联系人：张泽铭 传真：0510-68790033 E-mail：zhangzm@grgtest.com 邮编：300074	方圆广电检验检测股份有限公司
		浙江	嘉兴威凯检测技术有限公司（18401）	CNCA-C10-01：照明电器中的下列产品 ——固定式通用灯具、可移式通用灯具、嵌入式灯具、电源插座安装的夜灯、荧光灯用交流电子镇流器、LED模块用直流或交流电子控制装置	浙江省嘉兴市南湖区嘉兴总部商务花园3号楼 联系人：朱嘉 电话：0573-82586863 传真：0573-82586885 E-mail：zhujia@cvc.org.cn 网址：www.cvc.org.cn 邮编：314000	嘉兴威凯检测技术有限公司
		上海	中认尚动（上海）检测技术有限公司（01001）	CNCA-C10-01：照明电器	上海市徐汇区桂菁路19号 联系人：陈建秋 电话：021-64314863 传真：021-64339515 E-mail：aqiu7184@hotmail.com 网址：www.tiet.org 邮编：200233	中认尚动（上海）检测技术有限公司
2.5	CNCA-C16-01：电信终端设备	广东	—			
		江苏	江苏省产品质量监督检验研究院（07901）	CNCA-C16-01：电信终端设备	江苏省苏州市吴中区吴中大道1368号 联系人：水利民 电话：025-84470228 传真：025-84470203 E-mail：13515121212@yeah.net 网址：www.jszj.net.cn 邮编：215104	江苏省产品质量监督检验研究院
2.6	CNCA-C11-01：汽车产品中的下列产品 ——O类汽车	浙江	卡达克机动车质量检验中心（宁波）有限公司（19801）	CNCA-C11-01：汽车产品中的下列产品 ——O类汽车	浙江省宁波杭州湾新区滨海二路727号 联系人：杨雪 电话：0574-2372 6602 E-mail：yangxue@catarc.ac.cn 网址：www.catarc-nb.com 邮编：315336	卡达克机动车质量检验中心（宁波）有限公司 司

续表

指定项目编号	业务领域	地域	指定认证机构	指定业务范围	机构信息	法人单位
2.7	CNCA-C11-07：机动车外部照明及光信号装置	广东	—			
		重庆	—			
		吉林	—			
2.8	CNCA-C13-01：安全玻璃产品中的下列产品 ——建筑安全玻璃	贵州	贵州省建材产品质量监督检验院(19901)	CNCA-C13-01：安全玻璃产品中的下列产品 ——建筑钢化玻璃	贵州省贵阳市白云区科教街698号 联系人：朱孜 电话：0851-85799171 传真：0851-85762271 E-mail：974104003@qq.com 网址：www.gzjcz.com 邮编：550000	贵州省建材产品质量监督检验院
2.9	CNCA-C22-01：童车产品中的下列产品 ——电动童车	浙江	平湖市产品质量监督检验所(20001)	CNCA-C22-01：童车产品中的下列产品 ——电动童车	浙江省平湖市经济开发区新兴三路433号 联系人：吴为华 电话：0573-85075136 传真：0573-85075126 E-mail：wuweihua@pinghu.gov.cn 网址：http://zjj.pinghu.gov.cn 邮编：314200	平湖市产品质量监督检验所
2.10	CNCA-C22-01：童车产品中的下列产品 ——儿童推车	广东	中国质量认证中心华南实验室(15801)	CNCA-C22-01：童车产品中的下列产品 ——儿童推车	广东省广州市增城区新塘镇宁西工业园区 联系人：王莹琛 电话：020-85190132/18925029668 传真：020-85190132 E-mail：wangyingchen@cqc.com.cn 网址：http://www.cqc.com.cn/southchinalab/	中国质量认证中心
2.11	CNCA-C22-02：玩具产品中的下列产品 ——金属玩具类产品	广东	广东精正检测有限公司(20101)	CNCA-C22-02：玩具产品中的下列产品 ——金属玩具类产品	广东省汕头市澄海区澄华工业区艺丰大厦一、二层 联系人：陈小砖 电话：0754-86989610 传真：0754-86984098 E-mail：chenxz@ajtesting.com 网址：www.ajtesting.com	广东精正检测有限公司
2.12	CNCA-C22-02：玩具产品中的下列产品 ——弹射玩具类产品	福建	厦门市产品质量监督检验院（国家半导体发光器件（LED）应用产品质量监督检验中心）(13501)	CNCA-C22-02：玩具产品中的下列产品 ——弹射玩具类产品	福建省厦门市思明区湖滨南路170号三楼 联系人：林远洪 电话：0592-2699762 传真：0592-2699797 E-mail：linyuanhong@xmzjy.org 网址：www. xmzjy.org 邮编：361004	厦门市产品质量监督检验院
2.13	CNCA-C22-03：机动车儿童乘员用约束系统	江苏	谱尼测试集团江苏有限公司(20201)	CNCA-C22-03：机动车儿童乘员用约束系统	江苏省苏州市工业园区金芳路8号 联系人：方敏 电话：18938666405 传真：0512-68021475 E-mail：szqae@ponytest.com 网址：www.ponytest.com 邮编：215123	谱尼测试集团江苏有限公司

国家认监委关于发布摩托车乘员头盔、电热毯产品CCC实施机构和2017年度第四批日常指定结果的公告

（2017年第34号）

根据《中华人民共和国认证认可条例》、《强制性产品认证机构、检查机构和实验室管理办法》（质检总局令第65号）及国家认监委有关公告、规定，现对摩托车乘员头盔、电热毯产品CCC实施机构和2017年度第四批实验室日常指定决定予以公告。

对本指定决定有异议的，请在公告发布之日起15个工作日内向我委提出申诉或投诉（请注明联系人和联系方式）。

国家认监委

2017年10月27日

国家认监委关于注销Vogler Fleisch GmbH & Co.KG注册资格的公告

（2017年第35号）

Vogler Fleisch GmbH & Co.KG（注册编号DE ES 306 EG，DE EZ 306 EG）为已获得注册的德国肉类生产企业，注册品种为冷冻猪肉及可食用副产品。国家认监委近期接到德国食品与农业部（BMEL）来函，确认该企业已被当地主管机构注销。

依据《行政许可法》第七十条的规定，国家认监委决定自本公告发布之日起注销Vogler Fleisch GmbH & Co. KG（注册编号DE ES 306 EG，DE EZ 306 EG）的注册资格，其产品不得进口中国。

特此公告。

国家认监委

2017年11月3日

国家认证认可监督管理委员会 国家林业局关于将“生产经营性珍稀濒危植物经营”认证纳入《森林认证规则》的公告

（2017 年第 37 号）

根据《国家认证认可监督管理委员会 国家林业局关于发布〈森林认证规则〉的公告》（2015 年第 14 号公告），经专家评估，将“生产经营性珍稀濒危植物经营”纳入森林认证范围，认证依据是《中国森林认证 生产经营性珍稀濒危植物经营》（LY/T 2602—2016）。

现予以公告。

国家认监委 国家林业局

2017 年 11 月 21 日

国家认监委关于强制性产品指定认证机构中汽认证中心名称变更的公告

（2017 年第 38 号）

根据中汽认证中心《关于认证机构名称变更的请示》（中汽认证质发〔2017〕99 号），现将强制性产品认证指定认证机构“中汽认证中心”名称变更为“中汽认证中心有限公司”，其指定业务领域不变。现予以公告。

国家认监委

2017 年 11 月 21 日

国家认监委关于注销山西省产品质量监督检验研究院等2家单位的部分领域强制性产品认证指定检测业务的公告

（2017年第39号）

近日，我委收到山西省产品质量监督检验研究院、国家安全玻璃及石英玻璃质量监督检验中心（国家建筑材料测试中心）两家单位的所属法人单位关于注销承担溶剂型木器涂料产品领域强制性产品认证指定检测业务的申请，依据《质量监督检验检疫行政许可实施办法》（质检总局令第149号）第四十四条的规定，现决定即日起注销上述两家单位承担的溶剂型木器涂料产品领域强制性产品认证指定检测业务。

特此公告。

国家认监委

2017年12月3日

国家认监委关于公布2017年电气领域检验检测机构质量提升竞赛结果的公告

（2017年第40号）

为贯彻国务院“放管服”改革要求，不断提升检验检测机构技术能力和服务质量水平，利用能力验证手段提升检验检测机构监管和正向激励效果，国家认监委组织开展了2017年电气领域检验检测机构质量提升竞赛。

本次竞赛活动包括信息技术设备项目和插头插座项目，竞赛内容包含“现场实操检测”和“现场笔试”两部分。来自国务院相关行业主管部门和地方质检两局推荐的91个参赛检验检测机构的200余人参加了考核。最终，信息技术设备项目考核结果为卓越的检验检测机构13家，结果为满意的15家；插头插座项目考核结果为卓越的检验检测机构5家，结果为满意的13家。

现将2017年电气领域检验检测机构质量提升竞赛结果为优秀的检验检测机构（包括“卓越”和“满意”）名单及参赛人员姓名予以公告。鼓励社会各界利用本次竞赛结果，优先选择竞赛结果优秀的检验检测机构提供服务。

附件：1. 2017年电气领域检验检测机构质量提升竞赛优秀机构名单（信息技术设备项目）

2. 2017年电气领域检验检测机构质量提升竞赛优秀机构名单（插头插座项目）。

国家认监委

2017年12月4日

附件 1:

2017年电气领域检验检测机构质量提升竞赛优秀机构名单（信息技术设备项目）

序号	机构名称	参赛人员	考核结果
1	国家通用电子元器件及产品质量监督检验中心（工业和信息化部电子第五研究所）	冯谞浩、雷强	卓越
2	德凯质量认证（上海）有限公司 广州分公司	王磊、刘欣、梁志成	卓越
3	国家通讯终端产品质量监督检验中心/ 广东省通讯终端产品质量监督检验中心	高晓清、李惠、邱琳用	卓越
4	威凯检测技术有限公司	张垂虎、曹勇、陈云华	卓越
5	广东产品质量监督检验研究院	唐力华、刘洁贞、李昭亮	卓越
6	东莞精准通检测认证股份有限公司	章勇、肖江、彭天宇	卓越
7	国家信息技术设备质量监督检验中心/广东省东莞市质量监督检测中心	陈贵彦、容曼红、庄智东	卓越
8	中国电子技术标准化研究院赛西实验室	王莹、张跃亭、李玉祯	卓越
9	深圳市计量质量检测研究院	刘峰、方欢、陈静	卓越
10	国家家用电器质量监督检验中心	姚青梅、徐新、王玥	卓越
12	国家无线电监测中心检测中心	王粤、李响、周平	卓越
13	江苏省电子信息产品质量监督检验研究院/国家物联网产品及应用系统质量监督检验中心	沈冬波、钱柳健、孙小妹	卓越
14	中国信息通信研究院/中国泰尔实验室	刘伟、赵晓昕、李娟	满意
15	深圳市北测检测技术有限公司	周绍廷、黄文韬、易子荣	满意
16	必维欧亚电气技术咨询服务（上海）有限公司	章庆林、李永玲、秦显	满意
17	国家电子计算机质量监督检验中心/北京尊冠科技有限公司	洪琦、殷智慧、周会粉	满意
18	莱茵技术监督服务（广东）有限公司	何映、李俊东、许毅	满意
19	河南省电子信息产品质量监督检验院	孙京红、杨林春、赵志强	满意
20	苏州市电子产品检验所有限公司	宋翌华、李帅华	满意
21	通标标准技术服务有限公司广州分公司	董志菊、谢红、唐泽波	满意
22	广东省电子电器研究所	陈汉光、邓力、胡绍健	满意
23	北京出入境检验检疫局机电产品检测中心/北京中认检测技术服务有限公司	杨猛、宝暄、刘闯	满意
24	上海天祥质量技术服务有限公司	舒坚德	满意
25	福建出入境检验检疫局检验检疫技术中心	吴向峰、周鑫	满意
26	中检集团南方电子产品测试（深圳）股份有限公司	杨新军、何志忠、荣海洋	满意
27	程智电子科技（昆山）有限公司	冯丙金、徐海波	满意
28	苏州市质量技术监督综合检验检测中心	王猛猛、董晨僖	满意

附件 2:

2017年电气领域检验检测机构质量提升竞赛优秀机构名单（插头插座项目）

序号	机构名称	参赛人员	考核结果
1	国家通用电子元器件及产品质量监督检验中心（工业和信息化部电子第五研究所）	王升鸿、丁林祥	卓越
2	国家电器安全质量监督检验中心（浙江）/浙江方圆检测集团股份有限公司	张秋声、白金鹏、陈卫东	卓越
3	中国质量认证中心华南实验室	蔡军、刘悦、韩子云	卓越
4	国家家用电器质量监督检验中心	张玉杰、孙芮、杨海雷	卓越
5	宁波出入境检验检疫局检验检疫技术中心	徐泽柱、史剑剑、蔡庆红	卓越
6	南德认证检测（中国）有限公司上海分公司	刘滢、罗家业	满意
7	福建出入境检验检疫局检验检疫技术中心	黄永福、吴臻鹏	满意

续表

序号	机构名称	参赛人员	考核结果
8	威凯检测技术有限公司	李忠耀、邓志坚、吕国伟	满意
9	广东产品质量监督检验研究院	温永彩、刘振峰、曹庆权	满意
10	江苏省产品质量监督检验研究院	徐晓昂、王健	满意
11	浙江省检验检疫科学技术研究院	朱凌、杨昌毅、王子豪	满意
12	苏州电器科学研究院股份有限公司	潘晓军、钱永江、陈元	满意
13	东莞出入境检验检疫局检验检疫综合技术中心	陈金周、韩强、苏德玮	满意
14	中认尚动（上海）检测技术有限公司	王骅钦、陈平	满意
15	温州市质量技术监督检测院/国家金融设备及零配件质量监督检验中心	蔡万高、吴敏、曹良佑	满意
16	上海出入境检验检疫局机电产品检测技术中心	梁辉、张婧	满意
17	莱茵技术（上海）有限公司	毛俊国、赵熠然、张舜峰	满意
18	北京市产品质量监督检验院(国家中文信息处理产品质量监督检验中心)	张楠、刘小东、王金迪	满意

国家认监委关于将“爬爬垫”类产品列入强制性产品认证范围的公告

（2017年第41号）

近年来，市场上陆续出现婴童“爬爬垫”、“爬行垫”、“游戏垫”等垫类产品（以下简称“爬爬垫”类产品），且销量逐年增多。为保障儿童产品质量安全，维护广大消费者和生产企业的合法权益，现将“爬爬垫”类产品是否属于CCC认证范围及认证要求明确如下：

一、凡在产品或产品包装、产品说明书上明确标明属于“爬爬垫”类产品，或没有明确标明“爬爬垫”类产品但产品说明中明示执行GB 6675相关标准且适用于婴童爬行玩耍的各种垫类产品，均应符合相关玩具产品CCC认证实施规则要求。

二、对于未明确标注第一条所述相关信息，但产品明示适用年龄为14岁及以下任意年龄，且具有以下特征之一者，也应符合相关玩具产品CCC认证实施规则要求：

1. 产品具有拼插玩耍功能，通过拼插形成不同形状垫，供婴童玩耍和爬行的；

2. 不具有拼插功能，但产品上具有卡通图案，或看图识字 / 识物 / 识色等图案，且可供婴童玩耍和爬行的。

三、自本公告发布之日起，相关生产企业应按照玩具产品相关CCC认证实施规则要求实施认证，并于2018年11月30日前完成认证。自2018年12月1日起，上述产品未获得CCC认证的，不得出厂、销售、进口或者在其他经营性活动中使用。

国家认监委

2017年12月8日

国家认监委关于发布《有机产品认证增补目录（五）》的公告

（2017 年第 42 号）

根据《有机产品认证管理办法》（国家质检总局令第 155 号）、《有机产品认证实施规则》（国家认监委公告 2014 第 11 号）规定，按照有序推进、动态调整的原则，结合有机产品生产实际需求及相关方面的意见建议，并经中国有机产品认证工作组专家技术评议，现将《有机产品认证增补目录（五）》予以发布。

自本公告发布之日起，有机产品认证机构可受理新增目录内产品的有机产品认证申请，同时不再受理删除产品的认证申请。本公告发布前已获得认证，属于删除种类的产品，认证证书期满自动失效，认证证书有效期内生产的产品可在其产品有效期内使用相应认证标志。

特此公告。

国家认监委

2017 年 12 月 9 日

附件：

有机产品认证增补目录（五）

序号	产品名称	产品范围
8	杂粮	红稗
9	薯芋类	菊芋
18	新鲜葱蒜类蔬菜	岩葱
34	其他水果	黑老虎（布福娜）、蓝靛果、神秘果、番荔枝
37	其他坚果	可可
43	青饲料植物	构树
46	野生采集的植物	鸡血藤；龙胆草；夏枯草；香樟；滇重楼；白及；山刺玫（刺玫）；杜鹃；蹄盖蕨菜（猴腿菜）；荚果蕨（黄瓜香）；黄芩；金莲花；柳蒿；香青兰（山薄荷）；山菠菜；小根蒜；鸭舌草（鸭嘴菜）；马齿苋；苹（四叶菜）；花脸香菇（花脸蘑）；滑子菇（珍珠菇）；双孢菇（内蒙白蘑）；亚侧耳（元蘑）；黄花菜；木耳；荠菜；苋菜；榛子；白柳；决明子；芦苇；胖大海；砂仁；凉粉草(仙草)；栀子
49	植物类中药	删除“板蓝根” 增加“大白矛（白茅根）；白芷；破布叶（布渣叶）；穿心莲；菘蓝（大青叶、板蓝根）；淡竹叶；秤星树（岗梅根）；鸡蛋花；橘红；决明子；莲（莲子心）；芦苇；胖大海；忍冬（忍冬藤）；砂仁；夏枯草；凉粉草(仙草)；栀子；鸡血藤；辽细辛；滇重楼；白及；淫羊藿（淫羊藿、巫山淫羊藿）；三叶崖爬藤（三叶青）；构树”
70	海水鱼	军曹鱼
75	两栖和爬行动物	大鲵
88	其他植物饮料	菊粉；核桃露（乳）；豆奶
97	经处理的液体乳和奶油	含乳饮料
98	乳粉及其制品	含乳固态成型制品
115	更改为“其他食品”	巧克力
120	葡萄酒	桃红葡萄酒

国家认监委关于补充发布2017年CCC实施机构年度指定结果的公告

（2017年第43号）

根据《中华人民共和国认证认可条例》、《强制性产品认证机构、检查机构和实验室管理办法》（质检总局令第65号）及《国家认监委关于开展2017年强制性产品认证实施机构年度指定工作的公告》（国家认监委公告2017年第17号），现补充发布2017年强制性产品认证实施机构年度指定结果。

对本指定结果有异议的，可在公告发布之日起15个工作日内向我委提出申诉或投诉（请注明联系人和联系方式）。

国家认监委

2017年12月29日

附件：

2017年强制性产品认证实施机构年度指定结果

指定项目编号	业务领域	指定认证机构	指定业务范围	机构信息
1.5	CNCA-C11-01：汽车产品中的下列产品 ——纯电动汽车（仅限国内）	天津华诚认证中心	CNCA-C11-01：汽车产品中的下列产品： ——纯电动汽车（仅限国内）	天津市东丽区先锋东路68号科研楼336 电话：022-84379333-1329 传真：022-84379328 E-mail：chubaolei@catarc.ac.cn 网址：www.cagc.org 邮编：300300
1.6	CNCA-C11-04：汽车安全带 CNCA-C11-05：机动车喇叭 CNCA-C11-06：机动车制动软管 CNCA-C11-07：机动车外部照明及光信号装置 CNCA-C11-08：机动车辆间接视野装置 CNCA-C11-11：汽车燃油箱 CNCA-C11-12：汽车座椅及座椅头枕	天津华诚认证中心	CNCA-C11-04：汽车安全带 CNCA-C11-05：机动车喇叭 CNCA-C11-06：机动车制动软管 CNCA-C11-07：机动车外部照明及光信号装置 CNCA-C11-08：机动车辆间接视野装置 CNCA-C11-11：汽车燃油箱 CNCA-C11-12：汽车座椅及座椅头枕	天津市东丽区先锋东路68号科研楼336 电话：022-84379333-1329 传真：022-84379328 E-mail：chubaolei@catarc.ac.cn 网址：www.cagc.org 邮编：300300
1.7	CNCA-C22-03：机动车儿童乘员用约束系统	天津华诚认证中心	CNCA-C22-03：机动车儿童乘员用约束系统	天津市东丽区先锋东路68号科研楼336 电话：022-84379333-1329 传真：022-84379328 E-mail：chubaolei@catarc.ac.cn 网址：www.cagc.org 邮编：300300

认证认可风采

（一）

图文宣传

4月18日，中国认证认可协会三届一次常务理事会在京召开。中国认证认可协会会长朱光沛出席会议并讲话，协会秘书长生飞作工作报告，会议听取了中国认证认可协会检测分会年度工作报告、自律与诚信建设工作委员会年度工作报告、认证咨询专业委员会工作报告及认证认可政策与法律咨询工作委员会年度工作报告，协会副秘书长徐德峰、李强出席会议。

9月15日，由国家质检总局、上海市人民政府主办的中国质量（上海）大会在沪开幕。下午，由中国认证认可协会承办的以“认证认可助力质量提升”为主题的分会场迎来了国家质检总局有关司局领导，国家认监委有关部门领导。总局总检验师张际文、中国认证认可协会会长朱光沛致辞，国家认监委副主任刘卫军、安德鲁・贝恩斯、陈振华、凯文・洛、姚燕、阿利姆・赛义多夫、杨志忠、生飞做主题演讲。中国认证认可协会秘书长生飞主持。

11月29日，全国认证认可标准化技术委员会换届大会在京召开。总局党组成员、国家标准委主任田世宏、第一届全国认证认可标准化技术委员会主任委员原中国认证认可协会会长王凤清、国家认监委副主任刘卫军、第二届全国认证认可标准化技术委员会主任委员国家认监委副主任董乐群出席会议并讲话，标准委副主任崔钢出席会议并宣读换届批复，全国认证认可标准化技术委员会秘书长生飞代表第一届标委会做工作报告。

中国认证认可协会（CCAA）　成立于2005年9月27日，是由认证认可行业的认可机构、认证机构、认证培训机构、认证咨询机构、实验室、检测机构和部分获得认证的组织等单位会员和个人会员组成的非营利性、全国性的行业组织。依法接受业务主管单位国家质量监督检验检疫总局、登记管理机关民政部的业务指导和监督管理。

中国认证认可协会以推动中国认证认可行业发展为宗旨，为政府、行业、社会提供与认证认可行业相关的各种服务。

主要职能　加强社会责任监督和行业自律；调查研究中外行业发展及市场趋势，参与制定行业发展战略规划，向政府提出政策和立法建议，向社会提供信息与咨询服务；倡导科技进步，促进信息化建设，组织行业从业人员资格管理教育和培训；参与制、修订国家行业标准，并组织贯彻实施；组织国际对话，促进国际合作；开展认证推广工作；编辑、翻译出版认证方面的标准、期刊、书籍、文集和资料等。

主要业务　认证人员注册、培训开发、会员服务、自律监管、技术标准和开展国内外认证认可业务交流合作等。为加强认证认可行业自律监管和推进规范化管理，中国认证认可协会成立了行业自律与诚信建设工作委员会和人员注册技术与申投诉委员会；承担了全国认证认可标准化技术委员会（SAC/TC261）秘书处日常工作；与中国国家认证认可监督管理委员会共同主办了由国家质量监督检验检疫总局主管的《中国认证认可》杂志，该杂志成为了中国认证认可行业指导性刊物。

中国认证认可协会着力于行业、企业与政府间的沟通协调，并加快国际合作步伐，努力为中国认证认可行业发展营造良好的氛围。

地址：中国北京朝阳区朝外大街甲10号

Address:Jia No.10,Chaowai Dajie Chaoyang District,Beijing,China

Zip:100020　Tel:010-65994482 Fax:010-65994262

Http://www.ccaa.org.cn

中国认证认可协会

CCAA

重庆市质量技术监督局

重庆市质监局以“提升认证公信力、提升认证贡献率”活动为总领，努力服务发展，促进质量提升。

1.赢得地方党委政府支持。18个区县新出台涉及检验检测认证工作的扶持奖励政策，单项最高奖50万元。

2.创新制定《认证机构认证主体责任倒查实施办法》，明确启动倒查机制的8种情况，推动认证机构有效落实“谁发证、谁监督”的主体责任。

3.重点针对数据自动化采集与处理、检测行为信息化监控两大板块推动信息化建设，助推“互联网+检验检测”。

4.修订《检验检测机构分级评价和分类监管实施办法》，实行认证证后监管的综合监管模式。

5.召开富硒产品认证新闻发布会，为两家企业颁发了全国首批“富硒产品认证”，目前全市已累计发证54张。

6.紧盯战略前沿和民生安全领域，助推“检测高地”建设。北斗卫星导航产品质量检测中心（筹）在重庆落地。

7.围绕“三去一降一补”，创新编制并免费推广《企业能耗成本控制作业指导书》，54家企业试点运用，已实现节约能耗3000余万元。

8.抓住区域经济发展“牛鼻子”，深入推进“认证服务园区”活动。与园区签订合作协议49份，联合开展监管活动64次，促进了检验检测认证与区域经济的融合发展。

辽宁出入境检验检疫局

2017年，辽宁出入境检验检疫局围绕全国质检工作会议和全国认证认可工作会议部署，以“加强全面质量监管”为主线，以“质量提升行动”为抓手，以“建设沿海强局”为目标，在质量提升服务发展、深化“放管服”改革、提升供给能力和内部管理质量上又迈出了新的跨越式步伐。

（一）全面实施认证质量管理，执法把关质量显著提升

1.严格执法把关，提升强认证产品监管质量。

2.突出问题导向，推动监管模式创新和流程再造。

3.全面推行“双随机、一公开”执法检查新机制。

（二）充分发挥认证抓手作用，服务发展水平大幅提升

1.深入开展“三同”工程, 全面改善供给质量。

2.运用认证技术优势，全面提高出口竞争力。

3.创新认证监管模式，服务自贸区建设发展。

4.强化沟通指导，推进“有机示范区”创建。

（三）加大部门合作力度，政府公众质量意识持续提升

1.多部门联合行动，共同推进质量强省战略。

2.多形式、多方位宣传，共同营造质量意识氛围。

（四）强化自身能力建设，内部管理质量稳步提升

1.以制度创新规范内部工作质量。

2.以多元方式打造高质量人才队伍。

3.以党建引领促进业务水平全面提升。

深圳出入境检验检疫局

深圳出入境检验检疫局是直属国家质量监督检验检疫总局的出入境检验检疫机构，正厅级建制。1999年8月，按照国务院及中编办有关口岸管理体制改革的精神，深圳出入境检验检疫局由原深圳卫生检疫局、动植物检疫局和进出口商品检验局合并组建而成。

2017年，深圳出入境检验检疫局认证处紧密围绕全国质检工作会议、认证认可工作会议及深圳局工作要点，按照深圳局年初重点工作部署，瞄准“两提升、两满意”，继续“提升层次、延长链条、扩大供给”，统一思想认识、细化工作措施、狠抓工作落实，全面推进各项工作落实到位。

一、积极推进“同线同标同质”工程，实现“三同”产品“提品质、增品种、创品牌”；深入开展出口农产品“逐一帮扶”计划；开展检验鉴定机构“优质检验技术服务、优秀诚信体系建设”双优品牌创建活动；认真组织推进“放管服”改革；开展“质量认证提升深圳制造品质系列活动”等方面着力质量提升，从供需两端发力增强公众质量获得感。

二、制定出口食品企业备案监管工作计划，实施备案企业联动监管；优化服务、放管结合，提高口岸入境验证工作质量；开展跨境电子商务CCC产品质量安全监测工作；加强进口有机产品和HACCP认证联动监管；开展国门安全风险隐患排查，提升认证监管工作质量；继续完善规范性文件修订，提高认证认可业务管理水平等方面加强监管，切实守住质量安全底线。

三、推动深港互认更深层次合作；继续扩大自贸区第三方检验结果采信试点工作范围；进一步贯彻落实“双随机”抽查机制；找准着力点，全面铺开进出口商品检验鉴定机构质量安全数据采集工作；继续推动自贸区内跨境电商强制性产品监督管理工作；争取国家认监委下放进口注册管理权限，助推前海蛇口自贸片区业务发展；加大认证认可政策理论研究，提升认证认可传播力等方面大力改革创新，推进检验检疫继承协同创新。

四、扩大对外推荐注册管理，支持优势产业实现提质增效；推进出口食品企业备案采信第三方认证管理，实现出口备案零等待；优化CCC免办流程，助力企业转型升级；支持深圳口岸汽车平行进口业务开展等方面服务创优，竭力助推开放型经济健康发展。

五、建立“两学一做”学习教育常态化、制度化，落实“三会一课”等学习制度；加强党建工作，创“认证桥梁”支部党建品牌，落实精准扶贫工作，有效发挥党组织和党员队伍作用等方面从严治党，持之以恒加强自身建设。

10月26日，认证处组织第二期质量认证提升深圳制造品质培训–认证处报送

创食安城市，享出口品质

开展精准扶贫，慰问结对帮扶对象

认监委调研认证认可助推全面质量管理座谈会

阿拉山口出入境检验检疫局

2017年，阿拉山口出入境检验检疫局认真贯彻落实国家质检总局、国家认监委和新疆检验检疫局有关工作会议精神，严格按照“抓质量、保安全、促发展、强质检”的工作方针，全面贯彻《质量发展纲要（2011—2020年）》，紧紧围绕中心工作和重点工作，较好地完成了全年各项工作任务。

根据《新疆检验检疫局2017年出口食品企业内外销“同线同标同质”帮扶行动方案》和《新疆检验检疫局2017年出口食品企业内外销“同线同标同质”帮扶计划任务分解表》的要求，扶持2家出口食品生产企业申报“同线同标同质”企业；帮助精河工业园区申报质量安全示范区，支持园区内2家企业申报质量安全示范企业。

全年受理申报42155批、2109万吨、货值106亿美元，其中入境23253批1790万吨，出境18902批319万吨。检验检疫进出口货物16370批，货值 51.5亿美元，同比分别增长0.36%和48.31%。检出不合格货物2587批、货值1.5亿美元，同比分别增加-3.7 %、5.6%，全部为入境不合格，不合格原因主要是植物产品中检出有害生物、货物含量低于合同规定和重量短少。卫生检疫列车47.4万节、汽车2.4万辆、集装箱26.7万标箱。

图片说明：

图1：2017年1月2日，阿拉山口检验检疫局职工在铁路换专线检验进口款产品；

图2：2017年3月2日，阿拉山口综合保税区一次进口120辆拉达牌汽车，图为阿拉山口出入境检验检疫局工作人员对汽车进行检验；

图3：2017年3月3日，阿拉山口口检验检疫局党组与中层领导干部签订目标管理责任书；

图4：2017年11月8日，国家质检总局党组成员、副局长秦宜智（前排左二）视察阿拉山口口岸，在阿拉山口检验检疫局石油化矿重点实验室调研；

图5：2017年11月24日，阿拉山口检验检疫局协助新疆检验检疫局对进口棉花实施现场检验。

阿勒泰出入境检验检疫局

2017年，阿勒泰出入境检验检疫局在新疆检验检疫局党组的正确领导和大力帮助下，紧紧围绕新疆社会稳定和长治久安总目标，以“学转促”专项活动为抓手，深入贯彻“抓质量、保安全、促发展、强质检”十二字方针，全力助推阿勒泰地区的经济发展和社会稳定，为阿勒泰地区开放型经济发展及国门安全做出了新贡献。

一年来，阿勒泰出入境检验检疫局党组认真组织开展质量提升行动，扩大特色地产品出口。为促进“新疆制造”打入国际市场，采取“一企一策”的方式对辖区企业进行帮扶，取得了良好的经济效益和社会效益，帮助企业消除了打开国际市场的不利因素，最终促成了1批500箱价值1.5万美元的地产酒打进了澳大利亚的高端市场，并且充分利用相关优惠政策，助力阿勒泰地区外向型经济发展，帮助企业降低成本，提高产品竞争力。2017年以来，阿勒泰、吉木乃检验检疫局严格执行减免收费政策，为阿勒泰地区进出口企业共减免收费近500多万元人民币。同时，全力提升口岸核心能力建设，做好口岸边境管控工作，加大口岸核生化查验力度，确保“一个进不来、一个出不去”。2017年，阿勒泰地区塔克什肯口岸和红山嘴口岸分别以86.05分和84.49分的好成绩通过了国家质检总局核心能力建设复验，为口岸疫病疫情及核与生化反恐工作夯实了基础。

图1 图2 图3 图4 图5

图片说明：

图1：党组书记、局长刘戈和干部职工一起包饺子过新年；

图2：对农牧民进行十九大宣讲；

图3：与蒙古国检验检疫机构人员进行工作会谈；

图4：局党组成员对检验检疫业务进行集中调研讨论；

图5：局党组成员对基建项目进行调研。

三明出入境检验检疫局综合技术服务中心

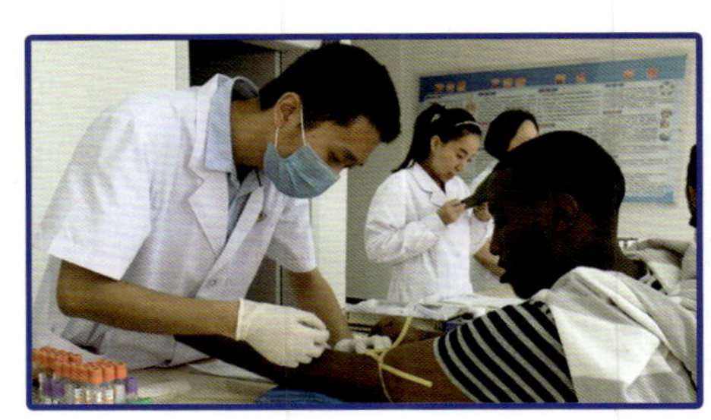

三明出入境检验检疫局综合技术服务中心隶属于三明海关（原三明出入境检验检疫局），具有独立法人资质。主要承担三明辖区进出口产品检验检疫、出入境人员健康检查及传染病防疫监测工作，具有国家级CMA、CNAS资质和福建省农产品CATL资质，检验检测能力涵盖食品、农产品、水、土壤、饲料、化工品、动植物产品、血液制品、尿液等30大类1000多项目。

该中心位于三明海关东乾路办公区（原三明出入境检验检疫局）大楼内，现有使用面积3000多平方米，各类国内外先进仪器设备213台（套），总值近2500万元，拥有专业技术人员和管理人员30多名，其中中、高级技术职称人员占60%以上，现有国家级实验室评审员3名，省市级食安委专家委员3名，主持的科研项目获省部级科技进步奖6项，拥有发明专利5项，制定行业标准2项，发表专业论文60多篇，具备较强的专业技术实力。

近3年来，该中心先后承担了国家青运会三明赛区、省市县食药、工商、市场监管、农业、公安等部门委托的食品、消费品安全抽样监测任务；获得国家工信部“中小企业发展专项资金服务体系和融资环境项目”单位、“福建省中小企业公共服务示范平台”称号；获得福建省级“青年文明号”以及市级“学雷锋岗位示范点”等荣誉称号。

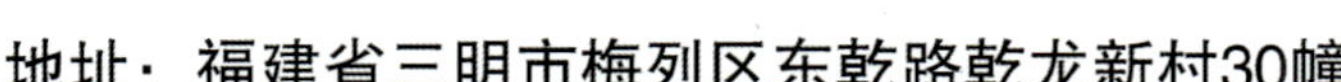

地址：福建省三明市梅列区东乾路乾龙新村30幢

邮编：365000

电话：0598-8224969-6875　　传真：0598-8210519

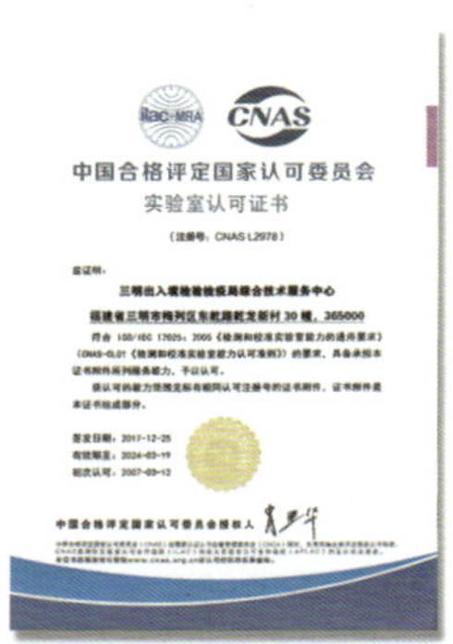

中国检验认证集团江苏有限公司

2016年8月，中检江苏公司如皋中心揭牌成立，将为如皋企业提供全面、优质、增值的一体化质量服务。

中国检验认证集团（中检集团、CCIC）是经国务院批准成立，在国家工商总局登记注册，迄今为止唯一带“中国”字头的以“检验、鉴定、认证、测试”为主业的第三方检验认证机构。在30多年的发展历程中， 中检集团始终致力于“质量、安全、健康、环保”领域，全力打造“CCIC”和“CQC”两大著名品牌，为全球客户提供“一站式”综合解决方案，已成为国内很具影响力、国际上享有盛誉的综合性跨国检验认证机构。

作为中检集团九大核心公司之一，中国检验认证集团江苏有限公司是目前江苏地区最大的以“检验、鉴定、认证、测试、培训”为主业的综合性权威检验认证机构，设有20家分子公司，运营网络遍及江苏全省各地，检验认证客户达7000余家。公司拥有管理体系审核员近400名，涵盖了ISO9000、ISO14000、OHSAS18000、HACCP、GAP等多项管理体系认证资格；拥有专业检验员100多名，从事各类检验鉴定业务；在运行自营实验室的同时还与多家知名检测机构合作，充分满足客户各类测试服务需求；公司还可根据客户需求提供各种通用和专项的培训增值服务。2016年成为江苏省发改委重点排放企业温室气体排放第三方核查机构，为张家港市场监督管理局制定2016年度质量抽检工作方案，完成集贸市场食用农副产品、流通领域食品快检、生产企业等各领域的产品质量抽检4000批次。

船舶亚洲型舞毒蛾检查工作质量和检查数量多年来居全国首位。

业务范围

◆检验鉴定服务:

农产品检验、矿产品检验、消费品检验、工业品检验、石油及化工产品检验、装船前检验（PSI）、保险公估、残损鉴定、重量鉴定、包装鉴定、价值鉴定、供应商评审。

◆认证业务:

ISO 9000质量管理体系认证、ISO 14000环境管理体系认证、OHSMS 18000职业健康管理体系认证、ISO 22000食品安全管理体系认证、GAP良好农业规范认证、TS 16949汽车工业质量管理体系认证、SA 8000 社会责任标准认证、ISO 13485 医疗器械质量管理体系认证；

绿色市场认证、ISO 14064 温室气体核查、PAS 2050 产品碳足迹认证、GB/T 23331 能源管理体系认证、ISO 27000 信息安全管理体系认证、ISO 28000 供应链安全管理体系认证。

◆测试服务：可在农产品、矿产品、消费品、工业品、石油及化工产品等项目领域进行实验室测试。

◆培训服务:

质量管理类、环境管理类、职业健康安全管理类、食品安全管理类、农产品类（GAP、有机食品）、卓越绩效管理类、质量成本控制、质量总监。

UL跟踪检验、CSA跟踪检验、计量校准、环境检测、CCC产品目录外技术界定咨询、进口产品能效标识技术界定咨询等服务。

联系我们

地址：南京市创智路39号（210019）

电话：025-52343300

网址：www.ccicjs.com

扫一扫，关注我们

中国检验认证集团贵州有限公司

把关质量安全，助力黔货出山

——中国检验认证集团贵州公司参展2018贵州精品年货节

中国检验认证集团是一家以“检验、鉴定、认证、测试”为主的独立第三方检验认证机构，担负着重大的社会责任。2018贵州首届精品年货节暨优质消费品进出口博览会在贵阳开幕，在此次展会中，中国检验认证集团贵州公司组织各认证示范区近60家农产品、食品生产企业集中参展，展区分为有机产品专区、“三同工程”产品专区、生态原产地保护产品专区以及HACCP和食品安全管理体系认证产品专区等。着重介绍了来自国家有机产品认证示范创建区、国家级出口食品农产品质量安全示范区、国家级生态原产地保护示范城市六盘水等地的产品，将那些优质的、独具特色的农产品食品展示在大家眼前。通过此次展会，为实现生产者与消费者的对接，助力黔货出山，进一步促进地方经济发展，早日实现整体脱贫和全面建成小康社会的发展目标做出贡献。

开拓市场 寻找新的经济增长点

——中车贵阳车辆有限公司能源管理体系建设及碳排放核查

2017年度中国检验认证集团贵州有限公司在CQC的大力协助下，对中车贵阳车辆有限公司的能源和碳排放体系建设过程中存在的问题进行答疑，梳理管理脉络，有效解决体系建设过程中出现的问题，理顺能源和碳排放管理，切实做到以实施能源和碳排放管理体系为抓手，深挖节能潜力，系统制定解决方案，实现低碳、环保、节能。完成了中车贵阳车辆有限公司的能源管理体系认证和碳排放核查工作，实现了贵州公司能源管理体系认证和碳排放核查零的突破。

碰撞实验室

国家机动车质量监督检验中心（重庆）

国家机动车质量监督检验中心（重庆）暨中国汽车工程研究院股份有限公司检测中心（以下简称中心）是经国家质检总局、国家认监委、国家工信部、国家环保部、国家交通部等政府主管部门认可和授权的汽车产品检测机构，是中国合格评定国家认可委员会（CNAS）认可的实验室。

中心坐落于具有“山城”之称的重庆，中心设有业务管理部、技术质量部、乘用车检测部、商用车检测部、整车排放检测部、发动机排放检测部、零部件检测部、底盘检测部、汽车安全检测部、EMC检测部、进口车检测部等部门。

中心检测能力覆盖各类燃油、燃气、新能源汽车、低速货车、摩托车、发动机及其零部件、底盘零部件、车身附件、电器仪表、电磁兼容（EMC）、汽车噪声和振动、金属和非金属材料、燃气汽车专用装置等领域，授权项目覆盖了155个大类，1200余项标准。

中心业务包括汽车及零部件产品公告检测、强制性产品认证检测、环保检测、交通部油耗检测、进/出口检测、委托检测、司法鉴定、质量仲裁等。中心具有国内先进、国际一流的检测设备，是国家权威的第三方检测机构，本着“团结敬业、公正科学、廉洁自律、竭诚服务”的精神，为广大客户提供值得信赖的检验服务和技术支持。

轻型车排放试验室

转向试验室

地址：重庆市北部新区金渝大道9号
邮编：401122
联系电话：023-68821302
传真：023-68655539
网址：http://www.cmvic.com
邮箱：bmd@caeri.com.cn

中国汽车工程研究院
国家机动车质量监督检验中心(重庆)

EMC 10米法半电波暗室

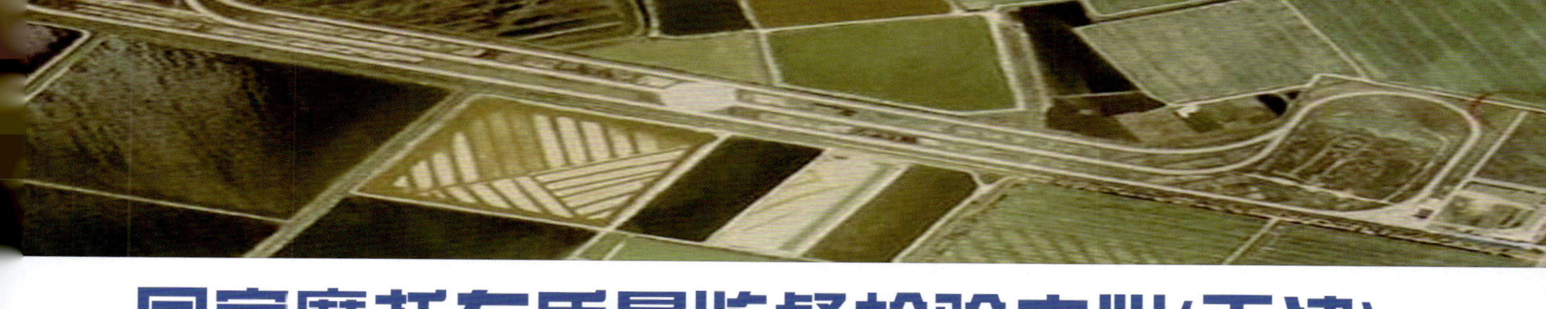

国家摩托车质量监督检验中心(天津)

国家摩托车质量监督检验中心(天津)是2001年11月由国家认证认可监督管理委员会批准，在天津摩托车质量监督检验所（始建于1988年）基础上成立的，具有独立法人资格和第三方公正性地位的，由中国合格评定国家认可委员会认可，国家工业和信息化部、国家认证认可监督管理委员会、国家环境保护部、国家质量监督检验检疫总局等部委授权指定的国家摩托车检验机构。

中心自成立以来，始终以“方法科学先进，服务优质高效，结论公正准确”为质量方针，坚持公正性、独立性和诚实性，为政府部门和国内外广大客户提供值得信赖的检验服务和技术支持，现已发展成为国内摩托车行业的权威检验机构，是各部委进行摩托车行业管理的技术支撑单位及摩托车国家标准编制起草单位。中心检验业务领域涉及摩托车、电动摩托车、电动自行车、全地形车、摩托车发动机、非道路小型通用汽油机以及零部件等产品，是目前国内被美国环保署(EPA)认可排放测试数据的国家级实验室。近年来中心在提升传统检测能力的同时，在出口认证、标准法规、科研等领域不断开拓创新，向着国际一流水平实验室不断迈进。

中心现有员工70余人，检验试验室面积7000余平方米，各种主要仪器设备约500余台（套），拥有排放检测、燃油蒸发、电磁兼容、发动机性能、整车性能、零部件、电动自行车等20余个先进试验室，能够满足44大类296项授权检验项目要求，同时能为企业提供摩托车E（e）–mark、DOT、EPA、CT等出口认证检测服务。

中心拥有占地60万平方米的摩托车专用试验场，试验场建有全长5000米的高速环路、性能试验跑道及符合国际标准要求的噪声测试场地，为进行各种摩托车道路性能试验、可靠性及耐久性试验提供了专业、安全的测试场地。2009年试验场建设完成国内摩托车专用可靠性试验场地，可靠性试验跑道全长约4000米，包含比利时路、石板路、鹅卵石路、鱼鳞坑路、正弦波路等19种特殊路面，可组合进行摩托车及其部件的强化试验，准确高效地进行产品的性能评价。

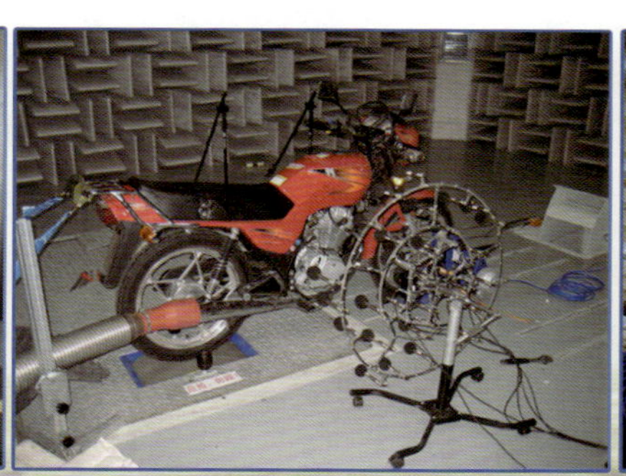

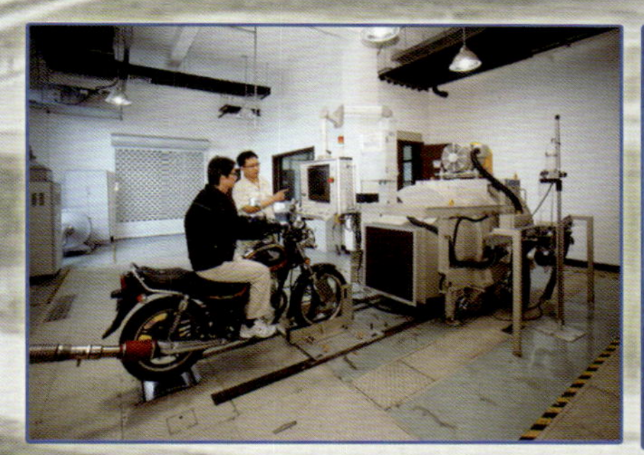

中窗认证检测技术服务（北京）有限公司

公司简介

中窗认证检测技术服务（北京）有限公司（简称中窗认证）成立于2015年4月22日，是由中国建筑金属结构协会投资创办的，经中国国家认证认可监督管理委员会批准的（批准号：CN-CA-R-2018-426）专业从事认证、检测、培训和咨询等服务业务的机构。中窗认证通过提供先进、系统、高效和专业化的服务来帮助客户应对质量、安全、环保、社会责任和可持续发展等方面不断增加的挑战。

我们拥有一支经验丰富、成熟并具有多元文化背景的国际化团队，汇聚了建筑门窗、幕墙、建材、化工、光伏、金属加工、装配式建筑、新风系统和采暖散热器等相关领域从事产品质量认证的高端专业人才和经验丰富的资深专家。

作为值得信赖的合作伙伴，我们秉承“以人为本、客观公正、诚实守信、安全独立、公开透明、专业高效”的价值观，帮助客户在激烈的市场竞争中通过提供高品质、有竞争力的产品和服务获得信任、赢得市场。

使　命：

构建充满信任的世界

愿　景：

致力于创造和提供应对质量、安全和可持续发展问题的系统解决方案，成为中国建筑行业一流的、全球卓越的、可信任的认证机构

价值观：

以人为本、客观公正、诚实守信、安全独立、公开透明、专业高效

立足行业 服务专业

世界规则 国际互认

保险护航 安心选择

助力品牌 传递信用

提升品质 赢得市场

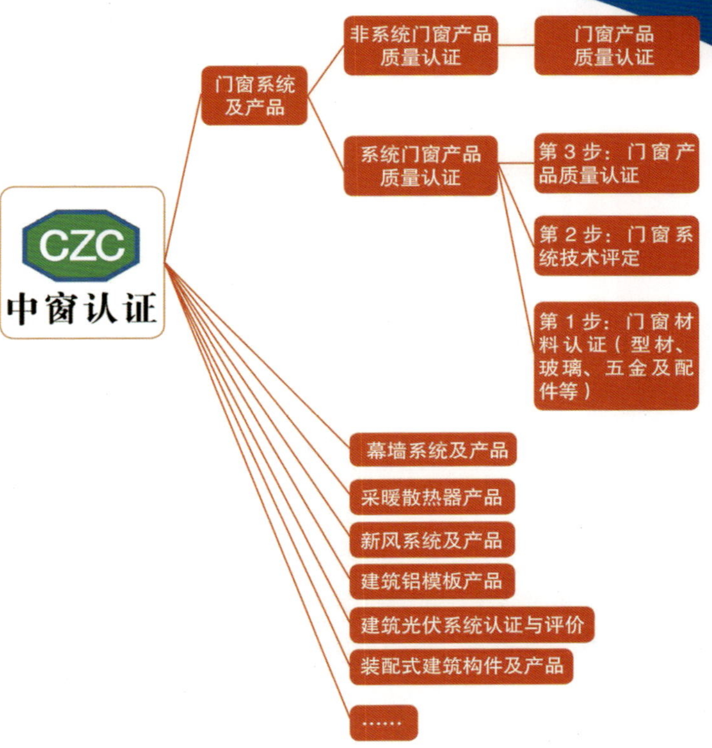

中窗认证首推“认证 + 保险”的服务模式。

中窗认证首批开通业务

序号	产品名称	认证 / 评定规则	认证范围
1	门窗产品认证	《门窗产品质量认证实施规则》	适用于建筑门窗产品自愿性认证，包括塑料门窗、金属门窗、木门窗、玻璃钢门窗、复合门窗
2	门窗系统技术评定	《门窗系统技术评定实施规则》	适用于门窗系统技术评定，包括塑料门窗、金属门窗、木门窗、玻璃钢门窗、复合门窗等门窗系统
3	新风机产品认证	《新风机质量认证实施规则》	适用于单相额定电压 220V、三相额定电压 380V，风量在 $2000m^3/h$ 以下的家用和类似用途新风机，包括：单向流新风净化机、双向流新风净化机等
4	门窗用未增塑聚氯乙烯型材（PVC-U）产品认证	《门窗用未增塑聚氯乙烯型材（PVC-U）认证实施规则》	适用于门窗用未增塑聚氯乙烯型材（PVC-U）
5	隔热铝合金建筑型材产品认证	《隔热铝合金建筑型材认证实施规则》	用于建筑门窗、幕墙等产品的穿条式或浇注式隔热铝合金建筑型材
6	建筑光伏系统认证与评价	《建筑光伏系统认证与评价实施规则》	适用于建筑光伏系统及产品

赛宝认证中心是经国家授权批准并得到国内外多方认可、专业从事第三方认证的权威机构，具有独立的法人资格。中心前身为成立于 1955 年的“中国电子产品可靠性与环境试验研究所”审查部。该研究所是中国第一家专业从事产品质量与可靠性研究的国家级科研机构。

序号	年份	大事记
1	1979 年	筹建中国电子元器件认证项目
2	1980 年	代表中国加入 IECQ 体系，成为中国最早的认证机构，为企业提供全面质量管理培训服务，从事生产许可证的审查工作；开展电子产品质量认证工作 与 IECEE 接轨，开展安全认证（长城认证）
3	1994 年	获得 CNACR 和 CNAB 双重认可，开展 ISO 9000 认证
4	1997 年	作为中国认证机构代表，接受国际认可论坛（IAF）同行见证评审
5	1998 年	获得国家环保总局 CACEB 认可，开展 ISO14001 认证 获得美国三大汽车公司授权，开展 QS-9000 认证
6	2000 年	获得 CNACR 认可，开展 OHSMS 认证 获得信息产业部授权，开展计算机信息系统集成资质认证
7	2001 年	获得美国认可机构 RAB 认可，开展 ISO9001、ISO14001、TL9000 认证 获得 CNAB 认可，开展 TL9000 认证 获得 CNAB 授权，开展 BS7799 认证试点工作和 OHSMS 认证
8	2002 年	获得 CNAT 认可，开展国家注册审核员和内审员培训
9	2003 年	开展 ISO/TS16949 认证 获得信息产业部授权，开展软件过程能力评估和培训、信息系统工程监理资质认证和监理工程师培训、计算机信息系统集成项目经理培训和高级项目经理培训
10	2004 年	获得 CNAB 认可，开展自愿性产品认证 与美国 SEI 授权机构合作开展 CMMI 技术服务及相关培训
11	2005 年	获得 IECQ 认可，开展 IECQ 危害物质过程管理体系认证（中国唯一机构） 作为北京九鼎国联汽车管理体系认证有限责任公司股东机构，配合完成汽车行业 ISO/TS 16949：2002 认证项目认可，并开展认证工作 获得美国质量学会（ASQ）授权，成为“ASQ 南中国专业人员培训中心”，开展 ASQ 注册专业技术人员培训
12	2006 年	获得 ISTQB 认可，开展国际软件测试工程师培训
13	2007 年	获得信息产业部授权，开展 SPCA 软件过程改进评估师培训
14	2008 年	开展 IT 治理与 IT 审计业务
15	2009 年	获得 ANAB 认可，开展 ISO 27001 认证 与美国 SEI 授权机构合作开展 CMMI for Service 技术服务 获得 APMG 授权，开展 ITIL 培训及认证考试
16	2010 年	获得 CNAS 认可，开展 ISO 27001 认证 获得 UNFCCC CDM EB 认可，开展 CDM 审定 / 核查
17	2011 年	获得欧盟自愿性碳减排黄金标准（GS）协会认可，开展黄金标准审定 / 核查 获得国家财政部、发展改革委批准，开展第三方节能量审核 获得“广东省节能技术服务单位”资格 成为工信部品牌培育技术服务支撑单位
18	2012 年	获工业和信息化部授权，开展信息技术服务运行维护（ITSS）符合性评估工作
19	2013 年	获国家发展改革委批准，开展中国自愿减排碳交易审定与核查 获国家认证认可监督管理委员会批准，开展信息技术服务管理体系认证，并获 ANAB 认可。
20	2014 年	获得工业和信息化授权，开展两化融合管理体系贯标业务
21	2015 年	获得认监委 CCC 认证指定认证机构资格 与 CSA 推出中国首个全球认可的云安全评估服务 C-STAR 当选为电子商务认证联盟副理事长单位

公安部第三研究所认证中心

公安部第三研究所(认证中心)（简称认证中心）成立于2015年5月，是依据《中华人民共和国产品质量法》《中华人民共和国认证认可条例》等相关法律、法规，由中国国家认证认可监督管理委员会（简称CNCA）和中华人民共和国公安部批准成立，由公安部科技信息化局直接领导，开展防盗报警产品、实体防护产品、道路交通安全产品等社会公共安全产品认证的专业机构，是依法成立并独立承担法律责任实施合格评定的认证运作实体。

认证中心由20余名基础理论知识扎实、实践经验丰富、长期从事社会公共安全产品质量、标准、检验等工作的专职工作人员组成，拥有注册工厂检查员约60余名，办公场地约400平方米，综合受理大厅700平方米。

认证中心主要依托于公安部第三研究所下属有七个国家和省部级检测中心,拥有自有实验室——国家安全防范报警系统产品质量监督检验中心（上海）、国家网络与信息系统安全产品质量监督检验中心，为客户提供高效、优质、全面的“检测认证一站式”服务。

产品认证业务范围涵盖了如下产品：

强制性产品认证业务范围——防盗报警产品、安防实体防护产品、汽车行驶记录仪、车身反光标识

社会公共安全产品认证（GA认证）自愿性产品认证业务范围——防盗锁、防盗安全门产品、居民身份证阅读机具产品、公安无线通信设备、公共安全视频监控产品等 。

机构自有认证业务范围——汽车防盗报警系统、智能联网产品（网络安全）等。

认证中心将遵守国家法律、法规，遵循国际惯例，坚持客观公正、规范准确、优质高效、服务安全的质量方针，努力维护相关方合法权益，不以营利为目的，独立核算，自负盈亏，竭诚为国内外客户提供认证服务。

网站：www.cspsh.org.cn　咨询热线：021-64318599

传真：021-64318699　邮箱：glbsl@cspsh.org.cn

地址：上海市岳阳路76号　邮编：200031

环境保护产品认证

1996年原国家环境保护局开始实施环境保护产品认定制度。2000年,原国家环境保护总局将环境保护产品认定工作委托中国环境保护产业协会组织进行。2005年，为适应国家认证认可制度需要，在国家环境保护总局和中国国家认证认可监督管理委员会的大力支持下，中国环境保护产业协会组建了中环协(北京)认证中心，承担环境保护产品认证工作。

认证中心按照“工厂（现场）检查+产品检验+认证后监督”这一国际通用的模式开展环境保护产品认证。认证的范围包括了水污染治理产品、空气污染治理产品、噪声与振动控制产品、固体废物处理处置产品、环境监测仪器、环保药剂及材料等六大类，目前列入认证目录的产品200余项。过千家企业3000多个产品先后获得了环保产品认证，获证企业遍布北美、欧洲、亚洲等地的12个国家和地区。

通过环境保护产品认证，帮助生产企业提高质量管理水平，为其具有生产出符合质量标准产品的能力提供有力证明，树立企业良好信誉及品牌形象；为用户选用可信的环保产品及服务提供方便；为环境保护行政主管部门实施环境管理提供依据，规范了环境保护产品行业市场良性发展，推动居住环境及自然环境的改善。

绿色之星产品认证

绿色之星产品认证是经中国国家认证认可监督管理委员会批准，由中环协（北京）认证中心开展的自愿性产品认证业务之一，以加施“绿色之星”标识的方式表明产品符合相关环境友好标准的要求，认证范围涉及汽车、建材、纺织品、服装、皮革制品、木制品、纸制品、印刷品、化工产品、家具、电子电器、机械设备等12大领域产品。

绿色之星标识是经国家工商行政管理总局注册的商标，用于证明绿色之星认证产品的环境友好型品质。该项工作旨在推广环境友好产品的绿色生产、采购与使用等全过程，促进企业的绿色建设与发展，提高企业的社会责任感，推动居住环境及自然环境的改善，力促达到自然环境的良性循环和社会经济的可持续发展。

环境服务认证

随着我国服务业的快速发展，对经济社会发展的支撑和拉动作用日益突出，传统制造业也正在朝着“产品+服务”的模式方向进行转型，更多的价值创造和利润来自服务。服务经济的快速发展催生了服务认证，服务认证是对服务提供者的管理及服务水平是否达到相关标准要求的第三方合格评定活动。

为适应市场发展需要，规范环境服务业市场行为，中环协（北京）认证中心于2016年2月3日经中国国家认证认可监督管理委员会正式批准（批准号：CNCA-R-2002-108）认证领域增加“污水和垃圾处置、公共卫生及其他环境保护服务认证”，是我国首家开展环境服务认证的认证机构。

经过近半年的筹备，于2016年9月14日正式开展环境服务认证相关业务，目前认证范围包括自动监控运行服务能力认证、污染治理设施运行服务认证。

国家林业局调查规划设计院

面对资源约束趋紧、环境污染严重、生态系统退化的严峻形势，树立尊重自然、顺应自然、保护自然的生态文明理念，走可持续发展道路已成为当前世界各国发展的必然趋势。生态文明建设作为中国"五位一体"的发展战略之一，把可持续发展提升到了绿色发展高度，目的就是要发展更多的生态资产。森林资源的蓄积量增长和质量提高是增加和提升生态建设成果的基础。随着森林资源开发利用投资主体的市场化、多元化、国际化，在保证森林可持续利用的前提下，如何合理提高森林经营的管理水平、正确评估森林资源的有效价值、真正建立森林产品的产销链条，通过为森林所有者、经营者提供科学、准确、可靠的森林认证服务，确保投资者的权益得到保障、收益最大化，并帮助企业树立社会责任意识，是森林认证工作的内涵和精髓。

作为全国调查规划设计的国家队，国家林业局调查规划设计院是我国生态与资源监测、信息化建设、规划设计、资源评估方面一流的咨询服务单位，业务领域涉及森林监测与评价、森林经营与管理、野生动植物保护与驯养、国家公园（自然保护区、湿地公园、森林公园、沙漠公园等）设立与发展、旅游设计与拓展、生态价值评估与服务及森林碳汇计量与交易等林业建设的各个领域，专业技术力量雄厚，行业影响力大，一直为全国性、区域性的生态建设提供技术支撑和咨询服务。

近年来，国家林业局调查规划设计院根据经济社会发展趋势，及时调整业务格局，积极拓展森林认证业务，通过参与认证标准的起草、认证业务培训，培养了一支熟练掌握森林认证知识、认证政策与规则并具有丰富实践经验的队伍。2015年11月，国家林业局调查规划设计院获得国家认证认可监督管理委员会颁发的《认证机构批准书》（批准号：CNCA-R-2015-203），成为具有独立法人地位的第三方认证机构，主要从事中国森林经营——森林经营（FM）（GB/T 28951—2012）、中国森林认证——产销监管链（GB/T 28952—2012）以及中国森林认证——生产经营性珍贵濒危野生动物——饲养管理（LY/T 2279—2014）等认证业务。

长期以来，国家林业局调查规划设计院一贯秉承"求实开拓、巩固提高、精兵高能、优质高效"的宗旨，立足国内、放眼世界，竭诚与国内外森林资源开发利用的企业进行合作，为壮大全球林业、改善自然环境、维护生态安全、应对气候变化提供优质、高效服务。

地址：北京市东城区和平里东街18号4号楼　邮政编码：100714

电话：010-84238490　网址：http://ghy.forestry.gov.cn

微标认证 微时代的认证专家

MICROSTANDARD CERTIFICATION

微标认证（简称MSC）是经国家认证认可监督管理委员会（CNCA）批准，可以在中国境内合法开展认证活动的专业认证机构。认证机构批准号为：CNCA-R-2016-248；

MSC认证范围：质量管理体系认证、环境管理体系认证、职业健康安全管理体系认证及多项服务认证（01、03、04、05、17、18、19）；

MSC的经营范围：管理体系认证、服务认证、产品认证；标准技术研究和开发；标准、管理知识培训，标准化硕士研究生的培养等；

MSC——苏州地区首家本土化的综合性认证机构；

MSC的质量方针：客观、公正、科学、诚信；

MSC的愿景：成为苏州地区乃至华东地区最具影响力的，本土化、专业化的认证服务平台。

认证机构批准书

批准号：CNCA-R-2016-248

机构名称：江苏微标标准认证有限公司

住所：苏州高新区竹园路209号

注册资本：1000万元

法人分支机构：无

认证业务范围：见附页

国家认证认可监督管理委员会

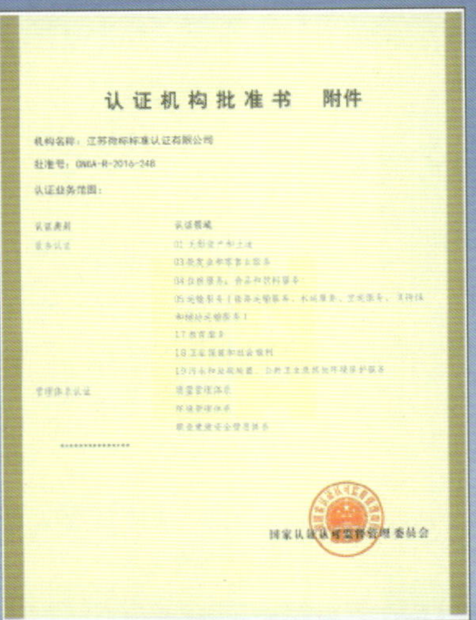

认证机构批准书 附件

机构名称：江苏微标标准认证有限公司

批准号：CNCA-R-2016-248

认证业务范围：

国家认证认可监督管理委员会

江苏微标标准认证有限公司
Jiangsu Microstandard Certification Co.,Ltd.
江苏省苏州市高新区竹园路209号3栋1701~1704
CSZIP building 3,1701~1704,No.209 Zhuyuan Rd., Suzhou City,Jiangsu
T：0512-62932197 F：0512-62932185.
www.microstandard.cn

北京康居认证中心

Beijing Kang-Ju Certification Center

北京康居认证中心是2005年经住房和城乡建设部、国家认监委批准，由住房和城乡建设部科技与产业化发展中心（住房和城乡建设部住宅产业化促进中心）组建的，国内建设行业首家第三方产品质量认证机构，也是住房和城乡建设部直属建筑产品认证机构。

核心业务

▲ 开展产品认证业务。对建筑部品和产品质量进行认证，颁发产品质量认证证书。

▲ 开展被动房产品认证。对满足被动房要求的建筑部品和产品质量进行认证，颁发被动房产品质量认证证书。

▲ 开展三星绿色建材评价业务。对建材产品进行全寿命周期评价，颁发三星级证书。

▲ 开展绿色产品认证业务。对于纳入统一的标准清单和认证目录的建材产品，按照统一的绿色产品认证体系进行绿色产品认证。

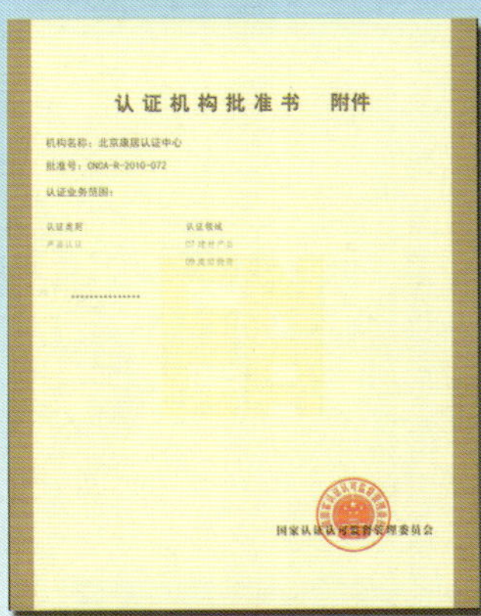

北京康居认证中心

地址：北京市海淀区三里河路13号建筑文化中心409

电话：010-88082202

Email: kcpc2018@kcpc.com.cn

网址：www.kcpc.com.cn

深圳市建筑科学研究院股份有限公司

深圳市建筑科学研究院股份有限公司（以下简称IBR）公司成立于1982年，2000年从事业单位转为国企，并于2017年7月19日在深圳证券交易所创业板上市（股票代码：300675.SZ）。

公司以“绿色、生态、低碳”理念为指导，以“平民化、低成本、精细、适宜”的技术路线为特色，以全生命周期技术服务为手段，以面向绿色建筑和生态城市建设为核心，提供涵盖科研、规划、设计、检测、认证、项目管理以及运营等全过程所需综合解决方案，逐步发展成为国内知名、领先的绿色建筑和生态城市综合技术服务提供商。

中国城市科学研究会标准

室内空气质量监测仪

Indoor air quality monitor

中国城市科学研究会

IBR公司先后累计承担了国际、国家和省市各级课题 150多项；参与编制国家、地方和行业各级行业标准规范100多项；完成国家级示范工程100多个；拥有92项专利技术。其中IBR主编的深圳地方标准《合成材料运动场地面层质量控制标准》于2016年5月发布试行，为运动场地合成材料面层工程建设、全过程质量控制管理提供依据。目前，IBR作为主编单位编制《室内空气质量监测仪》协会评价标准，现已对外征求意见。此外IBR正在尝试创新发展绿色综合运营（DOT）模式，并培育开发绿色人居环境B2C技术服务（HOME+）等新产品，为公众客户提供具有第三方公信力的技术服务。

IBR致力于打造成为生态城市和绿色建筑工程建设领域的品牌认证机构。2017年11月，公司获国家认监委审批，取得能源管理体系认证扩项资质。目前已具备建材产品、低碳产品、能源管理体系认证资质，且IBR目前自主研发绿色合成材料运动场地面层材料、绿色合成材料运动场工程产品、空气质量监测仪、绿色预拌混凝土搅拌站以及绿色建筑认证等新领域的认证项目。

作为第三方公正性技术机构，IBR基于检测、检验、监测和认证，为城市、建筑、家居的安全、健康、舒适、高效、可持续提供一站式解决方案。

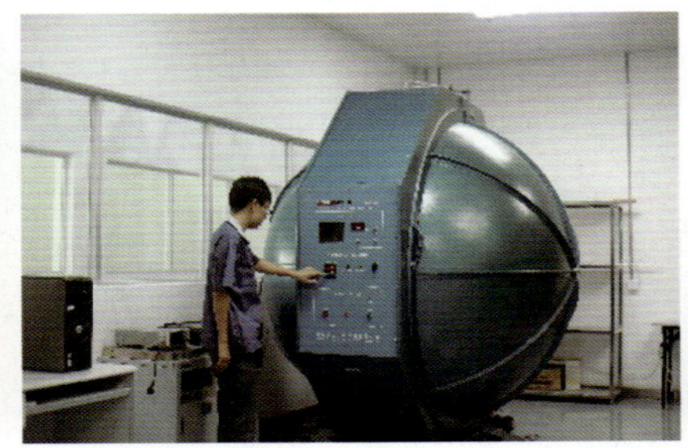

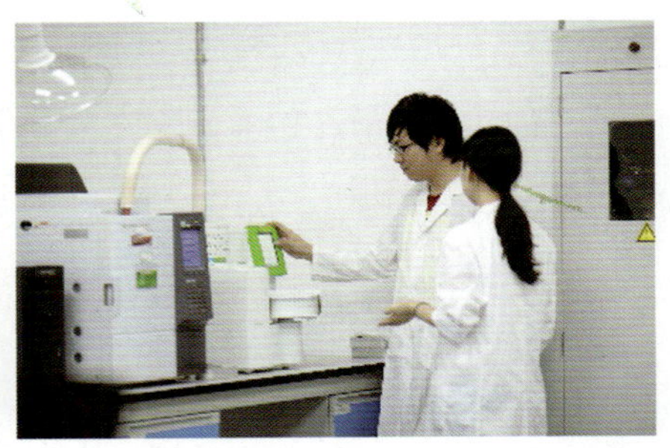

IBR
地址：深圳市福田区上梅林梅坳三路29号建科大楼
IBR联系电话：0755-23931888、13510038611、18307555782

北京国体世纪体育用品质量认证中心

中心简介

认证机构批准书

批准号：CNCA-R-2002-099

中国合格评定国家认可委员会
产品认证机构认可证书

北京国体世纪体育用品质量认证中心有限公司（简称“北京国体认证中心”,NSCC）于2002年经国家认证认可监督管理委员会批准，由国家体育总局同意组建的具有独立法人地位、负责体育用品认证的第三方专业产品认证机构（出资方：国家体育总局体育器材装备中心、国家体育总局体育科学研究所、华体集团有限公司、河北省质量检验协会）。

国家认证认可监督管理委员会批准号：CNCA-R-2002-099

中国合格评定国家认可委员会认可号：CNAS C099-P

北京国体认证中心开展体育用品产品认证工作，坚持国际通行的认证准则，执行国家有关法律、法规及相关政策，严守认证工作纪律。做到认证：科学、公正、权威；服务：热诚、高效、负责。

北京国体认证中心与国家标准化管理委员、全国各单项体育运动协会、国家级质量检验中心以及国际相关产品认证机构保持密切联系与合作。

北京国体认证中心注重社会效益，不以盈利为目的。在国家体育总局、国家认证认可监督管理委员会的指导和监督下，积极开展体育用品产品质量认证工作，促使我国的体育产品质量不断提高，逐步树立民族品牌形象，为我国竞技体育运动以及全民健身活动的发展提供良好的质量保证，为我国体育事业和体育产业的发展做出贡献。

北京国体认证中心认证业务范围：室内健身器材，室外健身器材，运动鞋，运动服装，国民体质监测器材，体操器材，田径器材，乒羽器材，球类器材，户外攀岩类体育器材，冰雪运动器材，水上运动器材，轮滑器材，休闲娱乐康复器材，人造草、塑胶跑道、木地板等场地场馆设施辅助器材。

地　　址：北京市东城区体育馆路11号5层
邮政编码：100061
联系电话：010-67102638　67160958
传　　真：010-67102638
官方网站：www.nscc.com.cn

CNEX
国家防爆

南阳防爆电气研究所简介

Nanyang Explosion Protected Electrical Apparatus Research Institute (CNEx)

南阳防爆电气研究所从上世纪70年代初搬迁至南阳，是我国唯一一家专业从事防爆技术研究的科研机构，从事防爆技术研究可追溯到1953年。经过几代人的不懈努力、探索和创新，攻克了防爆电气技术的一个个难关，研制出了多品种多规格、系列化的防爆电气产品，广泛应用于煤炭、石油、化工、航空航天、粮油加工、军工等工业部门，为新中国建设、发展和对外开放做出了重大贡献。研究所引领中国防爆技术发展新方向，占领国际防爆技术制高点。政府授权研究所组建了 全国防爆标准化技术委员会、全国防爆电机行业协会、中国防爆技术学会和国家防爆产品质量监督检验中心、国家车辆特种性能质检中心等“三会两中心”，此外，研究所还设有“河南省电气防爆安全重点实验室”、“河南省防爆电气工程研究中心”等多个科技创新平台，是“国家高新技术企业”和“国家知识产权优势企业”。

研究所的人才队伍、科研水平、实验能力和创新能力等在国内外享有很高的知名度和影响力，国际电工委员会授予研究所为“IECEX国际实验室”，美国能源部授予研究所为“美国电动机效率实验室”。美国UL、FM，德国PTB，挪威NEMKO、DNV，法国BV，荷兰KEMA，英国SIRA，俄罗斯CCVE，日本TIIS等十余个国家的科研实验机构，纷纷与研究所建立了对等的科技合作关系（即双方互相认可技术实验报告），南阳防爆电气研究所出具的技术实验报告不仅能够为国内防爆企业产品进入国内市场提供通行证，而且还能为进入国际市场提供通行证。“南阳防爆”已成为“国家防爆”的代名词。

国家防爆电气产品质量监督检验中心

China National Quality Supervision and Test Centre for Explosion Protected Electrical Products(CQST)

国家防爆电气产品质量监督检验中心(CQST)是经中国合格评定国家认可委员会(CNAS)认可的检验实验室，同时也是中国国家认证认可监督管理委员会依法授权的防爆电气产品国家质检中心、国家安全生产监督管理总局授权的国家安全生产甲级检测检验机构、中国船级社认可的船用防爆电气产品检验实验室、后勤军工产品检测检验机构、中国机械工业联合会授权的机械工业防爆电气产品质量监督检验中心、全国防爆电气产品生产许可证检测检验机构、全国中小型电机节能检验中心。我中心同时也是美国能源部认可的NVLAP电动机效率实验室和IECEx国际实验室(ExTL)。

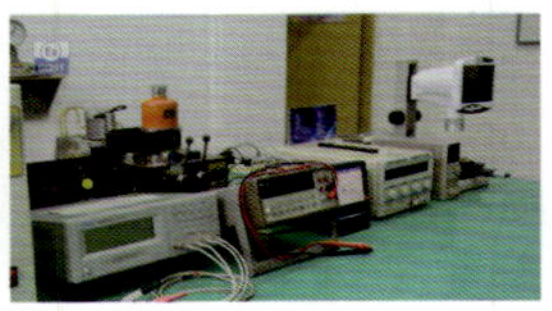

中心办公室
电话：0377-63258564
地址：河南省南阳市仲景北路20号

国际业务室
电话：0377-63259357
邮编：473008

深圳汇鑫达国际认证有限公司

深圳汇鑫达国际认证有限公司，简称：汇鑫达HXD。成立于2016年3月。是从事以产品、管理体系审核认证服务的专业公司，包括有机产品、良好农业规范认证、ISO质量管理体系、ISO14001环境管理体系、OHSAS18001职业健康安全管理体系审核认证、有机食品、HACCP食品安全管理体系认证、咨询、培训服务。公司以“规范审核认证，优质服务客户”为目标；提出“做领先的审核认证机构”为公司愿景；坚守“遵循标准、客户满意、信誉第一”的服务理念；奉行“守法诚信、严谨科学、规范服务”的执业准则；倡导“希望规范的审核认证服务能为企业创造价值”广告语，为企业客户提供专业的审核认证、咨询、培训服务，成为行业的引领者。汇鑫达国际认证公司是国家认证认可监督委员会批准的第三方审核认证机构（CNCA–R–2016–270），具有认证、咨询、培训等多项资质资格。业务范围以广东为基点，向省内区域辐射；以华南为根基，向全国各地发展；以大陆为腹地，向周边国家渗透。是行业发展的主力军，领先的专业审核认证机构。

公司创始人、法定代表人石聿明先生是QMS、EMS、OHSAS、FSMS、HACCP国家注册的高级审核员，国家注册QMS审核员培训教师，专注于审核认证领域20多年，曾主持和多次参与大、中型企业的审核、认证、注册审核员培训及验证。公司正在优化创新，在国家认监委的指导下逐渐由专业审核认证模式向全过程的审核认证、咨询、培训模式转变。

公司实行总经理负责制，设置行政人力资源部、财务部、审核部、技术部、客服部。公司拥有一支专业广泛、梯队完善、数量庞大的专业审核员团队。所有审核员均通过国家注册审核员资格考试，具有独立、公证、专业的审核能力。汇鑫达的业务范围涉及广东、广西、海南、福建、内蒙古、新疆等16个省市自治区50多个城市。汇鑫达不忘初心，牢记使命。专注审核认证、咨询、培训。我们努力优化审核认证、咨询、培训中的每一个环节，以科学合理的规范流程，提升效率，降低成本。汇鑫达人将一如既往树立“规范审核，为企业客户创造价值”的信念，通过规模化、标准化、高效、专业、诚信的审核认证服务，成为国际标准、技术规范的引领者，汇鑫达是您值得信赖的专业审核认证机构！

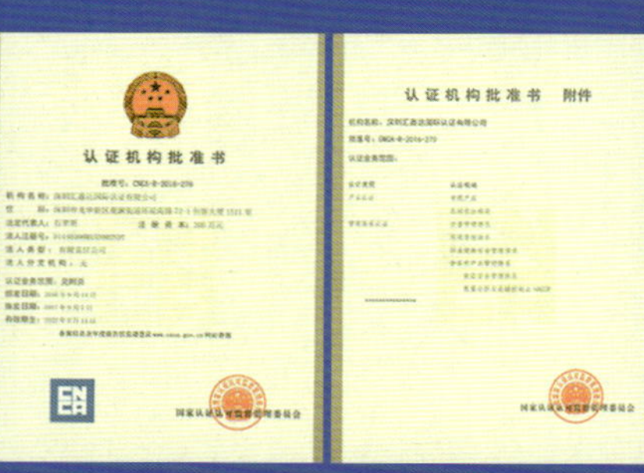

深圳汇鑫达国际认证有限公司

地址：深圳市龙华区观湖街道新田社区环观南路72–6创客大厦1511室
邮箱：HXD22916059@163.com
统一社会信用代码：91440300MA5D9R0N9Y
电话：0755–22916059　　传真：0755–22916059
网址：http://www. hxdgj.org.cn
联系人：石聿明　手机：13923753887　　邮编：518110

山东中质联认证技术有限公司

山东中质联认证技术有限公司（简称中质联认证或UQC）是经国家认证认可监督管理委员会（CNCA）批准认可的第三方认证机构。统一社会信用代码：91370100MA3CTUUA61；认证机构批准号：CNCA-R-2018-406。UQC主要从事质量、环境、职业健康安全管理体系认证工作。机构目标以优质高效的工作作风及整体一致的工作水平，赢得申请人的信任；追踪国际标准发展，机构承诺严格遵照相关认可准则规范运作；接受并充分理解客户的需求，不带任何歧视和偏见；忠实于审核目的，以客观公正的态度对待认证中的每一项工作；以严谨的作风，专业的水准，提供符合规范的服务；恪守保密纪律，保证客户的利益和秘密不受侵犯；审核人员视职业道德为己任，并接受监督；保证认证活动的保密性、客观性和公正性。

联系我们：

地址：山东省济南市高新区中铁汇苑10号楼102

邮箱地址：uqcoffice@163.com

联系人：王老师　李老师

联系电话：15265319651　13256109528

亲切/合理/专业

我/们/优/质/的/服/务/将/是/您/成/功/的/首/选

Company Introduction 公/司/概/况

上海凯瑞克质量体系认证有限公司是中国国家认证认可监督管理委员会批准备案的认证公司（批准文号为CNCA-RF-2004-37）。也是中国认证认可协会（CCAA）的会员单位，是英国QA国际认证公司（QAIC-UK）在华独资的唯一授权认证公司，也是QAIC在亚洲地区最大的认证集团，管辖范围涵盖了大中华地区（中港澳台）及日本、韩国、泰国、新加坡、马来西亚等亚洲分公司。

QAIC是世界知名的国际认证机构之一，始建于1993年，总部位于英国的重工业城市达灵顿市，致力于为全球客户提供国际质量认证及产品认证服务达10余年。通过全球性的服务网络，帮助客户获得权威、直接而价格合理的国际认证证书。（UKAS认可编号046号）。

QAIC审核范围之广，几乎涵盖了工业领域的所有范围，其中英国的绝大多数知名商业、工业制造企业均为QAIC的客户。QAIC拥有各领域的专家及学者，并以持续扩大自身的规模为己任，在全球的许多国家建立了自己的分支机构和办事处（包括欧美、亚洲及中东国家）。

上海凯瑞克质量体系认证有限公司具有严格的审核员培训及考核制度，集团内所有聘用的审核员均具有英国（IRCA）、澳大利亚（QSA/RAB）、中国（CCAA）注册的审核员和高级审核员资格，具有丰富的工业、服务等领域的行业经验，善于将国际上知名企业的先进管理模式灵活介绍，运用到国内企业之中，使其能真正与国际质量接轨，提升客户在全球市场的竞争力。

作为外资机构，上海凯瑞克质量体系认证有限公司既遵循国际标准和要求，又着手立足中国国情，在2012年向中国合格评定国家认可委员会（CNAS）申请递交了OHSMS的认可申请，并于同年通过国家认可。从此，上海凯瑞克逐渐向具有中国特色的认证机制方面迈进。通过多年经营运作，发展为既要遵循国际标准，又要符合中国国情，走国际化与中国特色相结合的认证发展之路，是上海凯瑞克对未来公司发展的正确选择。

为保证上海凯瑞克质量体系认证有限公司的独立性和客观性，以奠定其国际市场上之领先地位，上海凯瑞克的一贯宗旨是绝不从事制造、贸易、金融和咨询工作。权威性、公正性不但是上海凯瑞克的永久承诺，也是接受上海凯瑞克服务的企业其长期利益的保证基础。

凯瑞克认证集团中心思想：科学、公正、诚信、责任！保证认证服务的质量，给企业提供最佳的服务是我们的一贯宗旨。

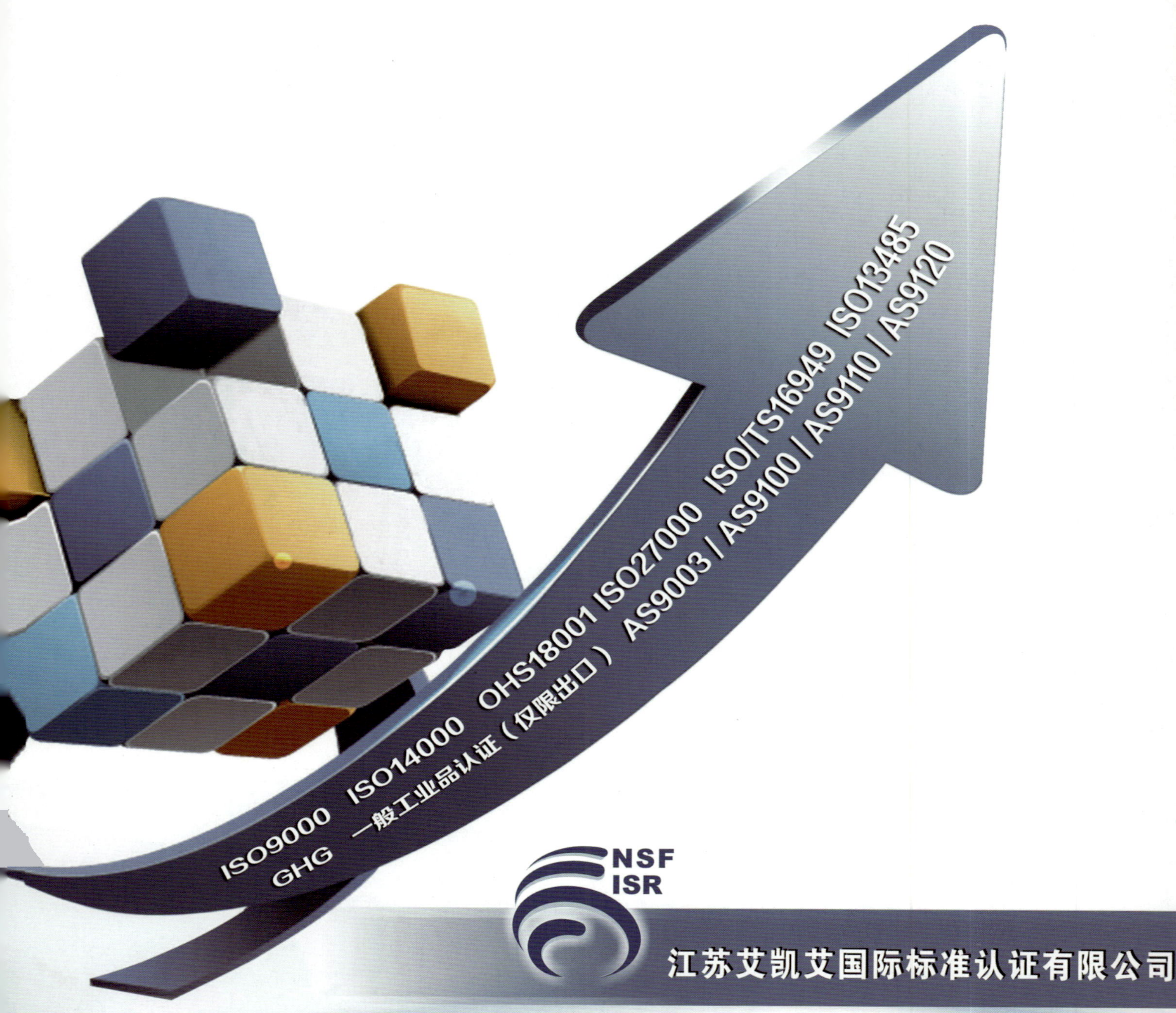
ISO9000 ISO14000 OHS18001 ISO27000 ISO/TS16949 ISO13485
GHG 一般工业品认证（仅限出口） AS9003/AS9100/AS9110/AS9120
NSF
ISR
江苏艾凯艾国际标准认证有限公司

法国标准协会(AFNOR) 中国分公司
——贝尔国际验证技术服务（成都）有限公司

管理体系认证服务项目

ISO 9001	质量管理体系
ISO 14001	环境管理体系
OHSAS 18001	职业健康安全管理体系
IATF 16949	汽车业质量管理体系规范
IRIS	轨道交通业质量管理体系
AS 9100	航空业质量管理体系
ISO 14064	温室气体排放和清除的量化和报告的规范及指南
PAS 2050	商品和服务在生命周期内的温室气体排放评价规范
IECQ QC 080000	电气与电子元件和产品有害物质过程控制管理体系
ISO 13485	医疗器械质量管理体系认证
NF V01 005	农业活动的质量管理体系
ISO 55001	资产管理管理体系认证规则

成都公司
TEL: 028-8665 4768
FAX: 028-8612 3318
E-mail: clientscd@afnor.org.cn

上海公司
TEL: 021-5109 6866
FAX: 021-5448 9361
E-mail: clientssh@afnor.org.cn

广州公司
TEL: 020-3762 0833
FAX: 020-3762 0831
E-mail: clientsgz@afnor.org.cn

长沙办事处
TEL: 0731-8229 3369
FAX: 0731-8229 3369
E-mail: clientscs@afnor.org.cn

福州办事处
TEL: 0591-8761 4243
FAX: 0591-8761 3049
E-mail: clientsfz@afnor.org.cn

afnor GROUPE

法国贝尔国际验证机构为 AFNOR(Association Française de NORmalisation)法国标准协会中国分公司

总部设在法国首都巴黎，在全球100个国家和地区设有分支。全球服务客户有3M、Airbus空中巴士、Alstom阿尔斯通、BASF巴斯夫、Bombardier庞巴迪、Danone达能、Mobile美孚石油、Nestle雀巢、Philips飞利浦、PAS Peugeot Citroen标致雪铁龙、Renault雷诺、Schneider Electric施耐德、Shell壳牌、Siemens西门子、Total道达尔、Valeo法雷奥、CRRC中国中车、SINOPEC中国石化、AVIC中国航空工业集团、Amway安利（中国）、AREVA阿海珐、Canon佳能（中国）、CHANGAN长安汽车、Compal仁宝电脑集团、FOXLINK正崴集团、HTC宏达电子、KINGLONG厦门金龙客车、LIFAN力帆集团、SGMW通用五菱、UNI-PRESIDENT统一企业集团等企业。

Founded in 1926, the authoritative agency of the French standardization
成立于1926年，法国标准化主管机构

France's largest management and personel certification bodies
法国最大的管理与人才认证机构

Permanent representatives of the International Organization for Standardization(ISO)
国际标准化组织(ISO)常任理事国代表

French national product certification NF mark owner
法国国家产品认证NF标志的所有者

CE Notified Body
欧盟CE产品认证公告机构

The initiate member of CEN
欧洲标准化委员会(CEN)的创始会员

The initiate member of IQNET
国际认证联盟(IQNET)创始会员

Olivier Peyrat,AFNOR CEO and also Adviser for China Standardization Expert Committee
Olivier Peyrat,AFNOR集团总裁兼中国标准化专家委员会外籍顾问

12 regional delegations in France and 40 offices worldwide by offering its certification and training services in more than 100 countries, More than 60,000 companies already certified worldwide
法国有12个区域代表团并且全世界有40个办公室为超过100个国家提供认证和培训服务，在全球超过60 000家企业客户

Over 20,000 professionals around the world
超过20000专业人员遍布于全球

公众号

www.afnor.org　www.afnor.cn

中国中医科学院望京医院检验科

中国中医科学院望京医院建院于1997年，由原中国中医研究院骨伤科研究所、北京针灸骨伤学院附属医院和骨伤系合并组建。经多年建设，现已发展成一所以中医骨伤科为重点，其他学科同步发展，集医疗、科研、教学为一体的三级甲等中医医院。医院占地面积78亩，建筑面积68000平方米，编制床位1100张。设有17个职能处室、40个临床科室、9个医技科室、24个病区、2个三级实验室、13个教研室。设有社区卫生服务站和120望京急救站。享受国务院政府津贴专家22人；国家级名老中医5人，北京市名老中医 6人；中国中医科学院首席研究员6人，学科带头人7人。

检验科下设生化、免疫、临检、微生物、分子生物学、血库、急诊检验等部门。目前，拥有罗氏Cobas 8000全自动生化免疫检测系统、希森美康全自动模块XN-9000血液体液分析系统、VITEK2-COMPACT全自动微生物鉴定及药敏分析系统等100余台检测设备。人员结构合理，其中，高级职称占13%，中级职称占50%，本科以上学历占80%，具有较高的专业知识水平和丰富的临床工作经验。科室主持、参与多项国家级、北京市、中国中医科学院和医院各级科研项目，在专业核心期刊发表论文数十篇，并承担临床药理基地药物试验、北京中医药大学教学等多方面工作。参加卫生部、北京市、中医质量管理和部分国际质量评价活动，连续被评为优秀实验室。

检验科于2016年3月完成整体改造，2016年10月按照ISO 15189的要求建立了四层质量管理体系文件。在体系运行1个完整周期后，检验科提交了认可申请，顺利通过了现场评审，共确认检验（检查）项目107项，并于2018年7月13日正式通过国家医学实验室认可，证书号MT0342。

中国标准化研究院实验中心

中国标准化研究院实验中心是由国家质量监督检验检疫总局批准，为落实国家技术标准战略而建立的国家级技术标准创新及验证平台。以“健康、安全、舒适”为目标，围绕人类工效学开展技术标准研究，为国家高新技术产业发展、传统产业技术改造、环境保护和公共安全等领域提供人类工效技术支撑。

实验中心秉承“标准、实效、渐进、创新”的发展理念，按照共建共享的原则，建立了8个专业实验室，涉及人类工效、物理性能、化学性能、人机工程、感官分析、资源环境、能源、材料、统计、心理、光学等不同学科；汇集了一支多学科、多领域交叉的高素质人才队伍，其中博士76人；拥有先进的检测仪器设备2000余台套，价值2亿多元。

实验中心具备雄厚的研究测试实力，支撑了国家级重大科研项目。实验中心2011年通过CNAS的初次认可，2017年通过CNAS的复评审，是国内通过CNAS认可的人类工效学实验室。实验中心主要开展人体测量以及桌椅、服装、眼镜、防护用品、机电产品、家用电器、光学仪器、食品、药品、玩具等相关产品的国际标准、国家标准和行业标准研制和验证，为社会提供工效学产品设计、数据分析、检测、认证及技术咨询等服务。

CNIS

中国合格评定国家认可委员会
实验室认可证书
CNAS

检验检测机构
资质认定证书

甘肃省人民检察院司法鉴定中心

甘肃省人民检察院司法鉴定中心成立于2008年，由最高人民检察院核准登记并授予《人民检察院司法鉴定机构资格证书》。中心隶属于甘肃省人民检察院，在甘肃省司法厅备案。中心工作始终受到院领导的高度重视，并给予有力支持。

中心下设法医、文检、电子证据和司法会计4个专业实验室。开展的司法鉴定项目包括：法医病理、法医临床、笔迹、印刷文件、印章印文、朱墨时序、电子证据和司法会计等。中心工作人员以甘肃省人民检察院技术处人员为班底，共13人（司法鉴定人员9人），全部拥有本科以上学历，其中7人为硕士学历。

中心实验室用房占地400多平方米，软硬件设备投入近千万元，包括法医鉴定的全密闭自动脱水机、自动组织包埋机、全自动轮转式切片机、智能化自动染色机、免疫组化染色机、显微镜工作站等；文书鉴定的VSC-6000HS文检仪、奥博6000视频层析显微镜、徕卡165C三维立体显微镜、卡玛薄层色谱分析系统等；电子证据鉴定的FL-800取证塔，DC4700手机取证一体机，取证魔方，硬盘无尘开盘室等，仪器设备达到国内先进水平。

中心主要承办检察系统、监察、公安、法院、国家安全机关及海关、工商等行政执法机关委托的司法鉴定。近三年共受理各类技术案件96件（包括检验鉴定48件，技术协助46件，技术性证据审查1件，现场勘验1件），涉及检材数百件，其中不乏有影响力的疑难复杂案件，为委托部门提供了有力的技术支持。

中心自2009年以来定期参加公安部和司法部的能力验证测试，每次均顺利通过，这不仅是中心鉴定能力的体现，也使中心在司法鉴定领域内得到普遍认可。

中心于2016年启动中国合格评定国家认可委员会（英文简称CNAS）认可申请工作，之后逐步建立起相应的实验室质量管理体系。通过不断运行、修订、改正体系，2018年8月13日，中心正式通过了CNAS实验室认可评定，认可能力范围包括法医临床、法医病理、印章印文、存储介质和移动终端鉴定，是甘肃检察系统首家通过CNAS认可的司法鉴定机构，标志着中心进入了科学化、规范化、国际化的轨道。

ilac-MRA CNAS

中国合格评定国家认可委员会

实验室认可证书

（注册号：CNAS L11280）

兹证明：

甘肃省人民检察院司法鉴定中心

（法人：甘肃省人民检察院）

甘肃省兰州市城关区雁南路1号，730010

符合 ISO/IEC 17025：2005《检测和校准实验室能力的通用要求》（CNAS-CL01《检测和校准实验室能力认可准则》）及 CNAS-CL08：2013《司法鉴定/法庭科学机构能力认可准则》的要求，具备承担本证书附件所列鉴定服务的能力，予以认可。

获认可的能力范围见标有相同认可注册号的证书附件，证书附件是本证书组成部分。

生效日期：2018-08-13

截止日期：2024-08-12

中国合格评定国家认可委员会授权人

ilac-MRA CNAS

China National Accreditation Service for Conformity Assessment

LABORATORY ACCREDITATION CERTIFICATE

(Registration No. CNAS L11280)

Institute of Forensic Science, People's Procuratorate of Gansu Province

(Legal Entity: People's Procuratorate of Gansu Province)

No.1, Yannan Road, Chengguan District, Lanzhou, Gansu, China

is accredited in accordance with ISO/IEC 17025:2005 General Requirements for the Competence of Testing and Calibration Laboratories (CNAS-CL01 Accreditation Criteria for the Competence of Testing and Calibration Laboratories) and CNAS-CL08:2013 Accreditation Criteria for the Competence of Forensic Units for the competence of identifying service.

The scope of accreditation is detailed in the attached schedule bearing the same registration number as above. The schedule forms an integral part of this certificate.

Effective Date: 2018-08-13

Expiry Date: 2024-08-12

Signed on behalf of China National Accreditation Service for Conformity Assessment

深圳特检院：依托公共服务平台建设 积极开展委托服务检验

深圳市特检院着力打造集检验、检测、试验、研究于一体的特种设备检测检验公共技术服务平台，并依托技术平台不断拓展委托检验业务，为特种设备生产制造企业研发创新为全市特种设备安全运行提供全面服务和技术保障，同时助力地方产业转型升级。

电梯型式试验室创下多个先进

1999年底，深圳市特检院率先创建了全国质检系统电梯型式试验室，具备了电梯安全部件型式试验能力。2009年，该院自主设计研制，建成了40米双井道纯钢结构电梯试验塔，主要进行电梯整机与电梯安全部件和重要部件的型式试验，填补了我国超高速电梯安全部件渐进式安全钳认证的空白。如今，随着多年发展和积累，该实验室在电梯前沿技术领域［如超高速电梯、双轿厢电梯、轿厢意外移动（UCMP）装置等试验能力］技术优势更为突出。

安全阀型式试验室填补国内多项空白

2011年，该院采用一系列国际尖端技术和先进材料设备，自主研究、设计和开发建成了安全阀型式试验室——蒸汽试验系统和空气试验系统，实验水平达到国内一流、国际先进，成为国内较早能同时开展蒸汽、空气、水三种介质的冷、热态安全阀型式实验测试装置。该实验室全面满足国家质检总局TSG ZF001-2006《安全阀安全技术监察规程》和GB/T 12242—2005《压力释放装置性能试验规范》的要求，其流量试验能力30t/h，流量测量范围：蒸汽0.4～50t/h，空气0.8～90t/h，水汽最大为200t/h；填补和完善了我国安全阀型式试验领域多项空白。

金属材料检验与机械设备失效分析中心前景广阔

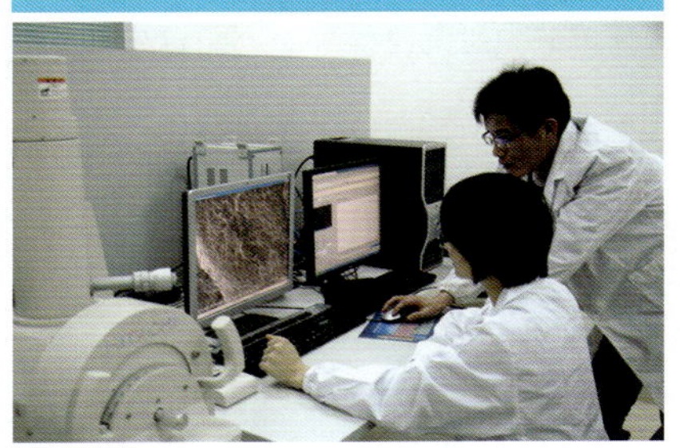

2010年，该院建成“深圳市金属材料检验与机械设备失效分析中心”，同年被深圳市科技创新委员会认定为深圳市公共技术服务平台，是具有中国计量认证CMA资质并依据ISO/IEC 17025及GB/T 27025的要求运行的第三方实验室，主要从事材料力学性能检测、化学成分分析、组织结构分析、表面性能检测、焊接工艺评定、失效分析与安全评估等工作；主要测试电厂、化工厂、石化工业、工程机械、设备制造、汽车零部件制造、造船工业等行业的碳钢、不锈钢、高速工具钢、铝合金、钛合金等材料。

成都国信安信息产业基地有限公司
赛思软件测评中心

成都国信安信息产业基地有限公司（简称“国信安公司”），是2002年由政府倡导发起，中国电子科技集团公司第三十研究所投资成立的致力于高新技术产业服务的专业机构，是中国电子科技集团下属的三级法人企业，隶属于“中国网安”子集团。国信安公司自成立以来经历了多次的发展与整合，形成了以网络信息安全领域为方向，以安全咨询服务、检测测评技术服务、教育培训服务及产业服务等为主营业务的发展格局。

成都国信安信息产业基地有限公司赛思软件测评中心（简称测评中心）于2017年2月成立，2018年6月正式获得了中国合格评定国家认可委员会（CNAS）国家实验室认可证书，证书号：CNAS L11133；并于2018年9月通过装备承制单位资格审查（试验类）资质的现场评审。测评中心目前已具备针对军用及民用软件的测评能力，同时正积极扩展FPGA测试能力。

测评中心奉行“专业专注，规范高效，公正诚信，卓越创新”的宗旨，将一如既往为委托方提供优质、高效的网络信息安全服务、软件测评技术服务等，促进军民产品实效性提升，助力国家经济高质量发展。

地址：四川省成都市高新区创业路8号

邮编：610041

电话：028-85169756

E-mail：huqian@westsec.com.cn

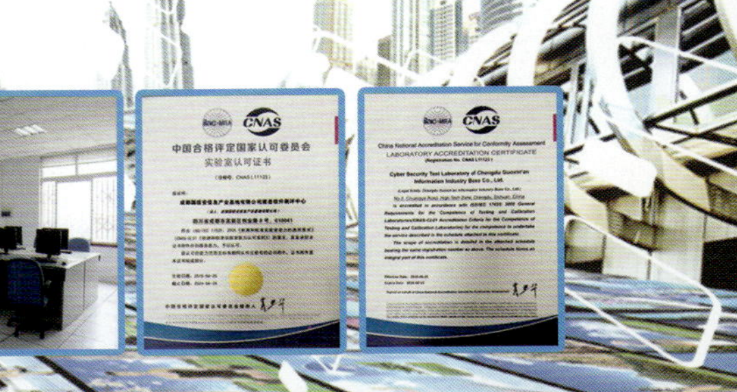

北京国标联合认证有限公司

国标联：创新服务加速成长

北京国标联合认证有限公司在2015年经过国家质检总局许可，国家认监委批准，获得测量管理体系认证资质（批准号：CNCA-R-2015-197）。2017年经国家认监委批准，再获得质量管理体系、环境管理体系、职业健康安全管理体系认证资质。

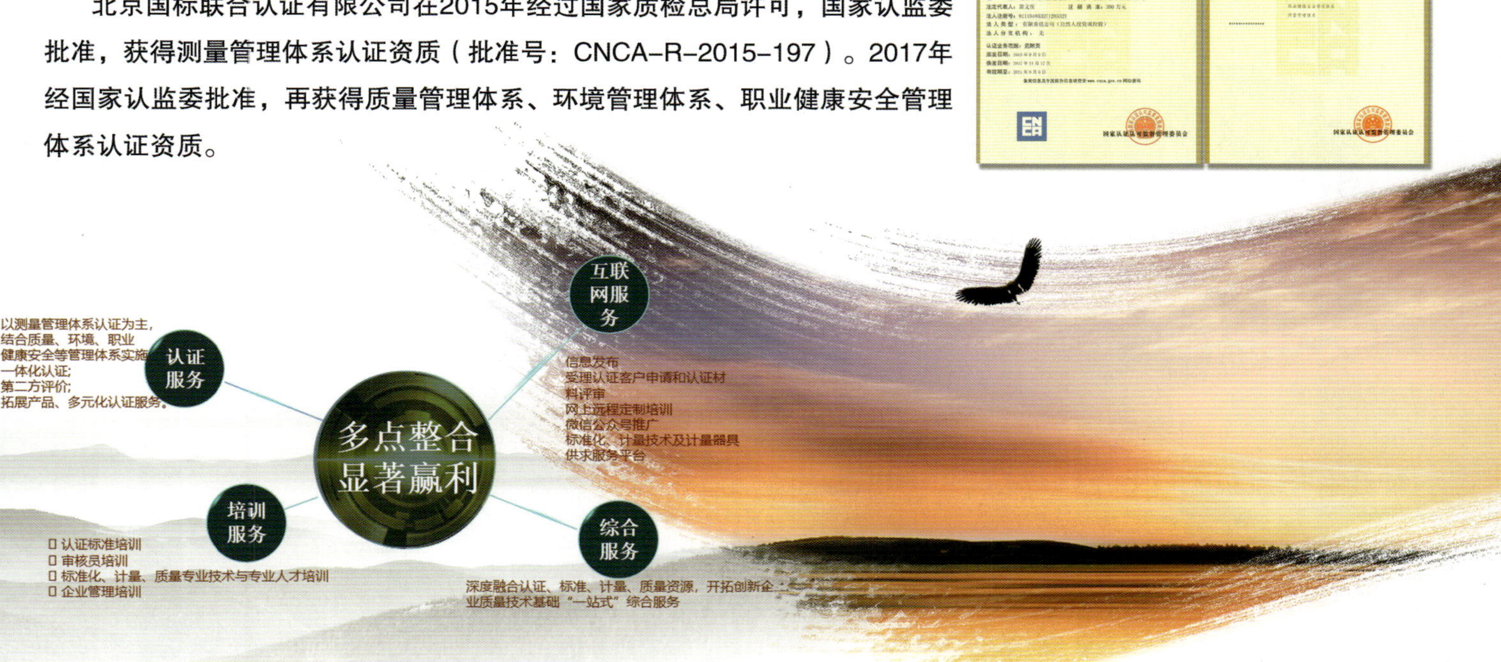

北京东方凯姆质量认证中心

北京东方凯姆质量认证中心（中国农机产品质量认证中心），英文名称Beijing CAM Quality Certification Center (China Certification Center for Agricultural Machinery)，缩写为CAM，成立于1998年4月28日，是经原国家质量技术监督局批准，由原农业部牵头组建的，并于2003年9月办理了工商注册，是对农机产品实施认证管理，为国内外企业提供认证服务，具有独立法人地位的第三方认证机构。

中心拥有一支包括研究员、高级工程师在内的专业化的国家注册各级别审核员队伍，并与十余家具有国家或部级认可资质的实验室签订了承检机构协议，丰富的资源保障了认证工作的顺利开展。

中心按照国际认可准则ISO/IEC导则65建立和实施质量管理体系，并于2000年获得国家认可资格，2002年被国家认证认可监督管理委员会指定为首批9家实施国家强制性产品认证的认证机构之一，负责承担农业机械强制性认证工作，2005年批准为实施 SO 9000质量管理体系认证的机构。目前中心已经开展了拖拉机、内燃机、旋耕机、收割机、农用运输车、植保机械、畜牧机械等多类农机产品的安全认证、合格认证和质量管理体系认证，许多优秀农机企业获得本中心颁发的农机产品安全认证/合格认证/国家强制性认证证书。

业务范围：

1.国家强制性产品认证：植物保护机械、轮式拖拉机（以单缸柴油机或25马力及以下多缸柴油机为动力）；

2.自愿性产品质量认证：农业机械产品；

3.ISO 9000质量管理体系认证：机械及设备。

质量承诺：

中心按照公正、科学、优质、高效的质量方针，恪守诺言，严格保守各种商业秘密，维护各方权益，充分体现认证机构的第三方公正地位。努力把CAM认证标志培育成为用户信任、企业追求、政府支持、国际互认的优秀服务品牌。

地址：北京市朝阳区东三环南路96号农丰大厦

电话：010-59199075 010-59199076

网址：http://www.ocam.com.cn

14
15
16
17
18

认证认可风采（二）

图文宣传

vico.vw.com.cn 4001-880-888

全新一代 Tiguan
基因重置 再造城市SUV新典范

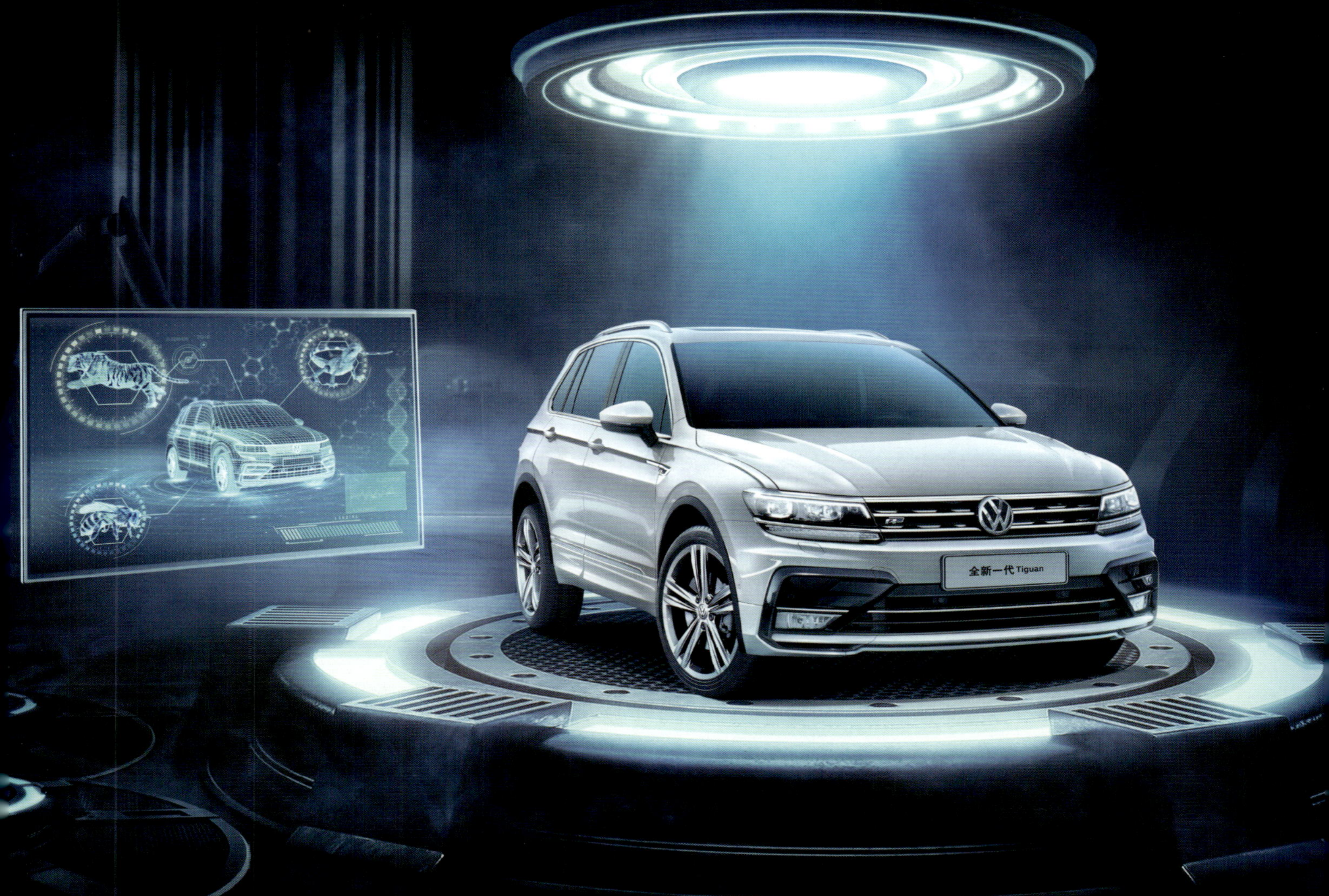

大众进口汽车全新一代Tiguan 领秀登场 定义城市SUV新标准

唤醒基因重组，实力新生开启非凡驾驭体验。全新一代Tiguan，置入野性动感基因、强悍驾控基因以及智能互联基因，集惊艳外形、澎湃动力、创新智慧于一身，由内而外全面触发驾驭热情。大众进口汽车全新一代Tiguan，基因重置，定义城市SUV新标准。

车之道，为大众

4MOTION® 四轮驱动

大众汽车车联网

8种驾驶模式选择

专业服务品质认证

大众进口汽车
Volkswagen Import

Volkswagen

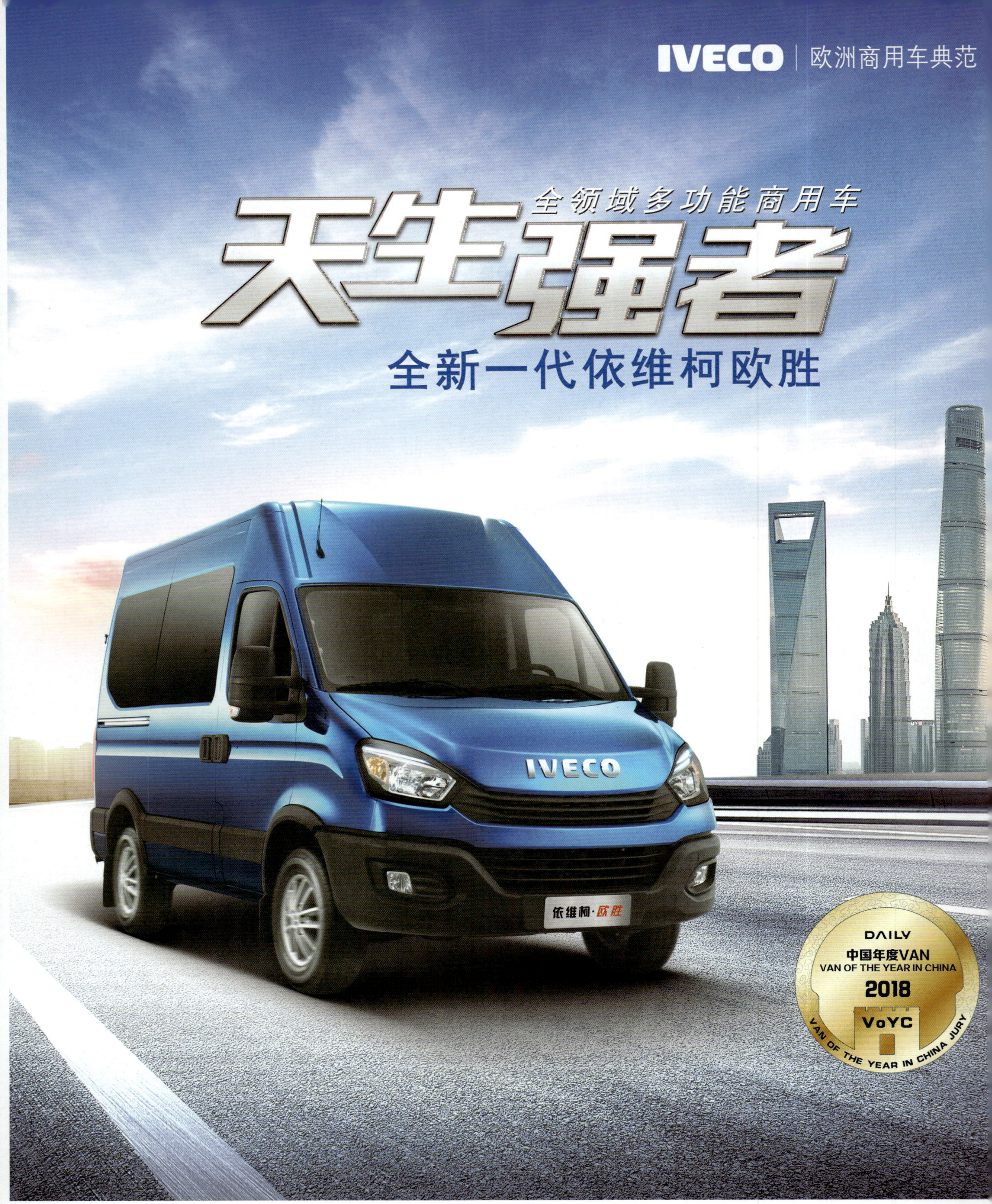

IVECO | 欧洲商用车典范
全领域多功能商用车
天生强者
全新一代依维柯欧胜
IVECO
依维柯·欧胜
DAILY
中国年度VAN
VAN OF THE YEAR IN CHINA
2018
VoYC
VAN OF THE YEAR IN CHINA JURY

TOYOTA
自我范 心中路
打破常识的勇气，给世界全新认知
经历所有不可能
造就我的可能
TNGA
Toyota New Global Architecture
丰巢概念
推动高次元汽车进化
揭秘丰巢概念
看鉴更多精彩

浙江豪情汽车制造有限公司

浙江豪情汽车制造有限公司（以下简称豪情公司）座落在浙江东部沿海国家历史名城——台州临海，是浙江吉利控股集团旗下一级子公司、集团所有汽车制造基地中较早建立的基地、国内较早具有轿车生产资质的民营企业，目前已成为浙江省民营百强企业、台州市龙头支柱企业。

豪情公司成立于1997年，注册资金35.3亿元。2013年5月浙江豪情汽车制造有限公司向头门港新区实施搬迁。新公司总占地面积1640亩，项目总投资约65.6亿元(迁建项目33亿元，扩建项目32.6亿元)，建成了集冲压、焊接、涂装、总装四大工艺齐全的，目前世界一流、国内领先的汽车整车生产产业园。目前已成为一家年产20万台整车的生产能力、年销售收入超230亿元的现代化汽车生产园区。

目前公司投产的两款全新车型——帝豪GS和帝豪GL均已投放市场。作为吉利精品车3.0时代的代表产品，该两款车型延续了帝豪卓越、稳健、尊崇的品牌定位。车型外观由国际知名设计师彼得·霍布里团队亲自操刀，将中国传统元素与西欧现代风格完美结合，凸显吉利品牌基因；大量沃尔沃技术的运用、丰富的配置和合理的价格，将使该车型极具市场竞争力。未来公司已部署新能源发展战略，逐步投产油电混合、插电式混合、纯电动等新能源汽车。

公司将继续以“造最安全、最环保、最节能的好车，让吉利汽车走遍全世界”为企业使命的同时全面推动品牌建设，吉利汽车将以“造每个人的精品车”为品牌使命参与全球汽车竞争。

长安福特汽车有限公司

Changan Ford Automobile Co.,Ltd.

Changan Ford Automobile Co.,Ltd., a joint venture established by Ford Motor Company and Changan Auto Group in April 2001, is a modern automaker capable of producing whole vehicles, engines and transmissions.

At present, Changan Ford boasts seven plants, five assembly plants, one Engine Plant and one Transmission Plant. When all of these plants are put into operation, Changan Ford's capacity can reach 1.2 million units.

Currently Changan Ford produces and sells 7 models and they are New Focus, Kuga, EcoSport, New Mondeo, Escort, Edge and Taurus. With more models coming in future, Changan Ford's product portfolio will cover all major segments in order to meet and lead customers' needs.

Hankook
韩泰轮胎

华为路由 专心做产品
用技术和创新为消费者打造高品质家庭Wi-Fi

“枯藤老树昏鸦、空调Wi-Fi西瓜”这是近年来非常流行的一句网络语。虽是网络语，但足以证明Wi-Fi对于当代人是多么的重要！随着宽带的大提速，以及消费水平的不断升级，人们对于家庭Wi-Fi的要求也越来越高。从“家里有Wi-Fi就行”升级到了“家庭Wi-Fi需要无处不快”。

但是，家庭Wi-Fi全覆盖无处不快又是一个由来已久的难题。为此，华为工程师潜心研究，在2016年推出了第一代子母路由，其通过母路由放客厅、子路由哪里信号不好插哪里的创新方式，一举解决了家庭Wi-Fi全覆盖的难题。

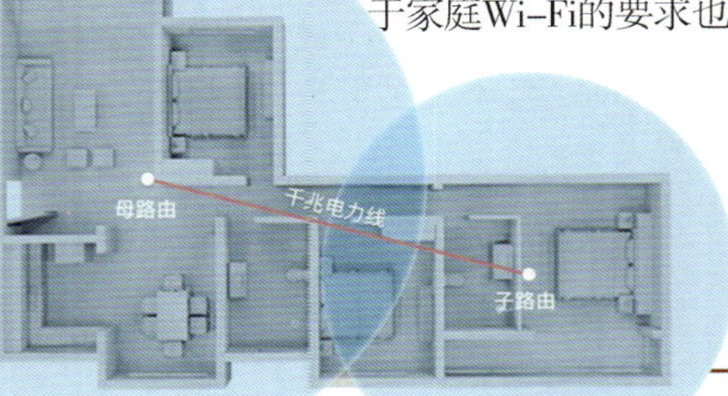

子母路由组网原理图

2018年4月12日，华为又推出了第二代千兆子母路由：华为路由Q2，其母路由、子路由均升级到了全千兆网口和双频千兆Wi-Fi，而且子母间通信采用新一代电力线技术G.hn，理论速率高达1Gbps。端到端均为千兆配置，因此可以实现百兆光纤高速扩展到全家。

华为路由Q2

中国专利金奖证书

伴随着子母路由的诞生，又出现一个必须要解决的技术问题，那就是如何实现终端设备在子、母两个Wi-Fi间无缝漫游。为解决这个问题，华为研发了一项专利技术：一种无限中级设备的中继方法及无线中继设备，该技术很好地解决了多路由系统存在的终端设备信号粘连问题，并已成为物联网、智能家居、家庭、企业Wi-Fi等应用场景中互联互通的一项关键基础技术，也因此荣获2017年国家专利金奖。

不仅子母路由，华为路由的创新无处不在。双频无线路由器已成为主流配置，但大部分用户并没有很好地将干扰更少、速度更快5GHz Wi-Fi充分利用，为此，华为路由于2017年推出了真双频技术，将双频路由2.4GHz和5GHz Wi-Fi信号合二为一，让路由器根据终端设备的位置，实时为用户自动连接速度更快的Wi-Fi频段。该技术很好地解决了用户购买双频路由，但却低频使用5GHz Wi-Fi的难题，该技术目前也已成为行业主流。

华为路由WS200：真双频双千兆无线路由器

联系我们 服务热线 400-830-8300/800-830-8300（座机）

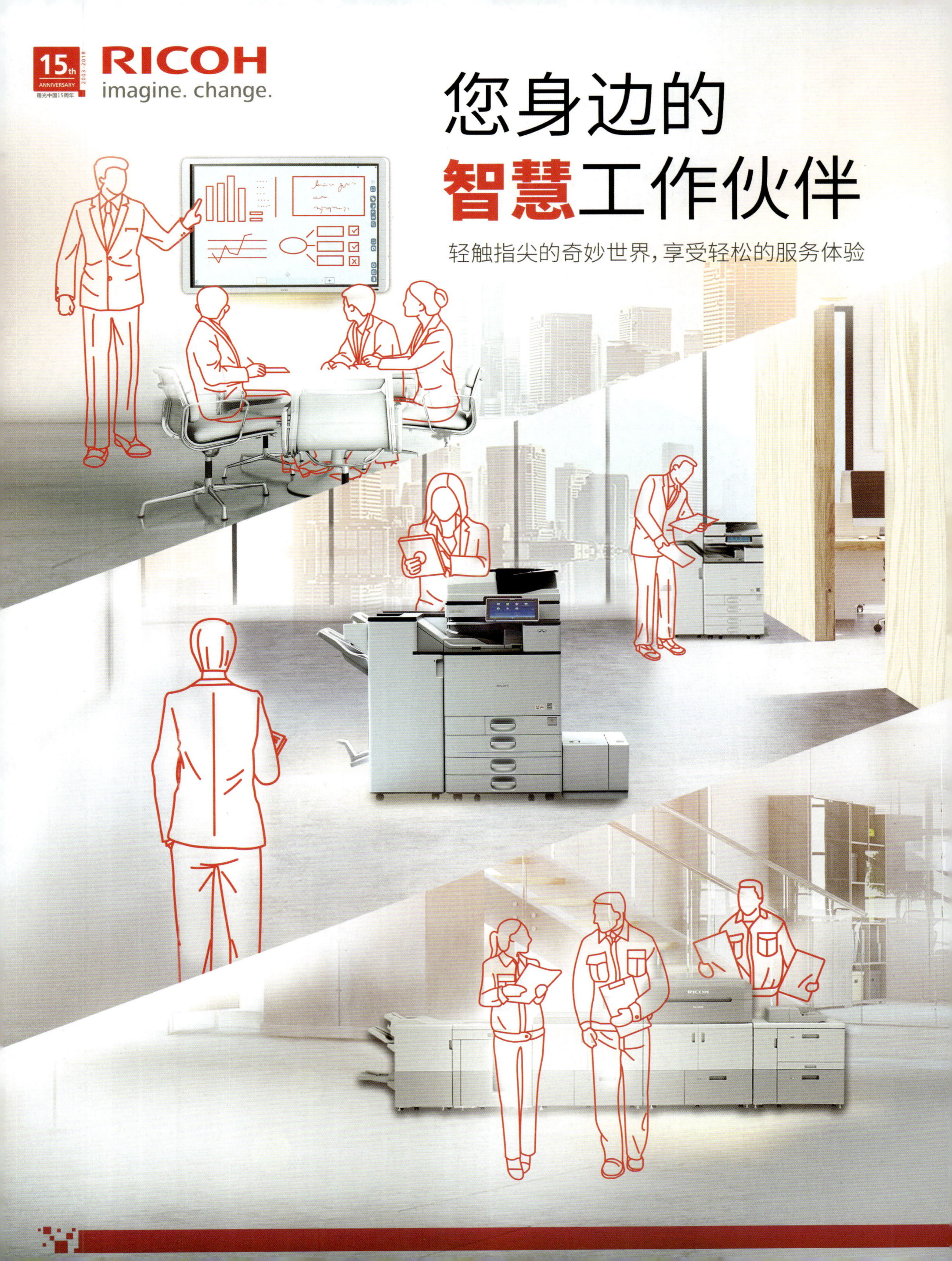

Electrolux In China
伊莱克斯在中国

专业电器

1994 年伊莱克斯专业电器开始为中国的 4&5 星级酒店和豪华餐厅提供厨房设备

在 4&5 星级酒店拥有超过 70% 的市场份额

许多豪华餐厅和俱乐部使用伊莱克斯专业家电：

- Mr. & Mrs. Bund
- Jade on 36
- The Kitchen
- Jean Georges
- Club 33
- Nobu
- SPOON by Alain Ducasse

2010 年上海世博会中，瑞典馆及其他14 个国家展馆指定使用伊莱克斯专业电器产品

大家电：冰箱、洗衣机、空调及厨房产品

1996 年进入中国市场。

我们为中国消费者提供全系列中高端白色家电产品，包括冰箱、洗衣机、干衣机、灶具、烟机、洗碗机、烤箱、消毒柜、空调、电热水器等。

我们的销售渠道覆盖 200 多个城市。

零售业务以外，我们与中国多个高端地产商有长期良好的合作，其中包括金地集团、和记黄埔、嘉里建设、瑞安地产等。

地面维护及小家电

2003 年进入中国市场。

我们为中国消费者提供广泛产品选择，包括吸尘器、咖啡机、面包机、食品加工机、电熨斗等。

BOSCH
博世 科技成就生活之美
全新8500系列
集成安全解决方案
简单解决方案
满足复杂安全需求
www.boschsecurity.com.cn
博世8500系列 - 创新集成新概念，采用先进技术的8500系列防盗报警控制主机，实现为苛刻的应用环境提供更大的容量和更强的创新功能。集防盗报警、视频与门禁控制多重功能的B9512G和B8512G，可支持高达599个防区和32道门。同时安装更加快速，成本更为低廉。
• 简化安装内置IPv6通信和DNS - 实现远程访问和报警中心通信
• 一体化的IP视频优势 - 通过直接控制IP摄像头，可实现视频复合及视频分析功能
• 符合未来趋势的通信 - 双插式通信插槽，将灵活性大大提升
BOSCH
B9512G
BOSCH
分区 1：关
分区全名
已做好布防准备

人力资源

国网计量中心现有员工266人，其中：

◆教授级高级工程师10人，高级工程师38人，高级职称以上人员所占比例18%。

◆博士6人、硕士110人，硕士以上学历所占比例44%。中心拥有享受国务院政府津贴1人。

◆“国家电网公司专业领军人才”2人，“国网电网公司优秀专家人才”4人，“国家电网公司优秀专家人才后备”3人。

◆国家电网公司一级考评员资格16人，国家级计量标准一级考评员2人，国家级法定计量检定机构一级考评员1人。

取得的资质

序号	资质名称	资质类型	授予机构	等级
1	国家法定计量检定机构 （国家高电压计量站）	计量授权	国家质检总局	国家级
2	国家工频大电流比例计量基准 （国家高电压计量站）	计量授权	国家质检总局	国家级
3	电力变压器能效检测	计量授权	国家质检总局	国家级
4	国家电能表型式评价实验室（电力）	计量授权	国家质检总局	国家级
5	跨区电网关口电能表检定和校准	计量授权	国家质检总局	国家级
6	高压三相异步电动机能效标识检测	计量授权	国家质检总局	国家级
7	低压三相异步电动机能效标识检测	计量授权	国家质检总局	国家级
8	CCC认证指定实验室 “低压成套开关设备中的配电板”	认证	国家认监委	国家级
9	国家实验室认可（CNAS）	认可	中国合格评定国家认可委员会	国家级
10	国家资质认定（CMA）	认证	中国国家认证认可监督管理委员会	国家级
11	商用密码产品销售许可证 和生产许可证	认证	国家密码管理局	国家级
12	能力验证提供者（国家高电压计量站）	认可	中国合格评定国家认可委员会	国家级
13	中关村开放实验室	认证	北京市	北京市
14	用电信息采集及应用技术 国家电网公司重点实验室	认证	国家电网公司	公司级

国网计量中心

国网计量中心成立于2009年，是国家电网公司最高计量技术机构。

国网计量中心拥有国家高电压计量站及用电信息采集设备质检站、配用电自动化系统设备质检站、电能仪表及变送器质检站等3个行业级质检站，以及用电信息采集及应用技术国家电网公司重点实验室；是IEC/TC42高电压试验技术中国秘书处、全国电磁计量技术委员会高压计量分技术委员会、电力行业电测量标委会、电力行业供用电标委会、电力行业密码应用技术体系研究专项工作组的挂靠单位、全国法制计量管理计量技术委员会高压电气设备工作组秘书处的挂靠单位、中国智能量测产业技术创新战略联盟秘书长单位。目前已建立并保存国家计量基准1套、国家计量标准12套、国家社会公用计量标准9套；获得跨区电网关口电能表检定和校准、电能表型式评价、电动机能效标识检测等7项国家计量授权；取得国家实验室认可（CNAS）、资质认定（CMA）、国家商用密码产品销售和生产许可证等3项重要资质，可开展涉及电能表、互感器、采集设备、计量表箱、元器件等计量器具的检定/校准项目61项、检测项目78项。

作为国家电网公司最高计量技术机构，国网计量中心积极开展基础性、前瞻性技术研究，先后承担国家级，公司及省部级科研技改项目百余项，多次获得省部级、国家电网公司科技进步奖；参与制修定国家、行业、企业标准二百余项，2014年获中国标准创新贡献一等奖。“十三五”时期，国网计量中心将以“技术引领型、服务优质型、检测权威型、标准主导型”为目标，不断提升自身管理水平与核心竞争力，积极拓展科研、检测和技术服务领域，为电力计量技术发展提供全方位技术支撑。

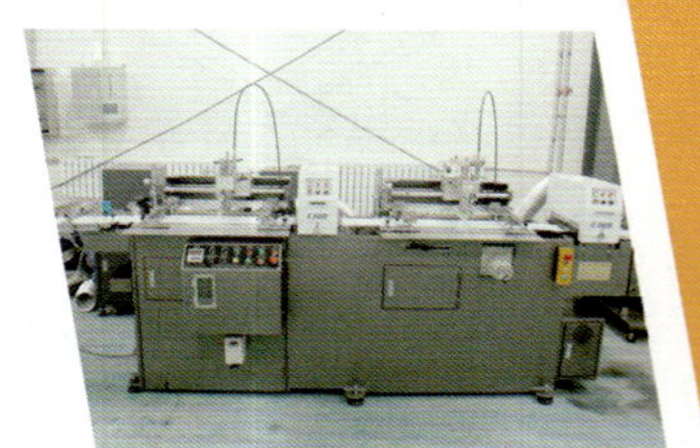

中国印钞造币总公司

认证认可上水平　技术创新出成果

中国印钞造币总公司是直属中国人民银行领导的、国家唯一的法定货币生产企业，下属二十余家大中型企业和一个国家级企业技术中心，主要从事印钞、造币、钞票纸、银行卡的研制生产、印钞造币专用机械和银行机具的设计制造、高纯度金银精炼和印制增值税专用发票、有价证券、银行专用票据、高级防伪证书等方面的生产经营活动。

中国印钞造币总公司秉承“为央行履行职责服务”的行业使命、“优质安全保发行、科学管理增效益”的行业宗旨以及“忠诚印制、追求第一”的行业理念，致力于提高自主创新能力，提升人民币的综合防伪水平，满足人民币发行和流通的需要。为增强整体技术实力和国际竞争能力，中国印钞造币总公司大力加强硬件基础设施建设，积极开展国家认可实验室认定工作，鼓励企业加大对国家认可实验室的支持。截至2017年底，中国印钞造币总公司共建立了四个国家认可实验室：中钞长城贵金属有限公司分析检测中心、上海造币有限公司理化实验室、国家金银及制品质量监督检验中心（沈阳）、银行卡检测中心。在中国印钞造币总公司的支持下，四个国家认可实验室在分析、检测和科技项目研究方面都取得了长足的进步。

中钞长城贵金属有限公司分析检测中心2002年3月通过中国合格评定国家认可委员会认证。2017年完善小克重金试样分析和首饰检测方法，累计分析试样25500余件，其中纯银成品生产试样11000余件，纯金成品生产试样13000余件，工业金银材成品生产试样500余件，金验收料600余件，其他试样400余件；积极参与国际金、银技术交流，为外部合作单位开展多次技术介绍及培训，先后为建设银行、农业银行、邮储银行提供多场关于贵金属检测及质量控制的专题讲座，协助公司电商平台制定金银知识普及工作；配合营销部门解决检测疑惑及检测纠纷，配合银行开展渠道产品抽检及评估，树立了良好的专业素养及工作作风。

上海造币有限公司理化实验室2006年11月获得国家认可委的实验室资格认定，2016年再次通过国家级实验室的监督评审。2017年研发了超薄复合金片黄金纯度的检测方法，累计分析试样一万余件，其中金、银试样280余件，洛氏硬度170余件，镀层测厚试样7000余件；多次为相关单位进行疑似币分析鉴定工作；理化实验室积极提高人员素质，从上海计量测试研究所聘请专家团队培训人员，使认可工作更具备可操作性、合理性；在一系列质量保证的技能操作活动中，组织人员数据比对、留样再测、参加能力验证及与业内权威实验室进行检测比对等质控活动，提升工作效率，切实提高检测的技能水平。

国家金银及制品质量监督检验中心（沈阳）1997年12月取得CNAS的认可资格，2016年4月通过了中国合格评定国家认可委进行的实验室监督评审。2017年对可提供标准金锭、银锭企业进行质量监督检测，完成了共97件样品的检验及复验工作，及时向上交所提交了2017年度可提供标准金锭、银锭企业质检结果报告；拓展对外金银检测业务，检测收入达到30余万元；与多家企业建立了长期业务关系；积极开展实验室内部、实验室间能力对比，提高质量控制水平。

银行卡检测中心是中国人民银行总行批准于1998年4月成立的专业化第三方检测单位。2017年，以引入市场竞争机制的商业银行“国密改造项目”为试点，银行卡检测中心加大竞争性业务的市场开拓力度，中标89家银行改造项目的52家，并以此为契机全面推广商业银行系统安全测评业务；积极推广并进行商业银行发卡系统测试、非金融机构支付服务系统测试、银联卡收单第三方机构测试、银联卡账户信息安全测评、网上银行（手机银行）系统安全测评等系统测试项目，为国内主要商业银行、非金融机构提供测试服务；同时，加强实验室能力建设，提升检测服务水平。

国家认可试验室的建立促进了资源优化，有利于提高管理水平和技术水平。在新的历史时期，中国印钞造币总公司将继续以“高起点、高质量、高效率、出精品”为目标，以公正的行为、科学的手段、准确的结果，更好地为企业和社会服务，为企业发展提供技术支持。

测量审核结果证书

上海造币有限公司理化实验室有关证书

中钞长城贵金属有限公司分析检测中心

2015年5月，银行卡检测中心参加第二届国家网络安全宣传周网络安全公众体验展

2015年3月，泰国银行家协会（TBA）秘书长一行访问银行卡检测中心

常熟市宏鑫工程质量检测有限公司

Changshu Hongxin Engineering Quality Inspection Co., Ltd.

常熟市宏鑫工程质量检测有限公司以下简称（本公司），成立于2006年1月，是经工商管理部门注册批准的具有独立法人资格的第三方检测机构。

本公司2008年通过江苏省技术监督局主持的计量认证工作，是第三方法定检测单位，检测结果具有法律效力。本公司全面贯彻“方法科学、行为公正、数据准确、服务及时”的质量方针。以健全的组织机构和完善的管理体系，确保为社会及委托方提供科学、准确、公正的检测报告。因其独立、公正、专业的服务在业界享有很高的声誉。

节能检测室

本公司坚持以“质量为本、客户至上”的原则，不断完善质量管理体系，并持续改进和提高检测报告的质量，及时为社会、委托方（客户）提供真实、优质的检测服务。

公司现有注册资金380万元，试验场所面积2500多平方米，固定资产600余万元。公司配备进口及先进分析仪器等各类试验检测仪器设备800余台（套）。

公司主要从事工程质量检测领域的相关技术服务，覆盖建筑材料、建筑结构与构件、建筑水电、建筑节能、建筑环境、道路桥梁工程、检测测绘、绿色建筑能效测评等专业领域，目前，公司正积极进取，不断拓宽业务范围。

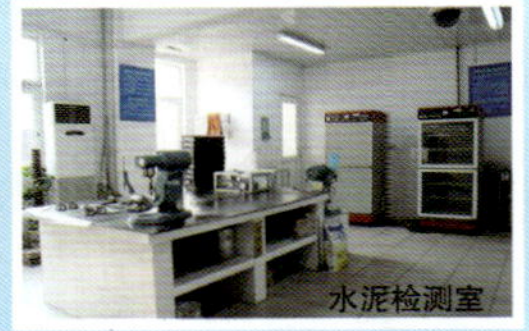
水泥检测室

公司自成立以来，培养和建设了一支高层次、专领域、精业务的专业人才队伍。公司现有各类检测技术人员50多人，其中高级职称2名、中级职称10名、初级职称25名；专业技术人员占全公司人数的80%。公司员工持证上岗率达到100%。公司人员专业分布较广：有材料、结构、地质、计算机、自动控制、化学、测量等，基本上覆盖了工程建设所需要的各个专业。

苏州普源精电科技有限公司计量实验室

苏州普源精电科技有限公司计量实验室隶属于苏州普源精电科技有限公司(以下简称“RIGOL”)，是公司内部授权成立的独立计量实验室。实验室成立于2016年，主要从事电学及无线电计量校准业务，于2018年7月13日通过CNAS认可认证。

实验室占地100多平方米，主要成员7人，其中5人为技术人员，均具有丰富的计量校准经验。实验室设备资产超过100万元，标准仪器设备多台/套，其中包括多功能校准源FLUKE5520A、9500B示波器校准器及六位半数字多用表DM3068等高精度仪器，可进行数字多用表、数字示波器和直流电源等项目的计量校准。本实验室坚持“公正严明、可靠准确、严谨自律”的质量方针，本着科学、公正、廉洁、高效的宗旨，为客户提供高质量的校准服务。

RIGOL是业界领先从事电子测试测量及分析仪器研发、生产和销售的多元化高新技术企业，是中国电子仪器行业协会、中国仪器仪表协会会员。自成立以来，RIGOL始终坚持自主创新，电子测量仪器领域现已研发并生产了八大系列：数字示波器、频谱分析仪、函数/任意波形发生器、数字万用表、数据采集系统、射频信号源、可编程直流电源、可编程直流负载等数十种电子测试测量产品，化学分析仪器领域也已研发出：高效液相色谱仪、紫外可见分光光度计等多种数字化测试仪器。

2017年6月，FIGOL自主研发的示波器芯片组“凤凰座”发布，这标志着中国数字示波器领域突破了核心芯片技术，打破国际垄断。2018年5月18日，搭载这颗“中国芯”的RIGOL最新款数字示波器MSO/DS7000正式上市。

汉腾汽车有限公司实验室

汉腾汽车有限公司实验室于2015年10月建成并投入使用，占地面积约1000平方米。实验室作为汉腾汽车研发中心的核心部分，拥有国内外先进试验设备。不仅如此，汉腾汽车研发中心还与各大权威机构开展多边合作，与中国工程院、中国机械科学研究总院联合成立院士工作站。与中汽研签订战略合作协议，建立了整车性能及排放实验室、整车安全实验室、造型室。与清华大学合作，建立了传动系统实验室、混合动力系统性能实验室、发动机性能实验室、电机性能实验室、零部件材料环境实验室、电池性能实验室、HIL等七大实验室。可为传统乘用车发动机和变速箱及整车的性能、油耗排放测试服务，同时可为新能源汽车提供电驱系统、电池及整车续航、性能等测试服务。

实验室于2018年3月通过了中国合格评定国家认可委员会（CNAS）认可，获得国家实验室认可后，其出具的数据将得到国际互认，汉腾汽车有限公司实验室作为汉腾汽车研发中心的重要组成部分，获此认可，是对其先进设备和强大试验能力的有力佐证。中国合格评定国家认可委员会（CNAS）,作为国家认证认可监督管理委员会批准设立并授权的国家认可机构，能够得到其认可，表明汉腾汽车具备了按相应认可准则开展相关试验的能力，能在认可的范围内使用CNAS国家实验室认可标志和ILAC国际互认联合标志。

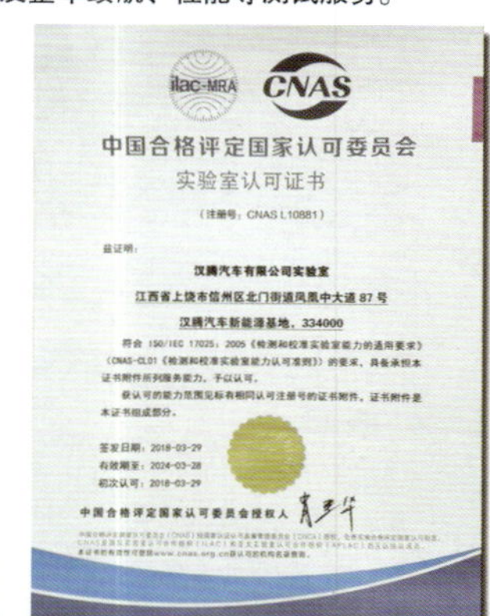
ilac-MRA CNAS

中国合格评定国家认可委员会

实验室认可证书

（注册号：CNAS L10881）

兹证明：

汉腾汽车有限公司实验室

江西省上饶市信州区北门街道凤凰中大道87号

汉腾汽车新能源基地，334000

符合ISO/IEC 17025：2005《检测和校准实验室能力的通用要求》（CNAS-CL01《检测和校准实验室能力认可准则》）的要求，具备承担本证书附件所列服务能力，予以认可。

获认可的能力范围见标有相同认可注册号的证书附件，证书附件是本证书组成部分。

签发日期：2018-03-29

有效期至：2024-03-28

初次认可：2018-03-29

中国合格评定国家认可委员会授权人

实验室引进先进试验设备，主要设备均达到世界领先水平，有奥地利AVL底盘测功机、德国WEISS环境仓、日本HORIBA排放分析仪、德国HORIBA发动机台架、美国ABB交流电力测功机和变频逆变系统、美国ARBIN电池性能测试系统、德国HBM扭矩法兰等；国产设备也全部采用国内知名品牌设备。

实验室可按照相应的试验标准，进行各类实验，为产品研发提供技术数据支持。通过减少实车路试的次数，在缩短新品开发时间，降低成本的同时，不断提高产品的可靠性与适用性，降低开发风险。实验室通过引进国内外先进的设备及技术，成为了国内水准较高的汽车实验室，多项设备系统均达到国内先进水平。实验室紧跟行业发展趋势，重点发展新能源汽车实验项目，未来将继续矢志不渝勤钻研，脚踏实地谋发展，为新能源汽车的的发展提供有力的技术支持。

地址：江西省上饶市信州区凤凰中大道汉腾汽车新能源基地　　电话：0793-8655555

国电环境保护研究院有限公司

国电环境保护研究院有限公司（简称：国电环保院）成立于1980年10月22日，前身是水利电力部电力环境保护研究所，是国电科学技术研究院有限公司独资的具有独立法人资格有限公司。公司总面积约63000㎡，其中实验室面积约3500㎡，目前从事检测的57人，专业齐全、经验丰富，能够满足检测的要求。同时，公司每年还承担各类科研课题及标准编制的任务，为国家及行业的检测水平提高、规范性更强提供技术支持。

公司下设8个具备不同功能的实验室，在公司统一领导下由各个业务所负责管理和运营：

1.脱硝催化剂性能检测实验室：燃煤电厂脱硝催化剂理化、机械、脱硝效率等检测及状态评估。

2.高压放电实验室：湿式静电除尘器极配参数设计、极线形式研究及相关部件性能检测。

3.复合材料性能检测实验室：针对电力行业复合材料的原料、制品理化性能检验和检测，为电力企业把好材料质量关。

4.环境风洞实验室：利用建成的环境风洞，从事污染物扩散模拟、风分布模拟计算、建筑物、结构物的风压、变形，力、响应、风险估算等实验。

5.天然气成分检测实验室：天然气成分检测。

6.燃机性能检测实验室：燃气发电机组性能检测及评估

7.仿真实验室：燃气发电机组的性能仿真模拟。

8.过滤性能检测实验室：过滤器常规性能、反吹性能、抗湿性能及其他性能检测。

本次获得认可的检测对象是脱硝催化剂，检测参数涵盖：外观尺寸，几何比表面积，开孔率，抗压强度，磨损率，比表面积，孔容、孔径及孔径分布，主要化学成分，微量元素，脱硝效率，氨逃逸，活性，SO_2/SO_3转化率等13项参数。

今后公司将利用已有的国内一流的品牌优势、人才资源优势、技术优势，竭诚为客户提供全面、高效、优质服务。

机构注册号：CNAS L11430

联系人：陆斌　　联系电话：025-89663221

地址：南京市浦口区浦东路10号

奥托立夫中国

统计数据表明，每年全球有超过一百万人死于交通事故，而遭受严重伤害的人数远大于此。预计，到2020年，交通死亡人数将会翻倍。在人们承受无法计算的痛苦同时，全世界每年因交通事故而付出的医疗、康复等费用超过千亿美元。

基于此事实，奥托立夫秉承着拯救更多的生命的愿景，将成为“未来汽车”安全系统的领先供应商，为之完美整合自动化驾驶技术视为企业的使命。为此我们每天都在努力。现在奥托立夫几乎为全球所有汽车厂商提供安全产品，包括安全带、方向盘、乘员气囊、行人保护系统、集成式儿童增高座垫、断电安全保护开关等。

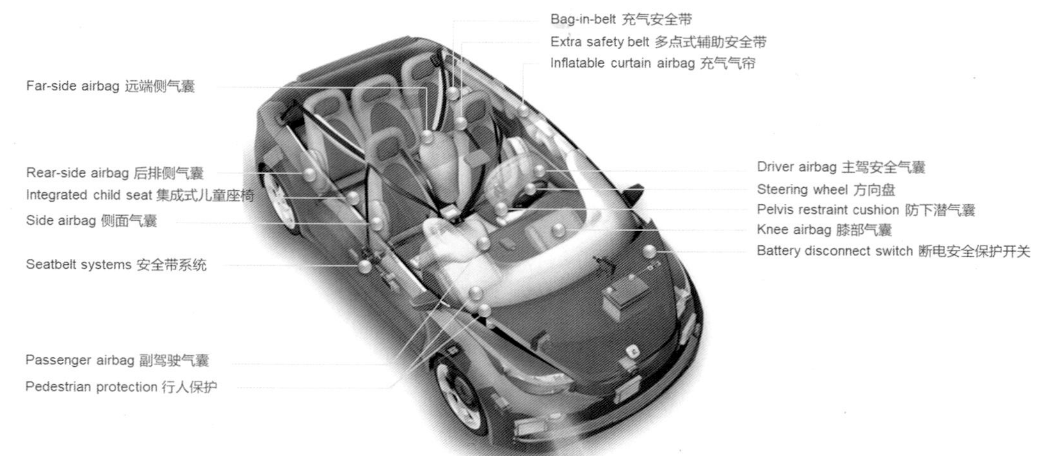

我们拥有拯救生命的激情；我们全心全意为顾客提供满意的服务，重视他们的驾驶安全；我们尽力提高员工的技术、知识及创造性；我们始终遵守最高标准的道德伦理行为；我们坚持全球化思维和本地化运作的高度融合。

为了实现我们的使命，奥托立夫在中国进行了一系列的投资。

1990年建立了中国第一家汽车安全带生产企业：南京宏光奥托立夫汽车安全装备有限公司。

1994年建立了生产安全带的长春宏光奥托立夫汽车安全装备有限公司。

1995年建立了生产安全带织带的上海维欧爱申达织带有限公司。

1999年建立了第一家安全气囊合资工厂即奥托立夫中国上海代表处。

2002年建立了生产安全气囊及安全带的长春奥托立夫贸鸿汽车安全系统有限公司。

2002年后，伴随着中国汽车市场进入了新一轮快速发展的轨道，我们实施了更大规模的投资。

2004年建立了生产安全气囊的上海奥托立夫汽车安全系统有限公司，生产气体发生器的奥托立夫（上海）气体发生器有限公司，生产汽车安全电子产品的奥托立夫（中国）电子有限公司。

2005年建立了生产安全带及安全气囊的广州奥托立夫汽车安全系统有限公司。

2006年建立了生产方向盘的奥托立夫（中国）汽车方向盘有限公司和生产安全带织带的太仓奥托立夫申达汽车安全系统有限公司。

2007年全资收购长春奥托立夫贸鸿汽车安全系统有限公司，并更名为长春奥托立夫汽车安全系统有限公司。

2008年奥托立夫（上海）管理有限公司在上海成立。

2009年奥托立夫（上海）管理有限公司、奥托立夫（上海）汽车安全系统研发有限公司、上海奥托立夫汽车安全系统有限公司新址落成；全资收购南京宏光奥托立夫汽车安全装备有限公司，并更名为南京奥托立夫汽车安全系统有限公司。

2010年上海奥托立夫汽车安全系统有限公司自产安全气囊气袋。

2011年南京奥托立夫建成并投入使用。

2012年长春奥托立夫新工厂建成并投入使用。

2013年奥托立夫中国产气药火药、气体发生器及点火炬基地建成并投入使用。

2014年建立了织物和气袋生产研发基地-奥托立夫（中国）汽车安全系统有限公司。

2015建立了保定奥托立夫汽车安全系统有限公司。

目前奥托立夫中国拥有1家地区总部，1家技术中心及14家生产工厂。

这些投资业务，一方面是为了适应中国市场的高速增长，另一方面是为了实现奥托立夫先进成本国家战略，满足亚太地区需求。

Providence Enterprise

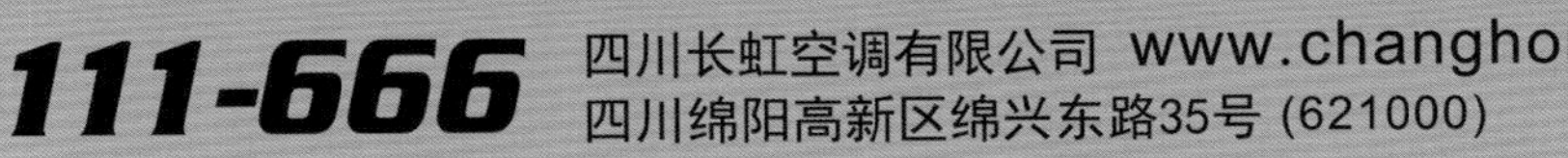
4008-111-666

长虹
空调

亿信标准认证集团有限公司

亿信标准认证集团有限公司（ETC）是经国家认证认可监督管理委员会批准的独立、公正的第三方认证机构，批准号：CNCA-R-2017-318,更是成都市B2G政企服务联络站。自成立以来，ETC一直致力于解决企业发展，信息化产业和政府互动过程中出现的问题，为组织提供可持续发展战略以及搭建供需关系诚信体系解决方案。

创新始终是亿信标准的核心竞争力，为此公司不断投入研究经费获得发明专利100余项,促进质量、环境、职业健康安全体系的服务质量水平提升，并率先创新开展服务体系、业务连续性管理体系、资产管理体系等认证，帮助更多的组织提升生命力。

服务范围：质量管理体系（ISO 9001）、环境管理体系(ISO 14001)、职业健康安全管理体系(OHSAS 18001)、服务认证（02建筑工程和建筑物服务、03批发业和零售业服务、22家庭服务）。

信用评级、职业技能培训、企业管理咨询等。

亿信使命：帮助组织提升生命力

公司地址：成都市成华区建材路37号九熙广场3期1栋1711室

联系电话：028-82000013　15928081233

网址:www.etciso.com

放心联合认证中心

放心联合认证中心（北京）有限公司以“诚信惠民生，优质报社会”为使命，致力于成为质量、信用领域专业认证的引领者，让中国的产品和服务更有信心。

公司目前已开展管理体系认证（QMS、EMS、OHSAS）和服务认证（放心汽修、商品售后服务认证、企业品牌评价认证）等业务。

为响应国家认监委关于质量管理体系认证升级版的工作部署，公司重点打造了企业诚信管理体系认证和放心汽修服务认证等创新业务。

“放心汽修”认证项目由放心联合认证中心和中国汽车维修行业协会合作推出，以汽车后市场为基础，为体现行汽车维修行业特色为出发点，通过认证，对企业的服务特性进行诊断，通过增值服务，帮助企业构建服务蓝图，改善服务，提高市场竞争力。

2018年10月，中国汽车改装用品协会在第二届中外汽车全产业链经销商大会暨中国汽车后市场千人峰会上公开授牌，宣布放心联合认证中心成为中国汽车改装用品协会认证认可管理中心。

南京芯传汇电子科技有限公司软件测评中心

南京芯传汇电子科技有限公司是一家以军用软件研发和测试服务为主的专业化民营科技公司，位于南京市栖霞区。公司成立于2010年，注册资本706万元，占地面积8000m^2，正式员工130余名。公司是江苏省高新技术企业、江苏省科技型中小企业、软件企业，科研团队现有博士3名，硕士十余名，长期承担国家和军队科研任务。公司拥有发明专利二十余项，软件著作权十余项。

在体系保障方面，公司通过了ISO9001：2008质量管理体系认证，GJB9001B-2009武器装备质量管理体系认证，拥有武器装备科研生产三级保密资格，取得了第二类武器装备承制单位资质。

南京芯传汇电子科技有限公司软件测评中心始建于2017年，测试团队核心成员来源于全军军事训练软件测评中心，具有丰富科研经验和工程实践经验。中心现有场地200平方米，其中试验场地100平方米，配置了防静电地板、UPS、门禁等设施，符合有关安全、保密要求。有主要仪器设备30台（套），包括台式计算机、便携式计算机、服务器、交换机、软件测试工具等，可以满足现有测试工作需要。

2018年9月5日，南京芯传汇电子科技有限公司软件测评中心取得了中国合格评定国家委员会CNAS授予的实验室认可证书，注册号CNAS L11375，认可能力范围包括行业应用软件（非嵌入式软件）的14种检测项目和嵌入式软件的13种检测项目，检测方法为GJB/Z 141-2004《军用软件测试指南》。CNAS认可证书的获得对南京芯传汇电子科技有限公司品牌提升和市场竞争能力增强将产生积极影响，为公司持续健康发展提供重要保障。

隆英（常州）特钢科技有限公司材料检测中心

隆英（常州）特钢科技有限公司材料检测中心于2016年3月成立，隶属于隆英（常州）特钢科技有限公司。隆英（常州）特钢科技有限公司是隆英集团下属全资子公司，由新加坡隆英私人有限公司（LEONG JIN CORPORATION PTE LTD）和新加坡隆英国际私人有限公司（LEONG JIN INTERNATIONAL PTE LTD）共同投资，公司注册资本3500万美元，固定资产投资约1.3亿美元，建筑面积约15万平方米。

本材料检测中心主要从事理化性能分析（金相分析、光谱分析）和机械性能检测（力学性能）工作。现有职工15名，其中博士1名，硕士2名，本科生若干。是一支结构较合理，学习能力较强，综合素质较高的以中、青年为主的分析检测队伍。随着科技的不断进步和材料检测中心检测方法的不断更新完善，材料检测中心根据不同的岗位，组织了不同类型的学习培训，提高了检测人员的整体素质。中心拥有精密先进的相关领域检测设备，种类齐全，现有经校准的主要仪器约20台，固定资产约600万元，其中包括德国OBLF直读光谱仪、德国Struers维氏硬度计和布氏硬度计、美国MTS微机控制电液伺服万能试验机和微机控制金属摆锤冲击试验机及大量先进的制样和检测设备。

本材料检测中心为公司产品质量检测提供了充足的保障，在多项能力验证活动中取得满意结果。

本材料检测中心按照CNAS-CL01《检测和校准实验室能力认可准则》及相关应用说明运作，为客户提供科学、公正、准确、高效的检测服务。